| SEITE 42 | **REISEZIELE IN SCHOTTLAND** | ALLE ZIELE AUF EINEN BLICK
Fundierte Einblicke, detaillierte Adressen, Insider-Tipps und mehr |

Orkney & Shetland Islands
S. 467

Nördliche Highlands & Inseln
S. 407

Inverness & die mittleren Highlands
S. 358

Nordostschottland
S. 203

Zentralschottland
S. 210

Südliche Highlands & Inseln
S. 306

Glasgow
S. 110

Edin...

Südsch...
S. 157

| SEITE 541 | **PRAKTISCHE INFORMATIONEN** | SCHNELL NACHGESCHLAGEN
Tipps für Unterkünfte, sicheres Reisen, Smalltalk und vieles mehr |

Allgemeine Informationen 542
Verkehrsmittel & -wege ... 552
Glossar 563
Register 567
Kartenlegende 578

GLOSSAR

Neil Wilson

Andy Symington

Willkommen in Schottland

Outdoor-Abenteuer

In Schottland gibt es einige der größten unberührten Areale in Westeuropa, ein Paradies für die Tierwelt, wo Steinadler über den Lochs und Bergen der nördlichen Highlands kreisen, Seeotter an den Ufern der Äußeren Hebriden im Kelp spielen und Zwergwale vor der Küste von Mull Makrelenschwärme durchbrechen. Abenteurer ziehen über die Tundra-Plateaus der Cairngorms, queren die Gipfelkette der Cuillins, paddeln ihr Kajak durch die Buchten der Äußeren Hebriden oder rasen mit dem Schnellboot in die schäumenden Wasser des Strudels von Corryvreckan. Im Frühjahr leuchten die Wälder um Loch Lomond blassblau mit Bluebells, den Waldhyazinthen; im Sommer wetteifern die Strände am türkisfarbenen Wasser der Hebriden mit der Karibik; der Oktober färbt das Laub der Perthshire-Wälder in bunte Farbenpracht und im Winter verleiht ein Schneemantel den Bergen von Glen Coe alpine Größe.

Land voller Geschichte

Schottland ist ein Land, in dem jedes Fleckchen an Vergangenes erinnert – ein verlassener Bauernhof am Inselstrand, Heideland, das einst ein Schlachtfeld war, ein Ufer, an dem die Wikinger ihre Schiffe an Land zogen, eine Höhle, die Bonnie Prince Charlie Schutz bot. Hunderte von Burgen, von den nackten Turmhäusern von Hermi-

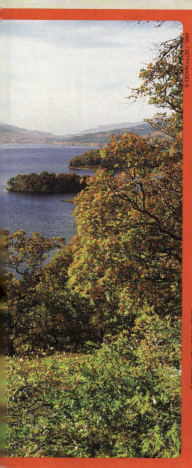

Wie ein guter Single Malt ist Schottland etwas für Kenner – eine berauschende Mischung aus wilden Landschaften und eleganten Städten, aus Salzluft am Meer und goldbraunem Moorwasser, aus Outdoor-Aktivitäten und geschichtsträchtiger Vergangenheit.

Links: Loch Tummel (S. 256), Perthshire
Unten: Straßenmusiker auf der Royal Mile (S. 50), Edinburgh

tage und Smailholm bis hin zu den Trutzburgen von Caerlaverock und Craigmillar bezeugen die oft wehrhafte Historie des Landes. Erinnerungen an große Schlachten werden in Bannockburn und Culloden lebendig erhalten. Museen und Ausstellungsräume, wie z. B. Kelvingrove in Glasgow, Discovery Point in Dundee oder das Maritime Museum in Aberdeen erinnern an den Einfluss schottischer Ingenieure, Künstler, Forscher, Schriftsteller und Erfinder auf die Entwicklung unserer Welt.

Schottische Gaumenfreuden

Heutzutage suchen nicht nur Abenteurer oder Geschichtsinteressierte Schottlands Nebelküsten auf. Immer mehr Besucher haben mittlerweile entdeckt, dass es in den Restaurants mittlerweile mehr gibt als nur Essen aus der Fritteuse und mürrischen Service und dass diese Lokale durchaus mit den besten Europas konkurrieren können. Eine neue Wertschätzung erstklassiger heimischer Produkte bringt nun auf den Tisch, was frisch aus dem Meer eingebracht wurde, aber auch in der Region aufgezogenes Rindfleisch und Wild sowie Gemüse aus dem eigenen Bio-Garten des Hotels. Und wenn das Ganze noch mit einem Glas Single Malt Whisky abrundet wird – gehaltvoll, sinnlich und komplex –, dann entfaltet sich das ganze Aroma Schottlands.

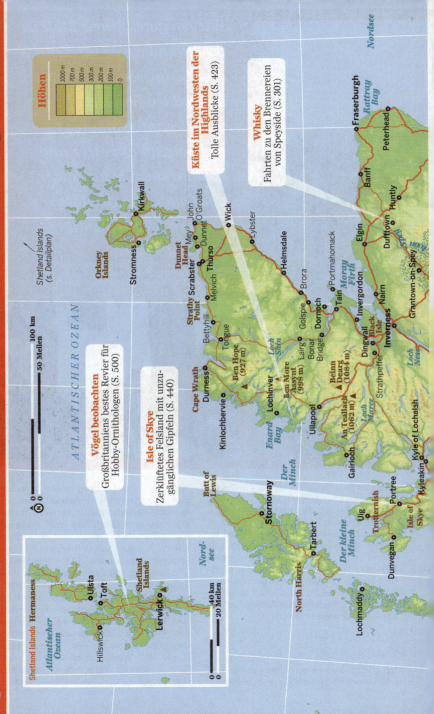

14 TOP-ERLEBNISSE

Isle of Skye

1 In einem Land, das für seine herrliche Landschaft berühmt ist, nimmt die Isle of Skye (S. 440) eine Spitzenposition ein. Von den zerklüfteten Gipfeln der Cuillins und den bizarren Felsnadeln des Old Man of Storr über die einsamen Quiraings bis zu den spektakulären Klippen von Neist Point bietet sich an jeder Ecke ein Fotomotiv. Wanderer teilen sich die Landschaft mit Rotwild und Steinadlern, und am Ende einer Tour wartet in den geselligen Pubs und Meeresfrüchterestaurants eine leckere Stärkung. Cuillin Hills, Isle of Skye

Edinburgh

2 Schottlands Hauptstadt (S. 44) bietet seinen Besuchern weit mehr als die berühmten Festivals. Jede Jahreszeit gibt der Stadt eine eigene Stimmung und Atmosphäre: Im Frühling zeichnet sich die historische Silhouette der Altstadt in einem gelben Narzissenmeer gegen den zartblauen Himmel ab, während an kühlen Dezembermorgen dicke Nebelschwaden die Turmspitzen der Royal Mile umweben, das Kopfsteinpflaster im Regen glänzt und warmes Licht einladend aus einem Pubfenster leuchtet. Royal Mile

Loch Lomond

3 Obwohl der Loch Lomond (S. 308) nicht einmal eine Autostunde vom hektischen Glasgow entfernt liegt, zählt er zu den malerischsten Flecken Schottlands – seine schönen Gestade wurden in den bekanntesten schottischen Liedern verewigt. Im Herzen des ersten schottischen Nationalparks nimmt der Loch als breiter, von Inseln gesprenkelter See im Süden seinen Anfang; seine Ufer sind von Wäldern mit blauen Glockenblumen bestanden. Gen Norden verengt er sich dann zu einer Art Fjord, eindrucksvoll umgeben von 900 m hohen Bergen.

Wanderung auf dem West Highland Way

4 Eine Wanderung ist die beste Möglichkeit, die Landschaften zu erleben. Trotz des Winds, der Mücken und des Sprühregens macht es Spaß, die Kurz- und Fernwanderwege in den Hügeln und Bergen zu begehen. Beliebt ist der 152 km lange West Highland Way (S. 30) von Milngavie (bei Glasgow) nach Fort William, eine anspruchsvolle Tour von einer Woche, die durch die herrliche Landschaft Schottlands führt und im Schatten des höchsten Berges endet, dem Ben Nevis. Wanderer auf dem West Highland Way bei Glen Coe

Bergtour auf den Ben Nevis

5 Den Reiz, den der höchste Berg Großbritanniens (S. 393) auf Wanderer ausübt, ist enorm – an die 100 000 Menschen nehmen jährlich den Gipfel in Angriff. Auch wenn nicht jeder oben ankommt, lässt sich der Berg eigentlich von allen erklimmen, die halbwegs fit sind. Wer dem Ben Nevis mit Respekt begegnet, bekommt zur Belohnung (bei gutem Wetter) ein herrliches Panorama geboten – und das Gefühl, wirklich etwas geleistet zu haben. Echte Bergsportler können zum Aufwärmen vorab noch den 152 km langen West Highland Way begehen.

Beobachtung von Meerestieren

6 Schottland gehört zu den Ländern Europas, in denen sich am besten Meerestiere bestaunen lassen. In der Hochsaison (Juli & Aug.) können viele Anbieter von Bootsausflügen an der Westküste mit ziemlicher Sicherheit garantieren, dass sich Minkwale und Tümmler sehen lassen, und der Moray Firth ist berühmt für seine Population von Flaschennasendelfinen (S. 303). Auch Riesenhaie von bis zu 12 m Länge lassen sich gern blicken. Tobermory (S. 345) und Easdale (S. 345; bei Oban) sind die besten Ausgangspunkte.

Flaschennasendelfine im Moray Firth

Glasgow

7 Die größte Stadt Schottlands (S. 108) hat zwar nicht Edinburghs klassische Schönheit, doch wartet sie mit jeder Menge interessanter Dinge auf. Die trendige, moderne Stadt ist stolz auf ihre vielen Kunstgalerien, und trotz der gebackenen Mars-Riegel, die es dort geben soll, findet man hier das feinste Essen in Schottland. Dazu kommen die lebendigste Pub-Kultur der Insel und eine der besten Livemusik-Szenen weltweit.
Ashton Lane, Glasgow

Die nordwestlichen Highlands

8 Die Highlands strotzen nur so von atemberaubenden Panoramaansichten, doch der äußerste Nordwesten ist wirklich sagenhaft. Die Küstenstraße von Durness nach Kyle of Lochalsh (S. 428) überrascht hinter jeder Kurve mit einer neuen herrlichen Szenerie: Es gibt die zerklüfteten Berge von Assynt, die einsame Schönheit des Glen Torridon und die einsamen Klippen von Cape Wrath. Diese Naturschönheiten und die herzliche Gastfreundschaft in den klassischen ländlichen Pubs machen diesen Winkel des Landes unvergesslich. Kyle of Durness

Golf

9 Das Golfspielen wurde hier erfunden (S. 33) und Schottland wird von jedem, ob Anfänger oder Profi, deshalb gewissermaßen als geistige Heimat anerkannt. Lochplätze sind hier klassisch schwierig: unebene Küstenabschnitte, wo das Rough aus Heideland und Wiesen besteht und der Wind jeden erfolgversprechenden Schwung zunichtemachen kann. St. Andrews (S. 232), die historische Universitätsstadt in der Grafschaft Fife, ist das Zentrum des Golfsports und Mekka für jeden, der diese Sportart liebt. St Andrews Old Course

Perthshire – Land der hohen Bäume

10 Blaugraue Lochs spiegeln den ewigen Wechsel am Himmel wider, endlose Wälder bedecken das Bergland, majestätische Schluchten, die Glens, durchziehen die Wildnis, und Lachse springen flussaufwärts zu ihren Laichplätzen. In Perthshire (S. 244), mitten im Herzen des Landes, verbreiten Whiskybrennereien in blumengeschmückten Städtchen ihren Malzduft und auf Wiesen weiden die Schafe. Keine andere Gegend Schottlands vermittelt ein so intensives Gefühl, von der Natur verwöhnt zu sein. Loch Tummel

Glen Coe

11 Schottlands berühmteste Schlucht (S. 386) vereint in sich die beiden wesentlichen Bestandteile der Highlands: eine dramatische Landschaft und eine wechselvolle Geschichte. Die friedliche Schönheit des heutigen Tals verrät nicht, dass hier im 17. Jh. ein schreckliches Massaker stattfand, als der ansässige McDonald Clan von Kriegern des Campbell Clans ermordet wurde. Die schönsten Wanderwege im Glen – etwa zum Lost Valley – folgen den Pfaden, über welche die Clan-Mitglieder damals ihren Angreifern zu entfliehen suchten, wobei viele im Schnee umkamen.

Whisky

12 Schottlands Nationalgetränk (S. 533) – abgeleitet vom gälischen *uisge bagh*, dem „Wasser des Lebens" – wird hier seit über 500 Jahren gebrannt. Über 100 Destillerien sind in Betrieb, die Hunderte Sorten Single Malt produzieren. Ein beliebtes Hobby ist, die rauchigen, torfigen Whiskys aus Islay von den blumigen Malts mit Sherryanteil aus Speyside unterscheiden zu lernen. Viele Destillerien veranstalten Führungen (S. 301), abgerundet durch eine Verkostung. Die verschiedenen lokalen Sorten zu probieren stellt eine tolle Möglichkeit dar, die Whisky-Regionen zu erkunden. Whisky-Brennereianlage aus Kupfer

Vogelbeobachtung auf Shetland

13 Das dünn besiedelte Schottland mit seinen Gebieten unberührter Natur ist für vieler Tiere ein wichtiger Lebensraum. Im ganzen Land lassen sich wunderbar Vögel beobachten, doch die Orte auf den Shetland Islands (S. 499) gelten als Topdestinationen für Meeresvögel. Vom späten Frühling, wenn sich die Vögel einstellen, bis zu ihren wilden Fressgelagen im Hochsommer lassen sich in Hermaness, Noss und Sumburgh Head riesige Kolonien von Tölpeln, Lummen, Papageientauchern und Klippenmöwen beobachten. Papageientaucher in den Äußeren Hebriden

Burgen

14 Einsame Steinfestungen im Nebel, majestätische Burgen, die über historischen Ortschaften aufragen, oder prächtige Paläste mit weitläufigen Ländereien, die von Lairds errichtet wurden, denen mehr am Wohlleben als an der Verteidigung gelegen war – Schottland besitzt Burgen in allen Facetten, die seine turbulente Geschichte und die angespannten Beziehungen mit dem Nachbarn im Süden widerspiegeln. Die meisten Burgen haben nicht nur Geschichten von Intrigen, Gefangennahme und Verrat zu erzählen, sondern es spukt auch ein Geist durch die Hallen. Dunnottar Castle

Gut zu wissen

Währung
» Pfund Sterling (£)

Sprachen
» Englisch
» Gälisch und Lallans

Reisezeit

- Kalte bis milde Sommer, kalte Winter
- **Lerwick** REISEZEIT Mitte Mai – Mitte Juli
- **Stornoway** REISEZEIT Mai
- **Inverness** REISEZEIT Mai–Sept.
- **Fort William** REISEZEIT Mai–Sept.
- **Edinburgh** REISEZEIT Aug.

Tagesbudget

Weniger als 30 £
» Schlafsaal: 10–20 £
» Wildes Campen ist gratis
» Günstige Supermärkte für Selbstversorger
» Viele Museen und Galerien mit freiem Eintritt

Mittelteuer – 30–100 £
» Doppelzimmer in Mittelklasse-B&Bs: 50–90 £
» B&Bs sind oft besser als Mittelklassehotels
» Bar-Lunch: 10 £; Essen im Mittelklasserestaurant: 25 £
» Mietwagen: 30 £ pro Tag
» Benzinkosten: etwa 12 Pence pro Meile

Teuer – über 100£
» Doppelzimmer in besseren Hotels: 120–250 £
» Essen in gehobenen Restaurants: 40–60 £
» Flüge zu den Inseln: jeweils 60–120 £

Hochsaison
Juli & Aug.
» Preisanstieg für Unterkünfte um 10–20 % (wenn möglich, im Voraus buchen)
» Wärmste Zeit des Jahres, aber oft verregnet
» Schlimmste Zeit der Mückenplage in den Highlands und auf den Inseln

Zwischensaison
Mai, Juni & Sept.
» Wildblumen und Rhododendren blühen im Mai und Juni
» Statistisch gesehen, beste Aussicht auf trockenes Wetter ohne Mücken
» Im Juni ist es bis 23 Uhr hell

Nachsaison
Okt.-April
» Viele Sehenswürdigkeiten und Unterkünfte auf dem Land geschlossen
» November bis März Schnee in den Höhenlagen
» Im Dezember wird es um 16 Uhr dunkel
» Von November bis März kann es sehr kalt und nass sein

Geld
» Geldautomaten sind weit verbreitet. Kreditkarten werden fast überall akzeptiert.

Visum
» Für EU-Bürger und Schweizer genügen Personalausweis oder Reisepass.

Mobiltelefon
» GSM-900/1800-Netze. Britische SIM-Karten können in europäische Mobiltelefone eingesetzt werden.

Auto fahren
» Auf der linken Straßenseite; das Steuer ist im Auto rechts angebracht.

Websites
» **Lonely Planet** (lonelyplanet.com/scotland) Informationen zum Zielort, Foren, Hotelbuchung, Shop.

» **VisitScotland** (www.visitscotland.com) Offizielle Tourismus-Website; Buchungsservices.

» **Internet Guide to Scotland** (www.scotland-info.co.uk) Bester Online-Reiseführer für Schottland.

» **Traveline** (www.travelinescotland.com) Aktuelle Fahrpläne.

» **ScotlandsPeople** (www.scotlandspeople.gov.uk) Suche nach schottischen Vorfahren.

Wechselkurse

Euro-Zone	1 €	0,86 £
Schweiz	1 SFr.	0,70 £

Aktuelle Wechselkurse unter www.xe.com.

Wichtige Telefonnummern

Landesvorwahl	+0044
Feuerwehr	122 oder 999
Notarzt	112 oder 999
Polizei	112 oder 999

Ankunft in Schottland

» **Flughafen Edinburgh**
Busse – zur Stadtmitte von Edinburgh von 4.30 bis 24 Uhr alle 10 bis 15 Min. (3,50 £)
Nachtbusse – von 0.30 bis 4 Uhr alle 30 Min. (3,50 £)
Taxis – 15–20 £; etwa 20 Min. zum Stadtzentrum

» **Flughafen Glasgow**
Busse – zur Stadtmitte von Edinburgh von 4.30 bis 24 Uhr alle 10 bis 15 Min. (3,50 £)
Nachtbusse – von 0.30 bis 4 Uhr alle 30 Min. (3,50 £)
Taxis – 15–20 £; etwa 20 Min. zum Stadtzentrum

Stechmücken

Wer die schottischen Highlands oder Inseln zum ersten Mal besucht, sollte sich unbedingt auf diese Plagegeister einstellen. Die winzigen, 2 mm langen Blutsauger treten im Sommer in riesigen Schwärmen auf und können dem unvorbereiteten Besucher den kompletten Urlaub verderben.

Sie vermehren sich von Ende Mai bis September, besonders aber Mitte Juni bis Mitte August – also gerade in der Haupturlaubszeit. Am häufigsten treten sie in den westlichen und nördlichen Highlands auf und sind am aktivsten während der Dämmerung und an stillen Tagen mit bedecktem Himmel. Wind und Sonne scheinen sie zu vertreiben.

Der beste Schutz ist vollständige Bekleidung, besonders abends. Lange Ärmel helfen, ebenso helle Stoffe (die Mücken fahren auf dunkle Farben ab) und zusätzlich ist ein effektives Insektenschutzmittel ratsam.

Das erste Mal

Wer zum ersten Mal ein Land besucht, braucht etwas Hilfestellung. Man sollte einige Sätze in der jeweiligen Landessprache lernen, sich mit den Sitten und Gebräuchen sowie den Anstandsregeln vertraut machen. Der folgende Abschnitt trägt dazu bei, Schottland zu entmystifizieren, damit schon die erste Reise richtig gut verläuft.

Top-Tipps für die Reise

» Qualität geht vor Quantität: Anstatt alles in kürzester Zeit sehen zu wollen, sollte man sich einige Destinationen heraussuchen und dort längere Zeit verweilen. Die unvergesslichsten Eindrücke von Schottland sind oft die, die mit möglichst wenigen Aktivitäten verbunden sind.

» Autofahrer sollten nach Möglichkeit von den Hauptstraßen abzweigen, denn die landschaftlich reizvollsten Gegenden lassen sich am besten auf schmalen Nebenstraßen erkunden, die fantastische Ausblicke und zahlreiche Gelegenheiten bieten, um Fotos zu machen.

» Auch sollten Besucher auf Einheimische zugehen und sie grüßen. Die besten Erfahrungen macht man mit den Schotten selbst, deren Hilfsbereitschaft, Freundlichkeit und amüsante Art keinesfalls übertrieben sind.

Im Voraus buchen

In der Hochsaison sollten die Unterkünfte im Voraus gebucht werden – bis zu zwei Monate vorab für die Osterzeit bzw. im Juli/August. Auch Aktivitäten sollten im Voraus gebucht werden, wie z. B. Kochkurse, organisierte Fahrten etc. Einen Monat vor der Reise sollte das Mietauto reserviert sein. Wer in einem Nobelrestaurant speisen möchte, reserviert rechtzeitig einen Tisch. Auch Theaterbesucher buchen im Voraus, vor allem bei Neuproduktionen. Zwei Wochen vor Ankunft sollte man die Öffnungszeiten und Preise der Attraktionen überprüfen und eine Woche vorher den Wetterbericht.

Kleidung

Schottland ist in puncto Kleidung relaxt. Besucher können anziehen, was sie möchten. Wer in ein Nobelrestaurant gehen will, kleidet sich am besten sportlich elegant. In Restaurants, im Theater oder der Konzerthalle gibt es weder Jackett- noch Krawattenzwang.

Im Sommer kann es warm werden. Es gibt kaum heiße Tage. Wenn es abends kalt wird, empfiehlt es sich, lange Hosen oder einen Pullover zu tragen. Wer sich in der Mückensaison in den Highlands aufhält, zieht am besten langärmelige Hemden und lange Hosen an. Die Kleidung wird in Schottland vom Wetter bestimmt. Daher sollte man immer eine leichte, wasserdichte Jacke, die man notfalls in den Rucksack stecken kann, dabeihaben.

Was in den Koffer gehört

» Reisepass
» Kreditkarte
» Führerschein
» gute Wanderschuhe oder Stiefel
» wasserdichte Jacke
» Kamera
» Steckdosenadapter für Großbritannien
» Insektenschutzmittel
» Fernglas
» Tabletten gegen den Kater (für all die, die zu tief ins Whiskyglas geschaut haben)

Checkliste

» Der Reisepass sollte mindestens noch sechs Monate nach Ankunft gültig sein

» Die notwendigen Reservierungen (für Unterkunft, Events und Reisen) vornehmen

» Gepäckbestimmungen der Fluglinie prüfen

» Die Kreditkartenfirma über die Reise informieren

» Reiseversicherung abschließen

» Prüfen, ob das Handy vor Ort einsetzbar ist

Umgangsformen

Obwohl die Schotten im Alltag ziemlich zwanglos sind, halten sie sich dennoch an einige Anstandsregeln.

» Begrüßung
Bei der ersten Begegnung und bei der Verabschiedung sollte man Männern, Frauen und Kindern die Hand geben. Schotten erwarten einen festen Händedruck sowie Augenkontakt.

» Unterhaltung
Die Schotten sind normalerweise freundlich, aber oft auch zurückhaltend und vermeiden Gespräche, die sie in Verlegenheit bringen.

» Sprache
Die Schotten sprechen Englisch mit einem mehr oder weniger starken Akzent. In Glasgow oder Aberdeen ist er oft kaum zu verstehen. Merkwürdigerweise ist das Englisch von Schotten, deren Muttersprache Gälisch ist, am deutlichsten.

» Im Pub eine Runde ausgeben
Ebenso wie Engländer, Waliser und Iren schmeißen auch die Iren im Pub abwechselnd eine Runde für die ganze Gruppe, und es wird von jedem erwartet, dass er sich daran beteiligt. Bevor die erste Runde ausgetrunken ist, wird schon die nächste bestellt.

Trinkgeld

» Hotels
Üblich ist ein Pfund pro Gepäckstück; die Höhe des Trinkgelds für das Reinigungspersonal bleibt jedem selbst überlassen.

» Pubs
In Pubs ist Trinkgeld nicht üblich. Wird am Tisch bedient, sollte man 1 £ für eine Runde Getränke geben.

» Restaurants
Für einen guten Service sollte man 10 % und in teureren Restaurants bis zu 15 % veranschlagen.

» Taxis
Taxis sind teuer und Einheimische geben nur selten Trinkgeld; wenn doch, auf den nächsten Pfundbetrag aufrunden.

Geld

Geldautomaten gibt es fast überall in Schottland. Wenn nicht, erhält man in Hotels oder Geschäften, die in entlegeneren Gebieten liegen, oft Bargeld zurück, wenn man mit der Kreditkarte bezahlt. Normalerweise ist es unproblematisch, mit der Bankkarte Geld abzuheben. Zur Sicherheit sollte man vor der Reise bei der Bank nachfragen.

Kreditkarten werden fast überall akzeptiert mit Ausnahme einiger B & Bs auf dem Land, die nur Bargeld nehmen. In Bars oder Restaurants sollte man vor Aufgabe der Bestellung nachfragen, ob Kreditkarten akzeptiert werden. Die beliebtesten Kreditkarten sind Visa und MasterCard. American Express-Karten werden nur von den größeren Hotelketten akzeptiert, und kaum jemand akzeptiert Diners oder JCB. Chip-und PIN-Nummer sind bei Kreditkarten üblich, Unterschriften werden nur von wenigen akzeptiert.

Bargeld und Reiseschecks können bei Banken, Postämtern und einigen größeren Hotels eingewechselt werden.

Was gibt's Neues?

Für diese Ausgabe sind die Autoren den allerneuesten Trends, Entwicklungen und Veränderungen im Lande nachgegangen. Topaktuelle Empfehlungen finden sich auf der Website www.lonelyplanet.com/scotland.

Riverside Museum

1 Glasgows aufstrebendes Hafenviertel ist um eine Attraktion reicher: Die bisher im Museum of Transport untergebrachten Kunstsammlungen haben ein neues Zuhause gefunden. Das von dem irakischen Architekt Zaha Hadid konstruierte Riverside Museum ist ein außergewöhnliches Gebäude mit einem wellenförmigen Metalldach, das die historische Verbindung der Stadt mit der Schiffbauindustrie symbolisieren soll. Das dreimastige Segelschiff Glenlee, 1896 erbaut, wurde direkt vor dem Museum festgemacht (S. 119).

National Museum of Scotland

2 Edinburghs führendes Museum wurde nach Umbauarbeiten 2011 wiedereröffnet. Die Ausstellungsfläche wurde erweitert, und die Große Galerie erstrahlt wieder in ihrer viktorianischen Pracht. (S. 61)

Robert Burns Geburtshaus

3 Das in Burns' Heimatdorf Alloway gelegene Museum zeigt eine beeindruckende Sammlung von Manuskripten und persönlichen Gegenständen, darunter die Pistole, die Burns trug, als er noch Steuerbeamter war. (S. 189)

Castle Terrace

4 TV-Koch Tom Kitchin hat sein erfolgreiches Restaurant Leith um das Castle Terrace erweitert, das direkt um die Ecke vom Edinburgh Castle liegt. Bereits ein Jahr nach Eröffnung erhielt es seinen ersten Michelin-Stern. (S. 87)

South Loch Ness Trail

5 Ein neuer markierter Wanderweg schlängelt sich 45 km am südlichen Ufer des Loch Ness entlang und gibt Wanderern und Radfahrern die Gelegenheit, diesen kaum besuchten Teil des Landes kennenzulernen. (S. 372)

Auberge Carnish

6 Der weiße Sandstrand und das türkisfarbene Meer von Uig Bay (Traighe Uig) an der Westküste von Lewis sind für ihre Schönheit berühmt. In dem neuen, umweltfreundlichen Hotel, das fünf Zimmer hat, können die Gäste jeden Morgen den herrlichen Anblick genießen. (S. 459)

Starfish

7 Das neue Fischrestaurant in dem hübschen Fischerdörfchen Tarbert erfüllt sämtliche Kriterien – freund-liche Bedienung, eine entspannte Atmosphäre und frische, erstklassige Fischgerichte. (S. 325)

Mareel

8 Mit der Eröffnung dieses modernen Gebäudes in der Nähe von Lerwick Harbour im Jahre 2012 erhielt Shetland endlich seinen langersehnten spektakulären Kino- und Konzertsaal. (S. 500)

Red Roof Café

9 Das neueste (und abgelegenste) Restaurant auf der Isle of Skye ist ein großer Erfolg. Zum Mittagessen werden Platten mit frischen Erzeugnissen serviert, die ganz in der Nähe angebaut werden. Ab und zu gibt es auch Livemusik. (S. 451)

Wie wär's mit ...

Burgen & Schlösser

Von den Kämpfen und Konflikten der wehrhaften Geschichte Schottlands zeugen viele Militäreinrichtungen, von den Border Castles gegen Truppeneinfälle aus England bis hin zu den Inselburgen, von denen aus der Lord of the Isles die Seewege beherrschte.

Edinburgh Castle Die größte und beliebteste Burg, Daseinsberechtigung für Schottlands Hauptstadt (S. 51).

Stirling Castle Auf einem Vulkanfelsen oberhalb der Stadt gelegen, haben diese alte Königsfeste und der Palast alles, was dazu gehört (S. 211).

Craigievar Castle Der Inbegriff von Scottish Baronial Style, Türme und Türmchen (S. 296).

Culzean Castle Riesiges, palastartiges Gebäude aus dem 18. Jh. in romantischer Küstenlandschaft (S. 200).

Eilean Donan Der perfekte Standort am Ufer des Lochs, direkt an der Straße nach Skye, macht diese Highland-Festung zur meistfotografierten (S. 438).

Hermitage Castle Eine Grenzlandfestung, düster und verlassen, die von Zeiten kriegerischer Auseinandersetzungen mit England kündet (S. 167).

Naturstrände

Es gibt nichts Besseres gegen einen Whisky-Kater als einen Spaziergang am windumtosten Strand. Insbesondere der Westen glänzt mit vielen Naturstränden mit grellweißem Sand und türkisfarbenem Wasser – fast wie in der Karibik, nur mit anderem Wetter.

Kiloran Bay Ein perfekter Halbmond mit tief goldenem Sand – idealer Aussichtspunkt für Sonnenuntergänge (S. 334).

Bosta Eine hübsche, abgelegene Bucht mit weißem Sand neben einer Behausung aus der Eisenzeit (S. 458).

Durness Eine Reihe unberührter Sandbuchten und mit Dünen bewehrter Landzungen gruppieren sich um dieses Dorf im Nordwesten (S. 425).

Scousburgh Sands Shetlands schönster Strand, eignet sich hervorragend für Vogelbeobachtungen und einen Spaziergang gegen den Wind (S. 497).

Die nördlichste der Orkney-Inseln Die meisten dieser Inseln, besonders aber Sanday, Westray und North Ronaldsay, bieten spektakuläre Strandabschnitte mit vielen Meeresvögeln und Seehunden (S. 484).

Gutes Essen

Schottlands Köchen steht eine beneidenswerte Vielfalt an Qualitätsfleisch, Wild, Meeresfrüchten und Gemüse zur Auswahl. Der traurige Ruf, das Land der frittierten Mars-Riegel zu sein, wurde mittlerweile erfolgreich abgeschüttelt. Heute gibt es zahllose regionale Köstlichkeiten, Bauernmärkte, kleine Käsereien, Räuchereien und Privatbrauereien.

Ondine Fisch aus nachhaltigem Fang in einem der erlesensten Restaurants von Edinburgh (S. 86).

Contrast Brasserie Französische Kochkunst trifft auf Qualitätsprodukte der Highlands in Inverness (S. 364).

Café Fish Am Ufer von Tobermory werden hier leckere Meeresfrüchte und Muscheln frisch vom Boot serviert (S. 347).

Monachyle Mhor Romantische Lage tief in den Trossachs und traumhaft gutes Essen aus nachhaltigem Anbau (S. 222).

Peat Inn Eines der Spitzenrestaurants Schottlands in einem kleinen Dorf im Herzen der lieblichen Landschaft von Fife (S. 240).

The Albannach Phantastisches Gourmet-Hotel im Nordwesten; ideal zum Entspannen (S. 429).

» Musikfans beim RockNess Music Festival (S. 371), Loch Ness

Outdoor-Aktivitäten

Schottland ist eine der schönsten Regionen für Outdoor-Aktivitäten in Europa. Das wilde Bergland und die zerklüftete Küste der Highlands und der Inseln bieten Möglichkeiten zum Wandern, Mountainbikefahren, Surfen und Snowboarden.

Fort William Das selbsternannte Zentrum für Outdoor-Aktivitäten in Großbritannien, für Wandern, Bergsteigen, Mountainbikefahren, Wintersport ... (S. 389).

Shetland Eine der besten Küsten Schottlands für Hochseekajaktouren, bei denen viele Vögel und Meerestiere beobachtet werden können (S. 489).

7 Stanes Mountainbiketouren aller Schwierigkeitsgrade in den Wäldern Südschottlands (S. 204).

Cairngorms Skifahren im Winter und Wandern im Sommer auf diesem subarktischen Hochplateau (S. 378).

Thurso an der Spitze Schottlands: Kaum zu glauben, dass dies ein Mekka für Surfer ist. Die Wellen sind ordentlich, Neoprenanzüge müssen aber sein (S. 420).

Livemusik & Festivals

Schottlands Festivalkalender ist in den letzten zehn Jahren exponentiell angewachsen. Besonders Musikfestivals entstehen an den unglaublichsten Orten. Diejenigen, die sich mit der Zeit durchsetzen, haben einen besonderen Charakter, eine spektakuläre Kulisse und sind kleiner und intimer als die Monsterveranstaltungen in Glastonbury und Reading.

RockNess Oft gepriesen als das schönste Festival der Welt. Findet im Juni am romantischen Loch Ness statt (S. 374).

Arran Folk Festival Im Juni werden überall auf dieser malerischen Insel die Fiedeln gezückt (S. 181).

T in the Park Das größte Rockfestival beginnt Mitte Juli nahe der Stadt Kinross (S. 244).

King Tut's Wah Wah Hut Jede Nacht Livemusik an diesem legendären Veranstaltungsort in Glasgow. Und das Beste daran ist, dass es einer unter vielen in der Stadt ist (S. 148).

Orkney Folk Festival Stromness vibriert zum Takt der Fiedeln und stampfenden Füße bis tief in die Nacht. Ein wirklich freundliches Inselfestival (S. 482).

Ländliche Museen

Nicht nur die „großen Ereignisse" der Geschichte mit Maria Stuart und Bonnie Prince Charlie verdienen Erwähnung, die Geschichte der schottischen Bevölkerung ist ebenso lohnend. Sie wird in faszinierenden Museen, oft in Bauern- oder Bürgerhäusern aus früherer Zeit, bewahrt.

Arnol Blackhouse Konserviert im Torfrauch, seit der letzte Bewohner 1960 ausgezogen ist (S. 457).

Highland Folk Museum Freilichtmuseum mit historischen Gebäuden (S. 384).

Scottish Crannog Centre Ein Besuch in diesem hervorragend rekonstruierten Loch-Haus führt ins Bronzezeitalter (S. 254).

Tain Through Time Ein unterhaltsames örtliches Museum mit umfassender Darstellung der schottischen Geschichte und der Silberschmiedtradition von Tain (S. 411).

Stromness Museum Nicht nur die „großen Ereignisse" der Geschichte verdienen Erwähnung, die Geschichte der schottischen Bevölkerung ist ebenso lohnend. Sie wird in verschiedenen Museen, oft in original Bauern- oder Bürgerhäusern aus früherer Zeit, bewahrt (S. 481).

Wie wär's mit ...
ungewöhnlichem Schmuck?
Fantasievolle und farbenfrohe
Stücke findet man bei
Heathergems (S. 257).

Pubs

Schottland hat erst gesehen, wer eine Nacht in einer typisch schottischen Herberge verbracht hat, sich von Ale ernährt und an Whisky labt und dabei mit dem Fuß den Takt zur traditionellen Musik schlägt. Die Auswahl an Pubs ist wahrlich riesig, aber die alten sind immer noch die besten.

Drovers Inn Klassische Highland-Herberge mit Personal im Kilt, Kerzenlicht und einem ausgestopften Bären (S. 310).

Sandy Bell's Der Folkmusik-Szene von Edinburgh auf immer treu, mit Real Ale und traditioneller Livemusik (S. 89).

Glenelg Inn Der Biergarten hier ist tatsächlich ein Garten, noch dazu einer mit herrlichem Ausblick über das Wasser auf Skye hinüber (S. 437).

Horse Shoe Glasgows bester traditioneller Pub – ganz poliertes Messing und Real Ale (S. 142).

Stein Inn Ein Pub am Loch in Skye mit guten Ales, frischem Fisch und Meeresfrüchten sowie herrlichem Ausblick (S. 444).

Captain Flint's Ruhig geht es nicht zu in diesem lärmerfüllten Hafenpub in Shetland; hier klönt jeder mit jedem (S. 491).

Shoppen

Schottland bietet dem Shopper zahllose Möglichkeiten, seiner Shoppinglust zu frönen. Vom Designerkleid in den städtischen Einkaufspromenaden bis hin zu Kunstgewerblichem, handgemachter Töpferware und traditionellen Textilien der Werkstätten in den Highlands und auf den Inseln.

Glasgow Das Zentrum von Glasgow ist ein Einkaufsparadies, in dem es von der Designerboutique bis zu Second-Hand-Schallplatten alles gibt (S. 147).

Barras Glasgows legendärer Flohmarkt ist perfekt zum Herumstöbern (S. 148).

Edinburgh Konkurriert mit Glasgow um die Position als Top-Shoppingzentrum, mit seinem Edelkaufhaus Harvey Nichols, den Einkaufszentren und vielen Läden mit Kaschmir- und Schottenkaro-Ware sowie Souvenirs (S. 96).

Wigtown Antiquariate und Spezialbuchgeschäften drängen sich um den Hauptplatz dieses kleinen Dorfes (S. 203).

Isle of Skye Jedes zweite Cottage auf der Insel Skye scheint eine Werkstätte oder ein Künstlerstudio zu beherbergen, sodass sich hier kunstgewerbliche und Handarbeitsartikel finden lassen (S. 438).

Klassische Wanderungen

Schottlands wild-dramatische und verschiedenartige Landschaften machen das Wandern zur beliebten Freizeitunternehmung. Hier wird für jeden Fitnessgrad etwas geboten, doch der passionierte Wanderer will natürlich vor allem einige (oder alle) der traditionellen Touren ablaufen.

West Highland Way Ältester aller Fernwanderwege in Schottland, auf dem jeder einmal gewandert sein will (S. 30).

Von Glen Affric bis Shiel Bridge Klassische Zweitageswanderung quer durchs Land, mit Übernachtung in einem abgelegenen Hostel (S. 368).

Southern Upland Way Quer über das Bergland Südschottlands, von Küste zu Küste; länger und schwieriger als der WHW (S. 167).

Ben Lawers Klassische Bergwanderung mitten in Schottland, mit schönen Ausblicken über Loch Tay (S. 272).

Fife Coastal Path Idyllische Route rund um das „Königreich" mit Ausblicken auf das Meer und die Steilufer (S. 228).

Cape Wrath Trail Von Fort William aus geht es nach Nordwesten durch einsame Landschaften (S. 426).

Verborgene Schätze

Wer gern weitab vom Trubel ist, findet überall in Schottland einsame Fleckchen, Straßen ins Nirgendwo und kaum noch sichtbare Pfade, die einem das Gefühl geben, all dies als Erster zu entdecken.

Fossil Grove Dieser seltsame Wald mit versteinerten Baumstümpfen aus uralter Zeit ist eine Art Gegenpol zur Geschäftigkeit Glasgows. (S. 121).

Clyde-Wasserfälle Den Clyde verbindet man sonst eher mit Schiffsbau, doch weiter flussaufwärts zeigt der Fluss seinen ländlichen Charakter (S. 197).

Botanischer Garten in Benmore Im Herzen der Halbinsel Cowal, in eine Bergmulde geschmiegt, blüht dieser viktorianische Garten im Frühling und Frühsommer auf (S. 318).

Scotland's Secret Bunker Mitten im ländlichen Fife liegt ein faszinierender Atombunker unter einem Feld verborgen und erinnert an den Kalten Krieg (S. 244).

Cape Wrath Eine Kombination von Fähre und Minibus führt durch ein Raketenabschussgelände hin zu diesem spektakulären Kap an der Nordwestspitze Großbritanniens (S. 427).

Inseln

Schottland hat mehr als 700 Inseln entlang seiner Küsten. Die meisten Besucher halten sich an die größeren, wie Arran, Skye, Mull und Lewis, doch oft bieten gerade die kleineren, weniger bekannten Inseln besondere Höhepunkte.

Iona Schön, friedlich (sobald die Tagesausflügler verschwunden sind) und von enormer historischer und kultureller Bedeutung, ist Iona das Juwel der Hebriden (S. 349).

Eigg Die interessanteste der kleinen Inseln, mit einem Miniaturmassiv, einer Massakerhöhle und singendem Sand (S. 403).

Jura wild und ungebändigt, mit mehr Wildtieren als Menschen und einem gefährlichen Strudel an ihrer Nordspitze (S. 331).

Isle of May Gerade mal eine Meile lang. Auf dieser Insel vor der Küste von Fife erklingt im Frühjahr und Sommer das Lärmen der Papageientaucher (S. 242).

Westray & Papa Westray Diese benachbarten Inseln am Nordende des Orkney-Archipels strahlen etwas Magisches aus. Für Unterkunft und Essen ist reichlich gesorgt; dazu schöne Küstenlandschaften, Vogelbeobachtungen und historische Stätten (S. 486 & 487).

Naturwunder

Schottlands erstaunliche Landschaften bergen viele Naturwunder, wie z. B. spektakuläre Meeresklippen und Felsformationen, donnernde Wasserfälle, tiefe Schluchten und wilde Gezeitenstrudel.

Old Man of Hoy Die meisten Orkney-Inseln sind recht flach, doch Hoy ist schroff und felsig; an seiner spektakulären Westküste steht Großbritanniens höchste Meeresklippe (S. 483).

Der Strudel von Corryvreckan Einer der drei stärksten Gezeitenstrudel der Welt mahlt hier zwischen Jura und Scarba (S. 332)

Wasserfälle von Measach Eine schwankende Hängebrücke bietet Angst einflößende Ausblicke auf einen der eindrucksvollsten Wasserfälle Schottlands (S. 432).

Fossil Grove Versteinerte Baumstümpfe aus der Zeit vor 350 Mio. Jahren vermitteln eine Ahnung von erdgeschichtlichen Zeiträumen (S. 121).

Fingal's Cave Diese gigantische Höhle ist nur mit dem Boot zu erreichen; sie inspirierte Mendelssohn zu der Ouvertüre Die Hebriden (S. 350).

Monat für Monat

Top-Events

1. **Edinburgh Festival Fringe**, August
2. **T in the Park**, Juli
3. **West End Festival**, Juni
4. **Celtic Connections**, Januar
5. **Braemar Gathering**, September

Januar

Der Brummschädel von Hogmanay lässt nach und der Arbeitsalltag beginnt wieder, aber nur bis zur Burns Night. Draußen ist es kalt und dunkel, dafür kann man gut Skifahren.

Burns Night
Im ganzen Land (sogar weltweit, wenn man es genau nimmt) wird am 25. Januar festlich gespeist zu Ehren von Schottlands Nationaldichter Robert Burns. Da gibt es viel Haggis, Whisky und Rezitationen von Gedichten.

Celtic Connections
In Glasgow findet das größte Winter-Musikfestival der Welt statt. Teilnehmer aus aller Welt zelebrieren hier keltische Musik, Tanz und Kultur. Alljährlich Mitte bis Ende Januar. Siehe www.celticconnections.com.

Up Helly Aa
Halb Shetland verkleidet sich mit Hörnerhelm und Streitaxt bei dieser Aufführung eines Wikinger Feuerfestes, bei dem ein Fackelzug mit dem Abfackeln eines Wikingerschiffs endet. Am letzten Dienstag im Januar in Lerwick. Siehe www.uphellyaa.org.

Februar

Der kälteste Monat im Jahr eignet sich am besten für Bergwanderungen, Eisklettern und Skifahren. Die Tage werden länger und sogar die ersten Schneeglöckchen trauen sich ins Freie.

2 Six-Nations-Rugby-Turnier
Schottland, England, Wales, Irland, Frankreich und Italien tragen dieses wichtige Turnier von Februar bis März aus; Heimspiele werden in Murrayfield, Edinburgh, ausgetragen. Siehe www.rbs6nations.com.

Fort William Mountain Festival
Die Hauptstadt der Freiluftaktivitäten in Großbritannien feiert den Höhepunkt der Wintersaison mit Ski- und Snowboard-Workshops, Vorträgen berühmter Bergsteiger, Veranstaltungen für Kinder und einem Filmfest für Bergsteigerfilme. Siehe www.mountainfilmfestival.co.uk.

April

Die Bluebells (Waldhyazinthen) leuchten nun in den Wäldern an den Ufern von Loch Lomond. Das Wetter wird Schritt für Schritt besser, obwohl es meist noch immer stark regnet.

Rugby Sevens
Ein paar Wochenenden lang wird im April und Mai entlang der Grenzregion ein 7er-Rugbyturnier ausgefochten, wobei Melrose Anfang April beginnt. Schnelles und hartes Rugby (7er-Rugby wurde hier erfunden), überfüllte Pubs und eine Mordsgaudi. Siehe www.melrose7s.com.

Mai

Der Machair auf den Hebriden ist von Wildblumen übersät, Weißdornhecken stehen in Blüte, ebenso die Kirschbäume in den Stadtparks – im Mai zeigt Schottland oft sein sonnigstes Wetter.

Burns an' a' That
In den Städten von Ayrshire gibt es nun zu Ehren des schottischen Barden und

Nationaldichters Aufführungen mit Lyrik und Musik, Kinderveranstaltungen, Kunstausstellungen u.a. Siehe www.burnsfestival.com.

Spirit of Speyside
In Dufftown, in der Grafschaft Moray, wird dieses Fest fünf Tage lang mit Whisky, Essen und Musik begangen, mit Verköstigungstouren durch die Whiskybrennereien, Kochen, Kunst und Freiluftaktivitäten. Das Ganze Ende April bis Anfang Mai in Moray und Speyside. Siehe www.spiritofspeyside.com.

Juni

Ganz Argyllshire leuchtet in den tiefen Rot der Rhododendren und die Sommerabende ziehen sich bis 23 Uhr hin. Die Städte im Grenzland sind mit Wimpelketten verziert für die Galatage und die „Common Ridings".

Common Ridings
Einer alten Tradition nach, welche an die Grenzkonflikte mit England erinnert, reiten Männer und Frauen entlang der alten Grenzen des Gemeinschaftslandes, es gibt Umzüge mit Musikkapellen und Straßenfeste. Wird in verschiedenen Border Towns gefeiert; Jedburgh (www.jethartcallantsfestival.com) hat eines der größten und schönsten Feste.

Glasgow Festivals
Im Juni veranstaltet Glasgow das Äquivalent zum Edinburgh Festival, und zwar mit drei großen Events – dem West End Festival (www.westendfestival.co.uk), Glasgows größtem Musik- und Kunstevent; dem Glasgow International Jazz Festival (www.jazzfest.co.uk) und der Glasgow Mela (www.glasgowmela.com), einer Feier der asiatischen Kulturen.

Juli

Die Schulferien beginnen, und damit auch die Hochsaison für die Urlaubsorte. Beste Zeit für Vogelbeobachtungen auf den Shetlands.

T in the Park
Seit 1994 findet dieses Musikfestival jährlich statt, und Spitzenstars wie The Who, REM, Eminem und Kasabian sorgen für Schlagzeilen. Dieses große Musikfestival ist Schottlands Antwort auf Glastonbury; an einem Wochenende Mitte Juli in Balado bei Kinross. Siehe www.tinthepark.com.

August

Festivalzeit in Edinburgh und die Stadt platzt vor Besuchern aus allen Nähten. An der Westküste ist jetzt die beste Zeit für die Beobachtung von Minkwalen und Haien.

Edinburgh Festivals
Das Edinburgh Festival umfasst Bücher, Kunst, Theater, Musik, Kleinkunst, Tanz und den Military Tattoo (www.edintattoo.co.uk). Das zeitgleich mit dem International Festival stattfindende Fringe Festival hält die Stadt von der ersten August- bis zur ersten Septemberwoche auf Trab. Siehe www.edinburghfestivals.co.uk.

September

Die Schulferien sind vorbei, die Mückenplage lässt nach, reife Brombeeren wollen nun gepflückt werden und das Wetter ist oft trocken und recht mild – hervorragend für einen Spaß im Freien.

Braemar Gathering
Das berühmteste der Highland Games im schottischen Kalender, an dem traditionell Mitglieder der königlichen Familie teilnehmen. Es gibt Highland-Tänze, Dudelsackmusik und Baumstammwerfen; Anfang September in Braemar, Royal Deeside. Siehe www.braemargathering.org.

Dezember

Der kürzeste Tag des Jahres rückt näher. Weihnachts- und Silvesterfeiern lassen das nasskalte Wetter vergessen.

Hogmanay
Die Weihnachtsfeiern in Edinburgh (www.edinburghschristmas.com) erleben ihren Höhepunkt in einem Straßenfest an Hogmanay (31. Dezember). In Stonehaven wird ein vorchristlicher Brauch zelebriert: ein Umzug von Feuerbälle schwingenden Einwohnern, die zum Hafen hinunterziehen und ihre brennenden Kugeln in die See schleudern (www.stonehavenfireballs.co.uk).

Reiserouten

Ob für fünf Tage oder 15, diese Reiserouten helfen bei der Planung eines unvergesslichen Urlaubs. Weitere Vorschläge wären dennoch willkommen? Auf www.lonelyplanet.de/forum kann man sich mit anderen Travellern austauschen.

Fünf Tage
Durchs Grenzland

> Von **Edinburgh** ist das erste Ziel das berühmte ehemalige Zuhause von Sir Walter Scott in **Abbotsford**, anschließend werden die wunderschönen Abteien von Melrose und dem nahen Dryburgh abgeklappert; das reizende **Melrose** bietet sich mit seiner guten Auswahl an Hotels und Restaurants zum Übernachten an.

Am nächsten Morgen führt die Fahrt auf der A708 gen Westen durch die herrliche Landschaft am St. Mary's Loch nach **Moffat** und weiter nach **Dumfries** (mit Übernachtung), wo die ersten Sehenswürdigkeiten warten, die mit dem schottischen Nationaldichter Robert Burns zu tun haben. Ein kurzer Abstecher führt noch zum **Caerlaverock Castle**.

Auf der A76 geht es weiter in Richtung Ayr; den Rest des dritten Tags verbringt man in **Alloway** mit dem Besuch des Geburtshauses von Robert Burns und anderen Burns-Stätten. Im nahen **Ayr** warten vielerlei Quartiere. Nun führt die Fahrt gen Norden zur **Wemyss Bay**. Mit der Fähre setzt man nach **Rothesay** auf der Isle of Bute über, wo eines der imposantesten Herrenhäuser Schottlands steht: Mount Stuart. Nach der Übernachtung auf der Insel geht es zurück aufs Festland und gen Osten nach **Glasgow**.

Zwei Wochen
Schottlands Highlights

Von **Edinburgh** in Richtung Norden über die Forth Road Bridge nach Fife und dann gen Osten auf der Küstenstraße durch Fischerdörfer wie **East Neuk** (in Anstruther oder St. Monans Meeresfrüchte essen) in die Heimat des Golfsports nach **St. Andrews**. Hier übernachtet man und spielt eine Runde Golf, bevor es gen Norden weiter über die Tay Bridge nach **Dundee** und zum **Glamis Castle** geht. Von hier führt die A93 durch die Grampian Mountains nach **Braemar**, das sich zum Übernachten anbietet.

Auf dem Weg in den Westen durch Royal Deeside warten Unmengen Burgen – von denen mindestens die königliche Residenz **Balmoral Castle** und die Bilderbuchburg **Crathes Castle** einen Besuch lohnen, bevor die Granitstadt **Aberdeen** erreicht ist, in der man übernachtet. Nun geht es auf der A944 wieder gen Westen mit kurzen Abstechern zum **Castle Fraser** und **Craigievar Castle**, anschließend gen Norden nach **Dufftown** im Herzen von Speyside. Hier sollte man sich mindestens einen Tag lang stationieren, um die vielen **Whisky-Brennereien** in der Nähe zu erkunden; außerdem warten zwei hervorragende Restaurants und die Quaich Whisky Bar im Craigellachie Hotel.

Weiter führt die Route gen Nordwesten nach **Elgin** mit seiner Abteiruine und über die A96 gen Westen, wo auf dem Weg nach Inverness (vermutlich mit Übernachtung in Nairn) das **Fort George** und **Culloden** besichtigt werden. **Inverness** lohnt auch ein oder zwei Übernachtungen – es gibt hier hervorragende Hotels und Restaurants, außerdem bietet sich Gelegenheit zu einem Abstecher zum **Loch Ness** (Drumnadrochit für Nessieforscher, Dores Inn für Hungrige). Eine herrliche Strecke führt von Inverness nach **Torridon** via **Kinlochewe** durch das schönste Bergpanorama Schottlands; im Torridon Hotel sollte man eine Übernachtung einplanen. Dann geht es über Applecross und das hübsche Dorf **Plockton** gen Süden nach Kyle of Lochalsh und über die Brücke nach **Skye**.

Nachdem man zwei Tage die bekannteste Insel Schottlands erkundet hat, nimmt man die Fähre von Armadale nach Mallaig und befährt die **Road to the Isles** in umgekehrter Richtung. Bei einem Zwischenstopp wird **Glenfinnan** besichtigt, wo Bonnie Prince Charlie 1745 seine Highland-Armee zusammentrommelte. Nach einer Übernachtung in Fort William fährt man zurück nach Edinburgh, und zwar über eine malerische Landstraße, die durch das **Glen Coe** und am herrlichen Ufer des **Loch Lomond** entlang verläuft.

» Oben: Herbst in den Trossachs (S. 223)
» Links: Melrose Abbey (S. 162)

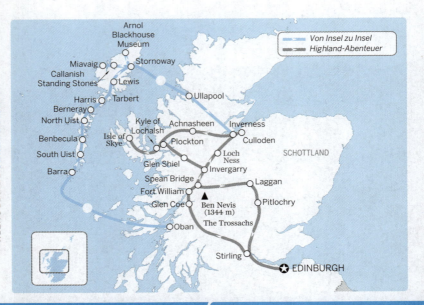

Eine Woche
Highland-Abenteuer

> Selbst wer sich nur eine Woche in Schottland aufhält, sollte sich für **Edinburgh** zwei Tage Zeit nehmen. Am dritten Tag geht es gen Nordwesten nach **Stirling**, wo die zweite imposante Burg Schottlands bewundert werden will, und zu den **Trossachs**, um einen Eindruck vom Highland-Panorama zu bekommen (Übernachtung in Callander). Der vierte Tag beginnt mit einer Fahrt gen Norden über Crianlarich, das **Glen Coe** und **Fort William**, dann durch das Great Glen nach **Loch Ness**, um nachmittags Urquhart Castle und das Loch Ness Centre & Exhibition zu besuchen. Ein Schiffsausflug auf dem Loch Ness rundet den Tag ab, bevor man in **Inverness** übernachtet. Am fünften Tag besichtigt man vormittags **Culloden Battlefield**, dann geht es gen Westen über **Achnasheen** und **Plockton** nach **Kyle of Lochalsh** und über auf die **Isle of Skye**. Der sechste Tag gilt der Erkundung der Insel – sogar für die Besichtigung des Dunvegan Castle bleibt Zeit.

> Am siebten Tag führt die Fahrt zurück in den Süden – die Strecke verläuft durch das **Glen Shiel**, **Invergarry**, **Spean Bridge** (mit Pause am Commando Monument), **Laggan** und dann auf der A9 nach Edinburgh mit einem Stopp in **Pitlochry**.

Eine Woche
Von Insel zu Insel

> Diese Route fahren viele mit dem Auto, sie lässt sich auch mit dem Fahrrad (432 km, inkl. 96 km von Ullapool zum Bahnhof Inverness; Start und Ziel liegen an der Bahn) zurücklegen.

> Von **Oban** setzt die Fähre nach **Barra** über, wo man übernachtet. Am zweiten Tag nimmt man nach der Besichtigung von Kisimul Castle und einer Erkundungstour über die Insel die Fähre nach **South Uist**. An der Westküste macht eine Strandwanderung oder ein Angelausflug zu den Forellenseen Spaß, außerdem munden die Meeresfrüchte.

> Nach der Übernachtung in Lochmaddy auf North Uist geht es über die Insel **North Uist** mit **Benbecula**, ein Eldorado für Vogelfreunde. Wer zeltet oder im Hostel nächtigt, sollte eine Nacht in **Berneray** einplanen, bevor es mit der Fähre nach **Harris** geht, wo es an der Westküste schöne Strände gibt. Die Straße führt dann weiter gen Norden von **Tarbert** (gute Hotels) durch Berge nach **Lewis**. Stornoway sollte man nicht direkt ansteuern, sondern den westlichen Weg über die **Callanish Standing Stones** und das **Arnol Blackhouse Museum** wählen. Nach der Übernachtung in Stornoway (im Digby Chick essen), nimmt man die Fähre nach **Ullapool** und nach **Inverness**.

Wandern

Ausrüstung beim Bergwandern
Regendichte Kleidung
Warme Ersatzkleidung
Karte und Kompass
Mobiltelefon (Netzverbindung nicht überall möglich)
Erste-Hilfe-Ausstattung
Stirnlampe
Trillerpfeife (für Notfälle)
Ausreichend Essen und Getränke

Dank Schottlands wilder, dramatischer Natur und abwechslungsreicher Landschaften hat sich der Wandersport bei Einheimischen wie auch Touristen zu einer enorm beliebten Freizeitbeschäftigung entwickelt. Hier ist für jeden etwas geboten – von einem Spaziergang nach dem Frühstück bis hin zum beliebten *Munro Bagging*, dem „Sammeln" von Gipfeln.

Reiseplanung

Highland-Wanderer sollten gut ausgerüstet und vorsichtig sein, da das Wetter das ganze Jahr über plötzlich umschlagen kann. Nach Regen kann der Torfboden aufweichen und sumpfig werden, deshalb sind feste Schuhe oder Stiefel wichtig. Eine extra Ration an Lebensmitteln und Getränken sollte mitgenommen werden – schon mancher Wanderer hat unfreiwillig eine Nacht im Freien verbracht. Auf Mobiltelefone kann man sich nicht verlassen (trotzdem sollte man eines dabei haben, falls man ein Signal bekommt, kann es Leben retten). Gegebenenfalls sollte man an der Windschutzscheibe des Autos eine Nachricht mit der Wanderroute und der voraussichtlichen Zeit der Rückkehr hinterlassen.

Die beste Zeit

Die beste Jahreszeit zum Bergwandern ist in der Regel von Mai bis September, wobei auf den höchsten Gipfeln sogar im Hochsommer manchmal Schnee fällt. Wer im Winter in höheren Lagen wandern will – was sich allerdings nur für erfahrene Bergsteiger empfiehlt –, benötigt Steigeisen und zusätzlich einen Eispickel.

Zugang & Wegerecht

Der relativ freie Zugang zu unbebautem Land hat in Schottland Tradition, und diese Tradition wurde 2003 in einem Gesetz zur Landreform festgeschrieben, das im Volksmund als *right to roam* bezeichnet wird. Der **Scottish Outdoor Access Code** (www.outdooraccess-scotland.com) legt fest, dass jeder das Recht hat, sich nahezu überall im Land und auch in Binnengewässern aufzuhalten, solange er sich verantwortungsvoll verhält. Zu meiden sind Gegenden, in denen Tiere in ihrem Lebensraum gestört werden, Gebiete mit Schafen während der Lammzeit (meist Mitte April–3. Okt.-Woche) sowie die Jagdsaison auf Moorhühner (12. Aug. bis 3. Okt.-Woche) und Wild (1. Juli–15. Feb., Hochsaison Aug.–Okt.). Aktuelle Informationen zu Treibjagden in den verschiedenen Regionen erteilt **Heading for the Scottish Hills** (www.outdooraccess-scotland.com/hftsh). Es ist auch fast überall erlaubt, ein Zelt aufzuschlagen, insofern andere nicht beeinträchtigt oder Grund und Boden beschädigt werden, die Aufenthaltsdauer zwei bis drei Nächte nicht übersteigt, der Müll mitgenommen und ein weiter Abstand zu Häusern und Straßen gewahrt bleibt. (Aber Achtung: Dieses Recht gilt nicht für die Nutzung motorisierter Fahrzeuge.)

Da die Behörden vor Ort nicht verpflichtet sind, Wegerechte zu listen oder in Landkarten zu verzeichnen, erscheinen sie nicht in den *Ordnance Survey (OS)*-Landkarten von Schottland – wie dies in England und Wales der Fall ist. Die **Scottish Rights of Way & Access Society** (0131-558 1222; www.scotways.com; 24 Annandale St, Edinburgh EH7 4AN) verfügt jedoch über Aufzeichnungen dieser Routen, ist für die Ausschilderung zuständig und veröffentlicht diese Informationen in ihrem Führer *Scottish Hill Tracks*.

Wohin zum Wandern?

West Highland Way

Dieser berühmte Wanderweg – der beliebteste Fernwanderweg Schottlands – erstreckt sich 96 Meilen (153 km) durch die schönsten Landschaften Schottlands von Milngavie (Aussprache: Malgai) am nordwestlichen Rand von Glasgow bis nach Fort William.

Die Tour beginnt zunächst im Flachland, doch der größte Teil des Wegs verläuft durch

OFFIZIELLE FERNWANDERWEGE

STRECKE	LÄNGE	CHARAKTERISTIK	DAUER	SCHWIERIGKEITSGRAD
Fife Coastal Path (S. 230)	125 km	Firth of Forth, leicht hügeliges Gelände	5–6 Tage	einfach
Great Glen Way (S. 372)	117 km	Loch Ness, Pfade an Kanälen, Waldwege	4 Tage	einfach
Pilgrims Way (S. 170)	40 km	Halbinsel Machars, stehende Steine, Hügelgräber	2–3 Tage	einfach
St. Cuthbert's Way (S. 170)	100 km	auf den Spuren des berühmten Heiligen	6–7 Tage	mittel
South Loch Ness Trail (S. 372)	45 km	niedrige Berge, Wälder, Lochs, Wasserfälle	2–3 Tage	einfach
Southern Upland Way (S. 170)	340 km	einsame Berge & Moore	9–14 Tage	mittel bis schwierig
Speyside Way (S. 31)	106 km	führt am Fluss entlang, Whisky-Destillerien	3–4 Tage	leicht bis mittel
West Highland Way (S. 30)	154 km	spektakuläre Natur, Berge & Lochs	6–8 Tage	mittel

TOP 10: KURZE WANDERUNGEN

Quiraing (S. 451; Isle of Skye) Ein bis zwei Stunden; bizarre Felsnadeln.
Steall Meadows (S. 393; Glen Nevis) Ein bis zwei Stunden; Wasserfall unterhalb vom Ben Nevis.
Lost Valley (S. 386; Glen Coe) Drei Stunden; beeindruckendes Bergpanorama.
Conic Hill (S. 313; Loch Lomond) Zwei Stunden; Ausblicke über den Loch Lomond.
Loch an Eilein (S. 378; Aviemore) Eine Stunde; hübsches Loch inmitten von schottischen Kiefern.
Linn of Quoich (S. 296; Braemar) Eine Stunde; felsige Schlucht und Wasserfall.
Plodda Falls (S. 371; Cannich) Eine Stunde; schwindelerregender Aussichtspunkt über dem Wasserfall.
Duncansby Head (S. 419; John O'Groats) Eine Stunde; spektakuläre Felsnadel am Meer.
Stac Pollaidh (S. 385; Coigach) Zwei bis vier Stunden; Aufstieg auf einen Miniberg.
Old Man of Hoy (S. 483; Orkney) Drei Stunden; höchste Felsnadel am Meer in Großbritannien.

---

das Bergland entlang der Lochs und Wildbäche der westlichen Highlands. Zuerst am östlichen Ufer von Loch Lomond entlang, an Crianlarich und Tyndrum vorbei, führt der Weg quer durch das ausgedehnte Naturgebiet von Rannoch Moor und erreicht schließlich Fort William über Glen Navis im Schatten von Ben Nevis, dem höchsten Berg Großbritanniens.

Der Weg ist leicht zu gehen und folgt alten Viehtreiberpfaden (über die ehemals das Highland-Vieh zu den Märkten in den Lowlands getrieben wurde), einer alten Militärstraße (von Soldaten gebaut, um die Highlands im 18. Jh. zu befrieden) und stillgelegten Bahntrassen.

Die Tour sollte von Süden nach Norden gegangen werden. Sie dauert sechs bis sieben Tage. Viele Wanderer schaffen es auch noch auf den Ben Nevis hinauf. Dazu braucht man vor allem gute Wanderschuhe, Regenkleidung, Karten, einen Kompass und Lebensmittel und Getränke für den nördlichen Teil der Wanderung. Auch ein Mückenschutz ist unerlässlich.

Es besteht die Möglichkeit, nur eine Tagesetappe auf einer Teilstrecke des Trails zu gehen, also beispielsweise von Rowardennan nach Inversnaid und dann mit dem Loch Lomond Water Bus zum Ausgangspunkt der Tour zurückzukehren.

The West Highland Way Official Guide von Bob Aitken und Roger Smith ist der umfassendste Reiseführer. Die Harveys-Karte *West Highland Way* zeigt den gesamten Weg auf einem einzigen wasserdichten Blatt.

Unterkunft zu finden sollte nicht schwer sein, obwohl es zwischen Bridge of Orchy und Kinlochleven wenig Auswahl gibt. In der Hochsaison (in den Monaten Mai, Juli und August) sollte man im Voraus buchen. Einige Jugendherbergen und Schlafbaracken finden sich am Weg oder in der Nähe. Mancherorts kann man auch campen. Ein Unterkunftsverzeichnis gibt es in jeder Touristeninformation.

Weitere Informationen gibt es auf der Website www.west-highland-way.co.uk.

Speyside Way

Dieser Fernwanderweg folgt dem Fluss Spey, einem der wichtigsten Laichflüsse für Lachse in Schottland. Er beginnt in Buckie und verläuft zunächst an der Küste bis Spey Bay, östlich von Elgin. Dann folgt er dem Fluss ins Landesinnere bis Aviemore in den Cairngorms (mit Abzweigungen nach Tomintoul und Dufftown).

Der 106 km lange Weg heißt inoffiziell auch Whisky Trail, denn er führt an mehreren Destillierien vorbei, darunter The Glenlivet und Glenfiddich, die beide zur Besichtigung offenstehen. Wer in allen Brennereien eine Pause einlegt, braucht für die Wanderung aber sicher länger als die üblichen drei oder vier Tage! Die ersten 18 km von Buckie nach Fochabers eignen sich auch für eine Halbtagestour mit dem Fahrrad (4–5 Std.).

STEVEN FALLON: KÖNIG DER MUNRO BAGGER

Steven Fallon, der als Bergwanderer, Geländeläufer und geprüfter Bergführer in Edinburgh lebt, ist der bedeutendste *Munro Bagger* der Welt: Er hat alle 283 Munros (Gipfel ab 3000 Fuß bzw. 914 m Höhe) sage und schreibe 14-mal erklommen.

Haben Sie einen Lieblingsmunro? Ich schätze eigentlich alle Berge in den nordwestlichen Highlands – sie sind meist spitz und bieten einen herrlichen Ausblick. Besonders toll finde ich allerdings den Slioch am Loch Maree, den Beinn Alligin, den Liathach und den Beinn Eighe in Torridon sowie die Five Sisters of Kintail – und alle Berge der Cuillins auf Skye. Aber mein wirklich absoluter Lieblingsberg ist wohl der Ladhar Bheinn auf der Halbinsel Knoydart. Er ist ziemlich abgelegen und lässt sich nur nach einer langen Wanderung am Südufer des Loch Hourn entlang erreichen. Aber die Landschaft ist einfach herrlich. Der Berg selbst ist wegen seiner Gletschertöpfe und Spalten nicht einfach zu begehen; vom Gipfel reicht der Blick über Eigg nach Skye und noch weiter.

Welcher der Munros ist der einfachste, welcher der schwierigste? Mit nur 430 Höhenmetern auf 5 km sind die einfachsten Munros wohl der Cairnwell und der Carn Aosda; beide lassen sich vom Skiort Glenshee aus erreichen. Gute Pfade sowie Schlepplifte für die Skifahrer gestalten das Fortkommen auf diesen beiden Bergen einfach, und wenn die Zeitplanung stimmt, sitzt man zur Essenszeit schon wieder im Café. Als technisch schwierigster Berg gilt der Inaccessible Pinnacle in den Cuillin Hills auf Skye – wie sein Name ja schon sagt. Es gilt, eine lange exponierte Felszacke zu erklimmen, die schlichtweg schwindelerregend ist, dann muss man sich an einem kurzen, jähen Abgrund abseilen. Die meisten *Munro Baggers* schaffen das nur mit Hilfe ihrer Bergkameraden oder müssen einen Führer anheuern – was natürlich in die Aufzeichnungen eingeht.

Die zehn einfachsten Munro-Bergtouren finden sich auf Stevens Website unter www.stevenfallon.co.uk (einfach Hill Lists und dann im Anschluß Maps/Munros/Easiest Munros anklicken).

The Speyside Way, ein Führer von Jacquetta Megarry und Jim Strachan, beschreibt die Route im Detail. Einen Blick lohnt aber auch die Website www.speysideway.org.

Isle of Skye

Skye ist ein Wanderparadies, denn über die ganze Insel schlängeln sich einfache, aber auch anspruchsvolle Trails durch die herrlichste Landschaft.

Der **Quiraing** (5,6 km; 2–3 Std.) beginnt am Parkplatz am höchsten Punkt der Nebenstraße, die von Staffin nach Uig führt. Ein gut erkennbarer Pfad verläuft zuerst in Richtung Nordosten zu Felsnadeln, nach etwa 200 m führt ein anderer Pfad nördlich den Berg hinauf, wo er auf einen weiteren Weg trifft, der dann über den Gipfel Meall na Suiramach führt. Dabei bietet sich vom Gipfel ein fantastischem Ausblick auf den Quiraing weiter unten an. Der Weg schlängelt sich weiter zu einem Sattel und einer Stelle in den Klippen, wo es wieder bergab geht und man mitten durch die Felsnadeln hindurch an den Ausgangspunkt zurückgelangt.

Kilmarie to Coruisk (18 km; mindest. 6 Std.) Diese Wanderung ist eine der spektakulärsten und anspruchsvollsten Touren auf Skye, obwohl es eigentlich nicht viele Höhenmeter zu bewältigen gilt. Sie beginnt am Parkplatz nur ein kleines Stück südlich von Kilmarie, das an der Straße von Broadford nach Elgol liegt. Ein steiniger Pfad führt über einen Hügel zur herrlichen Bucht von Camasunary und am weiter entfernten Ende dann bis zum Fluss Camasunary – bei Ebbe lässt er sich auf Trittsteinen überqueren, bei Flut muss man weiter flussaufwärts durchs Wasser warten. Der legendäre Bad Step ragt gegenüber vom nördlichen Ende der kleinen Insel im Loch ni Cuilce auf; die Felsnadel fällt direkt zum Meer hin ab; es gilt, auf einen Felssims zu klettern und sich dann an einem horizontalen Spalt entlangzukämpfen (der Trick ist, sich bei einer Nische nach links hinunterzulassen). Weitere Hindernisse gibt es nicht, und 15 Minuten später ist der Loch Coruisk erreicht, einer der einsamsten Flecken Schottlands. Zurück geht es auf demselben Weg.

die McPhies: das sind Erhebungen über 300 Fuß (90 m) auf der Insel Colonsay.

Volkssport Munro Bagging

Ende des 19. Jhs. veröffentlichte der begeisterte Bergwanderer Sir Hugh Munro eine Liste mit allen schottischen Bergen über 3000 Fuß (914 m) – eine Höhe, der er besondere Bedeutung beimaß. Er konnte natürlich nicht ahnen, dass heute jeder Berg in Schottland, der es auf besagte Höhe bringt, mit seinem Namen bezeichnet wird. Viele eifrige Bergsportler setzten es sich inzwischen zum Ziel, alle 283 Munros in Schottland zu erklimmen und zu „sammeln" *(bagging)*.

Uneingeweihten kommt es vielleicht seltsam vor, wenn *Munro Bagger* begeistert durch Nebel, Wolken und strömenden Regen stiefeln. Doch wenn schließlich wieder ein Gipfel auf der Liste abgehakt werden kann, scheinen die Widrigkeiten des Wetters mit zum Vergnügen zu gehören – zumindest im Nachhinein. *Munro Bagging* ist aber natürlich mehr als nur das Abarbeiten einer Liste. Die Bergwanderer gelangen auf diese Weise in die unberührtesten und herrlichsten Ecken Schottlands.

Wer alle Munros bestiegen hat, kann als nächstes auch noch die Corbetts anpeilen – Berge über 2500 Fuß (700 m), die auf allen Seiten mindestens 500 Fuß (150 m) abfallen, dann die Donalds, Berge über 2000 Fuß (610 m). Und schließlich gibt es auch noch

Weitere Informationen

Jede Touristeninformation verfügt über Broschüren (kostenlos oder gegen eine geringe Gebühr) mit Vorschlägen für Waderungen, die auch Sehenswürdigkeiten in der Region berücksichtigen. Im Lonely Planet-Band *Walking in Scotland* sind ebenfalls zig Touren zusammengestellt – von kurzen Wanderungen bis hin zu Fernwanderwegen. Auch der Band *Walking in Britain* enthält Touren in Schottland. Allgemeine Ratschläge erteilt eine Website von VisitScotland: **Walking Scotland** (http://walking.visitscotland.com) beschreibt nicht nur zahlreiche Routen in verschiedenen Regionen des Landes, sondern gibt auch Tipps zur Sicherheit und enthält zudem andere wertvolle Informationen.

Weitere gute Websites:

Mountaineering Council of Scotland (www.mcofs.org.uk)

Ordnance Survey (www.ordnancesurvey.co.uk)

Ramblers' Association Scotland (www.ramblers.org.uk/scotland)

Scottish Mountaineering Club (www.smc.org.uk)

WalkHighlands (www.walkhighlands.co.uk) Online-Datenbank mit über 1500 Wanderungen samt detaillierten Beschreibungen und Karten.

Golf

Golf und Schottland gehören zusammen. Eine Runde Golf hier ist ein Erlebnis, wie es sich auf der Welt sonst nirgendwo bietet. Ob jemand nun auf einem klassischen Golfplatz spielt oder auf einem rustikalen Kurzgolfplatz auf einer Insel, die Landschaft ist garantiert atemberaubend. Und da in Schottland die Tradition öffentlicher Golfplätze gepflegt wird, geht eine tolle Runde Golf meist auch noch mit Geselligkeit und Gastfreundschaft Hand in Hand.

Die beste Zeit zum Golfen

Der Sommer ist am angenehmsten, denn es ist lang hell, sodass man schon um 6 Uhr morgens oder auch noch um 19 Uhr eine volle Runde spielen kann. Im Sommer sind die Golfplätze natürlich überlaufen, ein guter Kompromiss ist deshalb der Mai oder September.

Infos im Internet

www.visitscotland.com/golf Nützliche Informationsquelle sowie Hinweise zu ermäßigten Golfpässen. VisitScotland veröffentlicht auch die Broschüre *Golf in Scotland*; sie erscheint einmal pro Jahr, ist kostenlos und enthält Einzelheiten zu den Golfplätzen, Kosten und Clubs sowie Informationen zu Quartieren.

www.scotlands-golf-courses.com Ebenfalls eine gute Website, um Details zu den einzelnen Plätzen in Erfahrung zu bringen.

Preise

Eine Runde Golf kostet auf einem ganz normalen Golfplatz auf dem Land gerade einmal 10 £. Prestige-Golfplätze nehmen Greenfees in Höhe von 150 £ bis 200 £ in der Hochsaison. Im Winter liegen die Preise niedriger, unter der Woche wird es ebenfalls oft billiger, außerdem sollte man sich über sog. „Twilight Rates" informieren: Wer nach 16 Uhr spielt, kann in manchen Clubs bis zu 50 % sparen.

Geschichte

Erstmals wird Golf in historischen Dokumenten aus dem Jahr 1457 erwähnt, als nämlich James II. den Sport verbot, damit das aus militärischen Gründen wichtige Bogenschießen nicht beeinträchtigt wurde.

Der älteste Golfplatz Schottlands – und der Welt – befindet sich in Musselburgh, der älteste Club ist der Honourable Company of Edinburgh Golfers in Muirfield; er wurde 1744 gegründet. Der 1754 ins Leben gerufene Royal and Ancient of St. Andrews avancierte zum Dachverband.

Der Golfsport, wie wir ihn heute kennen, entstand Ende des 19./Anfang des 20. Jhs. Legendäre Größen wie James Braid und Old Tom Morris entwarfen im ganzen Land Golfplätze, wobei Morris auch als Begründer der Open Championship von sich reden machte, ein Turnier, das er gleich viermal gewann.

Was sind Links?

Die meisten Golfplätze in Schottland sind unter dem Begriff „Links" bekannt. Es handelt sich dabei um Golfplätze am Meer, auf denen das moderne Golfspiel ins Leben gerufen wurde mit einzigartigen Herausforderungen wie hügeligen Fairways, tiefen Topfbunkern und riesigen Greens, die wie das schottische Hochland im Miniaturformat anmuten.

Auf Links-Plätzen wird man ein Geräusch mit Sicherheit nicht zu hören bekommen: den demoralisierenden Aufprall, wenn ein eigentlich perfekter Drive an einem Baum landet. Links weisen in der Regel nämlich keinen Baumbestand auf, an Vegetation finden sich hier Stechginster, Heidekraut und Machair, ein küstennaher Bodenmischtyp, auf dem viele Blumen gedeihen. Doch das soll jedoch nicht heißen, dass diese historischen, charakteristischen Golfplätze am Meer einfach zu bespielen wären. Bei weitem nicht.

Die größtenteils planlosen Plätze befinden sich auf unkultiviertem, sandigem Boden zwischen Feldern und dem Meer und folgen den Konturen des Landes. Auch sind sie der Unbill des Wetters ausgesetzt: An einem sonnigen Tag lassen sich hier tolle Ergebnisse erzielen, weht jedoch auch nur eine kleine Brise vom Meer, gilt es, das Spielverhalten gut zu durchdenken. Jedenfalls macht es sich immer bezahlt, auf die Einheimischen zu hören.

CATRIONA MATTHEW, PROFI-GOLFERIN UND GEWINNERIN DER WOMEN'S BRITISH OPEN 2009

Welcher ist Ihr Lieblingsgolfplatz in Schottland? Und warum? St. Andrews mag ich am liebsten. Der Golfplatz macht mit jedem Mal, das man dort spielt, noch mehr Spaß. Man sieht auf den ersten Blick, wie natürlich er sich in die Landschaft einfügt; die Bunker sind perfekt positioniert, und allein schon aufgrund seiner langen Geschichte ist es für Golfspieler aller Leistungsniveaus wirklich ein tolles Erlebnis, hier zu spielen.

Was ist am Golf in Schottland anders im Vergleich zu anderen Ländern? Golf in Schottland bedeutet, auf Plätzen zu spielen, die sich in die natürliche Landschaft einfügen, und zwar bei jedem Wetter. An erster Stelle steht die Gastfreundschaft, außerdem dürfen auf fast allen Golfplätzen auch Gäste spielen.

Welcher Golfplatz in Schottland ist am malerischsten? Für mich ist der malerischste Golfplatz in Schottland der North Berwick West Links. Zufällig ist dieser Platz auch mein Heimat-Golfplatz, und das Panorama ist meiner Meinung nach sogar noch beeindruckender als das vom Pebble Beach in Kalifornien.

Welchen Golfplatz würden Sie einem Golfer mit hohem Handicap empfehlen, der schottisches Golfspiel ohne ein Slope-Rating von 130 erleben will? Ich denke, der ideale Golfplatz für jemanden mit einem hohen Handicap ist der Gullane Nummer 3. Das ist ein toller kleiner Platz mit einem Par von 65. Die Aussicht ist ebenso schön wie am Haupt-Golfplatz (Gullane Nummer 1) und stellt durchaus auch eine sportliche Herausforderung dar.

Haben Sie einen Ratschlag für jemanden, der noch nie auf Links-Plätzen gespielt hat? Es ist hilfreich, einen Einheimischen als Caddie zu nehmen. Sie kennen sich prima aus und machen eine Runde nicht nur interessanter, sondern auch amüsanter.

Wie lautet Ihre goldene Regel für einen Amateur, die es ihm ermöglicht, mit einem besseren Ergebnis ins Clubhaus zurückzukehren? Nicht zu versuchen, stärker auszuholen, wenn bei Wind gespielt wird. Die goldene Regel lautet, den Schläger fester zu packen und ihn leichter zu schwingen.

Hätten Sie auch noch ein paar Tipps in Sachen Etikette für Leute, die noch nie in Großbritannien gespielt haben? Man sollte, wenn man nach einer Runde ins Clubhaus zurückkehrt, doch bitte die Kappe abnehmen. Und dass man Gruppen, die nach einem spielen, aber schneller sind, unaufgefordert durchlässt. Wer das drauf hat, ist auf dem Golfplatz und auch außerhalb gern gesehen!

Wo befindet sich das beste „19. Loch" in Schottland? Das alte Clubhaus von Gullane ist super nach einer Runde in Gullane oder North Berwick. Ein nettes Pub mit einem 1A-Essen.

DIE 10 BESTEN GOLFPLÄTZE

St Andrews (S. 234) Der öffentliche Old Course gilt als die geistige Heimat des Golfsports. Hier zeigt sich noch jeder Besucher von der langen Geschichte und dem Gefühl des Besonderen beeindruckt. Das 17. Loch – das Road Hole – ist berühmt für seinen Blind Drive, den gemein schwierigen Bunker und das stark abschüssige Green. Mehrere andere Golfplätze für alle Spielstärken machen St. Andrews zur absoluten Top-Golfdestination Schottlands.

Turnberry (S. 191) Wegen der herrlichen Aussicht auf die Insel Ailsa Craig gilt dieser Resort als einer schönsten Schottlands. Man sollte sich allerdings einen Ball mehr einstecken für das schwierige 9. Loch des Ailsa-Platzes: Dort landet der Ball bei den Fischen, wenn der Abschlag vom Tee über 200-Yard (182 m) nicht gelingt. Zum Glück befindet sich hier an dieser Stelle aber die renommierte Halfway Hut, wo ein anständiger Drink wartet, bevor es weiter zum 10. Loch geht.

Carnoustie (01241-802270; www.carnoustiegolflinks.co.uk; 20 Links Parade, Carnoustie, Angus) Der Golfplatz gilt als der schwierigste Schottlands und hat deshalb den Spitznamen „Car-nasty" abbekommen – also Car-fies –, was dem fast ständig wehenden Wind und auch dem Platz selbst geschuldet ist. Das Spiel hier ist erst gelaufen, wenn es wirklich zu Ende ist: Der Barry Burn, ein Wasserlauf am 18. Loch, hat schon so manchen hoffnungsvollen Kandidaten bei Privatrunden wie auch bei den Championships den Sieg gekostet.

Loch Lomond (01436-655555; www.lochlomond.com; Luss) Der Golfplatz am Ufer des berühmten Lochs liegt malerisch und romantisch – und besitzt auch noch das imposanteste Clubhaus Schottlands sowie eine Burgruine am 18. Green – aber er stellt wirklich eine Herausforderung dar, denn er weist zig Wasser- und heimtückisch platzierte Sandhindernisse auf. Kein Links-Platz.

Royal Troon (S. 190) Klassischer Golfplatz an den Dünen am Meer, der als Links-Platz durchgeht. Das kurze 8. Loch wird wegen des winzigen, geschützten Greens als „Postage Stamp" (Briefmarke) bezeichnet.

Royal Dornoch (S. 413) Der wunderschöne Championship-Platz liegt ziemlich weit oben im Norden, ist die Anfahrt jedoch wert wegen seiner Bilderbuchlandschaft und der gemächlichen Atmosphäre, die hier herrscht. Läge der Golfplatz näher an den Städten im Süden, gälte er vermutlich als der beste des Landes.

Machrihanish (www.machrihanishdunes.com) Der Golfplatz auf der Halbinsel Kintyre zählt zu den malerischsten in Schottland. Hier kann sich niemand in die Runde mogeln; ein langer, sauberer Schlag am 1. Loch – sonst strandet man, und zwar im wahrsten Sinn des Wortes.

Muirfield (01620-842123; www.muirfield.org.uk; Duncur Rd, Muirfield, Gullane) Der Golfplatz nicht weit von Edinburgh liegt auf Land, das dem Meer abgerungen wurde; er befindet sich in Privathand, steht der Öffentlichkeit jedoch gelegentlich zur Verfügung Hier finden 2013 die British Open statt.

Gleneagles (S. 250) Drei fantastische Golfplätze und ein 5-Sterne-Hotel mit wirklich exzellentem Service machen Gleneagles zur Topdestination für einen Golfurlaub. Hier wird 2014 der Ryder Cup ausgetragen.

Trump International Golf Links (01358-743300; www.trumpgolfscotland.com; Balmedie, Aberdeenshire) Donald Trumps aus Gründen des Umweltschutzes eher umstrittener neuer Golfplatz bei Aberdeen bietet eine sagenhafte Landschaft mit hohen Dünen.

Wohin zum Golfspielen?

In Schottland gibt es pro Kopf mehr Golfplätze als in jedem anderen Land – eine Auswahl, die wirklich beeindruckt. Diverse renommierte Golfplätze können mit den berühmtesten Löchern dieser Sportart aufwarten, mit schwierigen Topfbunkern, aus denen man sich nur rückwärts herausspielen kann, wenn überhaupt. Aber auch die einfacheren regionalen Fairways unter der Regie von kleineren Gemeinden bereiten großes Vergnügen – dort kann man nur hoffen, dass die Schafe und das Wild, die auf dem Green grasen, den Ausruf „Fore!" verstehen.

Praktische Tipps

» Für viele Golfplätze in Schottland wird keine Handicapbescheinigung benötigt, es macht jedoch durchaus Sinn, sie dennoch einzustecken und dazu auch ein Empfehlungsschreiben des heimischen Clubs mitzubringen, wenn jemand plant, in exklusiveren Clubs zu spielen. Für manche Golfplätze besteht ein Mindesthandicap.

» Der Dresscode wird in der Regel nicht allzu streng gehandhabt – schicke, lässige Kleidung ist die Norm. Auf den meisten Golfplätzen sind Jeans, Turnschuhe und T-Shirts verboten, oft sind auch Shorts nicht gern gesehen. Im Allgemeinen ist die Benutzung eines Handys auf dem Golfplatz verpönt. Strengere Kleidervorschriften gelten für einige Bereiche des Clubhauses.

» Auf den meisten Golfplätzen besteht die Möglichkeit, Schläger zu leihen, was allerdings nicht billig kommt (bis zu 60 £ auf Eliteplätzen); es lohnt sich deshalb, die eigene Ausrüstung mitzubringen.

» Golf-Carts mit Motor stehen auf vielen Golfplätzen zur Verfügung, werden jedoch weniger häufig benutzt als z. B. in den USA oder Australien. In Schottland werden sie eigentlich nur von Personen mit Gehbehinderung verwendet. Auf manchen Plätzen sind sie sogar verboten.

» Die Runden sollten auf den gewünschten Plätzen nach Möglichkeit lange im Voraus gebucht werden – auf Prestige-Plätzen wie dem Old Course von St. Andrews bis zu ein Jahr vorher.

» Wer auf ein gutes Ergebnis wert legt, sollte die Hilfe eines Caddie in Anspruch nehmen. Sie kennen das Gelände und erteilen Ratschläge, wann ein offensives Spiel und wann Vorsicht angemessen ist. Außerdem sorgen ihr Lokalkolorit und ihr unerschöpflicher Fundus an Anekdoten für ein ganz besonderes Golferlebnis in Schottland. Caddies sollten im Voraus reserviert werden, oft ist jedoch auch die Buchung am Tag selbst noch möglich. Kostenpunkt: etwa 50 £ pro Runde plus Trinkgeld.

» Einige Golfplätze verfügen über einen Starter; seine Aufgabe ist, die Gruppe rechtzeitig auf den Platz zu bringen. Es macht Sinn, mit diesen ausgebufften Leuten ein wenig zu plaudern – so bekommt man Tipps, damit man sich nicht schon beim ersten Abschlag blamiert.

» Golfplätze, die stark frequentiert sind, nehmen keine Buchungen von Einzelspielern entgegen, sondern vergeben Plätze in bereits bestehenden Gruppen nach dem Prinzip: Wer zuerst kommt, mahlt zuerst.

Unterkunft

In Städten, die so verrückt nach Golf sind wie St. Andrews, ist damit zu rechnen, dass alle Quartiere eine positive Einstellung zu Golfspielern pflegen; ansonsten macht es Sinn, sich vorab zu erkundigen. VisitScotland verwendet als Bewertungskriterium für Unterkünfte „golferfreundlich". Das bedeutet, dass bereits früh am Morgen das Frühstück serviert wird (und oft auch Snacks am späteren Abend), dass es einen Aufbewahrungsraum und Reinigungsmöglichkeiten für die Schläger gibt und generell Gras und Erde auf dem Teppich keine Probleme bereiten.

Schottland im Überblick

Edinburgh

Kultur ✓✓✓
Geschichte ✓✓✓
Essen ✓✓

Kultur
Edinburgh ist auch als Athen des Nordens bekannt, denn die Stadt pflegt Kultur, hohe Ideale, Kunst, Literatur, Philosophie und Wissenschaft. In jedem Sommer hebt sich das größte Kunstfestival der Welt wie Phönix aus der Asche der Kassenrekorde des Vorjahres empor und schafft neue Superlative. Auch außerhalb der Festivalzeit gibt es viel zu sehen in den Theatern, Museen und Weltklasse-Galerien.

Geschichte
Hoch auf einem Basaltkegel thront Edinburgh Castle über der alten Stadt. In der Geschichte Schottlands spielt die Burg eine wichtige Rolle. Die Entwicklung der Stadt von der mittelalterlichen Old Town bis zur georgianischen Eleganz der New Town und parallel dazu das Entstehen der schottischen Nationalstaatlichkeit ist durch ausgezeichnete Museen und historische Gebäude dokumentiert. Am Rande der Stadt liegt die mittelalterliche Rosslyn-Kapelle, Schottlands schönste und geheimnisvollste Kirche.

Essen
In Edinburgh gibt es mittlerweile mehr Restaurants pro Einwohner als in jeder anderen Stadt Großbritanniens. Man geht hier oft zum Essen aus, nicht nur zu besonderen Anlässen, vom einfachen Café oder Bistro bis zum Gourmetrestaurant mit Michelin-Sternen ist im breiten Restaurantangebot der Stadt alles vertreten. Auch die schottische Küche wurde erneuert, wobei kreative Küchenchefs mit frischen Produkten aus der Region arbeiten und traditionellen Gerichten einen modernen Touch verpassen.

S. 44

Glasgow

Museen ✓✓✓
Musik ✓✓✓
Design ✓✓

Museen & Kunstgalerien
Glasgows von Handel, Industrie und Wissenschaft geprägte Vergangenheit hat der Stadt wunderbare Museen und Kunstgalerien verschafft, die noch übertrumpft werden von der viktorianischen Kulturkathedrale Kelvingrove mit ihrer Vielfalt an Ausstellungen.

Livemusik
Das aufregendste Nachtleben Schottlands findet in der Pub- und Barszene von Glasgow statt, die von viktorianisch bis durchgestylt alles bietet. Täglich spielen internationale Spitzenstars neben den vielen einheimischen Start-Ups.

Design
Was Stil angeht, verteidigt Glasgow seinen Ruf, Schottlands interessanteste Stadt zu sein, mit Charles Rennie Mackintoshs Art-Nouveau-Gebäuden neben viktorianischer Architektur im Stadtzentrum, den Modeboutiquen im Italian Centre und den Design-Ausstellungen im Lighthouse.

S. 108

Südschottland

Alte Klöster ✓✓✓
Herrenhäuser ✓✓
Aktivitäten ✓✓

Zentral-schottland

Golf ✓✓✓
Landschaft ✓✓
Burgen & Schlösser ✓✓

Nordost-schottland

Whisky ✓✓✓
Burgen & Schlösser ✓✓✓
Königshaus ✓✓

Alte Klöster
In die Hügellandschaft des Grenzgebiets im Süden sind Klosterruinen eingebettet. Die gotischen Überreste von Melrose, Jedburgh, Dryburgh und Sweetheart sowie die kriegerischen Türme von Hermitage Caste, Caerlaverock Castle und Smailholm zeugen von einer bewegten Vergangenheit.

Herrenhäuser
Die Region ist gesegnet mit den von Robert Adam entworfenen Herrenhäusern wie Culzean Castle, Paxton House, Floors Castle und Mellerstain House, doch das Dumfries House im Chippendale-Stil ist am schönsten.

Outdoor-Aktivitäten
Die heidebedeckten Hügel der Southern Uplands sind längst nicht so dramatisch wie die Highlands, doch die Granithügel von Galloway und Arran eignen sich hervorragend zum Wandern und die 7stanes Centers bieten Mountainbiketouren mit allen Raffinessen an.

S. 157

Golf
Schottland ist die Heimat des Golfspiels und jeder Golfer will sich auf dem Old Course in St. Andrews – dem ältesten Golfplatz der Welt – versuchen. Golf wird hier seit über 600 Jahren gespielt. Der Dachverband des Sports, der Royal & Ancient Golf Club, wurde 1754 gegründet.

Landschaft
Von der malerischen Küste von Fife mit ihren Fischerdörfchen, den waldgesäumten Lochs und Anhöhen der Trossachs bis hin zu den Wäldern von Pertshire und der Berglandschaft von Glen Lyon und Glenshee, Mittelschottland bietet alle klassischen Merkmale schottischer Landschaften.

Burgen & Schlösser
Stirling soll das schönste Schloss im Lande sein, doch in der Region gibt es noch viele andere, die es zu besichtigen lohnt, wie z. B. Scone Palace, Blair Castle, Kellie Castle, Doune Castle und St Andrews Castle.

S. 210

Whisky
Eine Whiskybrennerei sollte man besichtigt haben. Die Region Speyside, um Dufftown in Moray, ist das Epizentrum der Whiskyherstellung. Beim halbjährlichen Festival Spirit of Speyside öffnen über 50 Destillerien ihre Türen.

Burgen & Schlösser
Aberdeenshire und Moray weisen die größte Konzentration von Schlössern im Scottish-Baronial-Stil auf, von den extravaganten Craigievars und Fyvies bis zur verhaltenen Eleganz von Crathie und Balmoral.

Königshaus
Das Flusstal des Dee (oft Royal Deeside genannt) wird mit dem Königshaus in Verbindung gebracht, seit Königin Victoria dort ihr Feriendomizil Schloss Balmoral erstanden hat. Neben Balmoral und Ballater erinnert Glamis Castle, Residenz der verstorbenen Königinmutter und Geburtsort von Prinzessin Margaret, an das Königshaus.

S. 263

Südliche Highlands & Inseln

Tierwelt ✓✓✓
Inseln ✓✓✓
Essen ✓✓✓

Tierwelt
In dieser Region kann man Schottlands beeindruckendste Wildtiere in freier Natur sehen: vom Seeadler bei Mull bis hin zu majestätischen Minkwalen und Haien, die sich an der Westküste sonnen. Der Biber – seit Jahrhunderten ausgestorben – wurde hier wieder erfolgreich ausgewildert.

Inseln
Die beste Art, die westlichen Gebiete des Landes zu erkunden, ist eine Reise von Insel zu Insel: nach Islay mit seinen Whisky-Brennereien, auf die wilde und bergige Jura, die malerische Mull und das kleine Juwel Iona. Die schönen Strände von Colonsay, Coll und Tiree stimmen den Besucher ein.

Essen
Ob man im Spitzenrestaurant in Oban und Tobermory diniert oder am Hafen mit den Fingern isst, die reichhaltige Auswahl an Meeresfrüchten vor Ort ist die größte Attraktion.

S. 306

Inverness & die mittleren Highlands

Aktivitäten ✓✓✓
Landschaft ✓✓✓
Legenden ✓✓

Aktivitäten
Die Städte Aviemore und Fort William in den Cairngorm-Bergen sind Ausgangspunkt für viele Aktivitäten: den Ben Nevis besteigen, den West Highland Way gehen, mit dem Fahrrad Loch Morlich umrunden oder in den Bergen Ski fahren.

Landschaft
Fotografen wissen kaum, welches der Motiven sie zuerst aufnehmen sollen: die Ausblicke auf Glen Coe, die Cairngorm-Gipfel, die Nadelwälder um Loch Affric oder die goldenen Strände und Inselansichten von Arisaig und Morar.

Legenden
Das Ungeheuer von Loch Ness, die bekannteste Legende Schottlands, ruht im Herzen dieser Region. Die Landschaft des Great Glen lohnt den Besuch, ebenso wie das Schlachtfeld Culloden, welches das Ende für eine weitere schottische Legende, Bonnie Prince Charlie, bedeutete.

S. 358

Nördliche Highlands & Inseln

Landschaft ✓✓✓
Aktivitäten ✓✓✓
Geschichte ✓✓

Landschaft
Von den Gipfeln des Assynt und Torridon und den Felsnadeln der Cuillin Hills bis zu den hellen Stränden der Äußeren Hebriden, der weite Himmel und die Einsamkeit der nördlichen Highlands und Inseln prägen das Bild Schottlands als eines der letzten unberührten Naturgebiete Europas.

Aktivitäten
Das weite, naturbelassene Land ist ein riesiger Abenteuerspielplatz für Wanderer, Mountainbiker, Kletterer und Kajakfahrer. Hier bekommt man Großbritanniens einheimische Fauna in ihrem Lebensraum zu sehen.

Geschichte
Die verlassenen Dörfer im Norden zeugen eindringlich von den Vertreibungen, besonders das Arnol Blackhouse und auf Skye das Museum of Island Life. Die Gegend ist auch reich an Überresten prähistorischer Stätten, darunter der Steinkreis von Callanish.

S. 407

Orkney & Shetland Islands

Geschichte ✓✓✓
Vogelbeobachtung ✓✓✓
Musik ✓

Geschichte
Die kahlen, felsigen Inseln bewahren das Kulturerbe ihrer Wikingergeschichte sowie prähistorischer Siedlungen, Grabstätten und Steinkreise. Älter noch als Ägyptens Pyramiden ist Skara Brae, die am besten erhaltene prähistorische Siedlung Nordeuropas. Maes Howe ist eines der schönsten Hünengräber.

Vogelbeobachtung
Shetland ist ein wahres Paradies für Vogelbeobachter. Im Sommer bevölkern Tölpel, Eissturmvögel, Klippenmöven, Tordalke und Papageienvögel die Steilküsten ebenso wie Europas größte Kolonie von Küstenseeschwalben. Zu den Naturschutzgebieten gehört auch Hermaness on Unst.

Musik
In den Pubs von Kirkwall, Stromness und Lerwick kann man sich mit der traditionellen Musik vertraut machen, mit Impromptu-Einlagen für Fiedel, Bodhrán und Gitarre.

S. 467

> Die Reihenfolge der Einträge spiegelt die Bewertung durch unsere Autoren wider.

> Empfehlungen von Lonely Planet:

 Das empfiehlt unser Autor

 Nachhaltig und umweltverträglich

 Hier bezahlt man nichts

EDINBURGH 44
RUND UM EDINBURGH 102
Midlothian 102
East Lothian 106
West Lothian 107

GLASGOW 108
RUND UM GLASGOW 152
Inverclyde 152
Blantyre 153
The Campsies & Strathblane 154

SÜDSCHOTTLAND . . 157
REGION BORDERS 160
Peebles 160
Melrose 162
Hawick 166
Jedburgh 167
Kelso 169
Coldstream 172
Eyemouth 173
Coldingham & St Abbs . . . 174
SOUTH LANARKSHIRE . . . 175
Lanark & New Lanark 175
Biggar 177
AYRSHIRE & ARRAN 178
North Ayrshire 178
Isle of Arran 179
Ost-Ayrshire 186
Süd-Ayrshire 192
DUMFRIES & GALLOWAY   192
Dumfries 192
Annandale & Eskdale 197
Castle Douglas & Umgebung 199
Kirkcudbright 200
Gatehouse of Fleet 202
Galloway Forest Park 203
St John's Town of Dalry . . 203
Newton Stewart 204
Die Machars 205
Stranraer 206
Portpatrick 208

ZENTRAL-SCHOTTLAND 210
REGION STIRLING 211
Stirling 211
Die Trossachs 231
FIFE 230
Culross 231
Dunfermline 231
Aberdour 232
Kirkcaldy 232
Falkland 233
St Andrews 233
East Neuk 241
PERTHSHIRE & KINROSS . 244
Kinross & Loch Leven 244
Perth 245
Strathearn 249
West Perthshire 252
Von Perth bis Blair Castle 257
Blairgowrie & Glenshee . . 261

NORDOST-SCHOTTLAND 263
DUNDEE & ANGUS 265
Dundee 265
Broughty Ferry 271
Glamis Castle & Village . . . 273
Arbroath 273
Kirriemuir 275
Angus Glens 276
Edzell 278
Brechin 278
ABERDEENSHIRE & MORAY 278
Aberdeen 279
Deeside 291
Strathdon Valley 296
Northern Aberdeenshire 297
Moray 299

SÜDLICHE HIGHLANDS & INSELN 306
LOCH LOMOND & UMGEBUNG 308
Loch Lomond 308
Helensburgh 315
Arrochar 315
SÜDLICHES ARGYLL 316
Cowal 316
Isle of Bute 319
Inveraray 321
Crinan Canal 322
Kilmartin Glen 323
Kintyre 324
Isle of Islay 327
Isle of Jura 331
Isle of Colonsay 334
OBAN & MULL 335
Oban 335

Alle im Buch erwähnten Orte sind im Register aufgeführt.

Reiseziele in Schottland

Isle of Mull 342
Isle of Iona 349
Isle of Tiree 351
Isle of Coll 354
NÖRDLICHES ARGYLL ... 355
Loch Awe 355
Connel & Taynuilt 355
Appin & Umgebung 356
Lismore 356

INVERNESS & DIE MITTLEREN HIGHLANDS 358
INVERNESS & GREAT GLEN 359
Inverness 359
Black Isle 371
Loch Ness 372
DIE CAIRNGORMS 374
Aviemore 374
Grantown-on-Spey 380
Kingussie & Newtonmore 380
WESTLICHE HIGHLANDS 385
Glen Coe 386
Kinlochleven 388
Fort William 389
Ardnamurchan 395
Von Salen nach Lochailort 397
Road to the Isles 397
Halbinsel Knoydart 400
SMALL ISLES 401
Isle of Rum 402
Isle of Eigg 403
Isle of Muck 405
Isle of Canna 405

NÖRDLICHE HIGHLANDS & INSELN 407
OSTKÜSTE 410
Strathpeffer 410
Tain 411
Portmahomack 412
Bonar Bridge & Umgebung 412
Lairg & Umgebung 413
Dornoch 413
Golspie 415
Helmsdale 416
CAITHNESS 417
Von Helmsdale nach Lybster 417
Lybster & Umgebung 417
Wick 418
John O'Groats 419
Mey 420
Dunnet Head 420
Thurso & Scrabster 420
NORD- & WESTKÜSTE ... 423
Durness 425
Ullapool 430
Kyle of Lochalsh 438
Von Kyle zum Great Glen 438
ISLE OF SKYE 440
Kyleakin (Caol Acain) ... 444
Broadford (An T-Ath Leathann) 444
Sleat 446
Elgol (Ealaghol) 446
Cuillin Hills 446
Minginish 447
Portree (Port Righ) 448

Dunvegan (Dun Bheagain) 450
Duirinish & Waternish ... 450
Trotternish 451
Isle of Raasay 452
ÄUSSERE HEBRIDEN ... 453
Lewis (Leodhais) 455
Harris (Na Hearadh) 411
Berneray (Bearnaraigh) 462
North Uist (Uibhist A Tuath) 462
Benbecula (Beinn Na Faoghla) 464
South Uist (Uibhist A Deas) 464
Eriskay (Eiriosgaigh) 465
Barra (Barraigh) 465

ORKNEY & SHETLAND ISLANDS 467
ORKNEY ISLANDS 470
Kirkwall 471
Von East Mainland nach South Ronaldsay 475
West & North Mainland ... 478
Stromness 481
Hoy 483
Nördliche Inseln 484
SHETLAND ISLANDS 489
Lerwick 489
Bressay & Noss 494
Central & West Mainland 495
South Mainland 495
North Mainland 498
Die North Isles 499

Edinburgh

430 000 EW.

Inhalt »

Sehenswertes.............. 47
Aktivitäten..................... 74
Festivals & Events 79
Schlafen 80
Essen 85
Praktische Informationen 99
Rund um Edinburgh 101
Midlothian 102
Rosslyn Chapel............. 104
East Lothian 103
West Lothian 107

Gut essen

» The Dogs (S. 89)
» Ondine (S. 85)
» Castle Terrace (S. 85)
» Porto & Fi (S. 85)
» Tower (S. 85)

Schön übernachten

» Witchery by the Castle (S. 80)
» Hotel Missoni (S. 80)
» Sheridan Guest House (S. 81)
» Southside Guest House (S. 83)
» Prestonfield House Hotel (S. 83)

Auf nach Edinburgh!

Edinburgh ist eine Stadt, die wie kaum eine andere zu einem ausgedehnten Bummel einlädt. Von den Gewölben und Gassen der Altstadt bis hin zu den malerischen Gemeinden Stockbridge und Cramond: Überall in Edinburgh gibt es ungewöhnliche Ecken, die dazu verleiten, immer noch ein kleines Stückchen weiter zu laufen. Und hinter jeder Biegung überrascht ein neuer, unerwarteter Ausblick: Saftig grüne Hügel, die in der Sonne leuchten, ein rostroter Berggipfel oder das blau aufblitzende Meer in der Ferne.

In Edinburgh gibt es auch großartige Geschäfte, erstklassige Restaurants und viele Bars. Hier ist einfach alles möglich: ausgiebige Kneipenbummel, Musiksessions, Clubnächte und Partys bis zum Morgengrauen, gefolgt von einem Heimweg über Kopfsteinpflaster. All das erreicht im August, zur Festivalzeit, seinen Höhepunkt. Dann fällt scheinbar die halbe Welt in die Stadt ein: Edinburgh mutiert zu einer einzigen großen Partymeile.

Reisezeit
Edinburgh

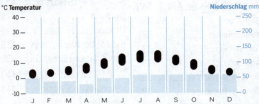

Mai Gutes Wetter (meistens), überall Blumen und Kirschblüten, aber keine Menschenmassen

August Festivalzeit! Die Stadt ist überfüllt und die Atmosphäre irrsinnig, aber unwiderstehlich

Dezember Weihnachtsdeko, gemütliche Pubs, Schlittschuhlaufen in Princes Street Gardens

Highlights

① Auf den Mauern von **Edinburgh Castle** (S. 54) die Aussicht genießen

② Ein Festessen mit Steak und Austern im Restaurant **Tower** (S. 86), wenn die Sonne untergeht

③ Auf der früheren **Royal Yacht Britannia** (S. 69) neugierige Blicke in die Privatgemächer der Queen werfen

④ Der live gespielten Folkmusik im **Sandy Bell's** (S. 95) lauschen

⑤ Sich in der **Rosslyn Chapel** (S. 104) an der Entschlüsselung des Da-Vinci-Codes versuchen

⑥ In den gespenstischen Gewölben von **South Bridge** und **Real Mary King's Close** (S. 58) der Geschichte Edinburghs nachspüren

⑦ Den Gipfel des kleinen Stadtberges **Arthur's Seat** (S. 61), eines erloschenen Vulkans erklimmen

Geschichte

Edinburgh verdankt seine Existenz dem Burgberg, einem erloschenen und von Gletschern abgeschliffenen Vulkan. Der Hügel bot eine fast perfekte Position, um die Küstenstraße vom Nordosten Englands nach Schottland zu schützen und zu verteidigen.

Im 7. Jh. hieß die Burg „Dun Eiden" – „Festung am Berghang". 638 eroberten Invasoren aus dem Königreich Northumbria im Nordosten Englands die Stadt und fügten dem gälischen Namen „Eiden" ihr eigenes altenglisches Wort „burh" (Festung) hinzu: Aus Dun Eiden wurde Edinburgh.

Ursprünglich war Edinburgh lediglich eine Festung und dehnte sich erst im 12. Jh. aus, als König David I. in Edinburgh Castle Hof hielt und die Abtei von Holyrood gründete. Der Königshof zog von Dunfermline nach Edinburgh, und als auch das Parlament dem König folgte, wurde aus Edinburgh Schottlands Hauptstadt.

Stadtmauern wurden um 1450 errichtet und umschlossen die Old Town ostwärts bis Netherbow und südwärts bis zum Grassmarket. Die völlig überfüllte Old Town muss so etwas wie ein mittelalterliches Manhattan gewesen sein: Die dicht gedrängt lebenden Bewohner sahen sich gezwungen, in die Höhe zu bauen: fünf- bis sechsstöckige Wohnhäuser entstanden. Die Hauptstadt spielte während der Reformation (1560–1690), die vom calvinistischen Hitzkopf John Knox angeführt wurde, eine wichtige Rolle. Maria Stuart, die Königin Schottlands, hatte sechs kurze Jahre lang ihren Sitz im Palast Holyroodhouse, doch als James VI. 1603 den englischen Thron bestieg, beschloss er, mit seinem Hof nach London zu ziehen. Mit Einführung des Act of Union aus dem Jahr 1707 büßte Edinburgh seine Vormachtstellung ein, wenngleich das kulturell-geistige Stadtleben weiterhin blühte.

In der zweiten Hälfte des 18. Jhs. wurde im Tal nördlich der Old Town ein städtebauliches Projekt aus dem Boden gestampft: die New Town. Während der schottischen Aufklärung (etwa 1740–1830) entwickelte sich Edinburgh zu einem intellektuellen Zentrum, in dem führende Wissenschaftler und Philosophen wie David Hume und Adam Smith lebten.

Im 19. Jh. vervierfachte sich die Einwohnerzahl auf 400 000 (nicht viel weniger als heute!); in die Wohnhäuser der Old Town zogen viele irische Flüchtlinge, die der fürchterlichen Hungersnot in ihrem verarmten Land entkommen wollten. Ein neuer Ring aus halbmondförmigen und runden Plätzen entstand am Nordrand der New Town, und graue viktorianische Häuserreihen wuchsen südlich der Old Town.

In den 1920er-Jahren dehnten sich die Grenzen der Stadt erneut aus und schlossen Leith im Norden, Cramond im Westen und die Pentland Hills im Süden mit ein. Nach dem Zweiten Weltkrieg erwachte das kultu-

---

EDINBURGH IN ...

... zwei Tagen

Ein zweitägiger Aufenthalt in Edinburgh sollte mit der Besichtigung des **Edinburgh Castle** beginnen, es folgt ein Spaziergang zur **Royal Mile** bis zum **Schottischen Parlamentsgebäude** und dem **Palace of Holyroodhouse**. Ein Aufstieg zum **Arthur's Seat** macht hungrig; dann empfiehlt sich ein Abendessen im **Ondine** oder **Castle Terrace**. Der zweite Tag beginnt mit einem Besuch im **National Museum of Scotland** und anschließender Busfahrt nach **Leith** zur **Königlichen Yacht Britannia**. Am Abend locken zahlreiche exzellente Restaurants in Leith zum Ausgehen. Als Alternative lässt eine gruselige, geführte **Geistertour** kalte Schauer über den Rücken rieseln.

... vier Tagen

Zwei weitere Tage geben Zeit zu einem Morgenspaziergang im **Botanischen Garten Edinburgh**, danach folgt ein Ausflug zur rätselhaften und wunderschönen **Rosslyn Chapel**. Bei einem entspannenden Nachmittagsaufenthalt im Küstenort **Cramond** sollte man ein Fernglas (zum Beobachten der Vögel und Yachten) und ein Buch (zum Lesen in der Sonne) dabei haben. Einem Abendessen im Cafe **Royal Oyster Bar** kann ein abendlicher Spaziergang zum Gipfel von **Calton Hill** vorangehen oder folgen. Der vierte Tag sollte dem hübschen Hafenstädtchen **Queensferry** zu Füßen der **Forth-Brücken** und einem Ausflug nach **Inchcolm Island** gewidmet werden.

EDINBURGHS UNTERWELT

Als sich Edinburgh im späten 18. und frühen 19. Jh. ausdehnte, wurden viele der alten Mietshäuser abgerissen und neue Brücken gebaut, um die Old Town mit den neuen Wohngebieten im Norden und Süden der Stadt zu verbinden. Die South Bridge (1785–1788) und die George IV Bridge (1829–1834) führen südwärts von der Royal Mile über das tiefe Tal von Cowgate. Seitdem sind so viele Gebäude nahe bei den Brücken in die Höhe gewachsen, dass sie kaum noch als solche zu erkennen sind. Die George IV Bridge hat neun Bögen, von denen man nur zwei sehen kann; die South Bridge hat sogar 18 solcher unsichtbaren Bögen.

Diese **unterirdischen Gewölbe** boten ursprünglich Platz für Lagerräume, Werkstätten und einfache Kneipen. Im frühen 19. Jh. stieg die Bevölkerungszahl Edinburghs durch einen Zustrom verarmter und enteigneter Hochlandbewohner und irischer Auswanderer, die vor der großen Hungersnot auf der Flucht waren, dramatisch an. Die dunklen, feuchten Gemäuer verkamen zu Elendsbehausungen, in denen Armut, Schmutz und Verbrechen die Oberhand hatten.

Schließlich wurden die Gewölbe im späten 19. Jh. zugeschüttet und gerieten in Vergessenheit. Erst 1994 wurden die **South Bridge Vaults** für geführte Touren geöffnet. In gewissen Räumen soll es spuken; 2001 wurde im Besonderen ein Gewölbe von Spezialisten für paranormale Erscheinungen gründlich untersucht.

Doch die schaurigste Phase in der verborgenen Geschichte Edinburghs ist viel früher anzusiedeln – während der Zeit der Pest, von der die Stadt 1645 heimgesucht wurde. Einer Legende nach sollen die Pestkranken von **Mary King's Close** (einer Gasse auf der nördlichen Seite der Royal Mile am Standort der City Chambers – das verschlossene nördliche Ende ist von der Cockburn Street aus noch erkennbar) in ihren Häusern eingemauert und dem Verderben überlassen worden sein. Als man die leblosen Körper schließlich aus den Häusern schaffte, mussten ihnen Gliedmaßen abgehackt werden, damit die erstarrten Leichen durch die schmalen Türen und engen, gewundenen Treppen hindurch weggetragen werden konnten.

Von jenem Tag an erzählte man sich, dass die Geister der Pestopfer in der Gasse umgingen. Die wenigen Bewohner, die sich bereit fanden, dort einzuziehen, berichteten von wiederholten Erscheinungen von Köpfen und Gliedmaßen, die ohnehin halb verlassene Gasse verfiel endgültig. Der Bau der Royal Exchange (des heutigen Rathauses) zwischen 1753 und 1761 wurde über den tieferen Schichten von Mary King's Close errichtet, die überbaut und somit unberührt gelassen wurden.

Das Interesse an der Gasse erwachte im 20. Jh. erneut, als der Stadtrat von Edinburgh sie für gelegentliche Führungen zugänglich machte. Zahlreiche Teilnehmer berichteten von übernatürlichen Erlebnissen. Eine Berühmtheit ist der Geist der kleinen „Sarah" – die traurige Geschichte des Mädchens veranlasst viele Besucher, ihr Puppen mitzubringen, die in einer bestimmten Ecke abgelegt werden. Seit 2003 ist die Gasse als Real Mary King's Close für Besucher geöffnet.

---

relle Leben der Stadt erneut, angeregt vom Edinburgh International Festival und dem Edinburgh Fringe, die 1947 beide zum ersten Mal stattfanden und mittlerweile Kulturfestivals von Weltrang sind.

1997 brach für Edinburgh eine neue Ära an: Eine deutliche Mehrheit der Wahlberechtigten hatte bei einer Volksabstimmung für den Autonomiestatus Schottlands und für ein schottisches Parlament gestimmt. Im Juli 1999 traten die Parlamentarier erstmals zusammen, Sitz des Parlaments ist ein bei den Stadtbewohnern ziemlich umstrittener Neubau am Fuße der Royal Mile. Bei den Wahlen 2007 kam die Scottish National Party – ihr langfristiges Ziel ist Schottlands Unabhängigkeit – erstmals an die Macht.

Sehenswertes

Die Hauptsehenswürdigkeiten der Stadt liegen dicht beieinander im Stadtzentrum – in der Old Town (an und rund um die Royal Mile zwischen der Burg und Holyrood) und in der New Town.

Die einzige bedeutende Ausnahme ist die königliche Yacht *Britannia,* die im neu ent-

Edinburgh

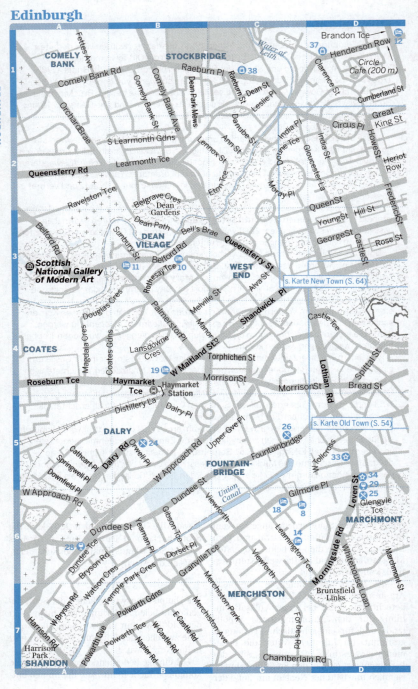

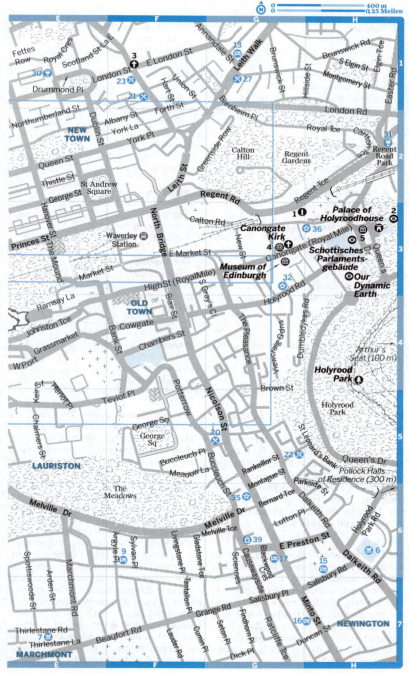

Edinburgh

◉ Highlights
- Canongate Kirk G3
- Holyrood Park H4
- Museum of Edinburgh G3
- Our Dynamic Earth H3
- Palace of Holyroodhouse H3
- Scottish National Gallery of Modern Art A3
- Schottisches Parlamentsgebäude H3

◉ Sehenswertes
1. Burns Monument G3
2. Holyrood Abbey H3
3. Mansfield Place Church F1
4. People's Story G3
5. Queen's Gallery H3

Aktivitäten, Kurse & Touren
6. Royal Commonwealth Pool H6
7. Warrender Swim Centre E7

🛏 Schlafen
8. Amaryllis Guest House C6
9. Argyle Backpackers F6
10. B+B Edinburgh B3
11. Belford Hostel B3
12. Dene Guest House D1
13. Edinburgh Central Youth Hostel G1
14. Menzies Guest House C6
15. Salisbury Hotel H6
16. Sherwood Guest House H7
17. Southside Guest House G6
18. Town House C6
19. West End Hostel B4

◉ Essen
20. Ann Purna G5
21. Blue Moon Cafe F1
22. Engine Shed G5
23. Escargot Bleu F1
24. First Coast B5
25. Leven's D6
26. Loudon's Café & Bakery C5
27. Valvona & Crolla G1

◉ Ausgehen
28. Athletic Arms A6
29. Bennet's Bar D5
30. Cumberland Bar E1
31. Regent H2

◉ Unterhaltung
32. Bongo Club G3
33. Cameo D5
34. King's Theatre D5
35. Queen's Hall G6
36. Studio 24 .... H3

🛍 Shoppen
37. Adam Pottery D1
38. Galerie Mirages C1
39. Meadows Pottery G6

---

wickelten Docklands District in Leith, 3 km nordöstlich des Stadtzentrums, ankert.

Wer keine Lust mehr auf Besichtigungen hat und einfach nur durch die Stadt laufen möchte, sollte unbedingt die eleganten Vororte Stockbridge und Morningside und das hübsche, am Fluss liegende Dorf Cramond erkunden. Zudem erreicht man über kurvige Fußwege die beiden Aussichtspunkte Calton Hill und Arthur's Seat.

Old Town

Edinburghs Altstadt erstreckt sich über einen langen Hügel östlich der Burg und zieht sich dann bergab über die Victoria Street bis zum breiten Grassmarket. Das Stadtviertel ist ein wirres, labyrinthartiges Durcheinander aus Häusern, unterbrochen von *closes* (Gassen) und *wynds* (engen Straßen), Treppen und Gewölben. Die kopfsteingepflasterte Royal Mile teilt die Altstadt in der Mitte und bildet ihr Rückgrat.

Bis zur Gründung der New Town im 18. Jh. war das alte Edinburgh eine übervölkerte, schmutzige Siedlung, die sich zwischen die sumpfigen Ufer des Nor' Loch (North Loch; auf dem trocken gelegten See liegen heute die Princes Street Gardens) im Norden und die Stadtmauern im Süden und Osten zwängte. Die Stadt konnte sich nur in die Höhe ausdehnen, sodass schon im 16. und 17. Jh. fünf- bis sechsstöckige Wohnhäuser an der Royal Mile entstanden – quasi Wolkenkratzer, über die schon Zeitgenossen wie der Schriftsteller Daniel Defoe staunten.

Alle gesellschaftlichen Klassen – von Bettlern und Gaunern bis hinauf zum Magistrat – lebten in diesem städtischen Gewusel, wobei die Reichen die jeweils mittleren Stockwerke bewohnten – hoch genug, um dem Lärm und Gestank der Straßen zu entgehen, aber nicht zu hoch, um nicht jeden Tag endlos Treppen steigen zu müssen. Die Armen hausten in den Dachkammern, Kellern und

Gewölben zwischen Ratten, Abfall und ungeklärten Abwässern.

Die restaurierten Mietshäuser der Old Town werden immer noch von einer festgefügten Altstadtgemeinschaft bewohnt. In den Erdgeschossen haben sich heute allerdings Cafés, Restaurants, Bars, Backpacker-Hostels und billige Souvenirläden in drangvoller Enge eingerichtet. Nur wenige Besucher verirren sich in die Gegend jenseits der Royal Mile, dabei lohnt es sich, durch die zahllosen Gassen zu schlendern, wo stille Hinterhöfe zu entdecken sind - sie bieten oft überraschende Ausblicke auf die Stadt, das Meer und die Berge (s. S. 68).

ROYAL MILE

Die rund 1,6 km (also eine englische Meile) lange Royal Mile erhielt ihren königlichen Namen im 16. Jh., als sie den Königen als Verbindungsweg zwischen der Burg und dem Palace of Holyroodhouse diente. Sie besteht aus fünf Abschnitten: Castle Esplanade, Castlehill, Lawnmarket, High Street und Canongate. Die Namen spiegeln ihre jeweiligen historischen Ursprünge wider.

Castle Esplanade Der offene Bereich vor den Toren der Burg war ursprünglich ein Paradeplatz. In der Festivalzeit bildet er die Bühne für das Military Tattoo.

Castlehill Der kurze, abfallende Straßenabschnitt verbindet die Burgesplanade mit Lawnmarket.

Lawnmarket Auf dem Markt (auch „Landmarket") wurden Erzeugnisse aus dem Umland der Stadt verkauft. Sein Name leitet sich von einem großen Tuchmarkt her, der hier bis ins 18. Jh. hinein florierte. Diesen distinguiertesten Teil der Old Town wählten viele ihrer vornehmsten Bürger als Wohnsitz.

High Street Das Herz der Old Town windet sich von der George IV Bridge hinunter zum Netherbow an der St. Mary's Street: Hier stehen die Hauptkirche und die Gerichtsgebäude der Stadt, der Stadtrat hat hier seinen Sitz, und bis 1707 tagte das schottische Parlament in der High Street.

SCHICKSALSSTEIN

Am schottischen Nationalfeiertag, dem St Andrew's Day, des Jahres 1996 wurde ein Sandsteinquader – mit den Maßen 66,25 x 41,25 x 27,5 cm und Tragegriffen aus rostigem Eisen – im einer feierlichen Zeremonie in Edinburgh Castle aufgestellt. Zuvor hatte er 700 Jahre lang unter dem Coronation Chair, dem Krönungsstuhl der Londoner Westminster Abbey, gelegen. Fast alle englischen und später britischen Monarchen, darunter auch Edward II. (1307) und Elisabeth II. (1953), haben bei der Krönungszeremonie indirekt auf dem Stein Platz genommen.

Der legendäre Schicksalsstein (auch Stone of Scone genannt) soll ursprünglich aus dem Heiligen Land stammen. Auf ihn stützten schottische Könige bei der Krönungszeremonie ihren Fuß (nicht etwa ihr Gesäß! Die Engländer mussten da etwas falsch verstanden haben). 1296 stahl König Edward I. von England den Stein aus der Scone Abbey bei Perth. Er wurde nach London gebracht und blieb dort 700 Jahre lang – mit zwei Unterbrechungen: Während der Luftangriffe im Zweiten Weltkrieg wurde der Stein nach Gloucester gebracht, und drei Monate verblieb er in Schottland, wohin schottischseparatistische Studenten ihn zu Weihnachten 1950 entführt hatten. Für die Schotten ist der Stein ein dauerhaftes Symbol der Unterdrückung Schottlands durch England.

Der Schicksalsstein trat 1996 erneut ins Licht der Öffentlichkeit, als sich Michael Forsyth, damaliger Staatsminister für Schottland und konservativer Abgeordneter im Unterhaus, für die Rückkehr des Sandsteinquaders nach Schottland stark machte – der unverhohlene Versuch einer PR-Inszenierung. Offenkundig sollte er der sinkenden Popularität der Konservativen in Schottland kurz vor der Unterhauswahl auf die Sprünge helfen, was kläglich scheiterte. Die Schotten nahmen den Stein dankend entgegen – und wählten im Mai 1997 sämtliche konservative Parlamentsmitglieder von Schottland ab.

Viele glauben noch heute, dass Edward I. von einer schlechten Fälschung getäuscht worden und der echte Schicksalsstein immer noch in einem sicheren Versteck irgendwo in Schottland verborgen sei. Unmöglich ist es nicht; Mehreren Beschreibungen zufolge besteht der echte Stein aus schwarzem Marmor mit kunstvollen Schnitzereien. Wer mehr über die historische und kulturelle Bedeutung des berühmtesten Steinklotzes von Schottland wissen will, sollte Scotland's Stone of Destiny von Nick Aitchinson lesen.

Royal Mile

EIN KÖNIGLICHER AUSFLUG

Ein Bummel über die Royal Mile ist mit einer schwierigen Auswahl verbunden, denn es ist unmöglich, alles an einem Tag zu sehen. Für ein Mittagessen sowie einige der Seitengassen der Royal Mile und, in der Festivalzeit, das Straßentheater in der High Street sollte genügend Zeit eingeplant werden.

Die angenehmste Art, die Castle Esplanade am Anfang der Royal Mile zu erreichen, ist ein Spaziergang auf dem Serpentinenweg, der von der Fußgängerbrücke hinter dem Ross-Musikpavillon in Princes Street Gardens hinaufführt. Beginnt man den Spaziergang beim **Edinburgh Castle** 1, führt der weitere Weg stets bergab. Ein schöner Blick über die ganze Länge der Royal Mile eröffnet sich vom **Aussichtsturm der Camera Obscura** 2. Danach folgt ein Besuch von **Gladstone's Land** 3 und der **St Giles Cathedral** 4. Wer sich für Geschichte begeistert, sollte **Real Mary King's Close** 5, **John Knox House**

Königliche Gäste in der Royal Mile

1561: Maria Stuart trifft aus Frankreich ein und gewährt John Knox eine Audienz.
1745: Bonnie Prince Charlie versucht erfolglos, Edinburgh Castle zu erobern, und hält stattdessen Hof in Holyroodhouse.
2004: Queen Elizabeth II. nimmt die offizielle Eröffnung des Scottish Parliament Building vor.

Edinburgh Castle

Wer nur wenig Zeit hat, sollte sich auf die Great Hall, die Kronjuwelen (Honours of Scotland) und die Ausstellung „Prisons of War" beschränken. An der Half Moon Battery finden Fotografen gute Blickwinkel über die ganze Länge der Royal Mile.

Gladstone's Land

Die erste Etage zeigt eine getreue Nachbildung des häuslichen Lebens eines wohlhabenden Händlers im Edinburgh des 17. Jhs. Besonders sehenswert: das wunderschöne „Painted Bedchamber" mit aufwendig verzierten Wänden und Holzdecken.

Mittagspause

Ein Pie mit Pint in der **Royal Mile Tavern**; Suppe und Sandwich bei **Always Sunday**; Bistro-Imbiss im **Café Marlayne**.

6 und das **Museum of Edinburgh** **7** nicht versäumen.

Am unteren Ende der Royal Mile besteht die Wahl zwischen einem modernen und einem alten Zentrum der Macht: **Scottish Parliament** **8** oder **Palace of Holyroodhouse** **9**. Ein schöner Abschluss ist ein abendlicher Aufstieg zum Arthur's Seat oder, weniger anstrengend, Calton Hill. Von beiden Punkten bietet sich ein herrlicher Blick auf den Sonnenuntergang.

IN ALLER RUHE

Mindestzeitaufwand für die einzelnen Sehenswürdigkeiten:

» **Edinburgh Castle:** 2 Stunden
» **Gladstone's Land:** 45 Minuten
» **St Giles Cathedral:** 30 Minuten
» **Real Mary King's Close:** 1 Stunde (Tour)
» **Scottish Parliament:** 1 Stunde (Tour)
» **Palace of Holyroodhouse:** 1 Stunde

Real Mary King's Close
Auf einer geführten Tour reißt der Strom von Gespenstergeschichten nicht ab, doch am eindrucksvollsten ist es, in einem Raum aus dem 17. Jh., in dem Rosshaarbüschel aus dem bröckelnden Putz hervorstarren, den kalten Hauch von alten Steinen, Staub und Geschichte zu spüren.

Canongate Kirk

CANONGATE

Our Dynamic Earth

Scottish Parliament
Keine Zeit für eine Führung? Die Broschüre *Discover the Scottish Parliament Building* (an der Rezeption erhältlich) ermöglicht einen selbstständigen Rundgang auf dem Gelände; anschließend kann man zu den Salisbury Crags hinaufwandern und einen Überblick über das ganze Gebäude gewinnen.

Palace of Holyroodhouse
Zu entdecken ist eine Geheimtreppe, durch die das Schlafgemach Maria Stuarts mit dem ihres Ehegatten, Lord Darnley, verbunden war. Er nötigte die Königin, mitanzusehen, wie er ihren Privatsekretär (und möglichen Liebhaber) David Rizzio durch seinen Handlanger ermorden ließ.

St Giles Cathedral
Beachtenswert sind das Buntglasfenster von Edward Burne-Jones (1873) am westlichen Ende, das die Überquerung des Jordan darstellt, und das Bronzedenkmal für Robert Louis Stevenson im Seitenschiff Moray Aisle.

Old Town

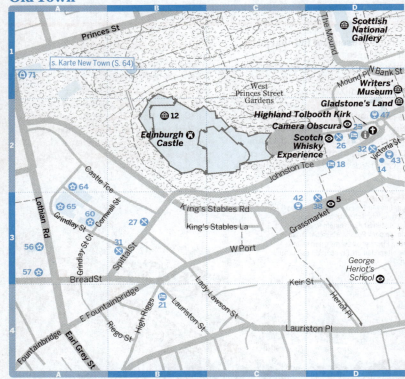

Canongate: Der Abschnitt der Royal Mile zwischen Netherbow und Holyrood leitet seinen Namen von den Stiftsherren (*canons*) des Augustinerordens von Holyrood Abbey ab. Seit dem 16. Jh. war dieser Teil der Straße mit seiner Nähe zum Palace of Holyroodhouse eine bevorzugte Wohngegend der Adligen. Canongate, das ursprünglich von den Mönchen verwaltet wurde, war bis 1856 eine freie Stadt (burgh) und von Edinburgh unabhängig.

Edinburgh Castle   BURG

(Karte S. 54; www.edinburghcastle.gov.uk; Erw./Kind inkl. Audioguide 16/9,20 £; April–Sept. 9.30–18 Uhr, Okt.–März bis 17 Uhr, Eintritt spätestens 45 Min. vor Schließung) Die schwer und dunkel lastenden Felsen des Castle Rock, die am westlichen Ende der Princes Street aufragen, sind die eigentliche Ursache für die Gründung Edinburghs. Der Burgfelsen war mit seiner Lage an der Einfallsroute zwischen England und dem mittleren Schottland am leichtesten zu verteidigen. Zahllose Armeen, von den römischen Legionen des 1. und 2. Jhs. n. Chr. bis zur Jakobitenarmee des Bonnie Prince Charlie von 1745, waren dieser Route bereits gefolgt.

Edinburgh Castle hat in der schottischen Geschichte als militärische Festung und als

---

NICHT VERSÄUMEN

DAS BESTE AUF DER BURG

Wer nur wenig Zeit hat, findet hier die Top Five der Sehenswürdigen von Edinburgh Castle:

- » Aussicht von Argyle Battery
- » Kanone One O'Clock
- » Großer Saal (Great Hall)
- » Kronjuwelen (Honours of Scotland)
- » Ausstellung „Prisons of War"

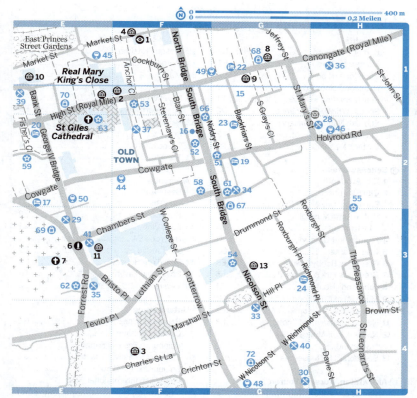

Königspalast eine wichtige Rolle gespielt. König Malcolm Canmore (reg. 1058–93) und Königin Margaret waren im 11. Jh. die ersten Bewohner des Palastes. Hart gekämpft wurde hier zuletzt 1745 – seitdem diente die Burg noch bis in die 1920er-Jahre als Hauptbasis der britischen Armee in Schottland. Heute ist die Burg samt Palast eine der atmosphärisch dichtesten, beliebtesten, aber auch teuersten Touristenattraktionen Schottlands.

Vom **Eingangstor** aus, das von Statuen bewacht wird (darunter Robert Bruce und William Wallace), gelangt man auf einem Kopfsteinpflasterweg hinauf zu den Kanonen der Argyle- und Mills-Mount-Batterien. Der Weg führt durch das **Portcullis Gate** aus dem 16. Jh. Von der Festungsmauer aus hat man einen großartigen Blick über die New Town und den Firth of Forth.

Ganz am Ende der Mills Mount Battery steht die berühmte **One O'Clock Gun**, an der sich täglich um 13 Uhr die Besuchermassen drängeln, um zu erleben, wie die strahlende 25-Pfünder-Kanone, ein Relikt aus dem Zweiten Weltkrieg ein ohrenbetäubendes Zeitsignal abschießt (außer So, Weihnachten und Karfreitag).

Südlich von Mills Mount schlängelt sich die Straße links durch das **Foog's Gate** zum höchsten Punkt auf dem Castle Rock, auf dem die romanische **St Margaret's Chapel** thront, das älteste erhaltene Gebäude in Edinburgh. Die Kirche wurde vermutlich von David I. oder Alexander I. in Gedenken an ihre Mutter, Königin Margaret, um 1130 erbaut (sie wurde 1250 heilig gesprochen). Neben der Kapelle ruht **Mons Meg**, eine riesige Belagerungskanone aus dem 15. Jh., die in Mons (im heutigen Belgien) 1449 gegossen wurde.

Die meisten Gebäude auf dem Gipfelplateau des Castle Rock drängeln sich dicht um den Crown Square, den der Schrein des

Old Town

◎ Highlights
- Camera Obscura D2
- Edinburgh Castle B2
- Gladstone's Land D2
- Highland Tolbooth Kirk D2
- Real Mary King's Close E1
- Scotch Whisky Experience D2
- Scottish National Gallery D1
- St Giles Cathedral E2
- Writers' Museum D1

◎ Sehenswertes
1. City Art Centre F1
2. City Chambers F1
3. Edinburgh University Collection of Historic Musical Instruments F4
4. Fruitmarket Gallery F1
5. Grassmarket D3
6. Greyfriars Bobby Statue E3
7. Greyfriars Kirk & Kirkyard E3
8. John Knox House G1
9. Museum of Childhood G1
10. Museum on the Mound E1
11. National Museum of Scotland E3
12. National War Museum of Scotland B2
13. Surgeons' Hall Museums G3

⊙ Aktivitäten, Kurse & Touren
14. Cadies & Witchery Tours D2
15. Cycle Scotland G1
16. Mercat Tours F2

🛏 Schlafen
17. Budget Backpackers E2
18. Castle Rock Hostel D2
19. Edinburgh Metro G2
20. Hotel Missoni E2
21. Knight Residence B4
22. Royal Mile Backpackers G1
23. Smart City Hostel G2
24. Ten Hill Place G3
25. Witchery by the Castle D2

✕ Essen
26. Amber D2
27. Castle Terrace B3
28. David Bann H2
29. Elephant House E3
30. Kalpna G4
31. Kanpai B3
32. Maxie's Bistro D2
33. Mosque Kitchen G4
34. Mother India G2
35. Mums E3
- Ondine .... (siehe 20)
36. Pancho Villa's H1
37. Passepartout F2
38. Petit Paris D3
39. Porto & Fi E1
40. Tesco Metro G4
41. Tower E3

🍸 Ausgehen
42. Beehive Inn C3
43. Bow Bar D2
44. BrewDog F2
45. Ecco Vino E1
46. Holyrood 9A H2
47. Jolly Judge D2
48. Pear Tree House G4
49. Royal Mile Tavern G1
50. Villager E2

✪ Unterhaltung
51. Bannerman's G2
52. Cabaret Voltaire F2
53. Edinburgh Festival Fringe F1
54. Edinburgh Festival Theatre G3
55. Edinburgh Folk Club H2
- Edinburgh International Film Festival .... (siehe 56)
56. Filmhouse A3
57. Henry's Cellar A3
58. Jazz Bar F2
59. Liquid Room E2
60. Royal Lyceum Theatre A3
61. Royal Oak G2
62. Sandy Bell's E3
63. St Giles Cathedral E2
64. Traverse Theatre A2
65. Usher Hall A3
66. Whistle Binkie's F2

🛍 Shoppen
67. Blackwell's Bookshop G2
68. Geoffrey (Tailor) Inc G1
69. Joyce Forsyth Designer Knitwear E3
70. Kinross Cashmere E1
71. One World Shop A1
72. Word Power G4

Scottish National War Memorial dominiert. Gegenüber befindet sich die für James IV. (reg. 1488–1513) als Zeremoniensaal erbaute **Great Hall**, die bis 1639 auch als Sitz des schottischen Parlaments diente. Am auffallendsten ist hier die originale Stichbalkendecke aus dem 16. Jh.

Die **Castle Vaults** unter dem Großen Saal (zu erreichen vom Crown Square über die Ausstellung „Prisons of War") dienten verschiedentlich als Lagerräume, Bäckerei und Gefängnis. Die Gewölbe wurden in Anlehnung an **Verliese** des 18. und frühen 19. Jhs. wiederhergestellt. Auf den alten Holztüren sind noch Einkerbungen von französischen und amerikanischen Gefangenen zu sehen.

An der Ostseite des Platzes erhebt sich der **Royal Palace**, der im 15. und 16. Jh. gebaut wurde. Eine Reihe historischer Gemälde führen zum besonderen Highlight der Burg, einer Schatzkammer mit den **Honours of Scotland** (den schottischen Kronjuwelen) – den ältesten bis heute erhaltenen Kronjuwelen Europas. Die schottische Krone wurde nach der Einführung des Act of Unions im Jahr 1707 weggeschlossen, auch das Schwert und das Zepter waren fast vergessen, bis alles auf Drängen des Schriftstellers Sir Walter Scott 1818 wieder ans Tageslicht geholt wurde. Die Krone wurde 1540 aus dem Gold der Krone von Robert Bruce, die im 14. Jh. gefertigt worden war, hergestellt. In der Kammer ist auch der **Stone of Destiny** zu besichtigen.

In den benachbarten **Royal Apartments** liegt u. a. auch das Schlafgemach, in dem Maria Stuart ihren Sohn Jakob VI. zur Welt brachte. Im Jahr 1603 vereinte er Schottland und England.

National War Museum of Scotland MUSEUM
(Karte S. 54; www.nms.ac.uk; Eintritt im Edinburgh-Castle-Ticket enthalten; ⊙April–Okt. 9.45–17.45 Uhr, Nov.–März bis 16.45 Uhr) Am westlichen Rand der Burg (links vom Burgrestaurant) führt eine Straße hinunter zum National War Museum of Scotland, wo die schottische Militärgeschichte auf anschauliche Weise zum Leben erweckt wird. Die gezeigten Ausstellungsstücke haben einen persönlichen Bezug, weil sie von den Lebensgeschichten ihrer einstigen Besitzer erzählen; sie erleichtern das Nachempfinden der Kriegserfahrungen auf eine Weise, die keine trockene Ausstellung verstaubter alter Waffen je erreichen kann.

GRATIS Highland Tolbooth Kirk KIRCHE
(Karte S. 54; Castlehill; ⊙9.30–19 Uhr) Der höchste Turm (71,7 m) Edinburghs erhebt sich am Fuß des Castlehill und fällt in der Silhouette der Altstadt besonders auf. Das Innere wurde restauriert und beherbergt heute das Hub (S. 76), das Ticket- und Informationszentrum des Edinburgh Festival. Es gibt hier auch ein gutes Café.

Scotch Whisky Experience WHISKY-AUSSTELLUNG
(Karte S. 54; www.scotchwhiskyexperience.co.uk; 354 Castlehill; Erw./Kind inkl. Führung & Verkostung 12,50/6,50 £; ⊙Juni–Aug. 10–18.30 Uhr, Sept.–Mai bis 18 Uhr) In einem ehemaligen Schulhaus wurde das multimediale Zentrum eingerichtet, das die Whiskyherstellung vom Grundstoff, der Gerste, bis zur Abfüllung in mehreren Ausstellungen, Vorführungen und Rundgängen erklärt. Dabei sind Augen, Ohren und Nase gefordert. Auch beachtenswert: die weltweit größte Sammlung von Malt-Whiskys... und Peat, die Destilleriekatze! Im Restaurant werden traditionelle schottische Gerichte serviert und, wo es passt, mit einem Schuss Whisky veredelt. Es ist nur ein kurzer Weg bergab von der Castle Esplanade.

Camera Obscura AUSSTELLUNG
(Karte S. 54; www.camera-obscura.co.uk; Castlehill; Erw./Kind 10,95/7,95 £; ⊙Juli & Aug. 9.30–21 Uhr, April–Juni, Sept. & Okt. 9.30–19 Uhr, Nov.–März 10–18 Uhr) Die Camera obscura von Edinburgh ist eine seltsame Erfindung des 19. Jhs., seit 1853 ist sie ohne Unterbrechung in Betrieb. Mit Hilfe von Linsen und Spiegeln wird ein bewegtes Bild der Stadt auf eine große horizontale Leinwand projiziert. Die parallele Kommentierung ist unterhaltsam – das Ganze hat einen bizarren Charme. Zur Ergänzung beschäftigt sich eine faszinierende Ausstellung mit optischen Täuschungen aller Art. Eine Treppe führt durch verschiedene Präsentationen hinauf zum **Outlook Tower** mit schönen Ausblicken auf die Stadt.

Gladstone's Land HISTORISCHES GEBÄUDE
(NTS; Karte S. 54; www.nts.org.uk; 477 Lawnmarket; Erw./Kind 6/5 £; ⊙Juli & Aug. 10–18.30 Uhr, April–Juni, Sept. & Okt. bis 17 Uhr) Einer der angesehensten Kaufleute im Edinburgh des 17. Jhs. war Thomas Gledstanes, der 1617 das später als Gladstone's Land bekannte Wohnhaus kaufte. Es besitzt schöne, bemalte Decken, Wände und Deckenbalken

sowie kostbares Mobiliar aus dem 17. und 18. Jh. Die ehrenamtlichen Führer breiten den gern ihre Schätze an Anekdoten und historischen Kenntnissen aus.

GRATIS Writers' Museum MUSEUM
(Karte S. 54; www.edinburghmuseums.org.uk; Lady Stair's Close, Lawnmarket; ganzjährig Mo–Sa 10–17 Uhr, Aug. zusätzl. So 14–17 Uhr) In einer Gasse direkt östlich von Gladstone's Land liegt etwas versteckt Lady Stair's House (1622) mit dem Literaturmuseum. Es ist drei Dichtern gewidmet, die zu den berühmtesten Schottlands gehören: Robert Burns, Sir Walter Scott und Robert Louis Stevenson. Zu sehen sind Manuskripte und Gegenstände aus dem persönlichen Besitz.

St Giles Cathedral KIRCHE
(Karte S. 54; www.stgilescathedral.org.uk; High St.; Eintritt 3 £; Mai–Sept. Mo–Fr 9–19, Sa 9–17, So 13–17 Uhr, Okt.–April Mo–Sa 9–17, So 13 bis 17 Uhr) Die High Street wird von der grauen, gewaltigen **St. Giles Cathedral** dominiert. Passenderweise heißt sie High Kirk of Edinburgh (eine wirkliche Kathedrale, also ein Bischofssitz, war die Kirche nur von 1633 bis 1638 und von 1661 bis 1689). Benannt ist sie nach dem Schutzheiligen der Krüppel und Bettler. Die hier 1126 erbaute normannische Kirche wurde 1385 von englischen Invasoren zerstört – von ihr blieben lediglich die Hauptpfeiler am Turm erhalten.

Die heutige Kirche geht größtenteils auf das 15. Jh. zurück – die wunderschöne **Turmkrone** wurde 1495 vollendet –, aber einen Großteil der Kirche restaurierte man im 19. Jh. Der Innenraum wirkt zwar nicht besonders grandios, aber er ist sehr geschichtsträchtig: St Giles war das Zentrum der schottischen Reformation, John Knox arbeitete hier von 1559 bis 1572 als Priester. Eine der interessantesten Ecken der Kirche ist die **Thistle Chapel**, 1911 für die Knights of the Most Ancient & Most Noble Order of the Thistle erbaut: Die aufwendig im gotischen Stil geschnitzten Kirchenbänke werden von Baldachinen mit den Helmen und Waffen der 16 Ritter des Ordens bekrönt. Besonders nett ist der Dudelsack spielende Engel im Gewölbe.

An der Straßenseite vor dem Westportal der Kirche ist im Straßenpflaster das auf Kopfsteinen zusammengefügte **Heart of Midlothian** zu sehen: Es markiert den Standort des Tolbooth. Das im 15. Jh. erbaute und im 18. Jh. zerstörte Gebäude diente als Sitzungssaal für das Parlament, den Stadtrat (Town Council) und die General Assembly of the Reformed Kirk.

Am anderen Ende von St Giles steht das **Mercat Cross**, eine Kopie (19. Jh.) des ursprünglich 1365 errichteten Originals. Hier trafen sich Händler und Kaufleute, um Geschäfte abzuschließen und hier wurden die königlichen Proklamationen verlesen.

Real Mary King's Close HISTORISCHER BEZIRK
(Karte S. 54; 0845 070 6244; www.realmarykingsclose.com; 2 Warriston's Close, High St.; Erw./Kind 12,95/7,45 £; März–Okt. 10–21 Uhr, Aug. bis 23 Uhr, Nov.–März So–Do 10–17 Uhr, Fr & Sa 10–21 Uhr) Gegenüber der Kirche St. Giles befinden sich die City Chambers. Ursprünglich sollte das Rathaus, zwischen 1753 und 1761 nach einem Entwurf von John Adam entstanden, den Kaufleuten der Stadt als überdachter Börsenplatz dienen. 1811 bezog der Stadtrat den Bau.

Ein Teil der Royal Exchange entstand über den überbauten Resten der Mary King's Close. Die tieferen Abschnitte dieser mittelalterlichen Gasse der Old Town blieben daher 250 Jahre lang fast unberührt in den Fundamenten des Rathauses erhalten. Heute sind sie als Real Mary King's Close für interessierte Besucher geöffnet: ein unheimliches, unterirdisches Labyrinth, das Einblicke in das Alltagsleben im Edinburgh des 16. und 17. Jhs. gewährt. Kostümierte Museumsführer begleiten Besucher durch ein Stadthaus des 16. Jhs. und die Behausung eines Pestopfers aus dem 17. Jh. Rechtzeitige Buchung empfehlenswert.

GRATIS Museum of Childhood MUSEUM
(Karte S. 54; www.edinburghmuseums.org.uk; 42 High St.; Mo–Sa 10–17 Uhr, So 14–17 Uhr) Auf halber Länge der Royal Mile befindet sich das „lauteste Museum der Welt". Das Haus widmet sich ernsten Themen der Kindheit wie Gesundheit, Bildung und Erziehung. Es hat aber auch eine riesige Sammlung von Spielzeug, Puppen, Brettspielen und Kinderbüchern zu bieten. Daneben gibt es Dokumentaraufnahmen von Schulstunden der 1930er- und Filme über Straßenspiele der 1950er-Jahre.

John Knox House HISTORISCHES GEBÄUDE
(Karte S. 54; www.scottishstorytellingcentre.co.uk; 43–45 High St.; Erw./Kind 4,25/1 £; ganzjährig Mo–Sa 10–18 Uhr, Juli & Aug. So 12–18 Uhr) Die Royal Mile verengt sich am unteren Ende der High Street auf der Höhe der vor-

springenden Fassade des John Knox House. Das älteste erhaltene Wohnhaus in Edinburgh stammt aus der Zeit um 1490. John Knox, führender Kopf der protestantischen Reformation in Schottland, soll das Haus von 1561 bis 1572 bewohnt haben. Das Innere birgt eine interessante Ausstellung über Leben und Werk des Kirchenreformators.

GRATIS People's Story — MUSEUM
(Karte S. 48; www.edinburghmuseums.org.uk; 163 Canongate; ganzjährig Mo-Sa 10–17 Uhr, Aug. zusätzl. So 14–17 Uhr) Ein bis heute sichtbares Symbol der einstigen Unabhängigkeit von Canongate ist **Canongate Tolbooth**. Das Bauwerk entstand 1591 und diente nacheinander als Sammelstelle für Steuern, Rathaus, Gericht und Gefängnis. Heute birgt es das faszinierende Museum People's Story. Es zeichnet das Leben der einfachen Bevölkerung nach.

GRATIS Museum of Edinburgh — MUSEUM
(Karte S. 48; www.edinburghmuseums.org.uk; 142 Canongate; ganzjährig Mo-Sa 10–17 Uhr, Aug. So 14–17 Uhr) Die farbenprächtige Fassade des Huntly House, in leuchtendem Rot und Ockergelb neu gestaltet, ist nicht zu verfehlen; gegenüber ist die Turmuhr des Tolbooth zu sehen. In dem Gebäude von 1570 ist ein Museum untergebracht, das die Stadtgeschichte Edinburghs von der Frühzeit bis zur Gegenwart dokumentiert. Ausstellungsstücke von nationaler Bedeutung sind u. a. ein Originalexemplar des National Covenant von 1638, doch die eigentlichen Lieblingsstücke der meisten Besucher sind Halsband und Fressnapf des Hundes **Greyfriars Bobby**, dem berühmtesten vierbeinigen Einwohner der Stadt.

Canongate Kirk — KIRCHE
(Karte S. 48) Vom Huntly House führt die Straße hinunter zur Canongate Kirk, einem Bau von 1688 mit hübschem Dachgiebel. Auf dem Kirchhof wurden einige berühmte Männer und Frauen beigesetzt, darunter der Ökonom **Adam Smith**, Verfasser von *Der Wohlstand der Nationen*, Mrs. Agnes MacLehose (die „Clarinda" in den Liebesgedichten von Robert Burns) und der Dichter **Robert Fergusson** (1750-1774), dessen Standbild sich an der Straße vor der Kirche befindet. Fergusson wurde von Robert Burns hoch verehrt, er kam für seinen Grabstein auf und verfasste die Grabinschrift (einen Blick auf die Rückseite des Grabsteins werfen). Auf einer Informationstafel direkt am Eingang sind berühmte Grabstätten und ihre Lage verzeichnet.

HOLYROOD

Palace of Holyroodhouse — KÖNIGLICHER PALAST
(Karte S. 48; www.royalcollection.org.uk; Canongate; Erw./Kind 10,75/6,50 £; April-Okt. 9.30-18 Uhr, Nov.-März 9.30-16.30 Uhr) Der Palace of Holyroodhouse ist die offizielle Residenz der königlichen Familie in Schottland. Berühmter ist das Schloss allerdings als Wohnort der glücklosen Maria Stuart im 16. Jh. Der Palast entwickelte sich aus einem Gästehaus, einem Anbau der Holyrood Abbey – es wurde 1501 von König Jakob VI. erweitert. Der älteste Gebäudeteil, der nordwestliche Turm, entstand 1529 als königliche Wohnung für Jakob V. und seine Frau, Mary of Guise. Die schottische Königin Maria verlebte hier sechs turbulente Jahre – in dieser Zeit setzte sie sich mit John Knox auseinander, heiratete zweimal und musste die Ermordung ihres Sekretärs David Rizzio (ca. 1533-1566) miterleben. Der Palast ist während der Aufenthalte der königlichen Familie und bei Staatsempfängen usw. für Besucher geschlossen (meist Mitte Mai bis Mitte Juni/Anf. Juli, Details auf der Website).

Die Audio-Führung umfasst eine Reihe beeindruckender königlicher Gemächer; sie endet in der **Great Gallery**. Die 89 Porträts schottischer Könige hatte Charles II. in Auftrag gegeben – sie beweisen angeblich seine direkte Abstammungslinie bis zurück zu Scota, der Tochter eines ägyptischen Pharaos, die den kleinen Moses im Körbchen am Nilufer gefunden haben soll.

Doch das unumstrittene Highlight der Führung ist **Mary, Queen of Scots' Bed Chamber**, in dem die unglückliche Maria Stuart 1561 bis 1567 lebte. Das Gemach ist durch eine geheime Treppe mit dem Schlafzimmer ihres Gemahls verbunden. Hier setzte ihr eifersüchtiger erster Ehemann, Lord Darnley, seine schwangere Frau fest, während seine Henker den getreuen Sekretär seiner Frau töteten: David Rizzio. Eine Gedenktafel im Nebenraum markiert die Stelle, wo er verblutete.

Holyrood Abbey — ABTEI
(Karte S. 48; Eintritt im Ticket für den Palast enthalten; April-Okt. 9.30-18 Uhr, Nov.-März bis 16.30 Uhr) König David I. gründete die Abtei 1128 im Schutz der Salisbury Crags. Wahrscheinlich wurde sie nach einem Fragment des Heiligen Kreuzes benannt (*rood* ist

DAS SCHOTTISCHE PARLAMENTSGEBÄUDE

Das neue **Schottische Parlamentsgebäude** (Karte S. 48; ☏0131-348 5200; www. scottish.parliament.uk; Eintritt frei; ☼April–Okt. in Sitzungsperioden Di–Do 9–18.30 sowie Mo & Fr 10–17.30 Uhr, in Parlamentsferien Mo–Fr 10–18 Uhr, Nov.–März in Parlamentsferien 10–16 Uhr), entstand auf dem Grundstück einer Brauerei in der Nähe des Palace of Holyroodhouse und wurde im Oktober 2005 von Queen Elizabeth II. offiziell eröffnet.

Der öffentliche Bereich des Parlamentsgebäudes – die Main Hall mit einer Ausstellung, einem Shop und einem Café und die **öffentliche Galerie** im Plenarsaal (Debating Chamber) – ist für Besucher zugänglich (Näheres zu Eintrittskarten für die öffentliche Galerie s. Website). Außerdem führt eine kostenlose **geführte Tour** (frühzeitig reservieren!) in einer Stunde durch den Plenarsaal, einen Saal für Ausschusssitzungen, die Gartenlobby und (falls möglich) das Büro eines Parlamentsabgeordneten (Member of the Scottish Parliament, MSP). Wer bei einer **Parlamentssitzung** zusehen möchte, kann auf der Website den Sitzungskalender nachlesen – das Parlament tritt normalerweise ganzjährig Dienstag bis Donnerstag zusammen.

Der Architekt **Enric Miralles** (1955–2000), nach dessen Entwurf das Parlamentsgebäude entstand, war überzeugt, dass ein Gebäude ein Kunstwerk sein könne. Doch das sonderbare Betongebilde, das zu Füßen der Salisbury Crags emporgewachsen ist, ließ die Bürger von Edinburgh staunen und ratlos zurück. Was sollte das alles bedeuten? Die merkwürdigen Formen sind mehr oder weniger symbolisch gemeint. So sind die eigenartig geformten Fenster der Westfassade den Umrissen des „Reverend Robert Walker beim Schlittschuhlaufen" nachempfunden (*Reverend Robert Walker Skating on Duddingston Loch* zählt zu den berühmtesten Gemälden Schottlands). Der Grundriss des Gebäudekomplexes symbolisiert eine „Blume der Demokratie, die in schottischer Erde wurzelt" (am besten bei einem Blick von den Salisbury Crags zu erkennen).

Die **Main Hall** in der öffentlichen Eingangshalle hat ein niedriges, dreifaches Deckengewölbe aus geschliffenem Beton, sie erinnert an eine Höhle, einen Keller oder ein Burgverlies. In diesem dämmrig beleuchteten Raum beginnt ein metaphorischer Aufstieg aus relativer Dunkelheit hinauf zum Plenarsaal, der **Debating Chamber** (sie liegt direkt oberhalb der Main Hall), die im Kontrast dazu ein heller – vom Licht der Demokratie durchfluteter – Saal ist. Dieser prachtvolle Saal ist das Herzstück des Parlaments, dazu konzipiert, die darin tagenden Politiker nicht etwa zu überhöhen, sondern bescheiden zu machen. Die Fenster öffnen sich auf Calton Hill und lenken die Blicke der Parlamentarier auf seine Denkmäler (Mahnmale der schottischen Aufklärung), die massiven, stahlverstärkten Eichenholzbalken der Deckenkonstruktion bilden Dreiecke, deren Spitzen nach unten weisen – sie hängen über den Köpfen der Abgeordneten wie Damoklesschwerter.

ein altes schottisches Wort für Kreuz), von dem es heißt, es sei von seiner Mutter, der hl. Margaret, nach Schottland gebracht worden. Die erhaltenen Ruinen gehen zum größten Teil auf das 12. und 13. Jh. zurück. Ein Türbogen an der südöstlichen Ecke blieb sogar von der ursprünglich normannischen Kirche erhalten.

Queen's Gallery KUNSTGALERIE

(Karte S. 48; www.royalcollection.org.uk; Erw./Kind 6/3 £, Kombiticket inkl. Eintritt in den Palast 15,10/8,55 £; ☼wie Palast) Die fantastische moderne Galerie, die das Gemäuer einer früheren Kirche und Schule einnimmt, wurde 2002 als Ausstellungsraum für Kunstwerke aus den königlichen Sammlungen eröffnet. Die Ausstellungen wechseln etwa alle sechs Monate; wer näheres zur jeweils aktuellen Ausstellung erfahren möchte, kann sich darüber ist auf der Website informieren.

Our Dynamic Earth AUSSTELLUNG

(Karte S. 48; www.dynamicearth.co.uk; Holyrood Rd.; Erw./Kind 11,50/7,50 £; ☼Juli & Aug. 10–18 Uhr, April–Juni, Sept. & Okt. bis 17.30 Uhr, Nov.–März Mi–So bis 17 Uhr, Eintritt spätestens 90 Min. vor Schließung; ♿) Das modernistische weiße Zeltdach am Fuß der Salisbury Crags gehört zur Ausstellung *Our Dynamic Earth*. Sie führt auf einer interaktiven, multimedialen Entdeckungsreise durch die Erdgeschichte vom Urknall bis zur Gegenwart. Für Kinder jeden Alters ist sie eine Attraktion mit einem sprühenden Feuerwerk aus Spezialeffekten und 3D-Filmen. Alles ist dazu konzipiert, in den jungen Forscherköpfen die Neugier auf Geologie und Umwelt zu entzünden. Natürlich nicht ganz ohne Nebengedanken: Anschließend werden die kleinen Besucher in einen Andenkenladen gelockt.

Holyrood Park   PARK

(Karte S. 48) Im Holyrood Park besitzt Edinburgh ein Stück wilder Natur. Der einstige Jagdgrund der schottischen Könige umfasst auf einer Fläche von 263 ha eine landschaftliche Vielfalt aus Felshängen, Mooren und einem See. Die höchste Erhebung ist der 251 m hohe Gipfel **Arthur's Seat**, des eiszeitlichen Rests eines erloschenen Vulkans. Eine Rundfahrt um den Holyrood Park ist per Auto oder Fahrrad auf dem Queen's Drive möglich, zu Fuß ist der Gipfel vom Parkinnern aus in 45 Minuten zu erreichen.

IM NORDEN DER ROYAL MILE

GRATIS Fruitmarket Gallery   KUNSTGALERIE

(Karte S. 54; www.fruitmarket.co.uk; 45 Market St.; Mo-Sa 11-18 Uhr, So 12-17 Uhr) Sie zählt zu den innovativsten Kunstgalerien Edinburghs: Die Fruitmarket Gallery zeigt Werke moderner schottischer und internationaler Künstler und besitzt eine ausgezeichnete Kunstbuchhandlung und ein gutes Café.

GRATIS City Art Centre   KUNSTZENTRUM

(Karte S. 54; www.edinburghmuseums.org.uk; 2 Market St.; Gebühr für wechselnde Ausstellungen; Mo-Sa 10-17, So 12-17 Uhr) Gegenüber der Fruitmarket Gallery gibt es ein weiteres Zentrum der Kunst. Auf sechs Etagen sind Ausstellungen zu verschiedensten künstlerischen Themen zu sehen, z. B. eine umfassende Sammlung schottischer Werke.

IM SÜDEN DER ROYAL MILE

GRATIS National Museum of Scotland   MUSEUM

(Karte S. 54; www.nms.ac.uk; Chambers St.; Gebühr für Sonderausstellungen; 10-17 Uhr) Beherrschender Anblick an der weitenChambers Street ist die langgestreckte Fassade des National Museum of Scotland. Seine umfangreichen Sammlungen sind in zwei Gebäuden – das eine modern, das andere viktorianisch – untergebracht. Das Museum wurde 2011 nach einer zwei Jahre dauernden Renovierung und Umgestaltung wieder für die Öffentlichkeit zugänglich gemacht.

Mit seinem goldfarbenen Mauerwerk und den beeindruckend modernen Baustil gehört der Neubau des Museums zu den charaktervollsten Bauwerken der Stadt. Auf fünf Etagen dokumentiert das Museum die Geschichte Schottlands von der geologischen Vorgeschichte bis in die 1990er-Jahre in vielen ansprechenden Ausstellungen – Audioguides stehen den Besuchern in mehreren Sprachen zur Verfügung.

Das neue Gebäude grenzt an den ursprünglichen viktorianischen Museumsbau von 1861. Sein massives, graues Gemäuer öffnet sich in eine weite, lichtdurchflutete Halle mit Glaskuppel. Das Museum besitzt Sammlungen zu den verschiedensten Themengebieten: Naturgeschichte, Archäologie, Forschung und Industrie, außerdem Kunstgegenstände aus dem alten Ägypten, dem muslimischen Raum, aus China, Japan, Korea und der westlichen Welt.

GRATIS Greyfriars Kirk & Kirkyard   KIRCHE

(Karte S. 54; www.greyfriarskirk.com; Candlemaker Row; April-Okt. Mo-Fr 10.30-16.30 & Sa 11-14 Uhr, Nov.-März nur Do 13.30-15.30 Uhr) Eine der berühmtesten Kirchen Edinburghs, die Greyfriars Kirk, wurde am Standort eines einstigen Franziskanerklosters erbaut und zu Weihnachten 1620 für den Gottesdienst geöffnet. 1638 wurde hier das **National Covenant** unterzeichnet. Damit war der Versuch Charles' I. gescheitert, eine Episkopalverfassung und ein neues englisches Gebetsbuch in Schottland zu erzwingen; die Unabhängigkeit der schottischen presbyterianischen Kirche wurde gefestigt. Doch viele der Unterzeichner gingen später auf dem Grassmarket trotzdem ihrer Hinrichtung entgegen. 1679 wurden 1200 Presbyterianer (Covenanters) unter schrecklichen Umständen gefangen gehalten. Zu ihrem Gefängnis an der südwestlichen Ecke des Kirchhofes wird in der Kirche eine Ausstellung gezeigt.

Von Mauern umschlossen und von der Präsenz der Burg beschattet, umgibt **Greyfriars Kirkyard** die Kirche. Der Friedhof, einer der stimmungsvollsten von Edinburgh, ist eine stille Oase, in der reich verzierte Grabmale aufragen. Viele Namen der Stadt sind hier zu lesen, darunter der Dichter Allan Ramsay (1686-1758), der Architekt William Adam (1689-1748) und William Smellie (1740 bis 1795), Herausgeber der ersten Ausgabe der *Encyclopedia Britannica*.

Wer den Friedhof von seiner schaurigsten Seite – in einer Gruft, im Dunkeln und bei Nacht – erleben möchte, muss sich der Führung der Black Hart Storytellers (S. 75) anvertrauen.

NATIONAL MUSEUM OF SCOTLAND: HIGHLIGHTS

Besucher sollten nicht durch den modernen Turm am westlichen Ende der Chambers Street, sondern durch den Haupteingang auf mittlerer Höhe der Straße eintreten. Dieser öffnet sich in eine stimmungsvolle Eingangshalle, die die ehemaligen Kellerräume des Museums einnimmt. Sie beherbergt einen Informationstresen mit Lageplänen und Faltblättern zum Museum, einen Garderobenraum, Toiletten und ein Café-Restaurant. Eine Treppe führt ins Licht der **Grand Gallery** hinauf, einer überwältigenden Halle mit Glasdach, die von gusseisernen Säulen und Balkonen umgeben ist und das Herzstück des ursprünglichen viktorianischen Museums bildet.

Dieser Teil des Gebäudes ist der Welt der Natur, der Kunst und dem Design und den Weltkulturen gewidmet. Am östlichen Ende der Galerie liegt der Eingang zur **Animal World**, einer der eindrucksvollsten neuen Ausstellungen des Museums. Keine verstaubten, starren Reihen von Tierpräparaten, sondern schöne, lebensnahe Darstellungen sind hier zu sehen: Die Tiere wurden scheinbar im Augenblick des Sprungs oder Beutefangs festgehalten und in Gruppen angeordnet, die unterschiedliche Arten der Fortbewegung, Ernährung und Fortpflanzung veranschaulichen. Ausgestorbene Arten, z. B. durch das Skelett eines Tyrannosaurus rex in voller Lebensgröße dargestellt, mischen sich unter die noch existierenden.

Genügend Zeit sollte der Ausstellung **Window on the World** gewidmet werden, die an den Balkonen der Grand Gallery entlang bis zum Dachgeschoss aufsteigt. Zu sehen sind rund 800 Einzelstücke, etwa wie die größte Knochenschnitzerei der Welt, die die Kieferknochen eines Pottwals verziert, oder ein viersitziges Rennrad von 1898.

Zurück im Erdgeschoss der Grand Gallery, führt der Weg durch die Galerie Connect auf der westlichen Seite – mit dem ausgestopften **Klonschaf Dolly**, das als erstes Säugetier der Welt aus einer adulten Zelle klont wurde – in den Hawthornden Court, der weiten, zentralen Halle des modernen Museumsbaus. Hier ist ein **Formel-1-Rennwagen** ausgestellt, der in den 1970er-Jahren von Sir Jackie Stewart gesteuert wurde. Dieser Teil des Gebäudes ist der Geschichte und Kultur Schottlands gewidmet.

Eine Treppe führt am Ende der Halle zur Ausstellung „Early People" (Frühe Siedler) auf Ebene 0 hinab, wo faszinierende menschenähnliche Skulpturen von Sir Eduardo Paolozzi zu sehen sind. Sehr eindrucksvoll sind auch die **Cramond Lioness** – diese römische Skulptur einer Löwin, die einen menschlichen Kopf in ihrem Rachen hält, wurde 1997 im Fluss Almond gefunden – und der **Traprain Treasure**, ein 20 kg schwerer Silberschatz aus dem 5. Jh.

Von dort bahnen sich Besucher einen Weg aufwärts durch die Geschichte Schottlands. Unter den Highlights der Galerien zum mittelalterlichen Königreich der Schotten – auf den Ebenen 1 und 2 – finden sich das **Monymusk-Reliquiar** – ein winziges Silberkästchen aus dem Jahr 750 n. Chr., das Robert Bruce in der Schlacht von Bannockburn 1314 bei sich getragen haben soll – und die berühmten **Lewis Chessmen**. Dieses Set anmutiger Schachfiguren, im 12. Jh. aus Walrosselfenbein geschnitzt, wurde am Strand von Uig auf der Isle of Lewis gefunden.

Der Weg führt weiter durch die Ebenen 3 und 4. Sie verfolgen die Entwicklung Schottlands durch das Zeitalter der industriellen Revolution, machtvoll symbolisiert durch die hoch aufragende **atmosphärische Dampfmaschine von Thomas Newcomen**. Sie diente einst dazu, Wasser aus den Kohlegruben von Ayrshire zu pumpen. Die Ausstellung „Ways of Death" auf Ebene 5 – mit dem schwarzen Jettschmuck und den Trauerarmbändern aus menschlichem Haar eine Augenweide für Gothic-Freunde – birgt viele faszinierende Exponate, darunter die winzigen, mysteriösen **Puppensärge von Arthur's Seat**, die man 1836 im Holyrood Park entdeckte. Sie spielen auch in Ian Rankins Kriminalroman *Puppenspiel* eine wesentliche Rolle.

Ebene 6 steht ganz im Zeichen des 20. Jhs. mit Galerien, die den Weltkriegen und dem Industriezeitalter gewidmet sind, und mit der berührenden Ausstellung **Leaving Scotland**. Hier werden die Lebenswege schottischer Auswanderer nachgezeichnet, die in Kanada, Australien oder in den USA ein neues Leben suchten.

Zum Abschluss führt ein Aufzug nahe der Ausstellung „War" zur **Dachterrasse** hinauf, von der sich eine fantastische Aussicht über Stadt und Burg bietet.

Greyfriars Bobby Statue   DENKMAL

(Karte S. 54) So interessant die Grabmale im Innern des Greyfriars Kirkyard auch sind, das meistbesuchte Denkmal ist doch außerhalb der Friedhofsmauern zu finden. Gegenüber dem Pub beim Friedhofstor steht das kleine Denkmal von Greyfriars Bobby, einem Skyeterrier, der von 1858 bis 1872 am Grab seines Herrn, eines Polizeiwachtmeisters aus Edinburgh, ausharrte. In einem Roman von 1912 wurde die Geschichte von Eleanor Atkinson unsterblich gemacht, 1963 produzierte Walt Disney einen Kinofilm nach der Vorlage. Bobbys eigenes Grab, auf dem ein kleiner Stein aus rotem Granit steht, liegt auf dem Kirchhof nahe beim Eingang. Sein Halsband und Fressnapf befinden sich im Museum of Edinburgh (S. 57).

Grassmarket   HISTORISCHER BEZIRK

(Karte S. 54) Seit dem 15. Jh. und noch bis ins 20. Jh. hinein war der Grassmarket ein Viehmarkt und seit jeher das Herz der Altstadt. Auf dem Platz wurden die meisten **Hinrichtungen** vollzogen – das Denkmal an der Ostseite des Platzes (wo einst die Galgen standen) erinnert an über 100 Covenanters, die hier hingerichtet wurden. Die Mörder Burke und Hare (S. 73) begingen ihre Untaten damals in einen heute verschwundenen *close* (Gasse) auf der westlichen Seite.

Heute geht es hier lebendig zu: Rund um den weiten, offenen Platz, der von hoch aufragenden Wohnhäusern und der alles beherrschenden Burg gesäumt wird, gibt es viele Pubs und Restaurants, darunter das **White Hart Inn**, in dem schon Robert Burns zu Gast war. Es gilt als das älteste Gasthaus der Stadt mit ununterbrochenem Fortbestand (seit 1516), hier wurde 1803 auch William Wordsworth bewirtet. Auf dem **Cowgate** – einer langen, dunklen, Gasse, die vom Grassmarket nach Osten führt – wurde früher das Vieh von den Weiden um Arthur's Seat in den Schutz der Stadtmauern getrieben. Heute ist sie der Mittelpunkt des Nachtlebens in Edinburgh; zahlreiche Clubs und Bars sind nur jeweils fünf Gehminuten voneinander entfernt.

New Town

Edinburghs Neustadt liegt nördlich der Altstadt auf einem Hügel, der parallel zur Royal Mile verläuft, dazwischen erstrecken sich die Princes Street Gardens. Das Straßengitter mit den eleganten, georgianischen Reihenhäusern steht im auffallenden Kontrast zu dem chaotischen Wirrwarr der Wohnhäuser und Bauten, die für die Old Town so typisch sind.

Zwischen dem ausgehenden 14. und dem frühen 18. Jh. wuchs die Bevölkerung Edinburghs – und zwar immer noch innerhalb der Stadtmauern der Old Town – von 2000 auf 50 000 an. Die baufällig werdenden Wohnhäuser machten das Wohnen jedoch unsicher und stürzten manchmal sogar ein; oft brannte es. Fazit: Das Leben war hier ziemlich ungemütlich geworden.

Mit dem Act of Union 1707 ergab sich eine langfristige und stabile Perspektive für die Stadt, die Oberschicht wünschte sich sauberere, gesunde und großräumige Wohnhäuser. Im Jahr 1766 startete der Lord Provost von Edinburgh einen Architekturwettbewerb für die Stadterweiterung: Sieger wurde ein 23-Jähriger namens James Craig – ein Autodidakt, dessen schlichter und eleganter Plan die George Street als Hauptachse vorsah. An beiden Enden sollten großzügige Plätze liegen, außerdem an der Princes und der Queen Street jeweils nur eine Straßenseite mit Gebäuden bebaut werden, sodass die Bewohner von ihren Häusern die Aussicht auf den Firth of Forth im Norden und die Burg sowie die Old Town im Süden ungehindert genießen konnten.

Im 18. und 19. Jh. wuchsen in der Neustadt immer neue eckige und runde Plätze, Parks und Reihenhäuser, darunter einige der schönsten klassizistischen Bauten von Robert Adam. Die heutige New Town ist das weltweit vollständigste und authentischste Beispiel georgianischer Architektur und Stadtplanung, daher wurde es 1995 auch (zusammen mit der Old Town) zum Weltkulturerbe der Unesco erklärt.

PRINCES STREET

Die Princes Street ist eine der spektakulärsten Shoppingmeilen der Welt: Da sie nur an der Nordseite bebaut ist, liegt sie im Sommer im Sonnenlicht. Beim Einkaufsbummel genießen die Passanten die herrlichen Aussichten über die Princes Street Gardens auf die Burg und die Skyline der Old Town.

Am westlichen Ende der Princes Street erheben sich der rote Sandsteinbau des Caledonian Hilton Hotel und der Kirchturm der **St John's Church**, die man wegen ihrer schönen, neogotischen Innenarchitektur besuchen sollte. Die Kirche blickt auf die in den 1890er-Jahren errichtete **St. Cuthbert's Parish Church** hinab. Sie steht auf uraltem Baugelände, denn schon mindestens seit

New Town

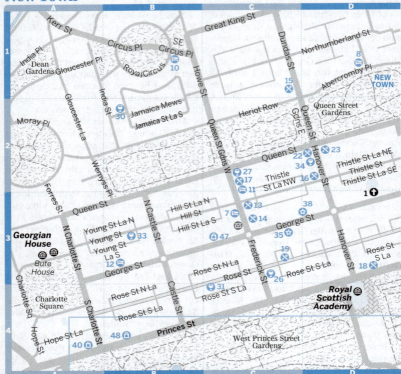

dem 12. Jh. stand hier eine Kirche, vielleicht sogar schon im 7. Jh. Ein runder **Wachturm** auf dem Fredhof erinnert an die Zeiten der Verbrecher Burke und Hare, als man die Gräber vor Grabräubern schützen musste.

Am östlichen Ende stehen der wuchtige Uhrturm des **Balmoral Hotel** (ursprünglich das North British Hotel, 1902 von der gleichnamigen Bahngesellschaft errichtet) – die Uhr geht übrigens seit jeher drei Minuten vor, sodass man den Zug garantiert nicht verpassen kann –, sowie das **Register House**, das Robert Adam 1788 entworfen hat. Vor dem Gebäude thront die Statue des Duke of Wellington hoch zu Ross. Im Register House haben die National Archives of Scotland und das Zentrum für schottische Ahnenforschung ihren Sitz. Die **Princes Street Gardens** liegen in einem Tal, das der Nor' Loch, eine sumpfige Bodensenke, bedeckte. Das Gelände wurde im 19. Jh. trockengelegt. Die Gärten werden in der Mitte von **The Mound** geteilt – entstanden durch 2 Mio. Fuhren Erde aus den Fundamenten der New Town – sie wurden hier 1830 als Untergrund für eine Verbindungsstraße durch das Tal zur Old Town aufgeschüttet.

Scott Monument   DENKMAL
(Karte S. 64; www.edinburghmuseums.org.uk; East Princes Street Gardens; Eintritt 3 £; ⊙April–Sept. Mo–Sa 10–19 Uhr, Okt.–März Mo–Sa 9–16 Uhr, So ganzjährig 10–18 Uhr) Im östlichen Teil der Princes Street Gardens ist die massive gotische Spitze des Scott Monument ein prägender Anblick. Zum Gedenken an den Dichter Sir Walter Scott entstand es nach seinem Tod 1832 mit Hilfe von Spenden. Das Äußere des Denkmals ist mit Reliefs verziert, die Figuren seiner Romane darstellen; im Innern ist eine Ausstellung zum Leben des Dichters zu sehen. Wer die 287 Stufen nach oben steigt, genießt einen wunderbaren Blick über die Stadt.

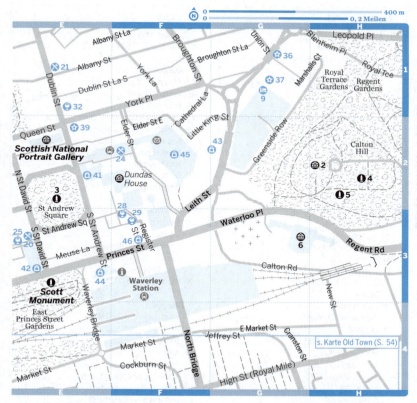

GRATIS **Scottish National Gallery** KUNSTGALERIE (Karte S. 54; www.nationalgalleries.org; The Mound; Gebühr für Sonderausstellungen; Fr–Mi 10–17, Do bis 19 Uhr) Nach einem Entwurf von William Playfair (1759–1823) entstand das beeindruckende klassizistische Bauwerk mit seinen ionischen Säulengängen um 1850. Die oktagonalen Räume, von Oberlichtern erhellt, wurden in ihrer ursprünglich viktorianischen Gestalt mit tiefgrünen Teppichen und dunkelroten Wänden wiederhergestellt.

Das Kunstmuseum beherbergt eine bedeutende **Sammlung europäischer Kunst** von der Renaissance bis zum Post-Impressionismus mit Werken von Verrocchio (Leonardo da Vincis Lehrmeister), Tintoretto, Tizian, Holbein, Rubens, Van Dyck, Vermeer, El Greco, Poussin, Rembrandt, Gainsborough, Turner, Constable, Monet, Pissarro, Gauguin und Cézanne. Jedes Jahr im Januar stellt das Museum seine **Turner-Aquarelle** aus, die Henry Vaughan dem Museum 1900 vermacht hat. Antonio Canovas weiße Marmorskulptur **Drei Grazien** ziert Raum X. Die Skulptur gehört dem Museum gemeinsam mit dem Londoner Victoria & Albert Museum und wird wechselweise in Edinburgh bzw. London ausgestellt.

Die Sammlungen im Obergeschoss zeigen Porträts von Sir Joshua Reynolds und Sir Henry Raeburn, außerdem viele **impressionistische Gemälde** wie Monets strahlendes Bild *Der Heuhaufen,* Van Goghs dämonische *Olivenbäume* und Gauguins unwirklich-verträumtes *Die Vision nach dem Gebet.* Aber das Gemälde, das die meisten Blicke auf sich zieht, stammt von John Singer Sargent – das wunderschöne Bildnis der *Lady Agnew of Lochnaw.*

Im Untergeschoss wird **schottische Kunst** gezeigt, darunter die leuchtenden Porträts von Allan Ramsay und Sir Henry Raeburn, ländliche Szenen von Sir David Wilkie und impressionistische Landschaf-

New Town

◎ Highlights
	Georgian House	A3
	Royal Scottish Academy	D4
	Scott Monument	E3
	Scottish National Portrait Gallery	E2

◎ Sehenswertes
1	Church of St Andrew & St George	D3
2	City Observatory	H2
3	Melville Monument	E2
4	National Monument	H2
5	Nelson Monument	H2
6	St Andrew's House	G3

🛏 Schlafen
7	Frederick House Hotel	C3
8	Gerald's Place	D1
9	Glasshouse	G1
10	One Royal Circus	B1
11	Rick's	C2
12	Tigerlily	B3

✖ Essen
13	Café Marlayne	C3
	Cafe Royal Oyster Bar	(siehe 28)
14	Eteaket	C3
15	Glass & Thompson	C1
16	Henderson's	D2
17	La P'tite Folie	C2
18	Marks & Spencer	D3
19	Mussel Inn	C3
20	Sainsbury's	E3
21	Stac Polly	E1
22	The Dogs	D2
23	Urban Angel	D2
24	Valvona & Crolla VinCaffè	F2

🍷 Ausgehen
25	Abbotsford	E3
26	Amicus Apple	C3
27	Bramble	C2
28	Cafe Royal Circle Bar	F3
29	Guildford Arms	F3
30	Kay's Bar	B2
31	Kenilworth	C4
32	Newtown Bar	E1
33	Oxford Bar	B3
34	Underdogs	D2

✪ Unterhaltung
35	Assembly	C3
36	CC Blooms	G1
37	Edinburgh Playhouse	G1
	Lulu	(siehe 12)
38	Opal Lounge	D3
39	Stand Comedy Club	E2

🛍 Shoppen
40	Edinburgh Woollen Mill	A4
41	Harvey Nichols	E2
42	Jenners	E3
43	John Lewis	G2
44	Princes Mall	E3
45	St James Shopping Centre	F2
46	Waterstones East End	F3
47	Waterstones George St	C3
48	Waterstones West End	B4

ten von Willi MacTaggart, gezeigt. Sehenswert sind auch Raeburns *Reverend Robert Walker Skating on Duddingston Loch* und das ziemlich witzige Gemälde *A Schule Skailin* (Schulschluss) von Sir George Harvey: Ein strenger Lehrer schaut seinen aus der Tür des Klassenzimmers nach draußen stürmenden Schülern zu, dabei greift sich ein enteilender Junge noch schnell einen zuvor vom Lehrer konfiszierten Kreisel. Kinder und Kindgebliebene sind meist über die fantasievollen Gemälde von Sir Joseph Noel Paton in Saal B5 begeistert – unglaublich detaillierten Bilder mit Hunderten von winzigen Feen, Zwergen, Kobolden und Elfen.

GRATIS **Royal Scottish Academy** KUNSTGALERIE
(Karte S. 64; www.royalscottishacademy.org; The Mound; Gebühr für Sonderausstellungen; ☉ Mo– Sa 10–17 Uhr, So 14–17 Uhr) Der dorische Tempel an der Ecke von The Mound und Princes Street (sein nördliches Giebeldreieck wird von einer sitzenden Figur Königin Viktorias gekrönt) ist der Sitz der Royal Scottish Academy. Der Bau von William Playfair entstand zwischen 1823 und 1836 zunächst als Sitz der Royal Institution; die RSA zog 1910 in das Gebäude ein. In den Galerien ist eine Sammlung von Gemälden, Plastiken und architektonischen Zeichnungen (aus der Zeit nach 1831) von Akademiemitgliedern zu sehen. Daneben werden ganzjährig wechselnde Ausstellungen gezeigt.

Die RSA und die National Gallery of Scotland sind durch die unterirdische Passage **Weston Link** miteinander verbunden. Daraus ergibt sich eine Ausstellungsfläche, die doppelt so groß ist wie die des Prado in Madrid und dreimal so groß wie die der Royal Academy in London. Dazu kommen noch Garderobenräume, eine Vortragsbühne und ein Restaurant.

GEORGE STREET & CHARLOTTE SQUARE

Bis in die 1990er-Jahre war die George Street – die Hauptverkehrsader der New Town – das Finanz- und Bankenzentrum von Edinburgh, sozusagen eine schottische Wall Street. Heute sind allerdings viele Banken und Firmen der Finanzwelt in den Exchange Office District westlich der Lothian Road umgezogen, sodass sich in den früheren Banken und Büros der George Street elegante Geschäfte, Pubs und Restaurants breitgemacht haben. Das westliche Ende der George Street markiert der Charlotte Square, das architektonische Schmuckstück der New Town, das Robert Adam kurz vor seinem Tod im Jahr 1791 entwarf. Die Nordseite des Platzes wird von ausnehmend schönen Adams-Meisterwerken gesäumt – sie zählen zu den reizvollsten georgianischen Häusern weltweit. **Bute House**, das Haus Nr. 6 direkt in der Mitte, ist die offizielle Residenz des schottischen First Minister.

Georgian House HISTORISCHES GEBÄUDE
(NTS; Karte S. 64; 7 Charlotte Sq.; Erw./Kind 6/5 £; ⊙Juli & Aug. 10–18 Uhr, April–Juni, Sept. & Okt. bis 17 Uhr, März 11–16 Uhr, Nov. bis 15 Uhr) Das Georgian House des National Trust for Scotland ist wunderschön restauriert und möbliert; es veranschaulicht den Lebensstil der wohlhabenden Bürger Edinburghs am Ende des 18. Jhs. Gemälde von Allan Ramsay, Sir Henry Raeburn und Sir Joshua Reynolds schmücken die Wände.

ST. ANDREW SQUARE

Architektonisch nicht ganz so beeindruckend wie sein Gegenstück am anderen Ende der George Street ist der St. Andrew Square. Der Platz wird von einer kannelierten Säule überragt, dem **Melville Monument** (Karte S. 64). Das Denkmal wurde zu Ehren von Henry Dundas, dem ersten Viscount Melville (1742–1811), errichtet. Dundas war der einflussreichste schottische Politiker seiner Zeit, damals auch bekannt als „Harry IX.", der ungekrönte König von Schottland". Das **Dundas House**, ein Stadthaus im palladianischen Stil, wurde zwischen 1772 und 1774 an der Ostseite des Platzes für Sir Laurence Dundas (1712–1781) errichtet (er war allerdings nicht mit dem Viscount Melville verwandt). Seit 1825 hat die Royal Bank of Scotland hier ihren Hauptsitz. Die Geschäftshalle mit eindrucksvoller Kuppel wurde 1857 errichtet – wer will, kann einen Blick hineinwerfen.

Ein Stück weiter die George Street entlang trifft man auf die **Church of St. Andrew & St. George** (Karte S. 64); sie wurde 1784 mit einem ungewöhnlichen ovalen Kirchenschiff erbaut. Hier fand 1843 eines der einschneidendsten Ereignisse des 19. Jhs. in Schottland statt: die Spaltung der Kirche. 451 anders denkende Geistliche verließen damals die Staatskirche (Church of Scotland), um eine reformierte Freikirche, die Free Church, zu gründen.

GRATIS **Scottish National Portrait Gallery** KUNSTGALERIE
(Karte S. 64; www.nationalgalleries.org; 1 Queen St.; ⊙Fr–Mi 10–17, Do bis 19 Uhr) Der Palast im Stil der venezianischen Gotik, in dem die Scottish National Portrait Gallery untergebracht ist, wurde 2011 nach einer zwei Jahre dauernden Renovierung neu eröffnet – und allmählich entwickelt er sich zu einer der erstrangigen Sehenswürdigkeiten der Stadt. Die darin untergebrachten Galerien veranschaulichen schottische Geschichte mit Hilfe von Gemälden, Porträtfotografien und Büsten berühmter Persönlichkeiten der Vergangenheit und Gegenwart Schottlands – von Robert Burns, Maria Stuart und Bonnie Prince Charlie bis hin zu Sean Connery, dem Musiker und Schauspieler Billy Connolly und der Autorin Jackie Kay.

CALTON HILL

Der 100 m hohe Calton Hill erhebt sich am östlichen Ende der Princes Street und wird von Einheimischen gerne auch als Akropolis von Edinburgh bezeichnet. Das ist sicherlich etwas übertrieben, aber auch auf seinem Gipfel stehen einige ziemlich imposante Denkmäler, überwiegend aus der ersten Hälfte des 19. Jhs. Der Hügel lohnt den Aufstieg, denn er bietet eine der schönsten Aussichten auf die Stadt – den Besuchern liegt Edinburgh inklusive Burg, Holyrood, Arthur's Seat, Firth of Forth, New Town und natürlich die Princes Street in ihrer kompletten Länge zu Füßen.

Am südlichen Abhang des Hügels, an der Regent Road, fällt die moderne Fassade des **St Andrew's House** (Karte S. 64) ins Auge. Im Gebäude (erbaut 1936–1939) arbeiteten die Beamten der schottischen Büros der Londoner Zentralregierung, bis sie 1996 in das neue Scottish Executive Building in Leith umzogen.

Hinter St. Andrew's House steht auf der anderen Straßenseite die imposante **Royal High School**, die 1829 nach dem Vorbild des Theseion in Athen gestaltet wurde. Hier gingen u. a. Robert Adam, Alexander Graham Bell und Sir Walter Scott zur Schule – heute liegt das Gebäude verlassen an der Straße. Östlich davon, am anderen Ende der Regent Road, erhebt sich das Burns Monument (Karte S. 48) von 1830, ein im griechischen Stil gestaltetes Denkmal für Robert Burns.

Zum Gipfel des Calton Hill führen die Straße an der Royal High School und die Stufen am östlichen Ende der Waterloo Place hinauf. Das größte Bauwerk auf dem Hügel ist das National Monument (Karte S. 64), ein übereifriger Versuch, den Parthenon von Athen zu kopieren. Mit dem Bau sollten die in den napoleonischen Kriegen gefallenen schottischen Soldaten geehrt werden. Die Bauarbeiten – sie wurden aus privaten Spenden finanziert – begannen 1822, doch es waren erst zwölf Säulen errichtet, als die Geldmittel versiegten.

An ein umgedrehtes Teleskop erinnert das Nelson Monument (Karte S. 64; Eintritt 3 £; April–Sept. Mo–Sa 10–19 & So 12–17 Uhr, Okt.–März Mo–Sa 10–15 Uhr; alle Busse Richtung Leith St.), das eine noch bessere Aussicht bietet. Es entstand zum Gedenken an den Sieg Admirals Lord Nelson in der Seeschlacht von Trafalgar 1805.

Das 1818 erbaute City Observatory (Karte S. 64) wurde nach dem antiken griechischen Tempel der Winde in Athen gestaltet. Ursprünglich diente es dazu, der Marine eine exakte, astronomisch bestimmte Zeit zu liefern – doch die Rauchschwaden der Dampflokomotiven vom Bahnhof Waverly vertrieben die Astronomen 1895 nach Blackford Hill südlich von Edinburgh.

Dean Village

Folgt man der Queensferry Street vom westlichen Ende der Princes Street nach Norden, erreicht man die **Dean Bridge**, die Thomas Telford entworfen hatte. Sie wurde 1829 bis 1832 gebaut. Unten im Tal, gleich westlich der Brücke, liegt **Dean Village** („dene" ist das schottische Wort für Tal). Es wurde von den Mönchen des Holyrood Abbey im 12. Jh. als Mühldorf erbaut; um 1700 betrieb hier die Bäckergilde, the Incorporation of Baxters, insgesamt elf Wassermühlen. Das ganze Tal ist heute eine beliebte und attraktive Wohngegend – in einer der alten Mühlen wurden sogar Apartments eingerichtet.

GRATIS **Scottish National Gallery of Modern Art** KUNSTGALERIE (Karte S. 48; www.nationalgalleries.org; 75 Belford Rd.; Gebühr für Sonderausstellungen; 10–17 Uhr) In einem neoklassizistischen Bau, umgeben von einem herrlichen Landschaftsgarten und Skulpturenpark, befindet sich die Scottish National Gallery of Modern Art rund 500 m westlich von Dean Village.

Schwerpunkt der Hauptsammlung, genannt **Modern One**, ist die **Kunst des 20. Jhs.**, wobei verschiedene europäische Strömungen z. B. durch Werke von Matisse, Picasso, Kirchner, Magritte, Miró, Mondrian und Giacometti repräsentiert sind. Amerikanische und englische Künstler sind ebenso vertreten, am meisten Raum nehmen aber die schottischen Maler ein – von den Schottischen Koloristen des frühen 20. Jhs. bis hin zu zeitgenössischen Künstlern wie Peter Howson und Ken Currie. Im unteren Stockwerk gibt es ein hervorragendes **Café**, im umliegenden **Park** sind u. a. Plastiken von Henry Moore, Rachel Whiteread und Barbara Hepworth sowie eine „Landform"-Installation von Charles Jencks zu entdecken.

Ein Fußweg und eine Treppe führen auf der Rückseite der Galerie zum **Water of Leith Walkway** hinunter. Der Weg führt am Fluss entlang und erreicht nach fast 6,5 km Leith. Auf diesem Weg begegnet man dem Skulpturenprojekt **6 Times** von Anthony Gormley: sechs menschlichen Figuren, die an verschiedenen Stellen in der Flusslandschaft stehen. (Die Skulpturen sind so konzipiert, dass sie bei einer Überflutung zu Boden fallen – daher sind einige der Figuren nach schweren Regenfällen nicht zu sehen.)

Auf der anderen Seite der Belford Road, direkt gegenüber dem Modern One, befindet sich das Nebengebäude der Nationalgalerie. Das herrschaftliche, ebenfalls neoklassizistische Haus (ehemals ein Waisenhaus) beherbergt das **Modern Two** mit einer großen Sammlung plastischer und grafischer Werke von Sir Eduardo Paolozzi, einem in Edinburgh geborenen Bildhauer und Grafiker. In einem der Räume des 1. Stocks befindet sich ein Nachbau von Paolozzis Atelier, in den übrigen Bereichen des Gebäudes werden Wechselausstellungen mit Werken moderner Kunst gezeigt.

Leith

3 km nordöstlich vom Stadtzentrum liegt Leith, das seit dem 14. Jh. der Seehafen Edinburghs ist und bis zur Eingemeindung des Ortes in den 1920er-Jahren eine unab-

hängige Stadt (*burgh*) mit eigenem Stadtrat war. Wie viele andere britische Hafenareale verfiel auch der Hafen von Leith nach dem Zweiten Weltkrieg, erlebt aber seit Ende der 1980er-Jahre einen Aufschwung: Alte Lagerhäuser wurden zu schicken Luxusapartments umgebaut, viele trendige Bars und Restaurants säumen die Kaianlagen.

Der Stadtrat hat ein umfassendes Stadtentwicklungskonzept für alle Hafenbereiche Edinburghs, von Leith bis nach Granton, erarbeitet. Der erste Abschnitt umfasst den **Ocean Terminal** (555 8888; www.oceanterminal.com; Ocean Dr.; Mo–Fr 10–20, Sa bis 19, So 11–18 Uhr; 1, 11, 22, 34, 35 oder 36), einen Einkaufs- und Freizeitkomplex, zu dem auch die ehemalige königliche Yacht *Britannia* und eine Anlegestelle für Kreuzfahrtschiffe gehört. Manche Gegenden von Leith wirken auch heute noch recht verfallen – dennoch ist es ein charaktervoller Stadtteil.

Royal Yacht Britannia   HISTORISCHES SCHIFF
(www.royalyachtbritannia.co.uk; Ocean Terminal; Erw./Kind 11,75/7,50 £; Juli–Sept. 9.30–16.30 Uhr, April–Juni & Okt. bis 16 Uhr, Nov.–März 10–15.30 Uhr, letzter Eintritt 90 Min. vor Schließung) Eine der größten Touristenattraktionen Schottlands ist die frühere königliche Yacht *Britannia*. Seit ihrem Stapellauf 1953 diente sie den Angehörigen des britischen Königshauses auf ihren Auslandsreisen als Zuhause. 1997 wurde sie schließlich außer Dienst gestellt und liegt heute dauerhaft am Ocean Terminal vor Anker. Die Führung durch das Schiff kann man dank eines Audioguides (auch auf Deutsch) ganz nach eigenem Tempo gestalten – sie gibt einen Einblick in den persönlichen Geschmack der Queen: Die *Britannia* war schließlich eines der wenigen Refugien, wo die königliche Familie einmal ganz für sich sein konnte. Das ganze Schiff wirkt wie ein Museum voller Design und Technik der 1950er-Jahre, und die Unterkünfte verraten, dass Queen Elizabeth eine einfache und gemütliche Umgebung schätzt. Das Bett der Queen ist überraschend klein und schlicht.

Alles andere als schlicht oder unaufwendig war allerdings der Schiffsbetrieb: Ging die Queen auf Reisen, nahm sie 45 Haus-

SCHOTTISCHE VORFAHREN IN DER FAMILIE?

Ahnenforschung findet zunehmend Interesse: Viele Schottlandbesucher, vor allem natürlich aus dem englischsprachigen Ausland, nehmen die Gelegenheit wahr, in Schottland nach den Wurzeln ihrer Abstammung zu suchen.

Eine der besten Einführungen bietet Tracing Your Scottish Ancestry von Kathleen B. Cory, außerdem gibt es viele nützliche Websites: **GenUKI** (www.genuki.org.uk) ist ein guter Ausgangspunkt, ebenso **Ancestry** (www.ancestry.co.uk).

Auf der ausgezeichneten Website von **ScotlandsPeople** (www.scotlandspeople.gov.uk) kann in Verweisen auf alte Kirchenbücher (Old Parish Registers) und standesamtliche Register (Statutory Registers) sowie Erhebungen von Volkszählungen nachgeforscht werden; Gebühren fallen pro Sichtung an. **FamilySearch** (familysearch.org) ermöglicht die kostenlose Suche in schottischen Tauf- und Trauungsregistern.

Die folgenden Einrichtungen in Edinburgh sind hilfreich:

ScotlandsPeople Centre (0131-314 4300; www.scotlandspeoplehub.gov.uk; 2 Princes St.; Mo–Fr 9–16.30 Uhr) Die wichtigsten Aufzeichnungen, auf die sich die genealogische Forschung in Schottland stützt, sind hier archiviert: standesamtliche Register der Geburten, Eheschließungen und Todesfälle (1855 bis in die Gegenwart), alte Kirchenbücher (1533–1854) und die alle zehn Jahre durchgeführten Volkszählungen von 1841 bis 1901. Die Aufzeichnung von Geburten, Eheschließungen und Todesfällen gibt es seit dem 1. Januar 1855 in Schottland gesetzlich vorgeschrieben; vor diesem Datum führten Pastoren der Church of Scotland Tauf- und Trauungsregister. Die ältesten erhaltenen Kirchenbücher gehen auf das Jahr 1553 zurück. Allerdings sind diese Aufzeichnungen bei Weitem nicht vollständig, viele Geburten und Eheschließungen aus der Zeit vor 1855 blieben unregistriert. Dokumente zu Testamenten, Grundbüchern und Wappen können gegen eine Gebühr von 15 £ ebenfalls durchforstet werden. Zudem werden Seminare veranstaltet.

Scottish Genealogy Society Library (0131-220 3677; www.scotsgenealogy.com; 15 Victoria Tce.; Gäste/Mitglieder 5 £/frei; Mo–Do & Sa 10–17 Uhr) Besitzt die weltweit größte Bibliothek von schottischen Grabinschriften und ein umfassendes Archiv familiengeschichtlicher Aufzeichnungen.

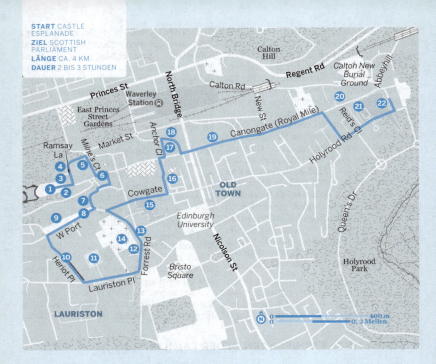

START CASTLE ESPLANADE
ZIEL SCOTTISH PARLIAMENT
LÄNGE CA. 4 KM
DAUER 2 BIS 3 STUNDEN

Stadtspaziergang
Durch die Altstadtgassen

› Der Stadtspaziergang führt durch Gassen und Höfe rund um die Royal Mile.

Startpunkt ist die ❶ **Castle Esplanade**, von der sich ein freier Ausblick südlich über den Grassmarket öffnet. Das Gebäude mit den vielen Türmchen ist die George Heriot's School, an der der Spaziergang später vorbeiführt. Zunächst geht der Weg auf Castlehill und den Anfang der Royal Mile zu.

Das Gebäude (17. Jh.) auf der rechten Seite wird ❷ **Cannonball House** genannt. In seinem Mauerwerk steckt eine Eisenkugel. Diese deutet nicht auf einen Gewaltakt hin, sondern zeigt die Höhe an, bis zu der das Wasser durch die erste Wasserleitung der Stadt bei natürlichem Druck nach oben steigen konnte.

Das niedrige, rechteckige Bauwerk auf der anderen Straßenseite (heute befindet sich darin die Tartan Weaving Mill) ist ein ehemaliger Wasserspeicher, der die Altstadt mit Wasser versorgte. Auf seiner westlichen Seite liegt ❸ **Witches Well**. Dort erinnert ein Bronzebrunnen an die 4000 zumeist weiblichen Hingerichteten, die zwischen 1479 und 1722 der Hexenverfolgung zum Opfer fielen.

Am Wasserspeicher vorbei, führt der Spazierweg nach links auf der Ramsay Lane hinunter nach ❹ **Ramsay Garden** – eine der begehrtesten Wohngegenden Edinburghs. Hier entstanden im späten 19. Jh. Wohnquartiere rund um den achteckigen Grundriss von Ramsay Lodge, des einstigen Wohnsitzes des Dichters Allan Ramsay. Die Kopfsteingasse führt nach rechts, an Studentenwohnheimen vorbei, zum ❺ **New College** mit seinen zahlreichen Türmen, in dem die theologische Fakultät der Edinburgh University untergebracht ist. Im Innenhof ist das Standbild des Kirchenreformators John Knox zu sehen.

Hinter dem New College führen (nach rechts einbiegend) Stufen zu einem Studentenwohnheim der Edinburgh University am Milne's Court hinauf, der in den Lawnmarket einmündet; quer über die Straße (etwas links haltend) kommt man auf den ❻ **Riddell's Court** (Hausnummern 322–328) zu, einen typischen schmalen Durchgang oder Hof (*close*) der Altstadt. Man betritt hier einen kleinen Innenhof, doch ursprünglich grenzte das 1590 erbaute Haus an der Frontseite des Hofs direkt an die Straße (das Durchgangsgebäude entstand erst 1726 – eine Inschrift am rechten Eingangstor weist darauf hin). Der Torbogen mit der Inschrift *Vivendo discimus* („durch das Leben lernen wir") führt in einen älteren Hof aus dem 16. Jh.

Draußen auf der Straße führt der Weg zweimal rechts um die Ecke in den Fisher's Close, der zur reizvollen Victoria Terrace hinabführt. Sie verläuft oberhalb der kopfsteingepflasterten Biegung der von Läden gesäumten Victoria Street. Weiter nach rechts führend, bietet der Weg schöne Ausblicke – **7 Maxie's Bistro**, am anderen Ende der Victoria Terrace, ist ein schöner Ort für ein erfrischendes Getränk. Dann geht es am unteren Ende der Upper Bow die Stufen hinab und weiter abwärts zum Grassmarket. An der östlichen Seite, vor dem Pub von Maggie Dickson, steht das **8 Covenanters Monument**. Es bezeichnet den einstigen Standort der Galgen, an denen im 17. Jh. mehr als 100 Covenanters hingerichtet wurden.

Hungrige und durstige Spaziergänger finden am Grassmarket gute Restaurants und Pubs – schon Robert Burns war gern im **9 White Hart Inn** zu Gast. Am westlichen Ende des Grassmarket führen links Stufen („The Vennel") nach oben; dort ist links die **10 Flodden Wall** zu sehen, eines der wenigen erhaltenen Fragmente der Stadtmauer, die im frühen 16. Jh. zum Schutz vor einem englischen Einmarsch erbaut wurde. Entlang ihrer Verlängerung, der Telfer Wall, führt der Weg zum Lauriston Place, dann links an der imposanten Fassade der **11 George Heriot's School** vorbei. Sie entstand im 17. Jh. mit Hilfe von Geldmitteln, die George Heriot (Goldschmied und Bankier des Königs Jakob VI. von Schottland) hinterlassen hatte. Der Spaziergang führt an der Rückseite des Bauwerks vorüber – die Front ist der Burg zugewandt, um den Bewohnern am Grassmarket imponieren.

Nach links geht es in die Forrest Road. Dort ist im **12 Sandy Bell's** nicht nur ein Pint zu haben, sondern – an Sonntagnachmittagen – auch schottische Folkmusik zu hören. Für eine Pause mit Fotomotiv bietet sich das Denkmal von **13 Greyfriars Bobby** an, danach kann ein Spaziergang über den stimmungsvollen **14 Greyfriars Kirkyard** folgen. Die Candlemakers Row führt bergab und mündet nach rechts in den Cowgate ein.

Der Weg führt weiter unter dem Bogen der George IV Bridge hindurch – rechts sind die Gebäude der neuen Gerichtshöfe zu sehen, hoch oben ragt links der Gebäudekomplex hinter dem Parliament Square auf. Hinter den Gerichtsgebäuden liegt auf der rechten Seite **15 Tailors Hall** (1621 erbaut, 1757 erweitert); das frühere Versammlungshaus der Companie of Tailzeours (Schneidergilde) ist heute ein Hotel mit Bar.

Auf der linken Seite steigt der Old Fishmarket Close steil an; für die Mittagspause eignet sich die kleine Brasserie **16 Passepartout**. Wieder mündet der Weg in die Royal Mile ein – auf der anderen Straßenseite liegt der etwas abschüssige **17 Anchor Close**. Er ist nach einer Taverne benannt, die sich einst hier befand. Dort trafen sich die Crochallan Fencibles, ein Junggesellenclub des 18. Jhs., der seinen Mitglieder geistvolle Diskurse und berauschende Getränke bot. Sein berühmtestes Mitglied war der Dichter Robert Burns.

Der Anchor Close führt am unteren Ende in die Cockburn Street, eine der interessantesten Einkaufsstraßen der Stadt, von Plattenläden und Modeboutiquen gesäumt. Die Straße wurde um 1850 angelegt, wobei sie Wohnquartiere der Altstadt durchschnitt, um eine leichtere Verbindung zwischen Waverley Station und Royal Mile herzustellen. Der Weg führt bergauf weiter nach rechts. Besonders sehenswert ist der hoch aufragende Giebel des Hauses **18 55–57 Cockburn Street** (links) – auf beiden Seiten sind die Figuren einer Eule und einer groteskken drachenartigen Kreatur mit riesigen Klauen und vampirartigen Zähnen zu sehen. Ihre Herkunft und Bedeutung sind nicht bekannt.

Am oberen Ende der Cockburn Street geht es nach links die Royal Mile entlang zum **19 Paisley Close**. Unterhalb eines vorspringenden Fensters mit Zinnen zeigt ein Relief über dem Eingang einen männlichen Kopf und die Inschrift „Heave awa' chaps, I'm no dead yet". Das Denkmal erinnert an einen jungen Mann, der 1861 den Einsturz eines Mietshauses überlebte; seine Retter hörten ihn unter einem Berg von Trümmern diese Worte rufen.

Auf der Royal Mile weiter hinab gehend, ist die erste Gasse, die hinter Canongate Kirk nach links abzweigt, der **20 Dunbar's Close**. Er führt zu einem versteckten Garten, der im Stil des 17. Jhs. angelegt wurde. Auf der anderen Straßenseite (neben Starbucks) führt der etwas abschüssige Crichton's Close an der **21 Scottish Poetry Library** vorbei. Das moderne Bauwerk wurde mit einem Architekturpreis ausgezeichnet – zur Holyrood Road. Nach links führend, endet der Spaziergang vor dem m Scottish Parliament Building unter der imposanten Silhouette der Salisbury Crags.

angestellte mit, außerdem 5 t Gepäck und einen Rolls-Royce, den man in eine dafür gebaute Garage auf Deck bugsierte.

Zur Schiffsbesatzung gehörten ein Admiral, 20 Offiziere und 200 Matrosen. Die Decks aus burmesischem Teakholz wurden täglich geschrubbt, wobei alle Deckarbeiten in Nähe der königlichen Unterkünfte in völliger Stille und vor acht Uhr morgens beendet sein mussten. Ein Thermometer im Badezimmer der Queen kontrollierte die exakte Temperatur des Badewassers, und in Häfen musste ein Matrose stets darauf achten, dass die Gangway niemals über zwölf Grad Neigung aufwies. Witzig ist der Windschutz aus Mahagoniholz auf dem Aussichtsdeck vor der Brücke: Er sollte verhindern, dass der Wind die Röcke der königlichen Gäste durcheinander bringen konnte.

Zur *Britannia* gesellte sich 2010 die Rennyacht **Bloodhound** aus den 1930er-Jahren; sie befand sich in den 1960er-Jahren im Besitz der Queen. Das Schiff liegt neben der *Britannia* vor Anker (ausgenommen im Juli und August) und ist Teil einer Ausstellung, die den Vorlieben der königlichen Familie zu allem Nautischen nachgeht.

Der Majestic-Tour-Bus fährt zu den Öffnungszeiten von der Waverley Bridge zur *Britannia*. Alternativ führen die Lothian-Buslinien 11, 22 und 35 zum Ocean Terminal.

Großraum Edinburgh

Edinburgh Zoo   ZOO

(www.edinburghzoo.org.uk; 134 Corstorphine Rd.; Erw./Kind 15,50/11 £; April–Sept. 9–18 Uhr, Okt. & März bis 17 Uhr, Nov.–Feb. bis 16.30 Uhr) Der Zoo von Edinburgh besteht seit 1913. Er ist weltweit führend in der Arterhaltung: Sein Zuchtprogramm für Tiere in Gefangenschaft hat schon viele gefährdete Arten vor dem Aussterben bewahrt, darunter den Sibirischen Tiger, das Zwergflusspferd und den Kleinen Panda. Hauptattraktionen sind die **Pinguinparade** (die Pinguine beginnen ihren Rundgang täglich um 14.15 Uhr), die Übungsstunden der **Seelöwen** (tgl. um 11.15 Uhr) und die beiden **Großen Pandas** Tian Tian und Yang Guang. Der Zoo liegt 4 km westlich des Stadtzentrums und ist mit den Lothian-Buslinien 12, 26 und 31, den First-Buslinien 16, 18, 80 und 86 sowie dem Airlink-Bus 100 zu erreichen.

GRATIS Royal Botanic Garden   GARTEN

(www.rbge.org.uk; 20a Inverleith Row; Eintritt Gewächshäuser 4,50 £; hMärz–Sept. 10–18 Uhr, Feb. & Okt. bis 17 Uhr, Nov.–Jan. bis 16 Uhr) Nördlich von Stockbridge befindet sich der wundervolle königliche botanische Garten, ein 28 ha großer, schön gestalteter Landschaftsgarten mit prächtigen viktorianischen **Palmenhäusern**, Gruppen von Rhododendren und Azaleen in leuchtenden Farben und einem weltberühmten **Steingarten**. Vom Terrace Cafe öffnet sich ein schöner Blick über das Stadtzentrum.

Zum botanischen Garten fahren die Lothian-Busse 8, 17, 23 und 27 (bis an den östlichen Eingang) und der Majestic-Tour-Bus.

Cramond   HISTORISCHES VIERTEL

Mit den Yachten, den Schwänen und den weiß getünchten Häusern, die sich auf den Hängen über der Flussmündung des River Almond reihen, ist Cramond die malerischste Ecke von Edinburgh – und ungemein geschichtsträchtig. Die Römer bauten hier im 2. Jh. n. Chr. eine Festung. Archäologische Ausgrabungen haben ergeben, dass hier seit 8500 v. Chr. eine Siedlung der Bronzezeit lag – die älteste bekannte in Schottland.

Cramond war ein Mühlendorf. Zu besichtigen sind heute eine historische Kirche aus dem 17. Jh., ein Turmhaus aus dem 15. Jh. und ein paar römische Ruinen. Die Mehrzahl der Besucher kommt aber hierher, um zwischen den Mühlenruinen gemütlich am Flussufer spazieren zu gehen oder um das Meer zu genießen. Direkt am Ufer befindet sich das historische Gebäude **Maltings** (0131-312 6034; www.crammondassociation.org.uk; Riverside, Cramond; Eintritt frei; April–Sept. Sa & So 14–17 Uhr, während des Edinburgh Festivals tgl.) mit einer interessanten Ausstellung über Cramonds Geschichte.

Cramond liegt 8 km nordwestlich des Stadtzentrums; Buslinie 41 fährt von den Haltestellen George Street (in westliche Richtung) oder der Queensferry Street bis zur Cramond Glebe Road, von dort sind es zu Fuß noch 400 m Richtung Norden.

Craigmillar Castle   BURG

(HS; Craigmillar Castle Rd.; Erw./Kind 5/3 £; April–Sept. 9.30–17.30 Uhr, Okt. bis 16.30 Uhr, Nov.–März Sa–Mi bis 16.30 Uhr) Wer eine schottische Burg für sich allein entdecken will, ohne wie im Edinburgh Castle von einem Besucherstrom mitgerissen zu werden, sollte es mit Craigmillar versuchen. Der Wohnturm (Tower House) der Burg, der aus dem 15. Jh. stammt, ragt über einer doppelten Außenmauer mit Maschikulis (Wurföffnungen) auf. Maria Stuart fand nach dem Mord

EDINBURGH MIT KINDERN

Edinburgh bietet zahlreiche Attraktionen für Kinder – überhaupt ist das meiste, was man in der Stadt ansehen oder unternehmen kann, kinderfreundlich: Kinder unter fünf Jahren fahren in Edinburgh kostenlos Bus, fünf- bis 15-Jährige zahlen nur 70 p – gleichgültig, wohin die Fahrt geht.

Das Edinburgh Information Centre (S. 97) informiert über Veranstaltungen für Kinder; eine gute Informationsquelle ist auch der praktische, in den meisten Buchhandlungen erhältliche Reiseführer Edinburgh for Under Fives (www.edinburghforunderfives.co.uk). Die Zeitschrift *List* (S. 99) beinhaltet besondere Kinderseiten mit Infos zu kindgerechten Veranstaltungen in und um Edinburgh. Das einwöchige Imaginate Festival (S. 77), das die Kleinen mit Kindertheater, Tanz und Puppenspiel unterhält, findet alljährlich von Ende Mai bis Anfang Juni statt.

Gute und sichere **Spielplätze** gibt es in den meisten Parks von Edinburgh, u. a. in den Princes Street Gardens West, im Inverleith Park (gegenüber dem Royal Botanic Garden), im George V Park (New Town), in den Meadows und den Bruntsfield Links.

Wer mit seinen Kindern viel Zeit im Freien verbringen will, kann z. B. in den Royal Botanic Garden (S. 70) auf Entdeckungstour gehen, die Tiere im Zoo von Edinburgh (S. 70) besuchen, am Denkmal von Greyfriars Bobby (S. 61) innehalten und am Strand von Cramond (S. 70) spielen und Schwäne füttern. Während des Edinburgh Festival und des Fringe wird für Kinder einiges an **Straßentheater** geboten, vor allem an der High Street und zu Füßen von The Mound. Im Dezember gibt es in den Parkanlagen der Princes Street Gardens eine Eislaufbahn unter freiem Himmel und viele Karussells.

Bei Regenwetter ist das Discovery Centre, eine interaktive Spielzone auf der Ebene 3 des National Museum of Scotland (S. 60 f.), eine gute Alternative. Gleiches gilt für die Wasserrutschen im Royal Commonwealth Pool (S. 72), den Erdbebensimulator von Our Dynamic Earth (S. 58) oder einen Spaziergang durch die gruselige Gasse des Real Mary King's Close (S. 56).

Gut zu wissen: In den meisten schottischen Pubs (auch in solchen mit Gastronomiebetrieb) haben Kinder unter 14 Jahren nach dem Gesetz keinen Zutritt. Auch in familienfreundlichen Pubs (d. h. mit „Children's Certificate") dürfen sich Kinder unter 14 Jahren nur in Begleitung eines Erwachsenen und nur zwischen 11 und 20 Uhr zum Essen aufhalten. 16- und 17-Jährige dürfen Bier und Wein zu einem Essen im Restaurant bestellen und konsumieren.

Kinderbetreuung

Auskunft über staatlich anerkannte Kinderbetreuungsdienste gibt der Edinburgh Childcare Information Service (0800 032 0323). Die folgenden Einrichtungen in Edinburgh sind zuverlässig und empfehlenswert. Fürs Babysitting werden mindestens 8 £ pro Stunde verlangt:

Super Mums (0131-225 1744; www.supermums.co.uk; 6 Glencairn Cres.)

Panda's Nanny Agency (0131-663 3967; www.pandasnannyagency.co.uk; 22 Durham Pl.)

an Rizzio Zuflucht in der Burg. Hier wurde auch der Plan zur Ermordung ihres Gatten Darnley geschmiedet. Sehenswert ist die Gefängniszelle mit eingebauten sanitären Anlagen, eine „Modernität" der Ausstattung, die in heutigen britischen Gefängnissen erst 1996 erreicht wurde. Die Burg liegt 4 km südöstlich des Stadtzentrums. Die Buslinie 33 (in östlicher Richtung ab Princes Street) fährt zur Old Dalkeith Road. Von dort sind es 500 m zu Fuß die Craigmillar Castle Road hinauf.

Aktivitäten

Wandern

Edinburgh hat etliche gute Wandergebiete, teilweise direkt in der Stadt: Dazu gehören Arthur's Seat, Calton Hill, Blackford Hill, Hermitage of Braid, Corstorphine Hill sowie die Küste und der Fluss in Cramond. Die bis zu 500 m hohen **Pentland Hills** erstrecken sich über 24 km südwestlich der Stadt und bieten sehr gute Wanderbedingungen in höheren und tieferen Lagen.

Im Stadtzentrum beginnt ein schöner Wanderweg: Der **Water of Leith Walkway** führt nach Balerno (13 km), quert die Pentlands Hills und läuft bis nach Silverburn (10 km) oder Carlops (13 km). Von dort fahren Busse zurück nach Edinburgh. Ähnlich empfehlenswert ist eine Wanderung auf dem alten Treidelpfad am **Union Canal** entlang, der in Fountainbridge beginnt und bis nach Falkirk (50 km) seinen Lauf nimmt. Zurück nach Edinburgh fahren die Busse in Ratho (13,6 km) oder Broxburn (19,2 km) oder Bus und auch Zug in Linlithgow (33,6 km).

Radfahren

Edinburgh und das Umland bieten hervorragende Möglichkeiten zum Radfahren (s. www.cyclingedinburgh.info und www.cycling-edinburgh.org.uk). Die Hauptstrecken abseits des Straßenverkehrs, die von der Stadt aus in die ländliche Umgebung führen, folgen dem **Treidelpfad am Union Canal**, dem **Water of Leith Walkway** von Tollcross südwestlich nach Balerno (12 km) am Rand der Pentland Hills und dem **Innocent Railway Cycle Path** am südlichen Hang des Arthur's Seat ostwärts nach Musselburgh (8 km) und weiter nach Ormiston und Pencaitland. Mehrere Radwege führen durch die Hügelkette der **Pentland Hills**, dier eine Höhe von 552 m erreichen und gut für Mountainbikes geeignet sind. Informationen gibt es in Fahrradgeschäften und auf der Website des Pentland Hills Regional Park (www.pentlandhills.org). *Edinburgh Cycle Map* (www.spokes.org.uk; in Fahrradgeschäften für 6 £ zu bekommen) verzeichnet alle Radwege der Stadt.

Cycle Scotland — FAHRRADVERLEIH
(Karte S. 54; 0131-556 5560; www.cyclescotland.co.uk; 29 Blackfriars St.; pro Tag 15–20 £, pro Woche 70–90 £; Mo-Sa 10–18 Uhr) Hier werden hochwertige Fahrräder verliehen; in den Gebühren sind Fahrradhelm, Schloss und Werkzeug inbegriffen. Zudem gibt es leihweise Zelte und Ausrüstungen für Ausflüge. Radtouren durch Edinburgh und Schottland werden vom Veranstalter mitorganisiert – Näheres ist auf der Website nachzulesen.

Golf

Im Stadtgebiet von Edinburgh gibt es nicht weniger als 19 Golfplätze! Die beiden folgenden gehören zu den besten der Stadt.

Braid Hills Public Golf Course — GOLF
(www.edinburghleisuregolf.co.uk; Braid Hills Approach; Platzgebühr Werktag/Wochenende 21/ 24,25 £) Ein landschaftlich schöner, anspruchsvoller Golfplatz im Süden des Stadtzentrums.

Lothianburn Golf Course — GOLF
(www.lothianburngc.co.uk; 106a Biggar Rd.; Platzgebühr Werktag/Wochenende 25/35 £) Ebenfalls in schöner Landschaft gelegen – am Fuß der Pentland Hills südlich der Stadt.

Reiten

In der ländlichen Umgebung Edinburghs gibt es viele landschaftlich schöne Reitwege, die für Ausritte ideal sind. Mehrere Reitschulen bieten zwei- und dreistündige Reitausflüge sowie Unterricht an, z. B. **Tower Farm Riding Stables** (0131 664 3375; www.towerfarm.org; 85 Liberton Dr.; pro Std. 26,50 £) im Süden der Stadt.

Schwimmen

Für ein angenehmes Bad ist der Firth of Forth etwas zu kühl, es stehen auch mehrere Hallenbäder zur Auswahl.

Royal Commonwealth Pool — HALLENBAD
(Karte S. 48; www.thecommiepool.co.uk; 21 Dalkeith Rd.; Erw./Kind 5,50/2,80 £; Mo-Fr 5.30–21.30, Sa bis 17, So 7.30–17 Uhr) Das größte Hallenbad der Stadt wird bei den Spielen 2014 in Glasgow als Austragungsort dienen – wird „Commie Pool" genannt. Es hat ein 50 m langes Becken mit acht Bahnen, ein Tauchbecken, ein Lernbecken für Kinder, ein Fitnesscenter und einen Spielplatz.

Warrender Swim Centre — HALLENBAD
(Karte S. 48; www.edinburghleisure.co.uk; Thirlestane Rd.; Erw./Kind 4,20/2,10 £; Mo-Fr 7–22, Sa & So 9–18 Uhr) Das Bad, das aus viktorianischer Zeit stammt, besitzt ein wunderschönes, 23 m langes Schwimmbecken sowie Fitnessstudio und Sauna.

Wassersport

Im Gewässer des Firth of Forth sind alle Arten von Wassersport möglich. Das Sportzentrum **Port Edgar Marina & Sailing School** (www.edinburghleisure.co.uk; Shore Rd.; 9–16.30 Uhr) bietet eine große Vielfalt von Kursen im Segeln, Powerboat- und Kanufahren an. Außerdem können kleine Segelboote für 15 bis 20 £ pro Stunde geliehen werden.

Edinburgh skurril

Edinburgh hat jede Menge ungewöhnliche Attraktionen und abgelegene Ecken, die die meisten Besucher gar nicht zu Gesicht bekommen. Hier also eine Übersicht für eine Stadtbesichtigung der etwas anderen Art:

Surgeons' Hall Museums MUSEUM
(Karte S. 54; www.museum.rcsed.ac.uk; Nicolson St.; Erw./Kind 5/3 £; ☉Mo–Fr 12–16 Uhr, April–Okt. auch Sa & So) Das **History of Surgery Museum** gewährt Einblicke in die Fortschritte der Chirurgie in Schottland seit dem 15. Jh. – als Barbiere ihr Einkommen mit Aderlässen, Amputationen und anderen chirurgischen Eingriffen aufbesserten – bis in die Gegenwart. Ein Highlight sind die Exponaten die das Leben und Treiben der Serienmörder **Burke und Hare** dokumentiert, darunter die Totenmaske des hingerichteten Burke und eine Brieftasche, die angeblich aus der Haut des Toten hergestellt wurde. Die Geschichte der Zahnheilkunde wird in der **Dental Collection** durch eine Sammlung von Extraktionswerkzeugen veranschaulicht. Noch morbider ist die Ausstellung aus dem 19. Jh. im **Pathology Museum**. Zu den Exponaten gehören krankhaft veränderte Organe und konservierte Tumore.

Gilmerton Cove HISTORISCHES GEBÄUDE
(www.gilmertoncove.org.uk; 16 Drum St.; Erw./Kind 5/4 £; ☉10–19 Uhr) Geistertouren durch die unterirdischen Gewölbe und über die gespenstischen Friedhöfe Edinburghs gehören mittlerweile zum touristischen Programm, doch nur wenige Stadtbesucher kennen die Gilmerton Cove. Einige Meter unterhalb des südlichen Vorortes Gilmerton liegt eine Sandsteinhöhle mit mehreren, von Menschenhand geschaffenen Hohlräumen. Ihre Herkunft und Funktion sind bis heute nicht

DIE AUFERSTEHUNGSHELFER

Dem 1505 gegründeten Royal College of Surgeons in Edinburgh wurde pro Jahr offiziell eine Leiche eines hingerichteten Verbrechers zu Zwecken der Obduktion zur Verfügung gestellt. Das reichte bei Weitem nicht aus, um die Neugier der Anatomen der Stadt zu befriedigen. In den folgenden Jahrhunderten blühte ein ungesetzlicher Handel mit Leichen auf, der seinen Höhepunkt im frühen 19. Jh. erreichte, als die Anatomiekurse berühmter Chirurgen, z. B. von Professor Robert Knox, bis zu 500 Zuschauer anlockten.

Eine leicht zugängliche Ausbeute versprachen die Friedhöfe der Stadt, vor allem Greyfriars. Grabschänder – die bald als „Auferstehungshelfer" (Resurrection Men) berüchtigt waren – plünderten frisch beerdigte Särge und verkauften die Leichname an die Anatomen, die vor der Herkunft ihres Forschungsmaterials die Augen verschlossen.

Der schauerliche Handel führte zu verschiedenen Abwehrmaßnahmen, darunter sogenannte Mortsafes – Eisenkäfige und -hüllen, von denen ein Sarg umschlossen wurde, bis der Leichnam in Verwesung überging. Solche Eisenkäfige sind auf Greyfriars Kirkyard und auf Ebene 5 des National Museum of Scotland zu sehen. Wachtürme, von denen ein Küster oder die Verwandten eines Toten ein frisches Grab im Auge behalten konnten, sind auf den Kirchhöfen von St. Cuthbert und Duddingston erhalten.

Die berüchtigten Mörder William Burke und William Hare – Letzterer führte eine Pension im Tanner's Close am westlichen Rand des Grassmarket – betrieben das Geschäft des Leichenraubs in großem Stil. Als ein älterer Logiergast starb, ohne seine Miete bezahlt zu haben, entwendeten Burke und Hare den Leichnam aus seinem Sarg und verkauften ihn an den berühmten Professor Knox. Da sie hier eine lukrative Einnahmequelle erkannten, beschlossen sie, nicht zu warten, bis jemand verstorben war, sondern mit mörderischer Gewalt nachzuhelfen.

Burke und Hare lauerten Armen und Wehrlosen am Grassmarket von Edinburgh auf. Sie lockten ihre Opfer in ihre Pension, flößten ihnen alkoholische Getränke ein und erdrosselten sie. Zwischen Dezember 1827 und Oktober 1828 ermordeten sie mindestens 16 Menschen und verkauften deren Leichname an Professor Knox. Als die Gesetzeshüter ihnen schließlich auf die Schliche kamen, stellte Hare sich als Kronzeuge zur Verfügung und sagte gegen Burke aus.

Burke wurde im Januar 1829 vor der Kirche St Giles durch den Strang hingerichtet, seine Leiche überließ man (ironischerweise) der Lehranstalt für Anatomie zur öffentlichen Sektion. Sein Skelett und eine Brieftasche, die angeblich aus der Haut des Toten hergestellt wurde, sind in den Museen der Surgeons' Hall (S. 73) zu sehen.

Infolge des Falles Burke und Hare wurde der Anatomy Act von 1832 verabschiedet. Das Gesetz erweiterte die legalen Möglichkeiten, Leichen für Sektionen zu beschaffen – es ist noch heute in Kraft.

bekannt. Unbedingt im Voraus reservieren – Buchungen nimmt Rosslyn Tours (0131-440 3293; www.rosslyntours.co.uk) entgegen.

Mansfield Place Church KIRCHE
(Karte S. 48; www.mansfieldtraquair.org.uk; Mansfield Pl.; 2. So im Monat 13–16 Uhr, So–Do 11–13 Uhr während des Edinburgh Festival Fringe) Einen Kontrast zur Schlichtheit der meisten Sakralbauten Edinburghs bildet die neoromanische Kirche aus dem 19. Jh. am unteren Ende der Broughton Street.. Das Innere wurde in den 1890er-Jahren mit sehenswerten Fresken im Stil der Renaissance gestaltet. Sie stammen von der irischen Malerin Phoebe Anna Traquair (1852–1936). Die Wandmalereien wurden restauriert.

GRATIS Museum on the Mound MUSEUM
(Karte S. 54; www.museumonthemound.com; The Mound; Di–Fr 10–17 Uhr, Sa & So 13–17 Uhr) Im Stammhaus der Bank of Scotland, einem prachtvollen georgianischen Bau, zeigt das Museum seine Schätze in Gestalt von Goldmünzen und -barren, Tresoren, echten und gefälschten Banknoten, Karikaturen und alten Dokumenten sowie Fotografien zur Geschichte der ältesten Bank Schottlands.

GRATIS Edinburgh University Collection of Historic Musical Instruments MUSEUM
(Karte S. 54; www.music.ed.ac.uk/euchmi; Reid Concert Hall, Teviot Pl.; ganzjährig Mi 15–17 Uhr, Sa 10–13 Uhr, Mo–Fr 14–17 Uhr während des Edinburgh Festival) Musikliebhaber werden sich für die interessante Sammlung von rund 1000 Musikinstrumenten begeistern. Sie umfasst eine 400 Jahre alte Laute ebenso wie einen Synthesizer aus dem Jahr 1959.

Burry Man KULTUR
Wer am ersten Freitag im August in Edinburgh ist, sollte einen Abstecher gen Westen nach Queensferry machen, um den Burry Man zu sehen. Als fester Programmteil eines dörflichen Festes läuft an diesem Tag ein Dorfbewohner neun Stunden lang in einem Wollanzug durch die Straßen, der in Handarbeit von Kopf bis Fuß mit großen grünen, stacheligen Kletten besetzt ist. Der Anblick dieses Ärmsten – er ähnelt der Kinderzeichnung eines Marsmenschen, nur mit Stacheln – lässt an eine mittelalterliche Strafe denken; in Wirklichkeit ist es eine große Ehre, als Burry Man ausgewählt zu werden.

Geführte Touren
BUSTOUREN
Doppeldeckerbusse mit offenem Verdeck fahren von der Waverley Bridge vor dem Hauptbahnhof ab und halten an allen wichtigen Sehenswürdigkeiten einschließlich New Town, Grassmarket und Royal Mile. Das Ein- und Aussteigen ist jederzeit möglich. Die Busfahrt bietet eine gute Orientierungshilfe, wobei man mit Busfahrplan und Tagesticket (Day Saver Ticket; 3,50 £) bewaffnet die Fahrt auf eigene Faust unternehmen kann. Die Touren finden das ganze Jahr über täglich statt, außer am 24. und

---

INSIDERWISSEN

ADAM LYALS GEIST

Adam Lyal – alias Jan Andrew Henderson – ist der Geist eines Straßenräubers von Edinburgh, der 1811 vor dem Tolbooth erhängt wurde und er ist Leiter von Cadies & Witchery Tours.

Wo ist es in Edinburgh am gespenstischsten? Auf den Friedhöfen, obwohl ich zögere, irgendjemandem zu raten, bei Nacht dorthin zu gehen! Bei Weitem am unheimlichsten ist zweifellos Old Calton Burial Ground an der Waterloo Road, wo berühmte Persönlichkeiten wie der Philosoph David Hume begraben liegen.

Wohin geht ein vielbeschäftigter Geist, wenn er Durst hat? Wir pflegen unsere Gelage in den wundervollen kleinen *howffs* (Pubs) der Old Town abzuhalten, z. B. im Jolly Judge (S. 91), oft findet man uns auch in der Bow Bar (S. 91).

Können Sie Orte abseits der gewohnten Wege empfehlen? Das schönste an der Old Town von Edinburgh ist, dass so vieles hier abseits des Gewohnten liegt! Einer meiner Lieblingsplätze ist Whistle Binkie's (S. 93). Es ist ziemlich schwierig zu finden, weil es unterhalb des Straßenniveaus liegt, und ein Türeingang führt vom Gehweg hinunter, aber die Suche lohnt sich. Natürlich gibt es viele andere Touren in Edinburgh – eine, die ich jedem empfehlen kann, ist die Literary Pub Tour (S. 77). Eine Kneipentour durch die schottische Literaturgeschichte? Ein genialer Einfall!

HOGMANAY IN EDINBURGH

Traditionell wird in Schottland letzte Abend des jahres (Hogmanay) und der Jahreswechsel ausgelassener gefeiert als das Weihnachtsfest. In kleinen und großen Städten und in den Dörfern überall im Land strömen die Menschen am 31. Dezember um Mitternacht auf die Straßen, um einander „Guid New Year" zu wünschen und sich mit dem einen oder anderen gehaltvollen Schluck gegen die Kälte zu wappnen.

1993 hatte der Stadtrat von Edinburgh eine glänzende Idee: Hogmanay sollte durch verschiedene Veranstaltungen und Livebands in der Princes Street zu einem Event werden, und die öffentliche Einladung sollte die ganze Welt auffordern, mitzufeiern. Die meisten Geladenen kamen auch (so schien es jedenfalls) und amüsierten sich so gut, dass sie es weitererzählten und im nächsten Jahr wiederkamen.

Mittlerweile hat sich **Edinburgh's Hogmanay** (www.edinburghshogmanay.com) zum größten Winterfestival Europas entwickelt. Die Veranstaltungen, zu denen ein Fackelzug, eine große Straßenparty und ein Neujahrstriathlon gehören, dauern vom 29. Dezember bis zum 1. Januar. In das zentrale Partygetümmel in der Innenstadt gelangt man am 31. Dezember nach 20 Uhr nur mit einer Eintrittskarte – unbedingt rechtzeitig buchen!

---

25. Dezember. Die Fahrkarten für die Bustouren gelten 24 Stunden.

City Sightseeing BUSTOUR
(www.edinburghtour.com; Erw./Kind 12/5 £) Die roten, offenen Doppeldeckerbusse fahren alle 20 Minuten an der Waverley Bridge ab.

MacTours BUSTOUR
(www.edinburghtour.com; Erw./Kind 12/5 £) Ähnliche Touren wie bei City Sightseeing, aber in Oldtimer-Bussen.

Majestic Tour BUSTOUR
(www.edinburghtour.com; Erw./Kind 12/5 £) Die Busse fahren alle 30 Minuten (im Juli und Aug. alle 20 Min.) von der Waverley Bridge zur königlichen Yacht *Britannia* am Ocean Terminal. Auf der Hinfahrt führt die Route über New Town, Royal Botanic Garden und Newhaven, auf dem Rückweg über Leith Walk, Holyrood und Royal Mile.

Stadtspaziergänge

Es gibt zahllose geführte Stadtrundgänge in Edinburgh, viele drehen sich um das Geister- und Hexenunwesen (Termine der Spaziergänge auf den Websites).

Black Hart Storytellers SPAZIERGANG
(www.blackhart.uk.com; Erw./Ermäßigung 10/5 £) Für Kinder nicht geeignet. Der Gang durch die „City of the Dead" von Greyfriars Kirkyard ist wahrscheinlich die schauerlichste aller Geistertouren in Edinburgh. Zahlreiche Teilnehmer berichteten von Begegnungen mit dem „Poltergeist McKenzie", einem Richter aus dem 17. Jh., der die Covenanters verfolgte und dessen Geist noch heute in ihrem einstigen Gefängnis an einer Ecke des Kirchhofs umgehen soll.

Cadies & Witchery Tours SPAZIERGANG
(Karte S. 54; www.witcherytours.com; Erw./Kind 8,50/6 £) Der geisterhafte, in einen großen Umhang gehüllte Adam Lyal führt Gäste auf einer „Murder-&-Mystery"-Tour in die dunkleren Ecken der Altstadt. Die Touren sind für ihre *jumper-ooters* berühmt – kostümierte Schauspieler springen auf Teilnehmer zu und erschrecken sie zu Tode.

Edinburgh Literary Pub Tour SPAZIERGANG
(www.edinburghliterarypubtour.co.uk; Erw./Student 10/8 £) Eine lehrreiche, zweistündige Wanderung durch die Literaturgeschichte Edinburghs – und in die *howffs* (Pubs), die darin eine Rolle spielen – in der unterhaltsamen Gesellschaft der Herren Clart und McBrain. Einer der besten Stadtspaziergänge.

Mercat Tours SPAZIERGANG
(Karte S. 54; www.mercattours.com; Erw./Kind 10/5£) Der Veranstalter Mercat bietet eine Vielfalt faszinierender Touren an, u. a. historische Spaziergänge in der Old Town und in Leith, Begegnungen mit Geistern und Gespenstern aller Art und Besuche in unterirdischen Spukgewölben.

Rebus Tours SPAZIERGANG
(www.rebustours.com; Erw./Student 10/9 £) Verschiedene Spaziergänge durch das „verborgene Edinburgh"; dorthin schickt der Schriftsteller Ian Rankin seinen Romandetektiv John Rebus auf Spurensuche. Für Kinder unter zehn Jahren nicht geeignet.

FESTIVALSTADT

Im August verfällt Edinburghgleichsam in einem Festivalrausch, sechs Veranstaltungen von Weltrang finden in der Stadt gleichzeitig statt.

Edinburgh Festival Fringe

Als 1947 das erste Edinburgh Festival gefeiert wurde, hatten es acht Theaterensembles nicht ins Hauptprogramm geschafft. Sie ließen sich davon nicht beirren und gründeten gemeinsam ein eigenes Minifestival am Rande (fringe) des Programms: Eine Edinburgher Institution war geboren. Heute ist das Edinburgh Festival Fringe (Karte S. 54; 0131-226 0026; www.edfringe.com; 180 High St.) das weltweit größte Festival der darstellenden Künste.

Seit 1990 ist das Fringe vorrangig eine Bühne für Stand-up-Comedy, die reine Vielseitigkeit des Gezeigten ist überwältigend – vom Jonglieren mit Kettensägen über getanzte Dichtkunst bis hin zum Gurgeln mit tibetanischer Yakmilch ist alles Vorstellbare zu sehen. Wofür soll man sich also entscheiden? In der Tageszeitung *Scotsman* sind täglich Besprechungen zu lesen – eine gute Kritik im *Scotsman* bedeutet: Die betreffende Show ist innerhalb von Stunden ausverkauft – doch die beste Empfehlung ist eine gute Mundpropaganda. Mit genügend Zeit sollte man zumindest eine unbesprochene Aufführung ansehen – selbst wenn sie komplett blödsinnig sein sollte, so hat man wenigstens auch etwas zu kritisieren!

Die großen Namen sind an den riesigen Veranstaltungsstätten wie dem Assembly (Karte S. 64; www.assemblyfestival.com) und dem Gilded Balloon (www.gildedballoon.co.uk) anzutreffen; entsprechend hoch sind die Preise (15 £ und mehr für ein Ticket, bei berühmten Namen klettern sie auf über 30 £). Viele gute Vorstellungen sind aber bereits in der Preisklasse von 5 bis 10 £ vertreten – und das Beste: Viele Veranstaltungen sind kostenlos. Am **Fringe Sunday** – üblicherweise der zweite Sonntag – wird eine bunte Mischung kostenloser Aufführungen geboten; sie sind im Meadows-Park im Süden des Stadtzentrums zu sehen.

Das Fringe wird 3½ Wochen lang gefeiert – allerdings überschneiden sich die letzten beiden Wochen, in denen das Edinburg Festivl Fringe stattfindet, mit den ersten beiden Wochen des Edinburgh International Festival.l.

Edinburgh International Festival

Erstmals fand es 1947 statt, um die Wiederkehr des Friedens nach den Schrecken des Zweiten Weltkrieges festlich zu begehen. Das Edinburgh International Festival (0131-473 2099; www.eif.co.uk) ist mittlerweile ein Fest der Superlative – das älteste, das größte, das berühmteste, das beste der Welt. Die Anfänge waren bescheiden, doch heute kommen Hunderte von Musikern und darstellenden Künstlern von Weltrang in Edinburgh zusammen, um drei Wochen lang Instrumentalmusik, Oper, Theater und Tanz in einer breitgefächerten und begeisternden Vielfalt zu feiern.

Die drei Festivalwochen enden am ersten Samstag im September; das Programm ist in der Regel ab April erhältlich. Tickets für begehrte Veranstaltungen – vor allem Konzert- und Opernaufführungen – sind rasend schnell ausverkauft, also am besten so früh wie möglich reservieren. Karten sind auch direkt im Hub (01131-473 2000; www.thehub-edinburgh.com; Castlehill; Eintritt frei; Ticketcenter Mo–Sa 10–17 Uhr) zu bekommen oder können telefonisch bzw. im Internet bestellt werden.

Edinburgh Military Tattoo

Der August beginnt mit dem Edinburgh Military Tattoo (0131-225 1188; www.edintattoo.co.uk; Tattoo Office, 32 Market St.). Spektakuläre Aufmärsche von Militärkapellen, „Massed Pipes and Drums" (180 Dudelsackspieler und Trommler), Tanzformationen und Motorradartisten entfalten sich vor der prachtvollen Kulisse der von Flutlicht beleuchteten Burg. Jede Aufführung schließt traditionell mit einem Dudelsackspieler ab, der allein in dramatischer Beleuchtung auf der Höhe der Zinnen ein Klagelied spielt. Das Tattoo findet in den ersten drei Wochen im August (von Freitag bis zu einem Samstag) statt: Montag bis Freitag jeweils eine Vorstellung um 21 Uhr und zwei Vorstellungen am Sa (um 19.30 und 22.30 Uhr), Sonntags keine Vorstellung.

Edinburgh International Book Festival

Ein kleines Zeltdorf wird mitten auf dem Charlotte Square zum **Edinburgh International Book Festival** (⌂0845 373 5888; www.edbookfest.co.uk) aufgeschlagen. Zwei wortgewaltige Wochen vergehen mit Gesprächen, Lesungen, Diskussionen, Vorträgen, Buchsignierungen und Begegnungen mit Autoren. Mitten im Gewühl: eine Café-Bar und ein Buchladen unter einem Zeltdach. Das Festival findet an zwei Wochen im August (meist an den ersten beiden Wochen des Edinburgh International Festival) statt.

Trainspotting Tours SPAZIERGANG
(www.leithwalks.co.uk; pro Pers. 8 £) Ein Spaziergang zu den Schauplätzen des bekannten Romans *Trainspotting* (1993) von Irvine Welsh, mit Witz und Begeisterung kommentiert. Für Kinder nicht geeignet.

Festivals & Events

Das ganze Jahr über reiht sich in Edinburgh quasi ein Festival ans andere. Zu den besten und bekanntesten zählen das Edinburgh International Festival, das Edinburgh Festival Fringe und das Military Tattoo. Alle finden ungefähr zur gleichen Zeit im August statt. Ein weiterer Party-Höhepunkt ist Hogmanay, das schottische Silvesterfest.

April
Edinburgh International
Science Festival WISSENSCHAFT
(www.sciencefestival.co.uk) Das internationale Wissenschaftsfestival fand 1987 zum ersten Mal statt und bietet u. a. Podiumsdiskussionen, Lesungen, Ausstellungen, Vorführungen, Führungen und interaktive Experimente. Hier ist für jeden Geschmack etwas dabei – von Dinosauriern bis zu Geistern und außerirdischen Lebensformen. Das Festival dauert zwei Wochen.

Mai
Imaginate Festival KUNST
(www.imaginate.org.uk) Großbritanniens größtes Theaterfestival für alle Kinder, die zwischen drei und zwölf Jahre alt sind. Schauspielgruppen führen klassische Märchen auf, z. B. *Hänsel und Gretel*, aber auch neue von zeitgenössischen Autoren geschriebene Stücke, die speziell für Kinder verfasst wurden. Das Festival findet jedes Jahr üblicherweise in der letzten Maiwoche statt.

Juni
Scottish Real Ale Festival ESSEN & TRINKEN
(www.scottishbeerfestival.org.uk) Schottlands größtes Bierfestival ist eine Huldigung an alles Gegorene, Gebraute und Hefehaltige und bietet den Festbesuchern die Möglichkeit, sich traditionell hergestellte schottische und internationale Biersorten zu Gemüte zu führen. Das Festival findet jährlich an einem Juniwochenende statt.

Royal Highland Show LANDWIRTSCHAFT
(www.royalhighlandshow.org; Royal Highland Centre) Schottlands nationale Landwirtschaftsshow ist ein viertägiges Fest, das mit allem aufwartet, was zur Landwirtschaft dazugehört. Auf dem Programm stehen außerdem Springreiten, Traktorfahrten, Schafschur und Falknereie. Es gibt zahllose Gehege mit herausgeputzten Rindern und pedikürten, preisgekrönten Mutterschafen. Die Show wird jährlich Ende Juni an einem verlängerten Wochenende veranstaltet (Do–So).

Edinburgh International Film Festival FILM
(Karte S. 54; www.edfilmfest.org.uk) Das Filmfestival ist eines der drei Urgesteine unter Edinburghs Festivals. Es wurde 1947 zum ersten Mal abgehalten – gemeinsam mit dem International Festival und dem Fringe. Das Filmfestival, das zwei Wochen lang dauert, ist ein internationaler Mega-Event, der als Plattform für neue Filme aus Großbritannien und anderen europäischen Ländern dient. Außerdem werden hier Europapremieren von Hollywood-Blockbustern gefeiert.

Juli
Edinburgh International
Jazz & Blues Festival MUSIK
(www.edinburghjazzfestival.com) Seit 1978 stehen beim Jazz & Blues Festival alljährlich erstklassige Musiker aus aller Welt auf der Bühne. Das Festival dauert neun Tage und beginnt an einem Freitag (eine Woche vor dem Fringe und dem Tattoo). Am ersten Wochenende findet samstags ein karnevalsähnliches Fest am Grassmarket statt, das sich am Sonntag an der Princes Street und den Princes Street Gardens fortsetzt, nach-

mittags wird Musik unter freiem Himmel und bei freiem Eintritt gespielt. Am Sonntag werden Gratiskonzerte am Ross Bandstand in den Princes Street Gardens veranstaltet.

August
Näheres zu den Festivals im August siehe Kasten S. 78.

Dezember
Edinburghs Hogmanay, das Fest, das zum Jahreswechsel stattfindet, ist das größte winterliche Festival Europas.

Edinburgh's Christmas WEIHNACHTEN
(www.edinburghschristmas.com) Das jüngste unter den Festivals in der schottischen Hauptstadt wurde im Jahr 2000 zum ersten Mal veranstaltet. Zur großen Weihnachtssause gehören ein Straßenumzug, eine Kirmes mit Riesenrad und eine Schlittschuhbahn unter freiem Himmel in den Princes Street Gardens. Das Festival findet in den drei Wochen vor Weihnachten statt.

Schlafen

Ein Boom im Hotelbau hat die Übernachtungskapazität in Edinburgh seit dem Jahr 2000 deutlich erhöht, dennoch ist die Stadt zur Festivalzeit im August und über Hogmanay (Neujahr) ausgebucht. Mindestens einige Monate im Voraus sollten Unterkünfte für die Ostertage und die Zeit von Mitte Mai bis Mitte September reserviert werden. Hotels und Hostels sind in der Alt- und Neustadt zu finden; B&Bs und Pensionen in der mittleren Preisklasse liegen zumeist außerhalb des Zentrums in den Vororten Tollcross, Bruntsfield, Newington und Pilrig.

Wer mit dem Auto anreist, sollte auf keinen Fall im Stadtzentrum übernachten – außer das Hotel verfügt über einen eigenen Parkplatz –, denn die Parksituation ist ein Alptraum. In den Quartieren der Vororte wie Newington gibt es mit Glück einen kostenlosen Parkplatz an der Straße, wenn auch nicht direkt vor der Hoteltür. Eine Alternative sind Unterkünfte außerhalb der Stadt, mit Bus oder Bahn geht es ins Zentrum.

In Edinburgh sind Unterkünfte etwas teurer als in anderen Regionen Schottlands, sodass sich auch die Preiskategorien anders zusammensetzen: Budget-Unterkünfte liegen bei unter 60 £, Mittelklassehotels zwischen 60 und 150 £ und Spitzenklassehotel bei über 150 £ (jeweils für ein Doppelzimmer mit Frühstück).

Zimmervermittlungen
Wer in Edinburgh ankommt, ohne ein Zimmer gebucht zu haben, findet Hilfe beim Edinburgh Information Centre (S. 99), dessen Buchungsservice nach einem passenden Zimmer sucht (und bei erfolgreicher Vermittlung eine Gebühr von 5 £ verlangt). Wer genügend Zeit hat, kann bei der Touristeninformation ein Verzeichnis von Unterkünften mitnehmen und selbst herumtelefonieren.

Einen Versuch wert ist auch die **Buchungshotline** (08458591006) der Agentur VisitScotland, dort werden 3 £ für eine Vermittlung berechnet. Auch auf der Website des Edinburgh & Lothians Tourist Board (S. 98) sind Adressen zu finden.

Old Town
Die meisten in Frage kommenden Unterkünfte in der Old Town sind Backpacker-Hostels oder teure Hotels. Die Häuser der mittleren Preisklasse gehören oft zu Hotelketten – s. die Websites von Travelodge, Ibis u. a.

LP TIPP Hotel Missoni BOUTIQUEHOTEL £££
(Karte S. 54; 0131-220 6666; www.hotelmissoni.com; 1 George IV Bridge; Zi. 90–225 £;) Das italienische Modehaus hat mit diesem kühnen Hotelbau ein stilistisches Statement im mittelalterlichen Herzen der Old Town abgegeben – modernistischer Baustil, Inneneinrichtung in Schwarz und Weiß mit wohlabgewogenen Farbtupfen, tadellos geschultes Personal und komfortable Schlafzimmer und Bäder mit zahllosen hübschen, netten Gesten, von frischer Milch in der Minibar bis hin zu flauschigen Bademänteln.

LP TIPP Witchery by the Castle B&B £££
(Karte S. 54; 0131-225 5613; www.thewitchery.com; Castlehill, Royal Mile; Suite 325–350 £) Ein Haus in der Old Town aus dem 16. Jh. zu Füßen von Edinburgh Castle beherbergt das Hotel mit acht luxuriösen gotischen Suiten, die mit Antiquitäten, Eichentäfelungen, Gobelins, offenen Kaminen, Himmelbetten und freistehenden Badewannen extravagant ausgestattet sind und in denen es nie an Blumen, Pralinen und Champagnerpräsenten fehlt. Zimmer müssen mehrere Monate im Voraus gebucht werden.

Knight Residence APARTMENTS £££
(Karte S. 54; 0131-622 8120; www.theknightresidence.co.uk; 12 Lauriston St.; 1-/2-Bett-Apt. pro Nacht 250/437 £;) Werke zeitgenössischer Künstler schmücken die modernen 1- und 2-Zimmer-Apartments (pro Nacht

buchbar; das größere hat Platz für bis zu vier Erwachsene und ein Kind). Jedes hat eine Küche und ein behagliches Wohnzimmer mit Kabel-TV, Video und Stereoanlage. Die Appartements befinden sich in guter zentraler Lage in einer ruhigen Straße wenige Gehminuten vom Grassmarket entfernt.

Ten Hill Place HOTEL ££
(Karte S. 54; 0131-662 2080; www.tenhillplace. com; 10 Hill Pl.; Zi. ab 110 £;) Dieses attraktive, moderne Hotel bietet hochwertige Zimmer in der Nähe des Stadtzentrums. Die Standardzimmer sind komfortabel-elegant mit einer sachlichen, aber durchdachten Farbgestaltung in tiefen Braun- und Purpurtönen und konservativem Tartangrün sowie mit ansprechenden modernen Bädern. Für ein besonderes Wochenende ist eines der vier „Skyline"-Zimmer im obersten Stockwerk ideal: mit Betten in Übergröße und einem Panoramablick auf die Salisbury Crags.

Smart City Hostel HOSTEL £
(Karte S. 54; 0870 892 3000; www.smartcity hostels.com; 50 Blackfriars St.; B ab 22 £, 2BZ 107 £; @) Ein großes (620 Betten), helles, modernes Hostel, das sich eher wie ein Hotel gibt, mit einem gastlichen Café, wo man etwas zum Frühstück bekommt, und modernen Annehmlichkeiten wie Keycards und sicheren Ladestationen für Handys, MP3-Player und Laptops. Verschließbare Schränke in jedem Zimmer, eine große Bar und eine zentrale Lage abseits der Royal Mile: Dieses Hostel ist eine Lieblingsadresse der partybesessenen Jugend – eine geruhsame Nacht sollte man hier also eher nicht erwarten.

Castle Rock Hostel HOSTEL £
(Karte S. 54; 0131-225 9666; www.scotlandstophostels.com; 15 Johnston Tce.; B/DZ 22/50 £; @) Mit hellen, geräumigen Schlafsälen (nach Geschlechtern getrennt), erstklassigem Ausblick und freundlichem Personal hat das Castle Rock (200 Betten) viele sympathische Züge. Dazu kommen noch eine einmalige Lage – näher kann der Burg nur kommen, wer ein Zelt auf der Esplanade aufschlägt –, ein Spielzimmer, ein Lesesaal und Filmabende mit Großbildschirmen.

Budget Backpackers HOSTEL £
(Karte S. 54; 0131-226 6351; www.budgetback packers.com; 9 Cowgate; B ab 16 £, 2BZ 54 £; @) Ein lustiges Hostel, das viele Extras bietet: Fahrradräume, Billardtische, einen Waschsalon und einen farbenfrohen Gesellschaftsraum. Vierbettzimmer sind etwas teurer; preiswerter sind Übernachtungen in den größeren Schlafsälen. Der einzige Nachteil: Die Preise steigen an den Wochenenden. Insgesamt finden Gäste hier ein hervorragendes Unterkommen.

Edinburgh Metro HOSTEL £
(SYHA; Karte S. 54; 0131-556 8718; 11/ 2 Robertson's Close, Cowgate; EZ 42 £; Juli & Aug.) Nur im Sommer; alle Einzelzimmer befinden sich in Studentenunterkünften.

Royal Mile Backpackers HOSTEL £
(Karte S. 54; 0131-557 6120; www.royalmileback packers.com; 105 High St.; B 25 £;) Klein, behaglich und herrlich altmodisch.

New Town & Umgebung

Sheridan Guest House B&B ££
(0131-554 4107; www.sheridanedinburgh.co.uk; 1 Bonnington Tce., Newhaven Rd.; EZ/DZ ab 55/ 70 £;) Blumentöpfe säumen mit ihrer bunten Blütenpracht die Treppe dieser kleinen Zuflucht, die sich im Norden der New Town verbirgt. In acht Schlafzimmern (alle mit eigenen Bädern) verbinden sich frische Farben mit modernen Möbeln, eleganter Beleuchtung und bunten Gemälden, die die klaren georgianischen Linien des Hauses harmonisch ergänzen, während auf der Frühstückskarte das übliche Angebot durch Omeletts, Pfannkuchen mit Ahornsirup und Rühreiern mit Räucherlachs vervollständigt wird. Die Buslinie 11 führt vom Stadtzentrum zum B&B.

One Royal Circus B&B £££
(Karte S. 64; 0131-625 6669; www.oneroyalcir cus. com; 1 Royal Circus; Zi. 180-260 £;) Der Traum der New Town ist hier verwirklicht: In dem eleganten georgianischen Herrenhaus harmonieren Antiquitäten und polierte Parkettböden mühelos mit Bädern aus Schiefer und einer Inneneinrichtung des Designers Philippe-Patrick Starck. Die Schlafzimmer sind mit ägyptischer Baumwolle, iPod-Docks und Toilettenartikeln von Arran Aromatics ausgestattet, im Wohnraum kann man kann man sich die Zeit vertreiben und Tischfußball und Billard spielen.

Gerald's Place B&B ££
(Karte S. 64; 0131-558 7017; www.geralds place. com; 21b Abercromby Pl.; DZ 119–149 £; @) Gerald ist immer ein charmanter und hilfsbereiter Gastgeber, seine ebenso charmante georgianische Gartenwohnung (mit nur

zwei Zimmern) liegt gegenüber einem Park und befindet sich nur einen kurzen Spaziergang vom Stadtzentrum entfernt.

Tigerlily
BOUTIQUEHOTEL £££

(Karte S. 64; ☎0131-225 5005; www.tigerlilyedinburgh.co.uk; 125 George St.; Zi. ab 175 £; 🕾) REleganter georgianischer Stil trifft auf Glanz und Glamour in diesem Boutiquehotel (mit eigenem Nachtclub). Es ist mit Spiegelmosaiken und Perlenvorhängen ausstaffiert, die Stoffe und Tapeten von Timorous Beasties sind wild gemustert, alles ist in ein stimmungsvolles rötliches Licht getaucht. Für eine romantische kleine Flucht ist die Georgian Suite (375 £) am besten geeignet.

B+B Edinburgh
HOTEL ££

(Karte S. 48; ☎0131-225 5084; www.bb-edinburgh.com; 3 Rothesay Tce.; EZ/DZ 99/140 £; 🕾) 1883 entstand der Bau als repräsentativer Wohnsitz für den Besitzer der Zeitung *Scotsman*. Dem glanzvollen viktorianischen Haus, ausgestattet mit Eichenholzschnitzereien, Parkettfußböden, Buntglasfenstern und kunstvollen Kaminen, wurde 2011 eine Schönheitskur durch einen Designer verordnet, seitdem ist es ein hinreißendes, modernes Hotel. Die Zimmer im 2. Stock sind die geräumigsten, dafür bieten die kleineren Zimmer im obersten Stock die schönste Aussicht – die Vorderzimmer blicken auf Edinburgh Castle, in den Hinterzimmern reicht die Aussicht über Water of Leith hinüber bis zum Firth of Forth.

Rick's
BOUTIQUEHOTEL £££

(Karte S. 64; ☎0131-622 7800; www.ricksedinburgh.co.uk; 55a Frederick St.; Zi. ab 175 £; 🕾) Zu den ersten Boutiquehotels Edinburghs gehörte das Rick's. Der Einrichtungsstil ist raffiniert, die Atmosphäre entspannt, doch dem Mobiliar ist das Alter inzwischen anzumerken. Die Zimmer sind mit Walnussholz und Designerstoffen, flauschigen Bademänteln, gut sortierten Minibars und Toilettenartikeln von Molton Brown ausgestattet.

Glasshouse
HOTEL £££

(Karte S. 64; ☎0131-525 8200; www.theetoncollection.com; 2 Greenside Pl.; Zi./Suite ab 165/245 £; P 🕾) Ein moderner Designpalast, der über dem Omni Centre am Fuß des Calton Hill thront. Der Eingang zum Hotel führt durch die erhaltene Fassade einer Kirche aus dem 19. Jh. Das Glasshouse besitzt prächtige Luxuszimmer mit raumhohen Fenstern, Ledersofas, Marmorbadezimmer und einem Dachgarten.

Dene Guest House
B&B ££

(Karte S. 48; ☎0131-556 2700; www.deneguesthouse.com; 7 Eyre Pl.; pro Pers. 25–50 £) Das Dene ist eine nette, lässige Pension in einem schönen georgianischen Townhouse, es hat einen freundlichen Inhaber und geräumige Zimmer. Die preiswerten Einzelzimmer sind ideal für Alleinreisende. Für Kinder unter 10 Jahren, die im Zimmer der Eltern übernachten, gilt der halbe Preis.

West End Hostel
HOSTEL £

(Karte S. 48; ☎0131-202 6107; www.hosteledinburgh.co.uk; 3 Clifton Tce.; B 18–22 £; 🕾) Das Hostel ist gepflegt und hell und bietet Schlafsäle mit sechs bis 16 Betten (u. a. Säle für Frauen), einen Kaffeesalon mit Billardtisch und eine Gartenterrasse. Für Zugreisende liegt es günstig (der Bahnhof Haymarket befindet sich auf der anderen Straßenseite).

Belford Hostel
HOSTEL £

(Karte S. 48; ☎0131-220 2200; www.hoppo.com; 6/8 Douglas Gardens; B 14–29 £, DZ 50–70 £; @🕾) Das ungewöhnliche Hostel wurde in einer umgebauten Kirche eingerichtet. Obwohl Gäste manchmal über Lärm klagen – es gibt nur dünne Trennwände zwischen den Schlafsälen – ist es gut geführt und gut ausgestattet. Es liegt 20 Minuten zu Fuß westlich des Waverley-Bahnhofs. Wer mit dem Zug von Glasgow oder aus nördlicher Richtung kommt, kann an der Haltestelle Haymarket aussteigen, die viel näher liegt.

Frederick House Hotel
HOTEL ££

(Karte S. 64; ☎0131-226 1999; www.frederickhousehotel.com; 42 Frederick St.; EZ/DZ 110/130 £; 🕾) Das gute, preiswerte Hotel besitzt Doppelbetten und geräumige Badezimmer, in denen sich die vom Gehen müden Glieder im Badeschaum regenerieren. Als eines der wenigen Häuser dieser Preisklasse, die einen Lift haben, ist es ideal für Reisende mit viel Gepäck. Frühstück wird im Café auf der gegenüberliegenden Straßenseite serviert.

Im Süden von Edinburgh

Es gibt zahlreiche Pensionen in den südlichen Vororten von Edinburgh wie Tollcross, Morningside, Marchmont und Newington, insbesondere rund um die Minto Street und die Mayfield Gardens (der Fortsetzung von North Bridge und Nicolson Street) in Newington. Es ist die Hauptverkehrsader aus südlicher Richtung und eine der Hauptstrecken der Buslinien zum Stadtzentrum.

Southside Guest House
B&B ££

(Karte S. 48; ☎0131-668 4422; www.southside guesthouse.co.uk; 8 Newington Rd.; EZ/DZ 70/90 £; ☏) Obwohl es in einem viktorianischen Reihenhaus eingerichtet ist, wirkt das Southside eher wie ein modernes Boutiquehotel. Die insgesamt acht elegant eingerichteten Zimmer sind wahre Meisterwerke der Innenarchitektur und unterscheiden sich von anderen B&Bs in Newington durch den gekonnten Einsatz kraftvoller Farben und moderner Möblierung.

Prestonfield House Hotel
BOUTIQUEHOTEL £££

(☎0131-668 3346; www.prestonfield.com; Priestfield Rd.; Zi./Suite ab 221/274 £; P☏) Wer das helle Holz, das braune Leder und den gebürsteten Edelstahl der modernen Boutiquehotels zu glatt findet, ist hier richtig. Prestonfield House ist ein Herrenhaus aus dem 17. Jh., in einer Parklandschaft von 8 ha (mit Pfauen und Hochlandrindern) gelegen, in Damast gehüllt, mit Antiquitäten vollgestellt und in Rot, Schwarz und Gold dekoriert – bemerkenswert sind die originalen Gobelins, geprägten Ledertäfelungen aus dem 17. Jh. und die handbemalten Tapeten (eine Rolle kostet 500 £). Die Zimmer sind mit allem modernen Komfort ausgestattet, (Bose-Soundsysteme, DVD-Spieler, Plasmafernseher). Das Hotel liegt im Südosten des Stadtzentrums, östlich von Dalkeith Road.

45 Gilmour Rd
B&B ££

(☎0131-667 3536; www.edinburghbedbreakfast.com; 45 Gilmour Rd.; EZ/DZ 70/140 £) Eine friedliche Umgebung, ein großer Garten und freundliche Inhaber tragen zum Reiz des viktorianischen Reihenhauses bei, das den örtlichen Bowls-Rasenplatz überblickt. Die Inneneinrichtung zeigt Einflüsse des 19. und 20. Jhs. mit tiefen, für den viktorianischen Stil typischen Rottönen, Kiefernholzböden, einem antiken Kamin in der Lounge, Schaukelpferd und Jugendstillampe im Korridor sowie drei geräumigen Zimmern mit der Ausstrahlung der 1930er-Jahre. Das empfehlenswerte Haus liegt ca. 1,5 km südöstlich des Stadtzentrums.

Aonach Mor Guest House
B&B ££

(☎0131-667 8694; www.aonachmor.com; 14 Kilmaurs Tce.; Zi. pro Pers. 33–70 £; @☏) Dieses elegante viktorianische Reihenhaus befindet sich in einer ruhigen Seitenstraße und hat sieben wunderschön ausgestattete Zimmer, die mit echten Stilmöbeln ausgestattet wurden. Das schönste Zimmer ist mit einem Himmelbett, polierten Mahagonimöbeln und einem Kamin eingerichtet. Das Haus liegt 1,5 km südöstlich des Stadtzentrums.

Sherwood Guest House
B&B ££

(Karte S. 48; ☎0131-667 1200; www.sherwood-edinburgh.com; 42 Minto St.; EZ 65–85 £, DZ 75–100 £; P☏) Eine der ansprechendsten Pensionen an der B&B-Meile der Minto Street. Das Sherwood verbirgt sich in einem renovierten georgianischen Reihenhaus hinter Blumenampeln und Gebüsch. In den sechs Zimmern, die mit eigenen Bädern aufwarten können, verbinden sich Streifentapeten im Stil des Regency mit modernen Stoffen und Kiefernholzmöbeln.

Town House
B&B ££

(Karte S. 48; ☎0131-2291985; www.thetownhouse.com; 65 Gilmore Pl.; pro Pers. 45–60 £; P☏) Das Town House ist ein plüschiges kleines Haus mit fünf Zimmern; es bietet herausragende Qualität und sehr viel Komfort. Das elegante viktorianische Reihenhaus verfügt über große Erkerfenster und geräumige Zimmer (alle mit Bad). Auf der Frühstückskarte sind Lachsfrikadellen und Räucherheringe neben den eher üblichen Angeboten zu finden.

Amaryllis Guest House
B&B ££

(Karte S. 48; ☎0131-229 3293; www.amaryllisguesthouse.com; 21 Upper Gilmore Pl.; EZ/DZ 60/80 £; ☏) Das Amaryllis ist ein kleines, georgianisches Townhouse in einer Seitenstraße. Es gibt fünf Zimmer, darunter ein geräumiges Familienzimmer, in dem zwei Erwachsene und bis zu vier Kinder Platz finden. Die Princes Street ist nur zehn Gehminuten entfernt.

Argyle Backpackers
HOSTEL £

(Karte S. 48; ☎0131-667 9991; www.argyle-backpackers.co.uk; 14 Argyle Pl.; B 17–22 £, DZ & 2BZ 45–65 £; ☏) Das Argyle erstreckt sich über drei angrenzende Reihenhäuser; es ist ein ruhiges, entspanntes Hostel mit Doppel- und Zweibettzimmern sowie Schlafsälen (ohne Geschlechtertrennung) mit vier bis zehn Betten. Es gibt ein Fernsehzimmer, einen kleinen Wintergarten und einen netten, ummauerten Garten am Hinterhaus, wo es sich im Sommer angenehm sitzen lässt.

Pollock Halls of Residence
STUDENTENUNTERKUNFT ££

(☎0131-651 2007; www.edinburghfirst.co.uk; 18 Holyrood Park Rd.; EZ/2BZ ab 45/85 £; ⊙Juni–Aug.; P) Ein modernes Studentenwohnheim der University of Edinburgh mit 2000 Zimmern (500 mit eigenem Bad). Es ist unruhig und oft laut, hat aber das Stadtzentrum in der Nähe und Arthur's Seat im Hintergrund. Zimmer stehen nur in den Sommerferien zur Verfügung (auf der Website sind die Termine nachzulesen).

Salisbury Hotel — HOTEL ££
(Karte S. 48; 0131-667 1264; www.the-salisbury.co.uk; 45 Salisbury Rd.; EZ/DZ/FZ ab 80/115/135 £; P) Die Pension im Stil eines Boutiquehotels ist in einer ruhigen, behaglichen georgianischen Villa mit Garten untergebracht.

Menzies Guest House — B&B ££
(Karte S. 48; 0131-2294629; www.menzies-guesthouse.co.uk; 33 Leamington Tce.; pro Pers. 25–50 £) Das gepflegte, freundliche Haus hat sieben Zimmer im viktorianischen Stil mit hohen Decken. Die Zimmer verteilen sich auf drei Etagen. Die preiswerteren (bei denen man sich das Bad mit anderen Gästen teilt) sind klein, bieten aber viel Komfort.

Kenvie Guest House — B&B ££
(0131-668 1964; www.kenvie.co.uk; 16 Kilmaurs Rd.; Zi. pro Pers. 30–45 £;) Erstklassig und einladend ist dieses B&B. Es befindet sich in einer ruhigen Seitenstraße, ist dabei aber in der Nähe einer Hauptbusstrecke gelegen.

Leith Walk & Pilrig Street
Im Nordosten der New Town finden sich in der Gegend rund um Leith Walk und Pilrig Street zahlreiche Pensionen – und sie alle liegen nur rund 1,5 km vom Stadtzentrum entfernt. Busse der Linie 11 fahren ab Princes Street dorthin.

Millers 64 — B&B ££
(0131-454 3666; www.millers64.com; 64 Pilrig St.; EZ ab 80 £; DZ 90–150 £;) Luxuriöse Stoffe, bunte Kissen, elegante Badezimmer und frische Blumen verbinden sich mit herzlicher Edinburgher Gastlichkeit. Alles zusammen macht das viktorianische Townhouse zu einer anziehenden Adresse, in der man gerne seinen Edinburg-Aufenthalt verbringt. Das B&B verfügt über zwei Zimmer (zur Festivalzeit müssen mindestens drei Übernachtungen gebucht werden), also besser rechtzeitig reservieren.

Wallace's Arthouse — B&B ££
(0131-5383320; www.wallacesarthousescotland.com; 41/4 Constitution St.; EZ/DZ 95/105 £;) In einer georgianischen Wohnung in den neoklassizistischen Leith Assembly Rooms (einem denkmalgeschützten Bauwerk von überregionaler Bedeutung) bietet ein B&B zwei herrlich nostalgischen Schlafzimmer, die der frühere Modedesigner Wallace selbst entworfen hat. Er gehört auch zum Inventar – der charmante Gastgeber und Frühstückskoch ist eine nie versiegende Quelle von anschaulich erzählten Anekdoten und Ortskenntnissen.

Ardmor House — B&B ££
(0131-554 4944; www.ardmorhouse.com; 74 Pilrig St.; EZ 60–85 £, DZ 85–170 £;) Das Ardmor unter schwuler Leitung ist „offen und freundlich". Das elegant restaurierte viktorianische Haus hat fünf Zimmer mit eigenen Bädern und all die kleinen Akzente, die es zu etwas Besonderem machen: einen offenen Kamin, dicke flauschige Handtücher, schneeweiße Bettwäsche und kostenlose Zeitungen zum Frühstück.

Sandaig Guest House — B&B ££
(0131-554 7357; www.sandaigguesthouse.co.uk; 5 East Hermitage Pl., Leith Links; EZ/DZ 90/110 £;) Vom Whisky als Begrüßungstrunk bis zum freundlichen Abschiedswinken an der Türschwelle – die Gastgeber verstehen etwas von ihrem Geschäft. Dazu kommt vieles andere, das einen Aufenthalt im Sandaig zum Vergnügen macht: die kühne Farbgestaltung und griffige Baumwollbettwäsche, große, flauschige Badetücher und erfrischende, kraftvolle Duschen sowie eine üppige Frühstückskarte.

Edinburgh Central Youth Hostel — HOSTEL £
(SYHA; Karte S. 48; 0131-524 2090; www.edinburghcentral.org; 9 Haddington Pl., Leith Walk; B 25 £, EZ/2BZ 49/74 £; @) Das moderne, Hostel, 800 m nördlich des Bahnhofs Waverley gelegen, ist ein großes (300 Betten) 5-Sterne-Haus mit eigenem Café-Bistro und einer Küche für Selbstversorger, gepflegten und komfortablen Schlafsälen (je acht Betten) sowie Einzelzimmern. Zu den modernen Annehmlichkeiten gehören Keycards und Fernseher mit Plasmabildschirmen.

Balmoral Guest House — B&B ££
(0131-5541857; www.balmoralguesthouse.co.uk; 32 Pilrig St.; Zi. pro Pers. 45–65 £;) Dieses B&B in einem eleganten, viktorianischen Reihenhaus von 1856 ist zu Recht sehr beliebt. Die Inhaber zeigen viel Sinn für Antiquitäten, in den Zimmern sorgen Stilmöbel für eine angenehm nostalgische Atmosphäre.

Außerhalb der Innenstadt

Mortonhall Caravan Park CAMPINGPLATZ £
(0131-664 1533; www.meadowhead.co.uk; 38 Mortonhall Gate, Frogston Rd. East; Zeltplatz inkl. 1 Pkw & 2 Pers. 20–26 £) In einem schönen Parkgelände liegt 8 km südöstlich des Stadtzentrums der Campingplatz Mortonhall mit Shop, Bar und Restaurant. Wichtig zu wissen: Das Angebot für eine Person mit Zelt (11,50 £) gilt nicht während des Edinburgh International Festival. Buslinie 11 ab Princes Street (in westlicher Richtung).

✕ Essen

Edinburgh hat mehr Restaurants pro Einwohner als jede andere Metropole Großbritanniens. Zum Essen auszugehen gehört inzwischen zum Alltag und beschränkt sich nicht mehr auf besondere Anlässe, entsprechend breit ist die Auswahl gefächert: von eleganten, doch preiswerten Bistros und Cafés bis hin zu mit Michelin-Sternen dekorierten Gourmetrestaurants. Auch die meisten Pubs bieten ihren Gästen ein Speisenangebot – entweder einfache Gerichte an der Bar oder eine Restaurantküche – oder beides. Kinder unter 14 Jahren dürfen nur in Pubs mit einem speziellen Zertifikat (Children's Certificate) mitgenommen werden.

Weiterführende Restauranttipps gibt der ausgezeichnete Gastroführer *Edinburgh & Glasgow Eating & Drinking Guide* (www.list.co.uk/food-and-drink), der alljährlich vom Magazin *List* herausgegeben wird. Er enthält Besprechungen zu rund 800 Restaurants, Cafés und Bars.

Old Town & Umgebung

LP TIPP Tower SCHOTTISCH £££
(Karte S. 54; 0131-225 3003; www.tower-restaurant.com; National Museum of Scotland, Chambers St.; Hauptgerichte 16–30 £; 12–23 Uhr) Schick und elegant, mit einem schönen Blick auf die Burg, thront das Tower in einem der Türme des National Museum of Scotland. Das Gästebuch nennt unzählige Prominente, die bereits in den Genuss der hochwertigen, aber einfach zubereiteten schottischen Küche gekommen sind – besonders gut: Austern (sechs Stück), gefolgt von Rebhuhn mit Kastanienfüllung. Ein Theatermenü mit zwei/drei Gängen (16/22 £) wird zwischen 17 und 18.30 Uhr angeboten, sodass man es vor der Theatervorstellung zu sich nehmen kann; der Nachmittagstee (16 £) wird den Gästen von 15 bis 17 Uhr serviert.

LP TIPP Ondine MEERES...
(Karte S. 54; 0131-226 1888; www...taurant.co.uk; 2 George IV Bridge; Ha... 15–25 £; Mittag- & Abendessen) ...dine gehört zu den edelsten Fischrestaurants Edinburghs, die Speisekarte führt Meerestiere aus nachhaltiger Fischerei auf. An der geschwungenen Crustacean Bar hocken die Gäste auf krakenartigen Sitzen und genießen Austern Kilpatrick, Hummer Thermidor, Schalentiere oder auch Schellfisch und Chips (mit frischem Erbsenpüree, damit der Stil gewahrt bleibt). Das Mittagsmenü (12–14.30 Uhr) und das Theatermenü am frühen Abend (17–18.30 Uhr) kosten 17 £.

LP TIPP Porto & Fi CAFÉ £
(Karte S. 54; www.portofi.com; 9 North Bank St.; Hauptgerichte 4–8 £; Mo–Sa 10–23, So bis 21 Uhr) Das Café besticht durch eine professionelle Raumgestaltung, eine bevorzugte Lage mit Blick auf The Mound und eine raffinierte Speisekarte, bei der sich alles um schottische Erzeugnisse dreht. Für ein Frühstück mit Eiern Benedikt, einem Stornoway Black Pudding (der sonntags ganztägig, ansonsten bis mittags zu bekommen ist) oder ein Mittagessen mit Cannelloni und geräuchertem Lachs oder gebratenen Feigen und Spargelsalat gibt es kaum einen besseren Ort.

LP TIPP Castle Terrace MODERN SCHOTTISCH £££
(Karte S. 54; 0131-229 1222; www.castleterracerestaurant.com; 33–35 Castle Tce.; Hauptgerichte 25–28 £, 3-gängiges Mittagessen 24 £; Di–Sa Mittag- & Abendessen) Kaum ein Jahr nach seiner Eröffnung (2010) wurde das zweite Restaurant des Fernsehkochs Tom Kitchin in Edinburgh mit einem Michelin-Stern ausgezeichnet. In der Küche werden Erzeugnisse der Saison und das Beste aus den Regionen verarbeitet, z. B. Schweinefleisch aus Ayrshire, Lammfleisch aus Aberdeen-shire und Krebse aus Newhaven – und der Käse in den Soßen ist schottischer Herkunft. Alles wird mit Pariser Fingerspitzengefühl behandelt.

Leven's FUSION-KÜCHE ££
(Karte S. 48; 0131-229 8988; 30–32 Leven St.; Hauptgerichte 12–19 £; So–Do Mittag- & Abendessen, Fr & Sa 12–22.30 Uhr) Von den spektakulären Kronleuchtern und der stimmungsvollen Beleuchtung in langsam pulsierendem Blau und Purpur bis hin zur Designerfarbpalette und dem Tafelgeschirr und -besteck

...Villeroy & Boch ist alles in diesem Restaurant unglaublich stilvoll. Die Küche kann es mit der Atmosphäre aufnehmen: kunstvolle und unerwartete Kombinationen von Aromen, Farben und Texturen in Gerichten wie Lendenbraten und Panang-Curry mit Erdnüssen und Limettenblättern.

Mums   CAFÉ £
(Karte S. 54; www.monstermashcafe.co.uk; 4a Forrest Rd.; Hauptgerichte 6–9 £; Mo-Sa 9–22, So 10–22 Uhr) In diesem nostalgischen Café kommt klassische britische Hausmannskost auf den Tisch, wie sie auch auf einer Speisekarte der 1950er-Jahre zu finden gewesen wäre – Bacon and Eggs, Bangers and Mash, Shepherd's Pie, Fish and Chips. Doch etwas hat sich verändert: Die angebotenen Gerichte sind von Spitzenqualität und werden aus regionalen Zutaten frisch zubereitet, das gilt auch für die Gourmetwürstchen von Crombie's. Es gibt eine Weinkarte, obwohl die Real Ales und Cidres aus schottischer Brauerei besser schmecken.

Passepartout   INTERNATIONAL £
(Karte S. 54; 0131-629 0252; 7 Old Fishmarket Close; Platten für zwei 12–13 £) In einer steilen Kopfsteingasse, die von der Royal Mile abzweigt, verbirgt sich dieses Bistro unter französischer Leitung, das mit indisch inspirierter Küche aufwartet. Es gibt drei Innenräume mit Sitzplätzen (darunter einen „Kinosaal", in dem alte Filme vorgeführt werden) und eine sonnige Terrasse. Die Auswahl an Gerichten ist vielseitig: von Hummer mit Muscheln über Kichererbsen-Curry bis hin zu Kebab, die auf Platten für zwei serviert und mit den Fingern gegessen werden – ein sinnliches und preiswertes Vergnügen.

Kanpai   JAPANISCH ££
(Karte S. 54; 0131-228 1602; www.kanpaisushi.co.uk; 8–10 Grindlay St.; Hauptgerichte 8–14 £, Sushi pro Stück 4–7 £; Di-So Mittag- & Abend-

---

TOP FIVE: BISTROS

Urban Angel (Karte S. 64; 0131-225 6215; www.urban-angel.co.uk; 121 Hanover St; Hauptgerichte 8–14 £; Mo-Sa 9–22, So 10–17 Uhr;) Ein Feinkostgeschäft, das den Akzent auf vollwertige, regional erzeugte und fair gehandelte Bioprodukte legt. Zum Urban Angel gehört auch ein herrlich lässiges Café-Bistro, in dem es den ganzen Tag über Brunch-Gerichte (Porridge mit Honig, Arme Ritter, Eier Benedikt), Tapas und eine große Auswahl leichter Zwischenmahlzeiten gibt.

First Coast (Karte S. 48; 0131-313 4404; www.first-coast.co.uk; 99-101 Dalry Rd; Hauptgerichte 10–19 £; Mo-Sa Mittag- & Abendessen) Der Liebling unter den Stadtteil-Bistros besticht durch einen auffallenden Speiseraum mit hellgrauer Holztäfelung, rohen Steinwänden und viktorianischen Kranzleisten sowie mit einer kleinen, einfachen Speisekarte mit kräftigen Gerichten fürs Gemüt, z. B. Hähnchensalat mit Thai-Marinade oder Eisbein mit Stampfkartoffeln und grobem Senf. Mittags sowie von 17 bis 18.30 Uhr ist ein ausgezeichnetes Zweigangmenü für 12 £ zu bekommen.

Daniel's Bistro (0131-553 5933; www.daniels-bistro.co.uk; 88 Commercial St; Hauptgerichte 8–15£; 10–22 Uhr) In diesem beliebten Bistro in Leith verbinden sich erstklassige Zutaten aus schottischer und französischer Erzeugung mit viel Savoir-faire zu einer großen Vielfalt köstlicher Gerichte. Die provenzalische Fischsuppe ist exzellent. Als Hauptgericht gibt es z. B. Bœuf bourguignon oder Cassoulet. Ein vollständiges dreigängiges Mittagsmenü ist für 8,75 £ zu haben.

La P'tite Folie (Karte S. 64; 0131-225 7983; www.laptitefolie.co.uk; 61 Frederick St; Hauptgerichte 16–25 £; Mittag- & Abendessen) Ein hübsches kleines Restaurant, dessen bretonischer Inhaber neben französischen Klassikern wie Zwiebelsuppe oder Moules marinières auch Steaks, Fischgerichte und verschiedene Tagesgerichte (plats du jour) auf der Karte führt. Ein zweigängiges Mittagessen ist mit 9,95 £ sehr günstig..

Petit Paris (Karte S. 54; 0131-226 2442; www.petitparis-restaurant.co.uk; 38-40 Grassmarket; Hauptgerichte 14–18 £; 12–15 & 17.30–23 Uhr, Okt.–März Mo geschl.) Wie der Name andeutet, ist dies ein kleines Stück von Paris, komplett mit karierten Tischdecken, freundlichen Obern und preiswerten, guten Gerichten – die Moules frites (Miesmuscheln und Pommes frites) sind exzellent. Ein Angebot zum Mittag/Theaterabend (12–15 Uhr und 17.30–19 Uhr) beinhaltet ein plat du jour und einen Kaffee für 7,90 £ (mit Vorspeise 11,90 £).

TOP FIVE: VEGETARISCHE RESTAURANTS

Viele Restaurants in Edinburgh bieten vegetarische Gerichte, deren Qualität große Unterschiede zeigt. Die folgenden Restaurants sind konsequent vegetarisch, und ihre Qualität ist gleichbleibend hoch.

David Bann (Karte S. 54; 0131-556 5888; www.davidbann.com; 56-58 St Mary's St; Hauptgerichte 9–13 £; Mo-Fr 12–22, Sa & So 11–22 Uhr;) Wer einen Fleischliebhaber davon überzeugen möchte, dass eine Cuisine à la veg ebenso gut, vielseitig und sschmackhaft sein kann wie eine Bratenplatte, sollte ihn in das elegante Restaurant von David Bann mitnehmen – ein Pudding (Knödel) mit Roter Bete, Äpfeln und Dunsyre-Blauschimmelkäse oder ein Crêpe mit Brokkoli, Thai-Gewürzen und geräuchertem Tofu können jeden Ungläubigen bekehren.

Ann Purna (Karte S. 48; 0131-662 1807; www.annpurna-edinburgh.co.uk; 45 St Patrick Sq; Hauptgerichte 6–9 £; Mittag-&Abendessen;) In diesem kleinen Juwel von einem indischen Restaurant werden ausschließlich vegetarische Gerichte aus Südindien serviert – ein Lächeln gibt es von den Angehörigen des Familienbetriebes dazu. Wer die indische Küche noch nicht kennt, sollte ein Thali (16 £) probieren – eine reichhaltige Platte mit einer Handvoll verschiedener Gerichte und einem Dessert. Ein leichtes Mittagessen ist für 6 £ oder 7 £ zu haben.

Kalpna (Karte S. 54; 0131-667 9890; www.kalpnarestaurant.com; 2-3 St Patrick Sq; Hauptgerichte 6–11 £; ganzjährig Mo–Sa Mittag- & Abendessen, Mai–Sept. auch So Abendessen;) Ein altbekanntes Lieblingsrestaurant in Edinburgh. Das Kalpna gehört – nicht nur unter den vegetarischen – zu den besten indischen Restaurants Schottlands. Die Küche des Bundesstaates Gujarati wird von Gerichten aus weiteren Regionen Indiens ergänzt. Das Mittagsbüfett (so viel man mag für 8 £) ist hervorragend und preiswert.

Engine Shed (Karte S. 48; www.theengineshed.org; 19 St Leonard's Lane; Hauptgerichte 4–7 £; Mo-Sa 10–16 Uhr;) Nach einer Wandertour am Arthur's Seat ist dieses vegetarische Café mit seinen Bioprodukten aus fairem Handel ein ideales Plätzchen für ein gesundes Mittagessen oder einen Kaffee mit frisch gebackenen Scones. Das Café wurde zur Ausbildung und Beschäftigung lernbehinderter Erwachsener eingerichtet. Es hat eine eigene Bäckerei, und auch der Tofu, der in den köstlichen Currys reichlich verwendet wird, stammt aus eigener Herstellung.

Henderson's (Karte S. 64; 0131-225 2131; www.hendersonsofedinburgh.co.uk; 94 Hanover St; Hauptgerichte 6–8 £; Ganzjährig Mo-Sa 8–22 Uhr, Aug. & Dez. So 11–16 Uhr;) Das Henderson's besteht seit 1962 und ist der Urahn aller vegetarischen Restaurants in Edinburgh. Die Zutaten stammen überwiegend aus ökologischer Erzeugung und sind garantiert frei von genmanipulierten Inhaltsstoffen; auch auf andere Unverträglichkeiten wird Rücksicht genommen. In der Atmosphäre des Restaurants sind die 1970er-Jahre auf angenehme Art lebendig geblieben, und das tägliche Angebot an Salaten und warmen Gerichten ist so begehrt wie eh und je. Ein zweigängiges Mittagsmenü gibt es für 8,95 £.

---

essen) Das neueste Sushi-Restaurant, das in Edinburgh eröffnet wurde, hat die Gunst der Gäste erobert – mit einem minimalistischen Interieur, Fisch von Spitzenqualität und elegant präsentierten Gerichten; der Tempura-Tintenfisch wird in einem fein geflochtenen Korb gereicht, während das Sashimi wie ein Blumenarrangement in einer mit Eis gefüllten Steingutschale präsentiert wird.

Mosque Kitchen INDISCH £
(Karte S. 54; www.mosquekitchen.com; 31 Nicolson Sq.; Hauptgerichte 3–6 £; 11.30–12.50 & 13.50–23 Uhr;) Kultiviert geht es nicht zu – auf Gemeinschaftstische und Wegwerfteller muss man gefasst sein –, aber es ist die richtige Adresse für preiswerte, authentische und köstliche Currys, Kebabs, Pakora und Nan-Brot, die mit Lassi oder Mangosaft hinuntergespült werden. Das Mosque Kitchen beliefert die Zentralmoschee in Edinburgh, ist aber offen für alle Gäste. Kein Alkohol.

Maxie's Bistro BISTRO ££
(Karte S. 54; 0131-226 7770; www.maxiesbistro.com; 5b Johnston Tce.; Hauptgerichte 8–

IVE: CAFÉS

...eehauskultur ist in Edinburgh längst heimisch geworden, hier kommen Koffein-...er ebenso leicht zu ihrer täglichen Dosis wie in New York oder Paris. In den meisten Cafés werden kleine und größere Gerichte angeboten, von Gebäck und Sandwiches bis zu vollständigen Mahlzeiten.

Loudon's Café & Bakery (Karte S. 48; www.loudons-cafe.co.uk; 94b Fountainbridge; Hauptgerichte 3–7 £; ☉ Mo-Fr 8–18, Sa & So 9–18 Uhr; 🛜🍴) Ein Café mit Brot und Kuchen aus eigener Biobäckerei und mit Kaffee aus ökologischem Anbau. Tages- und Sonntagszeitungen liegen überall herum, es gibt sogar einige Tische im Freien – was kann es Schöneres geben? Zum ganztägigen Brunch (9–15 Uhr), der an Wochenenden serviert wird, gehören Eier Benedikt, würzige Andenhirse mit Trockenfrüchten und Spezialitäten wie Blaubeerpfannkuchen mit Obstsalat.

Circle Cafe (www.thecirclecafe.com; 1 Brandon Tce; Hauptgerichte 6–9 £; ☉ Mo-Sa 8.30–16.30, So 9–16.30 Uhr) Ein schönes Plätzchen für ein Frühstück oder ein preiswertes Mittagessen. Das Circle ist ein lebhaftes Stadtteilcafé, in dem hervorragender Kaffee und leckerer Kuchen serviert wird. Außerdem gibt es frisch zubereitete, gute Mittagsgerichte, z. B. frisch zubereitete hausgemachte Quiches in großen Stücken oder Frikadellen aus geräuchertem Schellfisch.

Glass & Thompson (Karte S. 64; 2 Dundas St; Hauptgerichte 7–11 £; ☉ Mo-Sa 8–18 Uhr, So 10.30–16.30 Uhr) In diesem blitzblanken Feinkostgeschäft in der New Town einen Tisch aussuchen, an einem doppelten Espresso nippen, dabei die Käsesorten in der Kühltheke mustern oder die Welt draußen an den raumhohen Fenstern vorüberziehen sehen ... Das Café hat übrigens Eingang in den Roman Schottische Katzen kennen den Weg von Alexander McCall Smith gefunden. Serviert werden köstliche kleine Gerichte wie Dolmasi (gefüllte Weinblätter) und Falafel oder Parmaschinken und Parmesan.

Valvona & Crolla Caffé Bar (www.valvonacrolla.co.uk; 19 Elm Row, Leith Walk; Hauptgerichte 10–16 £; ☉ Mo-Do 8.30–17.30, Fr & Sa 8–18, So 10.30–15.30 Uhr; 🛜) Hier wird das englische Frühstück (bis 11.30 Uhr) italienisch variiert: *paesano* (mit Fleisch) oder *verdure* (mit Gemüse), außerdem gibt es wunderbar leichte, knusprige *panettone* (Früchtekuchen) in *carrozza* (in einem Ausbackteig aus Eiern und Milch), Mandelcroissants, Müsli, Joghurt und Obst, frisch gepressten Orangensaft und perfekten italienischen Kaffee. Die Mittagskarte (12–15.30 Uhr) führt köstliche klassische italienische Gerichte.

Elephant House (Karte S. 54; www.elephanthouse.biz; 21 George IV Bridge; Hauptgerichte 6–9 £; ☉ Mo-Fr 8–22, Sa & So 9–22 Uhr; 🛜) Vorn stehen Theken, hinten gibt es Tische und Ausblicke auf die Burg (hier schrieb Joanne K. Rowling bekanntlich am ersten Band ihrer Harry-Potter-Romane), und überall fällt der Blick auf kleine Bilder und Figuren von Elefanten. Ausgezeichneter Kaffee und gutes, hausgemachtes Essen – Pizzas, Quiches, Pasteten, Sandwiches und Kuchen – zu günstigen Preisen.

18 £; ☉ 11–23 Uhr) Maxie's Bistro – mit Kerzenlicht, kissengepolsterten Nischen in den Steinwänden und Holzbalken an der Decke – ist eine schöne Umgebung für ein gemütliches Abendessen. An Sommertagen bilden sich mittags allerdings lange Schlangen von Gästen, die auf einen Terrassentisch mit Blick auf Victoria Street warten. Das Essen ist gleichbleibend gut – das Maxie's ist seit über 20 Jahren im Gastronomiegeschäft. Es gibt Pasta- und Wokgerichte, Steaks, Fischplatten und Tagesgerichte. Am besten einen Tisch reservieren, vor allem im Sommer.

Mother India INDISCH ££
(Karte S. 54; ☎ 0131-524 9801; www.motherindiaglasgow.co.uk; 3–5 Infirmary St.; Tapas 4–5 £; ☉ Mo-Do Mittag- & Abendessen, Fr-So 12–22 Uhr) Ein einfaches Konzept, das zuerst in Glasgow erfolgreich erprobt wurde, hat von den Gemütern – und Gaumen – Edinburghs Besitz ergriffen: indische Küche, in Portionen von Tapasgröße serviert, damit die Gäste eine größere Vielfalt von Gerichten probieren können. Sehr beliebt – unbedingt einen Tisch reservieren, um eine Enttäuschung zu vermeiden.

Pancho Villa's
MEXIKANISCH ££

(Karte S. 54; 0131-557 4416; www.panchovillas.co.uk; 240 Canongate; Hauptgerichte 11–13 £; Mo-Fr Mittag- & Abendessen, Sa 12–22, So 17–22 Uhr;) Bei einem mexikanischen Inhaber mit einem lateinamerikanisch-spanischen Team ist es kein Wunder, dass Restaurant zu den authentischsten mexikanischen Restaurants der Stadt gehört. Auf der Abendkarte sind u. a. Fajitas mit Rindfleisch und hervorragende vegetarische Spinat-Enchiladas zu finden.

Amber
SCHOTTISCH ££

(Karte S. 54; 0131-477 8477; www.amber-restaurant.co.uk; 354 Castlehill; Hauptgerichte 10–25 £; tgl. Mittagessen, Di–Sa Abendessen) Ein Restaurant, in dem der Ober die Gäste persönlich begrüßt („Ich heiße Craig und bin heute Abend Ihr Whiskyberater"), ist an sich schon liebenswert. Hier dreht sich alles um das „Lebenswasser"; das Restaurant gehört zur „Scotch Whisky Experience" (S. 55). Geschickt vermeidet es touristische Klischees und bringt köstliche Gerichte hervor, z. B. Muscheln in Sahnesoße mit Lauch und Islay-Whisky oder Sirloin-Steak mit Thymiankartoffeln und Whiskybutter.

New Town

LP TIPP The Dogs
BRITISCH ££

(Karte S. 64; 0131-220 1208; www.thedogsonline.co.uk; 110 Hanover St.; Hauptgerichte 9–13 £; 12–16 & 17–22 Uhr) Das Restaurant im Bistrostil hat eine lässige Atmosphäre. Hier werden preiswerteres Fleisch und weniger bekannte Fischsorten aus nachhaltiger Fischerei zu kräftigen, angenehm einfachen Gerichten verarbeitet, z. B. Lammbries auf Toast, gebackenen Seelachs mit *skirlie* (gehackten Zwiebeln mit Hafermehl) und Leber mit Speck und Zwiebeln.

Café Marlayne
FRANZÖSISCH ££

(Karte S. 64; 0131-226 2230; www.cafemarlayne.com; 76 Thistle St.; Hauptgerichte 12–15 £; 12–22 Uhr) Tische aus Holz im Kerzenschein: Das Café Marlayne ist ein behaglicher Ort. Die Küche ist französisch bäuerlich – alle Gerichte, z. B. *brandade de morue* (Kabeljau) mit Salat, geschmorte Lammrippchen, *boudin noir* (Black Pudding) mit Jakobsmuscheln und Bratkartoffeln – sind preiswert. Eine Reservierung ist ratsam.

L'Escargot Bleu
FRANZÖSISCH ££

(Karte S. 48; 0131-557 1600; www.lescargotbleu.co.uk; 56 Broughton St.; Hauptgerichte 13–18 £; Mo–Sa Mittag- & Abendessen) Wie sein Zwillingsrestaurant L'Escargot Blanc in der Queensferry Street ist dieses Bistro so französisch wie Kräuterbutter. Hochwertige schottische Erzeugnisse werden auf kunstvolle Art verarbeitet – das französischsprachige Personal hilft bei der Auswahl aus der Speisekarte, die z. B. echte savoyische *tartiflette* (Käse-Kartoffelauflauf), *quenelle* (Klößchen) vom Hecht mit Hummersoße oder in Rotwein geschmorte Schweinebacke mit gebratenem Wintergemüse aufführt.

Valvona & Crolla VinCaffè
ITALIENISCH ££

(Karte S. 64; 0131-557 0088; www.valvonacrolla.co.uk; 11 Multrees Walk, St. Andrew Sq.; Hauptgerichte 9–17 £; Mo–Sa 8–23, So 12–17 Uhr;) Appetitliche Farben dominieren die Innenausstattung des charmanten italienischen Bistros: flaschengrüne Säulen und Sitzpolster auf den Bänken, Wände in Schokoladenbraun und Sahneweiß, Tische von der Schwärze eines Espresso – eine perfekte Umgebung für das hervorragende Antipasto (17,50 £ für zwei), am besten in Begleitung eines Pinot Grigio Rosé.

Mussel Inn
FISCH ££

(Karte S. 64; www.mussel-inn.com; 61–65 Rose St.; Hauptgerichte 9–23 £; 12–22 Uhr;) Muschelzüchter von der Westküste betreiben das Mussel Inn – es ist eine Quelle für frische schottische Schalentiere. Das Restaurant, das sich in Buchenholz präsentiert, dehnt sich im Sommer bis auf den Gehweg aus. Ein Kilogramm Miesmuscheln mit Soßen – sehr gut: Soße aus Lauch, Dijonsenf und Sahne – kostet 12,20 £.

Cafe Royal Oyster Bar
MEERESFRÜCHTE £££

(Karte S. 64; 0131-556 4124; www.caferoyal.org.uk; 17a West Register St.; Hauptgerichte 11–28 £; Mittag- & Abendessen) Wer durch die Drehtüren an der Ecke der West Register Street in die palastartige Bar eintritt, wird in viktorianische Zeiten versetzt – Mahagoni, poliertes Messing, Marmorböden, Buntglas, Doulton-Fliesen, vergoldete Kranzleisten und schwere Tischwäsche. Auf der Speisekarte findet man klassische Fischgerichte, z. B. Austern auf Eis und Jakobsmuscheln mit Chorizo bis hin zu Hummer mit Kaffee-Cognac-Soße, die von einigen Fleischgerichten mit Rind oder Lamm ergänzt werden.

Eteaket
CAFÉ £

(Karte S. 64; www.eteaket.co.uk; 41 Frederick St.; Hauptgerichte 4–7 £; Mo–Fr 8–19, Sa & So 10–

19 Uhr; 🛜🍴) Eine „Tee-Boutique" mit einer Auswahl an rund 40 verschiedenen Blatt-Tees und zugleich ein gemütliches Café, das auch verlockende Frühstücksvariationen (Bagels, geröstete Croissants, Rühreier), frische Sandwiches (Ciabatta mit Hummus, Fetakäse und sonnengereiften Tomaten) und Gehaltvolles zum Nachmittagstee (Scones mit Konfitüre und *clotted cream*, einem dicken Rahm) bereithält.

Blue Moon Cafe
CAFÉ ££

(Karte S. 48; ☎0131-556 2788; 1 Barony St.; Hauptgerichte 7-10 £; ⏱Mo-Fr 11-22, Sa & So 10-22 Uhr) Im Blue Moon konzentriert sich die Schwulenszene der Broughton Street; hier herrscht immer ein freundliches Gedränge. Auf den Tisch kommen köstliche Nachos, Salate, Sandwiches und Ofenkartoffeln. Die hausgemachten Burger (Rind, Huhn oder Falafel) werden mit verschiedenen Belägen serviert und sind ebenso berühmt und beliebt wie die köstlichen Tagesangebote.

Stac Polly
SCHOTTISCH £££

(Karte S. 64; ☎0131-556 2231; www.stacpolly.com; 29-33 Dublin St.; Hauptgerichte 16-23 £; ⏱Mo-Fr Mittagessen, tgl. Abendessen) Das urige Kellerrestaurant ist nach einem Berg im Nordwesten Schottlands benannt, und seine Küche verleiht den frischen Zutaten aus den Highlands eine ganz besondere Note. Beim Anblick von Gerichten wie Haggis in Blätterteig mit Pflaumensoße würde sich Robert Burns möglicherweise im Grabe umdrehen, doch sie lassen zufriedene Esser zu Stammgästen werden. Dazu werden Biere der Orkney Brewery ausgeschenkt.

Leith

LP TIPP Fishers Bistro MEERESFRÜCHTE ££

(☎0131-554 5666; www.fishersbistros.co.uk; 1 The Shore; Hauptgerichte 10-23 £; ⏱Mo-Sa 12-22.30, So 12.30-22 Uhr) Das gemütliche kleine Restaurant zu Füßen eines Leuchtturms aus dem 17. Jh. gehört zu den besten Fischrestaurants der Stadt. Die Speisekarte zeigt große Preisunterschiede: Es gibt günstige Gerichte, z. B. klassische Fischfrikadellen mit Zitronen- und Schnittlauchmayonnaise, aber auch teurere Gaumenfreuden wie Hummer Thermidor aus North Berwick.

Plumed Horse
MODERN SCHOTTISCH £££

(☎0131-554 5556; www.plumedhorse.co.uk; 50-54 Henderson St.; 3-gängiges Abendessen 49 £; ⏱Di-Sa Mittag- & Abendessen) Elegant gekleidetes Personal empfängt die Gäste in diesem ruhigen Winkel von zurückhaltender Eleganz. Die Inneneinrichtung in blassen Blau- und Grüntönen mit cremefarbenen Ledersesseln und purem weißen Leinen ist so unaufdringlich, dass nichts die Aufmerksamkeit von den exquisit zubereiteten und präsentierten Gerichten ablenkt. Ein Probiermenü mit acht Gängen ist für 65 £ zu haben, dazu passende Weine gibt es für 45 £.

Chop Chop
CHINESISCH £

(☎0131-553 1818; www.chop-chop.co.uk; 76 Commercial St.; Hauptgerichte 8-10 £; ⏱tgl. Abendessen, Sa & So Mittagessen) Das Chop Chop ist ein etwas anderes Chinarestaurant: Die Gerichte sind bei chinesischen Gästen beliebt (laut Werbebotschaft des Hauses „können eine Milliarde Menschen nicht irren"). Schweinefleisch süßsauer ist nicht zu erwarten, vielmehr eine Vielfalt köstlicher Knödel, gefüllt mit Schweinefleisch und Koriander, Rindfleisch und Chili oder Lammfleisch und Lauch, sowie ungewöhnliche vegetarische Gerichte wie gebratene Auberginen mit Knoblauch und chinesischen Gewürzen.

Diner 7
CAFÉ ££

(www.diner7.co.uk; 7 Commercial St.; Hauptgerichte 7-12 £; ⏱Mo-Sa 16-23, So 11-23 Uhr) Ein ortstypisches Restaurant mit Sitzecken und Bänken aus rostrotem Leder, Tischen in Schwarz und Kupferrot und Werken heimischer Künstler an den Wänden. Auf der Speisekarte sind saftige Steaks vom Aberdeen-Angus-Rind und hausgemachte Burger verzeichnet, aber auch ungewöhnliche Kost wie Kebab mit Huhn und Chorizo oder geräucherter Schellfisch mit *black pudding stovies* (deftiger Eintopf mit Blutwurst).

Selbstversorger

Überall in der Stadt findet man Lebensmittelmärkte und -läden, viele sind täglich von 9 bis 22 Uhr geöffnet. An zahlreichen Tankstellen gibt es Shops mit langen Öffnungszeiten, die auch Lebensmittel verkaufen.

Valvona & Crolla
FEINKOST

(Karte S. 48; ☎0131-556 6066; www.valvonacrolla.co.uk; 19 Elm Row; ⏱Mo-Do 8.30-18, Fr & Sa 8-18.30, So 10.30-16 Uhr) Das bekanntlich beste Feinkostgeschäft Edinburghs wurde in den 1930er-Jahren gegründet. Das Valvona & Crolla ist mit mediterranen Köstlichkeiten vollgepackt, darunter eine exzellente Auswahl edler Weine. Außerdem gibt es ein gutes Café, dessen Küche auf Familienrezepte aus Mittel- und Süditalien spezialisiert ist,

z. B. *rigatoni all'amatriciana* (Pasta mit italienischem Räucherspeck und Tomatensoße) und *frittata con fava* (Omelett mit dicken Bohnen, frischen Kräutern und Parmigiano Reggiano).

Sainsbury's SUPERMARKT
(Karte S. 64; 9–10 St Andrew Sq.; ⊙Mo–Sa 7–22, So 9–20 Uhr) Günstig im Stadtzentrum gelegener Supermarkt.

Tesco Metro SUPERMARKT
(Karte S. 54; 94 Nicolson St.; ⊙6–1 Uhr) Supermarkt mit langen Öffnungszeiten.

Marks & Spencer LEBENSMITTELABTEILUNG
(Karte S. 64; 54 Princes St.; ⊙Mo–Sa 8–20, So 10–18 Uhr) In der Lebensmittelabteilung des Kaufhauses Marks & Spencer gibt es auch hochwertige Fertiggerichte.

Ausgehen

In Edinburgh gibt es rund 700 Bars, die so unterschiedlich sind wie die Bewohner der Stadt – die Auswahl reicht von viktorianischen Trinksälen bis zu schlichten Trinkhöhlen, von altersgrauen *howffs* (Pubs), wo es Real Ales zu trinken gibt, bis zu angesagten Cocktailbars.

Old Town

Die Pubs am Grassmarket haben an sonnigen Sommernachmittagen Tische im Freien aufgestellt, werden abends aber von abgefüllten Burschen auf Mädchenfang frequentiert. Wer das nicht mag, sollte einen Bogen um die Gegend machen. Die östliche Erweiterung von Grassmarket – The Cowgate – ist die Clubmeile von Edinburgh.

Bow Bar PUB
(Karte S. 54; 80 West Bow) Eines der besten traditionellen Pubs der Stadt – es ist nicht so alt, wie es aussieht! Hier wird eine Vielfalt exzellenter Real Ales und eine riesige Auswahl an Malt-Whiskys ausgeschenkt. In der Bow Bar gibt es freitag- und samstagabends oft nur Stehplätze.

Jolly Judge PUB
(Karte S. 54; www.jollyjudge.co.uk; 7a James Ct.; 🕾) Ein kuscheliges kleines howff, versteckt in einer Gasse. Das Jolly Judge verströmt die behagliche Atmosphäre des 17. Jhs. (niedrige Decken mit bemalten Holzbalken) und lockt bei kaltem Wetter zusätzlich mit einem angenehmen offenen Kamin. Keine Musik oder Spielautomaten, nur das Summen der Gespräche ist zu hören.

BrewDog BAR
(Karte S. 54; www.brewdog.com; 143 Cowgate; 🕾) Eine neue Brauereikneipe des schottischen Stammhauses, in dem eine Sorte namens „Punk IPA" gebraut wird. Das BrewDog unterscheidet sich von den Kaschemmen, die den Cowgate säumen, durch eine kühle, elegante Raumgestaltung mit der Sachlichkeit von Industriebauten. Neben eigenen, hochgelobten Bieren gibt es eine Auswahl von vier Real Ales fremder Brauereien.

Ecco Vino WEINBAR
(Karte S. 54; www.eccovinoedinburgh.com; 19 Cockburn St.; 🕾) An sonnigen Nachmittagen stehen Tische im Freien, am Abend sorgt Kerzenlicht für behagliche Intimität. Die gemütlich vollgestellte Weinbar im toskanischen Stil bietet eine verführerische Vielfalt italienischer Weine. Nicht alle sind offen zu bekommen – am besten man teilt eine Flasche miteinander.

Villager BAR
(Karte S. 54; www.villagerbar.com; 49–50 George IV Bridge; 🕾) Eine Kreuzung zwischen traditionellem Pub und Pre-Club. Im Villager herrscht eine behagliche, lässige Stimmung. Abends gibt es an der Hauptbar oft nur Stehplätze (die Cocktails sind ausgezeichnet). Der Nebenraum mit braunen Ledersofas und subtropischen Kübelpflanzen kommt beim entspannten Lesen der Sonntagszeitungen am besten zur Geltung.

Royal Mile Tavern PUB
(Karte S. 54; www.royalmiletavern.com; 127 High St.) Eine elegante, traditionelle Bar mit viel poliertem Holz, Spiegelglas und glänzendem Messing, die Real Ales (Deuchars IPA und Caledonian 80/-), gute Weine und anständige Kneipenkost anbietet – u. a. Fish and Chips, Steak und Guinness-Pie, Würstchen und Stampfkartoffeln.

Holyrood 9A PUB
(Karte S. 54; www.fullerthomson.com; 9a Holyrood Rd.; 🕾) Kerzenlicht, das von glänzend poliertem Holz reflektiert wird, erzeugt eine stimmungsvolle Atmosphäre in dieser wunderbaren Bar mit 20 Zapfhähnen, aus denen handwerklich gebraute Real Ales aus allen Regionen des Landes fließen. Hungrige Gäste können außerdem hervorragende Gourmetburger bestellen.

Beehive Inn PUB
(Karte S. 54; 18–20 Grassmarket) Das historische Inn – ehemals die Herberge einer

Poststation – ist ein großer, brummender Party-Pub mit einer Auswahl an Real Ales, die größte Attraktion ist aber der einzige Biergarten am Grassmarket mit schönem Blick auf die Burg.

Pear Tree House　　PUB
(Karte S. 54; www.pear-tree-house.co.uk; 38 West Nicolson St.; ☎) In einem Haus aus dem 18. Jh., das mit einem kopfsteingepflasterten Innenhof aufwartet, befindet sich das Pear Tree, eine Lieblingsadresse der Studenten mit einem Kaminfeuer im Winter, Kuschelsofas und Brettspielen; im Sommer findet man draußen den größten und beliebtesten Biergarten der Stadt.

New Town
Die Rose Street (zwischen Princes Street und George Street) war früher eine berüchtigte Route für Kneipentouren – Generationen von Studenten, Seeleuten und Rugbyfans haben sich hier von einem Pub zum nächsten gearbeitet (etwa 17 sind es insgesamt), um in ausnahmslos jedem ein Bier zu kippen.

Oxford Bar　　PUB
(Karte S. 64; www.oxfordbar.co.uk; 8 Young St.) Das Oxford ist eine Rarität: ein Pub für wirkliche Menschen, ohne „Thema" und Musik und ohne Allüren und Ansprüche. „The Ox" wurde durch Ian Rankin, dem Autor der Inspector-Rebus-Romane, verewigt: Der Romandetektiv ist hier regelmäßig zu Gast.

Cumberland Bar　　PUB
(Karte S. 48; www.cumberlandbar.co.uk; 1–3 Cumberland St.; ☎) Als der typische New-Town-Pub wurde die Kneipe von dem britischen Schriftsteller Alexander McCall-Smith in seinem Fortsetzungsroman *44 Scotland Street* verewigt. Das Cumberland hat eine traditionelle Erscheinung mit viel Holz, Messing und Spiegelglas (obwohl es noch relativ neu ist). Hier werden gut gepflegte Ales vom Fass und eine große Auswahl an Malt-Whiskys ausgeschenkt. Draußen gibt es einen netten kleinen Biergarten, der bei entsprechendem Wetter gerne besucht wird..

Guildford Arms　　PUB
(Karte S. 64; www.guildfordarms.com; 1 West Register St.) Direkt neben dem Cafe Royal Circle Bar liegt das Guildford, ein weiterer klassischer viktorianischer Pub, der mit viel poliertem Mahagoni, Messing und verschnörkelten Kranzleisten dem Klischee des typischen Pubs entspricht. Die Auswahl an Real Ales ist hervorragend – Treppen führen zu einer ungewöhnlichen Galerie hinauf, wo man sitzen und auf das wogende Meer der Gäste hinabschauen kann.

Bramble　　COCKTAILBAR
(Karte S. 64; www.bramblebar.co.uk; 16a Queen St.; ◷16–1 Uhr) Das Bramble gehört zu den Adressen, auf die das Attribut „bestgehütetes Geheimnis" perfekt passt: Diese nahezu unauffindbare Kellerbar verbirgt sich in einem Feldstein- und Ziegellabyrinth. Sie gilt als die beste Cocktailbar der Stadt. Es gibt keine Zapfhähne, keinen Prunk, nur meisterhaft gemixte Cocktails.

Kenilworth　　PUB
(Karte S. 64; 152–154 Rose St.) Ein edwardianischer Trinksaal mit Originalausstattung – von den Fliesenböden, der runden Bar in der Mitte und dem Flaschenregal aus Mahagoni bis hin zu verzierten Spiegeln und Gaslampen. In den 1970er- Jahren war das Kenilworth die erste Schwulenbar in Edinburgh. Heute spricht es ein gemischtes Publikum aller Altersgruppen an. Es gibt eine gute Auswahl an Real Ales und Malt-Whiskys.

Underdogs　　COCKTAILBAR
(Karte S. 64; 104 Hanover St.; ☎) Ein Keller mit Steinfußböden, mit zerschlissenen, bunt zusammengewürfelten Sofas und Sesseln möbliert, gibt eine unpassende Kulisse für eine der besten Cocktailbars Edinburghs ab, doch die entspannte Atmosphäre und freundliche Gastlichkeit sind unvergleichlich. Hervorragende Mixgetränke und tolle Flaschenbiere, aber keine Biere vom Fass.

Kay's Bar　　PUB
(Karte S. 64; www.kaysbar.co.uk; 39 Jamaica St.) In dem ehemaligen Kontor eines Weinhändlers ist die Kay's Bar eingerichtet, ein Ruhepol mit einem Kohlenfeuer und einer erlesenen Auswahl an Real Ales. Im hinteren Raum wird mittags gutes Essen serviert. Eine Tischreservierung ist notwendig.

Amicus Apple　　COCKTAILBAR
(Karte S. 64; www.amicusapple.com; 15 Frederick St.; ☎) Die entspannte Cocktail-Lounge ist die angesagteste Adresse der New Town. Die Getränkekarte zeigt eine große Bandbreite von Retroklassikern wie Bloody Mary und Mojito bis hin zu originellen und ungewöhnlichen Kreationen wie beispielsweise Cuillin-Martini (Gin Tanqueray No. 10, Talisker-Malt-Whisky und geräucherter Rosmarin).

Leith

Roseleaf
CAFÉ-BAR
(www.roseleaf.co.uk; 23–24 Sandport Pl.; ◉10–1 Uhr; 🛜) Entzückend, charmant und an der Grenze zum Kitsch: Das Roseleaf ist himmelweit vom üblichen Erscheinungsbild einer Bar in Leith entfernt. Die Wände sind vollständig mit Blumentapeten bedeckt, alte Möbel und Porzellan mit Rosenmuster füllen den Raum (Cocktails werden in Teebechern serviert), Real Ales und Flaschenbiere werden durch eine Auswahl von Tee- und Kaffeespezialitäten sowie Fruchtsäften ergänzt (es gibt sogar eine Rosenlimonade). Weit über dem Durchschnitt liegt auch die Qualität der Café-Küche (10–22 Uhr).

Teuchter's Landing
PUB
(www.aroomin.co.uk; 1 Dock Pl.; 🛜) Ein behagliches Gewirr von holzgetäfelten Ecken und Winkeln in einem eingeschossigen Backsteinbau (einem ehemaligen Warteraum für Passagiere der Fähren aus dem Firth of Forth). Die Bar bietet Real Ales und Malt-Whiskys, und es gibt Tische im Freien auf einer schwimmenden Terrasse im Dock.

Port O'Leith
PUB
(www.portoleithpub.com; 58 Constitution St.) Ein guter, altmodischer Pub: freundlich, ortstypisch und übersät mit Fahnen und Mützenbändern, die von Seemännern zurückgelassen wurden – die Docks von Leith liegen gleich am Ende der Straße. Wer nur auf ein Bier hereinschauen wollte, bleibt wahrscheinlich bis zur Sperrstunde.

Starbank Inn
PUB
(www.starbankinn.co.uk; 64 Laverockbank Rd.) Das Starbank ist ein sprudelnder Quell feiner Ales zu gutem, hausgemachtem Essen an der windigen Wasserseite Edinburghs. Im Sommer lockt ein sonniger Wintergarten, im Winter ein loderndes Feuer.

☆ Unterhaltung

In Edinburgh gibt es sehr gute Theater, Konzertsäle, kleine Art-House-Kinos und große Multiplex-Filmpaläste. Viele Pubs bieten Livemusik (von schottischer Folkmusik bis zu Pop, Rock und Jazz), Karaoke- oder Quizabende, während zahlreiche hippe Bars die Partygänger vor dem Clubbing mit House, Dance oder Hip-Hop versorgen.

Die beste Quelle für Programmtipps bietet das *The List* (www.list.co.uk), ein hervorragendes Magazin, das sowohl Edinburgh als auch Glasgow umfasst. Das Heft findet sich an vielen Zeitungsständen; es erscheint alle zwei Wochen am Donnerstag.

Livemusik
Auf dem kostenlosen E-Mail-Newsletter *List* und der Veranstaltungswebsite *Gig Guide* (www.gigguide.co.uk) ist nachzulesen, wer wo was spielt.

JAZZ, BLUES & ROCK
Bannerman's LIVEMUSIK
(Karte S. 54; www.bannermanslive.co.uk; 212 Cowgate) Eine seit Langem etablierte Lieblingsadresse – es scheint, als hätte in den vergangenen vier Jahrzehnten jeder Student Edinburghs seine halbe Jugend hier verbracht. Das Bannerman's zieht sich durch ein Gewirr von alten Gewölben unterhalb der South Bridge. Studenten, Einheimische und Rucksackreisende kommen in großen Scharen, um Rock-, Punk- und Indiebands live zu hören.

Henry's Cellar LIVEMUSIK
(Karte S. 54; www.musicglue.com/theraft; 8a Morrison St.) Das Henry's gehört zu den Livemusikbühnen mit dem vielseitigsten Programm in Edinburgh. An den meisten Abenden der Woche ist etwas los, von Rock über Indie bis zu „vom Balkan inspiriertem Folk", von Funk über Hip-Hop bis zum Hardcore. Heimischen Bands wird ebenso wie internationalen Acts eine Bühne gegeben. An Wochenenden ist die Bar bis drei Uhr morgens geöffnet.

Whistle Binkie's LIVEMUSIK
(Karte S. 54; www.whistlebinkies.com; 4–6 South Bridge) In der gedrängt vollen Kellerbar abseits der Royal Mile wird jeden Abend bis drei Uhr morgens Livemusik von Rock und Blues bis Folk und Jazz gespielt. Montags (Open-Mic-Night) und dienstags präsentieren sich junge Talente.

Jazz Bar JAZZ
(Karte S. 54; www.thejazzbar.co.uk; 1a Chambers St.; 🛜) Die stimmungsvolle Kellerbar mit polierten Parkettböden, rohen Steinwänden, Tischen mit Kerzenlicht und eleganten Stahlrahmenstühlen ist im Besitz von Jazzmusikern, die sie auch betreiben. Livemusik wird jeden Abend von 21 bis 3 Uhr, am Samstag ab 15 Uhr, gespielt.

Liquid Room CLUB, LIVEMUSIK
(Karte S. 54; www.liquidroom.com; 9c Victoria St.) In einem unterirdischen Gewölbe tief im Untergrund der Victoria Street befindet sich

TOP FIVE: TRADITIONELLE PUBS

Edinburgh ist mit einer großen Zahl traditioneller Pubs aus dem 19. und frühen 20. Jh. gesegnet, die viel von ihrer ursprünglichen Ausstattung aus viktorianischer und edwardianischer Zeit bewahrt haben und in denen Real Ales vom Fass und eine erstaunliche Vielfalt von Malt-Whiskys ausgeschenkt werden.

Athletic Arms (Diggers; Karte S. 48; 1-3 Angle Park Tce.) Ursprünglich scherzhaft nach den Totengräbern des gegenüberliegenden Friedhofs benannt – sie pflegten ihren Durst nach langen Arbeitstagen im „Diggers" zu löschen. Es stammt aus der Zeit um 1890 und ist immer noch standhaft traditionell – die Inneneinrichtung hat sich in 100 Jahren kaum verändert. Vor Kurzem hat es seinen Ruf als Mekka für Freunde des Real Ale durch selbst gebrautes Diggers' 80-Shilling wiederbelebt. An Spieltagen ist es bis unters Dach vollgepackt mit Fußball- und Rugbyfans.

Abbotsford (Karte S. 64; www.theabbotsford.com; 3 Rose St) Einer der wenigen Pubs in Rose Street, der seine edwardianische Herrlichkeit bewahrt hat. Das Abbotsford war lange Zeit ein Treffpunkt der Schriftsteller, Schauspieler, Journalisten und Medienleute und hat viele treue Stammgäste. Es stammt von 1902 und ist nach dem Landhaus Sir Walter Scotts benannt. Das Herzstück des Pubs ist die prachtvolle Island Bar aus Mahagoni. Gute Auswahl schottischer und englischer Real Ales.

Bennet's Bar (Karte S. 48; 8 Leven St.) Im Bennet's, neben dem King's Theatre, konnten fast alle viktorianischen Stilelemente bewahrt werden: von den schönen bleiverglasten Buntglasfenstern und ornamentalen Spiegeln bis zum Flaschenregal aus Holz und den Messingzapfhähnen an der Bar (für den Whisky – zur Auswahl stehen rund 100 Malts).

Cafe Royal Circle Bar (Karte S. 64; www.caferoyal.org.uk; 17 West Register St.) Vielleicht *die* klassische Edinburgher Bar. Die Berühmtheit des Cafe Royal beruht vor allem auf seiner prächtigen ovalen Bar und der Reihe von Doulton-Kacheln mit den Portraits berühmter viktorianischer Erfinder. Beachtenswert sind auch die Flaschen im Regal – sie werden so angeordnet, dass sie wie ein Spiegel wirken. Mancher von starken Getränken benebelte Gast wurde schon beobachtet, wie er blinzelte und sich wunderte, dass er sein Spiegelbild nicht finden konnte.

Sheep Heid (www.sheepheid.co.uk; 43-45 The Causeway) Vielleicht das älteste Inn von Edinburgh (seine Schankerlaubnis geht auf 1360 zurück). Im Sheep Heid fühlt man sich eher wie in einem Landgasthaus als in einer Edinburgher Bar. Es liegt im halb ländlichen Schatten von Arthur's Seat und ist berühmt für eine Kegelbahn aus dem 19. Jh. und einen hübschen kleinen Biergarten.

---

dieser erstklassige Club mit seinem donnernden Soundsystem. Von Mittwoch bis Samstag finden regelmäßig Clubabende und Auftritte von Livebands statt.

TRADITIONELL

In der Hauptstadt befindet man sich direkt an der Quelle für traditionelle schottische (und irische) Folkmusik – mit einer guten Mischung aus regelmäßigen Spielorten und improvisierten Sessions.

Sandy Bell's   FOLK
(Karte S. 54; 25 Forrest Rd.) Dieser äußerlich anspruchslose Pub ist eine Säule der traditionellen Musikszene (die Frau des Gründers hat mit den Corries, einer schottischen Folkband, gesungen). An fast allen Abenden wird ab 21 Uhr, am Samstag und Sonntag ab 15 Uhr Musik gespielt, zwischendurch wird immer wieder improvisiert.

Royal Oak   FOLK
(Karte S. 54; www.royal-oak-folk.com; 1 Infirmary St.) Der beliebte Folk-Pub ist winzig klein, wer sich also einen Platz sichern will, sollte früh kommen (Beginn an Wochentagen um 21 Uhr, am Samstag bereits um 14.30 Uhr). Sonntags von 16 bis 19 Uhr ist Open-Session: Gäste können ein eigenes Instrument (oder eine gute Singstimme) mitbringen und ihr musikalisches Talent unter Beweis stellen.

Edinburgh Folk Club   FOLK
(Karte S. 54; www.edinburghfolkclub.co.uk; Pleasance Cabaret Bar, 60 The Pleasance) Die Pleasance Cabaret Bar ist die Stammbühne des

Edinburgh Folk Club, der mittwochabends ab 20 Uhr ein Programm mit Gastsängern und -bands veranstaltet.

Nachtclubs

Die Clubszene von Edinburgh hat gute DJ-Talente aufzuweisen; es lohnt sich, anhand der Club-Night-Listen im *List* auf Entdeckungstour zu gehen. Die meisten Veranstaltungen konzentrieren sich rund um das doppelte Gravitationszentrum von Cowgate und Calton Road – es geht also immer bergab ...

Bongo Club   CAFÉ, CLUB & GALERIE
(Karte S. 48; www.thebongoclub.co.uk; Moray House, Paterson's Land, 37 Holyrood Rd.) Der herrlich schräge Bongo Club kann auf eine langjährige Geschichte als universelle Veranstaltungsbühne zurückblicken: Die Events reichen von wilden Clubnächten über Darbietungen von Performancekünstlern bis hin zu Comedyshows für Kinder. Tagsüber dient der Club als Café und Ausstellungsraum. 2013 wird er in neue Räume in der Cowgate umziehen – auf der Website ist das Neueste nachzulesen.

Cabaret Voltaire   CLUB, LIVEMUSIK
(Karte S. 54; www.thecabaretvoltaire.com; 36 Blair St.) In einem stimmungsvollen, labyrinthischen Steingewölbe haust der „alternativste" Club von Edinburgh. Hier wird auf riesige Tanzflächen und die Verehrung egomanischer DJs verzichtet – zugunsten eines „kreativen Schmelztiegels" mit einem vielseitigen Mix aus DJs, Live-Acts, Comedy, Theater, bildender Kunst und dem gesprochenen Wort. Sehr vielversprechend.

Studio 24   CLUB
(Karte S. 48; www.studio24.me; 24 Calton Rd.) Das Studio 24 ist das schwarze Herz der Underground-Musikszene Edinburghs – mit einem Programm, das alle Register zieht: House, Nu-Metal, Punk, Ska, Reggae, Crossover, Tribal House, Electro Funk, Techno und Dance.

Opal Lounge   CLUB
(Karte S. 64; www.opallounge.co.uk; 51 George St.) In der Opal Lounge herrscht an Wochenenden ein Gedränge von gut betuchten Mittzwanzigern, die 200 £ und zwei Stunden Zeit vor dem Spiegel investiert haben, um einen ungekünstelten Gammellook zur Schau zu stellen. Unter der Woche, wenn die Küsschengesellschaft weniger zahlreich ist, lässt es sich bei teuren, aber meisterhaft gemixten Cocktails gut entspannen. An Wochenenden ist mit langen Warteschlangen zu rechnen.

Lulu   CLUB
(Karte S. 64; www.luluedinburgh.co.uk; 125 George St.) Luxuriöse Ledersofas, rote Satinkissen, Vorhänge aus Stahlgeflecht und eine dämmrige rote Beleuchtung verbinden sich zu einer Atmosphäre der Dekadenz in diesem hinreißenden Club im Untergeschoss des Boutiquehotels Tigerlily. Heimische und auswärtige DJs beweisen etwas mehr Originalität als der Durchschnitt.

Kino

Filmfreaks finden in Edinburghs Programmkinos alles, was sie glücklich macht. Leichtere Kost und viel Popcorn bieten mehrere Multiplexkinos.

Filmhouse   KINO
(Karte S. 54; www.filmhousecinema.com; 88 Lothian Rd.; ☎) Das Filmhouse ist der Hauptveranstaltungsort des jährlichen Edinburgh International Film Festival und zeigt ein umfassendes Programm von Art-House-, klassischen und ausländischen Filmen sowie Streifen im „second run" mit einem breiten Themenspektrum, Retrospektiven und 70-mm-Filmen. Alle drei Säle sind für Rollstuhlfahrer zugänglich.

Cameo   KINO
(Karte S. 48; www.picturehouses.co.uk; 38 Home St.) Das unabhängig geführte Cameo ist ein gutes, altmodisches Kino mit drei Sälen und einem ideenreichen Mix aus Mainstream- und Art-House-Filmen. Es gibt ein gutes Programm von Mitternachtsfilmen und Sonntagsmatineen. Die Sitze im Screen 1 sind so groß, dass man bequem darin versinken kann.

Klassische Musik, Oper & Ballett

Die folgenden Adressen sind die Hauptveranstaltungsorte für klassische Musik.

Edinburgh Festival Theatre   BALLETT, OPER
(Karte S. 54; www.edtheatres.com/festival; 13–29 Nicolson St.; ⊙Kartenverkauf Mo–Sa 10–18, an Vorstellungsabenden bis 20 Uhr, So 16 Uhr bis Vorstellungsbeginn) Das wunderschön restaurierte Art-déco-Theater mit moderner Front ist die wichtigste Bühne der Stadt für Oper, Tanz und Ballett, hat aber auch Musicals, Konzerte, Schauspiele und Kinderaufführungen auf dem Spielplan.

Usher Hall
KLASSISCHE MUSIK

(Karte S. 54; www.usherhall.co.uk; Lothian Rd.; ⊙Kartenverkauf 10.30–17.30 Uhr, an Vorstellungsabenden bis 20 Uhr) Die architektonisch imposante Usher Hall ist eine Bühne für Konzerte des Royal Scottish National Orchestra (RSNO) und für Aufführungen populärer Musik.

Queen's Hall
KLASSISCHE MUSIK

(Karte S. 48; www.thequeenshall.net; Clerk St.; ⊙Kartenverkauf Mo-Sa 10–17.30 Uhr bzw. bis 15 Min. nach Vorstellungsbeginn) Die Heimstätte des Scottish Chamber Orchestra ist darüber hinaus auch eine Bühne für Jazz, Blues, Folk, Rock und Comedy.

St Giles Cathedral
KLASSISCHE MUSIK

(Karte S. 54; www.stgilescathedral.org.uk; High St.) Die große Kirche, die an der Royal Mile liegt, ist ein regelmäßiger Veranstaltungsort für vielfältige klassische Musik, u. a. gibt es beliebte Mittags- und Abendaufführungen sowie Orgelkonzerte. Zu den wöchentlichen Sonntagsgottesdiensten um 10 und 11.30 Uhr singt der Chor der Kirche.

Sport

In Edinburgh gibt es zwei konkurrierende **Fußballmannschaften**, die in Schottlands Erstliga spielen: die beiden Vereine **Heart of Midlothian** („Hearts") und **Hibernian** („Hibs"). Die heimische Fußballsaison dauert von August bis Mai, die meisten Spiele finden samstags um 15 Uhr oder dienstags oder mittwochs um 19.30 Uhr statt.

Die Hearts spielen im **Tynecastle Stadium** (www.heartsfc.co.uk; Gorgie Rd.), südwestlich des Stadtzentrums in Gorgie. Das Stadion der Hibernians befindet sich nordöstlich des Stadtzentrums im **Easter Road Stadium** (www.hibernianfc.co.uk; 12 Albion Pl.).

Jedes Jahr von Januar bis März nimmt das schottische Nationalrugbyteam an der **Six Nations Rugby Union Championship** teil. Der wichtigste Termin ist das Spiel gegen England um den Calcutta Cup.

Auf Clubebene geht die Saison von September bis Mai. Das **Murrayfield Stadium** (www.scottishrugby.org; 112 Roseburn St.) liegt ungefähr 2,5 km westlich des Stadtzentrums – hier finden die internationalen Spiele statt.

Die meisten anderen **Sportveranstaltungen**, darunter Leichtathletik und Radsport, finden im **Meadowbank Sports Centre** statt (www.edinburghleisure.co.uk; 139 London Rd.), der wichtigsten Sportarena Schottlands.

Freunde des **Pferderennsports** fahren knapp 10 km östlich zum **Musselburgh Racecourse** (0131 665 2859; www.musselburgh-racecourse.co.uk; Linkfield Rd.; Eintritt 15–20 £), der ältesten Pferderennbahn Schottlands (1816 gegründet). Dort finden das ganze Jahr hindurch Veranstaltungen statt.

Theater, Musical & Comedy

Royal Lyceum Theatre
SCHAUSPIEL, MUSICAL

(Karte S. 54; www.lyceum.org.uk; 30b Grindlay St.; ⊙Kartenverkauf Mo-Sa 10–18, an Vorstellungsabenden bis 20 Uhr) Ein grandioses viktorianisches Schauspielhaus, das sich neben der Usher Hall befindet und, das außer Schauspiel- und Ballettaufführungen auch Konzerte und Musicals zeigt.

Traverse Theatre
SCHAUSPIEL, TANZ

(Karte S. 54; www.traverse.co.uk; 10 Cambridge St.; ⊙Kartenverkauf Mo-Sa 10–18, an Vorstellungsabenden bis 20 Uhr) Das Traverse ist die wichtigste Bühne für neues schottisches Theater, es hat einen experimentierfreudigen Spielplan, der modernes Schauspiel und Tanz umfasst. Der Kartenverkauf ist sonntags nur an Aufführungsabenden (ab 16 Uhr) geöffnet.

King's Theatre
SCHAUSPIEL, MUSICAL

(Karte S. 48; www.edtheatres.com/kings; 2 Leven St.; ⊙Kartenverkauf 1 Std. vor Vorstellungsbeginn geöffnet) Eine traditionelle Theaterbühne für Musicals, Schauspielaufführungen und Komödiantisches. Die Weihnachtspantomime des Theaters ist berühmt.

Edinburgh Playhouse
MUSICAL

(Karte S. 64; www.edinburgh-playhouse.co.uk; 18–22 Greenside Pl.; ⊙Kartenverkauf Mo-Sa 10–18 Uhr, an Vorstellungsabenden bis 20 Uhr) Das renovierte Theater am oberen Ende des Leith Walk bringt Broadway-Musicals, Tanzshows, Opern und Konzerte populärer Musik zur Aufführung.

Stand Comedy Club
COMEDY

(Karte S. 64; www.thestand.co.uk; 5 York Pl.) Edinburghs wichtigste Bühne für Comedy wurde 1995 gegründet. Eine intime Kleinkunstbar, in der jeden Abend Shows stattfinden. Sonntags wird eine Mittagsvorstellung (kostenlos) gezeigt.

Shoppen

Die Princes Street ist Edinburghs Haupteinkaufsmeile. Hier drängeln sich alle großen Geschäfte dicht aneinander. Die kleineren Läden konzentrieren sich auf die Fußgängerzone Rose Street, während die teureren Designerboutiquen in der George Street zu finden sind.

In der New Town gibt es außerdem zwei große Einkaufszentren: Die **Princes Mall** liegt am östlichen Ende der Princes Street und das nahe gelegene **St James Centre** am oberen Ende der Leith Street. Daneben gibt es an der östlichen Seite des St Andrew Square **Multrees Walk**, ein Designer-Einkaufszentrum mit Harvey Nichols als Hauptattraktion. Der riesige **Ocean Terminal** im Vorort Leith ist das größte Einkaufszentrum in Edinburgh.

Ausgefallenere Geschäfte – mit Mode, Musik, Kunsthandwerk, Souvenirs und Schmuck – finden sich in den kopfsteingepflasterten Gassen Cockburn Street, Victoria Street und St Mary's Street unweit der Royal Mile in der Old Town. Die William Street im westlichen Bereich der New Town und das Viertel Stockbridge, nördlich der New Town, sind ebenfalls lohnende Adressen.

Buchhandlungen

Blackwell's Bookshop   BÜCHER
(Karte S. 54; www.blackwell.co.uk; 53–62 South Bridge; Mo & Mi–Fr 9–20, Di 9.30–20, Sa 9–18, So 12–18 Uhr) Die führende Buchhandlung der Stadt mit einer großen Auswahl an akademischen Werken.

Waterstone's   BÜCHER
(www.waterstones.com) East End (Karte S. 64; 13 Princes St.; Mo–Fr 9–20, Sa bis 19.30, So 10–19 Uhr); George St. (Karte S. 64; 83 George St.; Mo–Fr 9.30–21, Sa bis 20, So 11–18 Uhr); West End (Karte S. 64; 226 2666; 128 Princes St.; Mo–Sa 8.30–20, So 10.30–19 Uhr; alle Busse Richtung Princes St.) Die Filiale im West End hat ein Café mit schönem Ausblick.

Word Power   BÜCHER
(Karte S. 54; www.word-power.co.uk; 43 West Nicolson St.; Mo–Sa 10–18, So 12–17 Uhr) Eine unabhängige Buchhandlung mit einer gro-

---

LESBEN & SCHWULE IN EDINBURGH

Edinburgh besitzt eine kleine, aber festgefügte Schwulen- und Lesbenszene, die sich in der Gegend um die Broughton Street (liebevoll „Pink Triangle" genannt) am östlichen Rand der New Town herum abspielt. Blue Moon Cafe (S. 90) am unteren Ende der Broughton Street ist ein freundliches G&L Café, wo es gutes Essen in netter Gesellschaft gibt. Außerdem ist das Café eine nützliche Informationsquelle über Veranstaltungen in der Szene der Stadt.

Scotsgay (www.scotsgay.co.uk) ist die Monatszeitschrift der Stadt, in der Themen von Schwulen und Lesben behandelt werden, dazu gibt es zahlreiche Adressen von schwulenfreundlichen Pubs und Clubs. Unter www.edinburghgayscene.com sind Online-Adressenlisten zu finden.

Nützliche Kontaktstellen:

Edinburgh LGBT Centre (www.lgbthealth.org.uk; 9 Howe St.)

Lothian LGBT Helpline (0131-556 4049; Mi 12.30–19 Uhr)

Pubs & Clubs

CC Blooms (Karte S. 64; 556 9331; www.bebo.com/ccbloomsnightclub; 23 Greenside Pl.; Eintritt frei; Mo–Sa 18–3, So 19–3 Uhr) Investoren haben das abgetakelte Flaggschiff der Schwulenszene von Edinburgh wieder flott gemacht. Zwei Tanzflächen werden mit ohrenbetäubenden Dance- und Diskoklängen beschallt – die Getränke sind überteuert, und es ist meist überfüllt, aber einen Versuch wert. Am besten früh hingehen oder an Sonntagabenden wilden Karaokegesängen lauschen.

Regent (Karte S. 48; 2 Montrose Tce.; Mo–Sa 11–1, So 12.30–1 Uhr) Eine angenehme Schwulenkneipe mit entspannter Atmosphäre (keine laute Musik). Es gibt Kaffee und Croissants, daneben werden ausgezeichnete Real Ales, u. a. Deuchars IPA und Caledonian 80, ausgeschenkt. Treffpunkt des Clubs der „Lesbian and Gay Real Ale Drinkers" (am ersten Montag im Monat um 21 Uhr).

Newtown Bar (Karte S. 64; www.newtownbar.co.uk; 26b Dublin St; So–Do 12–1, Fr & Sa bis 2 Uhr) Elegante, moderne Bar mit gutem Essen und Getränken, außerdem einem Kellerclub mit eigenem DJ, der regelmäßig Events nur für Männer ausrichtet.

ßen Bandbreite politischer, schwuler und feministischer Literatur.

Kaschmir & Wolle
Wollene Gewebe und Strickwaren zählen zu den klassischen Exportgütern Schottlands. Schottisches Kaschmir – eine feine, weiche Wolle, die von jungen Kaschmirziegen gewonnen wird – ist das Rohmaterial für die luxuriösesten und teuersten Strickwaren, die auch schon an den Oberkörpern von Popstar Robbie Williams und Fußballstar David Beckham gesehen wurden.

Kinross Cashmere MODE
(Karte S. 54; 2 St Giles St.) Eine große Vielfalt traditioneller und moderner Strickwaren.

Joyce Forsyth Designer Knitwear MODE
(Karte S. 54; www.joyceforsyth.co.uk; 42 Candlemaker Row; ◯Di–Sa) Moderne Designermodelle des 21. Jhs. in kraftvollen Farben, an denen kaum noch etwas an schlichte Wollpullover erinnert.

Edinburgh Woollen Mill MODE
(Karte S. 64; www.ewm.co.uk; 139 Princes St.) Eine feste Größe der Tourismusbranche mit einer guten Auswahl traditioneller Pullover, Cardigans, Schals, Schultertücher und Plaids.

Kaufhäuser

Jenners KAUFHAUS
(Karte S. 64; 48 Princes St.) Die Grande Dame der schottischen Kaufhäuser besteht seit 1838. Das Jenners hält eine große Auswahl an hochwertigen klassischen und modernen Waren bereit.

Harvey Nichols KAUFHAUS
(Karte S. 64; www.harveynichols.com; 30–34 St. Andrew Sq.) Das Kronjuwel in der Shoppingszene Edinburghs präsentiert auf vier Etagen Designermarken mit atemberaubenden Preisschildern.

John Lewis KAUFHAUS
(Karte S. 64; www.johnlewis.com; St. James Centre) *Die* Adresse für gute, preiswerte Kleidung und Haushaltswaren.

Kunsthandwerk & Geschenke

Galerie Mirages SCHMUCK
(Karte S. 48; www.galeriemirages.co.uk; 46a Raeburn Pl.) Wie Aladins Zauberhöhle mit Schmuck, Stoffen und schönem Kunsthandwerk aus aller Welt vollgepackt. Am bekanntesten ist das Geschäft für Schmuckstücke aus Silber, Bernstein und Edelsteinen in traditionellen und modernen Formen.

One World Shop KUNSTHANDWERK
(Karte S. 54; www.oneworldshop.co.uk; St. John's Church, Princes St.) Bietet eine große Vielfalt von handgearbeitetem Kunsthandwerk, das aus Entwicklungsländern eingeführt wird, u. a. Papierwaren, Läufer, Stoffe, Schmuck, Keramik, Accessoires, Lebensmittel und Getränke, die alle aus geprüftem fairen Handel stammen. In der Festivalzeit (dann hat das Geschäft bis 18 Uhr geöffnet), findet eine Kunsthandwerksmesse draußen vor der Kirche statt.

Meadows Pottery KUNSTHANDWERK
(Karte S. 48; www.themeadowspottery.com; 11a Summerhall Pl.) Verkauft Steingut in kräftigen Farben, das in der eigenen Werkstatt von Hand gefertigt wird.

Adam Pottery KUNSTHANDWERK
(Karte S. 48; www.adampottery.co.uk; 76 Henderson Row) Eigene Keramikherstellung zumeist dekorativer Stücke, die eine große Stilvielfalt aufweisen.

Tartan & Highland-Trachten
Zahlreiche Geschäfte an der Royal Mile und Princes Street führen traditionelle Kilts und Tartanwaren.

Kinloch Anderson MODE
(www.kinlochanderson.com; 4 Dock St., Leith) Eines der besten Geschäfte. Es wurde im Jahr 1868 gegründet und ist bis heute ein Familienbetrieb. Kinloch Anderson beliefert auch die königliche Familie mit Kilts und Highland-Trachten.

Geoffrey (Tailor) Inc. MODE
(Karte S. 54; www.geoffreykilts.co.uk; 57-59 High St.) In diesem Geschäft kann man sich mit einer traditionellen Highland-Tracht einkleiden oder einen Kilt im Tartanmuster des eigenen Clans schneidern lassen. Eine zweite Filiale, 21st Century Kilts, bietet Kilts in modischer Machart und aus verschiedensten Materialien an.

ⓘ Praktische Informationen

Infos im Internet

Edinburgh & Lothians Tourist Board (www.edinburgh.org) Offizielle Website des Tourismusamtes mit Verzeichnissen von Unterkünften, Sehenswürdigkeiten, Aktivitäten und Veranstaltungen.

Edinburgh Architecture (www.edinburgharchitecture.co.uk) Informative Website, die der modernen Architektur der Stadt gewidmet ist.
Edinburgh Festival Guide (www.edinburghfestivals.co.uk) Alle Informationen, die man als Besucher über die zahlreichen Festivals in Edinburgh wissen muss.
Events Edinburgh (www.eventsedinburgh.org.uk) Offizieller Veranstaltungsführer des Stadtrats.
The List (www.list.co.uk) Die Website verzeichnet zahlreiche Restaurants, Pubs, Clubs und Bars.

Internetzugang

Es gibt mehrere internetfähige Telefonzellen (10 p pro Min., Minimum 50 p) im Innenstadtgebiet und unzählige WLAN-Hotspots – nachzulesen auf www.jiwire.com. Internetcafés sind überall in der Stadt verstreut. Einige zentral gelegene Adressen:

e-corner (www.e-corner.co.uk; 54 Blackfriars St.; pro 20 Min. 1 £; Mo–Fr 7.30–21, Sa & So 8–21 Uhr;)
G-Tec (www.grassmarket-technologies.com; 67 Grassmarket; pro 20 Min. 1 £; Mo–Fr 10–18, Sa bis 17.30 Uhr)
Coffee Home (www.coffeehome.co.uk; 28 Crighton Pl., Leith Walk; pro 20 Min. 60 p; Mo–Sa 10–22, So 12–22 Uhr)

Medien

In Edinburgh werden mehrere Tageszeitungen herausgegeben, darunter der *Scotsman* (www.scotsman.com), eine seriöse Tageszeitung, deren Berichterstattung schottische, britische und internationale Nachrichten, Sport und aktuelle Themen umfasst, und die *Edinburgh Evening News* (www.edinburghnews.com) mit Nachrichten und Unterhaltung aus der Stadt und dem Umland. *Scotland on Sunday* nennt sich die Wochenendausgabe der Zeitung vom selben Herausgeber.

Medizinische Versorgung

Für medizinischen Rat steht in dringenden Fällen die **NHS 24 Helpline** (08454 24 24 24; www.nhs24.com) zur Verfügung. Drogisten bzw. Apotheker beraten bei kleineren Beschwerden. Mindestens eine Apotheke ist rund um die Uhr geöffnet – die Adresse wird in den Fenstern der übrigen Apotheken bekannt gegeben.

Bei einer dringend notwendigen Zahnbehandlung ist das **Chalmers Dental Centre** (3 Chalmers St.; Mo–Do 9–16.45, Fr bis 16.15 Uhr) die erste Anlaufstelle (ohne Voranmeldung). In zahnmedizinischen Notfällen am Abend oder Wochenende kann die **Lothian Dental Advice Line** (0131-536 4800) angerufen werden.
Boots (48 Shandwick Pl.; Mo–Fr 8–21 Uhr, Sa 8–18 Uhr, So 10.30–16.30 Uhr) Drogerie mit den längsten Öffnungszeiten.
Royal Hospital for Sick Children (0131-536 0000; www.nhslothian.scot.nhs.uk; 9 Sciennes Rd.) Unfallstation für Kinder unter 13 Jahren; in Marchmont.
Royal Infirmary of Edinburgh (0131-536 1000; www.nhslothian.scot.nhs.uk; 51 Little France Cres., Old Dalkeith Rd.) Das größte Krankenhaus Edinburghs; die Unfall- und Notfallstation ist rund um die Uhr geöffnet.
Western General Hospital (0131-537 1330; www.nhslothian.scot.nhs.uk; Crewe Rd. South; 9–21 Uhr) Bei Verletzungen und Beschwerden, die nicht lebensbedrohlich sind, kann die *Minor Injuries Unit* aufgesucht werden (ohne Terminvereinbarung).

Notfall

Bei einem Notfall 999 oder 112 wählen (kostenlos von öffentlichen Telefonzellen) und nach der Polizei, einem Krankenwagen, der Feuerwehr oder Küstenwache fragen.
Edinburgh Rape Crisis Centre (08088 01 03 02; www.rapecrisisscotland.org.uk)
Lothian & Borders Police HQ (in weniger dringenden Fällen 0131-311 3131; www.lbp.police.uk; Fettes Ave.)
Lothian & Borders Police Information Centre (0131-226 6966; 188 High St.; 10–13 & 14–17.30, während des Fringe Festival bis 21.30 Uhr) Nimmt Anzeigen von Straftaten entgegen, dient auch als Fundbüro.

Post

Hauptpost (St. James Centre, Leith St.; Mo–Fr 8.30–17.30, Sa bis 18 Uhr) Versteckt sich in einem Einkaufszentrum.

Touristeninformation

Edinburgh Information Centre (0131-473 3868; www.edinburgh.org; Princes Mall, 3 Princes St.; Juli & Aug. Mo–Sa 9–21, So 10–20 Uhr, Mai, Juni & Sept. Mo–Sa 9–19, So 10–19 Uhr, Okt.–April Mo–Mi 9–17, Do–So 9–18 Uhr) Mit Buchungsservice für Unterkünfte, außerdem Währungsumtausch, Geschenke- und Buchladen, Internetzugang und Ticketverkauf für Stadtrundfahrten durch Edinburgh und Busfahrten von Scottish Citylink.
Edinburgh Airport Information Centre (0131-344 3120; Main Concourse, Edinburgh Airport; 7.30–21 Uhr)

❶ An- & Weiterreise
Auto & Motorrad

Am Morgen oder während der abendlichen Rushhour (Mo–Fr 7.30–9.30, 16.30–18.30 Uhr) ist die An- oder Abreise in bzw. von Edinburgh eine Erfahrung, auf die wohl jeder getrost verzichten kann. Wer es einrichten kann, sollte diese Zeiten tunlichst meiden.

Bus

Der Busbahnhof (Bus Station) in Edinburgh befindet sich an der nordöstlichen Ecke des St Andrew Square, mit Durchgängen vom Square und von Elder Street. Fahrplanauskünfte sind telefonisch bei **Traveline** (📞 0871 200 22 33; www.travelinescotland.com) erhältlich.

Die Busse von **Scottish Citylink** (📞 0871 266 3333; www.citylink.co.uk) verbinden Edinburgh mit allen größeren Städten Schottlands. Preisbeispiele für einfache Fahrten mit Abfahrt in Edinburgh:

REISEZIEL	FAHRPREIS
Aberdeen	28 £
Dundee	15 £
Fort William	33 £
Glasgow	6,80 £
Inverness	28 £
Portree	47 £
Stirling	7,50 £

Sehr preisgünstige (bereits ab 5 £) Busfahrten bietet **Megabus** (📞 0900 160 0900; www.megabus.com) von Edinburgh nach Aberdeen, Dundee, Glasgow, Inverness und Perth.

Verschiedene Busreisen nach Edinburgh sind von London und allen Landesteilen Großbritanniens aus möglich.

Flugzeug

Edinburgh Airport (📞 0131-333 1000; www.edinburghairport.com), 13 km westlich der Stadt. Zahlreiche Flüge in andere Landesteile Schottlands und Großbritanniens, nach Irland und auf das europäische Festland. **FlyBe/Loganair** (📞 0871 700 2000; www.loganair.co.uk) bietet täglich Flüge nach Inverness, Wick, Orkney, Shetland und Stornoway an.

Zug

Edinburghs Hauptbahnhof ist der Bahnhof Waverley im Herzen der Stadt. Züge in und aus westlicher Richtung halten auch am Bahnhof Haymarket, der für Ziele im West End der Stadt günstiger gelegen ist.

Für Fahrkarten, Reservierungen und Reiseinformationen ist das **Edinburgh Rail Travel Centre** (🕐 Mo–Sa 4.45–0.30, So 7–0.30 Uhr) zuständig, das sich im Bahnhof Waverley befindet. Auskunft über Fahrpreise und Fahrpläne erhält man beim **National Rail Enquiry Service** (📞 08457 48 49 50; www.nationalrail.co.uk) – telefonisch oder über den Reiseplaner (Journey Planner) auf der Homepage.

First ScotRail (📞 08457 55 00 33; www.scotrail.co.uk) betreibt einen regelmäßigen Shuttleservice zwischen Edinburgh und Glasgow (12,90 £, 50 Min., alle 15 Min.) und fährt mehrmals täglich in alle größeren schottischen Städte, darunter Aberdeen (45 £, 2½ Std.), Dundee (23 £, 1¼ Std.) und Inverness (40 £, 3½ Std.).

Unterwegs vor Ort

Auto & Motorrad

Obwohl ein Auto für Tagesausflüge ins Umland der Stadt nützlich ist, wird es in der Innenstadt Edinburghs schnell zur Last. Da sich das umstrittene Straßenbahnschienennetz der Stadt noch im Bau befindet, herrscht seit Jahren ein großes Verkehrschaos auf den Straßen. Zur Princes Street, George Street und zum Charlotte Square bestehen nur begrenzte Zufahrtsmöglichkeiten; viele Straßen sind Einbahnstraßen. Einen Parkplatz in der Innenstadt zu finden, ist beinahe so wahrscheinlich wie sechs Richtige im Lotto: praktisch unmöglich. Der Queen's Drive um den Holyrood Park ist sonntags für den Straßenverkehr gesperrt.

Autovermietung

Alle großen internationalen Autovermietungen sind in Edinburgh vertreten.

Es gibt viele kleinere örtliche Autovermietungen, die günstigere Preise anbieten. Die Preise von **Arnold Clark** (📞 0131-657 9120; www.

STADTPLÄNE

Die besten Karten, die das gesamte Stadtgebiet detailliert abbilden, sind die *Edinburgh Citymap* von Nicolson und der *Edinburgh Street Atlas* von Ordnance Survey (OS). Beide Karten sind im Edinburgh Information Centre (S. 99), in Buchhandlungen und an Zeitungskiosken erhältlich. Lange Straßenzüge wechseln mitunter abschnittsweise den Namen: Beispielsweise heißt das Südende des Leith Walk auf einer Straßenseite auch Union Place und Antigua Street, auf der anderen aber Elm Row und Greenside Place.

Die Landranger-Karte *Edinburgh, Penicuik & North Berwick* (Blatt Nr. 66) von Ordnance Survey bildet im Maßstab 1:50 000 das Stadtgebiet sowie die südlich und östlich angrenzenden Regionen ab. Sie ist gut für Wanderungen in den Pentland Hills und Spaziergänge in den Randgebieten von Edinburgh und in East Lothian geeignet.

arnoldclarkrental.co.uk; 20 Seafield Rd. East) bei Portobello liegen bei mindestens 30 £ pro Tag bzw. 180 £ pro Woche für einen Kleinwagen inkl. Mehrwertsteuer und Versicherung.

Parken

An den Hauptstraßen in der Innenstadt gibt es von montags bis samstags von 7.30 bis 18.30 Uhr keine Parkmöglichkeiten. Parken in der Innenstadt gleicht einem Alptraum. **Parken am Straßenrand** wird montags bis samstags von 8.30 bis 18.30 Uhr durch Parkometer mit Ticketausgabe reguliert und kostet pro Stunde 1 bis 2 £ (max. 30 Min. bis 4 Std.). Wer sich nicht daran hält, bekommt einen Strafzettel, oft schon wenige Minuten, nachdem die ausgewiesene Zeit auf dem Parkschein abgelaufen ist – Edinburghs Parkwächter sind offenbar personell gut ausgestattet und ob ihrer Strenge berüchtigt. Ein Strafzettel kostet 60 £ – aber nur 30 £, wenn er innerhalb von 14 Tagen bezahlt wird. Illegal parkende Autos werden abgeschleppt. Es gibt große Parkplätze (auch für längere Parkzeiten) am St James Centre, am Greenside Place, in der New Street, der Castle Terrace und in der Morrison Street. Motorräder dürfen auf ausgewiesenen Parkplätzen in der Stadt umsonst parken.

Fahrrad

Dank der Bemühungen eines engagierten Fahrradclubs (den Spokes) und eines fahrradfreundlichen Stadtrats ist Edinburgh gut mit Fahrradspuren und ausgewiesenen Radwegen versorgt. In den meisten Fahrradläden sind Stadtpläne mit dem Radwegenetz der Stadt erhältlich.

Biketrax (0131-228 6633; www.biketrax.co.uk; 11 Lochrin Pl.; Mo–Fr 9.30–18, Sa bis 17.30, So 12–17 Uhr; alle Busse Richtung Tollcross) vermietet alle Arten von Fahrrädern und Radzubehör, darunter Kinderfahrräder, Tandems, Liegeräder, Doppelpacktaschen und Kindersitze. Ein Mountainbike kostet 16 £ pro 24 Std., 12 £ für einen Zusatztag und 70 £ für eine Woche. Als Kaution müssen 100 £ oder eine Kreditkarte hinterlegt werden, auch ein Ausweis mit Lichtbild ist notwendig.

Vom/Zum Flughafen

Die **Airlink-Buslinie 100** (www.flybybus.com) von Lothian Buses verkehrt zwischen Waverley Bridge (direkt vor dem Hauptbahnhof) und dem Flughafen (einfach/hin & zurück 3,50/6 £, 30 Min., alle 10–15 Min.) mit Zwischenstopps im West End und am Haymarket.

Ein Flughafentaxi in die Innenstadt kostet rund 16 £ und benötigt etwa 20 Minuten. Sowohl Busse wie Taxis halten vor der Ankunftshalle des Flughafens, links vom Haupteingang.

Öffentliche Verkehrsmittel

Zurzeit besteht Edinburghs gesamtes öffentliches Nahverkehrsnetz aus Buslinien (ein Straßenbahnnetz befindet sich im Bau, eine erste Strecke soll 2014 den Betrieb aufnehmen). Die großen Busunternehmen sind **Lothian Buses** (www.lothianbuses.com) und **First** (0131-663 9233; www.firstedinburgh.co.uk); Fahrplanauskünfte sind bei Traveline (S. 100) erhältlich.

Busfahrpläne, Streckenkarten und Preislisten sind an allen Haupthaltestellen ausgehängt. Ein kostenloses Exemplar der *Lothian Buses Route Map* gibt es bei **Lothian Buses Travelshops**.

Fahrpreise für Erwachsene liegen bei 1,40 £; Tickets sind beim Fahrer zu kaufen. Kinder unter fünf Jahren fahren kostenlos mit, Kinder von fünf bis 15 Jahren zahlen einen ermäßigten Preis von 70 p. In den Bussen von Lothian muss der Fahrschein beim Fahrer passend bezahlt werden, in den First-Bussen wird Wechselgeld gegeben. Die Fahrer von Lothian Buses verkaufen außerdem ein Daysaver-Ticket (3,50 £), mit dem man einen Tag lang das Busnetz (nur von Lothian Buses, mit Ausnahme der Nachtbusse) nutzen kann. Für Fahrten in **Nachtbussen** (www.nightbuses.com), die stündlich von Mitternacht bis 5 Uhr fahren, gilt ein ermäßigter Preis von 3 £.

Außerdem gibt es eine **Ridacard** (in Travelshops; nicht bei Busfahrern erhältlich), mit der man eine Woche lang unbegrenzt Bus fahren kann (17 £).

Das Fundbüro von Lothian Buses befindet sich im Travelshop in der Hanover Street.

Hanover St. Travelshop (27 Hanover St.; Mo–Fr 9–18, Sa 10–18 Uhr)

Shandwick Pl. Travelshop (7 Shandwick Pl.; Mo–Fr 9–18, Sa 10–18 Uhr)

Waverley Bridge Travelshop (31 Waverley Bridge; Mo–Fr 9–18, Sa 10–18, So 10–17.15 Uhr)

Taxi

Edinburghs schwarze Taxis können an der Straße herangewunken oder telefonisch bestellt werden (80 p zusätzlich). Sie warten aber normalerweise auch an den zahlreichen Taxiständen im Zentrum. Die Mindestgebühr beträgt 2 £ (nachts 3 £) für die ersten 450 m, dann 25 p für jede zusätzlichen 195 m bzw. 42 Sekunden. Eine typische 2-Meilen-Fahrt (3,2 km) innerhalb der Stadt kostet also ungefähr 6 bis 7 £. Das Geben eines Trinkgelds ist freiwillig – aufgrund der hohen Gebühren zahlen Einheimische bei Kurzstrecken selten ein Trinkgeld, runden aber meist auf die nächsten 50 p auf. Einige Taxifirmen:

Central Taxis (0131-229 2468)
City Cabs (0131-228 1211)
ComCab (0131-272 8000)

RUND UM EDINBURGH

Edinburgh ist keine richtige Großstadt, wer sich dennoch von der Stadt erholen will, kann mit öffentlichen Verkehrsmitteln oder sogar mit dem Fahrrad schnell und unkompliziert in die Umgebung fahren. Die alten Counties (Grafschaften) rund um Edinburgh heißen Midlothian, West Lothian und East Lothian. In der Regel werden sie meist unter dem Sammelbegriff „the Lothians" zusammengefasst.

Midlothian

QUEENSFERRY

Queensferry liegt an der engsten Stelle des Firth of Forth, wo seit jeher die Fähren zur Überfahrt nach Fife ablegten. Der Name des Dorfes geht auf Königin Margaret (1046–1093) zurück, die Pilgern auf ihrem Weg nach St. Andrews eine freie Passage über den Firth gewährte. Fähren wurden bis ins Jahr 1964 betrieben, als die anmutige **Forth Road Bridge** eröffnet wurde. Eine zweite Autobahnbrücke befindet sich zurzeit noch im Bau, sie soll 2016 fertiggestellt sein. Die 74 Jahre ältere **Forth Bridge** – nur Leute von auswärts nennen sie Forth Rail Bridge – ist eine der großartigsten technischen Ingenieursleistungen des 19. Jhs. Die Brücke wurde nach sieben Jahren Bauzeit 1890 fertiggestellt, ihre drei großen Ausleger haben eine Spannweite von 1447 m. Für den Bau wurden 59 000 t Stahl und 8 Mio. Nieten benötigt – 58 Bauarbeiter verloren ihr Leben während der Bauphase.

In der hübschen, terrassenförmigen High Street in Queensferry steht das kleine **Queensferry Museum** (53 High St.; Eintritt frei; Mo & Do–Sa 10–13 & 14.15–17, So 12–17 Uhr). Neben interessanten Informationen über Brücken gibt es eine besondere Ausstellung über den „Burry Man" (S. 76) genannten Popanz; diese Figur ist ein wichtiger Teil des sommerlichen Dorffestes.

Entlang der High Street befinden sich mehrere gute Restaurants und Pubs, darunter das elegante **Orocco Pier** (www.oroccopier.co.uk; 17 High St.; Hauptgerichte 15–24 £; 9–22 Uhr;) mit einem modernen Speisesaal und einer Terrasse, die einen herrlichen Blick auf die Forth Bridge erlauben.

Das stimmungsvolle **Hawes Inn** (0131-331 1990; www.vintageinn.co.uk; Newhalls Rd.; Hauptgerichte 7–16 £; Küche geöffnet 12–22 Uhr; First Edinburgh 43) wurde durch den Roman *Entführt* von Robert Louis Stevenson berühmt. Die Kneipengerichte des Gasthauses sind ausgezeichnet, es liegt gegenüber dem Anleger der Inchcolm-Fähre, auf der rechten Seite bei der Eisenbahnbrücke.

❶ An- & Weiterreise

Queensferry liegt am Südufer des Firth of Forth, 13 km westlich der Innenstadt von Edinburgh: First Bus 43 (3,30 £, 30 Min., 3-mal stündl.) fährt vom St. Andrew Square dorthin (Fahrtrichtung Westen). Von der Bushaltestelle sind es ungefähr zehn Minuten zu Fuß zum Hawes Inn und der Inchcolm-Fähre.

Züge fahren in Edinburgh vom Bahnhof Waverly und Bahnhof Haymarket zum Bahnhof Dalmeny (4 £, 15 Min., 2- bis 4-mal stündl.). Vom Bahnhof zum Hawes Inn geht man fünf Minuten einen Fußweg (über die Straße, hinter der Bushaltestelle) entlang, der Richtung Norden direkt neben der Eisenbahn entlang- und dann unter der Forth Bridge hindurchführt.

INCHCOLM

Die Insel Inchcolm (der Name bedeutet „Insel des Hl. Kolumban"), auch als „Iona of the East" bekannt, liegt östlich von den Forth-Brücken, 1,5 km vor der Küste von Fife. Das Eiland ist nur 800 m lang und birgt die Ruinen von **Inchcolm Abbey** (HS; Erw./Kind 5/3 £; April–Sept. 9.30–17.30 Uhr, Okt. bis 16.30 Uhr), die sehenswerte Abtei gehört zu den besterhaltenen mittelalterlichen Abteien Schottlands, sie wurde 1123 von Augustinermönchen gegründet.

Das Fährboot **Maid of the Forth** (www.maidoftheforth.co.uk) fährt vom Hawes Pier in Queensferry nach Inchcolm. Von Mai bis Oktober gibt es ein bis vier Fahrten täglich. Hin- und Rückfahrt kosten 16/7 £ pro Erw./Kind, inklusive Eintritt zur Abtei. Die Überfahrt dauert rund 30 Minuten; auf der Insel haben Besucher rund 1½ Std. Landgang. Mit etwas Glück kann man unterwegs Seehunde, vorbeifliegende Papageitaucher, Basstölpel, Schwarzschnabel-Sturmtaucher und andere Seevögel beobachten.

HOPETOUN HOUSE

Einer der schönsten Herrensitze Schottlands ist **Hopetoun House** (www.hopetoun.co.uk; Erw./Kind 9,20/4,90 £; Ostern–Sept. 10.30–17, letzter Einlass 16 Uhr; Stables Tearoom Ostern–Sept. 11–16.30 Uhr), das sich in bevorzugter Lage auf einem schönen Grundstück am Firth of Forth befindet. Der ältere der beiden Gebäudeteile entstand nach den

ABSTECHER

ROSSLYN CHAPEL

Seit Dan Browns Megaseller The Da Vinci Code (*Sakrileg*) und dem gleichnamigen Hollywoodfilm hat sich rund um die schönste und rätselhafteste Kirche Schottlands ein wahrer Touristenrummel entwickelt. **Rosslyn Chapel** (Collegiate Church of St Matthew; www.rosslynchapel.org.uk; Erw./Kind 9 £/frei; ☉Mo–Sa 9.30–18, So 12–16.45 Uhr) wurde Mitte des 15. Jhs. für William St Clair, den 3. Earl of Orkney, errichtet. Die reich verzierten Steindekorationen im Innenraum sind – im Gegensatz zur damaligen architektonischen Mode – gleichsam ein Denkmal für die Kunstfertigkeit der Steinmetze und reich an symbolischer Bildkraft: Neben Blumen, Weinreben und biblischen Figuren gibt es auch viele steinerne Beispiele des heidnischen „Green Man" (ein aus stilisierten Blättern geformtes Gesicht). Überraschend sind die in Stein gearbeiteten Pflanzen, die vom amerikanischen Kontinent stammen, und damit vor der Entdeckungsreise von Kolumbus geschaffen wurden. Der Symbolismus der Bildwerke lässt einige Forscher vermuten, dass sich hier eine Art geheimer Aufbewahrungsort der Templer befindet und versteckte Gewölbe unter der Kapelle irgendetwas verbergen könnten – die Spekulationen reichen vom Heiligen Gral über den Kopf von Johannes dem Täufer bis zum Körper Christi. Die Kirche gehört der Episcopal Church of Scotland, die hier jeden Sonntagmorgen einen Gottesdienst feiert.

Die Kapelle liegt am östlichen Rand des Dorfes Roslin, 11,5 km südlich des Stadtzentrums von Edinburgh. Die Lothian-Buslinie 15 (nicht 15A) führt vom westlichen Ende der Princes Street in Edinburgh nach Roslin (1,40 £, 30 Min., alle 30 Min.). Die Strecke führt über Penicuik (möglicherweise spart es Zeit, einen anderen Bus nach Penicuik zu nehmen und dort in die Linie 15 nach Roslin umzusteigen).

Eine erfrischende Alternative zu den üblichen Führungen stellt **Celtic Trails** (www.celtictrails.co.uk) dar. Der fachkundige Veranstalter Jackie Queally leitet Führungen durch die Rosslyn Chapel und andere alte, heilige Stätten, die sich mit Themen wie keltischer Mythologie, Geomantie, heiliger Geometrie und dem Templerorden befassen. Eine halbtägige Tour durch die Kapelle und das umliegende Gelände kostet 130 £ für bis zu drei Teilnehmer (plus 33 £ für jede weitere Person), Eintrittsgebühren sind nicht enthalten.

Plänen von Sir William Bruce zwischen 1699 und 1702; hier sticht das prachtvolle Treppenhaus mit (modernen) Trompe-l'Œil-Gemälden hervor. Der neuere Teil wurde zwischen 1720 und 1750 von drei Angehörigen der Familie Adam – von William und den Söhnen Robert und John – entworfen. Highlights sind die roten und gelben **Adam-Salons,** die mit Seidendamast ausgestaltet sind, und der Ausblick von der Dachterrasse.

In den vornehmsten Pferdeställen Großbritanniens – in denen der Marquis einstmals seine verwöhnten Rennpferde umhegen ließ – ist heute die elegante **Stables Tearoom** (☏0131 331 3661; Hauptgerichte 6–8 £, Nachmittagstee 12,75 £; ☉Ostern–Sept. 11–16.30 Uhr) untergebracht, ein schöner Ort für ein Mittagessen oder den Nachmittagstee.

Hopetoun House liegt etwa 3 km westlich von Queensferry an der Küstenstraße. Von Edinburgh kommend, biegt man auf der A90 vor der Forth Bridge auf die A904 ab und folgt den Hinweisschildern.

PENTLAND HILLS

Am südlichen Rand von Edinburgh erstrecken sich die **Pentland Hills** (www.edinburgh.gov.uk/phrp) über 26 km südwestlich bis fast nach Carnwath in Lanarkshire. Die Hügelkette erhebt sich an ihrem höchsten Punkt auf 579 m und bietet hervorragende, nicht zu anspruchsvolle Wanderwege.

Es gibt mehrere Zufahrtsmöglichkeiten entlang der A702 an der Südseite der Hügel. Der MacEwan's-Bus 100 fährt viermal täglich entlang der A702 von der Princes Street in Edinburgh nach Biggar.

East Lothian

Jenseits der ehemaligen Kohlenreviere von Dalkeith und Musselburgh erstreckt sich das fruchtbare Ackerland von East Lothian ostwärts entlang der Küste zum Erholungsort North Berwick und zum Fischereihafen von Dunbar. In der Mitte von East Lothian liegt die lebhafte Marktstadt Haddington.

Rosslyn Chapel

DIE ENTSCHLÜSSELUNG DER ROSSLYN

Die Rosslyn Chapel ist ein kleines Bauwerk, doch die Fülle der Verzierungen im Innern kann überwältigend wirken. Es lohnt sich, das offizielle Handbuch des Barons von Rosslyn zu kaufen, und vor dem Eintritt in die Kapelle darin zu lesen. Das Buch enthält einen hilfreichen Rundgang und erläutert die Legende vom Freimaurermeister und seinem Lehrling.

Der Eingang liegt am Nordportal 1. Man sollte zuerst das Deckengewölbe betrachten; es ist mit Gravuren von Rosen, Lilien und Sternen übersät. Auf der linken Seite führt der Weg am nördlichen Seitenschiff entlang zur Marienkapelle, die von dem übrigen Kirchenraum durch zwei Säulen – **Mason's Pillar** 2 („Meistersäule") und **Apprentice Pillar** 3. („Lehrlingssäule") – getrennt ist. Hier sind Steinfiguren **Luzifer** 4, dem gefallenen Engel, und vom **Green Man** 5 zu sehen. In der Nähe weisen einige Reliefs 6 Ähnlichkeit mit Maispflanzen auf. Abschließend ist die Wand am westlichen Ende des Raumes sehenswert – in der linken Ecke befindet sich der Kopf des **Lehrlings** 7; rechts ist der (stark verwitterte) Kopf des **Meisters** 8 zu sehen.

DIE ROSSLYN CHAPEL & DER DA-VINCI-CODE

» Als Dan Brown die Rosslyn Chapel als Schauplatz für seinen Romans wählte, bezog er sich auf mutmaßliche Verbindungen der Kapelle mit dem Templerorden und der Freimaurerei – die Vermutungen beruhen auf Symbolen, die man unter den Reliefs fand, und darauf, dass ein Nachkomme ihres Gründers, William St Clair, ein Großmeister der Freimaurer war. Die Symbolik der Rosslyn Chapel lässt jedoch viele Deutungen zu. *In The Rosslyn Hoax?* von Robert L. D. Cooper (www.rosslynhoax.com) wird sie auf ganz andere Weise interpretiert.

Noch mehr entdecken

Von der Kapelle führt der Weg zur eindrucksvollen, schön gelegenen Ruine von Roslin Castle hinunter, anschließend spaziert man durch den grünen Park Roslin Glen.

Luzifer, der gefallene Engel

Auf der linken Seite des zweiten Fensters von links ist in Blickhöhe ein kopfüber hängender Engel in Fesseln zu sehen – ein Symbol, das häufig mit der Freimaurerei in Verbindung gebracht wird. Im darüberliegenden Bogen ist ein Totentanz dargestellt.

Der Lehrling

Hoch über einer leeren Figurennische ist der Kopf des ermordeten Lehrlings zu sehen, über seinem rechten Auge klafft eine tiefe Stirnwunde. Der Legende nach ermordete der Meister den Lehrling in einem Anfall rasender Eifersucht. Der verwitterte Kopf an der Seitenwand, auf der linken Seite des Lehrlings, ist der seiner Mutter.

Der Freimaurermeister 8

Baptisterium

Praktische Tipps

Auf der Website der Kapelle können Tickets im Voraus bestellt werden (im August werden keine Bestellungen entgegengenommen). Das Fotografieren ist im Innern der Kapelle nicht gestattet.

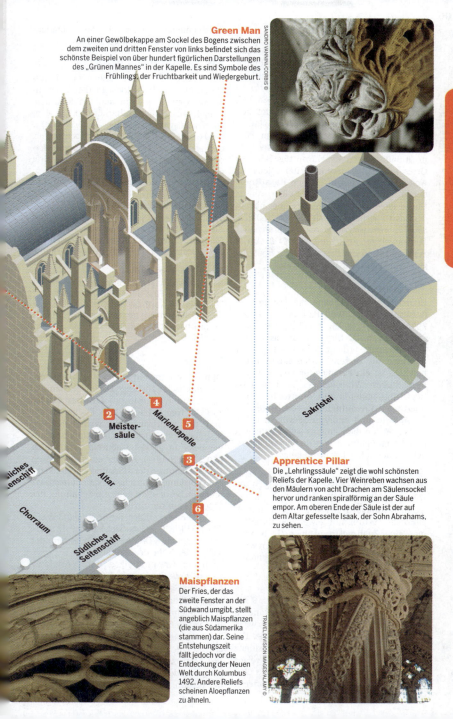

Green Man
An einer Gewölbekappe am Sockel des Bogens zwischen dem zweiten und dritten Fenster von links befindet sich das schönste Beispiel von über hundert figürlichen Darstellungen des „Grünen Mannes" in der Kapelle. Es sind Symbole des Frühlings, der Fruchtbarkeit und Wiedergeburt.

Apprentice Pillar
Die „Lehrlingssäule" zeigt die wohl schönsten Reliefs der Kapelle. Vier Weinreben wachsen aus den Mäulern von acht Drachen am Säulensockel hervor und ranken spiralförmig an der Säule empor. Am oberen Ende der Säule ist der auf dem Altar gefesselte Isaak, der Sohn Abrahams, zu sehen.

Maispflanzen
Der Fries, der das zweite Fenster an der Südwand umgibt, stellt angeblich Maispflanzen (die aus Südamerika stammen) dar. Seine Entstehungszeit fällt jedoch vor die Entdeckung der Neuen Welt durch Kolumbus 1492. Andere Reliefs scheinen Aloepflanzen zu ähneln.

NORTH BERWICK & AROUND
6220 EW.

North Berwick ist ein viktorianisches Seebad mit Sandstränden, Golplätzen und einem kleinen Hafen. Die **Touristeninformation** (01620-892197; Quality St.; Juni-Sept. Mo-Sa 9-18 Uhr, So 11-16 Uhr, April & Mai Mo-Sa 9-18 Uhr, Okt.–März Mo-Sa 9-17 Uhr) befindet sich zwei Querstraßen landeinwärts vom Hafen.

Abseits der High Street führt ein Pfad zur Höhe des **North Berwick Law** (184 m) hinauf, dessen Kegelform das Bild des Ortes prägt. Bei klarem Wetter reicht die weite Sicht bis zum Inselfelsen **Bass Rock**, der im Frühling und Sommer einer weißen Glasur gleich vom Guano Tausender nistender Basstölpel überzogen ist. **Sula II** (01620-880770; www.sulaboattrips.co.uk) veranstaltet Bootsausflüge (Erw./Kind 12,50/7 £, April-Sept. tgl.) rund um Bass Rock, die Boote legen vom Hafen North Berwick ab.

Sehenswertes

Scottish Seabird Centre TIERSCHUTZZENTRUM
(www.seabird.org; The Harbour; Erw./Kind 7,95/4,95 £; April-Aug. 10–18 Uhr, Feb., März, Sept. & Okt. bis 17 Uhr, Nov.–Jan. bis 16 Uhr) Höchstes Lob verdient der kluge Kopf, der die Idee zu diesem Vogelschutzzentrum hatte. Es ist ein Paradies für Vogelkundler; ferngesteuerte Videokameras sind auf Bass Rock und anderen Inseln installiert und übertragen Liveaufnahmen von brütenden Basstölpeln und anderen Seevögeln – Besucher dürfen die Kameras selbst bedienen und Nahaufnahmen von der netten Häuslichkeit der Tölpel heranzoomen.

Dirleton Castle BURG
(HS; Erw./Kind 5/3 £; April-Sept. 9.30-17.30 Uhr, Okt.–März bis 16.30 Uhr) 3 km westlich von North Berwick liegt die mittelalterliche Festung mit gewaltigen Rundtürmen, einer Zugbrücke und einem Grubenverlies, das im seltsamen Kontrast zu den wunderschönen, penibel gepflegten Gartenanlagen ringsum steht.

Tantallon Castle BURG
(HS; Erw./Kind 5/3 £; April-Sept. 9.30-17.30 Uhr, Okt.–März bis 16.30 Uhr) Am Rand einer Klippe, 5 km östlich von North Berwick, thront die Ruine von Tantallon Castle. Die Burg entstand um 1350 als Festungsresidenz der Earls of Angus (eines Familienzweiges der „Red Douglases"). Auf der einen Seite war sie durch Gräben, auf der anderen durch eine fast senkrecht ins Meer abfallende Klippe vor Angriffen geschützt.

Schlafen & Essen

North Berwick bietet eine Vielzahl von Unterkünften, die jedoch an den Wochenenden, wenn Golfer in den Ort kommen, schnell ausgebucht sein können. Zu den empfehlenswerten B&Bs gehört **Glebe House** (01620-892608; www.glebehouse-nb.co.uk; Law Rd.; Zi. pro Pers. 55 £), ein wunderschönes georgianisches Landhaus mit drei geräumigen Zimmern.

Erstklassige Restaurants der Gegend sind das **Grange** (01620-893344; www.grangenorthberwick.co.uk; 35 High St.; Hauptgerichte 12–15 £; Mittag- & Abendessen) in der Ortsmitte und die **Deveau's Brasserie** (www.openarmshotel.com; Open Arms Hotel, Dirleton; Hauptgerichte 10–18 £; Mittag- & Abendessen) im Dorf Dirleton.

An- & Weiterreise

North Berwick liegt etwa 39 km östlich von Edinburgh. Die First-Buslinie 124 verbindet Edinburgh mit North Berwick (1¼ Std., alle 20 Min.). Regelmäßig fahren Züge von North Berwick nach Edinburgh (5,70 £, 35 Min., stündl.).

DUNBAR
6350 EW.

Dunbar war im Mittelalter eine bedeutende schottische Festung. Davon blieben am Hafen nur die Reste des **Dunbar Castle** zurück. Heute bilden der Fischereihafen und der Tourismus die wirtschaftlichen Standbeine des Ortes. In den USA ist Dunbar bekannt als der Geburtsort von **John Muir** (1838–1914). Er war einer der ersten Umweltschützer der USA und gilt als Vater des nordamerikanischen Nationalparksystems, insbeson-dere geht die Schaffung des Yosemite auf ihn zurück.

Die **Touristeninformation** (01368-863 353; 143 High St.; Juni-Sept. Mo-Sa 9-17, So 11-16 Uhr, April, Mai & Okt. Mo-Sa 9-17 Uhr) befindet sich in der Nähe des Rathauses.

In der Ortsmitte liegt das **John Muir House** (www.jmbt.org.uk; 126 High St.; Eintritt frei; Mo-Sa 10-17, So 13-17 Uhr, Nov.–März Mo & Di geschl.), das Geburtshaus des großen Universalgelehrten, der darin auch seine Kindheit verbrachte. Das benachbarte **Dunbar Town House Museum** (www.dunbarmuseum.org; High St.; Eintritt frei; April-Okt. 13-17 Uhr, Nov.–März nur Sa & So) bietet eine Einführung in die Geschichte und Archäologie der Region.

Von der Burg führt ein reizvoller, etwa 3 km langer Klippenwanderweg, dem Küstenverlauf in westlicher Richtung folgend, zum Strand der Belhaven Bay und zum **John Muir Country Park**.

Die First-Buslinie X6 (1 Std., stündl.) verbindet Edinburgh mit Dunbar. Züge fahren vom Bahnhof Waverley in Edinburgh etwa jede Stunde nach Dunbar (6,90 £, 20 Min.).

West Lothian

LINLITHGOW
13 400 EW.

Die historische Königsstadt gehört zu den ältesten Städten Schottlands, obwohl die heutige Bausubstanz zumeist aus dem 15. bis 17. Jh. stammt. Das Stadtzentrum hat sich einen gewissen Charme bewahrt. Allerdings trüben manche hässliche Neubauten und gelegentliche Verkehrsstaus den Gesamteindruck. Insgesamt lohnt sich aber ein Tagesausflug von Edinburgh.

Die Touristeninformation (✆01506-282 720; Burgh Halls, The Cross; ⊙Mo-Sa 9-17, So 11-17 Uhr) befindet sich in der Nähe des Eingangs zum Linlithgow Palace.

⦿ Sehenswertes & Aktivitäten

Linlithgow Palace   HISTORISCHES GEBÄUDE
(HS; Church Peel; Erw./Kind 5,50/3,30 £; April-Sept. 9.30-17.30 Uhr, Okt.-März bis 16.30 Uhr) Die Hauptattraktion der Stadt ist der prachtvolle Palast, dessen Bau von Jakob I. im Jahr 1425 begonnen wurde. Der Palast wurde zu einer bevorzugten königlichen Residenz – Jakob V. kam 1512 hier zur Welt, wie 1542 auch seine Tochter Mary (die spätere Königin von Schottland, Maria Stuart). Bonnie Prince Charlie kam 1745 flüchtig zu Besuch. Kunstvolle Reliefs schmücken die **King's Fountain**, das Herzstück des Palasthofs; beim Besuch des Prinzen sprudelte Wein aus dem Springbrunnen. Der Brunnen, 1537 von Jakob V. in Auftrag gegeben, ist der älteste Großbritanniens und wurde 2005 funktionstüchtig wiederhergestellt.

GRATIS **St. Michael's Church**   KIRCHE
(www.stmichaelsparish.org.uk; Church Peel; ⊙Mai-Sept. 10.30-16 Uhr, Okt.-April bis 13 Uhr) Die gotische St. Michael's Church entstand in der Zeit um 1420 bis 1530. Eine Turmspitze aus Aluminium, die 1964 hinzugefügt wurde, sorgte seinerzeit für Aufregung. In der Kirche soll ein Geist umgehen, der König Jakob IV. seine tödliche Niederlage in der Schlacht von Flodden Field im Jahr 1513 prophezeit haben soll.

Linlithgow Canal Centre   KANALMUSEUM
(www.lucs.org.uk; Manse Rd.; Eintritt frei; ⊙Ostern-Sept. 13.30-17 Uhr) Nur 150 m südlich der Innenstadt liegen der Union Canal und das hübsche Linlithgow Canal Centre, wo ein kleines Museum die Geschichte des Kanals dokumentiert. Das Zentrum veranstaltet dreistündige Kanalfahrten (Erw./Kind 8/5 £) westwärts zum Avon-Aquädukt. Von Ostern bis September legen die Boote samstags und sonntags um 14 Uhr ab. Gelegentlich führt die Fahrt bis zum **Falkirk Wheel** (S. 202). Kürzere Fahrten von 20-minütiger Dauer (Erw./Kind 4/2 £) starten jede halbe Stunde während der Öffnungszeiten des Zentrums.

Essen & Ausgehen

Four Marys   PUB £
(www.thefourmarys.co.uk; 65-76 High St.; Hauptgerichte 7-10 £; ⊙Mo-Fr Mittag- & Abendessen, Sa 12-21, So 12.30-20.30 Uhr) Das Four Marys ist ein schöner traditioneller Pub (gegenüber dem Palasteingang). Auf den Tisch kommen Real Ales und hervorragende Kneipenküche, z. B. Haggis mit *neeps and tatties* (Rübenmus und Stampfkartoffeln).

Champany Inn   SCHOTTISCH £££
(✆01506-834532; www.champany.com; 3-gängiges Mittag-/Abendessen 23/43 £; ⊙Mo-Fr Mittagessen, Mo-Sa Abendessen) Das schlichte Gasthaus ist etwas für leidenschaftliche Genießer, berühmt für ausgezeichnete Steaks vom Aberdeen-Angus-Rind und schottischen Hummer (nach vorheriger Bestellung). Das benachbarte **Chop & Ale House** (Hauptgerichte 10-18 £) ist eine weniger kostspielige Alternative zum Hauptspeiseraum. Es bietet köstliche hausgemachte Burger und Steaks. Das Gasthaus befindet sich 3 km nordöstlich von Linlithgow an der Straße A803/A904 nach Bo'ness und Queensferry.

ⓘ An- & Weiterreise

Linlithgow liegt 24 km westlich von Edinburgh und wird regelmäßig von Zügen aus der Hauptstadt (4,60 £, 20 Min., 4-mal pro Std.) frequentiert; der Bahnhof liegt 250 m östlich des Stadtzentrums.

Eine Alternative ist eine Fahrradtour von Edinburgh nach Linlithgow, sie führt am Treidelpfad des Union Canal (34 km) entlang und dauert 2 Stunden.

Glasgow

634 700 EW.

Inhalt »

Sehenswertes	107
Aktivitäten	122
Schlafen	123
Essen	129
Ausgehen	133
Unterhaltung	145
Shoppen	147
Praktische Informationen	148
Rund um Glasgow	150
Inverclyde	150
Blantyre	151
The Campsies & Strathblane	152

Schön übernachten

- » Brunswick Hotel (S. 123)
- » Malmaison (S. 125)
- » Hotel du Vin (S. 128)
- » Glasgow SYHA (S. 128)
- » Blythswood Square (S. 125)

Gut essen

- » The Ubiquitous Chip (S. 131)
- » Stravaigin (S. 132)
- » The Inn at Kippen (S. 153)
- » Mother India (S. 132)
- » Café Gandolfi (S. 129)

Auf nach Glasgow!

Mit ihrer umwerfenden Mischung aus Kultiviertheit und Bodenständigkeit hat sich die größte Stadt Schottlands in den vergangenen Jahrzehnten zu einer der faszinierendsten Metropolen Großbritanniens entwickelt.

Die Gebäude aus viktorianischer Zeit werden von Bars und Restaurants geradezu überschwemmt. Glasgows lebendige Livemusikszene gehört zu den besten Großbritanniens und präsentiert sich in unzähligen Clubs mit lokalen Bands.

Es wimmelt von erstklassigen Museen und Galerien, und die Stadt zeigt stolz und einfallsreich ihr industrielles Erbe. Überall in Glasgow findet man die genialen Werke von Charles Rennie Mackintosh. Der River Clyde, ursprünglich ein Zeichen für Glasgows Bodenständigkeit, symbolisiert heute die Renaissance der Stadt.

Die Einwohner Glasgows sind stolz darauf, dass sie aus der Arbeiterschicht stammen und politisch immer eher links waren. Ebenso stolz sind sie auf ihren schwarzen legendären Humor.

Reisezeit
Glasgow

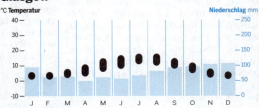

Februar Endloser Nieselregen? Die tollen Pubs und Clubs sind ein wunderbarer Zufluchtsort.

Juni Das West End Festival und das Jazz Festival machen die Stadt zum Paradies für Musikliebhaber.

August Glasgow ist immer gut gelaunt – insbesondere wenn auch noch die Sonne scheint.

Geschichte

Glasgow entwickelte sich um die Kathedrale herum, die der hl. Kertigan, später als der hl. Mungo bekannt, im 6. Jh. gegründet hatte. Leider blieb, mit Ausnahme der Kathedrale, fast nichts von der mittelalterlichen Stadt übrig. Sie wurde von der Energie eines neuen Zeitalters hinweggefegt – vom Kapitalismus, der industriellen Revolution und dem Britischen Empire.

Im 18. Jh. lief ein Großteil des Tabakhandels zwischen Europa und den USA über Glasgow und machte die Stadt reich. Auch nach dem Niedergang des Tabakhandels im 19. Jh. florierte sie als Zentrum der Textil-, Werft- und Montanindustrie. Die Kehrseite des nach außen hin sichtbaren Wohlstands waren katastrophale Arbeitsbedingungen in den Fabriken.

In der ersten Hälfte des 20. Jhs. wurden in Glasgow, dem Zentrum der britischen Kriegsindustrie, Waffen und Schiffe für die beiden Weltkriege gebaut. Eine großflächige Bombardierung im Zweiten Weltkrieg war die Folge. In der Nachkriegszeit erlebten Hafen und Schwerindustrie einen Niedergang, und Anfang der 1970er-Jahre schien das von Rezession und steigender Arbeitslosigkeit getroffene Glasgow zur Bankrotterklärung verurteilt. Anders als in Edinburgh boten sich dem proletarischen Glasgow wenig Alternativen, und die Stadt wurde geprägt von Arbeitslosigkeit, Wirtschaftskrise und Gewalt, in deren Mittelpunkt häufig der berüchtigte Hochhauskomplex Gorbals stand. Inzwischen gewinnt die Stadt durch eine gute städtebauliche Entwicklung und durch den Boom im kulturellen Bereich Stil und Zuversicht zurück. Bei allem Optimismus ist der Lebensstandard jedoch immer noch relativ niedrig, und für viele Einwohner ist das Leben hart.

Sehenswertes

Die großen Sehenswürdigkeiten Glasgows verteilen sich relativ gleichmäßig über das gesamte Stadtgebiet. Die bedeutendsten befinden sich am River Clyde (wo sich auch die Projekte der Stadterneuerung konzentrieren), weitere rund um die Kathedrale im East End sowie an der South Side, wo sich die Museen drängen. Häufig ist der Eintritt in die Museen für Besucher kostenlos. Das Stadtzentrum hält für die Fans von Charles Mackintosh einige Attraktionen bereit. Im trendigen West End wimmelt es während des Semesters von Studenten.

Stadtzentrum

Das Schachbrettmuster, nach dem die Straßen, und der Fußgängerzone im Stadtzentrum machen die Orientierung auch für auswertige Besucher leicht. Außerdem bieten sich auf dem Weg von einer Sehenswürdigkeit zur anderen viele nette Cafés und authentische Pubs für eine schöne Pause an.

Glasgow School of Art   MACKINTOSH-GEBÄUDE (Karte S. 112; 0141-353 4526; www.gsa.ac.uk/tours; 167 Renfrew St.; Erw./Kind/Fam. 8,75/7/24 £; April–Sept. 9.30–18.30 Uhr, Okt.–März 10.30–17 Uhr) Mackintoshs bedeutendstes Bauwerk dient bis heute als Bildungseinrichtung für Künstler und die bergauf strebenden, gestylten Studenten weisen den Weg dorthin. Dem Eindruck dieses streng durchgestalteten Gebäudes kann sich kaum jemand entziehen. Der Architekt scheint jedes noch so kleine Detail innerhalb und außerhalb des Hauses entworfen und nichts dem Zufall überlassen zu haben. Die Innenausstattung ist überraschend schlicht mit einfachen Farbkombinationen (häufig nur Schwarz und Creme), und natürlich stehen hier die unbequem aussehenden Stühle mit den hohen Rückenlehnen, die zu Mackintoshs Markenzeichen gehören. Die als Anbau 1907 entworfene Bücherei ist ein architektonisches Meisterstück. Der Besuchereingang befindet sich an der Dalhousie Street; hier gibt es auch einen Shop mit einem kleinen, aber interessanten Angebot. Auch die hervorragenden einstündigen, von Studenten geführten Touren starten hier (im Sommer etwa stündlich; im Winter nur um 11, 13 und 15 Uhr) – die einzige Möglichkeit als Nicht-Student das Gebäude zu besichtigen. In der Hauptsaison empfiehlt sich eine telefonische Reservierung. Mehrsprachige Übersetzungen werden angeboten.

GRATIS Gallery of Modern Art   MUSEUM (GoMA; Karte S. 112; www.glasgowmuseums.com; Royal Exchange Sq.; Mo–Mi & Sa 10–17, Do bis 20, Fr & So 11–17 Uhr) Das bekannteste schottische Museum zeigt in einem eleganten neoklassizistischen Gebäude moderne Arbeiten von internationalen Künstlern. Die Original-Innenausstattung wird auf kühne, kreative Weise genutzt, um alle möglichen Kunstobjekte auszustellen. Ein Schwerpunkt des Museums sind soziale Themen, aber auch an die Unterhaltung und Einbeziehung der Kinder wurde gedacht.

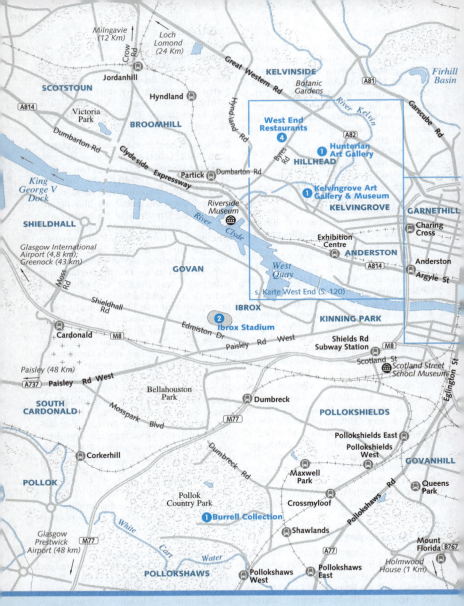

Highlights

❶ Das überwältigende Angebot an Gemälden in der **Burrell Collection** (S. 118), der **Kelvingrove Art Gallery & Museum** (S. 116) und der **Hunterian Art Gallery** (S. 119)

❷ Im brodelnden Stadionkessel ein Spiel von **Celtic** (S. 147) oder der **Rangers'** (S. 147) erleben

❸ Zur Musik der besten DJs des Landes die neuesten Tanzschritte in einem der vielen **Nachtclubs** (S. 146) von Glasgow vorführen

❹ In einem der tollen **Restaurants** (S. 131) im West End speisen

5 Die Kunstwerke des schottischen designers und Architekten **Charles Rennie Mackintosh** (S. 126) entdecken – hier passt die Bezeichnung „Genie" wirklich

6 Sich in Glasgows berühmte **Livemusikszene** (S. 146) in einem der bekannten Pubs stürzen

7 Bei großartigen **Radwandertouren** (S. 122) das industrielle Erbe Glasgows und die grüne Umgebung erfahren

8 In einer der Bars im **Pink Triangle** (S. 142) in die lebendige Schwulenszene Glasgows eintauchen

Glasgow Zentrum

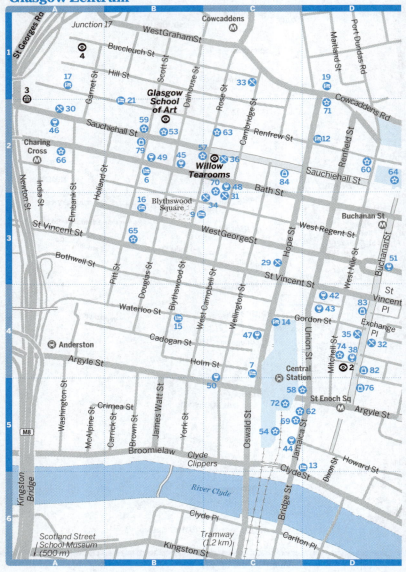

GRATIS Willow Tearooms MACKINTOSH-GEBÄUDE (Karte S. 112; www.willowtearooms.co.uk; Mackintosh Building, 217 Sauchiehall St.; Mo–Sa 9–17, So 11–17 Uhr) Bewunderer des großen schottischen Architeckten und Designers Mackintosh werden von den Willow Tearooms entzückt sein: einer getreuen Rekonstruktion jener Teestube, die Mackintosh Anfang des 20. Jhs. für die Gastwirtin Kate Cranston entwarf und einrichtete, was dem Konzept der Teestuben zu neuem Aufschwung verhalf. Hier lässt sich die ur-

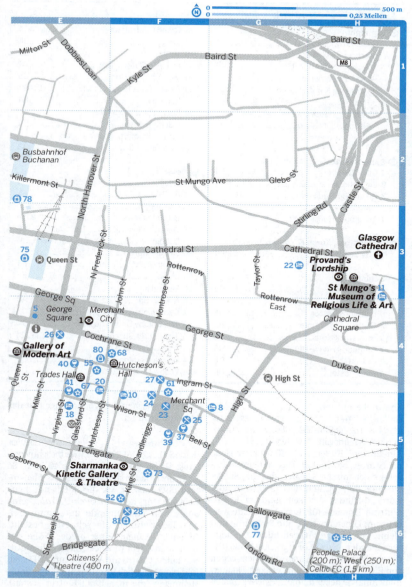

sprüngliche Pracht der einzigartigen Teestube erleben und die Handschrift des Architekten an jedem einzelnen Gegenstand bewundern. Mackintosh hatte freie Hand und konnte sogar die Teelöffel nach seinem unverwechselbaren Geschmack gestalten.

Nach einem zweijährigen Wiederaufbau wurde das Willow 1980 erneut als Teestube eröffnet (es war seit 1926 geschlossen). Das stilisierte Weidenmotiv beruht auf dem Straßennamen: „Sauchiehall" bedeutet „Weidenweg".

Glasgow Zentrum

◎ Highlights
- Gallery of Modern Art E4
- Glasgow Cathedral H3
- Glasgow School of Art B2
- Provand's Lordship H3
- Sharmanka Kinetic Gallery & Theatre F5
- St Mungo's Museum of Religious Life & Art H3
- Willow Tearooms C2

◎ Sehenswertes
1. City Chambers E4
2. Lighthouse D4
3. Royal Highland Fusiliers Museum A2
4. Tenement House A1

⊛ Aktivitäten, Kurse & Touren
5. City Sightseeing E4

🛏 Schlafen
6. Adelaide's B2
7. Artto C4
8. Babbity Bowster G5
9. Blythswood Square B3
10. Brunswick Hotel F5
11. Cathedral House Hotel H3
12. Citizen M D2
13. Euro Hostel D5
14. Grand Central Hotel C4
15. Indigo B4
16. Malmaison B3
17. McLay's Guesthouse A1
18. Merchant City Inn E5
19. Pipers Tryst Hotel D1
20. Rab Ha's E4
21. Rennie Mackintosh Art School Hotel B2
22. University of Strathclyde Campus Village G3

◎ Essen
23. Arisaig F5
24. Bar 91 .... F5
- Bar Soba .... (siehe 2)
- Brutti Ma Buoni .... (siehe 10)
25. Café Gandolfi F5
- Dakhin .... (siehe 24)
26. Jamie's Italian E4
27. Lunch@Lily's F4
28. Mono F6
29. Mussel Inn C3
30. Noodle Bar A2
31. Red Onion C3
32. The Chippy Doon The Lane D4
- The Secret Space .... (siehe 23)
33. Wee Curry Shop C1
34. Where the Monkey Sleeps C3
35. Willow Cafe D4

Sharmanka Kinetic Gallery & Theatre MECHANISCHES THEATER (Karte S. 112; ☏ 0141-552 7080; www.sharmanka.com; 103 Trongate; Erw./Kind 8 £/frei) Für Kinder ein Riesenspaß, für Erwachsene unerwartet bewegend: Das außergewöhnliche mechanische Theater, das aus St. Petersburg stammt, und dort 1989 gegründet wurde, befindet sich seit 1996 im Kunstzentrum Trongate 103. Leblose Objekte werden zum Leben erweckt, alte Stofffreste und kleine, geschnitzte Figuren führen zu herzzerreißender Musik lustige und tragische Geschichten aus dem menschlichen Leben vor. Ein unterhaltsames, ironisches Theater: manchmal erhebend, dann wieder makaber, aber immer abwechslungsreich, klug und zum Nachdenken anregend. Komplette Vorstellungen werden donnerstags und sonntags um 19 Uhr gegeben, mittwochs bis sonntags finden auch Kurzvorstellungen statt (5 £ inkl. freiem Eintritt für zwei Kinder; Zeiten telefonisch oder per Internet erfragen). Zwischen den Vorstellungen ist das Museum geöffnet.

GRATIS Lighthouse MACKINTOSH-GEBÄUDE (Karte S.112; ☏ 0141-2216362; www.thelighthouse.co.uk; 11 Mitchell Lane; ⊙ Mo–Sa 10.30–17, So 12–17 Uhr) Das erste Gebäude, das Mackintosh 1893 entwarf, war die auffallende, neue Zentrale für den *Glasgow Herald*, eine landesweit erscheinende und einflussreiche Tageszeitung, die seit 1783 besteht. In einer kleinen Gasse in der Nähe der Buchanan Street versteckt, dient es heute als Scotland's Centre for Architecture & Design und bietet fachlich interessante Wechselausstellungen (die manchmal Eintritt kosten). Außerdem befindet sich hier das Mackintosh Interpretation Centre, das einen detaillierten (aber etwas trockenen) Einblick in Leben und Werk des Künstlers zeigt. Vom obersten Stockwerk des „Leuchtturms" hat man eine herrliche Sicht über die Dächer und Türme der Stadt.

36	Willow Tearooms	C2

Ausgehen

	Arches	(siehe 54)
37	Artà	F5
	Babbity Bowsler	(siehe 8)
38	Bar 10	D4
39	Blackfriars	F5
40	Corinthian	E4
41	Delmonica's	E5
42	Drum & Monkey	D4
43	Horse Shoe	D4
44	MacSorley's	C5
45	Moskito	B2
46	Nice 'n' Sleazy	A2
47	Pivo Pivo	C4
48	The Butterfly & The Pig	C2
49	Tiki Bar & Kitsch Inn	B2
50	Waterloo Bar	C4
51	Waxy O'Connors	D3

Unterhaltung

52	13th Note Café	F6
53	ABC	B2
54	Arches	C5
55	AXM	E4
56	Barrowland	H6
57	Brunswick Cellars	B2
58	Cathouse	C5
59	Centre for Contemporary Arts	B2
60	Cineworld	D2
61	City Halls	F5
62	Classic Grand	C5
	FHQ	(siehe 68)
63	Glasgow Film Theatre	C2
64	Glasgow Royal Concert Hall	D2
65	King Tut's Wah Wah Hut	B3
66	King's Theatre	A2
67	Polo Lounge	E5
68	Speakeasy	F4
69	Sub Club	C5
70	The Buff Club	C2
71	Theatre Royal	D2
72	Tickets Scotland	C5
73	Tron Theatre	F5
74	Tunnel	D4
	Underground	(siehe 68)

Shoppen

75	Adventure 1	E3
76	Argyll Arcade	D5
77	Barras	G6
78	Buchanan Galleries	E2
79	Geoffrey (Tailor) Kiltmaker	B2
80	Italian Centre	E4
81	Mr Ben	F6
82	Princes Square	D4
83	Tiso	D4
84	Waterstone's	C2

City Chambers RATHAUS

(Karte S. 112; www.glasgow.gov.uk; George Sq.) Die prächtigen City Chambers, der Sitz der Stadtverwaltung, wurden in den 1880er-Jahren gebaut, als sich Glasgow auf dem Höhepunkt seiner Blüte befand. Die Innenräume sind noch verschwenderischer ausgestattet, als es die üppige Fassade vermuten lässt. Die Räume wurden auch schon bei Filmaufnahmen verwendet, um den Kreml oder den Vatikan darzustellen. Kostenlose Führungen durch die Räumlichkeiten gibt es montags bis freitags um 10.30 und 14.30 Uhr.

Tenement House HISTORISCHES GEBÄUDE

(NTS; Karte S. 112; www.nts.org.uk; 145 Buccleuch St.; Erw./Kind 6/5 £; ⊙März–Okt. 13–17 Uhr) Wer eine Zeitreise unternehmen möchte, sollte die kleine Wohnung im Tenement House besuchen. Sie wird vom National Trust for Scotland betrieben und vermittelt einen lebendigen Eindruck vom Leben der Mittelschicht im späten 19. Jh.

GRATIS Royal Highland Fusiliers Museum MUSEUM

(Karte S. 112; www.rhf.org.uk; 518 Sauchiehall St.; ⊙Mo–Do 9–16, Fr 9–15 Uhr) Das Museum zieht Besucher an, die sich für Militärgeschichte interessieren. Es zeichnet die Geschichte der Royal Highland Fusiliers und ihrer Vorläufer von 1678 bis zur Gegenwart nach. Die Räume sind mit Ausstellungsstücken – Uniformen, Orden, Gemälden und weiterer Militaria – geradezu überladen. Die Kunstschmiedearbeiten wurden nach Entwürfen von Mackintosh angefertigt.

EAST END

Der älteste Teil der Stadt, der in den 1990er-Jahren ein Facelifting erhielt, konzentriert sich rund um die Kathedrale bis zum Osten des modernen Stadtzentrums. Vom George Square aus ist man etwa 15 Minuten zu Fuß dorthin unterwegs, doch viele Busse fahren in der Nähe vorbei, u. a. die Linien 11, 12, 36, 37, 38 und 42.

Glasgow Cathedral KIRCHE

(HS; Karte S. 112; www.historic-scotland.gov.uk; Cathedral Sq.; April–Sept. Mo–Sa 9.30–17.30, So 13–17 Uhr, Okt.–März ab 16.30 Uhr geschl.) Eine Sehenswürdigkeit, die man sich nicht entgehen lassen sollte, denn sie hat die Zeiten überdauert. Wer den dunklen Innenraum betritt, dem läuft angesichts der mittelalterlichen Machtdemonstration ein Schauer über den Rücken. Das Bauwerk ist ein herausragendes Beispiel gotischer Architektur und hat als beinah einzige schottische Kathedrale die Wirren der Reformation heil überstanden. Ein Großteil des heutigen Gebäudes stammt aus dem 15. Jh.

Durch eine Seitentür betreten die Besucher das **Kirchenschiff**, in dem Regimentsfahnen hängen. Das Holzdach ist seit seiner Errichtung wiederholt restauriert worden, doch einige Schindeln stammen noch aus dem 14. Jh. Viele der eindrucksvollen Glasfenster der Kathedrale sind jüngeren Datums. Das Westfenster z. B. ist ein Werk von Francis Spear mit dem Titel *The Creation* (Die Schöpfung). Er schuf es 1958.

Ein steinerner Lettner – solche Chorschranken sind nur selten erhalten – aus dem späten 15. Jh., dessen Skulpturen die sieben Todsünden symbolisieren, trennt das Kirchenschiff vom **Chor**. Die vier besonders imponierenden Aposteldarstellungen auf dem östlichen Glasfenster stammen ebenfalls von Francis Spear. In der Nordostecke liegt der Eingang zum **oberen Kapitelsaal**, in dem die Universität Glasgow feierlich gegründet wurde. Er dient heute als Sakristei.

Zum interessantesten Teil der Kathedrale, der Krypta oder **Unterkirche**, führt eine Treppe. Der Säulenwald taucht das Grab des hl. Mungo (dieser gründete hier im 5. Jh. eine Ordensgemeinschaft) in eine geheimnisvolle Atmosphäre. Eine Wallfahrt an diesen berühmten Ort galt im Mittelalter für einen Schotten so viel wie eine Reise nach Rom für die Christen.

Auf den grünen Hügeln hinter der Kathedrale bietet sich die **Nekropole** mit ihren beeindruckenden viktorianischen Grabstätten der Reichen und Berühmten der Stadt für einen Spaziergang mit wunderbarer Aussicht und etwas Nervenkitzel an.

St Mungo's Museum of Religious Life & Art MUSEUM

(Karte S. 112; www.glasgowmuseums.com; 2 Castle St.; Eintritt frei; Di–Do & Sa 10–17, Fr & So 11–17 Uhr) Das Museum befindet sich in dem rekonstruierten Bischofssitz, der früher auf dem Platz vor der Kathedrale stand. Es ist der kühne Versuch, die großen Religionen der Welt kurz und künstlerisch darzustellen. Der Versuch ist gelungen: Die Ähnlichkeiten und Unterschiede der Religionen zu den elementaren Themen wie Geburt, Hochzeit und Tod werden überzeugend

GLASGOW IN ...

... zwei Tagen

Die Tour beginnt am ersten Tag im **East End** mit der Glasgow Cathedral, dem **St Mungo's Museum** und einem Spaziergang durch die **Nekropole**. Daran schließt sich ein Besuch in einem der bedeutenden Museen an: entweder in der **Burrell Collection** oder im **Kelvingrove**. Für einen Abendbummel mit Essen bietet sich die trendige **Merchant City** an – für den kulinarischen Genuss vielleicht das **Café Gandolfi** oder eines der angesagten neuen Restaurants. Den Aperitif oder Digestif nimmt man im **Artá**. Am nächsten Tag ist Zeit für einen Besuch in dem Museum, das man gestern ausgelassen hat – und natürlich für Mackintosh. Die **Glasgow School of Art** ist sein Meisterstück; wer dann noch nicht genug hat, sollte ins West End zum **Mackintosh House** fahren. Hunger? Durst? Einige der besten Restaurants und Bars der Stadt liegen in dieser Gegend; danach locken die erstklassigen Clubs.

... vier Tagen

Ein viertägiger Aufenthalt ermöglicht einen viel besseren Einblick in die Stadt. Jetzt ist ein Tag am River Clyde angesagt – im **Riverside Museum** und im **Science Centre**. Für das Wochenende sollte unbedingt eine Nacht im **Arches** oder im legendären **Sub Club** eingeplant werden – ebenso wie ein Einkaufsbummel durch die schicken Boutiquen im Stadtzentrum, das Stöbern auf dem Flohmarkt **Barras** und ein Fußballspiel. Und man sollte mindestens einmal ein klassisches Curry essen.

DIE GLASGOW BOYS

Die große Rivalität zwischen Glasgow und Edinburgh spielte auch in der Kunstszene eine Rolle. Ende des 19. Jhs. stellte eine Gruppe Glasgower Maler, die sogenannten Glasgow Boys, die Autorität des künstlerischen Establishments in der Hauptstadt infrage. Bis dahin hatte sich die Malerei vornehmlich auf historische Szenen und sentimentale Darstellungen der Highlands beschränkt. Die Glasgower Maler – u. a. Sir James Guthrie, E. A. Hornel, George Henry und Joseph Crawhall – experimentierten mit Farben und ländlichen Motiven und schockierten die konservative Kunstwelt Edinburghs. Viele von ihnen gingen nach Paris, um dort zu lernen, und brachten dringend benötigte neue europäische Ideen in die schottische Kunstszene. Wie Charles Rennie Mackintosh, so erfuhren auch die Werke der Glasgow Boys auf dem europäischen Festland große Bewunderung und künstlerische Anerkennung.

Die Glasgow Boys hatten enormen Einfluss auf die schottische Kunstwelt, denn sie lieferten die Inspiration für die nächste Generation schottischer Maler – die Colourists. Ihre Werke kann man in den Kunstgalerien Kelvingrove (S. 116) und Hunterian (S. 116) bewundern, außerdem im Broughton House in Kirkcudbright (S. 189) und der National Gallery of Scotland in Edinburgh (S. 65).

---

vermittelt. Zwei Dinge machen das Museum sehenswert: einerseits beeindruckende Kunstwerke, die die Grenzen zwischen Religion und Kultur verwischen, andererseits die Möglichkeit, sich mit verschiedenen Glaubensrichtungen zu beschäftigen. Es gibt drei Galerien zu den Themen Religion als Kunst, religiöses Leben und (im obersten Stockwerk) Religion in Schottland. Zum Museum gehört auch ein Zengarten.

GRATIS **Provand's Lordship** HISTORISCHES GEBÄUDE
(Karte S. 112; www.glasgowmuseums.com; 3 Castle St.; Di–Do & Sa 10–17, Fr & So 11–17 Uhr) In der Nähe der Kathedrale befindet sich Provand's Lordship, das älteste Haus in Glasgow. Das sehr seltene Zeugnis schottischer Hausarchitektur aus dem 15. Jh. wurde 1471 als Pfarrhaus für den Kaplan des St Nicholas Hospital gebaut. Die Decken und Türen sind niedrig, und die Zimmer sind sparsam mit Stücken aus der damaligen Zeit möbliert. Das Zimmer im Obergeschoss allerdings wurde so ausgestattet, dass die Besucher sehen können, wie der Wohnraum eines Kaplans Anfang des 16. Jhs. aussah. Der besondere Reiz des Gebäudes liegt darin, dass es so echt wirkt – einmal abgesehen vom billigen Linoleum-Imitat eines Steinfußbodens im Erdgeschoss.

GRATIS **People's Palace** MUSEUM
(www.glasgowmuseums.com; Glasgow Green; Di–Do & Sa 10–17, Fr & So 11–17 Uhr) Im ältesten Park der Stadt, dem Glasgow Green, steht das massive Gebäude des People's Palace aus orangefarbenem Stein. Das Museum dokumentiert die Sozialgeschichte der Stadt von 1750 bis zur Gegenwart. Die Ausstellungsmacher haben sich auch einige interessante Dinge für Familien ausgedacht – die Nachstellung eines Luftangriffs aus dem Zweiten Weltkrieg wird Kinder sicherlich beeindrucken. Der „Palast" wurde Ende des 19. Jhs. als Kulturzentrum für Glasgows East End gebaut. Der Wintergarten nebenan bietet außer tropischen Pflanzen auch ein Café.

Am Clyde
Die Gegend um die Werften am Clyde war ursprünglich ein gut florierendes Industriegebiet, in den Nachkriegsjahren versank es in der Bedeutungslosigkeit, um jetzt ganz allmählich wieder aus dem Dornröschenschlaf zu erwachen. Der Glasgower Hafen soll zu neuem Leben erweckt werden, und in den Docklands sollen vielfältige Läden und verschiedene öffentliche Anlagen Einzug halten. Detaillierte Informationen dazu bietet die Website www.glasgowharbour.com.

Entlang des Flusses locken einige interessante Sehenswürdigkeiten, aber leider ist der Spaziergang nicht so idyllisch, wie er sein könnte – überdimensionierte Bauwerke lassen den Spaziergänger auf Zwergenformat schrumpfen.

GRATIS **Riverside Museum** MUSEUM
(www.glasgowmuseums.com; 100 Pointhouse Pl.; Mo–Do &Sa 10–17, Fr & So 11–17 Uhr) Das neueste Projekt am Clyde ist dieses beein-

druckende neue Museum, dessen auffallend geschwungene Fassade von der iranischen Architektin Zaha Hadid entworfen wurde. Den größten Teil der Fläche nimmt das Transportmuseum ein – mit faszinierenden Autos „made in Scotland", diversen Eisenbahnlokomotiven, Straßenbahnen, Fahrrädern (so auch das erste Fahrrad mit Pedalen aus dem Jahr 1847) und Modellen von Schiffen, die am Clyde gebaut wurden. Eine stimmungsvolle Nachbildung einer Glasgower Einkaufsstraße vom Anfang des 20. Jhs. schafft das passende soziale Umfeld für die Oldtimer.

Der eindrucksvolle Großsegler **Glenlee** (www.thetallship.com; Erw./Kind 5/3 £; ◉März–Okt. 10–17 Uhr, Nov.–Febr. 10–16 Uhr), ein Dreimaster von 1896, liegt neben dem Museum vor Anker. An Bord ist eine interessante Ausstellung und Dokumentation über die Geschichte des Schiffs, die Restaurierung und das Leben an Bord zu seinen besten Zeiten zu sehen. Das Riverside Museum liegt westlich des Zentrums im Hafen von Glasgow; man erreicht es mit der Buslinie 100 ab der Nordseite des George Square oder mit den Booten von Clyde Clippers. Es gibt auch ein Café.

Glasgow Science Centre   MUSEUM
(Karte S. 120; ☎0141-420 5000; www.gsc.org.uk; 50 Pacific Quay; Science Mall Erw./Kind 9,95/7,95 £, IMAX, Tower oder Planetarium 2,50 £; ◉Mi–So 10–17 Uhr) Schottlands Vorzeige-Millenium-Projekt, das großartige, hypermoderne Glasgow Science Centre, hält kleine (und natürlich auch große) Kinder stundenlang beschäftigt. Hunderte von interaktiven Ausstellungsstücken auf vier Etagen machen Wissenschaft und Technologie erlebbar. Wie wäre es denn mit optischen Täuschungen (man kann z. B. seine Gesichtszüge über einen 3D-Scanner verändern) oder mit der Wolkenkammer, in der sich die Wege natürlicher Strahlung nachvollziehen lassen? Zum Museum gehören auch das eiförmige, titanummantelte **IMAX**-Kino (aktuelles Programm telefonisch erfragen) und die interaktive **Science Mall** mit deckenhohen Fenstern. Hier gibt es viel für die Besucher zu entdecken! Der rotierende **Observation Tower** ist 127 m hoch. Sehenswert ist auch das Planetarium, in dem das **Scottish Power Space Theatre** den Nachthimmel zum Leben erweckt, und das **Virtual Science Theatre** zeigt Besuchern eine molekulare Reise in 3D. Arriva Bus 24 fährt ab Renfield Street zum Centre, First Glasgow Linie 89 oder 90 ab Union Street.

West End
Das West End mit seinen trendigen Bars und seinem ungezwungenen Schick ist wohl das einladendste Viertel Glasgows – und auch das unkonventionellste, gleichermaßen beliebt bei Einheimischen und Touristen. Vom Stadtzentrum fahren u. a. die Buslinien 9, 16 und 23 bis Kelvingrove, die Linien 8, 11 und 16 zur Universität und die Linien 20, 44 und 66 zur Byres Road.

Kelvingrove Art Gallery & Museum   MUSEUM, KUNSTGALERIE
(Karte S. 120; www.glasgowmuseums.com; Argyle St.; Eintritt frei; ◉Mo–Do & Sa 10–17, Fr & So 11–17 Uhr; ⓘ) Der viktorianische Kulturtempel, der in einem prachtvollen Gebäude untergebracht ist, wurde in ein faszinierendes, ungewöhnliches Museum mit einer verblüffenden Vielfalt an Exponaten umgestaltet. Hier sieht man Gemälde und ausgestopfte Tiere, mikronesische Schwerter aus Haifischzähnen und ein Spitfire-Flugzeug, aber es herrscht kein wüstes Chaos: Die Räume sind thematisch sorgfältig und durchdacht gestaltet, und die Ausstellung hat eine angenehme Größe. Es gibt einen sehenswerten Saal mit schottischer Kunst, einen anderen mit schönen Werken französischer Impressionisten und ausgezeichnete Renaissancegemälde aus Italien und Flandern. Auch Salvador Dalís fantastisches Gemälde *Der Christus des heiligen Johannes vom Kreuz* hängt hier. Doch das Beste ist: Fast alles – auch die Gemälde – wurde mit einer gut lesbaren Erläuterung versehen. Hier kann man viel lernen, nicht nur über Kunst. Und auch für Kinder ist das Museum toll: Sie können hier viel unternehmen; die Ausstellungsstücke richten sich an unterschiedliche Altersgruppen. Die kostenlosen einstündigen Führungen starten um 11 und 14.30 Uhr. Unter anderem fährt die Buslinie 17 ab Renfield Street zum Museum.

GRATIS Hunterian Museum   MUSEUM
(Karte S. 120; www.hunterian.gla.ac.uk; University Ave.; ◉Di–Sa 10–17, So 11–16 Uhr) Das schrullige Museum befindet sich in dem beeindruckenden Sandsteingebäude der Universität, und das ist eigentlich schon Grund genug für einen Besuch. Es beherbergt die Sammlung des renommierten Wissenschaftlers William Hunter (1718–1783), der einst an der

EIN BESUCH IM KELVINGROVE MUSEUM

Dauer: drei Stunden

Über eine Million Exponate umfasst die Sammlung dieses Museums. Da aber nicht alle gezeigt werden, sind Besucher nicht überfordert. Wer das Haus durch einen der beiden Eingänge betritt, sollte zuerst die prachtvolle Innenausstattung mit der großen Eingangshalle, den kunstvollen Lampen und der Orgel (Konzerte um 13 Uhr) genießen.

Das Museum ist in zwei große Abteilungen geteilt: Die eine widmet sich dem Thema Leben (Geschichte, Archäologie und Naturwissenschaften), die andere der Kunst.

1. STOCK

Am besten lässt man den Museumsbesuch mit der Kunst starten: Oben in der Halle hängen die Köpfe. Im Raum mit den Niederländern befindet sich Rembrandts wunderbarer Mann mit Rüstung, mit der von Caravaggio übernommenen Hell-Dunkel-Technik. Auf einem interaktiven Bildschirm können Besucher ausprobieren, wem das Bild ähnlich sieht.

Die angrenzende französische Abteilung besitzt ein Porträt, das Renoir von seiner Schülerin Valentine Fray gemalt hat, sowie einen frühen Van Gogh, der seinen Glasgower Mitbewohner Alexander Reid zeigt. Monets *Vétheuil* verbindet den Impressionismus mit dem Landleben in Frankreich; einen schönen Kontrast zu diesem Bild bietet das Landschaftsgemälde von Cézanne. Neben Dufys berühmter Darstellung *Der Pier* in *Trouville* hängen in diesem Raum auch die Werke vieler weiterer Künstler.

Die Abteilung mit schottischen Landschaftsgemälden beeindruckt durch einige herrliche Szenen aus dem schottischen Hochland. Wer vor dem Bild *Glen Massan* von Gustave Doré steht, kann beinahe den Nieselregen spüren und die Heide riechen. David Wilkies *The Cottar's Saturday Night* basiert auf dem Gedicht von Robert Burns.

Auf keinen Fall sollte man hier oben die Gemälde im Säulengang auslassen. Das wertvollste Stück hängt jedoch oben im Innenhof: Salvador Dalís *Christus des heiligen Johannes vom Kreuz*, zu dem er im Traum inspiriert wurde, ist wohl eines seiner Meisterwerke. Keine albernen Bärte oder surrealistischen Kinkerlitzchen – dies ist ein anspruchsvolles, außerordentlich starkes Gemälde. Ein sehniger menschlicher Gott blickt durch einen unendlichen, dunklen Himmel auf ein einfaches Fischerboot in Galilea (oder in diesem Fall Catalunya). Man könnte Ewigkeiten vor diesem Bild verbringen.

ERDGESCHOSS

Im Erdgeschoss befindet sich das **Art Discovery Centre** – insbesondere für Kinder gedacht, aber durchaus einen Blick wert. Ein großer Raum ist den Glasgow Boys gewidmet. Inspiriert von Whistler, wandten sich diese Maler von der Romantik ab und einem moderneren Stil zu. Es lohnt sich, William Kennedys bodenständige *Stirling Station* oder den Realismus von James Guthries *A Funeral Service in the Highlands* mit den romantischen schottischen Landschaftsgemälden im 1. Stock zu vergleichen. Bemerkenswert sind auch John Laverys berühmtes Porträt der Tänzerin Anna Pawlowa und E. A. Hornels oft kopiertes Werk *The Coming of Spring*.

Auch wenn man nun die meisten Bilder gesehen hat, bleibt doch immer noch viel zu entdecken. Ein Raum ist der Inneneinrichtung und dem Design des Art déco und des Glasgower Stils gewidmet. „Margaret besitzt Genie, ich dagegen nur Talent", sagte Charles Rennie Mackintosh über seine Frau – hier findet man viele ihrer Werke und auch einige ihrer Schwester Frances Macdonald.

Die andere Seite des Museums, die von einem aufgehängten Spitfire-Flugzeug beherrscht wird, zeigt in ihren Räumen eindrucksvolle Steine aus der Wikingerzeit, ägyptische Grabbeigaben und andere archäologische Fundstücke. Ritterrüstungen werden geschickt mit einer Ausstellung über die Auswirkungen eines Krieg kombiniert, zudem werden sehenswerte sozialgeschichtliche Exponate gezeigt. Die präparierten Tiere sind ein Relikt aus der viktorianischen Vergangenheit des Museums. Besucher sollten keinesfalls John Fultons kunstvolles Orrery verpassen – das funktionstüchtige Modell stellt unser Sonnensystem dar; es findet sich in der Nähe des viel geliebten Elefanten (er heißt Sir Roger, falls man vorgestellt werden möchte).

West End

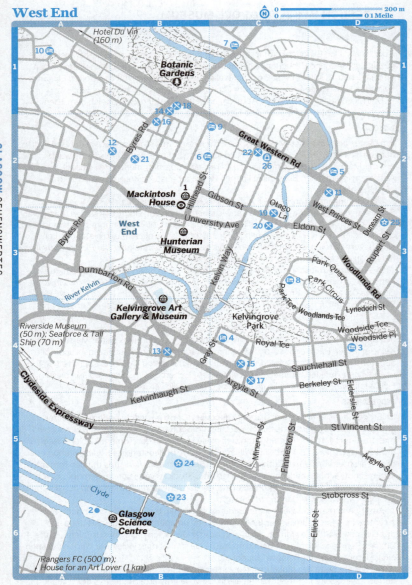

Universität Glasgow studiert hat. Hunter war Anatomist und Physiker, als Zeitgenosse der Aufklärung aber an allem interessiert, was die Welt zu bieten hatte. Konservierte Organe in Glasgefäßen stehen hier neben geologischen Phänomenen, Steinen von antiken Rundtürmen, Dinosaurierskeletten und einem Schaukasten mit missgebildeten Tieren. Die Hauptsäle mit ihren hohen Gewölben sind schon für sich sehenswert. Ein Highlight in der Abteilung Weltkultur ist die „Landkarte der Ganzen Welt" von 1674.

West End

🟦 Highlights
- Botanic Gardens B1
- Glasgow Science Centre........................B6
- Hunterian Museum B3
- Kelvingrove Art Gallery & Museum B4
- Mackintosh House B2

🟦 Sehenswertes
1. Hunterian Art Gallery B2

🟦 Aktivitäten, Kurse & Touren
- Loch Lomond Seaplanes ....(siehe 2)
2. Waverley A6

🟦 Schlafen
3. Acorn Hotel..D4
4. Alamo Guest House...........................C4
5. Amadeus Guest House D2
6. Bunkum Backpackers B2
7. Embassy Apartments C1
8. Glasgow SYHA C3
9. Heritage Hotel C2
10. Kirklee Hotel A1

🟦 Essen
11. Bay Tree Café D2
12. Bothy B2
13. Firebird...B4
14. Heart Buchanan................................B1
15. Konaki..C4
16. La Vallée Blanche B2
17. Mother India.....................................C4
18. Òran Mór Brasserie............................B1
19. Stravaigin C3
- Stravaigin II ....(siehe 12)
20. The Left Bank...................................C3
21. The Ubiquitous Chip B2
22. Wudon..C2

🟦 Ausgehen
- Brel..(siehe 21)
- Jinty McGuinty's ....(siehe 21)
- Òran Mór ....(siehe 18)
- Vodka Wodka ....(siehe 21)

🟦 Unterhaltung
23. Clyde Auditorium B6
24. SECC..B5
25. The Captain's D3

🟦 Shoppen
26. Caledonia Books................................C2

GRATIS **Hunterian Art Gallery** KUNSTGALERIE, MUSEUM
(Karte S. 120; www.hunterian.gla.ac.uk; 82 Hillhead St.; ☉Di–Sa 10–17, So 11–16 Uhr) Gegenüber dem Hunterian Museum befindet sich diese Galerie mit Gemälden, die Hunter der Universität vererbt hat. Die Scottish Colourists – Samuel Peploe, Francis Cadell, J. D. Fergusson und Leslie Hunter – sind hier gut vertreten. Zu sehen sind auch Sir William MacTaggarts impressionistische schottische Landschaften und ein schönes Werk von Thomas Millie Dow. Eine eigene Sammlung ist den klaren Drucken, Zeichnungen und Gemälden von James McNeill Whistler gewidmet. Eine Abteilung im oberen Stock zeigt schottische Kunst des späten 19. Jhs. mit Gemälden der Glasgow Boys, einer Künstlervereinigung, die sich als Gegenstück zur Edinburgher Kunstszene entwickelte.

LP TIPP **Mackintosh House** MACKINTOSH-GEBÄUDE
(Karte S. 120; www.hunterian.gla.ac.uk; 82 Hillhead St.; Erw./erm. 5/3 £; ☉Di–Sa 10–17, So 11–16 Uhr) Neben der Hunterian Art Gallery befindet sich der Nachbau des ersten Hauses von Charles Rennie Mackintosh und seiner Frau, der bekannten Künstlerin Mary Macdonald. Innenausstattung gehörte zu den großen Stärken des Ehepaares; das Mackintosh House erregt auch heute noch viel Aufsehen. Die schlichte Eleganz der Eingangshalle und des Esszimmers leitet in einen umwerfenden Salon über: Hier glaubt man sich in einer anderen Welt, umgeben von beschlagenen Silberpaneelen, Stühlen mit hoher Rückenlehne und einer Oberflächengestaltung, die der keltischen Buchmalerei nachempfunden ist. Nicht auszudenken, hier als Gast ein Glas Rotwein auf den Teppich verschüttet zu haben.

Botanic Gardens PARK
(Karte S. 120; 730 Great Western Rd.; ☉7 Uhr bis Einbruch der Dunkelheit, Gewächshaus im Sommer 10–18 Uhr, im Winter bis 16.15 Uhr) Beim Betreten dieses schönen Gartens verebbt glücklicherweise ganz schnell der Lärm und die Hektik der Great Western Road. Es

EIN BESUCH IN DER BURRELL COLLECTION

Dauer: zwei Stunden

Die Burrell Collection hat eine besucherfreundliche Größe, aber der sie umgebende Park ist so herrlich, dass man ausreichend Zeit für einen Spaziergang und, bei schönem Wetter, auch für ein Picknick mitbringen sollte. Der Besuch beginnt im hellen Haupthof, in dem Bronzeskulpturen von Rodin stehen, darunter auch eine Version von *Der Denker von 1880*, die berühmte *Eva nach dem Sündenfall* und *Das eherne Zeitalter*. Anschließend führt der Weg durch ein reich verziertes Portal; das Werk aus dem 16. Jh. stammt aus dem Hornby Castle in Yorkshire und stimmt die Besucher hervorragend auf die vielseitige Sammlung ein.

Beim Gang durch das Tor schreitet man Jahrtausende zurück ins alte Ägypten. Großartige Schnitzereien und zierliche shawabtiu – menschenähnliche Keramikfiguren, die den Toten ins Jenseits begleiten – werden hier gezeigt, gefolgt von schwarz-roten, figurengeschmückten Vasen aus Attika. Wer entlang der Fenster weitergeht, kommt an chinesischem Porzellan vorbei zu religiösen Skulpturen; besonders sehenswert ist das deutsche Werk *Wehklagen über den gekreuzigten Christus* aus dem frühen 16. Jh. von dem vielseitig begabten, sehr produktiven Künstler Anonymus.

Im Erdgeschoss befinden sich auch nachgebauten Innenräume des Hutton Castle, eine kleine Sammlung islamischer Kunst und Burrells exquisite Sammlung von Wandteppichen, die regelmäßig ausgewechselt werden.

Der Weg in die sehenswerte Kunstsammlung im oberen Stock führt noch einmal durch die Ausstellung griechischer Vasen. Die wunderschönen, auf Holz gemalten flämischen Gemälde aus dem 15. und 16. Jh. wurden erstklassig restauriert. Herausragend ist *Die Rast auf der Flucht nach Ägypten* – der Titel wird durch die europäische Landschaft im Bildhintergrund infrage gestellt.

Die übrigen Ausstellungsstücke stammen aus Frankreich. Burrell war ein wichtiger Mäzen Edgar Degas', dessen Serie von Ballettgemälden, das fotografische Bild *Frau mit Schirm* und das meisterhafte Porträt seines Freundes Edmond Duranty zu den Highlights gehören. Eine Serie von Manets zeigt dessen Vielseitigkeit, und auch die Pferde von Géricault lohnen mehr als einen Blick. In Alfred Sisleys *Kirche in Noisy-le-Roi* spürt der Betrachter die französische Sommersonne; dem steht die eher traumähnliche Landschaft in Cézannes beinah tropischem *Château de Médan* gegenüber.

Erfreulicherweise sind alle Gemälde gut erklärt, und an den PCs im Erdgeschoss erhalten Besucher weitere Information zu den Exponaten.

---

ist schon erstaunlich, dass diese grüne Oase bei den Einheimischen (außer an sonnigen Wochenenden) offenbar nicht besonders beliebt ist. Schon wenige Schritte vom Eingang entfernt hat man den Park ganz für sich. Die bewaldeten Flächen erstrecken sich entlang des River Kelvin, und auf dem Gelände befinden sich viele tropische Pflanzen. **Kibble Palace** ein imposantes viktorianisches Gebäude in einer Eisen-Glas-Konstruktion aus dem Jahr 1873, gehört zu den größten Gewächshäusern Großbritanniens. Auch der Kräutergarten mit seinen Heilpflanzen verdient einen kurzen Besuch. Schöner als in dieser Hügellandschaft lässt es sich kaum picknicken! Es gibt auch organisierte Spaziergänge und sommerliche Konzerte – das aktuelle Programm hängt am Schwarzen Brett in der Nähe des Eingangs aus.

GRATIS **Fossil Grove** GEOLOGISCHE FUNDSTÄTTE (Victoria Park, Dumbarton Rd.; ⊙April–Sept. 10–16 Uhr) Mit seinen 350 Mio. Jahre alten versteinerten Bäumen, die überall noch so herumliegen, wie sie gefunden wurden, ist Fossil Grove ein absolut faszinierender Ort. Die Buslinie 44 fährt vom Stadtzentrum bis zum Victoria Park.

South Side

Von vielbefahrenen Straßen durchzogen, bietet diese Gegend im städtischen Verkehrschaos nur wenige Oasen. Trotzdem überrascht sie mit einigen lohnenden Sehenswürdigkeiten.

GRATIS **Burrell Collection** KUNSTGALERIE (www.glasgowmuseums.com; Pollok Country Park; ⊙Mo–Do & Sa 10–17, Fr & So 11–17 Uhr) Zu den Hauptattraktionen Glasgows zählt die Burrell Collection. Der reiche Industrielle Sir William Burrell, der sein Vermögen durch den Handel mit Schiffen erlangte, trug diese Schätze zusammen und stiftete sie schließlich der Stadt. Die Sammlung befindet sich in einem hervorragenden Museum, knapp 5 km südlich des Stadtzentrums gelegen. Burrell sammelte von seiner Jugend bis zu seinem Tod im Alter von 97 Jahren alle Arten von Kunst, und so enthält seine Schatzsammlung fast alles – vom chinesischen Porzellan über mittelalterliche Möbelstücke bis hin zu Gemälden von Degas und Cézanne. Die Kollektion ist nicht so groß, dass es für Besucher zu viel wird, zumal das Geschick und der gute Geschmack des Sammlers dem Ganzen eine faszinierende Geschlossenheit verleiht.

Jeder Besucher wird schnell herausfinden, was ihm am meisten zusagt, doch die Sammlung mit den exquisiten Wandteppichen ist herausragend. Fesselnde Geschichten aus dem Leben in Europa finden sich in umwerfende, wandgroße Stücke aus dem 13. bis 16. Jh. eingewebt.

Im eindrucksvollen Inneren sind gemeißelte romanische Steintüren so ins Bauwerk eingelassen worden, dass sie tatsächlich durchschritten werden können. Dank der großen Fenster, die vom Boden bis zur Decke reichen, werden die Ausstellungsstücke ins rechte Licht gerückt und durch den Blick aus dem Fenster in eine landschaftliche Umgebung gestellt, die ihre Wirkung noch unterstreicht: Alles erscheint so friedlich und erinnert an einen Bummel durch ein riesiges Gewächshaus.

Im Frühling lohnt es sich, einen ganzen Tag hier draußen zu verbringen und in aller Ruhe durch den wundervollen Park mit seiner Blütenpracht zu schlendern. Der Park gehörte früher zum **Pollok House**, das auch besichtigt werden kann, und besitzt zahlreiche Picknickplätze. Und wer nicht weiter in den Norden fährt, kann hier die zotteligen Highlandrinder und Kaltblutpferde sehen.

Viele Busse (darunter die Linien 45, 47, 48 und 57 vom Stadtzentrum) fahren zu diesem Park; alle halbe Stunde verkehrt ein Bus zwischen dem Museum und dem Parkeingang (zu Fuß ist es ein angenehmer Spaziergang von etwa zehn Minuten). Wer will, kann aber auch den Zug vom Hauptbahnhof nach Pollokshaws West nehmen (4-mal stündl.; 2. Station auf der Strecke nach East Kilbride oder Kilmarnock).

GRATIS **Scotland Street School Museum**　MACKINTOSH-GEBÄUDE
(www.glasgowmuseums.com; 225 Scotland St; Di-Do & Sa 10–17, Fr & So 11 bis 17 Uhr) Die von Mackintosh errichtete Scotland Street School steht heutzutage etwas verloren in der windigen Straße des Industriegebiets, und kein Kindergeschrei hallt mehr durch die Flure. Trotzdem lohnt sich der Besuch des imposanten Gebäudes und des interessanten Museums, das zeigt, wie Klassenräume früher einmal ausgesehen haben. Ältere Besucher werden sich an ihre eigene Schulzeit mit schimpfenden Schulleitern und Putzfrauen erinnern. Das Museum befindet sich gegenüber der U-Bahnhaltestelle Shields Road; es gibt hier sogar ein OK Café.

House for an Art Lover　MACKINTOSH-GEBÄUDE
(0141-353 4770; www.houseforanartlover.co.uk; Bellahouston Park, Dumbreck Rd.; Erw./Kind 4,50/3 £; Mo-Mi 10–16, Do-So 10–13 Uhr) Für den Wettbewerb einer deutschen Zeitschrift entwarf Mackintosh bereits 1901 das House for an Art Lover, doch erst in den 1990er-Jahren wurde das Haus gebaut. Mackintosh arbeitete eng mit seiner Frau zusammen, und ihr Einfluss ist ganz offensichtlich, besonders beim Rosenmotiv. Herausgekommen ist ein eindrucksvolles Beispiel für Raum- und Lichtgestaltung. Vom Stadtzentrum aus fahren die Buslinien 3, 9, 54, 55 und 56 dorthin; es empfiehlt sich, vorher anzurufen, das Haus könnte nämlich für Feiern reserviert sein.

Holmwood House　HISTORISCHES GEBÄUDE
(NTS; www.nts.org.uk; 61–63 Netherlee Rd.; Erw./Kind 6/5 £; April–Okt. Do–Mo 12–17 Uhr) Nach einem Entwurf von Alexander Thomson, genannt „der Grieche", entstand 1857 Holmwood House. Auch wenn die Renovierungsarbeiten noch im Gang sind, lohnt sich ein Besuch. Bei dem attraktiven Haus mit den Sonnensymbolen im Erdgeschoss und den Sternen im Obergeschoss stand die klassische griechische Architektur Pate. Cathcart, wo sich Holmwood House befindet, liegt etwa 6 km südlich des Stadtzentrums; Züge fahren über Queen's Park oder nach Neilston. Man kann auch mit den Buslinien 44, 44A, 44D oder 66 ab dem Stadtzentrum fahren. Auf der Rhannan Road sind es etwa 800 m bis zum Holmwood House.

Scottish Football Museum　MUSEUM
(The Hampden Experience; www.scottishfootballmuseum.org.uk; Hampden Park; Erw./Kind 6/3 £;

⊙Mo–Sa 10–17, So 11–17 Uhr) Fußballfans kommen im Scottish Football Museum voll auf ihre Kosten. Hier geht es um die Geschichte des Fußballs in Schottland und den schottischen Einfluss auf das weltweit verbreitete Spiel. Fußball ist für viele Schotten eine echte Leidenschaft, und das Museum ist vollgestopft mit Erinnerungsstücken. Dazu gehören auch eine Mütze und eine Eintrittskarte vom ersten Fußballländerspiel überhaupt (das 1872 zwischen Schottland und England ausgetragen wurde und 0:0 endete). Das fesselnde Museum gibt Einblick in die Welt der Spieler, der Fans, der Medien und in den Wandel, den das Spiel im Laufe der letzten 140 Jahre durchlaufen hat. Auch eine Besichtigung des Stadions im Rahmen der sogenannten Stadium Tour ist möglich (Erw./Kind 6/3 £; Kombiticket mit Museum 9/4,50 £). Das Museum steht am Hampden Park bei der Aikenhead Road. Der Zug fährt bis Mount Florida, die Buslinien 5, 31, 37 oder 75 von der Stockwell Street halten ebenfalls hier.

North Side

Die North Side bietet Besuchern relativ wenig Interessantes, abgesehen von einer einzigartigen Kirche, die zugleich die Zentrale der Rennie Mackintosh Society ist.

Mackintosh Church MACKINTOSH-GEBÄUDE
(www.crmsociety.com; 870 Garscube Rd.; Erw./Kind 4 £/frei; ⊙April–Okt. Mo, Mi & Fr 10–17 Uhr, Nov.–März Mo, Mi & Fr 10–16 Uhr) Die Mackintosh Church mit der Zentrale der Charles Rennie Mackintosh Society wurde als einziger Kirchenentwurf Mackintoshs auch tatsächlich gebaut. Sie ist mit herrlichen Glasfenstern und Reliefs geschmückt, und das Tonnengewölbe beeindruckt durch seine schlichte Anmut. Die Garscube Road, wo die Kirche liegt, ist die Verlängerung der Rose Street in nördliche Richtung.

 Aktivitäten

Im Stadtzentrum finden sich viele Grünflächen. Der **Pollok Country Park** umgibt die Burrell Collection und bietet mehrere Waldwege. Näher am Stadtzentrum verläuft der **Kelvin Walkway**, der sich entlang dem Ufer des River Kelvin durch den Kelvingrove Park, den botanischen Garten und bis zum Dawsholm Park zieht.

Wanderungen & Radtouren

Der **Clyde Walkway** führt von Glasgow etwa 64 km flussaufwärts bis zu den Falls of Clyde bei New Lanark. Die Touristeninformation hält gute Broschüren zu den einzelnen Abschnitten dieser Wanderung bereit. Die 16 km lange Wanderung durch Glasgow bietet interessante Strecken, allerdings wurden die meisten alten Werftgebäude durch moderne Bauwerke ersetzt.

Der viel begangene Fernwanderweg **West Highland Way** beginnt knapp 13 km nördlich von Glasgow in Milngavie (von Glasgow aus führt ein Weg am River Kelvin dorthin) und zieht sich über 152 km durch eine spektakuläre Landschaft bis Fort William.

Mehrere Fernwander- und Fahrradtouren starten in Glasgow und verlaufen meist abseits der Landstraßen. Genauere Informationen gibt es unter www.sustrans.org.uk.

Die **Route Clyde–Loch Lomond** führt durch Wohn- und Industriegebiete in einer 32 km langen Strecke von der Bell's Bridge bis zum Loch Lomond. Der Weg geht dann als Teil der **Lochs and Glens National Cycle Route** weiter nach Inverness.

Der **Radweg Clyde-Forth** führt direkt durch Glasgow. Eine Strecke verläuft über Bathgate nach Edinburgh, die andere über Paisley nach Greenock und Gourock, die ersten Kilometer teilweise auf Landstraßen. Eine Abzweigung führt nach Irvine und Ardrossan zur Fähre nach Arran. Eine andere Abzweigung geht über Ayr, Maybole und Glentrool an die Küste von Solway und nach Carlisle.

👉 Geführte Touren

City Sightseeing BUSTOUR
(Karte S. 112; ☎0141-204 0444; www.citysightseeingglasgow.co.uk; Erw./Kind 11/5 £) Die Doppeldeckerbusse für Touristen fahren auf einem Rundkurs alle wichtigen Sehenswürdigkeiten an. Die Tour beginnt an der Touristeninformation am George Square; unterwegs kann man jederzeit aus- und einsteigen. Tickets gibt es in der Touristeninformation oder beim Fahrer, sie gelten für zwei aufeinanderfolgende Tage. Alle Busse sind barrierefrei, und daher auch für Reisende mit einer Behinderung geeignet. Die Erläuterung der Sehenswürdigkeiten erfolgt in mehreren Sprachen.

Glasgow Taxis City Tour TAXITOUR
(☎0141-429 7070; www.glasgowtaxis.co.uk) Wer sicher ist, dass er den Dialekt des Fahrers versteht, gewinnt bei einer Tour im Taxi einen sehr guten Einblick in die Stadt und

ihre Sehenswürdigkeiten. Auf der 60-minütigen Fahrt werden alle Sehenswürdigkeiten kommentiert. Die Standardtour kostet 35 £ für bis zu fünf Fahrgäste.

Loch Lomond Seaplanes — RUNDFLÜGE
(Karte S. 120; 0143-667 5030; www.loch lomondseaplanes.com; Clyde River, Glasgow Science Centre; Flüge ab 129 £) Die Firma nutzt den River Clyde als Startbahn. Die Flüge führen über Glasgow und Loch Lomond, man kann sogar bis nach Oban fliegen.

Seaforce — BOOTSAUSFLÜGE
(0141-221 1070; www.seaforce.co.uk; Riverside Museum) Die Allwetter-Schnellboote von Seaforce legen am Riverside Museum ab. Angeboten werden die unterschiedlichsten Ausflüge auf dem River Clyde, beispielsweise eine halbstündige Tour rund um das Stadtzentrum (Erw./Kind 12/6 £), eine einstündige Fahrt zur Erskine Bridge (15/10 £) oder die vierstündige Tour zur Tierbeobachtung (50/35 £).

Waverley — BOOTSAUSFLÜGE
(Karte S. 120; www.waverleyexcursions.co.uk; Clyde River beim Glasgow Science Centre; Tickets 15–40 £; April–Sept.) Der weltweit letzte seetüchtige Raddampfer (1947 gebaut) verkehrt von April bis September auf dem Firth of Clyde; genaue Informationen über den Fahrplan des Wasserfahrzeugs bietet die Website. Der Dampfer fährt zu mehreren Städten und zu den Inseln Bute, Great Cumbrae und Arran. Abfahrt ist am Glasgow Science Centre, dazu kommen einige Haltestellen außerhalb der Stadt.

Feste & Events

Um mit Edinburgh mithalten zu können, hat auch Glasgow etliche lohnenswerte Festivals ins Leben gerufen.

Celtic Connections — MUSIK
(www.celticconnections.com) Zweiwöchiges Musikfestival im Januar.

Glasgow International Festival of Visual Art — KUNST
(www.glasgowinternational.org) Das Festival findet in geraden Jahren Ende April statt und bietet in der ganzen Stadt eine große Bandbreite an innovativen Installationen, Vorstellungen und Ausstellungen.

Glasgow Jazz Festival — JAZZ
(www.jazzfest.co.uk) Festival der Superklasse, das im Juni stattfindet.

West End Festival — KUNST
(www.westendfestival.co.uk) Das größte Musik- und Kunstfestival Glasgows findet drei Wochen lang im Juni statt.

Glasgow International Comedy Festival — COMEDY
(www.glasgowcomedyfestival.com) Ende März regen erstklassige Comedians überall in der Stadt die Lachmuskeln an.

Merchant City Festival — KUNST
(www.merchantcityfestival.com) Buntes Straßenfest im Viertel Merchant City mit vielen Vorführungen und Verkaufsständen. Ende Juli.

Glasgow Film Festival — FILM
(www.glasgowfilm.org) Das zehntägige Filmfestival findet im Februar an den unterschiedlichsten Orten in Glasgow statt.

World Pipe Band Championships — DUDELSACK
(www.rspba.org) Mitte August treten mehr als 200 Dudelsackkapellen auf.

Schlafen

An den Wochenenden ist das Stadtzentrum fest in der Hand lärmender Gruppen. Auch die Unterkünfte sind schnell belegt, meistens von Gruppen, die erst spät nachts mit viel Krach in ihr Hotel zurückkehren. Wer gerne schon früher seine Nachtruhe haben möchte, sollte deshalb lieber ein kleineres, ruhiges Hotel oder eine Unterkunft im West End suchen. Eine Reservierung ist auf jeden Fall an den Wochenenden und im Juli und August notwendig.

Stadtzentrum

LP TIPP Brunswick Hotel — HOTEL ££
(Karte S. 112; 0141-552 0001; www.brunswick hotel.co.uk; 106 Brunswick St.; Compact DZ/Standard DZ 50–95 £;) Manche Unterkünfte haben mürrische Betreiber, die einfach abschließen, wenn man sich nicht an die Sperrstunde hält. Und dann gibt es noch das Brunswick, in dem gelegentlich das ganze Hotel in eine einzige Partyzone verwandelt wird, mit DJs im Fahrstuhl und Kunstinstallationen in den Zimmern. Eine entspanntere und freundlichere Adresse gibt es in der ganzen Merchant City nicht. Die schicken Zimmer sind eine Mischung aus Minimalismus und opulenten, sexy Farben. Compact- und Standard-Doppelzimmer sind okay, wenn man nur für eine Nacht zum Feiern kommt. Die Kingsize-Zimmer sind die 10 £ Aufpreis wert. Es gibt im Haus ein ausge-

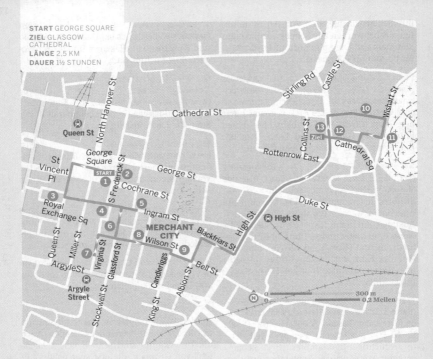

START GEORGE SQUARE
ZIEL GLASGOW CATHEDRAL
LÄNGE 2,5 KM
DAUER 1½ STUNDEN

Stadtspaziergang
Glasgow

› Dieser Spaziergang führt zur Glasgow Cathedral durch die Merchant City, in der früher Glasgows Industrielle ansässig waren.

Die Touristeninformation am ❶ **George Square** ist Ausgangspunkt für die Stadterkundung. Der Platz wird von viktorianischen Bauten gesäumt, darunter das alte Postamt, die Bank of Scotland und die bombastischen ❷ **City Chambers**. Die Statuen auf dem Platz stellen Robert Burns, James Watt und, auf einer dorischen Säule, Sir Walter Scott dar.

Weiter geht es die Queen Street entlang Richtung Süden bis zur ❸ **Gallery of Modern Art**. Das Gebäude war früher Sitz der Königlichen Börse. Heute sind hier Arbeiten der besten zeitgenössischen Künstler des Landes ausgestellt.

Der Weg führt weiter über die Ingram Street zum früheren Gerichtsgebäude. Ein Blick hinein lohnt sich, denn hier befindet sich heute das ❹ **Corinthian**, eine extravagante Bar. Kurz darauf erreicht man ❺ **Hutcheson's Hall**. Das 1805 erbaute, elegante Gebäude wird heute vom National Trust for Scotland (NTS) unterhalten. Einen Häuserblock weit geht es auf demselben Weg zurück, dann über die Glassford Street nach Süden. Der Weg führt an der ❻ **Trades Hall** vorbei, die Robert Adam 1791 für die Kaufmanngilde entwarf. Nun geht es rechts in die Wilson Street und links in die Virginia Street, die von alten Lagerhäusern der Tabakbarone gesäumt wird. Viele dieser Gebäude wurden zu schicken Wohnungen umgebaut. Die ❼ **Tobacco Exchange** diente ab 1820 als Zuckerbörse.

Zurück auf der Wilson Street fällt der Blick auf den ❽ **Sheriff Court**. Hier war das Rathaus von Glasgow. Es geht auf der Wilson Street nach Osten, vorbei am Ingram Square bis zum ❾ **Merchant Square**. In diesem überdachten Hof fand früher der Obst- und Gemüsemarkt statt.

Der Weg geht weiter auf der Albion Street, dann rechts in die Blackfriars Street, die in die High Street übergeht und weiter bis zur ❿ **Kathedrale** führt. Hinter der Kathedrale windet sich ein Weg durch die ⓫ **Nekropole** mit einem Blick auf die Stadt. Auf dem Rückweg lohnt sich ein Abstecher ins ⓬ **St Mungo's Museum of Religious Life & Art** und zum ⓭ **Provand's Lordship**.

zeichnetes Restaurant und manchmal einen Nachtclub im Keller.

Malmaison
HOTEL ££££

(Karte S. 112; ✆0141-572 1000; www.malmaison.com; 278 West George St.; Zi./Suite 160/345 £; ❄❀) Das Malmaison ist einfach himmlisch und geradezu unverschämt schön, dabei vertrauenswürdig und doch auch etwas schräg. Besser kann man in der Stadt kaum wohnen. Die stilvollen Zimmer mit der stimmungsvollen Beleuchtung sind in dunklen Tönen gehalten und mit eleganten Möbeln und etwas modernem Design eingerichtet. Es lohnt sich, das Zimmer online zu buchen – das ist billiger, außerdem gibt es verlockende Angebote.

Blythswood Square
HOTEL £££

(Karte S. 112; ✆0141-248 8888; www.blythswoodsquare.com; 11 Blythswood Sq.; Zi. 150–290 £; @❄❀❆) Das elegante 5-Sterne-Hotel, untergebracht in einem Luxusgebäude aus georgianischer Zeit, bietet jede Menge Luxus, Tweedstoffe in Grau und Kirschrot sorgen für eine gepflegte Atmosphäre. Die Zimmerkategorien reichen vom Standardzimmer bis zum Penthouse, mit den Preisen steigt auch der Komfort. So verlockend die klassischen Zimmer mit Blick auf den hübschen Platz auch sind – am Wochenende ist es in den Zimmern im Neubauflügel nach hinten ruhiger. Es gibt eine ausgezeichnete Bar und ein tolles Restaurant, und im 1. Stock befindet sich ein schöner Salon mit Säulen und Dielen, der als abendlicher Treffpunkt zum Cocktail dient. Natürlich wird das Auto vom Personal geparkt und der Wellness-Bereich lohnt den Besuch.

Citizen M
HOTEL ££

(Karte S. 112; ✆0141-4049485; www.citizenm.com; 60 Renfrew St.; Zi. 70–120 £; @❀) Diese moderne Hotelkette hat sich von den üblichen Annehmlichkeiten der Standardhotels verabschiedet – hier checkt man selbst ein. Die minimalistischen, modernen Zimmer, die mit viel Kunststoff ausgestattet sind, bieten nur zwei Besonderheiten: ein großes, bequemes Doppelbett und eine ordentliche Dusche mit Stimmungslicht. Dahinter steckt die Idee, dass sich die Gäste überwiegend in den öffentlichen Räumen aufhalten. Und warum sollten sie auch nicht, denn hier gibt es schicke, superbequeme Designermöbel, ein Café, das rund um die Uhr geöffnet ist, und einen Tisch voller Macs, die man benutzen kann. Die Preise variieren, je nach Nachfrage, stark.

Rab Ha's
GASTHAUS ££

(Karte S. 112; ✆0141-572 0400; www.rabhas.com; 83 Hutcheson St.; Zi.69–89 £; ❀) Das in der Merchant City gelegene, beliebte Haus mit Pub-Restaurant und viel Atmosphäre vermietet vier schicke Zimmer im ersten Stock. Sie alle sind sehr unterschiedlich, doch farbenfroh. Am schönsten und größten ist Zimmer Nummer 1, aber auch die übrigen sind gemütlich, und die Lage ist gut. Kleine Aufmerksamkeiten wie frische Blumen, iPod-Docks, ein freundlicher Empfang und die Möglichkeit, jederzeit frühstücken zu können, geben dem Gast das Gefühl, er sei etwas Besonderes.

Indigo
HOTEL ££

(Karte S. 112; ✆0141-226 7700; www.hotelindigoglasgow.com; 75 Waterloo St.; DZ 99–169 £;

GLASGOW FÜR KINDER

Obwohl Glasgow viel größer und geschäftiger als Edinburgh ist, gestaltet sich ein Besuch mit Kindern relativ einfach, nicht zuletzt dank des guten Netzes der öffentlichen Verkehrsmittel und dank der Freundlichkeit seiner Einwohner. Die Stadt bietet tolle Attraktionen für Familien wie das **Glasgow Science Centre** (S. 118) und das **Sharmanka Kinetic Gallery & Theatre** (S. 114). Beide wetteifern darum, die kinderfreundlichste Attraktion zu sein. Auch das **Riverside Museum** (S. 117) und der **People's Palace** (S. 117) sind zu empfehlen.

Adressen für eine kurzfristige Kinderbetreuung sind beim städtischen **Glasgow Childcare Information Service** (✆0141-287 5223; chis@education.glasgow.gov.uk; 100 Morrison St.) erhältlich. Die Website **KidsGlasgow** (www.kidsglasgow.com) informiert über Veranstaltungen für Kinder, außerdem u. a. über Indoorspielplätze.

In den meisten städtischen Parks gibt es Kinderspielplätze. Im Stadtzentrum bieten die großen Einkaufszentren wie **Buchanan Galleries** (S. 150) und **St. Enochs** sogar Wickelräume sowie Läden und Aktivitäten, die die Kinder für ein bis zwei Stunden beschäftigen.

EIN SCHOTTISCHES GENIE: CHARLES RENNIE MACKINTOSH

Große Städte bringen große Künstler, Designer und Architekten hervor. Sie prägen das kulturelle und historische Erbe mit, indem sie dem Geist und der Individualität ihrer Stadt künstlerischen Ausdruck verleihen. Das trifft auch auf Charles Rennie Mackintosh zu. Seine einfallsreichen geometrischen Entwürfe haben Glasgow fast so sehr geprägt wie Gaudí die Stadt Barcelona. Viele Gebäude, die Mackintosh in Glasgow entworfen hat, sind öffentlich zugänglich. Seine charakteristischen hohen, schmalen Jugendstilformen haben viele Nachahmer gefunden.

Der 1868 geborene Mackintosh studierte an der Glasgow School of Art. Hier traf er auch die einflussreiche Künstlerin und Designerin Margaret Macdonald und heiratete sie. Die beiden arbeiteten an vielen gemeinsamen Projekten und beeinflussten sich auch gegenseitig. 1896, im Alter von nur 27 Jahren, gewann Mackintosh mit seinem Entwurf für das neue Gebäude der Kunstschule einen Wettbewerb, Mackintoshs größter Erfolg im Bereich der Architektur. Der erste Gebäudeteil wurde 1899 eröffnet und gilt als frühestes Beispiel des Jugendstils in Großbritannien. Das Gebäude zeigt Mackintoshs Talent, Funktion und Stil zu kombinieren.

Zwar wurde Mackintoshs Genie auf dem europäischen Festland schnell erkannt, doch in Schottland erhielt er keine vergleichbare Unterstützung. Seine Karriere als Architekt war hier schon 1914 beendet: Er ging nach England und konzentrierte sich dort auf den Entwurf von Möbeln, bis er 1928 starb. Erst in den letzten Jahrzehnten fand er die Anerkennung, die er verdient hatte. Weitere Infos über den Menschen und sein Werk bietet die **Charles Rennie Mackintosh Society** (0141-946 6600; www.crmsociety.com; 870 Garscube Rd., Mackintosh Church). Die Website informiert auch über Veranstaltungen.

Wer Mackintosh-Fan ist oder werden möchte, sollte das **Mackintosh Trail Ticket** (16 £) kaufen, das es bei der Touristeninformation oder in jedem Mackintosh-Haus gibt. Damit kann man einen Tag lang alle seine Gebäude besichtigen und kostenlos die U-Bahn und den Bus benutzen.

Ein weiteres Meisterstück von Mackintosh ist das Hill House (S. 316) in Helensburgh.

@) Der gelungene Umbau eines eleganten Gebäudes durch eine amerikanische Hotelkette mit Hotels im Boutique-Stil ergab diese empfehlenswerte Unterkunft mitten im Zentrum. Ursprünglich befand sich hier ein Kraftwerk für die ersten Straßenbahnen, heute ist es hier, mitten in der Stadt, erstaunlich ruhig. Die Zimmer sind recht unterschiedlich gestaltet und bieten Wandgemälde, große Betten und kostenlose Minibar (je teurer die Zimmer, desto besser der Inhalt). Alle sind geräumig und haben Regenfallduschen. Die Preise variieren je nach Nachfrage; meistens gibt es günstige Angebote auf der Website.

Artto   HOTEL ££
(Karte S. 112; 0141-248 2480; www.arttohotel.com; 37 Hope St.; EZ/DZ 75/90 £;) Das moderne, recht günstige Hotel liegt direkt am Bahnhof. Die kleinen, aber attraktiven Zimmer in hellen, gedämpften Tönen, die mit Braun und Burgunderrot kombiniert wurden, befinden sich über einer beliebten und gut frequentierten Bar mit Restaurant. Die Zimmer nach vorne locken mit großen Fenstern; die Doppelverglasung dämpft zwar den Straßenlärm, doch wer einen leichten Schlaf hat, sollte lieber ein Zimmer nach hinten hinaus wählen. Die Zimmerpreise schwanken stark.

Pipers Tryst Hotel   HOTEL ££
(Karte S. 112; 0141-353 5551; www.thepipingcentre.co.uk; 30-34 McPhater St.; EZ/DZ 50/65 £;) Der Name ist keine Strategie, um Touristen anzulocken: Vielmehr befindet sich hier das kleine, gemütliche Hotel in einem noblen Gebäude, das zu der benachbarten Dudelsackfirma gehört – alle Gewinne aus dem Hotel fließen in den Erhalt des Hauses. Freundliche Mitarbeiter führen das Hotel und bieten den Gästen einen ausgezeichneten Service, ein gutes Preis-Leistungs-Verhältnis und die ausgezeichnete Lage mitten in der Stadt sind weitere Pluspunkte. Von den acht gut ausgestatteten Zimmern sind Nummer 6 und 7 die besten. Nachdem man abends im gemütlichen Bar-Restaurant keltische Musik und einige Whiskys genossen hat, ist es nicht weit bis ins Bett.

Euro Hostel
HOSTEL £

(Karte S. 112; 0141-222 2828; www.euro-hostels.co.uk; 318 Clyde St.; B 17–20 £, EZ 29–40 £, DZ 36–52 £; @🛜) Das riesige Hostel mit Hunderten von Betten liegt nahe dem Bahnhof und der Innenstadt. Auch wenn es eher den Charme einer Anstalt hat, bietet es doch ausgezeichnete Einrichtungen, z. B. Schlafsäle mit eigenem Bad und Schließfächern, Internetzugang, eine kleine Küche, Frühstück und einen Waschsalon. Die Schlafsäle bieten Platz für vier bis 14 Personen, die Preise variieren täglich. Das Hostel ist bei Gruppen sehr beliebt; für Unterhaltung sorgen Snooker, Poolbillard und eine tolle hauseigene Bar.

Grand Central Hotel
HOTEL ££

(Karte S. 112; 0141-240 3700; www.thegrandcentralhotel.com; 99 Gordon St.; EZ/DZ 89/109 £; @🛜) Nach einer kürzlich erfolgten Verjüngungskur glänzt das hübsche viktorianische Hotel wieder in alter Schönheit. Es ist in den Hauptbahnhof integriert, einige Zimmer haben sogar Aussicht auf die Bahnsteige. Hohe Decken, endlos lange Flure und ein berühmter Ballsaal sind die Highlights dieses Relikts aus den goldenen Zeiten der Eisenbahn. Geschmackvolle, moderne Bäder und geräumige Zimmer – die teureren sind ihr Geld wert – machen aus dem Haus einen viel komfortableren Standort zum Trainspotting als ein Bahnübergang im typisch schottischen Nieselregen.

Babbity Bowster
GASTHAUS £

(Karte S. 112; 0141-552 5055; www.babbitybowster.com; 16–18 Blackfriars St.; EZ/DZ 45/60 £; P) Der lebhafte, angenehme Pub befindet sich mitten in der trendigen Merchant City und bietet einfache Zimmer mit elegantem Mobiliar und minimalistischem Design (besonders empfehlenswert ist Nummer 3). Hier zu wohnen ist ein besonderes Erlebnis – der Entwurf des Gebäudes stammt von Robert Adam. Die Zimmer werden allerdings ohne Frühstück vermietet – das erklärt die günstigen Preise.

Rennie Mackintosh Art School Hotel
PENSION ££

(Karte S. 112; 0141-333 9992; www.rmghotels.com; 218 Renfrew St.; EZ/DZ 50/68 £; 🛜) Wer hier ein Zimmer zu einem der regelmäßig ermäßigten Preise bekommt, sollte zuschlagen, denn es ist eine gute Wahl und liegt günstig in der Nähe der Sauchiehall Street, nur einen kurzen Fußweg von den Museen im West End entfernt. Die Zimmer sind schicker und komfortabler als in den übrigen Pensionen an dieser Straße, und das Haus macht einen gepflegteren Eindruck. Es gibt allerdings kein WLAN in den Zimmern.

Adelaide's
PENSION ££

(Karte S. 112; 0141-248 4970; www.adelaides.co.uk; 209 Bath St.; Standard EZ 37 £, EZ/DZ 55/69 £; @) Ruhig und herzlich ist das Adelaide's und ideal für Leute, die zu einem vernünftigen Preis mitten im Zentrum wohnen wollen. Es ist ein ungewöhnlicher Ort – die einfache, freundliche Pension an der vornehmen Bath Street ist in einer ehemaligen Kirche untergebracht. Dass sie immer noch von Baptisten geführt wird, fällt nicht unangenehm auf. Im Preis ist außerdem ein kontinentales Frühstück inbegriffen, englisches Frühstück gibt es gegen Aufpreis. Familien sind willkommen. Die Zimmer nach hinten sind ruhiger.

McLay's Guesthouse
B&B £

(Karte S. 112; 0141-332 4796; www.mclays.com; 260 Renfrew St.; EZ/DZ 28/48 £, mit Bad 28/56 £; @🛜) Am Westende der Renfrew Street gibt es eine ganze Reihe von preisgünstigen Pensionen – natürlich mit ganz unterschiedlichem Niveau. Die Lage ist jedoch günstig, um das Nachtleben in Sauchiehall zu genießen oder das College of Art zu besuchen. Diese Pension gehört zu den Besten und ist eine gute Wahl: Die Zimmer sind angenehm, die Preise günstig. Eine Online-Buchung über eine Agentur ist oft noch günstiger.

Merchant City Inn
HOTEL ££

(Karte S.112; 0141-552 2424; www.merchantcity-inn.com; 52 Virginia St.; EZ/DZ 50/80 £; @🛜✱) Direkt im Herzen der Merchant City in der

GLASGOW 2014

Ende Juli und Anfang August 2014 ist Glasgow Gastgeber der **20. Commonwealth Games** (www.glasgow2014.com). Zu diesem Fest mit 17 Wettkämpfen kommen Teilnehmer aus über 70 Ländern zusammen. Die Wettkämpfe finden an unterschiedlichen Orten statt, so z. B. in Hampden Park, im SECC und in den Stadien von Celtic und der Rangers. Sicherlich wird es dann einige Verbesserungen im öffentlichen Nahverkehr geben, ebenso aber auch Verkehrsbehinderungen im Vorfeld der Spiele.

Nähe der einschlägigen Schwulen- und Lesbenclubs. Das Hotel bietet gemütliche Zimmer mit viel Kiefernholz und Holzböden, außerdem passable Bäder. Die Zimmer im 2. und 3. Stock haben die beste Aussicht. Kontinentales Frühstück.

East End
Cathedral House Hotel HOTEL ££
(Karte S. 112; 0141-552 3519; www.cathedralhousehotel.org; 28–32 Cathedral Sq.; EZ/DZ 60/90 £; P) Wer sagt denn, dass man immer aufs Land gehen muss, um eines dieser schottischen Schlösschen mit Türmchen zu finden? Direkt gegenüber der Kathedrale befindet sich dieses einladende Haus mit acht individuell eingerichteten Zimmern über einer attraktiven Bar und einem Restaurant. Die Eckzimmer – Nummer 7 ist das beste – bieten riesige Betten und einen tollen Blick auf St Mungo und die Glasgow Necropolis. Und der kostenlose Parkplatz ist eine Seltenheit in Glasgow. Wer allerdings nicht gut zu Fuß ist, wird vielleicht an der steilen Wendeltreppe scheitern.

University of Strathclyde Campus Village STUDENTENWOHNHEIM ££
(Karte S. 112; 0141-553 4148; www.rescat.strath.ac.uk; Rottenrow East; EZ 42 £, ohne Bad 33 £, DZ 57 £; Mitte Juni–Mitte Sept.;) Während der Sommermonate vermietet die Universität ihre Studentenwohnheime an Touristen. Im Campus Village gegenüber der Kathedrale finden sich günstige Einzelzimmer mit Frühstück (auf Nachfrage gibt es manchmal auch einige Doppelzimmer). Noch günstiger wird es für Selbstversorger.

West End
Glasgow SYHA HOSTEL £
(Karte S. 120; 0141-332 3004; www.syha.org.uk; 8 Park Tce.; B/2B 23/62 £; @) Das bezaubernde Stadthaus auf einem Hügel über dem Kelvingrove Park ist eines der besten Hostels Schottlands. Die Schlafsäle haben vier bis sechs Betten und abschließbare Spinde sowie ein eigenes Bad – sehr schick. Die großen, gemütlichen Gemeinschaftsräume laden zum Faulenzen ein. Es gibt keine Sperrstunde, aber eine schöne Küche, und man kann hier auch essen. Die oben angegebenen Preise sind der Höchstsatz, meistens ist es günstiger.

Hotel Du Vin HOTEL £££
(One Devonshire Gardens; 0141-339 2001; www.hotelduvin.com; 1 Devonshire Gardens; Zi. ab 160 £, Suite ab 425 £; P @) Das Du Vin war schon immer das beliebteste Hotel der Reichen und Schönen, die nach Glasgow kommen – ein Vorbild in Luxus und Eleganz. Und selbstverständlich sind die drei klassischen Sandstein-Reihenhäuser luxuriös eingerichtet. Es werden verblüffend viele Zimmerkategorien angeboten, sie alle variieren in Größe und Einrichtung. Der Service ist noch von der alten Schule, und die Weinkarte des ausgezeichneten Restaurants führt mehr als 600 verschiedene Weine. Frühstück kostet extra.

Embassy Apartments APARTMENTS ££
(Karte S. 120; 0141-946 6698; www.glasgowhotelsandapartments.co.uk; 8 Kelvin Dr.; Wohnung für 1/2/4 Pers. pro Nacht 60/80/99 £;) Für jene, die sich selbst versorgen wollen, ist diese elegante Adresse in puncto Lage und Ausstattung geradezu ideal. Das Haus liegt in einer ruhigen, exklusiven Straße im grünen West End, ganz in der Nähe des botanischen Gartens. In den blitzsauberen, studioartigen Wohnungen mit voll eingerichteter Küche können bis zu sieben Personen schlafen. Die Wohnungen eignen sich daher besonders gut für Paare und Familien mit größeren Kindern. Die Apartments können tageweise gemietet werden, bei längerer Mietzeit (drei oder sieben Tage) sind sie aber günstiger. Die Preise variieren je nach Nachfrage.

Alamo Guest House B&B ££
(Karte S. 120; 0141-339 2395; www.alamoguesthouse.com; 46 Gray St.; DZ/DZ Superior 95/145 £, EZ/DZ ohne Bad 55/74 £; @) „Alamo" – das klingt eigentlich nicht nach einem ruhigen, friedlichen Ort, aber genau das ist dieses nette Haus gegenüber dem Kelvingrove Park. Obwohl man das Gefühl hat, kilometerweit von der Stadt entfernt zu sein, sind Innenstadt und West End gut zu Fuß zu erreichen, auch einige der besten Museen und Restaurants der Stadt liegen in der Nähe. Die Einrichtung ist eine nette Mischung aus Antiquitäten und modernem Design. Alle Zimmer haben ausgezeichnete Bäder sowie DVD-Player – es können zahlreiche Filme ausgeliehen werden. Die freundlichen Besitzer sorgen dafür, dass sich ihre Gäste wohlfühlen. Das Frühstück ist üppig, allerdings nicht klassisch schottisch.

Kirklee Hotel HOTEL ££
(Karte S. 120; 0141-334 5555; www.kirkleehotel.co.uk; 11 Kensington Gate; EZ/DZ 65/80 £;) Ein ganz besonderer Ort: Das im Grünen liegende Juwel bietet den Luxus eines Nobelhotels und die Herzlichkeit einer Privatunterkunft.

Die Zimmer sind einfach hinreißend und schön möbliert und bieten meistens einen Blick auf üppige Gärten. Für Familien gibt es ein wunderbares Zimmer im Parterre mit einem riesigen Bad. Die Straße gehört zu den schönsten in Glasgow.

Amadeus Guest House
B&B £

(Karte S. 120; 0141-339 8257; www.amadeusguesthouse.co.uk; 411 North Woodside Rd.; EZ 26–36 £, DZ 48–60 £;) Das Haus nahe der geschäftigen Great Western Road liegt, nur einen kurzen Fußweg von der U-Bahn-Station entfernt, in einer ruhigen Straße beim Fluss. Das B&B bietet überschaubare, helle Zimmer mit bunten Kissen auf bequemen Betten. Es gibt die unterschiedlichsten Zimmerkategorien, aber die Preise sind für alle moderat. Kontinentales Frühstück.

Bunkum Backpackers
HOSTEL £

(Karte S. 120; 0141-581 4481; www.bunkumglasgow.co.uk; 26 Hillhead St.; B/2B 14/36 £;) Eine tolle Adresse für Rucksacktouristen, nahe den Restaurants und Pubs des West End gelegen. Das Bunkum Backpackers befindet sich in einem noblen viktorianischen Reihenhaus in einer ruhigen Straße. Gemeinschaftsraum und Küche sind groß, die Schlafsäle – vor allem einer – sind geräumig. Obwohl es keine Sperrstunde gibt, steigen hier kaum Partys. Das Haus ist schwierig zu finden, man muss auf die Hausnummern achten. Während der Woche ist die Übernachtung etwas günstiger.

Acorn Hotel
HOTEL ££

(Karte S. 120; 0141-332 6556; www.glasgowhotelsandapartments.co.uk; 140 Elderslie St.; EZ/DZ 60/87 £;) Nettes, kleines Hotel neben einem Park, nur einen Block von der Sauchiehall Street entfernt. Die geringe Zimmergröße wird durch schicke Farben und komfortable Betten aufgewogen.

Heritage Hotel
HOTEL ££

(Karte S. 120; 0141-339 6955; www.theheritagehotel.net; 4 Alfred Tce., Great Western Rd.; EZ/DZ 40/60 £;) Das freundliche Hotel, nur einen Steinwurf vom quirligen West End entfernt, hat eine offene, nette Ausstrahlung, auch wenn die recht heruntergekommenen Reihenhäuser nicht danach aussehen. Die Zimmer im 1. und 2. Stock sind etwas größer (Nummer 21 ist das beste Doppelzimmer) und haben eine bessere Aussicht. Pluspunkte sind die Lage und die günstigen Preise.

Craigendmuir Caravan & Camping
CAMPING £

(0141-779 4159; www.craigendmuir.co.uk; Campsie View; Stellplatz für 1/2 Pers. 14,25/17,75 £;) Näher an der Stadt kann man nicht campen. Der etwa 800 m von der Haltestelle Stepps entfernt gelegene Craigendmuir Park hat Stellplätze für Wohnwagen und Zelte und außerdem einige gut ausgestattete Hütten und Ferienhäuser, die auf Wochenbasis vermietet werden.

Essen

Glasgow ist der beste Ort zum Essengehen in Schottland: Die Stadt besitzt eine ganze Reihe ausgezeichneter Lokale. Kulinarisches Zentrum Glasgows ist das West End, aber auch in Merchant City gibt es eine riesige Auswahl an guten Restaurants und Cafés. Viele Restaurants stellen ihr (täglich wechselndes) Angebot unter 5pm.co.uk ins Internet. Für ein Mittagessen sind Pubs und Bars eine gute Alternative.

Stadtzentrum
Café Gandolfi
CAFE, BISTRO ££

(Karte S. 112; 0141-552 6813; 64 Albion St.; Hauptgerichte 11–15 £; 9–23.30 Uhr) Das Café in der schicken Merchant City gehörte einst zum alten Käsemarkt. Seit vielen Jahren kommen die Gäste hierher – eine interessante Mischung aus Stammgästen, Aufsteigern und Touristen. Sie alle genießen die unvergleichliche Atmosphäre des exzellenten, freundlichen Bistros und Cafés. Wer gut zubereitete schottische und kontinentale Küche genießen will, sollte einen der von Tim Stead entworfenen, mittelalterlich aussehenden Tische reservieren. Der benachbarte Ableger des Gandolfi hat sich auf Fisch spezialisiert.

Brutti Ma Buoni
MEDITERRAN £

(Karte S. 112; 0141-552 0001; www.brunswickhotel.co.uk; 106 Brunswick St.; Hauptgerichte 7–11 £; 11–22 Uhr;) Wer gerne beim Essen seinen Spaß hat, kommt im Brutti auf seine Kosten – es ist das genaue Gegenteil einiger protziger Lokale in der Merchant City. Allein schon die originellen Bezeichnungen der Gerichte – „hässliche, aber gute Pizza", „wütende oder friedliche Garnelen" – zaubern ein Lächeln auf die Gesichter (das dann beim Blick auf die Preise noch breiter wird). Die tapas-ähnlichen Vorspeisen und die Hauptgerichte auf der Karte sind italienisch und spanisch beeinflusst – und allesamt sehr kreativ, frisch und köstlich zubereitet.

Mussel Inn
MEERESFRÜCHTE ££

(Karte S. 112; 0141-572 1405; www.mussel-inn.com; 157 Hope St.; Hauptgerichte 10–18 £) Seit Langem ein beliebter Treffpunkt in Edinburghs Rose Street, hat das Mussel Inn nun auch in Glasgow als zweistöckiges, lässiges Restaurant eröffnet. Serviert werden nachhaltig gezüchtete Jakobsmuscheln, Austern und Miesmuscheln zu reellen Preisen – und mit einem Lächeln.

Lunch@Lily's
CAFÉ, CHINESISCH £

(Karte S. 112; 103 Ingram St.; Hauptgerichte 3–6 £; Mo–Sa 9.30–17 Uhr) Die Atmosphäre ist etwas steril, aber das Lily's ist ein erstklassiges Restaurant mit einer kreativen Mischung aus östlichen und westlichen Einflüssen. Die Kombination aus einem chinesischen Bistro und einem eleganten Café bietet frisch zubereitete chinesische Gerichte (z. B. Dumplings und Mandarinenten-Wraps) aber auch Hamburger und gebackene Kartoffeln (die so aufgepeppt werden, dass sie fast nicht wiederzuerkennen sind). Insbesondere die chinesischen Gerichte sind köstlich – frisch, abwechslungsreich und immer mit einem Salat und Obst serviert.

Dakhin
INDISCH ££

(Karte S. 112; 0141-553 2585; www.dakhin.com; 89 Candleriggs; Hauptgerichte 7–19 £) Das südindische Restaurant ist eine Bereicherung für die Curry-Szene der Stadt. Die Gerichte kommen aus dem gesamten Süden des Landes, dazu gehören auch *dosas* – hauchdünne Reisfladen – und eine leckere Auswahl an duftenden Currys mit Kokosmilch. Wer richtig hungrig ist, sollte *thali* bestellen: eine indische Variante der Tapas.

Arisaig
SCHOTTISCH ££

(Karte S. 112; 0141-553 1010; www.arisaigrestaurant.co.uk; 1 Merchant Sq.; Hauptgerichte 12–20 £) Das Restaurant liegt im historischen Merchant Square Building, in dem sich heute ein gut besuchter Lebensmittelmarkt befindet. Das Arisaig bietet gut zubereitete schottische Gerichte zu günstigen Preisen, ein freundlicher Service gehört auch dazu. Kerzenlicht und gestärkte Tischdecken sorgen für angenehme Atmosphäre in etwas künstlicher Umgebung. Man kann sowohl drinnen als auch draußen essen.

The Chippy Doon the Lane
FISH & CHIPS £

(Karte S. 112; www.thechippyglasgow.com; McCormick Lane, 84 Buchanan St.; Gerichte 6–11 £; 12–21.30 Uhr) Von der Lage in einer schäbigen Gasse abseits der Einkaufsstraßen sollte man sich nicht abschrecken lassen: Dieser Laden ist den üblichen Fish-and-Chips-Läden um einiges überlegen. Fisch aus nachhaltiger Fischerei wird in einer schicken Umgebung mit viel alten Ziegeln, Metallbögen und Jazz serviert. Wem das nicht gefällt, kann seinen Fisch mitnehmen und an den Holztischen vor dem Restaurant oder in der Buchanan Street genießen.

Where the Monkey Sleeps
CAFÉ £

(Karte S. 112; www.monkeysleeps.com; 182 West Regent St.; Hauptgerichte 4–7 £; Mo–Fr 7–17 Uhr) Das lebhafte kleine Café mitten im Geschäftsbezirk ist genau das, was man braucht, um den allgegenwärtigen Caféketten zu entkommen. Hier geht es gelassen und ein wenig unkonventionell zu. Die Bagels und Panini mit Namen wie „Burn the Witch" oder „Meathammer" gehören zu den Highlights, außerdem so originelle Gerichte wie die „Nuklear-Bohnen", die superscharf mit Cayenne und Tabasco gewürzt sind.

Red Onion
BISTRO ££

(Karte S. 112; 0141-221 6000; www.red-onion.co.uk; 257 West Campbell St.; Hauptgerichte 10–18 £;) In dem gemütlichen Bistro auf zwei Ebenen hört man nur zufriedene Stimmen. Die überwiegend britische Speisekarte wird durch französische, mediterrane und asiatische Einflüsse interessant und abwechslungsreich. Angeboten wird auch ein Tagesmenü (2/3 Gänge 14/16 £), an den Wochenenden allerdings nur für frühe Gäste.

Jamie's Italian
ITALIENISCH ££

(Karte S. 112; 0141-404 2690; www.jamieoliver.com/italian/glasgow; 1 George Sq.; Hauptgerichte 10–17 £; 12–23 Uhr) Der berühmte Jamie Oliver zeigt in diesem gut gehenden Restaurant am George Square, was er unter italienischer Küche versteht. Auch wenn der Service manchmal schwächelt, ist das Lokal eine gute Wahl: rustikale Designerstühle aus Metall, eine Feinkostabteilung und eine Karte mit besten britischen Produkten auf klassisch mediterrane Art. Besonders gut sind die gemischten Antipasti.

Wee Curry Shop
INDISCH £

(Karte S. 112; 0141-353 0777; www.theweecurryshopglasgow.com; 7 Buccleuch St.; 2-Gänge-Mittagsmenü 5,20 £, Abendgerichte 6–12 £; Mo–Sa Mittagessen, tgl. Abendessen) Tolle hausgemachte Currys. Das gemütliche Lokal hat einen ausgezeichneten Ruf, daher empfiehlt es sich, vorher zu reservieren.

Die Speisekarte ist klein, das zweigängige Mittagsmenü sensationell günstig. Es erden keine Kreditkarten akzeptiert.

Bar Soba   ASIATISCH, FUSION-KÜCHE ££

(Karte S.112; 01412042404; www.barsoba.co.uk; 11 Mitchell Lane; Hauptgerichte 10–13 £) In dieser eleganten, freundlichen Bar mit Tischen an den Wänden und Kerzen in den Fenstern herrscht eine intime Atmosphäre. Speisen kann man im Nobelrestaurant unten oder in der netten Bar oben. Gekocht werden asiatische Fusionsgerichte (die Laksas sind köstlich). Zum Abschluss gibt esdann einen leckeren Schokoladen-Brownie. Im Hintergrund spielt dezent Musik – ein guter Ort also, um mitten im Einkaufsviertel eine Mittagspause einzulegen; alle Gerichte kosten dann nur 8 £.

Mono   VEGETARISCH £

(Karte S. 112; www.monocafebar.com; 12 Kings Ct., King St.; Hauptgerichte 3–8 £; 12–21 Uhr;) Das Mono ist eines der besten vegetarischen und veganen Restaurants Glasgows. Hier gibt es vegetarisches Essen in Verbindung mit Musik, denn im selben Gebäude befindet sich das Monorail: Während sie auf das Essen warten, können sich die Gäste im diesem Indie-Plattenladen umsehen. Die ganztägig angebotene Bar-Karte bietet Klassiker wie Gebratenes zum Frühstück, die Hauptkarte ist stärker mediterran beeinflusst; extrem köstlich ist die Lasagne. Das Mono ist auch ein angenehmer Ort für einen Kaffee oder ein Bier.

Willow Tearooms   CAFÉ £

(www.willowtearooms.co.uk; kleine Gerichte 4–8 £; Mo-Sa 9–17, So 11–17 Uhr) Die berühmte Teestube ist an zwei Orten zu finden: sowohl in der **Buchanan Street** (Karte S. 112; 97 Buchanan St.) als auch (s. unter „Sehenswertes") in der **Sauchiehall Street** (Karte S. 110; 217 Sauchiehall St.).

Beide Tearooms sind Nachbauten jener Teestube, die Charles Rennie Mackintosh 1904 entwarf. Passend zum tollen Design gibt es ausgezeichnete Bagel, köstliches Gebäck oder, noch großartiger, Nachmittagstee mit Champagner (20 £). Die Warteschlange für einen Tisch kann allerdings manchmal sehr lang sein.

Bar 91   PUB £

(Karte S. 112; www.bar91.co.uk; 91 Candleriggs; Hauptgerichte 6–9 £; Mahlzeiten Mo–Do 12–21, Fr–So 12–17 Uhr) Tagsüber werden in dieser netten, gut besuchten Kneipe hervorragende Gerichte serviert, die sich vom üblichen Pub-Essen deutlich absetzen. Salate, Nudeln und Hamburger gehören zum abwechslungsreichen, leckeren Angebot. Im Sommer werden Tische ins Freie gestellt – ein idealer Platz, um Leute zu beobachten.

The Secret Space   POP-UP-RESTAURANT

(Karte S. 112; 0141-553 1010; www.secretspaceglasgow.com; 1 Merchant Sq.) Hier folgen nun weder eine Beschreibung noch Angaben zu Öffnungszeiten oder Preisen, denn dieses Pop-up-Restaurant wird alle sechs Monate komplett umgekrempelt. Im obersten Stock des Merchant-Square-Gebäudes eingerichtet, hat es eine tolle Lage und ist bei den Glasgowern absolut angesagt – man sollte also vorher reservieren. Genauere Informationen gibt es auf der Website.

Noodle Bar   IMBISS £

(Karte S. 112; 482 Sauchiehall St.; Hauptgerichte 7 £; 12–4 Uhr) Wer nach einer Party noch Hunger hat, ist hier richtig: Bis in die frühen Morgenstunden gibt es Riesenportionen Nudeln mit verschiedenen Soßen.

West End

Im West End finden sich zahlreiche ausgezeichnete Restaurants. Die meisten drängen sich entlang der Byres Road und an der nahe gelegenen Ashton Lane und Ruthven Lane. Auch die Gibson Street und Great Western Road lohnen einen Besuch.

LP TIPP The Ubiquitous Chip   SCHOTTISCH £££

(Karte S. 120; 0141-334 5007; www.ubiquitouschip.co.uk; 12 Ashton Lane; 2-/3-Gänge-Abendmenü 35/40 £, Brasserie Mittagessen 7–12 £, Abendessen 12–15 £) Ein echter Champion schottischer Küche – das Ubiquitous Chip hat schon viele Auszeichnungen für seine einzigartige schottische Küche und die umfangreiche Weinkarte erhalten. Der Name „die allgegenwärtigen Fritten" spottet über das angebliche Fehlen einer guten Küche in Schottland. Die Gerichte haben einen französischen Touch, bestehen aber aus klassischen, sorgfältig ausgesuchten schottischen Zutaten und berücksichtigen das Prinzip der Nachhaltigkeit. In den eleganten Räumen wird eine der besten Küchen Glasgows geboten. Die günstigere Brasserie-Küche im Stockwerk darüber und im stimmungsvollen Pub ist auch für kleinere Geldbeutel erschwinglich, spart aber nicht an der Qualität. Der nette „Wee Pub" an einer Nebenstraße lädt zu einem Absacker ein. Im

1. Festivalstadt (S. 78)
Im August lebt ganz Edinburgh im Freudentaumel der Festivals. Dazu gehören das Edinburgh International Festival und das Edinburgh Festival Fringe.

2. Rugbyturnier Six Nations (S. 23)
Mannschaften aus Schottland, England, Wales, Irland, Frankreich und Italien treten in diesem prestigeträchtigen Turnier gegeneinander an.

3. Burns Night (S. 23)
Im ganzen Land (und überall in der Welt) kommen Schotten am 25. Januar zusammen, um bei Haggis, Whisky und Dudelsackklängen den schottischen Nationaldichter Robert Burns zu feiern.

1. Haggis (S. 519)
Schottlands Nationalgericht wird aus fein gehackter Lunge, Herz und Leber vom Schaf, vermischt mit Hafermehl und Zwiebeln, zubereitet – das schmeckt besser, als es klingt.

2. Bier (S. 521)
Schottische Brauereien produzieren eine große Vielzahl von Bieren; in den letzten Jahren sind sehr viele Spezial- und kleine Privatbrauereien entstanden.

3. Essen gehen in Edinburgh (S. 85)
Edinburgh hat eine größere Restaurantdichte pro Einwohner als alle anderen britischen Städte.

4. Whisky (S. 522)
Scotch ist Schottlands bekanntestes Produkt und sein größter Exportschlager. Das hochprozentige Getränk wird spätestens seit dem 15. Jh. in Schottland gebrannt.

1. Blair Castle (S. 261)
Das prachtvolle Blair Castle mit seinem 280 km² großen Anwesen ist die Residenz des Duke of Atholl, Oberhaupt des Murray-Clans.

2. Balmoral Castle (S. 294)
Das für Königin Viktoria 1855 erbaute Balmoral Castle bewirkte eine Rückbesinnung auf den schottischen Baronial-Stil, der viele Landhäuser aus dem 19. Jh. charakterisiert.

3. Eilean Donan Castle (S. 438)
Das am Loch Duich gelegene Eilean Donan Castle gilt als eine der imposantesten Burgen Schottlands.

1. Isle of Skye (S. 440)
Schottlands größte Insel ist ein 80 km langer Flickenteppich aus samtigen Mooren, zerklüfteten Bergen, glitzernden *lochs* und hoch aufragenden Meeresklippen.

2. Assynt (S. 423)
Die ungewöhnliche Landschaft von Assynt ist der Inbegriff der wilden Schönheit der Nordwestlichen Highlands.

3. Loch Lomond (S. 308)
Loch Lomond ist der größte See der britischen Hauptinsel und – nach Loch Ness – vielleicht der berühmteste schottische *loch*.

Chip ist immer etwas los – am besten mal auf der Website nachsehen.

Stravaigin
SCHOTTISCH ££

(Karte S. 120; 0141-334 2665; www.stravaigin.co.uk; 28 Gibson St.; Hauptgerichte 10–18 £; 9–23 Uhr) Das Stravaigin erfreut den Gourmet mit seiner Kreativküche vom Feinsten. Das kühle, moderne Restaurant im Untergeschoss hat nette Sitzecken und freundliches Personal, das gerne beim Entziffern der ausgefallenen Speisekarte hilft. Die zweigeschossige Bar im Eingangsbereich ist stets sehr voll. Hier kann man auch essen – es gibt immer besondere Angebote und manchmal auch kulinarische Abende.

Mother India
INDISCH ££

(Karte S. 120; 0141-221 1663; www.motherindia.co.uk; 28 Westminster Tce., Sauchiehall St.; Hauptgerichte 8–14 £; Fr–So Mittagessen, tgl. Abendessen;) Die Debatte um das beste südasiatische Restaurant ist ein Dauerthema unter den Glasgower Curry-Fans. Dabei fällt immer wieder der Name „Mother India". Es ist vielleicht nicht so trendy wie manche Neueröffnungen, aber es hat schon seit Jahren einen guten Ruf, denn die Qualität und das Angebot sind sehr gut. Für Kinder gibt es sogar eine Extrakarte.

The Butchershop
STEAKHAUS £££

(www.butchershopglasgow.com; 1055 Sauchiehall St.; Steaks 16–30 £; 12–22 Uhr) Wohl der beste Ort in Glasgow, um ein gut abgehangenes Steak aus nachverfolgbarer Aufzucht zu genießen. Die diversen Steaksorten werden nach Wunsch des Gästes zubereitet. Das Restaurant bietet sich nach einem Besuch im Kelvingrove Museum an, bei schönem Wetter kann man auch draußen sitzen. Auf der Karte stehen außerdem Meeresfrüchte und gut gemixte Cocktails.

Wau Cafe
MALAYSISCH £

(27 Old Dumbarton Rd.; Gerichte 4–7 £; Mo–Do & Sa 13–22, Fr 14.30–22 Uhr) Der „Wau"-Faktor dieses kleinen, malaysischen Restaurants verdankt sich nicht nur den unglaublich günstigen Preisen, sondern auch der Qualität und Authentizität der Gerichte. Es gibt Nudeln, Laksas und Curry und auch noch einige weniger bekannte Gerichte.

The Left Bank
BISTRO ££

(Karte S. 120; 0141-339 5969; www.theleftbank.co.uk; 33 Gibson St.; Hauptgerichte 12–18 £; Mo–Fr 9–22, Sa & So 10–22 Uhr;) Riesige Fenster zur Straßenseite laden die Gäste dieses herausragenden Restaurants zu gastronomischen Leckerbissen und entspannten Stunden ein. Nischen mit Sofas und niedrigen Tischen bieten Privatsphäre. Das große Vorspeisenmenü kann gut mit Freunden geteilt werden. Für die vielen fantasievollen, leckeren Kreationen werden saisonale und regionale Produkte verwendet.

Heart Buchanan
CAFÉ, FEINKOST £

(Karte S. 120; www.heartbuchanan.co.uk; 380 Byres Rd.; kleine Gerichte 6–10 £; Mo–Sa 9–16, So 10–18 Uhr) Der berühmte Feinkostladen im West End – unbedingt einen Besuch wert – führt nebenan auch ein kleines Café. Der Kampf um einen freien Tisch ist hart, lohnt sich aber, denn hier kann man eines der besten Frühstücksangebote Glasgows genießen, einen erfrischenden Saft oder Milchshake oder auch eines der ständig wechselnden kleinen Gerichte. Wer keinen Tisch ergattert, erhält im Laden auch einige Gerichte zum Mitnehmen.

La Vallée Blanche
FRANZÖSISCH £££

(Karte S. 120; 0141-334 3333; www.lavalleeblanche.com; 360 Byres Rd.; Hauptgerichte 16–21 £; Di–So) Das gemütlich-romantische Restaurant im 1. Stock ist ein schöner Zufluchtsort an der Byres Road. Serviert wird eine gelungene „Auld Alliance" aus besten schottischen Produkten mit klassischem französischen Flair. Ein toller Ort für ein Rendezvous – weder das Essen noch der Service stehen einem Erfolg im Weg.

Stravaigin II
SCHOTTISCH ££

(Karte S. 120; 0141-334 7165; www.stravaigin2.com; 8 Ruthven Lane; Hauptgerichte mittags 7–13 £, abends 10–16 £; 12–23 Uhr) Der Topservice sorgt für eine angenehme Atmosphäre in diesem netten Restaurant in der Nähe der Byres Road. Die Karte wechselt regelmäßig, bietet aber immer Überraschungen aus der ganzen Welt. Bei den meisten Gerichten werden sowohl Fleisch als auch Gemüse ganz sanft gegart, sodass man das volle Aroma genießen kann. Aber auch die Hamburger, Fish and Chips und der Haggis sind berühmt – für jeden Geschmack etwas.

Konaki
GRIECHISCH ££

(Karte S. 120; 0141-342 4010; www.konakitaverna.co.uk; 920 Sauchiehall St.; Hauptgerichte 11–16 £; Mittagessen Mo–Sa, Abendessen tgl.) Das nette, einfache Restaurant in der Nähe des Kelvingrove Museums lohnt den Besuch für ein pitta mittags oder abends. Besonders toll sind die Vorspeisen – und besonders schön ist es, sich eine Riesenauswahl mit Freunden zu teilen. Zu den Gerichten gibt es griechischen Wein, hinterher trinkt man am besten einen klassischen, dicken griechischen Mokka.

Òran Mór Brasserie SCHOTTISCH ££
(Karte S. 120; 0141-357 6226; www.oran-mor. co.uk; 731 Great Western Rd.; Hauptgerichte 12-20 £; So-Mi 12-21, So-Sa 12-22 Uhr) Der großartige Tempel für schottische Getränke und Gerichte befindet sich in einer alten Kirche – der Begriff „Konversion" erfährt hier eine neue Bedeutung. In der Brasserie werden hochwertige Gerichte in einem dunklen, von Mackintosh inspirierten Raum serviert. Die Karte reicht von Hamburgern bis zu raffinierten Hauptgerichten. Zur Zeit der Recherche für dieses Buch gab es in der Zeit zwischen 16 Uhr und Restaurantschluss ein tolles Zweigangmenü für 13 £.

Bay Tree Café CAFÉ £
(Karte S. 120; www.baytreecafe.com; 403 Great Western Rd.; Hauptgerichte 6-10 £; Mo-Sa 9-22, So 9-21 Uhr;) In den zwei bis drei Blocks rund um die Great Western Road gibt es viele gute Cafés, aber das Bay Tree ist noch immer eines der besten: mit vielen veganen und vegetarischen Gerichten, freundlichem Personal, sättigenden Hauptgerichten (meist mit nahöstlichem oder griechischem Touch), großen Salatportionen und einer guten Auswahl an heißen Getränken. Das Café ist außerdem berühmt für sein Frühstück, das den ganzen Tag über serviert wird.

78 Cafe Bar CAFÉ £
(www.the78cafebar.com; 10 Kelvinhaugh St.; Hauptgerichte 5-8 £; 12-21 Uhr;) Das Restaurant ist eher eine komfortable Lounge als ein typisches vegetarisches Restaurant. Die Gäste sitzen an massiven Holztischen auf gemütlichen Bänken, außerdem gibt es ein großes Angebot an Bieren. Die Karte bietet sehr günstige vegane Gerichte wie herzhafte Eintöpfe und Currys. Zur gemütlichen Atmosphäre trägt auch die regelmäßig stattfindene Livemusik bei.

Bothy SCHOTTISCH ££
(Karte S. 120; 0141-334 4040; www.g1group. co.uk; 11 Ruthven Lane; Hauptgerichte 11-18 £) Das Lokal im West End mit seiner Mischung aus modernem Design und komfortablen Möbeln widerlegt die Mär, dass schottische Küche schwer verdaulich und langweilig sei. Im Bothy wird traditionelle Hausmannskost mit modernem Touch serviert. Die Portionen sind groß, aber man sollte unbedingt Platz fürs Dessert lassen. Mittags werden günstige Tagesgerichte angeboten.

Firebird BISTRO ££
(Karte S. 120; www.firebirdglasgow.com; 1321 Argyle St.; Hauptgerichte 8-13 £) An den Wänden des netten Bar-Bistro hängen verrückte Gemälde, die Atmosphäre ist angenehm. Die qualitativ hochwertigen Speisen werden vor den Augen der Gäste frisch zubereitet. Lokale Gerichte und mediterrane Highlights (hauptsächlich aus Italien und Spanien) stehen auf der Speisekarte – wo möglich, werden Produkte aus ökologischem Anbau verwendet. Die Auswahl reicht von Holzofenpizza bis zu marokkanischem Hähnchen und Kichererbsensalat.

Wudon JAPANISCH £
(Karte S. 120; www.wudon-noodlebar.co.uk; 535 Great Western Rd.; Gerichte 7-11 £; Mo-Sa 12-23, So 12.30-22 Uhr) Das japanische Restaurant serviert seinen Gästen Sushi, gebratene Nudeln und Ramen-Suppe in einem modernen, sauberen Ambiente.

Ausgehen

Laut und bisweilen lärmend geht es in den Glasgower Pubs und Bars zu, die zu den beeindruckendsten Großbritanniens gehören. So unterschiedlich wie ihre Besucher sind auch die Bars.

Stadtzentrum

LP TIPP Artà BAR
(Karte S. 112; www.arta.co.uk; 13-19 Walls St.; Do-Sa 17-3 Uhr) Das außergewöhnliche Lokal ist so barock, dass man nicht überrascht wäre, wenn man hier ein Konzert von Mozart nicht nur hören könnte, sondern den Künstler selbst am Klavier sehen würde. Diese Bar, die sich im ehemaligen Käsemarkt befindet, muss man einfach gesehen haben. Sobald sich die Tür öffnet, zieht das opulente, von Kerzenschein erleuchtete Innere der Bar den Besucher in seinen Bann. Die vom Fußboden bis zur Decke reichenden roten Samtvorhänge geben den Blick auf die Treppe frei, die zur darüberliegenden Tapas-Bar und zum Restaurant führt – die alten Römer hätten ihre wahre Freude an diesem dekadenten Schauspiel gehabt. Trotz des Aufwands bietet die Bar eine entspannte Atmosphäre und eine bunt gemischte Gästeschar. Und es gibt tolle Cocktails.

SCHWULE & LESBEN IN GLASGOW

Glasgow hat eine rege Schwulenszene, die in und um die Merchant City zu finden ist (v. a. in der Virginia, Wilson und Glassford Street). Die Schwulengemeinde der Stadt hat den Ruf, sehr freundlich zu sein.

Informationen über die Szene bietet *The List* (www.list.co.uk) sowie das kostenlose Magazin *Scots Gay* (www.scotsgay.co.uk) und seine Website. Diejenigen, die im Herbst nach Glasgow kommen, sollten keinesfalls das seit 1993 stattfindende Glasgay (✆0141-552 7575; www.glasgay.co.uk), verpassen, ein Künstlerfestival für Schwule, das jedes Jahr im Oktober/November veranstaltet wird.

Viele Clubs und Bars bieten auch Schwulen- und Lesbennächte an. Hier eine kleine Auswahl an Pubs und Clubs für Schwule und Lesben:

» **AXM** (Karte S. 112; www.axmgroup.co.uk; 80 Glassford St; ⏰Mi–So 22–3 Uhr) Der beliebte Club aus Manchester hat nun auch in Glasgow eröffnet und praktisch das alte Bennet's, eine Legende des Pink Triangle, ersetzt. Ein freundlicher Ort – nicht zu szenehaft, und jeder ist willkommen.

» **Delmonica's** (Karte S. 112; ✆0141-552 4803; 68 Virginia St; ⏰12–24 Uhr) Im Zentrum des Pink Triangle liegt diese beliebte Bar. Hier wird angebaggert, was das Zeug hält. Unter der Woche ist es gesteckt voll. Wer noch in die benachbarte Polo Lounge gehen möchte, sollte erst mal hierher kommen – häufig gibt es Freikarten.

» **FHQ** (Karte S. 112; www.fhqbar.co.uk; 10 John St) Trendiges Lokal nur für Frauen im Herzen des Pink Triangle.

» **Polo Lounge** (Karte S. 112; 84 Wilson St; Eintritt 3–6 £; ⏰Di–So bis 3 Uhr) Nach Ansicht des Personals werden hier die größten Talente der Stadt entdeckt; ein rascher Blick auf die vielen glitzernden Schönheiten – männlich und weiblich – beweist, dass sie recht haben. Der Club im Keller ist am Wochenende brechend voll; an den anderen Abenden sind nur die Hauptbars geöffnet.

» **Underground** (Karte S. 112; www.underground-glasgow.com; 6a John St) Ein lockeres Publikum bevölkert diese Kellerbar an der weltoffenen John Street – wahrscheinlich wegen der kostenlosen Jukebox; gespielt wird mehr Indie als Abba.

» **Speakeasy** (Karte S. 112; www.speakeasyglasgow.co.uk; 10 John St; ⏰Mo–Do 16–2, Fr 16–3, Sa 12–3, So 12.30–2 Uhr) Eine lockere, freundliche Bar, in der der Abend ganz normal beginnt und die DJs erst zu fortgeschrittener Stunde die typischen Schwulensongs auflegen. Wem der Magen knurrt, kann hier noch sehr spät den Hunger stillen.

» **Waterloo Bar** (Karte S. 112; 306 Argyle St) Dieser traditionelle Pub ist Schottlands älteste Schwulenbar. Hier treffen sich Schwule aller Altersgruppen. Es kommen viele Stammgäste, und die Atmosphäre ist sehr freundlich – der ideale Ort, um Leute aus der Szene kennenzulernen.

Horse Shoe   PUB
(Karte S. 112; www.horseshoebar.co.uk; 17 Drury St.) Der legendäre Pub ist ein beliebter Treffpunkt und eine absolute Institution in Glasgow. Das Lokal stammt vom Ende des 19. Jhs. und ist seitdem kaum verändert worden. Die Theke, deren Wurfeisenform dem Pub den Namen gab, soll die längste in ganz Großbritannien sein, am verlockendsten ist jedoch das, was darüber gereicht wird: echtes Ale – und die Stimmung ist großartig. In der Lounge im Obergeschoss gibt es für hungrige Gäste sehr günstiges Pub-Essen (drei Gänge für 4,25 £).

Blackfriars   PUB
(Karte S. 112; www.blackfriarsglasgow.com; 36 Bell St.) Das Blackfriars, Merchant Citys gemütlichster und stimmungsvollster Pub, ist dank der freundlichen Mitarbeiter und der entspannten Atmosphäre etwas ganz Besonderes. Hier strömt das Bier aus dem Fass. Wer zum Zeitvertreib gerne Leute beobachtet, nimmt am besten an einem der großen Fenster Platz und genießt den Blick auf das geschäftige Treiben.

Butterfly & The Pig   PUB
(Karte S. 112; www.thebutterflyandthepig.com; 153 Bath St.) Die Bar ist wie eine frische Brise

entlang der hippen Bath Street: ein bisschen ausgefallen, ein bisschen verrückt. Sobald der Gast ins Souterrain abtaucht, fühlt er sich wie zu Hause. Die Einrichtung ist sehr heterogen und vermittelt eine Retro-Atmosphäre, die zur Vertrautheit beiträgt. Und man wird das Gefühl nicht los, dass das passende Lieblingsbier für Stammkunden schon gezapft wird, sobald sie nur über die Schwelle treten. Es gibt ein ordentliches Angebot an Pub-Gerichten und in der Teestube im 1. Stock eine anspruchsvollere Karte.

Babbity Bowster · PUB
(Karte S. 112; 16–18 Blackfriars St.) Das hübsche Lokal liegt in einer ruhigen Ecke der Merchant City. Es ist ein perfekter Ort, um tagsüber in Ruhe etwas zu trinken, besonders schön ist der dazugehörige Biergarten. Der Service ist sehr aufmerksam, und die Würstchen duften verlockend. Es gibt auch die Möglichkeit, hier zu übernachten. Babbity Bowster ist einer der schönsten Pubs im Stadtzentrum – und dann auch noch in einem der nobelsten Gebäude.

Arches · BAR
(Karte S. 112; www.thearches.co.uk; 253 Argyle St.) Kultur und Unterhaltung aus einer Hand: Das Arches ist ein Theater mit zeitgenössischen und Avantgarde-Produktionen und gleichzeitig ein Club. Der Eingang zur Bar wirkt wie ein Hotel, aber das täuscht: Tief im Inneren erwartet die Gäste eine Unterwelt der Bohemiens. Das Publikum ist gemischt – Wanderschuhe sind genauso willkommen wie Versace.

Corinthian · BAR
(Karte S. 112; www.thecorinthianclub.co.uk; 191 Ingram St.; ☎) Mit ihrer atemberaubenden Gewölbedecke und den majestätischen Kronleuchtern macht diese Bar einfach einen Rieseneindruck. Das hoheitsvolle Gebäude, in dem das Lokal untergebracht ist, war ursprünglich eine Bank und später Sitz des Obersten Gerichtshofs von Glasgow. Wer die Bar nicht gesehen hat, glaubt nicht, dass es so etwas gibt. Großzügige, gemütliche Sitzecken werden durch ein behagliches Weinlokal und einen exklusiven Club unten in den alten Gerichtszellen ergänzt.

Drum & Monkey · PUB
(Karte S. 112; www.mbplc.com; 93–95 St. Vincent St.) Dunkles Holz und Marmorsäulen, an Kirchenbänke erinnerndes Mobiliar und Ledersessel sorgen für eine gemütliche, entspannte Atmosphäre. Am liebsten möchte man es sich hier in einem Lehnstuhl bequem

---

INSIDERWISSEN

CINDY-LOU RAMSAY, KAMERAFRAU & FOTOGRAFIN

Der beste Ort für ein Foto? Pollok Park. Der Park selbst ist herrlich, und es führen viele gute Spazierwege hindurch. Er liegt direkt an der Burrell Collection, die von außen betrachtet nicht viel hermacht. Sie ist aber nicht nur ein hübsches Gebäude, sondern bietet drinnen viele interessante Ausstellungsstücke aus der ganzen Welt.

Gibt es etwas, das Besucher übersehen könnten? Die faszinierende Architektur und Statuen, zu denen man hochblicken muss!

Glasgow in einem Wort? Charismatisch.

Lieblingsclub für Livemusik? Barrowland (S. 148) und King Tut's Wah Wah Hut (S. 146). Das Barrowland ist eine alte, verbraucht wirkende Tanzhalle, die dringend renoviert werden müsste – aber es hat eine unvergessliche Atmosphäre, deshalb kommen auch immer noch die besten Bands der Welt hierher. Das King Tut's ist ein viel kleinerer Club, in dem man tolle Bands hautnah erleben kann.

Und was ist mit Clubbing? Ich liebe das Classic Grand (S. 145) an der Jamaica Street. Es bietet zwei unterschiedliche Tanzflächen – klassische Rockmusik wird im Hauptbereich gespielt, im Untergeschoss eher Indie oder Pop-Punk. Der Club ist toll für Freunde der Rockmusik, aber auch für alle, die von diesen teuren, angesagten Clubs die Nase voll haben und sich keine Sorgen machen wollen, ob sie die richtigen Klamotten anhaben und der Türsteher sie auch reinlässt.

Der Pub für ein Bier und die Zeitungslektüre? Das Blackfriars (S. 144) in der Merchant City.

Ein typisches Glasgower Wort? *Blethering* („schwafeln")! Glasgower neigen zum Schwafeln, besonders wenn man sie über ihre Stadt ausfragt.

machen und den Nachmittag bei einem Glas Bier verstreichen lassen. Durch seine zentrale Lage ist der Pub bei Geschäftsleuten auf ein Bier nach der Arbeit sehr beliebt.

Bar 10 — BAR
(Karte S. 112; www.davantaverns.com; 10 Mitchell Lane) Trinkfeste Glasgower bekommen einen wissenden Blick, wenn der Name dieser winzigen Bar fällt. In der hippen City-Bar mit den hohen Decken und den schwarzen Mamortresen geht es äußerst lässig zu; das freundliche und aufmerksame Personal trägt mit dazu bei. Freitag- und Samstagabend wird aus der tagsüber eher ruhigen Bar ein Wochenend-Pub mit einer Menge Action. Tagsüber werden leckere, günstige Panini, Salate und Ähnliches serviert.

West — BRAUEREI
(www.westbeer.com; Binnie Pl.; Hauptgerichte 9–12 £; ⊙ Essen 11.30–21 Uhr) Der große, kahle Raum passt zu dem Fabrikgebäude – die Brauerei am Rand von Glasgow Green braut ihr Bier streng nach dem deutschen Reinheitsgebot, etwas ganz Besonderes in Großbritannien. Zum leckeren Bier wird schmackhafte deutsche Küche serviert, es gibt beispielsweise Bratwurst, Sauerkraut und Schnitzel. Im Sommer kann man draußen im Biergarten mit Blick auf den People's Palace sitzen. Die Brauerei befindet sich gegenüber dem People's Palace, neben der ehemaligen Teppichfabrik mit ihrer bizarr verzierten Fassade.

MacSorley's — BAR
(Karte S. 112; www.macsorleys.com; 42 Jamaica St.) Es gibt doch nichts Schöneres als eine klassische hufeisenförmige Bar in Glasgow, und diese bekommt noch durch die eleganten Fensterbögen und Decken das gewisse Etwas. In der netten Bar gibt es außerdem jeden Abend Livemusik und ausgezeichnetes, abwechslungsreiches Essen. Manchmal legen DJs aus dem nahe gelegenen Sub Club hier Platten auf.

Nice 'n' Sleazy — BAR, CLUB
(Karte S. 112; www.nicensleazy.com; 421 Sauchiehall St.) Kunststudenten der nahe gelegenen School of Art sorgen für eine angenehme Atmosphäre auf der etwas wilden Sauchiehall Street. Wer schon jenseits der 35 ist, wird sich eher als Professor fühlen, aber das Retrodekor, die große Auswahl an Fass- und Flaschenbieren, die langen Öffnungszeiten bis drei Uhr, die allabendliche Livemusik im Untergeschoss und die Clubnacht am Wochenende sprechen für den Besuch des Lokals. Es gibt auch eine beliebte, günstige Karte, auf der verschiedene Texmex-Gerichte (Gerichte 5–7 £) gelistet sind.

Tiki Bar & Kitsch Inn — BAR
(Karte S. 112; www.tikibarglasgow.com; 214 Bath St.) Hawaiihemden, Palmen und Blumenkränze sorgen in der vergnüglichen, liebenswerten Kellerbar im Untergeschoss für das passende Ambiente rund um die farbenprächtigen Cocktails. Oben spielt Kitsch den Gegenpart, auch wenn die Titelbilder von MAD-Magazinen darauf hinweisen, dass nicht alles ernst gemeint ist. Wer Spirituosen vom obersten Regalboden bestellt, kann schön beobachten, wie der Barkeeper mit der Leiter kämpft.

Pivo Pivo — BAR
(Karte S. 112; 15 Waterloo St.) In der riesigen Trinkhalle im Keller gibt es unzählige Biersorten – um genau zu sein: 100 Sorten aus 32 verschiedenen Ländern. Dazu gesellt sich eine eindrucksvolle Sammlung an Wodka und Schnaps. Es kann lange dauern, bis man das Tageslicht wieder sieht.

Moskito — BAR
(Karte S. 112; www.moskitoglasgow.com; 200 Bath St.) Das Moskito ist eine schicke Bath-Street-Kellerbar – ideal, um in den Sitzecken zu entspannen, um Billard zu spielen und sich vom DJ des Hauses mit tiefen Bässen und Electronica einlullen zu lassen.

Waxy O'Connors — PUB
(Karte S. 112; www.waxyoconnors.co.uk; 46 West George St.) Dieser Bier-Irrgarten verströmt ein Flair, das an das Elfenbaumhaus eines Fantasy-Königreiches erinnert – als sei er einer Zeichnung von Escher entsprungen. Den meisten irischen Pubs ist das Waxy jedenfalls um einiges überlegen.

West End

Hillhead Bookclub — BAR
(www.hillheadbookclub.com; 17 Vinicombe St.) Die ungezwungene West-End-Bar bietet viel Atmosphäre. Über der zweistöckigen Bar mit ihren gut gemixten Cocktails wölbt sich eine verzierte Holzdecke. Außerdem gibt es günstige Drinks, leckeres Essen und jede Menge interessante Deko. Am überraschendsten ist wahrscheinlich der Tischtennistisch in einem Käfig.

Òran Mór — BAR
(Karte S. 120; www.oran-mor.co.uk; 731 Great Western Rd.) Einigen mag bei dem Gedanken,

in einer Kirche zu trinken, nicht ganz wohl sein. Aber man könnte auch sagen: Der Herr hat's gegeben, der Herr sei gepriesen … Eine ehemalige Kirche dient also heute als Bar, Restaurant und Club. Die Bar wirkt so, als wäre sie schon immer hier gewesen – das viele Holz und die dicken, unverputzten Wände verleihen ihr eine warme, fast himmlische Ausstrahlung. Die Auswahl an Whiskys ist hervorragend. Das Einzige, was fehlt, ist das Weihwasserbecken am Eingang.

Brel BAR
(Karte S. 120; www.brelbarrestaurant.com; 39 Ashton Lane) Diese Bar ist vielleicht die beste auf der Ashton Lane, deswegen ist sie auch meistens sehr voll. Aber es gibt nach hinten raus einen Wintergarten, in dem man auch bei Regen das Gefühl genießen kann, im Freien zu sitzen. Wenn die Sonne scheint, lockt der angrenzende Biergarten. Die Bar bietet den Gästen eine riesige Auswahl an belgischen Biersorten, und auf der Speisekarte stehen Muschelgerichte und typische Gerichte der Lowlands.

Vodka Wodka BAR
(Karte S. 120; www.vodkawodka.co.uk; 31 Ashton Lane) Die Kneipe ist der absolute Traum eines jeden Wodka-Liebhabers: Die Auswahl ist so groß, dass nicht alle Sorten bei einem einzigen Besuch probiert werden können. Tagsüber wird das Feuerwasser an der Bar aus gebürstetem Metall an Studenten, abends an junge Leute – die meisten sind etwa Mitte 20 – ausgeschenkt.

Jinty McGuinty's PUB
(Karte S. 120; www.jintys.com; 23 Ashton Lane) Ein sehr beliebter irischer Pub mit ungewöhnlichen Sitzgruppen und einer richtigen *Hall of Fame*.

☆ Unterhaltung

Glasgow ist Schottlands Unterhaltungsmetropole. Hier wird alles geboten – von klassischer Musik über gutes Theater und Ballett bis zu fantastischen Nachtclubs, in denen eingängige Hits, Hip-Hop, Electro oder Techno dröhnen oder angesagte schottische Bands auftreten.

Den besten Überblick über die Szenein Glasgow gibt *The List* (www.list.co.uk), ein unverzichtbarer, alle zwei Wochen erscheinender Veranstaltungskalender, der bei Zeitschriftenhändlern und Buchhandlungen erhältlich ist.

Der Vorverkauf für Theaterkarten erfolgt direkt beim jeweiligen Theater. Konzertkarten bekommt man bei Tickets Scotland (Karte S. 112; ☏0141-204 5151; www.tickets-scotland.com; 237 Argyle St.).

Nachtclubs
Glasgows Clubbingszene gehört zu den größten und besten auf den britischen Inseln, und die Besucher kommen von weit her. Die Glasgower strömen in der Regel in die Clubs, wenn die Pubs schließen, deswegen gibt es in vielen Clubs Ermäßigung und günstige Drinks für diejenigen, die vor 22.30 Uhr kommen. Die Eintrittspreise liegen zwischen 5 und 10 £ (bei großen Events bis zu 25 £), viele Bars verteilen auch Freikarten. Das Gesetz schreibt vor, dass Clubs um 3 Uhr schließen müssen, aber wer etwas aufpasst, erfährt auch, wo die Party dann noch weitergeht.

Sub Club NACHTCLUB
(Karte S. 112; www.subclub.co.uk; 22 Jamaica St.) Samstagnacht im Sub Club ist ein absolutes Muss in Glasgow – das Soundsystem soll angeblich das Beste der Stadt sein. Für zart Besaitete sind die klaustrophobische Atmosphäre und die Hardcore-Beats allerdings nichts.

Arches NACHTCLUB
(Karte S. 112; www.thearches.co.uk; 253 Argyle St.) R-e-s-p-e-k-t lautet das Mantra im Arches. Der Club, dessen Design aus Hunderten von Säulen besteht, ist ein Muss für Funk- und Hip-Hop-Fans und gehört zu den größten Musikclubs der Stadt. Hier legen Top-DJs auf, aber auch einige vielversprechende Talente des Landes. Das Arches liegt in der Nähe der Jamaica Street.

Classic Grand NACHTCLUB
(Karte S. 112; www.classicgrand.com; 18 Jamaica St.) Ungezwungener Club, in dem hauptsächlich Rockmusik jeder Art auf die Bühne oder den Plattenteller kommt. Die Stimmung ist locker, die Drinks sind günstig, und die Einheimischen, die diesen Club besuchen, sind freundlich.

Cathouse NACHTCLUB
(Karte S. 112; www.cathouse.co.uk; 15 Union St.; ⊙Do–So) Ein alter Club für Fans von Indie, Gothic und alternativer Musik. Es gibt zwei Tanzflächen: Oben geht es bei Metal und Hard Rock recht heftig zu, unten ist es etwas ruhiger.

Tunnel
NACHTCLUB

(Karte S. 112; www.tunnelglasgow.co.uk; 84 Mitchell St.; ◉Mi–So) Das Tunnel ist ein Klassiker in Glasgow mit zwei Tanzflächen und guter Musikmischung. Für Glasgower Verhältnisse ist der Laden ziemlich schick. Samstags wird auf der einen Tanzfläche Hip-Hop und R&B, auf der anderen House gespielt.

ABC
NACHTCLUB, LIVEMUSIK

(O2 ABC; Karte S. 112; www.o2abcglasgow.co.uk; 300 Sauchiehall St.) Musikclub und Veranstaltungsort – der Treffpunkt an der Sauchiehall Street bietet zwei große Konzerträume und mehrere nette Bars, an denen die Gäste gerne mal einen trinken. Es gibt für jeden etwas; donnerstags bis samstags legen die unterschiedlichsten DJs auf.

Buff Club
NACHTCLUB

(Karte S. 112; www.thebuffclub.com; 142 Bath Lane) Das Lokal liegt etwas versteckt in einer Seitenstraße hinter den Bars der Bath Street. Jeden Abend wird hier eine bunte Mischung guter, ehrlicher Musik gespielt, und Kleidungsvorschriften gibt es hier nicht. Die Musikmischung variiert je nach Wochentag und reicht von Hip-Hop über Electronica bis zu Disko. Der Laden ist viel bodenständiger als andere Clubs und bietet während der Woche äußerst günstige Drinks.

Livemusik

Glasgow gilt als das Zentrum der schottischen Livemusikszene. Tourmusiker und Urlauber nennen jedes Jahr wieder Glasgow als eine der Städte, in der sie am liebsten Livemusik hören. Das Wesen und der Humor seiner Einwohner machen das Besondere der Stadt aus, und so ist der musikalische Erfolg der Stadt ihren Zuhörern und der Gemeinschaft Musikbegeisterter zu verdanken, die hier groß geworden sind.

Es gibt so viele Adressen für Livemusik, dass es unmöglich ist, den Überblick zu behalten. Das Magazin **Gig Guide** (www.gigguide.co.uk), das in den meisten Lokalen und Veranstaltungsorten kostenlos erhältlich ist, und seine Website bieten eine aktuelle Übersicht.

Zu den besten Adressen für Livemusik gehört das **King Tut's Wah Wah Hut** (Karte S.112; ☎0141-2215279; www.kingtuts.co.uk; 272a St. Vincent St.), hier treten jeden Abend Bands auf. Die Musikgruppe Oasis wurde hier nach einem Auftritt unter Vertrag genommen.

Die derzeit besten, aber auch schlechtesten neuen Bands treten im **Brunswick Cellars** (Karte S.112; 239 Sauchiehall St.) und im Classic Grand (S. 145) auf. Einige der Bars, die unter der Rubrik „Ausgehen" gelistet wurden, bieten gute Livemusik, wie u. a. das MacSorley's (S. 144) und das Nice 'n' Sleazy (S. 144). Auch das ABC (s. links) ist ein beliebter Veranstaltungsort.

13th Note Café
LIVEMUSIK, CAFÉ

(Karte S. 112; www.13thnote.co.uk; 50–60 King St.) Gemütliches Kellerlokal mit kleinen Indie-Bands und DJs am Wochenende, dazu kommen regelmäßig Comedy- und Theateraufführungen. Das Café im Erdgeschoss bietet gutes vegetarisches Essen.

Barrowland
KONZERTSAAL

(Karte S. 106; www.glasgow-barrowland.com; 244 Gallowgate) Außergewöhnlicher alter Tanzsaal für größere Liveacts von außerhalb.

Captain's
LIVEMUSIK

(Karte S. 120; www.captainsrest.co.uk; 185 Great Western Rd.) Große Auswahl an Indie-Bands. Fast jeden Abend gibt es Livemusik, montags außerdem „Open-Mic"-Sessions.

Hydro
VERANSTALTUNGSHALLE

(☎0141-248 3000; www.thehydro.com; Finnieston Quay) Zur Zeit der Recherche für dieses Buch war diese schicke neue Halle noch nicht eröffnet, sie wird aber ein Kolosseumähnlicher Raum, der viel Platz für berühmte Bands bietet.

Clyde Auditorium
VERANSTALTUNGSHALLE

(Karte S. 120; ☎0844 395 4000; www.secc.co.uk; Finnieston Quay) Wegen seiner seltsamen Form auch als „Armadillo" bekannt. Das Clyde liegt neben dem SECC und dient als Bühne für große nationale und internationale Liveacts.

ECC
VERANSTALTUNGSHALLE

(Karte S. 120; ☎0844 395 4000; www.secc.co.uk; Finnieston Quay) Neben dem Clyde Auditorium; hier treten große nationale und internationale Künstler auf.

Kino

Glasgow Film Theatre
KINO

(Karte S. 112; ☎0141-332 6535; www.glasgowfilm.org; 12 Rose St.; Erw./Erm. 7/5,50 £) Das heiß geliebte Kino nahe der Sauchiehall Street zeigt auf zwei Leinwänden Programmkino und Klassiker.

Cineworld
KINO

(Karte S. 112; ☎0871-200 2000; www.cineworld.co.uk; 7 Renfrew St.; Erw. 7–9 £) Hier werden Mainstreamfilme gezeigt.

Grosvenor Cinema KINO
(☎0845-1666002; www.grosvenorcafe.co.uk; Ashton Lane) Im Herzen des West End befindet sich dieses Kino, das mit einem Café aufwartet. Hier kann man nach dem Film nett essen und trinken.

Theater & Konzerthallen

Theatre Royal OPER, BALLETT, THEATER
(Karte S. 112; ☎0844-871 7627; www.atgtickets.com; 282 Hope St.) Dieses Theater ist die Heimatbühne der Scottish Opera, häufig tritt hier auch das Scottish Ballet auf. Wer im Vorverkauf Karten bestellen möchte, muss sich ans King's Theatre wenden.

City Halls KONZERTHALLE
(Karte S. 112; ☎0141-353 8000; www.glasgowconcerthalls.com; Candleriggs) In dem Konzertsaal im Herzen der Merchant City finden regelmäßig Aufführungen des Scottish Chamber Orchestra und des Scottish Symphony Orchestra statt. Auch im benachbarten Old Fruitmarket werden Konzerte veranstaltet.

Glasgow Royal Concert Hall KONZERTHALLE
(Karte S. 112; ☎0141-353 8000; www.glasgowconcerthalls.com; 2 Sauchiehall St.) In dem modernen Konzertsaal – Heimatbühne des Royal Scottish National Orchestra – wird klassische Musik vom Feinsten geboten.

King's Theatre THEATER
(Karte S. 112; ☎0844 871 7627; www.atgtickets.com; 297 Bath St.) Hier werden überwiegend Musicals aufgeführt, ab und zu auch Varietéshows, Pantomime und Komödien.

Citizens' Theatre THEATER
(☎0141-429 0022; www.citz.co.uk; 119 Gorbals St.) Eines der besten Theater Schottlands. Unbedingt versuchen, Karten für eine Aufführung zu ergattern.

Tron Theatre THEATER
(Karte S.112; ☎0141-552 4267; www.tron.co.uk; 63 Trongate) Im Tron Theatre treten schottische und internationale Künstler auf. Es gibt auch ein gutes Café.

Centre for Contemporary Arts KUNST- & VERANSTALTUNGSHALLE
(Karte S. 112; www.cca-glasgow.com; 350 Sauchiehall St.; ⊙Mo–Sa 10–24 Uhr) In diesem eleganten Theater werden Räume und Licht unglaublich gut in Szene gesetzt. Ein toller Ort für bildende und darstellende Künste sowie für Filme, Diskussionsrunden und Ausstellungen. Auch ein gutes Café mit Bar ist vorhanden.

Tramway KUNST- & VERANSTALTUNGSHALLE
(☎0845-330 3501; www.tramway.org; 25 Albert Dr.) Bühne und Ausstellungshalle stehen avantgardistischen Theatergruppen, bildenden und darstellenden Künsten und den unterschiedlichsten Künstlern zur Verfügung. Das Tramway liegt in der Nähe des Bahnhofs Pollokshields East.

Sport

Zwei große Fußballclubs – die Rangers und Celtic – beherrschen die schottische Sportszene. Sie haben mehr Geld als andere Clubs und eine lange Geschichte (und Rivalität). Diese Rivalität spiegelt sich auch bei den Fans wider: Die Rangers werden von den Protestanten unterstützt, Celtic von den Katholiken. Es lohnt sich, ein Fußballspiel anzusehen: Beide Mannschaften besitzen prächtige Stadien mit toller Atmosphäre, und ihre Spiele (viermal im Jahr, wenn sie in derselben Liga spielen) werden von großen Emotionen begleitet. Die Tickets werden allerdings nicht auf dem freien Markt verkauft; man muss den Besitzer einer Jahreskarte kennen. Die Rangers arbeiten sich zurzeit wieder nach oben, nachdem sie sich wegen finanzieller Probleme neu formieren und in der Saison 2012/13 ihre Spiele in der 3. Division, der vierten schottischen Liga, absolvieren mussten.

Celtic FC FUSSBALLVEREIN
(☎0871 226 1888; www.celticfc.net; Celtic Park, Parkhead) Führungen durch das Stadion werden täglich angeboten (Erw./Kind 8,50/5,50 £). Die Busse der Linie 61 und 62 fahren ab dem St Enoch Centre hierher.

Rangers FC FUSSBALLVEREIN
(☎0871 702 1972; www.rangers.co.uk; Ibrox Stadium, 150 Edmiston Dr.) Führungen durch das Stadion und den Trophäenraum finden von Freitag bis Sonntag statt (Erw./Kind 8,50/5,50 £). Die U-Bahn fährt bis zur Station Ibrox.

🛍 Shoppen

Glasgow ist ein Paradies für Shopper – nirgendwo in Großbritannien gibt es so viele Geschäfte wie hier (mit Ausnahme von London). Die „Style Mile" rund um die Buchanan Street, Argyle Street und Merchant City (besonders exklusiv ist die Ingram Street) ist das Modezentrum. Das West End bietet dagegen ausgefallenere Geschäfte: In der Byres Road kann man tolle Vintageklamotten kaufen.

Barras — FLOHMARKT
(Karte S. 112; www.glasgow-barrowland.com; zwischen Gallowgate & London Rd.; Sa & So 10–17 Uhr) Glasgows Flohmarkt, der Barras in Gallowgate, ist in vielerlei Hinsicht das lebendige, pulsierende Herz der Stadt. Er bietet fast 1000 Verkaufsstände, und die Besucher kommen nicht nur zum Kaufen, sondern auch einfach nur auf einen Bummel hierher – es entsteht dann ein Gefühl wie Ferien. Der Barras ist berühmt-berüchtigt für Kopien von Designerartikeln und für Taschendiebe – also Vorsicht!

Italian Centre — MODE
(Karte S. 112; 7 John St.) Modejunkies werden hier bei Emporio Armani fündig.

Mr Ben — MODE
(Karte S. 112; www.mrbenretroclothing.com; Kings Ct., King St.) Dieser nette Laden ist eine der besten Adressen Glasgows für Vintagekleidung und bietet eine große Auswahl an Marken wie Fred Perry sowie andere schicke Sachen.

Buchanan Galleries — EINKAUFSZENTRUM
(Karte S. 112; www.buchanangalleries.co.uk; Royal Exchange Sq.) Riesige Auswahl an schicken Modegeschäften.

Princes Square — MODE
(Karte S. 112; www.princessquare.co.uk; Buchanan St.) Wunderbar an einem renovierten Platz von 1841 gelegen, mit Outlets u. a. von Vivienne Westwood.

Argyll Arcade — SCHMUCK
(Karte S. 112; www.argyll-arcade.com; Buchanan St.) Überwältigende Arkade mit glanzvollen Juweliergeschäften.

Geoffrey (Tailor) Kiltmaker — KILTS
(Karte S. 112; www.geoffreykilts.co.uk; 309 Sauchiehall St.) Wer einen Kilt kaufen möchte, ist hier genau richtig.

Tiso — OUTDOOR
(Karte S. 112; www.tiso.co.uk; 129 Buchanan St.) Die richtige Adresse für Bergsteiger und alle Outdoorfreaks.

Adventure 1 — OUTDOOR
(Karte S. 112; www.adventure1.co.uk; 38 Dundas St.) Hier gibt es die beste Auswahl an Wanderstiefeln.

Waterstone's — BUCHLADEN
(Karte S.112; 0141-3329105; www.waterstones.com; 153 Sauchiehall St.; Mo–Fr 8.30–19, Sa 9–19, So 10–18 Uhr) Eine der großen Buchhandlungen; mit einem umfangreichen Sortiment; verkauft auch Reiseführer und Straßenkarten von Glasgow.

Caledonia Books — BUCHLADEN
(Karte S. 120; www.caledoniabooks.co.uk; 483 Great Western Rd.) Anspruchsvolles Antiquariat im West End.

ℹ Praktische Informationen

The **List** (www.list.co.uk; 2,20 £), den man bei allen Zeitschriftenhändlern erhältlich, ist in alle zwei Wochen erscheinender, unverzichtbarer Veranstaltungskalender für Glasgow und Edinburgh mit Infos über Filme, Theater, Kabarett, Konzerte und Musikclubs. Empfehlenswert ist auch der ausgezeichnete *Eating & Drinking Guide* (5,95 £) für Glasgow und Edinburgh, den *The List* jeden April herausgibt.

Geld
Im Stadtzentrum gibt es zahlreiche Geldautomaten. Das Postamt und die Touristeninformation wechseln auch Geld.

Internetzugang
Gallery of Modern Art (0141-229 1996; Royal Exchange Sq.; Mo–Mi & Sa 10–17, Do 10–20, Fr & So 11–17 Uhr) Bibliothek im Untergeschoss, die kostenlosen Internetzugang anbietet. Reservierung empfohlen.

Hillhead Library (348 Byres Rd.; Mo–Di & Do 10–20, Mi 10–17, Fr–Sa 9–17, So 12–17 Uhr) Bietet kostenlosen Internetzugang.

iCafe (www.icafe.uk.com; 250 Woodlands Rd.; 2 £ pro Std.; 10–23 Uhr) Die E-Mails lassen sich am besten bei einem Kaffee und Gebäck abrufen. Superschnelle Verbindungen. Auch WLAN.

Mitchell Library (0141-287 2999; www.glasgowlife.org.uk; North St.; Mo–Do 9–20, Fr & Sa 9–17 Uhr) Kostenloser Internetzugang; Reservierung empfohlen.

Yeeh@ (48 West George St; 2 £ pro Std.; Mo–Fr 9.30–21, Sa & So 11–18 Uhr)

Medizinische Versorgung
Einen Arzt kann jeder in den Ambulanzen der allgemeinen Krankenhäuser aufsuchen.

Glasgow Dental Hospital (0141-211 9600; www.nhsggc.org.uk; 378 Sauchiehall St.)

Glasgow Royal Infirmary (0141-211 4000; www.nhsggc.org.uk; 84 Castle St.) Medizinische Notfälle und ambulante Versorgung.

Western Infirmary (0141-211 2000; www.nhsggc.org.uk; Dumbarton Rd.)

Post
In einigen Supermärkten sind Postfilialen eingerichtet, einige haben auch sonntags geöffnet.

Glassford St. Post Office (www.postoffice.co.uk; 59 Glassford St.; ⊙Mo–Sa) Dieses Postamt ist am zentralsten gelegen.

Touristeninformation

Glasgow Information Centre (☏0141-204 4400; www.seeglasgow.com; 11 George Sq.; ⊙Mo–Sa 9–17 Uhr) Ausgezeichnete Touristeninformation; bucht Unterkünfte in der Stadt und im ganzen Land (4 £). Im Sommer länger und auch sonntags geöffnet.

Touristeninformation am Flughafen (☏0141-848 4440; Glasgow International Airport; ⊙Mo–Sa 7.30–17, So 7.30–15.30 Uhr)

An- & Weiterreise

Auto & Motorrad

Es gibt zahlreiche Autovermietungen; die großen Firmen unterhalten Büros an den Flughäfen Glasgow und Prestwick. Hier einige Adressen:

Arnold Clark (☏0141-423 9559; www.arnoldclarkrental.com; 43 Allison St.)

Avis (☏0844 544 6064; www.avis.co.uk; 70 Lancefield St.)

Europcar (☏0141-204 1072; www.europcar.co.uk; 1 Waterloo St.)

Bus

Der **Busbahnhof Buchanan** (☏0141-333 3708; www.spt.co.uk; Killermont St.) ist Start- und Zielpunkt aller Überlandbusse. Hier gibt es auch relativ teure Schließfächer, Geldautomaten und ein Café mit WLAN.

Wer den günstigsten Fahrpreis sucht, sollte sich zuerst bei **Megabus** (www.megabus.com) erkundigen. Hier werden sehr günstige Tickets für fast alle Strecken, auch nach Edinburgh und London, angeboten – der Preis richtet sich nach der Nachfrage. Mit Glück bekommt man für nur 12 £ ein Ticket nach London.

Scottish Citylink (☏0871-266 3333; www.citylink.co.uk) fährt die meisten großen Städte in Schottland an, dazu gehören:

Edinburgh (6,80 £, 1¼ Std., alle 15 Min.)
Stirling (7,30 £, 45 Min., mindestens stündl.)
Perth (11,20 £, 1½ Std., stündl.)
Inverness (27,50 £, 3½ Std., 8-mal tgl.)
Aberdeen (28,80 £, 2½–3 Std., stündl.)
Oban (17,50 £, 3 Std., 4-mal tgl. direkt)
Fort William (22 £, 3 Std., 7-mal tgl.)
Portree, Isle of Skye (39,40 £, 6¼–7 Std., 3-mal tgl.)
Cairnryan/Stranraer (17,50 £, 2½ Std., 3-mal tgl. mit direktem Anschluss an die Fähre nach Belfast)

Einige der längeren Strecken sind mit dem Gold-Status ausgezeichnet: Sie bieten zusätzliche Extras und Service an Bord.

Neben Megabus fahren auch **National Express** (☏08717 81 81 81; www.nationalexpress.com) und **Greyhound** (☏0900 096 0000; www.greyhounduk.com) nach London (23–36 £, 8 Std.), meist während der Nacht. Der National-Express-Bus um 22.30 Uhr hält in Heathrow. Häufig sind die Tickets billiger, wenn man sie im Voraus übers Internet kauft.

National Express fährt auch täglich zu mehreren englischen Städten. Megabus und National Express bieten im Internet oft sehr günstige Fahrpreise an.

Flugzeug

Der Glasgow International Airport (S. 551) liegt rund 16 km westlich der Stadt. Von hier aus starten nationale und internationale Flüge. Der Flughafen Glasgow Prestwick (S. 550) liegt 48 km südwestlich von Glasgow und wird überwiegend von **Ryanair** (www.ryanair.com) und einigen anderen Billiganbietern angeflogen. Verbindungen bestehen innerhalb Großbritanniens und mit weiteren europäischen Ländern.

Zug

Normalerweise fahren die Züge vom **Hauptbahnhof in Glasgow** nach Südschottland, England und Wales, vom **Bahnhof Queen Street** fahren die Züge nach Norden und Osten. Zwischen den beiden Bahnhöfen verkehren Busse im Zehnminutentakt. Zum Londoner Bahnhof Euston Station besteht eine Direktverbindung; die Züge sind schneller (im Vorverkauf einfache Fahrt 28–105 £, hin & zurück 162 £, 4½ Std., öfter als stündl.) und bequemer als der Bus.

Scotrail (☏08457 55 00 33; www.scotrail.co.uk) unterhält die Bahnverbindungen innerhalb Schottlands. Zu den angebotenen Zielen gehören Edinburgh (12,90 £, 50 Min., alle 15 Min.), Oban (21,60 £, 3 Std., 3- bis 4-mal tgl.), Fort William (26,30 £, 3¾ Std., 4- bis 5-mal tgl.), Dundee (25,30 £, 1½ Std., stündl.), Aberdeen (45,20 £, 2½ Std., stündl.) und Inverness (79 £, 3½ Std., 10-mal tgl., So 4-mal).

Unterwegs vor Ort

Auto & Motorrad

Wie in vielen schottischen Städten, so ist auch in Glasgow das verwirrende Einbahnstraßensystem die größte Herausforderung für Autofahrer. Kurzparker (bis zu 2 Std.) haben eine gute Chance, einen Parkplatz an der Straße zu finden (mit Parkschein). Ansonsten sind Parkhäuser die beste Wahl.

Fahrrad

Es gibt mehrere Fahrradverleihe; die Touristeninformation hat eine aktuelle Adressenliste.

Alpine Bikes (www.alpinebikes.com; 6 St. Georges Pl.; 20 £ pro Tag; ⊙9.30–17.30 Uhr)

Angeboten werden vom Verleiher Hardtailbikes sowie Rennräder.
Gear Bikes (0141-339 1179; www.gearbikes.com; 19 Gibson St.; 15/20/35 £ pro halben/ganzen Tag/2 Tage) Gute Hybridräder. Täglich geöffnet.

Vom/Zum Flughafen

Alle zehn oder 15 Minuten fahren Busse vom Glasgow International Airport über den Hauptbahnhof und den Bahnhof Queen Street zum Busbahnhof Buchanan (einfache Fahrt/hin & zurück 5/7,50 £). Diese Busse fahren rund um die Uhr. Die Linie 747 fährt zum West End. Ein Taxi vom Flughafen in die Stadt bzw. zum Flughafen kostet etwa 20 bis 25 £.

Öffentliche Verkehrsmittel

BUS Die Stadtbusse, überwiegend von **First Glasgow** (0141-423 6600; www.firstglasgow.com), verkehren häufig. Die Fahrkarten werden beim Einsteigen gekauft, allerdings benötigt man in den meisten Bussen das passende Kleingeld. Kurzstrecken in der Stadt kosten 1,85 £; lohnend ist auch eine Tageskarte (4,50 £), die bis 1 Uhr nachts, wenn der Nachtfahrplan beginnt, gültig ist. Das Wochenticket – praktisch bei längerem Aufenthalt – kostet 15,50 £. Bei der Touristeninformation erhält man den außerordentlich komplizierten SPT-Busfahrplan, der sehr detailliert alle Strecken in und um die Stadt aufführt.

ZUG & U-BAHN Es gibt ein dichtes Netz an Vorortzügen in und um Glasgow. Wenn die Kasse an der Station besetzt ist, sollten die Tickets vorher gekauft werden, andernfalls sind sie beim Schaffner im Zug erhältlich. Es gibt auch eine U-Bahn-Linie (Subway), die 15 Haltestellen im Zentrum, Süden und Westen der Stadt anfährt (einfache Fahrt 1,20 £, 10er-Karte 11 £). An der Station Buchanan Street besteht die Möglichkeit, vom Zug in die U-Bahn umzusteigen. Das Discovery-Ticket (3,50 £) erlaubt die unbegrenzte Nutzung der U-Bahn für einen Tag, mit dem Roundabout-Ticket kann man einen Tag lang für 6 £ sowohl die U-Bahn als auch die Züge benutzen.

Kombi-Ticket Das Daytripper-Ticket erlaubt die unbegrenzte Nutzung der Busse, U-Bahn, Züge und sogar einiger Fähren in der Region Glasgow. Es kostet 10,70 £ für eine Person, 19 £ für zwei Personen. Pro Erwachsenem fahren zwei Kinder kostenlos mit.

Schiff

Clyde Clippers (www.clydeclippers.com; Mitte Mai–Ende Okt.) betreibtn den Fährverkehr auf dem Clyde zwischen der Innenstadt von Glasgow und Braehead (hin & zurück 6,50 £), weitere Haltestellen befinden sich am Science Museum und am Riverside Museum (hin & zurück 3,25 £).

Taxi

In Glasgow gibt es ausreichend Taxis. Wer etwas über die Stadt erfahren möchte, sollte unbedingt mit dem Taxifahrer ein Gespräch beginnen.

Bei telefonischer Bestellung akzeptiert **Glasgow Taxis** (0141-429 7070; www.glasgowtaxis.co.uk) die Zahlung mit Kreditkarte. Die meisten ihrer Taxis sind für Rollstuhlfahrer geeignet.

RUND UM GLASGOW

Tagesausflüge lassen sich dank der guten Verkehrsverbindungen leicht planen. Lohnenswert ist das Südufer des Clyde, wo Orte wie Greenock von den guten alten Zeiten des Schiffbaus erzählen und wo sich die prachtvolle Abtei von Paisley als Highlight früherer Architekturkunst zeigt. Weitere leicht zu erreichende Orte, die einen Ausflug von Glasgow aus lohnen, sind New Lanark, Helensburgh und der Loch Lomond.

Inverclyde

Westlich von Glasgow säumen bis heute die gespenstischen Überreste einst großartiger Werften die Ufer des Clyde.

Einen Stopp an dieser Strecke lohnen jedoch nur Greenock und Gourock. Doch auch in der sonst wenig reizvollen Stadt **Port Glasgow** gibt es einiges zu sehen. Dazu gehört das hübsche **Newark Castle** (HS; www.historic-scotland.gov.uk; Erw./Kind 4/2,40 £; April–Sept. 9.30–17.30 Uhr) aus dem 16. Jh., das immer noch weitgehend intakt ist und durch seine spektakuläre Lage am Ufer des Clyde besticht.

GREENOCK & GOUROCK
57 500 EW.

Die Ortschaft Greenock und Gourock bilden heute eine Gemeinde. Früher kündigten die beiden Orte den Glasgower Seeleuten die Heimat an, wenn die Schiffe vom Firth of Clyde in den Fluss einliefen und bald darauf den heimatlichen Hafen erreichten. Gourock beeindruckt mit einer spektakulären Sicht über den Firth of Clyde, Greenock punktet mit seinen historischen Gebäuden – weniger hübsch sind dagegen die zusammengewürfelten Einkaufszentren in der Stadt. Im Sommer und an schönen Tagen verbringen Glasgower Familien hier draußen gerne ihre Freizeit.

Das **McLean Museum & Art Gallery** (01475 715624; www.inverclyde.gov.uk; 15 Kelly St.; Eintritt frei; Mo–Sa 10–17 Uhr) im historischen

Zentrum von Greenock lohnt einen Besuch. Die umfangreiche Sammlung enthält zahlreiche Exponate zur Geschichte der Dampfkraft und der Schifffahrt auf dem Clyde. Dazu gesellt sich eine bebilderte Geschichte von Greenock im Laufe der Jahrhunderte. Im Obergeschoss werden sehr gute Wechselausstellungen sowie eine kleine Sammlung mit Stücken aus China, Japan und Ägypten gezeigt. Die naturgeschichtliche Abteilung widmet sich der bedrohten Artenvielfalt in der heutigen Welt. Hier gibt es auch kostenlosen Internetzugang. Greenock war der Geburtsort von **James Watt**, jenem Erfinder, ohne dessen Weiterentwicklung der Dampfmaschine die industrielle Revolution kaum möglich gewesen wäre. Daran erinnert eine Statue in seinem Geburtsort. Sie wird vom spektakulären **Victoria Tower** überragt, der 1886 im italienischen Stil auf dem Rathaus errichtet wurde.

Schlafen & Essen

Tontine Hotel HOTEL ££
(01475-723316; www.tontinehotel.co.uk; 6 Ardgowan Sq.; EZ/DZ 65/75 £, EZ/ Superior DZ 85/95 £; P) Vornehmes Hotel im schönsten Teil von Greenock. Die Superiorzimmer im alten Teil des Hauses lohnen die Extraausgabe; die geräumigen Zimmer wurden erst kürzlich renoviert und haben schöne Bäder. Die Standardzimmer sind auch gut, verströmen aber nicht so viel Charme. Das Personal ist sehr freundlich. Im Sommer sollte man unbedingt reservieren.

Spinnaker Hotel HOTEL ££
(01475-633107; www.spinnakerhotel.co.uk; 121 Albert Rd.; EZ/DZ 48/78 £;) Das Spinnaker ist ein Pub mit toller Aussicht über den Firth of Clyde auf Dunoon. Die ansprechenden, sauberen und geräumigen Zimmer sind mit Kiefernmöbeln ausgestattet und haben Großbildfernseher. Die Kellerbar ist gemütlich und bei älteren Gästen beliebt, die hier die entspannte Atmosphäre, die Aussicht und das Bier vom Fass genießen. Außerdem werden typische Pubgerichte serviert (Hauptgerichte 8–11 £).

Tribeca BAR £
(www.tribecagreenock.tumblr.com; 2 Clyde Sq.; Hauptgerichte 7–12 £) Die geräumige, beliebte moderne Bar liegt direkt am Turm im Zentrum von Greenock. Hier werden neben Hamburgern und üppig belegten Sandwiches auch interessante, eher ungewöhnliche Gerichte wie geschmorte Ochsenbacke oder Schweinebauch serviert.

An- & Weiterreise

Greenock liegt 43 km westlich von Glasgow, Gourock erreicht man nach weiteren knapp 5 km Richtung Westen. Der Abschnitt Glasgow–Greenock–Gourock des Rad- und Wanderweges von Clyde nach Forth verläuft hier 16 km weit auf einer stillgelegten Eisenbahnstrecke. Mit dem Zug ab Glasgow Central Station (5 £, 30 Min., 2- bis 3-mal stündl.) und mit stündlich verkehrenden Bussen sind die beiden Städte gut zu erreichen.

Gourock ist ein wichtiger Fährhafen. **Argyll Ferries** (01475-650338; www.argyllferries.co.uk) bedient eine Personenfähre nach Dunoon (4,10 £, 25 Min., Mo–Sa halbstündl., So stündl.) auf Argylls Halbinsel Cowal. Der Bahnhof von Gourock liegt direkt neben dem CalMac-Terminal.

Clyde Marine Transport (0871-705 0888) unterhält eine Personenfähre nach Kilcreggan (2,35 £, 15 Min., Mo–Sa 11- bis 15-mal tgl., So 3-mal tgl.); Tickets erhält man auf der Fähre.

Western Ferries (01369-704452; www.western-ferries.co.uk) fährt auch nach Dunoon (pro Pers./Auto 4,10/11,40 £, 20 Min., 2- bis 3- mal stündl.) von McInroy's Point, etwa 3 km vom Bahnhof entfernt, an der Straße nach Irvine. Die Busse von Scottish Citylink fahren zum Fähranleger.

WEMYSS BAY

2500 EW.

12 km südlich von Gourock liegt die Wemyss Bay („Wiems" ausgesprochen). Dort besteht die Möglichkeit, vom Zug auf die Fähre nach Rothesay auf der Isle of Bute umzusteigen. Züge fahren ab Glasgow (6,40 £, 1 Std., stündl.). Die CalMac-Fähren (0800 066 5000; www.calmac.co.uk) nach Rothesay haben Anschluss an die Züge und kosten 4,75/18,75 £ pro Person/Auto.

Blantyre

17 300 EW.

Obwohl Blantyre zu Lanarkshire gehört, ist der Geburtsort von David Livingstone heute ein außerhalb liegender Vorort von Glasgow. Er wurde Ende des 18. Jhs. als Baumwollspinnerei gegründet. Hier wuchs der fromme, eifrige Doktor, Missionar und Forscher auf – in einem Haus mit nur einem Zimmer. Ab dem Alter von zehn Jahren arbeitete er tagsüber in der Spinnerei und ging abends zur Schule. In einer Zeit, als die meisten Arbeiter kaum ihre Namen schreiben konnten, schaffte Livingstone es sogar, zur Universität zu gehen und Medizin zu studieren.

Das **David Livingstone Centre** (NTS; www.nts.org.uk; Erw./Kind 6/5 £; April–Ende

SCHIFFBAU AM CLYDE

John Scott baute 1711 in Greenock eine Werft, die zu den ältesten am Unterlauf des Clyde gehört. Ursprünglich entstanden hier kleinere Schiffe für den Transport vor Ort, doch Ende des 18. Jhs. wurden hier auch große ozeantaugliche Segler gefertigt. Mit der Ausweitung des Handels kamen weitere Werften im nahen Dumbarton und in Port Glasgow dazu.

Die Comet, das erste europäische Dampfschiff überhaupt, lief 1812 in Glasgow vom Stapel. In den 1830er- und 1840er-Jahren hatte der Clyde seine weltweit führende Position im Schiffbau gesichert. In den 1880er-Jahren folgten Stahlrümpfe, die es ermöglichten, größere, mit den neuesten und besten Maschinen ausgestattete Schiffe zu konstruieren.

1899 übernahm John Brown & Co, ein Stahlproduzent aus Sheffield, eine Werft am Clyde – 1907 gehörte sein Unternehmen zum größten Schiffbaukonzern der Welt, der ozeantaugliche Passagierschiffe baute. Bis zum Ersten Weltkrieg stiegen bei den Werften am Clyde die Fertigungszahlen kontinuierlich an; auch nach Ausbruch des Krieges herrschte ein gewaltiger Bedarf an neuen Schiffen für die britische Kriegs- wie auch für die Handelsmarine.

Während des Krieges und in der Zeit danach verschwanden dann viele kleine Unternehmen. Ihren Platz nahmen nun die Giganten des Schiffbaus wie Lithgows Ltd. ein. In den 1920er- und 1930er-Jahren wurden in Zeiten der Rezession viele Werften eingemottet oder ganz geschlossen. Im Zweiten Weltkrieg folgte ein neuerlicher, letzter Boom dieser im Niedergang befindlichen Industrie. In den 1960er-Jahren gingen viele Werften Pleite, und als 1972 die Upper Clyde Shipbuilders aufgelöst wurde, führte das zu Chaos, Sitzstreiks und ziemlichen Kopfschmerzen bei den Mitgliedern der Regierung von Premier Ted Heath.

Inzwischen wurden die meisten großen Werften am Clyde aufgegeben. Zu den Überlebenden der einst mächtigen Industrie gehören eine Handvoll von Unternehmen, die immer noch am Clyde arbeiten.

Dez. Mo–Sa 10–17, So 12.30–17 Uhr) erzählt die Geschichte seines Lebens. Sie beginnt mit Livingstones Jugend in Blantyre und endet mit den 30 Jahren, die er in Afrika verbrachte. Während einer seiner vielen Reisen gab er den Victoria-Fällen ihren Namen. Die Ausstellung ist gut gemacht und zeigt lebendig, wie hart Livingstones Leben als Missionar war, seinen Kampf gegen die Sklaverei und sein berühmtes Treffen mit dem Afrikaforscher Henry Morton Stanley. Kinder werden sich über die Ausstellung von Tieren aus Afrika freuen und der Park des Museums lädt zum Picknick ein.

Ein 30-minütiger Spaziergang führt am Fluss entlang zum **Bothwell Castle** (HS; www.historic-scotland.gov.uk; Erw./Kind 4/2,40 £; ☼April–Sept. 9.30–17.30 Uhr, Okt.–März Sa–Mi 9.30–16.30 Uhr), das als die schönste Burg des 13. Jhs. in Schottland gilt. Die schlichten, dachlosen Ruinen aus rotem Sandstein sind beeindruckend und, auch wegen der wunderschönen grünen Umgebung, sehr romantisch.

Von Glasgows Central Station fahren Züge nach Blantyre (20 Min., alle 3 Std.). Der Weg zum Museum führt vom Bahnhof direkt den Berg hinunter.

The Campsies & Strathblane

Die Campsies, eine landschaftlich reizvolle Hügelkette, führen bis auf fast 600 m hoch und sind nur 16 km nördlich von Glasgow gelegen. Weiter Richtung Norden liegt die Ebene um den River Forth; Strathblane und Loch Lomond befinden sich Richtung Westen.

Einer der Orte, die rund um die Campsies liegen, ist das hübsche **Killearn**, sehenswert wegen des 31 m hohen Obelisken, der zu Ehren von George Buchanan errichtet wurde, dem Lehrer von James VI. 12 km weiter östlich hat sich **Fintry** einen wunderbaren Platz in den Campsies geschaffen, direkt am Ufer des Endrick Water mit seinem imposanten, 28 m hohen Wasserfall, dem **Loup of Fintry**. Im Westen (am West Highland Way) liegt **Drymen**, ein hübsches Dorf mit viel Charakter, das sich vor allem wegen seiner Nähe zu Loch Lomond einiger Beliebtheit erfreut.

✈ Aktivitäten

Eine der schönsten Wanderungen in dieser Gegend ist der Aufstieg auf den spektakulären Dumgoyne (427 m). der an der ca. 3 km südlich von Killearn gelegenen Glengoyne Destillerie startet. Für die Tour auf den Dumgoyne benötigt man mindestens eine Stunde. Nach einer weiteren Stunde kommt der Wanderer zum Earl's Seat, der Abstieg zurück zur Destillerie dauert von dort noch einmal 1½ Stunden. Von Drymen aus führt der Rob Roy Way (www.robroyway.com) in einer einwöchigen Wanderung durch die schönen Lochlands in Mittelschottland nach Pitlochry.

🛏 Schlafen & Essen

Elmbank B&B £

(☎01360-661016; www.elmbank-drymen.co.uk; Stirling Rd., Drymen; DZ 54–65 £; P⏾) Diese freundliche, auch Wanderer willkommen heißende Unterkunft in der Nähe des Marktplatzes bietet sehr unterschiedliche Zimmer (auch für Selbstversorger) an. Der engagierte, freundliche Besitzer ist sehr flexibel und organisiert spezielle Arrangements für Einzelpersonen und Gruppen. Die beiden Zimmer mit Blick auf den Garten sind an sonnigen Tagen absolut traumhaft.

Culcreuch Castle HOTEL ££

(☎01360-860555; www.culcreuch.com; Fintry; EZ/DZ ab 83/116 £; P⏾❄) Wie wär's mit einer Nacht in einer 700 Jahre alten Burg? Teile des Culcreuch Castle stammen noch aus dem Jahr 1296, und das gesamte historische Gebäude ist erstaunlich gut erhalten. Die Zimmer sind hinsichtlich Größe, Preis und Komfort sehr unterschiedlich, die meisten bieten eine schöne Aussicht auf das üppige Grün der Umgebung. Vielleicht ein bisschen schlicht und sehr beliebt bei Gruppen, ist das Haus durch seine Ausstattung doch sehr charaktervoll. In der Nähe der Burg finden sich auch Ferienhäuser für Selbstversorger. In eines der Häuser dürfen sogar Haustiere mitgebracht werden.

LP TIPP ➤ The Inn at Kippen PUB ££

(☎01786-870500; www.theinnatkippen.co.uk; Fore Rd., Kippen; Hauptgerichte 11–17 £; ⏾Essen

---

ABSTECHER

PAISLEY

Paisley war früher ein stolzer Weberort, der dem bunt gemusterten Stoff seinen Namen gab – heute ist es nur noch ein im Südwesten gelegener Vorort von Glasgow. Obwohl der Ort von grünen Hügeln umgeben wird, ist er nicht besonders reizvoll – und doch hat er einen Trumpf in der Hand: Seine prächtige **Paisley Abbey** (www.paisleyabbey.org.uk; Abbey Close; Eintritt frei; ⏾Mo–Sa 10–15.30 Uhr) lohnt die kurze Anreise von Glasgow aus.

Das majestätische gotische Bauwerk wurde 1163 von Walter Fitzalan, dem ersten High Steward of Scotland und Vorfahren der Stuart-Dynastie, gegründet. Das Kloster der Cluny-Mönche wurde während der Unabhängigkeitskriege 1306 durch einen Brand zerstört, bald darauf aber wieder aufgebaut. Der größte Teil des Hauptschiffs stammt aus dem 14. oder 15. Jh. Vom 16. Jh. bis zu seiner Wiederherstellung im 19. Jh. war das Gebäude größtenteils eine Ruine, erst 1928 wurde der Aufbau vollendet. Neben dem herrlichen Anblick des Hauptschiffs gehören zu den Sehenswürdigkeiten königliche Grabstätten, wunderschöne Buntglasfenster aus dem 19. und 20. Jh. (darunter auch drei Fenster von Edward Burne-Jones) und das aus dem 10. Jh. stammende keltische **Barochan Cross**. Ein Fenster erinnert daran, dass der schottische Freiheitskämpfer William Wallace von Mönchen dieses Klosters erzogen wurde.

Wer genug Zeit zur Verfügung hat, sollte unbedingt das am westlichen Ende der High Street gelegene **Paisley Museum** (www.renfrewshire.gov.uk; High St.; Eintritt frei; ⏾Di–Sa 11–16, So 14–17 Uhr) besuchen – ein Paradies für Paisley-Fans. Dort sind fantastische Stücke zu sehen, einschließlich einer Ausstellung über Kinder in der modernen Welt – Besucher sollten sich einige Stunden Zeit nehmen. Sehenswert sind auch die historischen landes- und naturkundlichen Fundstücke, die Keramiken sowie die schottische Kunst des 19. Jhs.

Vom Hauptbahnhof Glasgow fahren Züge zur Haltestelle Gilmour Street in Paisley (10 Min., 8-mal stündl.).

12–21 Uhr; P 🛜 👨) Auch wenn das Haus von außen nicht viel verspricht, ist dieser historische Pub mit viel Atmosphäre eine der besten Adressen der Gegend für gutes Essen zu günstigen Preisen. Die raffiniert-einfallsreich zubereiteten Gerichte basieren auf traditioneller Küche, haben aber das gewisse Etwas – alles schmeckt einfach lecker. Der Pub vermietet auch drei großartige Zimmer (DZ ab 85 £). Kippen liegt in der Nähe der A811, zwischen Balfron und Stirling.

Clachan Inn PUB £
(www.clachaninndrymen.co.uk The Square, Drymen; Hauptgerichte 9–10 £) Einer von mehreren Pubs in Schottland, die für sich in Anspruch nehmen, der älteste Pub des Landes zu sein. Dieser existiert bereits seit 1734 und besitzt leider nicht so viel Atmosphäre, wie vielleicht möglich wäre – ein blinkender, moderner Spielautomat hat in einer historischen Gaststätte nicht wirklich etwas zu suchen. Trotzdem gibt es hier eine gute Auswahl an Bargerichten. Das einheimische Bier, Glengoyne, empfiehlt sich als Nachtisch.

❶ An- & Weiterreise

Die Linie 10 von First Bus fährt regelmäßig von Glasgow nach Killearn. Zwischen Balfron und Drymen verkehrt mehrmals täglich (außer So) die Linie 8 von First Bus.

Südschottland

Inhalt »

Peebles 160
Melrose 162
Jedburgh 167
Kelso 169
Coldingham & St Abbs .. 174
Lanark & New Lanark 175
Ayrshire & Arran 178
Dumfries & Galloway 192
Annandale & Eskdale ... 198
Castle Douglas 199
Kirkcudbright 200
Galloway Forest Park ... 203
The Machars 205
Stranraer 206

Schön übernachten

» Corsewall Lighthouse Hotel (S. 208)
» Churches Hotel (S. 173)
» Kildonan Hotel (S. 184)
» Cornhill House (S. 177)
» Knockinaam Lodge (S. 208)
» Lochranza SYHA (S. 183)

Gut essen

» Coltman's (S. 162)
» The Brodick Bar (S. 182)
» The Cobbles (S. 171)
» Beresford (S. 188)

Auf nach Südschottland!

Schottlandkenner schätzen den Charme Südschottlands durchaus, andere sehen den Süden des Landes eher als eine Durchgangsstrecke auf dem Weg in den Norden.

Die Nähe Südschottlands zu England führte in den vergangenen Jahrhunderten immer wieder zu Überfällen – die Befestigungsanlagen an der Grenze waren Schauplatz vieler Scharmützel. In den Borders, wo die wohlhabenden Abteien über landwirtschaftlich geprägten Gemeinden herrschten, war reichlich Beutegut zu finden. Die Ruinen dieser Abteien, die auch schon vor ihrer Zerstörung während der Reformation regelmäßig geplündert wurden, gehören zu den stimmungsvollsten historischen Stätten Schottlands.

Der hügelige Westen wird von Waldgebieten überzogen. Die Ausläufer der Hügel reichen hinab zu den Sandstränden der Küste, die mit Schottlands sonnigstem Wetter gesegnet ist. Vor der Küste liegt die wunderschöne Insel Arran.

Reisezeit

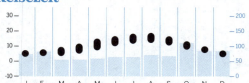

Mai Wenn der Winter nicht zu feucht war, die Stiefel schnüren und in den Bergen von Arran wandern.

Juni Die ideale Zeit, um die Herrenhäuser samt ihren blühenden Gärten zu besichtigen.

Herbst Die Wälder von Galloway besuchen, um die Brunftkämpfe des Rotwilds mitzuerleben.

Highlights

❶ Von einer ehrwürdigen Ruine der **Border-Abteien** (S. 170) zur nächsten wandern oder mit dem Rad fahren

❷ Die sagenhafte Architektur des **Culzean Castle** (S. 190), des prächtigen Herrensitzes aus dem 18. Jh. bewundern

❸ Beim Besuch des verfallenen **Hermitage Castle** (S. 168) darüber nachsinnen, welch ein hartes Leben die Menschen im englisch-schottischen Grenzland einst führten

❹ Das reizende **Kirkcudbright** (S. 200), erkunden und die kreative Ader der Bewohner auf sich wirken lassen

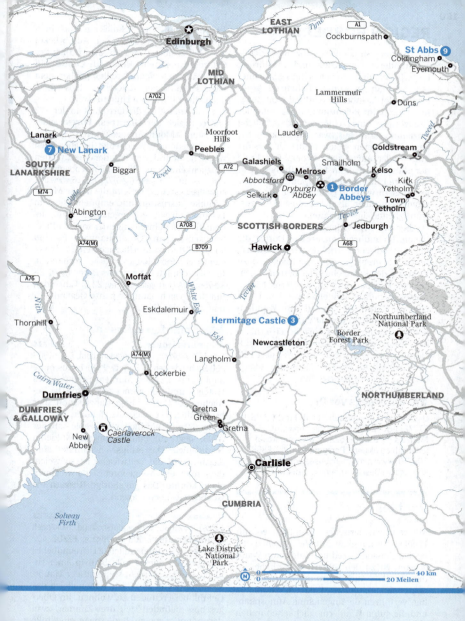

5 Im **Robert Burns Geburtshaus** (S. 189) Lallans-Ausdrücke lernen

6 Die Waldwege der **7stanes-Mountainbike-Zentren** (S. 204) hinunterbrettern

7 In der Textilstadt **New Lanark** (S. 175) über die radikalen Sozialreformen staunen

8 Auf der zauberhaften **Isle of Arran** (S. 179) die Landschaft genießen

9 Im malerischen Fischerdorf **St Abbs** (S. 174) in den Tiefen tauchen

10 In den Antiquariaten von **Wigtown** (S. 205) in alten Schmökern lesen

REGION BORDERS

Die Borders sind etwas ganz Besonderes. Jahrhunderte von Krieg und Zerstörung hinterließen eine von Schlachten gezeichnete Landschaft – wovon die Relikte der großartigen Border-Abteien eindrucksvoll Zeugnis ablegen. Ihr Reichtum übte während der Grenzkriege eine schier unwiderstehliche Anziehungskraft aus, was zur Folge hatte, dass die Abteien gleich mehrfach zerstört und wieder aufgebaut wurden. Das Ende der Klöster war dann im 16. Jh. besiegelt: Sie gingen in Flammen auf, um nie wieder errichtet zu werden. Heute gelten diese riesigen Steinruinen als die schönsten Sehenswürdigkeiten dieser Region.

Aber die Region hat noch viel mehr zu bieten. Freundliche, malerische Dörfer, die mit altmodischen Traditionen bezaubern, liegen verstreut in der Landschaft, dazu lockt vor der Küste eines der besten Tauchgebiete Europas. Grandiose Herrenhäuser warten darauf, erkundet zu werden. Es ist eine wunderschöne Gegend zum Wandern und Radfahren, in der satte Grüntöne in allen Schattierungen das Auge begeistern. Zu den besonderen Highlights unterwegs zählt Hermitage Castle: Nichts verkörpert die wahrhaft stürmische Geschichte der Region besser als diese schaurige Burg.

❶ Unterwegs vor Ort

Das Netz an Lokalbussen ist gut. **First** (📞0870-8727271-602200; www.firstgroup.com), **Munro's** (📞01835-862253; www.munrosofjedburgh.co.uk) und **Perryman's** (📞01289-308719; www.perrymansbuses.com) sind die wichtigsten Busunternehmen in der Region.

Peebles

8065 EW.

Mit seiner malerischen Hauptstraße zählt Peebles, das auf einer Anhöhe zwischen den beiden Flüssen Tweed und Eddleston Water gelegen ist zu den schönsten Städtchen in den Borders. Auch wenn der Ort keine bedeutenden Sehenswürdigkeiten zu bieten hat, verführen die angenehme Atmosphäre und die guten Wandermöglichkeiten in den bewaldeten Hügeln dazu, hier ein paar Tage zu verbringen.

◉ Sehenswertes & Aktivitäten

An einem sonnigen Tag laden die vielen Rasenflächen am **Uferweg**, der entlang des Tweed verläuft, zum Picknick ein; und einen Kinderspielplatz (unweit der Autobrücke) gibt es hier auch. Etwa 1,6 km westlich des Ortszentrums steht **Neidpath Castle**, ein Turmhaus auf einem Steilhang über dem Fluss. Es ist bis auf Weiteres geschlossen, jedoch einen Blick vom Ufer aus wert.

Gut 3 km östlich der Ortschaft an der A72 erstreckt sich der **Glentress Forest**, eines der 7stanes-Mountainbike-Zentren (S. 202). Das ausgedehnte Waldgebiet ist aber auch wegen der markierten Wanderwege und den Möglichkeiten zur Fischadlerbeobachtung interessant. Ein **Café** (📞01721-721736; www.thehubintheforest.co.uk) verleiht die nötige Mountainbike-Ausrüstung und empfiehlt die dem Leistungsniveau entsprechende Tour. Jedenfalls locken hier einige der tollsten Bike-Strecken in ganz Großbritannien. Es sind auch Hütten zum Übernachten (s. www.glentress forestlodges.co.uk) vorhanden. Im Ort vermietet **Glentress Bikes** (📞01721-729756; 20A Northgate; pro Tag 22 £) Fahrräder, mit denen sich dann die ganze Gegend bestens erkunden lässt.

🛏 Schlafen & Essen

Cringletie House　　　　　　　　HOTEL £££
(📞01721-725750; www.cringletie.com; Zi. 160–260 £, Abendessen 33 £; 🅿@🛜🏊) Luxus ohne Snobismus ist das Markenzeichen dieses Hotels – und nur immer weiter so! Die Bezeichnung „Haus" klingt dabei schon sehr bescheiden. Das elegante, feudale Herrenhaus, 3,2 km nördlich von Peebles an der A703, liegt auf einem üppig bewaldeten Grundstück. Die exklusiven Zimmer sind elegant, und die Bettwäsche ist so weich, dass man ein Neugeborenes darin einwickeln könnte. Das zugehörige **Restaurant** ist ebenfalls hervorragend.

Rowanbrae　　　　　　　　　　　B&B ££
(📞01721-721630; www.aboutscotland.co.uk/peebles/rowanbrae.html; 103 Northgate; EZ/DZ 40/63 £; 🛜) Ein unglaublich gastfreundliches Paar betreibt dieses tolle B&B in einer ruhigen Sackgasse, nicht weit von der Hauptstraße entfernt. Die Gäste haben gleich das Gefühl, bei Freunden zu wohnen. Im Obergeschoss befinden sich drei Zimmer, zwei davon mit eigenem Bad, sowie eine tolle Lounge, in der sich die Gäste wunderbar entspannen können.

Tontine Hotel　　　　　HOTEL, SCHOTTISCH ££
(📞01721-720892; www.tontinehotel.com; High St.; EZ/DZ 60/110 £, Hauptgerichte 8–4 £;

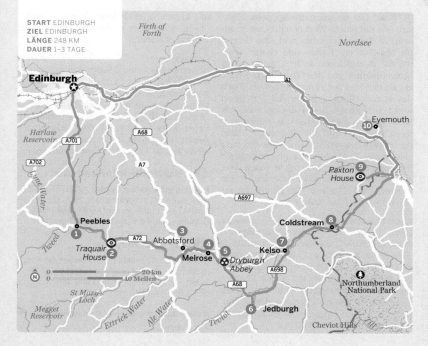

START EDINBURGH
ZIEL EDINBURGH
LÄNGE 248 KM
DAUER 1–3 TAGE

Ausflug
Zu den Zeugnissen der Geschichte

› Dieser Autoausflug führt zu mehreren bedeutenden Ortschaften, Ruinen, Burgen und Herrenhäusern in der Region Borders. Er lässt sich an einem langen Tag unternehmen, mehr Spaß macht es allerdings, sich zwei oder drei Tage ausgiebiger Zeit zu nehmen.

Ausgangspunkt ist Edinburgh. Von dort geht es auf der A701 nach ❶ **Peebles** mit einem kleinen Umweg zur Rosslyn Kapelle. Nach einem Bummel durch Peebles, einem hübschen kleinen Grenzort, fährt man über die A72 mit einem Abstecher über Innerleithen zum historischen ❷ **Traquair House**, das eine tausendjährige Geschichte und Einblicken in die Jakobiter-Aufstände bietet. Nun geht es über die A72 gen Osten nach ❸ **Abbotsford**, einst das Zuhause von Sir Walter Scott. Das schmucke Dorf ❹ **Melrose** mit seiner herrlichen Abtei ist ein Muss und bietet sich zum Mittagessen an. Anschließend fährt man in Richtung Süden die A68 hinunter zur ❺ **Dryburgh Abbey**, der wohl schönsten Abteiruine der Borders.

Über die A68 führt der Weg ins hübsche ❻ **Jedburgh** mit der dritten Abteiruine – die bewegte Geschichte dieser einst mächtigen Gemeinden kündet von den ständigen Streitigkeiten im Grenzland.

Von Jedburgh fährt man auf der A698 in Richtung Nordosten nach ❼ **Kelso**, einem historischen Marktflecken mit dem eindrucksvollen Floors Castle, der letzten Abteiruine. Da sich in der Umgebung noch zig andere historische Gebäude befinden, bietet sich der Ort zum Übernachten an. Das klassisch-elegante Mellerstain House und der düstere Smailholm Tower sind besonders interessant.

Hinter Kelso führt die A698 nach ❽ **Coldstream**; das berühmte Regiment, das einst hier stationiert war, ist nach dem Ort benannt. Die Straße überquert den Fluss Tweed nach England und erreicht bei Berwick-upon-Tweed die Küste. Hier biegt man links ab zum imposanten ❾ **Paxton House** aus dem 18. Jh., das wieder in Schottland steht. Weiter geht es gen Norden nach ❿ **Eyemouth** mit seiner interessanten Seefahrtsgeschichte und super Übernachtungsmöglichkeiten. Gunsgreen House ist ein weiteres Herrenhaus der Familie Adam und als einstige Schmuggelhochburg bekannt. Von hier geht es über die A1 zurück nach Edinburgh.

(P 🛜 🐾) Der georgianische Speisesaal lässt sich mit einem Wort beschreiben: großartig! Weitere Highlights sind eine Galerie für Musiker, ein Kamin und riesige Fenster, die ihresgleichen suchen. Selbst wenn Schweinefutter auf den Tisch käme, wäre ein Besuch hier noch empfehlenswert. Doch das ist ein Glück nicht der Fall. Das Essen reicht von klassischen Pub-Gerichten wie Steak-and-Ale-Pie bis hin zu extravaganteren Speisen – und alle sind lecker, wobei der überaus zuvorkommende Service zum gelungenen Esserlebnis noch beiträgt. Auch die Zimmer können sich sehen lassen. Wer gern einen schönen Blick über den Fluss möchte, muss allerdings eine Kleinigkeit auf den normalen Preis drauflegen.

Rosetta Holiday Park   CAMPING £
(☎01721-720770; www.rosettaholidaypark.co.uk; Rosetta Rd.; Stellplatz für 2 Pers. 16 £; ⊙April–Okt; P 🛜) Dieser Campingplatz, rund 800 m nördlich des Ortszentrums, liegt herrlich mitten im Grünen mit vielen Bäumen und Rasenflächen. Für die Unterhaltung der Kids ist auch gesorgt – unter anderem können sie sich auf einer Bowlingbahn und in einem Spielzimmer vergnügen.

🔖 TIPP Coltman's   BISTRO, DELI ££
(www.coltmans.co.uk; 71 High St.; Hauptgerichte 10–14 £; ⊙Mo–Mi 10–17, Do–Sa bis 22, So bis 16 Uhr) Das Deli direkt in der Hauptstraße bietet vielerlei Verführerisches, beispielsweise hervorragende Käsesorten und italienische Happen, aber auch den besten Hot Dog von ganz Schottland – am besten gleich zwei kaufen, auf diese Weise erspart man es sich, für einen zweiten noch einmal zurückkommen müssen. Hinter dem Verkaufsareal kommen im hübschen Essbereich anständige Bistrokost und kleinere Snacks auf den Tisch – die kulinarischen Einflüsse sind vielfältig, die Qualität der regionalen Zutaten ist jedoch erstklassig.

Sunflower Restaurant   FUSION-KÜCHE ££
(☎01721-722420; www.thesunflower.net; 4 Bridgegate; Mittagessen 6–9 £, Abendessen Hauptgerichte 12–16 £; ⊙Mo–Sa Mittagessen, Do–Sa Abendessen; 🐾) Das Sunflower mit seinem Gastraum im warmen Gelbton einer Sonnenblume ist ein Stück abseits der Hauptstraße ruhig gelegen und lockt aufgrund seines Renommees Gäste aus ganz Südschottland an. Serviert werden mittags leckere Salate, abends beeindruckt die Speisekarte mit kreativen, exklusiven Gerichten, unter denen sich immer auch etwas Leckeres für Vegetarier findet.

Cocoa Black   CAFÉ £
(www.cocoablack.com; 1 Cuddy Bridge; Süßigkeiten 1,50–3 £; ⊙Mo–Sa 10–17, So 11–16.30 Uhr) Wer süchtig ist nach Schokolade, sollte sich schnurstracks in dieses nette Café aufmachen, denn die Kuchen und das Gebäck erfreuen jedes Leckermaul. Zum Cokoa Black gehört eine Schule, in der man lernen kann, all diese Köstlichkeiten selbst zuzubereiten.

ℹ️ Praktische Informationen
Peebles Information Centre (☎01721-723159; www.visitscottishborders.com; High St.; ⊙Mo–Sa 9–17 Uhr) Im Sommer (April –Sept.) längere Öffnungszeiten und auch sonntags geöffnet.

ℹ️ An- & Weiterreise
Die Bushaltestelle befindet sich neben der Post in der Eastgate. Der Bus 62 verkehrt im 30-Minuten-Takt (So stündl.) nach Edinburgh (7 £, 1 Std.) und Melrose (1 Std.).

Melrose
1656 EW.

Das zauberhafte Melrose ist ein winziges Dorf, bei dem der gut geölte Tourismusmechanismus funktioniert. Es liegt am Fuß der drei mit Heidekraut bedeckten Eildon Hills, hat einen klassischen zenralen Marktplatz und kann mit einer herrlichen Abteiruine aufwarten.

⦿ Sehenswertes
Melrose Abbey   RUINEN
(HS; www.historic-scotland.gov.uk; Erw./Kind 5,50/3,30 £; ⊙April–Sept. 9.30–17.30 Uhr, Okt.–März 9.30–16.30 Uhr) Sie ist vielleicht die interessanteste von allen großen Border-Abteien. Die aus rotem Sandstein erbaute Abtei war wiederholt Angriffsziel der Engländer, die sie im 14. Jh. mehrfach zerstörten. Die verbliebene, stark beschädigte Gebäudehülle präsentiert sich in reiner Gotik. Die Ruine ist für ihre hochwertigen und kunstvollen Steinmetzarbeiten berühmt – wer genau hinsieht, kann die schweinsköpfige Chimäre erkennen, die auf dem Dach Dudelsack spielt. Von oben bietet sich ein großartiger Fernblick.

Die Abtei wurde 1136 von David I. für die Zisterziensermönche aus Rievaulx in Yorkshire gegründet. Wiederaufgebaut wurde sie

INSIDERWISSEN

AMY HICKMAN: MITARBEITERIN IM BIKE CLUB

Ich arbeite in Edinburgh für bikeclub.org.uk, eine Organisation, die es sich zum Ziel gesetzt hat, durch Radfahren eine gesündere Lebensweise zu fördern. Ich bin selbst eine fanatische Mountainbikerin. Schottland eignet sich hervorragend zum Mountainbiken, was sich mittlerweile sogar weltweit herumgesprochen hat – der UCI World Cup findet jedes Jahr in Fort William statt.

Die besten Gegenden zum Mountainbiken? Da ich ursprünglich aus den Borders stamme, empfehle ich natürlich die 7stanes-Zentren – Kirroughtree ist am schönsten, die Trails sind ein Riesenspaß. Außerdem kann ich noch Laggan Wolftrax empfehlen, wenn jemand auf ein anspruchsvolles, technisch schwieriges Gelände Wert legt. Beide Zentren wurden künstlich angelegt; einer meiner liebsten Natur-Trails ist der Gypsy-Glen-Rundkurs bei Cardrona, nicht weit vom 7stanes-Zentrum Glentress entfernt; die Mitarbeiter in Glentress erteilen gern Auskunft zu den Einzelheiten dieser Route.

Abseits bekannter Strecken? Um etwas Neues zu entdecken, bin ich momentan am liebsten in Fife unterwegs – man schnappt sich einfach eine Landkarte und schaut dann mal, wo es irgendwie interessant aussieht. Der Kelty Forest und der Blairadam Forest (beim Dorf Kelty) bieten sich als Ausgangspunkte an.

---

von Robert I. Bruce, dessen Herz hier begraben liegt. Die Ruinen stammen aus dem 14. und 15. Jh. Der Schriftsteller Sir Walter Scott ließ sie im 19. Jh. mit hohem Geld- und Zeitaufwand restaurieren.

Das angrenzende und sehenswerte **Museum** zeigt viele schöne Steinmetz- und Keramikarbeiten, die vom Gelände stammen und auf das 12. bis 15. Jh. zurückgehen. Außerdem interessant: die außen liegenden großen Abflussrohre – sie sind Reste eines mittelalterlichen Kanalisationssystems.

Aktivitäten

Viele schöne Wanderwege durchziehen die **Eildon Hills**; ein Fußweg führt von der Dingleton Road (der B6359) im Süden von Melrose dorthin. Ein anderer Zufahrtsweg beginnt am River Tweed. In der Touristeninformation erhält man das nötige Infomaterial für Wanderungen.

Der Fernwanderweg **St. Cuthbert's Way** beginnt in Melrose. Der **Southern Upland Way** führt auf dem Weg von Küste zu Küste durch die Stadt. Eine Tageswanderung auf dem St. Cuthbert's Way führt von Melrose nach Harestanes (26 km) an der A68 bei Jedburgh. Die stündlich fahrenden Busse zwischen Jedburgh und Galashiels halten in Melrose. Der **Tweed Cycle Way** führt auch durch Melrose.

Feste & Events

Melrose Rugby Sevens — RUGBY
(www.melrose7s.com) Mitte April strömen die Rugbyanhänger in Scharen in die Stadt, um sich eine Woche lang die spannenden Wettkämpfe anzusehen.

Borders Book Festival — BÜCHER
(www.bordersbookfestival.org) Das Literaturfestival in Melrose beginnt Ende Juni und dauert vier Tage.

Schlafen

 Townhouse — HOTEL ££
(01896-822645; www.thetownhousemelrose.co.uk; Market Sq.; EZ/DZ 90/126 £; P) Das stilvolle Townhouse verströmt Gastfreundlichkeit und Professionalität zugleich und kann so ziemlich mit den schönsten Zimmern im ganzen Ort aufwarten. Sie sind geschmackvoll und mit Liebe zum Detail eingerichtet. Die beiden Superior-Zimmer (140 £) sind riesengroß und prächtig möbliert; vor allem das im Erdgeschoss hat auch ein sehr schönes eigenes Bad mit Whirlpool – und ist den Preis somit wert.

 Old Bank House — B&B £
(01896-823712; www.oldbankhousemelrose.co.uk; 27 Buccleuch St.; EZ/DZ 45/60 £;) Das prächtige B&B, das in einem reizvollen alten Gemäuer untergebracht ist, liegt mitten im Ort. An den Wänden hängen Kunstwerke, die Zimmer fallen geräumig aus, und der Frühstücksraum gibt sich nicht nur großzügig, sondern es herrscht auch eine optimistische Atmosphäre. Ein prima Standortquartier in den Borders, von dem aus sich die Region in alle Richtungen erkunden lässt.

NICHT VERSÄUMEN

TRAQUAIR HOUSE

Das **Traquair House** (www.traquair.co.uk; Erw./Kind/Fam. 7,70/4/21 £; Ostern–Sept. 11–17 Uhr, Okt. 11–16 Uhr, Nov. Sa & So 11–15 Uhr), eines der imposantesten Landhäuser Schottlands, verströmt eine eindringliche, ja fast schon ätherische Schönheit. Ein Rundgang durch das Anwesen hat etwas von einer Zeitreise in die Vergangenheit. Die seltsam schiefen Fußböden und der modrige Geruch erzeugen eine ganz eigentümliche Atmosphäre; Teile des Gebäudes sollen bereits lange vor der ersten offiziellen Erwähnung im Jahr 1107 existiert haben. Das wuchtige Turmhaus wurde im Lauf der folgenden 500 Jahre dann nach und nach erweitert, blieb seit dem 17. Jh. jedoch weitgehend unverändert.

Das Haus befand sich seit dem 15. Jh. in Besitz diverser Zweige der Familie Stuart. Ihr standhafter Katholizismus und ihre Loyalität gegenüber dem Hause Stuart führte allerlei berühmte Besucher hierher wie beispielsweise Maria Stuart und Bonnie Prince Charlie, verursachte nach der Absetzung von James II. von England 1688 jedoch auch zahlreiche Probleme. Das Anwesen, der Reichtum und der Einfluss der Familie nahmen im Laufe der Zeit allmählich ab, das Leben als Jakobiter war nur noch heimlich und im Verborgenen möglich.

Einer der interessantesten Orte im Haus ist ein verstecktes Zimmer: Hier lebten heimlich Priester, die in dem Raum auch die Messe zelebrierten – und zwar bis 1829, als der sogenannte Catholic Emancipation Act verabschiedet wurde. Auch andere wunderschöne Räume, in denen der Zahn der Zeit seine Spuren hinterlassen hat, bergen spannende Relikte aus alten Tagen, beispielsweise die Wiege, die Maria Stuart für ihren Sohn, den späteren James VI. von Schottland (und dann auch James I. von England) benutzte, sowie interessante Briefe von den jakobitischen Earls of Traquair und ihren Familien; einer ist besonders ergreifend, denn er wurde im Todestrakt des Tower von London verfasst.

Das Hauptportal wurde im 18. Jh. von einem der Earls abgesperrt – so sollte es bleiben, bis ein Stuart-König in London wieder den Thron erlangte; unterdessen müssen die Besucher einen Seiteneingang benutzen.

Neben dem Hause gibt es auch noch ein Gartenlabyrinth, eine kleine Brauerei, die ein leckeres Bear Ale herstellt, und diverse Werkstätten von Handwerkern zu bestaunen.

Traquair liegt 2,5 km südlich von Innerleithen und knapp 10 km südöstlich von Peebles entfernt. Der Bus 62 fährt von Edinburgh über Peebles nach Innerleithen und weiter nach Galashiels und Melrose.

Burts Hotel — HOTEL ££
(01896-822285; www.burtshotel.co.uk; Market Sq.; EZ/DZ 72/133 £; P) Das Burt's befindet sich in einem Haus aus dem frühen 18. Jh., genießt einen beneidenswert guten Ruf und hat sich viel von seinem historischen Charme bewahrt. Es wird seit über 30 Jahren vom gleichen Ehepaar geführt; ältere Gäste oder Familien werden sich hier sicherlich wohlfühlen. Zimmer Nr. 5 ist am schönsten. Das Essen ist sehr gut.

Braidwood — B&B ££
(01896-822488; www.braidwoodmelrose.co.uk; Buccleuch St.; EZ 45 £, DZ 60–65 £;) Das beliebte B&B in der Nähe der Abtei ist solide und komfortabel. Die hellen Zimmer sind gemütlich und gepflegt, das Zweibettzimmer bietet zudem einen schönen Blick. Im Sommer stehen den Gästen keine Einzelzimmer zur Verfügung.

Essen

Townhouse — SCHOTTISCH ££
(01896-822645; www.thetownhousemelrose.co.uk; Market Sq.; Hauptgerichte 10–15 £) Dieses Brasserie-Restaurant bringt so ziemlich die beste Gourmetküche im ganzen Ort auf den Tisch – wobei das Schwesterhotel Burt's gegenüber gleich an zweiter Stelle kommt. Und das Preis-Leistungs-Verhältnis stimmt ebenfalls. Es munden hier leckere, kunstvoll präsentierte Gerichte. Wer nur eine Kleinigkeit essen möchte, bekommt mittags vielerlei kreativ belegte Sandwiches.

Marmion's Brasserie — SCHOTTISCH ££
(01896-822245; www.marmionsbrasserie.co.uk; 5 Buccleuch St.; Hauptgerichte 11–18 £; Mo–Sa

Mittag- & Abendessen; 🍴) Das stimmungsvolle Restaurant mit Eichenvertäfelung serviert den ganzen Tag über Snacks. Auf der Mittags- und Abendkarte stehen dann so kulinarische Highlights wie Lammbraten, Wildsteak oder in der Pfanne gebratener Kabeljau. Die würzige Bohnenlasagne ist eine von zahlreichen guten Alternativen für Vegetarier. Mittags sind die Focaccias mit allerlei kreativen Füllungen eine prima Wahl.

Russell's   CAFÉ £
(Market Sq.; Gerichte 6–10 £; ⏲Di–Sa 9.30–17, So 12–17 Uhr) Die schicke kleine Teestube ist wegen der soliden Holzmöbel und Panoramafenster mit Blick auf den Ortskern von Melrose so beliebt. Das Angebot an Snacks, aber auch an üppigeren Mittagsgerichten ist breit – und wechselnde Tagesgerichte sind auch erhältlich. In den Borders berühmt ist das Russell's für seine leckeren Scones.

Cellar   CAFÉ £
(17 Market Sq.; Hauptgerichte 5–8 £; ⏲Mo–Sa 9.30–16.30 Uhr) Nichts wie rein ins Cellar, wenn eine Dosis Koffein angesagt ist. Aber auch ein Glas Wein am Hauptplatz des Ortes, Tellergerichte und Käsespezialitäten sind empfehlenswert.

ℹ Praktische Informationen
Melrose Library (18 Market Sq.; ⏲Mo–Fr) Kostenloser Internetzugang.
Melrose Information Centre (📞01896-822 283; www.visitscottishborders.com; Abbey St.; ⏲Mo–Sa 10–16 Uhr, April–Okt. So 12–16 Uhr) Die Info befindet sich in der Nähe der Abtei.

ℹ An- & Weiterreise
First-Busse verkehren von/nach Edinburgh (6,80 £, 2¼ Std., stündl.) über Peebles. Wer in Galashiels (20 Min.) umsteigt, hat Anschluss nach Edinburgh und zu anderen Fahrtzielen in den Borders.

Rund um Melrose

In der Nähe von Melrose befinden sich ein paar interessante Sehenswürdigkeiten, die eng mit dem schottischen Dichter Sir Walter Scott in Verbindung stehen.

⊙ Sehenswertes

Dryburgh Abbey   RUINEN
(HS; www.historic-scotland.gov.uk; Erw./Kind 5/3 £; April–Sept. 9.30–17.30 Uhr, Okt.–März 9.30–16.30 Uhr) Dryburgh ist die schönste und am vollständigsten erhaltene unter allen Border Abbeys. Das liegt teilweise daran, dass die benachbarte Stadt Dryburgh nicht mehr existiert (ein weiteres Opfer der Grenzkriege), teilweise aber auch an der schönen Lage in einem geschützten Tal des Flusses Tweed, in dem nur noch der vielstimmige Gesang der Vögel zu hören ist. Die Abtei veranschaulicht den Besuchern das klösterliche Leben des 12. Jhs. weit wirkungsvoller als ihre Gegenstücke in den benachbarten Städten. Die Anlage entstand um 1150 und war im Besitz des Prämonstratenserordens, der in Frankreich gegründet wurde. Die rosafarbene Steinruine wurde die Grabstätte von Sir Walter Scott, der 1832 in Abhotsfort gestorben ist.

Die Abtei liegt 8 km südöstlich von Melrose an der B 6404, an der sich der berühmte Aussichtspunkt **Scott's View** befindet. Er bietet einen schönen Blick über das Tal. Wer Lust hat, kann am Südufer des Tweed entlang wandern oder gleich einen Bus ins südwestlich gelegene benachbarte Dorf Newtown Street Boswells nehmen.

Abbotsford   HISTORISCHES GEBÄUDE
(www.scottsabbotsford.co.uk; Erw./Kind 8/4 £; ⏲Mo–Sa 9.30–17 Uhr, Juni–Sept. So 9.30–17 Uhr, März–Okt. So 11–16 Uhr) Fans von Sir Walter Scott sollten seinem ehemaligen Domizil unbedingt einen Besuch abstatten. Die Inspiration, die er aus der „wilden" Landschaft der Umgebung zog, beeinflusste viele seiner berühmtesten Werke. Ausgestellt ist eine Sammlung von Erinnerungsstücken, darunter viele persönliche Gegenstände des Schriftstellers. Während der Recherchen zu diesem Reiseführer war gerade ein neues Besucherzentrum in Bau.

Das Landhaus liegt 3,2 km westlich von Melrose zwischen dem Fluss Tweed und der B6360. Busse fahren regelmäßig zwischen Galashiels und Melrose; am besten steigt man beim Kreisverkehr am Flussufer aus und folgt den Schildern (15 Min. zu Fuß). Wer will, kann auch in einer Stunde am Südufer des Tweed entlang von Melrose nach Abbotsford laufen.

Selkirk
5742 EW.

Einst dröhnte das laute Hämmern der Maschinen durch die Flusstäler unterhalb von Selkirk, das im frühen 19. Jh. eine wohlhabende Textilstadt war. Heute liegt die hübsche Stadt ruhig auf ihrem Hügel. Sir Walter Scott war hier drei Jahrzehnte lang

SIR WALTER SCOTT

Sir Walter Scott (1771–1832) gehört zu den bedeutendsten Schriftstellern Schottlands. Zwar wurde er in Edinburgh geboren, zog jedoch als Kind auf den Bauernhof seines Onkels bei Sandyknowe in den Borders. Es waren diese Streifzüge durch diese Landschaft, die ihn seine Leidenschaft für historische Balladen und schottische Helden entdecken ließen. Nach seinem Studium in Edinburgh kaufte er Abbotsford (S. 163), ein Landhaus in den Borders.

Für die frühe Ballade *The Lay of the Last Minstrel* (1805) erhielt Walter Scott gute Kritiken. Zu den weiteren Werken, die seinen weltweiten Ruhm begründeten, zählte *The Lady of the Lake* (1810), das am Loch Katrine und den Trossachs spielt. Später wandte sich Scott dem Roman zu; er hatte einen großen Anteil an der Entwicklung des historischen Romans. *Waverley* (1814) behandelt den Jakobitenaufstand von 1745 – der Roman ist ein klassisches Beispiel dieses Genres. Danach entstanden *Guy Mannering* (1815) und *Rob Roy* (1817).

Später begann Scott wie besessen zu schreiben, um seinen finanziellen Bankrott abzuwenden. Im frühen 19. Jh. konnte er mit seinen Werken mühelos die Leser für die Geschichte und Legenden Schottlands begeistern. In jeder Touristeninformation gibt es die Broschüre über den Sir Walter Scott Trail, der zu vielen Orten der Borders führt, die einen Bezug zu Sir Walter Scott haben.

Richter – so mancher Fabrikarbeiter, der mit dem Gesetz in Konflikt gekommen ist, wird wohl im Gericht vor ihm gestanden haben.

Die nützliche **Touristeninformation** (☏01750-20054; www.visitscottishborders.com; Halliwell's Close; ◷April–Okt. Mo–Sa 11–16, So 12–15 Uhr) liegt etwas versteckt nicht weit vom Market Square entfernt. Das **Halliwell's House Museum** (Eintritt frei) befindet sich im ältesten Gebäude (1712) von Selkirk. Das Museum präsentiert die Geschichte der Ortschaft anhand einer spannenden Ausstellung. In der dazugehörigen **Robson Gallery** sind Wechselausstellungen zu sehen.

Einen Besuch lohnt **Sir Walter Scott's Courtroom** (Market Sq.; Eintritt frei; ◷April–Okt. Mo–Sa 11–15 Uhr). Hier gibt es nicht nur eine Ausstellung über Scotts Leben und Werk zu bestaunen, sondern auch ein spannendes Porträt des mutigen Entdeckers Mungo Park (der in der Nähe von Selkirk zur Welt kam) und seiner Suche nach dem Fluss Niger.

🛏 Schlafen

Philipburn Country House Hotel HOTEL ££
(☏01750-20747; www.philipburnhousehotel.co.uk; EZ/DZ 100/130 £, Luxus-EZ/DZ 140/170 £; P🛜🐾) Das ehemalige „Witwenhaus" am Ortsrand präsentiert sich im hippen Look des 21. Jhs., was den historischen Architekturelementen jedoch keinen Abbruch tut. Geboten werden ordentliche Zimmer und eine schicke Bar mit Restaurant. Die Luxuszimmer sind toll – einige verfügen über einen Whirlpool, andere sind im Maisonettestil auf zwei Ebenen angelegt und haben gleich zwei Balkone. Es besteht aber auch die Möglichkeit, in der separaten **Lodge** nur ein Zimmer zu mieten (EZ/DZ 100/130 £) und die Einrichtungen für Selbstversorger zu nutzen.

County Hotel GASTHAUS ££
(☏01750-721233; www.countyhotelselkirk.co.uk; 1 High St.; EZ/DZ 49/96 £; P🛜🐾) Das County Hotel in der Ortsmitte ist eine ehemalige Kutschstation mit einem etwas seltsamen altnorwegischem Touch. Angeboten werden komfortable, modernisierte Zimmer, ein schickes Restaurant samt Lounge mit echten Kunstwerken und anspruchsvollen Pub-Gerichten (10–16 £). Es besteht auch die Möglichkeit, nur die Übernachtung zu buchen; der Preis reduziert sich dann pro Person um 7,50 £.

ℹ An- & Weiterreise

Die First-Busse 95 und X95 verkehren mindestens stündlich auf der Strecke Hawick, Selkirk, Galashiels und Edinburgh (7 £, 2 Std.).

Hawick

14 573 EW.

Hawick (ausgesprochen: „Hoik") erstreckt sich an den beiden Ufern des Teviot. Die größte Stadt in den Borders ist seit Langem als bedeutendes Zentrum für Strickwaren bekannt. In zig großen Outlets sind Pullis und andere Wollsachen erhältlich.

◎ Sehenswertes

Heart of Hawick TOURISTENINFORMATION
(www.heartofhawick.co.uk; Kirkstile) Im Stadtzentrum bilden drei Gebäude das sogenannte Herz von Hawick. Eine ehemalige Mühle beherbergt heute die **Touristeninformation** (☏01450-373993; www.visitscottishborders.com; ☺Mo–Do 10–17.30, Fr & Sa 10–19, So 12–15.30 Uhr) und ein Kino. Gegenüber war das historische **Drumlanrig's Tower**, ein massives Steingebäude, einst ein bedeutender Sitz des Douglas-Clans. Heute befindet sich hier das **Borders Textile Towerhouse** (☺April–Okt. Mo-Sa 10–16.30, So 12–15 Uhr, Nov.–März Di & So geschl.). Es erzählt die Geschichte der Strickwarenherstellung in Hawick. Hinter der Touristeninformation gilt das **Heritage Hub** (☺Mo & Fr 9.30–13 & 14–16.45, Di–Do bis 19, Sa 10–14 Uhr) als Einrichtung mit besonderem Renommee. Es steht all jenen Menschen offen, die ihre schottischen Vorfahren aufspüren oder in den regionalen Archiven herumstöbern möchten.

GRATIS **Hawick Museum & Art Gallery** MUSEUM, GALERIE
(☏01450-373457; Wilton Lodge Park; ☺April–Sept. Mo-Fr 10–12 & 13–17 Uhr, April–Sept. Sa & So 14–17 Uhr, Okt.–März Mo-Fr 12–15, So 13–15 Uhr) Das Museum am anderen Flussufer zeigt eine interessante Sammlung von Erinnerungsstücken aus dem 19. Jh., die aus Fabriken wie auch aus Privathäusern stammen. Meist sind auch noch diverse Wechselausstellungen zu sehen.

🛏 Schlafen & Essen

The Bank Guest House B&B ££
(☏01450-363760; www.thebankno12highst.com; 12 High St.; DZ ab 65 £; P🛜) Das schicke B&B im Boutiquestil mitten in Hawick bringt durch modische Tapeten und Designermöbel und -stoffe das massive Gebäude aus dem 19. Jh. so richtig zur Geltung. Moderner Komfort wie iPod-Stationen und WLAN, aber auch zahlreiche wohldurchdachte Extras machen dieses B&B zu einem tollen, empfehlenswerten Quartier.

Damascus Drum CAFÉ £
(www.damascusdrum.co.uk; 2 Silver St.; kleine Gerichte 3–7 £; ☺Mo–Sa 10–17 Uhr; 🍴) Der Nahe Osten gibt sich mit den Borders in diesem zauberhaften Café hinter der Touristeninformation ein charmantes Stelldichein. Gemusterte Läufer und antiquarische Bücher sorgen für ein entspanntes Ambiente und eine hübsche Kulisse, um zu frühstücken und Bagels, Burger und leckere türkisch angehauchte Vorspeisen zu genießen.

Sergio's ITALIENISCH
(Sandbed; Pizza & Pasta 6–10 £; ☺Di–So) Das etablierte italienische Restaurant, das sich unweit des Flusses befindet, bietet seinen Gästen gute Pizza und Pastagerichte an, aber auch raffinierte – wenngleich etwas überteuerte – Hauptgerichte. Am besten hält man sich an das Angebot auf der Tageskarte, die auf der Schiefertafel angeschrieben steht; fast immer sind super zubereitete Fischgerichte mit dabei.

ℹ Unterwegs vor Ort

Elektrofahrräder verleiht **Borders Cycles** (☏01450-375976; www.borderscycles.com; Ecke Howegate & Silver St.; 1 Tag/6 Tage 18/72 £; ☺Mo & Mi–Sa).

Die First-Busse 95 und X95 fahren im 30-Minuten-Takt von Hawick nach Galashiels, Selkirk und Edinburgh (7,20 £, 2 Std.).

Jedburgh

4090 EW.

Das hübsche Jedburgh mit vielen alten Gemäuern und *wynds* (schmalen Gassen) wurde umsichtig restauriert und lädt nun zu einem Streifzug zu Fuß ein. Hier ist durch den einheimischen Tourismus immer viel los, doch wer durch die reizvollen Seitenstraßen bummelt, kann beinahe eine Stecknadel fallen hören.

◎ Sehenswertes

Jedburgh Abbey RUINEN
(HS; www.historic-scotland.gov.uk; Abbey Rd.; Erw./Kind 5,50/3,30 £; ☺April–Sept. 9.30–17.30 Uhr, Okt.–März 9.30–16.30 Uhr) Die Silhouette der Ortschaft wird von der Jedburgh Abbey dominiert, die erste der großen Border-Abteien, die unter staatliche Obhut kam. Und das macht sich auch bemerkbar: Interessante und Videopräsentationen erzählen an mehreren Stellen die Geschichte der Abtei in den sorgsam konservierten Ruinen (prima für Kinder). Die roten Sandsteinruinen weisen kein Dach auf, sind jedoch relativ intakt. Was für ein genialer Künstler der Hauptsteinmetz war, lässt sich an einigen der herrlichen – wenngleich etwas verwitterten – Steinreliefs im Kichenschiff ersehen. Die Abtei wurde 1138 von David I. als Augustinerkloster gegründet.

> **ABSTECHER**
>
> ## HERMITAGE CASTLE
>
> Das als „die Bastion von Liddesdale" bekannte **Hermitage Castle** (HS; www.historic-scotland.gov.uk; Erw./Kind 4/2,40 £; ⏰April–Sept. 9.30–17.30 Uhr) verkörpert die brutale Geschichte des schottischen Grenzlandes. Die verfallene, aber stolze Burg mit wuchtigen Steinmauern wirkt eher wie ein Schlupfwinkel für ein Überfallkommando und nicht wie das Zuhause des schottischen Adels. Hermitage Castle ist eine der kargsten und gleichzeitig anrührendsten Ruinen in den Borders.
>
> Aufgrund seiner strategisch bedeutenden Lage war die Burg Schauplatz vieler düsterer Taten und übler Deals mit den englischen Invasoren, die sich für den jeweiligen schottischen Lord allerdings absolut nicht bezahlt machten. In diese Burg sperrte 1338 Sir William Douglas seinen Feind Sir Alexander Ramsay ein, um ihn vorsätzlich verhungern zu lassen. Ramsay überlebte 17 Tage, indem er sich von Getreidekörnern ernährte, die aus der Getreidekammer über seinem Verließ (zu besichtigen!) herunterfielen. 1566 besuchte Maria Stuart, Königin von Schottland, den verwundeten Burgherrn Lord Bothwell. Wieder genesen, ermordete er (vermutlich) ihren Gatten, heiratete sie und verließ sie nur einige Monate später, um ins Exil zu fliehen.
>
> Die Burg befindet sich rund 19 km südlich von Hawick an der B6357.

GRATIS **Mary, Queen of Scots House** HISTORISCHES GEBÄUDE
(Queen St.; ⏰März–Nov. Mo–Sa 10–16.30, So 11–16.30 Uhr) Maria Stuart wohnte 1566 nach ihrem berühmten Ritt nach Hermitage Castle in diesem wunderschönen Turmhaus aus dem 16. Jh. In Hermitage Castle besuchte sie damals den verwundeten Earl of Bothwell, ihren späteren Ehemann. Die interessanten Exponate erinnern an die traurige Lebensgeschichte der Maria Stuart.

Aktivitäten

Die Touristeninformation verkauft praktische Büchlein mit Spaziergängen durch den ganzen Ort, wozu auch der **Southern Upland Way** und der **Borders Abbeys Way** gehören.

Feste & Events

Jethart Callant's Festival KULTUR
(www.jethartcallantsfestival.com) Ende Juni finden zwei Wochen lang diese spannenden Reiterspiele statt; sie erinnern an die gefährlichen Zeiten, als die Leute zu Pferde unterwegs waren, um englische Eindringlinge aufzuspüren.

Schlafen

Maplebank B&B £
(☎01835-862051; maplebank3@btinternet.com; 3 Smiths Wynd; EZ/DZ 25/40 £; P) Es ist immer erfreulich, ein B&B zu finden, das einem das Gefühl vermittelt, bei jemandem privat zu Hause zu übernachten. In diesem Fall ist dieser Jemand so etwas wie die Lieblingstante: nett, chaotisch und großzügig. Jedenfalls ist das B&B mit allem möglichen Kram vollgestellt und total lässig. Die Zimmer sind gemütlich und groß und teilen sich ein anständiges Bad. Das Frühstück ist wesentlich besser als in vielen teureren Quartieren und besonders toll für Leute, die gern frisches Obst, Joghurt, selbst gemachte Marmeladen und allerlei anderes mögen.

Willow Court B&B ££
(☎01835-863702; www.willowcourtjedburgh.co.uk; The Friars; DZ 80–86 £; P 🛜) Irgendwie ist es unpassend, das beeindruckende Willow Court als B&B zu bezeichnen – es ist eigentlich eher ein Boutiquehotel. Auf die Gäste warten drei tadellose Zimmer mit eleganten Tapeten, mustergültigen Bädern und prima Betten, dazu ein höflicher, professioneller Service. Zum Frühstücks gibt es manchmal Grapefruits oder auch Räucherlachs. In der Lounge im Wintergarten möchte man Stunden verbringen, um den herrlichen Blick über den Garten und die Stadt zu genießen.

Essen

The Clock Tower BISTRO ££
(☎01835-869788; www.clocktowerbistro.co.uk; Abbey Pl.; Hauptgerichte 9–15 £; ⏰Di–Sa) Das Bistro gegenüber der Abteiruine sorgt mit seiner erlesenen Speisekarte dafür, dass die Gäste etwas auf die Rippen kriegen. Angeboten werden Bistrogerichte im oberen Preissegment, also beispielsweise Thunfischsteaks mit Trüffelöl und Rioja-Jus, Enten-Confit oder Kammmuscheln von der Westküste. Für den hohen Standard,

den das Essen hier hat, sind die verlangten Preise durchaus noch günstig. Einige der angebotenen Gerichte könnten allerdings eine etwas mutigere Würzung durchaus vertragen.

Carters Rest PUB ££
(Abbey Pl.; Hauptgerichte 9–12 £; 🔊) Das Lokal direkt gegenüber der Abtei bietet gehobene Pub-Gerichte in einer attraktiven Lounge-Bar. Neben den Standardspeisen stehen auf der Abendkarte auch Spezialitäten wie Lamm aus der Region und andere Köstlichkeiten. Die Portionen sind großzügig bemessen, sodass auch die Hungrigsten satt wurden – und werden mit einem freundlichen Lächeln serviert.

❶ Praktische Informationen

Im Ortszentrum befindet sich eine Zone mit kostenlosem WLAN; in und rund um die Touristeninformation ist das Signal besonders stark.
Jedburgh Library (Castlegate; Mo–Fr) Kostenloses Internet.
Jedburgh Information Centre (📞 01835-863170; jedburgh@visitscotland.com; Murray's Green; Mo–Sa 9.15–17, So 10–16 Uhr) Dies ist die Haupttouristeninformation für die Region Borders. Sehr gute nützlich, hat im Sommer längere Öffnungszeiten, bleibt von November bis März jedoch sonntags geschlossen.

❶ An- & Weiterreise

Jedburgh verfügt über gute Busverbindungen nach Hawick (25 Min., ca. stündl., So 4-mal), Melrose (30 Min., Mo–Sa stündl., So alle 2 Std.) und Kelso (25 Min., Mo–Sa stündl., So 4-mal). Munro-Busse verkehren von Jedburgh nach Edinburgh (7,10 £, 2 Std., Mo–Sa stündl., So 5-mal).

Kelso
5116 EW.

Kelso ist ein wohlhabender Marktflecken mit einem breiten gepflasterten Platz, gesäumt von georgianischen Gebäuden. Der Ort verströmt ein heiteres Flair und ist auch historisch interessant. Tagsüber geht es immer hoch her, doch nach 20 Uhr hat man die Straßen für sich allein. Kelso liegt reizvoll am Zusammenfluss von Tweed und Teviot und ist eine der nettesten Ortschaften in den Borders.

👁 Sehenswertes

Floors Castle BURG
(www.floorscastle.com; Erw./Kind 8/4 £; Mai–Okt. 11–17 Uhr, Juni – Sept. ab 10.30 Uhr, Ostern geöffnet.) Das Floors Castle ist das größte Herrenhaus Schottlands und das Domizil des Duke of Roxburghe. Es liegt am Tweed, gut 1,5 km westlich von Kelso. Das in den 1720er-Jahren von William Adam in georgianischen Stil erbaute Anwesen wurde in den 1840er-Jahren „verbessert": Recht lächerlich wirkende Zinnen und Türmchen kamen hinzu. Innen sind die Wandteppiche aus Brüssel (17. Jh.) in lebhaften Farben im Salon interessant sowie die kunstvollen Eichenholzschnitzereien im prächtigen Ballsaal.

GRATIS Kelso Abbey RUINEN
(HS; www.historic-scotland.gov.uk; Bridge St.; April–Sept. 9.30–18.30 Uhr, Okt.–März Sa–Mi 9.30–16.30 Uhr) Diese Abtei zählte einst zu den reichsten Südschottlands. Sie wurde von den Tironensern errichtet, einem Orden, der in Tiron in der Picardie gegründet wurde und durch David I. um 1113 in die Region Borders kam. Nach Überfällen durch die Engländer im 16. Jh. blieben von der Abtei nur Ruinen übrig. Sie gelten heute jedoch als so ziemlich die schönsten Relikte romanischer Architektur in ganz Schottland.

Aktivitäten

Der **Borders Abbeys Way** (www.bordersabbeysway.com) ist ein Rundweg von 104 km

---

FESTIVAL: RIDING OF THE MARCHES

Das Festival Riding of the Marches oder einfach kurz Common Riding findet im Frühsommer in den größeren Orten der Region Borders statt. Wie viele schottische Festivals beruht es auf alten Traditionen, die bis ins Mittelalter zurückreichen, als nämlich Reiter in die Grenzorte entsandt wurden, um die öffentlichen Ländereien zu prüfen. Zu dem farbenprächtigen Ereignis gehören heute elegante Reiterstaffeln. Sie reiten hinter der Stadtflagge her, die auf einer überlieferten Route durch den Ort getragen wird. Die Festlichkeiten gestalten sich von Ort zu Ort unterschiedlich, allen gemeinsam sind jedoch Gesang, Sport, Historienspiele, Konzerte und natürlich jede Menge Whisky. Wer sich auf das größte Riding konzentrieren möchte, sollte nach Jedburgh fahren und das Jethart Callant's Festival (S. 166) besuchen.

WANDERN & RADFAHREN IN SÜDSCHOTTLAND

Die berühmteste Wanderung in dieser Region ist der anspruchsvolle 340 km lange **Southern Upland Way** (www.southernuplandway.gov.uk). Wer wenigstens einen Teil davon auf einer Drei- bis Viertagestour kennenlernen möchte, sollte die besonders schöne Etappe von St. John's Town of Dalry nach Beattock wählen.

Eine weitere Fernwanderung ist der 100 km lange **St. Cuthbert's Way** (www.stcuthbertsway.info); er zeigt sich von den Reisen des hl. Cuthbert inspiriert, einem Heiligen aus dem 7. Jh., der in Melrose Abbey lebte. Der Weg verläuft durch wunderschöne Landschaften von Melrose nach Lindisfarne (in England).

In Galloway führt der **Pilgrims Way**, ein 40 km langer Wanderweg, von der Glenluce Abbey zur Isle of Whithorn.

Der **Borders Abbeys Way** (S. 168) ist ein 105 km langer Rundweg, an dem alle bedeutenden Abteien der Borders liegen. Für kürzere Wanderungen und vor allem für Rundwanderungen durch die Hügel bieten sich die Orte Melrose, Jedburgh und Kelso als ideale Standortquartiere an.

Um den Gepäcktransport auf diesen Routen kümmert sich auf Wunsch **Walking-Support** (01896-822079; www.walkingsupport.co.uk). Anfang September sollte man auf das **Scottish Borders Walking Festival** (www.borderswalking.com) achten. Neun Tage lang werden verschiedenste Wanderungen auf allen Leistungsniveaus mit Gleichgesinnten veranstaltet.

Von den Hauptstraßen einmal abgesehen, hält sich der Verkehr in Südschottland in Grenzen – neben der landschaftlichen Schönheit ein weiterer Grund, weshalb sich diese Gegend so perfekt zum Radfahren eignet.

Die **Tweed Cycle Route** ist ein ausgeschilderter Weg von rund 100 km Länge, der durch das wunderschöne Tweed Valley führt. Auf Nebenstraßen geht es von Biggar nach Peebles (35 km), Melrose (40 km), Coldstream (45 km) und Berwick-upon-Tweed (30 km). Die **4 Abbeys Cycle Route**, ein 88 km langer Rundweg, führt von einer Border-Abtei zur nächsten. Die Touristeninformationen vor Ort halten Radkarten bereit. Diese wie auch andere Routen sind im Detail jedoch auch unter www.cyclescottishborders.com beschrieben.

Wer Lust hat, mit dem Fahrrad auf einer Insel herumzukurven, findet auf der **Isle of Arran** beste Bedingungen vor. Der 80 km lange Rundweg an der Küste entlang (S. 178) ist so herrlich, dass es sich lohnt, zwei oder drei Tage dafür einzuplanen.

Länge, an dem die Abteien Kelso, Jedburgh, Melrose und Dryburgh liegen. Die Teilstrecke Kelso–Jedburgh (20 km) ist eine recht einfache Wanderung, bei der es von einer Ortschaft zur nächsten überwiegend am Fluss Teviot entlanggeht. Die Wanderung lässt sich leicht an einem Tag zurücklegen und ist auch von Ungeübten zu bewältigen. Die Touristeninformation hält eine kostenlose Broschüre mit einer Landkarte bereit, die die Route beschreibt.

Weniger ambitionierte Wanderfreunde, die einen Spaziergang vorziehen, sollten am zentralen Platz zuerst der Roxburgh Street folgen und dann die ausgeschilderte Gasse zum Ausgangspunkt des **Cobby Riverside Walk** hinuntergehen, einem netten Spazierweg, der am Fluss entlang zum Floors Castle (Eingang in die Burg von der Roxburgh Street aus) führt.

Schlafen

Old Priory B&B ££
(01573-223030; www.theoldpriorykelso.com; 33 Woodmarket St.; EZ/DZ 50/80 £; P) Die Doppelzimmer in diesem B&B mit viel Flair sind sagenhaft, und das Familienzimmer ist fast zu schön, um wahr zu sein. In den prächtigen Zimmern von legerer Eleganz stehen edle dunkle Holzmöbel, die vor Politur nur so spiegeln. Und der positive Eindruck der Unterkunft gilt auch für den Garten – ideal, um morgens einen Kaffee zu trinken – sowie für den gemütlichen Aufenthaltsraum. Durch die riesigen Fenster fällt viel Licht in die Zimmer.

Edenbank House B&B ££
(01573-226734; www.edenbank.co.uk; Stichill Rd.; EZ/DZ 40/80 £; P) Etwa 800 m die

Straße nach Stichill hinunter steht dieses imposante viktorianische Haus (nicht ausgeschildert) auf einem weitläufigen Grundstück. Hier wird die Stille nur durch das Blöken der Lämmer auf den grünen Feldern und durch den Gesang der Vögel im Garten unterbrochen. Das B&B ist wirklich sagenhaft. Die Zimmer sind ebenso riesig wie prächtig, der Blick über die Felder ist schön, und die Gastfreundschaft ist schon außergewöhnlich herzlich. Zum Frühstück gibt es selbst gemachte Leckereien, und die lockere, großzügige Atmosphäre garantiert den Gästen einen total entspannten Aufenthalt. Vorher anrufen.

Ednam House Hotel HOTEL ££
(01573-224168; www.ednamhouse.com; Bridge St.; EZ/DZ ab 85/125 £;) Das Ednam House im georgianischen Stil strahlt Ruhe und Würde aus. Die Originalausstattung blieb größtenteils erhalten, die Gärten gehen auf den Fluss hinaus, und ein hervorragendes Restaurant sowie ein Deli-Bistro, in dem sich die Fischer sehen lassen, sind auch vorhanden. Während der Lachssaison (Ende Aug.–Nov.) geht es im Hotel dementsprechend immer hoch her. Die Räume sind mit reizenden alten Möbeln ausgestattet. Die Zimmer mit Flussblick sind etwas teurer.

Central Guest House B&B £
(01890-883664; www.thecentralguesthousekelso.co.uk; EZ/DZ 30/45 £.) Im oft kostspieligen Kelso ist dieses B&B direkt am Hauptplatz in der Ortsmitte das reinste Schnäppchen. Die Besitzer wohnen selbst nicht hier, deshalb ist es sinnvoll, zuerst einmal anzurufen. Die Zimmer sind hübsch: geräumig, mit guten Matratzen, neuen Teppichen und einem anständigen Bad. Bei den angegebenen Preisen ist das Frühstück nicht inbegriffen; es stehen den Gästen jedoch ein Kühlschrank, ein Toaster und eine Mikrowelle zur Verfügung, sodass sie sich morgens selbst etwas zubereiten können.

Essen & Ausgehen

 The Cobbles PUB ££
(01573-223548; www.thecobblesinn.co.uk; 7 Bowmont St.; Pub-Gerichte 9–13 £; Gerichte Di–So) Die Telefonnummer des Pubs wurde aus einem ganz simplen Grund angegeben: Der Pub gleich beim Hauptplatz ist so beliebt, dass am Wochenende ohne Tischreservierung rein gar nichts geht. Was auch kein Wunder ist, denn im Cobbles herrscht eine fröhliche und gastfreundliche Atmosphäre, und das gehobene Pub-Essen kommt in großzügigen Portionen auf den Tisch. Die Gäste haben die Wahl zwischen der Pub-Speisekarte und der anspruchsvolleren Abendkarte (21 £ für zwei Gänge). Die Auswahl an Weinen kann sich sehenlassen, und der Kaffee schmeckt auch anständig. Aber wer schlau ist, lässt noch etwas Platz für den Nachtisch. An der Bar wird immer auch das ein oder andere interessante Ale ausgeschenkt. Echt der Hammer.

Oscar's BISTRO ££
(01573-224008; www.oscars-kelso.com; 33 Horsemarket; Hauptgerichte 10–16 £; Mi–Mo Abendessen) Edle Gerichte, die Leib und Seele erfreuen, und die Werke einheimischer Künstler geben sich in diesem sympathischen Bar-Restaurant mit Galerie in der Ortsmitte ein Stelldichein. Die hervorragenden Spezialitäten des Tages ergänzen die gängigen Standardgerichte. Die Auswahl an Weinen ist breit gefächert, und während die Gäste auf ihr Essen warten, können sie sich unten in der Galerie noch ein bisschen umschauen.

Praktische Informationen

Kelso Library (Bowmont St.; Mo–Sa) Kostenloser Internetzugang.

Kelso Information Centre (01573-223464; www.visitscottishborders.com; The Square; April–Okt. Mo–Sa 10–16 Uhr, Ende Juni–Anfang Sept. auch So 10–14 Uhr)

An- & Weiterreise

Es verkehren neun Busse täglich (So 4-mal) nach Berwick-upon-Tweed (50 Min.). Die Busse fahren nach/von Jedburgh (25 Min., Mo–Sa bis zu 10-mal tgl., So 4-mal) und weiter nach Hawick (1 Std.). Außerdem bestehen häufige Verbindungen nach Edinburgh (6,90 £, 2 Std.).

Rund um Kelso

Die Gegend um Kelso kann mit zwei sehenswerten historischen Gebäuden aufwarten, die gegensätzlicher kaum sein könnten, und bietet für Wanderer die Zwillingsdörfer Town und Kirk Yetholm.

Sehenswertes

Smailholm Tower TURM
(HS; www.historic-scotland.gov.uk; Erw./Kind 4,50/2,70 £; April–Sept. tgl. 9.30–17.30 Uhr, Okt.–März nur Sa & So 9.30–16.30 Uhr) Auf einem Felsvorsprung über einem kleinen See

ragt dieser schmale Steinturm auf. Er ist eine der markantesten Sehenswürdigkeiten in der Region Borders und erinnert an die blutigen Wirren der Geschichte in dieser gegend. Die Exponate sind eher spärlich, doch der Panoramablick von oben lohnt das Treppensteigen in jedem Fall.

Die nahe gelegene Farm Sandyknowe gehörte einst Sir Walter Scotts Großvater. Scotts eigenen Aussagen zufolge wurde seine Fantasie durch die Balladen und Geschichten beflügelt, die er als Kind in Sandyknowe zu hören bekam, aber auch durch die Turmruine, die nur einen Steinwurf entfernt aufragt.

Der Turm steht 9,5 km westlich von Kelso, 1,5 km südlich vom Dorf Smailholm entfernt an der B6397. Der Weg zum Turm führt über den Hof der Farm. Der First-Bus 66, der auf der Strecke Kelso–Galashiels verkehrt, hält im Dorf Smailholm.

Mellerstain House HISTORISCHES GEBÄUDE
(www.mellerstain.com; Erw./Kind 8,50/4 £; April–Okt. Mo, Mi & So 12.30–17 Uhr) Das 1778 vollendete Mellerstain House gilt als das schönste von Robert Adam, dem schottischen Architeckten und Möbeldesigner, entworfene Herrenhaus in ganz Schottland. Seine klassische Eleganz, die prächtigen Räumlichkeiten und die Stuckdecken haben Berühmtheit erlangt. Vor allem die Bibliothek beeindruckt sehr. Die Schlafzimmer im Obergeschoss sind weniger attraktiv, einen Blick lohnt jedoch die bizarre Marionetten- und Puppensammlung in der Galerie.

Das Herrenhaus befindet sich ca. 10 km nordwestlich von Kelso in der Nähe von Gordon. Der First-Bus 66, der die Strecke Kelso–Galashiels bedient, hält gut 1,5 km von Mellerstain House entfernt.

TOWN YETHOLM & KIRK YETHOLM

Die Zwillingsdörfer Town Yetholm und Kirk Yetholm werden durch den Fluss Bowmont Water getrennt. Sie liegen in der Nähe der englischen Grenze, rund 10 km südöstlich von Kelso. Beide sind Wanderzentren am Nordende des **Pennine Way** bzw. am **St. Cuthbert's Way**, der von Melrose nach Lindisfarne (Holy Island) in Northumberland führt. Es bieten sich mehrere Übernachtungsmöglichkeiten an, darunter das hervorragende **Border Hotel** (01573-420237; www.theborderhotel.com; The Green, Kirk Yetholm; EZ 50 £, DZ 80–90 £; P) mit einer Bar, die am Ende eines langen Wandertags wirklich willkommen ist.

Hier verkehrt der Bus 81 von/nach Kelso (Mo–Sa bis zu 7-mal tgl., So 3-mal).

Coldstream

1813 EW.

In einer weitläufigen Flussschleife des Tweed, der hier die Grenze zu England bildet, liegt Coldstream, ein kleiner, relativ versteckter Ort abseits der Touristenpfade.

Sehenswertes

GRATIS **Coldstream Museum** MUSEUM
(12 Market Sq.; April–Sept. Mo–Sa 10–16, So 14–16 Uhr, Okt. Mo–Sa 13–16 Uhr) Das Museum präsentiert die stolze Geschichte der Coldstream Guards. Das Regiment wurde 1650 in Berwick als Teil von Oliver Cromwells New Model Army ins Leben gerufen und nach der Ortschaft benannt, in der es 1659 stationiert war. Es spielte bei der Wiederherstellung der Monarchie 1660 eine bedeutende Rolle und war auch an der Schlacht von Waterloo, von Sebastopol im Krimkrieg, an den Burenkriegen, an den Schlachten an der Somme und bei Ypern im Ersten Weltkrieg sowie in Dünkirchen und Tobruk im Zweiten Weltkrieg beteiligt. Das Regiment ist das dienstälteste der britischen Armee, das ohne Unterbrechungen besteht.

Schlafen & Essen

Eastbraes B&B B&B ££
(01890-883949; www.eastbraes.co.uk; 100C High St.; EZ/DZ 45/70 £) Wer die Hauptstraße von Coldstream hinunterbummelt, rechnet nicht mit der Aussicht, die sich auf der Rückseite dieses gastfreundlichen B&B eröffnet: Der Blick schweift über einen idyllischen Garten und die Schleife des Tweed weiter unten – wie im Bilderbuch. Ein Doppelzimmer und ein Zweibettzimmer teilen sich das Bad, aber es gibt auch ein riesiges Doppelzimmer mit separater Sitzecke und einem eigenen Bad.

Calico House B&B ££
(07985-249207; www.bedandbreakfast-luxury.co.uk; 44 High St.; DZ/Suite 80/100 £; P) Das B&B hinter einem Geschäft mit hochwertiger Inneneinrichtung kann mit prächtigen Zimmern aufwarten, die nicht nur einen schönen Blick bieten, sondern auch Liebe zum Detail beweisen. Zwei dicke Pluspunkte gibt's für das gute Preis-Leistungs-Verhältnis und die Privatsphäre, die abseits des Managements in diesem stilvollen Quartier

gewahrt bleibt. Bevorzugt werden Gäste, die nicht nur einmal hier übernachten wollen.

❶ An- & Weiterreise

Coldstream liegt an der verkehrsreichen A697, die Newcastle mit Edinburgh verbindet. Es fahren von Montag bis Samstag neun Busse über den Ort auf der Strecke Kelso (20 Min.)–Berwick-upon-Tweed (20–40 Min.), am Sonntag nur vier.

Eyemouth
3383 EW.

Eyemouth ist ein geschäftiger Fischerhafen, aber auch ein Ferienort, der bei den Einheimischen hoch im Kurs steht. Der Hafen hat viel Flair – man kann hier Seehunde beobachten, die im Wasser herumtollen, aber auch Touristen, die um die Boote herumwuseln, um die alten Fischernetze zu fotografieren.

Die größte Katastrophe erlebte die Gemeinde im Oktober 1881, als ein heftiger Sturm die Fischereiflotte zerstörte und 189 Fischer in den Tod riss; 129 davon waren Einheimische.

◉ Sehenswertes

Eyemouth Maritime Centre MUSEUM
(www.worldofboats.org; Harbour Rd.; Erw./Kind 4,25/2,75 £; 10–17 Uhr) Das Museum liegt direkt am betriebsamen Fischereihafen von Eyemouth. Der ehemalige Fischmarkt wurde so umgestaltet, dass er nun einer alten Fregatte aus dem 18. Jh. ähnelt. Die jährlich wechselnde Ausstellung nimmt einen Großteil der Räumlichkeiten ein und rekrutiert sich aus der riesigen Sammlung von beliebten Holzschiffen. Die Guides im Museum haben noch jede Menge interessante Zusatzinformationen auf Lager.

Gunsgreen House MUSEUM
(www.gunsgreenhouse.org; Erw./Kind 6/3,50 £; April–Sept. Do–Mo 11–17 Uhr) Stolz thront das massive Gunscreen House gegenüber vom Hafen. Das elegante Herrenhaus aus dem 18. Jh. wurde von John Adam mit Geldern erbaut, die aus dem Schmuggel stammten. Eyemouth war damals ein wichtiger Anlandehafen für illegale Frachten aus Nordeuropa und dem Baltikum. Das Haus wurde mittlerweile wunderschön restauriert und spiegelt nun seine turbulente Schmugglergeschichte, aber auch andere Aspekte seiner bewegten Vergangenheit wider. Das Haus, ebenso wie der turmartige Taubenschlag daneben werden als Quartiere an Selbstversorger vermietet.

Eyemouth Museum MUSEUM
(www.eyemouthmuseum.org.uk; Manse Rd.; Erw./Kind 3 £/frei; April–Okt. Di–Sa 10–16, So 12–16 Uhr) Das spannende Eyemouth Museum präsentiert die Geschichte des Ortes; der Hauptaspekt liegt auf der langen Tradition als Fischerdorf. Herzstück ist ein Wandteppich, der des Unglücks im Jahr 1881 gedenkt, bei dem viele Fischer ums Leben kamen.

🛏 Schlafen & Essen

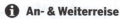
Churches Hotel HOTEL, MEERESFRÜCHTE ££
(01890-750401; www.churcheshotel.com; Albert Rd.; EZ/DZ 75 £/95–120 £; März–Okt.; P) Das überaus stilvolle Hotel in einem Gebäude aus dem 18. Jh. beeindruckt mit Zimmern von klassisch-kühler Eleganz. Jedes steht unter einem anderen Motto. Am schönsten sind aber wohl das Zimmer 4 mit einem Himmelbett und die Nummer 6 mit riesigen Fenstern und Blick über den Hafen. Neben kleinen Aufmerksamkeiten wie Mineralwasser, einer DVD-Bibliothek und iPod-Stationen erfreut das Hotel auch durch den persönlichen Service, den die Besitzer ihren Gästen zuteilwerden lassen. Die Speisekarte des Restaurants (Hauptgerichte 13–25 £) ist mit fangfrischem Fisch aus dem Hafen gesegnet – hier kommen mit Abstand die besten Fisch- und Meeresfrüchtegerichte des ganzen Ortes auf den Tisch. Eines der Toplokale in Südschottland.

Bantry B&B ££
(Mackays; 01890-751900; www.mackaysofeyemouth.co.uk; 20 High St.; EZ ohne Bad 25 £, DZ mit Bad 60 £;) Das B&B wurde kurzerhand auf das gleichnamige Restaurant draufgesetzt. Zu bieten hat es renovierte, schön gestaltete Zimmer mit modernem Touch, in dezenten Farbtönen gehalten, direkt am Wasser gelegen. Besonders empfehlenswert ist das Zimmer 3, das einzige Doppelzimmer mit Meerblick. Toll ist im Sommer die Terrasse samt Liegen und einem Whirlpool mit Blick auf die herantosenden Wellen. Das kontinentale Frühstück kostet pro Person 2,50 £ Aufschlag, 7,50 £ das volle Programm.

Oblò BISTRO ££
(www.oblobar.com; 20 Harbour St.; Hauptgerichte 8–14£; Essen 10–21 Uhr) Egal, wann der Magen knurrt, in dieser modernen Bistrobar im Obergeschoss mit mediterraner Fusionsküche gibt es so ziemlich zu jeder Tageszeit

etwas zu essen. Hier sitzen die Gäste gemütlich in einem schicken Ambiente. Das Oblò liegt von der Touristeninformation ein Stück die Straße hinunter und verfügt auch über eine tolle Terrasse, um Sonne zu tanken. Unbedingt die Meeresfrüchte probieren.

❶ Praktische Informationen

Eyemouth Information Centre (☏018907-50678; eyemouth@visitscotland.com; Manse Rd.; ⊙April–Okt. Di–Sa 10–16, So 12–16 Uhr) Überaus hilfsbereite Info im Eyemouth Museum, nicht weit vom Hafen entfernt.

❶ An- & Weiterreise

Eyemouth liegt 8 km nördlich der schottisch-englischen Grenze. Es verkehren Busse nach Berwick-upon-Tweed (15 Min., häufig), wo sich ein Bahnhof befindet, und nach Edinburgh (10 £, 1¾ Std., Mo–Sa 7-mal tgl., So 3-mal).

Südlich von Eyemouth

Etwa 8 km westlich von Berwick liegt an der B6461 **Paxton House** (www.paxtonhouse.com; Erw./Kind 8/3,50 £; ⊙Mitte März–Okt. 11–17 Uhr, Außenanlagen 10 Uhr bis Sonnenuntergang) inmitten eines Parks. Das Anwesen am Tweed wurde 1758 von Patrick Home für seine zukünftige Frau, die Tochter von Friedrich dem Großen, erbaut. Leider gab ihm die Dame dann den Laufpass – was allerdings zu ihrem eigenen Schaden war. Das von der Familie Adam – den Brüdern John, James und Robert – entworfene Paxon House gilt als eines der herrlichsten palladianischen Anwesen aus dem 18. Jh. in ganz Großbritannien. Es beherbergt eine umfassende Sammlung von Chippendale- und Regency-Möbeln; in der Gemäldegalerie hängen Bilder aus der schottischen Nationalgalerie. Das Kinderzimmer gewährt Einblicke in das Leben eines Kindes im 18. Jh. Durch das Grundstück ziehen sich Wanderwege, es gibt einen Abenteuerspielplatz, einen Campingplatz und ein Museum am Fluss, das sich mit dem Thema Lachsfischerei beschäftigt.

Coldingham & St Abbs

Diese malerische Gegend ist das reinste Eldorado für all jene, die ein Faible für Outdoor-Sportarten haben. Hier befinden sich so mit die schönsten Tauchreviere Großbritanniens, aber man kann auch fantastisch Fahrrad fahren, wandern, angeln und Vögel beobachten. Vom Dorf Coldingham mit seinen verwinkelten Gassen geht es auf der B6438, die bergab führt, zum kleinen Fischerdorf St. Abbs – ein reizender, beschaulicher Flecken Erde mit einem Bilderbuchhafen unterhalb der Klippen.

⊙ Sehenswertes & Aktivitäten

GRATIS **St Abbs Visitor Centre** MUSEUM (www.stabbsvisitorcentre.co.uk; ⊙April–Nov. Di–So 10–17 Uhr) Die nagelneue Ausstellung in St. Abbs verfügt über interessante interaktive Exponate, die sich mit der oft stürmischen Geschichte des Fischerdorfes beschäftigen. Das Highlight sind die Erinnerungen von mehreren Fischern und einem Leuchtturmwärter, die als Tonaufzeichnungen präsentiert werden.

St. Abb's Head National Nature Reserve NATURSCHUTZGEBIET (www.nts.org.uk) Nördlich von St Abbs erstreckt sich dieses 78 ha große Naturschutzgebiet – ein wahres Wunderland für Vogelkundler mit großen Kolonien von Trottellummen, Dreizehenmöwen, Silbermöwen, Eissturmvögeln, Tordalken und auch einigen Papageitauchern. Man erreicht es über den Parkplatz (2 £) der Northfield Farm, an der Straße westlich von St. Abbs. Dort beginnt ein 4 km langer Rundweg. Die Klippenwanderwege sind vor allem an sonnigen Tagen spektakulär. Eine kleine, aber sehenswerte **Naturkundeausstellung** (⊙April–Okt. 11–16 Uhr) befindet sich unterwegs im Old Smiddy-Komplex.

Coldingham Bay STRAND, SURFEN In Coldingham führt eine ausgeschilderte Abzweigung gut 1 km gen Osten hinunter zur abgelegenen Coldingham Bay, die mit einem Sandstrand aufwartet. Von hier führt ein Klippenwanderweg, der schöne Blicke gewährt nach Eyemouth (5 km). Der **St. Vedas Surf Shop** (☏018907-71679; www.stvedas.co.uk) vermietet Surfbretter und Schnorchelausrüstungen; im Hotel hier kann man preiswert essen. Surfunterricht wird ebenfalls erteilt.

Tauchen

Das klare, saubere Wasser um St Abbs gehört mit zum **St. Abbs & Eyemouth Voluntary Marine Reserve** (☏018907-71443; www.marine-reserve.co.uk), einem der schönsten Kaltwasser-Tauchreviere Europas. Das Naturschutzgebiet ist das Zuhause verschiedener Meerestiere wie Kegelrobben, Delfine und Wolfsheringe. Die Sicht beträgt 7 bis

8 m, wurde aber in 24 m Tiefe gemessen. Auf dem Meeresgrund bildet brauner Kelp einen zauberhaften, wogenden Wald.

Vier Taucherboote sind ab St Abbs im Einsatz; sie laufen unter der Regie von **Paul Crowe** (018907-71945, 07710-961050; www.divestabbs.com), **Paul O'Callaghan** (077 80-980179, 018907-71525; www.stabbsdiving.com), **Graeme Crowe** (07803-608050, 018907-71766; www.stingrayboatcharters.co.uk) und **Peter Gibson** (018907-71681). Es besteht die Möglichkeit, das ganze Schiff zu chartern oder auch telefonisch einen Platz auf dem Boot zu buchen; in dem Fall liegen die Kosten bei ca. 15 £ pro Person.

Wer sich eine Tauchausrüstung leihen möchte und auch ein paar gute Tipps zum Thema Tauchreviere gebrauchen kann, schaut im **Scoutscroft** (01890-771338; www.scoutscroft.co.uk) vorbei, einem super Tauchladen in Coldingham an der Straße nach St. Abbs. Auch Schiffsausflüge zum Tauchen werden hier organisiert. Der Profi-Ausstatter versorgt seine Kunden mit Nitrox-Flaschen und hat die ganze Palette an IANTD-Kursen im Programm. Die Touristeninformation in St Abbs hält ebenfalls gute Tipps für Taucher bereit. Ein Tauchführer, der sie Tauchrevieren vor Ort auflistet, kostet 7,50 £.

Schlafen

Rock House HOSTEL, B&B ££
(01890-771945; www.divestabbs.com; B/EZ/DZ 20/30/60 £) Das Quartier am Hafen von St Abbs wird von einem netten Tauchskipper geführt. Hier fallen die Gäste geradezu vom Bett ins Boot. Mit dazu gehören das Bunkhouse, eine Art Baracke, die am Wochenende meist von Gruppen belegt wird, und ein B&B-Zimmer, in dem bis zu drei Personen übernachten können. Ein Cottage für Selbstversorger ist auch vorhanden.

An- & Weiterreise

Der Bus 253 hält auf der Strecke Edinburgh–Berwick-upon-Tweed (Mo–Sa 7-mal tgl., So 3-mal) auch in Coldingham (manche fahren auf Wunsch nach St Abbs). Der Bus 235 fährt von Eymouth in beide Orte.

SOUTH LANARKSHIRE

Zu South Lanarkshire gehört sowohl die stark urbanisierte Gegend südlich von Glasgow als auch die sehr reizvolle Landschaft um die Falls of Clyde. New Lanark wurde von der Unesco als Weltkulturerbestätte ausgezeichnet und ist mit Abstand die Hauptattraktion der Region. Wer in Schottland auf der M74 unterwegs ist, findet hier einige schöne Flecken für eine Pause.

Lanark & New Lanark
8253 EW.

Unterhalb der Marktstadt Lanark liegt in einer schönen Schlucht am Clyde **New Lanark**, ein faszinierendes Werksgelände mit restaurierten Werksgebäuden und Lagerhäusern. Die Unesco setzte New Lanark auf die Liste des Weltkulturerbes.

Die einstmals größte Baumwollspinnerei Großbritanniens wurde hauptsächlich durch die zahlreichen sozialen Experimente des Werksleiters Robert Owen um 1800 bekannt. New Lanark ist eigentlich ein Denkmal für den aufgeklärten Kapitalisten. Er stellte seinen Arbeitern Unterkünfte, einen genossenschaftlichen Konsumladen (Vorläufer der modernen Genossenschaftsbewegung), den weltweit ersten Kindergarten, eine Erwachsenenbildungsstätte, eine Arbeiterkrankenkasse und eine Bildungseinrichtung für Kinder (das sogenannte New Institute for the Formation of Character) zur Verfügung. Für die Besichtigung benötigt man mindestens einen halben Tag, denn es gibt hier viel zu sehen – und die Spaziergänge am Ufer des Flusses sind ebenfalls reizvoll. Denn das einst lärmerfüllte und schmutzige Industriedorf, das unglaubliche Mengen an Baumwolle verarbeitete, ist heute eine friedvolle Oase inmitten von Bäumen, und das einzige Geräusch ist das Rauschen des Flusses Clyde.

Sehenswertes & Aktivitäten

New Lanark Visitor Centre MUSEUM
(LP TIPP; www.newlanark.org; Erw./Kind/Fam. 8,50/6/24 £; April–Okt. 10–17 Uhr, Nov.–März 10–16 Uhr) Hier werden die Tickets für die Hauptattraktionen verkauft. Dazu gehören eine riesige Wollspinnmaschine, die Wollgarn produziert, sowie das **Historic Schoolhouse**, das den Besuchern eine sehenswerte Zeitreise in die Vergangenheit von New Lanark ermöglicht. Das geschieht mit Hilfe modernster Technik in Form eines dreidimensionalen Hologramms des Geistes von Annie McLeod. Das zehnjährige Fabrikmädchen erzählt vom Leben im Dorf um 1820. Kinder wird die wirklichkeitsnahe Darstellung begeistern, auch wenn die Erwachse-

nen unter den Besuchern das Thema der allumfassenden Nächstenliebe wahrscheinlich ein wenig überzogen finden werden.

Im Eintrittspreis inbegriffen sind die Besichtigung eines ehemaligen **Fabrikarbeiterhauses**, des einstigen **Wohnhauses von Robert Owen** und Ausstellungen zum Thema „Rettung von New Lanark". Sehenswert ist auch der **Dorfladen** im Stil der 1920er-Jahre.

Falls of Clyde Wildlife Centre   NATURZENTRUM
(www.scottishwildlifetrust.co.uk; Erw./Kind 2/ 1 £; April–Sept. 10–17 Uhr, Okt.–März 11–17 Uhr) Das Naturschutzzentrum liegt ebenfalls am Fluss in New Lanark. Die kinderfreundlichen Exponate konzentrieren sich vor allem auf Dachse, Fledermäuse, Wanderfalke nund andere bekannte Tierarten. Während der Saison werden im Livestream Bilder von Wanderfalken gezeigt, die hier nisten. Wer auch noch gleich die Eintrittskarte fürs New Lanark Visitor Centre kauft, spart sich 1 £. Das Zentrum organisiert im Sommer auch allerlei Aktivitäten wie das Beobachten von Dachsen (Erw./Kind 8/4 £).

Vom Zentrum kann man durch das wunderschöne Naturschutzgebiet streifen und zu den Wasserfällen **Corra Linn** (30 Min.) und **Bonnington Linn** (1 Std.) wandern, zwei der **Falls of Clyde**, die schon den Maler Turner und den Dichter Wordsworth zu wunderbaren Werken inspirierten. Als Rückweg bietet sich ein matschiger Weg am gegenüberliegenden Ufer an; er führt an New Lanark vorbei, über den Fluss und dann flussabwärts – auf diese Weise entsteht ein interessanterer Rundweg (3 Std.).

Craignethan Castle   BURG
(HS; www.historic-scotland.gov.uk; Erw./Kind 4/ 2,40 £; April–Sept. 9.30–17.30 Uhr, Okt.–März Sa & So 9.30–16.30 Uhr) Die Burg liegt idyllisch und ruhig und strahlt noch viel authentische Atmosphäre aus, da sie nicht bis zur Unkenntlichkeit restauriert worden ist. Hier scheint der Rest der Welt ganz weit weg zu sein – ein idealer Platz für ein Picknick.

Die weitläufige Ruinenanlage liegt an einer beherrschenden Stelle am Ufer des River Nethan. Zur Burg gehören ein weitgehend intaktes Turmhaus und die **Kaponniere**, ein kleiner Geschützstand.

Vereinzelte Löcher in der Mauer ermöglichten es den Schützen, mit Handfeuerwaffen Angreifer einzeln gezielt abzuschießen. Die feuchten Kammern unter dem Turmhaus wirken ziemlich unheimlich.

Craignethan liegt 8 km nordwestlich von Lanark. Wer nicht mit dem eigenen Auto unterwegs ist, kann auch einen der stündlich fahrenden Lanark–Hamilton-Busse nach Crossford nehmen und dann den Fußweg am nördlichen Ufer des Nethan (20 Min.) entlanglanglaufen.

Schlafen & Essen
Das hübsche New Lanark bietet sich für einen erholsamen Aufenthalt an.

New Lanark Mill Hotel   HOTEL ££
(01555-667200; www.newlanarkmillhotel.co.uk; EZ/DZ 75/119 £; P@🛜♨🐾) Das Hotel, eine raffiniert umgebaute Mühle aus dem 18. Jh., hat viel Flair und liegt nur einen Steinwurf von den Hauptsehenswürdigkeiten entfernt. Angeboten werden luxuriöse Zimmer (nur 10 £ Aufpreis für die geräumigen Superior-Zimmer) mit moderner Kunst an den Wänden und Blick auf den Clyde unten, aber auch Unterkünfte für Selbstversorger in reizenden Cottages (ab 67 £). Für Gäste mit Behinderung sind gute Einrichtungen vorhanden. Das Hotel serviert auch leckeres Essen (Mahlzeiten im Pub 10–17 £, im Restaurant Hauptgerichte 15–20 £).

New Lanark SYHA   HOSTEL £
(01555-666710; www.syha.org.uk; B/2BZ 18/ 45 £; Mitte März–Mitte Okt.; P@🛜) Das Hostel befindet sich in einer alten Mühle am Fluss Clyde mitten im New-Lanark-Komplex. Es gibt gemütliche Schlafsäle mit Bad sowie einen wirklich hübschen Aufenthaltsbereich unten. Frühstück und Abendessen werden angeboten, aber auch Lunchpakete können bestellt werden. Von zehn bis 16 Uhr ist geschlossen und der Zugang zum Zimmer somit nicht möglich.

La Vigna   ITALIENISCH ££
(01555-664320; www.lavigna.co.uk; 40 Wellgate; 3-Gänge-Mittag-/Abendessen 14/24 £; Mo–Sa Mittag- & Abendessen, So Abendessen) Das gut etablierte Lieblingsrestaurant der Einheimischen scheint aus einer vergangenen Ära zu stammen: Der Service ist ruhig und effizient, die Damen erhalten sogar eine eigene Karte – ohne Preisangaben! Die Küche ist italienisch ausgerichtet, verarbeitet werden schottisches Wild, Rind und Fisch aus lokalen Gewässern. Auch vegetarische Gerichte stehen den Gästen zur Auswahl. Das Mittagsmenü bietet ein gutes Preis-Leistungs-Verhältnis; das Abendmenü gibt es nur von Montag bis Donnerstag.

❶ Praktische Informationen

Lanark Information Centre (☏ 01555-661661; lanark@visitscotland.com; Ladyacre Rd.; ⊙10–17 Uhr (Okt.–März So geschl.). In der Nähe vom Busbahnhof und Bahnhof.

❶ An- & Weitereise

Lanark liegt 40 km südöstlich von Glasgow; auf der Strecke sind Expressbusse unterwegs (Mo–Sa, 1 Std., stündl.).

Auf der Strecke zwischen Glasgow Central Station und Lanark verkehren auch Züge (6,20 £, 55 Min., alle 30 Min., So stündl.).

Der Spaziergang nach New Lanark lohnt sich, alternativ fährt täglich alle 30 Min. ein Bus vom Bahnhof dorthin (und zurück). Taxis bestellt man bei **Clydewide** (☏ 01555-663813; www.clydewidetaxis.co.uk).

Biggar

2098 EW.

Biggar ist ein nettes, kleines Städtchen auf dem Land, über dem der Tinto Hill (712 m) thront. Das Städtchen bietet ein paar witzige Museen, die ihm zu einer etwas schrulligen Attraktivität verhelfen. In der Stadt lebte der politisch links gerichtete Nationaldichter Hugh MacDiarmid fast 30 Jahre bis zu seinem Tod im Jahr 1978.

⊙ Sehenswertes & Aktivitäten

Der **Biggar Museum Trust** (☏ 01899-221050; www.biggarmuseumtrust.co.uk) verwaltet die meisten Museen der Ortschaft. Da alles von der Mithilfe ehrenamtlicher Helfer abhängt, können die Öffnungszeiten schwanken. Wenn sich jemand für ein spezielles Museum interessiert, sollte er deshalb besser vor dem Besuch kurz anrufen.

Gladstone Court · MUSEUM

(North Back Rd.; Erw./Kind 2,50/1,50 £; ⊙April–Okt. Mo/Di & Do–Sa 11–16.30, So 14–16.30 Uhr) Das spannende Museum mit Straßenzeilen samt Tante-Emma-Läden aus viktorianischer Zeit ermöglicht einen Blick in die Vergangenheit. Nicht verpassen sollte man die **alte Druckerpresse** und den **Albion A2 Dogcart**, eines der ältesten britischen Autos überhaupt.

Biggar Puppet Theatre · THEATER

(☏ 01899-220631; www.purvespuppets.com; Broughton Rd.; Sitzplätze 8 £; ⊙Di–Sa 11–16.30 Uhr) Das beliebte Theater präsentiert im Sommer alle paar Tage eine Matinee mit viktorianischen Miniaturmarionetten sowie bizarren modernen Puppen, die über 1 m groß sind und im Dunkeln leuchten. Da sich die verschiedenen Stücke an unterschiedliche Altersgruppen richten, sollte man sich vorher über das jeweilige Programm informieren. Die Website verrät die genauen Termine und Uhrzeiten.

Moat Park Heritage Centre · MUSEUM

(Erw./Kind 2,50/1,50 £; ⊙April–Mitte Okt. Mo–Sa 11–16.30, So 14–16.30 Uhr) Das Museum in einer renovierten Kirche beschäftigt sich mit der Gechichte der Region anhand von Exponaten aus Geologie und Archäologie.

Greenhill Covenanter's House · MUSEUM

(Erw./Kind 1,50/0,70 £) Das umsichtig rekonstruierte Farmhaus mit Mobiliar und Artefakten aus dem 17. Jh. erzählt die spannende Geschichte der Covenanters-, Einheimischer, die sich dem König widersetzten, um ihrem Glauben treu zu bleiben. Eigentlich hat das Museum nur am ersten Samstag eines jeden Monats geöffnet, aber wer im nahen Moat Park Heritage Centre anfragt, kann in der Regel einen Besuchstermin vereinbaren. Die Lage an einem Bach ist auch sehr hübsch.

Tinto Hill · WANDERUNG

Dieser Hügel prägt den Ort. Nördlich des Parkplatzes an der A73 bei Thankerton Crossroads geht es geradeaus bergauf. Unterwegs lohnt ein Blick auf ein **Fort** aus der Steinzeit. Für den Auf- und Abstieg sind rund zwei Stunden einzuplanen.

🛏 Schlafen & Essen

⌗LP TIPP Cornhill House · HOTEL ££

(☏ 01899-220001; www.cornhillhousehotel.com; EZ/DZ 80/110 £; 🅿🛜) Ein paar Kilometer westlich von Biggar liegt gleich bei der A72 dieses sagenhafte Landhotel. Es befindet sich in einem markanten schlossartigen Gebäude mit opulentem, künstlerischem Dekor ohne den üblichen Schottenkarozauber. Auf die Gäste warten neun Zimmer (weitere sind im Entstehen). Sie sind riesengroß, haben viel Flair und sind ansprechend mit Ledersofas oder Himmelbetten ausgestattet. Das Restaurant, das zum Haus gehört, ist ebenfalls empfehlenswert.

School Green Cottage · B&B ££

(☏ 01899-220388; isobel.burness@virgin.net; 1 Kirkstyle; EZ/DZ 35/60 £; 🛜) Das gediegene kleine B&B an der manchmal lauten Hauptstraße in der Ortsmitte überzeugt durch familiäre, herzliche Gastfreundlichkeit. Die gepflegten Doppel- und Zweibettzimmer sind altmodisch, aber gemütlich. Vom Wirt höchstpersönlich gemalte Aquarelle zieren die Wände.

Fifty-Five
BRITISCH ££

(www.restaurantfiftyfive.com; 55 High St.; Hauptgerichte 13 £; Di-Sa;) Das gut geführte Restaurant gibt sich edler als die – anständigen – Pubs in Biggar. Es verfügt über einen hübschen Speisebereich mit unverputzten Wänden, Kerzenlicht, edlen Glaswaren und einladenden Stühlen. Auf der knappen Speisekarte stehen hochwertige Gerichte, die Leib und Seele erfreuen, sowie einige ambitioniertere Kreationen. Mittags warten leckere Tagesgerichte auf die Gäste.

An- & Weiterreise

Biggar liegt 53 km südöstlich von Glasgow. Es verkehren im Stundentakt Busse (So 3-mal) von/nach Edinburgh und Lanark (30 Min.), wo man nach Glasgow umsteigt. Weitere Busse fahren nach Peebles.

AYRSHIRE & ARRAN

Die Region Ayrshire ist bekannt für den Golfsport und Robert Burns – und es gibt hier von beiden genug. Die Stadt Troon allein hat schon sechs Golfplätze – und es gibt genug Burns-Gedenkstätten in der Gegend, um selbst seine glühendsten Verehrer zufriedenzustellen. Hauptanziehungspunkt der Region ist jedoch die einzigartige Insel Arran: Eine interessante Gastroszene, urige Kneipen und die ungewöhnlich vielfältige, malerische Landschaft der südlichen Hebrideninsel sind alles Argumente, warum die leicht zugängliche Insel unbedingt besucht werden sollte.

Am besten lässt sich die Küste von Ayrshire zu Fuss erkunden: Der **Ayrshire Coastal Path** (www.ayrshirecoastalpath.org) führt auf insgesamt 160 km an der spektakulären Küste entlang.

North Ayrshire

LARGS
11 241 EW.

An einem sonnigen Tag gibt es in Südschottland kaum einen schöneren Ort als Largs, wo grüne Wiesen auf das funkelnde Wasser des Firth of Clyde treffen. Die Küstenstadt im Seebäderstil erinnert an erholsame Urlaube am Meer, die man in der Kindheit verbrachte. Minigolf, Familien-Spielhallen, altmodische Lokale und eine Hüpfburg versetzen die Gäste in die entsprechende Stimmung, und mit einem Eis in der Hand lässt es sich herrlich durch dieses altmodische Stück Schottland schlendern.

Sehenswertes

Víkingar!
MUSEUM

(01475-689777; www.kaleisure.com; Greenock Rd.; Erw./Kind 4,50/3,50 £; März–Okt. 10.30–14.30 Uhr, Feb. & Nov. nur am Wochenende, Juli & Aug. bis 15.30 Uhr;) Hauptattraktion der Stadt ist diese Multimedia-Ausstellung, die sich mit dem Einfluss der Wikinger in Schottland bis zu ihrem Niedergang in der Schlacht von Largs 1263 auseinandersetzt. Führungen mit Guides in Wikingertracht finden im Stundentakt statt, dennoch ist es sinnvoll, sich vor dem Besuch des Museums über die genauen Öffnungszeiten zu informieren, denn sie werden häufig geändert. Mit dazu gehören ein Pool und ein Freizeitzentrum. Das Museum liegt an der Uferstraße nödlich der Stadtmitte. Verpassen kann man es sicher nicht: Nur hier steht vor dem Gebäude ein historisches Langschiff.

Festivals

Wikingerfestival
HISTORISCH

(www.largsvikingfestival.com) In der ersten Septemberwoche gedenkt dieses Festival der Schlacht von Largs und des Endes der Wikingerherrschaft in Schottland.

Schlafen & Essen

Brisbane House Hotel
HOTEL ££

(01475-687200; www.brisbanehousehotel.com; 14 Greenock Rd.; EZ/DZ 70/105£, DZ/Suite mit Meerblick 135/150 £; P) Ob die moderne Fassade dieses alten Gemäuers nun so eine gute Idee ist, weiß man nicht zu sagen, aber die Zimmer sind jedenfalls recht luxuriös. Einige – wohl für Hochzeitspaare – haben sogar einen Whirlpool und riesige Betten. Das Hotel liegt am Meer. Wer ein paar Scheine mehr ausgibt, bekommt ein Zimmer mit Aussicht und kann bei schönem Wetter zuschauen, wie die Sonne über der gegenüber liegenden Insel Geat Cumbrae aufgeht – ein herrliches Naturschauspiel. Das Hotel verfügt über eine anständige Bar und ein Restaurant unten, und es herrscht eine gepflegte, moderne Atmosphäre. Deutlich Geld spart, wer über die Website bucht.

Glendarroch
B&B **££**

(☏01475-676305; www.glendarrochbedandbreakfast.co.uk; 24 Irvine Rd.; EZ/DZ/FZ 40/65/80 £; P 🛜) Das B&B in der Hauptstraße der Innenstadt ist ein Sinnbild schottischer Gastfreundlichkeit – die Zimmer sind gepflegt, und der Besitzer ist zuvorkommend, ohne aber aufdringlich zu sein. Falls das Glendarroch ausgebucht ist, telefoniert das Personal gern herum, um ein anderes Quartier für die Gäste aufzutreiben.

Nardini's
CAFÉ, BISTRO **££**

(www.nardinis.co.uk; Hauptgerichte 8–16 £; ⊙9–22 Uhr; 🍴) Nichts stellt die altmodische Atmosphäre von Largs so gut dar wie diese riesige Jugendstil-Eisdiele, die seit dem Jahr 1935 Generationen von Schotten mit süßen Verführungen verwöhnt. Das Eis ist geradezu dekadent köstlich – so gut sogar, das Kinder ihr Eis vor den Eltern in Sicherheit bringen müssen. Zusätzlich gibt es ein Café mit einigen Außenplätzen und ein Restaurant, das neben Pizza und Pasta auch erstaunlich gute Gerichte wie Entenbrust oder köstliche Sardinen auf Toast serviert.

❶ Praktische Informationen

Largs Information Centre (☏01475-689962; www.ayrshire-arran.com; ⊙Ostern–Okt. Mo–Sa 10.30–15 Uhr) Die Touristeninformation liegt an der Hauptstraße am Bahnhof, einen Block von der Küste zurückversetzt.

❶ An- & Weiterreise

Largs liegt 51 km westlich von Glasgow. Busse fahren über Gourock und Greenock (45 Min., oft) nach Glasgow, dazu kommen ein oder zwei Busse pro Stunde nach Ardrossan (30 Min.), Irvine (55 Min.) und Ayr (1¼ Std.). Stündlich verkehren Züge von Largs zur Glasgow Central Station (7,20 £, 1 Std.).

ISLE OF GREAT CUMBRAE
1200 EW.

Die schönste Möglichkeit, diese gut zugängliche, hügelige Insel von nur 6,5 km Länge zu erkunden, ist eine Wanderung oder eine Radtour – der ideale Tagesausflug von Largs aus. Der einzige Ort hier ist **Millport**, das sich um eine weitläufige Bucht schmiegt, die gegenüber des benachbarten Little Cumbrae liegt. Der Ort tut sich mit der kleinsten Kathedrale Großbritanniens hervor, der reizenden **Cathedral of the Isles** (College St.; ⊙bei Tageslicht). Das Gotteshaus ist innen schön ausgeschmückt; interessant sind vor allem die Kassettendecke aus Holz sowie Fragmente frühchristlicher Steinreliefs,

Die kleinen Straßen der Insel besitzen gut markierte **Wander-** und **Fahrradwege**. Besonders lohnenswert ist der **Inner Circle**, der zum höchsten Punkt der Insel, dem **Glaid Stone**, führt. Von hier aus hat man einen schönen Blick auf Arran und Largs – und an schönen Tagen sogar bis zu den Paps of Jura. Die Wanderung vom Fähranleger zur Stadt über den Glaid Stone dauert etwa eine Stunde. In Millport gibt es mehrere Verleiher von Fahrrädern.

Wer auf der Insel übernachten möchte, dem bieten sich mehre Möglichkeiten. Ausprobieren sollte man beispielsweise das ungewöhnliche **College of the Holy Spirit** (☏01475-530353; www.island-retreats.org; College St.; EZ/DZ 40/69 £, mit eigenem Bad 55/79 £; P 🛜) neben der Kathedrale mit einem Speisesaal im Stil eines Refektoriums sowie einer Bibliothek.

Das **Dancing Midge** (www.thedancingmidge.com; 24 Glasgow St.; kleinere Mahlzeiten 3–7 £; ⊙9–17 Uhr; 🛜) ist ein fröhliches Café am Meer, in dem gesunde, leckere Gerichte auf den Tisch kommen – eine willkommene Abwechslung von den ewigen Pommes im Ort. Das Essen (Sandwiches, Salate und Suppen) wird frisch zubereitet und auch der Kaffee immer frisch aufgebrüht.

Eine häufig verkehrende **CalMac-Fähre** (www.calmac.co.uk) verbindet Largs mit der Insel Great Cumbrae (15 Min.; Passagiere/Auto Hin- & Rückfahrt 4,90/21,05 £). Auf der Insel stehen Busse bereit, mit denen man dann die restlichen 5,5 km bis nach Millport zurücklegt.

Isle of Arran
4800 EW.

Das zauberhafte Arran ist ein Juwel unter den schottischen Landschaften. Die Insel ist der reinste Augenschmaus und tut sich zudem mit kulinarischen Köstlichkeiten, gemütlichen Pubs, einer eigenen Brauerei und Destillerie plus jeder Menge Unterkunftsmöglichkeiten hervor. Alles was Schottland an dramatischen landschaftlichen Variationen zu bieten hat, lässt sich auf dieser kleinen Insel bewundern. Die beiden schönsten Möglichkeiten, das Eiland zu erkunden, bieten eine Radtour oder eine Wanderung; also nichts wie rein in die Wanderstiefel oder rauf aufs Stahlross! Im Norden der gebirgigen Insel – sie wird im Übrigen oft mit den Highlands verglichen – kommen ambitioniertere Bergfreunde auf ihre Kosten, wäh-

Isle of Arran

rend die Straße, die in einem Kreis rund um die Insel Arran führt, bei Radsportlern hoch im Kurs steht.

❶ Praktische Informationen

In Brodick, der wichtigsten Ortschaft der Insel, in der auch die Ardrossan-Fähre anlegt, gibt es Banken mit Geldautomaten. Nützliche Websites mit Informationen zur Insel sind www.ayrshire-arran.com, www.visit-isle-of-arran.eu und www.visitarran.com.

Arran Library (☏01770-302835; Brodick Hall, Brodick; ⊙Di 10–17, Do & Fr 10–19.30, Sa 10–13 Uhr) Die Bibliothek in Brodick ermöglicht kostenlosen Internetzugang.

Brodick Information Centre (☏01770-303774; www.ayrshire-arran.com; Brodick; ⊙Mo–Sa 9–17 Uhr (Juli & Aug. auch So). Die effiziente Info befindet sich beim Brodick-Fähranleger.

❶ An- & Weiterreise

Von **CalMac** (www.calmac.co.uk) verkehrt eine Autofähre auf der Strecke Ardrossan–Brodick (Passagier/Auto Hin- & Rückfahrt 10,75/66 £, 55 Min., 4- bis 6-mal tgl.), von April bis Ende Oktober zusätzlich auf der Strecke Claonaig (auf der Halbinsel Kintyre)– Lochranza (Passagier/Auto Hin- & Rückfahrt 9,75/44 £, 30 Min., 7- bis 9-mal tgl.).

❶ Unterwegs vor Ort

Auto
Wer ein Mietauto braucht, wendet sich an **Arran Transport** (☏01770-302839; Mietwagen halber/ganzer Tag ab 25/32 £) an der Tankstelle in der Nähe des Fähranlegers.

Fahrrad
Mehrere Firmen verleihen Fahrräder.
Arran Adventure Company (☏01770-302244; www.arranadventure.com; Auchrannie Rd, Brodick; Tag/Woche 15/60 £) Hier gibt es gute Mountainbikes.
Boathouse (☏01770-302868; Brodick Beach; Tag/Woche 14/48 £) Hier sind Leihräder sogar erhältlich, wenn im Winter eigentlich geschlossen ist.
Sandwich Station (☏07810-796248; Lochranza; 2 Std./Tag 6/15 £)

Öffentliche Verkehrsmittel
Drei bis sechs Busse täglich verkehren vom Fähranleger Brodick nach Lochranza (45 Min.) im Noren der Insel, mehrere andere von Brodick nach Lamlash und Whiting Bay (30 Min.) an der Ostküste und weiter nach Kildonan und Blackwaterfoot. Die Touristeninformation hält den Fahrplan bereit. Ein sogenanntes Arran Day Rider Ticket kostet 4,90 £; damit kann man auf der Insel einen Tag lang unbegrenzt herumfahren. Erhältlich ist es beim Busfahrer.

BRODICK & UMGEBUNG

Die meisten Besucher kommen mit der Fähre in Brodick an, wo das Herz der Insel schlägt, und strömen dann zur Küstenstraße, um die weite, geschwungene Bucht des Ortes zu bestaunen.

◉ Sehenswertes

Viele Sehenswürdigkeiten von Brodick liegen ein Stück außerhalb, nämlich an der Hauptstraße, die in Richtung Norden nach Lochranza führt.

Brodick Castle & Park   BURG
(NTS; www.nts.org.uk; Erw./Kind Burg & Park 11,50/8,50 £, nur Park 6,50/5,50 £; ⊙Burg April–Okt. 11–16.30 Uhr, Park ganzjährig 9.30 Uhr bis Sonnenuntergang) Der erste Eindruck, den Besucher von diesem Landsitz 4 km nördlich von Brodick gewinnen, ist, dass sie sich auf einen Tierfriedhof verirrt haben – man betritt ihn nämlich durch die Jagdgalerie, und die ist nur so vollgepflastert mit kapitalen Hirschgeweihen. Auf dem Weg zum förmlichen Speisezimmer (mit seltsamer Tischdeko) lohnt in der Bibliothek der kunstvolle Kamin einen kurzen Blick. Die Burg wirkt bewohnter als andere Anwesen des National

Trust for Scotland; es steht deshalb auch nur ein Teil des Gebäudes zur Besichtigung offen. Das weitläufige Grundstück – heute ein gepflegter Park mit verschiedenen Wanderwegen, die sich zwischen im Sommer üppig und farbenprächtig blühenden Rhododendronbüschen hindurchschlängeln – rechtfertigen den doch gesalzenen Eintrittspreis.

Arran Aromatics SEIFENFABRIK
(01770-302595; www.arranaromatics.com; 9.30–18 Uhr) In dem beliebten Touristenziel im Duchess Court sind allerlei Duftseifen erhältlich und sogar die Produktion steht Besuchern offen. Die **Seifenfabrik** (Seifenherstellung ab 7,50 £; 10–16 Uhr) steht jedenfalls vor allem bei Kids (aber auch bei Erwachsenen!) hoch im Kurs. Sie können ihre eigene Seife herstellen, indem sie verschiedene Farben und Formen zu tollen Kreationen kombinieren.

Isle of Arran Brewery BRAUEREI
(01770-302353; www.arranbrewery.com; Führung 4 £; April–Sept. Mo–Sa 10–17, So 12.30–17 Uhr, Okt.–März Mo & Mi–Sa 10–15.30 Uhr) Aus der Brauerei im Cladach Centre kommen die qualitativ hervorragenden Arran-Biere. Aber Achtung: Beim Arran Dark besteht Suchtgefahr! Es werden täglich Führungen angeboten; am besten aber vorher anrufen, denn die Zeiten variieren je nach Saison. Einen prima **Outdoor-Laden** gibt es hier auch, falls jemand den Goatfell (874 m) erklimmen möchte.

 Aktivitäten

Die Touristeninformation hält Tipps für **Radtouren** und **Wanderungen** bereit. Die 88 km lange Rundstrecke entlang der Küstenstraße ist bei Radfahrern sehr beliebt und birgt nur wenige ernsthafte Steigungen (sie liegen vor allem im Süden). Interessierte finden hier ein umfangreiches Sortiment an Wanderführern und -karten. Die Wanderrouten auf der Insel sind gut ausgeschildert. Einige beginnen in Lochranza, u. a. der spektakuläre Weg zur Nordostspitze der Insel, dem **Cock of Arran**. Der einfache, rund 13 km lange Weg endet im Dorf Sannox.

Die Wanderung auf den **Goatfell**, den höchsten Punkt der Insel, dauert einschließlich Rückweg bis zu acht Stunden; sie beginnt in Brodick. Bei schönem Wetter reicht die Fernsicht bis zum Ben Lomond und der nordirischen Küste. Oben auf dem Gipfel kann es jedoch sehr kalt und windig sein. Zur Ausrüstung sollten daher neben Wanderkarten (in der Touristeninformation er-

 ARDROSSAN

Der eigentlich wenig spektakuläre Küstenort Ardrossan fungiert als Hauptfährhafen für die Fähren nach Arran. Vom Hauptbahnhof in Glasgow (6,70 £, 40–50 Min., 30-Minuten-Takt) verkehren Züge zu den Fähren.

hältlich) auch wasserfeste, warme Kleidung und ein Kompass gehören.

Arran Adventure Company OUTDOOR-AKTIVITÄTEN
(01770-302244; www.arranadventure.com; Auchrannie Rd.; Erw./Jugendl./Kind 50/40/30 £; Ostern–Okt.) Das Unternehmen hat eine Fülle von Aktivitäten im Programm – jeden Tag etwas anderes. Angeboten werden Wanderungen durch Schluchten, Kajakfahrten auf dem Meer, Klettern, Abseilen und Mountainbiken. Alle Aktivitäten dauern jeweils etwa drei Stunden. Am besten schaut man einfach einmal vorbei, um zu sondieren, was gerade geplant ist.

Auchrannie Resort RESORT
(01770-302234; www.auchrannie.co.uk) Der riesige Resortkomplex hat von allem etwas zu bieten und ist ein guter Tipp für all jene Urlauber, die sich in Brodick in Aktivitäten stürzen wollen. Es gibt hier Tennisplätze, ein Fitnesscenter sowie einen Pool mit Wellnessbereich, den auch Nicht-Gäste gegen Gebühr (4,60 £) benutzen dürfen.

Feste & Events
Arran Folk Festival FOLK
(www.arranfolkfestival.com) Das viertägige Festival findet Mitte Juni statt.

Schlafen
Kilmichael Country House Hotel HOTEL £££
(01770-302219; www.kilmichael.com; EZ 95 £, DZ 163–204 £, 4-Gänge-Abendessen 45 £; April–Okt.; P) Das Kilmichael ist nicht nur das beste Hotel auf der Insel, sondern auch das älteste Gebäude – mit einem Glasfester aus dem Jahr 1650. Das luxuriöse, geschmackvolle Hotel befindet sich 1,6 km außerhalb von Brodick, vermittelt jedoch das Gefühl, weit vom Schuss auf dem Land zu liegen. Angeboten werden gerade einmal acht Zimmer, dazu hervorragende Abendmenüs (auch für Nicht-Gäste). Jedenfalls ist das Hotel ideal, um sich so richtig zu ent-

spannen. Ein Haus mit Stil, ohne übertrieben förmlich zu wirken.

The Douglas
HOTEL £££

(☎01770-302968; www.thedouglashotel.co.uk; DZ/Superior-DZ 135/165 £) Das Hotel gegenüber dem Fähranleger wurde als schicker, stilvoller Hort der Gastfreundschaft auf der Insel wiedereröffnet. Die tolle Aussicht war natürlich bereits vorhanden, aber durch die luxuriösen Zimmer kommt nun erst alles so richtig zur Geltung. Außerdem finden sich hier so erfreuliche Annehmlichkeiten wie Ferngläser zum Bewundern der Aussicht; auch die Bäder sind toll. Empfehlenswert sind die Kellerbar und das Bistro. Im Winter und unter der Woche fallen die Preise.

Glenartney
B&B ££

(☎01770-302220; www.glenartney-arran.co.uk; Mayish Rd.; EZ/DZ 50/80 £; ⊙Ende März-Sept.; P⚹⚹) Die beeindruckenden Ausblicke auf die Bucht, die exponierte Lage oberhalb des Ortes und die ausgesprochen hilfsbereiten Gastgeber machen das Glenartney zu einer tollen Unterkunft. In die luftigen, stilvoll eingerichteten Zimmer fällt viel natürliches Licht. Radfahrer werden sich über die Möglichkeit freuen, ihre Fahrräder pflegen, reparieren und unterstellen zu können. Für Wanderer stehen Trockenräume bereit. Die Mitarbeiter helfen mit fachkundigen Wandertipps. Die Besitzer bemühen sich sehr um einen nachhaltigen Lebensstil.

Belvedere Guest House
B&B ££

(☎01770-302397; www.vision-unlimited.co.uk; Alma Rd.; EZ 35 £, DZ 60–90 £; P⚹) Das Belvedere mit Blick über den Ort, die Bucht und die Berge in der Umgebung verfügt über ansprechende Zimmer. Die herzlichen Wirtsleute bieten auch Reiki, Antistress- und Heilbehandlungen an und haben jede Menge Topinfos über die Insel auf Lager. Das Frühstück schmeckt lecker und enthält auch allerlei für Vegetarier.

Chalmadale
B&B ££

(☎01770-302196; www.chalmadalebandb.co.uk; 7 Alma Park; EZ 35 £, DZ 60–70 £; P⚹⚹) Ein bisschen schwer zu finden ist dieses B&B ja schon, denn ausgeschildert ist es nicht; aber schließlich kann man notfalls ja fragen. Im Chalmadale unter der Leitung eines genialen, herzlichen Paares fühlen sich die Gäste gleich zu Hause. Es gibt hier nur zwei Zimmer, die sind aber total gemütlich. Das größere hat ein eigenes Bad und bietet einen tollen Blick über die Bucht.

Glen Rosa Farm
CAMPING £

(☎01770-302380; www.arrancamping.co.uk; Zeltplatz pro Erw./Kind 4/2 £; P⚹) Dieser große Zeltplatz liegt in einem grünen Tal am Fluss, rund 3,2 km außerhalb von Brodick, und bietet viele Ecken und Winkel für etwas Privatsphäre. Der Platz hat nur wenig Infrastruktur, aber immerhin (kaltes) Wasser und Toiletten. Der Anfahrtsweg: Brodick Richtung Norden verlassen, die String Road nehmen, dann fast sofort rechts in die Straße nach Glen Rosa abbiegen. Nach 400 m kommt linkerhand ein weißes Gebäude (Anmeldung) in Sicht; zum Campingplatz folgt man dann weiter der Straße.

✖ Essen & Ausgehen

The Brodick Bar
BRASSERIE ££

(Alma Rd.; Hauptgerichte 9–19 £) Niemand sollte Brodick verlassen, ohne hier einmal vorbeigeschaut zu haben. Die ständig wechselnde Speisekarte steht auf einer Schiefertafel angeschrieben und bringt modernes französisches Flair in diesen Pub auf Arran: tolle Präsentation der Speisen, effizienter Service und köstliche Geschmackskombinationen. Am Wochenende brummt das Restaurant nur so.

Creelers
MEERESFRÜCHTE ££

(☎01770-302810; www.creelers.co.uk; Hauptgerichte 12–20 £; ⊙April-Sept. Mi-So) Das Creelers droht eigentlich schon seit Jahren mit Schließung, macht dann aber zu Saisonbeginn doch immer wieder auf – man könnte also Glück haben. Das Lokal liegt 2,5 km nördlich von Brodick und ist in diesem Teil der Insel Arran die beste Adresse für frische Meeresfrüchte und Fisch. Innen wirkt es eher nüchtern, aber die Gerichte – Räucherlachs, Fischsuppe, frische Austern und eine täglich wechselnde Fischspezialität – sind ein Gedicht. Alkohollizenz hat das Lokal keine, deshalb am besten selbst eine Flasche Bier oder Wein mitbringen.

Eilean Mòr
CAFÉ ££

(www.eileanmorarran.com; Shore Rd.; Hauptgerichte 9–12 £; ⊙Mahlzeiten 10–21.30 Uhr; ⚹) Die nette kleine Café-Bar gibt sich pfiffigmodern. Serviert werden ganztägig leckere Mahlzeiten, darunter Pizza und Pasta mit mutig schottischem Touch – wie wäre es denn einmal mit Haggis-Ravioli?

Arran on a Plate   SCHOTTISCH ££
(☎01770-303886; www.arranonaplate.com; Shore Rd.; Hauptgerichte 9–15 £) Das neue Restaurant macht von außen nicht viel her, was die Innenräume aber locker wettmachen, ebenso der zuvorkommende Service, die auffällige Wandmalerei und der fantastische Blick auf den Sonnenuntergang über der Bucht. Die Gerichte, vlor allem frische Meeresfrüchte, sind auch eine Freude fürs Auge, fallen allerdings nicht gerade üppig aus.

Ormidale Hotel   PUB £
(☎01770-302293; www.ormidalehotel.co.uk; Glen Cloy; Hauptgerichte 7–10 £; 🍴) Das Hotel serviert anständiges Pub-Essen. Die Gerichte wechseln regelmäßig, aber ein paar leckere Speisen für Vegetarier sind eigentlich immer darunter, außerdem gibt es eine Spezialität des Tages. Die Portionen fallen üppig aus und das Preis-Leistungs-Verhältnis ist bestens; Arran-Bier gibt's vom Fass.

 Shoppen

Island Cheese Co   KÄSE
(www.islandcheese.co.uk; Duchess Ct, Home Farm) Jeder, der ein Faible für Käse hat, sollte hier vorbeikommen. In diesem Laden kann man sich mit dem bekannten Arran-Käse eindecken. Und kostenlos probieren darf man ihn auch noch.

VON CORRIE NACH LOCHRANZA
Die Küstenstraße führt in Richtung Norden zu dem hübschen kleinen Dorf Corrie, wo einige der Wanderwege auf den **Goatfell** (874 m) beginnen. Hinter **Sannox** mit einem Sandstrand und tollem Bergblick vollzieht die Straße einen Schwenk landeinwärts. Unterwegs auf der Hauptstraße in den äußersten Norden der Insel kommen die Besucher durch üppige Glens (Täler), über denen die grandiose Bergwelt aufragt.

Hier warten einfachere Wanderungen wie die Tour durch das **Glen Sannox**; der Weg führt vom Dorf **Sannox** den Fluss hinauf (2½ Std. hin & zurück)Das **Corrie Hotel** (☎01770-810210; www.corriehotel.co.uk; Corrie; Zi. pro Pers. 36 £, mit Gemeinschaftsbad 32 £; P🏠🍴), ein traditionelles Steingebäude, bietet einfache, gemütliche Zimmer über einem Pub mit Biergarten am Wasser. Gruppen ab vier Personen können das Mehrbettzimmer reservieren (15–20 £ pro Pers., nur Bett).

LOCHRANZA
Das Dorf Lochranza hat eine traumhafte Lage in einer kleinen Bucht im Norden der Insel. Auf einer Landspitze steht die Ruine des **Lochranza Castle** (HS; www.historic-scotland.gov.uk; Eintritt frei; ⏱24 Std.) aus dem 13. Jh., die angeblich Hergé, dem Autor des Abenteuer-Comics *Die schwarze Insel* (mit Tim und Struppi) als Vorbild diente. Heute ist die Burg kaum mehr als eine zugige Steinhülle mit einigen Hinweistafeln zur einstigen Raumaufteilung.

In Lochranza befindet sich auch die **Isle of Arran Distillery** (☎01770-830264; www.arranwhisky.com; Führung Erw./Kind 6 £/frei; ⏱Mitte März–Okt. 10–18 Uhr), die einen leichten, aromatischen Single-Malt-Whisky brennt. Auf der guten Führung durch die kleine Destillerie wird die Whiskyherstellung detailliert erklärt. Bei den teureren Führungen (15 £) sind zusätzliche Verkostungen im Preis inbegriffen. Im Winter sollte man auf die verkürzten Öffnungszeiten achten.

Um Lochranza herum gibt es viel Rotwild; die Tiere wandern gerne schon mal durch das Dorf und grasen dann ganz entspannt auf dem Golfplatz.

🛏 Schlafen & Essen

Lochranza SYHA   HOSTEL £
(☎01770-830631; www.syha.org.uk; B/DZ19/50£; ⏱Mitte März–Okt. plus Wochenenden ganzjährig; P@🛜) Das Lochranza mit seiner schönen Aussicht war schon immer eine nette Bleibe, doch seit der Renovierung ist es ein wirklich hervorragendes Hostel. Die Zimmer sind toll, haben Holzmöbel, Kartenschlüssel und verschließbare Schränke. Die Toiletten mit Regenwasser, die energiesparende Heizung und das hervorragende Zimmer für Gäste mit Behinderung verdeutlichen, mit welcher Umsicht das Hostel umgestaltet wurde. Hübsche Aufenthaltsbereiche, die Küche, mit der man ein ganzes Restaurant verpflegen könnte, die Waschküche, der Trockenraum, das Rotwild im Garten und das herzliche Management machen das Hostel zu einer Topadresse. Nur das Internet ist unzuverlässig und teuer.

Apple Lodge   B&B ££
(☎01770-830229; EZ/DZ/Suite 54/78/90 £; P) Das gediegene und gastfreundliche B&B im ehemaligen Pfarrhaus ist eine empfehlenswerte Unterkunft. Die großzügigen Zimmer sind individuell eingerichtet: Eines hat ein Himmelbett, ein anderes (im Garten) ist eine getrennte Wohnung für Selbstversorger. Die Gästelounge lädt geradezu dazu ein, es sich mit einem guten Buch gemütlich zu

machen. Die Gastgeber sind äußerst zuvorkommend – entsprechend beliebt ist die Unterkunft. Unbedingt im Sommer im Voraus buchen! Auf Wunsch bekommt man hier auch ein Abendessen (25 £).

Catacol Bay Hotel PUB £
(01770-830231; www.catacol.co.uk; Zi. pro Pers. 30 £; P@🛜) Das bodenständige Pub, 3 km südlich von Lochranza, wird virtuos geführt und überzeugt durch seine herrliche Lage am Wasser. Geboten werden recht gemütliche Zimmer mit Gemeinschaftsbad und einer Aussicht, die jedes Herz höher schlagen lässt. Die Portionen des soliden Pub-Essens fallen großzügig aus, sonntags gibt es ein Mittagsbüfett (13,25 £), und der Biergarten verführt zu einem kontemplativen Pint, während der Blick Richtung Westen übers Wasser schweift.

Lochranza Hotel HOTEL ££
(01770-830223; www.lochranza.co.uk; EZ/DZ 58/94 £; P) Das Hotel ist der Mittelpunkt des Dorfes, denn nur hier kann man abends noch essen gehen. Im Hotel erlebt man die für Arran typische Inselgastlichkeit und schläft in bequemen Zimmern mit pinkfarbenen Wänden. Die Doppel- und Zweibettzimmer nach vorne raus (Nr. 1 und 10) haben einen ausgezeichneten Blick. Die Zimmerpreise sind etwas hoch, werden aber günstiger, wenn die Gäste mehr als eine Nacht bleiben.

WESTKÜSTE
An der Westseite der Insel liegt der **Machrie Moor Stone Circle**, ein Steinkreis, der sich in 20 bis 30 Minuten angenehm zu Fuß vom Parkplatz an der Küstenstraße aus erreichen lässt. Es befinden sich hier noch mehrere weitere Steingruppierungen unterschiedlicher Größe, die vor etwa 4000 Jahren errichtet wurden. Unterwegs kommt man außerdem an einem Grabhügel aus der Bronzezeit vorbei. **Blackwaterfoot** ist das größte Dorf an der Westküste mit einem Laden und einem Hotel. Von hier kann man über die Farm Drumadoon zum King's Cave wandern; Arran ist eine von mehreren Inseln, die behaupten, in ihrer Höhle habe Robert Bruce seine berühmte Begegnung mit einem Spinnentier gehabt. Die Wanderung lässt sich gut bis zum Machrie-Steinkreis ausdehnen.

SÜDKÜSTE
Die Landschaft im Süden der Insel präsentiert sich viel lieblicher als die anderen Inselteile. Die Straße führt in kleine bewaldete Täler hinunter. Rund um **Lagg** präsentiert sich die Umgebung besonders hübsch. Vom Lagg Hotel kann man einen zehnminütigen Spaziergang zum Torrylinn Cairn unternehmen, einem Grabhügel mit einer über 4000 Jahre alten Grabkammer. **Kildonan** hat schöne Sandstrände zu bieten, einen herrlichen Blick aufs Meer, ein Hotel, einen Campingplatz sowie eine Burgruine, die von Efeu überwuchert ist.

In **Whiting Bay** finden sich Sandstrände und die Arran Art Gallery (01770-700250; www.arranartgallery.com; Shore Rd.) mit hervorragenden Gemälden, die Landschaften auf Arran zeigen. Von Whiting Bay lassen sich einstündige Wanderungen durch den Wald zu den **Giant's Graves** und zu den **Glenashdale Falls** unternehmen – mit etwas Glück bekommt man unterwegs sogar Steinadler und andere Raubvögel zu sehen.

🛏 Schlafen & Essen

Kildonan Hotel HOTEL ££
(01770-820207; www.kildonanhotel.com; Kildonan; EZ/DZ/Suite 75/99/135 £; P@🛜🐕) Die Kombination aus luxuriösen Zimmern und bodenständiger Einstellung – Hunde und Kinder sind hier gerne gesehen – macht dieses Hotel zu einer der besten Unterkünfte der Insel. Und direkt am Meer liegt es auch, mit wunderbarem Ausblick auf die Seehunde, die sich auf den Felsen sonnen. Die Standardzimmer sind wunderschön eingerichtet und blitzsauber, aber die Suiten – mit eigener Terrasse oder Balkon – übertreffen sie noch. Zu den weiteren Vorzügen zählen die sehr netten und aufmerksamen Angestellten, die Bar (die gutes Pub-Essen serviert), das Restaurant mit ausgezeichneter Fischkarte, ein Geldautomat, eine Buch-Tauschbörse und Laptops für Gäste, die ihren eigenen nicht dabei haben. Chapeau!

Royal Arran Hotel B&B ££
(01770-700286; www.royalarran.co.uk; Shore Rd., Whiting Bay; EZ 55 £, DZ 95–110 £; P🛜) Dieses kleine, persönliche Hotel vermietet nur vier Zimmer. Das riesige Doppelzimmer im 1. Stock mit Himmelbett, hochwertigem Bettzeug und traumhaftem Meeresblick entspricht genau der Vorstellung von einer schönen Unterkunft. Zimmer Nr. 1 im Erdgeschoss hat ebenfalls eine sehr gute Größe und zusätzlich noch eine eigene Terrasse. Die Gastgeber sind ausgesprochen freundlich, akzeptieren kleine Gäste aber erst ab einem Alter von zwölf Jahren.

Lagg Hotel
HOTEL ££

(☎01770-870255; www.lagghotel.com; Kilmory; EZ/DZ 48/85 £; [P][☎][🍴]) Der Gasthof, eine Kutschstation aus dem 18. Jh., ist wunderschön gelegen und bietet sich für ein romantisches Wochenende fern des modernen Alltags an. Die Zimmer sind schick und auf dem neuesten Stand. Besonders empfehlenswert sind die Superior-Zimmer (95 £) mit Gartenblick. Außerdem gibtv es hier noch einen prima Biergarten, eine schöne Bar mit Kaminfeuer und ein elegantes Restaurant (Hauptgerichte 10–14 £).

Viewbank House
B&B ££

(☎01770-700326; www.viewbank-arran.co.uk; Whiting Bay; EZ 30–33 £, DZ 60–76 £; [P][☎][🍴]) Der Name dieses netten B&B passt wirklich bestens: Der Blick von oben über die Whiting Bay ist schlichtweg sagenhaft. Die Zimmer – mit oder ohne Bad – sind geschmackvoll eingerichtet und sehr gepflegt. Das B&B ist an der Hauptstraße ausgeschildert. Man kann hier auch ein Abendessen vorbestellen.

Sealshore Campsite
CAMPING £

(☎01770-820320; www.campingarran.com; Zeltplatz pro Erw./Kind 6/3 £, pro Zelt 1–4 £; [P][🍴]) Der hervorragende kleine Campingplatz mit Rasenflächen macht seinem Namen alle Ehre. Er liegt direkt am Meer (und zum Glück auch beim Kildonan Hotel) und kann mit einer der schönsten Aussichten Arrans aufwarten. Die guten Sanitäranlagen sind mit vielen Duschen ausgestattet, eine Küche ist auch vorhanden, und die Brise vom Meer hält die Mücken fern.

Coast
BISTRO ££

(☎01770-700308; www.coastarran.co.uk; Shore Rd, Whiting Bay; Hauptgerichte 10–15 £; ⊙Di–Do Mittagessen, Do–Sa Abendessen) Das in sanften Rottönen gehaltene, hippe Bistro mit einem sonnendurchfluteten Wintergarten am Wasser serviert abends Grillspezialitäten, Meeresfrüchte und Salate, tagsüber kommen eher kleinere Gerichte auf den Tisch. Im Sommer ist mittwochs und sonntags auch abends geöffnet.

LAMLASH

Inmitten herrlichster Landschaft zieht sich Lamlash direkt am Strand entlang. Die Bucht wurde während des Ersten und Zweiten Weltkriegs von der Marine als sicherer Ankerplatz genutzt.

Der Küste ein Stück vorgelagert ist **Holy Island**. Die Insel gehört dem Samye Ling Tibetan Centre und wird als Retreat genutzt, Besuche tagsüber sind jedoch gestattet. Je nach Gezeiten verkehrt von Mai bis September eine **Fähre** (☎01770-600998; tomin10@btinternet.com; Erw./Kind Hin- & Rückfahrt 11/6 £) rund siebenmal täglich von Lamlash (15 Min.) zur Insel hinüber und zurück. Der Fährbetreiber veranstaltet auch witzige Ausflüge zum Makrelenfischen (20 £ pro Pers.).

Auf der Insel sind Hunde, Fahrräder, Alkohol und offenes Feuer verboten. Ein schöner Spaziergang führt auf den Hügel (314 m) hinauf; zwei bis drei Stunden dauert der Spaß für den Hin- und Rückweg. Es besteht die Möglichkeit, auf der Insel in einem Quartier zu übernachten, das dem **Holy Island Centre for World Peace & Health** (☎01770-601100; www.holyisle.org; B/EZ/DZ 28/47/72£) gehört. Im Preis ist (vegetarische) Vollpension inbegriffen.

🛏 Schlafen & Essen

Glenisle Hotel
HOTEL, PUB ££

(www.glenislehotel.com; Shore Rd.; EZ/DZ 78/113 £; [☎]) Das schicke Hotel im Herzen des Ortes kann mit exklusiven Zimmern und einem herzlichen Service aufwarten. Wer sich ein Superior-Zimmer leistet, genießt den schönsten Blick übers Meer. Unten befindet sich ein hervorragendes Pub, in dem schottische Traditionsgerichte wie *cullen Skink* (Suppe mit geräuchertem Schellfisch, Kartoffeln, Zwiebeln und Milch) serviert werden. Und die Weinkarte ist auch prima.

Lilybank Guest House
B&B ££

(☎01770-600230; www.lilybank-arran.co.uk; Shore Rd., EZ/DZ 50/80 £; [P][☎]) Im 17. Jh. erbaut, hat sich Lilybank seine alten Wurzeln bewahrt, die Zimmer aber gemäß den Ansprüchen des 21. Jhs. renoviert. Alle Gästezimmer sind sauber und bequem, eines ist sogar behindertengerecht ausgestattet. Die Zimmer vorne bieten einen wunderbaren Blick auf Holy Island. Zum Frühstück werden über Eichenholz geräucherte Heringe und sonstige Inselspezialitäten serviert.

Drift Inn
PUB £

(Shore Rd.; Hauptgerichte 8–10 £; [🍴]) Es gibt auf der Insel an einem sonnigen Tag kaum einen schöneren Ort als den Biergarten dieses kinderfreundlichen Hotels. Die Gäste kämpfen sich durch ihre hervorragende Pub-Mahlzeit, während sie den Blick bis nach Holy Island hinüberschweifen lassen. Auf den Tisch kommen traditionelle Pub-Klassiker und Burger mit Angus-Rind – und die Portionen fallen immer groß aus.

Ost-Ayrshire

KILMARNOCK

In **Kilmarnock,** wo von 1820 bis 2012 der Johnnie-Walker-Whisky verschnitten wurde, steht **Dean Castle** (☏01563-522702; www.deancastle.com; Dean Rd.; Eintritt frei; ☉April–Sept. tgl. 11–17 Uhr, Okt.–März Mi–So 10–16 Uhr; ♿). Die Burg lässt sich in 15 Minuten zu Fuß vom Busbahnhof oder Bahnhof aus erreichen. Das alte Gemäuer wurde in der ersten Hälfte des 20. Jhs. restauriert und weist einen fensterlosen Bergfried auf (1350). Daneben steht ein Palast (1468) mit einer exquisiten Sammlung mittelalterlicher Waffen, Rüstungen, Wandteppiche und Musikinstrumente. Das riesige Grundstück bietet sich für einen netten Spaziergang oder auch für ein Picknick an. Man kann aber auch in der Teestube des Besucherzentrums etwas essen; die Snacks und kleinen Mahlzeiten kosten um die 5 £. Tagsüber fahren von Ayr häufig Busse zur Burg.

Süd-Ayrshire

AYR
46 431 EW.

Der lange Sandstrand von Ayr hat dafür gesorgt, dass dieser Ferienort am Meer schon seit viktorianischen Zeiten bei Familien mit Kindern hoch im Kurs steht. Durch die schlechte wirtschaftliche Lage hatte der Ort in letzter Zeit allerdings sehr zu kämpfen. Die Innenstadt macht stellenweise einen heruntergekommenen Eindruck, obwohl viele schöne georgianische und viktorianische Gebäude erhalten sind. Jedenfalls ist Ayr ein günstiger Standort, um diesen Abschnitt der schottischen Küste, aber auch das Erbe von Robert Burns zu erkunden.

◉ Sehenswertes

Die meisten Sehenswürdigkeiten in Ayr haben irgendwie mit Robert Burns zu tun. Der Dichter wurde in der **Auld Kirk** (Old Church; Karte S. 188) gleich bei der High Street getauft. Der stimmungsvolle Friedhof liegt hübsch direkt am Fluss. Hier macht ein Spaziergang fern der hektischen High Street Spaß. Mehrere Gedichte von Burns sind in Ayr angesiedelt. In „Twa Brigs" führen beispielsweise die alten und neuen Brücken von Ayr ein Streitgespräch. Die **Auld Brig** (Old Bridge; Karte S. 188) wurde 1491 erbaut und überspannt gleich nördlich der Kirche den Fluss. Der **John's Tower** (Karte S. 188; Eglinton Tce.) ist das einzige Relikt einer Kirche, in der 1315 das Parlament tagte – im Jahr nach dem gefeierten Sieg von Bannockburn. Der Schwiegersohn von John Knox war hier Pfarrer, und Maria Stewart übernachtete hier 1563.

Feste & Events

Burns an' a' That　　　　　　　　KULTUR
(www.burnsfestival.com) Das Ende Mai in Ayr stattfindende Festival hat von allem etwas zu bieten – von Weinproben über Pferderennen bis hin zu Konzerten; so manches steht mit Burns in Verbindung.

🛏 Schlafen

26 The Crescent　　　　　　　　B&B ££
(Karte S. 188; ☏01292-287329; www.26crescent.co.uk; 26 Bellevue Cres.; EZ 53 £, DZ 75–93 £; 🛜) Wenn die Blumen blühen, macht der Bellevue Cres als schönste Straße von ganz Ayr von sich reden. Und dieses Hotel hier ist wirklich hervorragend. Die Zimmer sind tadellos – der Aufpreis für das geräumige Zimmer mit Himmelbett ist eine gute Investitition. Das eigentlich Besondere an

---

ABSTECHER

DUMFRIES HOUSE

Das Herrenhaus im palladianischen Stil wurde in den 1750er-Jahren von den Gebrüdern Adam entworfen. Und **Dumfries House** (☏01290-421742; www.dumfries-house.org.uk; Erw./Kind 8,50/4 £; ☉März–Okt. So–Fr 11–15.30 Uhr) ist wirklich ein derart bedeutendes architektonisches Schmuckstück, dass sich Prince Charles höchstpersönlich für seinen Erhalt einsetzte. Es beherbergt eine außergewöhnlich gut erhaltene Sammlung von Chippendale-Möbeln sowie zahlreiche Kunstobjekte. Das Herrenhaus und seine Räumlichkeiten können nur im Rahmen einer Führung besichtigt werden (telefonische Reservierung oder übers Internet). Die „Große Tour" (Erw./Kind 12,50/4 £) findet einmal am Tag statt und führt auch durch die Schlafgemächer im Obergeschoss. Das Anwesen liegt 21 km östlich von Ayr in der Nähe von Cumnock. Busse von Ayr oder Kilmarnock, die nach Cumnock fahren, halten unweit des Hauses.

diesem Hotel ist jedoch, dass der Wirt seinen Gästen einen so herzlichen Empfang bereitet. Zahlreiche nette Kleinigkeiten wie iPod-Stationen, Toilettenartikel von Arran, Mineralwasser auf dem Zimmer und edles Silberbesteck zum Frühstück tragen zum besonderen Reiz dieses Hotels bei. Ein B&B, wie es besser nicht sein könnte.

DER SCHOTTISCHE POET

> I see her in the dewy flowers,
> I see her sweet and fair:
> I hear her in the tunefu' birds,
> I hear her charm the air:
> There's not a bonnie flower that springs
> By fountain, shaw, or green;
> There's not a bonnie bird that sings,
> But minds me o' my Jean.
> *Robert Burns, 'Of a' the Airts', 1788*

Robert Burns (1759–96) ist der berühmteste Dichter Schottlands und ein Nationalheld, dessen Geburtstag (25. Januar) von Schotten in aller Welt als „Burns Night" gefeiert wird. Am bekanntesten ist Burns als Verfasser des Textes von *Auld Lang Syne* (die Vertonung des Lieds wird traditionell in anglophonen Ländern in der Silvesternacht gesungen; dt. Nehmt Abschied, Brüder).

Burns kam 1759 in Alloway zur Welt. Seine Familie war arm und fristete mit Gartenarbeit und Landwirtschaft ihr Dasein. In der Schule zeigte sich seine Neigung zur Literatur und zum Volkslied. Später begann er dann, seine eigenen Lieder und Satiren zu schreiben. Sein ohnehin beschwerliches Dasein als Pächtersohn wurde durch die Drohung des Vaters seiner ehemaligen Geliebten Jean Armour, ihn vor Gericht zu bringen, zusätzlich erschwert. Daraufhin beschloss er, nach Jamaica auszuwandern, verzichtete auf seinen Anteil am elterlichen Bauernhof und veröffentlichte Gedichte, um Geld für die Überfahrt zu verdienen.

Die Gedichte ernteten in Edinburgh so viel Lob, dass Burns beschloss, in Schottland zu bleiben und sich ganz dem Schreiben zu widmen. 1787 ging er nach Edinburgh, um eine zweite Ausgabe von Gedichten zu veröffentlichen, doch der finanzielle Ertrag reichte nicht, um davon zu leben. Daher musste er eine Stelle als Steuereintreiber in Dumfriesshire annehmen. Obwohl er seine Arbeit gut machte, entsprach der Job nicht seinem Naturell, und er beschrieb seine Tätigkeit als „the execrable office of whip-person to the blood-hounds of justice" („das scheußliche Amt des Eintreibers für die Bluthunde der Justiz"). Er trug viele Liedtexte zu Sammlungen bei; eine dritte Ausgabe seiner Gedichte erschien 1793. Der ungeheuer produktive Autor brachte im Laufe von 22 Jahren rund 28 000 Verszeilen zu Papier. 1796 starb er im Alter von 37 Jahren in Dumfries, vermutlich an einem Herzleiden.

Burns schrieb seine Gedichte auf Lallans, der Mundart des schottischen Tieflands. Dieser Dialekt des Englischen ist einem Sassenach (Engländer) oder einem Fremden nicht leicht zugänglich; vielleicht macht das zum Teil aber auch den Reiz von Burns Versen aus. Burns war auch sehr volksnah und schrieb spöttisch über die Scheinheiligkeit von Oberschicht und Kirche.

Viele der örtlichen Wahrzeichen, die in der Verserzählung *Tam o'Shanter* vorkommen, sind noch heute zu sehen. Bauer Tam, der nach einem schweren Besäufnis in einem Pub in Ayr des Nachts nach Hause reitet, sieht auf dem Friedhof in Alloway eine Gruppe von Hexen tanzen. Er ruft einer hübschen Hexe etwas zu, wird dann aber von allen Hexen verfolgt und muss sich ans andere Ufer des Flusses Doon retten. Er schafft es gerade noch, die Brig o'Doon zu überqueren; der Schweif seiner Stute aber fällt den Hexen in die Hände.

Die Verbindung des Dichters zu Südschottland wird dort bis zum Letzten ausgeschlachtet. Bei den Touristeninformationen gibt es die Broschüre *Burns Heritage Trail*, die zu allen Orten führt, die irgendeinen Bezug zum Dichter haben. Burns-Fans sollten außerdem einen Blick auf die Webseite www.robertburns.org werfen.

Ayr

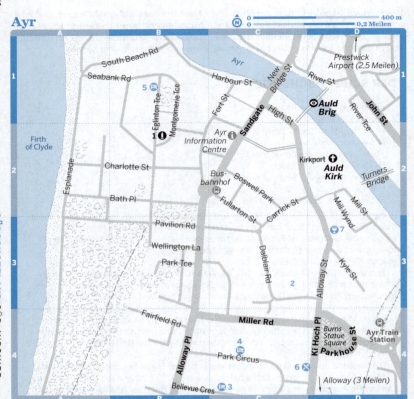

Eglinton Guest House
B&B ££

(Karte S. 188; ☎01292-264623; www.eglinton guesthouse.com; 23 Eglinton Tce.; Zi. pro Pers. 28 £; ☎⚡) Der nette Familienbetrieb liegt nur einen kurzen Fußweg westlich der Bushaltestelle. Das georgianische Anwesen bietet mehrere traditionelle, ordentliche Zimmer. Die Lage zwischen dem Strand und der Stadt ist genial für Sightseeing, aber auch Stranleben, und über das Preis-Leistungs-Verhältnis kann sich dank der bequemen Betten und kompakten eigenen Bäder auch keiner beschweren.

Belmont Guest House
B&B ££

(Karte S. 188; ☎01292-265588; www.belmont guesthouse.co.uk; 15 Park Circus; EZ/DZ 40/60 £; ☎) Die komfortablen, geräumigen Zimmer und diverse attraktive Originalelemente machen dieses viktorianische Stadthaus zu einer guten Adresse in Ayr. Das Familienzimmer bietet viel fürs Geld, und insgesamt herrscht hier eine entspannte, großzügige Atmosphäre.

Heads of Ayr Caravan Park
CAMPING £

(☎01292-442269; www.headsofayr.com; Stellplatz 20 £; ⊙März–Okt.) Dieser Wohnwagenpark liegt hübsch, ruhig und nah am Strand. Zur Auswahl stehen verschiedene Wohnwagen und Häuschen, die man wochenweise oder auch nur für ein paar Tage mieten kann. Von Ayr fährt man rund 8 km auf der A719 in Richtung Süden.

🍴 Essen & Ausgehen

In jedem Fall sollte man nach dem bekannten, in Ayr hergestellten Mancini-Eis Ausschau halten, das gern als das beste in ganz Schottland gerühmt wird. Verkauft wird es im **Royal Café** in der New Road 11.

📌 Beresford
BISTRO ££

(Karte S. 188; ☎01292-280820; www.theberesfor dayr.co.uk; 22 Beresford Tce.; Hauptgerichte 11–

Ayr

◎ Highlights
- Auld Brig D1
- Auld Kirk D2

◎ Sehenswertes
1. St John's Tower B2

Aktivitäten, Kurse & Touren
2. AMG Cycles C3

◎ Schlafen
3. 26 The Crescent C4
4. Belmont Guest House C4
5. Eglinton Guest House B1

◎ Essen
6. Beresford C4

◎ Ausgehen
7. Tam O'Shanter D3

---

15 £; ⊖Mahlzeiten 9–21 Uhr) Stil und Spaß gehen in diesem gehobenen Bistro Hand in Hand, das nachmittags Martinis in Teekannen serviert und mit handgemachten Pralinen alte Damen auf dem Kirchgang anlockt. Das Essen ist eine kreative Mischung aus soliden Produkten der Region wie Schweinefleisch aus Ayrshire, Austern von der Westküste und schottischem Lamm. Manche Gerichte sind echte Volltreffer. Dazu passt die breite Auswahl an Weinen – allein zehn sind auch glasweise erhältlich. Im Obergeschoss gibt es Pizza und andere italienische Gerichte. Wenn die Küche schließt, geht es an der Bar noch weiter. Und der Topservice rundet das alles noch ab.

Tam O'Shanter   PUB
(Karte S. 188; ✆01292 611684; 230 High St.; Hauptgerichte 7–9 £) Der Mitte des 18. Jhs. eröffnete Pub kommt in einem Gedicht von Burns vor, nach dem es auch bekannt ist. Die stimmungsvolle alte Kneipe – bei den Einheimischen sehr beliebt– serviert traditionelle Pub-Gerichte (12–21 Uhr).

❶ Praktische Informationen
Carnegie Library (12 Main St.; ⊖Mo–Sa) Schneller, kostenloser Internetzugang.
Ayr Information Centre (✆01292-290300; www.ayrshire-arran.com; 22 Sandgate; ⊖ganzjährig Mo–Sa 9–17 Uhr, Ostern–Aug. 10–17 Uhr) In der Stadtmitte.

❶ An- & Weiterreise

BUS

Ayr liegt 53 km von Glasgow entfernt und ist der wichtigste Verkehrsknotenpunkt in Ayrshire. Es fahren sehr häufig Expressbusse nach Glasgow (5,60 £, 1 Std.) via Prestwick Airport, zudem nach Stranraer (7,80 £, 2 Std., 4- bis 8-mal pro Tag) und zu einigen anderen Zielen in Ayrshire, aber auch nach Dumfries (6,20 £, 2¼ Std., 5- bis 7-mal pro Tag).

FAHRRAD

AMG Cycles (Karte S. 188; ✆01292-287580; www.irvinecycles.co.uk; 55 Dalblair Rd.; Tag/Wochenende/Woche 15/20/50 £) Fahrradverleih.

ZUG

Mindestens zwei Züge pro Stunde verkehren auf der Strecke Ayr–Glasgow Central Station (7,50 £, 50 Min.); manche fahren von Ayr weiter in Richtung Süden nach Stranraer (14,60 £, 1½ Std.).

ALLOWAY

Das schmucke grüne Dorf Alloway (4,5 km südlich von Ayr) sollte bei jedem Robert-Burns-Fan auf der Reiseroute stehen – hier wurde er nämlich am 25. Januar 1759 geboren. Aber auch wenn jemand dem Burnsfieber nicht verfallen ist, lohnt sich der Besuch, denn die auf Burns bezogenen Ausstellungen vermitteln einen guten Eindruck des Lebens in Ayrshire gegen Ende des 18. Jhs.

◎ Sehenswertes

Robert Burns' Geburtshaus   MUSEUM
(NTS; www.nts.org.uk; Erw./Kind £8/6; ⊖Okt.–März 10–17 Uhr, April–Sept. bis 17.30 Uhr; ⊞) Das neue Museum hat eine ansehnliche Menge an Burns-Erinnerungsstücken zusammengetragen, darunter Manuskripte und Habschaften des Dichters wie die Pistolen, die er bei seiner täglichen Arbeit als Steuereintreiber immer bei sich trug. Die Informationen zu seiner Biografie sind gut, und mehrere Exponate erwecken anhand von Mitschnitten, Übersetzungen und Audiopräsentationen oder Rezitationen einzelne Gedichte zum Leben. Aber all zu ernst nimmt sich das Museum dann eigentlich doch nicht: Es gibt viel Humorvolles, das Burns sicher auch gefallen hätte, und die Audio- und Videopräsentationen machen nicht nur Kindern Spaß.

Im Eintrittspreis ist der Besuch des stimmungsvollen **Burns Cottage** mit enthalten.

Es ist durch einen Spazierweg mit dem Museum/Geburtshaus verbunden. Der Dichter kam in dieser beengten Behausung mit Reetdach in einem Kastenbett zur Welt und verbrachte seine ersten sieben Lebensjahre hier. Die sehenswerte Ausstellung vermittelt den Hintergrund zur Lektüre vieler seiner Verse. Die Wände sind mit (dringend erforderlichen) englischen Übersetzungen einiger eher obskurer schottischer Ausdrücke aus der Landwirtschaft dekoriert, die Burns gern verwendete.

Alloway Auld Kirk — KIRCHE
In der Nähe des Geburtshauses mit Museum steht eine Kirchenruine, der Schauplatz eines Teils des Gedichtes *„Tam o' Shanter"*. Burns' Vater William Burnes – sein Sohn ließ das „e" im Namen dann weg – liegt im Kirchhof begraben. Auf der Rückseite des Grabsteins steht ein Gedicht geschrieben – einfach mal reinlesen.

Burns Monument & Gardens — GARTEN
Das Denkmal wurde 1823 errichtet. Von den Gärten bietet sich ein schöner Blick auf das Brig o' Doon House aus dem 13. Jh.

🛏 Schlafen
Brig O' Doon House — HOTEL ££
(☎01292-442466; www.brigodoonhouse.com; EZ/DZ 85/120 £, Restaurant 3-Gänge-Abendmenü 25 £; P 🛜) Die Fassade dieses recht luxuriösen Hotels an der Hauptstraße direkt beim Denkmal und der Brücke ist reizvoll mit Efeu überwuchert. Burns-Fans werden jedenfalls sicher Gefallen daran finden. Die wuchtige Innenausstattung mit Teppichen im Schottenkaro wird durch Bäder mit Schieferböden etwas abgemildert. Die Zimmer sind geräumig und sehr komfortabel, und ein paar Cottages warten gleich gegenüber: Das Rose in traditionellem Dekor und das modernere Gables. Die Mitarbeiter sind zuvorkommend, und ein anständiges **Restaurant** ist auch vorhanden. Das Hotel wird am Wochenende allerdings oft komplett von Hochzeitsgesellschaften belegt.

ℹ An- & Weiterreise
Verschiedene Busse (z. B. Linie 58) verkehren regelmäßig auf der Strecke Alloway–Ayr (10 Min.). Aber man kann das Stück auch zu Fuß gehen oder mit einem Leihrad zurücklegen.

TROON
14 766 EW.

Troon ist ein bedeutendes Segelsportzentrum und liegt am Meer 11 km nördlich von Ayr. Das Städtchen beeindruckt mit hervorragenden weitläufigen Sandstränden und gleich sechs Golfplätzen. Der anspruchsvolle Old Course von Royal Troon (☎01292-311555; www.royaltroon.com; Craigend Rd.) wird auch für Meisterschaften genutzt und gilt als Klassiker in Sachen Linksgolf. Über die verschiedenen Angebote informiert die Website. Der Standard-Greenfee beträgt 175 £, inbegriffen ist eine Runde Golf auf dem Portland Course.

Dundonald Castle (HS; www.historic-scotland.gov.uk; Erw./Kind 3,50/1,50 £; ⊙April–Okt. 10–17 Uhr), 6,4 km nordöstlich von Troon gelegen, gewährt eindrucksvolle Blicke und besitzt ein Tonnengewölbe, das zu den schönsten und besterhaltenen in ganz Schottland zählt. Die Burg, 1371 von Robert II. erbaut, war der erste Wohnsitz der Stuart-Könige und soll zu ihrer Zeit die drittwichtigste Burg (nach Edinburgh und Stirling) in Schottland gewesen sein. Das Besucherzentrum unterhalb der Burg informiert über die noch frühere Besiedlung und stellt maßstabsgetreue Modelle der Burgen und ihrer Vorgänger aus. Die Busse zwischen Troon und Kilmarnock halten im Dorf Dundonald.

ℹ An- & Weiterreise
Es verkehren im 30-Minuten-Takt Züge nach Ayr (10 Min.) und Glasgow (6,90 £, 40 Min.).

P&O (☎0871 66 44 777; www.poirishsea.com) schippert zweimal täglich nach Larne in Nordirland (Passagiere 33 £, bis zu 142 £ für ein Auto mit Fahrer; 2 Std.).

CULZEAN CASTLE
Das absolute Flaggschiff des Scottish National Trust ist das prächtige Culzean Castle (NTS; ☎01655-884400; www.culzeanexperience.org; Erw./Kind/Fam. 15/11/36 £, nur Park Erw./Kind 8,50/5,50 £; ⊙Schloss April–Okt. 10.30–17 Uhr, Park ganzjährig 9.30 Uhr bis Sonnenuntergang), eines der beeindruckendsten Schlösser Schottlands. Die Zufahrt zu Culzean (kull-*ein* gesprochen) erfolgt über ein umgebautes Viadukt, beim Nähertreten kommt dann das Schloss ziemlich verschwommen wie eine Fata Morgana in Sicht. Es entstand nach einem Entwurf des schottischen Architekten Robert Adam, der bei der Realisierung seinem romantischen Genie in seinen Entwürfen freien Lauf lassen durfte.

Der Herrensitz aus dem 18. Jh. thront dramatisch am Klippenrand. Robert Adam war der einflussreichste Architekt seiner Zeit, berühmt für seine akribische Detailgenauigkeit und die eleganten klassischen

Verzierungen, mit denen er seine Decken und Kamine verschönte.

Zu den wertvollsten Details zählt ein schöner, ovaler Treppenaufgang. Im Erdgeschoss bildet der Reichtum des kreisförmigen Salons einen krassen Gegensatz zum Ausblick auf das unten liegende Meer. Im Schlafzimmer von Lord Cassillis soll eine Dame in Grün umgehen, die um ein verlorenes Kind trauert. Sogar die Badezimmer sind prächtig ausgestattet.

Außerdem gibt es zwei Eiskeller, einen Schwanenteich, eine kleine Pagode, die Nachbildung einer viktorianischen Weinlaube, eine Orangerie, einen Wildpark und eine Vogelvoliere. Auch die in der Umgebung lebenden Otter sind hier in ihrer Umgebung zu beobachten.

Wer diesen zauberhaften Ort richtig kennenlernen möchte, kann in der **Burg** (EZ/DZ ab 140/225 £, Eisenhower-Suite EZ/DZ 250/375 £; P) von April bis Oktober auch übernachten. Es gibt auch einen **Camping & Caravanning Club** (01655-760627; www.campingandcaravanningclub.co.uk; Stellplatz Mitglieder/Nicht-Mitglieder 9,35/16,45 £;) beim Parkeingang. Man kann sein Zelt auf einem Rasenplatz aufschlagen – mit herrlicher Aussicht.

ⓘ An- & Weiterreise
Culzean liegt 20 km südlich von Ayr. Busse, die von Ayr (30 Min., Mo-Sa 11-mal tgl.) kommen, halten an den Toren zum Park; von dort sind es noch 20 Minuten zu Fuß durch den Park bis man zur Burg gelangt.

TURNBERRY
200 EW.

Auf Turnberrys wunderschöner **Ailsa Golf Course** (01655-334032; www.turnberry.co.uk) fanden 2009 die British Open statt. Der Golfplatz zählt zu den renommiertesten Golfplätze in Schottland und bietet spektakuläre Ausblicke auf die vorgelagerte Felseninsel Ailsa Craig. Einen Handicap-Nachweis benötigt man nicht, um hier zu spielen, sondern nur eine volle Brieftasche – das normale Green Fee kostet 199 £. Im Sommer gibt es jedoch den reduzierten „Sonnenuntergangspreis" ab 15 Uhr: Dann kostet die Runde nur noch 95 £ pro Person.

Gegenüber dem Golfplatz liegt das superluxuriöse **Turnberry Resort** (01655-331000; www.luxurycollection.com/turnberry; Standard-/Deluxe-Zi. 350/400 £; P@), das alles bietet, was das Herz begehrt, also beispielsweise Personal im Kilt, eine Flugzeuglandebahn und einen Hubschrauberlandeplatz. Neben Luxuszimmern, die mit allen Annehmlichkeiten ausgestattet sind, und einem exquisiten Restaurant befinden sich hier auch mehrere Lodges für Selbstversorger. Die Zimmer mit Meerblick sind einen Tick teurer.

KIRKOSWALD
500 EW.

Nur 3 km östlich von Kirkoswald befindet sich an der A77 die Abtei **Crossraguel Abbey** (HS; www.historic-scotland.gov.uk; Erw./Kind 4/2,40 £; April–Sept. 9.30–17.30 Uhr), eine große Abteiruine aus dem 13. Jh., die

---

ABSTECHER

IRVINE

Skipper sollten dem **Scottish Maritime Museum** (01294-278283; www.scottishmaritimemuseum.org; Gottries Rd.; Erw./Kind 3,50/2,50 £; Mo-Sa 10–16 Uhr) in Irvine einen Besuch abstatten. Im massiven **Linthouse Engine Shop**, einem alten Hangar mit gusseiserner Rahmenkonstruktion, befindet sich eine spannende Sammlung von Booten und Motoren. Die Eintrittskarte gilt auch für den **Boat Shop** mit tollen Kunstwerken und einem riesigen Spielareal für Kinder. Die kostenlosen Führungen beginnen am Boat Shop: Sie leiten zu den Stegen hinunter, wo die Teilnehmer dann auf mehreren Schiffen herumklettern und auch die restaurierte Wohnung eines Werftarbeiters bestaunen können. Die genauen Öffnungszeiten sind am besten telefonisch zu erfragen, da während der Recherchen zu diesem Reiseführer die Renovierungsarbeiten noch nicht abgeschlossen waren.

Ein Stück weiter an der Hafenstraße lohnt den Besuch des wunderschönen **Ship Inn** (www.shipinnirvine.co.uk; 120 Harbour St.; Hauptgerichte 7–9 £). Der älteste Pub von Irvine (1597) bringt leckere Pub-Mahlzeiten auf den Tisch (12–21 Uhr) und beeindruckt die Gäste mit wirklich viel Flair.

Das Städtchen Irvine liegt 42 km von Glasgow entfernt. Von Ayr (30 Min.) und Largs (45 Min.) fahren häufig Busse. Züge verkehren nach/von Glasgow Central Station (6,50 £, 35 Min., 30-Minuten-Takt.); in die entgegengesetzte Richtung fahren sie nach Ayr (3,70 £, 20 Min., 30-Minuten-Takt).

eine Besichtigung lohnt. Das renovierte Torhaus aus dem 18. Jh., das ein seinem dekoratives Mauerwerk aufweist und einen wunderbaren Rundumblick von oben bietet, ist dabei der schönste Teil der Anlage. Wenn keine anderen Besucher in der Anlage sind, hört man nur noch das Pfeifen des Windes – fast meint man, es sei der Widerhall des einstigen klösterlichen Lebens in Crossraguel! Nicht versäumen sollte man außerdem das Echo in der kalten Sakristei.

Busse von Stagecoach Western fahren von Ayr nach Girvan und kommen an der Crossraguel Abbey und Kirkoswald vorbei (35 Min., stündl. Mo–Sa, So alle 2 Std.).

AILSA CRAIG

Die eigenartige Inselform von Ailsa Craig ist von den meisten Aussichtspunkten des südlichen Ayrshires aus gut zu sehen. Während der ungewöhnliche, gern für Curlingsteine verwendete blau getönte Granit Geologen dabei half, die Bewegungen der Eisdecke in der großen Eiszeit nachzuvollziehen, kennen Vogelfreunde Ailsa Craig vor allem als die zweitgrößte Basstölpelkolonie der Welt. Ca. 10 000 Paare brüten jährlich auf den schroffen Klippen der Insel und bieten den Beobachtern ein eindrucksvolles Bild.

Wer die Insel von Nahem sehen möchte, kann von Girvan aus mit der **MV Glorious** (☎ 01465-713219; www.ailsacraig.org.uk; 7 Harbour St.) dorthin fahren. Bei ruhiger See ist ein Landgang möglich. Ein vierstündiger Ausflug kostet pro Erw./Kind 20/15 £ (für einen dreistündigen Landgang werden 25 £ pro Person verlangt).

Züge nach Girvan fahren ab Ayr etwa jede Stunde (30 Min., So nur 3-mal tgl.).

DUMFRIES & GALLOWAY

Einige der schönsten Sehenswürdigkeiten der Region liegen in den sanften Hügeln und üppigen Tälern von Dumfries und Galloway. Für Familien ist diese Gegend ideal, denn Kinder kommen hier voll auf ihre Kosten. Eines der Highlights ist der Galloway Forest mit herrlichen Ausblicken, Wander- und Mountainbikewegen, Rotwild, Milanen und anderen Tieren; die traumhaft schönen Ruinen von Caerlaverock Castle stehen ihm jedoch in nichts nach. Weitere Touristenmagneten in dieser zauberhaften Region sind die wohl idyllischsten Ortschaften in ganz Südschottland, die vor allem bei Sonne ihren ganzen Charme entfalten. Und die Sonne scheint hier wirklich! Durch den Golfstrom ist dies die mildeste Region Schottlands – ein Phänomen, das einige der berühmtesten Gartenanlagen ermöglicht hat.

Dumfries

31 146 EW.

Wunderschöne rötliche Sandsteinbrücken durchkreuzen das sympathische Dumfries, das durch den Fluss Nith zweigeteilt wird. Seine Ufer werden von schönen Grasflächen gesäumt. In der Geschichte spielte Dumfries immer wieder eine Rolle, da es strategisch gesehen den rachsüchtigen englischen Armeen im Weg stand. Da dabei kaum ein Stein auf dem anderen blieb, stammt das älteste erhaltene Gebäude heute nur aus dem 17. Jh. – Dumfries existiert aber schon seit römischer Zeit. Zahlreiche bekannte Persönlichkeiten haben eine Verbindung nach Dumfries: Robert Burns lebte und arbeitete hier als Steuereintreiber; JM Barrie, der „Vater" von Peter Pan, ging hier zur Schule; Rennfahrer David Coulthard stammt ebenfalls aus Dumfries.

◉ Sehenswertes

Die roten Sandsteinbrücken, die sich über den Fluss Nith spannen, gehören sicher zum Schönsten, was diese Stadt zu bieten hat. Die **Devorgilla Bridge** (Karte S. 191) (1431) zählt zu den ältesten Brücken Schottlands. Unter www.dumgal.gov.uk/audiotour kann man sich eine mehrsprachige MP3-Audiotour durch die Stadt herunterladen, sodass man eine individuelle Besichtigungstour unternehmen kann.

GRATIS **Burns House** MUSEUM
(Karte S. 191; www.dumgal.gov.uk/museums; Burns St.; ⊙ April–Sept. Mo–Sa 10–17 & So 14–17 Uhr, Okt.–März Di–Sa 10–13 & 14–17 Uhr) Das Wohnhaus von Robert Burns ist eine Pilgerstätte für alle Burns-Fans; hier verbrachte der Dichter die letzten Jahre seines

---

BUSPASS

Ein Megarider-Ticket kostet 21 £ und berechtigt eine Woche lang zur unbegrenzten Nutzung der Stagecoach-Busse in Dumfries und Galloway – eine echt gute Sache.

Dumfries

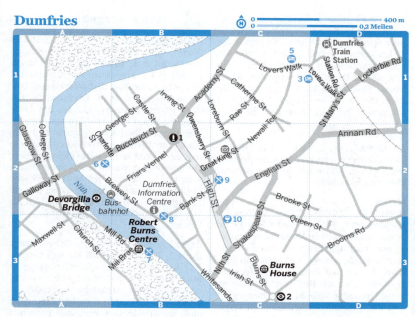

Lebens. In Glasvitrinen sind verschiedene Gegenstände aus seiner Hinterlassenschaft sowie zahlreiche Manuskripte und einige durchaus unterhaltsame Briefe ausgestellt. Diese sollte man auf jeden Fall lesen.

GRATIS Robert Burns Centre MUSEUM
(Karte S. 191 www.dumgal.gov.uk/museums; Mill Rd.; audiovisuelle Präsentation 2,20 £; April–Sept. Mo-Sa 10–17, So 14–17 Uhr, Okt.–März Di-Sa 10–13 & 14–17 Uhr) Diese wirklich interessante Ausstellung über Robert Burns befindet sich in einer alten Mühle am Ufer des Nith. Sie erzählt die Geschichte des Dichters und der Stadt Dumfries in den 1790er-Jahren. Die optionalen audiovisuellen Präsentationen vermitteln weitere Hintergrundinformationen über Dumfries und erklären die Exponate der Ausstellung.

In Dumfries finden sich aber noch weitere Sehenswürdigkeiten, die mit Burns in Verbindung stehen, beispielsweise das **Mausoleum** (Karte S. 191; St Michael's Kirk) von Robert Burns auf dem Friedhof der **St Michael's Kirk** (Karte S. 191); hier informiert eine Tafel über die grausigen Umstände seiner Wiederbestattung. Am oberen Ende der High Street steht eine **Statue** (Karte S. 191) des Barden.

Dumfries

Highlights
- Burns House C3
- Devorgilla Bridge A2
- Robert Burns Centre B3

Sehenswertes
- Burns' Mausoleum .... (siehe 2)
- 1 Robert Burns Statue B2
- 2 St Michael's Kirk C3

Schlafen
- 3 Ferintosh Guest House C1
- 4 Merlin B3
- 5 Torbay Lodge C1

Essen
- 6 Cavens Arms A2
- 7 Hullabaloo B3
- 8 One Bank St B3
- 9 Kings C2

Ausgehen
- 10 Globe Inn C3

Ellisland Farm MUSEUM
(www.ellislandfarm.co.uk; Erw./Kind 4 £/frei; April–Sept. Mo-Sa 10–17, So 14–17 Uhr, Okt.–März Di-Sa 10–16 Uhr) Wenn der Bedarf an

Burns noch nicht gedeckt ist, macht vielleicht noch der Besuch dieser Farm Spaß, die Burns einst gepachtet hatte. Sie liegt knapp 10 km nordwestlich der Stadt. Es gibt hier noch Originalobjekte aus der Zeit zu bestaunen, als der Dichter und seine Familie hier lebten. Eine kleine Ausstellung gibt es hier auch. Die Farm, die sich an der A76 nach Kilmarnock befindet, ist ausgeschildert.

Schlafen

Die Hotels in der Innenstadt von Dumfries bieten Besuchern insgesamt nichts Besonderes, aber zum Glück gibt es einige wirklich hervorragende B&Bs.

Merlin B&B £
(Karte S. 191; 01387-261002; 2 Kenmure Tce.; EZ/DZ 35/60 £;) Das Merlin ist eine der besten Unterkünfte in Dumfries in wunderschöner Lage am Fluss neben einer Fußgängerbrücke, die aus dem Ortskern zum Hotel führt. Hinter den Kulissen wird so emsig gearbeitet, dass das B&B scheinbar wie von selbst läuft. Eine Vielzahl an kleinen Details und ein freundliches Willkommen tragen zur beeindruckenden Qualität der Unterkunft bei. Die Zimmer (mit superbequemen Betten) haben ein Gemeinschaftsbad. Der gedeckte Frühstückstisch bietet kulinarischen Genuss.

Ferintosh Guest House B&B ££
(Karte S. 191; 01387-252262; www.ferintosh.net; 30 Lovers Walk; EZ 30–40 £, DZ 50–66 £;) Die viktorianische Villa gegenüber dem Bahnhof bietet feudale Zimmer, die alle individuell gestaltet sind; das Whisky-Zimmer beeindruckt am meisten. Doch ganz egal, wofür der Einzelne sich auch entscheidet, bei der Ankunft bekommt jeder Gast zuerst einmal einen Whisky kredenzt. Wenn das keine lobenswerte Einstellung in Sachen Gastfreundschaft ist! Die Kunstwerke des Besitzers runden das Dekor ab. Wer mit dem Fahrrad kommt, kann sich hinter dem Haus über einen Radschuppen und die Möglichkeit freuen, sein Stahlross zu waschen.

Torbay Lodge B&B ££
(Karte S. 191; 01387-253922; www.torbaylodge.co.uk; 31 Lovers Walk; EZ/DZ 29/60 £;) Das qualitativ sehr gute Gästehaus verfügt über wunderschön ausgestattete Zimmer mit großen Fenstern und geräumigen Bädern (nur das Einzelzimmer hat kein eigenes Bad). Die gute Atmosphäre wird durch das wirklich hervorragende Frühstück noch befördert.

Essen & Ausgehen

Hullabaloo CAFÉ, BISTRO ££
(Karte S. 191; 01387-259679; www.hullabalooresaurant.co.uk; Mill Rd.; Mittagessen Hauptgerichte 5–9 £, Abendessen Hauptgerichte 10–15 £; tgl. Mittagessen, Di–Sa Abendessen) Dieses gemütliche Café im Obergeschoss des Robert-Burns-Zentrums gilt als das beste Speiselokal von Dumfries. Mittags munden hier Wraps, überbackene Toasts und Ciabattas, am Abend verlocken Kreativgerichte und interessant kombinierte Fleischspeisen. Die regelmäßig wechselnden Spezialitäten zeigen sich alle von der Mittelmeerküche inspiriert, darunter meisterhaft zubereitete Fischgerichte und auch leckere Speisen für Vegetarier. Von Oktober bis Ostern ist sonntags geschlossen.

Cavens Arms PUB £
(Karte S. 191; 20 Buccleuch St.; Hauptgerichte 7–13 £; tgl. Pub, Di–So Essen) Engagierte Mitarbeiter, zehn Sorten Ale vom Fass und eine einladende Atmosphäre – dafür ist dieser Pub in Dumfries so berühmt. Aber auch die großzügigen Portionen typischen Pub-Essens samt einer ellenlangen Liste an etwas ausgefalleneren Spezialitäten des Tages machen das Cavens Arms zu einem der empfehlenswertesten Speiselokale der Stadt. Wer plant, nach Dumfries umzuziehen, sollte sich am besten gleich in der Nähe eine Wohnung suchen, denn er wird sicherlich bald Stammgast sein.

One Bank Street CAFÉ £
(Karte S. 191; 01387-279754; 1 Bank St.; kleinere Mahlzeiten 4–7 £; Di–Sa 10–16 Uhr) Das Minicafé im Obergeschoss gleich um die Ecke der Touristeninformation (an der Straße ausgeschildert) serviert Gourmetbrötchen und Sandwiches in so extravaganten Geschmackskombinationen wie Stilton-Käse mit Birne. Die getoasteten Muffins mit leckeren Füllungen sind ebenfalls sehr empfehlenswert.

Kings CAFÉ, BUCHLADEN
(Karte S. 191; www.kingsonline.co.uk; 12 Queensberry St.; Snacks 1–5 £) Das lebhafte Café im Stadtzentrum fungiert gleichzeitig auch als Buchladen. Hier schmecken der Fair Trade-Kaffee und allerlei Süßes, aber auch das Frühstück oder die belegten Brötchen. Außerdem können die Gäste durch die großen Fenster das rege Treiben in Dumfries beobachten. Wenn sie genug gesehen haben, können sie sich den Buchregalen widmen.

Globe Inn PUB
(Karte S. 191; www.globeinndumfries.co.uk; 56 High St.) Die traditionelle, alte und verwinkelte Kneipe – angeblich die Stammkneipe von Burns und Schauplatz einer seiner vielen Verführungen – liegt in einer schmalen Gasse, die von der Fußgängerzone abgeht. Die Freundlichkeit von Personal und einheimischen Stammgästen tragen zur gemütlichen Wochenendatmosphäre genauso bei wie die vielen Bilder des *ploughman poet* (Bauerndichter) Burns.

❶ Praktische Informationen

Ewart Library (☎01387-253820; Catherine St.; ⓢMo–Mi & Fr 9.15–19.30, Do & Sa 9.15–17 Uhr) Kostenloser Internetzugang.

Dumfries Information Centre (☎01387-253862; www.visitdumfriesandgalloway.co.uk; 64 Whitesands; ⓢganzjährig Mo–Sa 9.30–17 Uhr, Juli–Mitte Okt. auch So 11–16 Uhr) Hier gibt es jede Menge Informationen über die Region.

❶ An- & Weiterreise

Bus

Regionalbusse fahren regelmäßig nach Kirkcudbright (1 Std., Mo–Sa stündl., So 6-mal) sowie über die Orte, die an der A75 liegen, nach Stranraer (7,80 £, 2¼ Std., Mo–Sa 8-mal tgl., So 3-mal).

Der Bus 100/101 verkehrt von/nach Edinburgh (7,50 £, 2¾ Std., 4–7-mal tgl.) über Moffat und Biggar.

Zug

Auf der Strecke Carlisle–Dumfries (9,70 £, 35 Min., alle 1–2 Std.) verkehren Züge, außerdem bestehen Direktverbindungen von Dumfries nach Glasgow (14,50 £, 1¾ Std, Mo–So 8-mal tgl.) und zurück. Sonntags ist der Fahrplan eingeschränkt.

Südlich von Dumfries

CAERLAVEROCK

Die prächtige Ruine von **Caerlaverock Castle** (HS; www.historic-scotland.gov.uk; Erw./Kind 5,50/3,30 £; ⓢApril–Sept. 9.30–17.30 Uhr, Okt.–März 9.30–16.30 Uhr), die bei der kleinen Siedlung Glencaple aufragt, liegt an einem schönen Abschnitt der Solway-Küste und gehört zu den schönsten Burgruinen in Großbritannien. Umgeben von einem Wassergraben, Rasenflächen und Baumgruppen wirkt die ungewöhnliche dreieckige Wasserburg aus rosafarbenem Stein uneinnehmbar. Tatsächlich aber wurde sie mehrfach erobert. Am berühmtesten ist die Belagerung durch Edward I. im Jahr 1300 – die später im Epos *The Siege of Caerlaverock* dargestellt wurde. Die heutige Burg stammt aus dem späten 13. Jh. Nachdem 1634 bei der Planung keine Verteidigungsmaßnahmen mehr berücksichtigt werden mussten, wurde das Gebäude als luxuriöses schottisches Herrenhaus im Renaissancestil umgestaltet. Ironie des Schicksals: Nur ein paar Jahre später plünderte eine randalierende Covenanter Miliz Caerlaverock Castle. Die Burg ist für die ganze Familie spannend, denn hier gibt es jede Menge Ecken und Winkel, Durchgänge und ehemalige Feuerstellen zu erkunden!

Es lohnt sich, eine Besichtigung der Burg mit einem Besuch des **Caerlaverock Wetland Centre** (www.wwt.org.uk; Erw./Kind 7,30/3,60 £, für Mitglieder des WWT frei; ☎ⓢ10–17 Uhr) 1,5 km weiter östlich zu verbinden. Das 546 ha große Schutzgebiet bietet mit seinen Salzmarschen und Wattflächen vielen Vögeln wie etwa den Weißwangengänsen einen wichtigen Lebensraum. Erfahrene Parkranger bieten täglich kostenlose Naturführungen an, die den Teilnehmern ein wunderbares Naturerlebnis bieten; im Café werden Biogerichte serviert.

Von Dumfries aus fährt die Buslinie 6A mehrmals täglich (So 2-mal) nach Caerlaverock Castle. Autofahrer nehmen die B725 in südlicher Richtung.

RUTHWELL CROSS

Nahe der B724, östlich von Caerlaverock, ragt die **Kirche von Ruthwell** (ⓢbei Tageslicht) auf, eines der bedeutendsten frühchristlichen Bauwerke Europas. Das 6 m hohe Ruthwell-Cross, ein Holzkruzifix aus dem 7. Jh., ist von oben bis unten mit geschnitzten Szenen aus dem Neuen Testament bedeckt, außerdem mit einem Gedicht, das den Titel *The Dream of the Rood* (Der Traum vom Kreuz) trägt. Es ist in einem angelsächsischen Runenalphabet geschrieben und gilt als eines der frühesten Zeugnisse der englischsprachigen Literatur überhaupt. Der Bus 79 von Dumfries nach Carlisle hält auf Wunsch an dieser Kirche.

NEW ABBEY

Das kleine malerische Dorf New Abbey mit seinen weiß getünchten Häusern liegt 11 km südlich von Dumfries und bietet eine Fülle an Sehenswürdigkeiten und Aktivitäten.

ABSTECHER

WANLOCKHEAD

Allein schon der Ausdruck „Bleiabbau" übt auf das Gehirn irgendwie eine einschläfernde Wirkung aus, und so könnte man annehmen, dass es sich recht schwierig gestaltet, dieses Thema interessant zu verkaufen. Doch das erstklassige **Museum of Lead Mining** (www.leadminingmuseum.co.uk; Wanlockhead; Erw./Kind 7,50/5,50 £; April–Juni & Sept. 11–16.30 Uhr, Juli & Aug. 10–17 Uhr) im kleinen Wanlockhead ist wirklich ein geheimer Schatz – und hat den Dreh voll raus. Es befindet sich 16 km von der Autobahn nordwestlich von Moffat. Das offensichtlich höchste gelegne Dorf Schottlands befindet sich inmitten herrlichster Landschaft mit unbewaldeten Hügeln und plätschernden Bächen. Das Museum hier ist ebenso spannend wie familienfreundlich. Mit zur Besichtigung gehört eine kleine Exkursion: Die Teilnehmer lernen eine echte Mine, die wieder aufgebauten Cottages der Bergleute sowie eine beachtliche Bibliothek aus dem 18. Jh. kennen und können sich mit Exponaten auseinandersetzen, die sich mit dem Abbau von Blei und anderen Mineralien beschäftigen. Im Sommer stehen hier auch Aktivitäten wie Goldschürfen auf dem Programm. Der offensichtliche Enthusiasmus der Mitarbeiter erweckt die Sozialgeschichte des Komplexes zu neuem Leben. Das Museum ist jedenfalls wirklich etwas Besonderes und eines der Highlights in Schottland.

Busse, die auf der Strecke Ayr–Dumfries verkehren, halten in Sanquhar; von dort fährt dann ein anderer Bus weiter nach Wanlockhead (Mo–Sa 5-mal tgl.). Das Dorf bietet sich auch als Zwischenstopp für all jene an, die auf dem Southern Upland Way unterwegs sind.

Sehenswertes

Sweetheart Abbey RUINEN

(HS; www.historic-scotland.gov.uk; Erw./Kind 4/2,40 £; April–Sept. 9.30–17 Uhr, Okt. bis 16.30 Uhr, Nov.–März Sa–Mi 9.30–16.30 Uhr) Die roten Sandsteinruinen dieser Zisterzienserabtei aus dem 13. Jh. stehen in reizvollem Kontrast zu den topgepflegten Rasenflächen außen herum. Die Abbey, das letzte mehrerer bedeutender Klöster, die in Schottland gegründet wurden, geht auf Devorgilla von Galloway zurück, die es 1273 zu Ehren ihres verstorbenen Gatten John Balliol (mit dem sie das Balliol College in Oxford gegründet hatte) ins Leben gerufen hatte. Als er starb, ließ sie sein Herz einbalsamieren, um es bis zu ihrem eigenen Tod 22 Jahre später stets bei sich zu tragen. Sie und besagtes Herz liegen am Altar begraben – daher der Name der Abtei.

National Museum of Costume MUSEUM

(www.nms.ac.uk; Erw./Kind 4,50/2 £; April–Okt. 10–17 Uhr) Das Museum ist in einem historischen Gebäude am Ortsrand von New Abbey zu Hause. Es vermittelt einen Einblick in die Bekleidungsgewohnheiten der Schotten von viktorianischen Zeiten bis zur Nachkriegszeit. Jedes Jahr wird zudem eine Sonderausstellung gezeigt. Die Gärten rund um das Museum sind überaus malerisch und bieten hübsche Einblicke.

Mabie Farm Park FARM, AUSRITTE

(www.mabiefarmpark.co.uk; Erw./Kind/Fam. 6,50/6/24 £; April–Okt. tgl. 10–17 Uhr, März Sa & So) Wenn die Kinder quengeln, weil sie sich mit so vielen historischen Stätten und mit Robert Burns beschäftigen müssen, dann packt man am besten den ganzen Clan zusammen und stattet dieser Farm zwischen Dumfries und New Abbey an der A710 einen Besuch ab. Der perfekt geführte Komplex bietet jede Menge Tiere und Aktivitäten für Kids wie einen Streichelzoo, Tierfütterungen, Eselsritte, Go-Kart-Fahren, Rutschen, Spielplätze und Picknickplätze – die Liste ließe sich ewig fortsetzen. Ein ganzer Tag vergeht hier wie im Flug.

GRATIS **Mabie Forest Park** MOUNTAINBIKEN

(01387-270275; www.7stanesmountainbiking.com) Der Mabie Forest Park zählt zu den 7stanes-Mountainbike-Zentren in Südschottland und liegt zwischen bewaldeten Hügeln, ein paar Kilometer nördlich von New Abbey. Hier gibt es an die 65 km Radstrecken für alle Leistungsniveaus. Ein Leihrad kann man hier mieten.

Schlafen

Mabie House Hotel HOTEL ££

(01387-263188; www.mabiehousehotel.co.uk; EZ/DZ/Suite 45/70/140 £; P) Ein paar Kilometer nördlich von New Abbey befindet sich dieses gastfreundliche Landhaus. Es eignet sich prima als Quartier, insbesonder auch für Familien mit Kindern, denn der Farmpark und die Mountainbikewege beginnen praktisch vor der Tür. Die schicken, luxuriösen Zimmer bieten besten Komfort, und das bei einem wirklich anständigen Preis-Leistungs-Verhältnis. Im Garten befinden sich drei gemütliche Minihütten, in denen bis zu vier Personen übernachten können (40 £) – eine gute Alternative für Biker oder auch, um Jugendlichen eine gewisse Unabhängigkeit zu geben.

❶ An- & Weiterreise
Der Bus 372 fährt von Dumfries nach New Abbey.

Annandale & Eskdale

Diese beiden Täler liegen im Osten von Dumfries und Galloway liegen an zwei wichtigen Schnellstraßen, die durch den Süden Schottlands führen. Abseits dieser Verkehrsadern geht es auf den Straßen aber recht ruhig zu, und es finden sich auch viele interessante Orte, die einen Besuch lohnen – prima für Reisende, die unterwegs gern mal eine Pause einlegen wollen.

GRETNA & GRETNA GREEN
2705 EW.

Gretna Green steht wegen seines romantischen Touchs noch immer auf dem Programm vieler Ausflugsbusse. Das Dorf befindet sich am Rand des Ortes Gretna – auf der anderen Flussseite des englischen Cumbria. Historisch ist Gretna Green als Hochzeitsparadies für durchgebrannte Liebespaare bekannt geworden – und gilt bis heute als einer der beliebtesten Orte Großbritanniens, um sich trauen zu lassen.

Den Mittelpunkt des Dorfes bildet der **Old Blacksmith's Shop** (www.gretnagreen.com; Ausstellung Erw./Kind 3,50 £/frei; ⊙Okt.–März 9–17 Uhr, April–Mai bis 17.30 Uhr, Juni–Sept. bis 18.30 Uhr), ein Komplex mit mehreren touristischen Geschäften und Speiselokalen sowie einer unterhaltsamen mehrsprachigen Ausstellung zur Geschichte Gretna Greens, die mit Erzählungen von allerlei Intrigen, durchgebrannten Liebespaaren, Schurken und verärgerten Eltern gewürzt ist, die ein paar Minuten zu spät eintrafen, um die Eheschließung zu verhindern. Die Werkstatt eines Schmieds wurde nachgebaut, außerdem gibt es eine Sammlung von schönen alten Kutschen zu bestaunen und ein paar Hochzeitszimmer: Während der Besichtigung gerät so mancher in eine Hochzeit, die gerade im Gang ist.

Auf der gegenüberliegenden Straßenseite befindet sich das **Smith's** (☎01461-337007; www.smithsgretnagreen.co.uk; EZ/DZ 120/145 £; 🅿🛜), ein großes modernes Hotel mit einem **Restaurant** (Hauptgerichte 12–19 £), das viele Lonely Planet-Leser empfehlen. Das klotzartige Gebäude gefällt sicher nicht jedem, innen präsentiert sich das Hotel dann jedoch recht stilvoll. Die Zimmer in dezentem Schick sind mit großen Betten ausgestattet. Es stehen unterschiedliche Zimmertypen

---

JAWORT IN GRETNA GREEN

Die Verabschiedung eines neuen Ehegesetzes im Jahr 1754 in England machte es erforderlich, dass Paare unter 21 Jahren, die somit noch nicht volljährig waren, zum Heiraten die Zustimmung ihrer Eltern benötigten. Doch schon bald kamen die gewitzten verliebten Teenager zu der Erkenntnis, dass dieses Gesetz in Schottland ja gar nicht gültig war. Dort reichte eine einfache Erklärung vor zwei Zeugen aus, um in den Ehestand zu treten. Und so avancierte das grenznahe Gretna Green als erstes Dorf in Schottland bei durchgebrannten Liebespaaren zum Heiratseldorado.

Die Einheimischen machten sich in dieser neuen Branche gegenseitig Konkurrenz, und bald wurden Ehen von so ziemlich jedem geschlossen, der im nächsten Pub zwei Trauzeugen auftreiben konnte. Einer der berühmtesten Ehestifter in Gretna war der einheimische Schmied, der schließlich unter dem Namen „Ambosspriester" von sich reden machte. 1856 wurden solche Spontanhochzeiten dann erschwert, denn es trat ein Gesetz in Kraft, das Paare vor dem Jawort zu einem Mindestaufenthalt von drei Wochen in Schottland verpflichtete. Doch der Popularität Gretna Greens tat dies keinen Abbruch. Noch heute schließen an die 5000 Paare hier die Ehe oder erneuern ihr Eheversprechen. Wer sich gern am legendären Amboss im Old Blacksmith's Shop von Gretna Green trauen lassen möchte, kann sich bei **Gretna Green Weddings** (www.gretnaweddings.co.uk) informieren.

zur Auswahl; wer online bucht, erhält einen erheblichen Preisnachlass.

Etwa 1,5 km entfernt hat Gretna eine überaus hilfreiche **Touristeninformation** (✆01461-337834; gretnatic@visitscotland.com; Gretna Gateway; ⏱April–Okt. 10–18 Uhr, Nov.–März 10–16.30 Uhr) zu bieten. Wer von England her anreist, kann sich hier mit ersten Informationen über Schottland eindecken.

Der Bus 79, der auf der Strecke zwischen Dumfries (1 Std.) und Carlisle (35 Min.) verkehrt, hält in Gretna wie auch in Gretna Green (Mo–Sa stündl., So alle 2 Std.). Es fahren auch Züge von Gretna Green nach Dumfries und Carlisle.

MOFFAT
2135 EW.

Moffat liegt inmitten einer ursprünglichen Hügellandschaft in der Nähe der oberen Ausläufer des Annandale-Tals. Hier fühlt sich vor allem eine ältere Klientel wohl, außerdem wird der Ort gern von Ausflugsbussen angesteuert. Der ehemalige Kurort ist ein regionales Zentrum der Wollindustrie – symbolisiert durch die Bronzeskulptur eines Schafbocks in der High Street auf die vorübergehende Passanten herabblickt.

In der **Moffat Mill** (✆01683-220134; www.ewm-store.co.uk; Eintritt frei; ⏱9–17 Uhr), einer Wollspinnerei in der Nähe der Touristeninformation, gibt es in einem recht großen Laden für Wollsachen und andere schottische Souvenirs eine nicht gerade übermäßig prickelnde Ausstellung zum Thema Spinnerei zu bestaunen. Aber dafür findet man hier ganz gute Schnäppchen wie Pullis und dergleichen. Die Touristeninformation ist hier ebenfalls zu Hause.

Groom's Cottage (✆01683-220049; Beattock Rd.; DZ 65 £; 🅿 ✴) ist ein hübsch hergerichtetes Häuschen für Selbstversorger mit allem, was für einen gemütlichen Aufenthalt notwendig ist. Kochgelegenheiten sind vorhanden, das Frühstück ist jedoch im Preis inbegriffen. Da das Cottage ein gutes Stück vom Domizil des Eigentümers entfernt liegt, bleibt die Privatsphäre angenehm gewahrt. Schön ist der Blick über die grünen Felder. Und sogar ein orthopädisches Bett steht hier. Jedenfalls ist das Cottage schick, aber dennoch nicht übertuert – außerdem gibt es spezielle Preise bei Aufenthalten ab einer Woche. Wer von der M74 kommt, sollte nach dem Schild „The Lodge" Ausschau halten – es befindet sich auf der rechten Seite, kurz bevor es ins Ortszentrum hineingeht. Dieses Quartier ist für Paare ideal.

Das mit Blumen überwucherte **Buchan Guest House** (✆01683-220378; www.buchan guesthouse.co.uk; Beechgrove; EZ/DZ 38/65 £; 🅿 📶 ✴) in einer ruhigen Straße in der Innenstadt erfreut seine Gäste mit einem hübschen Garten und einer netten Lounge mit Blick auf das Bowling Green gegenüber. Fahrradfahrer sind hier gern gesehen; sogar ein Radschuppen hinter dem Haus ist vorhanden. Das **Moffat House Hotel** (✆01683-220039; www.moffathouse.co.uk; High St.; EZ/DZ 75/109 £; 🅿 📶 ✴) ist ein edles mit Kletterpflanzen überwuchertes Herrenhaus aus dem 18. Jh., das sich in der Ortsmitte befindet. Es gibt bequeme Betten in geräumigen Zimmern im Hauptgebäude oder in einem angebauten Flügel.

Mehrere Busse fahren pro Tag nach Edinburgh, Glasgow und Dumfries.

LANGHOLM
2311 EW.

Drei Flüsse – Esk, Ewes und Wauchope – fließen in Langholm, einem reizenden alten Dorf im Herzen von Schottlands Tweedindustrie, zusammen. Die meisten Besucher kommen hierher, um zu fischen und in den Mooren und Wäldern in der Umgebung Wanderungen zu unternehmen. Einzelheiten verrät die **Website Langholm Walks** (www.langholmwalks.co.uk).

Das **Border House** (✆013873-80376; www.border-house.co.uk; High St.; EZ/DZ 30/60 £; 🅿) ist eine hervorragende, zentral gelegene Bleibe mit großen Zimmern (vor allem das Doppelzimmer unten), einer netten Wirtin und großen Betten, in die man mit einem Lächeln auf den Lippen sinkt. Wenn gerade ein Schwung selbst gemachter Pralinen fertig ist, bekommen die Gäste eine Kostprobe. Während der Recherchen zu diesem Reiseführer stand das Haus zum Verkauf, es wäre also sinnvoll, vorher anzurufen.

Busse, die auf der Strecke Edinburgh–Carlisle verkehren, kommen durch Langholm. Außerdem bestehen häufige Verbindungen nach Lockerbie mit Anschluss zu anderen Zielen.

ESKDALEMUIR

Eskdalemuir ist eine abgelegene Siedlung inmitten von bewaldeten Hügeln, 21 km nordwestlich von Langholm. Etwa 2,5 km weiter befindet sich das **Samye Ling Tibetan Centre** (✆01387-373232; www.samyeling.org; Camping/B/EZ/DZ inkl. Vollpension 15/24/37/57 £; 🅿), das erste tibetisch-buddhistische Kloster, das im Westen erbaut wurde (1968). Die bunten Gebetsfahnen und der rot-goldene Tempel bilden einen auffälligen Kontrast zur grau-grünen Landschaft. Das Zentrum kann tagsüber von interessierten Besuchern besichtigt werden (Spende erbeten, Café vorhanden). Es besteht jedoch auch die Möglichkeit, in einer einfachen Unterkunft zu übernachten; vegetarische Vollpension ist im Preis inbegriffen. Angeboten werden auch diverse Meditationskurse und zahlreiche Wochenendworkshops. Die Unterkunft lässt sich ausschließlich online reservieren, telefonische Buchung ist nicht möglich.

Der Bus 112 von Langholm/Lockerbie (Mo–Sa 5-mal tgl.) hält am Zentrum.

Castle Douglas & Umgebung

3671 EW.

Castle Douglas lockt jede Menge Tagesausflügler an, obwohl der Ort eigentlich nicht für den Tourismus „aufgepeppt" wurde. Die offene, gepflegte Ortschaft bietet einige hübsche Fleckchen in der Nähe des Dorfkerns wie beispielsweise der kleine Carlingwark Loch. Der Ort wurde im 18. Jh. von dem schottischen Industriellen William Douglas entworfen, der dann später in Nord- und Südamerika zu Reichtum gelangte.

◉ Sehenswertes & Aktivitäten

Threave Castle BURG
(HS; www.historic-scotland.gov.uk; Erw./Kind inkl. Fähre 4,50/2,70 £; April–Sept. 9.30–17 Uhr, Okt. bis 16 Uhr) 3,2 km westlich von Castle Douglas, liegt Threave Castle, ein beeindruckender Turm auf einem kleinen Eiland im Fluss Dee. Das gegen Ende des 14. Jhs. errichtete Gebäude wurde zur Trutzburg der Black Douglases, darunter Archibald the Grim, der seinem Namen alle Ehre machte, so grimmig, wie der Typ war. Heute ist die Burg praktisch eine Ruine, denn sie wurde in den 1640er-Jahren von den Covenanters schwer beschädigt – aber romantisch ist sie trotzdem. Vom Parkplatz ist es ein viertelstündiger Spaziergang zum Fähranleger. Dort läutet man eine Glocke, damit der Burgaufseher kommt, um einen in einem kleinen Boot zur Insel überzusetzen. Am Parkplatz beginnt ein 2,5 km langer Rundweg, auf dem häufig Wild und Fischadler, jedoch auch allerlei Wasservögel zu sehen sind. In der Dämmerung lassen sich außerdem gut Fledermäuse beobachten.

Loch Ken WASSERSPORT
Der 14,5 km lange See erstreckt sich nordwestlich von Castle Douglas zwischen der A713 und der A762, das Gewässer ist ein beliebtes Erholungsgebiet. An Wassersportarten sind hier Windsurfen, Segeln, Kanu-, Kajak- und Rennbootfahren angesagt. Auf dem Land kann man sich einen Geländebuggy mieten. Das **Galloway Activity Centre** (01644-420626; www.lochken.co.uk; 10–17 Uhr;), am Ostufer nördlich des Dorfes Parton, bietet eine breite Palette an Aktivitäten an. Hier gibt es auch die entsprechende Ausrüstung, und sogar Hostels zum Übernachten sind vorhanden. Die Aktivitäten werden in Einheiten von jeweils 1¼ Stunden angeboten, die 16,50 £ kosten. Wer mehrere Einheiten bucht, erhält eine stattliche Ermäßigung. Zudem gibt es hier Wanderwege und eine vielfältige Vogelwelt. Die Royal Society for the Protection of Birds (RSPB) unterhält ein **Naturreservat** (www.rspb.org.uk) am Westufer nördlich von Glenlochar.

Sulwath Brewery BRAUEREI
(www.sulwathbrewers.co.uk; 209 King St.; Erw./Kind 3,50 £/frei; Mo–Sa 10–18 Uhr) In dieser Brauerei an der Hauptstraße können die Gäste zuschauen, wie der traditionelle Brauprozess abläuft. Führungen finden zweimal wöchentlich statt, und zwar montags und freitags um 13 Uhr, außerdem besteht die Möglichkeit, die Biere auch zu kosten. Besonders empfehlenswert sind das Criffel, ein indisches Helles, und das Knockendoch, ein dunkles Bier, das köstlich nach geröstetem Malz schmeckt.

🛏 Schlafen & Essen

Castle Douglas macht für sich als „Essdestination" Werbung, und tatsächlich quillt die Hauptstraße schier über von hochwertigen Feinkostläden, Metzgereien und Cafés. Wirklich gute Restaurants sind dagegen eher Mangelware.

Douglas House B&B ££
(01556-503262; www.douglas-house.com; 63 Queen St.; EZ 39 £, DZ 70–85 £;) In dem luxuriösen, attraktiv renovierten B&B war offensichtlich ein passionierter Designer am Werk. Große schöne Bäder ergänzen die hellen, schicken Zimmer mit digitalem TV samt Flachbildschirm und eingebautem DVD-Player. Am schönsten sind die beiden Doppelzimmer im Obergeschoss, obwohl das Doppelzimmer unten riesig und zudem mit einem gigantischen Bett möbliert ist, in

dem sogar vier Leute bequem Platz fänden. Während der Recherchen zu diesem Reiseführer sollte das B&B einem neuen Besitzer übergeben werden.

Douglas Arms Hotel HOTEL ££
(☏01556-502231; www.douglasarmshotel.com; 206 King St.; EZ/DZ 55/95 £; 🛜) Die einstige Kutschenstation liegt mitten in der Stadt. Heute brauchen müde Reisende allerdings nicht auf die Annehmlichkeiten der Neuzeit verzichten. Wer sich etwas gönnen will, nimmt die Flitterwochensuite, die ein Himmelbett, Jacuzzi und gleich mehrere Fenster mit Blick auf den Ortskern bietet. Die lebhafte Bar serviert leckeres Essen (Pub-Gerichte 8–12 £); allerdings ist die Atmosphäre ein bisschen gesetzt. Empfehlenswert ist die Steak-und-Ale-Pastete mit Galloway-Rindfleisch.

The Craig B&B ££
(☏01556-504840; www.thecraigcastledouglas.co.uk; 44 Abercromby Rd.; EZ/DZ 38/60 £; ⊙Feb.–Okt.; P🛜) Das solide alte Gemäuer beherbergt ein prima B&B, das einem umsichtigen Besitzer gehört. Angeboten werden große Zimmer, und zum Frühstück gibt es u. a. auch frisches Obst. Hier herrscht traditionelle Gastlichkeit – authentisch und sehr komfortabel. Vor allem ältere Gäste fühlen sich hier wohl. Das Craig liegt am Ortsrand an der Straße nach New Galloway.

Lochside Caravan & Camping Site CAMPING £
(☏01556-502949; www.dumgal.gov.uk/caravanandcamping; Lochside Park; Stellplatz 16,50 £; ⊙März–Okt.; P🐾) Der zentrale Campingplatz liegt hübsch am Carlingwark Loch; die Rasenflächen sind weitläufig und bieten viel Platz für die Zelte, schöne Bäume spenden Schatten.

Deli 173 TAKEAWAY £
(173 King St.; Baguettes 2–3 £; ⊙Mo–Sa 8–16 Uhr) In diesem Feinkostdeli gibt's total leckere Baguettes. Besonders empfehlenswert ist die Variante „The Godfather" (der Pate).

🛈 Praktische Informationen

Library (☏01556-502643; King St.; ⊙Mo–Mi & Fr 10–19.30, Do & Sa 10–17 Uhr) Kostenloser Internetzugang.

Castle Douglas Information Centre (☏01556-502611; King St.; ⊙April–Juni & Sept.–Okt. Mo–Sa 10–17 Uhr, Juli & Aug. tgl. 9.30–18 Uhr) Die Info befindet sich in einem kleinen Park hinter der Bibliothek.

An- & Weiterreise

Busse, die nach Dumfries (45 Min.) und Kirkcudbright (20 Min.) fahren, kommen etwa stündlich durch Castle Douglas. Es besteht auch eine regelmäßig Verbindung nach Stranraer, New Galloway und Ayr.

Kirkcudbright
3447 EW.

Kirkcudbright (sprich: körk-*cu*-bri) mit seinen altehrwürdigen Straßen, gesäumt von Kaufmannshäusern aus dem 17. und 18. Jh., sowie einem hübschen Hafen ist der ideale Standort, um die Südküste zu erkunden. Sehenswert sind die verwinkelten, engen Gassen in der Biegung der wunderschön restaurierten High Street. Kein Wunder, dass Kirkcudbright dank seiner Lage und Architektur schon seit Ende des 19. Jhs. eine Künstlerkolonie ist.

👁 Sehenswertes & Aktivitäten

Broughton House GALERIE
(NTS; www.nts.org.uk; 12 High St.; Erw./Kind 6/5 £; ⊙April–Okt. 12–17 Uhr) Broughton House, das aus dem 18. Jh. stammt, präsentiert Gemälde von E. A. Hornel, der hier lebte und arbeitete und den sogenannten Glasgow Boys (S. 117) angehörte. Die Bibliothek mit Holzvertäfelung und Steinreliefs ist am beeindruckendsten. Hinter dem Haus liegt ein reizender japanischer Garten (Mo–Fr auch Febr./März geöffnet).

MacLellan's Castle BURG
(HS; www.historic-scotland.gov.uk; Castle St.; Erw./Kind 4/2,40 £; ⊙April–Sept. 9.30–13 & 14–17.30 Uhr) Unweit des Hafens steht diese wuchtige, malerische Ruine, ehemals eine stattliche Burg die 1577 von Thomas MacLellan, dem damaligen Bürgermeister von Kirkcudbright, als sein Stadtdomizil errichtet wurde. Innen ist der sogenannte *lairds' lug* interessant, ein Versteck für den Gastgeber *(laird)*, der so heimlich die Gespräche seiner Gäste belauschen konnte.

GRATIS **Tolbooth Art Centre** AUSSTELLUNG
(High St.; hMo–Sa 11–17, So 14–17 Uhr, im Winter eingeschränkte Öffnungszeiten) Das Kunstzentrum nimmt sich nicht nur der Künstler der Region an, sondern präsentiert zudem eine historische Ausstellung über die künstlerische Entwicklung der Stadt. Die ausgestellten Werke sind sehenswert, wirklich interessant ist jedoch das Gebäude selbst – eine der ältesten und besterhaltenen Mautstellen

Schottlands. Informationstafeln erklären die Geschichte des Bauwerks.

GRATIS Stewartry Museum — MUSEUM

(St Mary St.; Mo–Sa 11–17, So 14–17 Uhr, im Winter eingeschränkte Öffnungszeiten) Dieses altmodische, zusammengewürfelte Geschichtsmuseum hat seinen ganz eigenen Charme. Hier gibt es so ziemlich alles zu bestaunen – von Teetassen anlässlich der Krönungsfeierlichkeiten bis hin zu Granitklumpen und präparierten Fischen.

Galloway Wildlife Conservation Park — ZOO

(www.gallowaywildlife.co.uk; Lochfergus Plantation; Erw./Kind 7,50/5 £; Feb.–Nov. 10–17 Uhr, im Sommer bis 18 Uhr) Rund 1,5 km von Kirkcudbright entfernt liegt dieser Zoo an der B727. Er lässt sich im Rahmen eines Spaziergangs problemlos vom Dorf aus erreichen. Zu bestaunen gibt es Pandas, Wölfe, Meerkatzen, Affen, Kängurus, schottische Wildkatzen und viele andere Tiere in beschaulich-ländlicher Umgebung. Eine wichtige Rolle kommt dem Zoo beim Schutz seltener oder gefährdeter Arten zu.

✦ Festivals

Im Hochsommer finden sonntags in der Ortsmitte schottische Abende unter einem bestimmten Motto statt – mit Musik, Tanz und vielem mehr.

Kirkcudbright Jazz Festival — MUSIK

(www.kirkcudbrightjazzfestival.co.uk) Im Juni stehen vier Tage im Zeichen von Swing, traditioneller Musik und Dixie.

Wickerman Festival — MUSIK

(www.thewickermanfestival.co.uk) Das abwechslungsreiche zweitägige Festival findet im Juli auf Ackerland ein paar Kilometer südöstlich des Ortes statt. Hier kommen alle auf ihre Kosten, denn die musikalische Palette reicht von Punk über Reggae bis hin zu Indierock. Höhepunkt des Festivals ist die Verbrennung einer riesigen Strohpuppe (*wickerman*). Ein Großteil des gleichnamigen Kultfilms aus dem Jahr 1973 wurde in dieser Gegend gedreht.

🛏 Schlafen & Essen

Kirkcudbright kann mit einer Reihe guter B&Bs aufwarten, Einzelzimmer sind allerdings dünn gesät. Das **Kirkcudbright Bay Hotel** (01557-339544; www.kirkcudbrightbay.com; 25 St Cuthbert St.) wurde von den enthusiastischen neuen Besitzern unlängst so richtig aufgepeppt – was allerdings auch wirklich bitter nötig war. Jedenfalls kommt das Hotel jetzt als Quartier, aber auch als Speiselokal mit einem guten Angebot an Gerichten in die engere Wahl.

LP TIPP Selkirk Arms Hotel — HOTEL ££

(01557-330402; www.selkirkarmshotel.co.uk; High St.; EZ/DZ/Superior-DZ 84/110/130 £; P@🖃) Das Hotel ist wirklich ein Hort der Gastfreundlichkeit! Die Superior-Zimmer sind hervorragend und weisen durch die Holzmöbel und den Blick auf den Garten hinter dem Haus einen rustikalen Touch auf. Das **Bistro** (Hauptgerichte 11–18 £) bringt teure, aber leckere Pub-Gerichte auf den Tisch – der Fisch mit Pommes wird in den Newsletter des Hotels eingewickelt serviert. Im Restaurant **Artistas** sind ähnliche Speisen in allerdings feudalerem Ambiente erhältlich. Das Personal erfreut sich seines Daseins – und die Gäste dementsprechend auch.

Greengate — B&B ££

(01557-331895; www.thegreengate.co.uk; 46 High St.; EZ/DZ 60/80 £; 🖃) An Kunst interessierte sollten sich das einzige Doppelzimmer in diesem reizenden B&B schnappen – mit historischen wie auch aktuellen Verbindungen zur Malereiszene.

Number One — B&B ££

(01557-330540; www.number1bedandbreakfast.co.uk; 1 Castle Gdns; EZ/DZ 65/80 £; 🖃) Das geschmackvolle B&B im oberen Preissegment befindet sich direkt bei der Burg und bietet schicke Zimmer, eines sogar mit toller Aussicht auf die Burg. Dem künstlerischen Habitus der Gäste entsprechend, hängen an den Wänden vielerlei Ölgemälde und Aquarelle. Die aufmerksamen Wirtsleute zaubern ein hervorragendes Frühstück auf den Tisch und stehen den Gästen gern mit zahlreichen nützlichen Ratschlägen zur Seite, wenn es um die Planung von Wanderungen in der Umgebung geht.

Anchorlee — B&B ££

(01557-330197; www.anchorlee.co.uk; 95 St Mary St.; EZ/DZ 55/75 £; P🖃) Das elegante Domizil an der Hauptstraße ist ein Musterbeispiel für ein komfortables, klassisches B&B. Die Gastgeber sind herzlich, und die fröhlichen Zimmer mit Blümchendekor sowie das anständige Frühstück gewährleisten einen angenehmen Aufenthalt.

Silvercraigs Caravan & Camping Site
CAMPING £

(01557-330123; www.dumgal.gov.uk/caravanand camping; Silvercraigs Rd.; Stellplatz 10 £; ⊙März–Okt.; P) Von diesem Campingplatz bietet sich ein wahrlich sagenhafter Blick – man hat das Gefühl, beim Schlafen schier über der Stadt zu schweben. In klaren Nächten macht es Spaß, in den funkelnden Sternenhimmel zu gucken. Die Einrichtungen auf Erden sind aber auch gut; sogar eine Waschküche ist für die Gäste vorhanden, wo man seine Urlaubsgarderobe wieder auf Vordermann bringen kann.

Castle Restaurant
RESTAURANT ££

(01557-330569; www.thecastlerestaurant.net; 5 Castle St.; Hauptgerichte 12–15 £; ⊙Mo-Sa Abendessen;) Das Castle Restaurant gilt als die feinste Adresse von Kirkcudbright. Die Speisen werden nach Möglichkeit mit Bioprodukten zubereitet. Zur Auswahl stehen klassische Gerichte mit Hühnchen-, Rindfleisch oder Meeresfrüchten, aber auch Leckerbissen für Vegetarier.

❶ Praktische Informationen

Jede Menge Informationen über den Ort finden sich unter www.kirkcudbright.co.uk und www.artiststown.org.uk.

Kirkcudbright Information Centre (01557-330494; www.visitdumfriesandgalloway.co.uk; Harbour Sq.; ⊙Mitte Feb.–Nov. Mo-Sa 9.30–17, So 11–15 Uhr, im Juli & Aug. länger geöffnet) Praktische Touristeninformation mit nützlichen Broschüren, die Wanderwege und Autoausflüge in die nähere Umgebung beschreiben.

❶ An- & Weiterreise

Kirkcudbright liegt 45 km südwestlich von Dumfries. Es verkehren stündlich Busse nach Dumfries (1 Std.), die entweder über Castle Douglas oder über Dalbeattie fahren. Wer nach Stranraer will, muss in Gatehouse of Fleet umsteigen.

Gatehouse of Fleet

892 EW.

Gatehouse of Fleet ist ein schmucker kleiner Ort, der sich an der abschüssigen Hauptstraße entlangzieht. Diese wird auf beiden Seiten von hübschen, weiß getünchten Häusern gesäumt. In der Ortsmitte ragt ein ungewöhnlicher Uhrturm mit Zinnen auf. Die Ortschaft liegt abseits der Touristenpfade am Ufer des Water of Fleet inmitten von zum Teil bewaldeten Hügeln.

◉ Sehenswertes

GRATIS Mill on the Fleet Information Centre
MUSEUM, TOURISTENINFORMATION

(www.millonthefleet.co.uk; High St.; Eintritt frei; ⊙April–Okt. 10–17 Uhr) Das Zentrum ist in einer umfunktionierten Baumwollspinnerei aus dem 18. Jh. mitten im Ort untergebracht und präsentiert eine Ausstellung zu Industrie und Umwelt in dieser Region. Das Dorf war ursprünglich als Arbeitersiedlung angelegt worden. Hier befinden sich auch eine Touristeninformation, ein Café, eine Galerie und ein netter, aber chaotischer Laden mit antiquarischen Büchern.

Cardoness Castle
BURG

(HS; www.historic-scotland.gov.uk; Erw./Kind 4/2,40 £; ⊙April–Sept. tgl. 9.30–17.30 Uhr, Nov.–März Sa & So bis 16.30 Uhr) Rund 1,5 km südwestlich liegt an der A75 diese gut erhaltene Festung – das ehemalige Domizil des McCulloch-Clans. Die Aussicht oben von dem klassischen Turmhaus aus dem 15. Jh. beeindruckt sehr.

🛏 Schlafen

LP TIPP Bobbin Guest House
B&B ££

(01557-814229; www.bobbinguesthouse.co.uk; 36 High St.; EZ 35 £, DZ 60–70 £;) Das B&B, das sich mitten im Ort befindet, bietet ein richtiges Zuhause fern der Heimat. Die verschiedenen geräumigen, gut ausgestatteten Zimmer verfügen über ein schönes eigenes Bad. Die Gäste werden ungewöhnlich herzlich aufgenommen.

Cally Palace Hotel
HOTEL ££

(01557-814341; www.mcmillanhotels.co.uk; EZ/DZ 137/234 £, Abendessen, Bed & Breakfa St.; P) Das Hotel am Ortsrand liegt in einem derart weitläufigen Grundstück, dass sogar ein recht anständiger privater Golfplatz untergebracht werden konnte. Das Herrenhaus aus dem 18. Jh. beherbergt ein komfortables Hotel im gehobenen Preissegment, das mit verschiedenen altmodischen, aber gemütlichen Zimmern aufwartet. Außerdem können sich die Gäste über zahlreiche Einrichtungen wie Tennisplätze, einen Fitnessraum, ein beheiztes Hallenbad und ein renommiertes Restaurant (Dresscode: Sakko und Krawatte für die Männer) freuen. Auf der Website des Hotels stehen verschiedene Angebote wie beispielsweise unbegrenzte Nutzung des Golfplatzes für Hotelgäste. Übernachtung mit Frühstück kann man hier auch buchen.

❶ An- & Weiterreise

Die Busse X75 und 500, die auf der Strecke zwischen Dumfries (1 Std.) und Stranraer (1¼ Std.) verkehren, halten hier achtmal pro Tag (So 3-mal tgl.), außerdem in Castle Douglas und Newton Stewart. Weitere Busse fahren via Kirkcudbright nach Dumfries.

Rund um Gatehouse

Ein Paradies für Familien ist das **Cream o' Galloway** (✆01557-815222; www.creamogalloway.co.uk; Besucherzentrum Erw./Kind 2/4 £; inkl. aller Fahrgeschäfte 10 £; ☉Mitte März–Okt. 10–17 Uhr, Juli & Aug. bis 18 Uhr), die Produktionsstätte der köstlichen Eiscreme, die überall in der Region verkauft wird. Außerdem wird hier jedoch auch eine enorme Fülle an Aktivitäten und Events geboten: 6,5 km lange Naturlehrpfade, ein Abenteuerspielplatz für alle Altersstufen, ein 3D-Labyrinth, eine Farm – und natürlich jede Menge Eis zum Probieren. Es finden auch regelmäßig Veranstaltungen und Sonderevents statt. Das Eldorado liegt 6,5 km von Gatehouse entfernt an der A75 – die Anfahrt ist bestens ausgeschildert. Fahrräder kann man hier auch ausleihen.

Galloway Forest Park

Südlich und nordwestlich der kleinen Stadt New Galloway erstreckt sich der 780 km² große Galloway Forest Park mit unzähligen Seen und großen, hoch aufragenden Bergen, die mit Heidekraut und Kiefern bewachsen sind. Die höchste Erhebung ist der **Merrick** (843 m). Den Park durchziehen Off-Road-Fahrradstrecken und hervorragend ausgeschilderte Wanderwege – von leichten Spaziergängen bis hin zu Fernwanderwegen wie dem **Southern Upland Way**. Der Park ist sehr familienorientiert. Eine Jahresübersicht über die Veranstaltungen gibt es in den Touristeninformationen. Im Park kann man wunderbar **Sterne beobachten**; die International Dark-Sky Association (www.darksky.org) hat ihn wegen seiner geringen Lichtverschmutzung offiziell als „Dark Sky Park" ausgewiesen.

Der Queen's Way, die 30 km lange A712 zwischen New Galloway und Newton Stewart, durchschneidet den Südteil des Parks.

Am Ufer des **Clatteringshaws Loch**, etwa 10 km westlich von New Galloway, liegt das **Clatteringshaws Visitor Centre** (✆01671-402420; www.forestry.gov.uk/scotland; ☉Mitte April–Okt. 10.30–16.30 Uhr, Juli & Aug. 10–17.30 Uhr), das eine Ausstellung über die Flora und Fauna der Region zeigt. Hier gibt es die Broschüre *Galloway Red Kite Trail*, die einen Rundgang durch die beeindruckende Landschaft beschreibt. Die Chancen stehen gut, unterwegs einen der majestätischen Roten Milane zu sehen, die hier wieder angesiedelt wurden. Vom Besucherzentrum führt ein Weg zu einem Nachbau eines römisch-britischen Gehöfts sowie zum **Bruce's Stone**. Hier soll sich Robert Bruce ausgeruht haben, nachdem er die englischen Truppen in der Schlacht von Rapploch Moss (1307) besiegt hatte.

Etwa 1,5 km westlich von Clatteringshaws liegt die **Raiders Road**, eine 16 km lange Straße durch den Wald mit verschiedenen Picknickstellen, kinderfreundlichen Aktivitäten und ausgeschilderten kurzen Spaziergängen. Für die Benutzung der Straße werden 2 £ pro Fahrzeug verlangt. Unterwegs sollte man langsam fahren, denn es gibt Wildtiere zu sehen.

Weiter westlich liegt die **Galloway Red Deer Range**, wo Großbritanniens größtes Landtier beobachtet werden kann. Während der Brunftzeit im Herbst geht es hier fast wie beim Stierkampf zu; dann streiten sich schnaubende, angriffslustige Hirsche um die Gunst der Weibchen. Im Sommer finden geführte **Wanderungen mit Parkrangern** (Erw./Kind 4/3 £) statt. Wanderer und Radfahrer zieht es nach **Glentrool** im Westen des Parks. Eine Forststraße östlich von Bargrennan (und abseits der A714) führt nördlich von Newton Stewart dorthin. 1,6 km außerhalb von Bargrennan befindet sich das **Glentrool Visitor Centre** (☉April–Okt. 10.30–16.30 Uhr, Juli & Aug. 10.30–17.30 Uhr). Es besitzt ein Café und hält Infomaterial zu verschiedensten Aktivitäten in der Region bereit (u. a. über Mountainbiketouren). Die kurvenreiche Straße klettert dann zum **Loch Trool** hinauf, wo sich herrliche Ausblicke eröffnen.

St John's Town of Dalry

St John's Town of Dalry ist ein reizendes Dorf, das sich 5 km nördlich von New Galloway an der A713 an die Hügel schmiegt. Es liegt am Water of Ken und bietet sich als Ausgangsort an, um den Southern Upland Way zu erwandern. Auch der Galloway Forest Park ist von hier aus gut erreichbar.

PARADIES FÜR MOUNTAINBIKER

Die Wälder Südschottlands lassen sich herrlich per Fahrrad erkunden. Die **7stanes** (Sieben Steine) sind sieben Mountainbike-Zentren in der Region, die Routen anbieten, die durch einige der schönsten Wälder des Landes führen.

Glentrool ist eines dieser Zentren: Die **Blue Route** ist 9 km lang und führt auf einer wunderbaren Strecke zum Green Torr Ridge hinauf, von dem aus sich ein herrlicher Blick auf Loch Trool bietet. Konditionsstarke Radfahrer können sich die **Big Country Route** vornehmen: 58 km an anspruchsvollen Anstiegen und Abfahrten mit wunderbaren Ausblicken auf den Galloway Forest. Diese Tagestour hat es allerdings nicht ohne!

Ein anderer Ausgangspunkt ist das **Kirroughtree Visitor Centre**, 5 km südöstlich von Newton Stewart. Hier finden sich jede Menge einspuriger Trails in vier verschiedenen Schwierigkeitsgraden. Einen Fahrradverleih gibt es hier ebenfalls (www.thebreakpad.com). Weitere Infos zu den Routen sind im Internet unter www.7stanesmountainbiking.com zu finden.

Das von Weinreben bedeckte **Lochinvar Hotel** (01644-430107; www.lochinvarhotel.co.uk; EZ/DZ 43/75 £), eine alte Jagdhütte aus den 1750er-Jahren mit feudalen Räumlichkeiten, bietet hübsche, unlängst renovierte Zimmer – einige fallen wirklich riesig aus. Die Bäder sind schön, und die Aussicht nicht minder.

Wer auf dem Southern Upland Way wandert, wird das **Lodgings** (01644-430015; www.thelodgings.co.uk; 26 Main St.; Zi. pro Pers. 25 £, mit Frühstück 30 £) zu schätzen wissen. Im einzigen vorhandenen Zimmer können vier oder mehr Personen übernachten. Kücheneinrichtungen für Selbstversorger und ein Informationsbüro, das nützliche Ratschläge für die Wandertour erteilt, sind auch vorhanden.

Der Bus 521 fährt zweimal täglich (außer So) nach Dumfries (55 Min.). Der Bus 520 verkehrt auf der Strecke zwischen Dalry und Castle Douglas (30 Min., Mo-Sa 11-mal tgl.); zwei davon fahren weiter in Richtung Norden nach Ayr (1½ Std.).

Newton Stewart

3600 EW.

An den Ufern des schäumenden River Cree liegt Newton Stewart inmitten einer schönen Landschaft – entsprechend beliebt ist der Ort bei Wanderern und Anglern. Jenseits der Brücke am Ostufer liegt die ältere und kleinere Siedlung **Minnigaff**. Mit ausgezeichneten Unterkünften und Lokalen ist die Ortschaft ein guter Standort für die Erkundung des Galloway Forest Park.

Diese Gegend eignet sich vortrefflich zum Angeln. Wer Ausrüstung und eine Angellizenz benötigt oder sich auch nur ein paar gute Tipps holen will, wie man ein Prachtexemplar an den Haken bekommt, sollte im **Galloway Angling Centre** (01671-401333; www.gallowayangling.co.uk; 1 Queen St.) vorbeischauen. Überaus hilfreich ist auch die Website www.fishgalloway.co.uk.

🛏 Schlafen & Essen

Creebridge House Hotel HOTEL ££
(01671-402121; www.creebridge.co.uk; EZ/DZ/Superior-DZ 65/116/130 £) Das prachtvoll restaurierte Herrenhaus aus dem 18. Jh. wurde für den Earl of Galloway erbaut. Innen präsentiert es sich mit einem Labyrinth an geschmackvoll gestalteten Zimmern, die modernes Mobiliar und viel Flair aufweisen. Die Zimmer, die auf den Garten hinausgehen (Nr. 7 ist schön!), sind besonders empfehlenswert. Das Essen (Hauptgerichte 11–18 £) schmeckt hier ebenfalls lecker.

Flowerbank Guest House B&B ££
(01671-402629; www.flowerbankgh.com; Millcroft Rd.; EZ/DZ 40/60 £) Das ehrwürdige Haus aus dem 18. Jh. liegt in einem herrlichen Landschaftsgarten in Minnigaff am Ufer des Cree. Die beiden elegant möblierten Zimmer nach vorne hinaus kommen einen Tick teurer (66 £), sind dafür aber geräumiger und bieten einen schönen Blick auf den Garten. Das B&B ist ruhig und beschaulich. Ein Zwei-Gänge-Menü am Abend kostet 15 £.

Minnigaff SYHA HOSTEL £
(SYHA; 01671-402211; www.syha.org.uk; B 17 £; April–Sept.) Die umfunktionierte Schule ist nun ein gut ausgestattetes Hostel mit acht Schlafsälen. Es ist 800 m nördlich der Brücke ruhig am Ostufer gelegen. Das Min-

nigaff steht generell bei Outdoor-Freaks hoch im Kurs, aber so mancher Gast hatte das Hostel auch schon ganz für sich allein. Und Achtung: Bis 17 Uhr sind die Zimmer nicht zugänglich.

Galloway Arms Hotel HOTEL, PUB ££
(01671-402653; www.gallowayarmshotel.com; 54 Victoria St.; EZ/DZ 39/75 £, Hauptgerichte 7–13 £; P🛜🐕) Der historische Pub, der sich in der Hauptstraße befindet, kann auch mit einigen anständigen Zimmern aufwarten; die besten befinden sich im Obergeschoss. Das Hotel, das sich auf Wandervögel und Fahrradfahrer eingestellt hat, bietet seinen Gästen einen Fahrradschuppen und einen Trockenraum. Und im Restaurant mit Bar kommen leckere Spezialitäten der Region auf den Tisch. Unbedingt den Schweinefleisch-Apfel-Burger probieren!

❶ Praktische Informationen
Newton Stewart Information Centre (01671-402431; www.visitdumfriesandgalloway.com; Dashwood Sq.; April–Okt. Di–Sa 10–16 Uhr)

❶ An- & Weiterreise
Busse, die nach Stranraer (45 Min.) oder Dumfries (1½ Std.) fahren, halten in Newton Stewart (Dashwood Sq.); beide Linien verkehren mehrmals täglich. Es besteht auch eine Verbindung nach Ayr und Glasgow via Girvan. Viele Busse fahren in Richtung Süden zu den Machars.

The Machars

Südlich von Newton Stewart gehen die Galloway Hills in die leicht hügeligen Weiden einer dreieckigen Halbinsel über, die Machars. Im Süden befinden sich viele frühchristliche Stätten sowie der 40 km lange Pilgrims Way, ein Pilgerweg.

Der Bus 415 verkehrt etwa im Stundentakt auf der Strecke Newton Stewart–Isle of Whithorn (1 Std.) via Wigtown (15 Min.) und Whithorn.

WIGTOWN
987 EW.

Das kleine Wigtown gilt ganz offiziell als der Bücherort Schottlands, den Reisende mit einer Leidenschaft für Bücher besuchen sollten. Hier finden sich über ein Dutzend Buchläden, die eine breite Auswahl bieten – Bücherwürmer können hier tagelang schmökern. Ende September wird hier ein bedeutendes **Buchfestival** (www.wigtownbookfestival.com) veranstaltet.

👁 Sehenswertes & Aktivitäten
Bookshop BUCHLADEN
(www.the-bookshop.com; 17 North Main St.; Mo–Sa 9–17 Uhr) Dieser Buchladen behauptet von sich, das größte antiquarische Büchergeschäft in ganz Schottland zu sein – und die Auswahl an schottischen wie auch regionalen Titeln kann sich auch wirklich sehen lassen.

GRATIS Wigtown County Buildings NATURAUSSTELLUNG
(Market Sq.; Eintritt frei; Mo, Do & Sa 10–17, Di, Mi & Fr 10–19.30, So 14–17 Uhr) Die Einheimischen lieben ihre Fischadler über alles. Sie eignen sich gut, um ins Gespräch zu kommen, und wer ein bisschen mehr über diese herrlichen Vögel erfahren möchte und noch dazu eine Live-Schaltung in ein Nest gleich in der Nähe miterleben möchte, sollte sich in den Wigtown County Buildings die Fischadlerausstellung anschauen.

Bladnoch Distillery DESTILLERIE
(01988-402605; www.bladnoch.co.uk; Bladnoch; Führungen Erw./Kind 3 £/frei; Mo–Fr 9–17 Uhr, Juli & Aug. auch an den Wochenenden) In Büchern herumzuschmökern, kann ganz schön durstig machen, und so ist es ein Glücksfall, dass die Bladnoch Distillery nur ein paar Kilometer von Wigtown entfernt liegt – im Dorf Bladnoch genau gesagt. Wer an einer Führung teilnehmen möchte – zu denen natürlich auch ein guter Schluck Whisky gehört – sollte sich telefonisch nach den genauen Zeiten erkundigen. Für drei Kostproben ist mit 5 £ zu rechnen.

Torhouse Stone Circle RUINE
Gut 6 km westlich von Wigtown liegt an der B733 dieser gut erhaltene Steinkreis aus dem 2. Jh. v. Chr.

🛏 Schlafen & Essen
Hillcrest House B&B ££
(01988-402018; www.hillcrest-wigtown.co.uk; Station Rd.; EZ 40–45 £, DZ 68–78 £; P🛜) Wow! Etwas anderes kann man nicht sagen, wenn man die Zimmer im Hillcrest House sieht. Das feudale Steingebäude liegt in einem ruhigen Ortsteil. Das Haus hat hohe Decken und riesige Fenster. Der Aufschlag für ein Superior-Zimmer ist das Geld wert, denn die Aussicht auf die sanften grünen Hügel und auf das Meer dahinter ist einfach traumhaft. Vervollständigt wird das alles durch ein spitzenmäßiges Frühstück mit jeder Menge frischen Produkten aus der Region.

ReadingLasses Bookshop Café CAFÉ £
(www.reading-lasses.com; 17 South Main St.; Hauptgerichte 6,50 £; Mo-Sa 10-17 Uhr, Mai-Okt. auch So 12-17 Uhr;) Das Café mit Buchladen verkauft Koffein, damit die Gäste genügend Energie zum Weiterlesen haben. Außerdem gibt es hier einen irre leckeren Salat mit Räucherlachs aus der Region. Der Buchladen hat sich auf Titel spezialisiert, die sich mit Frauenstudien und Sozialwissenschaften beschäftigen.

WHITHORN
867 EW.

Whithorn hat eine breite, attraktive High Street, die an beiden Enden praktisch geschlossen ist. Sie wurde im Mittelalter so angelegt, um einen Markt abzugrenzen. Die Stadt hat wenig Sehenswertes, aber eine faszinierende Geschichte.

397, als die Römer Britannien besetzt hielten, gründete der hl. Ninian die erste christliche Mission südlich des Hadrianswalls in Whithorn (und kam dem hl. Kolumban auf Iona um 166 Jahre zuvor). Nach seinem Tod wurde **Whithorn Priory**, die früheste urkundlich erwähnte Kirche in Schottland, gebaut, um die sterblichen Überreste des Heiligen aufzubewahren. Whithorn entwickelte sich in der Folge dadurch zu einer bedeutenden mittelalterlichen Pilgerstätte.

Heute ist die stattliche Klosterruine Teil des ausgezeichneten **Whithorn Trust Discovery Centre** (www.whithorn.com; 45 George St.; Erw./Kind 4,50/2,25 £; April-Okt. 10.30-17 Uhr), das mit einer schönen audiovisuellen Präsentation die Geschichte des Ortes zum Leben erweckt. Regelmäßig finden hier noch archäologische Untersuchungen statt. Die Stätten früherer Kirchen sind bereits freigelegt. Ein Museum zeigt faszinierende frühchristliche Steinskulpturen, darunter den **Latinus Stone** (um 450), der als ältestes christliches Artefakt Schottlands gilt. Die Ausstellung zeigt außerdem, wie die einheimischen Bildhauer durch künstlerische Strömungen von den britischen Inseln und darüber hinaus beeinflusst wurden.

ISLE OF WHITHORN
400 EW.

Die Isle of Whithorn war früher eine Insel, ist aber heute durch einen Damm mit dem Festland verbunden. Es ist ein eigenartiger Ort mit einem hübschen Naturhafen und farbenprächtigen Häusern. Aus dem 13. Jh. stammt die **St Ninian's Chapel**, die vermutlich für Pilger erbaut wurde, die unweit von hier an Land gingen. Sie steht, jetzt ohne Dach, auf der windgepeitschten, felsigen Landspitze. Im Südwesten der Insel, bei Burrow Head, liegt die **St Ninian's Cave**, in die sich der Heilige zum Beten zurückzog. Zur Höhle führt nur ein Zugang, der vor der Isle of Whithorn von der A747 abzweigt.

Das 300 Jahre alte **Dunbar House** (01988-500336; http://dunbarhouse.herobo.com; Tonderghie Rd.; EZ/DZ 23/40 £) mit Blick auf den Hafen bietet zwei große Zimmer, die sich ein blitzsauberes Badezimmer teilen. Zu diesem Preis ist es ein Schnäppchen. Vom Speiseraum lässt sich beim Frühstück der Blick auf den Hafen genießen.

Das **Steam Packet Inn** (01988-500334; www.steampacketinn.biz; Harbour Row; Zi. prc Pers. 40 £, ohne Bad 35 £;) ist eine beliebte Hafenkneipe mit einer guten Auswahl an Real Ales, leckeren Pub-Gerichten (Hauptgerichte 7-11 £), einer gemütlichen Bar und bequemen Zimmern. Besonders empfehlenswert sind die Zimmer vorne, denn sie gewähren einen wunderbaren Blick auf den kleinen Hafen (z. B. die Nr. 2).

Stranraer
10 851 EW.

Der nette, aber etwas heruntergekommene Hafenort Stranraer musste zusehen, wie sich seine touristische Haupteinnahmequelle, der Fährverkehr nach Nordirland, immer mehr nach Cairnryan verlagerte. Nun weiß die Stadt noch immer nicht so recht, was sie mit sich anfangen soll. In der Umgebung von Stranraer gibt es jedoch eine Fülle von Sehenswürdigkeiten.

⊙ Sehenswertes

GRATIS St John's Castle BURG
(George St.; Juni-Sept. Di-Sa 10-13 & 13.30-16.30 Uhr) Eine Stippvisite ist das St John's Castle in jedem Fall wert. Der Turm wurde 1510 von der einflussreichen Familie Adairs of Kihilt errichtet. In den alten Steinzellen riecht es vermodert. Ansonsten gibt es einige Ausstellungen und ein paar Videos zu sehen, die der Geschichte der Burg nachspüren. Ganz oben auf der Burg reicht die herrliche Sicht bis zum Loch Ryan.

GRATIS Stranraer Museum MUSEUM
(55 George St.; Mo-Fr 10-17, Sa 10-13 & 13.30-16.30 Uhr) Das Museum präsentiert Exponate zur Regionalgeschichte und infor-

miert über die Polarforscher von Stranraer. Hauptattraktion ist eine Steinpfeife aus Madagaskar mit Reliefs.

Schlafen & Essen

Balyett Farm `LP TIPP` B&B, HOSTEL ££
(☏01776-703395; www.balyettbb.co.uk; Cairnryan Rd.; B/EZ 20/55 £, DZ 65–75 £; P⚡) Rund 1,5 km nördlich des Ortes an der A77 kann der äußerst gastfreundliche Wirt mit hübschen, gemütlichen Zimmern in ruhigem Ambiente aufwarten. Sie sind hell und freundlich, blitzsauber und bieten auch noch einen schönen Blick über die Landschaft. Hinter dem Gebäude befindet sich eine Hütte für Selbstversorger, in der bis zu fünf Personen übernachten können – eine tolle Sache für Familien mit Kindern, jedoch auch als Schlafsaal geeignet.

Ivy House B&B £
(☏01776-704176; www.ivyhouse-ferrylink.co.uk; 3 Ivy Pl.; EZ/DZ 30/50 £, EZ ohne Bad 25 £; ⚡) Dieses Gästehaus macht der schottischen Gastfreundschaft wahrlich alle Ehre. Die Einrichtungen sind prima, die Zimmer mit eigenem Bad sauber, und das Frühstück ist auch exzellent. Dem genialen Wirt ist keine Mühe zu groß – er hat für seine Gäste immer ein Lächeln. Das rückwärtige Zimmer, das zum Kirchhof hinausgeht, ist besonders hell und ruhig.

North West Castle Hotel HOTEL ££
(☏01776-704413; www.northwestcastle.co.uk; EZ/DZ 80/120 £; P⚡⚡⚡) Das ehemalige Haus des Polarforschers Sir John Ross ist in die Jahre gekommen, aber ein Aufenthalt hier ist dennoch eine nette nostalgische Erfahrung. Die Zimmer könnten ein klein wenig aufgemöbelt werden, sind jedoch ganz gemütlich. Und vielleicht ist ja sogar gerade eines mit Meerblick frei. Der Service ist hervorragend, aber der eigentliche Clou kommt erst noch: Dieses Hotel war das erste der Welt mit einer Curlingbahn im Haus.

L'Aperitif BISTRO ££
(☏01776-702991; www.laperitifstranraer.co.uk; London Rd.; Hauptgerichte 10–14 £; ⚡Di–Sa; ⚡) Stranraer zur Mittagszeit hat etwas Höllisches – ein Glück also, dass es dieses nette Lokal gibt. Das L'Aperitif ist ganz eindeutig das beste Restaurant in Stranraer – und auch so ziemlich der beste Pub. Trotz des Namens werden hier eher italienische als französische Gerichte serviert, es gibt leckere Pasta, aber auch Braten, Saltimbocca und köstliche Vorspeisen wie Räucherlachs oder Grünlippmuscheln.

ⓘ Praktische Informationen

Library (North Strand St.; ⚡Mo–Mi & Fr 9.15–19.30, Do & Sa bis 17 Uhr) Kostenloser Internetzugang.

Stranraer Information Centre (☏01776-702595; www.visitdumfriesandgalloway.com; 28 Harbour St.; ⚡Mo–Sa 10–16 Uhr) Effizient und freundlich.

ⓘ An- & Weiterreise

Stranraer liegt knapp 10 km südlich von Cairnryan am Ostufer des Loch Ryan. Der Bus 358, der die Strecke Stranraer–Ayr häufig befährt, hält in Cairnryan. Wer ein Taxi nach Cairnryan (ca. 11 £) braucht, wendet sich an **McLean's Taxis** (☏01776-703343; 21 North Strand St.; ⚡24 Std.), nur einen Steinwurf von der Touristeninformation entfernt.

Bus

Schottische Citylink-Busse fahren nach Glasgow (17,50 £, 2½ Std., 3-mal tgl.) und Edinburgh (20 £, 4 Std., 3-mal tgl.).

Außerdem verkehren mehrere Regionalbusse täglich nach Kirkcudbright und zu Orten, die an der A75 liegen, wie Newton Stewart (45 Min., mind. stündl.) und Dumfries (7,40 £, 2¼ Std., Mo–Sa 9-mal tgl., So 3-mal).

Schiff

P&O (☏0871 66 44 777; www.poferries.com) Das Unternehmen betreibt sechs bis acht flotte Fähren am Tag von Cairnryan nach Larne (Nordirland); die Überfahrt dauert zwei Stunden. Es gibt jedoch auch ein Expressschiff, das nur eine Stunde unterwegs ist.

Stena Line (☏08445-762762; www.stenaline. co.uk; Passagier/Auto 28/110 £) Von diesem Unternehmen verkehren vier bis sechs Fähren von Cairnryan nach Belfast (2¾ Std.).

Zug

Züge von First Scotrail fahren nach/von Glasgow (21,60 £, 2¼ Std., 2–7 Züge tgl.); manchmal ist es erforderlich, in Ayr umzusteigen.

Rund um Stranraer

Die herrlichen **Castle Kennedy Gardens** (www.castlekennedygardens.co.uk; Erw./Kind 5/ 1,50 £; ⚡April–Okt. tgl.10–17 Uhr, Feb.–März nur Sa & So), 5 km östlich von Stranraer, zählen zu den berühmtesten Gartenanlagen Schottlands. Sie nehmen mehr als 30 ha ein und liegen auf einer Landenge zwischen zwei Lochs und zwei Burgen (Castle Kennedy,

> **ABSTECHER**
>
> ### CORSEWALL LIGHTHOUSE HOTEL
>
> Im romantischen, 200 Jahre alten **Lighthouse Hotel** (☏01776-853220; www.lighthousehotel.co.uk; DZ inkl. 5-Gänge-Abendessen 180–290 £; P 🛜) an der äußersten Spitze der Halbinsel, 21 km nordwestlich von Stranraer, ist man mit sich und dem tosenden Meer allein. An einem sonnigen Tag, wenn das Meer im Licht schillert, reicht der Blick bis nach Irland, Kintyre, Arran und Ailsa Craig. Doch wenn Wind und Regen niederprasseln, macht es auch Spaß, es sich in der Restaurantbar gemütlich zu machen oder sich einfach im Zimmer unter die Bettdecke zu verziehen. Die Zimmer im Leuchtturm sind schön, fallen aber natürlich klein aus. Ferienchalets gibt es hier auch.

1716 abgebrannt; Lochinch Castle, 1864 errichtet). Die Landschaftsgärten wurden 1730 vom Earl of Stair angelegt, der für diese Arbeit Soldaten einsetzte. Busse, die von Stranraer in Richtung Osten fahren, halten am Tor an der Hauptstraße. Von dort ist es noch ein netter Spaziergang von 20 Minuten bis zum Garteneingang.

Portpatrick

585 EW.

Portpatrick ist ein reizender kleiner Hafenort an der zerklüfteten Westküste der Halbinsel Rhinns of Galloway. Der Ort eignet sich prima als Standort, um den Süden der Halbinsel zu erkunden, außerdem befindet sich hier der Ausgangspunkt des **Southern Upland Way**. Es macht Spaß, zumindest die Teilstrecke bis nach Stranraer (14,5 km) zu wandern. Sie führt auf den Klippen entlang, abschnittsweise aber auch durch Ackerland und Heidemoor.

Das **Harbour House Hotel** (☏01776-810456; www.theharbourhousehotel.co.uk; 53 Main St.; EZ/DZ 60/100 £; 🛜) war ursprünglich das Zollhaus, heute ist es jedoch ein netter alter Pub, der sich großer Beliebtheit erfreut. Von einigen der wunderschön restaurierten Zimmer bietet sich ein sagenhafter Blick über den Hafen. Hinter dem Haus stehen ein paar Apartments für Selbstversorger zur Verfügung. Das Hotel ist auch ein guter Tipp, wenn die Geschmacksknospen nach einem traditionellen Pub-Gericht (7–10 £) lechzen. Am Hafen entlang finden sich noch diverse andere Hotels, Fischlokale und B&Bs.

Wer sich eine Dosis echten Luxus leisten möchte, fährt 8 km zur **Knockinaam Lodge** (☏01776-810471; www.knockinaamlodge.com; Abendessen, Bed & Breakfast EZ 215–340 £, DZ 340–440 £; P 🛜 🐾), einer ehemaligen Jagdhütte in dramatisch abgeschiedener Lage, mit Rasenflächen, die sich bis zu einer sandigen Bucht hinunterziehen. Hier plante Churchill die Endphase des Zweiten Weltkriegs – in seiner Suite kann man sogar wohnen. Jedenfalls bietet sich diese romantische Lodge an, um dem Alltag zu entfliehen. Die exquisite französisch inspirierte Küche (Mittag-/Abendessen 40/58 £) wird durch eine super Auswahl an Weinen und Single Malt-Whiskys ergänzt; zum Frühstück munden die selbst gemachten Marmeladen.

Der Bus 367 fährt nach Stranraer (20 Min., Mo–Sa stündl., So 3-mal).

Südlich von Portpatrick

Von Portpatrick führt die Straße südwärts zum Mull of Galloway durch eine Küstenlandschaft, die von zerklüfteten Klippen, kleinen Häfen und Sandstränden geprägt ist. Milchkühe grasen auf dem grünsten Gras, das man sich vorstellen kann; dem warmen Wasser des Golfstroms verdankt die Halbinsel das mildeste Klima ganz Schottlands.

Der **Logan Botanic Garden** (www.rbge.org.uk/logan; Erw./Kind 5,50/1 £; ⊙Feb. So 10–16 Uhr, Mitte März–Okt. tgl. 10–17 Uhr) 1,6 km nördlich von Port Logan ist der beste Beweis für dieses milde Klima. Zu den vielen subtropischen Pflanzen, die hier überraschenderweise üppig gedeihen, gehören schöne Baumfarne und Sabalpalmen. Der Garten ist ein Ableger des Royal Botanic Garden in Edinburgh. **Port Logan** selbst ist ein schläfriges Dörfchen mit einem ordentlichen Pub und ausgezeichnetem Sandstrand.

Weiter südlich liegt das Fischerdorf **Drummore** an der Ostküste. Von hier sind es noch knapp 8 km bis zum **Mull of Galloway**, dem südlichsten Punkt Schottlands – ein spektakulärer Flecken Erde mit windgepeitschtem Gras und Sicht bis nach England, zur Isle of Man und Nordirland. Der **Leuchtturm** (Erw./Kind 2,50/1 £; ⊙Ostern–Okt Sa & So 10–16 Uhr, Juli & Aug. auch Mo) wurde 1826 von Robert Stevenson erbaut, dem Großvater des berühmten Schriftstellers. Eine kleine **Ausstellung** (www.mull-of-galloway.co.uk; Erw./Kind 2,50/1 £; ✆Ostern–Okt. 10–16 Uhr) unten im Leuchtturm informiert über den Stevenson-Clan, auf den zahlreiche Leuchttürme zurückgehen. Das RSPB-Naturreservat Mull of Galloway, in dem Tausende Seevögel zu Hause sind, verfügt über ein **Besucherzentrum** (www.rspb.org.uk; ✆10–17 Uhr), das jede Menge Informationen über die hier vertretenen Tierarten bietet; ein Café gehört mit dazu.

In den ehemaligen Wohnhäusern der Leuchtturmwärter können die Besucher heute übernachten; genauere Informationen finden sich unter www.ntsholidays.com.

Zentralschottland

Inhalt »

Stirling	211
The Trossachs	223
Fife	230
Culross	231
Aberdour	232
Falkland	233
St. Andrews	233
East Neuk	241
Perth	245
Strathearn	249
Blairgowrie & Glenshee	261

Gut essen

- » Peat Inn (S. 240)
- » 63 Tay Street (S. 248)
- » Vine Leaf (S. 239)
- » Falls of Dochart Inn (S. 230)

Schön übernachten

- » Monachyle Mhor (S. 228)
- » Milton Eonan (S. 255)
- » Lake of Menteith Hotel (S. 225)
- » Bunrannoch House (S. 256)
- » Craigatin House (S. 259)
- » Killiecrankie House Hotel (S. 260)

Auf nach Zentralschottland!

Zentralschottland hat in der schottischen Geschichte eine bedeutende Rolle gespielt. Wichtige historische Ruinen und Burgen prägen die Landschaft, entscheidende Schlachten in der Umgebung von Stirling bestimmten Schottlands Schicksal, und in Perth, der ehemaligen Hauptstadt, wurden auf dem Stone of Destiny die Könige gekrönt.

Bei der Anreise aus Glasgow oder Edinburgh und beim Übergang von den Lowlands zu den Highlands bekommen Reisende ein gutes Gefühl für die weiter nördlich gelegenen Landesteile. Das Majestätische der Landschaft entfaltet sich hier in tiefen, stahlblauen *lochs*, in denen sich an ruhigen Tagen die Silhouetten zerklüfteter Gipfel spiegeln.

Überall, – in dem von großen Bäumen geprägten Perthshire, in der kargen Landschaft von Glenshee oder an der grünen Küste von Fife zeigt sich die Vielfalt der Landschaft. Die Region lockt darüber hinaus mit einigen der besten Pubs und Restaurants des ganzen Landes.

Reisezeit
Stirling

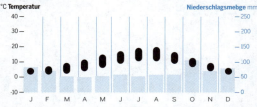

Mai Bei schönem Wetter ist der Mai zauberhaft für einen Aufenthalt ohne Touristenmassen.

Aug. Die beste Zeit, um in Fife an der Küste zu wandern und krustentiere zu genießen.

Dez.–März Sich in Glenshee auf die Pisten stürzen, und Schottland im Schnee zu erleben.

REGION STIRLING

Diese strategisch günstig gelegene Region an Schottlands „Wespentaille" trennt die Lowlands von den Highlands. Aus diesem Grund sind die beiden wichtigsten Schlachten um die Unabhängigkeit auch hier, in Blickweite der Gipfelfestung von Stirling, geschlagen worden. William Wallaces Sieg über die Engländer an der Stirling Bridge und 17 Jahre später Robert Bruces Triumph bei Bannockburn etablierten die schottische Nation. Die Schotten sind deshalb bis heute sehr stolz auf diese Gegend.

Stirlings Altstadt thront auf einem spektakulären Felsen, und die Burg gehört zu den faszinierendsten in ganz Großbritannien. Nicht weit entfernt bieten die märchenhaften Trossachs, Heimat von Rob Roy und Inspiration für Walter Scott, die Möglichkeit zu grandiosen Wanderungen und Radtouren in der Osthälfte von Schottlands erstem Nationalpark.

Stirling

32 673 EW.

Mit einer absolut uneinnehmbaren Lage auf einem mächtigen, bewaldeten Felsen (der zu einem erloschenen Vulkan gehört) ist Stirlings wunderschön erhaltene Altstadt eine Schatzkiste voller nobler Bauten hübscher, gepflasteter Straßen, die sich zu den Wällen der hoch über der Stadt thronenden Burg hinaufwinden. Von hier aus kann man viele Kilometer weit blicken, etwa auf das düstere Wallace Monument, eine merkwürdige viktorianische Kreation zu Ehren des legendären Freiheitskämpfers, der durch den Film *Braveheart* weit über Schottland hinaus bekannt geworden ist. Ganz in der Nähe liegt auch Bannockburn, Schauplatz von Robert Bruces entscheidendem Sieg über die Engländer.

Die Burg ist ein faszinierendes Ziel. Aber auch die Altstadt und der malerische Weg, der um sie herumführt, sind einen Besuch wert. Das moderne Stirling unterhalb der Altstadt ist mit seinen Geschäften wenig reizvoll. Wer sich auf die höher gelegene Altstadt konzentriert, wird sich jedoch in die Stadt verlieben.

◉ Sehenswertes

Stirling Castle   BURG
(HS; Karte S. 214; www.historic-scotland.gov.uk; Erw./Kind 13/6,50 £; ⊙April–Sept. 8.30–18 Uhr, Okt.–März bis 17 Uhr) Wer in Besitz von Stirling ist, hat ganz Schottland unter Kontrolle. Diese Maxime hatte zur Folge, dass hier schon seit prähistorischen Zeiten eine Festung steht. Der Vergleich mit Edinburgh Castle drängt sich natürlich auf, und viele finden, dass die Burg von Stirling mehr Flair hat – ihre Lage, die Architektur, ihre historische Bedeutung und der herrliche Ausblick machen sie zu einer Sehenswürdigkeit, die so schnell niemand vergisst. Aus diesem Grund strömen die Besucher natürlich in Scharen herbei. Für die Besichtigung empfiehlt sich der Spätnachmittag, wenn die vielen Tagesausflügler gegen 16 Uhr wieder abfahren und man die Burg dann praktisch für sich alleine hat.

Stirling Castle, wie es sich heute präsentiert, stammt aus dem späten 14. bis 16. Jh.; damals war die Burg die Residenz der Stuart-Könige. Das Highlight eines jeden Besuchs ist zweifelsohne der sagenhafte, unlängst restaurierte **Royal Palace**. Die Idee war, ihn so zu renovieren, dass er nagelneu wirkt – wie damals, als Steinmetze aus Frankreich ihn auf Anordnung von James V. in der Mitte des 16. Jhs. erbauten, um die (ebenfalls französische) Braut und andere gekrönte Häupter Europas zu beeindrucken. Die Suite mit sechs Räumen – drei für den König, drei für seine Königin – ist eine wahre Orgie an Farben. Besonders sehenswert sind die schönen Kamine, die wieder hergestellten bemalten Eichenintarsien in der Decke des königlichen Audienzzimmers sowie mehrere fantastische **Wandteppiche**, die in jahrelanger Arbeit akribisch gefertigt wurden. Sie bilden Originale nach, die sich im New Yorker Metropolitan Museum befinden, und stellen die Jagd auf ein Einhorn dar – ein Ereignis, das vor christlicher Symbolik nur so strotzt. Jedenfalls sind die Wandteppiche wirklich ein wunderschöner Anblick. Es beeindrucken jedoch auch die Außenfassade des Palasts mit herrlichem Skulpturenschmuck und die **Stirling Heads Gallery** über den königlichen Gemächern. Hier befinden sich die originalen Rundbilder aus Eichenholz – die reinste „Verbrecherkartei" mit Bildern der Royals, der Höflinge sowie von Berühmtheiten des klassischen Altertums. In den Gewölben unter dem Palast wird eine kinderfreundliche **Ausstellung** zu verschiedenen Aspekten des Lebens im Palast präsentiert.

Um den Hauptburghof gruppieren sich noch folgende Gebäude: die weitläufige **Great Hall**, die James IV. errichten ließ, die

Highlights

❶ Mit offenem Mund die landschaftliche Schönheit des **Glen Lyon** (S. 255) bestaunen

❷ Vom prächtigen **Stirling Castle** (S. 211) die Aussicht genießen und auf die alten Schlachtfelder der Unabhängigkeitskriege hinabblicken.

❸ Durchs historische **St Andrews** (S. 233) zum berühmten Golfplatz Old Course schlendern

❹ Mit den Pfauen im feudalen **Scone Palace** (S. 245) herumstolzieren, wo einst die schottischen Könige gekrönt wurden

❺ Sich in den malerischen Fischerdörfern am **East Neuk of Fife** (S. 245) die Meeresfrüchte der Region schmecken lassen

❻ In den **Trossachs** (S. 229) die reizvollen Landschaften der *lochs* und die gut zugänglichen Wander- und Fahrradwege erkunden

❼ Rund um den Loch Rannoch die ausgetretenen Touristenpfade verlassen und das Flair des einsamen **Rannoch Moor** (S. 256) auf sich wirken lassen

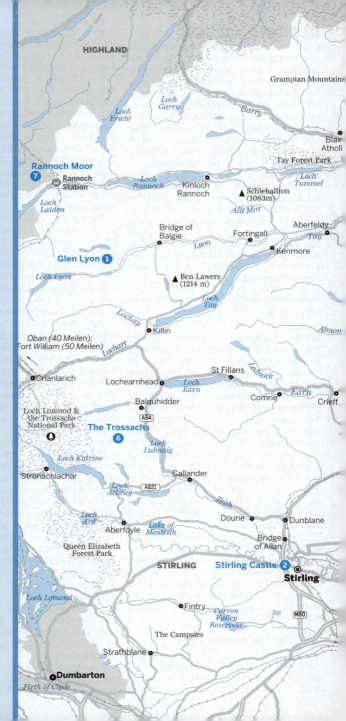

Stirling

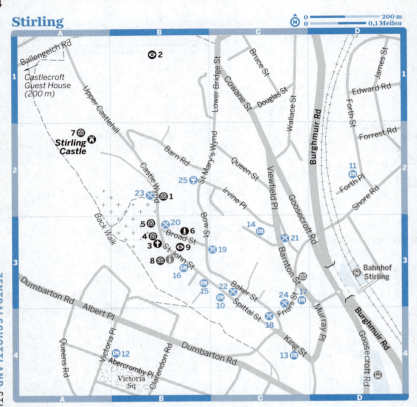

Chapel Royal, die Anfang des 17. Jhs. von James VI. umgestaltet wurde und noch intakte farbenprächtige Originalwandgemälde aufweist, sowie das King's Old Building. Dieses Gebäude beherbergt heute das **Museum of the Argyll & Sutherland Highlanders** (Spende willkommen), das der Geschichte dieses legendären Regiments ab 1794 nachspürt, darunter auch die berühmte Verteidigungsschlacht von Balaklawa im Jahr 1854. Unbedingt lesen sollte man die bewegenden Briefe, die in den beiden Weltkriegen verfasst wurden.

Bis der letzte Wandteppich vollendet ist – was vermutlich 2013 der Fall sein wird – können die Besucher den Webern im **Tapestry Studio** am hinteren Ende der Burg bei der Arbeit zuschauen – ein beeindruckendes Erlebnis. Zu besichtigen sind ferner die **Great Kitchens**, die vermitteln, welch einen enormen Aufwand es darstellte, den König und seinen Tross zu bekochen, und – unweit des Eingangs – die **Castle Exhibition**; sie liefert gute Hintergrundinformationen über die Stuart-Könige und präsentiert den Besuchern auch die Ergebnisse der neuesten archäologischen Untersuchungen. Von den **Burgwällen** bietet sich eine sagenhafte Aussicht.

Im Eintrittspreis inbegriffen ist ein Audioguide; Führungen (2 £ extra, frei für HS-Mitglieder) beginnen in regelmäßigen Abständen nahe des Eingangs und schließen auch **Argyll's Lodging** oben auf dem Castle Wynd mit ein. Die Lodge mit Türmchen gilt als Schottlands beeindruckendstes Stadthaus aus dem 17. Jh. Früher lebte hier William Alexander, Earl of Stirling, ein berühmter Literat. Die Lodge wurde geschmackvoll restauriert und vermittelt einen guten Einblick in das Luxusleben dieses Adeligen aus dem 17. Jh. Täglich werden vier bis fünf Führungen angeboten (ansonsten kein Eintritt möglich).

Stirling

◎ Highlights
Stirling Castle A2

◎ Sehenswertes
1 Argyll's Lodging..................................... B2
2 Beheading Stone................................... B1
3 Church of the Holy Rude................... B3
4 Cowane's Hospital................................ B3
5 Mar's Wark.. B3
6 Mercat Cross.. B3
7 Museum of the Argyll &
    Sutherland Highlanders.................. A2
8 Old Town Jail... B3
9 Tolbooth... B3

◎ Schlafen
Cairns Guest House.................... (siehe 14)
10 Colessio Hotel C3
11 Forth Guest House D2
12 Garfield Guesthouse B4
13 Sruighlea.. C4
14 Munro Guesthouse C3
15 Stirling Highland Hotel........................ B3
16 Stirling SYHA B3
17 Willy Wallace Backpackers
     Hostel... C3

◎ Essen
18 Breá.. C4
19 Darnley Coffee House.......................... C3
20 Hermann's B3
21 Ibby's East India Company C3
22 Mamma Mia C3
23 Portcullis... B2
24 The Kitchen C3

◎ Ausgehen
25 Settle Inn B2

Altstadt
HISTORISCHES VIERTEL

Unterhalb der Burg besitzt die steile Altstadt eine völlig andere Atmosphäre als das moderne Stirling. Ihre Kopfsteinpflasterstraßen sind dicht besetzt mit architektonischen Schmuckstücken, die aus dem 15. bis 17. Jh. stammen. Das Wachstum der Stadt begann, als Stirling (um 1154) eine königliche Burg wurde. Die eigentliche Blütezeit setzte ein, als sich im 15. und 16. Jh. zahlreiche, wohlhabende Kaufleute hier ihre Wohnhäuser bauten.

Stirling besitzt die schönste erhaltene **Stadtmauer** Schottlands. Sie wurde etwa um 1547 errichtet, als Heinrich VIII. von England die Stadt angriff, um Maria Stuart zu zwingen, seinen Sohn zu heiraten – um auf diese Weise die beiden Königreiche zu vereinen. Am besten lässt sich die Mauer auf dem **Back Walk** erkunden, der ihr von der Dumbarton Road bis zur Burg folgt. Diese Route geht am Friedhof (man beachte die Sternenpyramide, eine übergroße Verkörperung reformatorischer Werte aus dem Jahr 1863) vorbei und führt dann weiter um die Rückseite der Burg nach Gowan Hill, wo der **Beheading Stone** (Enthauptungsstein) zu sehen ist, der sich heute hinter einem Eisengitter befindet, um zu vermeiden, dass jemand ihn benutzt.

Mar's Wark, auf der Castle Wynd oben in der Altstadt, ist die raffinierte Fassade eines Stadthauses, das 1569 im Auftrag des reichen Earl of Mar errichtet wurde, dieser regierte Schottland, während Jakob VI. noch minderjährig war.

Die **Church of the Holy Rude** (Karte S. 212; www.holyrude.org; St John St.; Eintritt frei; ⏰Mai–Sept. 11–16 Uhr) ist schon seit 600 Jahren die Gemeindekirche der Stadt. Jakob VI. wurde hier 1567 gekrönt. Das Hauptschiff und der Turm stammen aus dem Jahr 1456. Die Kirche besitzt eine der wenigen erhaltenen mittelalterlichen, offenen Holzdecken. Ihre beeindruckenden Buntglasfenster und riesigen Steinsäulen schaffen eine faszinierende Atmosphäre.

Hinter der Kirche wurde das **Cowane's Hospital** (Karte S. 214; 49 St John St.; Eintritt frei; ⏰April–Okt. 10.30–15.30 Uhr) 1637 von dem Kaufmann John Cowane als Armenhaus erbaut. Die Halle mit hoher Gewölbedecke wurde im 19. Jh. einer grundlegenden Umgestaltung unterzogen.

Das **Mercat Cross**, ein Marktkreuz in der Broad Street, wird oben gekrönt von einem Einhorn, genannt: the Puggie. Früher fand hier ein geschäftiger Markt statt. Gleich in der Nähe befindet sich die **Tolbooth**, ein Zollhaus, das 1705 als Verwaltungszentrum der Stadt errichtet wurde. 2001 wurde das Gebäude nach Renovierungsarbeiten in ein Kunstzentrum umgewandelt.

Das **Old Town Jail** (Karte S. 214; www.oldtownjail.com; St. John St.; Erw./Kind 6,75/4,25 £; ⏰April–Okt. 10–17 Uhr) ist für Kinder eine tolle Sache. Schauspieler führen durch den Gefängniskomplex und stellen dar, welch ein

Stirling Castle

BESICHTIGUNG

Stirling ist eine recht große Burg, aber so riesig nun auch wieder nicht, dass man bei der Besichtigung Prioritäten setzen müsste. Die Zeit sollte für alles reichen. Wer sich nicht mit den diversen schottischen Königen auskennt, sollte zuerst die **Castle Exhibition** 1 besuchen. Nun geht es zu den **Burgmauern** 2; der Blick über das Tal, ein strategisch wichtiger Punkt in der schottischen Geschichte ist großartig. Als Nächstes wartet auf der Rückseite der Burg das **Tapestry Studio** 3 falls es noch in Betrieb ist. Den Webern zuzuschauen, wie sie Wandteppiche fertigen, zählt zu den Highlights hier. Zurück zur Burg geht es zu den **Great Kitchens** 4. Nun betritt man den Haupthof, an dem die wichtigsten Burggebäude liegen. Im Sommer finden in der **Great Hall** 5 Veranstaltungen wie Renaissance-Tänze statt (Infos am Eingang). Das **Museum of the Argyll & Sutherland Highlanders** 6 ist eine Wonne, wenn man sich für Militärgeschichte interessiert, ansonsten kann man es weglassen. Das Beste sollte man sich für zuletzt am Nachmittag aufheben, wenn der Besucherstrom abebbt: den prächtigen **Royal Palace** 7.

RAUF & RUNTER

Wer Zeit hat, sollte einen stimmungsvollen Spaziergang auf der alten Stadtmauer (Back Walk) um die Altstadt herum unternehmen und dann die Burg erklimmen. Anschließend macht es noch Spaß, in der Altstadt die Fassaden zu bewundern.

TOP-TIPPS

» **Eintritt** Kostenloser Eintritt für Historic-Scotland-Mitglieder. Wer plant, mehrere Burgen und Ruinen in Schottland zu besichtigen, kann mit einer Mitgliedschaft viel Geld sparen.

» **Interessante Zahlen** Erbaut vor 1110; Anzahl der Belagerungen: mindestens neun; letzter Belagerer: Bonnie Prince Charlie (erfolglos); Höhe der Restaurierungskosten des Royal Palace: 12 Millionen £.

Museum of the Argyll & Sutherland Highlanders

Die Geschichte eines der legendärsten Regimenter Schottlands – heute das Royal Regiment of Scotland – wird hier präsentiert anhand von Erinnerungsstücken, Waffen und Uniformen.

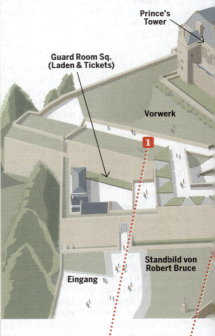

Castle Exhibition

Die Ausstellung gibt einen umfassenden Überblick über die Dynastie der Stuarts und klärt somit geschichtliche Fakten, außerdem zeigt sie die neuesten archäologischen Fundstücke der laufenden Ausgrabungen unter der Festung. Die Analyse von Skeletten hat eine erstaunliche Menge an biografischem Datenmaterial ergeben.

Royal Palace

Das imposante neue Highlight eines Burgbesuchs sind die rekonstruierten königlichen Privatgemächer, die ursprünglich von James V. erbaut wurden. Die kunstvolle Decke, die prächtigen Möbel und die Einheit Wandteppiche beeindrucken voll zutiefst.

Great Hall & Chapel Royal
Die eleganten von James IV. und VI. entworfenen Räume, die sich um den zentralen Burghof gruppieren, wurden originalgetreu restauriert. Die weitläufige Great Hall mit ihrer beeindruckenden Balkendecke war im Mittelalter die größte Halle Schottlands.

King's Old Building (alter Königspalast)

6

7 **5**

Unterer Burghof

4

Grand Battery

Tapestry Studio (bis Ende 2013)
Mehrere edle Wandteppiche stellen die Einhornjagd samt einer Fülle von christlichen Anspielungen dar. Diese Werke werden hier akribisch reproduziert. Die Fertigstellung eines jeden Bildteppichs dauert vier Jahre. Den Webern bei der Arbeit zuzuschauen, ist faszinierend.

2

Great Kitchens
Wer den original erhaltenen Küchentrakt besucht, kann nachvollziehen, welch einen enormen Aufwand es bedeutete, ein Festmahl für einen Renaissance-König zu organisieren, vorzubereiten und zu kochen. Beim Anblick der wie echt aussehenden Fleischspeisen und Brotlaibe, von Wild und Fischen knurrt der Magen.

Burgmauern
Von den Festungsmauern aus lässt sich die enorme Dominanz der Burg oben auf einem Vulkanfelsen am besten erkennen. Im Blickfeld liegen der Schauplatz der Schlacht von Bannockburn, bei der Robert Bruce einen Sieg errang, sowie das William-Wallace-Denkmal.

schweres Leben die Insassen zu viktorianischen Zeiten hier hatten – ein ebenso innovatives wie unterhaltsames Konzept.

National Wallace Monument   MONUMENT
(www.nationalwallacemonument.com; Erw./Kind 8,25/5,25 £; April–Juni, Sept. & Okt. 10–17 Uhr, Juli & Aug. bis 18 Uhr, Nov.–März 10.30–16 Uhr) Dieses sich über Schottlands schmale Taille erhebende Nationaldenkmal ist so durch die viktorianische Gotik geprägt, dass es eigentlich von Fledermäusen und Raben umkreist werden müsste. Es erinnert an die in dem Film *Braveheart* dargestellten Bemühungen um die schottische Unabhängigkeit. Besucher können von der Touristeninformation aus den Hügel zu dem Denkmal hinaufgehen oder den Shuttle benutzen. Einmal in dem Gebäude, lohnt es sich, die enge Treppe zu meistern, um Wallaces imposantes etwa 1,50 m großes Schwert und den Nationalhelden selbst in dreidimensionaler audiovisueller Form zu bewundern. Deutlich gesetzter ist das schwermütige Marmorpantheon schottischer Helden. Der Blick von oben über die flache, grüne Üppigkeit des Forth Valley inklusive des Schauplatzes von Wallaces Sieg über die Engländer an der Stirling Bridge im Jahr 1297 rechtfertigt beinahe den stolzen Eintrittspreis. Die Buslinien 62 und 63 fahren vom Murray Place in Stirling zur Touristeninformation. Die Alternative besteht in einem halbstündigen Fußmarsch von der Stadtmitte Stirlings aus. Ein Café sorgt für Erfrischung.

Bannockburn   HISTORISCHE STÄTTE
Obwohl Wallaces Heldentaten wichtig waren, sorgte erst Robert Bruces Sieg über die Engländer bei Bannockburn, unmittelbar außerhalb von Stirling, am 24. Juni 1314 für eine dauerhafte Etablierung der schottischen Nation. Bruce machte sich das sumpfige Terrain zunutze und trug einen großen taktischen Triumph über einen zahlenmäßig weit überlegenen und besser ausgerüsteten Gegner davon. Wie das Lied *Flower of Scotland* berichtet, schickte er auf diese Weise Edward II. „nach Hause, um noch einmal nachzudenken".

Das Bannockburn Heritage Centre (NTS; www.nts.org.uk) soll nach umfassenden Renovierungsarbeiten im Frühling 2014 seine Pforten wieder öffnen – genau rechtzeitig zum 700. Gedenktag der Schlacht.

Das Schlachtfeld selbst (rund um die Uhr zugänglich) wird bis dahin hoffentlich auch etwas aufgemöbelt. Momentan gibt es hier, abgesehen von einem Standbild, das den Sieger hoch zu Ross zeigt, und einem eher mäßigen Fahnendenkmal, nicht viel zu sehen. Bannockburn liegt 3 km südlich von Stirling; der Bus 51 fährt vom Murray Place im Stadtzentrum Stirlings aus.

Schlafen

In der Causewayhead Road, zwischen dem Stadtzentrum und dem Wallace Monument, reihen sich mehrere B&Bs aneinander.

Castlecroft Guest House   B&B ££
(01786-474933; www.castlecroft-uk.com; Ballengeich Rd.; EZ/DZ 50/65£;) Das tolle B&B schmiegt sich hinter der Burg in die Hügel und vermittelt das Gefühl, man sei auf dem Land, obwohl es eigentlich bloß einen kurzen, herrlichen Spaziergang vom historischen Zentrum Stirlings entfernt ist. Von der sagenhaften Lounge und der Ter-

---

WILLIAM WALLACE, SCHOTTISCHER PATRIOT

William Wallace ist einer der größten Nationalhelden Schottlands; ihm ist das wiedererwachte Interesse an schottischer Geschichte maßgeblich zu verdanken. Wallace, 1270 geboren, hat sich seinen Platz in der Geschichte als ein äußerst erfolgreicher Guerillaführer erworben, der die englischen Invasoren viele Jahre lang in Atem hielt.

Nach seinem Sieg an der Stirling Bridge im Jahr 1297 erhob Robert Bruce Wallace zum Ritter und erklärte ihn zum Beschützer Schottlands. Es dauerte allerdings nicht lange, bis die englische militärische Überlegenheit und die zerbrechliche Loyalität des Adels sich gegen den Verteidiger der schottischen Unabhängigkeit richten sollten.

Die Katastrophe kam 1298, als die Truppen König Edwards die Schotten in der Schlacht von Falkirk schlugen. Wallace versteckte sich und ging auf das europäische Festland, um Unterstützung für die schottische Sache zu mobilisieren. Viele der schottischen Adeligen schlugen sich jedoch auf Edwards Seite. Wallace wurde nach seiner Rückkehr nach Schottland 1305 verraten, in Westminster wegen Hochverrats verurteilt und in Smithfield (London) gehängt, enthauptet und geviertelt.

rasse bietet sich ein herrlicher Blick über die grünen Felder bis zu den Hügeln, die die Stadt umgeben. Die Zimmer verfügen über schicke, moderne Bäder, und der Empfang könnte herzlicher nicht sein. Zum Frühstück schmeckt – neben anderen Köstlichkeiten – das selbst gebackene Brot.

Neidpath B&B ££
(01786-469017; www.neidpath-stirling.co.uk; 24 Linden Ave; EZ/DZ 40/58 £; P) Dieses überaus gastfreundliche B&B mit exzellentem Preis-Leistungs-Verhältnis ist eine gute Wahl und lässt sich zudem bestens mit dem Auto erreichen. Angeboten werden drei perfekt modernisierte Zimmer mit Kühlschrank und gutem Bad, wobei das Zimmer nach vorne hinaus besonders hübsch ist. Die Besitzer betreiben auch verschiedene Quartiere für Selbstversorger in der ganzen Stadt; über Details informiert die Website.

Willy Wallace Backpackers Hostel HOSTEL £
(Karte S. 214; 01786-446773; www.willywallacehostel.com; 77 Murray Pl.; B/DZ 16/36 £; @) Dieses zentral gelegene Hostel ist freundlich, geräumig und gesellig. Die farbenfrohen, großen Schlafsäle sind sauber und hell, Tee und Kaffee gibt es kostenlos, es steht eine gute Küche zur Verfügung, die Atmosphäre ist locker. Weitere Annehmlichkeiten sind ein Fahrradverleih, die Möglichkeit zum Wäschewaschen, das kostenlose Internet und WLAN.

Linden Guest House B&B ££
(01786-448850; www.lindenguesthouse.co.uk; 22 Linden Ave; DZ 60–80 £; P@) Das herzliche Willkommen und die guten Parkmöglichkeiten üben auf viele Gäste selbstverständlich ihren Reiz aus. Die Zimmer – zwei davon sind für Familien bestens geeignet – sind mit einem Kühlschrank, einem schicken TV mit DVD-Spieler sowie einer iPod-Station ausgestattet. Die Badezimmer spiegeln nur so vor Sauberkeit – und würden sich in einer Putzmittelwerbung gut machen. Zum Frühstück gibt es u. a. frisches Obst und Räucherhering.

Stirling SYHA HOSTEL £
(Karte S. 214; 01786-473442; www.syha.org.uk; St. John St.; B/DZ 18,75/48 £; P@) Mitten in der Altstadt lockt dieses Hostel hinter der Fassade einer ehemaligen Kirche mit unschlagbarer Lage und moderner Ausstattung. Die Schlafsäle sind klein, aber bequem. Sie verfügen über Spinde und angrenzende Bäder. Zu den weiteren Highlights gehören ein Billardtisch, ein Fahrradschuppen und, wenn das Haus gut gefüllt ist, günstige Mahlzeiten. Der Mangel an Atmosphäre ist der einzige Nachteil.

Sruighlea B&B ££
(Karte S. 214; 01786-471082; www.sruighlea.com; 27 King St.; EZ/DZ 40/60 £;) Das Sruighlea hat etwas von einem geheimen Versteck. Es ist nicht ausgeschildert, liegt aber dennoch günstig mitten in der Innenstadt. Wer hier wohnt, fühlt sich wie ein Einheimischer. Direkt vor der Tür gibt es viele Speiselokale und Kneipen. Das B&B heißt seine Gäste so herzlich willkommen, dass viele gern wiederkehren.

Garfield Guesthouse B&B ££
(Karte S. 214; 01786-473730; www.garfieldgh.com; 12 Victoria Sq.; kleines DZ/großes DZ 65/70 £) Obwohl er nahe am Stadtzentrum liegt, ist der Victoria Square eine Oase der Ruhe mit edlen viktorianischen Gebäuden um eine grüne Rasenfläche herum. Die großen Zimmer, Erkerfenster, Deckenrosen und andere historische Elemente des Garfield üben einen besonderen Reiz aus. Es gibt ein großes Familienzimmer und einige Zimmer bieten einen Blick zur Burg.

Forth Guest House B&B ££
(Karte S. 214; 01786-471020; www.forthguesthouse.co.uk; 23 Forth Pl.; EZ/DZ 50/60 £; P) Nur ein paar Minuten zu Fuß von der Stadt entfernt liegt auf der anderen Seite der Gleise dieses noble georgianische Anwesen mit attraktiven, schicken Zimmern zu einem fairen Preis. Die Zimmer sind überaus geräumig, und zwar vor allem die hübschen Mansardenzimmer mit Dachschrägen und guten modernen Bädern. In der Nebensaison gestalten sich die Preise erheblich günstiger.

Stirling Highland Hotel HOTEL £££
(Karte S. 214; 01786-272722; www.pumahotels.co.uk; Spittal St.; Zi. 130–190 £; P@) Das ungewöhnliche Stirling Highland Hotel befindet sich in der behutsam umgestalteten ehemaligen High School. Irgendwie hat es aber doch noch immer ein bisschen etwas von einer „Anstalt", obwohl die Einrichtungen sich wirklich sehen lassen können. Es gibt einen Pool, einen Fitnessraum, eine Sauna und Squashplätze. Zur Burg und in die Altstadt ist es nicht weit, der Service ist zuvorkommend, und in den komfortablen, neu ausgestatteten Zimmern stehen anständige Betten – die Räume fallen allerdings unterschiedlich groß aus. Die Deluxe-

Zimmer bieten die schönste Aussicht, sind die 50 £ Preisaufschlag jedoch nicht wert. Generell liegen die Tarife oft günstiger als hier angegeben.

Cairns Guest House
B&B ££

(Karte S. 214; 01786-479228; aquinn68@hotmail.co.uk; 12 Princes St.; EZ/2BZ 35/60 £;) Das zentral gelegene Gästehaus offeriert einfachen Komfort zu einem anständigen Preis. Die freundlichen, umgänglichen Besitzer geben oft eine Ermäßigung, wenn ein Gast länger als nur eine Nacht bleibt oder wenn er kein Frühstück wünscht.

Munro Guesthouse
B&B ££

(Karte S. 214; 01786-472685; www.munroguesthouse.co.uk; 14 Princes St.; EZ/DZ/FZ 34/60/85 £;) Das gemütliche, fröhliche Munro Guesthouse liegt direkt im Stadtzentrum in einer ruhigen Seitenstraße. Hier wird alles von einem Lächeln begleitet. Die relativ kleinen Zimmer wirken überaus einladend, und zwar vor allem die reizenden Dachzimmer. Das Frühstück ist auch besser als der Durchschnitt – auch Obstsalat gehört mit dazu. Gegenüber dem B&B befinden sich genügend Parkplätze (gegen Gebühr).

Colessio Hotel
HOTEL £££

(Karte S. 214; 01786-448880; www.hotelcolessio.com; 33 Spittal St.) Das neue Luxushotel mit Spa befindet sich in einem ehemaligen Krankenhaus im Herzen der Altstadt. Während der Recherchen zu diesem Reiseführer waren die Bauarbeiten noch im Gang, aber einen kurzen Blick ist die Nobelherberge, die im Sommer 2013 ihre Tore öffnen soll, sicherlich wert.

Witches Craig Caravan Park
CAMPINGPLATZ £

(01786-474947; www.witchescraig.co.uk; Stellplatz für 1/2/3 plus Auto 9,50/11,50/18,50 £; April–Okt.; P) Der Platz liegt genial direkt am Fuß der Ochil Hills, die nun langsam von Wanderern entdeckt werden. Der Witches Craig befindet sich knapp 5 km östlich von Stirling an der A91.

Essen & Ausgehen

The Kitchen
BISTRO ££

(Karte S. 214; 01786-448833; www.thekitchenstirling.co.uk; 3 Friars St.; Hauptgerichte 11–15 £) Dieser nette Neuzugang in der Gastroszene von Stirling liegt beschaulich in einer autofreien Straße und hat den Dreh raus. Im kleinen Speisebereich mit Schieferboden kommen vor allem hervorragende Fisch- und Meeresfrüchtegerichte auf den Tisch. Der Service ist bemüht, aber ziemlich langsam. Am Wochenende empfiehlt es sich, einen Tisch zu reservieren.

Portcullis
PUB ££

(Karte S. 214; 01786-472290; www.theportcullis-hotel.com; Castle Wynd; Pub-Mahlzeiten 8–12 £) Der Pub im ehemaligen Schulhaus ist aus demselben massiven Stein erbaut wie die Burg weiter oben und genau der richtige Ort, um nach der Besichtigung von Stirling Castle ein Bier zu trinken und sich dazu ein Pub-Mittagessen zu genehmigen – bei diesen Pub-Mahlzeiten hätte sogar William Wallace seinen Gürtel ein paar Löcher weiter schnallen müssen. Jedenfalls sind der kleine Biergarten und die umtriebige, gemütliche Gaststube einen Besuch wert. Ein paar Zimmer gibt es hier übrigens auch (EZ/DZ 69/89 £).

Breá
CAFÉ £

(Karte S. 214; www.breastirling.co.uk; 5 Baker St.; Hauptgerichte 7–13 £; Di-So 10–21.30 Uhr;) Das Café mitten in Stirling verströmt ein bisschen Bohemien-Flair. Die Einrichtung präsentiert sich lässig-modern, und auf der knappen Speisekarte stehen Gerichte, die uas sorgsam gewählten Produkten aus Schottland. Am leckersten ist wohl der Schweinefleisch-Burger mit Apfel und Blutwurst – ein gigantisches Teil, bestehend aus selbst gebackenem Brot.

Hermann's
ÖSTERREICHISCH, SCHOTTISCH ££

(Karte S. 214; 01786-450632; www.hermanns.co.uk; 58 Broad St.; 2-Gänge-Mittagessen/3-Gänge-Abendessen 13/22 £, Hauptgerichte 16–20 £) Ein elegantes schottisch-österreichisches Restaurant an einer Ecke oberhalb des Mercat Cross und unterhalb der Burg. Das Hermann's ist populär und ein sicherer Tipp. Die konservative Dekoration wird von Skifotos aufgelockert. Das Essen reicht von schottischen Gerichten bis hin zu feinen Schnitzeln und Spätzle. Die vegetarischen Alternativen sind ebenfalls sehr gut. Die Weinkarte legt das Schwergewicht auf österreichische Tropfen.

Ibby's East India Company
INDISCH £

(Karte S. 214; www.eastindiastirling.co.uk; 7 Viewfield Pl.; Hauptgerichte 7–10 £; 5–23 Uhr) Das indische Restaurant im Basement mit opulenter Ausstattung imitiert eine Schiffsmesse. An den Wänden hängen Porträts von Teebaronen, die die guten alten Zeiten der Klipper heraufbeschwören. Serviert werden

Gerichte aus ganz Indien, den Wein dazu kann man mitbringen.

Mamma Mia
ITALIENISCH ££

(Karte S. 214; www.mammamiastirling.co.uk; 52 Spittal St.; Hauptgerichte 12–17 £; Mo–Sa 17–22.30 Uhr) Das beliebte Restaurant auf zwei Ebenen ist in der Altstadt gelegen und besticht mit einer kurzen, aber guten Speisekarte, auf der Gerichte aus Süditalien stehen, die jede Woche durch wechselnde Spezialitäten ergänzt werden – und die lohnen sich wirklich. Ein gutes Händchen hat der Koch immer bei der Zubereitung von Wolfsbarsch und schottischen Steaks. Irgendwie drängt sich allerdings der Eindruck auf, dass die Pastagerichte einen Tick zu teuer ausfallen.

Darnley Coffee House
CAFÉ £

(Karte S. 214; 01786 474468; www.darnley.connectfree.co.uk; 18 Bow St.; Snacks 4–7 £; Frühstück & Mittagessen) Von der Burg ein Stück bergab hinter dem Ende der Broad Street erwartet dieses gute Café mit selbst gemachten Backwaren und allerlei Kaffeespezialitäten seine Gäste während eines Bummels durch die Altstadt. Das Darnley Coffee House befindet sich im Gewölbekeller eines Gebäudes aus dem 16. Jh., in dem Darnley, der Geliebte und spätere Gatte von Maria Stuart logierte, als er sie hier besuchte – daher auch der Name.

Settle Inn
PUB

(Karte S. 214; 01786 474609; 91 St Mary's Wynd;) Der älteste Pub (1733) Stirlings bereitet seinen Gästen einen herzlichen Empfang. Das Kaminfeuer, der rückwärtige Raum mit Gewölbe und die niedrigen Decken verströmen viel Flair. Die Biere aus nah und fern, die stimmungsvollen Nischen, in denen man es sich den ganzen Abend lang gemütlich machen kann, und die interessante Mischung aus einheimischen Charakteren machen den Pub zu einem Klassiker.

❶ Praktische Informationen

Stirling Library (Corn Exchange Rd.; Mo–Sa) Die Bibliothek bietet Besuchern einen kostenloser Internetzugang in der Bibliothek.
Stirling Community Hospital (01786-434000; Livilands Rd.) Krankenhaus südlich des Stadtzentrums.
Stirling Information Centre (01786-475019; www.visitscottishheartlands.com; St. John St.; 10–17 Uhr) Die Touristeninformation liegt am Eingang zum Gefängnis in der Altstadt unterhalb der Burg.

❶ An- & Weiterreise

BUS Der **Busbahnhof** (01786-446474) liegt in der Goosecroft Road **Citylink** (0871 266 33 33; www.citylink.co.uk) bietet mehrere Verbindungen von/nach Stirling:

» **Dundee** 13 £, 1½ Std., stündl.
» **Edinburgh** 7,50 £, 1 Std., stündl.
» **Glasgow** 7 £, 40 Min., stündl.
» **Perth** 8,30 £, 50 Min., mind. stündl.

Einige Busse fahren weiter nach Aberdeen, Inverness und Fort William; häufig muss man umsteigen.

ZUG First ScotRail (www.scotrail.co.uk) bietet Züge zu/von mehreren Fahrtzielen, darunter:

» **Aberdeen** 43,30 £, 2¼ Std., wochentags stündl., So alle 2 Std.
» **Dundee** 17,70 £, 1 Std, wochentags stündl., So alle 2 Std.
» **Edinburgh** 7,70 £, 55 Min., Mo–Sa 2-mal stündl., So stündl.
» **Glasgow** 8 £, 40 Min., Mo–Sa 2-mal stündl., So stündl.
» **Perth** 11,70 £, 30 Min., wochentags stündl., So alle 2 Std.

Rund um Stirling

BRIDGE OF ALLAN
5046 EW.

Der beschwingte ehemalige Kurort, nicht einmal 5 km nördlich von Stirling, wird von breiten Straßen durchzogen und vermittelt Besuchern ein Gefühl von Weitläufigkeit. Der Ort bietet sich als gute Alternative zu einem Aufenthalt in Stirling an.

🛏 Schlafen & Essen

Adamo Hotel
HOTEL ££

(01786-833268; www.adamohotels.com; 24 Henderson St.; kleine EZ 70 £, DZ/Suite 140/180 £, 2-Gänge-Mittag-/Abendessen 12,50/23,50 £;) Die prachtvollen modernen, etwas plüschigen Zimmer, die das Hotel seinen Gästen vermietet haben ein dunkles und flauschiges Dekor. Alle Bäder haben große Duschen, manche auch eine Badewanne. Die Räume sind unterschiedlich groß. Es ist also am besten, sich das Zimmer vor der Buchung anzusehen. Am Wochenende gibt es manchmal Sonderpreise. Wer hier nicht wohnen möchte, sollte auf jeden Fall das Restaurant ausprobieren.

ABSTECHER

FALKIRK WHEEL

Schottlands Kanäle stellten einst lebenswichtige Transportwege dar, im Eisenbahnzeitalter verfielen sie jedoch. Bei einem Projekt im Rahmen der Jahrtausendfeierlichkeiten wurden zwei der wichtigsten Kanäle des Landes, der Union und der Forth & Clyde, wiederhergestellt. Früher wurde die Höhendifferenz von rund 40 m zwischen diesen beiden Kanälen durch eine beschwerliche Folge von elf Schleusen überwunden. All dies änderte sich durch die Konstruktion des einzigartigen **Falkirk Wheel** (www.thefalkirkwheel.co.uk; Erw./Kind 7,95/4,95 £; März–Okt. tgl. 10–17.30 Uhr, Nov.–Feb. 11–16 Uhr). Seine rotierenden Arme tragen die Schiffe buchstäblich auf den höher gelegenen Wasserweg – ein wahres Wunder der Ingenieurskunst.

Im Rahmen einer Bootstour fahren alle 40 Minuten (im Winter jede Stunde) fahren Boote durch das Rad, das sie hinauf zum Union Canal hebt. Die Boote schippern anschließend durch den Roughcastle Tunnel, bevor es auf der Rückfahrt wieder durch das Rad geht. Wer sich für außergewöhnliche Ingenieursleistungen interessiert, sollte diesen Trip auf keinen Fall verpassen. Für Kinder ist er ohnehin ein grandioses Erlebnis. Vor Ort gibt es eine Besucherinformation und ein Café.

Das Rad befindet sich in Falkirk, einer größeren Stadt etwa 16 km südöstlich von Stirling. Zwischen beiden Städten verkehren regelmäßig Busse und Züge, die Falkirk auch mit Glasgow und Edinburgh verbinden

Clive's CAFÉ, DELI ££
(www.clives.co.uk; 26 Henderson St.; Hauptgerichte 9–15 £; 9–21 Uhr; ☏) Zum kleinen Vorzeigecafé mit „sexy Essen", wie es so schön heißt, gehört nebenan auch noch ein Feinkostgeschäft, in dem frische Lebensmittel aus der Region verkauft werden. Das Café gibt sich sehr trendig und scheint den Mittelpunkt des Universums der Stadt zu bilden. Die üppigen Köstlichkeiten aus diversen Küchen der Welt strapazieren den Geldbeutel bestimmt nicht zu sehr.

❶ An- & Weiterreise
Bridge of Allan ist von Stirling aus zu Fuß in einer Stunde erreichbar. Die häufig fahrenden Busse aus Stirling halten in der Henderson Street. Vom Bahnhof am Westende der Henderson Street aus fahren regelmäßig Züge nach Dunblane, Stirling, Glasgow und Edinburgh.

DUNBLANE
7911 EW.

Dunblane, 8 km nordwestlich von Stirling, ist ein hübsches Städtchen mit einer bemerkenswerten Kathedrale. Das schreckliche Massaker in der örtlichen Grundschule im Jahr 1996, bei dem 16 Schüler erschossen wurden, ist nicht vergessen, aber die Stadt hat mit dem Aufstieg des lokalen Tennisstars Andy Murray auch wieder positive Schlagzeilen gemacht.

Die sagenhafte **Dunblane Cathedral** (HS; www.dunblanecathedral.org.uk; Cathedral Sq.; Eintritt frei; April–Sept. Mo–Sa 9.30–17 & So 14–17 Uhr, Okt.–März Mo–Sa 9.30–16 & So 14–16 Uhr) ist einen Abstecher wahrlich wert – die Kathedrale ist ein herrlich elegantes gotisches Sandsteingebäude. Die unteren Mauerabschnitte datieren aus der Zeit der Normannen, der Rest überwiegend aus dem 13. bis 15. Jh., wobei der Glockenturm ein Bauwerk aus dem 12. Jh. ersetzt. Ein behauener keltischer Stein steht am Anfang des Kirchenschiffs, ein weiterer Gedenkstein erinnert an den Amoklauf im Jahr 1996, bei dem zahlreiche Kinder ermordet wurden.

Ein Stück unterhalb der Kathedrale steht die modrige alte **Leighton Library** (www.leightonlibrary.co.uk; 61 High St.; Eintritt frei; Mai–Sept. Mo–Sa 11–13 Uhr) aus dem Jahr 1684. Die älteste Privatbibliothek Schottlands beeindruckt mit stolzen 4500 Büchern in 90 Sprachen.

Von Dunblane führt über die Darn Road ein netter, einstündiger Spaziergang nach Bridge of Allan – ein uralter Weg, den einst die Mönche benutzten. Es verkehren häufig Busse und Züge von Stirling nach Dunblane.

DOUNE
1635 EW.

Doune liegt nicht weit hinter Dunblane an der Straße nach Callander. Hier lohnt ein Halt, um das tolle **Doune Castle** (HS; www.historic-scotland.gov.uk; Erw./Kind 5/3£; April–Sept. 9.30–17.30 Uhr, Okt.–März bis 16.30 Uhr, Nov.–März Do & Fr geschl.) zu besichtigen, eine der besterhaltenen Burgen

Schottlands aus dem 14. Jh. Sie war einst als königliche Jagdhütte überaus beliebt, ist jedoch auch strategisch von großer Bedeutung, denn sie kontrollierte das Gebiet zwischen den Lowlands und den Highlands. Maria Stuart, Königin von Schottland, wohnte ebenso hier wie Bonnie Prince Charlie, der die Burg zur Internierung von Regierungstruppen nutzte. Von den Mauern der Burg bietet sich ein herrlicher **Blick**; auch das **Torhaus** von fast 30 m Höhe ist beeindruckend. Und so manchem wird die Burg bekannt vorkommen: Sie war im Film *Monty Python und der heilige Gral* zu sehen.

Doune liegt 13 km nordwestlich von Stirling. Busse von First (www.firstgroup.com) verkehren im Ein- bis Zwei-Stundentakt (30 Min.), sonntags seltener.

DOLLAR
2877 EW.

Das reizende Städtchen Dollar liegt ungefähr 18 km östlich von Stirling in den Ochil Hills. Castle Campbell (HS; www.historic-scotland.gov.uk; Erw./Kind 5/3 £; ⏲ April–Sept. 9.30–17.30 Uhr, Okt. bis 16.30 Uhr, Nov.–März Sa-Mi bis 16.30 Uhr) liegt 20 Fußminuten das **Dollar Glen** hinauf in den bewaldeten Bergen oberhalb der Stadt. Die Burg ist eine unheimliche, alte Festung der Herzöge von Argyll. Sie steht zwischen zwei Schluchten und macht ihrem Spitznamen „Castle Gloom" („Burg Düsterkeit") alle Ehre. Schon seit dem 11. Jh. hat es an dieser Stelle eine Festung gegeben, das aktuelle Bauwerk stammt aus dem 15. Jh. Cromwell zerstörte die Burg 1654, der Turm ist aber gut erhalten. Von dem kleinen Parkplatz in der Nähe der Burg geht ein schöner Weg mit weitem Blick über Castle Campbell und die Landschaft ab.

Von Stirling aus fahren regelmäßig Busse nach Dollar.

The Trossachs

Die Gegend der Trossachs ist schon seit Langem ein beliebtes Ziel für Wochenendausflüge. Die Besucher finden hier eine außergewöhnlich schöne Natur und exzellente Wander- und Radwege nicht weit von den südlichen Bevölkerungszentren. Die dicht bewaldeten Berge, die romantischen *lochs* und immer mehr gute Möglichkeiten, hier zu wohnen und lecker zu essen, sorgen dafür, dass die Beliebtheit dieser Region, die durch ihren Status als Nationalpark geschützt ist, nicht nachlassen wird.

Die Trossachs entwickelten sich bereits im 19. Jh. zu einer Touristenattraktion. Damals lockten Walter Scotts romantisches Versepos *Lady of the Lake*, das vom Loch Katrine inspiriert war, und sein Roman *Rob Roy* über die Taten des berühmtesten Sohns der Region neugierige Besucher aus Großbritannien in diese Waldlandschaft.

Im Sommer können die Trossachs leicht von Reisebusgruppen überlaufen sein. Da es sich meist um Tagesausflügler handelt, ist es dennoch möglich, abends friedlich die Spiegelungen im nächstgelegenen *loch* zu betrachten. Besucher sollten versuchen, möglichst nicht an einem Wochenende hierherzukommen.

ABERFOYLE & UMGEBUNG
576 EW.

Im kleinen Aberfoyle mit seinem gigantischen Parkplatz , auf dem stets Unmengen von Autos abgestellt werden, wimmelt es an den meisten Wochenenden nur so von Touristen. Der Ort ist relativ uninteressant, aber dennoch von Tagesausflüglern überlaufen. Callander und andere attraktivere Ortschaften in den Trossachs laden eigentlich eher zum Übernachten ein, doch Aberfoyle kann dafür mit vielen Aktivitäten in der näheren Umgebung aufwarten. Außerdem liegt der Ort am Rob Roy Way.

⊙ Sehenswertes & Aktivitäten

Westlich des Ortes finden sich in den Wäldern südlich des Loch Ard für Freunde des Wandersports mehrere gute (und nicht sonderlich überlaufene) Wanderwege.

> **ℹ VERKEHRSMITTEL IN DEN TROSSACHS**
>
> Um die Kosten für die öffentlichen Verkehrsmittel zu senken, wurde der „Demand Responsive Transport" (DRT) eingeführt, der die ganze Region Trossachs abdeckt. Das hört sich komplizierter an, als es eigentlich ist. Im Klartext bedeutet dies, dass man mit dem Taxi zu jedem gewünschten Ort fahren kann und den Fahrpreis für den Bus bezahlt. Es gibt verschiedene Zonen. Taxis verkehren von Montag bis Samstag und sollten möglichst 24 Stunden zuvor gebucht werden (Anruf oder SMS Mo–Sa 7–19 Uhr unter 0844-567 5670 oder Onlinebuchung unter www.aberfoylecoaches.com).

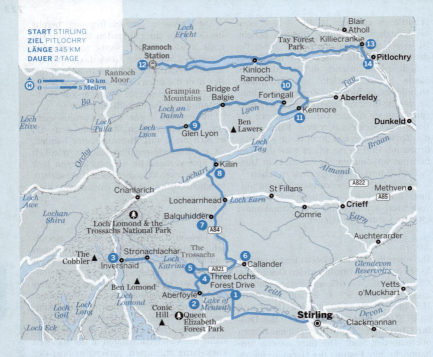

Ausflug
Fahrt durch das malerische Kernland

Dieser Autoausflug führt zu den schönsten Flecken der Region Trossachs sowie zu einigen Highlights im reizenden Perthshire.

Von Stirling geht es Richtung Westen (A811), dann rechts nach Arnprior (B8034), vorbei am malerischen ❶ **Lake of Menteith**. Anschließend fährt man durch ❷ **Aberfoyle** und über die B829 am Loch Ard vorbei zur äußersten Spitze des Loch Katrine, dann eine rumpelige Straße hinunter nach ❸ **Inversnaid** am Loch Lomond. Von hier geht es zurück nach Aberfoyle, aber vielleicht möchte ja von den Mitfahrern auch jemand am Pier von Stronachlachar aussteigen, um mit dem Boot um 11.30 Uhr (April–Okt., Juni–Aug. auch 15 Uhr) über den Loch Katrine zu schippern; die 20 km können auch mit dem Rad zurückgelegt werden.

Dann geht es auf der A821 gen Norden vorbei am David Marshall Visitor Centre auf den Dukes Pass. An dieser Straße beginnt der ❹ **Three Lochs Forest Drive**, ein Rundkurs von 12 km Länge (April–Okt., 2 £), der durch Kiefernwald mit malerischen Ausblicken führt. Es bieten sich hier zahlreiche Wandermöglichkeiten.

Nun geht es links zum reizenden ❺ **Loch Katrine** (wo man seine Mitfahrer wieder aufsammelt) und weiter ins hübsche ❻ **Callander** mit guten Übernachtungsmöglichkeiten.

Auf der selben Straße, auf der man gekommen ist, verlässt man nun Callander und fährt geradeaus weiter nach Kilmahog und zum Loch Lubnaig. Einen Umweg lohnt ❼ **Balquhidder**, um Rob Roys Grab zu besuchen; ein Abstecher führt nach Monachyle Mhor, um dort gepflegt zu Mittag zu essen – allein schon die Fahrt lohnt sich. Wieder auf der Hauptstraße geht es nach ❽ **Killin**, ein guter Standort zum Wandern.

Von hier weiter ins herrlichen ❾ **Glen Lyon**. Die Straße (Schlaglöcher; nicht in Straßenkarten verzeichnet) führt durch das Glen Lochay. Man sollte das majestätische Tal auf sich wirken lassen, bevor es nach ❿ **Fortingall** und ⓫ **Kenmore** geht. Anschließend fährt man gen Norden und umrundet den entlegenen Loch Rannoch, wo die Straße bei ⓬ **Rannoch Station** endet. Am Nordufer führt die Tour zurück und weiter zum Loch Tummel, zum Pass von ⓭ **Killiecrankie** und schließlich ins hübsche ⓮ **Pitlochry**.

Inchmahome Priory
RUINE

(HS; www.historic-scotland.gov.uk; Erw./Kind inkl. Fähre 5/3 £; April–Sept. 9.30–17.30 Uhr, Okt. bis 16.30 Uhr, letzte Fähre zur Insel 1 Std. vor Betriebsschluss) Vom **Lake of Menteith** (er wird als *lake*, also See, bezeichnet und nicht als *loch*, was auf einen Übersetzungsfehler aus dem Gälischen zurückzuführen ist), knapp 5 km östlich von Aberfoyle, bringt eine Fähre Besucher zu den imposanten Ruinen. Maria Stuart wurde hier als Kind während des sogenannten „rauen Werbens" vor Heinrich VIII. in Sicherheit gebracht. Heinrich griff Stirling an, um Maria Stuart zu zwingen, seinen Sohn zu heiraten – er wollte auf diese Weise beide Königreiche vereinen.

GRATIS David Marshall Lodge Visitor Centre
NATURZENTRUM

(www.forestry.gov.uk; Parkplatz 1–3 £; Okt.–März 10–6 Uhr, April–Sept. 10–17 Uhr, Juli & Aug. bis 18 Uhr) Knapp 1 km nördlich von Aberfoyle befindet sich an der A821 dieses Naturzentrum im Queen Elizabeth Forest Park. Hier sind nützliche Informationen zu den zahlreichen Wanderungen und Radtouren in und um den Park erhältlich. Die Royal Society for the Protection of Birds (RSPB) zeigt eine Ausstellung über die einheimische Vogelwelt. Die Hauptattraktion ist eine Live-Videoschaltung in Nester von Fischadlern und Bussarden. Doch das Zentrum lohnt allein schon wegen der herrlichen Ausblicke einen Besuch.

Mehrere malerische, markierte und dementsprechend überlaufene Wanderwege beginnen hier – von einem einfachen 20-minütigen Spaziergang zu einem schönen Wasserfall bis hin zu einem 6,5 km langen Rundweg durch die Hügel. Ein weiteres Highlight hier ist **Go Ape!** (www.goape.co.uk; Erw./Kind 30/20 £; April–Okt. tgl., Feb.–Juni & Sept.–Okt. Mi-Mo), ein spannender Abenteuerparcours im Wald mit Seilrutschen, Schaukeln und Hängebrücken, der auch menschlichen Affen (*apes*) Spaß macht.

Radfahren
RADFAHREN

Ein hervorragender 32 km langer Rundweg führt zum Steg, wo das Boot über den Loch Katrine verkehrt. Von Aberfoyle nimmt man den Lochs & Glens Cycle Way, einen Waldweg, oder die A821 über den Duke's Pass. Dann geht es am Südufer des Loch Achray entlang zum Steg am Loch Katrine. Das Boot um 10.30 Uhr (S. 226; im Sommer auch um 14 Uhr) schippert einen nach Stronachlachar (einfache Fahrt inkl. Fahrrad 16 £) am Westufer (oder am Nordufer 20 km mit dem Rad entlangfahren), wo die wunderschöne B829 über Loch Ard dann zurück nach Aberfoyle führt.

Schlafen & Essen

LP TIPP Lake of Menteith Hotel
HOTEL £££

(01877-385258; www.lake-hotel.com; EZ 95–195 £, DZ 120–225 £; P) Das beschauliche an einem See (ja stimmt schon, den einzige Nicht-*loch* in Schottland) gelegene Hotel, 4,5 km östlich von Aberfoyle, ist ein romantisches Domizil fernab vom Alltag. Die Zimmer sind eigentlich alle top mit attraktivem modernem Flair, aber die riesigen „Lake Heritage"-Zimmer mit Blick auf den See sind es wert, einmal über die Stränge zu schlagen und ein paar Scheine mehr auszugeben. Die Aussicht ist schlicht sensationell. Wer nicht hier logiert, sollte zumindest der Bar am Wasser (Mahlzeiten 8-10 £) einen Besuch abstatten; auch das Restaurant (Hauptgerichte 15–25 £) dort ist gut. Welche Pauschalangebote es gerade gibt, verrät die Website des Hotel.

Mayfield Guest House
B&B £

(01877-382962; www.mayfield-aberfoyle.co.uk; Main St.; EZ 40 £, DZ 55–60 £; P) In diesem Gästehaus scheuen die freundlichen Wirtsleute wirklich keine Mühe. Angeboten werden drei kompakte, gemütliche Zimmer im Erdgeschoss, die alle in fröhlichen Farben gestrichen und total gepflegt sind. Fahrrad- und motorradfreundlich ist das Mayfield auch: Hinter dem Haus steht den Gästen für ihren fahrbaren Untersatz eine Garage zur Verfügung.

Forth Inn
PUB ££

(01877-382372; www.forthinn.com; Main St.; Hauptgerichte 8–12 £; P) Das solide Fourth Inn mitten im Dorf bildet das Herz der Stadt. Einheimische und Auswärtige stehen hier Schlange, um das leckere, bodenständige Pub-Essen zu genießen – das beste in ganz Aberfoyle. Aber natürlich wird auch dem Bier kräftig zugesprochen; die fröhlichen Zecher stehen an sonnigen Tagen auch vor dem Pub im Hof draußen. Zimmer gibt es hier ebenfalls (EZ 55 £, DZ 80–90 £), besonders am Wochenende kann es allerdings recht laut werden.

Praktische Informationen

Aberfoyle Information Centre (01877-382352; www.visitscottishheartlands.com; Main St.; April–Okt. 10–17 Uhr, Nov.–März

10–16 Uhr) Große Touristeninformation mit einer prima Auswahl an Wanderunterlagen.

❶ An- & Weiterreise

Von **First** (www.firstgroup.com) fahren täglich sechs Busse (Mo–Sa) von/nach Stirling (40 Min.); sonntags muss man in Balfron umsteigen. Nach Glasgow fahren ebenfalls Busse (Mo–Sa).

CALLANDER
2754 EW.

Der kleine Ort Callander lockt schon seit über 150 Jahren Touristen an. An der Hauptstraße geht es so beschaulich zu, dass die Besucher schnell in entspanntes Schlendern verfallen. Und die Auswahl an Unterkünften ist hier wirklich bestens.

◉ Sehenswertes & Aktivitäten

Die **Hamilton Toy Collection** (www.thehamiltontoycollection.co.uk; 111 Main St.; Erw./Kind 2/0,50 £; April–Okt. 10–16.30, So ab 12 Uhr) ist das reinste Eldorado für Spielzeug des 20. Jhs. Bis unter die Decke ist das Museum vollgestopft mit Puppenstuben, Marionetten und Spielzeugsoldaten – ein nostalgischer Ausflug in die Vergangenheit.

Die beeindruckenden **Bracklinn Falls** sind von der Bracklinn Road aus (30 Min. pro Strecke vom Parkplatz aus) über einen Trampelpfad und Fußweg erreichen. Von der Bracklinn Road führt jedoch auch noch ein Waldweg zu den **Callander Crags** hinauf – mit toller Sicht über die Umgebung; der Hin- und Rückweg vom Parkplatz aus ist etwa 6 km lang.

Die Trossachs sind eine reizende Gegend zum Fahrradfahren. Das hervorragende **Wheels Cycling Centre** (01877-331100; www.wheelscyclingcentre.com) bietet dazu eine breite Auswahl an Fahrrädern (ab 12/18 £ für den halben/ganzen Tag) an. Von der Main Street in die Bridge Street und dann rechts in die Invertrossachs Road abbiegen und noch gut 1,5 km weitergehen, um bis zum Verleih zu gelangen.

🛏 Schlafen

Roman Camp Hotel HOTEL ££
(01877-330003; www.romancamphotel.co.uk; Main St.; EZ/DZ/Superior 100/155/195 £; P 🕸 🐾) Das beste Hotel in Callander ist zentral gelegen, wirkt aber dennoch ländlich, denn es befindet sich auf einem wunderschönen Grundstück am Fluss. Hier hört man nur das Gezwitscher der Vögel. An Annehmlichkeiten verlocken eine Lounge mit knisterndem Kaminfeuer und eine Bibliothek samt einer winzigen versteckten Kapelle. Das altmodische Hotel mit Zimmern in drei Preiskategorien wirkt ein bisschen wie ein Labyrinth. Die Standardzimmer sind durchaus luxuriös, doch die Superior-Zimmer mit Stilmöbeln, tollen Bädern, Armsesseln und einem Kamin sind wirklich enorm ansprechend. Das gehobene Restaurant steht auch Gästen offen, die nicht hier übernachten. Und übrigens: Der Name des Hotels bezieht sich nicht auf römische Togapartys, sondern auf eine Ruine in den angrenzenden Feldern.

Abbotsford Lodge B&B ££
(01877-330066; www.abbotsfordlodge.com; Stirling Rd.; EZ/DZ 50/85 £; Mitte Feb.–Mitte Dez.; P 🕸) Das nette viktorianische Haus ist wirklich etwas Besonderes. Schottenkaros und Blümchenmuster wurden den Flammen übergeben, und durch ein schickes, modernes Design ersetzt, das den ursprünglichen Charakter des Gebäudes nun schön unterstreicht. In den renovierten Zimmern mit gerafften Gardinen stehen Keramikvasen mit Blumenarrangements. In den sagenhaften Superior-Zimmern hängen Bademäntel für die Gäste, die Betten sind groß und die Matratzen bequem (125 £). Aber auch die preiswerteren Mansardenzimmer mit Gemeinschaftsbad (DZ 55 £) haben ihren Charme. Das Hotel liegt an der Hauptstraße im Osten des Ortes.

Roslin Cottage B&B ££
(01877-339787; www.roslincottage.co.uk; Stirling Rd.; EZ 40–50, DZ 60–70 £; P 🕸) Das Cottage mit viel Charakter gilt als ein Hort der Gastfreundschaft. Angeboten werden drei schmucke Zimmer mit eigenem Bad – eine prima Unterkunft, um von hier aus die zauberhaften Trossachs zu erkunden. Alle Zimmer haben ihren Reiz, am schönsten ist aber wohl das Kirtle-Zimmer mit einer Originalwand aus dem 17. Jh., die freigelegt wurden. An weiteren Freuden erwarten die Gäste ein hübscher großer Garten hinter dem Haus, ein Kaminfeuer in der Lounge und ein geselliges Frühstück, das der Küchenchef höchstpersönlich zubereitet. Das Hotel liegt, von Osten nach Callander hereinkommend, auf der rechten Seite.

Arden House B&B ££
(01877-330235; www.ardenhouse.org.uk; Bracklinn Rd.; EZ/DZ 45/75£; P 🕸) Das elegante Anwesen liegt im Wald auf einem Hügel unweit des Ortskerns, aber dennoch fern der Menschenmassen. Neben gemütlichen Zimmern gibt es auch eine Suite (90 £)

mit herrlicher Aussicht. Die neuen Besitzer werden vermutlich das Arden House schon übernommen haben, wenn dieser Reiseführer erscheint, aber ein Blick lohnt sich auf alle Fälle.

Callander Meadows — B&B ££
(01877-330181; www.callandermeadows.co.uk; 24 Main St.; EZ 45 £, DZ 75–85 £) Im Obergeschoss des Restaurants befinden sich drei überaus ansprechende Zimmer mit gestreiften Tapeten, die elegant mit dunklen Möbeln ausgestattet sind. In einem prunkt sogar ein Himmelbett.

White Shutters — B&B £
(01877-330442; www.incallander.co.uk/whiteshutters.htm; 6 South Church St.; EZ/DZ 24/42 £) Das nette kleine Haus, das unweit der Hauptstraße liegt, bietet angenehme Zimmer mit Gemeinschaftsbad und heißt seine Gäste herzlich willkommen. Die Matratzen sind zwar nicht gerade neu, aber insgesamt ist das B&B doch gemütlich, und für diese Ecke der Welt ist auch das Preis-Leistungs-Verhältnis wirklich prima.

Linley Guest House — B&B ££
(01877-330087; www.linleyguesthouse.co.uk; 139 Main St.; EZ/DZ 33/46 £, DZ mit Bad 50 £) Das picobello B&B, das von hilfsbereiten Inhabern geführt wird, bietet helle Zimmer. Das Doppelzimmer mit eigenem Bad ist den Aufpreis wert: Es ist nicht nur schön eingerichtet, sondern hat auch ein großes Fenster, durch das viel Licht hereinfällt. Es besteht auch die Möglichkeit, nur die Übernachtung zu buchen.

Essen & Ausgehen

Callander Meadows — SCHOTTISCH ££
(01877-330181; www.callandermeadows.co.uk; 24 Main St.; Mittagessen 8,95 £, Hauptgerichte 11–18 £; Do–So) Das allseits beliebte Restaurant im Zentrum von Callander gibt sich leger, ist aber dennoch schick. Es befindet sich in einem Haus an der Hauptstraße und nimmt zwei Räume nach vorne hinaus ein. Das Callander Meadows beeindruckt mit Gerichten in ungewöhnlichen Geschmackskombinationen, die mit modernem Touch auf den Tisch kommen. Dennoch basiert die Küche auf traditionell britischen Zutaten wie Makrele, Rotkohl, Lachs und Ente, die auch regelmäßig auf der Speisekarte stehen – was natürlich die Gäste erfreut. Hinter dem Haus befindet sich ein toller Biergarten, in dem tagsüber auch eine Tasse Kaffee schmeckt. Das Restaurant ist von April bis September auch montags geöffnet, im Hochsommer sogar täglich.

Poppies — SCHOTTISCH ££
(01877-330329; www.poppies.com; Leny Rd.; Mittagessen Hauptgerichte 9–10 £, Abendessen Hauptgerichte 12–19 £;) Das Restaurant gehört zu einem kleinen Hotel an der Hauptstraße und bietet hochkarätige Cuisine, die auf sorgfältigst ausgewähltem Fleisch und Fisch aus Schottland basiert und in einem eleganten Speiseraum serviert wird. Das Poppies ist nett und freundlich; die Atmosphäre wird eher durch das Klappern des Bestecks als durch Gejohle und Gerülpse geprägt. Am frühen Abend wird ein Dinner-Special angeboten.

Mhor Fish — MEERESFRÜCHTE ££
(01877-330213; www.mhor.net; 75 Main St.; Fischgerichte zum Abendessen 6 £, Hauptgerichte 8–14 £; Di–So 12–21 Uhr) Dieses reizende schwarz-weiß gefliese Café ist gleichzeitig Imbiss und Fischrestaurant, hebt sich aber von den üblichen Lokalen ab. Es serviert den frischen Fang des Tages und die Gäste können wählen, wie sie diesen zubereitet haben möchten, gedünstet und mit einem guten Wein oder frittiert und mit Pommes Frites für unterwegs. Der Fisch und die Meeresfrüchte, u. a. Austern und andere Köstlichkeiten, kommen aus nachhaltiger Fischerei bzw. Zucht. Wenn der frische Fisch alle ist, schließt das Lokal, sodass die Öffnungszeiten etwas unberechenbar sind.

Mhor Bread — CAFÉ, BÄCKEREI £
(www.mhor.net; 8 Main St.; kleinere Mahlzeiten 2–6 £; Mo–Sa 7–17, So 8–17 Uhr) Aus dieser Bäckerei in der High Street kommt allerlei Brot, das sich gut für ein Picknick eignet, aber es macht auch Spaß, sich hier einen anständigen Kaffee, einen Pie oder ein belegtes Brötchen zu genehmigen.

Lade Inn — PUB
(www.theladeinn.com; Kilmahog;) Der beste Pub von Callander befindet sich 1,5 km westlich des Ortes. Hier wird ein anständiges Pint gezapft; die Real Ales werden nach einem Hausrezept gebraut. Und gleich nebenan betreiben die Besitzer auch noch einen Laden, in dem eine irre Auswahl an schottischen Bieren erhältlich ist. Am Wochenende läuft hier bescheidene Livemusik, unter der Woche wird in der Regel aber früh geschlossen. Das Essen war in letzter Zeit übertreuert und eher mäßig.

❶ Praktische Informationen

Loch Lomond & the Trossachs National Park Visitor Centre (☏01389-722600; www.lochlomond-trossachs.org; 52 Main St.; ◷Mo & Mi–Do 9.30–15.30, Di & Fr 9.30–16.30 Uhr) Hier gibt es vor allem nützliche Infos zum Nationalpark. Über Mittag ist eine halbe Stunde geschlossen.

Rob Roy & Trossachs Information Centre (☏01877-330342; www.visitscottishheart lands.com; Ancaster Sq.; ◷April–Okt. 10–17 Uhr, Nov.–März 10–16 Uhr) Das Zentrum bietet stapelweise Informationen über die Region, außerdem gibt es einen 20-minütigen Film über Rob Roy (1,50 £) zu sehen.

❶ An- & Weiterreise

Von **First** (☏0871 200 2233; www.firstgroup.com) verkehren Busse ab Stirling (45 Min., Mo–Sa stündl., So 2-Std.-Takt), die Busse von **Kingshouse** (☏01877-384768; www.kingshou setravel.com) fahren dagegen in Killin (45 Min., 2- bis 6-mal tgl.). Wer nach Aberfoyle möchte, steigt aus dem Bus nach Stirling am Blair Drummond Safaripark aus und überquert die Straße. Von **Citylink** (www.citylink.co.uk) verkehren auch Busse von Edinburgh nach Oban oder Fort William, die über Callander (15,60 £, 1¾ Std., 2-mal tgl.) fahren.

LOCH KATRINE & LOCH ACHRAY

Diese zerklüftete Gegend, 10 km nördlich von Aberfoyle und 16 km westlich von Callander, bildet das Herz der Trossachs. Von April bis Oktober starten zwei **Ausflugsboote** (☏01877-376315; www.lochkatrine.com; Trossachs Pier; 1 Std. Kreuzfahrt Erw./Kind 12/8 £) an der Ostspitze des Loch Katrine am Trossachs Pier. Eines davon ist ein sagenhaftes hundert Jahre altes Dampfschiff, die *Sir Walter Scott*; die Website verrät, welches Boot wann ablegt – der Ausflug macht auf dem alten Schiff jedenfalls ganz eindeutig mehr Spaß! Auf dem Programm stehen nachmittags einstündige Rundfahrten; um 10.30 Uhr (Juni–Aug. auch 14 Uhr) verkehrt auch ein Schiff nach Stronachlachar am anderen Ende des *lochs*, das nach Callander zurückfährt (einfache Fahrt/Hin- & Rückfahrt Erw. 13/15,50 £, Kind 8/9,50 £, 2 Std. Hin- & Rückfahrt). Von Stronachlachar (auch mit dem Auto über Aberfoyle erreichbar) gelangt man ans Ostufer des Loch Lomond, genau gesagt zum entlegenen Inversnaid. Eine Asphaltstraße verbindet den Trossachs Pier mit Stronachlachar. Es besteht also die Möglichkeit, mit dem Boot hinzufahren und den Rückweg (20 km) dann zu Fuß oder mit dem Fahrrad zurückzulegen. Am Trossachs Pier befindet sich ein Fahrradverleih mit guten Rädern: **Katrinewheelz** (www.wheels cyclingcentre.com; Verleih halber/ganzer Tag ab 8/12 £; ◷April–Okt. tgl.). Sogar Elektrobuggys (ab 20 £) sind in dem Laden erhältlich – für Leute, die weniger mobil oder einfach nur zu bequem sind, in die Pedale zu treten. Am Trossachs Pier wartet auch das einladende **Brenachoile Cafe** (kleinere Mahlzeiten 4–9 £, Abendessen 16,50 £; ◷April–Okt. 9–22 Uhr) mit tollem Blick vom Speisebereich und dem Garten aus. Für das leibliche Wohl sorgen tagsüber Sandwiches und leckere Backwaren, abends verlockt ein Drei-Gänge-Menü mit gutem Preis-Leistungs-Verhältnis.

Zwei schöne **Wanderungen** beginnen am Loch Achray gleich in der Nähe. Der Weg zum Felskegel **Ben A'an** (460 m) beginnt am Parkplatz, ein Stück östlich der Abzweigung zum Loch Katrine. Verlaufen kann man sich nicht; die ganze Tour ist hin und zurück nicht einmal 7 km lang und dauert so etwa 2½ Stunden. Anspruchsvoller gestaltet sich die Wanderung auf den zerklüfteten **Ben Venue** (727 m) hinauf – ein Pfad führt bis auf den Gipfel. Los geht es am ausgeschilderten Parkplatz südlich der Abzweigung zum Loch Katrine. Rauf und runter sind es 12 km, für die fünf bis sechs Stunden einzuplanen sind.

BALQUHIDDER & UMGEBUNG

Nördlich von Callander geht es am Ufer des herrlichen Loch Lubnaig entlang. Der *loch* ist vielleicht nicht ganz so berühmt wie seine „Brüder", lohnt aber einen Zwischenstopp wegen des herrlichen Blicks auf die bewaldeten Berge. Im kleinen Dorf **Balquhidder** (sprich: ball-widder), 15 km nördlich von Callander an der A84, befindet sich auf dem Friedhof das **Grab von Rob Roy**. Dieser Flecken Erde in einer tiefen, sich dahinschlängelnden Schlucht unter dem weiten Himmel ist besonders schön – das hat Rob aber auch verdient. In der Kirche befindet sich der **St Angus' Stone** aus dem 8. Jh., ein Stein, der vermutlich die ursprüngliche Grabstätte des hl. Angus markiert; der Mönch aus dem 8. Jh. erbaute hier die erste Kirche.

Monachyle Mhor (☏01877-384622; www.mhor.net; DZ 195–265 £; ◷Feb.–Dez.; P 🗢 🕃), 6,5 km weiter, ist ein feudales Hotel in herrlich ruhiger Lage mit Aussicht auf zwei *lochs*. Geboten wird eine tolle Mischung aus ländlichem Schottland mit progressivem Design und modernem Essen. Die wunderschönen Zimmer zeigen viel malerisches Originaldekor, und zwar vor allem die so-

ROB ROY

Wegen seiner kupferroten Locken „Red" (*ruadh* auf Gaelisch, anglisiert in *roy*) genannt, war Robert MacGregor (1671–1734) der wilde Anführer des verwegensten der schottischen Clans. Obwohl dem Clan das Land, das er bewohnte, gehörte, befand sich ihr Besitz zwischen mächtigen Nachbarn, die die MacGregors zu Gesetzlosen erklären ließen, woher auch ihr Spitzname „Kinder des Nebels" stammt. Rob lebte als wohlhabender Viehhändler, bis ein krummer Handel zu einem Haftbefehl führte.

Als Flüchtiger, und legendärer Schwertkämpfer wurde für seine kühnen Raubzüge in den Lowlands, auf denen er Vieh und Schafe stahl, berüchtigt. Er befand sich ständig auf der Flucht vor seinen Häschern und wurde sogar zweimal verhaftet, konnte aber beide Male auf dramatische Weise wieder entkommen. Schließlich stellte er sich, woraufhin der König ihn begnadigte und freiließ. MacGregor ist auf dem Friedhof in Balquhidder begraben. Seine Grabinschrift ist quasi sein Lebensmotto: „MacGregor, despite them" („ihnen zum trotz"). Sein Leben ist durch Walter Scotts Roman und den Film *Rob Roy* aus dem Jahr 1995 im Lauf der Zeit glorifiziert worden. Viele Schotten sehen sein Leben als ein Symbol des Kampfes des einfachen Volkes gegen die Tatsache, dass ein großer Teil Schottlands sich im Besitz der Aristokratie befindet.

---

genannten Feature-Zimmer. Hier können die Gäste im Luxus, etwa einem Dampfbad oder einer Doppelbadewanne, schwelgen. Im Restaurant werden mittags Gerichte à la Carte serviert, abends Fünf-Gänge-Menüs (50 £), die sich nicht nur durch hohe Bioqualität auszeichnen, sondern auch durch köstlich innovative Kochkunst. Der eigentliche Reiz dieses Hauses liegt in der erfolgreichen Kombination von absoluter Gastfreundlichkeit und einer entspannten, rustikalen Atmosphäre. Hunde und Kinder tollen fröhlich auf dem Rasen herum, und niemand riskiert einen missbilligenden Blick, wenn er nach einem Tag beim Wandern oder Angeln entsprechend verdreckt zurückkommt.

Regionalbusse, die auf der Strecke Callander-Killin verkehren, halten an der Abzweigung, die von der Hauptstraße nach Balquhidder führt – was auch für die täglichen Busse von **Citylink** (www.citylink.co.uk) gilt, die auf der Strecke Edinburgh–Oban/Fort William unterwegs sind.

KILLIN
666 EW.

Dieses schöne Dorf, am Fluss Dochart gelegen, ist ein guter Ausgangsort, um die Trossachs oder Perthshire zu erkunden. Es nimmt das Westende des Loch Tay ein und hat eine sehr entspannte Atmosphäre, besonders in der Umgebung der malerischen **Falls of Dochart**, die der Fluss Dochart bildet. An klaren, sonnigen Tagen bevölkern viele Menschen die Felsen an der Brücke und lassen sich dabei ein Picknick oder ein Pint schmecken. Die Umgebung von Killin ist mit ihren mächtigen Bergen und tiefen Schluchten ein wahres Eldorado für Wanderer.

Aktivitäten

Rund 8 km nordöstlich von Killin ragt der **Ben Lawers** (1214 m) über dem Loch Tay auf. Wanderwege gibt es zuhauf. Ein besonders lohnender **Rundweg** führt südlich der Ortschaft hinauf zum Acharn Forest. Oberhalb der Baumgrenze bietet sich ein toller Ausblick auf den Loch Tay und den Ben Lawers. Die Touristeninformation hält für alle Freunde des Wandersports Tourenbeschreibungen und nützliche Wanderkarten zu dieser Region bereit.

Das Glen Lochay führt westlich von Killin in die Mamlorn-Berge. Es ist möglich, die Strecke mit einem **Mountainbike** zu fahren. Das Panorama ist beeindruckend, und das Befahren der Berge stellt keine besonders hohe Anforderung dar. An einem schönen Sommertag kann man auch den Gipfel des **Ben Challum** (1025 m) erklimmen und dann auf der anderen Seite nach Crianlarich absteigen – eine ziemlich schweißtreibende Tour allerdings. Eine von Schlaglöchern verunstaltete Straße verläuft vom Glen Lochay zum Glen Lyon.

Killin liegt am Lochs & Glens Cycle Way, einem Radweg, der von Glasgow nach Inverness führt. Leihräder sind bei **Killin OutdoorCentre** (01567-820652; www.killinoutdoor.co.uk; Main St.; Fahrrad für 24 Std. 20 £; tgl.) erhältlich. Dort kann man auch Kanus und Kajaks (ab 20 £) mieten.

Schlafen & Essen

Fairview House B&B ££
(☏01567-820667; www.fairview-killin.co.uk; Main St.; EZ 32 £, DZ 60–70 £; P🛜) Das hübsche, herzliche und zentral gelegene Gästehaus mit anständigen Preisen bietet überaus anheimelnde Zimmer, alle mit eigenem Bad. Die Lounge für die Gäste ist nett, und ein Trockenraum und ein Fahrradschuppen stehen auch zur Verfügung. Außerdem hält der Name des B&B, was er verspricht: Die Aussicht von vielen der Zimmer auf die Berge in der Umgebung ist wirklich schön.

High Creagan CAMPINGPLATZ £
(☏01567-820449; Aberfeldy Rd.; Zelt-/Caravan-Stellplatz pro Pers. 5/8 £; ⊙März–Okt.) Der gepflegte, geschützte Campingplatz mit vielen Rasenflächen liegt hoch oben an den Hängen über dem schillernden Loch Tay, 4,6 km östlich von Killin. Da ein Bach durch das Grundstück fließt, sind Kinder unter fünf Jahren auf dem Zeltplatz nicht erlaubt.

LP TIPP Falls of Dochart Inn PUB ££
(☏01567-820270; www.falls-of-dochart-inn.co.uk; Hauptgerichte 10–13 £; P🛜) Der Pub befindet sich in Toplage direkt an den Wasserfällen und hat viel Flair, einem knisternde Kaminfeuer, persönlicher Service und gutes Essen, das viel fürs Geld bietet, stellt jeden zufrieden. Auf den Tisch kommen kleinere Mahlzeiten, aber auch zarte Steaks und allerlei raffiniertere Kreationen. Die Zimmer (EZ/DZ ab 60/80 £) sind hübsch, einen Minuspunkt bekommt allerdings die schlechte Heizung in einigen Räumen.

ⓘ An- & Weiterreise
Zwei Busse von **Citylink** (www.citylink.co.uk), die täglich auf der Strecke Edinburgh–Oban/Fort William verkehren, halten hier. Auch zwei Busse von Dundee nach Oban kommen durch den Ort; sie halten u. a. in Crianlarich. Von Kingshouse (S. 226) verkehren Busse nach Callander; dort besteht die Möglichkeit, in einen Bus nach Stirling umzusteigen.

> ### ABSTECHER
> **DEEP SEA WORLD**
>
> Wenn die Kids von den vielen historischen Gebäuden die Nase voll haben, stimmt ein Ausflug ins **Deep Sea World** (www.deepseaworld.com; North Queensferry; Erw./Kind 13/8,75 £; ⊙Mo–Fr 10–17, Sa & So 10–18 Uhr) sie oft wieder versöhnlich gegenüber Fife. Das Topaquarium in North Queensferry, unweit der Brücken über den Forth, kann mit allen respekteinflößenden Fischarten aufwarten wie z. B. Haien und Piranhas, aber auch mit Seehunden und Streichel-Becken, in denen sich Rochen und andere Meereskreaturen tummeln. Sogar geführte Tauchgänge mit den Haien lassen sich organisieren. Wer seine Eintrittskarte übers Internet kauft, kommt ein bisschen billiger weg.

FIFE

Fife (www.visitfife.com), eine Landzunge zwischen dem Firth of Forth und dem Firth of Tay, ragt wie ein Schlangenkopf aus Schottlands Ostküste heraus. Aufgrund seiner königlichen Vergangenheit und seiner ganz eigenen Atmosphäre stilisiert Fife sich zum „Kingdom of Fife".

Das zugebaute südliche Fife gehört den Berufspendlern, aber die östliche Region mit ihrem hügeligen Ackerland und ihren idyllischen Fischerdörfern lohnt eine Erkundung. Besucher können sich hier an der frischen Seeluft beim Krabbenknabbern wunderbar erholen. Fifes größte Attraktion, St Andrews, beherbergt Schottlands ehrwürdigste Universität und eine Unzahl historischer Gebäude. Die Stadt stellt außerdem das Hauptquartier der Golfwelt dar und zieht Profis und Golfliebhaber aus aller Welt an, die auf seinem Old Course spielen möchten, eine elementare Erfahrung für jeden Golfer.

🚶 Aktivitäten
Der **Fife Coastal Path** (www.fifecoastpath.co.uk) ist 130 km lang und folgt der gesamten Küstenlinie von Fife – von der Forth Road Bridge bis zur Tay Bridge und darüber hinaus. Der Weg ist gut ausgeschildert, landschaftlich schön und nicht zu schwierig, obwohl es durchaus windig werden kann. Reisende können auch nur kleinere Abschnitte oder einen Tagesmarsch erwandern. Und wer nicht so gerne zu Fuß unterwegs ist, kann auch aufs Mountainbike steigen.

ⓘ Unterwegs vor Ort
Die wichtigste örtliche Busgesellschaft heißt **Stagecoach Fife** (☏0871-2002233; www.stagecoachbus.com). Für 7,50 £ verkauft sie das Fife Dayrider Ticket, das für alle Stagecoach-Busse in Fife gilt.

Wer selbst mit dem Wagen von der Forth Road Bridge nach St Andrews fährt, sollte die gut ausgeschilderte **Fife Coastal Tourist Route** benutzen, auf der man zwar langsamer vorankommt als auf der M90/A91, die dafür aber landschaftlich wesentlich mehr zu bieten hat.

Culross

500 EW.

Das bezaubernde kleine Dorf Culross (sprich: kuh-*ross*) ist Schottlands besterhaltenes Beispiel für eine traditionelle Stadt aus dem 17. Jh. Der National Trust for Scotland ist Eigentümer von 20 Gebäuden in der Stadt, darunter der Palast. Kleine, weiß getünchte Häuser mit roten Ziegeldächern flankieren die Kopfsteinpflasterstraßen, und skurrile Steinhäuser säumen den sich windenden Back Causeway zur Abtei.

Als Geburtsort des hl. Mungo, Glasgows Schutzheiligem, war Culross bereits vom 6. Jh. an ein wichtiges religiöses Zentrum. Die Stadt entwickelte sich unter dem Gutsherrn George Bruce aufgrund des Kohleabbaus prächtig (dabei spielten ungewöhnliche unterirdische Kanäle eine wichtige Rolle). Als der Kohleabbau durch die Überflutung der Kanaltunnel ein Ende fand, verlegte sich die Stadt auf die Produktion von Leinen und Schuhen.

Der **Culross Palace** (NTS; www.nts.org.uk; Erw./Kind 9,50/7 £; April-Mai & Sept. Do-Mo 12-17 Uhr, Juni-August tgl. 12-17Uhr, Okt. Fr-Mo 12-16 Uhr) ist eher ein großes Haus als ein Palast. Er fasziniert dennoch durch außergewöhnliche bemalte Holzdekorationen, Tonnengewölbe und ein seit dem frühen 17. Jh. kaum verändertes Inneres. Das **Town House** (von der Touristeninformation eine Treppe tiefer) und das **Study**, das Studierzimmer in einem Giebelgebäude, ebenfalls aus dem 17. Jh., sind für die Öffentlichkeit zugänglich (im Rahmen einer Führung, die im Eintrittspreis für den Palast inbegriffen ist). Die anderen Häuser des National Trust können nur von außen bewundert werden.

Die Ruinen der 1217 von den Zisterzienern gegründeten **Culross Abbey** (HS; www.historic-scotland.gov.uk; Eintritt frei; April-Sept. Mo-Sa 9.30-19 & So 14-19 Uhr, Okt.-März Mo-Sa 9.30-16 & So 14-16 Uhr) ragen auf einem Berg auf, der in beschaulicher Umgebung mit Blick auf den Firth of Forth gelegen ist. Ein Teil der Ruinen dient seit dem 16. Jh. als Gemeindekirche. Die Buntglasfenster und ein gälisches Grabmal aus der Zeit der Gotik lohnen einen Blick.

Über einem hübschen Töpfereiatelier unweit des Palastes kann das **Biscuit Café** (www.culrosspottery.com; kleinere Gerichte 3-6 £; Mo-Sa 10-17, So 11-17 Uhr) mit einem beschaulichen kleinen Garten aufwarten. Hier munden der leckere Kaffee, Vollwertkuchen und Scones sowie köstliche Snacks.

Culross liegt 20 km westlich der Forth Road Bridge. Der Bus 78 des Unternehmens **Stagecoach** (www.stagecoachbus.com) fährt von Dunfermline (25 Min., tgl., Stundentakt) nach Culross und weiter nach Stirling (50 Min., Mo-Sa stündl.).

Dunfermline

39 229 EW.

Das historische und klösterliche Dunfermline ist Fifes größte Stadt. Sie dehnt sich durch Eingemeindung ehemals unabhängiger Dörfer weit nach Osten aus. Ihre Geschichte ist eng mit der zentral gelegenen, stimmungsvollen **Dunfermline Abbey** (HS; www.historic-scotland.gov.uk; St. Margaret St.; Erw./Kind 3,70/2,20 £; April-Sept. tgl. 9.30-18.30 Uhr, Okt. bis 16.30 Uhr, Nov.-März Sa-Mi 9.30-16.30 Uhr) verbunden, die im 12. Jh. von David I. als Benediktinerkloster gegründet wurde. Dunfermline stand bei religiösen Königen schon zuvor hoch im Kurs. Malcolm III. heiratete hier im 11. Jh. die Sachsenprinzessin Margaret, und beide wählten die Stadt als Ort ihrer letzten Ruhe. In Dunfermline wurden noch viele weitere wichtige Persönlichkeiten begraben. Die berühmteste war Robert Bruce, dessen sterbliche Überreste 1818 entdeckt wurden.

Von der Abtei sind heute noch die **Ruinen** des eindrucksvollen dreistöckigen Gebäudes, in dem der Speisesaal untergebracht war, sowie das Hauptschiff der Kirche mit geometrischen Säulen und schönen romanischen und gotischen Fenstern erhalten. Die Abteikirche liegt neben der aus dem 19. Jh. stammenden **Kirche** (Mai-Sept.), unter deren raffinierter Kanzel Robert Bruce seine letzte Ruhestätte fand.

Neben dem Speisesaal liegt der (im Eintrittspreis enthaltene) **Dunfermline Palace**. Dies war einst das Gästehaus der Abtei, wurde dann aber für Jakob VI. umgebaut, dessen unglücklicher Sohn Charles I. 1600 hier geboren wurde. Unterhalb des Palastes erstreckt sich der für Spaziergänger zugängliche **Pittencrieff Park**.

Das hervorragende **Abbot House Heritage Centre** (www.abbothouse.co.uk; Maygate;

Erw./Kind 4 £/frei; März–Okt. Mo–Sa 9.30–17 Uhr, Nov.–Feb. 10–16 Uhr) in der Nähe der Abtei datiert aus dem 15. Jh. Geschichtsfreaks halten sich hier gern stundenlang auf, um sich mit den spannenden Exponaten zur Geschichte Schottlands, zur Abtei und zu Dunfermline zu beschäftigen. Im Eintrittspreis ist eine Führung inbegriffen.

In kulinarischer Hinsicht ähnelt Dunfermline eher einer Wüste, doch die Mitarbeiter des Fresh (2 Kirkgate; kleinere Gerichte 4–7 £; Mo–Sa 9–17, So 10.30–17 Uhr;), ein Stück oberhalb der Abtei, bieten zumindest anständige Sandwiches und guten Kaffee, außerdem leckere Tagesspezialitäten, die auf Feinkostprodukten basieren. Wein gibt es hier auch, außerdem Internet, eine Galerie und einen Büchertausch.

Es verkehren häufig Busse auf der Strecke Dunfermline–Edinburgh (5,05 £, 40 Min.), Stirling (9,95 £, 1¼ Std.) und St. Andrews (9,95 £, 1¼ Std.) sowie Züge von/nach Edinburgh (30 Min.).

Aberdour
1690 EW.

Der beliebte Ort am Meer lohnt einen Zwichenstopp, um das imposante Aberdour Castle (HS; www.historic-scotland.gov.uk; Erw./Kind 5/3 £; April–Sept. 9.30–17.30 Uhr, Okt. bis 16.30 Uhr, Nov.–März Sa–Mi 9.30–16.30 Uhr) zu erkunden. Das stattliche Gemäuer war lange Zeit die Residenz der Douglases von Morton und lässt mehrere Bauphasen erkennen. Aus diesem Grund empfiehlt sich der Kauf des kleinen Führers – um besser zu verstehen, was es überhaupt zu sehen gibt. Wirklich wunderschön ist der kunstvolle *doocot* (Taubenschlag) im Garten. Außerdem sollte man unbedingt auch der herrlichen romanischen Kirche **St Fillan's** gleich neben der Burg einen Besuch abstatten.

Ein bezauberndes Ambiente als das Forth View Hotel (01383-860402; www.forthviewhotel.co.uk; Hawkcraig Point; EZ 45–65 £, DZ 65–95 £; April–Okt.;) kann man sich kaum vorstellen. Das nette B&B liegt abgeschieden direkt am Wasser. Die Panoramafenster der Zimmer, die nach vorne hinausgehen, ermöglichen einen sagenhaften Blick über den Firth of Forth bis nach Edinburgh, außerdem wird den Gästen hier absolut herzliche Gastfreundschaft zuteil. Und welch ein Glück: Sogar ein hervorragendes kleines Restaurant, in dem leckere Meeresfrüchte auf den Tisch kommen, gehört mit dazu. Es heißt Room with a View (www.roomwithaviewrestaurant.co.uk; mittags Hauptgerichte 10–13 £, abends Hauptgerichte 14–19 £; Mi–So Mittagessen, Mi–Sa Abendessen). Das Hotel lässt sich allerdings gar nicht so leicht auffinden – was aber zum Teil ja auch seinen Charme ausmacht. Der Beschilderung zum Silver Sands Beach folgen, den Parkplatz überqueren und dann auf der anderen Seite eine steile schmale Gasse hinuntergehen. Süffige Ales und gute vegetarische Gerichte stehen auf der Speisekarte dieses Familienbetriebs: Das Aberdour Hotel (01383-860325; www.aberdourhotel.co.uk; 38 High St.; EZ/DZ 65/85 £;) an der Hauptstraße des Ortes ist somit nicht nur ein prima Übernachtungsquartier, sondern bietet sich mit seiner überwiegend herzhaften Hausmannskost (Hauptgerichte 8–12 £) auch an, um so richtig zu schlemmen.

Von Aberdour verkehren regelmäßig Züge nach Edinburgh (40 Min.) und Dundee (1 Std.), aber auch Busse ins nahe Dunfermline (40 Min.).

Kirkcaldy
46 912 EW.

Kirkcaldy (sprich: köh-*koh*-di) erstreckt sich über mehrere Kilometer am Meer entlang. Die Promenade ist ein wenig schäbig, die donnernde Brandung an windigen Tagen umso spektakulärer. Das exzellente Museum macht die Stadt zu einem lohnenden Stopp. Kirkcaldy ist berühmt als Geburtsort des Aufklärungsphilosophen und -ökonomen Adam Smith, der auf der englischen 20-Pfund-Note zu sehen ist.

Vom Bahnhof und Busbahnhof ist es nur ein kurzer Spaziergang in östlicher Richtung zum Kirkcaldy Museum & Art Gallery (War Memorial Gardens; Eintritt frei; Mo–Sa 10.30–17, So 14–17 Uhr), das zum Zeitpunkt der Recherchen für dieses Buch allerdings gerade umfassend renoviert wurde und deshalb geschlossen war. Kinder amüsieren sich hier prächtig, da es viele Dinge zum Selbermachen gibt. Das Museum beherbergt eine eindrucksvolle **Sammlung schottischer Malerei** vom 18. bis zum 20. Jh., darunter Vertreter der beiden Malschulen Scottish Colourists und Glasgow Boys.

Die Touristeninformation (01592-267775; www.visitfife.com; 339 High St.; April–Sept. Mo–Sa 10–17 Uhr, Okt.–März Mo–Sa 10–16 Uhr) liegt am östlichen Ende der Uferstraße, die den Firth of Fourth begleitet.

Von Kirkcaldy aus fahren regelmäßig Busse nach St Andrews (5,60 £, 1 Std.), Anstruther (1¼ Std.) und Edinburgh (5,60 £, 1 Std.). Pro Stunde fahren zwei bis vier Züge nach Edinburgh (7,10 £, 45 Min.) und Dundee (11,90 £, 40 Min.).

Falkland

1183 EW.

Unterhalb der sanften Kämme des Lomond Hill liegt im Zentrum von Fife das reizende Städtchen Falkland. Die Lage im Flusstal des Eden ist recht romantisch, und seine Silhouette wird von dem außergewöhnlichen **Falkland Palace** (NTS; www.nts.org.uk; Erw./Kind 11,50/ 8,50 £; März–Okt. Mo–Sa 11–17, So 13–17 Uhr) bestimmt, einer Landresidenz der Stuarts. Maria Stuart soll hier die glücklichsten Tage ihres Lebens verbracht und in den Wäldern und Parks von Falkland „das Landmädchen gespielt" haben.

Der Palast wurde von 1501 bis 1541 erbaut, als Ersatz für eine Burg aus dem 12. Jh., die nun in Form eines Jagdschlösschens neuen Zwecken diente. Französische und schottische Handwerker sollten hier ein Meisterwerk der schottischen Gotik errichten. Das **königliche Schlafzimmer** und die **Kapelle** mit ihrer wunderschön bemalten Decke sind beide restauriert worden. Die üppigen flämischen **Wandteppiche** mit Jagdszenen aus dem 17. Jh. sind nicht minder bewundernswert. Ein Element des königlichen Freizeitbereichs existiert noch heute: der älteste **königliche Tennisplatz** in Großbritannien, der 1539 für Jakob V. angelegt wurde. Er wird noch heute genutzt.

Falkland liegt etwa 18 km nördlich von Kirkcaldy. Die Buslinie 36 zwischen Glenrothes und Auchtermuchty fährt über Falkland. Von diesen beiden Orten gibt es regelmäßige Verbindungen nach St Andrews und zu anderen Zielen in der Verwaltungseinheit Fife. Busse nach Perth (1 Std.) fahren mehr oder weniger stündlich.

St Andrews

14 209 EW.

St Andrews hat sich für eine Stadt ihrer Größe einen bedeutenden Namen gemacht, zuerst als religiöses Zentrum und dann als älteste Universitätsstadt Schottlands. Ihr Status als Heimat des Golfsports hat ihren Ruhm noch weiter ausgebaut. Die heutigen Pilger kommen mit Golftaschen. Aber auch wenn man sich nicht für Golf interessiert, ist die Stadt mit ihren eindrucksvollen mittelalterlichen Ruinen, den imposanten Universitätsgebäuden, dem idyllischen weißen Sand und den hervorragenden Hotels und Restaurants ein absolut lohnendes Ziel.

Der Old Course, der berühmteste Golfplatz der Welt, hat eine sagenhafte Lage am westlichen Stadtrand, und direkt am Meer. Auf diesem heiligen Rasen zu spielen, ist eine wahrlich erhebende Erfahrung.

Geschichte

St Andrews soll vom hl. Regulus gegründet worden sein, der im 4. Jh. aus Griechenland kam und die Gebeine des hl. Andrew mitbrachte – des Schutzheiligen Schottlands. Die Ortschaft entwickelte sich rasch zu einem bedeutenden Wallfahrtsort, wodurch St Andrews zur kirchlichen Hauptstadt des Landes avancierte. Die Universität – die erste des Landes – wurde 1410 gegründet.

Golf wird in St Andrews schon seit mehr als 600 Jahren gespielt; 1754 wurde der Golfverband ins Leben gerufen und 100 Jahre später das imposante Royal & Ancient Clubhaus erbaut.

⊙ Sehenswertes

St Andrews Cathedral RUINE
(HS; Karte S. 236; www.historic-scotland.gov.uk; The Pends; Erw./Kind 4,50/2,70 £, inkl. Burg 7,60/4,60 £; April–Sept. 9.30–17.30 Uhr, Okt.–März bis 16.30 Uhr) Die Ruinen dieser Kathedrale sind alles, was von einem der prachtvollsten mittelalterlichen Gebäude Großbritanniens übrig geblieben ist. Wie gewaltig und majestätisch das Bauwerk einst war, lässt sich anhand der noch stehenden Reste erahnen. Die Kathedrale wurde 1160 erbaut, jedoch erst 1318 geweiht; sie bildete den Mittelpunkt des bedeutenden Wallfahrtsortes, bis sie dann 1559 während der Reformation geschleift wurde.

Die Gebeine des hl. Andrew liegen angeblich unter dem Altar begraben. Bis zur Errichtung der Kathedrale sollen sie sich in der Kirche St Regulus (Rule) in einem Schrein befunden haben. Von diesem Gotteshaus hat sich nur der **St Rule's Tower** erhalten; es lohnt sich, ihn zu erklimmen, denn der Blick über St Andrews ist sehr schön. Es befindet sich hier auch noch ein **Museum** mit einer Sammlung keltischer Kreuze und Grabsteine, die vor Ort gefunden wurden. Die Eintrittsgebühr gilt nur für den Turm und das Museum; die stimmungsvollen Ruinen sind frei zugänglich und la-

GOLFPARTIE AUF DEM OLD COURSE

Golf wird in St Andrews schon seit dem 15. Jh. gespielt. Bereits 1457 war der Sport so beliebt, dass James II. ihn per Dekret verbot, da er bei seinen Truppen die Übungen im Bogenschießen beeinträchtigte. Obwohl der exklusive, ausschließlich Männern vorbehaltene **Old Course** (Karte S. 236; info 466666; www.standrews.org.uk; Reservierungsbüro, St. Andrews Links Trust) gleich neben dem Royal & Ancient Golf Club liegt, steht er der Allgemeinheit zur Nutzung offen.

Wer hier spielen möchte, muss allerdings im Voraus über den **St Andrews Links Trust** (01334-466666; www.standrews.org.uk) buchen. Die Reservierungen werden jeweils am ersten Mittwoch im September entgegengenommen, und zwar ein Jahr vor der geplanten Golfpartie. Buchungen für Samstag oder den Monat September sind grundsätzlich nicht möglich.

Wer nicht schon Monate im Voraus reserviert hat, kann nur noch an einer Verlosung teilnehmen, die im **Caddie Office** (Karte S. 236; 01334-466666) stattfindet: Zwei Tage vor der gewünschten Golfpartie (sonntags kann nicht gespielt werden), findet vor 14 Uhr die Auslosung statt. Große Hoffnungen braucht sich allerdings niemand zu machen: Die Zahl der Aspiranten ist in der Regel enorm hoch, und die Greenfees liegen bei 150 £ im Sommer. Einzelspieler können an der Verlosung gar nicht teilnehmen und sollten an besagtem Tag möglichst früh Schlange stehen – morgens um 5 Uhr ist eine gute Zeit – in der Hoffnung, sich zu einer Gruppe gesellen zu können. Dazu ist eine Handicapbescheinigung (24/36 £ für Männer/Frauen) erforderlich. Wird die eigene Nummer nicht gezogen, bleiben zum Trost in dieser Gegend immerhin noch sechs andere Golfplätze (die unter 01334/466718 sieben Tage im Voraus telefonisch gebucht werden können, ohne Handicap), darunter der renommierte Castle Course (120 £). Weitere Greenfees im Sommer: New 70 £, Jubilee 70 £, Eden 40 £, Strathtyrum 25 £ und Balgove (neun Löcher für Anfänger und Kinder) 12 £. Im Angebot sind verschiedene Mehrtagestickets. Der Caddie für die Golfpartie schlägt mit etwa 45 £ plus Trinkgeld zu Buche. Wer an einem windigen Tag spielt, sollte sich auf ein schlechtes Ergebnis einstellen. Nick Faldo prägte einmal den bekannten Ausspruch: „Wenn hier der Wind weht, gehen sogar die Möwen zu Fuß."

Führungen (2,50 £) über den Old Course finden im Juli und August von Dienstag bis Samstag statt. Unterwegs lernen die Teilnehmer so bekannte Wahrzeichen wie die Swican Bridge und den Road Hole Bunker kennen. Die Führungen beginnen vor dem Laden am 18. Green um 11 und 13.30 Uhr und dauern 50 Minuten. Sonntags führt ein dreistündiger Spaziergang (5 £) über den gesamten Golfplatz. Es besteht sonntags zudem die Möglichkeit, frei auf dem Golfplatz herumzuschlendern oder auch die Fußwege am Rand zu nehmen.

---

den zu einem Rundgang oder auch zu einem netten Picknick ein.

St Andrews Castle
BURG

(HS; Karte S. 236; www.historic-scotland.gov.uk; The Scores; Erw./Kind 5,50/3,30 £, mit Kathedrale 7,60/4,60 £; April–Sept. 9.30–17.30 Uhr, Okt.–März bis 16.30 Uhr) Die Burg besteht größtenteils aus Ruinen, bietet jedoch einen dramatischen Blick über die Küste und ist irgendwie eindrucksvoll. Sie wurde um 1200 als Wehrdomizil des Bischofs gegründet. Nach der Hinrichtung der protestantischen Reformatoren im Jahr 1545 rächten sich andere Kirchenreformatoren, indem sie Kardinal Beaton ermordeten und seine Burg in Besitz nahmen. Fast ein Jahr lang hielten sie sich dort verschanzt. In dieser Zeit legten sie, ebenso wie auch die Angreifer, ein komplexes System von **Belagerungstunneln** an, durch welche die Besucher heute nun hindurchgehen oder auch -stolpern können – je nach Moosbewuchs. Die Touristeninformation bietet eine gute audiovisuelle Einführung und zeigt zudem eine kleine Sammlung von gravierten Pikten-Steinen.

The Scores
STRASSE

Von der Burg verläuft diese Straße an der Westküste entlang hinunter zum ersten Loch des Old Course. Das familienfreundliche **St Andrews Aquarium** (Karte S. 236; www.standrewsaquarium.co.uk; Erw./Kind 8/6 £; März–Okt. 10–17 Uhr, Nov.–Feb. bis 16.30 Uhr) beeindruckt mit einem Robbenbecken, Haien aus schottischen Gewässern sowie exotischen Tropenfischen – die bei den Besuchern besonders hoch im Kurs stehen. Wer mit den beflossten Freunden Bekanntschaft gemacht hat, kann hinterher im Café hier auch gleich noch einen Fisch mit Pommes verspeisen.

Ganz in der Nähe vermittelt das **British Golf Museum** (Karte S. 236; www.britishgolfmuseum.co.uk; Bruce Embankment; Erw./Kind 6/3 £; April–Okt. Mo–Sa 9.30–17 & So 10–17 Uhr, Nov.–März 10–16 Uhr) einen umfassenden Überblick über die Geschichte des Golfsports und die Rolle von St Andrews. Interaktive Tafeln lassen Höhepunkte früherer Offener Britischer Meisterschaften wieder aufleben (man kann etwa noch einmal sehen, wie der US-amerikanische Profigolfer Paul Azinger frustriert seinen Schläger zertrümmert). Darüber hinaus vereint eine große Sammlung Andenken an Gewinnerinnnen und Gewinner des Turniers.

Gegenüber dem Museum befindet sich der **Royal & Ancient Golf Club**, der am oberen Ender des Old Course (S. 234) steht. Daneben erstreckt sich der herrliche Strand **West Sands**, der durch den Film *Die Stunde des Siegers* zu Ruhm gelangte.

St. Andrews Museum MUSEUM
(Karte S. 236; www.fifedirect.org.uk/museums; Doubledykes Rd.; Eintritt frei; April–Sept. 10–17 Uhr, Okt.–März 10.30–16 Uhr) Das St Andrews Museum liegt in der Nähe der Bushaltestelle und präsentiert interessante Exponate, die sich mit der Geschichte der Stadt seit ihrer Gründung durch den hl. Regulus beschäftigen, aber auch mit ihrer Rolle als kirchengeschichtliches, akademisches und sportliches Zentrum.

✈ Aktivitäten

Neben Informationen zur ganz offensicht-lichen Hauptaktivität von St Andrews – **Golf** – hält die Touristeninformation auch eine Liste mit **Wanderungen** in der Region bereit und verkauft zudem Landkarten. Spaß macht es, eine Teilstrecke des Fife Coastal Path (S. 228) zu erwandern oder mit dem Mountainbike zu befahren, nämlich die Strecke von St. Andrews nach East Neuk (oder umgekehrt). Da ein Teil des Weges bei Flut unter Wasser steht, sollte man sich vor dem Aufbruch über die Gezeiten informieren. In der Touristeninformation gibt es dazu eine detaillierte Karte. Alle Sehenswürdigkeiten in East Neuk lassen sich mit dem **Fahrrad** gut erreichen.

 **Feste & Events**

Open Championship GOLF
(www.theopen.com; Juli) Dies ist eines der vier bedeutenden internationalen Golfturniere. Es findet im Juli statt. Da der Austragungsort von Jahr zu Jahr wechselt, wird die Open Chamionship in St Andrews nur alle fünf Jahre veranstaltet, das nächste Mal 2015. Die Website informiert über die genauen Termine und Spielorte.

St Andrews Festival KUNSTFESTIVAL
(www.standrewsfestival.co.uk; Nov.) Fünf Tage lang findet ein Festivat statt mit dem Höhepunkt am St Andrews Day (30. Nov.), dem Festtag des Schutzheiligen Schottlands. Zu den Feierlichkeiten gehören auch kulinarische Events aus Schottland sowie verschiedene Kunstveranstaltungen.

🛏 Schlafen

Die Unterkünfte in St. Andrews' sind überteuert und noch dazu oft total ausgebucht; es macht somit Sinn, frühzeitig zu reservieren. Fast jedes Gebäude am absolut zentralen Murray Park und Murray Place beherbergt ein Gästehaus.

Abbey Cottage B&B ££
(01334-473727; coull@lineone.net; Abbey Walk; EZ 45 £, DZ 65–70 £; P) Dass man sich an einem besonderen Ort befindet, wird einem spätestens dann klar, wenn man in diesem B&B die Fotos von Tigern sieht – die nette Hausherrin hat sie in der Wildnis selbst aufgenommen; niemand sollte hier abreisen, ohne eine Weile in ihren Fotoalben geblättert zu haben. Das ansprechende B&B liegt ein Stück unterhalb des Ortes in einem weitläufigen Garten, der von einer Steinmauer umgeben ist. Man hat hier das Gefühl, mitten auf dem Land zu wohnen. Zur Auswahl stehen drei hervorragende Zimmer, die alle unterschiedlich gestaltet sind, mit Patchwork-Bettüberwürfen, Schaffellen und antiken Möbeln.

Fairways of St Andrews B&B ££
(Karte S. 236; 01334-479513; www.fairwaysofstandrews.co.uk; 8A Golf Place; EZ 80–120 £, DZ 90–150 £;) Gleich um die Ecke vom berühmtesten Golfplatz der Welt befindet sich dieses B&B, das eigentlich eher einem Boutiquehotel ähnelt. Es gibt hier nur drei absolut schicke Zimmer; das schönste liegt in der obersten Etage, ist riesig und verfügt über einen eigenen Balkon mit Blick auf den Old Course.

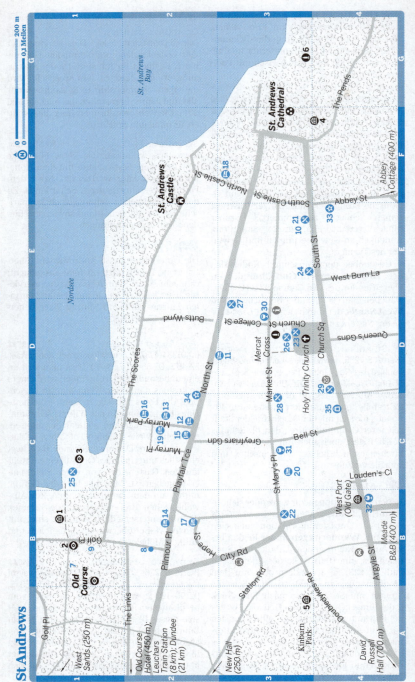

St. Andrews

◎ Highlights
- Old Course B1
- St Andrews Castle F2
- St Andrews Cathedral F3

◎ Sehenswertes
- 1 British Golf Museum B1
- 2 Royal & Ancient Golf Club B1
- 3 St Andrews Aquarium C1
- 4 St Andrews Cathedral Museum F4
- 5 St Andrews Museum A3
- 6 St Rule's Tower G3

⊛ Aktivitäten, Kurse & Touren
- 7 Caddie Office B1
- 8 Fairways of St Andrews B2
- 9 Old Course B1
- 10 Spokes E3

⌂ Schlafen
- 11 Aslar House D3
- 12 Burness House C2
- 13 Cameron House C2
- 14 Five Pilmour Place B2
- 15 Ogstons on North Street C2
- 16 Lorimer House C2
- 17 McIntosh Hall B2
- 18 Old Fishergate House F3
- 19 Six Murray Park C2
- 20 St Andrews Tourist Hostel C3

⊗ Essen
- 21 B Jannetta E3
- 22 Balaka B3
- 23 Doll's House D3
- Grill House .... (siehe 20)
- 24 Kerachers E3
- 25 Seafood Restaurant C1
- 26 The Café in the Square D3
- 27 The Glass House D3
- 28 The Tailend C3
- 29 Vine Leaf D4

⊖ Ausgehen
- 30 Central Bar D3
- 31 Vic C3
- 32 West Port B4

⊕ Unterhaltung
- 33 Byre Theatre E4
- 34 New Picture House C2

⊜ Shoppen
- 35 IJ Mellis C4

Old Course Hotel   HOTEL £££
(☏01334-474371; www.oldcoursehotel.co.uk; Old Station Rd.; DZ mit/ohne Aussicht 460/410 £, Suite 745 £; P@♠☼) Das Hotel ist der Inbegriff von Golferluxus. Es liegt direkt neben dem berühmten 17. Loch und bietet riesige Zimmer, einen exzellenten Service und eine Fülle von Annehmlichkeiten wie beispielsweise einen ganzen Wellnesskomplex. Wer 50 £ extra ausgibt, kann sich sogar noch über die Aussicht auf den Golfplatz freuen. In der Regel kommt eine Online-Buchung billiger als die hier angegebenen Tarife.

Five Pilmour Place   B&B ££
(Karte S. 236; ☏01334-478665; www.5pilmourplace.com; 5 Pilmour Pl.; EZ/DZ 78/120–160 £; @☼) Dieses luxuriöse und intime Haus liegt gleich um die Ecke vom Old Course. Die Gäste wohnen in geschmackvollen, kleinen Zimmern mit moderner Ausstattung wie Flachbildfernsehern und DVD-Spielern. Die großen Betten sind sehr bequem, und der Salon ist eine besondere, stilvolle Attraktion, wo man sich gerne aufhält.

Aslar House   B&B ££
(Karte S. 236; ☏01334-473460; www.aslar.com; 120 North St.; EZ/DZ/Suite 50/96/100 £; ⊙Feb.–Mitte Nov.; ☼) In diesem B&B sind die Zimmer derart tadellos, dass es fast schon beängstigend ist, sich vorzustellen, welch enorme Arbeit hinter den Kulissen investiert werden muss. Der moderne Komfort tut den historischen Elementen des Hauses keinen Abbruch – darunter ein extravagantes Turmzimmer –, sondern unterstreicht deren Wert. IPod-Stationen, Haarglätter und DVD-Player stehen den Gästen in jedem Zimmer zur Verfügung, dazu kommen fantastische neue Bäder. Die Mastersuite fällt überaus geräumig aus und lohnt die geringfügige Mehrausgabe. Kinder unter 16 Jahren sind hier nicht erwünscht.

Cameron House   B&B ££
(Karte S. 236; ☏01334-472306; www.cameronhouse-sta.co.uk; 11 Murray Park; EZ/DZ 45/90 £; ☼) Die wunderschön gestalteten Zimmer und die herzlichen, stets fröhlichen Wirtsleute machen das B&B in einer Straße,

die vor Gästehäusern nur so wimmelt, zu einem Zuhause fern der Heimat. Die beiden Einzelzimmer teilen sich ein Bad. In der Nebensaison ermäßigen sich die Preise pro Person um 10 £.

Six Murray Park
B&B ££

(Karte S. 236; ☎01334-473319; www.sixmurraypark.co.uk; 6 Murray Park; EZ 50 £, DZ 80–90 £; ☎) Die zauberhaften Zimmer mit modernem Schick machen dieses B&B zu einer der ansprechendsten Optionen in dieser Straße, die mit unzähligen Gästehäusern gesegnet ist.

Meade B&B
B&B ££

(☎01334-477350; annmeade10@hotmail.com; 6 Livingstone Cres.; DZ 60–70 £; ☎) Das einladende Juwel von einem B&B in einer ruhigen Straße südlich des Zentrums wird von einer netten Familie mit Haustieren betrieben, darunter eine würdevolle orangefarbene Katze und ein lebhafter schwarzer Labrador. Es gibt hier nur ein Doppelzimmer, das hübsch, hell und gemütlich ist. Hier fühlt man sich gleich zu Hause.

Old Fishergate House
B&B ££

(Karte S. 236; ☎01334-470874; www.oldfishergatehouse.co.uk; North Castle St.; EZ/DZ 80/110 £; ☎) Das historische Stadthaus aus dem 17. Jh., das mit Stilmöbeln eingerichtet ist, erfreut sich einer tollen Lage im ältesten Stadtteil von St Andrews nicht weit von der Kathedrale und der Burg entfernt. Die beiden Zweibettzimmer sind überaus geräumig und verfügen sogar über ein eigenes Wohnzimmer und gepolsterte Fensterbänke, von denen man das Treiben auf der Straße beobachten kann. Auf einer Skala von eins bis zehn in Sachen Verschrobenheit würde das B&B so etwa eine 9½ bekommen. Das Frühstück mit frischem Fisch und Pfannkuchen ist der Hammer.

St Andrews Tourist Hostel
HOSTEL £

(Karte S. 236; ☎01334-479911; www.standrewshostel.com; St. Marys Pl.; B 11–13 £; ☎) Das entspannte, zentral gelegene Hostel direkt neben dem Restaurant Grill House lässt sich gar nicht so leicht auffinden. Es ist in einem stattlichen alten Gebäude zu Hause, weist – vor allem in der Lounge – hohe Decken auf und verströmt einen lässigen Charme. Die Schlafsäle könnten neue Matratzen ganz gut gebrauchen, sind aber sauber und hell. Gleich in der Nähe befindet sich ein Supermarkt. Von 14 bis 17 Uhr bleibt die Rezeption geschlossen.

University of St Andrews
STUDENTENWOHNHEIM ££

(www.discoverstandrews.com; ⊙Juni–Aug.; P@☎) Wenn die Universität Ferien hat, nehmen drei Studentenwohnheime Gäste auf, nämlich die hotelartige **New Hall** (☎01334-467000; EZ/DZ 61/89 £; P☎); die **David Russell Hall** (☎01334-467100; Apt. für 3/7 Tage 325/595 £) mit Apartments, in denen bis zu sechs Personen übernachten können, sowie die zentral gelegene **McIntosh Hall** (Karte S. 236; ☎01334-467035; EZ/DZ 37,5C/65 £) mit Billigzimmern. Die Preise sind für den Standard der Unterkunft echt prima.

Ogstons on North Street
HOTEL £££

(Karte S. 236; ☎01334-473387; www.ogstonsonnorthst.com; 127 North St.; Zi. 120–180 £; ☎) Wer es bequem haben und im gleichen eleganten Ambiente schlafen, speisen und etwas trinken möchte, ist in diesem stilvollen klassischen Hotel genau richtig. Die schicken Zimmer begeistern durch eine elegante, moderne Dekoration und schöne, neue Bäder, manche mit Jacuzzi. Es gibt außerdem DVD-Spieler, Dockstationen für den iPod, makellose weiße Bettwäsche und große Fenster, die die Zimmer sehr geräumig wirken lassen. Die Oak Rooms (Mittag- & Abendessen) sind ein schöner Ort, um etwas zu essen und die Zeitung zu lesen. Die Bar ist ideal für einen gemütlichen Drink, in der Lizard Lounge im Keller treten bis spät in die Nacht Livebands oder DJs auf.

Burness House
B&B ££

(Karte S. 236; ☎01334-474314; www.burnesshouse.com; 1 Murray Park; DZ pro Pers. 32–45 £; ⊙März–Nov.; ☎) Üppige, von Asien inspirierte Stoffe, Bilder, die Golfszenen zeigen, und spiegelnde neue Bäder sind hier geboten.

Lorimer House
B&B ££

(Karte S.236; ☎01334-476599; www.lorimerhouse.com; 19 Murray Park; EZ 45–75 £, DZ 70–120 £; @☎) Hier gibt's relativ kleine, blitzblanke Zimmer mit superbequemen Betten sowie ein sagenhaftes Deluxe-Doppelzimmer in der obersten Etage.

Cairnsmill Caravan Park
CAMPINGPLATZ £

(☎01334-473604; cairnsmill@aol.com; Largo Rd.; Zelt mit/ohne Auto 10/18 £, B 18 £; ⊙April–Okt.; P☎☎☎) Etwa 1,5 km westlich von St. Andrews befindet sich an der A915 dieser Campingplatz mit tollem Blick auf die Stadt. Die Einrichtungen sind gut, allerdings stehen arg viele Wohnwagen herum. Eine einfache Hütte mit vielen Betten gibt es hier auch.

Essen

St Andrews kann mit einer großen Auswahl an Restaurants aufwarten, die um die Gunst der vielen Studenten wetteifern. Aus diesem Grund sind eigentlich überall preiswerte Mahlzeiten erhältlich. Zwei tolle Tipps für Selbstversorger oder Leute, die gern Picknick machen, dürfen hier aber nicht fehlen: Da wäre zuerst einmal Kerachers (Karte S. 236; www.kerachers.com; 73 South St.), ein Fischhändler, und dann noch IJ Mellis (Karte S. 236; www.mellischeese.co.uk; 149 South St.); dort wartet eine solche Fülle verschiedener Käsesorten, dass man sie schon die halbe Straße hinunter riecht.

LP TIPP Vine Leaf   SCHOTTISCH £££
(Karte S. 236; 01334-477497; www.vineleaf standrews.co.uk; 131 South St.; 2-Gänge-Menü 26,50 £; Di–Sa Abendessen;) Das gemütliche, gut eingeführte Restaurant mit Stil. Im netten Vine Leaf kommen stets wechselnde Gerichte auf den Tisch, genau gesagt üppige schottische Meeresfrüchte, Wild und vegetarische Speisen. Die Auswahl an Menüs mit Festpreis ist groß, und ein Augenschmaus ist das Essen noch dazu. Auf der interessanten Weinkarte stehen überwiegend edle Tropfen aus den klassischen Weinbaugebieten Europas. Das Restaurant befindet sich in einem Hof an der South Street.

Seafood Restaurant   MEERESFRÜCHTE £££
(Karte S. 236; 01334-479475; www.theseafood-restaurant.com; The Scores; Mittag-/Abendessen 22/45 £) Das Meeresfrüchterestaurant nimmt einen schicken Raum mit Glaswänden über dem Meer ein, das exquisite Ambiente ergänzen ein marineblauer Teppich, gestärkte Tischdecken und Servietten, eine offene Küche und ein toller Panoramablick über die Bucht von St. Andrews. Serviert werden Meeresfrüchte vom Feinsten, und auch die Weinkarte überzeugt mit edlen Tropfen. Im Winter können sich die Gäste über Sonderangebote freuen.

Doll's House   SCHOTTISCH ££
(Karte S. 236; 01334-477422; www.dolls-house.co.uk; 3 Church Sq.; Hauptgerichte 13–15 £) Die hochlehnigen Sessel, die hellen Farben und der knarrende Holzboden des Doll's House sind eine Mischung aus einem Kinderzimmer, das aus viktorianischen Zeiten stammt, und modernem Schick. Das Ergebnis ist ein überaschend anheimelndes Ambiente, das absolut nicht hochgestochen wirkt. Die Speisekarte offeriert frischen Fisch aus der Region in allen Variationen, aber auch andere schottische Gerichte und das Zwei-Gänge-Menü zu 6,95 £ lässt sich kaum überbieten. Doch auch das Zwei-Gänge-Menü am frühen Abend für 12,95 £ ist nicht übel.

The Glass House   ITALIENISCH, SCHOTTISCH ££
(Karte S. 236; www.glasshouse-restaurant.co.uk; 80 North St.; Hauptgerichte 7–15 £; 12–21 Uhr) Das legere, aber komfortable Restaurant präsentiert sich mit viel Licht auf zwei Ebenen samt einer offenen Küche. Auf der Speisekarte stehen überwiegend italienische Gerichte wie lecker belegte Pizzas und Pasta, die bei Studenten beliebt sind. Eine Handvoll Spezialitäten des Tages gibt es auch – schottisches Fleisch und Wild von beachtlicher Qualität.

The Café in the Square   CAFÉ £
(Karte S. 236; 4 Church Sq.; kleinere Mahlzeiten 4–7 £; Mo-Sa 10.30–16.30 Uhr) Das neben der Bibliothek etwas versteckt gelegene Café ist klein, aber fein und eignet sich nicht nur, um einen Kaffee zu trinken, sondern auch, um einen Happen zu Mittag zu essen. Sandwiches, Panini und Salate schmecken hinter dem Haus an ein paar idyllischen Picknicktischen – wenn das schottische Wetter es zulässt. Ansonsten schnappt man sich einen Tisch im netten Innenraum.

The Tailend   MEERESFRÜCHTE £
(Karte S. 236; www.tailendfishbar.co.uk; 130 Market St.; Fisch & Chips zum Mitnehmen/zum Essen vor Ort 6/10,50 £; 11.30–22 Uhr) Der köstliche frische Fisch aus Arbroath – ein Ort ein Stück weiter oben an der Küste –, der hier auf den Tisch kommt, ist der Grund dafür, dass The Tailend eine Klasse besser ist als viele andere Fish & Chips-Lokale. Die Fische werden nach der Bestellung frisch frittiert – eine Wartezeit, die sich wirklich lohnt. Die leckeren Räucherspezialitäten am Tresen verlocken zu einem Picknick, aber vielleicht ist ja auch gerade ein Tisch im Café (mit Alkoholausschank) frei.

B Jannetta   EIS £
(Karte S. 236; %01334-473285; www.jannettas.co.uk; 31 South St.; Waffel mit 1/2 Kugeln 1,40/2 £; Mo–Sa) Das B Jannetta ist in St Andrews eine Institution. Hier gib es insgesamt 52 verschiedene Sorten Eis – vom ungewöhnlichen Irn-Bru-Sorbet bis hin zu dekadentem Erdbeereis mit Champagner.

ABSTECHER

DAS PEAT INN

Knapp 10 km westlich von St Andrews liegt im gleichnamigen Dorf Peat Inn dieses edle **Restaurant** (01334-840206; www.thepeatinn.co.uk; 3-Gänge-Menü mittags/abends 19/40 £; Di–Sa Mittag- & Abendessen), zu dem auch noch diverse gemütliche Zimmer gehören – das reinste Eldorado für Gourmets. Der Küchenchef scheut keine Mühen, um schottische Gerichte von höchster Qualität zu zaubern, die auch noch innovativ präsentiert werden, ohne dabei aber abgehoben oder überzogen modern zu wirken. Die **Zimmer** (EZ/DZ 150/195 £; P) auf zwei Ebenen gehen auf den Garten und die Felder hinaus. Das Frühstück wird im Zimmer serviert und kann somit ganz nach Lust und Laune eingenommen werden. Diverse Pauschalangebote stehen zur Auswahl. Wie kommt man dorthin? Von St Andrews auf der A915 in Richtung Westen fahren und dann rechts auf die B940 abbiegen.

Balaka
BANGLADESCHISCH ££

(Karte S. 236; www.balaka.com; 3 Alexandra Pl.; Hauptgerichte 8–14 £; Mo–Do 12–15 & 17–24, Fr & Sa 12–0.30, So 17–24 Uhr;) Das alteingesessene Restaurant kann mit zwei Standardgerichten sowie diversen ausgefalleneren Kreationen aufwarten – und alle schmecken köstlich und sind mit Gewürzen zubereitet, die von den Besitzern selbst angebaut werden. Interessant sind die verschiedenen Fischgerichte aus dem Tandoori-Ofen, außerdem gibt es verschiedene preiswerte Mittagsgerichte sowie günstige Angebote am frühen Abend.

Grill House
BISTRO ££

(Karte S. 236; www.grillhouserestaurant.co.uk; St Mary's Pl.; Hauptgerichte 8–12 £) Das fröhliche, manchmal laute Bistro hat für jeden Geschmack und für jeden Geldbeutel etwas zu bieten. Die Auswahl reicht von mexikanischen Gerichten über Pizza und Pasta bis hin zu Lachs vom Holzkohlegrill und hochwertigen Steaks. Einen dicken Pluspunkt verdienen das gehobene Ambiente mit hübscher Einrichtung und der Service, der freundlich und zuvorkommend ist, aber auch das Mittagsgericht zu 6 £.

Ausgehen

Central Bar
PUB

(Karte S. 236; www.taylor-walker.co.uk; 77 Market St.) Verglichen mit anderen wilderen Studentenkneipen geht es in diesem netten Pub eigentlich recht ruhig zu. Hier wird auf Tradition gesetzt – mit einer Bar mitten im Raum, jeder Menge schottischem Bier, einem anständigen Service und Pub-Gerichten, die den Magen füllen, aber insgesamt nicht gerade spannend sind.

West Port
PUB

(Karte S. 236; www.maclay.com; 170 South St.;) Der schicke, modernisierte Pub am gleichnamigen Tor hat mehrere Ebenen und kann auch mit einem tollen Biergarten hinter dem Haus aufwarten. Die preiswerten Cocktails stehen beim Studentenvolk hoch im Kurs, die Mixgetränke sind überdurchschnittlich gut, und das Essen an der Bar ist auch voll okay.

Vic
BAR

(Karte S. 236; www.vicstandrews.co.uk; 1 St Mary's Pl.) In der toll restaurierten, beliebten Studentenkneipe geben sich Lagerhausschick und mittelalterliche Gesellschaft ein Stelldichein. Die Wände sind vollgepflastert mit schwarz-weißer Pop-Art, in der attraktiven Bar mit hohen Decken stehen in der Mitte kommunikative lange Tische mit allerlei extravaganten Sitzmöbeln. Und dann wären da noch eine romantische Bar, eine Tanzfläche und ein Raucherdeck zu erwähnen. Es finden hier regelmäßig Veranstaltungen statt.

 Unterhaltung

Während des Semesters ist in den Pubs der Stadt immer etwas los.

Byre Theatre
THEATER

(Karte S. 236; %01334-475000; www.byretheatre.com; Abbey St.) Diese Theatertruppe fing in den 1930er-Jahren in einem umgebauten Kuhstall bescheiden an; heute weiß sie in diesem schicken Ambiente die Licht- und Raumverhältnisse bestens zu nutzen.

New Picture House
KINO

(Karte S. 236; www.nphcinema.co.uk; North St.) Ein Kino mit zwei Sälen, in denen aktuelle Filme laufen.

Praktische Informationen

J&G Innes (www.jg-innes.co.uk; 107 South St.) Jede Menge interessante Bücher über

die Region, beispielsweise zur Geschichte der Hexenverbrennung in Fife.
Library (Church Sq.; ☉Mo, Fr & Sa 9.30–17, Di–Do bis 19 Uhr) Kostenloser Internetzugang in der Bibliothek – einfach vorbeikommen, keine Reservierung möglich.
St Andrews Community Hospital (✆01334-465656; www.nhsfife.org; Largo Rd.)
St Andrews Information Centre (✆01334-472021; www.visit-standrews.co.uk; 70 Market St.; ☉ Juli & Aug. Mo–Sa 9.15–18 & So 10–17 Uhr, Sept.–Juni Mo–Sa 9.15–17 Uhr, April–Juni, Sept. & Okt auch So 11–16 Uhr) Hilfsbereite Mitarbeiter mit prima Wissen über St. Andrews und Fife.

❶ An- & Weiterreise

Bus

Alle Busse fahren am Busbahnhof in der Station Road ab. Häufige Verbindungen bestehen zu den folgenden Fahrtzielen:

» **Anstruther** 40 Min., regelmäßig
» **Crail** 30 Min., regelmäßig
» **Dundee** 30 Min., 30-Minutentakt
» **Edinburgh** 9,50 £, 2 Std., stündl.
» **Glasgow** 9,95 £, 2½ Std., stündl.
» **Stirling** 7,45 £, 2 Std., Mo–Sa alle 2 Stunden

Zug

St. Andrews hat keinen Bahnhof, es besteht jedoch die Möglichkeit, einen Zug zu nehmen, der von Edinburgh (Platz auf der rechten Seite wegen der Aussicht über den Firth of Forth wählen) nach Leuchars (12,60 £, 1 Std., stündl.) fährt, 8 km weiter nordwestlich. Von dort fahren regelmäßig Busse nach St. Andrews.

❶ Unterwegs vor Ort

Wer ein Taxi braucht, ruft bei **Golf City Taxis** (✆01334-477788) an. Ein Taxi vom Bahnhof Leuchars kostet um die 12 £.

Spokes (Karte S. 236; ✆01334-477835; www.spokescycles.com; 37 South St.; halber/ganzer Tag/Woche 8,50/13,50/60 £; ☉Mo–Sa 9–17.30 Uhr) verleiht Mountainbikes.

East Neuk

Dieser reizende Küstenabschnitt erstreckt sich von St Andrews aus nach Süden bis zur Spitze Fife Ness und dann in westlicher Richtung bis nach Leven. „Neuk" ist ein altes schottisches Wort für „Ecke", und die Gegend ist mit ihren malerischen Fischerdörfern und schönen Küstenwanderwegen – die schönsten Teile des Fife Coastal Path liegen in dieser Region – tatsächlich eine nette Ecke. East Neuk ist von St Andrews aus leicht zu erreichen, ist aber auch ein reizendes Plätzchen, um hier zu wohnen.

CRAIL
1695 EW.

Das kleine Crail ist sehr hübsch und friedlich. Sein von Steinen geschützter und von kleinen, rot gedeckten Häuschen gesäumter Hafen ist ein beliebtes Fotomotiv. Besucher können hier an einem Kiosk (☉Sa & So Mittagessen) Hummer und Krabben kaufen. Die Bänke auf dem nahe gelegenen Rasen sind ideal, um diese frischen Meeresfrüchte zu verzehren und dabei den Blick hinüber auf die Isle of May zu genießen.

Die Geschichte des Dorfes und seine Rolle in der Fischereiindustrie vermittelt das **Crail Museum** (www.crailmuseum.org.uk; 62 Marketgate; Eintritt frei; ☉Juni–Sept. Mo–Sa 10–13 & 14–17, So 14–17 Uhr, April & Mai nur am Wochenende); es fungiert gleichzeitig als Touristeninformation.

Das **Selcraig House** (✆01333-450697; www.selcraighouse.co.uk; 47 Nethergate; EZ/DZ 35/70 £; 🛜🐾) aus dem 18. Jh. ist ein gut geführtes Quartier mit vielerlei Zimmern. Leute mit Sinn fürs Abstruse werden von den Zimmern in der obersten Etage mit seltsamem Grundriss angetan sein, während die Zimmer mit Himmelbetten Gäste bezaubern, die Luxus und edles Mobiliar zu schätzen wissen. Gegenüber dem Museum befindet sich auf der anderen Straßenseite das **Hazelton Guest House** (✆01333-450250; www.thehazelton.co.uk; 29 Marketgate North; EZ 45–50 £, DZ 70–85 £; ☉März–Okt.; 🛜), das mit viel Aufwand hergerichtet wurde. Die schön renovierten Zimmer in dem reizenden alten Haus bekommen viel Licht ab. Die tollen Zimmer nach vorne hinaus bieten einen herrlichen Blick bis zur Isle of May hinüber. Wanderer und Radfahrer werden hier bestens betreut.

Crail liegt 16 km südöstlich von St Andrews. Die Buslinie 95 von **Stagecoach** (www.stagecoachbus.com) zwischen Leven, Anstruther, Crail und St. Andrews fährt jeden Tag stündlich durch Crail (30 Min. nach St Andrews).

ANSTRUTHER
3442 EW.

Das fröhliche Anstruther gehörte einst zu Schottlands geschäftigsten Häfen. Es hat die Krise der Fischereiindustrie besser überstanden als andere Hafenstädtchen und bietet heute eine nette Mischung aus schaukelnden Booten, historischen Straßen und Besuchern, die gern Fish and Chips essen oder über einen Ausflug auf die Insel May nachdenken wollen.

◉ Sehenswertes

Zur Ausstellung des großartigen Scottish Fisheries Museum (www.scotfishmuseum.org; Erw./Kind 6 £/frei; ☉April–Sept. Mo–Sa 10–17.30, So 11–17 Uhr, Okt.–März Mo–Sa 10–16.30, So 12–16.30 Uhr) gehört die **Zulu Gallery**. Sie zeigt u. a. den riesigen, teilweise restaurierten Rumpf eines traditionellen Zulu-Bootes, das noch nach Pech und Holz riecht. Im Hafen außerhalb des Museums ist die *Reaper* angedockt, ein komplett restauriertes Fife-Fischerboot von 1902.

Die Isle of May, knapp 10 km südöstlich von Anstruther, ist ein großartiges Naturreservat. Von April bis Juli wimmeln die bedrohlichen Klippen von brütenden Dreizehenmöwen, Tordalken, Trottellummen, Krähenscharben und etwa 40 000 Papageitauchern. Auf der Insel selbst befinden sich die Ruinen der **St Adrian's Chapel** aus dem 12. Jh. Sie ist einem Mönch geweiht, der von den Wikingern 875 ermordet wurde.

Der fünfstündige Ausflug auf die Insel mit der May Princess (☎01333-311808; www.anstrutherpleasurecruises.co.uk; Erw./Kind 22/11 £) beinhaltet einen zwei- bis dreistündigen Aufenthalt an Land und wird von April bis September täglich angeboten. Tickets sind beim Kiosk am Hafen erhältlich, und zwar mindestens eine Stunde vor Abfahrt. Da die Zeiten von Ebbe und Flut abhängen, sollte man sich kurz telefonisch oder über die Website informieren. Es gibt auch ein schnelleres Boot, die *Osprey*; das Schlauchboot mit 12 Sitzen umrundet die Insel allerdings nur (Erw./Kind 20/12,50 £); eine Variante mit längerem Aufenthalt (25/15 £) steht auch noch auf dem Programm.

🛏 Schlafen & Essen

The Spindrift   B&B ££
(☎01333-310573; www.thespindrift.co.uk; Pittenweem Rd.; EZ/DZ 60/80 £; P🐾❄) Wer von Westen kommt, braucht nicht weiter als bis zu Anstruthers erstem Haus auf der linken Seite zu fahren, ein Inbegriff der schottischen Fröhlichkeit und Gastfreundschaft. Die Zimmer sind elegant, stilvoll und sehr komfortabel. Einige bieten einen Blick auf Edinburgh, eines sieht aus wie eine Schiffskabine, was dem Kapitän zu verdanken ist, dem dieses Haus früher gehörte. Es gibt DVD-Spieler und Teddys, eine Bar mit Ale, Malt-Whisky und die nette Gesellschaft der Gastgeber. Das Frühstück beinhaltet Porridge, der früher einmal zum besten im ganzen Königreich gewählt wurde. Abendessen (23 £) ist ebenfalls möglich.

The Bank   GASTHAUS ££
(☎01333-310189; www.thebank-anstruther.co.uk; 23 High St.; EZ/DZ 50/100 £; ❄) Die aufgemöbelten Zimmer in dem modernisierten Pub in zentraler Lage beeindrucken durch ihre Größe, die riesigen Betten und die Bäder. Das Gebäude steht an der Flussmündung, und das bedeutet, dass sich von vielen Zimmern ein hübscher Blick bietet. Die Bar ist verführerisch und hat ein paar Tische draußen im Garten stehen. Mit den Zimmern 8 und 9 ist man deshalb am Wochenende besser bedient. Die Preise liegen meist erheblich niedriger als hier angegeben.

Crichton House   B&B ££
(☎01333-310219; www.crichtonhouse.com; High St. W; DZ 70–80 £; P❄) Wer von Westen ins Ortszentrum kommt, sieht das B&B auch sogleich auf der rechten Seite stehen. Geboten werden blitzblanke Zimmer mit frischem Obst und Bädern mit Schieferboden, hinzu kommen eine Frohnatur von Wirt sowie ein vielfältiges Frühstück. Den Eingang erreicht man über die Holztreppe seitlich am Haus.

Cellar Restaurant   MEERESFRÜCHTE £££
(☎01333-310378; www.cellaranstruther.co.uk; 24 East Green; 2-/3-Gänge-Menü abends 35/40 £; ☉Fr & Sa Mittagessen, Di–Sa Abendessen) Das Cellar liegt versteckt in einer Gasse hinter dem Museum und hat sich mit Meeresfrüchten und edlen Weinen einen Namen gemacht. Besonders empfehlenswert sind die Krabben, der Hummer und die anderen Spezialitäten der Region. Innen gibt sich das Restaurant elegant und nobel. Unbedingt einen Tisch reservieren.

Dreel Tavern   PUB £
(16 High St. W; Hauptgerichte 8–11 £; 🍴) Der reizende alte Pub am Ufer des Dreel Burn hat sehr viel Charme und bringt dazu auch noch konstant leckere Pub-Mahlzeiten auf den Tisch, die sich im Sommer gut im Biergarten einnehmen lassen. Diverse Sorten Helles vom Fass gibt's hier auch.

Wee Chippy   FISCH & CHIPS £
(4 Shore St.; Fisch abends 5,50 £) Die Anstruther Fish Bar zählt zu den besten Fish- and-

Chips-Imbissen in ganz Großbritannien, doch dieses Lokal läuft ihr vielleicht sogar den Rang ab, wie auch viele Einheimische meinen. Der Fisch ist qualitativ hochwertig, aber die Schlange ist zum Glück nicht ganz so ellenlang. Am besten schmeckt der Fang dann am Wasser.

❶ Praktische Informationen

Anstruther Information Centre (✆01333-311073; www.visitfife.com; Harbourhead; ⌚April–Okt. Mo–Sa 10–17, So 11–16 Uhr) Die beste Touristeninformation in East Neuk.

❶ An- & Weiterreise

Der Bus 95 von **Stagecoach** (www.stagecoachbus.com) fährt täglich von Leven (mehr Abfahrten ab St Monans) nach Anstruther und weiter nach St Andrews (40 Min., stündl.) über Crail.

RUND UM ANSTRUTHER

Ein herrliches Beispiel für die Wohnarchitektur in den schottischen Lowlands ist Kellie Castle (NTS; www.nts.org.uk; Erw./Kind/Parken 9,50/7/3 £; ⌚Burg April–Okt. Do–Mo 12.30–17 Uhr, Juni–Aug. tgl. geöffnet, Gärten ganzjährig 9.30–18 Uhr bzw. bis zur Dämmerung) mit seinen knarrenden Böden, den windschiefen Toren und einigen herrlichen Kunstwerken. Die Burg liegt in einem wunderschönen Garten, und viele Räume weisen edle Stuckarbeiten auf – der Vine Room ist wohl am beeindruckendsten. Der älteste Teil des Gebäudes stammt ursprünglich aus dem Jahr 1360, wurde jedoch um 1606 auf seine heutige Größe ausgebaut.

Die Burg liegt 5 km nordwestlich von Pittenweem an der B9171. Der Bus 95, der in St Andrews startet, kommt relativ nah hier vorbei – in etwa 2,5 km Entfernung. Es besteht jedoch auch die Möglichkeit, von Anstruther direkt zur Burg zu gelangen: mit einem „Taxibus", einem Go-Flexi (✆01334-840340; www.go-flexi.org; 2 £).

Knapp 5 km nördlich von Anstruther liegt an der B9131 nach St Andrews **Scotland's Secret Bunker** (www.secretbunker.co.uk; Erw./Kind/Fam. 9,90/7/29 £; ⌚April–Okt. 10–18 Uhr). Das faszinierende Relikt aus der Zeit des Kalten Kriegs war eine der unterirdischen Kommandozentralen Großbritanniens und ein potenzieller Zufluchtsort für führende schottische Politiker im Fall eines Atomkriegs. Die kargen Arbeitsräume, das Kommunikationszentrum und die Schlafsäle liegen 30 m unter der Erde und sind von fast 5 m dicken, verstärkten Betonwänden umgeben. Das Bauwerk wirkt sehr authentisch, wozu auch die an Ort und Stelle belassenen Originalgegenstände aus der damaligen Zeit beitragen. Die schottische CND (Campaign for Nuclear Disarmament; Kampagne für nukleare Abrüstung) zeigt eine Ausstellung, die die Realitäten der gegenwärtigen britischen Trident-Nuklearpolitik vor Augen führt. Ein Besuch des Bunkers ist ein fesselndes Erlebnis und sehr zu empfehlen.

Um zu dem Bunker zu kommen, sollte man ebenfalls einen „Taxibus" von Go-Flexi ab Anstruther bestellen. Ein normales Taxi von St. Andrews kostet etwa 15 bis 18 £. Alternativ können Reisende einen Bus der Linie X26 von Anstruther nach St Andrews nehmen, an der Drumrack-Kreuzung aussteigen und etwa 2,5 km an der B940 entlanggehen, um zum Ziel zu gelangen.

PITTENWEEM
1747 EW.

Nur einen kurzen Spaziergang von Anstruther entfernt hat sich Pittenweem mittlerweile zum wichtigsten Fischereihafen an der Küste von East Neuk gemausert. Morgens wird hier im Hafen lautstark der Fisch feilgeboten. Der Name des Dorfes bedeutet „Ort der Höhle", was sich auf die St Fillan's Cave (Cove Wynd; Erw./Kind 1 £/frei) bezieht, die von einem Missionar im 7. Jh. als Kapelle genutzt wurde. Die beschauliche, malerische Höhle ist durch ein Gitter verschlossen, den Schlüssel kann man sich allerdings in einem Schokoladengeschäft in der High Street 9 besorgen – eine tolle Straße mit Galerien, Cafés und Ateliers von Kunsthandwerkern, durch die ein Bummel lohnt.

Die Busverbindungen nach Pittenweem entsprechen denen nach Anstruther.

ST MONANS
1450 EW.

Das alte Fischerdorf, nur 1,5 km westlich von Pittenweem, ist nach einem anderen Heiligen benannt, der in einer Höhle hauste und vermutlich von Piraten getötet wurde. Neben einer malerischen historischen **Windmühle** am Meer ist die wichtigste Sehenswürdigkeit hier die **Gemeindekirche.** Diese wurde 1362 auf Geheiß des dankbaren König David II. erbaut, den die Dorfbewohner im Firth of Forth von einem gesunkenen Schiff vor dem Ertrinken gerettet hatten. Die Kirche wurde 1544 von den Engländern zerstört, später jedoch wieder aufgebaut. Von diesem Gotteshaus bietet sich ein umwerfender Blick auf den Firth of Forth; innen hallt in den kalten, weiß getünchten Mauern das Echo alter Zeiten wider.

St.MonansHeritageCollection (5 West Shore; Eintritt frei; ⊙ Mai–Okt. Di, Do, Sa & So 11–13 & 14–16 Uhr) am Hafen ist ein hübsches kleines Museum. Die Museumsmacher dokumentieren die Geschichte der Fischereiindustrie von St Monans mit einer Sammlung von Schwarz-Weiß-Fotos aus dem 20. Jh., ergänzt um etliche Artefakte. Viele Fotos stammen von einem einheimischen Fotografen, die Ausstellung wechselt monatlich.

In St. Monans gibt es ein paar B&Bs, größer ist die Auswahl jedoch im nahen Anstruther. Wenn der Magen knurrt, bietet sich das **Craig Millar@16 West End** (☎ 01333-730327; www.16westend.com; 16 West End; 2-Gänge-Menü mittags/abends 22/35 £; ⊙ Mi–So Mittag- & Abendessen) an, ein gemütliches, aber dennoch feudales Fischlokal am Hafen, das sich eines guten Rufs erfreut. Die Speisekarte wechselt – Bouillabaisse, Dover-Scholle, Jakobsmuscheln –, aber am besten schwimmt man einfach mit dem Strom. Die Karte informiert über die Herkunft der nachhaltig produzierten Leckerbissen. Eine Kleinigkeit zu sich nehmen kann man jedoch auch im **Harbour Howff** (6 Station Rd.; kleinere Mahlzeiten 3–5 £; ⊙ Di–Fr 10–16, Sa & So 11–17 Uhr), einem Café, das die Gemeinde betreibt und das gesunde Essen fördert. Entsprechend lecker sind die Panini und frisch gebackenen Kuchen, die hier serviert werden.

Der Bus 95 von **Stagecoach** (www.stagecoachbus.com) verkehrt täglich von St Monans nach St. Andrews (50 Min., mindestens stündl.) über Anstruther.

ELIE & EARLSFERRY
1500 EW.

Diese beiden beschaulichen Dörfer markieren das südwestliche Ende von East Neuk. Die Sandstrände und Wanderwege an der Küste sind sehr schön, und es gibt nichts Besseres, als einen faulen Sommersonntag in Elie zu verbringen und den Einheimischen beim Cricket am Strand zuzusehen.

Elie Watersports (☎ 01333-330962; www.eliewatersports.com; ⊙ Mai–Sept., außerhalb dieser Zeiten nach telefonischer Vereinbarung) verleihen am Hafen von Elie Surfbretter (zwei Stunden 28 £), Dinghies (Lasers/Wayfarers 20/25 £ pro Std.), Kanus (12 £ pro Std.) und Mountainbikes (12 £ pro Tag). Bei Bedarf geben die Leute von Elie Watersports auch Wassersport-Unterricht.

Die **Ship Inn** (www.ship-elie.com; Hauptgerichte 8–11 £; 🍴) unten am Hafen von Elie ist ein netter und sehr beliebter Pub – ideal für ein Mittagessen. Die Karte ist von Fischgerichten und asiatischer Küche geprägt. An schönen Tagen kann man draußen mit Blick auf die weite Bucht essen.

PERTHSHIRE & KINROSS

Wenn es um landschaftliche Abwechslung geht, ist Perthshire die beste Region Schottlands und ein Ort, wo jeder Reisende seinen Favoriten finden wird – ein karges Moor, ein *loch*, ein Dorf wie auf einer Postkarte oder ein prachtvoller Wald. Highlights sind hier zahlreich: das bezaubernde Tal von Glen Lyon macht seine Besucher mit seiner wilden, einsamen Schönheit sprachlos, der beeindruckende Loch Tay liegt ganz in der Nähe, und der Tay verläuft von hier aus in Richtung Osten nach Dunkeld, dessen Kathedrale zu den am schönsten gelegenen im ganzen Land zählt.

In der südöstlichen Ecke geht es mit Perth selbst gemäßigt los. Von dieser schönen Landstadt aus mit ihrer großen Attraktion, dem prachtvollen Scone Palace, wird es dann in Richtung Norden und Westen nach und nach wilder, während es über waldige Hänge und wasserreiche Täler bis zum kargen Rannoch Moor geht.

Kinross & Loch Leven
4681 EW.

Kinross liegt gleich an der M90 am Ufer des hübschen Loch Leven. Der **Loch Leven Heritage Trail** (www.lochlevenheritagetrail.co.uk), der 13 km lang ist und den *loch* drei Viertel des Lochs umrundet, bietet sich zum Wandern oder Fahrradfahren an; unterwegs

---

T TIME

Beim größten Musikfestival Schottlands, **T in the Park** (www.tinthepark.com), geht in dieser Ecke des Landes jeweils am zweiten Juliwochenende die Post ab. Die bedeutende Veranstaltung mit sechs Bühnen und berühmten Stars findet auf dem ehemaligen Flughafen Balado in der Nähe von Kinross statt und dauert drei Tage. Schon einen Abend vorher dürfen die Gäste hier auch ihr Zelt aufschlagen. Der Park befindet sich an der A91, westlich der Kreuzung 7 an der M90.

lässt sich sogar oft Wild beobachten. Eine Alternative ist, zur Insel in der Mitte überzusetzen, um das symbolträchtige **Lochleven Castle** (HS; www.historic-scotland.gov.uk; Erw./Kind inkl. Boot 5/3 £; ◉April–Sept.9.30–17.30 Uhr, Okt. bis 16.30 Uhr, letzte Überfahrt 1 Std. vor Betriebsschluss) zu besuchen. Die Burg diente ab dem 14. Jh. als Festung und Gefängnis. Die berühmteste Gefangene war sicherlich Maria Stuart, Königin von Schottland. Sie saß hier 1567 im Kerker. Ihr bekannter Charme verfehlte seine Wirkung allerdings auch bei Willie Douglas nicht, dem es schließlich gelang, in Besitz sämtlicher Zellenschlüssel zu gelangen. So konnte er Maria Stuart befreien und mit dem Boot aufs Festland hinüberbringen. In einem Bistro am Fähranleger, nicht weit vom Ortskern von Kinross entfernt, kommen anständige kleinere Mahlzeiten auf den Tisch, außerdem besteht die Möglichkeit, ein Fahrrad zu mieten (20 £ pro Tag), um die Umgebung des Loch Leven auf einem Radausflug zu erkunden.

An der Hauptstraße gleich in der Nähe heißt das **Roxburghe Guest House** (✆01577-864521; www.roxburgheguesthouse.co.uk; 126 High St.; EZ 45–65 £, DZ 65–75 £; P⚡) seine Gäste mit aufmerksamem Service und einem hübschen Garten herzlich willkommen. Die Besitzerin ist von Beruf Masseuse und Akupunkteurin – nur für den Fall, dass sich jemand so richtig auf Vordermann bringen lassen will. Wer nicht gerade im Hochsommer hier logiert, kann mit erheblich günstigeren Preisen rechnen.

Von **Citylink** (www.citylink.co.uk) verkehren Busse nach Perth (30 Min., stündl.) und Kinross. In die andere Richtung fahren Busse nach Edinburgh (1½ Std., stündl.).

Perth
43 450 EW.

Die ehemalige Hauptstadt Schottlands liegt am Ufer des Tay und bietet mit ihrem weitläufigen attraktiven Park um die Stadtmitte eine hohe Lebensqualität. Am Stadtrand steht Scone Palace, ein Landhaus von atemberaubendem Luxus neben dem Hügel, auf dem traditionell die schottischen Könige gekrönt wurden. Der Palast ist ein absolutes Muss im Besichtigungsprogramm. Die Stadt mit ihrer noblen Architektur, schönen Museen und exzellenten Restaurants ist ebenfalls ein lohnendes Ziel, das von Edinburgh und Glasgow aus problemlos zu erreichen ist.

PERTH FESTIVAL OF THE ARTS

In den letzten beiden Maiwochen findet in Perth dieses **Kunstfestival** (✆01738-621031; www.perthfestival.co.uk) statt, das nicht mit einem großen Namen, aber dafür mit hoher Qualität punkten kann. An verschiedenen Veranstaltungsorten in der gesamten Stadt sind ganz unterschiedliche Events zu sehen. Man muss nicht überrascht sein, wenn man hier eine ehemals große Band oder ein erstklassiges Ballett zu einem moderaten Preis zu sehen bekommt.

◉ Sehenswertes

Scone Palace PALAST
(www.scone-palace.co.uk; Erw./Kind/Fam. 10/7/30 £; ◉April–Okt. 9.30–17, Sa ab 16.30 Uhr geschl.) Nach seinem Königsmord lädt Shakespeares Macbeth die schottischen Adeligen zu seiner Krönung nach Scone ein. Diese wichtige Szene aus *Macbeth* dokumentiert die Bedeutung dieses Ortes („skoun" ausgesprochen) 3 km nördlich von Perth. Der Palast selbst wurde 1580 an einer für die schottische Geschichte bedeutsamen Stelle erbaut. Hier wurde Kenneth MacAlpin 838 erster König eines vereinigten Schottland und brachte den **Stone of Destiny**, auf dem die schottischen Könige zeremoniell gekrönt wurden, nach Moot Hill. Edward I. von England verschleppte den Talisman 1296 in die Westminster Abbey, wo er 700 Jahre lang blieb, bis er nach Schottland zurückgebracht wurde.

Heute beschwört Scone allerdings nicht mehr die alten Tage bärtiger, raubeiniger Kriegerkönige herauf. Der im frühen 19. Jh. neu erbaute Palast ist ein georgianisches Bauwerk von ausgesprochener Eleganz und üppigem Luxus.

Die Palastbesichtigung führt durch eine Reihe prachtvoller **Räume** voller französischer Möbel und nobler Kunstwerke. Es gibt eine erstaunliche Sammlung von Porzellan und guten Porträts zu bewundern, ebenso wie eine Serie exquisiter Objekte aus Pappmaché in der Vernis-Martin-Technik. Scone hat über Jahrhunderte der Familie Murray, Earls of Mansfield, gehört, und viele der Objekte haben eine faszinierende Geschichte (die freundlichen Führer wissen Details). In jedem Raum existieren mehrsprachige

Perth

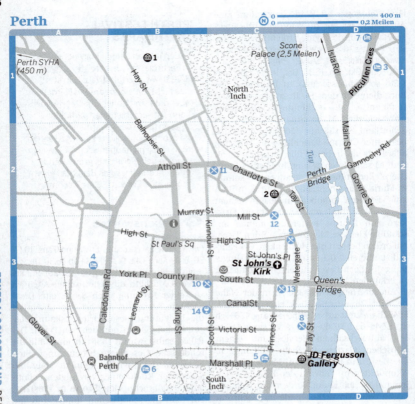

Informationstafeln und zusätzliche Tafeln erzählen die Geschichte einiger der schottischen Könige, die im Lauf der Jahrhunderte in Scone gekrönt wurden.

Draußen stolzieren Pfauen – jeder von ihnen nach einem Monarchen benannt – durch die prachtvolle **Anlage** aus Wäldern, Hainen, einem Schmetterlingsgarten und einem Labyrinth.

Die Könige wurden früher auf **Moot Hill** (auf dem eine Kapelle steht) neben dem Palast gekrönt. Es heißt, dass dieser Hügel aus Stiefelfüllungen mit Erde angelegt wurde, die die adeligen Krönungsgäste als Zeichen des Rechts des Königs auf ihr Land mitbrachten. Es ist allerdings wahrscheinlicher, dass es sich um den Standort einer alten Turmhügelburg handelt.

Von Perths Stadtmitte aus geht es zunächst über die Brücke, dann links und weiter links bis zu den Toren der Palastanlage (zu Fuß 15–20 Min.). Von hier aus sind es noch etwa 800 m bis zum Palast. Mehrere Buslinien, die von Perth aus unterwegs sind, halten hier ungefähr jede Stunde. Die Touristeninformation weiß Details. Im Palast befindet sich ein gutes Café.

GRATIS **JD Fergusson Gallery** GALERIE
(Karte S. 244; www.pkc.gov.uk; Ecke Marshall Pl. & Tay St.; Mo–Sa 10–17 Uhr, Mai–Sept. zusätzl. So 13–16.30 Uhr) Die Galerie befindet sich im Rundgebäude der Wasserwerke und präsentiert einen Großteil der Werke des schottischen Aquarellisten J. D. Fergusson – eine wirklich beeindruckende Ausstellung! Fergusson lebte eine Weile in Paris – kein Wunder also, dass sich seine Arbeiten von Künstlern wie Matisse beeinflusst zeigen. Seine sinnlichen Frauenporträts vor der tropisch anmutenden Riviera vergisst so schnell niemand – was auch für seine lebenslange Beziehung mit der bekannten schottischen Tänzerin Margaret Morris gilt.

Perth

◎ Highlights
- JD Fergusson Gallery C4
- St John's Kirk C3

◎ Sehenswertes
1. Black Watch Museum B1
2. Perth Museum C2

🛏 Schlafen
3. Comely Bank Cottage D1
4. Heidl Guest House A3
5. Kinnaird Guest House C4
6. Parklands B4
7. Pitcullen Guest House D1

◎ Essen
8. 63 Tay Street C4
9. Breizh C3
10. Kerachers B3
11. Deans@Let's Eat C2
12. Paco's C3
13. Pig'Halle C3

◎ Ausgehen
14. Twa Tams B4

GRATIS St John's Kirk KIRCHE
(Karte S. 244; www.st-johns-kirk.co.uk; St John's St.; ⊙Mai–Sept. Mo–Sa 10–16, So 10–13 Uhr) Die Respekt einflößende St John's Kirk wurde 1126 gegründet. Sie ist von Kopfsteinpflasterstraßen umgeben und stellt immer noch das Zentrum der Stadt dar. John Knox hielt hier 1559 eine Predigt, die den Beginn der Reformation markierte und die Zuhörer anstachelte, die Abtei von Scone und andere religiöse Einrichtungen zu zerstören. Perth war früher nach dieser Kirche als St. John's Town bekannt. Das örtliche Fußballteam heißt immer noch St Johnstone.

GRATIS Perth Museum MUSEUM
(Karte S. 244; www.pkc.gov.uk; Ecke George St. & Charlotte St.; ⊙Mo–Sa 10–17 Uhr) Das wichtigste Museum der Stadt verdient allein schon wegen seiner eleganten klassizistischen Innenräume einen Besuch. Es präsentiert ganz unterschiedliche Exponate, von Porträts verdrießlicher Gutsherren bis hin zu lokaler Sozialgeschichte. Ein der Geologie gewidmeter Saal ist besonders für Kinder interessant. Zusätzlich werden häufig Sonderausstellungen organisiert.

Black Watch Museum MUSEUM
(Karte S. 244; www.theblackwatch.co.uk; Hay St.; Erw./Kind 5/2,50 £; ⊙April–Okt. Mo–Sa 9.30–17, So 10–16 Uhr) Dieses Museum in einem Herrenhaus am Rand von North Inch ehrt das Andenken von Schottlands ehemals führendem Regiment. Die Black Watch wurde 1725 aufgestellt, um das Banditenunwesen auf dem Land zu bekämpfen. Das Regiment nahm an Feldzügen teil, die hier mit Hilfe von Bildern, Andenken und Anekdoten wieder zum Leben erweckt werden. Eine kritische Haltung wird nicht eingenommen. Der Stolz auf die Rolle des Regiments in den grausamen Stellungsschlachten des Ersten Weltkriegs, in denen fast 30 000 Mitglieder starben, ist vermutlich berechtigt, aber weniger ruhmreiche Kolonialschlachten, etwa im Sudan, verdienen einen etwas kritischeren Blick. 2006 ging die Black Watch im neuen Royal Regiment of Scotland auf. Bei Drucklegung dieses Buches sollte hier auch bereits ein Café geöffnet haben.

🛏 Schlafen

Parklands HOTEL ££
(Karte S. 244; ☎01738-622451; www.theparklandshotel.com; 2 St Leonard's Bank; EZ/DZ 93/123 £; P@🕈) Das entspannte, unlängst renovierte Hotel liegt etwas versteckt, nicht weit vom Bahnhof entfernt, in einem üppigen Garten am Hang mit Aussicht auf die Grünanlagen von South Inch. Die unterschiedlich großen und verschieden geschnittenen Zimmer bewahren den Charakter des wunderschönen Gebäudes, das früher den Bürgermeistern von Perth als Domizil diente, bieten aber dennoch viele moderne Annehmlichkeiten mit Stil. Ein hervorragendes Restaurant ist auch vorhanden, und die tolle Terrasse mit Garten lädt ein, in Perthshire Sonne zu tanken.

Pitcullen Guest House B&B ££
(Karte S. 244; ☎01738-626506; www.pitcullen.co.uk; 17 Pitcullen Cres.; EZ/DZ 50/70 £; P🕈) Die neuen Besitzer haben das hervorragende B&B aufgepeppt, sodass es nun viel moderner wirkt als die anderen Gästehäuser in der Umgebung. Durch tolle Stoffe und modernes Dekor wirken die hellen Zimmer recht feudal. Viele Gedanken hat man sich

gemacht, wie sich der Aufenthalt der Gäste möglichst komfortabel gestalten lässt. Nun erfreut in den Zimmern ein Kühlschrank mit kostenlosen Getränken, es gibt zig Steckdosen, die das Aufladen von Akkus problemlos ermöglichen, sowie Landkarten an den Wänden, die nützlich sind zur Planung der nächsten Reiseetappe.

Kinnaird Guest House — B&B ££
(Karte S. 244; 01738-628021; www.kinnairdguesthouse.co.uk; 5 Marshall Pl.; EZ 45 £, DZ 65–75 £; P) Dieses B&B ist das beste von einer Handvoll Gästehäuser in privilegierter Lage direkt gegenüber der schönen Grünanlagen von South Inch. Es befindet sich in einem eleganten alten Gebäude mit vielen edlen Originalelementen. Das Kinnaird verlockt mit ansprechenden, hellen Zimmern und großen Betten. Alles ist tadellos; nett sind solche Kleinigkeiten wie Bademäntel und Teddybären auf dem Bett. Die Besitzer sind überaus engagiert und hilfsbereit. Zum Frühstück gibt es Bioprodukte und leckeren Schinkenspeck. Gelegentlich hört man in den hinteren Zimmern die Züge rattern.

Comely Bank Cottage — B&B ££
(Karte S. 244; 01738-631118; www.comelybankcottage.co.uk; 19 Pitcullen Cres.; DZ 60–70 £; P) Am Pitcullen Crescent reiht sich ein gehobenes, geblümtes B&B an das andere. Das Comely Bank Cottage ist besonders empfehlenswert, denn es handelt sich um ein gepflegtes Privathaus, das große, gemütliche Zimmer mit geräumigen Bädern anbietet. Der gewissenhafte Besitzer enttäuscht auch in Sachen Frühstück seine Gäste nie.

Heidl Guest House — B&B ££
(Karte S. 244; 01738-635031; www.heidl.co.uk; 43 York Pl.; EZ 32 £, DZ 60–75 £; P) Von außen hat das Heidl nicht gerade viel Flair, ist aber dennoch ein hervorragendes Gästehaus. Die neuen Besitzer haben die hellen, freundlichen Zimmer renoviert, die nun einen total adretten Eindruck machen. Die meisten haben ein eigenes Bad im Zimmer, die übrigen verfügen über ein gutes Bad zur Alleinbenutzung auf dem Flur. Der Schriftsteller John Buchan (Autor von *Die neununddreißig Stufen*) kam im Haus gegenüber zur Welt.

Perth SYHA — HOSTEL £
(01738-877800; www.syha.org.uk; Crieff Rd.; B/2BZ 15/34 £) Das Sommerhostel, 20 Minuten zu Fuß von der Innenstadt entfernt, befindet sich in einem Studentenwohnheim des Perth College. An Quartieren gibt es ausschließlich Zweibettzimmer mit eigenem Bad, dazu eine Gemeinschaftsküche und Aufenthaltsräume. Aus unerfindlichen Gründen klettern im Juli eine Woche lang die Preise. Und so kommt man hin: In der Crieff Road den Brahan-Eingang nehmen; das Hostel liegt dann am großen Parkplatz. Es halten hier unzählige Busse.

Essen & Ausgehen

Perth erfreut mit einer außergewöhnlich guten kulinarischen Szene.

LP TIPP 63 Tay Street — SCHOTTISCH ££
(Karte S. 244; 01738-441451; www.63taystreet.com; 63 Tay St.; Hauptgerichte 13,50 £; Di–Sa) Das dezente, überaus gastfreundliche Restaurant mit Stil gilt als die beste Adresse von Perth. Die Gäste erwartet ein hell gestalteter Speisebereich, hervorragender Service und hochwertiges Essen. In einer kulinarischen *alliance* verbinden sich französische Einflüsse mit den besten schottischen Produkten zu Wild-, Meeresfrüchte-, Rindfleisch- und vegetarischen Gerichten, die so schnell niemand vergisst. Auch einige Menüs stehen auf der Speisekarte.

LP TIPP Breizh — BISTRO ££
(Karte S. 244; 01738-444427; www.cafebreizh.co.uk; 28 High St.; Hauptgerichte 8–14 £; Mo–Sa 9–21.30, So 11–21.30 Uhr) Das anheimelnd gestaltete Bistro macht seinem Namen alle Ehre und ist ein wahrer Glücksgriff. Die Gerichte haben Pfiff, und die Salate mit allerlei köstlichen Zutaten sind ein Fest an Farben, Texturen und subtilen Aromen. Die Fleisch- und Fischgerichte, die auf der Tafel angeschrieben stehen, bieten einiges fürs Geld und weisen viel nordwestfranzösisches Flair auf. Mehrere Varianten von Frühstück, Galettes (bretonische Crêpes aus Buchweizen), köstliche Weine... Wer ein Faible für hochwertiges Essen in legerer Atmosphäre hat, wird begeistert sein.

Deans@Let's Eat — SCHOTTSCH ££
(Karte S. 244; 01738-643377; www.letseatperth.co.uk; 77 Kinnoull St.; Hauptgerichte 15–20 £; Di–Sa) Das lebhafte Eckrestaurant in Perth steht im Ruf, sich bei seinen Tagesgerichten nicht lumpen zu lassen. Es zeugt von gastronomischem Selbstbewusstsein und überzeugt mit seinen hervorragenden frischen Produkten aus Schottland. Serviert werden saftige Jakobsmuscheln, leckeres Orkney-

Rind sowie Kalbfleisch und Lamm aus der Region, aber im Grunde ist es egal, was man bestellt: Hier ist nie jemand enttäuscht. Am besten schmökert man mit einem Aperitif in der Hand in aller Ruhe auf einem gemütlichen Sofa in der Speisekarte, bis man zum Tisch geleitet wird. Die Mittags- und Abendmenüs sind eine gute Möglichkeit, der Rezession ein Schnippchen zu schlagen und zu einem günstigen Preis zu tafeln.

Pig'Halle
FRANZÖSISCH ££
(Karte S. 244; www.pighalle.co.uk; 38 South St.; Hauptgerichte 10–15 £; ⊙Di–So) Das große Bistro bietet beste Schweinefleischprodukte nach traditioneller Art der französischen Küche. Der Probierteller mit allerlei *charcuterie* weist ein exzellentes Preis-Leistungs-Verhältnis auf, es gibt aber auch köstliche Hauptgerichte sowie eine anständige Auswahl an Weinen aus Galizien, die das Essen ergänzen. Wer kein Faible für Schweinefleisch hat, findet auf der Speisekarte auch Alternativen; außerdem gibt es ein preiswertes Gericht am frühen Abend.

Keracher s
MEERESFRÜCHTE ££
(Karte S. 244; ☎01738-449777; www.kerachers-restaurant.co.uk; 168 South St.; 2-Gänge-Menü abends 24,50 £; ⊙Di–Sa Abendessen) Das klassische Meeresfrüchterestaurant besticht durch Einfachheit: Frische Meeresfrüchte werden mit Zutaten kombiniert, die für ein zartes Aroma sorgen, ohne jedoch die Gerichte zu dominieren – ein kulinarisches Erfolgsrezept!

Paco's
INTERNATIONAL ££
(Karte S. 244; www.pacos.co.uk; 3 Mill St.; Hauptgerichte 8–14 £; ⊙So–Do 16.30–22, Fr bis 23, Sa 12–23 Uhr;) Das Lokal mit internatinaler Küche gilt in Perth schon als Institution. Die Einheimischen kommen immer wieder gern hierher – vielleicht ja, weil die Speisekarte so ellenlang ist, dass ein Dutzend Besuche erforderlich sind, um auch nur die Hälfte der Gerichte zu kosten. Hier ist jedenfalls für jeden Geschmack etwas dabei: Steaks, Meeresfrüchte, Pizza, Pasta und mexikanische Gerichte, die alle in üppigen Portionen auf den Tisch kommen. Die Terrasse, auf der ein Springbrunnen plätschert, ist für einen sonnigen Tag genau das Richtige.

Twa Tams
PUB
(Karte S. 244; www.myspace.com/thetwatams; 79 Scott St.) Perths bester Pub besitzt einen etwas merkwürdigen Außenbereich mit Fenstern zur Straße hin, ein raffiniertes Eingangstor und einen großen, gemütlichen Innenraum. Der Pub organisiert regelmäßig Veranstaltungen, u. a. Livemusik jeden Freitag- und Samstagabend. Er genießt den Ruf, talentierte junge Bands anzuziehen.

ⓘ Praktische Informationen

AK Bell Library (York Pl.; ⊙Mo, Mi & Fr 9.30–17, Di & Do bis 20, Sa bis 16 Uhr) Kostenloses Internet in der Bibliothek mit jeder Menge PCs.
Perth Royal Infirmary (☎01738-623311; www.nhstayside.scot.nhs.uk; Taymount Tce.) Krankenhaus westlich des Stadtzentrums.
Perth Information Centre (☎01738-450600; www.perthshire.co.uk; West Mill St.; ⊙April–Okt.tgl., Nov.–März Mo–Sa) Effiziente Touristeninformation.

ⓘ An- & Weiterreise

BUS Busse von **Citylink** (www.city link.co.uk) verkehren vom Busbahnhof in folgende Orte:
Dundee 7 £, 40 Min., stündl.
Edinburgh 11 £, 1½ Std., stündl.
Glasgow 11,20 £, 1¾ Std., stündl.
Inverness 20 £, 2¾ Std., mindestens 5-mal tgl.
Stirling 8,30 £, 55 Min., stündl.

Weitere Busse fahren am Broxden Park & Ride in der Glasgow Road ab; von hier verkehren regelmäßig Shuttlebusse zum Busbahnhof, darunter Billiglinien von **Megabus** (www.megabus.com) nach Aberdeen, Edinburgh, Glasgow, Dundee und Inverness.

Busse von **Stagecoach** (www.stagecoachbus.com) steuern regelmäßig Fahrtziele in Perthshire an (am So weniger häufig). Mit einem Tayside Megarider-Ticket kann man sieben Tage lang in Perth & Kinross sowie in Dundee & Angus für 22 £ herumfahren. Das Unternehmen betreibt auch eine Linie nach Stirling.

ZUG Züge verkehren zwischen Perth und verschiedenen Fahrtzielen, darunter:
Edinburgh 14,50 £, 1¼ Std., Mo–Sa mindestens stündl., So alle 2 Std.
Glasgow 14,50 £, 1 Stunde, Mo–Sa mindestens stündl., So alle 2 Std.t
Pitlochry 12,30 £, 40 Min., alle 2 Std., So weniger häufig
Stirling 11,70 £, 30 Min., 1- oder 2-mal pro Std.

Strathearn

Westlich von Perth war das breite Tal (*strath*) des Flusses Earn früher ein großes Waldgebiet, in dem im Mittelalter die Könige auf die Jagd gingen. Die gesamte

Region heißt heute Strathearn, eine landschaftlich sehr attraktive Gegend mit sanft geschwungenem Ackerland, kleinen Hügeln und *lochs*. Die Highlands beginnen gemäß amtlicher Definition bereits im westlichen Bereich von Strathearn.

DUNNING
900 EW.

Die Gegend rund um die kleine Ortschaft Dunning hat eine etwas unheimliche Vergangenheit. Auf dem Weg nach Dunning steht etwa 1,5 km westlich der Stadt an der B8062 auf einem Steinhaufen ein merkwürdiges **Kreuz**, das die Worte „Maggie Wall brannte hier 1657 als Hexe" trägt. Das Dorf wird von dem aus dem 12. Jh. stammenden normannischen Turm der St Serfs Church (HS; www.historic-scotland.gov.uk; Eintritt frei; April–Sept. 9.30–17.30 Uhr) beherrscht. Der Großteil der Kirche stammt erst aus dem Jahr 1810.

Die Hauptattraktion Dunnings, die einen Abstecher hierher lohnt, stellt allerdings das **Dupplin Cross** aus dem 9. Jh. dar, das schönste bekannte piktische Kreuz. Es stand ursprünglich in der Nähe von Forteviot (5 km von Dunning). Der Kustos erklärt Besuchern gerne ausführlich die faszinierenden Symbole und künstlerischen Einflüsse. Es ist selten, dass man derart detaillierte Informationen erhält, sodass Reisende hier wirklich etwas Neues erfahren können.

Dunning liegt etwa 13 km südwestlich von Perth. Der Bus 17 von **Stagecoach** (01382-227201; www.stagecoachbus.com) fährt von Perth (40 Min., Mo–Sa 8-mal tgl., So 2-mal) dorthin.

CRIEFF
6579 EW.

Das elegante Crieff ist ein Ferienort vom alten Schlag, der heute bei den Touristen noch ebenso beliebt ist wie einst in viktorianischen Zeiten. Er liegt in einem Tal inmitten der herrlichen Landschaft von Perthshire. Aufgrund der hervorragenden Speiselokale und der Fülle von Quartieren ist Crieff ein günstiger Standort, um diesen Teil des Landes zu erkunden.

Sehenswertes

Im Basement der Touristeninformation befindet sich eine kleine, aber interessante **Ausstellung** (kostenlos) über den Stadtpranger, das Drummond Cross (1400–1600) und eine beeindruckende Kreuzplatte der Pikten aus dem 9. Jh.

In der Glenturret Distillery, 1,5 km nördlich der Ortschaft, bietet die Famous Grouse Experience (www.thefamousgrouse.com; Standardtour Erw./Kind 8,95/7,50 £; März–Dez. 9–18 Uhr, letzte Führung 16.30 Uhr, Jan. & Feb. 10–17 Uhr, letzte Führung 15 Uhr) eine außergewöhnlich gute Führung, die den Herstellungsprozess von Malt-Whisky und den Verschnitt zum Famous Grouse erklärt. Eine audiovisuelle Präsentation entführt die Besucher auf einen Moorschneehuhn- (*grouse*)-Flug durch Schottland. In der Standardtour sind zwei kleine Kostproben enthalten, bei den teureren Führungen können die Teilnehmer eingehender ins Glas schauen.

Schlafen

Yann's B&B ££
(01764-650111; www.yannsatglenearnhouse.com; Perth Rd.; EZ/DZ 65/90 £; Mi–So Abend-

---

GLENEAGLES

Tief im ländlichen Perthshire liegt in der Nähe der Ortschaft Auchterarder eine der berühmtesten Unterkünfte, die Schottland überhaupt zu bieten hat: das **Gleneagles Hotel** (01764-662231; www.gleneagles.com; DZ 435–535 £; P@≋). Es handelt sich dabei eigentlich nicht um ein typisches B&B, sondern vielmehr um eine Luxusherberge, in der es wahrlich an nichts mangelt – plus drei Golfplätze, auf denen sogar Weltmeisterschaften ausgetragen werden. Das Andrew Fairlie im Gleneagles wird gern als Schottlands bestes Restaurant gehandelt (Di–So Abendessen). Jedenfalls warten mehrere unglaublich elegante Zimmer und Suiten auf die Gäste – von Paaren, die hier ein romantisches Wochenende verbringen möchten, bis hin zu Blaublütigen im Exil. Trotz des imposanten Gebäudes und der Mitarbeiter im Kilt, die den Gästen jeden Wunsch von den Augen ablesen, sind auch ganz normale Menschen und Familien hier willkommen, die mit zahlreichen Aktivitäten unterhalten werden. Wer umweltfreundlich anreisen möchte, nimmt den Zug zum Bahnhof Gleneagles, andernfalls steht aber auch ein Limousinenservice zur Verfügung. Die Website des Hotels verrät Interessierten, ob gerade ein Angebot erhältlich ist. In Gleneagles findet 2014 der Ryder Cup statt.

essen, Sa & So Mittagessen; (P🛜🐾) Das gastfreundliche B&B an der Hauptstraße, die gen Osten aus der Ortschaft herausführt, bietet große, helle Zimmer von dezenter Eleganz. Das hervorragende Restaurant (Hauptgerichte 12–15 £) serviert klassische französische Gerichte mit modernem Touch, die Leib und Seele erfreuen – Crêpes und Coq au vin zum Beispiel.

Merlindale B&B ££
(☎01764-655205; www.merlindale.co.uk; Perth Rd.; DZ 75–85 £; ⊙März–Nov.; P🛜) In diesem hervorragenden B&B am östlichen Stadtrand geben sich georgianische Architektur und herzliche Gastfreundschaft ein Stelldichein. Die vier sagenhaften Zimmer wurden alle individuell gestaltet, zwei davon haben ein prächtiges Bad mit frei stehender Badewanne. Angenehme Kleinigkeiten überraschen zuhauf.

Comrie Croft HOSTEL £
(☎01764-670140; www.comriecroft.com; Zeltplatz pro Pers. 9 £, B/EZ/DZ 18,50/23/40 £; P@🛜🐾) Das rustikale, gastfreundliche Hostel ist mit prima Einrichtungen ausgestattet und hat Quartiere aller Art zu bieten: Zeltplatz, ein angenehm luftiges Hostel mit jeder Menge Platz für die Betten sowie Indianerzelte im Sami-Stil (60–75 £) mit Holzofen, in denen bis zu vier Personen übernachten können. An Aktivitäten stehen Mountainbiken (Leihräder vorhanden), Angeln, Wandern und jede Menge Spiele für die Kinder auf dem Programm, aber es gibt auch nette Ecken einfach nur zum Relaxen. Das Croft liegt 6,5 km außerhalb von Crieff an der A85 in Richtung Comrie.

Comely Bank Guest House B&B ££
(☎01764-653409; www.comelybankguesthouse.co.uk; 32 Burrell St.; EZ mit/ohne Bad 44/35 £, DZ 70 £; @🛜) Das B&B ein Stück die Hauptstraße hinunter ist nicht nur anheimelnd und gemütlich, sondern auch blitzsauber. Das Doppelzimmer im Erdgeschoss fällt so riesig aus, dass locker sogar vier Personen Platz hätten, die Zimmer oben sind ebenso ansprechend und weisen auch noch eine anständige Größe auf.

Crieff Hydro KURHOTEL ££
(☎01764-655555; www.criefhydro.com; Ferntower Rd.; Abendessen, B&B DZ 168 £; P🛜🐾) Das riesige Kurhotel ist fast 150 Jahre alt, doch von seiner monumentalen Fassade einmal abgesehen, erinnert nichts mehr an seine viktorianische Vergangenheit. Das Crieff Hydro überzeugt mit Funktionalität, die trotzdem schön ist, und bietet wirklich alles, was für einen Familienurlaub erforderlich ist – vom Kino über einen Fitnessraum bis hin zu diversen Restaurants, mehreren Pools und allerlei Aktivitäten. Das Hotel ist außergewöhnlich kinderfreundlich; die tägliche Kinderbetreuung ist sogar gratis. Da die Zimmerpreise erheblich differieren, lohnt ein Blick auf die Website; die hier angegebenen Preise sind dabei nur als Richtlinie zu verstehen. Das Schwesterhotel **Murraypark** (Abendessen, B&B DZ 110 £) gleich um die Ecke ermöglicht vor allem Paaren einen ruhigeren und auch preiswerteren Aufenthalt in einem kleineren Haus. Die Sport- und Freizeiteinrichtungen des Hydro stehen den Gästen zur Verfügung.

🍴 Essen & Ausgehen

Lounge WEINBAR ££
(www.loungeincrieff.co.uk; 1 West High St.; Gerichte 5–12 £; ⊙Mo-Sa 12–21.30 Uhr) Der schicke Neuzugang in der Gastroszene mitten im Ort wartet mit romantischen Räumlichkeiten auf und bietet sich an, wenn jemand

---

> **NICHT VERSÄUMEN**
>
> ## DIE BIBLIOTHEK VON INNERPEFFRAY
>
> Jeder, der Bücher liebt, sollte der **Innerpeffray Library** (www.innerpeffraylibrary.co.uk; Innerpeffray; Erw./Kind 5 £/frei; ⊙März–Okt. Mi-Sa 10–12.45 & 14–16.45, So 14–16 Uhr, Nov.–Feb. nur nach Vereinbarung), rund 8 km südöstlich von Crieff an der B8062, einen Besuch abstatten – ein Juwel, wie man es nur selten findet. Die 1680 gegründete Bibliothek ist die älteste freie Leihbücherei Schottlands und stellt eine lebendige Verbindung zur Schottischen Aufklärung dar, vor allem dank ihrer herrlichen Sammlung von Bänden aus dem 16. Jh., darunter einige wunderschöne Vorläufer der heutigen Lonely Planets. Das eigentlich Tolle hier ist jedoch, dass die netten Bibliothekare die alten Wälzer auch gern hervorholen, damit man darin schmökern kann – ein wirklich beeindruckendes Erlebnis! Die hübsche ländliche Umgebung lädt anschließend noch zu einem Spaziergang oder Picknick ein.

eine Tasse Tee oder ein Glas edlen Weins trinken möchte, aber auch, um die vielfältigen, interessanten Gerichte mit schottischen Meeresfrüchten zu kosten, die im Stil von Tapas für mehrere Personen gedacht sind.

Delivino CAFÉ, ITALIENISCH £
(www.delivino.net; 6 King St.; kleinere Gerichte 6–8 £; Mo-Do 9–18, Fr & Sa bis 21, So 12–16 Uhr) Das Delivino ist ein elegantes Café an der Hauptstraße, nur ein kleines Stück vom Hauptplatz entfernt. Hier findet jeder etwas nach seinem Geschmack – von den Damen aus Crieff, die zum Mittagessen herkommen, bis hin zu Backpackern, die nur mal schnell einen kleinen Snack zu sich nehmen wollen. Die große Auswahl an Antipasti macht es möglich, mehrere Kleinigkeiten gleichzeitig zu probieren. Die köstlichen Bruschettas und Pizzas, zu denen ein Glas italienischen Rotweins natürlich nicht fehlen darf, machen das zentral gelegene Delivino zu einem der besten Speiselokale in Crieff um zu Mittag zu essen.

Gallery BISTRO ££
(01764-653249; 13 Hill St.; Hauptgerichte 12–16 £; Di-Sa Abendessen) In gastfreundlicher und absolut nicht abgehobener Atmosphäre werden in diesem gemütlichen Restaurant (fast schon zu gemütlich, wenn die Leute am Nachbartisch lärmen) köstliche Gerichte mit Lachs, Lamm oder Wild serviert. Das Gallery liegt an der Hauptstraße ein Stück bergauf. Dem Namen entsprechend zieren qualitativ unterschiedliche Arbeiten einheimischer Künstler die Wände.

Curly Coo Bar PUB
(47 High St.) Crieff kann zwar mit größeren Pubs aufwarten und auch mit einigen, in denen es lebhafter zugeht, doch die Gastfreundschaft dieser supernetten Kneipe an der Hauptstraße ist schlichtweg unschlagbar. Die gute Auswahl an Malt-Whiskys und der nette Besitzer, der mit jedem gern ein Schwätzchen hält, machen die Curly Coo Bar zur besten Kneipe am Ort.

ⓘ Praktische Informationen
Crieff Information Centre (01764-652578; www.perthshire.co.uk; April–Okt. tgl., Nov.–März Mo–Sa) Die Mitarbeiter dieser Touristeninformation, beheimatet in einem Uhrturm in der Hauptstraße sind total hilfsbereit.

ⓘ An- & Weiterreise
Busse von **Stagecoach** (www.stagecoachbus.com) verkehren von Crieff nach Perth (45 Min., So weniger häufig) sowie nach Stirling (50 Min., 4- bis 10-mal tgl.).

UPPER STRATHEARN
Die Highland-Dörfer **Comrie** und **St. Fillans** in Upper Strathearn liegen inmitten von Wäldern und zerklüfteten, kargen Berggipfeln; Wild und Schneehasen leben hier zuhauf. St Fillans erfreut sich einer sagenhaften Lage am östlichen Ende des **Loch Earn**, in dem sich die Silhouetten der fernen, hoch aufragenden Berge spiegeln.

In St Fillans mit seinen unvergesslichen Ausblicken auf den Loch Earn ist das **Four Seasons Hotel** (01765-685333; www.thefourseasonshotel.co.uk; St. Fillans; Standard-/Superior-DZ 122/144 £; März–Dez.; P 🐾) eine schöne, durchaus elegante Herberge mit zwei wunderschön eingerichteten Salons und einer kleinen stimmungsvollen Bar – genau das Richtige zum Entspannen. Die Fülle an Aktivitäten, die hier angeboten werden, ist enorm groß, darunter Wasserski- und Quadbikefahren oder auch Pony-Trekking. Die Superior-Zimmer haben nicht nur die schönste Aussicht, sondern bieten auch Bäder, die sich in einem Schrank verbergen – und sind den Aufpreis wert. Zur Anlage gehören noch sechs Chalets in den Hügeln hinter dem Hotel sowie ein Bistro und ein anerkannt gutes Restaurant.

Comrie liegt 38 km westlich von Perth, und St. Fillans befindet sich noch 8 km weiter westlich. Busse verkehren von Perth über Crieff nach Comrie (20 Min., Mo-Sa etwa stündl., So etwa alle 2 Stunden) und St Fillans (35 Min., Mo–Sa 5-mal tgl.).

West Perthshire

West Perthshire ist das absolute Highlight Schottlands mit erhabenen, zerklüfteten Bergen, die sich in einigen der schönsten *lochs* des Landes spiegeln. Wer hier Urlaub macht, sollte ein paar Tage einplanen und unbedingt auch seine Wanderstiefel und seine Kamera mitbringen.

ABERFELDY
1895 EW.

Aberfeldy fungiert als Tor nach West Perthshire und eignet sich auch gut als Standort: Es locken Abenteuersportarten, Kunst und Burgen. Der beschauliche, hübsche Ort liegt an den Ufern des Flusses Tay. Wem der Sinn nach geheimnisvollen *lochs* und *glens* steht, der sollte auf alle Fälle ein Stück weiter in dieses Gebiet hineinfahren.

Sehenswertes & Aktivitäten

Die Birks of Aberfeldy, die Robert Burns durch eines seiner Gedichte berühmt machte, lassen sich im Rahmen eines kurzen Spaziergangs vom Ortszentrum aus erreichen. An einem munteren Bach mit malerischen Wasserfällen geht es entlang.

Dewar's World of Whisky — DESTILLERIE
(www.dewarsworldofwhisky.com; Führung Erw./Kind 7/4 £; April–Okt. Mo–Sa 10–18 &, So 12–16 Uhr, Nov. –März Mo–Sa 10–16 Uhr) Am östlichen Ortsrand von Aberfeldy findet im Domizil dieser berühmten Whiskymarke eine interessante 50-minütige Führung statt. Auf den üblichen schwülstigen Film folgen der Museumsteil mit einem Audioguide und eine unterhaltsame interaktive Einlage in Sachen Whiskyverschnitt sowie ein Rundgang durch die Herstellungsanlagen. Wer an einer teureren Führung teilnimmt, kann die altehrwürdigen Aberfeldy Single Malts und andere Sorten auch probieren.

GRATIS The Watermill — GALERIE, BUCHLADEN
(www.aberfeldywatermill.com; Mill St.; Mo–Sa 10–17.30, So 11–17.30 Uhr) Die ungewöhnliche Sehenswürdigkeit befindet sich in der Ortsmitte, zu der ein Buchladen mit einer super Auswahl an schottischen Titeln, eine Galerie mit zeitgenössischen Kunstwerken sowie ein Café gehören. In der alten Mühle vergehen ein paar Stunden wie im Flug.

Castle Menzies — BURG
(www.menzies.org; Erw./Kind 6/2,50 £; April–Mitte Okt. Mo–Sa 10.30–17, So 14–17 Uhr) Rund 2,5 km westlich von Aberfeldy steht an der B846 das Castle Menzies (sprich: *ming*-iss), der beeindruckend restaurierte Sitz des Oberhauptes des Menzies-Clans aus dem 16. Jh. Die Burganlage liegt beeindruckend vor der Kulisse des schottischen Walds. Innen wirkt die Burg überaus authentisch und ist trotz umfassender Restaurierungsmaßnahmen wirklich einen Besuch wert. Interessant sind der Kamin im verließartigen Küchentrakt und die prunkvolle Große Halle im Obergeschoss mit Fenstern, von denen man in die üppig grüne Landschaft schaut, die sich wie ein Band bis zu den bewaldeten Bergen unterhalb des Anwesens erstreckt.

Highland Safaris — NATURTOUR
(01887-820071; www.highlandsafaris.net; 9–17 Uhr, Nov.–Jan. So geschl.;) Das Unternehmen gleich hinter dem Castle Menzies bietet mit seinem Tourenangebot eine super Möglichkeit, Tiere in ihrem natürlichen Lebensraum zu beobachten oder auch einfach die herrliche Landschaft von Perthshire auf sich wirken zu lassen. Zu den Standardtouren gehören eine 2½-stündige Bergsafari (Erw./Kind 40/17,50 £) mit einem Schluck Whisky in der schönen Natur sowie der Safaritreck (Erw./Kind 60/45 £) mit einer Bergwanderung und einem Picknick.

Es können hier Mountainbikes ausgeliehen werden (20 £ pro Tag), und wer noch 17,50 £ drauflegt, kann sich auf einen Berg hinauffahren lassen (auch für Wanderfreunde empfehlenswert) und dann mit dem Rad hinunterbrettern. An Tieren lassen sich Stein- und Fischadler sowie Rotwild beobachten. Kinder können hier Gold schürfen.

Splash — RAFTEN
(01887-829706; www.rafting.co.uk; Dunkeld Rd.; 9–21 Uhr;) Splash hat familienfreundliche Ausflüge zum Raften auf dem Fluss Tay (Erw./Kind 40/25 £) im Programm sowie für fortgeschrittene Erwachsene Exkursionen auf dem Tummel (Schwierigkeitsgrad 3/4, Juni–Sept.) und dem Orchy (Schwierigkeitsgrad 3/5, Okt.–März). Abenteuerlustige können auch mit einem spannenden Riverbug den Fluss hinunterrauschen, Canyoningtrips (45 £) unternehmen und Mountainbikes (halber/ganzer Tag 12/18 £) leihen.

Schlafen

Tigh'n Eilean Guest House — B&B ££
(01887-820109; www.tighneilean.com; Taybridge Dr.; EZ/DZ 45/68 £;) Alles an diesem Anwesen zeugt von Komfort. Das hübsche B&B am Tay beeindruckt mit individuell gestalteten Designerzimmern, die ein einzigartiges Raumgefühl vermitteln. Eines verfügt über eine Wellnesseinrichtung, ein anderes befindet sich in einem fröhlich gelben Sommerhaus, wodurch mehr Privatsphäre entsteht – falls jemand darauf besonderen Wert legt. Der Garten ist sagenhaft: Im Sommer können die Gäste in Hängematten entspannen, und die Flussufer sind wunderschön: Unten im Wasser schwimmen Enten herum und oben in den Bäumen singen die Vögel.

Balnearn Guest House — B&B ££
(01887-820431; www.balnearnhouse.com; Crieff Rd.; EZ 45 £, DZ 65–80 £;) Balnearn ist ein beschauliches, nobles und auch recht luxuriöses Herrenhaus nicht weit vom Ortskern entfernt mit Platz im Überfluss. Die meisten Zimmer sind schön hell, im Erdgeschoss wartet ein besonders gutes Familienzimmer. Lonely-Planet-Leser loben immer das

üppige Frühstück, und die aufmerksamen, herzlichen Wirtsleute zeichnen sich durch unaufdringliche Hilfsbereitschaft aus.

❶ Praktische Informationen
Aberfeldy Information Centre (☏01887-820276; The Square; ⊙Nov.–März Mo–Mi, Fr & Sa, April–Okt. tgl.) Touristeninformation in einer alten Kirche am Hauptplatz.

❶ An- & Weiterreise
Busse von **Stagecoach** (www.stagecoachbus.com) fahren von Aberfeldy nach Pitlochry (45 Min., Mo–Sa stündl., So weniger häufig), Blairgowrie (1¼ Std., Mo–Fr 2-mal tgl.) und Perth (1¼ Std., Mo–Sa stündl., So 1-mal).

Regionalbusse fahren ab Aberfeldy auf einem Rundkurs nach Kenmore und Fortingall und weiter nach Aberfeldy zurück (Mo, Do & Fr 3-mal pro Strecke). Eine Linie verkehrt auch über Kenmore nach Killin (1 Std., nur an Schultagen 2-mal tgl.).

KENMORE
Das hübsche Kenmore liegt am östlichen Ende des Loch Tay, knapp 10 km westlich von Aberfeldy. Den Ort prägen eine Kirche, ein Uhrturm und das imposante Tor des **Taymouth Castle**, eine Burg in Privatbesitz. Am Loch liegt das faszinierende **Scottish Crannog Centre** (☏01887-830583; www.crannog.co.uk; Führungen Erw./Kind 7/5 £; ⊙April–Okt.10–17.30 Uhr, Nov. Sa & So bis 16 Uhr). Das Wohnhaus, das auf Stelzen im Wasser steht *(crannog)* – eine beliebte Behausung in Schottland ab dem 3. Jh. v. Chr. – diente gleichzeitig zu Verteidigungszwecken. Dieses alte Haus wurde hervorragend restauriert. Im Rahmen einer Führung erleben die Teilnehmer mit, wie früher Feuer gemacht wurde. Eine tolle Sehenswürdigkeit!

Kenmore eignet sich gut als Standort, wenn sich jemand gern in Outdoor-Aktivitäten stürzen möchte. Im **Loch Tay Boat House** (☏07923-540826; www.loch-tay.co.uk; Pier Rd.; ⊙tgl.) kann man ein Mountainbike mieten (halber/ganzer Tag 15/20 £), um damit den Loch Tay zu umrunden, aber natürlich kann man sich auch auf das Wasser begeben: mit dem Kanu oder einem Kabinenboot, auf dem gleich die ganze Familie übernachten kann.

Im Herzen des Dorfes befindet sich das **Kenmore Hotel** (☏01887-830205; www.kenmorehotel.com; The Square; EZ/DZ 84/135 £; P@🛜🐾) mit einer Bar, in der das Kaminfeuer knistert, sowie einigen Versen, die Robert Burns 1787 auf den Kaminaufsatz kritzelte – damals war der Gasthof schon ein paar hundert Jahre alt. Am Flussufer befindet sich noch ein Biergarten, vom modernen Restaurant bietet sich ein hübscher Ausblick, und unterschiedliche Zimmer – einige auf der anderen Straßenseite – gibt es hier auch. Sie wirken ein bisschen spießig, sind aber trotzdem geräumig und auch gemütlich. Die schönsten haben ein Erkerfenster mit Blick über den Fluss. In der Nebensaison und in der Wochenmitte fallen die Übernachtungspreise. Ebenfalls angeboten werden hier gehobene Lodges für Selbstversorger.

LOCH TAY
Im gewundenen, malerischen, langen Loch spiegeln sich die weiten Wälder und Berge der Umgebung. Darüber ragt der erhabene **Ben Lawers** (1214 m) auf, der mit zu einem staatlichen Naturschutzgebiet gehört, das auch die nahe **Tarmachan Range** umfasst.

Der übliche Ausgangspunkt, um den Ben Lawers zu erklimmen, ist ein Parkplatz, der sich 2,5 km von der A827 und 8 km östlich von Killin befindet. Auch ein einfacherer Wanderweg nimmt hier seinen Anfang.

In Kenmore und Killin gibt es gute Unterkünfte, darunter das **Culdees Bunkhouse** (☏01887-830519; www.culdeesbunkhouse.co.uk; B/2BZ/FZ 18/46/69 £; P@🛜🐾), ein herrlich unkonventionelles Hostel mit majestätischem Panoramablick: Der ganze Loch Tay liegt den Gästen unterhalb des Hostels zu Füßen. Das Bunkhouse hat etwas von einem Labyrinth, in dem man sich leicht verirrt. Geboten werden kompakte, tadellose Schlafsäle, hübsche Familienzimmer mit der tollsten Aussicht in ganz Perthshire sowie diverse Aufenthaltsbereiche, die wie in einer Privatwohnung mit vielen Möbeln vollgestellt sind. Das Hostel eignet sich super zum Entspannen, ist aber auch ein prima Quartier, wenn jemand bergwandern oder als Volunteer auf der Ökofarm mithelfen möchte. Das Culdees Bunkhouse befindet sich 1 km oberhalb des Dorfes Fearnan, 6,5 km westlich von Kenmore.

FORTINGALL
Fortingall gehört mit seinen aus dem 19. Jh. stammenden reetgedeckten Häuschen in sehr beschaulicher Lage zu den schönsten Dörfern Schottlands. Die **Kirche** besitzt eindrucksvolles hölzernes Gebälk und eine **Mönchsglocke** aus dem 7. Jh. Auf dem Friedhof steht eine 2000 Jahre alte **Eibe**. Sie stand schon hier, als die Römer in den Wiesen am Fluss Lyon kampierten. Eine

EINEN „MUNRO" BESTEIGEN: BEN LAWERS

Der Weg zum Gipfel des Ben Lawers und wieder herunter kann durchaus bis zu fünf Stunden in Anspruch nehmen. Wetterfeste Kleidung, Wasser und Proviant sind deshalb ein Muss. Vom Parkplatz (2 £), wo man eine Übersichtskarte bekommt, geht es zunächst über die Straße und dann auf dem Naturpfad bergauf. Nach dem Plankenweg, der ein Torfmoor schützt, geht es über einen Zaunübertritt, anschließend nach links und den Bach Edramucky (rechts) hinauf. An der nächsten Steigung müssen Wanderer den rechten Weg nehmen und den Bach überqueren. Ein paar Minuten später, wenn der Naturpfad sich nach rechts wendet, geht es parallel zum linken Ufer des Bachs weiter geradeaus etwa 1 km hinauf. Die Wanderer müssen nun das Schutzgebiet über einen weiteren Zaunübertritt verlassen und die steile Steigung der Schulter des Beinn Ghlas bewältigen. Bei einer Ansammlung großer Felsen muss man dann den Fußpfad in Richtung Norden ignorieren und stattdessen im Zickzack weiter den Berg hinaufgehen. Der Rest des Anstiegs besteht aus einer Abfolge von drei scheinbaren Gipfeln. Der letzte und steilste Abschnitt wechselt zwischen erodierten Felsen und einem gepflasterten Weg. Am Ende werden erfolgreiche Bergsteiger von weiten Ausblicken auf die majestätischen Berge belohnt, an klaren Tagen sind sogar die Nordsee und der Atlantik zu sehen.

populäre, wenn auch nicht sehr plausible Legende besagt, dass Pontius Pilatus hier geboren wurde. Heute ist der Baum nur noch ein Schatten seiner selbst – in seiner Blütezeit hatte er einen Umfang von über 17 m. Souvenirjäger haben ihn jedoch auf zwei viel kleinere Stämme reduziert.

Das Fortingall Hotel (01887-830367; www.fortingall.com; EZ/DZ 90/120 £; P) gleich daneben ist ein beschauliches, altmodisches Landhotel mit höflichem Service und recht geschmackvollem Mobiliar. Die Zimmer mit riesigen Betten, modernen Bädern und angenehmen kleinen Extras sind tiptop; sie gehen auf grüne Wiesen hinaus. Insgesamt das perfekte Hotel für Gäste, die nicht viel mehr tun wollen, als die frische Luft zu genießen und natürlich auch das hervorragende Abendessen.

GLEN LYON

Dieses entlegene und atemberaubend schöne Tal erstreckt sich über 55 unvergessliche Kilometer mit wackeligen Steinbrücken, seltenen kaledonischen Kiefernwäldern und steilen, von Heide bedeckten Gipfeln, umgeben von wirbelnden Wolken. Je weiter man nach Westen vordringt, umso wilder wird die Landschaft – ein Beweis dafür, dass in Schottland immer noch verborgenen Schätze zu entdecken sind. Früher hielt man dieses Tal für das Tor zum Feenland, und selbst die größten Skeptiker werden sich der Magie dieses Tals nicht entziehen können.

Eine enge Straße windet sich von Fortingall das Tal hinauf. Eine weitere Straße vom Loch Tay aus überquert die Berge und erreicht das Tal etwa in seiner Mitte, in **Bridge of Balgie**. Das Tal führt anschließend weiter zu einem Damm (an einem Denkmal für den Entdecker Robert Campbell vorüber). Wer sich nun nach links wendet, kann über eine wilde, abgelegene Straße (die auf den Karten nicht verzeichnet ist) zum isolierten **Glen Lochay** und dann hinunter nach Killin gelangen. Eine **Radtour** durch das Glen Lyon ist eine ganz besonders schöne Art, diesen außergewöhnlichen Ort zu erfahren. In Sachen Sehenswürdigkeiten ist in diesem Tal nicht viel geboten, aber die Besucher kommen ja schließlich auch wegen der erhabenen, einsamen Landschaft her. In der Glenlyon Gallery (www.glenlyongallery.co.uk; Eintritt frei; Do-Di 10-17 Uhr) in Bridge of Balgie stehen allerlei schöne handgemachte Stücke zum Verkauf. Direkt nebenan befindet sich das Bridge of Balgie Post Office (kleinere Gerichte 3-4 £; April-Okt. 8-18 Uhr, Nov.-März Di-Do geschl., Essen bis 16 Uhr), der beste – und auch der einzige – Laden mit einigen wenigen Lebensmitteln sowie Sandwiches und sehr leckeren Suppen.

Das Milton Eonan (01887-866337; www.miltoneonan.com; EZ/DZ 39/78 £; P) ist ein Muss für Leute, die absolute Ruhe in herrlichster Landschaft zu schätzen wissen. Das Quartier an einem dahinplätschernden Bach, an dem einst eine historische Wassermühle stand, verfügt über ein romantisches Cottage, bestehend aus einem Zimmer, für Selbstversorger am unteren Ende des Gartens (für einen kleinen Aufpreis inkl. Frühstück). Bis zu drei Personen können sich zum Übernachten hineinquetschen. Die quirligen Besitzer bieten Lunchpakete und auch Abendessen (20 £) aus Bioprodukten an, die aus eigenem Anbau oder aus der Region stammen. Nach dem Überqueren der Brücke von Bridge of Balgie sieht man auf der rechten Seite schon die Schilder, die den Weg zum Milton Eonan weisen.

Öffentliche Verkehrsmittel gibt es in diesem Tal nicht.

LOCH TUMMEL & LOCH RANNOCH

Die Strecke am Loch Tummel und Loch Rannoch entlang ist immer lohnend, ob man nun mit dem Auto, dem Fahrrad oder zu Fuß unterwegs ist. Von uralten Birken bestandene Berghänge und Wälder mit Fichten, Kiefern und Lärchen bilden den sagenhaften **Tay Forest Park**. Die bewaldeten Berge ziehen sich bis zu den schillernden Wassern der *lochs* hinunter. Im Herbst gestaltet sich der Besuch hier besonders eindrucksvoll, denn dann zeigen sich die Birken von ihrer schönsten Seite.

Das **Queen's View Centre** (www.forestry.gov.uk; Ende März–Mitte Nov. 10–18 Uhr) liegt am östlichen Ende des Loch Tummel. Den Schildern zum Trotz ist der Laden hier ein Geschäft mit einer Ausstellung; die Parkgebühr (2 £) wird somit für die tolle Aussicht fällig, die sich übers Wasser in Richtung **Schiehallion** (1083 m) bietet.

Wasserfälle, hoch aufragende Berge und ein schillernder *loch* grüßen die Besucher in **Kinloch Rannoch** – eine prima Ausgangsbasis für eine Radtour um den **Loch Rannoch**, aber auch für diverse Wanderungen wie z. B. auf den Schiehallion, der am Braes-of-Foss-Parkplatz startet; der relativ einfache Aufstieg wird mit einem sagenhaften, unverstellten Fernblick belohnt, da der Gipfel durch seine isolierte Lage weit über die Landschaft hinausragt. Weitere Informationen siehe unter www.jmt.org/east-schiehallion-est ate.asp.

Knapp 30 km westlich endet die Straße am romantischen, abgeschiedenen **Bahnhof Rannoch**, der auf der Strecke Glasgow–Fort William liegt. Dahinter erstreckt sich das faszinierende **Rannoch Moor**, ein sich dahinschlängelndes, irgendwie bedrohliches Torfmoor, das bis zur A82 und zum Glen Coe reicht. Auf dem Bahnsteig befindet sich ein Café, ein nettes kleines Hotel steht direkt daneben.

In dieser Gegend kann man kein Benzin kaufen. Die nächsten Tankstellen befinden sich in Aberfeldy, Pitlochry und Blair Atholl.

Schlafen & Essen

Bunrannoch House — B&B ££

(01882-632407; www.bunrannoch.co.uk; Kinloch Rannoch; EZ/DZ 45/90 £, mit Abendessen 70/140 £; P) In dieser Ecke Schottlands wird sich schwerlich ein B&B mit einem besseren Preis-Leistungs-Verhältnis oder einer gastfreundlicheren Einstellung finden. Die historische ehemalige Jagdlodge liegt eigentlich nur ein kurzes Stück von der Ortschaft entfernt, vermittelt jedoch den Eindruck, ewig weit weg zu sein – goldrichtig für alle, die dem Alltag den Rücken kehren wollen. Die Zimmer – darunter ein tolles Familienzimmer und das hübsche Zimmer 7 mit Dachluke für Sterngucker – wurden unlängst renoviert und präsentieren sich nun in dezenter Eleganz und mit erheblichem Komfort. Das Auffällige ist jedoch eigentlich die enorme Gastfreundlichkeit, die keine Mühe scheut, die Gäste zufriedenzustellen. Bei den hervorragenden Mahlzeiten (auch vegan/vegetarisch) werden auch Hecht aus dem Loch Rannoch oder Reh aus der Region serviert. Für Nichthotelgäste, die im Hotel hezlich willkommen sind, kostet das Essen 30 £.

Moor of Rannoch Hotel — HOTEL ££

(01882-633238; www.moorofrannoch.co.uk; Rannoch Station; EZ/DZ 62/102 £; Ende März–Okt.) Am Ende der Straße hinter dem Bahnhof von Rannoch befindet sich eine der abgelegensten Ecken des Landes. Wird die Einsamkeit zu groß, sorgt zum Glück dieses Hotel für Abhilfe. Hier gibt es kein Internet und keinen Handyempfang, dafür aber gemütliche Zimmer und tolle Wanderwege direkt vor der Haustür – ein zauberhaftes Quartier fern vom Alltag. Das Abendessen schmeckt hier auch gut, außerdem können die Gäste ein – recht teures – Lunchpaket für unterwegs bestellen.

Gardens B&B — B&B ££

(01882-632434; www.thegardensdunalastair.co.uk; EZ/DZ 40/80 £; P) Dieses B&B, abseits der ausgetretenen Pfade, zwischen Kinloch Rannoch und Tummel Bridge gelegen, bietet nur zwei Zimmer. Diese sind allerdings praktisch Suiten mit eigenem Bad und Salon. Der hoteleigene Wintergarten erweist sich als der beste Platz, um die Sonne „aufzusaugen" und das großartige Panorama des Berges Schiehallion zu genießen. Wer sich nach Einsamkeit und inspirierender Exzentrik sehnt, wird hier fündig.

Loch Tummel Inn
PUB ££

(☎ 01882-634272; www.lochtummelinn.co.uk; Abendessen Hauptgerichte 10–17 £; ⊗ Di–So) Die alte Kutschstation ist ein schmucker Gasthof mit anständigem Essen – von klassischen Pub-Gerichten bis hin zu ambitionierteren Fleisch- und Wildgerichten. In der netten Bar munden diverse Biere vom Fass. Wirklich schön sind im Sommer die Tische im Freien, um sich in aller Ruhe und mit herrlichem Blick über den Loch Tummel ein Pint zu genehmigen. Der Gasthof liegt etwa 5 km vom Queen's View Centre entfernt und verfügt auch über ein paar Zimmer.

❶ An- & Weiterreise
Von **Broons Buses** (☎ 01882-632331) verkehren Busse auf der Strecke Kinloch Rannoch–Pitlochry (50 Min., Mo–Sa bis zu 5-mal tgl.); sie fahren über das Queen's View Centre und das Loch Tummel Inn.

ScotRail (www.scotrail.co.uk) betreibt zwei bis vier Züge täglich vom Bahnhof Rannoch in Richtung Norden nach Fort William (9,40 £, 1 Std.) und Mallaig sowie gen Süden nach Glasgow (21,60 £, 2¾ Std.).

Von Perth zum Blair Castle

Mehrere bedeutende Sehenswürdigkeiten liegen an der vielbefahrenen, aber dennoch malerischen A9, der Hauptstrecke ins Cairngorms-Gebirge und nach Inverness.

DUNKELD & BIRNAM
1005 EW.

Wie in einer Bilderbuchlandschaft fließt der Tay von Dunkeld nach Birnam, den Zwillingsdörfern im Herzen des sogenannten Big-Tree Country von Perthshire. Hier will nicht nur die herrliche Kathedrale von Dunkeld bestaunt werden, sondern es warten auch herrliche Wanderungen in den wunderschönen bewaldeten Bergen. Die Touren in dieser Gegend inspirierten auch Beatrix Potter zu ihren Kindergeschichten.

◉ Sehenswertes & Aktivitäten
Die **Dunkeld Cathedral** (HS; www.historic-scotland.gov.uk; High St.; Eintritt frei; ⊗ April–Sept. Mo–Sa 9.30–18.30 & So 14–16.30 Uhr, Okt.–März Mo–Sa 9.30–16 & So 14–16 Uhr) zählt zu den am schönsten gelegenen Kathedralen in ganz Schottland. An einem sonnigen Tag kann man sich kaum einen herrlicheren Ort vorstellen! Die Hälfte der Kathedrale wird noch als Kirche genutzt, der Rest sind Ruinen – aber besichtigen kann man natürlich alles. Das Gotteshaus datiert zum Teil aus dem 14. Jh.; während der Reformation wurde die Kathedrale stark beschädigt und ging 1689 bei der Schlacht von Dunkeld (Jakobiter gegen die Regierung) in Flammen auf. **Wolf of Badenoch**, ein ungestümer Adeliger aus dem 14. Jh., der Städte und Abteien niederbrannte, um gegen seine Exkommunizierung zu protestieren, ruht hier – unverdient – in einem mittelalterlichen Grabmal hinter der Holzwand in der Kirche.

Wer seine Kinder ein paar Stunden lang beschäftigen möchte, sollte in der netten **Going Pottie** (www.goingpottie.com; Cathedral St.; Malen ab 6 £; ⊗ Mo–Sa 10–16, So 11–16 Uhr) vorbeischauen. Die Kids bekommen hier einen Pinsel in die Hand gedrückt und können dann Keramik bunt bemalen und auch fertigen. Jedenfalls kümmern sich die Mitarbeiter gern um die kleinen Besucher, während die Eltern die Kathedrale besichtigen.

Auf der anderen Seite der Brücke liegt Birnam, das durch Shakespeares *Macbeth* Berühmtheit erlangte. Vom legendären Birnam Wood ist zwar nicht mehr viel übrig, dafür ist aber der kleine **Beatrix Potter Park** interessant. Von dieser Autorin stammen die seit Generationen bei allen Kids beliebten Geschichten von *Peter Rabbit*. Beatrix Potter verbrachte immer ihre Ferien in dieser Gegend. Neben dem Park zeigt das Birnam Arts Centre eine kleine **Ausstellung** (www.birnamarts.com; Station Rd.; Eintritt 1,50 £; ⊗ Okt.–März 10–16.30 Uhr, April–Sept. bis 17 Uhr) über Beatrix Potter und die Figuren ihrer Bücher. Das **Loch of the Lowes Wildlife Centre** (☎ 01350-727337; www.swt.org.uk; Erw./Kind 4/0,50 £; ⊗ 10–17 Uhr), 3 km östlich von Dunkeld an der A923, präsentiert Ausstellungen über allerlei Aspekte der Natur, widmet sich vor allem jedoch dem majestätischen Fischadler. Es gibt hier außerdem eine hervorragende Vogelbeobachtungsstelle (samt Fernglas), von der aus man während der Brutzeit die Vögel beim Nisten betrachten kann.

🛏 Schlafen & Essen
Birnam Hotel
HOTEL ££

(☎ 01350-728030; www.birnamhotel.com; Perth Rd.; EZ/DZ/FZ 80/100/138 £; P❋🐾) Das imposante Hotel mit Staffelgiebeln kann mit geschmackvoll eingerichteten Zimmern aufwarten, wobei die Superior-Zimmer (DZ 133 £) erheblich größer ausfallen als die Standardzimmer. Der Service ist überaus herzlich und nett. Das Restaurant gibt sich relativ förmlich, lebhafter geht es im Pub nebenan zu, in dem verschiedene kreative Pub-Gerichte auf den Tisch kommen.

Taybank
PUB £

(01350-727340; www.thetaybank.com; Tay Tce.; Hauptgerichte 5–9 £) Im Taybank können die Gäste ihr Pub-Mittagessen am Fluss in der Sonne einnehmen. In dem Pub mit einem tollen offenen Bar treffen sich regelmäßig Musiker aller Art, die hier auch auftreten. Jeden Abend wird Livemusik gespielt, und die Speisekarte reicht von Burgern bis hin zu verschiedenen Eintöpfen, also beispielsweise Kartoffeln mit Zwiebeln und Fleisch oder sonstigen Zutaten.

❶ Praktische Informationen

Die **Touristeninformation** (01350-727688; www.perthshire.co.uk; The Cross; April–Okt. tgl., Nov.–März Fr–So) von Dunkeld hält nützliches Material zu den Spazier- und Wanderwegen der Region bereit.

❶ An- & Weiterreise

Dunkeld liegt 24 km nördlich von Perth. Züge und Busse auf der Strecke Glasgow/Edinburgh–Inverness halten hier. Mit **Stagecoach** (www.stagecoachbus.com) fahren täglich zehn Busse (So nur einer) von Perth und Aberfeldy über Dunkeld. Verschiedene Linien steuern auch Blairgowrie (30 Min., nur Mo–Fr 2-mal tgl.) an.

PITLOCHRY
2564 EW.

In Pitlochry riecht die Luft bereits nach den Highlands. Der Ort ist eine beliebte Station auf dem Weg nach Norden, um das nördliche Zentralschottland zu erkunden. An einem ruhigen Frühlingsabend ist es hier geradezu idyllisch, während die Lachse im Fluss Tummel springen und gleichzeitig im Moulin Hotel fabelhaft gekocht wird. Im Sommer jedoch kann es auf der Hauptstraße von Touristengruppen wimmeln. Wenn man diesen entgehen kann, ist es hier aber wundervoll.

◉ Sehenswertes

Eine der Attraktionen von Pitlochry ist das herrliche **Flussufer**. Da der Tummel hier gestaut wird, bietet sich die Möglichkeit, den Lachsen zuzuschauen, wie sie eine *Fischleiter zum loch hinaufschwimmen* (nicht springen).

Bell's Blair Athol Distillery
DESTILLERIE

(01796-482003; www.discovering-distilleries.com; Perth Rd.; Führung 6 £; April–Okt. tgl., Nov.–März Mo–Fr) Von den beiden Destillerien in der Umgebung von Pitlochry liegt diese am südlichen Ortsrand. Die Führungen konzentrieren sich auf die Herstellung und den Verschnitt dieser bekannten Whiskymarke. Privatführungen vermitteln einen gründlicheren Einblick, und auch die Verkostung fällt üppiger aus.

GRATIS Edradour Distillery
DESTILLERIE

(01796-472095; www.edradour.co.uk; tgl.) Diese Destillerie behauptet mit Stolz, die kleinste Schottlands zu sein, und ist wirklich einen Besuch wert. Vermittelt wird der gesamte Herstellungsprozess, der in nur einem Raum stattfindet. Die Destillerie liegt 4 km östlich von Pitlochry an der Straße nach Moulin – der Weg dorthin auch als netter Spaziergang sehr empfehlenswert.

Explorers Garden
GÄRTEN

(01796-484600; www.explorersgarden.com; Foss Rd.; Erw./Kind 4/1 £; April–Okt. 10–17 Uhr) Der tolle Garten des Pitlochry Festival Theatre gedenkt der Personen, die 300 Jahre lang Pflanzen gesammelt und auch neue Arten entdeckt haben. Die gesamte Sammlung basiert auf Pflanzen, die schottische Forschungsreisende mit nach Hause brachten.

Heathergems
KUNSTHANDWERK

(01796-474391; www.heathergems.com; 22 Atholl Rd.; April–Okt. Mo–Sa 9–17.30, So 9.30–17 Uhr, Nov.–März Mo–Sa 9–17 Uhr) Das Heathergems, ein Fabrik-Outlet für ungewöhnlichen, schönen Schmuck aus Schottland, befindet sich hinter der Touristeninformation. Die Stücke sind aus Heidekrautstängeln gefertigt, die gefärbt, gepresst und zu kreativen bunten Originalen verarbeitet werden. Besucher können einen Blick durchs Werkstattfenster werfen und zuschauen, wie der Schmuck hergestellt wird.

✹ Feste & Events

Étape
RADFAHREN

(www.etapecaledonia.co.uk; Mai) Étape, ein 130 km langes Wohltätigkeitsrennen, führt Teilnehmer aller Leistungsniveaus Mitte Mai auf die herrlichen Highland-Straßen in der Umgebung von Pitlochry. Jedenfalls hat sich das Event rasant entwickelt. Unterkünfte müssen im Voraus reserviert werden.

Enchanted Forest
LIGHTSHOW

(www.enchantedforest.org.uk; Erw. 12.50–15 £, Kind 7,50 £; Okt.) Diese tolle Licht-Ton-Schau in einem Wald bei Pitlochry steht bei Familien hoch im Kurs.

🛏 Schlafen

🅻🅿 Craigatin House GUESTHOUSE ££
(☎01796-472478; www.craigatinhouse.co.uk; 165 Atholl Rd.; EZ 75, DZ Standard/Deluxe 85/95 £; ⊙Mitte Jan.–Okt.; 🅿@🛜) Das feudale Haus mit Garten ist weitaus geschmackvoller als die üblichen Quartiere in Pitlochry; es liegt ein Stück von der Hauptstraße zurückversetzt. Die riesigen Betten mit schicken modernen Bettüberwürfen weisen ein Maß an Komfort auf, das weit über den vernünftigen Preis hinausreicht. Besonders einladend sind die Zimmer in den umgebauten Stallungen. Vom sagenhaften Frühstücks- und Loungebereich genießen die Gäste einen schönen Blick auf den üppigen Garten. Zum Frühstück gehört so Extravagantes wie Porridge mit einem Schuss Whisky, Omlette mit Räucherfisch und Apfelpfannkuchen. Kinder sind hier nicht erwünscht.

Ashleigh B&B £
(☎01796-470316; www.realbandbpitlochry.co.uk; 120 Atholl Rd.; EZ/DZ 30/50 £; 🛜) So herzlich wie Nancy heißt kaum eine Wirtin ihre Gäste willkommen. Ihr B&B an der Hauptstraße macht gleichzeitig auch als Topkneipe Furore. Die drei gemütlichen Zimmer teilen sich ein hervorragendes Gemeinschaftsbad, außerdem gibt es eine offene Küche mit allerlei leckeren Lebensmitteln, in der sich die Gäste morgens selbst das Frühstück zubereiten können. Ein Zuhause fern der Heimat und ein Quartier, das auch den Geldbeutel erfreut. Nancy bietet außerdem ein nettes Apartment für Selbstversorger an, das tageweise zu mieten ist.

Knockendarroch House HOTEL ££
(☎01796-473473; www.knockendarroch.co.uk; Higher Oakfield; Abendessen, Bett & Frühstück 188 £; 🅿🛜🍴) Das beste Hotel der Stadt mit dem besten Blick. Das vornehme, gut geführte Haus verfügt über eine Reihe luxuriöser Zimmer mit großen Fenstern, durch die das schöne Licht der Highlands hereinfällt. Die Standardzimmer haben einen besseren Blick als die größere, teurere Premium-Variante. Einige Räume besitzen schöne kleine Balkone, perfekt für einen Drink bei Sonnenuntergang. Die Küche ist ebenfalls ausgezeichnet.

Pitlochry Backpackers Hotel HOSTEL £
(☎01796-470044; www.scotlands-top-hostels.com; 134 Atholl Rd.; B/2BZ/DZ 18/47/52 £; 🅿@🛜) Nett, entspannt und sehr gemütlich – so lässt sich das tolle Hostel mitten in der Stadt charakterisieren. Geboten werden Schlafsäle mit drei bis acht Betten in tadellosem Zustand. Außerdem gibt es hier noch Zweibett- und Doppelzimmer mit eigenem Bad zu ebenfalls anständigen Preisen; sie sind mit normalen Betten, nicht mit Stockbetten bestückt. Zur geselligen Partystimmung tragen das preiswerte Frühstück und ein Billardtisch bei. Die Bettwäsche wird nicht extra in Rechnung gestellt.

Strathgarry HOTEL ££
(☎01796-472469; www.strathgarryhotel.co.uk; 113 Atholl Rd.; EZ/DZ 97/147 £, Deluxe-DZ 169 £; 🛜) Das Strathgarry direkt an der Hauptstraße ist ein Hotel mit Café und Bar, das wirklich hübsch hergerichtet ist. Die schmucken Zimmer mit eigenem Bad haben einen Hauch von Luxus. Wer eines der häufigen Online-Schnäppchen erwischt, bezahlt erheblich weniger als oben angegeben.

Tir Aluinn B&B ££
(☎01796-473811; www.tiraluinn.co.uk; 10 Higher Oakfield Rd.; EZ/DZ 35/70 £; 🅿🛜) Oberhalb der Hauptstraße liegt dieses Juwel von einem B&B versteckt. Die Gäste werden persönlich willkommen geheißen und können sich über die hellen Zimmer mit ansprechenden Möbeln freuen. Das Frühstück ist hervorragend.

Pitlochry SYHA HOSTEL £
(☎01796-472308; www.syha.org.uk; Knockard Rd.; B 18,50 £; ⊙März–Okt.; 🅿@🛜) Tolle Lage mit Blick aufs Ortszentrum. Das Hostel ist bei Familien und Wanderfreunden beliebt.

🍴 Essen & Ausgehen

🅻🅿 Moulin Hotel PUB ££
(☎01796-472196; www.moulinhotel.co.uk; Pub-Gerichte 9–12 £) Nur eine Meile entfernt, aber eine andere Welt: Dieses stimmungsvolle Hotel hat schon die Tradition verkörpert, bevor das Schottenmuster zurück nach Pitlochry kam. Mit seinen romantischen niedrigen Decken, dem lagernden Holz und seinen Sitznischen ist dieses Haus ein geeigneter Platz für ein vor Ort gebrautes Ale oder eine Portion aus der Küche der Highlands. Das sättigende *haggis* oder der Reheintopf sind echte Spezialitäten. Ein etwas förmlicheres Restaurant (Hauptgerichte 12–16 £) serviert ebenso köstliches traditionelles Essen, darunter hochwertige Fleisch- und Wildgerichte. Das Hotel hat eine Reihe unterschiedlicher Zimmer (EZ/DZ 62/77 £) sowie einen Anbau für Selbstversorger. Von

Pitlochry aus gelangt man am besten zu Fuß hierher: Zunächst geht es relativ steil durch grüne Felder, anschließend dann aber entspannt den Hang hinunter.

Fern Cottage SCHOTTISCH, TÜRKISCH ££
(www.ferncottagepitlochry.co.uk; Ferry Rd.; Hauptgerichte 11–16 £; ⊙10.30–21 Uhr; 🛜) Für viel Flair in diesem Restaurant, das sich im Ort an der Hauptstraße befindet, sorgen von Kerzen erleuchtete Tische, Steinwände und der knarrende Holzboden. Die Speisekarte bietet eine interessante Kombination aus klassischen schottischen Gerichten wie Lamm und Lachs sowie Speisen aus dem östlichen Mittelmeerraum wie Moussaka, Zaziki und Meze-Teller. Bei schönem Wetter schmeckt das Essen an einem Tisch im Freien nochmal so gut.

Port-na-Craig Inn BISTRO ££
(☎01796-472777; www.portnacraig.com; Port Na Craig; Hauptgerichte 12–17 £; ⊙11–20.30 Uhr) Das tolle kleine Bistro direkt am Fluss liegt in einem ehemals eigenständigen Weiler. Die köstlichen Hauptgerichte sind mit Umsicht und Pfiff zubereitet, es gibt aber auch kleinere Mittagsgerichte, Sandwiches und Kinderteller. Aber natürlich kann man sich auch einfach mit einem Bier draußen an den Fluss setzen und den Anglern zuschauen.

McKay's PUB
(www.mckayshotel.co.uk; 138 Atholl Rd.) Hier ist richtig, wer Einheimische kennenlernen und die ganze Nacht abfeiern möchte. Livemusik am Wochenende, allwöchentliche Karaoke-Veranstaltungen und DJs machen das McKay's zum beliebtesten Pub von Pitlochry. Im Lauf des Abends verlagert sich die Action von der riesigen Bar vorne (in der es auch etwas zu essen gibt) nach hinten zur Tanzfläche, wo dann voll die Post abgeht

⭐ Unterhaltung

Pitlochry Festival Theatre THEATER
(☎01796-484626; www.pitlochry.org.uk; Foss Rd.; Eintrittskarten 26–35 £) Auf dem Spielplan des bekannten, allseits beliebten Theaters stehen von Mai bis Mitte Oktober täglich (außer So) verschiedene Theaterstücke.

❶ Praktische Informationen

Computer Services Centre (www.computerservicescentre.co.uk; 23 Atholl Rd.; ⊙Mo–Fr 9.30–17.30, Sa bis 12.30 Uhr; 🛜) Internetzugang gegenüber der Touristeninformation.
Pitlochry Information Centre (☎01796-472215; www.perthshire.co.uk; 22 Atholl Rd.; ⊙März–Okt. tgl. Nov.–Feb. Mo–Sa) Hier gibt es gute Informationen zu Wanderungen in der Region.

❶ An- & Weiterreise

Busse von **Citylink** (www.citylink.co.uk) verkehren etwa stündlich nach Inverness (15,50 £, 2 Std.), Perth (10 £, 40 Min.), Edinburgh (15,50 £, 2–2½ Std.) und Glasgow (15,70 £, 2¼ Std.). Die Billiglinie **Megabus** (☎0871 266 3333; www.megabus.com) befährt diese Strecken ebenfalls.

Stagecoach (www.stagecoachbus.com) verkehrt nach Aberfeldy (30 Min., Mo–Sa stündl., So 3-mal), Dunkeld (25 Min., Mo–Sa bis zu 10-mal tgl.) und Perth (1 Std., Mo–Sa bis zu 10-mal tgl.).

Pitlochry liegt an der Hauptbahnstrecke von Perth (12,30 £, 30 Min., Mo–Sa 9-mal tgl., So 5-mal) nach Inverness.

❶ Unterwegs vor Ort

Escape Route (☎01796-473859; www.escape-route.co.uk; 3 Atholl Rd.; Fahrradverleih für halben/ganzen Tag ab 16/24 £; ⊙tgl.) Hier kann man ein Fahrrad mieten; am Wochenende empfiehlt es sich, im Voraus zu buchen.

PASS OF KILLIECRANKIE

Es lohnt sich, in der **Touristeninformation von Killiecrankie** (NTS; ☎ 01796-473233; www.nts.org.uk; Eintritt frei, Parken 2 £; ⊙April–Okt. 10–17.30 Uhr) vorbeizuschauen. Sie befindet sich in einer sagenhaften zerklüfteten Schlucht 5,5 km nördlich von Pitlochry und hat eine tolle interaktive Ausstellung zum Jakobiteraufstand sowie zu Flora und Fauna der Region zu bieten. Jedenfalls gibt es hier genügend Möglichkeiten zum Draufdrücken, Ziehen und Öffnen – was vor allem Kindern Freude bereitet. Mehrere herrliche Wanderungen führen in die bewaldete Schlucht; die roten Eichhörnchen hier sind sehr possierlich. Eine weitere Attraktion bietet **Highland Fling** (☎0845 366 5844; www.bungeejumpscotland.co.uk; 70 £, weitere Sprünge 30 £): Atemberaubende 40 m können Waghalsige von der Brücke in die Schlucht hinunterspringen (am Wochenende, im Sommer auch Mi & Fr).

Nicht weit vom Pass entfernt erfreut das **Killiecrankie House Hotel** (☎01796-473220; www.killiecrankiehotel.co.uk; DZ Standard/Superior, Abendessen, B&B 230/260 £; ⊙März–Dez.; P🛜🐾) mit tadelloser Gastfreundlichkeit in beschaulicher Umgebung. Sehr interessant sind die an den Wänden ausgestellten Kunstwerke. Die eleganten Zimmer gehen auf den reizenden Garten hinaus und sind entsprechend angenehm ruhig. Die Gäste können hier mit dem Höchstmaß an schottischer Gastfreundschaft rechnen, die man sich auf einem Landgut nur vorstellen kann – und zwar ohne das angestaubte Ambiente, das oft damit einhergeht. Das Essen ist ebenfalls hervorragend. Während der Hochsaison beträgt die Mindestaufenthaltsdauer zwei Nächte. B&B-Tarife ohne Abendessen gibt es manchmal auch.

Regionalbusse auf der Strecke Pitlochry–Blair Atholl fahren über Killiecrankie (10 Min., 3- bis 7-mal tgl.).

BLAIR CASTLE & BLAIR ATHOLL
Das prachtvolle **Blair Castle** (☎01796-481207; www.blair-castle.co.uk; Erw./Kind/Fam. 9,50/5,70/25,75 £; ◉April–Okt. 9.30–17.30 Uhr, Nov.–März Sa & So 10–16 Uhr) ist – zusammen mit dem gut 280 km² umfassenden Gelände, auf dem es sich befindet, – eine der beliebtesten Touristenattraktionen in ganz Schottland. Das Anwesen ist der Sitz des Duke of Atholl, also des Anführers des Murray-Clans. Das beeindruckende weiße Gebäude liegt unterhalb von bewaldeten Hängen und oberhalb des Flusses Garry.

Der ursprüngliche Turm wurde 1269 errichtet, die Burg ist seitdem aber mehrmals umgebaut worden. Die Öffentlichkeit kann insgesamt 30 Zimmer besichtigen, die ein plastisches Bild vom Leben der Aristokratie in den Highlands seit dem 16. Jh. vermitteln. Der **Speisesaal** stellt ein wahres Prunkstück dar – die 9-Pint-Weingläser sind ein echter Hingucker –, der **Ballsaal** besitzt eine Gewölbedecke und ist gleichzeitig ein wahrer „Hirschfriedhof".

Der derzeitige Herzog besucht das Schloss jedes Jahr im Mai, um die Atholl Highlanders zu inspizieren, Großbritanniens einzige Privatarmee.

Die Straße vom Dorf Blair Atholl nach **Glenfender** ist eine fabelhafte Route für Wanderer, Rad- und Autofahrer. Sie ist etwa 5 km lang und windet sich hinauf zu einem Bauernhof. Das Panorama der schneebedeckten Gipfel auf diesem Weg ist schottisch-alpin und atemberaubend.

Das **Atholl Arms Hotel** (☎01796-481205; www.athollarms.co.uk; EZ/DZ 67/82 £; [P][@][?][☼]) unweit der Burg ist ein gut geführtes Haus mit relativ dunklen Zimmern und gemütlichem altmodischen Dekor. Die zugehörige Bothy Bar ist das Schwesterpub des Moulin Hotel in Pitlochry. Hier sitzen die Gäste in schmucken Nischen unter der Dachschräge an einem riesigen Kamin – für jede Menge Flair ist also gesorgt.

Blair Atholl liegt 10 km nordwestlich von Pitlochry, die Burg noch einmal 1,5 km weiter. Lokale Busse fahren zwischen Pitlochry und Blair Atholl (25 Min., 3–7-mal tgl.). Vier Busse am Tag (Mo–Sa) fahren direkt zur Burg. Im Dorf gibt es einen Bahnhof, nicht alle Züge halten aber dort.

Blairgowrie & Glenshee

Die A93, die durch Glenshee führt, zählt zu den spektakulärsten Strecken des Landes. Die sich dahinschlängelnden Bäche und hoch aufragenden Berggipfel, auf denen der Schnee glänzt, dass es schier blendet, beindrucken die Autofahrer, die sich in Anbetracht der gewaltigen Natur hier wie Zwerge vorkommen. Im Sommer bietet sich diese herrliche Gegend zum **Wandern** an, im Winter zum **Skifahren**. **Blairgowrie** und **Braemar** weisen die meisten Unterkünfte im Feriengebiet Glenshee auf, eine weitere kleinere Siedlung liegt 8 km südlich der Pisten bei **Spittal of Glenshee;** dort gibt es ebenfalls ein paar gute Übernachtungsmöglichkeiten.

✈ Aktivitäten

Glenshee Ski Resort WINTERSPORT
(☎01339-741320;www.ski-glenshee.co.uk;Halbtages-/Ganztages-Liftpass 23/28 £) Mit 36 Pisten ist Glenshee eines der größten Skigebiete Schottlands. Wenn die Sonne durch die Wolken auf den frisch gefallenen Schnee scheint, können die Gäste die Schönheit der einzigartigen Landschaft schier in sich aufsaugen. Aber die Abfahrten sind hier auch nicht übel. Der Sessellift – er ist im Juli und August auch für die Wanderer und Mountainbiker in Betrieb – bringt die Sportler auf eine Höhe von 910 m, nicht weit vom Gipfel des **Cairnwell** (933 m) entfernt.

🛏 Schlafen & Essen

Dalmunzie House HOTEL£££
(☎01250-885224; www.dalmunzie.com; EZ 105–145 £, DZ 165–235 £; [P][@][?][☼]) Das feudale Herrenhaus, angereichert mit einem Tick australischer Gastfreundlichkeit, erfüllt alle Erwartungen in Sachen Highland-Klischees: ein knisterndes Feuer, Ledersessel, Geweihe an der Wand und Karaffen mit Whisky. Zimmer mit jeder Menge Komfort (manche mit Himmelbett) gibt es in vier Kategorien. Die Turmzimmer sind besonders geräumig und ihr Geld wert. Außerdem erwartet die Gäste noch eine schöne Bibliothek, in der sie nach

ihren schottischen Vorfahren suchen können. Das Abendessen (45 £) im Restaurant ist eine opulente Angelegenheit mit drei Gängen. Schnäppchentarife gibt es immer wieder, auch beim Abendessen. Neben wunderschönen Wanderungen in der Umgebung können die Gäste in der Hotelanlage noch vielen anderen Aktivitäten frönen wie Golf und Tennis spielen oder angeln. Fahrräder verleiht das Hotel auch.

Spittal of Glenshee Hotel HOTEL, HOSTEL ££
(01250-885215; www.spittalofglenshee.co.uk; B/EZ/DZ 18/60/70 £; P) In diesem Hotel im Stil einer Skihütte herrscht eine angenehme Atmosphäre. Geboten werden einfache, gemütliche Zimmer, die außerhalb der Hoch- und Skisaison erheblich billiger kommen, eine gesellige Bar und ein Matratzenlager (ohne Kochgelegenheit).

Rosebank House B&B ££
(01250-872912; colhotel@rosebank35.fsnet.co.uk; 42 Balmoral Rd.; Zi. Pro Pers. 30 £; Jan-Nov; P) Das stilvolle georgianische Anwesen mit tollen alten Originalelementen ist das reinste Schnäppchen. Die großen Zimmer im Obergeschoss (Zimmer 2 und 4 sind besonders geräumig) sind gepflegt und haben ein kleines, aber sauberes eigenes Bad. Vor dem Haus erstreckt sich ein weitläufiger Garten. Die netten Besitzer betreiben das B&B schon seit 20 Jahren. Wanderer, Radfahrer und Skifahrer sind herzlich willkommen. Abends werden preisgünstige Vier-Gänge-Menüs (17 £) serviert.

❶ Praktische Informationen

Blairgowrie Information Centre (01250-872960; www.perthshire.co.uk; 26 Wellmeadow; April-Okt. & Dez. tgl., Nov. & Jan.-März Mo-Sa) Die Touristeninformation am Hauptplatz von Blairgowrie hält eine Fülle von Infos für Wanderer und Skifahrer bereit.

❶ An- & Weiterreise

Busse von **Stagecoach** (www.stagecoachbus.com) verkehren auf der Strecke Perth-Blairgowrie (50 Min., 3- bis 8-mal tgl.). Mehrere Linien fahren auch von Dundee nach Blairgowrie (50 Min., stündl., So weniger häufig).

Die einzige Verbindung von Blairgowrie in die 45 km entfernte Region Glenshee ist der Stagecoach-Bus 71; er verkehrt mittwochs zweimal und samstags viermal nach Spittal of Glenshee.

Rund um Blairgowrie

Rund 8 km östlich von Blairgowrie liegt **Alyth**, ein reizendes altes Dorf mit einem kleinen Kanal und ein paar schönen Steinbrücken. Die Touristeninformation von Blairgowrie hält das Faltblatt *Walk Auld Alyth* bereit; es enthält mehrere Vorschläge für Spaziergänge durch den Ort. Mit den Exponaten zur Regionalgeschichte im **Alyth Museum** (www.pkc.gov.uk; Commercial St.; Eintritt frei; Mai-Sept. Mi-So 13-17 Uhr) vergeht eine Stunde wie im Flug.

Das **Alyth Hotel** (01828-632447; www.alythhotel.com; 6 Commercial St.; EZ/DZ 50/80 £, Hauptgerichte 8-12 £; P) ist ein klassischer Gasthof mit ein paar gemütlich renovierten Zimmern. Die Räumlichkeiten, die auf den Platz hinausgehen, sind besonders schön – vor allem Zimmer 1. Die Bar mit Restaurant unten samt niedriger Decke, Steinwänden und allem möglichen Nippes wirkt irgendwie anheimelnd und ist urgemütlich.

An der A94, 13 km östlich von Blairgowrie, lohnt der Ort **Meigle** einen Abstecher, wenn jemand ein Faible für Piktensteine hat. Das winzige **Meigle Museum** (HS; www.historic-scotland.gov.uk; Erw./Kind 4/2,40 £; April-Sept. 9.30-12.30 & 13.30-17.30 Uhr) kann mit 26 herrlich bearbeiteten Steinen aus dem 7. bis 9.Jh. aufwarten, die in der Umgebung gefunden wurden. Die Motive sind vielfältig: Zu bestaunen gibt es die Darstellung von Handwerkern, kunstvolle geometrische Muster, Bibelszenen und eine ganze Menagerie seltsamer Tiere. Wenn die Leiterin des Museums gerade da ist, hilft sie gern weiter, die komplexen symbolischen Darstellungen zu entschlüsseln.

Nordostschottland

Inhalt »

Dundee 265
Broughty Ferry 271
Glamis Castle &
das Dorf Glamis 273
Arbroath 273
Kirriemuir 275
Angus Glens 276
Edzell 278
Brechin 278
Aberdeen 279
Rund um Aberdeen 289
Deeside 291
Strathdon Valley 296
Nördliches
Aberdeenshire 298
Moray 299

Auf nach Nordostschottland!

Auf ihrer Reise zu den Highlights Loch Ness und Skye fahren viele Besucher an diesem Zipfel Schottlands achtlos vorbei. Doch ihnen entgeht ein Landesteil, der genauso schön und vielfältig ist wie die stärker ins Auge fallenden Reize im Westen.

Zwei der vier größten schottischen Städte liegen in diesem Winkel: Dundee, die Stadt der Jute, der Marmelade und des Journalismus, die Wiege einiger der beliebtesten Comic-Helden Britanniens und Liegeplatz von Captain Scotts Forschungsschiff *RSS Discovery*. Dazu gesellt sich Aberdeen, die Stadt aus Granit – ein ökonomisches Machtzentrum, dessen Motor das profitable Nordseeöl ist.

Fruchtbares Agrarland und malerische Täler, in denen die Pikten ihre geheimnisvollen Steine hinterließen, prägen die Region Angus. In den Regionen Aberdeenshire und Moray findet man die meisten schottischen Schlösser und Dutzende Whiskybrennereien säumen den River Spey.

Schön übernachten

» Glen Clova Hotel (S. 277)
» 24 Shorehead (S. 290)
» Auld Kirk (S. 293)
» City Wharf Apartments (S. 284)

Gut essen

» Tolbooth Restaurant (S. 300)
» Café 52 (S. 285)
» Metro (S. 269)
» Gathering Place (S. 296)

Reisezeit
Aberdeen

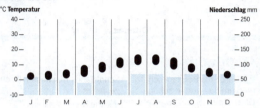

Juni/Juli Scottish Wooden Boat Festival: Klassische Boote ankern im Hafen von Portsoy.

Sept. Braemar Gathering (Highland Games); Whisky- und Musik-Festival in Dufftown.

Dez. Sehenswertes Feuerspektakel in Stonehaven, an Hogmanay (Silvester).

Highlights

① Durch die Berglandschaft rund um das wunderschöne **Glen Clova** (S. 277) wandern

② In der Grafschaft Angus über die Bedeutung der rätselhaften **Piktensteine** (S. 272) von Aberlemno nachdenken

③ Im **Tolbooth Restaurant** (S. 290) in Stonehaven Schottlands frischesten Fisch genießen

④ Die Berge, Wälder, Schlösser und hübschen Dörfer der **Royal Deeside** (S. 291) erkunden

⑤ Auf einer **Speyside distillery tour** (S. 296) den Geheimnissen der Malt-Whiskys auf die Spur kommen

⑥ Im **Scottish Dolphin Centre** (S. 304) in Spey Bay viel Wissenswertes über die Delfine in der Moray Firth erfahren

⑦ In der **Quaich Bar** (S. 300) im Craigellachie Hotel eine Kostprobe von den über 700 Sorten Single Malt genießen

ⓘ Unterwegs vor Ort

In Touristeninformationen und Busbahnhöfen ist ein **Streckenplan der öffentlichen Verkehrsmittel** erhältlich. **Traveline** erteilt telefonisch (☎0871 200 2233) Fahrplanauskünfte. Auf der Website (www.travelinescotland.com, teilweise auf Deutsch) gibt es Fahrpläne, die Reisende ausdrucken können und einen praktischen Reiseplaner.

Bus

Das Busunternehmen **Scottish Citylink** (www.citylink.co.uk) bedient die Strecke zwischen Dundee und Aberdeen. **Stagecoach** (www.stagecoachbus.com) ist das führende regionale Busunternehmen. Seine Buslinien verbinden alle wichtigen Städte und Ortschaften.

Stagecoach verkauft ein **Moray-Megarider-Ticket** (28 £). Es gilt uneingeschränkt sieben Tage lang für sämtliche Fahrten mit Stagecoach-Bussen in Elgin und Umgebung sowie bis Findhorn, Dufftown und Fochabers. Ebenfalls sieben Tage lang ist das **Aberdeen-Explorer-Ticket** (41 £) gültig, mit dem alle Stagecoach-Buslinien in ganz Aberdeenshire benutzt werden können. Die Gültigkeitszone reicht bis Montrose, Braemar und Huntly.

Zug

Die Bahnlinie Dundee–Inverness verläuft über die Ortschaften Arbroath, Montrose, Stonehaven, Aberdeen, Huntly und Elgin.

DUNDEE & ANGUS

Die Region Angus, die von Landwirtschaft geprägt ist, erstreckt sich nördlich von Dundee – Schottlands viertgrößter Stadt – bis zur Highland Border. Weite Täler durchziehen diese schöne Gegend, in der das Grün der flachen Hügel zum tiefen Rotbraun der frisch gepflügten Felder einen markanten Kontrast bildet. Romantische *glens* (Täler) winden sich durch die Ausläufer der Grampian Mountains. Die roten Sandsteinklippen von Arbroath und die langen Sandstrände um Montrose prägen die Küstenlandschaft. Im 7. und 8. Jh. war Angus die Hochburg der Pikten, die zahlreiche ihrer hochinteressanten, schwierig zu deutenden Symbolsteine hinterließen.

Abgesehen vom Touristenrummel am restaurierten Discovery Point in Dundee und den Busreisegruppen, die sich durch Glamis Castle schieben, ist Angus touristisch wenig erschlossen – also eine gute Gegend, um den Massen zu entkommen und Urlaub an der Basis zu machen.

Dundee

144 000 EW.

Auf Londons Trafalgar Square steht Nelson auf seiner Säule, Edinburghs Princes Street schmückt ein Denkmal von Sir Walter Scott, und vor Belfasts City Hall prangt eine Statue von Queen Victoria. Auf dem City Square von Dundee dagegen gibt sich – na klar – Desperate Dan in Bronze die Ehre. Seit Generationen wachsen britische Schulkinder mit Dan auf. Er ist die beliebteste Figur in *Dandy*, einem Comic für Kinder, der bereits seit 1937 im Verlag DC Thomson in Dundee erscheint.

Wohl kaum eine andere schottische Stadt liegt so schön wie Dundee, das sich am Nordufer des Firth of Tay ausbreitet. Und es gibt sogar zwei Besucherattraktionen von nationaler Bedeutung – Discovery Point und Verdant Works Museum. Weitere Pluspunkte sind der hübsche Küstenort Broughty Ferry ganz in der Nähe, das gar nicht so schlafmützige Nachtleben und die Dundonians selbst – unschlagbar herzliche, gastfreundliche und unterhaltsame Menschen. Zusammen genommen ergibt das eine Mixtur, die einen Zwischenstopp in Dundee zum echten Vergnügen macht, das im Reiseplan keinesfalls fehlen sollte.

Geschichte

Im 19. Jh. entwickelte Dundee sich vom schlichten Handelshafen zum blühenden Wirtschaftszentrum für Schiffsbau, Walfang, Textilindustrie und Eisenbahnbau. Firmen aus Dundee besaßen und betrieben die meisten der Jutemühlen in Indien. Mehr als 43 000 Menschen arbeiteten in Dundees Textilindustrie – kein Wunder, dass die Stadt den Spitznamen „Juteopolis" bekam (Jute ist eine Naturfaser, aus der vor allem Seile und Sackleinen, z. B. für Einkaufstaschen, hergestellt werden).

Den Namen „Stadt der drei Js" verdankt Dundee Jute, *jam* und dem Journalismus. Als Erfinderin von *jam* (Marmelade) gilt Janet Keillor, eine Hausfrau in Dundee. Ihr Sohn gründete dann Ende des 18. Jhs. die Keillor Jam Factory, die berühmte Marmeladenfabrik der Stadt. Mit Marmelade ist im Übrigen die leicht bittere Orangenmarmelade gemeint.

Inzwischen sind alle Jutefabriken geschlossen, und die Keillor Jam Factory verlagerte 1988 ihre Produktion nach England. Die journalistische Fahne hält nur noch der Familienbetrieb DC Thomson hoch. Dieser

Dundee

britische Verlag für Comicstrips, z. B. *Beano*, ist heute der größte Arbeitgeber der Stadt.

Im späten 19. und frühen 20. Jh. gehörte Dundee zu den reichsten Städten des Landes – im Verhältnis zur Einwohnerzahl gab es dort mehr Millionäre als in jedem anderen Ort in Großbritannien. Doch der wirtschaftliche Niedergang der Textil- und Maschinenbauindustrie, der in der zweiten Hälfte des 20. Jhs. einsetzte, brachte hohe Arbeitslosigkeit und den langsamen Verfall von Stadtvierteln mit sich.

In den 1960er- und 1970er-Jahren beherrschten hässliche gleichförmige Wohnblocks, zahlreiche Bürogebäude, eintönige Einkaufszentren und betonierte Fußwege das Stadtbild von Dundee. Der Blick von der Tay Road Bridge war alles andere als verlockend – Besucher machten einen großen Bogen um den Ort.

Seit Mitte der 1990er-Jahre ging es aber wieder aufwärts mit Dundee. Die Stadt wurde zum Touristenziel und zu einem Zentrum für Banken, Versicherungen und moderne Industriezweige; dementsprechend sind größere Baumaßnahmen im Gange. Und inzwischen leben dort mehr Studenten – jeder siebte Einwohner besucht eine Hochschule – als in irgendeiner anderen europäischen Stadt, ausgenommen in Heidelberg.

Sehenswertes

Discovery Point
MUSEUM

(Karte S. 266; www.rrsdiscovery.com; Discovery Quay; Erw./Kind 8,25/5 £; ◯April-Okt. Mo-Sa 10-18, So 11-18 Uhr, Nov.-März Mo-Sa 10-17, So 11-17 Uhr) Den Kai südlich vom Stadtzentrum beherrscht ein Dreimaster: Captain Robert Falcon Scotts berühmtes Polarexpeditionsschiff **RRS Discovery**. Mit einem fast hölzernen Rumpf, der fast einem halben Meer dick ist gut gegen Packeis gewappnet, lief das 1900 in Dundee gebaute Royal Research Ship (RRS) hier vom Stapel. 1901 segelte es in die Antarktis und saß dort über zwei Winter im Eis fest. Ab 1931 verrottete die *Discovery* langsam in einem Londoner Dock, bis Peter Scott mit Hilfe des Maritime Trust das Schiff seines Vaters rettete und den Zustand von 1925 wiederherstellte. 1986 bekam es einen Liegeplatz in seinem Heimathafen Dundee – und die Dundonians erhoben es fortan zum Symbol für die „Wiederauferstehung" ihrer Stadt.

Ausstellungen und audiovisuelle Darbietungen erzählen im Hauptgebäude des Discovery Point die spannende Geschichte des Schiffes und der Antarktisexpedition. Superstar ist natürlich die *Discovery* selbst, die nebenan im geschützten Dock ankert. Beim Rundgang über das Schiff darf jeder auf die

Dundee

◉ Highlights
- City Square C2
- Discovery Point C3
- Dundee Contemporary
  Arts B3
- McManus Galleries C1

◎ Sehenswertes
- **1** St Mary's Church B2

🛏 Schlafen
- **2** Aauld Steeple Guest
  House B2
- **3** Aabalree C2
- **4** Dundee Backpackers C1

🍴 Essen
- **5** Deep Sea B3
  Encore Bar & Brasserie .... (siehe 12)
- **6** Fisher & Donaldson C2
- **7** Jute Café Bar B3
- **8** Playwright A3

🍷 Ausgehen
- **9** Nether Inn B3
- **10** Social B3

🎭 Unterhaltung
- **11** Caird Hall C2
- **12** Dundee Rep Theatre A3
- **13** Fat Sams A2

Brücke klettern und seine Nase in die Kombüse, die mahagonigetäfelte Offiziersmesse und in die Kapitäns- und Mannschaftskajüten stecken.

Ein Kombiticket für den Discovery Point und die Jutefabrik Verdant Works kostet 13,50/8,50 £ pro Erw./Kind.

Verdant Works MUSEUM
(www.verdantworks.com; West Henderson's Wynd; Erw./Kind 8,25/5 £; ⓒApril–Okt. Mo–Sa 10–18, So 11–18 Uhr, Nov.–März Mi–So 10.30–16.30, So 11–16.30 Uhr) Verdant Works, eines der schönsten Industriemuseen Europas, vermittelt einen Einblick in die Geschichte der Jute-Industrie von Dundee. Das Museum befindet sich in einer restaurierten Jutemühle mit originalen, noch funktionstüchtigen Maschinen. Praktische Vorführungen und Computeranimationen zeigen den Weg der Jute von den Jutefeldern in Indien bis hin zur Fertigung der Endprodukte. Eines dieser Produkte war Sackleinen für die Planwagen, mit denen die Siedler in Amerika gen Westen zogen. Die Jutemühle liegt 250 m westlich des Stadtzentrums.

GRATIS McManus Galleries MUSEUM
(Karte S. 266; www.themcmanus-dundee.gov.uk; Albert Sq.; ⓒMo–Sa 10–17, So 12.30–16.30 Uhr) Die McManus Galleries residieren in einem imposanten Gebäude, das Gilbert Scott 1867 im Stil der viktorianischen Gotik entworfen hat. Es ist ein Stadtmuseum mit angenehmer Größe – Besucher können hier alles, was es zu sehen gibt, entspannt anschauen, ohne das Gefühl zu bekommen, mit zu vielen Informationen überschwemmt zu werden. Die Ausstellungen decken die Stadtgeschichte von der Eisenzeit bis in die Gegenwart ab. Zu den Exponaten gehören auch Erinnerungsstücke an das Tay-Bridge-Unglück und die Zeit von Dundees Walfangindustrie. Für Computerfreaks interessant sind der Sinclair ZX81 und der ZX-Spectrum: Diese zu ihrer Zeit bahnbrechenden Personal Computer mit gerade einmal 16 kByte-Arbeitsspeicher wurden in den 1980er-Jahren in Dundee produziert.

HM Frigate Unicorn MUSEUM
(www.frigateunicorn.org; Victoria Dock; Erw./Kind 5,25/3,25 £; ⓒApril–Okt. Mo–So 10–17 Uhr, Nov.–März Mi–Fr 12–16, Sa & So 10–16 Uhr) Im Gegensatz zur blitzblanken, perfekt restaurierten *Discovery* vermittelt Dundees zweite schwimmende Besucherattraktion wesentlich authentischer die Atmosphäre auf einem Segelschiff vergangener Zeiten: die mit 46 Kanonen bestückte *Unicorn*. Die 1824 gebaute Fregatte ist das älteste noch schwimmfähige britische Kriegsschiff – vielleicht weil es nie zum Einsatz kam. Da Mitte des 19. Jhs. Dampfschiffe den Platz der Segelschiffe einnahmen, diente die *Unicorn* zunächst als Munitionslager, dann als Schulschiff. Als die Fregatte in den 1960er-Jahren abgewrackt werden sollte, gründete sich eine Gesellschaft speziell zur Erhaltung des Schiffsveteranen.

Der interessante Rundgang an Deck lässt ahnen, wie hart es für die Crew sein musste, unter solch beengten Verhältnissen zu leben. Die *Unicorn* ankert im Victoria Dock, nordöstlich der Tay Road Bridge. Der Eintrittspreis schließt eine Führung ein (wahlweise auch in Deutsch und Französisch).

GRATIS **Dundee**

Contemporary Arts KUNSTZENTRUM
(Karte S. 266; www.dca.org.uk; Nethergate; Di & Mi 11–18, Do 11–20, Fr & Sa 11–18, So 12–18 Uhr) Das Zentrum für moderne Kunst, Design und Film bildet den Mittelpunkt des aufstrebenden Cultural Quarter (Dundees Kulturviertel). Die Galerien stellen Werke britischer und internationaler zeitgenössischer Künstler aus. In den Grafikstudios kann jeder den Künstlern bei der Arbeit zusehen oder an einem der Workshops teilnehmen. Für das leibliche Wohl der Besucher sorgt die Jute Cafe Bar (S. 267).

Dundee Law PARK
Es lohnt sich, den Dundee Law (174 m) zu erklimmen und den Blick über die Stadt, auf die beiden Tay-Brücken und hinüber bis Fife zu genießen. Bei ihrer Fertigstellung 1887 war die etwa 3,2 km lange **Tay Rail Bridge** (Firth-of-Tay-Brücke) die längste Brücke der Welt. Sie ersetzte eine frühere Brücke, deren Pfeiler noch heute aus dem Wasser ragen. Die Originalbrücke brach 1879, weniger als zwei Jahre nach ihrer Einweihung, bei einem Sturm zusammen und riss einen Zug mit 75 Menschen in die Tiefe.

Das Unglück, eine der großen Katastrophen der damaligen Zeit, löste weltweit Entsetzen aus; in Deutschland inspirierte das Ereignis den Schriftsteller Theodor Fontane zu seiner Ballade „Die Brück' am Tay", die den technischen Fortschritt skeptisch betrachtete: „Tand, Tand/Ist das Gebild von Menschenhand." – Die 2,5 km lange **Tay Road Bridge** wurde 1966 in Betrieb genommen.

City Square PLATZ
(Karte S. 266) Der City Square liegt im Herzen von Dundee. An seiner Südseite ragt die Fassade der in den 1920er-Jahren fertiggestellten **Caird Hall** auf. Die Halle, das Geschenk eines Textilmagnaten an die Stadt, dient heute als Konzert-, Festsaal und Theater. Erst seit dem Jahr 2001 schmückt die Bronzestatue von **Desperate Dan** den Platz. Der hohlwangige Held von *The Dandy*, einer Comic-Reihe für Kinder, hält ein Comic-Heft in seiner rechten Hand.

Ein paar Schritte nördlich der High Street, einer Fußgängerzone, die in westlicher Richtung in die Nethergate übergeht, steht die **St Mary's Church** (Karte S. 266; Nethergate). Der größte Teil dieser Kirche wurde im 19. Jh. errichtet, nur ihr Kirchturm – **Old Steeple** – ist alt und stammt bereits aus der Zeit um 1460.

 Feste & Events
Ende Juli findet das **Dundee Blues Bonanza** (www.dundeebluesbonanza.co.uk) statt, ein zweitägiges Festival mit Free Blues, Boogie und Roots Music.

Schlafen

Die meisten Hotels im Stadtzentrum von Dundee werden wochentags überwiegend von Geschäftsleuten genutzt. Daher bieten viele dieser Hotels günstige Wochenendtarife an. B&Bs finden sich gebündelt östlich des Stadtzentrums in der Broughty Ferry Road und der Arbroath Road, außerdem im Westen der Stadt in der Perth Road. Wer nicht zu den Nachtschwärmern gehört, kann auf den nahe gelegenen Küstenort Broughty Ferry ausweichen.

Mit einiger Sicherheit sind die Unterkünfte in Dundee ausgebucht, wenn das Golfturnier The Open Championship in Carnoustie oder St Andrews stattfindet. Detaillierte Informationen und zukünftige Termine stehen auf der Website www.theopen.com (2015 ist St Andrews der Austragungsort).

Balgowan House B&B ££
(01382-200262; www.balgowanhouse.co.uk; 510 Perth Rd.; EZ/DZ ab 55/80 £; P) Ein Umbau verwandelte die Villa eines wohlhabenden Kaufmanns (Baujahr 1900) in dieses luxuriöse Gästehaus. Es hat eine erstklassige Lage mit Aussicht auf den Firth of Tay und den botanischen Garten der Universität. Seine drei exquisit ausgestatteten Zimmer verfügen jeweils über ein eigenes Bad. Das Balgowan House liegt 3,2 km westlich des Stadtzentrums.

Apex City Quay Hotel HOTEL ££
(0845 365 0000; www.apexhotels.co.uk, auch auf Deutsch; 1 West Victoria Dock Rd.; Zi. ab 72 £; P) Von außen wirkt das kastenförmige Hotel – mit Aussicht auf Dundees neu gestaltetes Hafenviertel – relativ langweilig. Doch seine eleganten, geräumigen und mit Kuschelsofas ausgestatteten Zimmer verführen dazu, sich den ganzen Abend Schokolade essend vor dem Fernseher zu vergnügen. Wer dieser Verlockung widersteht, kann sich bei diversen Wellness-Anwendungen, in der Sauna oder in einem japanischen Whirlpool entspannen. Das Hotel liegt östlich des Stadtzentrums in der Nähe des Schiffes *HM Frigate Unicorn*.

Errolbank Guest House B&B ££
(☎01382-462118; www.errolbank-guesthouse.com; 9 Dalgleish Rd.; EZ/DZ 49/69 £; P) Das reizende viktorianische Haus liegt in einer ruhigen Straße rund 1,5 km östlich des Stadtzentrums und gleich nördlich der Straße nach Broughty Ferry. Die Zimmer, die ein Badezimmer haben, sind klein, aber hübsch eingerichtet.

Dundee Backpackers HOSTEL £
(Karte S. 266; ☎01382-224646; www.hoppo.com; 71 High St.; B 18,50 £, EZ/2BZ ab 25/40 £; @) Dieses Hostel – mit moderner Gemeinschaftsküche und Billardraum – befindet sich in einem wunderschönen historischen Gebäude. Seine Lage mitten im Stadtzentrum ist ideal. Durch die umliegenden Pubs und die umherziehenden Nachtschwärmer kann es allerdings nachts etwas laut werden.

Shaftesbury Hotel HOTEL ££
(☎01382-669216; www.shaftesburyhotel.net; 1 Hyndford St.; EZ/DZ ab 60/75 £; @🛜) Das Shaftesbury ist ein familiengeführtes Zwölfzimmerhotel in einer reizvollen viktorianischen Villa, die sich einst ein „Jute-Baron" bauen ließ. Vieles in dem Haus stammt noch aus seiner Entstehungszeit, darunter der prachtvolle Marmorkamin im Speiseraum. Das Hotel liegt 2,4 km westlich vom Stadtzentrum gleich oberhalb der Perth Road.

Aabalree B&B £
(Karte S. 266; ☎01382-223867; www.aabalree.com; 20 Union St.; EZ/DZ 24/40 £) Bei diesem ausgesprochen schlichten B&B – keines der Zimmer hat ein eigenes Bad – besticht die Freundlichkeit der Besitzer. Wer sich nicht von dem düsteren Eingang abschrecken lässt, kann in Dundee kaum näher am Bahnhof bzw. Busbahnhof übernachten. Demzufolge ist das Aabalree sehr beliebt und eine frühzeitige Reservierung zu empfehlen.

Grampian Hotel HOTEL ££
(☎01382-667785; www.grampianhotel.com; 295 Perth Rd.; EZ/DZ ab 55/70 £; P🛜) Das kleine, freundliche Hotel in einem restaurierten viktorianischen Stadthaus bietet sechs geräumige Zimmer (alle mit Bad). Vom Westend zum Grampian sind es zu Fuß nur etwa fünf Minuten.

Aauld Steeple Guest House B&B £
(Karte S. 266; %01382-200302; www.aauldsteepleguesthouse.co.uk; 94 Nethergate; EZ/DZ ab 27/44 £; 🛜) Das Gästehaus liegt ebenso zentral wie das Aabalree, bietet aber etwas mehr Komfort. Einige seiner geräumigen Doppel- und Familienzimmer haben Aussicht auf die St Mary's Church. Ein Wermutstropfen ist allerdings der Straßenlärm.

Essen

LP TIPP Metro BRASSERIE ££
(☎0845-365 0002; www.apexhotels.co.uk/eat; Apex City Quay Hotel, 1 West Victoria Dock Rd.; Hauptgerichte 11–22 £; ⏱Mittag- & Abendessen) Glatte, blaugraue Sitzbänke, weiße Leinenservietten, schwarz gekleidetes Personal und der Ausblick auf das Victoria Dock verleihen dieser stylischen Hotel-Brasserie ein elegantes Flair. Das Angebot auf der Speisekarte reicht von Steaks über Burger bis zu *murgh makhani* (Huhn in Buttersoße, eine indische Spezialität). Es gibt auch ein Dreigängemenü für 22,50 £ (bis 21 Uhr).

Blue Marlin FISCH & MEERESFRÜCHTE £££
(☎01382-221397; www.thebluemarlin.co.uk; City Quay; Hauptgerichte 20–25 £; ⏱Mo-Sa Mittag- & Abendessen) Die Neugestaltungen des früheren Hafens von Dundee dauert weiterhin an. Daher wirkt der Standort des besten Fischrestaurants der Stadt nicht gerade vielversprechend. Doch nur hereinspaziert! In den schicken Innenräumen mit dezentem maritimem Dekor kommen Fisch und Meeresfrüchte in bester Qualität auf den Tisch.

Playwright BISTRO ££
(Karte S. 266; ☎01382-223113; www.theplaywright.co.uk; 11 Tay Sq.; Hauptgerichte 23–26 £; ⏱10–24 Uhr) Fotos schottischer Künstler schmücken diese innovative Kombination aus Café-Bar und Bistro direkt neben dem Dundee Rep Theatre. Das Tagesmenü besteht aus zwei Gängen und kostet 13 £. Vor Theaterbeginn wartet das Playwright mit einem *pre-theatre menu* (2/3 Gänge 17/20 £, 17–18.30 Uhr) auf. Gerichte aus edlen schottischen Produkten, z. B. Lamm mit Selleriegratin, stehen bei den Gourmetmenüs à la carte im Mittelpunkt.

Jute Cafe Bar BISTRO ££
(Karte S. 266; www.jutecafebar.co.uk; 152 Nethergate; Hauptgerichte mittags 8–12 £, abends 10–19 £; ⏱Mo-Sa 10.30–24, So 12–24 Uhr) Die Café-Bar im Dundee Contemporary Arts Centre lockt mit mondän-funktionellem Designerlook, ausgezeichneten Sandwiches und Burgern sowie etwas abenteuerlichen mediterran-asiatischen Gerichten. Als frühes Abendessen gibt es wochentags von 17 bis 18.30 Uhr ein Zweigängemenü für

13,50 £. Im Sommer können die Gäste auch an Tischen im Innenhof Platz nehmen.

Agacán
TÜRKISCH ££

(01382-644227; 113 Perth Rd.; Hauptgerichte 11–18 £; Di–So Abendessen) Ein charismatischer Besitzer, bizarres Dekor und köstliche, aromatische türkische Spezialitäten (z. B. İskender Kebab) zeichnen das kleine, farbenfrohe Restaurant aus. Kein Wunder, dass hier eine Tischreservierung erforderlich ist. Wer keinen Platz bekommt, kann die Gerichte auch mitnehmen. Das Agacán liegt 20 Gehminuten vom Stadtzentrum entfernt in der Perth Road.

Encore Bar & Brasserie
CAFÉ-BAR ££

(Karte S. 266; 01382-206699; www.encoredundee.co.uk; Tay Sq.; Hauptgerichte 10–16 £; Bar 11 Uhr bis spätnachts, Brasserie Mo–Sa 12–15 & 17–21 Uhr) Das Encore ist in das Foyer des Dundee Rep Theatre integriert. In der Café-Bar und Brasserie tummeln sich die Künstlertypen der Stadt. Das Angebot auf der Speisekarte reicht von Krebssalat über Wildpilze bis hin zu Blauschimmelkäse in Blätterteig.

Parrot Café
CAFÉ £

(91 Perth Rd.; Hauptgerichte 4–10 £; Di–Fr 10–17, Sa 10–16 Uhr) Neben gutem Kaffee und Tee werden in diesem kleinen, abgefahrenen Café hausgemachte Kuchen sowie einige warme Mittagsgerichte serviert. Das Parrot liegt 1,6 km westlich des Stadtzentrums, nahe der Universität.

Fisher & Donaldson
TEESTUBE £

(Karte S. 266; 12 Whitehall St.; Mo–Sa 6.30–17 Uhr) Die hervorragende Bäckerei und Patisserie mit ausgezeichneter Teestube verkauft den traditionellen Dundee Cake (schottischen Früchtekuchen) sowie nicht ganz so traditionellen Cupcakes, die mit Irn Bru (einem koffeinhaltigen Softdrink) aromatisiert sind.

Deep Sea
FISH & CHIPS £

(Karte S. 266; 81 Nethergate; Hauptgerichte 5–10 £; Mo–Sa 9.30–18.30 Uhr) Hier gibt es die besten Fish and Chips der Stadt.

Ausgehen

Dundee besitzt zahlreiche quicklebendige Pubs, insbesondere im West End und entlang der (Straße) West Port.

Speedwell Bar
PUB

(www.mennies.co.uk; 165-167 Perth Rd.) Diesen Pub im Universitätsviertel – 2,4 km westlich des Stadtzentrums gelegen – kennen Dundees Einwohner („Dundonians" genannt) seit Generationen unter dem Namen „Mennie's". Es ist die besterhaltene edwardianische Bar der Stadt mit poliertem Mahagoni, wo immer der Blick hinfällt, mit Real Ale vom Fass und 150 Sorten Malt-Whisky.

Nether Inn
PUB

(Karte S. 266; 134 Nethergate) Die große, loungeähnliche Bar mit bequemen Sofas, Billardtisch und Getränkereklame ist ein beliebter Studententreff.

Social
BAR

(Karte S. 266; www.socialdundee.co.uk; 10 South Tay St.) Die lebhafte Lifestyle-Bar hat einen separaten Speiseraum.

Unterhaltung

In Dundee tobt das Nachtleben nicht ganz so wild wie in Glasgow, aber an Locations mangelt es trotzdem nicht. Kostenlose Veranstaltungskalender bekommt jeder im Touristenzentrum. Infos finden sich auch unter „What's On" auf der Website www.dundee.com. Für die meisten Veranstaltungen verkauft das Dundee Contemporary Arts Centre Karten.

Caird Hall
MUSIK, COMEDY

(Karte S. 266; www.cairdhall.co.uk; 6 City Sq.; Vorverkaufskasse Mo–Fr 9–16.30, Sa 9.30–13.30 Uhr) In der Caird Hall finden regelmäßig klassische Konzerte statt, darunter Orgelkonzerte. Auf dem Programm stehen aber auch Rockkonzerte, Schauspiel- und Tanzaufführungen sowie verschiedene Festveranstaltungen und Partys. Über das aktuelle Programm und die künftigen Veranstaltungen informiert die Website.

Dundee Rep Theatre
SCHAUSPIEL

(Karte S. 266; www.dundeereptheatre.co.uk; Tay Sq.; Vorverkaufs-und Abendkasse 10–18 Uhr bzw. bis zum Beginn der Vorstellung) Das Rep ist Dundees Hauptspielstätte für darstellende Kunst und Schottlands einziges Repertoiretheater mit einem festen Ensemble. Zum Haus gehört auch das Scottish Dance Theatre.

Reading Rooms
CLUB, LIVEMUSIK

(www.readingroomsdundee.com; 57 Blackscroft; Eintritt 5–8 £) Dundees hipster Künstler- und Bohemientreff residiert in den Räumen einer ehemaligen Bibliothek. Hier laufen Indie-Clubnächte ab, die zu den besten ihrer Art in Schottland zählen. Die Bandbreite der

Liveauftritte reicht vom schottischen Songschreiber und Sänger Colin MacIntyre (alias Mull Historical Society) über die Glasgower Indie-Rockband Franz Ferdinand bis hin zur Rockband Biffy Clyro aus Ayrshire.

Fat Sams CLUB, LIVEMUSIK
(Karte S. 266; www.fatsams.co.uk; 31 South Ward Rd.; 23 Uhr bis spätnachts) Das Fat Sams existiert schon seit mehr als 20 Jahren, gehört aber bei Nachtschwärmern und Musikfreunden immer noch zu den beliebtesten Clubs der Stadt. Livemusik, DJs und Studenten-Events ziehen das junge Publikum in Scharen an (darunter massenweise Studenten der St Andrews University).

❶ Praktische Informationen

Touristeninformation (01382-527527; www.angusanddundee.co.uk; Discovery Point; Juni–Sept. Mo–Sa 10–17, So 12–16 Uhr, Okt.–Mai Mo–Sa 10–16 Uhr)
Ninewells Hospital (01382-660111; 24-Std.-Notdienst) In Menzieshill, westlich des Stadtzentrums.

❶ An- & Weiterreise

BUS Der Busbahnhof liegt nordöstlich des Stadtzentrums. Von den Bussen nach Aberdeen fahren einige über Arbroath und manche über Forfar.
Aberdeen 16 £, 1½ Std., stündl.
Edinburgh 15 £, 2 Std., stündl., teilweise mit Umsteigen in Perth
Glasgow 15 £, 2 Std., stündl.
London 40 £, 11 Std.; National Express
Perth 7 £, 35 Min., stündl.
Oban 23 £, 3½ Std., 2-mal tgl.
FLUGZEUG Der **Dundee Airport** (www.hial.co.uk) liegt 4 km westlich des Stadtzentrums. Täglich fliegen Linienflugzeuge nach London (City Airport), Birmingham und Belfast. Die Taxifahrt vom Stadtzentrum zum Flughafen dauert zehn Minuten und kostet 3,80 £.
ZUG Die Züge von Dundee nach Aberdeen fahren über Arbroath und Stonehaven.
Aberdeen 27 £, 1¼ Std., 2-mal pro Std.
Edinburgh 23 £, 1¼ Std., mind. stündl.
Glasgow 25 £, 1½ Std., stündl.

❶ Unterwegs vor Ort

Innerhalb des kompakten Stadtzentrums lässt sich so gut wie alles zu Fuß erreichen. Auskünfte über die örtlichen Verkehrsmittel gibt **Travel Dundee** (www.traveldundee.co.uk; Forum Shopping Centre, 92 Commercial St.; Mo–Fr 9.15–16.55, Sa 10–15.55 Uhr).

AUTO Zu den Mietwagenfirmen zählen z. B.:
Arnold Clark (01382-225382; www.arnoldclarkrental.com; East Dock St.)
BUS Busfahrten innerhalb der Stadt kosten je nach Entfernung 1,10 bis 2,10 £; Fahrscheine verkauft der Busfahrer. Das Fahrgeld muss genau abgezählt sein, Wechselgeld wird nicht herausgegeben.
National Car Rental (01382-224037; www.nationalcar.co.uk; 45-53 Gellatly St.)
TAXI Discovery Taxis (01382-732111)

Broughty Ferry

Dundees attraktiver Küstenvorort, den die Einheimischen einfach nur „The Ferry" nennen, liegt 6,4 km östlich vom Stadtzentrum. Er lockt mit einer Burg, einem langen Sandstrand sowie etlichen guten Kneipen und Restaurants. Außerdem ist es nicht weit bis zum Golfplatz in Carnoustie, wo auch Golfkurse stattfinden.

⊙ Sehenswertes

GRATIS **Broughty Castle Museum** MUSEUM
(Castle Green; Mo–Sa 10–16, So 12.30–16 Uhr, Okt.–März Mo geschl.) Das Museum befindet sich einem Turm aus dem 16. Jh., der am Hafen imposant in den Himmel ragt und die Zufahrt zum Firth of Tay bewacht. Eine faszinierende Ausstellung informiert über Dundees Walfangindustrie. Außerdem besteht die Chance, von der Turmspitze aus Robben und Delfine zu beobachten, die sich vor der Küste tummeln.

Schlafen

Fisherman's Tavern B&B ££
(01382-775941; www.fishermanstavern.co.uk; 10–16 Fort St.; EZ/DZ ab 49/74 £;) Nur wenige Schritte vom Meer entfernt liegen die hübschen, aneinandergebauten Fischercottages aus dem 17. Jh., die 1827 in einen Pub umgewandelt wurden. Heute bietet die Fisherman's Tavern außer einem stimmungsvollen Pub auch elf stilvolle, moderne Zimmer (die meisten mit eigenem Bad).

Hotel Broughty Ferry HOTEL ££
(01382-480027; www.hotelbroughtyferry.com; 16 W Queen St.; EZ/DZ ab 60/78 £;) Von außen macht das Hotel nicht viel her, aber drinnen präsentiert es sich als Ferrys eleganteste Unterkunft – mit 16 schön eingerichteten Zimmern, Sauna, Solarium und einem kleinen beheizten Pool. Und bis zum Meer sind es nur fünf Minuten zu Fuß.

PIKTISCHE BILDSTEINE UND STELEN

Die rätselhaften Steine, die man im östlichen Schottland über die Landschaft verstreut findet, stammen von kriegerischen Stämmen, die vor 2000 Jahren in dieser Region siedelten. In den Jahren 43 bis 410 hielten die Römer die südliche Hälfte von Britannien besetzt. Die Region nördlich der Forth-Clyde-Linie – das als Caledonia bezeichnete Gebiet – blieb verschont. Sie galt als so gefährlich, dass sich die Römer lieber hinter dem Antoniuswall und dem Hadrianswall verschanzten.

Caledonia war die Heimat der Pikten, die sich aus einer ganzen Anzahl von Stämmen zusammensetzten. Da sich die Stammesangehörigen den Körper bemalten oder tätowierten, gaben die Römer ihnen den Namen Pikten (von lat. picti: die Bemalten). Im 9. Jh. wurden die Pikten von den Skoten absorbiert. Übrig blieben nur einige archäologische Reste und zahlreiche piktische Ortsnamen, die alle mit „Pit" beginnen, außerdem Hunderte mysteriöse gravierte Steine mit komplizierten Symbolen (vor allem in Nordostschottland). Die Hauptstadt des alten Südlichen Piktischen Königreichs soll Forteviot in Strathearn gewesen sein – in dieser Region sowie an der Ostküste Schottlands bis Sutherland und Caithness finden sich an sehr vielen Stellen piktische Bildsteine und Stelen.

Manche Experten glauben, die Steine seien eine Art Berichterstattung über piktische Abstammungslinien und Bündnisse. Doch bisher hat noch niemand das System genau entschlüsselt. Die Steine tragen ungewöhnliche Symbole wie Z-Runen, auch Z-Pfeile genannt (Blitze?), Kreise (die Sonne?), Doppelscheiben (Handspiegel?), aber auch Darstellungen von Fabelwesen, Kriegern auf Pferden und Jagdszenen. Auf jüngeren Steinen sind auch christliche Symbole zu sehen.

In den örtlichen Touristeninformationen gibt es die kostenlose Broschüre *Angus Pictish Trail*, in der Routen zu den wichtigen piktischen Stätten der Region verzeivhnet sind. Die beste Ansammlung von Steinen, die noch an ihrem ursprünglichen Ort im Freien stehen, befindet sich in **Aberlemno** (S. 272). Sowohl das St Vigeans Museum (S. 272) als auch das Meigle Museum (S. 260) verfügen über eine ausgezeichnete Sammlung an piktischen Steinen. Das Pictavia (S. 276) in Brechin gibt eine informative Einführung in die Welt der Pikten, ein Besuch lohnt sich von daher am besten vor dem Besuch der Steine an ihren Originalplätzen.

The Pictish Trail von Anthony Jackson beschreibt elf Reiserouten, während *The Symbol Stones* of Scotland vom selben Autor detaillierter über die Geschichte und die mutmaßliche Bedeutung der piktischen Steine informiert.

Invermark House — B&B £
(☎ 01382-739430; www.invermark.co.uk; 23 Monifieth Rd.; EZ/DZ ab 30/50 £; P 🛜) Die prachtvolle viktorianische Villa ließ sich im 19. Jh. ein „Jute-Baron" auf einem stattlichen Anwesen bauen. Es verfügt über fünf große Zimmer mit Bad, eine elegante Lounge und einen Speiseraum mit Blick auf den Garten. Die familiengeführte Unterkunft bietet seinen Gästen einen angenehmen Aufenthalt.

Ashley House — B&B ££
(☎ 01382-776109; www.ashleyhousebroughtyferry.com; 15 Monifieth Rd.; pro Pers. 32–37 £; P 🛜) Das geräumige, komfortable Gästehaus gehört seit langem zu Ferrys besten Unterkünften. In seinen vier freundlich – inklusive DVD-Player – ausgestatteten Zimmern stehen große Betten. Eines der Zimmer bietet ein besonders geräumiges Bad.

Essen & Ausgehen

Ship Inn — PUB ££
(www.theshipinn-broughtyferry.co.uk; 121 Fisher St.; Hauptgerichte 9–18 £; ⏲ Mahlzeiten Mo-Fr 12–14 & 17–22.30, Sa & So 12–22.30 Uhr) Der aus dem 19. Jh. stammende Pub mit holzgetäfelten Räumen liegt am Meer. Auf den Tisch kommen erstklassige Gerichte, die vom hervorragenden Schellfisch über Hirschsteaks bis hin zu Fish and Chips reichen. Speisen können die Gäste im Restaurant im 1. Stock oder auch in der Bar im Erdgeschoss (Bargerichte 7–10 £). Wer essen möchte, sollte möglichst frühzeitig erscheinen, denn die Sitzplätze sind meistens schnell belegt.

Fisherman's Tavern — PUB £
(10–16 Fort St.; Hauptgerichte 7–12 £; ⏲ Essen 12–14.30 & 17–19.30 Uhr) Ein Labyrinth aus

behaglichen Winkeln, ein offenes Kaminfeuer und lebhafter Betrieb zeichnen den kleinen Pub in dem Cottage aus dem 17. Jh. aus. Genau richtig, um einen Burger aus geräuchertem Schellfisch mit einem echten schottischen Ale aus dem reichhaltigen Sortiment des Pubs zu genießen.

Visocchi's CAFÉ £
(40 Gray St.; Hauptgerichte 7–10 £; Di 9.30–17, Mi, Do & So 9.30–20, Fr & Sa 9.30–1 Uhr) Im Verlauf der 70 Jahre seines Bestehens hat sich das als Familienbetrieb geführte traditionelle italienische Café zu einer „Institution" entwickelt. Die Gäste genießen hier hausgemachte Eiscreme, guten Kaffee sowie eine ganze Reihe schmackhafter Burger, Pizzas und Pastagerichte.

❶ An- & Weiterreise

Von der High Street in Dundee fahren die Stadtbuslinie 5 und die Stagecoach-Buslinie 73 nach Broughty Ferry (20 Min.). Montags bis freitags verkehren die Busse mehrmals in der Stunde, sonntags nur stündlich.

Außerdem fahren täglich fünf Züge von Dundee nach Broughty Ferry (1,20 £, 5–10 Min.).

Glamis Castle & das Dorf Glamis

Mit seinen zahllosen Türmen, Türmchen und Zinnen ist Glamis Castle (www.glamis-castle.co.uk; Erw./Kind 9,75/7,25 £; März–Okt. 10–18 Uhr, Nov. & Dez. 10.30–16.30 Uhr, Jan. & Feb. geschl.) ein Musterbeispiel des schottischen Baronial-Stils. Der angebliche Schauplatz von Shakespeares *Macbeth* ist seit 1372 königliche Residenz und Sitz der Earls of Strathmore and Kinghorne. „Queen Mum" (geb. Elizabeth Bowes-Lyon; 1900–2002) verbrachte ihre Kindheit auf Glamis (sprich: *glams*) Castle, und Prinzessin Margaret (1930–2002), die Schwester der Königin, erblickte hier das Licht der Welt.

Glamis Castle kam 1372 in den Besitz der Familie Lyon, der Ausbau zu der großen L-förmigen Schlossanlage erfolgte aber erst im 17. Jh. Zu den imposantesten Räumen gehört der **Salon** mit seiner reich verzierten Deckentäfelung. Sehenswert sind auch die Rüstungen und Waffen in der gespenstischen Gruft und die Fresken in der ebenfalls gruseligen Kapelle. Besichtigen dürfen die Besucher auch die königlichen Gemächer (inklusive Schlafzimmer der Königinmutter) und die **Duncan's Hall**, so benannt nach der Ermordung von König Duncan bei Shakespeare (allerdings spielt diese Szene eigentlich in Macbeths Burg in Inverness). Der Bezug zum Gegenstand von Shakespeares Tragödie ist ohnehin rein fiktiv; der historische Macbeth hatte mit beiden Burgen nichts zu tun, ja, er lebte, lange bevor diese Burg überhaupt erbaut war.

Besucher dürfen die **königlichen Gemächer** besichtigen, inklusive des Schlafzimmers der Königinmutter. Die einstündige Schlossführung beginnt alle 15 Minuten (die letzte startet um 16.30 Uhr, im Winter um 15.30 Uhr).

Das Angus Folk Museum (NTS; Kirkwynd; Erw./Kind 6/5 £; Juli & Aug. Do–Mo 10.30–16.30 Uhr, April–Juni, Sept. & Okt. Sa–Mo 11.30–16.30 Uhr) befindet sich im Dorf Glamis – ganz in der Nähe des blumengeschmückten Platzes. Das Museum umfasst mehrere Cottages aus dem 18. Jh., die eine ausgezeichnete Sammlung an historischen Haushaltsgegenständen und landwirtschaftlichen Geräten beherbergen.

Glamis Castle liegt 19 km nördlich von Dundee. Täglich fahren zwei bis vier Busse von Dundee (35 Min.) nach Glamis; einige setzen die Strecke fort und fahren anschließend weiter nach Kirriemuir.

> ### DIE FORFAR BRIDIE
>
> Mit der berühmten **Forfar Bridie** liefert die kleine Stadt Forfar, der Verwaltungssitz der Grafschaft Angus, die schottische Antwort auf die Cornish Pasty (kornische Pastete). Die Füllung der Bridie, einer Fleischpastete im Mürbeteigmantel, besteht aus Hackfleisch, das mit Zwiebeln und *suet* (Rindernierenfett) vermengt ist. Erfunden wurde diese Spezialität im frühen 19. Jh. in Forfar. Besonders gut schmeckt die Forfar Bridie bei **James McLaren & Son** (01382-462762; 8 The Cross, Forfar; Mo–Mi, Fr & Sa 8–16.30, Do 8–13 Uhr). Dieser Familienbetrieb im Stadtzentrum verkauft seit 1893 leckere selbst gebackene Bridies.

Arbroath

22 800 EW.

Aus Arbroath, einem etwas altmodisch anmutenden Ferienort und Fischereihafen, stammt der berühmte **Arbroath Smokie**.

2004 bekam dieser geräucherte Schellfisch das EU-Siegel für Produkte mit geschützten geografischen Angaben (Protected Geographical Indication) zugesprochen. Das bedeutet: Die Bezeichnung Arbroath Smokie darf nur verwendet werden, wenn der Schellfisch auf traditionelle Weise in Arbroath oder im Umkreis von maximal 8 km geräuchert wurde. Wer sich in dem Städtchen nicht *a pair of smokies* in einem der vielen Fischläden kauft und sie am Hafen sitzend mit den Fingern verspeist, verpasst wirklich etwas.

Sehenswertes

Arbroath Abbey KLOSTER
(HS; Abbey St.; Erw./Kind 5,50/3,30 £; April–Sept. 9.30–17.30 Uhr, Okt.–März 9.30–16.30 Uhr) Die beeindruckende Ruine der aus rotem Sandstein erbauten Arbroath Abbey beherrscht das Stadtbild. Der schottische König Wilhelm der Löwe gründete die Abtei 1178. Der Legende nach verfasste hier Bernard of Linton (im frühen 14. Jh. der Abt der Benediktinerabtei) die berühmte Declaration of Arbroath. In der 1320 unterzeichneten Unabhängigkeitserklärung forderte Schottland seine Unabhängigkeit von England. Wer einen der Türme der Abtei besteigt, wird mit einem herrlichen Blick über die Stadt belohnt.

St Vigeans Museum MUSEUM
(HS; 01241-878756; St. Vigeans Lane; Erw./Kind 4,50/2,70 £) Das in einem Cottage untergebrachte Museum liegt rund 1,5 km nördlich des Stadtzentrums. Es verfügt über eine ausgezeichnete Sammlung piktischer und mittelalterlicher Symbolsteine. Mit seinen wunderschönen Motiven bildet der **Drosten Stone** das Paradestück. Auf der einen Seite sind Tierfiguren und Jagdszenen eingemeißelt. Die andere Seite zeigt ein mit Ornamenten verziertes keltisches Kreuz und verschiedene Figuren (in der linken oberen Ecke sitzt der Teufel). Wer das Museum besuchen möchte, sollte sich vorher telefonisch nach den aktuellen Öffnungszeiten erkundigen, damit er nicht vor verschlossenen Türen sitzt.

GRATIS Signal House Museum MUSEUM
(Ladyloan; ganzjährig Mo–Sa 10–17 Uhr, Juli & Aug. zusätzlich So 14–17 Uhr) Das Museum befindet sich in dem eleganten Signal Tower am Hafen. Ursprünglich diente der Turm dazu, um sich mit Hilfe von Signalen mit dem Bautrupp auf dem fast 20 km entfernten Bell Rock Lighthouse (Bell-Rock-Leuchtturm) zu verständigen. Die Ausstellungen des Museums widmen sich dem maritimen Erbe von Arbroath und dem Bell Rock Lighthouse. Den Leuchtturm hat der berühmte Ingenieur Robert Stevenson (der Großvater des Schriftstellers Robert Louis Stevenson) errichtet.

Aktivitäten

Die Küste nordöstlich von Arbroath besticht durch ihre spektakulären rötlich schimmernden Sandsteinklippen, die beeindruckende Felshöhlen und natürlichen Steinbögen bilden. Hoch oben auf den Klippen verläuft der **Clifftop Walk** (eine Broschüre dazu ist in der Touristeninformation von Arbroath erhältlich). Dieser ausgezeichnete, knapp 5 km lange Klippenwanderweg führt entlang der Küste nach **Auchmithie**. Das idyllische Fischerdorf nimmt für sich in Anspruch, den Arbroath Smokie erfunden zu haben. Wer Lust auf selbst gefangenen Fisch hat, kann im Hafen von Arbroath an Bord der Marie Dawn (01241-873957) oder Girl Katherine II (01241-874510) gehen, drei Stunden zum Angeln aufs Meer hinausfahren und sein Glück versuchen. Die Touren finden in der Regel zwischen 14 und 17 Uhr statt und kosten inklusive Angelausrüstung und Köder pro Person 15 £.

Schlafen

Harbour Nights Guest House B&B ££
(01241-434343; www.harbournights-scotland.com; 4 The Shore; EZ/DZ ab 45/60 £) Wegen seiner ausgezeichneten Lage direkt am Hafen, seinen fünf stilvoll eingerichteten Zimmern und dem angebotenem Gourmetfrühstück gehört das Gästehaus zu den besten Unterkünften in Arbroath. Die Zimmer Nr. 2 und Nr. 3 bieten Aussicht auf den Hafen. Sie kosten zwar etwas mehr (DZ 70–80 £), sind aber ihren Preis wert. Bei der Reservierung danach fragen.

Old Vicarage B&B ££
(01241-430475; www.theoldvicaragebandb.co.uk; 2 Seaton Rd.; EZ/DZ 55/80 £; P) Die drei 5-Sterne-Zimmer in der schönen viktorianischen Villa strahlen eine angenehme, altmodische Atmosphäre aus. Auf der reichhaltigen Frühstückskarte stehen auch Arbroath Smokies. Das Haus liegt in einer ruhigen Straße, ganz in der Nähe beginnt der Klippenwanderweg nach Auchmithie, der mit spektakulären Blicken auf die Umgebung aufwartet.

Essen

Gordon's Restaurant
SCHOTTISCH £££

(☎01241-830364; www.gordonsrestaurant.co.uk; Main St., Inverkeillor; 3-Gänge-Mittagsmenü 28 £, 4-Gänge-Abendmenü 48 £; ⊙Mi–Fr & So Mittagessen, Di–So Abendessen) Das ländlich-intime Restaurant liegt in dem kleinen, unscheinbaren Dorf Inverkeillor, rund 9,5 km nördlich von Arbroath. Es ist ein verstecktes kulinarisches Juwel mit schottischer Küche in Gourmetqualität. In der Küche stehen Vater Gordon und Sohn Cary und zaubern kreative Gerichte. Außerdem vermietet es fünf komfortable Zimmer (EZ/DZ ab 85/110 £) – sehr praktisch für jemanden, der nach dem Abendessen nicht mehr die Rückfahrt antreten möchte.

But'n'Ben Restaurant
SCHOTTISCH ££

(☎01241-877223; www.butnbenauchmithie.co.uk; 1 Auchmithie; Hauptgerichte 8–17 £; ⊙Mi–Mo Mittag- & Abendessen; ✦) Ein offener Kamin, rustikale Möbel und maritimes Dekor prägen das Ambiente dieses gemütlichen Restaurants, das in einem Cottage oberhalb des Hafens von Auchmithie eingerichtet ist. Hier werden die besten Fische und Meeresfrüchte der Region serviert, die unbedingt einen Abstecher wert sind. Die Arbroath Smokie Pancakes sind genauso zu empfehlen wie die hausgemachten Kuchen und Desserts. Eine Tischreservierung ist ratsam.

> **ABSTECHER**
>
> ### DIE ABERLEMNO STONES
>
> Etwa 8 km nordöstlich von Forfar an der B9134 befinden sich die **Aberlemno Stones**. Sie zählen zu Schottlands schönsten piktischen Bildsteinen. Neben der Straße stehen drei Stelen aus dem 7. bis 9. Jh. mit verschiedenen Symbolen, darunter der Z-Stab und die Doppelscheibe. Das keltische Steinkreuz aus dem 8. Jh. auf dem Friedhof am Fuß des Hügels zeigt auf der Vorderseite ineinander verschlungene Tiere und auf der Rückseite eine Darstellung der Schlacht von Nechtansmere (wo die Pikten 685 das Heer des damaligen angelsächsischen Königreichs Northumbria besiegten). Von November bis März sind alle Steine zum Schutz gegen Witterungseinflüsse abgedeckt, während des restlichen Jahres sind sie jedoch frei zugänglich.

Smithie's
CAFÉ £

(16 Keptie St.; Hauptgerichte 3–6 £; ⊙Mo–Fr 9.30–16.30, Sa 9.30–16 Uhr) Der fabelhafte Feinkostladen mit Café-Betrieb war einmal eine Metzgerei, was sich an den handgemalten Kacheln und den Fleischerhaken an der Decke noch deutlich erkennen lässt. Hier werden Fair-Trade-Kaffee, Pfannkuchen, Wraps und frische, hausgemachte Pasta wie beispielsweise Kürbis-Salbei-Tortellini als vegetarisches Mittagessen (eine köstliche Alternative zu den üblichen Käse-Makkaroni) verkauft. Und wer für einen Ausflug ein Picknick plant, kann hier gut einkaufen.

Sugar & Spice Tearoom
CAFÉ £

(www.sugarandspiceshop.co.uk; 9–13 High St.; Hauptgerichte 6–12 £; ⊙Mo–Do 10–17, Fr & Sa 10–21, So 12–19 Uhr, Juni–Sept. längere Öffnungszeiten;) Mit ihren Volants, Rüschen und den schwarz-weiß uniformierten Bedienungen bewegt sich diese kitschige Teestube an der Grenze des Erträglichen. Doch die Kinderfreundlichkeit, die sich drinnen in einer Spielfläche und im Garten zeigt, macht vieles wett. Außerdem schmecken der Tee und die Scones köstlich. Und es gibt sogar mit Zitronenbutter gegrillte Arbroath Smokies.

ⓘ Praktische Informationen

Besucherzentrum & Touristeninformation (☎01241-872609; Fishmarket Quay; ⊙Juni–Aug. Mo–Sa 9.30–17.30, So 10–15 Uhr; April, Mai & Sept. Mo–Fr 9–17, Sa 10–17 Uhr, Okt.–März Mo–Fr 9–17, Sa 10–15 Uhr) Befindet sich gleich neben dem Hafen, bietet den Besuchern nützliche Informationen.

ⓘ An- & Weiterreise

BUS Die Buslinie 140 fährt von Arbroath nach Auchmithie (15 Min., Mo–Fr 6-mal tgl., Sa & So 3-mal tgl.).

ZUG Die Züge von Dundee nach Arbroath (5 £, 20 Min., 2-mal pro Std.) fahren über Montrose und Stonehaven weiter nach Aberdeen (21 £, 55 Min.).

Kirriemuir

6000 EW.

Kirriemuir trägt den Spitznamen „Kleine rote Stadt", weil es dort praktisch kein Gebäude gibt, das nicht aus rotem Sandstein besteht. Berühmt wurde das Städtchen als Geburtsort von Sir James M. Barrie (1860–1937), dem Erfinder der weltweit heiß geliebten Figur Peter Pan und Autor des gleichnamigen Buches, das von Walt Disney verfilmt wurde. Eine Bronzestatue von dem „Jungen, der niemals erwachsen werden wollte" schmückt die Kreuzung von Bank Street und High Street.

Die Touristeninformation befindet sich im Eingangsbereich des Glens Museum.

◉ Sehenswertes

JM Barrie's Birthplace MUSEUM
(NTS; 9 Brechin Rd.; Erw./Kind 6/5 £; ⊙Juli & Aug. 11–17 Uhr, April–Juni, Sept. & Okt. Sa–Mi 12–17 Uhr) Das Geburtshaus von J. M. Barrie ist heute ein Museum und die größte Attraktion von Kirriemuir. Peter-Pan-Fans aus aller Welt pilgern hierher. Das einstöckige Haus ist im zeitgenössischen Stil eingerichtet und hütet Barries Schreibtisch sowie die an der Rückseite liegende Waschküche, in der Barrie sein erstes „Theater" eröffnete.

Die Eintrittskarte gilt auch für die Besichtigung der Camera Obscura (nur Camera Obscura Erw./Kind 3,50/2,50 £; ⊙Juli–Sept. Mo–Sa 12–17, So 13–17 Uhr, Ostern–Juni Sa 12–17, So 13–17 Uhr) auf dem Hügel nordöstlich des Stadtzentrums. Barrie hat sie höchstpersönlich der Stadt vermacht.

Gateway to the Glens Museum MUSEUM
(32 High St.; Eintritt frei; ⊙April–Sept. Mo–Sa 10–17 Uhr, Okt.–März Fr–Mi 10–12 Uhr) Das Museum befindet sich in dem alten Wohnhaus (Baujahr 1604) gegenüber der Peter-Pan-Statue. Wer die Angus Glens erkunden möchte, erhält hier eine nützliche Einführung in die Geschichte, Geologie und Tierwelt der Region.

✕ Essen

88 Degrees CAFÉ, FEINKOST £
(17 High St.; Hauptgerichte 3–6 £; ⊙Mi–Fr 9.30–17, Sa 9.30–16, So 10–16 Uhr) Der kleine Laden, eine Kombination aus Café und Feinkostladen, bietet nicht nur den besten Kaffee der Region, sondern auch köstlichen Kuchen und hausgemachte Pralinen. Bei der Namensgebung stand die ideale Espresso-Temperatur Pate. Zum Frühstück (bis 10.30 Uhr) gehört auch ein leckeres Omelett, das aus Eiern frei laufender Hühner zubereitet wird.

🛍 Shoppen

Star Rock Shop SÜSSWAREN
(☎01575-572579; 27–29 Roods) Seit Generationen erstürmen die Schulkinder der Gegend mit größtem Vergnügen den Star Rock Shop, wenn sie Kirriemuir besuchen. Der 1833 eröffnete Candyladen ist nach wie vor auf traditionelle schottische Süßigkeiten spezialisiert. An den Wänden reihen sich Gläser mit kunterbunten Leckereien wie *Humbugs* (kantige Gewürzbonbons), *Tablet* (Karamellbonbons), *Cola Cubes* (Bonbonwürfel mit Colageschmack), saure Drops und die uralte Süßigkeit *Star Rock,* die noch heute nach dem Rezept von 1833 hergestellt wird (eine tafelförmige Masse aus Zucker, hellem Zuckersirup, Margarine und Zitronenaroma).

❶ An- & Weiterreise

Die Stagecoach-Buslinie 20 fährt montags bis samstags stündlich und am Sonntag alle zwei Stunden von Dundee über Glamis (20 Min.) und Forfar (25 Min.) nach Kirriemuir (5,60 £, 1 Std.).

Angus Glens

Das Gebirgsmassiv Grampian Mountains begrenzt den nördlich Teil von Angus, wo südlich vom Cairngorms National Park fünf malerische Täler in die Berglandschaft hineinstoßen: die Glens Isla, Prosen, Clova, Lethnot und Esk. Jedes der zauberhaften Täler besitzt seinen eigenen Charakter. Glen Clova und Glen Esk sind die schönsten, ins Glen Lethnot kommen die wenigsten Besucher. Infos über Wanderungen durch die Angus Glens bieten die Touristeninformation in Kirriemuir und die Rezeption vom Glen Clova Hotel im Tal Glen Clova.

Ein nicht allzu häufig fahrender Schulbus stellt das einzige öffentliche Verkehrsmittel dar, das zu den Angus Glens fährt. Der Bus durchquert das Glen Clova und verkehrt nur zu bestimmten Zeiten. Nähere Auskünfte über die Fahrtzeiten erteilen die Touristeninformationen in Kirriemuir oder Dundee.

GLEN ISLA
Am Anfang des Tals begeistert an der Bridge of Craigisla ein spektakulärer Wasserfall, dessen Wasser 24 m tief fällt: der **Reekie Linn**. Seinen Namen – Reekie ist das schottische Wort für „rauchig" – verdankt er dem Wasserschleier, der wie weißer Rauch aus dem Wasserfall aufsteigt.

Am Ende der Straße in Auchavan beginnt ein 8 km langer Wanderweg durch die wilde, bergige Landschaft der oberen Talregion. Er führt auch auf das Hochplateau mit dem **Caenlochan National Nature Reserve**. Es wurde zum Schutz der seltenen alpinen Flora eingerichtet.

GLEN PROSEN

Ganz am Anfang des Glen Prosen (rund 10 km nördlich von Kirriemuir) startet ein schöner Waldwanderweg hinauf zum **Airlie Monument**, das sich auf dem Tulloch Hill (380 m) befindet: Der Startpunkt liegt an der östlichen Straße – etwa 1,6 km von Dykehead entfernt.

Bei der Glenprosen Lodge am Ende des Tals beginnt eine knapp 15 km lange Wanderroute entlang des **Kilbo Path**. Der Weg verläuft über einen Pass zwischen den beiden Gipfeln des Mayar (928 m) und des Driesh (947 m) und führt dann hinunter zur Glendoll Lodge am Ende des Glen Clova (die Tour dauert etwa 5 Std.).

Das Prosen Hostel (01575-540238; www.prosenhostel.co.uk; pro Pers. 20 £; ganzjährig; @) bietet ein Bunkhouse, das über insgesamt 18 Schlafplätze verfügt. Zu seinen ausgezeichneten Gemeinschaftseinrichtungen gehört auch ein Aussichtsposten in der Lounge zum Beobachten von Roten Eichhörnchen. Zum Hostel, das gleich oberhalb des Dorfes Prosen gelegen ist, geht es 11 km weit ins Tal hinein – öffentliche Verkehrsmittel existieren nicht.

GLEN CLOVA

Das mit 32 km längste und auch schönste Tal der Angus Glens erstreckt sich nördlich von Kirriemuir. Es beginnt behäbig breit, wird aber enger und steiler, bis schließlich die heidekrautbewachsenen Hügel der Highlands das Talende umfassen.

Die Nebenstraße jenseits des Glen Clova Hotel endet beim Glen Doll auf einem Parkplatz am Besucherzentrum (April–Sept. 9–18 Uhr, Okt.–März 9–16.30 Uhr) mit **Picknickplatz**. Am Parkplatz beginnen einige **Wanderrouten** durch die Berge im Norden. **Jock's Road** ist ein alter Pfad, den im 18. und 19. Jh. Viehtreiber, Schafhirten, Soldaten und Schmuggler benutzten. Auf diesem Weg marschierten 700 Soldaten der jakobitischen Truppen 1746 auf dem Weg zur Schlacht von Culloden. Vom Parkplatz aus verläuft der Wanderweg zunächst Richtung Westen am Glen Doll entlang, dann geht es nördlich über ein Hochplateau (900 m), bevor man anschließend steil hinab ins Glen Callater und nach Braemar wandert (24 km, 5–7 Std.). Es ist eine wirklich schwierige Route, die man sich besser nicht im Winter vornimmt. (Hilfreich: die OS-Karten 1:50 000, Nr. 43 und 44.)

Eine leichtere Rundwanderung (7,2 km) führt auf markierten Wegen vom Glen-Doll-Parkplatz zum **Corrie Fee**, einem Kar (Mulde an früher vergletscherten Hängen).

Das hübsche Glen Clova Hotel (01575-550350; www.clova.com; EZ/DZ ab 60/90 £, Bunkhouse pro Pers. 17 £; P) – einst eine Viehtreiberherberge – liegt fast am Ende des Tals. Es eignet sich ausgezeichnet zum Abschalten und Entspannen. Seine zehn komfortablen Zimmer mit Bad sind im Countrystil eingerichtet (eines mit Himmelbett). Das zum Hotel gehörende Bunkhouse befindet sich hinter dem Haus. Ein rustikale Einrichtung, Steinfußboden und loderndes Kaminfeuer verleihen der Hotelbar eine zünftige Bergsteigeratmosphäre. Die Erkerfenster im Restaurant (Hauptgerichte 9–16 £; So–Do 12–20, Fr & Sa 12–21 Uhr;) gewähren einen Blick über das ganze Tal. Auf der Speisekarte stehen z. B. Haggis, geschmortes Wildbret und vegetarische Lasagne. Für Kinder gibt es eine eigene Speisekarte.

GLEN LETHNOT

Die **Brown & White Caterthuns**, zwei außergewöhnliche Forts aus der Eisenzeit, haben dieses Tal bekannt gemacht. Umgeben von Schutzwällen und -gräben thronen die Ruinen auf zwei benachbarten Bergkuppen am Südende des Tals. Eine kleine Passstraße verbindet die beiden Gipfel miteinander. Vom Parkplatz des Passes aus lassen sich die beiden Forts, die zugleich grandiose Aussichtspunkte sind, mühelos zu Fuß erreichen. Wer ohne Auto unterwegs ist, kann von Brechin (9,6 km) oder Edzell (8 km) dorthin wandern.

GLENESK

Glenesk, das östlichste Tal der Angus Glens, erstreckt sich 24 km weit von Edzell bis zum **Loch Lee**. Überhängende Felsen und Wasserfälle rahmen diesen zauberhaften See ein. Taleinwärts, etwa 16 km von Edzell entfernt, liegt das Glenesk Folk Museum (www.gleneskretreat.co.uk; Erw./Kind 2/1 £; April–Okt. 12–18 Uhr). Das in einem ehemaligen Jagdschlösschen untergebrachte Museum dokumentiert mit einer schönen Antiquitätensammlung und anderen spannen-den Exponaten die regionale Kultur des 17., 18. und 19. Jhs. Außerdem bietet es eine Teestube, ein Restaurant, einen Geschenkladen und einen öffentlichen Internetzugang.

Rund 8 km weiter endet die öffentliche Straße am **Invermark Castle**. Die beeindruckende turmartige Burgruine bewacht den südlichen Zugang zum Mounth, einem Bergwanderweg zur Deeside.

Edzell

785 EW.

Das malerische Dorf Edzell mit seiner breiten Hauptstraße, die ein mächtiger Steinbogen überspannt, entstand erst im frühen 19. Jh. Das ursprüngliche mittelalterliche Dorf lag 1,6 km westlich von dem heutigen entfernt, bis der damalige Lord Panmure auf die Idee kam, es würde die Sicht auf Edzell Castle versperren. Das alte Dorf wurde kurzerhand abgerissen, und die Bewohner zogen in ihr neues, hübsches Dorf.

Bevor Lord Panmure im 18. Jh. in den Besitz von Edzell Castle (HS; Erw./Kind 5/3 £; April–Sept. 9.30–17.30 Uhr) kam, gehörte es den Lindsays, Earls of Crawford. Sie bauten dieses L-förmige Turmhaus im 16. Jh. 1604 ließ Sir David Lindsay, ein kultivierter, weit gereister Mann, den **Lustgarten** als Refugium anlegen. In diesem in Schottland einzigartigen Renaissancegarten – einem Vogelparadies – befinden sich viele Reliefsteine, auf denen die Kardinaltugenden, die Künste und die den Planeten zugeordneten Gottheiten dargestellt sind.

Etwa 3,2 km nördlich von Edzell überquert die B966 nach Fettercairn auf der Gannochy Bridge den River North Esk. Gleich hinter der Brücke verläuft eine Mauer mit einem blauen Holztor, hinter dem ein wundervoller Fußweg beginnt. Der Weg führt am Fluss entlang durch eine bewaldete Schlucht und landet nach 2,5 km an den Wildwassern der spektakulären Felsgruppe **Rocks of Solitude**.

Die Buslinien 29 und 29A, die von Brechin nach Laurencekirk fahren, halten in Edzell (15 Min., Mo–Fr 7-mal tgl., Sa 5-mal).

Brechin

7200 EW.

Der Name des lokalen Fußballclubs – „Brechin City" – macht deutlich, womit sich diese Ortschaft besonders gern rühmt: Als Sitz der **Brechin Cathedral** (heute zur Pfarrkirche herabgestuft) bekam sie einst alle Rechte einer Stadt und durfte sich demzufolge auch „City" nennen. Dass Brechin die kleinste Stadt Schottlands ist, hängt dort niemand an die große Glocke. Neben der Kathedrale steht ein 32 m hoher **Rundturm**, der um das Jahr 1000 als Teil eines keltischen Klosters errichtet wurde. Derartige Rundtürme sind in Irland noch häufig zu finden, doch in Schottland blieben nur drei erhalten – einer davon steht in Brechin. Die Schnitzereien an der 2 m über dem Boden liegenden Eingangstür zeigen Tiere, verschiedene Heilige und ein Kruzifix.

Das Gebäude aus dem 18. Jh., in dem heute das Brechin Town House Museum (St. Ninian's Sq.; Eintritt frei; Mo–Sa 10–17 Uhr) residiert, wurde früher als Rathaus, Gerichtssaal und Gefängnis genutzt. Das Museum dokumentiert die Geschichte des Rundturms, der Kathedrale und der Stadt.

Der malerische Bahnhof der Ortschaft (okay: der Stadt) stammt von 1897. Heute ist er die Endstation der als Museumsbahn wiederhergestellten Caledonian Railway (www.caledonianrailway.com; 2 Park Rd.). Die historische Dampfeisenbahn tuckert auf der 5,6 km langen Bahnstrecke zwischen Brechin und Bridge of Dun hin und her (hin & zurück 10 £). Die Züge fahren von Juni bis August an jedem Samstag, im Juli und August auch am Sonntag (über die aktuellen Fahrpläne informiert die Website). Von Bridge of Dun führt ein ausgeschilderter Weg zu Fuß in 15 Minuten zum House of Dun (NTS; Erw./Kind 9,50/7 £; Juli & Aug. 11–17 Uhr, April–Juni, Sept. & Okt. Mi–So 12–17 Uhr). Dieses schöne Landhaus wurde 1730 erbaut.

Das Brechin Castle Centre (Gartencenter und Reiterhof) liegt westlich von Brechin an der A90. An das Hauptgebäude grenzt das Pictavia (www.pictavia.org.uk; Erw./Kind 3,25/2,25 £; April–Okt. Mo–Sa 9–17, So 10–17 Uhr, Nov.–März nur Sa & So). Das Museum widmet sich der Geschichte der Pikten und vermittelt u. a. die verschiedenen Theorien über die rätselhaften Symbolsteine, die sie hinterlassen haben. Wer sich die Steine von Aberlemno (S. 275) anschauen möchte, sollte vorher das Pictavia besuchen.

❶ An- & Weiterreise

Die Scottish-Citylink-Busse, die zwischen Dundee und Aberdeen verkehren, halten in der Clerk Street in Brechin. Die Stagecoach-Busse starten in der South Esk Street nach Forfar (30 Min., stündl.), Aberlemno (15 Min., 6-mal tgl.) und nach Edzell.

Die Buslinie 24 verbindet Brechin mit Stonehaven (55 Min., mind. 3-mal tgl.).

ABERDEENSHIRE & MORAY

Seit dem Mittelalter sind Aberdeenshire und sein nordwestlicher Nachbar Moray die reichsten und fruchtbarsten Regionen der Highlands. Aberdeenshire ist berühmt für seine Rinderrasse Aberdeen Angus (oder Black Angus), seine vielen märchenhaften Schlösser und seine wohlhabende Metropole Aberdeen, die „Granite City". Moray glänzt mit seiner Hauptattraktion: den Speyside-Whisky-Destillerien in den Tälern des River Spey und seiner Nebenflüsse.

Aberdeen
197 300 EW.

Aberdeen ist das Kraftwerk des Nordostens und verdankt seine wirtschaftliche Stärke der Erdölindustrie. Die Ölfelder der Nordsee haben den Rubel ins Rollen gebracht und die Stadt in ein teures Pflaster verwandelt. Fast alles kostet mehr als in London oder Edinburgh. Die Preise vieler Hotels, Restaurants und Clubs messen sich am dicken Portemonnaie der Ölmagnaten. Zum Glück zeigt die Stadt bei manchen ihrer kulturellen Attraktionen jedoch Erbarmen und gewährt seinen Besuchern freien Eintritt, wie beispielsweise in das hervorragende Maritime Museum und die sehenswerte Aberdeen Art Gallery.

Seine Beinamen „Granite City" oder „Silver City" verdankt Aberdeen seinen unzähligen Häusern aus silbergrauem Granit. Das Baumaterial stammt aus dem inzwischen geschlossenen Steinbruch Rubislaw, der mit seinem supertiefen Abgrund (über 140 m tief!) einst Europas größtes künstliches Erdloch war. An sonnigen Tagen glitzert der Granit und hüllt die ganze Stadt in einen zauberhaften Glanz. Nur wenn die trüben Regenwolken von der Nordsee herüberziehen, lässt sich nicht mehr erkennen, wo die Gebäude aufhören und der grau verhangene Himmel anfängt.

Westlich von Aberdeen lockt die Royal Deeside, in südlicher Richtung Dunottar Castle. Nordwärts säumen Sandstrände die Küste, während im Nordwesten das „Whiskyland" ruft.

Geschichte

Bevor sich das Erdöl als lukrativer Wirtschaftsfaktor entpuppte, war Aberdeen ein florierender Handels- und Fischereihafen. 1314 unterstützten die Einwohner Robert Bruce in der Schlacht von Bannockburn gegen die Engländer, einer entscheidenden Schlacht um die Unabhängigkeit. Der König belohnte sie mit Land, für das er vorher selbst die Pacht eingenommen hatte.

Aberdeen begründete mit den Pachteinnahmen den Common Good Fund, der städtischen Einrichtungen zugutekam. Dieser Fonds existiert heute noch und hat zur Finanzierung des Marischal College, der Zentralbibliothek, der Kunstgalerie sowie des Krankenhauses beigetragen. Er deckt auch die Kosten der farbenprächtigen Blumenanlagen, mit denen die Stadt schon verschiedene Preise bei Wettbewerben gewonnen hat.

Der Name Aberdeen setzt sich aus einem piktischen und einem gälischen Wort zusammen: *aber* und *devana,* was so viel bedeutet wie „Treffpunkt zweier Wasser". Oder einfacher gesagt: *Aber* bedeutet „Mündung" und *deen* „des Dee". Der Namensbestandteil *aber* taucht mehrfach auf, etwa in Aberfoyle, und in Aberfeldy.

Bereits die Römer kannten die Gegend. Und als die Wikinger plündernd über die Region herfielen, zählte die Stadt schon zu den wichtigen Handelshäfen für Wolle, Fisch und Felle.

Während des 18. Jhs. spielten die Papier- und Textilindustrie, Seilereien und der Walfang die größte Rolle. Und im 19. Jh. entwickelte sich die Stadt zu einem Zentrum der Heringsfischerei. Seit den 1970er-Jahren liegt der wirtschaftliche Schwerpunkt der Hafenmetropole auf der Erdölindustrie des Vereinigten Königreichs. Ölgesellschaften, Ingenieurbüros und spezielle Maschinenfabriken siedelten sich an.

Im Hafen drängen sich heute Tanker und Versorgungsschiffe, und der Heliport hat die weltweit höchste Anzahl an Starts und Landungen ziviler Hubschrauber. Die Arbeitslosenquote, einst eine der höchsten des Landes, gehört nun zu den niedrigsten in Schottland.

Sehenswertes & Aktivitäten
Stadtzentrum

In der **Union Street**, der Hauptdurchgangsstraße der Stadt, reihen sich viktorianische Granitbauten. Am westlichen Ende der Straße liegt **Castlegate**, das älteste Stadtviertel, wo die gleichnamige Burg stand. Als Robert Bruce sie von den Engländern eroberte, hieß das Losungswort der Stadtbewohner „Bon Accord" – heute ist es das Motto der Stadt.

Auf halber Höhe der Castle Street prangt das Mercat Cross (Karte S. 280); das Marktkreuz stammt aus dem 17. Jh. und trägt ein Relieffries mit Porträts der Stuartmonarchen. Am östlichen Ende der Castle Street

Aberdeen

überragen die Türme der **Salvation Army Citadel** (Karte S. 280) die Häuser. Für diese Zitadelle im schottischen Baronial-Stil stand Balmoral Castle Modell.

Am Nordende der Union Street, etwa 300 m westlich von Castlegate, prangt die **St.-Nicholas-Kirche** (Karte S. 280), die sogenannte Mither Kirk (Mutterkirche) von Aberdeen. Seit dem 12. Jh. steht an dieser Stelle eine Kirche. Der aus Granit erbaute Kirchturm stammt jedoch aus dem 19. Jh. Die im östlichen Teil der Kirche gelegene **St. Mary's Chapel** ist aus dem frühen 15. Jh. erhalten geblieben.

GRATIS **Aberdeen Maritime Museum** MUSEUM (Karte S. 280; 01224-337700; www.aagm.co.uk; Shiprow; Mo-Sa 10-17, So 12-15 Uhr) Oberhalb des geschäftigen Treibens im Hafen von Aberdeen thront das Maritime Museum. Die rund um den Nachbau einer dreistöckigen Nordsee-Ölplattform arrangierten Ausstellungen vermitteln fast lückenlos alles Wissenswerte über die Erdölindustrie. Einige der anderen Ausstellungen, die den Schiffsbau, den Walfang und die Fischindustrie dokumentieren, befinden sich im **Provost Ross's House**, dem ältesten Gebäude der Stadt (heute in den Museumskomplex

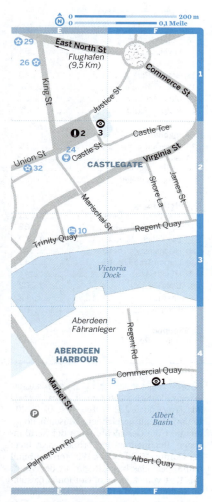

integriert). Hier erfahren Besucher eine Menge über die „Aberdeen-Klipper". Diese schnellen, schnittigen Schiffe waren im 19. Jh. eine Spezialität der ortsansässigen Werften. Britische Kaufleute nutzten sie, um Tee, Wolle und exotische Waren (z. B. Opium) nach Großbritannien zu importieren. Auf der Rückreise gen Osten nahmen sie Australien-Auswanderer mit.

GRATIS **Aberdeen Art Gallery** KUNSTGALERIE
(Karte S. 280; 01224-523700; www.aagm.co.uk; Schoolhill; Di–Sa 10–17, So 14–17 Uhr) Hinter der würdevollen Fassade der Aberdeen Art Gallery verbirgt sich eine tolle Sammlung moderner schottischer und englischer Maler, darunter Gwen Hardie, Stephen Conroy, Trevor Sutton und Tim Ollivier. In den Marmorsälen der Galerie hängen auch einige Landschaftsgemälde von Joan Eardley. In den 1950er- und 1960er-Jahren lebte die Malerin in einem Cottage auf den Klippen in der Nähe von Stonehaven und malte Ölbilder von der tosenden Nordsee und herzergreifende Porträts von Slumkindern. Bei den Präraffaeliten im oberen Stockwerk lohnt sich ein Blick auf die Gemälde von William Dyce (1806–1864), einem Sohn der Stadt. Das Themenspektrum seiner Werke reicht von religiösen bis hin zu ländlichen Szenen.

GRATIS **Marischal College & Museum** MUSEUM
(Karte S. 280; www.abdn.ac.uk/marischal_museum; Marischal College, Broad St.; Mo–Fr 10–17, So 14–17 Uhr) Das 1593 vom 5. Earl Marischal von Dunnottar gegründete **Marischal College** vereinigte sich 1860 mit dem King's College (1495 gegründet) zur modernen Universität von Aberdeen. Die riesige, imposante Granitfassade im Perpendicular-Stil (einem für England typischen gotischen Architekturstil) entstand um 1906. Für solch ein großes, aufwendiges Bauwerk ist sie ungewöhnlich, weil sich Granit nur sehr schwer bearbeiten lässt. Neben dem Escorial (in der Nähe von Madrid) ist das Marischal College der zweitgrößte Granitbau der Welt. Erst in jüngster Zeit wurde die Fassade wieder in ihren ursprünglichen Zustand versetzt, sie trägt jetzt wieder das herrliche Silbergrau; im Inneren ist heute die Stadtverwaltung von Aberdeen untergebracht.

Auf dem Campus liegt auch das 1786 gegründete *Marischal Museum*. Seine faszinierenden Sammlungen und Ausstellungsstücke haben Absolventen und Förderer der Universität im Verlauf der Jahrhunderte gespendet. Eine umfangreiche Sammlung von Exponaten aus den Bereichen Mythen, Sitten und Gebräuche, berühmte Personen, Architektur und Handel führt durch die Geschichte des Nordostens von Schottland. Eine andere Sammlung gibt einen weltweiten Überblick über verschiedene Völker. Die thematisch geordneten Exponate spiegeln völlig gegensätzliche Kulturen wider. So liegt z. B. eine polynesische Holzmaske neben einer Gasmaske. Zu bestaunen gibt es auch eine viktorianische Kuriosität: ein Inuit-Kayak, das man im 18. Jh. in der Flussmündung des Dee fand, außerdem Gegenstände

Aberdeen

◉ Highlights
- Aberdeen Maritime Museum D3
- Aberdeen Art Gallery B2
- Marischal College & Museum D1
- Provost Skene's House D2

◉ Sehenswertes
1. Fischmarkt F4
2. Mercat Cross E2
3. Salvation Army Citadel E2
4. St Nicholas Church C2

◉ Aktivitäten, Kurse & Touren
5. Aberdeen Harbour Cruise F4

◉ Schlafen
6. Aberdeen Douglas Hotel D3
7. Arden Guest House B5
8. Brentwood Hotel B5
9. Butler's Guest House B5
10. City Wharf Apartments E3
    Globe Inn .... (siehe 23)
11. Jurys Inn C4
12. Royal Crown Guest House B5

◉ Essen
13. Beautiful Mountain C3
14. Café 52 .... C3
15. Coffee House C3
16. Foyer B4
17. Fusion A3
18. Granite Park A3
19. Moonfish Café C2
20. Musa Art Cafe D3
21. Victoria Restaurant C3

◉ Ausgehen
22. BrewDog D1
23. Globe Inn A3
24. Old Blackfriars E2
25. Prince of Wales C2

◉ Unterhaltung
26. Aberdeen Arts Centre E1
27. Belmont Cinema B2
    Box Office .... (siehe 30)
28. His Majesty's Theatre A2
29. Lemon Tree Theatre E1
30. Music Hall A4
31. O'Neill's C2
32. Snafu E2
33. Tunnels D2

◉ Shoppen
34. One Up Records B3

---

der Inuit, die von Walfängern gesammelt wurden. Während der Recherche für dieses Buch war das Museum schon seit längerer Zeit wegen Bauarbeiten geschlossen. Über den Zeitpunkt der Wiedereröffnung sollte man sich auf der Website informieren.

GRATIS **Provost Skene's House** HISTORISCHES GEBÄUDE
(Karte S. 280; www.aagm.co.uk; ⊙Mo–Sa 10–17 Uhr) Die Gegend, in der dieses spätmittelalterliche Wohnhaus mit Ecktürmchen liegt, war einst der schlimmste Slum von Aberdeen. Heute umgeben Bürogebäude aus Beton und Glas das Haus, in dem im 17. Jh. der Bürgermeister (schottisch: *provost*) Sir George Skene wohnte. 1746 hatte es der Duke of Cumberland auf seinem Weg nach Culloden sechs Wochen lang in Beschlag genommen. Erstaunlicherweise hat ein farbiges Deckengemälde mit religiösen Motiven, das 1622 entstand, die Verwüstungen der Reformationszeit heil überstanden. Das Gemälde – ein historisches Juwel – zeigt ernst blickende Engel, Soldaten und den hl. Petrus mit krähenden Hähnen.

Gordon Highlanders Museum MILITÄRMUSEUM
(www.gordonhighlanders.com; St. Lukes, Viewfield Rd.; Erw./Kind 5/2 £; ⊙Feb.–Nov. Di–Sa 10–16 Uhr) Das ausgezeichnete Museum dokumentiert die Geschichte eines der berühmtesten Regimenter der britischen Armee: der Gordon Highlanders. Winston Churchill nannte sie „das beste Regiment der Welt". Das 1794 vom 4. Duke of Gordon aufgestellte Regiment wurde 1994 mit den Seaforth and Cameron Highlanders zu einem – „The Highlanders" genannten – Regiment vereinigt. Das Museum liegt etwa 1,5 km westlich des Westendes der Union Street und ist mit den Buslinien 14 und 15 (Haltestelle in der Union Street) zu erreichen.

Aberdeen Harbour
In Aberdeens Hafen, zu dem die Market Street führt und der auch großen Überseeschiffen genügend Tiefgang bietet, herrscht reger Betrieb. Hier drängen sich die Versorgungs- und Wartungsschiffe für die Bohrinsel vor der Küste. Am Kai ankern auch die Autofähren, die sowohl die Orkney- als auch die Shetlandinseln ansteuern.

Fischmarkt
MARKT

(Karte S. 280) Wie seit Jahrhunderten herrscht allmorgendlich zwischen 4 und etwa 8.30 Uhr ein buntes und geschäftiges Treiben auf dem Fischmarkt.

Aberdeen Harbour Cruise
BOOTSAUSFLÜGE

(Karte S. 280; 01475-721281; www.clydeclippers.com; Aberdeen Harbour; Erw./Kind 8/4 £; Juli & Aug. tgl., Juni & Sept. Mo–So) Bietet 45-minütige Rundfahrten durch Aberdeens betriebsamen Handelshafen.

Aberdeen Beach

Gerade mal 800 m östlich von Castlegate erstreckt sich zwischen den Mündungen der Flüsse Dee und Don ein spektakulärer, etwa 3 km langer goldgelber Sandstrand. Dort, am Aberdeen Beach, herrschte die Atmosphäre eines guten alten britischen Badeorts, bis die schottischen Touristikmanager mit Billigangeboten die Massen anlockten. Trubel ersetzt nun die einstige etwas unterkühlte Behaglichkeit. An warmen Sommertagen macht dieser herrliche Strand aber immer noch Spaß. Bei geeignetem Seegang reiten an seinem Südende ein paar passionierte **Surfer** auf den Wellen.

Die Esplanade (Strandpromenade) lockt mit verschiedenen traditionellen Freizeitvergnügen, darunter dem Codona's Amusement Park (01224-595910; www.codonas.com; Beach Blvd.; Tageskarte 13 £; Juli & Aug. 11–18 Uhr, Nov. bis Ostern geschl., die variierenden Öffnungszeiten in den restlichen Monaten stehen auf der Website). Der Vergnügungspark bietet die klassischen Fahrgeschäfte, die einem mal mehr, mal weniger den Magen umdrehen, darunter verschiedene Karussells, Achterbahn, Wasserbobbahn, Geisterbahn und Autoscooter. Der benachbarte Sunset Boulevard (www.codonas.com; Beach Blvd.; Tageskarte 13 £; 10–24 Uhr) ist die Indoor-Alternative mit Bowlingbahn, Autoscooter und Spielautomaten mit Videospielen sowie Billardtischen. Auf halbem Weg zwischen Strand und Stadtzentrum liegt das Satrosphere (01224-640340; www.satrosphere.net; 179 Constitution St.; Erw./Kind 5,75/4,50 £; 10–17 Uhr), ein interaktives naturwissenschaftliches Zentrum für alle, die Experimente mögen.

Wer dem Vergnügungsrummel entrinnen möchte, wandert nordwärts zu den ruhigeren Abschnitten des Strandes. Dort befindet sich auch eine **Vogelbeobachtungsstation**. Sie liegt am Südufer des River Don – zwischen dem Strand und der King Street, die in südlicher Richtung wieder nach Old Aberdeen zurückführt.

Die Buslinien 14 und 15 (in Richtung Osten) fahren von der Union Street zum Strand. Von Castlegate aus ist der Strand in zehn Gehminuten erreichbar.

Old Aberdeen

Ein bisschen irreführend ist der Name des Stadtviertels Old Aberdeen, das 1,5 km nördlich vom Stadtzentrum liegt. Das Viertel ist zwar tatsächlich alt, doch Castlegate im Zentrum hat noch etliche Jährchen mehr auf dem Buckel. Ursprünglich trug Old Aberdeen den gälischen Namen *Aulton*, was so viel heißt wie „Dorf am Teich", bis dieser Name im 17. Jh. in *Old Town* anglisiert wurde. Nebenbei bemerkt: *Aber* bedeutet Flussmündung und taucht in schottischen Namen häufig auf.

Die Buslinie 20 fährt alle 15 bis 20 Minuten von der Littlejohn Street (Haltestelle direkt nördlich vom Marischal College) nach Old Aberdeen.

King's College Chapel
HISTORISCHES GEBÄUDE

(College Bounds; Eintritt frei; Mo–Fr 10–15.30 Uhr) Mit dem Bau des King's College, zu dem die Kirche gehört, gründete Bischof Elphinstone 1495 Aberdeens erste Universität. Die aus dem 16. Jh. stammende Kirche ist leicht an der Steinkrone ihres Turms zu erkennen. Das Innere der Kirche ist weitgehend original erhalten, wie die eindrucksvollen Buntglasfenster und das Chorgestühl.

GRATIS Old Town House
BESUCHERZENTRUM

(01224-273650; www.abdn.ac.uk/oldtownhouse; High St.; Mo–Sa 9–17 Uhr) Im Old Town House am nördlichen Ende der High Street ist heute ein Besucherzentrum untergebracht, in dem informative Ausstellungen die Geschichte von Old Aberdeen erzählen.

GRATIS St Machar's Cathedral
KATHEDRALE

(www.stmachar.com; The Chanonry; April–Okt. Mo–Sa 9–17 Uhr, Nov.–März 10–16 Uhr) Das im 15. Jh. erbaute Gotteshaus mit seinen wuchtigen Zwillingstürmen gehört zu den seltenen befestigten Kathedralen. Der Legende nach erhielt der hl. Machar den göttlichen Befehl, eine Kirche an einer Stelle zu gründen, wo der Fluss sich wie das obere Ende eines Bischofsstabs biegt – und das ist genau dort, wo die St Machar's Cathedral steht, tatsächlich der Fall. Bekannt ist die Kathedrale für ihre mit **Wappen geschmückte Decke** aus dem Jahr 1520, an der sich die Wappen von 48 Königen, Adligen, Erzbischöfen und Bischöfen reihen. Sonntags findet in der Kathedrale jeweils um 11 und 18 Uhr ein Gottesdienst statt.

🛏 Schlafen

Jede Menge B&Bs finden sich in der Bon Accord Street, entlang der Springbank Terrace (beide 400 m südlich vom Bahnhof) und in der Great Western Road (A93, 25 Gehminuten südwestlich vom Stadtzentrum). Die vielen Arbeiter der Erdölindustrie, die hier vor ihrem Flug auf die Bohrinseln übernachten, sorgen für Zimmerpreise, die über dem schottischen Durchschnitt liegen. Für Einzelzimmer wird generell ein Aufschlag verlangt. Am Wochenende sind die Zimmer etwas günstiger.

Globe Inn — LP TIPP — B&B ££
(Karte S. 280; ☎01224-624258; www.the-globe-inn.co.uk; 13–15 North Silver St.; EZ/DZ 70/75 £) Im Stockwerk über dem beliebten Pub befinden sich sieben ansprechende, komfortable Zimmer mit einer Einrichtung aus dunklem Holz und burgunderfarbenen Tagesdecken. Allerdings wird im Pub am Wochenende lautstark Livemusik gespielt – wer gern früh zu Bett geht, sollte das bedenken. Im Preis-Lage-Vergleich ist diese Unterkunft jedoch unschlagbar. Mangels Speiseraum wird ein einfaches Frühstück auf einem Tablett ins Zimmer gebracht.

City Wharf Apartments — APARTMENTS ££
(Karte S. 280; ☎0845 094 2424; www.citywharfapartments.co.uk; 19–20 Regent Quay; DZ ab 105 £; 📶) Wer sich in eines dieser Luxusappartements einquartiert, kann beim Frühstücken das geschäftige Treiben in Aberdeens Handelshafen beobachten. Zum angebotenen Komfort zählen neben der schicken, voll eingerichteten Küche eine mit Champagner gefüllte Minibar und der tägliche Reinigungsservice. Gemietet werden können die Apartments pro Nacht oder Woche, bei längerem Aufenthalt wird ein Preisnachlass gewährt.

Brentwood Hotel — HOTEL ££
(Karte S. 280; ☎01224-595440; www.brentwood-hotel.co.uk; 101 Crown St.; EZ 45–95 £, DZ 59–105 £; P📶) Das mit Blumen geschmückte, freundliche Hotel – in untergebracht in einem Stadthaus, das aus Granit errichtet wurde – gehört zu den attraktivsten Unterkünften im Stadtzentrum. Unter der Woche ist das komfortable, günstig gelegene Haus häufig ausgebucht – am Wochenende (Fr–So) kosten die Zimmer deutlich weniger.

Butler's Guest House — B&B ££
(Karte S. 280; ☎01224-212411; www.butlersguesthouse.com; 122 Crown St.; EZ/DZ ab 58/65 £; @📶) Das gemütliche Gästehaus liegt direkt gegenüber dem Brentwood Hotel auf der anderen Straßenseite. Als Alternative zu den traditionellen Spiegeleiern mit Speck stehen Obstsalat aus frischen Früchten, Räucherheringe und *Kedgeree* (Reisgericht mit Fisch und Eiern) auf der umfangreichen Frühstückskarte. Im Zimmerpreis ist ein einfaches Frühstück ohne warme Gerichte inbegriffen; ein frisch zubereitetes warmes Frühstück kostet pro Person 5,50 £ extra. Neben den Zimmern, die mit eigenem Bad aufwarten können, stehen den Gästen auch preisgünstigere Zimmer mit Gemeinschaftsbad zur Verfügung.

Aberdeen Douglas Hotel — HOTEL £££
(Karte S. 280; ☎01224-582255; www.aberdeendouglas.com; 43–45 Market St.; Wochenende EZ/DZ ab 65/75 £, wochentags EZ/DZ 145/155 £; 📶) Mit seiner markanten viktorianischen Fassade gehört das 1853 eröffnete Hotel zu den historischen Baudenkmälern der Stadt. Übersehen lässt sich das imposante Gebäude ganz gewiss nicht. Nach seiner letzten Renovierung bietet das Hotel nun elegante, moderne Zimmer mit Möbeln aus poliertem Holz und frisch gestärkter, weißer Bettwäsche. Das Hotel liegt nur wenige Gehminuten vom Bahnhof entfernt.

Simpson's Hotel — BOUTIQUEHOTEL ££
(☎01224-327777; www.simpsonshotel.co.uk; 59 Queen's Rd.; Zi. ab 99 £; P📶) Das stylische Boutiquehotel liegt 1,5 km westlich der Union Street. Seine Ausstattung in mediterranen Sand-, Terrakotta- und Aquatönen verleihen ihm ein italienisches Flair. Es spricht Geschäfts- und Privatleute gleichermaßen an und ist vollständig rollstuhlgerecht gestaltet. Am Wochenende sind die Zimmerpreise günstiger.

Dunrovin Guest House — B&B ££
(☎01224-586081; www.dunrovinguesthouse.co.uk; 168 Bon Accord St.; EZ/DZ ab 45/70 £; P📶) In einem typischen viktorianischen Granitgebäude bietet das Dunrovin seinen Gästen acht Zimmer – die im oberen Stockwerk sind hell und luftig. Auf Wunsch serviert der freundliche Besitzer ein vegetarisches Frühstück. Das Gästehaus liegt 400 m südlich der Union Street.

Royal Crown Guest House
B&B ££

(Karte S. 280; 01224-586461; www.royalcrown.co.uk; 111 Crown St.; EZ 35–70 £, DZ 60–80 £;) Das Haus mit seinen acht kleinen, aber schnuckelig eingerichteten Zimmern liegt supergünstig. Vom Bahnhof sind es nur fünf Minuten zu Fuß (allerdings führt der Weg über eine steile Treppe).

Aberdeen Youth Hostel
HOSTEL £

(SYHA; 01224-646988; 8 Queen's Rd.; B 21 £;) Die Jugendherberge befindet sich in einer Granitvilla, die rund 1,5 km westlich vom Bahnhof liegt. Der Weg vom Bahnhof zur Jugendherberge geht es entlang der Union Street in westlicher Richtung bis zum Albyn Place, dort die rechte Abzweigung nehmen und am Platz entlang bis zum Kreisverkehr laufen, an dessen Westseite die Queen's Road beginnt.

Jurys Inn
HOTEL ££

(Karte S. 280; 01224-381200; www.jurysinns.com; Union Sq., Guild St.; Zi. 75–155 £;) Das schicke, komfortable Hotel befindet sich direkt am Bahnhof.

Adelphi Guest House
B&B ££

(01224-583078; www.adelphiguesthouse.com; 8 Whinhill Rd.; EZ/DZ ab 45/60 £;) Das B&B liegt 400 m südlich des westlichen Endes der Union Street.

Arden Guest House
B&B ££

(Karte S. 280; 01224-580700; www.ardenguesthouse.co.uk; 61 Dee St.; EZ/DZ ab 50/60 £) Ist nahe dem Stadtzentrum gelegen.

Essen

Café 52
BISTRO ££

(Karte S. 280; 01224-590094; www.cafe52.net; 52 The Green; Hauptgerichte 12 £; Mo–Sa 12–24, So 12–18 Uhr;) Cooles Industriedesign – nacktes Mauerwerk, Rauputz und frei liegende Belüftungsrohre – prägen das Ambiente des schmalen, hohen Gastraumes. Das kulinarische Angebot gehört zum Besten und Originellsten im Nordosten Schottlands. Eine Kostprobe wert sind beispielsweise Vorspeisen wie gebackene Blutwurst mit in Wein gedünsteten Birnen oder Hauptgerichte wie in Rotwein geschmortes Fleisch mit marokkanischen Gewürzen.

Silver Darling
FISCH & MEERESFRÜCHTE £££

(01224-576229; www.thesilverdarling.co.uk; Pocra Quay, North Pier; 2-Gang-Mittagsmenü 20 £, Hauptgerichte abends 22–29 £; ganzjährig Mo–Fr Mittag- & Abendessen, Sa nur Abendessen, April–Okt. zusätzl. So Mittagessen) „Silver Darling" ist ein alter schottischer Spitzname für „Hering". Das gleichnamige Restaurant residiert im ehemaligen Zollamt an Aberdeens Hafeneinfahrt. Seine Panoramafenster gewähren freien Blick aufs Meer. Während ein französischer Spitzenkoch die in schottischen Gewässern frisch gefangenen Fische und Meeresfrüchte zubereitet, können sich die Gäste die Zeit vertreiben, indem sie die Delfine vor der Hafeneinfahrt beobachten. Eine Tischreservierung ist zu empfehlen.

Moonfish Café
FRANZÖSISCH ££

(Karte S. 280; 01224-644166; www.moonfishcafe.co.uk; 9 Correction Wynd; 2-/3-Gänge-Abendessen 24/29 £; Di–Sa Mittag- & Abendessen) Das kleine, flippige Lokal liegt etwas versteckt in einer Seitengasse. Den Schwerpunkt seiner Speisekarte bilden Gerichte aus erstklassigen schottischen Produkten. Allerdings erhalten die Speisen bei der Zubereitung einen internationalen Touch, denn die Einflüsse von Länderküchen aus aller Welt sind unverkennbar. Die Bandbreite reicht vom einfachen *haddock* (geräucherten Schellfisch) mit Erbsenrisotto bis hin zum Rochenflügel mit Nusskruste und peruanischen Kartoffeln (gefüllt mit Chili, Zwiebeln und hart gekochten Eiern).

Foyer
FUSION-KÜCHE ££

(Karte S. 280; 01224-582277; www.foyerrestaurant.com; 82a Crown St.; Hauptgerichte 12–18 £; Di–Sa 11–22 Uhr;) Helles Holz und kräftige Farben prägen das Ambiente dieser Kombination aus Restaurant und Kunstgalerie. Betrieben wird das lichtdurchflutete, luftige Lokal von einer Wohltätigkeitsorganisation, die gegen Obdachlosigkeit und Arbeitslosigkeit kämpft. Auf der saisonabhängigen Speisekarte stehen interessante Gerichte, die Elemente der schottischen, mediterranen und asiatischen Küche in sich vereinen. Darunter finden sich auch zahlreiche vegetarische sowie gluten- und laktosefreie Gerichte.

Musa Art Cafe
MODERN-SCHOTTISCH ££

(Karte S. 280; 01224-571771; www.musaaberdeen.com; 33 Exchange St.; Mittagsgerichte 8–10 £, Abendgerichte 13–23 £; Di–Sa 12–23 Uhr;) Die fröhliche Gemälde an den Wänden dieses großartigen Café-Restaurants in einer ehemaligen Kirche passen gut zu der lebensfrohen Einrichtung und den pfiffigen kulinarischen Kreationen. In der Küche werden überwiegend hochwertige regionale Produkte verwendet und zu eigenwilligen Gerichten wie Haggis-Koriander-Frühlingsrollen mit Chilimarmelade verarbeitet. Darüber hinaus bietet das Musa Brew-Dog-Bier aus der etwa 40 km nördlich gelegenen Ortschaft Fraserburgh und interessante Musik, die manchmal live gespielt wird.

Fusion   FUSION-KÜCHE ££
(Karte S. 280; ☏01224-652959; www.fusion-barbistro.com; 10 North Silver St.; 2-/3-Gänge-Abendessen 23/28 £; ◉Di-Sa 17.30–22 Uhr) Das schicke, trendige Bar-Bistro liegt in dem vornehmen Viertel am Golden Square. Seine Speisekarte hält, was der Restaurantname verspricht. Zu Muscheln von der schottischen Westküste werden Currysoße und Zwiebelbrot gereicht. Mit Cassoulet als Beilage und einer Garnierung aus Chorizo und Serrano (-Schinken) erhält der langsam gebratene Schweinebauch eine französisch-spanische Note.

Beautiful Mountain   CAFÉ £
(Karte S. 280; www.thebeautifulmountain.com; 11–13 Belmont St.; Hauptgerichte 4–10 £; ◉Mo-Mi 8–15.30, Do-Sa 8–15.30 & 17.30–23, So 10.30–14.45 Uhr) Das gemütliche Café verteilt sich auf mehrere kleine Räume. Im 1. Stock befinden sich die Sitzplätze. Die Frühstückskarte gilt den ganzen Tag über. Darüber hinaus werden tagsüber immer leckere Sandwiches (mit Räucherlachs, Thai Chicken oder Pastrami) in zahlreichen Varianten angeboten, z. B. Sauerteigbrot, Bagels oder Ciabatta. Espresso und Cappuccino schmecken ausgezeichnet. An den Abenden von Donnerstag bis Samstag wechselt die Speisekarte: Dann stehen Tapas auf dem Programm.

Sand Dollar Café   CAFÉ, BISTRO £
(☏01224-572288; www.sanddollarcafe.com; 2 Beach Esplanade; Hauptgerichte 4–10 £; ◉Café So-Mi 9–21, Do-Sa 9–14 & 18-21 Uhr) Das Sand Dollar ist eine Kategorie besser als die üblichen Strandcafés. An sonnigen Tagen können die Gäste an Holztischen im Freien sitzen, einen gekühlten Weißwein und z. B. Pfannkuchen mit Ahornsirup, hausgemachte Burger oder Brownies mit Orkney-Eiscreme genießen. Donnerstags bis samstags läuft ab 18 Uhr der Bistrobetrieb mit einer eigenen Speisekarte (Hauptgerichte 12–24 £), die Steaks sowie Fisch und Meeresfrüchte bietet. Das Café-Bistro liegt an der Strandpromenade, etwa 800 m nördlich des Stadtzentrums.

Ashvale Fish Restaurant   FISH & CHIPS £
(www.theashvale.co.uk; 42–48 Great Western Rd.; Gerichte zum Mitnehmen 4–7 £, Hauptgerichte 8–12 £; ◉12–23 Uhr; ⓐ) Das preisgekrönte Fish-and-Chips-Restaurant ist das Flaggschiff der 200 Filialen umfassenden Ashvale-Restaurantkette. Berühmt ist es für seinen erstklassigen *haddock* (geräucherten Schellfisch). Seine Spezialität, der „Ashvale Whale", besteht aus einem 450 g schweren Fischfilet im Teigmantel (12,75 £). Wer diese Portion restlos schafft, bekommt gleich im Anschluss einen zweiten „Whale" kostenlos serviert - sofern der Magen des Gastes noch mitspielt. Das Restaurant liegt 300 m südwestlich des westlichen Endes der Union Street. Ashvale-Filialen gibt es auch in Elgin und Brechin.

Granite Park   MODERN-SCHOTTISCH ££
(Karte S. 280; ☏01224-478004; www.granite-park.co.uk; 8 Golden Sq.; Hauptgerichte 15–22 £; ◉Mo-Sa 12–23 Uhr) Das hübsche neue Restaurant ist Stadtgespräch. Auf seiner Speisekarte stehen beliebte schottische Gerichte wie Wildbret, Haddock (geräucherter Schellfisch) und Räucherlachs – alle mit einem asiatischen oder mediterranen Touch zubereitet. Eine Tischreservierung ist zu empfehlen.

Coffee House   CAFÉ £
(Karte S. 280; www.thecoffeehouseoffers.co.uk; 1 Gaelic Lane; Hauptgerichte 4–6 £; ◉Mo-Fr 8–20, Sa & So 9–20 Uhr; ⓐ) In dem hellen, ansprechenden Café mit langen, rustikalen Holztischen und -bänken werden Biobrot-Sandwiches, Suppen, Kräutertees und ein toller Cappuccino serviert.

Victoria Restaurant   CAFÉ £
(Karte S. 280; 140 Union St.; Hauptgerichte 6–9 £; ◉Fr-Mi 9–17, Do 9–18.30 Uhr) Das Victoria (über dem Juweliergeschäft Jamieson & Carry gelegen) ist eine piekfeine traditionelle Teestube, die köstliche frisch zubereitete Suppen, Salate und Sandwiches anbietet. Frühstück gibt es bis 11.30 Uhr.

🍷 Ausgehen

Aberdeen ist einen tolles Pflaster für einen Kneipenbummel. Hier stellt sich nicht die Frage, wo man anfängt, sondern wann man besser aufhört. In und um die Belmont Street konzentrieren sich zahlreiche Clubs und Bars jeder Couleur, während sich die traditionelleren Pubs über das ganze Stadtzentrum verteilen.

Globe Inn
PUB

(Karte S. 280; www.the-globe-inn.co.uk; 13–15 North Silver St.) In dem hübschen Pub im edwardianischen Stil schaffen Holztäfelungen, Marmortische und alte Musikinstrumente an den Wänden ein tolles Ambiente für eine erholsame Mittagspause oder einen Drink am Nachmittag. Der Pub bietet guten Kaffee, Real Ales und verschiedene Malt Whiskys. Freitag und Sonntag wird Livemusik gespielt (Rock, Blues, Soul), und der Raum füllt sich mit Leben. Und: Das Globe Inn verfügt über die wahrscheinlich piekfeinsten Toiletten des Landes.

Prince of Wales
PUB

(Karte S. 280; 7 St. Nicholas Lane) Aberdeens bekanntester Pub (in einem Gässchen oberhalb der Union Street) besitzt die längste Theke der Welt. Er bietet eine große Auswahl an Real Ales und preiswerte Pub-Gerichte. Nachmittags geht es hier ruhig zu, man kann in aller Beschaulichkeit ein Glas Bier trinken und sich an der Freundlichkeit der Bedienung erfreuen. Am Abend ist es sehr voll, dann müssen sich viele Gäste mit einem Stehplatz begnügen.

Old Blackfriars
PUB

(Karte S. 280; www.old-blackfriars.co.uk; 52 Castlegate; ☎) Die Kneipe zählt zu den attraktivsten traditionellen Pubs der Stadt. Mit seiner schönen, von Holz und Stein geprägten Einrichtung, den Buntglasfenstern und seiner entspannten Atmosphäre eignet sich das Lokal ausgezeichnet für einen Nachmittagsdrink.

Blue Lamp
PUB

(121 Gallowgate) Im Blue Lamp, einem Veteran in der lokalen Pubszene, hängen gerne Aberdeens Studenten nach ihrem Tag an der Uni ab. In der gemütlichen Kneipe gibt es gutes Bier, viel *craic* (Spaß, miteinander quatschen) sowie regelmäßig Live-Jazz-Sessions und Stand-up-Comedy (kurze Soloauftritte von Comedians). Das Pub liegt 150 nördlich des Stadtzentrums und ist über die Broad Street zu erreichen.

BrewDog
BAR

(Karte S. 280; www.brewdog.com/bars/aberdeen; 17 Gallowgate) Die Vorzeigebar von Nordschottlands innovativster Kleinbrauerei bringt ein wenig Designer-Chic und Stil in Aberdeens Pubszene. Hier wird nicht nur das hauseigene Bier, sondern auch ein großes Sortiment an Bieren aus aller Welt an die durstigen Gäste ausgeschenkt.

⭐ Unterhaltung

Kinos

Belmont Cinema
KINO

(Karte S. 280; www.picturehouses.co.uk; 49 Belmont St.) Das Belmont ist ein tolles kleines Programmkino mit einer abwechslungsreichen Mixtur aus klassischen Kultfilmen, Kunstfilmen, fremdsprachigen Filmen und Publikumsrennern.

Clubs & Livemusik

Was in Aberdeens Club- und Livemusikszene abläuft, ist am besten in den örtlichen Plattenläden zu erfahren, z. B. bei **One Up Records** (Karte S. 280; www.oneupmusic.co.uk; 17 Belmont St.).

Snafu
CLUB, MUSIK

(Karte S. 280; www.clubsnafu.com; 1 Union St.) Clubnächte, Gast-DJs und Livemusik stehen auf dem breitgefächerten Programm von Aberdeens wohl coolstem Club – aber auch ehrlich zugegeben, viel Konkurrenz hat das behagliche Snafu nicht. Ein fester Programmpunkt ist der „Breackneck Comedy Club" am Dienstagabend.

Tunnels
LIVEMUSIK

(Karte S. 280; www.thetunnels.co.uk; Carnegie's Brae) Der Club in einem Tunnelgewölbe ist ein wirklich cooler Schuppen mit Livemusik, in dem sehr häufig schottische Nachwuchsbands auftreten. Regelmäßig finden aber auch DJ-Nächte statt. Über das aktuelle Programm informiert die Website. Der Eingang zum Club befindet sich oberhalb der Union Street in einem Straßentunnel.

O'Neill's
LIVEMUSIK

(Karte S. 280; www.oneills.co.uk; 9 Back Wynd) Im Obergeschoss des O'Neill's ist freitags eine wilde Nacht mit dröhnendem Irish Rock, Indie Music und alternativen Sounds garantiert. Leiser (na ja, ein bisschen) geht es in der Bar im Erdgeschoss zu, wo massenweise Rugby-Typen riesige Mengen an Murphy's Starkbier vertilgen.

Theater & Konzerte

Karten für die meisten Konzerte und andere Veranstaltungen verkauft das **Box Office** (Karte S. 280; www.boxofficeaberdeen.com; ⊙ Mo–Sa 9.30–18 Uhr) neben der **Music Hall** (Karte S. 280; Union St.), der Hauptspielstätte für klassische Konzerte.

Lemon Tree Theatre
SCHAUSPIEL, MUSIK

(Karte S. 280; www.boxofficeaberdeen.com; 5 West North St.) Das interessante und umfangreiche Programm des Theaters umfasst Aufführungen aus den Sparten Tanz, klassische Musik und Schauspiel. Es treten aber auch Rock-, Jazz- und Folkbands auf. Zudem finden Aufführungen für Kinder statt, die von Komödien über Dramen bis hin zum Marionettentheater reichen.

His Majesty's Theatre BALLETT, OPER
(Karte S. 280; www.boxofficeaberdeen.com; Rosemount Viaduct) Aberdeens Haupttheater deckt alles ab – vom Ballett über Oper bis hin zu Pantomime und Musicals reicht das kulturelle Angebot.

Aberdeen Arts Centre SCHAUSPIEL
(Karte S. 280; www.aberdeenartscentre.org.uk; King St.) Im Theater des Kulturzentrums finden regelmäßig Schauspielaufführungen und in seinen sehenswerten Galerien Wechselausstellungen statt.

❶ Praktische Informationen

Aberdeen Royal Infirmary (☏01224-681818; www.nhsgrampian.org/; Foresterhill) Medizinische Versorgung. Das Krankhaus liegt etwa 1,5 km nordwestlich des westlichen Endes der Union Street.
Books & Beans (www.booksandbeans.co.uk; 22 Belmont St.; Internet 15 Min. 1 £; ◷8–18 Uhr) Internetzugang, Verkauf von Fair-Trade-Kaffee und Secondhandbüchern.
Hauptpostamt (St Nicholas Shopping Centre, Upperkirkgate; ◷Mo–Sa 9–17.30 Uhr)
Touristeninformation (☏01224-288828; www.aberdeen-grampian.com; 23 Union St.; ◷Juli & Aug. Mo–Sa 9–18.30, So 10–16 Uhr, Sept.–Juni Mo–Sa 9.30–17 Uhr) Nützlich für Besucher, um allgemeine Informationen über die Stadt zu erhalten, außerdem gibt es einen Internetzugang.

❶ An- & Weiterreise

Bus
Der **Busbahnhof** (Guild St.) liegt nahe dem Bahnhof, gleich neben dem Jurys Inn.
Braemar 10 £, 2¼ Std., alle 2 Std.; über Ballater und Balmoral
Dundee 16 £, 1½ Std., stündl.
Edinburgh 28 £, 3¼ Std., stündlich; umsteigen in Perth.
Glasgow 28 £, 3 Std., stündl.
Inverness 9 £, 3¾ Std., stündl.; über Huntly, Keith, Fochabers, Elgin und Nairn
London 46 £, 12 Std., 2-mal tgl.; National Express
Perth 22 £, 2 Std., stündl.

Fähre/Schiff
Northlink Ferries (www.northlinkferries.co.uk) betreibt die Autofähren von Aberdeen zu den Orkney- und Shetlandinseln. Der **Fähranleger** ist nur wenige Gehminuten vom Bahnhof und Busbahnhof entfernt und auch mit Gepäck bequem erreichbar.

Flugzeug
Der Aberdeen Airport (S. 550) liegt in Dyce, etwa 9,5 km nordwestlich des Stadtzentrums. Der Flughafen bietet zahlreiche Inlandsflüge inklusive Flügen zu den Orkney- und Shetlandinseln sowie internationale Flüge in die Niederlande, nach Norwegen, Dänemark, Deutschland und Frankreich.

Der **Stagecoach Jet Bus 727** verkehrt regelmäßig zwischen Aberdeens Busbahnhof und dem Flughafen (einfache Fahrt 2,70 £, 35 Min.). Die Taxifahrt vom Flughafen ins Stadtzentrum dauert 25 Minuten und kostet 15 £.

Zug
Der **Bahnhof** liegt südlich des Stadtzentrums, neben dem riesigen Union Square Shopping Centre.
Dundee 27 £, 1¼ Std., 2-mal pro Std.
Edinburgh 45 £, 2½ Std., stündl.
Glasgow 45 £, 2¾ Std., stündl.
Inverness 28 £, 2¼ Std., 8-mal tgl.
London King's Cross 140 £, 8 Std., stündl.; einige Direktverbindungen, bei den meisten Zugverbindungen muss man allerdings in Edinburgh umsteigen.

❶ Unterwegs vor Ort

AUTO Zu den Autovermietungen in Aberdeen zählen z. B.:
Arnold Clark (☏01224-249159; www.arnoldclarkrental.com; Girdleness Rd.)
Enterprise Car Hire (☏01224-642642; www.enterprise.co.uk; 80 Skene Sq.)

BUS Der Hauptbetreiber der Stadtbusse ist **First Aberdeen** (www.firstaberdeen.com). Eine Einzelfahrt innerhalb des Stadtgebiets kostet zwischen 1,10 bis 2,40 £. Der Fahrpreis muss beim Einsteigen in den Bus beim Fahrer bezahlt werden. Wer ein FirstDay-Ticket (Erw./Kind 4,80/2,70 £) kauft, darf ab dem Zeitpunkt des Ticketkaufs bis Mitternacht mit allen First-Aberdeen-Bussen uneingeschränkt fahren. Informationen, Streckennetzpläne und Fahrkarten sind im **First Travel Centre** (47 Union St.; ◷Mo–Sa 8.45–17.30 Uhr) erhältlich.

Zu den für Besucher der Stadt nützlichsten Bussen zählen die Buslinien 16A und 19 ab der Union Street zur Great Western Road (für B&Bs), die Buslinie 27 ab dem Busbahnhof zum Aberdeen Youth Hostel und zum Flughafen sowie die Buslinie 20 vom Marischal College nach Old Aberdeen.

TAXI Die größten Taxistände im Stadtzentrum befinden sich am Bahnhof und in der Back Wynd, einer Seitenstraße der Union Street. Für telefonische Taxibestellungen stehen **ComCab** (📞01224-353535) oder **Rainbow City Taxis** (📞01224-878787) zur Verfügung.

Rund um Aberdeen

Haddo House

Das im georgianischen Stil erbaute **Haddo House** (NTS; 📞0844 493 2179; Erw./Kind 9,50/7 £; ⏱Führungen Juli & Aug. tgl. 11, 13.30 & 15.30 Uhr, April–Juni, Sept. & Okt. Fr–Mo 11, 13.30 & 15.30 Uhr) – Sitz der Familie Gordon – hat der schottische Architekt William Adam 1732 entworfen. Am besten lässt sich der Bau als klassisches englisches Herrenhaus, das nach Schottland verpflanzt wurde, beschreiben. Die kostbare Inneneinrichtung umfasst holzgetäfelte Wände, üppig auf den Fußböden verteilte Perserteppiche und eine Fülle von Antiquitäten. Das schöne Gelände und die terrassenförmig angelegten Gärten sind das ganze Jahr über zugänglich (9 Uhr bis Einbruch der Dämmerung). Es empfiehlt sich, die Führung durch das Haus im Voraus zu buchen.

Haddo liegt gut 30 km nördlich von Aberdeen, in der Nähe des kleinen Städtchens Ellon. Die Busse, die montags bis samstags stündlich von Aberdeen nach Tarves/Methlick fahren, halten an der Auffahrt zum Haddo House. Von der Bushaltestelle sind es dann noch 1,5 km Fußweg, die man bis zum Haus zurücklegen muss.

CASTLE FRASER

Das beeindruckende **Castle Fraser** (NTS; Erw./Kind 9,50/7 £; ⏱Juli & Aug. tgl. 11–17 Uhr, April–Juni, Sept. & Okt. Do–So 12–17 Uhr) entstand im 16. und 17. Jh. und ist der Stammsitz der Familie Fraser. Die meisten Innenräume sind im viktorianischen Stil gehalten. Dazu zählen z. B. eine große Halle mit geheimen Öffnungen, durch die der Lord seine Gäste belauschen konnte, die Bibliothek, verschiedene Schlafzimmer, eine alte Küche sowie eine gut getarnte Schatzkammer. Zu besichtigen sind auch Gegenstände aus dem Besitz der Familie Fraser, darunter Tapisserien und eine Beinprothese, die aus dem 19. Jh. stammt. Das „Woodland-Secrets-Gelände" im Schlosspark ist heute ein Abenteuerspielplatz für Kinder.

Das Schloss liegt rund 26 km westlich von Aberdeen und knapp 5 km südlich von Kemnay. Die Busse von Aberdeen nach Alford halten in Kemnay.

FYVIE CASTLE

Das **Fyvie Castle** (NTS; Erw./Kind 11/8 £; ⏱Juli & Aug. tgl. 11–17 Uhr, April–Juni, Sept. & Okt. Sa–Di 12–17 Uhr) ist ein hervorragendes Beispiel für den schottischen Baronial-Stil. Seine Berühmtheit verdankt es aber wohl eher seinen Schlossgespenstern wie dem spukenden Trompeter und der geheimnisvollen Green Lady. Zur Kunstsammlung des Schlosses zählen Porträts von Thomas Gainsborough und Sir Henry Raeburn. Das Gelände ist das ganze Jahr über zugänglich (9 Uhr bis Einbruch der Dämmerung).

Das Schloss liegt 40 km nördlich von Aberdeen an der A947 Richtung Turriff. Ein Bus, der jeden Tag stündlich von Aberde-

---

DÜNEN UND SPUREN IM SAND

Die Dünen, die sich nördlich von Aberdeen über mehr als 22 km die Küste entlangziehen, bilden das **Forvie National Nature Reserve** (www.nnr-scotland.org.uk/forvie; Eintritt frei; ⏱24 Std.). Es ist eine der größten Dünenlandschaften Großbritanniens und weitgehend naturbelassen. Beobachtungsposten ermöglichen einen günstigen Ausblick auf die Tier- und Pflanzenwelt der Dünen. Markierte Wege durch die Dünen führen auch zu einer verlassenen mittelalterlichen Stadt, von der nur die Ruinen der Kirche erhalten sind. Da die Dünen ein wichtiges Brutgebiet für Vögel sind, sollten Besucher während der Brutzeit (April–Aug.) auf keinen Fall die Wege verlassen.

Nur knapp 6,5 km südlich von Forvie eröffnete der Immobilientycoon Donald Trump 2012 seinen mehr als kontrovers diskutierten **Trump International Golf Links** – einen riesigen Golfplatz inmitten einer als geschützt geltenden Dünenlandschaft. „Solch eine unberührte und atemberaubend schöne Küstenlandschaft habe ich noch nie gesehen", sagte Trump selbst. Wie auch immer, die Entwicklung des Projekts spaltete die Gemeinde. Die einen hießen den potenziellen wirtschaftlichen Nutzen willkommen, die anderen befürchteten erhebliche Umweltschäden. Die Zeit wird es zeigen …

en nach Banff und Elgin fährt, hält unterwegs im Dorf Fyvie, das rund 1,5 km vom Schloss entfernt liegt.

STONEHAVEN
9600 EW.

Stonehaven – seit 1600 der Verwaltungssitz der Grafschaft – hat sich von einem kleinen Fischerdorf zu einem florierenden, familienfreundlichen Ferienort entwickelt. Die Touristeninformation (01569-762806; 66 Allardice St.; Juli & Aug. Mo-Sa 10-19, So 13-17.30 Uhr, Juni & Sept. Mo-Sa 10-13 & 14-17.30 Uhr, April, Mai & Okt. Mo-Sa 10-13 & 14-17 Uhr) befindet sich im Stadtzentrum in der Nähe des Market Square.

Sehenswertes & Aktivitäten

Von der Gasse neben der Touristeninformation führt ein Holzsteg südlich entlang der Küsten zu dem malerischen, von Klippen eingerahmten **Hafen**, wo es sehr verlockende Pubs gibt. Dort steht auch das älteste Haus der Stadt, das **Tolbooth**, das der Earl Marischal um 1600 erbauen ließ. Heute ist es ein kleines Museum (Eintritt frei; Mo & Do-Sa 10-12 & 14-17, Mi & So 14-17 Uhr) mit einem Restaurant.

Freibad   SCHWIMMEN
(01569-762134; www.stonehavenopenairpool.co.uk; Erw./Kind 4,90/2,90 £; Juli-Mitte Aug. Mo-Fr 10-19.30, Sa & So 10-18 Uhr, Juni & Ende Aug. Mo-Fr 13-19.30, Sa & So 10-18 Uhr) Das Freibad liegt im Norden der Stadt und ist eine wunderbare Alternative zum Meer. Sein 50-m-Becken hat Olympiamaße, ist beheizt und mit Meerwasser gefüllt. Das im Art-déco-Stil gebaute Freibad stammt von 1934. Von Ende Juni bis Mitte August ist das Bad jeden Mittwoch von 22 bis 24 Uhr zum „Mitternachtsschwimmen" geöffnet.

Dunnottar Castle   BURG
(01569-762173; www.dunnottarcastle.co.uk; Erw./Kind 5/2 £; April-Okt. 9-18 Uhr, Nov.-März 10.30 Uhr bis Dämmerung) Südlich des Hafens führt ein angenehmer 15-minütiger Spaziergang über einen Klippenweg zu den spektakulären Ruinen von Dunnottar Castle. Die Überreste der Burg stehen verstreut auf einem 50 m hohen, grasbewachsenen Felsplateau, das ins Meer ragt. Einen dramatischeren Drehort kann sich ein Regisseur kaum wünschen – vor dieser Kulisse drehte Franco Zeffirelli seinen Film *Hamlet* mit Mel Gibson in der Titelrolle. Die Originalfestung wurde im 9. Jh. erbaut. Die meisten ursprünglichen Elemente weist heute der Bergfried auf. Interessanter ist aber der Salon, der 1926 restauriert wurde.

Lady Gail 2   SCHIFF
(01569-765064; www.castlecharter.co.uk; Erw./Kind 10/5 £) Der Eigner des kleinen Schiffes *Lady Gail 2* bietet interessante Bootstouren an, die vom Hafen zu den nahe gelegenen Klippen des Fowlsheugh Nature Reserve führen. Von Mai bis Juli brüten dort auf den Felsen rund 160 000 Seevögel, darunter Dreizehenmöwen, Trottellummen, Tordalken und Papageitaucher.

Feste & Events

Stonehaven kann mit etlichen speziellen Veranstaltungen aufwarten wie z. B. der berühmten Fireball Ceremony (www.stonehavenfireballs.co.uk) an Hogmanay (Silvester). Bei diesem spektakulären Event ziehen um Mitternacht sogenannte Swingers – Leute, die lodernde, kugelförmige Fackeln über ihrem Kopf schwingen – durch die High Street. Einen Besuch wert ist auch das dreitägige Stonehaven Folk Festival (www.stonehavenfolkfestival.co.uk), das jedes Jahr Mitte Juli stattfindet.

Schlafen & Essen

24 Shorehead   B&B ££
(01569-767750; www.twentyfourshorehead.co.uk; 24 Shorehead; EZ/DZ 55/70 £; @) Die Lage macht den entscheidenden Unterschied! Und die ist bei diesem obendrein sehr stylischen B&B praktisch unschlagbar. Das Haus, eine ehemalige Küferei, steht am Ende der Straße und eröffnet einen traumhaften Blick auf den Hafen und das Meer. Vom Zimmerfenster aus können die Gäste mit einem Fernglas sogar Robben beobachten. Keine Kreditkarten.

Beachgate House   B&B ££
(01569-763155; www.beachgate.co.uk; Beachgate Lane; EZ/DZ 55/70 £; P) Der luxuriöse, moderne Bungalow liegt direkt an der Strandpromenade, nur wenige Schritte von der Touristeninformation entfernt. Zwei der fünf Zimmer und die Lounge (zugleich Speiseraum) bieten Ausblick aufs Meer.

Tolbooth Restaurant   MEERESFRÜCHTE £££
(01569-762287; www.tolbooth-restaurant.co.uk; Old Pier; Hauptgerichte 18-22 £; Mittag- & Abendessen, Mo Ruhetag, Okt.-April auch So geschl.) Ein Haus aus dem 17. Jh. – mit Blick auf den Hafen – beherbergt eines der bes-

ten Fischrestaurants der Region. Regionale Kunst schmückt den Speiseraum, in dem Tischdecken und Servietten aus gestärktem weißen Leinen auf den Tischen liegen. Zu den wechselnden Tagesgerichten zählen sogar Jakobsmuscheln mit Queller-Risotto und Safranschaum (Queller ist ein Wildgemüse, das an Meeresküsten wächst, es wird auch „Meeresspargel" oder „Friesenkraut" genannt). Von Dienstag bis Samstag gibt es ein zwei-/dreigängiges Mittagsmenü für 15,95/19,95 £. Eine Tischreservierung ist zu empfehlen.

Marine Hotel   PUB, MEERESFRÜCHTE ££
(01569-762155; www.marinehotelstonehaven.co.uk; 9–10 The Shore; Hauptgerichte 11–20 £; Essen Mo–Fr 12–14.30 & 17.30–21, Sa & So 12–21 Uhr) Mit blankem Holz und schiefer- und taubengrau gestrichenen Wänden herausgeputzt, zeigt sich dieser beliebte Pub am Hafen nun im Boutique-Look. Frisch vom Fass gezapft wird ein halbes Dutzend Real Ales, darunter die Sorten Deuchars IPA und Timothy Taylor. Zu den Bargerichten zählen Spezialitäten aus Fisch und Meeresfrüchten, die fangfrisch zubereitet werden.

Carron Restaurant   SCHOTTISCH ££
(01569-760460; www.carron-restaurant.co.uk; 20 Cameron St.; Hauptgerichte 11–22 £; Di–Sa) Das hübsche Restaurant im Art-déco-Stil ist ein bemerkenswertes Relikt, das noch aus den 1930er-Jahren stammt. Es blieb komplett erhalten – mit Säulenveranda, geschmiedeten Oberlichtern, Spiegeln im Zierrahmen, automatischem Klavier und Originalfliesen in den Toiletten. Zum eleganten Ambiente passt die von der französischen und mediterranen Küche inspirierte Speisekarte, die kulinarischen Genuss verspricht. Zubereitet werden die Gerichte überwiegend aus einheimischen Produkten.

Boathouse Café   CAFÉ
(01569-764666; Old Pier; Hauptgerichte 6–8 £; Mo–Fr 9.30–16, Sa & So 9.30–17 Uhr) Das Café bietet Kaffee und Kuchen in ausgezeichneter Qualität sowie eine Terrasse mit wunderbarer Aussicht aufs Meer.

Ship Inn   PUB, MEERESFRÜCHTE
(01569-279722; www.shipinnstonehaven.com; 5 Shorehead; Hauptgerichte 9–18 £; Essen Mo–Fr 12–14.15 & 17.30–21.30, Sa & So 12–21.30 Uhr) Der Pub (Lounge-Bar) bietet Real Ales, Bar-Gerichte und Tische im Freien mit Blick auf den Hafen. Förmlicher geht es im benachbarten Restaurant Captain's Table zu.

❶ An- & Weiterreise
In Stonehaven, das 24 km südlich von Aberdeen liegt, halten die **Busse**, die regelmäßig zwischen Aberdeen (45 Min., stündl.) und Dundee (1½ Std.) verkehren. Mit dem **Zug** kommt man schneller nach Dundee (14 £, 55 Min., stündl.), außerdem ist die Bahnstrecke landschaftlich schöner.

Deeside

Das Flusstal des **River Dee** wird häufig auch **Royal Deeside** genannt, weil seit Langem eine enge Beziehung zwischen dieser Region und der königlichen Familie besteht. Das Tal erstreckt sich westlich von Aberdeen bis Braemar, parallel dazu verläuft die A93.

Nördlich vom River Dee bis nach Strathdon erstreckt sich das „Land der Märchenschlösser", wo mehr Bauten in dem fantasievollen schottischen Baronial-Stil zu finden sind als sonstwo in Schottland. Die „freiherrlichen" Anwesen ballen sich in dieser Gegend geradezu.

Die **Lachsfischerei** hat den River Dee weltberühmt gemacht. Seine Quelle in den Cairngorm Mountains westlich von Braemar ist ein beliebter Ausgangspunkt für ausgedehnte Wanderungen durch die Berge. Über das Angeln am Dee informiert die FishDee-Website (www.fishdee.co.uk) ausführlich.

CRATHES CASTLE
Das märchenhafte, im 16. Jh. errichtete Crathes Castle (NTS; 01330-844525; Erw./Kind 10,50/7,50 £; Juni-Aug. 10.30–17 Uhr, April, Mai, Sept. & Okt. Sa–Do 10.30–16.30 Uhr, Nov.–März Sa & So 10.30–15.45 Uhr;) ist berühmt für seine im jakobinischen Stil bemalten Decken und die kunstvoll geschnitzten Himmelbetten. Zu seinen bekannten Highlights zählt auch das „Horn of Leys", ein Horn aus Elfenbein, das Robert Bruce der Familie Burnett im 14. Jh. schenkte. Farbenprächtige üppige Staudenrabatten schmücken die schönen, geometrisch angelegten **Gärten**, in denen auch 300 Jahre alte Eibenhecken wachsen. Das Schloss ist auf der A93 ausgeschildert.

BALLATER
1450 EW.

Das reizvolle kleine Dorf Ballater verdankt seinen im 18. Jh. begründeten Wohlstand dem Heilwasser der nahe gelegenen Pannanich Springs. Heute wird dieses Wasser industriell in Flaschen abgefüllt und unter der Bezeichnung „Deeside Natural Mineral

START ABERDEEN
ZIEL ELGIN
LÄNGE 185 KM
DAUER 3½ STUNDEN

Ausflug
Von der Deeside zur Speyside

Die Strecke führt zu den Schlössern der Royal Deeside und den Destillerien der Speyside. Mehr als der Besuch eines Schlosses und einer Destillerie ist an einem Tag allerdings nicht zu schaffen.

Los geht es westlich von **Aberdeen** auf der A93 Richtung Banchory. Ideale Ankunftszeit an der ersten Station, dem gut 25 km entfernten ❶ **Crathes Castle**, ist 10.30 Uhr – wenn das Schloss öffnet. Eine Stunde dürfte für die Besichtigung ausreichen.

Anschließend verläuft die Fahrt weiter auf der A93 durch ❷ **Aboyne**, wo das nette Lokal Black-Faced Sheep zu einer Kaffeepause einlädt. Gleich hinter dem Dorf kann man beobachten, wie die Segelflieger des Deeside Gliding Club abheben. Alternativ bietet sich die Ortschaft ❸ **Ballater** zum Mittagessen an. In dem hübschen Dorf mit Verbindungen zum Königshaus gibt es einige gute Restaurants und Cafés.

Westlich von Ballater führt die A93 (landschaftlich schöner als die Nebenstraße südlich des Flusses) nun zum ❹ **Balmoral Castle**. Hier sollten Besucher mindestens zwei Stunden einplanen. Weiter geht es dann nordwärts über die B976 auf die A939.

Die A939, die **Cock Bridge** mit **Tomintoul** verbindet, ist als eine der furiosesten Fernstraßen Großbritanniens berühmt. Durch hoch gelegene Heidemoorlandschaften und über steile Hügel folgt sie der Trasse einer Militärstraße, die im 18. Jh. angelegt wurde. Ihre rasanten Kurven ziehen Scharen von Motorradfahrer magisch an. Die Straße bringt zu dem abgelegenen ❺ **Corgarff Castle** und erreicht auf 644 m Höhe das Lecht Ski Centre, bevor sie zum Dorf ❻ **Tomintoul** hinabführt.

Rund 1,5 km hinter Tomintoul heißt es rechts auf die B9136 abzubiegen, um zu den klassischen Speyside-Dörfern und zur Whiskybrennerei ❼ **Glenlivet** zu gelangen. Von hier aus biegt man rechts ab und dann links auf die B9009 nach ❽ **Dufftown** – das Herz der Whiskyregion Speyside. Wenn die Zeit reicht, lohnt sich eine Führung durch eine Whiskybrennerei (in der Umgebung liegen sieben). Den Abschluss der Tour bildet die Fahrt über die A941 nach **Elgin**.

Water" verkauft. Das Dorf profitiert auch vom nahe gelegenen Balmoral Castle, der Sommerresidenz der Queen, die große Scharen an Besuchern anzieht.

Die Touristeninformation (☎01339-755306; Station Sq.; ⊙Juli & Aug. 9–18 Uhr, Sept.–Juni 10–17 Uhr) befindet sich in der Old Royal Station. Internetzugang bietet Cybernaut (☎01339-755566; 2 Braemar Rd.; pro 15 Min. 1 £; ⊙Mo–Fr 9–17, Sa 10–16 Uhr).

Sehenswertes & Aktivitäten

Wenn Queen Victoria mit dem königlichen Zug nach Balmoral reiste, stieg sie an der Old Royal Station (☎01339 755306; Station Sq.; Eintritt 2 £; ⊙Juli & Aug. 9–18 Uhr, Sept.–Juni 10–17 Uhr) in Ballater aus. Der wunderschön restaurierte Bahnhof beherbergt heute die Touristeninformation, ein Café und ein Museum mit einem Nachbau von Queen Victorias königlichem Waggon. Das Dorf spielt eine bedeutende Rolle als Lieferant für Balmoral Castle. Wer durch Ballaters Hauptstraße schlendert, sollte mal auf die Ladenfronten achten: die Geschäfte mit Wappen an der Hausfront sind „By Royal Appointment" (durch königliche Ernennung) offiziell anerkannte Hoflieferanten.

Am Station Square befindet sich auch Dee Valley Confectioners (☎01339-755499; www.dee-valley.co.uk; Station Sq.; Eintritt frei; ⊙April–Okt. Mo–Do 9–12 & 14–16.30 Uhr), ein Hersteller von traditionellen schottischen Süßigkeiten, die einem das Wasser im Mund zusammenlaufen lassen.

Wer vom Osten her die Berge ansteuert, findet in Ballater zahlreiche schöne **Wanderwege**, die in die Umgebung führen. Die Tour über den steilen Waldweg hinauf zum Gipfel des **Craigendarroch** (400 m) dauert nur wenig mehr als eine Stunde. Eine ernsthaftere Herausforderung ist der etwa sechsstündige Aufstieg zum Gipfel des **Morven** (871 m), der aber mit einer tollen Aussicht belohnt wird. Ausführliche Informationen über die Wanderstrecke gibt es in der Touristeninformation. CycleHighlands (www.cyclehighlands.com; The Pavilion, Victoria Rd.; Fahrrad pro Tag 16 £; ⊙9–18 Uhr) verleiht Fahrräder, arrangiert geführte Fahrradtouren und gibt hilfreiche Auskünfte über Routen in der Umgebung. Cabin Fever (☎01339-54004; Station Sq.; Fahrrad pro 2 Std. 8 £; ⊙9–18 Uhr) verleiht ebenfalls Fahrräder und organisiert Pony-Trekking, Quad-Biking, Tontaubenschießen sowie Kanutouren.

Schlafen & Essen

Die Unterkünfte in Ballater sind ziemlich teuer, deshalb fahren Reisende, die nicht so viel Geld ausgeben wollen, zum Übernachten weiter nach Braemar.

Auld Kirk HOTEL ££

(☎01339-755762; www.theauldkirk.com; Braemar Rd.; EZ/DZ ab 73/110 £; P ⑤) Hier fällt schon einiges aus dem Rahmen: Eine umgebaute ehemalige Kirche aus dem 19. Jh. beherbergt das „restaurant with rooms" – sechs an der Zahl. In den Innenräumen verbinden sich originale Elemente mit einer gepflegten, modernen Ausstattung. Auf der Speisekarte des eleganten schottischen Restaurants (2-/3-Gänge-Abendmenü 29/36 £) stehen Lamm, Wild sowie Fisch und Meeresfrüchte, alles frisch aus der Region.

Green Inn B&B ££

(☎01339-755701; www.green-inn.com; 9 Victoria Rd.; B&B pro Pers. ab 40 £; P) Drei komfortable Zimmer mit Bad bietet das Green Inn in dem hübschen alten Haus, in dem überall Plüschsessel und -sofas herumstehen. Das Hauptaugenmerk liegt hier jedoch auf vorzüglichem Essen. Auf der Speisekarte stehen französisch inspirierte Gerichte wie gebratene Wachteln mit Wildpilzen. Dienstag bis Samstag zwischen 19 und 21 Uhr kostet ein dreigängiges Abendmenü 43 £.

Habitat HOSTEL £

(☎01339-753752; www.habitat-at-ballater.com; Bridge Sq.; B/DZ 20/45 £) Das ansprechende, umweltfreundlich geführte Hostel liegt in einer Seitengasse in der Nähe der Brücke, die über den River Dee führt. Seine drei Achtbettzimmer verfügen über persönliche Schließfächer und Leselampen. In der komfortablen Lounge stehen große, weiche Sofas und ein Holzofen.

Old Station Cafe CAFÉ ££

(☎01339-755050; Station Sq.; Hauptgerichte 9–15 £; ⊙tgl. 10–17, Do–Sa auch 18.30–20.30 Uhr) Im ehemaligen Wartesaal von Queen Victorias Bahnhof ist heute ein hübsches Restaurant mit schwarz-weißem Kachelboden, bequemen Korbsesseln, eleganten Marmortischen und einem offenen Marmorkamin untergebracht. Die täglichen Spezialitäten zeichnen sich durch die Verwendung von regionalen Produkten aus (sei es Lachs oder Wild). Guten Kaffee und hausgemachtes Gebäck gibt es den ganzen Tag über.

Rock Salt & Snails — CAFÉ £

(www.rocksaltandsnails.co.uk; 2 Bridge St.; Hauptgerichte 4–7 £; ⏲Mo-Sa 10–17, So 11–17 Uhr) In dem tollen kleinen Café gibt es ausgezeichneten Kaffee und mittags eine Platte mit leckeren lokalen Spezialitäten (Käse, Schinken, Salate usw.) Die Einrichtung ist modern-minimalistisch, erzeugt aber dennoch eine behagliche Atmosphäre.

ⓘ An- & Weiterreise

Die Buslinie 201 fährt von Aberdeen über Crathes Castle nach Ballater (9,60 £, 1¾ Std., Mo–Sa stündl., So 6-mal). Von dort aus fährt der Bus alle zwei Stunden weiter nach Braemar (30 Min.).

BALMORAL CASTLE

Knapp 13 km westlich von Ballater liegt **Balmoral Castle** (☎01339-742334; www.balmoralcastle.com; Erw./Kind 9/5 £; ⏲April–Juli 10–17 Uhr, letzter Einlass 16 Uhr). Ein dichter Vorhang aus grünen Bäumen schirmt die Highland-Sommerresidenz der Queen zur Straße hin ab. Queen Victoria ließ das Schloss 1855 als privaten Landsitz der königlichen Familie errichten. Der Bau gab den Anstoß zum Wiederaufblühen des schottischen Baronial-Stils, der so viele schottische Landsitze des 19. Jh. prägt.

Das Eintrittsgeld schließt eine interessante, gut durchdachte Audio-Führung ein. Doch läuft die Tour verläuft überwiegend durch den Garten und das Gelände. Im Schloss ist nur der Festsaal für Besucher zugänglich. Zu sehen ist dort eine Sammlung von Gemälden des englischen Malers Edwin Landseer und königliches Silber. Es besteht nicht die geringste Chance, einen Blick in die königlichen Privatgemächer zu werfen! Am meisten erfährt man hier noch über die Verwaltung eines Gutes in den Highlands; Einblicke ins Privatleben der königlichen Familie sind dagegen nicht möglich.

Besucher können eine Broschüre kaufen, in der mehrere markierte Spaziergänge durch das weitläufige Schlossgelände verzeichnet sind. Einer der markierten Wege führt hinauf zum **Prince Albert's Cairn**, einer riesigen Pyramide aus Granit mit der Inschrift: „To the beloved memory of Albert the great and good Prince Consort. Erected by his broken hearted widow Victoria R. 21st August 1862".

Im Süden von Balmoral ragt der schneebedeckte Gipfel vom **Lochnagar** (1155 m) in die Höhe. Lord Byron, der seine Kindheit in Aberdeenshire verbrachte, hat diesen Berg in seinen Versen verewigt:

England, thy beauties are tame and domestic
To one who has roamed o'er the mountains afar.
O! for the crags that are wild and majestic:
The steep frowning glories of dark Lochnagar.

Balmoral liegt an der A93 nahe Crathie und ist mit dem Bus, der zwischen Aberdeen und Braemar verkehrt, zu erreichen.

BRAEMAR
400 EW.

Braemar ist ein schönes kleines Dorf mit einer großartigen Lage. Umringt von Bergen, liegt es in einer weiten Ebene, wo sich Glen Dee und Glen Clunie treffen. Im Winter zählt es zu den kältesten Orten des Landes, hier fiel das Thermometer schon einmal auf -29 °C. Bei länger anhaltender Kälte streifen hungrige Hirsche und Rehe auf der Suche nach etwas Nahrung durch die Straßen des Dorfes. Braemar bildet einen ausgezeichneten Ausgangspunkt für Bergwanderungen, außerdem liegt das Skigebiet Glenshee in der Nähe.

Das **Tourist Office** (☎01399741600; The Mews, Mar Rd.; ⏲Aug. 9–18 Uhr, Juni, Juli, Sept. & Okt. 9–17 Uhr, Nov.–Mai Mo–Sa 10–13.30 & 14–17, So 14–17 Uhr) gegenüber dem Fife Arms Hotel verteilt viel nützliches Infomaterial über Wandertouren in der näheren Umgebung. Im Dorfzentrum finden sich eine Bank mit einem Geldautomaten, ein paar Läden für Outdoor-Ausrüstungen und der Supermarkt **Alldays** (⏲Mo–Sa 7.30–21, So 9–18 Uhr).

⊙ Sehenswertes & Aktivitäten

Gleich nördlich des Dorfes steht seit 1628 das **Braemar Castle** (www.braemarcastle.co.uk; Erw./Kind 6/3 £; ⏲April–Juni & Okt. Sa & So 11–15 Uhr, Juli–Sept. Sa, So & Mi 10–16 Uhr) mit seinen zahlreichen Türmen. Nach den Jakobiner-Aufständen von 1745 diente das Bauwerk als Garnisonssitz. Seit die Gemeinde Braemar das Schloss 2007 übernommen hat, finden Schlossführungen statt.

Ein leichter Wanderweg führt von Braemar auf den **Creag Choinnich** (538 m), einen Hügel östlich des Dorfes (oberhalb der A93). Die Route ist markiert und nimmt rund 1½ Std. in Anspruch. Eine längere, etwa dreistündige Wanderung – mit einem grandiosen Panoramablick auf die Cairngorms – führt auf den Gipfel vom **Morrone** (859 m), der südwestlich von Braemar markant emporragt.

BRAEMAR GATHERING

Unter den Highland Games, die im Sommer in vielen Dörfern und Städten Schottlands stattfinden, ist das Braemar Gathering (%01339-755377; www.braemargathering.org; Erw./Kind ab 10/2 £) das berühmteste Spektakel. Die jährlich am ersten Samstag im September veranstalteten Spiele werden seit 1817 von der Braemar Royal Highland Society organisiert. Das für Braemar wichtige Ereignis umfasst traditionelle Tänze der Highlands, Dudelsackwettbewerbe, Tauziehen und einen Wettlauf auf den Morrone hinauf. Weitere Highlights sind die Wettbewerbe im *Caber*-Werfen (der *caber* ist ein Baumstamm, dessen Gewicht und Länge genau festgelegt ist), Steinewuchten, Hammerwerfen und im Weitsprung. Unter den Teilnehmern sind auch internationale Athleten.

Die Anfänge der Highland Games liegen Jahrhunderte zurück. Anfangs ging es einfach darum, Kraft und Geschicklichkeit spielerisch auszutesten. Doch im Zuge der Romantisierung der Highlands, die von Sir Walter Scott und König Georg IV. ausging, erhielten die Spiele um 1820 einen offiziellen Charakter und feste Regeln. 1848 besuchte Queen Victoria das Braemar Gathering und begründete damit eine Tradition der königlichen Schirmherrschaft, die bis heute besteht.

Braemar Mountain Sports (%01339-741242; www.braemarmountainsports.com; 5 Invercauld Rd.; 9–18 Uhr) verleiht neben Mountainbikes (16 £ pro 24 Std.) auch Ski- und Bergsteigerausrüstungen.

Schlafen

Rucksacks Bunkhouse BUNKHOUSE £
(%01339-741517; 15 Mar Rd.; Hütte 7 £, B 12–15 £, 2BZ 36 £; P@) Das hübsche Bunkhouse im Cottage-Stil bietet einen komfortablen Schlafsaal. Preiswerter sind die Schlafplätze in der alpinen Hütte (es gibt Schlafpritschen für zehn Personen, eigenen Schlafsack mitbringen). Zu den weiteren Einrichtungen zählen ein Trockenraum (für nasse Ausrüstung), ein Raum mit Waschmaschinen und sogar eine Sauna (1 Std. 10 £). Selbst alle, die nicht Gäste im Haus sind, dürfen den Internetzugang (1 Std. 3 £, 10.30–16.30 Uhr), die Waschmaschinen und die Duschen (2 £) nutzen. Der freundliche Besitzer weiß so gut wie alles über die Region – er ist eine wahre Fundgrube an Informationen.

Clunie Lodge Guesthouse B&B ££
(%01339-741330; www.clunielodge.com; Cluniebank Rd.; Zi. pro Pers. ab 32 £; P) In der geräumigen viktorianischen Villa, die mitten in einem zauberhaften Garten liegt, lässt es sich nach einer strammen Wanderung wunderbar entspannen. Einen wertvollen Beitrag dazu leisten ein komfortabler Salon, Zimmer mit Blick auf die Berge und vielleicht auch die Eichhörnchen, die durch die nahen Bäume turnen. Vorhanden sind zudem ein Trockenraum für die nasse Wanderausrüstung und ein gesicherter Abstellraum für Fahrräder.

Craiglea B&B ££
(%01339-741641; www.craigleabraemar.com; Hillside Dr.; DZ 72 £; P) Das gemütliche B&B in einem hübschen, aus Natursteinen erbauten Cottage bietet drei Zimmer mit Bad. Auf Wunsch ist auch ein vegetarisches Frühstück erhältlich – und der Besitzer gibt gute Tipps für Wanderungen in der Umgebung.

Braemar Lodge Hotel HOTEL, BUNKHOUSE ££
(%01339-741627; www.braemarlodge.co.uk; Glenshee Rd.; B ab 12 £, EZ/DZ 75/120 £; P) Das ehemalige Jagdschlösschen am Rande von Braemar besitzt viel Charakter. Das zeigt sich nicht zuletzt in der Malt Lounge, die nicht nur mit ausgestopften Hirschköpfen gut bestückt ist, sondern auch mit einem stattlichen Sortiment an Single-Malt-Whiskys. Das gute, zum Hotel gehörende Restaurant bietet Aussicht auf die Berge. Auf dem Hotelgelände steht eine für Wanderer gedachte Hütte mit zwölf Schlafplätzen.

Braemar SYHA HOSTEL £
(%01339-741659; 21 Glenshee Rd.; B 18 £; Feb.–Okt.; @) Das Hostel befindet sich in einem imposanten ehemaligen Jagdschloss. Es liegt gleich südlich von Braemars Dorfzentrum an der A93 Richtung Perth. In der gemütlichen Lounge steht ein Billardtisch, und im Garten gibt es einen Grillplatz.

St Margarets B&B ££
(%01339-741697; 13 School Rd.; EZ/DZ 32/54 £;) Zugreifen, wenn möglich! Es gibt nur ein einziges Zimmer – ein Doppelzimmer voller

Sonnenblumenmotive (auch als Einzelzimmer zu mieten). Die aufrichtige Herzlichkeit, die den Gästen hier entgegengebracht wird, ist einfach wunderbar.

Invercauld Caravan Club Site CAMPINGPLATZ £
(☎01339-741373; Zeltplatz 10 £, plus pro Pers. 7 £; ⊙Ende Dez.–Okt.) Der Campingplatz ist gut ausgestattet. Möglich ist aber auch wildes Campen (keinerlei Einrichtungen) entlang der Nebenstraße am Ostufer des Clunie Water, knapp 5 km südlich von Braemar.

✕ Essen

 Gathering Place BISTRO ££
(☎01339-741234; www.the-gathering-place.co.uk; 9 Invercauld Rd.; Hauptgerichte 15–19 £; ⊙Di-Sa Abendessen) Das helle, luftige Bistro mit einladendem Speiseraum und sonnigem Wintergarten überrascht seine Gäste mit hervorragendem Essen. Das Bistro liegt unterhalb der großen Straßenkreuzung am Dorfeingang.

Taste CAFÉ £
(☎01339-741425; www.taste-braemar.co.uk; Airlie House, Mar Rd.; Hauptgerichte 3–6 £; ⊙Mo–Sa 10–17 Uhr; 🐾) In dem kleinen, zwanglosen Café stehen Sessel und Tische direkt an der Schaufensterscheibe. Es bietet Suppen, Snacks, Kaffee und Kuchen.

ⓘ An- & Weiterreise

Die Buslinie 201 fährt von Aberdeen nach Braemar (9,60 £, 2¼ Std., Mo–Sa 8-mal tgl., So 5-mal). Die etwa 80 km lange Strecke zwischen Perth und Braemar ist wunderschön, doch leider verkehren auf dieser Route keinerlei öffentliche Verkehrsmittel.

INVEREY

Etwa 8 km westlich von Braemar liegt die kleine Siedlung Inverey. Hier beginnen zahlreiche anspruchsvolle Bergwanderrouten, darunter auch die abenteuerliche Tour über den Pass **Lairig Ghru** (S. 381) bis nach Aviemore.

Der **Glen-Luibeg**-Rundweg (24 km, 6 Std.) ist eine schöne Tagestour. Die Wanderung beginnt am Waldparkplatz, 250 m jenseits des **Linn of Dee**, einer Klamm etwa 2,5 km westlich von Inverey (an der Brücke). Der Pfad führt über die Derry Lodge bis zum Glen Luibeg – auf der Strecke gibt ein paar herrliche Waldreste mit uralten Schottischen Kiefern zu bestaunen. Dann geht es westwärts über einen bequemen Pass ins Glen Dee und am River Dee entlang zurück zur Klamm. Hilfreich zur Orientierung: OS-Kartenblatt 1:50 000 Nr. 43.

Ein ebenfalls schöner, kurzer Wanderweg (knapp 5 km, 1½ Std.) beginnt am **Linn of Quoich** – einem Wasserfall, der aus einer engen Felsspalte herabbraust. Der Fußweg geht am Ostufer des Bachlaufs entlang bis zu der eindrucksvollen Felsenwelt **Punch Bowl** (einer riesigen Höhle) und dann weiter bis zu einer modernen Brücke, die eine enge Schlucht überspannt. Zurück geht es am anderen Bachufer auf einer ungepflasterten Straße.

Strathdon Valley

Westlich von Kintore, etwa 21 km nordwestlich von Aberdeen, erstreckt sich das Flusstal des Don. Hier liegen die schönsten Schlösser von Aberdeenshire und die Dörfer Kemnay, Monymusk und Alford (sprich: *ahford*) sowie das kleine Dorf Strathdon. Die A944 verläuft parallel zum unteren Talabschnitt. Westlich von Alford befinden sich die A944, A97 und A939, sie begleiten den Oberlauf des Flusses.

Stagecoach-Bus Nr. 220 fährt von Aberdeen nach Alford (1½ Std., Mo-Sa 7-mal tgl., So nur 4-mal). Von Alford geht's weiter mit dem Bus 219 via Kildrummy nach Strathdon Village (50 Min., Di & Do 2-mal tgl., Sa 1-mal).

Craigievar Castle SCHLOSS
(NTS; Erw./Kind 11,50/8,50 £; ⊙Juli & Aug. tgl. 11–17.30 Uhr, April–Juni & Sept. Fr–Di 11–17.30 Uhr) Das Schloss ist ein Musterbeispiel für den originalen schottischen Baronial-Stil. Seit seiner Fertigstellung im 17. Jh. wurde an dem Bauwerk kaum etwas verändert. Die untere Hälfte des Schlosses besteht aus einem schlichten Wohnturm. Auf Kragsteine gesetzte Türmchen, Kuppeln und Zinnen schmücken hingegen die obere Hälfte in großer Fülle – eine extravagante Art des Erbauers, Reichtum und Status zu demonstrieren. Das Schloss liegt rund 15 km südlich von Alford.

Kildrummy Castle BURG
(HS; ☎01975-571331; Erw./Kind 4/2,40 £; ⊙April-Sept. 9.30–17.30 Uhr) Rund 15 km westlich von Alford steht die große Ruine dieser aus dem 13. Jh. stammenden Burg. Einst war sie der Sitz des Earl of Mar und einer der imposantesten Wehrbauten Schottlands. Nach dem Jakobiner-Aufstand von 1715 musste der Earl nach Frankreich ins Exil gehen. Seine verlassene Burg verfiel im Lauf der Zeit.

Corgarff Castle BURG
(HS; %01975-651460; Erw./Kind 5/3 £; ☉April–Sept. tgl. 9.30–17.30 Uhr, Okt.–März Sa & So 9.30–16.30 Uhr) Die beeindruckende Festung steht in dem urwüchsigen oberen Abschnitt des Strathdon-Tals, nahe der A939, die von Corgarff nach Tomintoul führt. Das Turmhaus stammt aus dem 18. Jh. Der sternförmige Wehrwall entstand erst 1748, als die Burg im Zuge des Jakobiner-Aufstands in eine Kaserne umgewandelt wurde.

ALFORD
1925 EW.

In Alford gibt es ein **Touristeninformation** (📞01975-562052; Old Station Yard, Main St.; ☉Juni–Aug. Mo–Sa 10–17, So 12.45–17 Uhr, April, Mai & Sept. Mo–Fr 10–13 & 14–17, Sa 10–12 & 13.45–17, So 12.45–17 Uhr), Banken mit Geldautomaten und einen Supermarkt.

Das **Grampian Transport Museum** (📞01975-562292; www.gtm.org.uk; Erw./Kind 9 £/frei; ☉April–Sept. 10–17 Uhr, Okt. 10–16 Uhr) besitzt eine Sammlung an Vorkriegsmodellen von Motorrädern, Autos, Bussen und Straßenbahnen. Zu bestaunen sind u. a. eine Triumph Bonneville (sehr gut in Schuss), einige Modelle des T Fords (darunter eines, das Drambuie als Firmenwagen benutzt hat), einen Ferrari F40 und einen Aston Martin V8 Mk II. Zu den ausgefallenen Ausstellungsstücken zählen ein russischer Pferdeschlitten aus dem 19. Jh., ein Schneeräumer von 1942 und der Craigievar Express, ein dampfgetriebenes dreirädriges Gefährt, das ein ortsansässiger Postbeamte 1895 gebaut hat.

Neben dem Museum liegt der Bahnhof der **Alford Valley Steam Railway** (📞01975-562811; www.alfordvalleyrailway.org.uk; Erw./Kind 3/2 £; ☉Juli & Aug. tgl. 11.30–16 Uhr, April–Juni & Sept. Sa & So 11.30–16 Uhr). Die historische Schmalspurbahn fährt von hier aus zum Haughton Country Park und wieder zurück.

LECHT SKI RESORT
Am Ende des Strathdon-Tals kreuzt die A939 den Lechtpass (637 m). Die A939 ist eine spektakuläre, bei Motorradfahrern sehr beliebte Route, die **Cock Bridge** mit **Tomintoul** verbindet und in ihrem Verlauf an eine Achterbahn erinnert. Am Lechtpass liegt ein kleines Skigebiet mit leichten und mittelschweren Abfahrten. **Lecht 2090** (www.lecht.co.uk) verleiht Skier, Skischuhe und -stöcke für 20 £ pro Tag. Der Liftpass kostet pro Tag 28 £.

Im Sommer transportiert der Sessellift (Tagesticket 27 £) Mountainbiker. Allerdings müssen sie ihr Mountainbike selbst mitbringen, da hier keine Möglichkeit besteht, ein Bike zu leihen.

Nördliches Aberdeenshire
Nördlich von Aberdeen gehen die Grampian Mountains in eine flache Landschaft über, aus der immer wieder kleine zerklüftete Hügel aus Vulkangestein ragen. Buchan, wie diese fruchtbare Ecke der Lowlands heißt, ist ein traditionsreiches Bauernland. Lewis Grassic Gibbon hat diese Region in seiner Trilogie A Scots Quair (Ein schottisches Buch) am Beispiel einer Dorfgemeinschaft in den 1920ern verewigt. Hier sprechen die Einheimischen im Alltag noch Doric, den alten schottischen Dialekt. Wer glaubt, der Dialekt der Glaswegians (der Bewohner von Glasgow) sei schwierig zu verstehen, kennt Doric nicht. Kaum jemand von „anderswo" wird einem Gespräch in Peterhead oder Fraserburgh auch nur im Ansatz folgen können.

An Buchans Küste wechseln sich Klippen mit endlos langen Sandstränden ab. Und zwischendrin tauchen immer wieder kleine, malerische Fischerdörfer auf, wie z. B. die Ortschaft Pennan, wo Teile des Films *Local Hero* gedreht wurden.

FRASERBURGH
12 500 EW.

Fraserburgh, das die Einheimischen nur „The Broch" nennen, ist Europas größter Umschlagplatz für Schalentiere (Muscheln, Krebse usw.). Wie in Peterhead hängt das Wohl und Wehe der Stadt seit jeher von der Fischindustrie ab. Deren allgemeiner Niedergang macht Fraserburgh heute schwer zu schaffen. Trotz allem geht es im Hafen noch ziemlich geschäftig zu, und es ist spannend, durch das Hafengelände zu stromern. Östlich der Stadt erstreckt sich ein schöner **Sandstrand**. Es gibt eine **Touristeninformation** (📞01346-518315; www.visitfraserburgh.com; Saltoun Sq.; ☉April bis Okt. Mo–Sa 10–17 Uhr), einen Supermarkt und Banken mit Geldautomaten.

Das ausgezeichnete **Scottish Lighthouse Museum** (📞01346-511022; www.lighthousemuseum.org.uk; Kinnaird Head; Erw./Kind 5/2 £; ☉März–Okt. Mi–Mo 10–17, Di 12–17 Uhr, Nov.–Feb. Mi–So 11.30–16.30 Uhr) bietet einen faszinierenden Einblick in das Netzwerk der Leuchtfeuer, die seit mehr als 100 Jahren an Schottlands Küste einen sicheren Weg weisen. Auch über die Frauen und Männer, die Leuchttürme gebaut oder gewartet haben, ist viel zu erfahren (einschließlich der traurigen Tatsache, dass alle Leuchttürme der Welt ab 1. Januar 2080 stillgelegt werden). Eine Führung geht hinauf bis in die Spitze des alten Kinnaird-Head-Leuchtturms, der auf dem Turm eines Schlosses aus dem 16. Jh. steht. Die Technik der 4,5 t schweren Lichtanlage ist so perfekt, dass sich das Leuchtfeuer mit einem Finger drehen lässt. Der Winddruckmesser hat hier die stärkste Windgeschwindigkeit, die jemals in Großbritannien dokumentiert wurde, aufgezeichnet: eine Windbö mit 123 kn (228 km/h) am 13. Februar 1989.

Die Buslinien 267 und 268 von Aberdeen über Ellon nach Fraserburgh (1½ Std., Mo–Sa alle 30 Min., So stündl.).

PENNAN

Pennan ist ein malerisches Dorf, das sich um einen Hafen gruppiert und am Fuß von roten Sandsteinklippen knapp 20 km westlich von Fraserburgh liegt. Die Giebelwände der weiß gekalkten Häuser weisen zum Meer. Nur wenige Meter entfernt auf der anderen Seite der einzigen Straße des Dorfes rollen die Wellen an den Strand. Das Dorf gehörte zu den Drehorten des Films *Local Hero* (1983). Noch heute kommen Filmfans, um aus der roten Telefonzelle, die für den Handlungsstrang des Films eine herausragende Rolle spielte, ein Telefonat zu führen. Doch die Telefonzelle im Film war nur ein Requisit. Erst später gelang es Filmfans und Einheimischen, mit vereinten Kräften die Installation einer echten Telefonzelle durchzusetzen.

In den Hotelszenen des Films tauchen auch die Innenräume des Dorfhotels **Pennan Inn** auf. Für die Außenaufnahmen des fiktiven Hotels wurde jedoch ein anderes Haus, das weiter östlich am Strand steht, abgelichtet. Die Strandszenen wurden auf der anderen Seite des Landes am Camasdarach Beach in Arisaig gedreht.

Die Buslinie 273, die zwischen Fraserburgh und Banff verkehrt, hält am Ende der Pennan Road (25 Min., nur Sa 2-mal tgl.). Die Haltestelle liegt 350 m südlich des Dorfes, von dort führt ein ziemlich steiler Klippenweg zum Dorf hinunter.

HUNTLY
4400 EW.

Eine beeindruckende Ruine und ein schöner zentraler Platz sind Grund genug, um in dem zwischen Aberdeen und Elgin gelegenen Städtchen einen Zwischenstopp einzulegen. An besagtem Platz – neben einer Bank mit Geldautomaten – liegt die **Touristeninformation** (☏01466-792255; The Square; ⊙Juli & Aug. Mo–Sa 10–17.30, So 10–15 Uhr, Juni, Sept. & Okt. Mo–Sa 10–13 & 14–17 Uhr).

Die Castle Street (neben dem Huntly Hotel) führt nördlich des Platzes zu einem Torbogen, hinter dem sich eine Baumallee bis zum **Huntly Castle** (HS; Erw./Kind 5/3 £; ⊙April–Sept. tgl. 9.30–17 Uhr, Okt.–März Sa–Mi 9.30–16.30 Uhr) erstreckt. Das im 16. Jh. erbaute Schloss liegt am Ufer des River Deveron und war einst der Stammsitz der Familie Gordon. Über dem Haupteingang prangt ein prächtiges Steinrelief, das u. a. königliche Wappen sowie Figuren von Christus und dem hl. Michael zeigt.

Gleich an der A96, knapp 5 km nordwestlich von Huntly, liegt das **Peregrine Wild-Watch Centre** (www.forestry.gov.uk/huntlyperegrines; Erw./Kind 3/1 £; ⊙April–Aug. 10–17 Uhr). Eine versteckte Beobachtungsstation ermöglicht den Besuchern, seltene Wanderfalken fast hautnah zu beobachten. Außerdem können sie auf einem Bildschirm Livebilder von den Nistplätzen ansehen, die eine ferngesteuerte Kamera überträgt.

🛏 Schlafen

Am Hauptplatz in Huntly stehen einige Hotels. In den umliegenden Straßen vermieten eine Handvoll B&Bs Zimmer, darunter das **Hillview** (☏01466-794870; www.hillviewbb.com; Provost St.; EZ/DZ 30/50 £; 🅿🛜). Es ist sehr zu empfehlen wegen seiner Gastfreundlichkeit und seiner leckeren Frühstückspfannkuchen.

Wer sich gerne einmal etwas Besonderes gönnen will, folgt der Auffahrt oberhalb des Schlosses und übernachtet im **Castle Hotel** (☏01466-792696; www.castlehotel.uk.com; EZ/DZ ab 90/130 £; 🅿🛜). Das Hotel ist ein prachtvolles Landhaus aus dem 18. Jh. inmitten eines riesigen Parks. Mit seiner herrschaftlichen Holztreppe, den verschlungenen Fluren, knarrenden Dielen und klappernden Schiebefenstern besitzt es einen behaglichen altmodischen Charme. Es zählt zu den preisgünstigsten Landhaus-Hotels in Schottland.

❶ An- & Weiterreise

Die Busse der Linie 10, die Aberdeen (1½ Std., stündl.) mit Inverness verbindet, halten in Huntly. Außerdem besteht eine regelmäßige Zugverbindung zwischen Aberdeen und Huntly (1 Std., alle 2 Std.). Von dort aus fährt der Zug weiter nach Inverness.

Moray

Der Verwaltungsbezirk Moray (sprich: *murry*) mit Elgin als Verwaltungssitz liegt im Herzen einer alten keltischen Grafschaft. Die Region ist berühmt für ihr mildes Klima und ihre ertragreichen Felder. Die Gerstenfelder lieferten im 19. Jh. den Rohstoff für die Speyside Whisky Distilleries, die heute eine der wichtigsten Touristenmagnete der Region sind.

ELGIN
21 000 EW.

Elgin, seit über 800 Jahren Provinzhauptstadt von Moray, nahm im Mittelalter eine bedeutende Stellung ein. Das auf einem Hügel stehende Denkmal des 5. Duke of Gordon beherrscht das Stadtbild. Elgins Hauptattraktion ist jedoch die imposante Ruine der Kathedrale, in der die Vorfahren des Dukes in ihren Grabstätten ruhen.

Sehenswertes

Elgin Cathedral KATHEDRALE
(HS; King St.; Erw./Kind 5/3 £, Kombiticket mit Spynie Palace 6,70/4 £; April–Sept. 9.30–17.30 Uhr, Okt. 9.30–16.30 Uhr, Nov.–März Sa–Mi 9.30–16.30 Uhr) Viele Leute halten die Ruine der Elgin Cathedral (auch die „Laterne des Nordens" genannt) für die schönste und stimmungsvollste in ganz Schottland. Die Kathedrale wurde 1224 geweiht. Doch 1390 brannte der niederträchtige Wolf of Badenoch, unehelicher Sohn von Robert II., sie nieder, nachdem der Bischof von Moray ihn exkommuniziert hatte. Das achteckige Kapitelhaus ist das schönste des Landes.

Elgin Museum MUSEUM
(www.elginmuseum.org.uk; 1 High St.; Erw./Kind 4/1,50 £; April–Okt. Mo–Fr 10–17, Sa 11–16 Uhr) Paläontologen und Fans der Pikten kommen im Elgin Museum bestimmt auf ihre Kosten. Zu den Höhepunkten des Museumsbesuchs zählen die vielen Fossilien von Fischen und die Sammlung gravierter Piktensteine. Auch ein römischer Schatz befindet sich unter den Ausstellungsstücken.

Spynie Palace HISTORISCHES GEBÄUDE
(HS; Erw./Kind 4/2,40 £; April–Sept. 9.30–17.30 Uhr, Okt.–März Sa & So 9.30–16.30 Uhr) Der gut 3 km nördlich von Elgin gelegene Palast war vom Mittelalter bis in das Jahr 1886 Sitz der Bischöfe von Moray. Das massive Turmhaus bietet eine herrliche Aussicht auf Spynie Loch.

Shoppen

Gordon & MacPhail FEINKOST & GETRÄNKE
(www.gordonandmacphail.com; 58–60 South St.; Mo–Sa 8.30–17 Uhr) Der unabhängige Abfüller Gordon & MacPhail ist der weltweit größte Malt-Whisky-Händler. Das bereits über 100 Jahre alte Unternehmen führt rund 450 Whiskysorten in seinem Sortiment. Der Laden in Elgin ist eine wahre Pilgerstätte für Whiskykenner, verkauft aber auch andere Delikatessen, die Besuchern das Wasser im Mund zusammenlaufen lassen.

Johnstons of Elgin BEKLEIDUNG
(01343-554009; www.johnstonscashmere.com; Newmill; Mo–Sa 9–17.30, So 11–17 Uhr) Das 1797 gegründete Unternehmen ist für seine Bekleidungsstücke aus Kaschmirwolle berühmt – und es ist die einzige wollverarbeitende Fabrik, in der man den gesamten Herstellungsprozess von der Rohwolle bis zum fertigen Kleidungsstück verfolgen kann. Die Fabrikführungen sind kostenlos. Vor Ort gibt es auch ein Ladengeschäft und ein Café.

Schlafen & Essen

Croft Guesthouse B&B ££
(01343-546004; www.thecroftelgin.co.uk; 10 Institution Rd.; EZ/DZ ab 55/70 £; P) In dem Gästehaus, einer Villa, die sich ein Rechtsanwalt 1848 erbauen ließ, herrscht noch das Flair der viktorianischen High Society. Es steckt voller Mobiliar aus dem 19. Jh., darunter einige Kamine aus Gusseisen und Kacheln. In den drei Gästezimmern stehen bequeme Sessel, die Betten sind mit gestärkter Leinenbettwäsche bezogen.

Southbank Guest House B&B ££
(01343-547132; www.southbankguesthouse.co.uk; 36 Academy St.; EZ/DZ 55/75 £; P) In einer ruhigen Straße südlich von Elgins Stadtzentrum liegt dieses familienbetriebene B&B, das zwölf Zimmer in einem großen georgianischen Haus bietet. Die Kathedrale und andere Sehenswürdigkeiten sind in nur fünf Gehminuten zu erreichen.

Johnstons Coffee Shop CAFÉ £
(Newmill; Hauptgerichte 5–7 £; Mo–Sa 10–17, So 11–16.30 Uhr;) Das Café in der Johnstons-Fabrik ist Elgins beste Adresse, um etwas zu essen. Frühstück wird bis 11.45 Uhr serviert, und von 12 bis 15 Uhr gibt es Mittagessen (Crêpes mit unterschiedlichen Füllungen, darunter Räucherlachs mit Frischkäse und Dill). Anschließend steht Tee und Kuchen an.

Xoriatiki
GRIECHISCH ££

(☎01343-546868; 89 High St.; Hauptgerichte 8-12 £; ⓢDi-Sa Mittag- & Abendessen; ✍) Das sympathische Restaurant bringt die authentische griechische Küche nach Elgin – und das zu günstigen Preisen. Eine schmale Gasse führt von der Hauptstraße zum Eingang.

Ashvale
FISH & CHIPS £

(11 Moss St.; Hauptgerichte 6-13 £; ⓢ10.45-22 Uhr) Das Ashvale ist eine Filiale des berühmten Aberdeener Fish-and-Chips-Restaurants. Alle Speisen und Getränke können auch mitgenommen werden.

ⓘ Praktische Informationen

Post (Batchen St.; ⓢMo-Fr 8.30-18, Sa 8.30-16 Uhr)

Touristeninformation (☎01343-562608; Elgin Library, Cooper Park; ⓢMo-Sa 10-17, So 10-16 Uhr) Internetzugang im 1. Stock.

ⓘ An- & Weiterreise

Der Busbahnhof liegt einen Block nördlich der High Street. Der Bahnhof befindet sich 900 m südlich des Stadtzentrums.

BUS In Elgin hält die Stagecoach-Buslinie 10, die stündlich zwischen Inverness (9,50 £, 1 Std.) und Aberdeen (13 £, 2 Std.) verkehrt. Die Buslinie 305 fährt von Elgin über Fyvie nach Banff und Macduff (9 £, 1 Std.) und von dort weiter nach Aberdeen. Die Buslinie 336 fährt nach Dufftown (4,30 £, 30 Min., Mo–Sa stündl.).

ZUG Von Elgin verkehren regelmäßig Züge nach **Aberdeen** (17 £, 1½ Std., 5-mal tgl.) und nach **Inverness** (12 £, 50 Min., 5-mal tgl.).

DUFFTOWN
1450 EW.

„Rom ist auf sieben Hügeln (*hills*) gebaut worden, Dufftown dagegen auf sieben *stills*", behaupten die Einheimischen (*stills* sind die Kupferkessel, in denen Whisky gebrannt wird). Die Ortschaft, die James Duff, 4. Earl of Fife, 1817 gründete, liegt 27 km südlich von Elgin, mitten im Herzen der Speyside-Whisky-Region.

Die örtliche **Touristeninformation** (☎01340-820501; ⓢOstern-Okt. Mo-Sa 10-13 & 14-17.30, So 11-15 Uhr) befindet sich in dem Uhrenturm auf dem Marktplatz. Das benachbarte Museum zeigt einige interessante Exponate zur Lokalgeschichte.

⊙ Sehenswertes & Aktivitäten

Den sieben Whiskybrennereien rund um Dufftown verdankt der Ort den Beinamen „Hauptstadt des Malt-Whiskys". Die in der Touristeninformation erhältliche Broschüre **Malt Whisky Trail** (www.maltwhiskytrail.com) informiert über eine Besichtigungstour durch die sieben Brennereien und die Speyside Cooperage (Küferei).

Keith and Dufftown Railway
HISTORISCHE BAHN

(☎01340-821181; www.keith-dufftown-railway.co.uk; Dufftown Station; Erw./Kind hin- & zurück 10/5 £) Auf einer knapp 18 km langen Bahnstrecke ziehen Dieselloks aus den 1950er-Jahren die Waggons dieser historischen Bahn. Der Zug verkehrt von Juni bis September an jedem Samstag und Sonntag, im Juli und August auch freitags. Ausgestellt sind zwei „Brighton-Belle"-Pullmanwaggons aus den 1930-Jahren. Ein British-Rail-Speisewagen von 1957 dient als Café.

Whisky Museum
MUSEUM

(☎01340-821097; www.dufftown.co.uk; 12 Conval St.; ⓢMai-Sept. Mo-Fr 13-16 Uhr) Das Museum zeigt eine interessante Sammlung von Brennerei-Memorabilien (ein Versuch: nach einigen Whiskys „Memorabilien" sagen). Es veranstaltet auch „Nosing-and-tasting"-Abende (Verkostungen), die vermitteln, was den wahren Single Malt ausmacht (10 £ pro Pers.; Juli-Aug. Mi 20 Uhr).

Gut testen lassen sich die neu gewonnenen Erkenntnisse in dem nahe gelegenen **Whisky Shop** (☎01340-821097; www.whiskyshopdufftown.co.uk; 1 Fife St.), der Hunderte von Single Malts auf Lager hat.

🛏 Schlafen & Essen

Craigellachie Hotel
HOTEL ££

(☎08444146526; www.thecraigellachiehotel.com; Craigellachie; D ab 75 £; P☎) Von der holzgetäfelten Lobby bis hin zum opulenten Salon mit einem behaglichen Sofa vor dem Kaminfeuer: Das Craigellachie besitzt die wundervolle Atmosphäre einer altmodischen Jagdhütte. Für Whiskykenner bildet jedoch die Quaich Bar die größte Attraktion des Hotels. In der urgemütlichen Bar mit grünen Ledersesseln reihen sich Whiskyflaschen mit über 700 Sorten Single Malt. Das Hotel – mit Ausblick auf den Fluss Spey – liegt 8 km nordwestlich der Ortschaft Dufftown.

Davaar B&B
B&B ££

(☎01340-820464; www.davaardufftown.co.uk; 17 Church St.; EZ/DZ ab 40/60 £) Das B&B, untergebracht in einer trutzigen viktorianischen Villa, liegt in der Straße gleich gegenüber der Touristeninformation. Die drei Zimmer sind ziemlich klein, dafür aber gemütlich eingerichtet. Bei dem erstklassigen Frühstück hat man die Wahl zwischen ge-

AUF GEHT'S ZUR WHISKYTOUR

Der Besuch einer Whiskybrennerei kann ein unvergessliches Erlebnis sein. Doch wer nicht gerade zu den hartgesottenen Malt-Whisky-Fans gehört, hat wahrscheinlich wenig Lust, mehr als zwei oder drei Brennereien aufzusuchen. Einige sind wirklich einen Besuch wert, andere enttäuschen. Hier einige empfehlenswerte Brennereien:

Aberlour (01340-881249; www.aberlour.com; Führungen 12£; April–Okt. tgl. 10 & 14 Uhr, Nov.–März nach Vereinbarung) Bietet eine detaillierte Führung mit Verkostung. Die Brennerei liegt an der Hauptstraße in Aberlour.

Glenfarclas (01807-500257; www.glenfarclas.co.uk; Eintritt 5 £; Okt.–März Mo–Fr 10–16, April–Sept. Mo–Fr bis 17 Uhr, Juli–Sept. zusätzlich Sa bis 16 Uhr) Die kleine, freundliche, unabhängige Brennerei liegt 8 km südlich von Aberlour an der Straße, die nach Grantown führt. Die letzte Führung beginnt 90 Minuten vor Betriebsschluss. Die ausführliche Connoisseur's Tour (nur freitags von Juli bis September) kostet 20 £.

Glenfiddich (www.glenfiddich.com, auch auf Deutsch; Eintritt frei; ganzjährig tgl. 9.30–16.30 Uhr; Weihnachten & Neujahr geschl.) Die Brennerei ist zwar groß, und es geht dort auch recht geschäftig zu, aber von Dufftown aus ist sie am bequemsten zu erreichen. Außerdem bietet sie fremdsprachige Führungen an (auch auf Deutsch). Die kostenlose Standardführung beginnt mit einem einführenden Videofilm, macht Spaß und ist informativ. Für die ausführliche Connoisseur's Tour (20 £) ist eine Voranmeldung erforderlich. Glenfiddich brannte seinen Single Malt auch in den „düsteren Jahren", als diese Whisky-Art nicht gefragt war.

Macallan (01340-872280; www.themacallan.com; Ostern–Okt. Mo–Sa 9.30–16.30 Uhr, Nov.–März Mo–Fr 11–15 Uhr) Produziert einen ausgezeichneten Sherry-casked Malt (Single Malt, der nach der Reifezeit zur Geschmacksabrundung noch eine Zeit lang in Sherryfässern lagert). Es finden verschiedene Führungen in kleinen Gruppen statt, darunter auch eine Expertenführung (20 £). Die letzte Führung beginnt um 15.30 Uhr. Die Brennerei liegt auf einem reizvollen Anwesen, gut 3 km nordwestlich von Craigellachie.

Speyside Cooperage (01340-871108; www.speysidecooperage.co.uk; Erw./Kind 3,50/2 £; Mo–Fr 9–16 Uhr) Hier erleben Besucher hautnah die faszinierende Kunst der Fassmacherei. Die Küferei liegt 1,5 km von Craigellachie entfernt an der Straße nach Dufftown.

Spirit of Speyside (www.spiritofspeyside.com) Das Whisky-Festival findet zweimal jährlich in Dufftown statt – Anfang Mai und Ende September. Das Programm umfasst zahlreiche sehenswerte Veranstaltungen. Besucher sollten sowohl ihre Unterkunft als auch die Veranstaltungen so früh wie möglich buchen.

---

räucherten Portsoy-Heringen und den traditionellen Eiern mit Speck (die frischen Eier liefern die Hühner des Besitzers).

La Faisanderie   SCHOTTISCH £££
(01340-821273; The Square; Hauptgerichte 19–23 £; 12–13.30 & 17.30–20.30 Uhr) Ein einheimischer Chefkoch betreibt dieses erstklassige Restaurant. Einen Großteil des Wilds, das er in seiner Küche verarbeitet, jagt er sogar selbst. Mit einem fröhlichen Wandgemälde und ausgestopften Fasanen in jeder Ecke erinnert das Restaurant an ein französisches Landgasthaus. Das als frühes Abendessen (17.30–19 Uhr) servierte Dreigangmenü (19.50 £) enttäuscht eigentlich nie. À-la-carte-Gerichte werden während der gesamten Öffnungszeiten angeboten.

A Taste of Speyside   SCHOTTISCH ££
(01340-820860; 10 Balvenie St.; 2-/3-Gänge-Menü 19,50/22 £; Ostern–Sept. Di–So 12–21 Uhr, Okt.–Ostern Di–So 12–14 & 18–21 Uhr) In dem exklusiven Restaurant kommen traditionelle schottische Gerichte auf den Tisch, die aus regionalen Produkten zubereitet sind. Es gibt z. B. eine Räucherlachs-Platte, geräuchertes Wildbret, Hühnerleberpastete, Räucherhering, eine Auswahl an schottischem Käse und selbst gebackenes Brot (lecker!). Ein zweigängiges Mittagsmenü kostet 11 £ und bietet den Gästen eine gute Grundlage für eine anschließende Whiskyverkostung.

ℹ An- & Weiterreise

Busse verbinden Dufftown mit Elgin (50 Min., stündl.), Huntly, Aberdeen und Inverness.

Im Sommer kann man an den Wochenenden mit dem Zug von Aberdeen oder Inverness nach Keith fahren und von dort aus mit der Keith and Dufftown Railway nach Dufftown weiterzuckeln.

TOMINTOUL
320 EW.

Das 345 m hoch gelegene Dorf ließ der Duke of Gordon 1775 an einer alten Heerstraße, die von Corgarff über den Lechtpass führt, errichten. Heute verläuft hier die A939 – in der Regel ist sie die erste Straße Schottlands, die bei Wintereinbruch wegen Schnee gesperrt werden muss. Der Duke wollte die damals weit verstreut auf seinem Besitz lebende Bevölkerung in einem ordentlichen Dorf vereinen, vornehmlich um Viehdiebstahl und Schwarzbrennerei einzudämmen.

Tomintoul (sprich: tom-in-*tauel*) ist ein hübsches Dorf mit massiv gemauerten Häusern. Bäume säumen den begrünten Dorfplatz, an dem sich auch die Touristeninformation (☎01807-580285; The Square; ⊙Ostern-Okt. Mo-Sa 9.30-13 & 14-17 Uhr, im Aug. auch So 13.-17 Uhr) befindet. Gleich nebenan liegt das Tomintoul Museum (☎01807-673701; The Square; Eintritt frei; ⊙April-Okt. Mo-Sa 10-17 Uhr, Juli & Aug. auch So 13-17 Uhr), das eine ganze Reihe lokalgeschichtlicher Exponate zeigt.

Rund um das Dorf erstreckt sich das **Glenlivet Estate** (heute Kronbesitz), durch das sich zahlreiche **Wander- und Radwege** ziehen. Karten für dieses Gebiet sind im Glenlivet Estate Information Centre (☎01479-870070; www.glenlivetestate.co.uk; Main St.) kostenlos erhältlich. Eine Teilstrecke (rund 24 km) des Fernwanderweges **Speyside Way** verläuft in nördlicher Richtung zwischen Tomintoul und Ballindalloch.

🛏 Schlafen & Essen

Zu den Unterkünften für Wanderer gehört das Tomintoul Youth Hostel (☎01807-580364; Main St.; B 15 £; ⊙Mai-Sept.) im Gebäude der ehemaligen Dorfschule. Eine Alternative ist das ausgezeichnete Argyle Guest House (☎01807-580766; www.argyletomintoul.co.uk; 7 Main St.; DZ/FZ 64/110 £).

Zum Essengehen bietet sich das Clockhouse Restaurant (The Square; Hauptgerichte 10-13 £; ⊙Mittag- & Abendessen) an. Seine leichten Mittagsgerichte sowie die Abendgebote im Bistro-Stil werden mit frischen Produkten wie Hochlandlamm, Wildbret und Lachs zubereitet.

ℹ An- & Weiterreise

Zwischen Tomintoul und Elgin, Dufftown und Aberlour bestehen nur wenige Busverbindungen. Auskunft über den aktuellen Fahrplan gibt die Touristeninformation in Elgin.

BANFF & MACDUFF
ZUSAMMEN 7750 EW.

Das hübsche georgianische Städtchen Banff und der geschäftige Fischereihafen liegen nebeneinander an der Banff Bay – nur die Flussmündung des Deveron trennt sie. Banff Links – ein 800 m langer, goldgelber Sandstrand im Westen – und Macduffs beeindruckendes Aquarium locken die Feriengäste an.

Die örtliche Touristeninformation (☎01261-812419; Collie Lodge, High St.; ⊙April-Sept. Mo-Sa 10-17, So 12-17 Uhr) befindet sich neben dem St.-Mary-Parkplatz in Banff.

⊙ Sehenswertes

Duff House   KUNSTGALERIE
(☎01261-818181; www.duffhouse.org.uk; Erw./Kind 6,90/4,10 £; ⊙April-Okt. 11-17 Uhr, Nov.-März Do-So 11-16 Uhr) Das Duff House ist eine imposante Barockvilla am Südrand von Banff. Erbaut wurde sie zwischen 1735 und 1740 als Sitz der Earls of Fife. Der von William Adam entworfene Bau zeigt Ähnlichkeiten mit Adams Meisterwerk, dem Hopetoun House (S. 100). Nachdem das Haus 1906 als Geschenk in den Besitz der Stadt überging, diente es als Hotel, Krankenhaus und Kriegsgefangenenlager. Heute ist es eine Kunstgalerie, die zu Schottlands geheimen Schätzen zählt. Sie beherbergt eine hervorragende Sammlung europäischer Kunst, insbesondere schottischer Kunst, darunter bedeutende Werke von Henry Raeburn und Thomas Gainsborough.

In dem nahen Banff Museum (High St.; Eintritt frei; ⊙Juni-Sept. 10-12.30 Uhr) informieren preisgekrönte Ausstellungen über die Tierwelt, Geologie und Geschichte der Region sowie über das Banff-Silber.

Macduff Marine Aquarium   AQUARIUM
(www.macduff-aquarium.org.uk; 11 High Shore; Erw./Kind 6,05/3,05 £; ⊙April-Okt. Mo-Sa 10-17, So 11-17 Uhr, Nov.-März Sa-Mi 11-16 Uhr; 👶) Die besondere Attraktion des Aquariums ist das 400 000 l fassende Außenbecken mit algenüberwachsener Rifflandschaft und Wellenmaschine. Zu sehen sind auch so ausgefallene Meeresbewohner wie die farbenprächtigen Kuckuckslippfische, die Seehasen, die winzige Saugscheiben an ihren

Brustflossen tragen, und die Seewölfe mit ihrem grimmigen Blick.

🛏 Schlafen & Essen

Bryvard Guest House B&B ££
(☏01261-818090; www.bryvardguesthouse.co.uk; Seafield St.; EZ/DZ ab 40/70 £; 🛜) Das Bryvard, ein imposantes edwardianisches Wohnhaus, liegt gleich neben dem Stadtzentrum. Die vier Zimmer (zwei mit Bad) sind mit schönen edwardianischen Stilmöbeln eingerichtet. Wer mit Meerblick und in einem Himmelbett nächtigen möchte, sollte versuchen, das McLeod-Zimmer zu bekommen.

County Hotel HOTEL ££
(☏01261-815353; www.thecountyhotel.com; 32 High St.; EZ/DZ ab 55/100 £; P) Das Hotel in einer eleganten georgianischen Villa gehört einem französischen Chefkoch. Im Bistro des Hotels stehen kleine Gerichte auf der Speisekarte (Hauptgerichte 6–10 £), während das **Restaurant L'Auberge** mit feinster französischer Küche aufwartet (Hauptgerichte à la carte 29–35 £, Drei-Gänge-Abendmenü 31 £).

Banff Links Caravan Park CAMPINGPLATZ £
(☏01261-812228; Stellplatz Zelt/Wohnwagen ab 10/15,50 £; ⏲April–Okt.) Der Campingplatz liegt 800 m westlich der Stadt in der Nähe des Strandes.

ℹ An- & Weiterreise

Die Buslinie 305 fährt stündlich von Banff nach Elgin (1½ Std.) und Aberdeen (2 Std.). Wesentlich unregelmäßiger verkehrt die Buslinie 273 nach Fraserburgh (1 Std.), samstags sogar nur zweimal am Tag.

PORTSOY
1730 EW.

Portsoy besitzt einen stimmungsvollen **Hafen aus dem 17. Jh.** Malerische Cottages säumen die vielen engen Gassen des hübschen Fischerdorfes. Im 17. und 18. Jh. wurde in der Nähe der Ortschaft der Portsoy Marble abgebaut. Dabei handelt es sich um Serpentin, ein schönes grün-rosa gemasertes Gestein. Angeblich schmückt es sogar einige Räume im Schloss von Versailles. Der **Portsoy Marble Shop & Pottery** (Shorehead; ⏲April–Okt. 10–17 Uhr) neben dem Hafen verkauft handgemachte Töpferwaren und Gegenstände aus Portsoy Marble.

Jedes Jahr am letzten Wochenende im Juni oder am ersten Wochenende im Juli ist Portsoys Hafen der Schauplatz des **Scottish Traditional Boat Festival** (www.scottishtraditionalboatfestival.co.uk). Im Hafen drängen sich dann zahlreiche historische Segelboote; auf dem Programm stehen Segelregatten, Folk Music und Straßentheater. Kunsthandwerker liefern Kostproben ihres Könnens. Auch an kulinarischen Genüssen mangelt es nicht.

Das gemütliche, stimmungsvolle **Boyne Hotel** (☏01261-842242; www.boynehotel.co.uk; 2 North High St.; EZ/DZ ab 40/72 £) hat zwölf Zimmer. Der **Shore Inn** (☏01261-842831; 49 Church St.) ist ein stimmungsvoller Real-Ale-Pub mit Ausblick auf den Hafen.

Portsoy liegt rund 13 km westlich von Banff. Der stündlich zwischen Elgin und Banff verkehrende Bus hält in Portsoy.

FORDYCE
150 EW.

Das unglaublich malerische Dorf liegt knapp 5 km südwestlich von Portsoy. Es besitzt zwei Hauptattraktionen: die **St Tarquin's Church** aus dem 13. Jh. mit ihren außergewöhnlichen überdachten gotischen Grabstätten und das eindrucksvolle Turmhaus aus dem 16. Jh. von **Fordyce Castle**. Das Schloss ist für die Öffentlichkeit nicht zugänglich, aber sein weiß gekalkter Westflügel bietet eine stimmungsvolle **Unterkunft für Selbstversorger** (☏01261-843722;

CULBIN FOREST

Culbin Forest (www.culbin.org.uk), der weitläufige Wald aus Schottischen und Korsischen Kiefern wurde in den 1940er-Jahren gepflanzt, um die Dünen zu befestigen, die im 17. Jh. Culbin Estate unter sich begruben. Der Wald bildet einen einzigartigen Lebensraum für Pflanzen, Vögel und andere Tiere (darunter der Baummarder), die nur in alten, unberührten Kiefernwäldern zu finden sind.

Ein dichtes Netz an Wander- und Radwegen durchzieht den Wald. Sie führen zu dem fantastischen Strand in der Nähe der Flussmündung an der Findhorn Bay – einem ausgezeichneten Platz, um Vögel zu beobachten. Weitergehende Informationen für interessierte Besucher finden sich auf der Website oder auch in einer Broschüre, die in der örtlichen Touristeninformation erhältlich ist.

www.fordycecastle.co.uk; pro Woche 675–750 £, 3 Nächte während der Nebensaison 400 £) für Gruppen von bis zu vier Personen.

Ganz in der Nähe zeigt das Joiner's Workshop & Visitor Centre (Eintritt frei; Juli & Aug. Do–Mo 10–20 Uhr, Sept.–Juni Fr–Mo 10–18 Uhr) Werkzeuge und Maschinen aus der Holzverarbeitung. Ein Schreinermeister gibt anhand von Beispielen Einblicke in die Tischlerkunst.

FOCHABERS & UMGEBUNG
1500 EW.

Fochabers grenzt an die letzte Brücke des Spey, bevor der Fluss ins Meer mündet. Das Dorf besitzt einen hübschen Marktplatz, eine Kirche mit einem Glockenturm von 1798 und eine Hand voll interessanter Antiquitätenläden. Westlich der Brücke am anderen Spey-Ufer liegt Baxters Highland Village (www.baxters.com; Eintritt frei; 10–17 Uhr). Aufgezeigt wird hier die Geschichte der Familie Baxter und ihres Lebensmittelunternehmens. Dieses verkauft seit 1868 unter dem Markennamen Baxter weltweit hochwertige schottische Produkte. An Wochentagen finden Fabrikführungen statt, die den Teilnehmern auch Einblicke in die Kochkünste des Unternehmens gewähren.

Rund 6,5 km nördlich von Fochabers liegt an der Mündung des River Spey das kleine Dorf **Spey Bay**. Hier beginnt der Fernwanderweg Speyside Way. Vor Ort befindet sich auch das Scottish Dolphin Centre (www.wdcs.org/scottishdolphincentre; Tugnet Ice House, Spey Bay; Eintritt frei; April–Okt. 10.30–17 Uhr). Eine interessante Ausstellung informiert über die **Delfine**, die im Moray Firth leben und gelegentlich auch an der Flussmündung auftauchen. Einladend ist auch das hübsche Café des Zentrums.

Die meisten Busse, die zwischen Aberdeen und Inverness verkehren, halten auch in Fochabers.

FINDHORN
885 EW.

Das zauberhafte Dorf Findhorn liegt an der Mündung des gleichnamigen Flusses, direkt östlich vom Findhorn-Bay-Naturschutzgebiet. In seiner schönen Umgebung lassen sich **Vögel und Seehunde beobachten** oder **Küstenwanderungen** unternehmen.

Am Nordende des Dorfes beherbergt eine ehemalige Schutzhütte der Lachsfischer das Findhorn Heritage Centre (www.findhornhe ritage.co.uk; Eintritt frei; Juni–Aug. tgl. 14–17 Uhr, Mai & Sept. Sa & So 14–17 Uhr), das die lebendige Geschichte der Ansiedlung erzählt. Gleich hinter den Dünen nördlich des Heritage Centre erstreckt sich der weitläufige Strand. Von dort aus lassen sich bei Ebbe wunderbar Seehunde, die sich genussvoll auf den Sandbänken der Findhorn-Mündung räkeln, beobachten.

Interessant für alte und neue Hippies dürfte die Findhorn Foundation (www.find horn.org; Besucherzentrum ganzjährig Mo–Fr 10–17 Uhr, zusätzl.: März–Nov. Sa 13–16 Uhr & Mai–Sept. So 13–16 Uhr) sein. Die internationale spirituelle Gemeinschaft wurde 1962 gegründet. Ständig in ihrer Siedlung leben nur etwa 150 Menschen, aber jedes Jahr kommen Tausende Besucher, um zumindest vorübergehend am Leben der Community teilzunehmen. Diese hat sich dem Leben im Einklang mit der Natur verschrieben, ohne sich jedoch irgendeinem Glaubensbekenntnis unterzuordnen. Die Mitglieder wollen in der Arbeit, im Zusammenleben und in einem harmonischen Verhältnis zur Umwelt einen neuen Weg mit mehr Erfüllung finden und eine „tiefere Verbindung zur Heiligkeit allen Lebens eingehen".

Zu den interessanten Projekten der Community zählen ein Öko-Dorf, ein biologisches Abwassersystem und die Stromerzeugung durch Windenergie. Die Führungen (5 £) beginnen jeweils um 14 Uhr direkt am Besucherzentrum (April–Nov. Mo, Mi, Fr, Sa; April–Sept. auch So). Eine aktuelle Broschüre (3,50 £) mit den wichtigsten Informationen ermöglicht es Besuchern auch, auf eigene Faust das Gelände der Community zu erkunden.

SUENO'S STONE

Seine Berühmtheit verdankt das 6,5 km südlich von Findhorn gelegene Städtchen Forres dem **Sueno's Stone**. Der beeindruckende 6,5 m hohe Stein stammt aus dem 9. oder 10. Jh. Es ist der höchste und mit den meisten Gravuren versehene piktische Stein Schottlands. Experten nehmen an, dass er an eine Schlacht der Pikten gegen Eroberer wie Schotten oder Wikinger erinnert. Ein Glaskasten schützt den Stein vor Witterungseinflüssen. In Forres ist der Weg zum Stein ab der A96 (die von Inverness nach Elgin führt) ausgeschildert.

Um essen zu gehen, empfiehlt sich ist auch das Bakehouse (www.bakehousecafe.co.uk; Hauptgerichte 5–10 £; ☺10–17 Uhr), ein Bio-Bäckerei mit Café im Zentrum der Siedlung. Auch einen Besuch wert ist das Blue Angel Cafe (www.blueangelcafe.co.uk; Hauptgerichte 3–9 £; ☺10–17 Uhr; ☎︎✐) – es ist ein Bio-Restaurant, das mit einer vegetarischen Speisekarte aufwartet und sich in dem Öko-Dorf der Findhorn Foundation befindet.

Südliche Highlands & Inseln

Inhalt »

Loch Lomond	308
Helensburgh	315
Cowal	316
Isle of Bute	319
Inveraray	321
Kilmartin Glen	323
Kintyre	324
Isle of Islay	327
Isle of Jura	331
Isle of Colonsay	334
Oban	335
Isle of Mull	342
Isle of Iona	349
Isle of Tiree	351
Isle of Coll	353
Nördliches Argyll	355
Loch Awe	355
Lismore	356

Schön übernachten

» Passfoot Cottage (S. 314)
» Argyll Hotel (S. 350)
» George Hotel (S. 322)

Gut essen

» Café Fish (S. 346)
» Waterfront Fishouse Restaurant (S. 339)
» Starfish (S. 325)

Auf zu den südlichen Highlands & Inseln!

Von der eindrucksvollen Fontäne eines Zwergwals, der plötzlich im Wasser auftaucht, bis zum „krek-krek" eines Wachtelkönigs – die Küste und die Inseln Südwestschottlands sind die Heimat vieler außergewöhnlicher Tiere. Besucher können hier z. B. sich im Seetang tummelnde Otter, Seeadler beim Fischfang in einem einsamen *loch* und Delfine beobachten, die vergnügt der Bugwelle eines Bootes folgen.

In dieser Region ist die Schifffahrt ebenso wichtig wie Auto oder Zug. Dutzende Fähren machen es möglich, von Insel zu Insel zu springen. Die Whiskydestillerien von Islay, die Berge von Jura und die landschaftlichen Reize des winzigen Colonsay sind nur einige lohnende Ausflugsziele.

Personenfähren, traditionelle Dampfer, Kanus und Kajaks schippern auch auf den Seen des Nationalparks Loch Lomond and The Trossachs, einer der schönsten und stimmungsvollsten Landschaften Schottlands.

Reisezeit

Oban

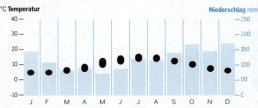

Mai Das Fèis Ìle (Islay-Festival) feiert eine Woche lang traditionelle schottische Musik und Whisky.

Juni Rhododendronblüten verwandeln die Landschaft in ein flammendes Farbenmeer.

August Der beste Monat, um vor der Westküste Wale zu beobachten.

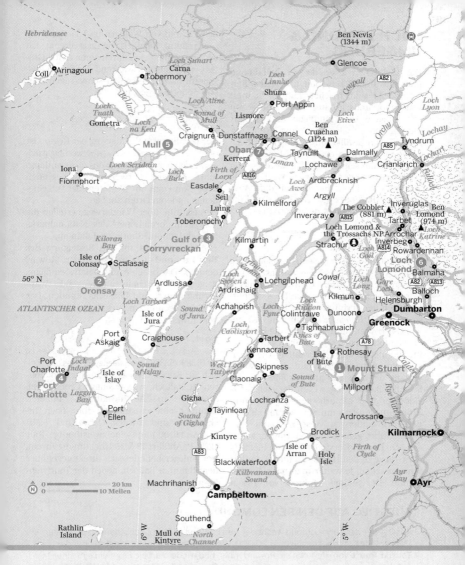

Highlights

❶ Die grandiosen marmorverkleideten Hallen des prächtigen Familiensitzes **Mount Stuart** (S. 320) bestaunen

❷ Barfuß über den Strand von Colonsay nach Oronsay wandern, um das **mittelalterliche Kloster** (S. 334) zu besichtigen

❸ Im Hochgeschwindigkeitsboot durch das gischtschäumende Wasser des **Gulf of Corryvreckan** (S. 332) brausen

❹ Im **Port Charlotte Hotel** (S. 330) am offenen Kamin sitzen und die besten Single-Malt-Whiskys der Insel Islay kosten

❺ Die Wale vor **Mull** (S. 344) beobachten

❻ Auf dem West Highland Way am Ostufer des **Loch Lomond** (S. 308) wandern

❼ Eine Platte fangfrischer Langustinen in einem der **Fischrestaurants von Oban** (S. 339) verputzen

LOCH LOMOND & UMGEBUNG

Die idyllischen Ufer des Loch Lomond und eine hübsche Region mit vielen Bergen, *lochs* und frischer Luft nicht weit von Schottlands größter Stadt sind schon seit Langem eine ländliche Zuflucht für die Einwohner Glasgows (etwa 70 % der schottischen Bevölkerung können den Loch Lomond innerhalb einer Autostunde erreichen!). Schon seit den 1930er-Jahren reisen die Menschen aus Glasgow am Wochenende scharenweise in die Berge – mit dem Auto oder dem Rad oder auch zu Fuß – und die Beliebtheit des Sees ist ungebrochen.

Loch Lomond

Loch Lomond ist mit seiner Ausdehnung von 71 km² und einer Tiefe von fast 200 m der größte Süßwassersee Großbritanniens. Der schöne See ist nach Loch Ness vermutlich auch der berühmteste in der Reihe der schottischen *lochs*. Da er nur rund 40 km von Glasgow entfernt liegt, sind die Urlaubsorte Balloch, Loch Lomond Shores und Luss im Sommer ziemlich überlaufen. Die Besucher konzentrieren sich auf das Westufer entlang der A82 und auf das Südende des Sees bei Balloch, das wegen der vielen Jet-Skifahrer und Motorboote bisweilen zum Alptraum werden kann. Am Ostufer, an dem der Fernwanderweg West Highland Way entlangführt, geht es dagegen ruhiger zu.

Loch Lomond erstreckt sich beiderseits der Grenze zu den Highlands und verändert sein Aussehen, je weiter man nach Norden kommt. Der Südteil ist breit, von Inseln übersät und von Wäldern und Tieflandwiesen gesäumt. Nördlich von Luss verengt sich der See, zwängt sich durch einen tiefen Graben, den Gletscher während der Eiszeit ausgehöhlt haben; zu beiden Seiten ragen über 900 m hohe Berge auf.

Aktivitäten

Wandern

Der berühmteste Wanderweg der Region ist der West Highland Way (www.west-highland-way.co.uk), der am Ostufer des *lochs* entlangführt. Kürzere Uferwanderwege beginnen bei Firkin Point am Westufer oder verschiedenen anderen Orten am See.

Auskünfte über Wanderwege erteilen die Touristeninformationen des Nationalparks in Loch Lomond Shores und Balmaha.

Ausgangspunkt für die Besteigung des **Ben Lomond** (974 m) ist der Ort Rowardennan. Die beliebte und relativ einfache, dabei aber durchaus anstrengende Wanderung dauert fünf bis sechs Stunden. Der Aufstieg beginnt am Parkplatz gleich hinter dem Rowardennon Hotel.

Bootsausflüge

Sweeney's Cruises BOOTSAUSFLUG
(01389-752376; www.sweeneyscruises.com; Balloch Rd., Ballock) Das Zentrum für Bootstouren ist Balloch, wo Sweeney's Cruises eine Auswahl an Ausflugsfahrten anbietet, darunter eine einstündige Tour nach Inchmurrin und zurück (Erw./Kind 8,50/5 £, 5-mal tgl.) und eine zweistündige Tour (15/8 £, Abfahrt 13 & 15 Uhr) um die Inseln. Der Anleger befindet sich direkt gegenüber dem Bahnhof Balloch, neben der Touristeninformation.

AUFSTIEG AUF DEN BEN LOMOND

Am Ostufer des Loch Lomond wacht der Ben Lomond (974 m), Schottlands südlichster Munro. Jedes Jahr besteigen über 30 000 Menschen den Berg, die meisten über die **Tourist Route** vom Parkplatz in Rowardennan und wieder zurück. Es ist ein einfacher Aufstieg auf einem ausgetretenen, gepflegten Pfad; für die 11 km hinauf und hinunter sind etwa fünf Stunden einzuplanen.

Die **Ptarmigan Route** ist weniger überlaufen und hat schönere Aussichten. Sie folgt einem schmalen, aber deutlich sichtbaren Pfad den Westhang des Ben Lomond direkt oberhalb des Sees hinauf bis zu einem kurvigen Grat, der zum Gipfel führt. Ein schöner Rundweg wäre dann der Abstieg über die Tourist Route.

Zu finden ist die Ptarmigan Route, indem man ab dem Parkplatz in Rowardennan 600 m nordwärts dem Uferweg folgt, der an der Jugendherberge und dem Ardess Ranger Centre vorbeiführt. Hinter dem Ben Lomond Cottage geht es über eine Brücke und danach sofort rechts auf einen unmarkierten Pfad, der zwischen den Bäumen entlangführt. Von dort aus ist es einfach, dem Pfad zu folgen.

GÄLISCHE & ALTNORDISCHE ORTSNAMEN

In den Highlands und auf den Inseln gibt es noch sehr viele Ortsnamen, die auf die alte gälische Sprache zurückgehen. Sie sind oft mit altnordischen Namen vermischt, die von den Wikingern hinterlassen wurden. Ihre Schreibweise ist heute anglisiert, aber ihre Bedeutung wird klar, wenn man weiß, worauf zu achten ist. Hier einige übliche gälische und nordische Namen und ihre Bedeutungen:

Gälische Ortsnamen

ach, auch – von *achadh* (Feld)
ard – von *ard* oder *aird* (Anhöhe, Hügel)
avon – von *abhainn* (Fluss oder Bach)
bal – von *baile* (Dorf oder Gehöft)
ban – von *ban* (weiß, hell)
beg – von *beag* (klein)
ben – von *beinn* (Berg)
buie – von *buidhe* (gelb)
dal – von *dail* (Feld oder Tal)
dow, dhu – von *dubh* (schwarz)
drum – von *druim* (Grat oder Bergrücken)
dun – von *dun* oder *duin* (Festung oder Burg)
glen – von *gleann* (schmales Tal)
gorm – von *gorm* (blau)
gower, gour – von *gabhar* (Ziege), z. B. Ardgour (Ziegenhügel)
inch, insh – von *inis* (Insel, Aue oder Viehrastplatz)
inver – von *inbhir* (Flussmündung oder Zusammenfluss zweier Flüsse)
kil – von *cille* (Kirche), z. B. Kilmartin (Martinskirche)
kin, ken – von *ceann* (head), z. B. Kinlochleven (Spitze des Loch Leven)
kyle, kyles – von *caol* oder *caolas* (Meerenge)
more, vore – von *mor* oder *mhor* (groß), z. B. Ardmore (große Anhöhe), Skerryvore (große Felseninsel)
strath – von *srath* (weites Ta)
tarbert, tarbet – von *tairbeart* (Landfurt), ein schmaler Streifen Land zwischen zwei Gewässern, über das ein Boot gezogen werden kann
tay, ty – von *tigh* (house), z. B. Tyndrum (Haus auf dem Bergrücke)
tober – von *tobar* (well), z. B. Tobermory (Marienquelle)

Nordische Ortsnamen

a, ay, ey – von *ey* (Insel)
bister, buster, bster – from *bolstaor* (Wohnstätte, Gehöft)
geo – von *gja* (Schlucht)
holm – von *holmr* (kleine Insel)
kirk – von *kirkja* (Kirche)
pol, poll, bol – von *bol* (Bauernhof)
quoy – von *kvi* (Schafpferch, Viehgehege)
sker, skier, skerry – from *sker* (kleine Felseninsel, Felsenriff)
vig, vaig, wick – von *vik* (Bucht, Meeresarm)

Nationalpark Loch Lomond & The Trossachs

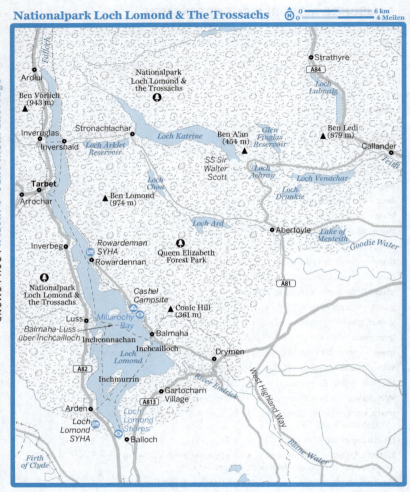

Cruise Loch Lomond BOOTSAUSFLUG
(www.cruiselochlomond.co.uk; Tarbet) Cruise Loch Lomond in Tarbet bietet zweistündige Bootsausflüge nach Inversnaid, Arklet Falls und zur Rob Roy MacGregor's Cave (Erw./Kind 12,50/7,50 £). Wer will, kann auch in Rowardennan aussteigen, um den Ben Lomond (14,50/7,50 £) zu besteigen, und sich sieben Stunden später in Rowardennan oder nach einer 14,5 km langen Wanderung auf dem West Highland Way (14,50/7,50 £) in Inversnaid abholen lassen.

Balmaha Boatyard BOOTSAUSFLUG
(www.balmahaboatyard.co.uk; Balmaha) Das Postboot des Balmaha Boatyard fährt von Balmaha zu den vier bewohnten Inseln im See. Abfahrt des Postbootes ist immer um 11.30 Uhr, Rückfahrt in der Regel um 14 Uhr, in Inchmurrin legt das Schiff eine Stunde lang an (Erw./Kind 9/4,50 £). Das Boot fährt im Juli und August täglich (außer So), im Mai, Juni und September montags, donnerstags und samstags. Zwischen Oktober und April verkehrt es nur montags und donnerstags.

Noch mehr Aktivitäten

Für sportlich Ambitionierte gibt es den weitgehend verkehrsfreien Fahrradweg **Clyde and Loch Lomond Cycle Way**, der Glasgow mit Balloch (32 km) verbindet, wo er in den **West Loch Lomond Cycle Path** übergeht, der weiter am Seeufer entlang nach Tarbet führt (16 km).

Ruderboote werden im Balmaha Boatyard (S. 310) für 10/40 £ pro Stunde/Tag vermietet (20/60 £ für ein Boot mit Außenbordmotor). Lomond Adventure (☎01360-870218; www.lomondadventure.co.uk) vermietet auch **Kanadier** (30 £ pro Tag) und **Hochseekajaks** (25 £).

Can You Experience (☎01389-756251; www.canyouexperience.com; Loch Lomond Shores, Balloch) vermietet Kanus (12/17 £ halbe/volle Std.) und Fahrräder (13/17 £ 3 Std./ganzer Tag) und bietet auch eine ganztägige **geführte Kanusafari**, die über den See führt (Erw./Kind 65/55 £).

❶ Praktische Informationen

Balloch Touristeninformation (☎0870 720 0607; Balloch Rd., Balloch; ⏰Juni-Aug. 9.30-18 Uhr, April & Sept. 10-18 Uhr)

Balmaha National Park Centre (☎01389-722100; Balmaha; ⏰April-Sept. 9.30-16.15 Uhr)

National Park Gateway Centre (☎01389-751035; www.lochlomondshores.com; Loch Lomond Shores, Balloch; ⏰April-Sept. 10-18 Uhr, Okt.-März bis 17 Uhr; 🛜)

Tarbet Touristeninformation (☎0870-720 0623; Tarbet; ⏰Juli & Aug. 10-18 Uhr, Ostern-Juni, Sept. & Okt. bis 17 Uhr) An der Kreuzung A82/A83.

❶ An- & Weitereise

Bus

Die Buslinien 204 und 215 der First Glasgow (S.151) fahren von der Argyle Street im Zentrum Glasgows nach Balloch und Loch Lomond Shores (1½ Std., mind. 2-mal stündl.).

Die Busse von **Scottish Citylink** (www.citylink.co.uk), die von Glasgow nach Oban und Fort William fahren, halten in Luss (8,20 £, 55 Min., 6-mal tgl.), Tarbet (8,20 £, 65 Min.) und Ardlui (14,30 £, 1¼ Std.).

Zug

Von **Glasgow nach Balloch** 4,70 £, 45 Min., alle 30 Min.

Von **Glasgow nach Arrochar & Tarbet** 11 £, 1¼ Std., 3- oder 4-mal tgl.

Von **Glasgow nach Ardlui** 14 £, 1½ Std., 3- oder 4-mal tgl., mit Weiterfahrt nach Oban und Fort William.

❶ Unterwegs vor Ort

Eine hilfreiche und kostenlose **Nahverkehrsbroschüre** enthält die Fahrpläne aller Buslinien, Züge und Fähren in der Region um den Nationalpark Loch Lomond und die Trossachs. Sie ist bei jeder Touristeninformation oder auch den Infozentren des Parks erhältlich.

Die Linie 309 von **McColl's Coaches** (www.mccolls.org.uk) fährt von Balloch nach Balmaha (25 Min., alle 2 Std.). Mit einem **SPT Daytripper Ticket** (www.spt.co.uk/tickets) kann eine Familie einen Tag die meisten Busse und Züge in der Region Glasgow, Loch Lomond und Helensburgh benutzen. Das Ticket (10,70 £ für einen Erwachsenen und bis zu zwei Kinder, 19 £ für zwei Erwachsene und bis zu vier Kinder) ist an allen Bahnhöfen oder am Hauptbusbahnhof in Glasgow erhältlich.

WESTUFER

Die Stadt **Balloch** liegt am Fluss Leven und markiert das Südende des Loch Lomond. Sie ist der bevölkerungsreichste Ort und der wichtigste Verkehrsknotenpunkt der Region. In viktorianischer Zeit war Balloch ein bekanntes Seebad: Scharen von Tagesausflüglern strömten damals vom Bahnhof zum Dampfersteg, um von dort aus eine Dampferfahrt über den See zu unternehmen. Heute ist es das Einfallstor zum Nationalpark Loch Lomond & The Trossachs.

NATIONALPARK LOCH LOMOND & THE TROSSACHS

Die Bedeutung des Gebiets um den Loch Lomond wurde 2002 durch die Einrichtung des Nationalparks Loch Lomond & the Trossachs (www.lochlomond-trossachs.org), Schottlands ersten Nationalparks, gewürdigt. Der Park erstreckt sich über ein riesiges Gebiet, von Balloch Richtung Norden bis Tyndrum und Killin sowie von Callander Richtung Westen bis zu den Wäldern von Cowal.

Die Beschreibung des Parks verteilt sich auf zwei Kapitel – der westliche Teil um den Loch Lomond findet sich in diesem Kapitel, der östliche Teil um Callander und die Trossachs im Kapitel zu Zentralschottland.

LOCH LOMOND WATER BUS

Von April bis Oktober verkehren verschiedene Personenfähren über den Loch Lomond, die es ermöglichen, die Wander- und Fahrradwege am See mit öffentlichen Verkehrsmitteln zu erkunden (es gibt Zugverbindungen nach Balloch, Arrochar, Tarbet und Ardlui sowie Busse nach Luss und Balmaha). Ein Fahrplan des Loch Lomond Water Bus (www.lochlomond-trossachs.org/waterbus) ist in den Touristeninformationen, Nationalparkzentren und auf der Website erhältlich. Die genannten Fahrpreise gelten für eine einfache Fahrt.

Die Fähren nach Rowardennan legen an einem neuen Steg an der Jugendherberge ab, der alte neben dem Rowardennan-Parkplatz wird nicht mehr genutzt. Zur Zeit der Recherche war die Fähre von Inverbeg nach Rowardennan nicht in Betrieb.

Von Arden nach Inchmurrin (www.inchmurrin-lochlomond.com; hin & zurück pro Pers. 4 £; Ostern–Okt) Nach Bedarf.

Von Ardlui nach Ardleish (01307-704243; pro Pers. 3 £; Mai–Sept. 9–19 Uhr, April & Okt. bis 18 Uhr) Nach Bedarf, legt beim Ardlui Hotel ab.

Von Balloch nach Balmaha (www.sweeneyscruises.com; pro Pers. 7,50 £; Juli & Aug.) 5-mal tgl.

Von Balloch nach Luss (www.sweeneyscruises.com; per person £9; Juli & Aug.)

Von Balmaha nach Inchcailloch (01360-870214; pro Pers. 5 £; 9–20 Uhr) Nach Bedarf.

Von Balmaha nach Luss (www.cruiselochlomond.co.uk; pro Pers. 7,50 £, Fahrrad 1 £; April–Okt.) 4-mal tgl., legt an der Insel Inchcailloch an.

Von Inveruglas nach Inversnaid (01877-386223; pro Pers. 5 £; April–Okt.) Nach Bedarf, ausgenommen die planmäßige Abfahrt von Inveruglas täglich um 16 Uhr. Wird vom Inversnaid Hotel betrieben; telefonische Buchung.

Von Rowardennan nach Luss (www.cruiselochlomond.co.uk; pro Pers. 7 £; April–Okt.) 1-mal tgl. Abfahrt in Rowardennan um 9.30 Uhr, in Luss um 16.15 Uhr.

Von Tarbet nach Inversnaid (www.cruiselochlomond.co.uk; pro Pers. 7 £; April–Okt.) 3-mal tgl.

Von Tarbet nach Rowardennan (www.cruiselochlomond.co.uk; pro Pers. 8 £; April–Okt.) Abfahrt in Tarbet um 8.45, 10 und 16 Uhr, in Rowardennan um 10.45 und 16.45 Uhr.

Die Loch Lomond Shores (www.lochlomondshores.com), ein wichtiges Touristenzentrum etwa 800 m nördlich von Balloch, besitzen ein Nationalpark-Infozentrum sowie weitere Attraktionen. Außerdem gibt es einen Fähranleger sowie Möglichkeiten zu diversen Freizeitaktivitäten. Wie heute üblich, bildet ein großes Einkaufszentrum das Herz dieses Komplexes. Im Loch Lomond Aquarium (www.sealife.co.uk; pro Pers. 13,20 £; 17–10₃₀ Uhr), ebenfalls Bestandteil der Anlage, können Besucher sich über das Tierleben am Loch Lomond informieren. Es gibt ein Ottergehege (mit asiatischen, nicht etwa schottischen Ottern). Und es lassen sich exotische Tiere – von Haien über Stachelrochen bis hin zu Meeresschildkröten – bewundern.

Der alte Raddampfer Maid of the Loch (www.maidoftheloch.com; Eintritt frei; Ostern–Aug. Sa 11–16 & So 14–16 Uhr) von 1953 liegt hier für Restaurierungsarbeiten vor Anker – Besucher können sich an Bord umschauen. Im Verlauf des Jahres 2013 sollen die Dampfmaschinen wieder funktionstüchtig sein.

Loch Lomond Shores kann man ruhig auslassen – es sei denn, es regnet – und sich gleich ins bildschöne Dörfchen **Luss** aufmachen. Nach einem Bummel zwischen den hübschen Häuschen mit rosenumrankten Türen (die Häuser wurden im 19. Jh. vom hiesigen Gutsherrn für seine Gutsarbeiter gebaut) lohnt ein Besuch im Clan Colquhoun Visitor Centre (01436-860814; Shore Cottage, Luss; Erw./Kind 1 £/frei; Ostern–Okt. 10.30–18 Uhr), um etwas von der Geschichte des Ortes und der Region zu erfahren und sich mit einer Tasse Tee im Coach House Coffee Shop zu erfrischen.

Schlafen & Essen

Drover's Inn — GASTHAUS ££
(☎01301-704234; www.thedroversinn.co.uk; EZ/DZ ab 42/83 £, Bargerichte 7–12 £; ⊙Mittag- & Abendessen; P) Eine Kneipe (schottisch: *howff*), die sich niemand entgehen lassen sollte: Sie hat eine niedrige Decke, rußgeschwärzte Steinmauern, blanke Holzfußböden voller Kerzenwachsflecken, die Barmänner tragen Kilts, und die Wände sind mit mottenzerfressenen Hirschköpfen und ausgestopften Vögeln geschmückt. Es gibt sogar einen ausgestopften Bären und die vertrocknete Hülle eines Riesenhais unter den ausgefallenen Dekorationsstücken.

Der Pub serviert deftigen Bergsteigerproviant wie *steak-and-Guiness-pie* mit Senfpüree. Freitags und samstags treten Folkinterpreten auf. Das Drover's Inn ist vor allem schön, um hier in angenehmer Atmosphäre zu essen und zu trinken, weniger um zu wohnen. Die Unterkünfte reichen von den exzentrischen, altmodischen und etwas heruntergekommenen Zimmern im Altbau (Nr. 6 inklusive einem Geist) bis zu den komfortableren Räumen (mit angeschlossenen Bädern) im modernen Bau auf der anderen Straßenseite. Interessenten sollten sich ihr Zimmer vor der definitiven Buchung unbedingt zeigen lassen und gegebenenfalls auf eine alternative Unterkunft ausweichen.

Loch Lomond SYHA — HOSTEL £
(☎01389-850226; www.syha.org.uk; B 19 £; ⊙März–Okt.; P@⏐) In einem der beeindruckendsten Hostels des Landes – einem imposanten Haus aus dem 19. Jh., das auf einem herrlichen Grundstück mit Seeblick errichtet wurde – muss niemand auf Komfort verzichten. Es liegt gut 3 km nördlich von Balloch und ist sehr gefragt, im Sommer sollte also frühzeitig gebucht werden, damit man noch eines der Betten erwischt. Und ja, hier spukt es tatsächlich.

Ardlui Hotel — HOTEL ££
(☎01301-704243; www.ardlui.co.uk; Ardlui; EZ/DZ 55/95 £; P) Das noble und komfortable Landhaushotel hat eine tolle Seelage und vom Frühstücksraum einen Blick auf den Ben Lomond.

Coach House Coffee Shop — CAFÉ £
(Hauptgerichte 6–11 £; ⊙10–17 Uhr; ⏐⏐⏐) Das Coach House mit seinen klobigen Kiefernmöbeln und dem tiefen, weichen Sofa, das vor einem urigen Kamin steht, ist eines der gemütlichsten Lokale am Loch Lomond. Geboten werden den Gästen Kaffee und Tee, hausgebackene Kuchen, Scones, Ciabatta und deftigere Speisen wie etwa Räucherlachs und Krabben in Cocktailsoße sowie Haggis mit *neeps and tatties* (Rüben und gestampfte Kartoffeln).

DIE INSELN DES LOCH LOMOND

Es gibt rund 60 große und kleine Inseln im Loch Lomond. Bis auf drei befinden sich alle in Privatbesitz, nur zwei sind auch ohne eigenes Boot oder Kanu zu erreichen.

Inchcailloch Dieses Naturreservat im Besitz des Scottish Natural Heritage ist mit der Personenfähre vom Balmaha Boatyard (S. 308) aus zu erreichen; von allen Inseln ist Inchcailloch die am besten erschlossene. Es gibt dort Naturwanderwege, Toiletten und einen kleinen Campingplatz. Detaillierte Infos bietet www.lochlomond-trossachs.org.

Inchmurrin Die Insel im Privatbesitz ist mit der Personenfähre von Arden am Westufer des Sees aus zu erreichen. Es gibt dort Wanderwege, Strände, Ferienhäuser und ein Restaurant, das von Ostern bis Oktober geöffnet ist. Details siehe www.inchmurrin-lochlomond.com.

Inchconnachan Die Privatinsel ist nur mit dem Boot oder Kanu zu erreichen. Sie war einst das Feriendomizil von Lady Arran, die hier in den 1940er-Jahren etliche Wallabys ansiedelte. Die Kängurus vermehrten sich erfolgreich; ihre Nachkommen durchstreifen noch immer in freier Wildbahn die Insel. Auch der seltene Auerhahn (das größte Mitglied der Moorhuhnfamilie) nistet hier.

Island I Vow Die Privatinsel ist nur mit dem Boot oder Kanu zu erreichen. Auf dieser nördlichsten Seeinsel befindet sich eine Burgruine, die einst eine Feste des Clan Macfarlane war. Der englische Dichter William Wordsworth besuchte sie 1814 und entdeckte einen Einsiedler, der im Verlies der Burg hauste, was ihn zu seinem Gedicht *The Brownie's Cell* inspirierte.

OSTUFER

Die Straße am Ostufer des Sees verläuft durch das hübsche Dorf **Balmaha**, wo Boote verliehen werden und Ausflugsfahrten auf dem Postboot möglich sind. Ein kurzer, aber steiler Aufstieg vom Dorfparkplatz führt auf den Gipfel des **Conic Hill** (361 m), einem erstklassigen Aussichtspunkt (4 km hin & zurück, ca. 2–3 Std.).

Es gibt mehrere Picknickplätze entlang des Seeufers; der schönste ist der in der **Millarochy Bay** (etwa 2,4 km nördlich von Balmaha): Er liegt an einem schönen Kiesstrand und bietet herrliche Ausblicke über den See auf die Hügel von Luss.

Die Straße endet in **Rowardennan**, der West Highland Way (Wanderweg; S. 306) setzt sich jedoch am Seeufer entlang Richtung Norden fort. Die Strecke nach **Inversnaid** beträgt etwas mehr als 11 km. Das Dorf kann auch über die aus den Trossachs kommende Straße angefahren werden. Nach **Inverarnan** am Nordende des Sees sind es über die Hauptstraße A82 gut 24 km.

🛏 Schlafen & Essen

Zelten außerhalb der ausgewiesenen Campingplätze ist von März bis Oktober am Ostufer des Loch Lomond zwischen Drymen und der Ptarmigan Lodge (gleich nördlich des Rowardennan Youth Hostel) verboten. Campingplätze gibt es in Millarochy, Cashel und Sallochy.

Oak Tree Inn   GASTHAUS ££
(☎ 01360-870357; www.oak-tree-inn.co.uk; Balmaha; B/EZ/DZ 30/60/75 £; P🐾) Das kinderfreundliche Oak Tree ist ein attraktives, traditionelles Gasthaus aus Schiefer und Holz. Es bietet luxuriöse Zimmer für verwöhnte Wanderer und rustikalere Zimmer mit Etagenbetten für zwei bis vier Personen. Das Restaurant serviert deftige bodenständige Kost (Hauptgerichte 9–12 £) wie *steak-and-mush-room pie* und gebratenen Seesaibling (*Arctic char*) mit Limonen-Schnittlauch-Butter. *Cullen skink* (eine Suppe mit geräuchertem Schellfisch, Kartoffelbrei als Bindemittel, Zwiebeln und Milch) ist etwas ganz Besonderes.

Passfoot Cottage   B&B ££
(☎ 01360-870324; www.passfoot.com; Balmaha; pro Pers. 37,50 £; ☀April–Sept.; 🖥) Das Passfoot ist ein hübsches, weißes Haus, dessen Fassaden mit farbenfrohen Blumenkörben geschmückt ist und das mit einer zauberhaften Lage an der Balmaha Bay aufwartet. Die hellen Zimmer verströmen Behaglichkeit, und es gibt eine gemütliche Lounge mit Holzofen und Seeblick.

Rowardennan Hotel   HOTEL ££
(☎ 01360-870273; www.rowardennanhotel.co.uk; Rowardennan; EZ/DZ 66/96 £; ☀Mittag- & Abendessen; P) Das Rowardennan, ursprünglich ein Gasthaus aus dem 18. Jh., das vor allem Viehtreiber beherbergt, besitzt zwei große Bars (oft voll mit regendurchnässten Wanderern) und einen netten Biergarten (oft voll mit Mücken). Es ist eine angenehme Unterkunft mit einer Auswahl zwischen traditionellen Hotelzimmern und luxuriösen Ferienhäusern. Essen wird in der Bar den ganzen Tag über von 7.30 bis 21 Uhr serviert (Hauptgerichte 7–12 £).

Rowardennan SYHA   HOSTEL £
(☎ 01360-870259; www.syha.org.uk; Rowardennan; B 17,50 £; ☀März–Okt.) Das Hostel in einem hübschen viktorianischen Haus hat eine tolle Lage direkt am Seeufer neben dem West Highland Way.

Cashel Campsite   CAMPINGPLATZ £
(☎ 01360-870234; www.campingintheforest.co.uk; bei Rowardennan; Stellplatz inkl. Auto 19 £, Backpacker pro Pers. 6 £; ☀März–Okt.) Der schönste Campingplatz in der Gegend liegt knapp 5 km nördlich von Balmaha am Seeufer.

CRIANLARICH & TYNDRUM
350 EW.

Die beiden Dörfer inmitten einer spektakulären Berglandschaft am nördlichen Rand des Nationalparks Loch Lomond & The Trossachs sind beliebte Pausenstopps an der Hauptverkehrsstraße A82 und am West Highland Way. Crianlarich besitzt einen Bahnhof und eine dörflichere Atmosphäre als Tyndrum, aber Tyndrum („*tain-dram*" ausgesprochen), das 8 km weiter liegt, hat zwei Bahnhöfe, einen Busverkehrsknotenpunkt, eine Tankstelle, Spätcafés für Autofahrer und eine schicke **Touristeninformation** (☎ 01838-400246; ☀April–Okt. 10–17 Uhr) – prima, um allgemeine Auskünfte, Streckeninformationen und Karten für die Besteigung der Munros **Cruach Ardrain** (1046 m), **Ben More** (1174 m) und den großartigen **Ben Lui** (1130 m) zu besorgen.

🛏 Schlafen & Essen

Crianlarich ist netter zum Übernachten als Tyndrum: Die Autos fahren langsamer durch den Ort, und die Aussichten auf die Umgebung und die Restaurants sind besser.

Tigh-na-Fraoch B&B ££
(☎01838-400534; www.tigh-na-fraoch.com; Lower Station Rd., Tyndrum; pro Pers. 33 £; P) Der gälische Name bedeutet „Heidekrauthaus" – und Heather („Heide") heißt auch die Besitzerin: eine Heilpraktikerin, die Kinesiologie und indische Kopfmassage sowie drei helle, saubere und behagliche Zimmer anbietet. Auf der Frühstückskarte stehen auch frisch gefangene Forelle (falls die Anglergäste Glück hatten) und natürlich die üblichen Eier mit Speck.

Crianlarich SYHA HOSTEL £
(☎01838-300260; www.syha.org.uk; Station Rd., Crianlarich; B 18 £; P@🛜) Diese gepflegte und komfortable Herberge mit großer Küche, Speisebereich und Salon ist ein echter Hafen für Wanderer oder Durchreisende. Die Schlafsäle sind unterschiedlich groß – es gibt z. B. einige schöne Familienzimmer mit angeschlossenem Bad, die im Voraus reserviert werden sollten – aber alle sind sauber und geräumig.

Strathfillan Wigwams CAMPINGPLATZ, HÜTTEN £
(☎01838-400251; www.wigwamholidays.com; Stellplatz pro Erw./Kind 8/3 £, Wigwam für 2 Pers. klein/groß 30/36 £, Hütte für 2 Pers. ab 50 £; P@🛜) Der charismatische Platz, knapp 5 km von Crianlarich und gut 3 km von Tyndrum entfernt, liegt nahe der A82 und hat 16 beheizte „Wigwams" – im Prinzip Dreieckshölzhütten mit Kühlschrank und Schaumstoffmatratzen, die zur Not auch vier Personen unterbringen. Etwas feiner sind die Ferienhäuser mit Bad und Küche. Es gibt auch einen Campingplatz einschließlich Benutzung aller Anlagen.

Crianlarich Hotel HOTEL ££
(☎01838-300272; www.crianlarich-hotel.co.uk; DZ ab 100 £; P🛜) Das Hotel an der Kreuzung in der Dorfmitte hat verlockend bequeme Betten und kompakte Badezimmer – aber es macht den Eindruck, als wäre mehr Geld für das Foyer als für die Gästezimmer ausgegeben worden. In der Nachsaison ist es recht preiswert. Das Essen (Hauptgerichte 10-13 £) ist teuer, wird aber in einem hocheleganten Raum serviert. Auf der Speisekarte stehen Haggis, Wild und Lachs.

🍴 Real Food Café CAFÉ £
(☎01838-400235; www.therealfoodcafe.com; Tyndrum; Hauptgerichte 5-9 £; ⊙So-Do 11-21, Fr 11-22, Sa 9-21 Uhr; 🍴) Tyndrum liegt inmitten des Munro-Bagging-Gebiets, und so drängen sich hungrige Bergwanderer an den Tischen dieses beliebten Restaurants. Das Speisenangebot sieht vertraut aus – Fish and Chips, Suppen, Salate und Hamburger –, aber die Besitzer bemühen sich um nachhaltige und lokal angebaute Erzeugnisse, und die Qualität macht sich bemerkbar.

❶ An- & Weiterreise
Busse von **Scottish Citylink** (www.citylink.co.uk) fahren mehrmals täglich von beiden Dörfern nach Edinburgh, Glasgow, Oban und Skye.
Nach Tyndrum und Crianlarich fahren Züge von Fort William (17 £, 1¾ Std., Mo-Sa 4-mal tgl., So 2-mal), Oban (10 £, 1 Std., 3- oder 4-mal tgl.) und Glasgow (18 £, 2 Std., 3- oder 4-mal tgl.).

Helensburgh
16 500 EW.

Mit Beginn des Eisenbahnzeitalters Mitte des 18. Jhs. entwickelte sich Helensburgh – im 18. Jh. nach der Ehefrau von Sir James Colquhoun of Luss benannt – zu einem populären Seebad der wohlhabenden Glasgower Familien. Ihre geräumigen viktorianischen Villen säumen bis heute die schmucken Straßen, die den Hang oberhalb des Firth of Clyde hinaufführen. Doch keine kann es mit der Pracht des **Hill House** (NTS; ☎0844 493 2208; www.nts.org.uk; Upper Colquhoun St.; Erw./Kind 9,50/7 £; ⊙April-Okt. 13.30-17.30 Uhr) aufnehmen. Das 1902 von **Charles Rennie Mackintosh** für den Verleger Walter Blackie erbaute Haus ist möglicherweise das schönste Werk des Architekten. In seiner zeitlosen Eleganz wirkt es heute noch ebenso schick wie vor 100 Jahren, als die Blackies hier einzogen.

Von Helensburgh gibt es eine Fährverbindung über Kilcreggan nach Gourock sowie eine regelmäßige Zugverbindung nach Glasgow (5,60 £, 50 Min., 2-mal stündl.).

Arrochar
650 EW.

Arrochar ist herrlich gelegen – von hier reicht der Blick über die Nordspitze des Loch Long hinüber zu den zerklüfteten Berggipfeln des **Cobbler** (881 m). Der Name leitet sich von der Form seines Nordgipfels ab (es ist der rechte, von Arrochar aus gesehen), der wie ein über seine Werkbank gebeugter Schuster aussieht. Im Ort gibt es etliche Hotels und Geschäfte, eine Bank und ein Postamt. Wer den **Cobbler** besteigen möchte, startet am Parkplatz in Succoth (dieser liegt an der Straße nahe dem Seeende). Der Weg führt zunächst steil durch den Wald, es folgt eine leichtere Strecke durch das Tal unterhalb der drei Bergspitzen. Dann aber geht es wieder steil bergauf zum Sattel zwischen Nord- und Mittelspitze.

Die mittlere Spitze (links bzw. südlich) ist der höchste Punkt des Bergmassivs und ziemlich schwierig zu erreichen: Man klettert durch das Loch und dann die Felskante entlang, um die luftige Höhe zu erklimmen. Der Nordgipfel (rechts) ist leichter zu besteigen. Für die gesamte, etwa 8 km lange Rundwanderung sind fünf bis sechs Stunden zu veranschlagen.

Ein guter Campingplatz ist der **Ardgartan Caravan & Campsite** (01301-702293; www.campingintheforest.co.uk; Ardgartan; Zelt plus Auto & 2 Pers. 19–26,50 £;) am unteren Ende des Glen Croe, wo auch Fahrräder verliehen werden. Das schwarz-weiße **Village Inn** (01301-702279; www.villageinnarrochar.co.uk; EZ/DZ ab 65/95 £, Hauptgerichte 7–13 £; Mittag- & Abendessen;) aus dem 19. Jh. ist ein wunderbares Lokal für ein Essen oder auch nur für ein Pint Real Ale – der Biergarten hat einen tollen Blick auf den Cobbler. Vermietet werden 14 Zimmer mit Bad, die teuersten haben Himmelbetten und einen Blick über den See.

Citylink-Busse (www.citylink.co.uk) von Glasgow nach Inveraray und Campbeltown halten in Arrochar und Ardgartan (10 £, 1¼ Std., 3-mal tgl.). Es fahren auch täglich drei oder vier Züge von Glasgow zum Bahnhof Arrochar & Tarbet (11 £, 1¼ Std.), mit Weiterfahrt nach Oban oder Fort William.

SOUTH ARGYLL

Cowal

Die abgelegene Halbinsel Cowal wird durch die langgezogenen Fjorde von Loch Long und Loch Fyne vom übrigen Festland abgeschnitten – und ist deshalb leichter per Boot als mit dem Auto zu erreichen. (Fähren fahren von Gourock nach Dunoon im Osten von Cowal und von Tarbert nach Portavadie im Westen.) Zerklüftete Berge, schmale Seen und nur wenige kleine Dörfer prägen die Halbinsel. Besonders zauberhaft ist die Landschaft rund um Loch Riddon. Der einzige größere Ort auf der Halbinsel ist das altmodische Seebad Dunoon.

Von Arrochar nach Inveraray führt die A83 in einem Bogen um die Spitze von Loch Long herum und steigt dann das Glen Croe hinauf. Der Pass am oberen Talschluss des Glen wird **Rest and Be Thankful** genannt: Als die alte Heerstraße im 18. Jh. instand gesetzt wurde, stellten die Arbeiter am oberen Ende einen Stein mit einer Inschrift auf: „Rest, and be thankful. This road was made, in 1748, by the 24th Regt ... Repaired by the 93rd Regt. 1786". Eine Nachbildung des Steins steht am Ende des Parkplatzes am höchsten Punkt des Passes.

Am Fuß des Glen liegt die **Besucherinformation** (01301-702432; Eintritt frei; April-Okt. 10–17 Uhr), die von der Organisation Forest Enterprise betrieben wird und mit Infomaterial über verschiedene Wanderwege auf der Halbinsel Cowal aufwartet.

Auf der anderen Seite des Passes biegt dort, wo die A83 ins Glen Kinglas hinunterführt, eine Straße nach links (Richtung Südwesten, kurz vor Cairndow) ab: Die A815 ist die wichtigste Überlandstraße auf der Halbinsel Cowal. Die direkteste und schnellste Route von Glasgow nach Cowal ist allerdings die Fährstrecke von Gourock nach Dunoon.

DUNOON & UMGEBUNG

Wie Rothesay auf der Isle of Bute ist auch Dunoon (9100 Ew.) ein Seebad aus viktorianischer Zeit. Es verdankt seine Existenz den Vergnügungsdampfern, die Tausende von Glasgowern im 19. und 20. Jh. „doon the watter" („down the water", also flussabwärts) brachten. Wie Rothesay auf Bute leidet auch Dunoon unter dem Pauschaltourismus, der zu einem massiven Rückgang der Urlauberzahlen führte. Während sich aber das Seebad auf der Isle of Bute zu erholen scheint, bleibt Dunoon immer noch etwas im Abseits, was wiederum manche schätzen.

Die **Touristeninformation** (01369-703785; www.visitcowal.co.uk; 7 Alexandra Pde.; April-Sept. Mo-Fr 9-17.30, Sa & So 10-17 Uhr, Okt.-März Mo-Do 9-17, Fr 10-17, Sa & So 10-16 Uhr) liegt am Ufer, 100 m nördlich des Piers.

Sehenswertes & Aktivitäten

Die Hauptattraktion des Ortes ist noch immer wie schon in den 1950er-Jahren – ein Spaziergang auf der **Promenade** mit einer Eistüte in der Hand und den tanzenden Yachten im Firth of Clyde vor Augen. Von einer kleinen Anhöhe über dem Strand blickt die Statue der **Highland Mary** (1763–1786) auf den Ort: Mary war eine der großen

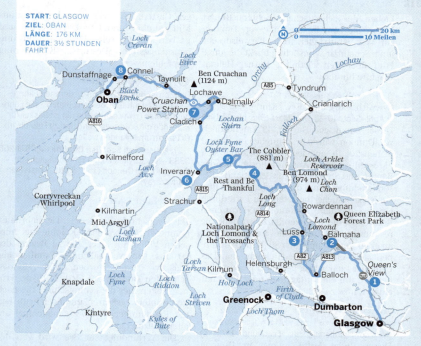

START: GLASGOW
ZIEL: OBAN
LÄNGE: 176 KM
DAUER: 3½ STUNDEN FAHRT

Ausflug
Von Glasgow nach Oban

Auf der A81 (Garscube Road, dann Maryhill Road, von der Abzweigung 16 auf der M8) geht es aus Glasgow hinaus und dann weiter auf der A809 Richtung Drymen. Etwa 8 km hinter der Stadtgrenze liegt links ein Parkplatz namens ① **Queen's View** (einer von vielen in Schottland, der nach Königin Victoria benannt ist); hier lohnt eine kleine Pause, um die herrliche Aussicht auf den Loch Lomond und die Highland-Berge zu genießen.

Weiter nach Drymen, zweigt links eine Landstraße nach ② **Balmaha** ab, wo Ruderboote für eine Runde auf dem Loch Lomond verliehen werden; alternativ verschafft eine kleine Wanderung auf den Conic Hill etwas Bewegung. Zurück in Drymen, geht es rechts auf der A811 nach Balloch und anschließend auf der A82 am Ufer des Loch Lomond entlang nach Norden. Das hübsche Dorf ③ **Luss** eignet sich gut für eine Mittagspause.

Ab Tarbet verläuft die A83 durch Arrochar mit seinem Logenblick auf den Felsgipfel des Cobbler, dann um die Spitze des Loch Long und hoch über den malerischen Bergpass namens ④ **Rest and Be Thankful**. Eine schwungvolle Abfahrt durch das Glen Kinglas führt hinunter zum Salzwassersee Loch Fyne und zu einer weiteren Rastmöglichkeit in der ⑤ **Loch Fyne Oyster Bar** oder in ⑥ **Inveraray**.

Hier geht es von der Hauptstraße ab auf die A819 nordwärts zum Loch Awe und einer imposanten Berglandschaft an der A85, die sich an die unteren Hänge des Ben Cruachan schmiegt. Bei Regen lässt sich auch ein unterirdisches Kraftwerk, die ⑦ **Cruachan Power Station**, besichtigen.

Jenseits des Pass of Brander flachen die Berge zum Ufer des Loch Etive und der Connel Bridge hin ab; wenn die Flut einströmt, lohnt ein Abstecher über die Brücke, um die schäumenden ⑧ **Falls of Lora** zu sehen, bevor es die letzten Kilometer nach Oban weitergeht.

Lieben des schottischen Dichters Robert Burns. Sie kam in der Nähe von Dunoon zur Welt, starb aber tragischerweise sehr jung. Scheinbar sehnsüchtig blickt die junge Frau über den Firth zu Burns' Heimat Ayrshire hinüber.

Benmore Botanic Garden   GÄRTEN
(www.rbge.org.uk; Erw./Kind 5,50/1 £; April–Sept. 10–18 Uhr, März–Okt. bis 17 Uhr) Dieser botanische Garten, 12 km nördlich von Dunoon, wurde ursprünglich im 19. und frühen 20. Jh. angelegt. Hier befindet sich die wohl schönste Ansammlung blühender Bäume und Sträucher ganz Schottlands. Besonders hübsch sind die Rhododendren und Azaleen. Besucher betreten den Park durch eine spektakuläre Allee aus Kalifornischen Redwoods, die 1863 gepflanzt wurden. Die restaurierte viktorianische Farnsammlung an einer ungewöhnlichen Stelle an den Klippen stellt ein weiteres Highlight dar. Das Café hier (ganzjährig geöffnet) ist ein schöner Ort, um ein Mittagessen oder auch nur einen Kaffee zu sich zu nehmen.

Feste & Events
Cowal Highland Gathering   HIGHLAND GAMES
(www.cowalgathering.com; Erw./Kind 13/2 £) Dieses findet Mitte August in Dunoon statt. Zum spektakulären Finale spielen in alter Tradition 3000 Dudelsackpfeifer gemeinsam.

Cowalfest   KUNST & KULTUR, OUTDOOR
(www.cowalfest.org) Ein zehntägiges Wanderfestival mit Kunstausstellungen, Filmen, geführten Wanderungen und Fahrradtouren auf der gesamten Halbinsel Cowal.

Schlafen & Essen
Dhailling Lodge   B&B ££
(01369-70125 3 ; www.dhaillinglodge.com; 155 Alexandra Pde.; EZ/DZ 45/85 £; P@🛜) Diese große viktorianische Villa mit Blick auf die Bucht, gut 1 km nördlich des CalMac-Fähranlegers, vermittelt einen guten Eindruck von Dunoons früherer Eleganz. Die Besitzer sind wahre Verkörperungen schottischer Gastfreundschaft. Sie servieren den Gästen auf Wunsch ein exzellentes Abendessen (22 £ pro Pers.).

Chatters   RESTAURANT ££
(01369-706402; www.chattersdunoon.co.uk; 58 John St.; Hauptgerichte mittags 5–9 £, abends 16–23 £; Mi–Sa Mittag- & Abendessen) Das hübsche Landgasthaus hat Tartansofas im Aufenthaltsraum und Tische im winzigen Garten. Es serviert eine Mischung aus Mittagsimbiss und Brasseriegerichten und ist berühmt für seine belegten Brote und hausgemachten Desserts. Reservierung empfehlenswert.

❶ An- & Weiterreise
Dunoon ist durch zwei konkurrierende Fährgesellschaften mit Gourock verbunden – die Fähre der **CalMac** (www.calmac.co.uk) ist besser für Reisende die unterwegs sind und zu Fuß, cie im Ortszentrum anlanden wollen.

Drei Busse von **Scottish Citylink** (0871-266 3333; www.citylink.co.uk) fahren täglich von Glasgow nach Dunoon (15 £, 3 Std., Umsteigen in Inveraray).

TIGHNABRUAICH
200 EW.

Das verschlafene kleine Tighnabruaich („tinna-*bruh*-ach"), eine Kolonie aus hübschen Villen am Meer, die zu Beginn des 20. Jhs. von wohlhabenden Familien aus Glasgow erbaut wurden, zählt zu den schönsten Dörfern am Firth of Clyde. Früher hielten hier die Dampfschiffe, die nach Clyde unterwegs waren, und noch heute legt der Raddampfer *Waverley* manchmal am alten Holzpier an.

Die Verbindung zur See wird von der **Tighnabruaich Sailing School** (www.tssargyll.co.uk; Carry Farm; Mai–Sept.), gut 3 km südlich von Tighnabruaich gelegen, fortgeführt. Ein fünftägiger Segelkurs auf einer Jolle kostet 250 £, ohne Unterkunft.

Im Dorf befindet sich auch das **Royal an Lochan Hotel** (01700-811239; www.theroyalanlochan.co.uk; Zi. 100–150 £; P), eine lokale Institution, die von einer kurzen Zeit als Boutiquehotel wieder zur einfachen, aber luxuriösen Eleganz zurückgefunden hat. Eingerichtet ist es mit Ledersofas, glänzendem Holz, edler Bettwäsche und nur einem Hauch von Tartan. Die meisten Zimmer bieten den Gästen einen wunderbaren Meerblick. Das Restaurant (Hauptgerichte 15–20 £) besitzt einen verdienten Ruf für gutes Essen, das mit frischen Zutaten aus lokalem Anbau zubereitet wird.

Wer jedoch nur gute, deftige Hausmannskost wünscht, dem seien die Muscheln und Pommes frites im **Burnside Bistro** (www.burnsidebistro.co.uk; Hauptgerichte 7–15 £; 9–21 Uhr), das sich im Dorfzentrum befindet, oder ein Essen in der Bar des exzellenten **Kames Hotel** (01700-811489; www.kameshotel.com; EZ/DZ ab 50/90 £; Hauptgerichte 7–15 £; Mittag- & Abendessen; P), ca. 1,5 km Richtung Süden gelegen, empfohlen.

Isle of Bute

7350 EW.

Die Insel Bute liegt eingezwängt zwischen „Daumen" und „Zeigefinger" der Halbinsel Cowal und wird vom Festland durch eine schmale, landschaftlich schöne Meerenge getrennt, den sogenannten Kyles of Bute. Die geologische Grenze zum Hochland, der Highland Boundary Fault, verläuft mitten durch die Insel, sodass aus geologischer Sicht die Inselnordhälfte zum schottischen Hochland (Highlands) und die Südhälfte zum mittelschottischen Tiefland (Central Lowlands) gehört – ein Metallbogen auf der Esplanade von Rothesay markiert diese Grenzlinie.

Das **Isle of Bute Discovery Centre** (01700-502151;www.visitsscottishheartlands.com; Victoria St., Rothesay; Juli & Aug. Mo–Fr 10–18, Sa & So 9.30–17 Uhr, April–Juni & Sept. tgl. 10–17 Uhr, Okt.–März kürzere Öffnungszeiten) befindet sich in den restaurierten Winter Gardens in Rothesay.

Das fünftägige **Isle of Bute Jazz Festival** (www.butejazz.com) findet am ersten Maiwochenende statt.

ROTHESAY

Von der Mitte des 19. Jhs. bis in die 1960er-Jahre hinein war Rothesay einer der populärsten Ferienorte des Landes – vergleichbar beliebt wie das Londoner Seebad Margate. Am Kai lagen zahlreiche Dampfschiffe, deren Fahrgäste (meist Tagesausflügler) die Esplanade bevölkerten. Die Hotels des Ortes waren mit älteren Urlaubern und Kurgästen gefüllt, die wegen des berühmten milden Klimas des Ortes hierher reisten.

Die Fernreisen, die in den 1970er-Jahren populär wurden, führten zum Niedergang von Rothesay. In den späten 1990er-Jahren war der Ort ziemlich baufällig geworden und ohne Hoffnung auf bessere Tage. In den letzten Jahren führte jedoch eine allgemeine Nostalgiewelle zu einem Sinneswandel. Man erinnerte sich an die Blütezeit des alten Seebades und begann, viele der viktorianischen Gebäude zu restaurieren; auch der Fähranleger wurde neu gebaut, und in Rothesay und Port Bannatyne entstanden Yachthäfen. Heute spürt man, dass ein neuer Optimismus durch die Gassen weht.

Sehenswertes

Viktorianische Toiletten HISTORISCHES GEBÄUDE
(Rothesay Pier; Erw./Kind 20 p/frei) Es gibt nicht viele Orte, an denen eine öffentliche Toilettenanlage zu den Touristenattraktionen zählt. Rothesays viktorianische „Bedürfnisanstalten" aus dem Jahr 1899 sind ein Denkmal für Toilettenluxus – ein nach Desinfektionsmittel riechender Tempel aus grünem und schwarzem Marmor, leuchtend weißem Email, gläsernen Spülkästen und glänzenden Kupferleitungen. Der Aufseher begleitet Damen auf einen Blick in den separaten Bereich der Herren, wenn dieser nicht gerade besetzt ist.

Rothesay Castle BURG
(HS; www.historic-scotland.gov.uk; King St.; Erw./Kind 4,50/2,70 £; April–Sept. 9.30–17.30 Uhr, Okt.–März Sa–Mi bis 16.30 Uhr) In den Gemäuern der großartigen Ruine von Rothesay Castle aus dem 13. Jh. nisten heute Seemöwen und Dohlen. Die einstige Lieblingsresidenz der Stuart-Könige ist mit ihrem runden Grundriss mit vier massiven Rundtürmen einzigartig in Schottland. Der gärtnerisch gestaltete Burggraben bildet mit seinem gepflegten Rasen, den Blumenbeeten und gemächlich umherschwimmenden Enten einen malerischen Rahmen.

Bute Museum MUSEUM
(www.butemuseum.org; 7 Stuart St.; Erw./Kind 2/1 £; April–Sept. Mo–Sa 10.30–16.30, So 14.30–16.30 Uhr, Okt.–März Di–Sa 14.30–16.30 Uhr) Die interessantesten Ausstellungsstücke im Bute Museum sind jene über die Geschichte der berümten Clyde-Dampfer. Andere Räume sind der Naturgeschichte, Archäologie und Geologie gewidmet. Das Prachtstück des Museums ist eine Jadehalskette, die in einem Grab aus der Bronzezeit auf der Insel gefunden wurde.

Schlafen

Boat House B&B ££
(01700-502696;www.theboathouse-bute.co.uk; 15 Battery Pl.; EZ/DZ ab 45/65 £;) Das Boat House hat einen Touch Klasse in Rothesays Gästehausszene gebracht. Seine hochwertigen Stoffe und Möbel und das Gefühl für Design lassen es ein wenig wie ein hochwertiges Hotel wirken, allerdings ohne die entsprechenden Preise. Weitere Vorzüge der Unterkunft sind der Meerblick, die zentrale Lage und ein für Rollstuhlfahrer geeignetes Zimmer im Erdgeschoss.

Glendale Guest House B&B ££
(01700-502329; www.glendale-guest-house.com; 20 Battery Pl.; EZ/DZ/FZ ab 35/60/90 £;) Diese schöne viktorianische Villa fällt mit ihrer raffinierten, mit Blumen bewch-

senen Fassade und ihrem spitzen Eckturm sofort ins Auge. Alle Fenster der vorderen Zimmer haben einen prächtigen Meerblick, ebenso der elegante Salon im 1. Stock und der Frühstücksraum, in dem selbst gemachte *smoked haddock potato cakes*, eine Art Schellfisch-Kartoffelpuffer mit Spiegelei, ebenso wie traditionelles britisches Frühstück auf der Karte stehen.

Moorings
B&B £

(01700-502277; www.themoorings-bute.co.uk; 7 Mountstuart Rd.; EZ/DZ ab 37/55 £; P) Das familienfreundliche Moorings ist ein reizendes viktorianisches Haus mit schönem Meerblick. Für Kinder gibt es draußen einen Spielplatz und im Frühstücksraum einen Hochstuhl. Vegetarisches Frühstück ist kann auf Anfrage serviert werden.

Roseland Caravan Park
CAMPINGPLATZ £

(01700-504529; www.roselandcaravanpark.co.uk; Roslin Rd.; Stellplatz & 2 Pers. 10 £; April-Okt.) Der einzige offizielle Campingplatz der Insel ist vom Fährhafen aus über die steile, kurvenreiche Serpentine Road zu erreichen. Es gibt einen kleinen, aber netten Rasen für Zelte zwischen den Wohnwagen der Dauercamper sowie eine Handvoll Stellplätze für Wohnmobile.

Essen

Waterfront Bistro
BISTRO ££

(www.thewaterfrontbistro.co.uk; 16 East Princes St.; Hauptgerichte 8-16 £; Do-Mo 17.30-21 Uhr) Das holzgetäfelte, fröhlich-zwanglose Waterfront serviert Bistrogerichte wie Rotbarsch mit Pommes frites, Wild in Rotweinsoße oder gegrillte Langustinen mit Knoblauchbutter. Real Ale aus der Flasche von der Arran Brewery ergänzt die Weinkarte. Von Ostern bis Oktober werden keine Reservierungen angenommen – wer zuerst kommt, isst zuerst.

Brechin's Brasserie
BRASSERIE ££

(01700-502922; www.brechins-bute.com; 2 Bridgend St.; Hauptgerichte 12-15 £; Di-Sa Mittagessen, Fr & Sa Abendessen) Die freundliche, gemütliche Brasserie gehört dem Jazzfan Tim (an den Wänden hängen entsprechende Notenblätter und Poster) und serviert schlichte, aber köstliche Speisen, wie Rumpsteak Café de Paris und Lammhaxe mit Rosmarin-Rotweinsoße.

Pier at Craigmore
BISTRO ££

(Mount Stuart Rd.; Hauptgerichte 7-14 £; tgl. 10.30-16.30, Sa 18.30-21.30 Uhr) Das Craigmore, in einem ehemaligen Warteraum eines viktorianischen Piers am Ostrand des Ortes eingerichtet, ist ein adrettes kleines Bistro mit fantastischer Aussicht. Mittags gibt es belegte Sandwiches, Salate, hausgemachte Hamburger und Quiche, die Abendkarte am Samstag ist anspruchsvoller und bietet Meeresfrüchte, Steak und Lammbraten. Alkohol wird nicht ausgeschenkt, Gäste können aber ihren eigenen Wein mitbringen. Keine Kreditkarten.

Musicker
CAFÉ £

(11 High St.; Hauptgerichte 3-7 £; 9-17 Uhr) Das coole kleine Café, ganz in blassem Mintgrün gehalten, serviert den besten Kaffee der Insel, dazu etliche Sandwiches mit einfallsreichem Belag (wie wär's mit Haggis und Cranberry?). Verkauft werden auch CDs (Folk, Weltmusik und Country), und es gibt eine altmodische Jukebox.

RUND UM ROTHESAY

Mount Stuart
HISTORISCHES GEBÄUDE

(01700-503877; www.mountstuart.com; Erw./Kind 11/6 £; April-Okt. 11-17 Uhr, manchmal So nachmittags geschl.) Die Earls of Bute aus dem Haus Stuart sind direkte Nachfahren von Robert the Bruce und lebten 700 Jahre lang auf der Insel. Ihr Familiensitz – Mount Stuart – ist das schönste neogotische Schloss in Schottland und einer der prächtigsten Herrensitze in Großbritannien, zudem das erste, das mit elektrischem Licht, Zentralheizung und einem beheizten Swimmingpool ausgestattet war.

Als ein großer Teil des ursprünglichen Gebäudes 1877 durch ein Feuer zerstört wurde, beauftragte der dritte Marquess of Bute, John Patrick Crichton-Stuart (1847–1900), einer der größten Architekturmäzene seiner Zeit und Bauherr von Cardiff Castle und Castell Coch in Wales, Sir Robert Rowand Anderson mit einem Neubau. Das Ergebnis aus den 1880er- und 1890er-Jahren, das 100 Jahre später restauriert wurde, ist der Inbegriff der Extravaganz.

Die **Marble Hall** bildet das Herzstück der Anlage: Das opulente Werk aus italienischem Marmor nimmt drei Stockwerke ein. In 25 m Höhe geht die Halle in ein dunkelblaues Gewölbe über, das mit goldenen Sternbildern geschmückt ist. In den zwölf Buntglasfenstern erkennt man Abbildungen der Jahreszeiten und Sternkreiszeichen. Wenn die Sonne scheint, schicken die Kristallsterne in den Fenstern Glanzlichter in allen Regenbogenfarben über den Marmor.

Entwurf und Gestaltung des Gebäudes spiegeln die Faszination des dritten Marquis für Astrologie, Mythologie und Religion wider, Themen, die sich an der **Marble Staircase** fortsetzen – auf den Wänden des Treppenaufgangs sind die sechs Tage der Schöpfung dargestellt – und sich auch im verschwenderisch geschmückten Schlafzimmer, dem **Horoscope Bedroom**, wiederfinden. In diesem zeichnet das zentrale Deckenbild die Position der Sterne und Planeten zur Geburtsstunde des Marquis am 12. September 1847 nach.

Ein weiteres Highlight ist die **Marble Chapel**, die ganz aus strahlend weißem Carraramarmor erbaut wurde. Die kleine Kirche besitzt eine Kuppel, die effektvoll von einem Kranz rubinroter Buntglasfenster erhellt wird. Im Hochsommer fällt an einem Sonnentag um die Mittagszeit ein Strahl durch die Scheiben rot gefärbten Lichts direkt auf den Altar. In der Kirchenkapelle heiratete 2003 Stella McCartney, Tochter des Ex-Beatles Sir Paul, der ein Freund des jetzigen Marquis ist, den ehemaligen Autorennfahrer Johnny Dumfries.

Mount Stuart liegt etwa 8 km südlich von Rothesay. Die Buslinie 90 fährt von der Haltestelle vor dem Fähranleger in Rothesay hierher (15 Min., Mai–Sept. stündl.). Es gibt ein spezielles Ticket: Mount Stuart Day-Trip (Erw./Kind 20/10 £); im Preis inbegriffen sind die Hin- und Rückfahrt mit der Fähre (per Zug von Glasgow aus erreichbar), der Bus vom Fähranleger Wemyss Bay nach Mount Stuart sowie der Eintritt ins Schloss.

DER REST DER INSEL

Auf dem südlichen Inselteil steht in einem schönen Wäldchen die unheimliche Ruine der aus dem 12. Jh. stammenden **St Blane's Chapel**. Die **Kilchattan Bay** besitzt einen schönen Sandstrand.

An der Westküste gibt es weitere gute Strände. Die **Scalpsie Bay** ist vom Parkplatz aus zu Fuß nach 400 m über ein Feld erreichbar. Von der Bucht aus haben die Badegäste ein tolles Panorama der Gipfel von Arran vor sich. Vor dem Ardscalpsie Point weiter im Westen kann man bei Ebbe häufig sich sonnende Seehunde beobachten.

Die **Ettrick Bay** ist größer, leichter zugänglich und besitzt überdies ein Café, ist aber nicht annähernd so schön wie die Scalpsie Bay.

Auf Bute gibt es eine ganze Reihe leicht zu bewältigender Wanderrouten, darunter der **West Island Way**, eine gut ausgeschilderte, knapp 50 km lange Strecke von der Kilchattan Bay nach Port Bannatyne. Eine Karte und Details bekommen Wanderfreunde im Isle of Bute Discovery Centre.

Radfahren auf Bute ist super – die Straßen sind gut asphaltiert und ziemlich ruhig. Mietfahrräder gibt es für 10/15 £ pro halben/ganzen Tag im Bike Shed (01700-505515; www.thebikeshed.org.uk; 23–25 East Princes St.).

Das Kingarth Trekking Centre (01700-831673; www.kingarthtrekkingcentre.co.uk; Kilchattan Bay) bietet Koppelreiten für Kinder (5 £; Mindestalter 8 Jahre), Reitunterricht (20 £ pro Std.) und Ponytrecks (35 £ für 2 Std.).

❶ An- & Weiterreise

BUS Die Busse von **West Coast Motors** (www.westcoastmotors.co.uk) fahren vier- oder fünfmal pro Woche von Rothesay nach Tighnabruaich und Dunoon via Fähre in Colintraive. Montags und donnerstags fährt ein Bus von Rothesay nach Portavadie (via Fähre zwischen Rhubodach und Colintraive), wo eine weitere Fähre nach Tarbert in Kintyre ablegt.

FÄHRE Autofähren von **CalMac** (www.calmac.co.uk) verbinden Bute mit Wemyss Bay in Ayrshire und Colintraive in Cowal.

Von **Wemyss Bay nach Rothesay** pro Pers./ Auto 4,75/18,75 £, 35 Min., stündl.

Von **Colintraive nach Rhubodach** pro Pers./ Auto 1,50/9,35 £, 5 Min., alle 15 bis 20 Min.

Inveraray

700 EW.

Die ordentlichen, weiß getünchten Häuser von Inveraray an den Ufern des Loch Fyne sind schon von Weitem erkennbar. Es handelt sich um eine nach Plan angelegte Stadt, die der Duke of Argyll im georgianischen Stil errichtete, als er im 18. Jh. seine nahe gelegene Burg auf Vordermann brachte. Die Touristeninformation (0845 225 5121; Front St.; Juli & Aug. 9–18 Uhr, April bis Juni, Sept. & Okt. Mo–Sa 10–17 Uhr, Nov.–März Mo–Sa 10–15 Uhr) liegt direkt am Wasser.

👁 Sehenswertes

Inveraray Castle BURG
(01499-302203; www.inveraray-castle.com; Erw./Kind 10/6,50 £; April–Okt. 10–17.45 Uhr) Inveraray Castle ist schon seit dem 15. Jh. der Sitz der Dukes of Argyll, der Anführer des Campbell-Clans. Das heute zu sehende Bauwerk aus dem 18. Jh. mit seinen Märchentürmen und Pseudo-Zinnen beherbergt eine eindrucksvolle Waffenkammer, deren

Wände mit einer Sammlung aus mehr als Tausend Piken, Dolchen, Musketen und Streitäxten geschmückt sind. Die Burg liegt 500 m nördlich der Stadt und ist über die A819 in Richtung Dalmally zu erreichen.

Inveraray Jail　　　　　　　　　MUSEUM

(01499-302381; www.invererayjail.co.uk; Church Sq.; Erw./Kind 8,95/4,95 £; April–Okt. 9.30–18 Uhr, Nov.–März 10–17 Uhr) In der preisgekrönten, interaktiven Touristenattraktion können Besucher an einer Gerichtsverhandlung teilnehmen, sich in eine Zelle hocken und die brutalen Foltermethoden kennenlernen, unter denen Gefangene zu leiden hatten. Die Detailgenauigkeit – darunter ein lebensgroßes Modell eines Häftlings, der auf einer Toilette aus dem 19. Jh. hockt – entschädigen mehr als genug für die manchmal langatmigen Erklärungen.

Inveraray Maritime Museum　　　MUSEUM

(01499-302213; www.invererypier.com; The Pier; Erw./Kind 5/2,50 £; April–Okt. 10–17 Uhr;) Die *Arctic Penguin*, ein Dreimastschoner von 1911 und einer der letzten erhaltenen aus Eisen gebauten Segler der Welt, liegt dauerhaft im Hafen von Inveraray vor Anker und birgt ein Museum mit interessanten Fotos. Neben dem Schoner sind oft Modelle der alten Clyde-Dampfschiffe vertäut.

Schlafen & Essen

George Hotel　　　　　　　　　HOTEL ££

(01499-302111; www.thegeorgehotel.co.uk; Main St. E; DZ ab 75 £; P) Das George Hotel hat umwerfend opulent ausgestattete Zimmer mit Himmelbetten, historischen Möbeln, viktorianischen Badewannen und Whirlpools (die edleren Gästezimmer kosten 140–165 £ für ein DZ). Die gemütliche, holzgetäfelte Bar mit ihren rauen Steinwänden, Steinfußboden und Torffeuer gibt ein wunderbares Ambiente für ein Essen ab (Hauptgerichte 8–16 £, Mittag- & Abendessen).

Claonairigh House　　　　　　　B&B £

(01499-302160; www.argyll-scotland.demon.co.uk; Bridge of Douglas; EZ/DZ ab 40/55 £; P@) Das herrschaftliche Haus wurde 1745 für den Duke of Argyll erbaut und liegt auf einem 3 ha großen Grundstück an einem Flussufer (Lachsfischen ist hier möglich). Es gibt drei behagliche Zimmer mit Bad, eines mit Himmelbett, und eine ganze Menagerie an Tieren – Hunden, Enten, Hühnern und Ziegen. Das B&B liegt knapp 6,5 km südlich des Ortes an der A83.

Inveraray SYHA　　　　　　　HOSTEL £

(01499-302454; www.syha.org.uk; Dalmally Rd.; B 17 £; April–Okt.; @) Das Hostel, untergebracht in einem komfortablen, modernen Bungalow, ist durch einen Torbogen am Meeresufer zu erreichen. Es liegt etwa 100 m links hinter der Straße.

Loch Fyne Oyster Bar　　MEERESFRÜCHTE ££

(01499-600236; www.lochfyne.com; Clachan, Cairndow; Hauptgerichte 11–22 £; 9–20 Uhr) Das auf rustikal getrimmte Restaurant in einem umgebauten Kuhstall, etwa 9,5 km nordöstlich von Inveraray gelegen, serviert hervorragende Meeresfrüchte, allerdings ist der Service Glückssache. Auf der Karte stehen u. a. Austern, Muscheln und Lachs aus Zuchtbetrieben. Der benachbarte Laden verkauft verpackte Meeresfrüchte und andere Leckereien sowie Flaschenbier aus der nahen Kleinbrauerei Fyne Ales.

❶ An- & Weiterreise

Busse von **Scottish Citylink** (www.citylink.co.uk) fahren von Glasgow nach Inveraray (11 £, 1¾ Std., Mo–Sa 6-mal tgl., So 2-mal tgl.). Drei dieser Busse fahren weiter nach Lochgilphead und Campbeltown (12 £, 2½ Std.), die anderen nach Oban (10 £, 1¼ Std.).

Crinan Canal

1801 wurde der landschaftlich reizvolle, 14,5 km lange Crinan Canal, der Ardrishaig und Crinan verbindet, fertiggestellt. Er bietet seetüchtigen Schiffen – heutzutage sind es zumeist Yachten – eine Abkürzung vom Firth of Clyde und Loch Fyne zur schottischen Westküste und erspart ihnen die lange und manchmal gefährliche Passage um die Südspitze von Kintyre, Mull of Kintyre. Der ehemalige Treidelpfad des Kanals lässt sich bei schönem Wetter ohne große Mühe an einem Nachmittag **erwandern** oder mit dem **Fahrrad** befahren.

Das Kanalbecken in Crinan ist der Mittelpunkt des jährlichen Crinan Classic Boat Festival (www.crinanclassic.com), das meist am ersten Juliwochenende stattfindet (2013 jedoch für Anfang Juni geplant). Zu dem mehrtägigen Bootsfest schippern Wassersportfreunde mit traditionellen Holzyachten, Motorbooten und Jollen an, um an Wettbewerben teilzunehmen, zu trinken und Musik zu hören.

Am Becken steht auch das Crinan Hotel (01546-830261; www.crinanhotel.com; Crinan;

> **DIE RÜCKKEHR DER BIBER**
>
> Biber sind in Großbritannien ursprünglich im 16. Jh. ausgestorben. Im Jahr 2009 kehrten sie nach Schottland zurück, als eine Population norwegischer Biber in den Bergseen von Knapdale in Argyllshire ausgesetzt wurde. Diese Biber brachten 2010 ihre ersten Jungen zur Welt. Das auf fünf Jahre angelegte Projekt Scottish Beaver Trial (www.scottish beavers.org.uk) hat sich zum Ziel gesetzt zu erkunden, ob die Tiere einen positiven Effekt auf ihre Umwelt und die Artenvielfalt haben. Sollte dies der Fall sein, werden sie vielleicht auch in anderen Landesteilen angesiedelt.
>
> In der Zwischenzeit können Reisende versuchen, auf dem **Beaver Detective Trail** einen Blick auf sie zu erhaschen. Er beginnt am Waldparkplatz bei Barnluasgan an der B8025 nach Tayvallich, etwa 2,5 km südlich des Crinan Canal. Im Sommer bieten Wildhüter am Dienstag und Samstag um 18 Uhr geführte Wanderungen an.

EZ/DZ inkl. Abendessen 150/270 £; P), das einen der spektakulärsten Blicke auf den Sonnenuntergang der Westküste und eines der besten Fischrestaurants Schottlands besitzt. Man zahlt hier für den Blick und die traditionelle Atmosphäre – 5-Sterne-Luxus ist hier nicht zu erwarten. Auch in der Crinan Seafood Bar (Hauptgerichte 10–15 £, 4-Gänge-Abendmenü 70 £; ⊙Mittag- & Abendessen) des Hotels werden Gerichte serviert, z. B. exzellente Muscheln in Weißwein, Thymian und Knoblauch.

Der Coffeeshop (Snacks 3–6 £; ⊙10–17 Uhr) an der Westseite des Kanalbeckens serviert großartige hausgemachte Kuchen und *scones* (Gebäude).

Wer am Kanal entlangwandern und dann mit dem Bus zurückfahren möchte, sollte die Linie 425 von Lochgilphead nach Tayvallich nehmen, die in Cairnbaan, Bellanoch und Crinan Cottages hält (20 Min., Mo–Sa 3–4-mal tgl.).

Kilmartin Glen

Im 6. Jh. wanderten irische Siedler in diesen Teil der Grafschaft Argyll ein und gründeten das Königreich Dalriada, das sich schließlich 843 mit dem der Pikten vereinigte und in der Folge im ersten schottischen Königreich aufging. Hauptstadt war die Hügelfestung Dunadd, die in der Ebene südlich vom Kilmartin Glen lag.

Das Tal (Glen) bildet den Mittelpunkt einer der größten Ansammlungen prähistorischer Stätten Schottlands. Die Landschaft ist mit Hügelgräbern, Steinsetzungen, Steinkreisen, Festungshügeln und Felsen mit sogenannten *Cup-and-ring*-Ritzungen übersät. In einem Radius von 9,5 km um die Ortschaft Kilmartin finden sich 25 Stätten mit Steinsetzungen und über 100 sehenswerte Felsritzungen. In Kilmartin gibt es einen Laden und ein Postamt.

◉ Sehenswertes

Die erste Anlaufstelle in Kilmartin sollte das informative Kilmartin House Museum (☎01546-510278; www.kilmartin.org; Kilmartin; Erw./Kind 5/5 £; ⊙März–Okt. 10–17.30 Uhr, Nov.–23. Dez. 11–16 Uhr) sein, das die archäologischen Monumente, deren Besuch anschließend auf dem Programm steht, erklärt und in einen größeren Zusammenhang stellt; zudem sind Artefakte ausgestellt, die in den verschiedenen Stätten gefunden wurden. Das Projekt wurde auf kuriose Weise finanziert: Der Kurator setzte sich an einem warmen Sommerabend in Temple Wood den Mücken aus und erhielt für jeden Stich eine Geldspende!

Die ältesten Monumente im Tal sind etwa 5000 Jahre alt und Teil eines linear angelegten Friedhofs mit **Hügelgräbern**, der sich südlich vom Ort Kilmartin über knapp 2,4 km Länge erstreckt. Es gibt auch rituelle Monumente (zwei Steinkreise) in **Temple Wood**, das rund 1 km südwestlich von Kilmartin liegt. Im Museum sind Karten und Erläuterungen zu den Sehenswürdigkeiten erhältlich.

Auf dem **Kilmartin Churchyard** sind einige keltische Kreuze aus dem 10. Jh. und zahlreiche mittelalterliche Grabplatten mit Reliefbildnissen von Rittern zu sehen. Einige Wissenschaftler haben die These aufgestellt, dass es sich hier um Gräber von Tempelrittern (Templern) handelt, die sich im 14. Jh. der Verfolgung wegen Ketzerei in Frankreich entzogen hatten.

Die Hügelfestung **Dunadd**, etwa 5,6 km südlich von Kilmartin, war das Machtzentrum der ersten Könige von Dalriada. Hier wurde möglicherweise auch der **Schicksalsstein** (Stone of Destiny) aufbewahrt. Die verwitterten Felsritzungen – ein Wildschwein und zwei Fußabdrücke mit einer Ogham-Inschrift – könnten für eine Art Krönungszeremonie bedeutsam gewesen sein. Der auffällige kleine Hügel ragt steil aus der Moorebene des **Moine Mhor Nature Reserve** empor. Ein rutschiger Pfad führt zur Festung hinauf, der Ausblick von dort oben dürfte sich wohl wenig von dem unterscheiden, den die Dalriada-Könige bereits vor 1300 Jahren hatten.

Schlafen & Essen

Kilmartin Hotel GASTHAUS ££
(01546-510250; www.kilmartin-hotel.com; Kilmartin; EZ/DZ 40/65 £; P) Die Zimmer sind hier zwar etwas klein, aber das hübsche, altmodische Hotel hat viel Atmosphäre. Es gibt hier auch ein **Restaurant** (Hauptgerichte 8–15 £) und eine Whisky-Bar mit Real Ale vom Fass, in der am Wochenende Folkmusik live gespielt wird.

Glebe Cairn Café CAFÉ £
(01546-510278; Hauptgerichte 5–8 £; März–Okt. 10–17 Uhr, Nov.–Dez. 11–16 Uhr, Jan.–Feb. geschl.) Das Café im Kilmartin House Museum hat einen wunderbaren Wintergarten, der den Blick über die Felder zu einem prähistorischen Hügelgrab freigibt. Zu den Gerichten gehören *cullen skink* (dicke Suppe mit Fisch), eine keltische Käseplatte und Hummus mit süß-saurem Rote-Bete-Relish. Das Getränkeangebot reicht von Espresso über Froach Ale mit Heidekrautgeschmack bis hin zu Holunderwein.

An- & Weiterreise

Der **Bus 423** zwischen Oban und Ardrishaig (Mo–Fr 4-mal tgl., Sa 2-mal tgl.) hält in Kilmartin (5 £, 80 Min.).

Kilmartin ist auch von Ardrishaig **zu Fuß** oder mit dem **Fahrrad** am Crinan Canal entlang und dann ab Bellanoch auf der Landstraße B8025 nach Norden zu erreichen (einfache Strecke gut 19 km).

Kintyre

Die Halbinsel Kintyre – 64 km lang und nur 13 km breit – ist fast schon eine Insel – nur eine schmale Landenge bei Tarbert verbindet sie mit den bewaldeten Hügeln von Knapdale. Als die Nordmänner die Western Isles besetzt hielten, verkündete der schottische König den folgenden Erlass: Jedem Wikinger sollte die Insel gehören, die er mit einem Langboot umrunden konnte. Also stellte sich Magnus Barefoot 1098 ans Ruder, während seine Männer das Boot um die Landenge herumzogen und machte so seine Eigentumsrechte an Kintyre geltend.

TARBERT
1500 EW.

Das hübsche Fischerdorf und Segelzentrum Tarbert ist das Tor nach Kintyre. Es lohnt sich, hier für ein Mittag- oder Abendessen zu halten oder ein Wochenende lang für eines der Festivals zu bleiben. Es gibt hier auch eine Touristeninformation (S. 456).

Sehenswertes & Aktivitäten

Über dem malerischen Hafen thronen die von Efeu überwucherten Ruinen des **Tarbert Castle**, das Robert Bruce im 14. Jh. errichten ließ. Ein ausgeschilderter Fußweg führt zur Feste hinauf. Man passiert die **Loch Fyne Gallery** (www.lochfynegallery.com; Harbour St; 10–17 Uhr), in der Werke regionaler Künstler ausgestellt sind.

Tarbert ist Ausgangspunkt der 165 km langen Wanderroute **Kintyre Way** (www.kintyreway.com), die vom Norden der Halbinsel zur Südspitze führt. Der erste 14,5 km lange Abschnitt von Tarbert nach Skipness eignet sich für eine schöne Tageswanderung; er führt durch Forstgebiete auf ein hoch gelegenes Heidemoor-Plateau, das fantastische Ausblicke auf die Insel Arran bietet.

Feste & Events

Scottish Series Yacht Races SEGELN
(www.scottishseries.com) Findet fünf Tage lang um das letzte Maiwochenende statt. Dann drängen sich im Hafen von Tarbert Hunderte von Yachten.

Tarbert Seafood Festival ESSEN & TRINKEN
(www.seafood-festival.co.uk) Ein Fest am ersten Juliwochenende mit Imbissständen, Kochvorführungen, Musik und Familienunterhaltung.

Tarbert Music Festival MUSIK
(www.tarbertmusicfestival.com) Am dritten Septemberwochenende: Konzerte mit Folk, Blues, Bier, Jazz, Rock, *ceilidhs* (traditionelle schottische Abendunterhaltung), noch mehr Bier …

Schlafen & Essen

Es gibt hier zahlreiche B&Bs und Hotels, aber für die Zeit der Festivals und größeren Events sollte frühzeitig reserviert werden.

Knap Guest House
B&B ££
(☎01880-820015; www.knapguesthouse.co.uk; Campbeltown Rd.; EZ/DZ ab 50/70 £; 🛜) Eine Treppe, die durch Fenster aus edwardianischem Buntglas erhellt wird, führt zu der Wohnung im 1. Stock. Deren drei große Zimmer haben jeweils ein eigenes Bad und sind in einer hübschen Mischung aus Schottisch und Fernöstlich eingerichtet. Der Empfang ist warm, und die Lounge (Ledersofas, Kamin und eine kleine Bibliothek) hat einen tollen Hafenblick.

Springside B&B
B&B ££
(☎01800-820413; www.scotland-info.co.uk/springside; Pier Rd.; EZ/DZ 38/60 £; P) Wer gerne dem munteren Treiben im Hafen zuschaut, sitzt wunderbar vor diesem schönen Fischerhaus mit Blick auf die Hafeneinfahrt. Das B&B vermietet vier komfortable Zimmer, drei mit Bad. Es liegt in der einen Richtung nur fünf Fußminuten von der Dorfmitte entfernt, in der anderen nur einen kurzen Spaziergang von der Fähre nach Portavadie.

LP TIPP Starfish
MEERESFRÜCHTE ££
(☎01880-820733; wwwstarfishtarbert.com; Castle St.; Hauptgerichte 10–20 £; ⊙Di–So Mittag- & Abendessen) Einfach, aber stilvoll ist nicht nur die Einrichtung in dem freundlichen Restaurant, sondern auch die Küche. Jakobsmuscheln zubereitet wie Schottische Eier (in Räucherlachscreme eingewickelt und knusprig paniert) – wer kommt schon auf so etwas? Und die Langustinen mit Knoblauchbutter und hausgebackenem Brot sind einfach zum Niederknien. Ein Ausflug nach Tarbert lohnt allein schon wegen der hiesigen Speisen, vorher reservieren.

ⓘ An- & Weiterreise
BUS In Tarbert halten fünfmal täglich die Busse von **Scottish Citylink** (www.citylink.co.uk) zwischen Campbeltown und Glasgow (von Glasgow nach Tarbert 15 £, 3¼ Std.; von Tarbert nach Campbeltown 7,10 £, 1¼ Std.).
FÄHRE CalMac (www.calmac.co.uk) betreibt eine Autofähre von **Tarbert nach Portavadie** auf der Halbinsel Cowal (pro Pers./Auto 4/18 £, 25 Min., stündl.).
Die Fähren zu den Inseln **Islay und Colonsay** legen am Fährhafen Kennacraig am West Loch Tarbert ab, der 8 km südwestlich von Tarbert liegt.

SKIPNESS
100 EW.

Die winzige Ortschaft Skipness an der Ostküste von Kintyre, knapp 21 km südlich von Tarbert, ist herrlich ruhig gelegen und bietet fantastische Ausblicke auf die Insel Arran. Im Ort gibt es ein Postamt und einen Gemischtwarenladen.

Über dem Dorf ragen die stattlichen Ruinen von **Skipness Castle** (HS; Eintritt frei; ⊙24 Std.; Turm nur April–Sept.) aus dem 13. Jh. auf. Die Burg war einst im Besitz der Lords of the Isles. Das eindrucksvolle Bauwerk besteht aus hier in der Region gebrochenen dunkelgrünem Stein, der mit rotbraunem Sandstein von der Insel Arran verziert ist. Das im 16. Jh. ergänzte Turmhaus war bis ins 19. Jh. bewohnt. Von der Festung fällt der Blick auf die **St Brendan's Chapel** aus dem 13. Jh. Die Kirche direkt am Meer besitzt kein Dach mehr, auf ihrem Friedhof befinden sich jedoch einige Grabplatten, die mit schönen Reliefs geschmückt sind.

Skipness Seafood Cabin (☎01880-760207; Sandwich 4 £, Hauptgerichte 6–10 £; ⊙Ende Mai–Sept. So–Fr 11–19 Uhr) befindet sich auf dem Grundstück des nahen Skipness House. Das Lokal verwöhnt seine Gäste mit Tee, Kaffee und Selbstgebackenem sowie Fischgerichten und Schalentieren aus der Region. Bei gutem Wetter sitzen die Gäste draußen an Picknick-Tischen, erfreuen sich an der Spezialität des Hauses, den Krabbensandwiches, und genießen die herrliche Aussicht auf Arran.

Der **Regionalbus 448** verkehrt zwischen den Ortschaften Tarbert und Skipness (35 Min., Mo–Sa 2-mal tgl.).

Ab Claonaig, gut 3 km südwestlich von Skipness, geht täglich eine **Autofähre** nach Lochranza auf Arran (pro Pers./Auto 5,75/25,50 £, 30 Min., 7–9-mal tgl.).

ISLE OF GIGHA
120 EW.

Gigha („ghi-a" ausgesprochen; www.gigha.org.uk) ist eine flache Insel von etwa knapp 10 km Länge und ca. 1,5 km Breite. Sie ist berühmt für ihre Sandstrände und das milde Klima – in den **Achamore Gardens** (☎01583-505254; www.gigha.org.uk/gardens; Achamore House; Eintritt frei, Spende erbeten; ⊙Sonnenauf- bis -untergang) gedeihen subtropische Pflanzen.

Der hier hergestellte **Gigha-Käse** wird in vielen Regionen Argylls verkauft. Es gibt mehrere Sorten wie den pasteurisierten Ziegenkäse und den über Eichenholz geräucherten Cheddar.

Zu den wenigen Unterkünften auf der Insel gehört das **Post Office House** (☎01583-505251; www.gighastores.co.uk; DZ 50 £; P), ein auf dem Hügel oberhalb des Fähranlegers gelegenes viktorianisches Haus mit zwei Ferienhäusern (im Haus ist auch das Inselpostamt mit Laden untergebracht). Das Gigha Hotel (01583-505254; www.gigha.org.uk/accom; Zi. pro Pers. 50 £), 100 m südlich des Postamts zu finden, serviert Bargerichte (etwa Sandwiches) und für Hungrige auch Viergängemenüs. Man bekommt auch in der Boat House Café Bar (01583-505123; Hauptgerichte 7–12 £; Mittag- & Abendessen) in der Nähe des Fähranlegers etwas zu essen.

Daneben gibt es ein einziges B&B sowie einige **Ferienhäuser** (Infos s. www.gigha.org.uk). **Camping** ist auf dem Rasen neben dem Boat House nahe dem Fähranleger erlaubt – es kostet nichts, aber viel Platz ist nicht vorhanden, also besser vorher im Boat House anrufen, ob was frei ist.

CalMac (www.calmac.co.uk) betreibt die Fähre von Tayinloan in Kintyre nach Gigha (hin & zurück pro Pers./Auto 6,90/25,50 £, 20 Min., Mo–Sa stündl., So 6-mal tgl.). Der Fahrradtransport ist kostenlos.

Fahrräder verleiht das Post Office House für 12 £ pro Tag.

CAMPBELTOWN
6000 EW.

Mit seinen grauen Sozialbausiedlungen wirkt Campbeltown ein wenig wie eine Bergarbeiterstadt aus Ayrshire, die versehentlich am Ufer einer herrlichen Bucht in Argyllshire gelandet ist. Die Stadt war einst ein blühender Fischereihafen und ein Zentrum der Whiskybrennerei, aber wirtschaftlicher Verfall und die Schließung des Militärflughafens im benachbarten Machrihanish sorgten für den Niedergang Campbeltowns.

Doch ein Neuanfang liegt in der Luft – die herausgeputzte Uferregion mit Blumenbeeten, eleganten viktorianischen Häusern und einem restaurierten Art-déco-Kino verleiht der Stadt ein spürbar optimistisches Flair.

Die Touristeninformation (01586-552056; The Pier; Mo–Sa 9–17.30 Uhr) befindet sich neben dem Hafen.

Sehenswertes & Aktivitäten

Einst gab es in der Gegend um Campbeltown mindestens 32 Whiskybrennereien, aber die meisten wurden in den 1920er-Jahren stillgelegt. Die Springbank Distillery (App. 1 01586-551710; www.the-tastingroom.com; 85 Longrow; Führungen ab 6,50 £; Führungen Mo–Sa 10 & 14 Uhr) ist eine von nur drei Brennereien, die heute noch in Betrieb sind. Sie ist auch eine der wenigen Destillerien Schottlands, die ihren Whisky am gleichen Ort brennen, reifen lassen und in Flaschen abfüllen.

Eine der ungewöhnlichsten Sehenswürdigkeiten von Argyll befindet sich in einer **Höhle** an der Südseite der Insel **Davaar**, an der Mündung des Campbeltown Loch. Ein gespenstisches **Kreuzigungsgemälde** von 1887, das Werk des lokalen Künstlers Archibald MacKinnon, schmückt die Höhlenwand. Bei Ebbe ist die Insel über einen Kiesdamm, den Dhorlinn, zu Fuß zu erreichen (hin & zurück mind. 1½ Std. einplanen). Aber Vorsicht vor einlaufender Flut – die Gezeiten sollten vorher in der Touristeninformation erfragt werden.

Mull of Kintyre Seatours (07785 542811; www.mull-of-kintyre.co.uk; Erw./Kind ab 35/25 £) bietet mit dem Schnellboot von Campbeltown aus zweistündige Touren an, um Tiere zu beobachten: In den aufgewühlter Gewässern und an den spektakulären Klippen des Mull of Kintyre leben Robben, Delfine, Zwergwale, Steinadler und Wanderfalken. Die Touren können telefonisch oder in der Touristeninformation gebucht werden.

Das Mull of Kintyre Music Festival (01586-551053; www.mokfest.com), das Ende August in Campbeltown stattfindet, ist ein beliebtes Fest traditioneller schottischer und irischer Musik.

Die nahe, 2009 eröffnete Golfhotelanlage Machrihanish Dunes (S. 35) hat für ihre beiden Golfplätze und die dazugehörigen Hotels viele Auszeichnungen erhalten. In der **Machrihanish Bay**, 8 km nordwestlich von Campbeltown gelegen und über einen Parkplatz an der A83 zu erreichen, ist der etwa 5 km lange Sandstrand besonders bei Surfern und Windsurfern beliebt.

❶ An- & Weiterreise

BUS Die Busse von **Scottish Citylink** (www.citylink.co.uk) fahren von Campbeltown über Tarbert, Inveraray, Arrochar und Loch Lomond nach Glasgow (18,50 £, 4 Std., 3-mal tgl.). Verbindungen gibt es auch nach Oban (19 £, 4 Std., 3-mal tgl.) mit Umsteigen in Inveraray.

FÄHRE Kintyre Express (01856-555895; www.kintyreexpress.com) betreibt eine kleine Hochgeschwindigkeitsfähre nur für Passagiere von Campbeltown nach Ballycastle in Nordirland (einfache Fahrt 35 £, 2 Std., Mai–Sept. 3-mal tgl., Okt.–April 2-mal wöchentl.). Tickets müssen im Voraus gebucht werden.

FLUGZEUG Loganair/FlyBe (www.loganair.co.uk) fliegt montags bis freitags täglich zweimal von Glasgow nach Campbeltown (51 £, 35 Min.).

MULL OF KINTYRE

Eine enge Straße führt über etwa 30 km von Campbeltown südwärts zum **Mull of Kintyre** und einigen schönen **Sandstränden** bei Southend. Den Namen dieser einsamen Landspitze hat Paul McCartney in seinem berühmten Lied unsterblich gemacht – der Ex-Beatle besitzt hier ein Bauernhaus. Ein **Leuchtturm** markiert die Stelle, die Nordirland am nächsten liegt: Die irische Küste ist nur 19 km entfernt und jenseits des North Channel zu sehen.

Isle of Islay

3400 EW.

Islay („*ai*-la" ausgesprochen) ist die südlichste Insel der Inneren Hebriden und für ihren Single-Malt-Whisky berühmt. Die acht hiesigen Brennereien stehen Besuchern offen und bieten Führungen an.

Aus Islays Whiskyproduktion fließen jährlich etwa 480 Mio. £ Verbrauchssteuer in die Staatskasse, das sind etwa 140 000 £ pro Einwohner der Insel. Kein Wunder, dass sich die Insulaner über mangelnde staatliche Investitionen in der Region beschweren.

Mit über 250 erfassten Vogelarten lockt Islay auch die Vogelbeobachter an. Die Insel ist ein wichtiges Winterquartier für Tausende von Bläss- und Nonnengänsen. Neben Whisky und Vögeln hat Islay auch kilometerlange Sandstrände, schöne Wanderwege und gutes Essen zu bieten.

In Kintra bei Port Ellen gibt es einen Campingplatz und eine Schlafhütte, in Port Charlotte einen Campingplatz und eine Jugendherberge. Wer wild campen will, sollte erst um Erlaubnis fragen. Auf den Landgütern Ardtalla und Dunlossit an der Ostseite von Islay ist das Campen jedoch verboten.

Geführte Touren

Islay Wilderness Guide VOGELBEOBACHTUNG
(☏01496-850010; www.islaywildernessguide.co.uk; 🚶) Bietet Touren zum Sammeln von essbaren Wildpflanzen sowie Tiersafaris mit dem Fahrrad oder zu Fuß (halber/ganzer Tag 30/60 £). Zudem werden Fahrradausflüge für die ganze Familie veranstaltet (2 Erw. plus Kinder 60 £ für einen halben Tag), auf denen Kenntnisse für wildes Campen und Fahrradtouren vermittelt werden.

Islay Sea Safaris BOOTSAUSFLUG
(☏01496-840510; www.islayseasafari.co.uk) Organisiert individuelle Bootsausflüge nach Wunsch (25–30 £ pro Pers. & Std.) ab Port Ellen, auf denen einige oder alle Whiskybrennereien von Islay und Jura an einem Tag besucht werden können. Hinzu kommen Ausflüge für Vogelbeobachter, Küstenfahrten und

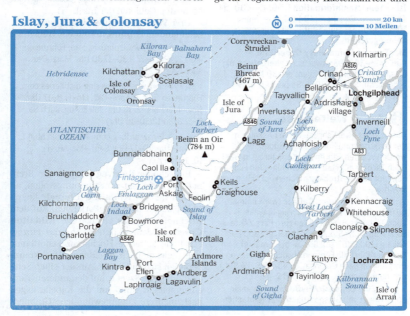

Boottrips zur abgelegenen Westküste Juras und zum Corryvreckan-Strudel.

Islay Stalking
TIERBEOBACHTUNG
(☎ 01496-850120; www.thegearach.co.uk) Bietet die Möglichkeit, dem einem Wildhüter Hirschen und anderen Tieren aufzulauern und sie zu fotografieren. Die Fototouren am Morgen oder Abend kosten pro Erwachsenem/Kind 20/10 £.

✱ Festivals & Events

Fèis Île
MUSIK, WHISKY
(Islay Festival; www.theislayfestival.co.uk) Ein einwöchiges Festival Ende Mai mit traditioneller schottischer Musik und Whisky. Geboten werden u. a. *ceilidhs*, Dudelsackkonzerte, Brennereiführungen, Grillfeste und Whiskyverkostungen.

Islay Jazz Festival
MUSIK
(☎ 01496-810262; www.islayjazzfestival.co.uk) Das dreitägige Festival findet am zweiten Septemberwochenende statt. Etliche internationale Musiker treten an mehreren Veranstaltungsorten auf der ganzen Insel auf.

❶ Praktische Informationen

Islay Service Point (☎ 01496-810332; Jamieson St.; ⊙ Mo–Fr 9–12.30 & 13.30–17 Uhr) Kostenloser Internetzugang.

Islay Touristeninformation (☎ 01496-810254; The Square, Bowmore; ⊙ April–Aug. Mo–Sa 10–17, So 14–17 Uhr, Sept.–März kürzere Öffnungszeiten)

MacTaggart Community CyberCafé (☎ 01496-302693; www.islaycybercafe.co.uk; 30 Mansfield Pl., Port Ellen; pro 30 Min. 1 £; ⊙ Mo & Mi–Sa 9–22, Di & So bis 17 Uhr; 🛜) Internetzugang.

❶ An- & Weiterreise

Die Insel hat zwei Fährhäfen, Port Askaig an der Ostküste und Port Ellen im Süden. Beide werden von den Fähren aus Kennacraig in West Loch Tarbert angelaufen. Der Flughafen Islay liegt auf halber Strecke zwischen Port Ellen und Bowmore.

FÄHRE Die Fähren von **CalMac** (www.calmac.co.uk) schippern von Kennacraig in West Loch Tarbert nach Port Ellen (pro Pers./Auto 10,20/55 £, 2¼ Std., 1- bis 3-mal tgl.) und Port Askaig (10,20/55 £, 2 Std., 1- bis 3-mal tgl.). Im Sommer fährt die Fähre mittwochs weiter von Port Askaig nach Colonsay (5,45/28 £, 1¼ Std.) und dann nach Oban (14,65/73 £, 4 Std.).

FLUGZEUG Loganair/FlyBe (www.loganair.co.uk) fliegt von Glasgow nach Islay (einfacher Flug 62 £, 45 Min., Mo–Fr 2- oder 3-mal tgl., Sa & So jeweils 1- oder 2-mal).

Hebridean Air Services (☎ 0845 805 7465; www.hebrideanair.co.uk) hat Flüge (einfacher Flug 65 £, Di & Do 2-mal tgl.) vom Connel Airfield bei Oban nach Colonsay (30 Min.) und Islay (40 Min.).

❶ Unterwegs vor Ort

AUTO D & N MacKenzie (☎ 01496-302300; Islay Airport) Ein Mietwagen kostet ab 32 £ pro Tag.

BUS Ein Bus verbindet Ardbeg, Port Ellen, Bowmore, Port Charlotte, Portnahaven und Port Askaig (So nur eingeschränkt). Das Heft *Islay & Jura Public Transport Guide* ist in der Touristeninformation erhältlich.

FAHRRAD Fahrräder vermieten das **Bowmore Post Office** (10 £ pro Tag) und das Haus gegenüber dem Port Charlotte Hotel.

TAXI Bowmore (☎ 01496-810449); **Port Ellen** (☎ 01496-302155).

PORT ELLEN & UMGEBUNG

Port Ellen ist das Haupttor nach Islay. Es gibt dort einen **Co-op-Minimarkt** (74 Frederick Cres.; ⊙ Mo–Sa 8–20, So 12.30–19 Uhr), ein Pub und eine Bank (an den meisten Nachmittagen und mittwochs geschlossen). Der Spar-Laden um die Ecke von der Bank hat aber einen Geldautomaten. Im Ort selbst gibt es zwar nichts zu sehen, aber die Küste nordöstlich ab Port Ellen gehört zu den schönsten Gebieten der Insel.

Drei **Whiskybrennereien** liegen dicht beieinander (Führungstermine s. Websites):

Laphroaig (www.laphroaig.com; Führungen 4,80 £; ⊙ Mo–Fr 9.30–17.30 Uhr, März–Dez. auch Sa & So 10–16 Uhr)

Lagavulin (www.discovering-distilleries.com; Führungen 6 £; ⊙ April–Okt. Mo–Fr 9–17 Uhr, Nov.–März bis 12.30 Uhr, Juli & Aug. auch Sa 9–17 & So 12.30–16 Uhr)

Ardbeg (www.ardbeg.com; Führungen ab 4 £; ⊙ Juni–Aug. 10–17 Uhr, Sept.–Mai Mo–Fr 10–16 Uhr)

Ein schöner **Radweg** führt an den Brennereien vorbei zu der stimmungsvollen, altersschwachen **Kildalton Chapel**, knapp 13 km nordöstlich von Port Ellen. Auf dem Kirchhof steht das einzigartige **Kildalton Cross** aus dem späten 8. Jh., das einzige erhaltene keltische Hochkreuz Schottlands (die meisten noch erhaltenen Hochkreuze befinden sich in Irland). Auf der einen Seite sind biblische Szenen, auf der anderen Tiere eingemeißelt. Rund um die Kapelle liegen auch mehrere außergewöhnliche Grabplatten, einige davon mit Schwertern und keltischen Knotenmustern geschmückt.

Die von Seetang gesäumten *skerries* (kleine Felsinseln oder -riffe) der **Ardmore Islands** vor der Südostecke von Islay bei Kildalton sind ein Tierparadies. Dort lebt die zweitgrößte Robbenkolonie Europas.

Schlafen & Essen

Kintra Farm CAMPINGPLATZ, B&B ££
(01496-302051; www.kintrafarm.co.uk; Stellplatz 4–10 £ plus pro Pers. 3 £, Zi. pro Pers. 30–38 £; April–Sept.) Das Kintra am südlichen Ende der Laggan Bay, etwa 5,5 km nordwestlich von Port Ellen gelegen, vermietet drei Zimmer in einem heimeligen Bauernhaus. Es gibt auch einen einfachen, aber wunderschönen Campingplatz auf einer Butterblumenwiese inmitten der Dünen samt Blick über den Strand auf den Sonnenuntergang.

Oystercatcher B&B B&B ££
(01496-300409; www.islay-bedandbreakfast.com; 63 Frederick Cres.; Zi. pro Pers. 40 £; @) Wer schon zum Frühstück gerne Fisch mag, ist in dem einladenden Haus am Wasser genau richtig – zur Wahl stehen geräucherter Schellfisch, Räucherlachs und Bückling, aber auch das übliche gebratene englische Frühstück. Die Zimmer sind klein, aber komfortabel und hübsch eingerichtet.

Old Kiln Café CAFÉ £
(01496-302244; Hauptgerichte 5–10 £; Juni–Aug. tgl. 10–16 Uhr, Sept.–Juni nur Mo-Fr, warmes Essen ab 12 Uhr) Das gut geführte Café in der einstigen Mälzerei der Ardbeg Distillery serviert deftige hausgemachte Suppen, leckere leichte Mahlzeiten (z. B. Panini mit Haggis und Apfel-Chutney belegt oder einen Teller mit geräuchertem Islay-Rindfleisch, Wild und Pastrami) und eine Auswahl an hausgemachten Desserts wie dem traditionellen *clootie dumpling* (ein reichhaltiger gedämpfter Pudding mit Korinthen und Rosinen) mit Eiscreme.

BOWMORE

Das hübsche georgianische Dorf Bowmore entstand 1768 anstelle des Dorfs Kilarrow, das dem Gutsherrn die Aussicht verstellt hatte und verschwinden musste. Hauptattraktion ist die markante **Round Church** am oberen Ende der Main Street. Die runde Form sollte dafür sorgen, dass sich der Teufel in keinem Winkel verbergen konnte.

Die **Bowmore Distillery** (01496-810671; www.bowmore.co.uk; School St.; Führungen Erw./Kind 6 £/frei; Mo-Fr 9–17, Sa bis 12 Uhr, Ostern–Mitte Sept. auch Sa 9–17 Uhr & Juli–Mitte Sept. auch So 12–16 Uhr) ist die einzige Whiskybrennerei der Insel, die noch ihre eigene Gerste mälzt. Zur Standardführung (Termine s. Website) gehören ein Blick (samt Geruch) auf das keimende Getreide, das in goldenen Wogen auf dem Boden der Mälzerei ausgebreitet ist, und ein kostenloses Gläschen zum Schluss. Die zweistündige Craftsman's Tour (45 £ pro Pers., nur mit Anmeldung) bietet einen tieferen Einblick in den Prozess und die Chance, einige seltene Abfüllungen zu probieren.

Am **Islay House Square**, einer Ansammlung von Kunsthandwerksläden und -ateliers, knapp 5 km nordöstlich von Bowmore in Bridgend gelegen, befindet sich auch die Kleinbrauerei Islay Ales (www.islayales.com; Mo-Sa 10.30–17 Uhr). Hier werden verschiedene Real Ales gebraut, die alle per Hand in Flaschen abgefüllt werden. Nach einer Gratistour durch die Brauerei können Besucher die Ales kostenlos probieren und ein paar Flaschen kaufen. Die müssen aber draußen oder daheim getrunken werden, da die Brauerei keine Schanklizenz hat. Wunderbar schmeckt z. B. das Saligo Ale, ein sommerlich erfrischendes helles Ale.

Schlafen & Essen

Harbour Inn GASTHAUS £££
(01496-810330; www.harbour-inn.com; The Square; EZ/DZ ab 100/135 £; @) Das noble Harbour Inn mit sieben Gastzimmern ist mit nautischem Schick eingerichtet und das feinste Haus am Platz. Das Restaurant (Hauptgerichte 18–25 £, Mittag- & Abendessen) bietet einen schönen Blick auf den Hafen und serviert frische Austern, Hummer, Muscheln, Islay-Lamm und Jura-Wild.

Lambeth House B&B ££
(01496-810597; lambethguesthouse@tiscali.co.uk; Jamieson St.; EZ/DZ 60/90 £; @) Das Lambeth, nur ein kurzes Stück zu Fuß vom Hafen entfernt, ist eine einfache, preiswerte Pension mit komfortablen Zimmern mit Bad. Das Frühstück ist exzellent, auf Wunsch gibt es auch ein zweigängiges Abendessen für 12 £.

Lochside Hotel HOTEL ££
(01496-810244; www.lochsidehotel.co.uk; 19 Shore St.; Zi. pro Pers. ab 60 £;) Die zehn Zimmer mit Bad sind mit rustikalen Kiefernholzmöbeln eingerichtet, eines ist für Rollstuhlfahrer geeignet. Der Speiseraum im Wintergarten hat einen weiten Blick über den Loch Indaal und die Bar über

250 Single Malts, darunter viele seltene Abfüllungen.

PORT CHARLOTTE

Rund 17 km von Bowmore entfernt, liegt am gegenüberliegenden Ufer des Loch Indaal das hübsche Dorf Port Charlotte. Es hat einen Gemischtwarenladen (Mo-Sa 9-12.30 & 13.30-17.30, So 11.30-13.30 Uhr) und ein Postamt.

Islays lange Geschichte wird liebevoll im Museum of Islay Life (01496-850358; www.islaymuseum.org; Erw./Kind 3/1 £; Ostern-Okt. Mo-Sa 10-17, So 14-17 Uhr) in der einstigen Freikirche dokumentiert. Zu den schönsten Exponaten zählen eine Schwarzbrennerei, Möbel von Kleinpächtern aus dem 19. Jh. und ein Satz Lederstiefel: Sie wurden einst den Pferden übergestreift, die den Rasenmäher von Islay House zogen (damit sie keine Hufabdrücke auf dem Rasen hinterließen!). Auf den Touchscreens sind Archivfotos von Islay im 19. und 20. Jh. zu sehen.

Das Islay Natural History Centre (www.islaynaturalhistory.org; Erw./Kind 3/1,50 £; Mai-Sept. Mo & Fr 10-13, Di-Do 10.30-16.30 Uhr) neben der Jugendherberge erläutert mit seinen Ausstellungsstücken die Natur der Insel. Außerdem werden Tipps gegeben, wo Tiere zu sehen sind, und viele interaktive Exponate für Kinder geboten.

Die Bruichladdich Distillery (01496-850190; www.bruichladdich.com; Führungen 5 £; Mo-Fr 9-17, Sa 10-16 Uhr) am Nordrand des Dorfes wurde 2001 mit all ihren originalen viktorianischen und instand gesetzten Geräten wiedereröffnet. Bruichladdich („bruuk-la-däi" ausgesprochen) ist in Privatbesitz in unabhängigem Betrieb und produziert eine beeindruckende Palette charakteristischer, sehr torfiger Whiskys. Führungen sollten telefonisch gebucht werden.

Schlafen & Essen

Port Charlotte Hotel HOTEL £££
(01496-850360; www.portcharlottehotel.co.uk; EZ/DZ 105/180 £; Restaurant 18.30-21 Uhr, Bargerichte 12-14 & 17.30-20.30 Uhr; P) Das reizende, alte, viktorianische Hotel hat stilvolle, individuell eingerichtete Zimmer mit Meerblick und ein **Restaurant** (Hauptgerichte 16-27 £) mit Kerzenlicht, das Meeresfrüchte (wie gebratene Jakobsmuscheln mit gedünstetem Lauch und Trüffelsahnesoße), Islay-Rind, Wild und Ente serviert. Die **Bar** (Bargerichte 9-14 £) führt eine große Auswahl an Malt-Whiskys von Islay und zahlreiche Real Ales; hinten gibt es eine Nische mit Blick auf den See und die Paps of Jura.

Port Mor Campsite CAMPINGPLATZ £
(01496-850441; www.islandofislay.co.uk; Stellplatz pro Erw./Kind 8/4 £; @) Der Sportplatz im Süden des Dorfs ist auch ein Campingplatz – mit Toiletten, Duschen, Waschküche und einem Kinderspielzimmer im Hauptgebäude. Ganzjährig geöffnet.

Islay SYHA HOSTEL £
(01496-850385; www.syha.org.uk; B 17,50 £; April-Okt.; @) Das moderne, komfortable Hostel befindet sich in einem ehemaligen Brennereigebäude mit Blick über den Loch.

Debbie's Minimarket CAFÉ £
(01496-850319; Mo-Sa 9-17.30 Uhr;) Der Dorfladen mit Postschalter in Bruichladdich ist zugleich ein Deli mit gutem Wein und feinen Delikatessen. Hier wird auch der beste Kaffee auf Islay serviert – draußen an den Tischen gibt es zum Espresso auch einen Blick auf das Meer.

Croft Kitchen CAFÉ £
(01496-850230; Hauptgerichte mittags 4-7 £, abends 11-15 £; Imbiss 10-17 Uhr, Mittagessen 12-15 Uhr, Abendessen 17.30-19.30 Uhr) Das zwanglose kleine Bistro ist tagsüber ein Café und abends ein Restaurant, das mit sehr guter Küche aufwartet.

PORTNAHAVEN

Rund 10 km südwestlich von Port Charlotte endet die Straße in Portnahaven, einem weiteren malerischen Dorf, das im 19. Jh. planmäßig als Fischereihafen gebaut wurde. 1,5 km nördlich des Dorfs liegt der hübsche kleine Muschelsandstrand **Currie Sands** mit wunderbarem Blick auf die Insel Orsay.

Im nächsten Meeresarm nördlich des Strands steht auf Klippen, die der Atlantikbrandung ausgesetzt sind, das erste wirtschaftlich rentable Wellenkraftwerk der Welt. Die 500-kW-Anlage namens **Limpet** („land-installed, marine-powered energy transformer") erzeugt genügend Strom für 200 Inselhaushalte.

LOCH GRUINART & UMGEBUNG

Etwa 11 km nördlich von Port Charlotte liegt das **Naturreservat Loch Gruinart**, wo im Sommer Wachtelkönige zu hören sind und im Frühjahr und Herbst riesige Schwärme von Enten, Gänsen und Watvögeln rasten; es gibt einen Beobachtungsunterstand mit Rollstuhlrampe. In der Nähe bietet die RSPB-Touristeninformation (Eintritt frei;

April–Okt. 10–17 Uhr, Nov.–März bis 16 Uhr) zwei- bis dreistündige geführte Wanderungen an (3 £ pro Pers., April–Okt. Do 10 Uhr).

Die **Kilchoman Distillery** (☎ 01496-850011; www.kilchomandistillery.com; Rockfield Farm; Führungen 4,50 £; Mo-Fr 10–17 Uhr, April–Okt. auch Sa), 8 km südwestlich des Loch Gruinart gelegen, ist die jüngste Brennerei Islays. Sie ging 2005 in Betrieb und baut auf der Insel ihre eigene Gerste an. Das Besucherzentrum beschäftigt sich mit der Geschichte der Hausbrennerei auf Islay. Der erste Single Malt kam 2010 auf den Markt und wurde so beliebt, dass er bereits nach wenigen Tagen ausverkauft war.

Das **Café** (Hauptgerichte 5–10 £; Mo-Fr 10–17 Uhr, April–Okt. auch Sa) in der Kilchoman Distillery bereitet ein exzellentes Mittagessen – knusprige Vollkornbrötchen mit Räucherlachs und Dillmayonnaise sowie Schüsseln mit deftigem, rauchigem *cullen skink* (Fischeintopf).

FINLAGGAN

Saftige Wiesen voller Butterblumen und Gänseblümchen fallen sanft zum schilfgesäumten Loch Finlaggan ab, der mittelalterlichen Hochburg der Lords of the Isles. Die idyllische Ecke, etwa 5 km südwestlich von Port Askaig gelegen, war einst die bedeutendste Siedlung auf den Hebriden und vom 12. bis 16. Jh. das Machtzentrum der Lords of the Isles. Auf der kleinen Insel im Nordteil des Sees herrschten die Nachfahren Somerleds über ihr Inselreich und bewirteten Häuptlinge in ihrem Palas. Viel ist nicht mehr erhalten, bis auf die eingefallenen Ruinen der Häuser und einer Kapelle. Aber die Szenerie ist herrlich und die Geschichte faszinierend. Ein Holzsteg führt über Schilf und Seerosen zur Insel hinüber, wo Informationstafeln die Relikte erläutern.

Das **Finlaggan Visitor Centre** (www.finlaggan.com; Erw./Kind 3/1 £; April–Sept. Mo-Sa 10.30–16.30, So 13.30–16.30 Uhr) in einem benachbarten Cottage (mit modernem Anbau) erklärt Geschichte und Archäologie der Stätte. Die Insel selbst ist jederzeit zugänglich.

Busse von Port Askaig halten am Ende der Straße; von dort sind es noch 15 Minuten zu Fuß bis zum See.

PORT ASKAIG & UMGEBUNG

Port Askaig besteht aus kaum mehr als einem Hotel, einem Laden (mit Geldautomaten), einer Zapfsäule und einem Fähranleger – alles in einem malerischen Winkel auf halbem Weg am Sound of Islay, der Meerenge zwischen den Inseln Islay und Jura.

In der Nähe gibt es zwei Whiskybrennereien: die **Caol Ila Distillery** (☎ 01496-840207; www.discovering-distilleries.com; Führungen ab 6 £; April–Okt. Mo-Fr 9.15–17, Sa 13.30–16.30 Uhr, im Winter kürzere Öffnungszeiten), „koll-*ie*-la" ausgesprochen, liegt etwa 1,5 km Richtung Norden. Die **Bunnahabhain Distillery** (☎ 01496-840646; www.bunnahabhain.com; Führungen 6 £; März–Okt. Mo-Fr 9-16.30 Uhr, Nov.–Feb. nach Vereinbarung), bu-na-*ha*-wen ausgesprochen, befindet sich 5 km nördlich von Port Askaig. Beide liegen in schönster Landschaft mit tollem Blick auf Jura.

Die Zimmer im **Port Askaig Hotel** (☎ 01496-840245; www.portaskaig.co.uk; EZ/DZ ab 50/105 £; P) neben dem Fähranleger scheinen auf nette Art in den 1970er-Jahren stecken geblieben zu sein, aber die Angestellten sind herzlich und freundlich, das Frühstück ist gut, und die Gästelounge eröffnet einen großartigen Blick auf die Paps of Jura. Im Biergarten sitzen gerne Leute, um das Geschehen am Kai zu beobachten.

Isle of Jura

170 EW.

Jura liegt vor der Küste von Argyll – lang, dunkel und flach wie ein gewaltiges Wikingerschiff, dessen geblähten Segel die unverkennbaren drei Gipfel der Paps of Jura darstellen. Die herrlich wilde, einsame Insel ist der ideale Ort, um abzuschalten – wie es George Orwell 1948 tat. Orwell schrieb sein Meisterwerk *1984* während seines Aufenthalts im abgeschiedenen Bauernhaus Barnhill im Norden der Insel, die er in einem Brief als „a very un-get-at-able place" (etwa: „sehr unzugänglicher Ort") beschrieb.

Der Name „Jura" stammt vom altnordischen *dyr-a* („Hirschinsel") – sehr passend, da auf der Insel etwa 6000 Rothirsche leben und ihren menschlichen Mitbewohnern im Verhältnis 35 zu 1 zahlenmäßig weit überlegen sind.

Der kommunale **Jura Service Point** (☎ 01496-820161; Craighouse; Mo-Fr 10–13 Uhr; ☎) liegt 400 m nördlich des Jura Hotels, dient als Touristeninformation und bietet kostenlosen Internetzugang. **Jura Stores** (www.jurastores.co.uk; Craighouse; Mo-Fr 9–13 & 14–17, Sa 9–13 & 14–16.30 Uhr) ist der einzige Laden der Insel. Es gibt weder Bank noch Geldautomaten, aber Bargeld bekommt man mit der Debitkarte im Jura Hotel.

DER SCHOTTISCHE STRUDEL

Auf der Landkarte mag er zwar harmlos aussehen, aber im Gulf of Corryvreckan – die 1,5 km breite Meerenge zwischen der Nordspitze von Jura und der Insel Scarba – tobt der meistgefürchtete Gezeitenstrudel der Welt (die anderen sind der Mahlstrom der norwegischen Lofoten und der Old Sow im kanadischen New Brunswick).

Die Flut steigt und sinkt nicht nur zweimal am Tag, sie bewegt sich – und zwar von der Schwerkraft des Mondes rund um den Erdball gezogen. An der Westküste Schottlands fließt die einströmende Flut nach Norden. Sobald das Flutwasser in den Sound of Jura östlich der Insel eindringt, wird es durch einen schmaler werdenden, inselreichen Engpass gedrängt und staut sich zu einer größeren Höhe auf als das offene Meer westlich von Jura. Dadurch strömen Millionen Tonnen Meerwasser westwärts durch den Gulf of Corryvreckan und erreichen eine Geschwindigkeit von acht Knoten – ein durchschnittliches Segelboot erreicht bestenfalls sechs Knoten.

Der **Corryvreckan Whirlpool** (Corryvreckan-Strudel) entsteht dort, wo die strömenden Wassermassen auf eine Felsspitze treffen, die vom 200 tiefen Meeresboden bis zu einer Höhe von knapp 28 m unterhalb der Wasseroberfläche reicht, und um und über sie hinwegwirbeln. Das aufgewühlte Wasser bildet ein prachtvolles Schauspiel aus schäumenden Brechern, sich aufbäumenden, brodelnden und sich überschlagenden Wellen und zahllosen kleinen Strudeln, die um den Hauptstrudel wirbeln.

Corryvreckan ist am brachialsten, wenn eine Springflut nach Westen durch den Golf einströmt und auf einen Sturm trifft, der von Westen vom Atlantik weht. Unter solchen Bedingungen können sich bis zu 5 m hohe Wellenberge auftürmen, und die See kann noch 5 km westlich von Corryvreckan gefährlich turbulent sein – ein Phänomen, das hier als „Great Race" bezeichnet wird.

Der Strudel ist durch eine lange Wanderung zur Nordspitze von Jura zu erreichen (Gezeitenkalender im Jura Hotel erfragen, s. auch Abschnitt „Aktivitäten") oder mit dem Boot ab der Isle of Seil mit Sea.fari (S. 341) oder Sea Life Adventures (S. 341) sowie von Islay mit Islay Sea Safaris (S. 354).

Weitere Informationen siehe www.whirlpool-scotland.co.uk.

Sehenswertes

Außer Wanderungen in der Wildnis und der Beobachtung von Tieren gibt es auf der Insel nicht viel zu tun, abgesehen vom Besuch der Isle of Jura Distillery (01496-820385; www.isleofjura.com; Craighouse; Führungen kostenlos; April–Sept. Mo–Fr 10–16, Sa 10–14 Uhr, Okt.–März Mo–Fr 11–14 Uhr), deren Touren vorab (telefonisch) gebucht werden müssen, und des Feolin Study Centre (www.theisleofjura.co.uk; Eintritt frei; 9–17 Uhr) gleich südlich des Fähranlegers in Feolin. Das Zentrum hat eine kleine Ausstellung zur Geschichte Juras und informiert über alle Aspekte der Geschichte, Kultur und Tierwelt der Insel.

Das Jura Music Festival (www.juramusicfestival.com) Ende September besteht aus einem ausgelassenen Wochenende mit traditioneller schottischer Musik. Das andere große Event ist das Isle of Jura Fell Race (www.jurafellrace.org.uk) Ende Mai, wenn über 250 Läufer über die Gipfel der Paps rennen.

Das ganze Jahr über finden auch regelmäßig **ceilidhs** (Veranstaltung mit Musik und Tanz) statt, zu denen Besucher stets willkommen sind; auf der Anschlagtafel vor dem Jura Stores werden sie angekündigt.

 Aktivitäten

Es gibt nur wenige richtige Wanderwege auf Jura, aber alle Erkundungen abseits der Pfade bedeuten einen Marsch durch mannshohes Farngestrüpp, knietiefe Moore und hüfthohe Grasbüschel. Ein Großteil der Insel besteht aus Jagdrevieren, deren Zugang während der Pirschjagdsaison (Juli–Feb.) eingeschränkt ist; das Jura Hotel informiert über die gesperrten Areale.

Der einzige ausgewiesene Wanderweg ist der **Evans' Walk**, ein Jägerweg, der ab der Hauptstraße knapp 10 km weit über einen Pass in den Bergen zu einer Jagdhütte oberhalb des Sandstrands in der Glenbatrick Bay führt. Der Pfad zweigt 6,5 km nördlich von Craighouse von der Straße ab (1,5 km nördlich der Brücke über den River Corran). Die ersten 1,2 km, die durch ein Geflecht kaum erkennbarer, matschiger Pfade durch unebenes Moor sind ziemlich schwierig zu durchstapfen; Zielrichtung sollte der Steinhaufen am Horizont geradeaus oder etwas links davon sein. Der Pfad wird nach der Überquerung eines Bachs fester und ausgeprägter. Auf dem Abstieg jenseits des Passes wachsen Orchideen und Sonnentau, manchmal sind auf sonnigen Flecken auch Kreuzottern zu sehen. Für die gut 7 km hin und zurück sollten sechs Stunden veranschlagt werden.

Ein weiterer schöner Wanderweg führt zum Aussichtspunkt über den **Corryvreckan Whirlpool**, dem großen Gezeitenstrudel zwischen der Nordspitze von Jura und der Insel Scarba. Der Weg führt vom Nordende der Straße in Lealt über eine Allradpiste an Barnhill vorbei zur Kinuachdrachd Farm (9,6 km). Etwa 30 m vor den Farmgebäuden zweigt ein Pfad links ab (ein unscheinbares, niedriges Holzschild weist den Weg), führt bergauf und schließlich durch raues, mooriges Gelände zu einer Stelle 50 m oberhalb der Nordspitze der Insel. Eine Felsplatte bildet eine natürliche Aussichtsplattform auf das aufgewühlte Wasser des Gulf of Corryvreckan. Bei gutem Timing (im Jura Hotel gibt's Infos zum Gezeitenkalender) ist der Strudel als wirbelnde, schäumende Wassermasse schräg links und bis zur Küste von Scarba zu sehen. Die gesamte Wanderung dauert etwa fünf bis sechs Stunden (gut 25 km ab dem Ende der Straße).

Ein Aufstieg auf die **Paps of Jura** ist nun wirklich eine Bergtour über knochenbrecherisches Geröll, die einiges an Fitness und Orientierungsvermögen verlangt (für die knapp 18 km lange, harte und ermüdende Strecke sollten acht Stunden eingeplant werden). Ein guter Startpunkt ist die Brücke über den River Corran, 5 km nördlich von Craighouse. Der erste Berg ist der **Beinn a'Chaolais** (734 m), der zweite der **Beinn an Oir** (784 m) und der dritte der **Beinn Shiantaidh** (755 m). Die meisten Wanderer besteigen auch den **Corra Bheinn** (569 m), um dann über den Evans' Walk zur Straße zurückzukehren. Wer stolz alle vier Gipfel schafft, sollte daran denken, dass der Rekord beim jährlichen Isle of Jura Fell Race bei nur drei Stunden liegt!

Es gibt einfachere und kürzere **Wanderungen** (1–2 Std.) vom Jura House nach Osten an der Küste entlang und von Feolin nach Norden über eine Piste. Der Wanderführer *Jura – A Guide for Walkers* von Gordon Wright (2 £) ist in der Touristeninformation in Bowmore auf Islay erhältlich.

Schlafen & Essen

Es gibt nur wenige Unterkünfte auf der Insel, Reservierung ist ratsam – einfach aufzutauchen und auf ein Bett zu hoffen kann danebengehen. Die meisten Unterkünfte Juras sind Ferienhäuser, die wochenweise vermietet werden (s. www.juradevelopment.co.uk).

Auf der Wiese unterhalb des Jura Hotels ist **Camping** erlaubt und kostenlos (vorher an der Bar fragen und eine Spende in die Flasche werfen); Toiletten und Heißwasserduschen (1-£-Münze) gibt es im Block hinter dem Hotel. Von Juli bis Februar sollte man bevor man **wild campt** auf der Insel die Pirschjagdsaison erfragen (Infos im Hotel).

Sealladh Na Mara B&B ££
(01496-820349; www.isleofjura.net; Knockrome; pro Pers. ab 37 £) Das moderne Bauernhaus liegt etwa 6,5 km nördlich von Craighouse und vermietet zwei gemütliche, mit Ikea-Möbeln eingerichtete Zimmer; die Gästelounge hat eine Terrasse und Meerblick. Abendessen gibt's auf Wunsch. Angeboten wird auch ein Ferienhäuschen mit zwei Schlafzimmern (ab 200 £ pro Woche).

Jura Hotel HOTEL ££
(01496-820243; www.jurahotel.co.uk; Craighouse; EZ/DZ ab 50/78 £; warme Küche 12–14 & 18.30–21 Uhr; P) Das Jura Hotel ist mit seinen 18 Zimmern die komfortabelste Unterkunft auf der Insel; die Zimmer nach vorn blicken auf die Bucht. Im Hotel werden auch recht gute Bargerichte (8–12 £) serviert, und in der Bar selbst lässt sich gut ein geselliger Abend verbringen.

Antlers BISTRO ££
(01496-820496; Craighouse; Hauptgerichte 5–9 £, 2-/3-Gänge-Menü 25/29 £; März–Okt. Mo-Sa 10–18 & 19–22, So 10–16 Uhr;) Das Bistro macht das Beste aus lokalen Produkten. Es serviert Kaffee, Kuchen, Sandwiches und Hamburger am Tag und ein unerwartet feines Menü am Abend, z. B. gegrillte Langustinen und Jakobsmuscheln mit Blutwurst. Keine Schanklizenz, mitgebrachter Alkohol kostet 3 £ Korkgebühr.

An- & Weiterreise

Ein **Autofähre** pendelt zwischen Port Askaig auf Islay und Feolin auf Jura (pro Pers./Auto/Fahrrad 1,35/7,60 £/frei, 5 Min., Mo–Sa stündl., So alle 2 Std.). Zum Festland gibt es keine direkte Autofährverbindung..

Von April bis September fährt die **Jura Passenger Ferry** (07768-450000; www.

jurapassengerferry.com) von Tayvallich auf dem Festland nach Craighouse auf Jura (20 £, 1 Std., 1- oder 2-mal tgl. außer Mi). Buchung ist ratsam.

❶ Unterwegs vor Ort

BUS Der einzige **Bus** (☎01436-810200) der Insel verkehrt zwischen dem Fähranleger in Feolin und Craighouse (20 Min., 3- oder 4-mal tgl.), jeweils auf die An- und Abfahrtszeiten der Fähre abgestimmt. Ein oder zwei der Busse fahren weiter bis Inverlussa im Norden.

FAHRRAD Fahrräder verleiht **Jura Bike Hire** (☎07768 450000; Craighouse; pro Tag 12,50 £) in Craighouse.

Isle of Colonsay

100 EW.

Der Legende nach soll der hl. Columban nach seinem Aufbruch von Irland 563 erstmals in Colonsay festen Boden betreten haben. Als er aber einen Hügel bestieg und feststellte, dass er noch immer die Küste seiner Heimat sehen konnte, zog er nach Norden weiter und gründete sein Kloster auf Iona. Zurück blieb nur sein Name („Colonsay" bedeutet „Columbans Insel").

Colonsay ist eine Insel für Kenner, ein kleines Schmuckkästchen voller Attraktionen, keine besonders, aber jede reizend – ein altes Kloster, ein Waldgarten, ein goldsandiger Strand. Und das alles inmitten einer Highland-Landschaft im Kleinen: zerklüftete, felsige Berge, Klippen und Sandstrände, Machairböden und Birkenwälder, sogar ein Forellensee. Hier besteigen Bergwanderer statt Munros **McPhies** – definiert als Anhöhen über 300 ft (90 m). Es gibt insgesamt 22 McPhies; die ehrgeizigsten Wanderer schaffen alle an einem Tag.

Der Fähranleger befindet sich im Hauptdorf **Scalasaig**, wo es einen Gemischtwarenladen (◷Mo & Mi–Fr 9–13 & 14–17.30, Di & Sa 9–13 Uhr), ein Postamt, ein öffentliches Telefon und kostenlosen Internetzugang im Service Point (◷Mo–Fr 9.30–12.30 Uhr) gibt. Touristeninformationen, Bank und Geldautomat fehlen auf der Insel. Allgemeine Informationen gibt es im Wartesaal der CalMac-Fähre neben dem Fähranleger und auf www.colonsay.org.uk.

Der winzig kleine Colonsay Bookshop (☎01951-200375; Scalasaig; ◷Mo–Sa 15–17.30, Mi & Sa ab 12 Uhr) ist im selben Gebäude wie die Brauerei untergebracht und bietet ein breites Sortiment an Büchern zur Geschichte und Kultur der Hebriden.

◉ Sehenswertes & Aktivitäten

Bei Ebbe lohnt sich eine Wanderung über die 800 m lange, von Muschelschalen übersäte Sandbank, die Colonsay mit der kleineren Insel Oronsay verbindet. Dort liegt die Ruine der **Oronsay Priory**, das im 14. Jh. errichtet wurde, eines der besterhaltenen mittelalterlichen Klöster Schottlands. Im Kirchhof stehen zwei sehr schöne Steinkreuze aus dem späten 15. Jh., aber das Highlight sind die wunderbaren gemeißelten Grabplatten aus dem 15. und 16. Jh. im Prior's House. Auf einer der beiden horizontalen Platten auf der rechten Seite ist ein hässlicher kleiner Teufel unter der Schwertspitze eines Ritters abgebildet. Die Insel ist für jeweils etwa 1½ Stunden vor und nach dem Tiefststand der Ebbe zu Fuß zu erreichen. Der Weg vom Straßenende auf Colonsay bis zum Kloster dauert 45 Minuten. Am Fähranleger und im Colonsay Hotel hängen Gezeitentafeln aus.

Der Rhododendron- und Waldgarten (☎01951-200211; www.colonsayestate.co.uk; Kiloran; Eintritt frei; ◷Sonnenauf- bis -untergang, Mauergarten Ostern–Sept. Mi 14–17 & Sa 12–17 Uhr) im Colonsay House, etwa 2,5 km nördlich von Scalasaig, liegt in einer unerwarteten Senke in der Landschaft und ist für die außerordentliche Sammlung von Rhododendronhybriden und ungewöhnlichen Bäumen berühmt. Im ummauerten Garten neben dem Haus befindet sich ein Café.

Rund um die Insel finden sich an mehreren Stellen schöne Sandstrände, aber richtig toll ist der säbelförmige, dunkelgoldene Sandstrand der **Kiloran Bay** im Nordwesten. Wem hier zu viele Menschen sind, kann 5 km weiter nach Norden zur wunderschönen **Balnahard Bay** laufen, die nur zu Fuß, mit dem Fahrrad oder per Boot zu erreichen ist. Unterwegs lohnt der einfache Aufstieg auf den **Carnan Eoin** (143 m), den höchsten Punkt der Insel.

Zurück in Scalasaig, bietet die Colonsay Brewery (☎01951-200190; www.colonsaybrewery.co.uk; Scalasaig; ◷Mo, Mi, Fr & So 15.30–17.30 Uhr) die Gelegenheit, bei der Produktion der von Hand gebrauten Biere zuzuschauen – das Colonsay IPA ist ein leckeres Bierchen.

Kevin & Christa Byrne (☎01951-200320; byrne@colonsay.org.uk) bieten dienstags zweistündige Minibustouren über die Insel an (Erw./Kind 12,50/7,50 £). Hinzu kommen im Sommer jeden Samstag „Hidden-Colonsay"-Wandertouren (Erw./Kind 12/7,50 £); Teilnahme nur nach Reservierung.

Fahrräder verleiht **Archie McConnell** (☎01951-200355; www.colonsaycottage.co.uk; Colnatarun Cottage, Kilchattan; pro Tag 7,50 £) – bei vorheriger Buchung liefert er die Räder auch zum Flugplatz oder Fähranleger.

Schlafen & Essen

Colonsay bietet nur wenige Unterkünfte für Kurzaufenthalte; sie sollten vor Anreise auf die Insel gebucht werden. **Wildes Campen** ist erlaubt (keine Autos oder Wohnmobile), solange man sich an die Vorschriften des Scottish Outdoor Access Code (S. 30) hält. **Ferienhäuser** sind unter www.colonsay.org.uk aufgeführt.

Colonsay Hotel — HOTEL ££
(☎01951-200316; www.colonsayestate.co.uk; EZ/DZ ab 70/100 £; P 🛜) Das herrlich lässige Hotel ist in einem stimmungsvollen Gasthaus von 1750 untergebracht, nur ein kurzes Stück zu Fuß vom Fähranleger entfernt. Das **Restaurant** (Hauptgerichte 11–20 £, tgl. Frühstück, Mittag- & Abendessen) bietet bodenständige Küche mit möglichst lokalen Erzeugnissen wie Austern und Hummer von Colonsay oder Kräuter und Blattsalat aus den Gärten von Colonsay House.

Die Bar ist ein geselliger Schmelztiegel aus Einheimischen, Gästen, Wanderern, Radfahrern und Seglern.

Backpackers Lodge — HOSTEL £
(☎01951-200312; www.colonsayestate.co.uk; Kiloran; B 14–18 £, 2BZ 40 £) Das ehemalige Wildhüterhaus in der Nähe von Colonsay House liegt etwa 30 Gehminuten vom Fähranleger entfernt (Gäste können sich abholen lassen). Im Preis ist die Benutzung des Tennisplatzes von Colonsay House enthalten.

Island Lodges — FERIENWOHNUNGEN ££
(☎01343-890752; www.colonsayislandlodges.co.uk; Haus 2 Nächte 160–260 £; 🛜) April–Okt. Die komfortablen, modernen Ferienhäuschen haben Platz für zwei bis fünf Personen und liegen nur zehn Minuten zu Fuß vom Fähranleger in Scalasaig. Auf der Website werden Lastminute-Angebote aufgeführt.

Pantry — CAFÉ £
(☎01951-200325; www.thecolonsaypantry.co.uk; Scalasaig; Hauptgerichte 5–9 £; ⊙ April–Okt. Mo 10–20, Di–Sa 9–20 Uhr, Nov.–März kürzere Öffnungszeiten; 🛜) Das Café nahe dem Fähranleger serviert leichte Mahlzeiten, Snacks und Eiscreme und verkauft frisch gebackenes Brot zum Mitnehmen.

ℹ️ Anreise & Unterwegs vor Ort

BUS Mittwochs fährt ein **Minibus** (☎01951-200320; www.colonsay.org.uk/walks.html; pro Pers. 8,50 £; ⊙Abfahrt am Fährhafen 12.15 Uhr) speziell für Tagesausflügler zweimal rund um die Insel, jeweils auf Ankunft und Abfahrt der Fähre abgestimmt – Besucher können an jedem Punkt der Strecke ein- oder aussteigen.

FÄHRE Oban–Colonsay Von April bis Oktober fährt die Autofähre von **CalMac** (www.calmac.co.uk) von Oban nach Colonsay (pro Pers./Auto 14,35/73 £, 2¼ Std., 1-mal tgl. außer Sa). Von November bis März verkehrt die Fähre nur montags, mittwochs und freitags.

Islay–Colonsay Von April bis Oktober fährt nur mittwochs die Fähre von Kennacraig auf der Halbinsel Kintyre nach Port Askaig auf Islay und weiter nach Colonsay und Oban. Ein Tagesausflug nach Colonsay von Kennacraig oder Port Askaig aus ermöglicht sieben Stunden Aufenthalt auf der Insel. Die Fahrt hin & zurück von Port Askaig nach Colonsay kostet pro Pers./Auto 9,35/49 £.

FLUGZEUG Hebridean Air Services (☎0845 805 7465; www.hebrideanair.co.uk) fliegt vom Oban Airport (in North Connel) nach Colonsay (einfacher Flug 65 £, Di & Do 2-mal tgl.; manchmal auch Fr & So) und weiter nach Islay (einfacher Flug 25 £) zum Anschlussflug nach Glasgow.

OBAN & MULL

Oban

8120 EW.

Oban ist ein geruhsames Städtchen an einer hinreißenden Bucht mit weitem Blick bis Kerrera und Mull. Na gut, die Bezeichnung „geruhsam" trifft nur im Winter zu; im Sommer wimmelt das Ortszentrum von Menschen, die Straßen sind mit Autos verstopft und voll mit Tagesausflüglern und Reisenden auf dem Weg zu den Inseln. Aber die Szenerie ist dennoch herrlich.

Im Ort selbst gibt es nicht viel zu sehen, aber er ist auf nette Art geschäftig, hat einige hervorragende Restaurants und Pubs und ist zudem das Haupttor zu den Inseln Mull, Iona, Colonsay, Barra, Coll und Tiree.

👁️ Sehenswertes

McCaig's Tower — HISTORISCHES GEBÄUDE
(Ecke Laurel & Duncraggan Rds.; h24 Std.) Auf der Kuppe eines Hügels oberhalb des Stadtzentrums thront der viktorianische Zierbau

McCaig's Tower. Sein Bau wurde 1890 vom lokalen Würdenträger John Stuart McCaig in Auftrag gegeben, einem Kunstkritiker, philosophischen Essayisten und Bankier mit dem philanthropischen Anliegen, arbeitslosen Steinmetzen Arbeit und Auskommen zu verschaffen.

Zu erreichen ist der Turm über die steile Treppe Jacob's Ladder ab der Argyll Street und dann immer den Schildern nach. Der Blick über die Bucht lohnt die Mühe.

Oban Distillery BRENNEREI
(01631-572004; www.discovering-distilleries.com; Stafford St.; Führung 7 £; Ostern–Okt. Mo–Sa 9.30–17 Uhr, Juli–Sept. auch So 12–17 Uhr, Nov.–Dez. & Feb.–Ostern Sa & So geschl., Jan. geschl.) Die Whiskybrennerei produziert seit 1794 den Oban Single Malt. Es werden Führungen durch die Anlage veranstaltet (die letzte beginnt eine Stunde vor Schließung), aber auch ohne Führung lohnt sich ein Blick auf die kleine Ausstellung im Foyer.

GRATIS War & Peace Museum MUSEUM
(01631-570007; www.obanmuseum.org.uk; Corran Esplanade; Mai–Sept. Mo–Sa 10–18, So bis 16 Uhr, März, April, Okt. & Nov. tgl. bis 16 Uhr) Das kleine Museum wird vor allem Militärenthusiasten begeistern. Es zeichnet Obans Rolle im Zweiten Weltkrieg nach, als es Stützpunkt der Catalina-Seeflugzeuge und transatlantischen Konvois war.

Dunollie Castle & 1745 House BURG
(01631-570550; www.dunollie.org; Dunollie Rd.; Erw./Kind 3 £/frei; Di–Sa 11–16, So 13–16 Uhr) Ein netter, etwa 800 m langer Spaziergang auf der Küstenstraße nördlich von Corran Esplanade führt zum Dunollie Castle, das im 13. Jh. von den MacDougalls of Lorn erbaut und während des Jakobiten-Aufstands von 1715 erfolglos belagert wurde. Das Castle ist sehr verfallen, aber das benachbarte 1745 House – der Sitz des Clans MacDougall – ist heute ein faszinierendes Museum zur Geschichte der Region und des Clans.

Pulpit Hill AUSSICHTSPUNKT
Ein exzellenter Aussichtspunkt südlich der Oban Bay; der Pfad zum Gipfel beginnt rechts vom Maridon House B&B in der Dunuaran Road.

Aktivitäten

In einem Faltblatt der Touristeninformation werden **Fahrradtouren** beschrieben, u. a. eine 11 km lange Gallanach-Rundtour, eine knapp 26 km lange Strecke zur Isle of Seil sowie Fahrradrouten nach Connel, Glenlonan und Kilmore. Mountainbikes verleiht **Nevis Cycles** (01631-566033; www.nevis cycles.com; 87 George St.; ganzer/halber Tag 20/12 £; Di–Sa 10–17.30 Uhr).

Sea Kayak Oban (01631-565310; www. seakayakoban.com; Argyll St.; Mo, Di, Sa & So 9–17, Mi & Fr 10–17 Uhr) hat einen gut bestückten Laden und bietet **Kajakkurse** für Touren auf dem Meer, darunter auch einen zweitägigen Anfängerkurs (160 £ pro Pers.). Der Laden verleiht auch sämtliche Ausrüstung für erfahrene Paddler – Kunden können ihr Kajak zum Fähranleger rollen (Kajaks werden kostenlos transportiert), um jede beliebige Insel zu besuchen.

Der Kajaktrainer **Rowland Woollven** (01631-710417; www.rwoollven.co.uk) in North Conel bietet Anleitungen für Anfänger und geführte Touren (ganzer Tag 100 £ für 1 Pers., 60 £ pro Pers. bei 2 oder 3 Teilneh-

Oban

⊙ Highlights
- McCaig's Tower B2
- Oban Distillery B3
- War & Peace Museum A2

⊙ Sehenswertes
1. RSPB Visitor Centre B4

⊙ Aktivitäten, Kurse & Touren
2. Bowman's Tours B3
3. Nevis Cycles B2
4. Sea Kayak Oban B3

⊙ Schlafen
5. Heatherfield House B2
6. Jeremy Inglis Hostel B4
7. Oban Backpackers Plus B1
8. Old Manse Guest House B1
9. Roseneath Guest House B2
10. Sand Villa Guest House B1

⊙ Essen
11. Cuan Mor B3
12. Ee'usk A3
13. Julie's Tearooms B2
14. Kitchen Garden B3
15. Room 9 .... B2
16. Shellfish Bar A4
17. Tesco B4
18. Waterfront Fishouse Restaurant ... A3

⊙ Ausgehen
19. Aulay's Bar B3
20. Lorne Bar B3
21. Oban Chocolate Company A2

---

mern) für erfahrenere Paddler in den Gewässern rund um Oban.

Wer gern die Unterwasserwelt erkunden möchte, kann bei **Puffin Adventures** (☏01631-566088; www.puffin.org.uk; Port Gallanach) den 1½-stündigen Anfängerkurs **Try-a-Dive** (69 £) buchen.

Verschiedene Veranstalter bieten **Bootsausflüge** an, um Robben und andere Meerestiere zu beobachten. Die Boote legen am North Pier ab (Erw./Kind 8/5,50 £); Genaueres weiß die Touristeninformation.

🧭 Geführte Touren

City Sightseeing Oban — BUSTOUR
(www.citysightseeingglasgow.co.uk/oban/oban.html; pro Pers. 8 £; ⊙Abfahrt Ende Mai–Ende Sept. 11 & 14 Uhr) Die 2½-stündige Tour im offenen Bus führt die Passagiere erst durch die Stadt, dann nach Norden zu den Falls of Lora, anschließend nach Süden zur Isle of Seil und nach Easdale. Abfahrt ist an der Bushaltestelle vor dem Bahnhof. Das Ticket ist 24 Stunden gültig und kann für alle Busse der West Coast Motors benutzt werden (z. B. auch für die Fahrt nach Kilmartin und Lochgilphead).

Bowman's Tours — BUSTOUR
(☏01631-566809; www.bowmanstours.co.uk; 1 Queens Park Pl.) Bowman's bietet von April bis Oktober eine Tagestour (Erw./Kind 55/27,50 £, 10 Std., tgl.) von Oban zu den drei Inseln Mull, Iona und Staffa. Die Überfahrt nach Staffa hängt jedoch vom Wetter ab. Es gibt auch eine Busrundfahrt auf Mull (Erw./Kind 20/10 £) im Programm.

Feste & Events

West Highland Yachting Week — SEGELN
(☏01631-563309; www.whyw.co.uk) Ende Juli/Anfang August wird Oban zum Zentrum eines der größten Segelevents Schottlands. Hunderte von Booten drängen dann in den Hafen, und die Bars der Stadt sind dicht besetzt mit durstigen Seeleuten.

Argyllshire Gathering — HIGHLAND GAMES
(☏01631-562671; www.obangames.com; Erw./Kind 10/5 £) Eines der wichtigsten Highland Games in Schottland mit einem renommierten Dudelsackwettbewerb, das zwei Tage lang im August stattfindet. Die Hauptspiele werden im Mossfield Park am Ostrand der Stadt ausgetragen.

🛏 Schlafen

In Oban gibt es zwar viele B&Bs, aber diese können im Juli und August schnell ausgebucht sein, Reservierung ist also ratsam. Wer keine Unterkunft in Oban findet, kann auch in Connel, etwa 6,5 km nördlich, übernachten.

Barriemore Hotel — B&B ££
(☏01631-566356; www.barriemore-hotel.co.uk; Corran Esplanade; EZ/DZ ab 70/99 £; P🛜) Das Barriemore hat eine tolle Lage am Eingang zur Oban Bay. Es gibt 13 geräumige Zimmer (um eines mit Meerblick bitten) und eine Gästelounge, wo Zeitschriften und Zeitun-

gen ausfliegen. Zum Frühstück werden fette Loch-Fyne-Bücklinge serviert.

Heatherfield House
B&B ££

(☎01631-562806; www.heatherfieldhouse.co.uk; Albert Rd.; EZ/DZ ab 38/88 £; P@🛜) Das gastliche Heatherfield House ist ein umgebautes Pfarrhaus aus den 1870er-Jahren, liegt auf einem großen Grundstück und vermietet sechs geräumige Zimmer. Wenn möglich, sollte Zimmer 1 gebucht werden, das einen Kamin, ein Sofa und einen Blick über den Garten zum Hafen hat.

Kilchrenan House
B&B ££

(☎01631-562663; www.kilchrenanhouse.co.uk; Corran Esplanade; EZ/DZ 50/90 £; P) Ein herzliches Willkommen erwartet die Gäste im Kilchrenan, einer eleganten viktorianischen Villa, die 1883 für einen Textilmagnaten gebaut wurde. Die meisten Zimmer blicken über die Oban Bay, aber am schönsten sind Zimmer 5 und 9: Zimmer 5 hat eine sehr große, frei stehende Badewanne – ideal, um müde Glieder zu entspannen.

Old Manse Guest House
B&B ££

(☎01631-564886; www.obanguesthouse.co.uk; Dalriach Rd.; EZ/DZ ab 65/80 £; P🛜) Das Old Manse liegt auf einem Hügel oberhalb der Stadt und eröffnet einen großartigen Blick bis nach Kerrera und Mull. Die sonnigen, hell eingerichteten Zimmer bieten einige nette Details (etwa Weingläser und einen Korkenzieher), und Kinder werden sich über Bilderbücher, Spielzeug und DVDs der Fernsehserie *Balamory*, einer fiktiven schottischen Insel, freuen.

Manor House
HOTEL £££

(☎01631-562087; www.manorhouseoban.com; Gallanach Rd.; Zi. 165–225 £; P🛜) Das Manor House, 1780 für den Duke of Argyll als Teil seines Anwesens in Oban erbaut, ist heute eines der feinsten Hotels der Stadt. Es hat kleine, aber elegant im georgianischen Stil eingerichtete Zimmer, eine vornehme Bar, die gern von Seglern besucht wird, und ein edles Restaurant, das schottische und französische Küche serviert. Kinder unter zwölf Jahren sind nicht erwünscht.

Kathmore Guest House
B&B ££

(☎01631-562104; www.kathmore.co.uk; Soroba Rd.; EZ 45–65 £, DZ 55–75 £; P🛜) Das warme, herzliche Kathmore verbindet dank der schicken Bettüberwürfe und bunten Kunstwerke traditionelle Highland-Gastlichkeit mit einem Hauch von Boutiquehotel. Gäste können in der behaglichen Lounge und an den langen Sommerabenden auf der Terrasse vor oder nach dem Essen ein Glas Wein, einen Aperetif oder Digestif genießen.

Oban Backpackers Plus
HOSTEL £

(☎01631-567189; www.backpackersplus.com; Breadalbane St.; B/2BZ 20/49 £; @🛜) Ein freundliches Haus mit einer guten Atmosphäre und einer großen, schönen Gästelounge mit vielen Sofas und Sesseln. Das Frühstücksbüfett ist im Preis enthalten, zudem gibt es kostenlosen Tee oder Kaffee, einen Wäschedienst (2,50 £) und kräftige Duschen. Privatzimmer werden in einem separaten Haus gleich um die Ecke vermietet.

Oban Caravan & Camping Park
CAMPINGPLATZ £

(☎01631-562425; www.obancaravanpark.com; Gallanachmore Farm; Zelt-/Wohnmobilstellplatz 15/17 £; ☼April–Okt.; ❄) Der große Campingplatz liegt 4 km südlich von Oban (Bus 2-mal tgl.) und hat eine herrliche Lage mit Blick über den Sound of Kerrera. Der genannte Preis gilt für bis zu zwei Personen und ein Auto; jede weitere Person zahlt 2 £, ein Einmannzelt ohne Auto kostet 8 £. Es ist keine Reservierung möglich – wer zuerst kommt, zeltet zuerst.

Oban SYHA
HOSTEL £

(☎01631-562025; www.syha.org.uk; Corran Esplanade; B/2BZ 19,50/46 £; P@🛜) Obans SYHA-Hostel belegt eine prächtige viktorianische Villa an der Esplanade, 1,2 km nördlich des Bahnhofs. Sie wurde jüngst aufwendig renoviert und hat bequeme Etagenbetten aus Holz, gute Duschen und eine Lounge mit tollem Blick über die Oban Bay. Die benachbarte Lodge bietet Drei- und Vierbettzimmer mit jeweils eigenem Bad.

Sand Villa Guest House
B&B ££

(☎01631-562803; www.holidayoban.co.uk; Breadalbane St.; Zi. pro Pers. 28–33 £; P🛜) Adrette, stilvolle Zimmer. Keine Kreditkarten.

Roseneath Guest House
B&B ££

(☎01631-562929; www.roseneathoban.com; Dalriach Rd.; EZ/DZ 45/74 £; P) Beschauliche Lage mit Meerblick.

Jeremy Inglis Hostel
HOSTEL £

(☎01631-565065; www.jeremyinglishostel.co.uk; 21 Airds Cres.; B/EZ ab 15/22 £; 🛜) Eher ein exzentrisches B&B als ein Hostel – die meisten „Schlafsäle" haben nur zwei oder drei Betten und sind mit originaler Kunst, Büchern, Blumen und Kuscheltieren ausgestattet.

Essen

Waterfront Fishouse Restaurant
LP TIPP — MEERESFRÜCHTE ££

(☏01631-563110; www.waterfrontoban.co.uk; Railway Pier; Hauptgerichte 11–20 £; ⊙Mittag- & Abendessen; 🍴) Das Waterfront ist im obersten Stock einer ehemaligen Seemannsmission untergebracht. Die stilvolle, schlichte Einrichtung in Dunkelrot und Braun mit dunklem Holzmobiliar lenkt kaum von den hervorragenden Meeresfrüchten ab, die nur einige Meter entfernt am Kai frisch angelandet wurden. Zu den Speisen gehören klassische Fish and Chips mit Schellfisch, aber auch frische Austern, Jakobsmuscheln und Langustinen.

Die Mittags- und die Karte, die am frühen Abend gilt (17.30–18.45 Uhr) bietet zwei Gänge für 10 £. Für den Abend sollte reserviert werden.

Shellfish Bar
LP TIPP — MEERESFRÜCHTE £

(Railway Pier; Hauptgerichte 3–13 £; ⊙9–18 Uhr) Wer gern beste schottische Meeresfrüchte genießen möchte, aber die Ausgaben für ein feines Restaurant scheut, sollte sich zur berühmten Fischbude von Oban begeben – es ist der grüne Schuppen am Kai nahe dem Fähranleger. Hier gibt es frische, bereits gekochte Meeresfrüchte zum Mitnehmen – exzellente Garnelensandwiches (2,95 £), Krebsfleisch (4,95 £) und frische Austern für nur 0,75 £ pro Stück.

Seafood Temple
MEERESFRÜCHTE £££

(☏01631-566000; www.obanseafood.com; Gallanach Rd.; Hauptgerichte 16–35 £; ⊙Mittag- & Abendessen) Meeresfrüchte aus der Umgebung sind die Gottheiten in diesem winzigen Tempel, einem ehemaligen Parkpavillon mit herrlichem Blick über die Bucht. Obans kleinstes Restaurant serviert ganze, nach Wunsch zubereitete Hummer, gebackene Krebse in Käse- und Kräuterkruste, pralle Langustinen und die Meeresfrüchteplatte „Taste of Argyll" (70 £ für 2 Pers.), die von allem eine Kostprobe enthält. Das Abendessen wird in zwei Schichten serviert, um 18.15 Uhr und um 20.30 Uhr; Reservierung ist erforderlich.

Cuan Mor
BISTRO ££

(☏01631-565078; www.cuanmor.co.uk; 60 George St.; Hauptgerichte 9–14 £; ⊙10–24 Uhr; 🍴🍷) Die stets volle Bistro-Bar braut ihr eigenes Bier und hat ein pragmatisches Speisenangebot mit Allerweltsspeisen – von Fish and Chips oder hausgemachter Lasagne bis zu Würstchen und Kartoffelbrei mit Zwiebelsoße. Aufgepeppt wird die Speisekarte mit einigen anspruchsvolleren Gerichten wie deftiger Hummer-Carbonara und einer recht guten Auswahl an vegetarischen Speisen. Und der Sticky-Toffee-Pudding ist wirklich einsame Spitze!

Ee'usk
MEERESFRÜCHTE ££

(☏01631-565666; www.eeusk.com; North Pier; Hauptgerichte 13–20 £; ⊙Mittag- & Abendessen) Das helle, moderne Ee'usk („Ie-ask" ausgesprochen; die anglisierte Aussprache des gälischen *iasg* für „Fisch") liegt in Obans feinster Gegend am North Pier. Durch die Fensterwände können Gäste auf zwei Ebenen den Blick über die Bucht bis nach Kerrera und Mull genießen, während sie Meeresfrüchte, wie duftende Thai-Fischbällchen oder Langustinen mit Chili und Ingwer, verspeisen. Vielleicht etwas teurer, aber Essen und Lage sind erstklassig.

Waypoint Bar & Grill
MEERESFRÜCHTE ££

(☏07840 650669; www.obanmarina.com; Oban Marina, Isle of Kerrera; Hauptgerichte 9–18 £; ⊙Mai–Sept. Mittag- & Abendessen) Auf der Isle of Kerrera trifft sich das Seglervölkchen zum Essen in rustikalem Ambiente. In einer Holzhütte, im Festzelt oder auf der Terrasse genießen die Gäste fangfrische Austern von der Insel, Kaiserhummer und Jakobsmuscheln beim wunderbaren Blick über die Bucht nach Oban. Eine Personenfähre (S. 341) pendelt zwischen dem North Pier in Oban und dem Yachthafen.

Kitchen Garden
CAFÉ £

(☏01631-566332; www.kitchengardenoban.co.uk; 14 George St.; Hauptgerichte 5–8 £; ⊙Mo–Sa 9–17.30, So 10–16.30 Uhr) Ein Deli voller Köstlichkeiten für ein Picknick. Über dem Laden befindet sich ein tolles, kleines Café – hier gibt es guten Kaffee, Scones, Kuchen, hausgemachte Suppen und Sandwiches.

Room 9
BISTRO ££

(☏01631-664200; www.room9oban.co.uk; 9 Craigard Rd.; Hauptgerichte 14–17 £; ⊙Mittag- & Abendessen) Hochgeschätztes Bistro, das mit seinen hervorragenden Rind- und Huhngerichten eine Alternative zu Meeresfrüchten serviert (die stehen aber auch auf der Karte).

Julie's Tearooms
CAFÉ £

(☏01631-565952; 37 Stafford St.; Hauptgerichte 4–10 £; ⊙Di–Sa 10–17 Uhr) Tee und Scones, köstliches Luca-Eis und hausgemachte Suppen mit knusprigem Brot stehen in diesem Café auf der Spesekarte.

Tesco — SUPERMARKT
(Lochside St.; ⊙ Mo-Sa 8-22, So 9-18 Uhr) Selbstversorger und Camper können sich hier eindecken.

Ausgehen

Oban Chocolate Company — CAFÉ
(📞 01631-566099; www.obanchocolate.co.uk; 34 Corran Esplanade; ⊙ Ostern-Sept. Mo-Sa 10-17, So 12.30-16 Uhr, im Winter kürzere Öffnungszeiten, Jan. geschl.; 🖹) Der auf handgefertigte Schokolade spezialisierte Laden (man kann bei der Herstellung zuschauen) führt auch ein Café mit exzellentem Kaffee und heißer Schokolade (die Chili-Schokolade ist ein echter Gaumenkitzler). Von den großen Ledersofas in einer Fensternische schweift der Blick über die Bucht. Im Juli und August von Donnerstag bis Samstag bis 21 Uhr geöffnet.

Lorne Bar — PUB
(www.thelornebar.co.uk; Stevenson St.; 📶) Der traditionelle Pub mit einer schönen Bar in der Mitte des Raums schenkt Deuchars IPA und Real Ales der Oban Brewery aus. Von 12 bis 21 Uhr wird auch überdurchschnittlich gutes Pubessen serviert. Jeden Mittwochabend findet ab 22 Uhr eine traditionelle Musiksession statt.

Aulay's Bar — PUB
(📞 01631-562596; www.aulaysbar.com; 8 Airds Cres.) Der authentische schottische Pub ist mit seiner niedrigen Decke und den Wänden voller Fotos, die Oban-Fähren und andere Boote zeigen, sehr gemütlich. Mit der freundlichen Atmosphäre und der großen Auswahl an Malt-Whiskys lockt es Einheimische und Besucher gleichermaßen an.

❶ Praktische Informationen

Fancy That (📞 01631-562996; 112 George St.; Internet pro 20 Min. 1 £; ⊙ Mo-Sa 9.30-19, So 10-17 Uhr)
Lorn & Islands District General Hospital (📞 01631-567500; Glengallan Rd.) Krankenhaus am Südrand der Stadt.
Hauptpostamt (📞 01631-510450; Lochside St.; ⊙ Mo-Sa 8-18, So 10-13 Uhr) Im Tesco-Supermarkt.
Touristeninformation (📞 01631-563122; www.oban.org.uk; 3 North Pier; ⊙ Mai-Sept. Mo-Sa 9-19, So 10-18 Uhr, Okt.-April Mo-Sa 9-17.30 Uhr)

❶ An- & Weiterreise

Busbahnhof, Bahnhof und Fähranleger liegen alle dicht beieinander am Hafen am Südrand der Bucht.

Bus

Scottish Citylink (www.citylink.co.uk) betreibt die Intercitybusse nach Oban, **West Coast Motors** (www.westcoastmotors.co.uk) die Stadt- und Regionalbusse. Der Busbahnhof befindet sich vor dem Bahnhof.

Glasgow (via Inveraray und Arrochar) 18 £, 3 Std., 4-mal tgl.
Perth (via Tyndrum und Killin) 16 £, 3 Std., 2-mal tgl.
Fort William (via Appin und Ballachulish) 9,40 £, 1½ Std., Mo-Sa 3-mal tgl.
Lochgilphead (via Kilmartin) 5 £, 1¾ Std., Mo-Fr 4-mal tgl., Sa 2-mal.
Campbeltown (Umsteigen in Inveraray) 19 £, 4 Std., 3-mal tgl.

Fähre

Fähren von **CalMac** (www.calmac.co.uk) verbinden Oban mit den Inseln **Mull**, **Coll**, **Tiree**, **Lismore**, **Colonsay**, **Barra** und **Lochboisdale** (South Uist); Details s. die jeweiligen Inselkapitel. Informationen und Buchungen für alle CalMac-Fähren gibt es im **Fährhafen** (📞 01631-562244; Railway Pier; ⊙ März-Okt. 9-18 Uhr) nahe dem Bahnhof. Fähren zur **Isle of Kerrera** haben einen eigenen Anleger, etwa 3 km südwestlich vom Stadtzentrum Obans. Die Personenfähre zur Oban Marina auf Kerrera (S. 341) legt am North Pier ab.

Zug

Oban ist der Endbahnhof einer malerischen Strecke, die in Crianlarich von der West-Highland-Linie abzweigt. Der Zug ist für die Fahrt nach Norden von Oban aus nicht sehr günstig – die Fahrt nach Fort William erfordert einen Umweg über Crianlarich (3¾ Std.). Besser ist der Bus.

Glasgow 22 £, 3 Std., 3-mal tgl.
Tyndrum 10 £, 1 Std., 3-mal tgl.

❶ Unterwegs vor Ort

Auto

Hazelbank Motors (📞 01631-566476; www.obancarhire.co.uk; Lynn Rd.; ⊙ Mo-Sa 8.30-17.30 Uhr) vermietet Kleinwagen, die pro Tag/Woche ab 40/225 £ inkl. MwSt., Versicherung und Haftungsbeschränkung (CDW) kosten.

Bus

Die Buslinie 417 von West Coast Motors (S. 341) fährt ab dem Bahnhof zwei Rundstrecken: nordwärts nach Ganavan Sands mit Halt am Oban Youth Hostel und südwärts zur Kerrera-Fähre und zum Oban Caravan & Camping Park (Mo–Sa stündl.).

Taxi
Vor dem Bahnhof befindet sich ein Taxistand. Taxiruf: **Oban Taxis** (✆01631-564666).

Rund um Oban

ISLE OF KERRERA
40 EW.

Einige der schönsten **Wanderwege** der Gegend bietet die Insel Kerrera gegenüber von Oban auf der anderen Seite der Bucht. Ein 9,5 km langer Inselrundweg (drei Stunden einplanen) folgt Wegen und Pfaden mdie auf der Ordnance-Survey-Karte Nummer 49 zu finden sind. Unterwegs lassen sich oft Tiere wie Soay-Schafe, Wildziegen, Otter, Steinadler, Wanderfalken, Robben und Tümmler blicken. In **Lower Gylen** am Südende der Insel steht eine **Burgruine.**

Das **Kerrera Bunkhouse** (✆01631-570223; www.kerrerabunkhouse.co.uk; Lower Gylen; B 15 £) nahe dem Gylen Castle ist eine reizende Hütte mit sieben Betten in einem umgebauten Stall aus dem 18. Jh.. Sie liegt etwa 3 km südlich vom Fähranleger (an der Gabelung gleich hinter der Telefonzelle links halten). Reservierung ist ratsam. Snacks und leichte Mahlzeiten serviert der benachbarte **Tea Garden** (✆01631-570223; Lower Gylen; ⊙April–Okt. Mi–So 10.30–16.30 Uhr).

Eine **Personenfähre** (✆01631-563665; www.kerrera-ferry.co.uk) nach Kerrera fährt täglich von Gallanach, etwa 3 km südwestlich vom Zentrum Obans; sie ist über die Gallanach Road zu erreichen (Erw./Kind hin & zurück 5/2,50 £, Fahrrad kostenlos, 10 Min.). Sie verkehrt von Ostern bis Oktober täglich halbstündlich von 10.30 bis 12.30 und ,14 bis 18 Uhr, montags bis samstags auch um 8.45 Uhr. Von November bis Ostern fährt sie täglich fünf- oder sechsmal.

Die Insel ist auch mit der **Personenfähre Oban Marina** (hin & zurück pro Pers. 3 £; ⊙Mai–Sept. 8–23 Uhr alle 30 Min.) vom North Pier in Oban zu erreichen.

ISLE OF SEIL
500 EW.

Die kleine Insel Seil, 16 km südwestlich von Oban gelegen, ist vor allem für ihre Verbindung zum Festland bekannt, die sogenannte **Bridge over the Atlantic**, die von Thomas Telford entworfen und 1793 eröffnet wurde. Die elegante Brücke besteht aus einem einzigen Steinbogen und überspannt die schmalste Stelle des Clachan Sound.

An der Westküste der Insel liegt das hübsche, denkmalgeschützte Dorf **Ellanbeich** mit seinen weißen Häuschen. Es wurde für die Arbeiter der lokalen Schieferbrüche erreichet. Die Steinbrüche wurden jedoch 1881 aufgegeben, als das Meer die Hauptgrube flutete – die überflutete Grube ist noch heute zu sehen. Der **Scottish Slate Islands Heritage Trust** (✆01852-300449; www.slateislands.org.uk; Eintritt frei; ⊙April–Okt. 10.30–13 & 14–17 Uhr) zeigt faszinierende alte Fotos, die den Besuchern das Dorfleben im 19. und 20. Jh. veranschaulichen.

Bustouristen strömen zum **Highland Arts Studio** (✆01852-300273; www.highlandarts.co.uk; Ellanbeich; Eintritt frei; ⊙April–Sept. 9–19 Uhr, Okt.–März bis 17 Uhr), einem Souvenirladen und Schrein für die exzentrischen Produkte des verstorbenen „Dichters, Künstlers und Komponisten" C. John Taylor. Bitte möglichst nicht grinsen.

Vor Ellanbeich liegt die kleine Insel **Easdale**, wo sich weitere alte Häuser der Schieferbrucharbeiter und das interessante **Easdale Island Folk Museum** (✆01852-300370; www.easdalemuseum.org; Erw./Kind 2,25/0,50 £; ⊙April–Okt. 11–16.30 Uhr, Juli & Aug. bis 17 Uhr) befinden. Das Museum informiert über die Schieferindustrie und das Inselleben im 18. und 19. Jh. Die höchste Erhebung der Insel (ein 38 m hoher Gipfel!) bietet einen großartigen Blick über die Umgebung.

Wer sein Glück beim Steinhüpfen versuchen will, sollte an den **World Stone-Skimming Championships** (www.stoneskimming.com) teilnehmen, die jedes Jahr am letzten Sonntag im September in Easdale stattfinden und viele Besucher anzieht.

Mit der Fähre ist es ab der Südspitze von Seil nur ein kurzes Stück zur benachbarten **Isle of Luing**, ein stilles, vergessenes Eiland, das eigentlich keine Sehenswürdigkeiten hat, aber ideal für Wanderungen und gemächliche Fahrradtouren ist.

BOOTSAUSFLÜGE
Von April bis Oktober bietet **Sea.fari Adventures** (✆01852-300003; www.seafari.co.uk; Easdale Harbour; ⊙April–Okt.) aufregenden Bootstouren in schnellen Festrumpfschlauchbooten an. Ziele sind der **Corryvreckan Whirlpool** (Erw./Kind 38/29 £; vorher die Zeiten für „Whirlpool Specials" bei starker Flut telefonisch erfragen) und die abgelegenen **Garvellach Islands** (48/36 £). Im Angebot sind auch 2½-stündi-

ge **Walbeobachtungstouren** (48/36 £), meist im Juli und August, sowie Ausflüge nach **Iona und Staffa** (75/55 £) und einmal wöchentlich eine Tagestour nach **Colonsay** (48/36 £).

Sea Life Adventures (01631-571010; www. sealife-adventures.co.uk) bietet den Inselbesuchern ähnliche Touren und Ausflüge an, liegt aber an der Ostseite der Insel und hat ein größeres, komfortableres Boot.

Anreise & Unterwegs vor Ort

Die Buslinie 418 von **West Coast Motors** (www.westcoastmotors.co.uk) fährt viermal täglich außer sonntags von Oban nach Ellanbeich (45 Min.) und weiter nach North Cuan (1 Std.) zur **Fähre** nach Luing (hin & zurück pro Pers./Auto 1,75/7 £, 3 Min., alle 30 Min.).

Das **Argyll & Bute Council** (01631-562125) betreibt die tägliche Personenfähre von Ellanbeich zur Insel Easdale (hin & zurück 1,75 £, Fahrräder frei, 5 Min., alle 30 Min.).

Isle of Mull

2600 EW.

Mit den zerklüfteten Bergrücken des Ben More, der höchsten erhebung der Insel, und den steilen Basalthängen von Burg, den strahlend weißen Sandstränden, dem rosafarbenen Granit und smaragdgrünen Wasser um den Ross besitzt Mull zweifellos eine der schönsten und vielseitigsten Landschaften der Inneren Hebriden. Zudem bieten die Gewässer im Westen der Insel die beste Gelegenheit in Schottland, Wale zu beobachten. Zählt man noch die beiden eindrucksvollen Burgen, die Schmalspurbahn, die heilige Insel Iona und die gute Erreichbarkeit ab Oban hinzu, wird leicht verständlich, warum es manchmal schwierig ist, auf der Insel eine Unterkunft zu finden. Trotz der vielen Besucher scheint die Insel groß genug zu sein, sie alle zu verkraften. Viele halten sich an die üblichen Wege von Craignure nach Iona oder Tobermory und kehren am Abend nach Oban zurück. Doch davon abgesehen, finden sich hier noch viele verborgene Ecken und Winckel, um den Massen zu entkommen.

Etwa zwei Drittel der Einwohner Mulls leben in und um die Inselhauptstadt Tobermory im Norden. In Craignure in der Südostecke befindet sich der Hauptfährhafen, wo auch die meisten Besucher ankommen. Fionnphort liegt im äußersten Westen der langgestreckten Halbinsel Ross of Mull; von dort legt auch die Fähre nach Iona ab.

Geführte Touren

Bowman's Tours (01680-812313; www.bowmanstours.co.uk) bietet Tagesausflüge mit Fähre und Bus von Oban nach Mull, Staffa und Iona.

Gordon Grant Marine BOOTSAUSFLÜGE
(01681-700388; www.staffatours.com) Bootsausflüge von Fionnphort nach Staffa (Erw./Kind 25/10 £, 2½ Std., April–Okt. tgl.) sowie nach Staffa und zu den Treshnish Isles (45/20 £, 5 Std., Mai–Juli So–Fr).

Mull Magic WANDERUNGEN
(01688-301245; www.mullmagic.com) Geführte Wanderungen auf Mull (37,50–47,50 £ pro Pers.), um Adler, Otter, Schmetterlinge und andere Tiere zu beobachten. Auch individuelle Wanderungen werden angeboten.

Feste & Events

Mishnish Music Festival MUSIK
(01688-302383; www.mishnish.co.uk) Letztes Aprilwochenende; drei Tage lang können Besucher mitreißende traditionelle schottische und irische Musik im beliebtesten Pub von Tobermory hören.

Mendelssohn on Mull MUSIK
(www.mullfest.org.uk) Ein einwöchiges Festival klassischer Musik Anfang Juli.

Mull Highland Games HIGHLAND GAMES
(01688-302270; f.kirsop18@btinternet.com) Am dritten Donnerstag im Juli; Dudelsack und Highland-Tänze.

Tour of Mull Rally AUTORALLYE
(01254-826564; www.2300club.org) Teil des Scottish Rally Championship, an der etwa 150 Autos teilnehmen. Die öffentlichen Straßen sind am ersten Oktoberwochenende teilweise gesperrt.

Praktische Informationen

GELD Bargeld ist mit der Bank-/Debitkarte in den Postämtern in Salen und Craignure erhältlich.

Clydesdale Bank (Main St.; Mo–Fr 9.15–16.45 Uhr) Die einzige Bank und der einzige 24-Stunden-Geldautomat. Kein Währungsumtausch – Geld kann aber in der Touristeninformation in Tobermory gewechselt werden.

MEDIZINISCHE VERSORGUNG Dunaros Hospital (01680-300392) Ambulanz für kleinere Verletzungen; die nächste Notaufnahme befindet sich in Oban.

POST Post (Main St.; Mo, Di, Do & Fr 9–13 & 14–17.30 Uhr, Mi & Sa 9–13 Uhr) Postschalter

Mull, Coll & Tiree

befinden sich auch in Salen, Craignure und Fionnphort.

TOURISTENINFORMATION Touristeninformation Craignure (☏01680-812377; ⊙Mo–Sa 8.30–17, So 10.30–17 Uhr)

Mull Visitor & Information Centre (☏01688-302875; Ledaig, Tobermory; ⊙9–17 Uhr)

❶ An- & Weiterreise

Drei Autofähren von **CalMac** (www.calmac.co.uk) verbinden Mull mit dem Festland.

Von Oban nach Craignure (pro Pers./Auto 5,25/46,50 £, 40 Min., alle 2 Std.) Die kürzeste und meistgenutzte Strecke – für Autos ist Reservierung ratsam.

Von Lochaline nach Fishnish (3,10/13,65 £, 15 Min., mindestens stündl.) An der Ostküste von Mull.

Von Tobermory nach Kilchoan (5/25,50 £, 35 Min., Mo–Sa 7-mal tgl.) Verbindung zur Halbinsel Ardnamurchan; von Mai bis August gibt es auch sonntags fünf Überfahrten.

❶ Unterwegs vor Ort

AUTO Fast alle Straßen auf der Insel Mull sind einspurig. Tankstellen befinden sich in Craignure, Fionnphort, Salen und Tobermory. **Mull Self Drive** (☏01680-300402; www.mullselfdrive.co.uk) vermietet Kleinwagen für 45/237 £ pro Tag/Woche.

BUS Öffentliche Transportmittel sind auf Mull recht spärlich. Bowman's Tours (S. 341) ist das Hauptunternehmen und verbindet die Fährhäfen mit den größeren Dörfern der Insel.

Von Craignure nach Tobermory (hin & zurück 7,30 £, 1 Std., Mo–Fr 4- bis 7-mal tgl., Sa & So 3- bis 5-mal)

Von Craignure nach Fionnphort (hin & zurück 11 £, 1¼ Std., Mo–Sa 3-mal tgl., So 1-mal)

Von Tobermory nach Dervaig und Calgary (hin & zurück 4 £, Mo–Fr 3-mal tgl., Sa 2-mal)

FAHRRAD Mietfahrräder für etwa 10 bis 15 £ pro Tag können bei folgenden Adressen ausgeliehen werden:

BROWN'S HARDWARE SHOP (☏01688-302020; www.brownstobermory.co.uk; Main St., Tobermory)

On Yer Bike (☏01680-300501; Salen) Nur Ostern bis Oktober. Hat auch eine Vermietung am Fähranleger in Craignure.

Taxi **Mull Taxi** (☏07760-426351; www.mulltaxi.co.uk) befindet sich in Tobermory und hat auch ein Fahrzeug, das für Rollstühle geeignet ist.

CRAIGNURE & UMGEBUNG

In Craignure gibt es nicht viel mehr als den Fähranleger und das Hotel, also geht es gleich links und mit Auto oder Fahrrad knapp 5 km weit zum **Duart Castle** (☏01680-812309; www.duartcastle.com; Erw./Kind 5,50/2,75 £; ⊙Mai–Mitte Okt. tgl.

WANDERN AUF MULL

Nähere Informationen zu den folgenden Wanderungen halten die Touristeninformationen in Oban, Craignure und Tobermory bereit.

Ben More

Der Ben More (966 m), der höchste Gipfel der Insel und der einzige Insel-Munro außerhalb von Skye, bietet einen spektakulären Blick über die umliegenden Inseln. Der Wanderweg auf den Berg beginnt ab Loch na Keal, an der B8035 bei der Brücke über den Abhainn na h-Uamha (der Fluss fließt knapp 13 km südwestlich von Salen – s. Ordnance-Survey-Karte (OS) Nr. 49, 1:50 000, Planquadrat 507368). Zurück geht es über denselben Weg oder weiter über den schmalen Bergrücken bis zum Ostgipfel A'Chioch und anschließend durch das Gleann na Beinn Fhada hinab zur Straße. Das Tal kann recht feucht sein, und der Pfad ist nicht eindeutig. Für die gesamte, 10 km lange Strecke sollten fünf bis sechs Stunden eingeplant werden.

Carsaig Arches

Die Wanderung entlang der Küste westlich der Carsaig Bay zur natürlichen Felsformation Carsaig Arches am Malcolm's Point ist eine der abenteuerlichsten auf Mull. Der Pfad unterhalb der Klippen ab Carsaig ist weitgehend gut, aber in der Nähe der Arches wird er recht schroff und ungeschützt – die Route führt bergan und überquert dann einen sehr steilen Hang oberhalb einer senkrecht ins Meer abfallenden Klippe (nichts für Unsportliche und Ängstliche). Unterwegs tauchen spektakuläre Felsformationen auf, deren Höhepunkt die Arches selbst sind. Einer – „Schlüsselloch" genannt – ist eine freistehende Felsnadel, der andere, der „Tunnel", ist ein gewaltiger natürlicher Felsbogen. Der westliche Zugang besteht aus einem Schleier aus Basaltsäulen – ein eindrucksvoller Ort. Der Weg hin und zurück ist knapp 13 km lang – drei oder vier Stunden Zeit sollten ab Carsaig eingeplant werden, plus mindestens eine Stunde bei den Arches selbst.

Burg

An der Spitze der abgelegenen Halbinsel Ardmeanach im westlichen Mull steht ein bemerkenswerter, 50 Mio. Jahre alter versteinerter Baum, der in der Basaltlava der Klippen konserviert wurde. Eine Allradpiste führt von einem Parkplatz, der 400 m hinter dem Tiroran House liegt, 7 km weit zu einer Hütte in Burg; die letzten 4 km zum Baum verlaufen über einen sehr holprigen Küstenpfad. Etwa 500 m vor dem Baum ermöglicht eine Metallleiter den Abstieg zum Ufer, das nur bei Ebbe zugänglich ist – vor der Tour sollten die Gezeiten in der Touristeninformation in Tobermory erfragt werden. Hin und zurück dauert die anstrengende, 22,5 km lange Wanderung etwa sechs bis sieben Stunden.

10.30–17.30 Uhr, April So–Do 11–16 Uhr), einer eindrucksvollen Festung am Sound of Mull (von der Fähre nach Craignure nicht zu übersehen). Der Sitz des Clans Maclean ist eine der ältesten bewohnten Burgen Schottlands – der zentrale Wohnturm entstand 1360. Die Burg wurde 1911 von Sir Fitzroy Maclean gekauft und restauriert und hat feuchte Kerker, riesige Hallen und Bäder mit uralten Armaturen. Der Bus zur Burg fährt bei Ankunft der Fähren aus Oban in Craignure um 9.50, 11.55 und 14 Uhr los.

Der Weg nach Duart führt am **Wings Over Mull** (01680-812594; www.wingsovermull.com; Torosay; Erw./Kind 4,50/1,50 £; Ostern–Okt. 10.30–17.30 Uhr) vorbei, einem Wildgehege für Raubvögel. Zu den in Gefangenschaft gehaltenen Tieren gehören über zwei Dutzend verschiedene Arten; täglich werden interessante Vorführungen der Falkenjagd und -handhabung gezeigt.

Schlafen

Der gut ausgestattete **Campingplatz Shieling Holidays** (01680-812496; www.shielingholidays.co.uk; Zeltplatz & 2 Pers. 14,50 £, mit Auto 17 £, B 13 £; Mitte März–Okt.; von Oban nach Craignure) bietet eine tolle Aussicht und liegt in Fußnähe zum Fährhafen: nach links abbiegen und dann fünf Gehminuten Richtung Süden. Der Großteil der festen Unterkünfte, darunter das Hostel und der Sanitärblock (tröpfelnde Duschen), besteht aus „Cottage-Zelten", die aus schwerem Segeltuch gefertigt sind und dem Platz ein wenig PVC-Fetisch-Flair verleihen.

Zu den empfehlenswerten B&Bs, die bis zu zehn Gehminuten von der Fähre entfernt liegen, gehören die **Pennygate Lodge** (01680-812333; www.pennygatelodge.com; Craignure; EZ/DZ ab 50/70 £; P) neben dem Eingang zum Shieling Holidays und das **Dee-Emm B&B** (01680-812440; www.dee-emm.co.uk; EZ/DZ 50/72 £; P) etwa 800 m südlich von Craignure, an der Straße Richtung Fionnphort gelegen.

TOBERMORY
750 EW.

Tobermory, der Hauptort der Insel, ist ein malerisches Fischerdorf und Segelzentrum mit bunt gestrichenen Häusern rund um eine geschützte Bucht und mit einer rasterförmigen „Oberstadt". Das Dorf diente als Kulisse für die Kinder-TV-Serie *Balamory*. Die Serie wurde zwar 2005 eingestellt, regelmäßige Wiederholungen sorgen dafür, dass hier im Sommer noch immer unzählige Knirpse auf der Suche nach ihren liebsten TV-Figuren ihre Eltern durch den Ort zerren (entnervte Eltern können sich eine *Balamory*-Broschüre in den Touristeninformationen in Oban und Tobermory besorgen).

Sehenswertes & Aktivitäten

Das **Marine Discovery Centre** (01688-302620; www.whaledolphintrust.co.uk; 28 Main St.; Eintritt frei; April–Okt. Mo–Fr 10–17, So 11–16 Uhr, Nov.–März Mo–Fr 11–17 Uhr) des Hebridean Whale & Dolphin Trust präsentiert Schaubilder, Videos und interaktive Exponate zur Biologie und Ökologie der Wale und Delfine – ein toller Ort für Kinder, die etwas über Meeressäuger erfahren wollen. Dort gibt es auch Informationen über Freiwilligenarbeit und über Meldungen von Wal- und Delfinsichtungen.

Sea Life Surveys (S. 345) im Hafengebäude neben dem großen Parkplatz bietet Walbeobachtungstouren ab Tobermory an. Zur Zeit der Recherche wurde das Hafengebäude für ein neues **Meereszentrum** umgebaut – mit Fischbecken sowie interaktiven Ausstellungen zu Fischerei, Fischzucht, Tauchen und Walbeobachtung.

Für Regentage eignet sich das **Mull Museum** (01688-302603; www.mullmuseum.org.uk; Main St.; Spende als Eintritt; Ostern–Okt. 10–16 Uhr), das die Geschichte der Insel dokumentiert. Es zeigt interessante Ausstellungen über die Kleinbauern und zur *Tobermory Galleon*, einem Schiff der spanischen Armada, das 1588 in der Tobermory Bay sank und seither ein Ziel für Schatzsucher ist.

Außerdem bietet sich das **An Tobar Arts Centre** (01688-302211; www.antobar.co.uk; Argyll Tce.; Eintritt frei; Mai–Sept. Mo–Sa 10–17 Uhr, Juli & Aug. auch So 14–17 Uhr, Okt.–April Di–Sa 10–16 Uhr) an, eine Kunstgalerie und Ausstellungshalle mit einem guten, vegetarierfreundlichen Café, sowie die winzige, 1798 gegründete **Tobermory Distillery** (01688-302647; www.tobermorymalt.com; Ledaig; Führung 3 £; Ostern–Okt. Mo–Fr 10–17 Uhr).

Schlafen

In Tobermory gibt es Dutzende von B&Bs, dennoch kann der Ort im Juli und August, vor allem an Wochenenden, völlig ausgebucht sein.

Highland Cottage Hotel   BOUTIQUEHOTEL £££
(01688-302030; www.highlandcottage.co.uk; Breadalbane St.; DZ 150–165 £; Mitte März–Okt.; P) Antike Möbel, romantische Himmelbetten, bestickte Bettüberwürfe, frische Blumen und Kerzenlicht verleihen dem kleinen Hotel (nur sechs Zimmer) eine reizend altmodische Cottage-Atmosphäre, aber mit allem modernen Komfort wie Kabel-TV, großen Badewannen und Zimmerservice. Ein exzellentes Restaurant gehört ebenfalls zum Haus.

Sonas House   B&B ££
(01688-302304; www.sonashouse.co.uk; The Fairways, Erray Rd.; EZ/DZ 110/125 £, Apt. ab 90 £; P) Mal was Neues – ein B&B mit einem beheizten, 10 m langen Hallenswimmingpool! Das Sonas ist ein großes, modernes Haus, das Luxus in einem herrlichen Umfeld mit tollem Blick über die Tobermory Bay bietet; das Zimmer „Blue Poppy" hat übrigens einen eigenen Balkon. Es gibt auch ein separates Ein-Zimmer-Apartment mit einem Doppelbett.

Cuidhe Leathain   B&B ££
(01688-302504; www.cuidhe-leathain.co.uk; Salen Rd.; Zi. pro Pers. 40 £;) Der Name „Cuidhe Leathain" („ku-läin" ausgesprochen) bedeutet „Macleans Ecke". Das schöne, in der „Oberstadt" gelegene Haus aus dem 19. Jh. verströmt eine gemütlich überladene viktorianische Atmosphäre. Das reichhaltige Frühstück macht den ganzen Tag über satt, und die Besitzer sind ein Quell des Wissens über Mull und die Tierwelt. Zwei Nächte Mindestaufenthalt.

TIERE BEOBACHTEN AUF MULL

Die unterschiedlichen Landschaften und Lebensräume auf Mull – hohe Berge und Moorlandwildnis, wellengepeitschte Klippen, Sandstrände und von Seetang gesäumte Felsinseln – bieten die Chance, einige der seltensten und spannendsten Tiere Schottlands zu sehen, wie etwa Adler, Otter, Delfine und Wale.

Mull Wildlife Expeditions (01688-500121; www.torrbuan.com; null) bietet ganztägige Inseltouren mit dem Landrover, auf denen Rotwild, Steinadler, Wanderfalken, Seeadler, Kornweihen, Otter und manchmal Delfine und Schweinswale erspäht werden können. Der Preis (Erw./Kind 43/40 £) enthält die Abholung von der Unterkunft oder von einem der Fähranleger, ein Lunchpaket und Benutzung der Ferngläser. Dank ihres zeitlichen Ablaufs lässt sich die Tour auch als Tagesausflug von Oban unternehmen. Teilnehmer werden von der Fähre in Craignure abgeholt und auch wieder zurückgefahren.

Sea Life Surveys (01688-302916; www.sealifesurveys.com; Ledaig) bietet von Tobermory aus Ausflüge zu den Walen in den Gewässern im Norden und Westen von Mull an. Eine ganztägige Tour (80 £ pro Pers.) dauert bis zu sieben Stunden auf See (für Kinder unter 14 Jahren nicht geeignet) und hat eine Erfolgsrate von 95 % für die Sichtung von Walen. Für Kinder ist die vierstündige Bootstour „Wildlife Adventure" (Erw./Kind 50/40 £) besser geeignet.

Turus Mara (08000 85 87 86; www.turusmara.com) unternimmt Bootsausflüge ab Ulva Ferry im Zentrum von Mull nach Staffa und zu den Treshnish Isles (Erw./Kind 50/25 £, 6½ Std.). Die Teilnehmer haben auf Staffa eine Stunde Aufenthalt und zwei Stunden auf Lunga. Dort sind Robben, Papageitaucher, Dreizehenmöwen, Tordalken und viele andere Seevogelarten zu sehen.

Die **The RSPB** (01680-812556; www.forestry.gov.uk/mullseaeagles) organisiert begleitete Ausflüge zu einem Beobachtungsunterstand im Glen Seilisdeir, um Seeadler zu beobachten. Die Touren (Erw./Kind 6/3 £) starten montags bis freitags um 10 und 13 Uhr an der B8035, etwa 1,5 km nördlich von Tiroran (Buchung, telefonisch oder in der Touristeninformation in Craignure, ist erforderlich).

Harbour View — B&B ££
(01688-301111; www.tobermorybandb.com; 1 Argyll Tce.; pro Pers. 40–45 £;) Das wunderschön restaurierte Fischerhäuschen liegt am Rand der „Oberstadt" von Tobermory. Teilweise freigelegte Steinwände verleihen den Zimmern einen rustikal-bahaglichen Charakter, und ein neuer Anbau bietet Urlaubauern mit Kindern eine Familiensuite (zwei angrenzende Zimmer mit gemeinsamem Bad und Platz für vier Personen), deren Terrasse einen atemberaubenden Blick über die Bucht freigibt.

Tobermory Campsite — CAMPINGPLATZ £
(01688-302624; www.tobermorycampsite.co.uk; Newdale, Dervaig Rd.; Zeltplatz pro Erw./Kind 7/3 £; März–Okt.) Ein ruhiger, familienfreundlicher Campingplatz, etwa 1,5 km westlich des Orts an der Straße nach Dervaig gelegen. Kredit- und Debitkarten werden zur Zahlung nicht akzeptiert.

Tobermory SYHA — HOSTEL £
(01688-302481; www.syha.org.uk; Main St.; B 17,50 £; März–Okt.; @) Tolle Lage in einem viktorianischen Haus am Wasser. Reservierung ist empfehlenswert.

Essen & Ausgehen

Camper können sich im **Co-op-Supermarkt** (33 Main St.; Mo–Sa 8–20, So 12.30–19 Uhr) und in der **Tobermory Bakery** (26 Main St.; Mo–Sa 9–17 Uhr) eindecken. Die Bäckerei verkauft köstliches, selbst gebackenes Vollkornbrot, Kuchen, Kekse und Pasteten und hat eine großartige Feinkosttheke.

Café Fish — MEERESFRÜCHTE ££
(01688-301253; www.thecafefish.com; The Pier; Hauptgerichte 10–22 £; Mittag- & Abendessen) Meeresfrüchte können nicht frischer sein als jene, die in dem warmen, freundlichen kleinen Restaurant am Hafen von Tobermory serviert werden – wie auch das Motto verrät: „Das Einzige, das hier eingefroren ist, ist der Fischer!" Langustinen und Hummer kommen direkt vom Boot in die Küche, wo sie neben reichhaltigem Fischeintopf nach toskanischer Art, dicken Jakobsmuscheln, Fischpasteten und dem Tagesfang auf die täglich wechselnde Karte kommen.

Daneben werden frisch gebackenes Brot, hausgemachte Desserts und eine Auswahl an schottischem Käse angeboten.

Fish & Chip Van   FISH & CHIPS £
(☎01688-301109; www.tobermoryfishandchipvan.co.uk; Main St.; Hauptgerichte 3–8 £; ⊙April–Dez. Mo-Sa 12.30–21 Uhr, Juni–Sept. auch So, Jan.–März Mo-Sa 12.30–19 Uhr) Wer auf Imbiss steht, kann sich unten am Hafen über die Fish and Chips in Gourmetqualität – die wohl besten Schottlands – hermachen. Wo sonst ist schon eine Pommesbude zu finden, die frisch zubereitete Krabben und Muscheln verkauft?

MacGochan's   PUB ££
(☎01688-302350; www.macgochans-tobermory.co.uk; Ledaig; Hauptgerichte 9–20 £; ⊙Mittag- & Abendessen) Der lebhafte Pub neben dem Parkplatz am südlichen Ende des Ufers serviert gute Bargerichte (Fish and Chips, Rindfleischpastete, Gemüselasagne); im Sommer werden oft auch Grillabende im Freien organisiert. An der Vorderseite gibt es einen Biergarten und an den Wochenenden Livemusik in der Bar.

Mishnish Hotel   PUB ££
(☎01688-302009; www.mishnish.co.uk; Main St.; Hauptgerichte 11–20 £; ⊙Mittag- & Abendessen; ⓦ) „The Mish" ist unter Segeltouristen ein beliebter Treffpunkt und gut geeignet, um im Pubrestaurant Mish-Dish ein Pint oder ein Essen zu sich zu nehmen. In dem schön traditionellen Pub mit seinen Holzpaneelen und Flaggen können Gäste traditioneller Livemusik lauschen, sich die Füße am Kamin wärmen oder mit den Einheimischen eine Runde Billard spielen.

Pier Café   CAFÉ £
(The Pier; Hauptgerichte 5–8 £; ⊙9–17 Uhr) Unterhalb des Café Fish am Nordrand des Dorfes verbirgt sich dieses gemütliche Eckchen mit lokaler Kunst an den Wänden. Das Pier serviert hervorragenden Kaffee und Frühstücksbrötchen sowie leckere Mittagsgerichte wie Fish and Chips, Hummerbaguette, malaiische Erdnussnudeln und pikante jamaikanische Bohnenhamburger.

☆ Unterhaltung

Mull Theatre   THEATER
(☎01688-302828; www.mulltheatre.com; Salen Rd.) Eines der bekanntesten Tourneetheater Schottlands, das überall im Land auftritt. Standort ist in Druimfin, etwa 1,5 km südlich von Tobermory, wo auch die meisten Vorstellungen auf Mull stattfinden. Das aktuelle Theaterprogramm erfährt man auf der Website.

DER NORDEN VON MULL
Die Straße von Tobermory westwärts nach Calgary führt durchs Inselinnere, sodass der Großteil der Nordküste Mulls wild und unzugänglich bleibt. Gleich außerhalb von Tobermory führt eine lange, einspurige Straße über 6,5 km nordwärts zum majestätischen **Glengorm Castle** (☎01688-302321; www.glengormcastle.co.uk; Glengorm; ⊙Ostern–

WAL IN SICHT!

Der Nordatlantikstrom, ein wirbelnder Ableger des Golfstroms, transportiert warmes Wasser in das kalte, nährstoffreiche Gewässer vor der schottischen Küste – und ermöglicht so eine gewaltige Planktonblüte. Kleine Fische fressen Plankton, und große Fische fressen kleine Fische, und dieses riesige Fischangebot lockt eine große Anzahl an Meeressäugern an, von Schweinswalen und Delfinen bis hin zu Zwergwalen und sogar – auch wenn sie selten gesichtet werden – Buckel- und Pottwalen.

Schottland schlägt aus der Fülle an Zwergwalen vor der Küste mit **Walbeobachtungstouren** Kapital. Es gibt mittlerweile an der gesamten Küste Dutzende von Anbietern, die Bootstouren zur Walbeobachtung anbieten; die Touren dauern einige Stunden oder auch den ganzen Tag. Im Sommer erreichen einige bei der Walsichtung eine Erfolgsrate von 95 %.

Robben, Tümmler und Delfine sind zwar das ganze Jahr über zu sehen, doch Zwergwale sind Wandertiere. Die beste Zeit für eine Sichtung ist von Juni bis August, wobei der August der Spitzenmonat für Sichtungen ist. Die Website des Hebridean Whale & Dolphin Trust (www.whaledolphintrust.co.uk) bietet zahlreiche Informationen zu den Arten, die hier zu sehen sind, und wie man sie identifizieren kann.

Die Broschüre *Is It a Whale?* mit Tipps zur Identifizierung der verschiedenen Meeressäuger ist in Touristeninformationen und Buchläden erhältlich.

Mitte Okt. 10–17 Uhr), wo eine Aussicht über das Meer bis nach Ardnamurchan, Rum und die Äußeren Hebriden wartet. In den Nebengebäuden der Burg sind eine **Kunstgalerie** mit Werken einheimischer Künstler, ein **Hofladen** mit lokalen Erzeugnissen und ein exzellentes **Café** untergebracht. Die Burg selbst ist für die Öffentlichkeit nicht zugänglich, Besucher können aber ungehindert das Gelände erkunden.

Das Old Byre Heritage Centre (01688-400229; www.old-byre.co.uk; Dervaig; Erw./Kind 4/2 £; April–Okt. Mi–So 10.30–18.30 Uhr) erweckt Mulls Geschichte und Natur mit plastischen Darstellungen und einem halbstündigen Film zum Leben. Der Preis für das bizarrste Ausstellungsstück geht an das 40 cm lange Modell einer Mücke. Das Café des Zentrums serviert gute, preisgünstige Snacks wie hausgemachte Suppe und *clootie dumpling*; für Kinder ist im Freien ein Spielplatz eingerichtet.

Mulls schönster (und meistbesuchter) silbrig weißer **Sandstrand**, von Klippen flankiert und mit Blick auf Coll und Tiree, liegt bei **Calgary**, etwa 19 km westlich von Tobermory. Übrigens ist dieser Ort der Namensgeber für das berühmtere Calgary in der kanadischen Provinz Alberta.

🛏 Schlafen & Essen

Achnadrish House — APARTMENT ££

(01688-400388; www.achnadrish.co.uk; Dervaig Rd.; Apt. mit 1 Schlafzi. pro Woche 300 £, Apt. mit 3 Schlafzi. pro Woche 650 £; P🛜) Das ehemalige beliebte B&B ist ein behutsam restauriertes Jagdhaus, das heute zwei Ferienapartments vermietet: die niedliche kleine White Cabin mit einem Schlafzimmer (für 2 Pers.) und den West Wing, ein ehemaliges Gesindehaus, mit drei Schlafzimmern (für 6 Pers.). Beide Apartements haben voll eingerichtete Küchen, letzteres auch ein großes Wohnzimmer mit Holzofen. Das Haus liegt auf halbem Weg zwischen Tobermory und dem Strand von Calgary.

🌿 Calgary Farmhouse — FERIENWOHNUNGEN ££

(01688-400256; www.calgary.co.uk; Calgary; 2-Pers.-Apt. 3 Nächte 195 £; P🛜) Der Komplex offeriert acht fantastische Unterkünfte für Selbstversorger (darunter Apartments, kleine Häuser und behaglich ein Bauernhaus, die zwei bis acht Personen Platz bieten), die wunderschön gestaltet und mit Holzmöbeln und Holzöfen ausgestattet sind. Zum Hayloft (8 Pers., 1200 £ pro Woche in der Hochsaison) gehört ein spektakuläres Wohn-/Esszimmer mit gebogenen Eichenbalken und Kunstwerken aus der Umgebung.

Bellachroy — HOTEL ££

(01688-400314; www.bellachroyhotel.co.uk; Dervaig; EZ/DZ 75/100 £; P🛜) Das Bellachroy ist eine atmosphärische Herberge aus dem 17. Jh. mit sechs einfachen, aber komfortablen Zimmern. Die Bar ist das Zentrum des Dorflebens und serviert exzellentes Essen (Hauptgerichte 11–19 £, plus Kinderkarte) aus lokalen Erzeugnissen: Schwein von einer Farm in Dervaig, Lamm aus Ulva, Schaf aus Iona, Muscheln aus Inverlussa und Meeresfrüchte von Mull-Fischern.

Dervaig Village Hall Hostel — HOSTEL £

(01688-400491; www.mull-hostel-dervaig.co.uk; Dervaig; B/4BZ 15/55 £; P) Die schlichte, aber sehr komfortable Herberge mit Gästeküche und Wohnzimmer ist im Gemeindehaus von Dervaig untergebracht.

GRATIS **Calgary Bay Campsite** — CAMPINGPLATZ

(Calgary) Das Campen am Südende des Strands in der Calgary Bay ist kostenlos – am besten südlich des Bachs nächtigen. Es gibt keine Sanitäranlagen außer den Toiletten auf der anderen Straßenseite; Wasser liefert der Bach.

🌿 Glengorm Coffee Shop — CAFÉ £

(www.glengormcastle.co.uk; Glengorm; Hauptgerichte 5–8 £; Ostern–Okt. 10–17 Uhr) Das Café in einem Cottage befindet sich auf dem Gelände von Glengorm Castle, hat Tische im Freien und serviert hervorragende Mittagsgerichte (12–16.30 Uhr). Die täglich wechselnde Karte bietet Sandwiches und Salate (ein Großteil des Gemüses stammt aus den Glengorm-Gärten), Suppen und Tagesgerichte wie Lachsfrikadellen mit Curry, Minze und Gurkensalat.

Calgary Farmhouse Tearoom — CAFÉ £

(www.calgary.co.uk; Hauptgerichte 5–8 £; 10.30–16.30 Uhr; P🛜) Das Café liegt nur wenige Gehminuten vom Sandstrand in der Calgary Bay entfernt. Es serviert Suppen, Sandwiches, Kaffee und Kuchen, möglichst aus frischen lokalen Erzeugnissen. Es gibt hier auch eine Kunstgalerie und einen Kunsthandwerksladen. Im Juli und August ist es bis 17.30 Uhr geöffnet.

ZENTRUM VON MULL

Der zentrale Teil der Insel, der sich zwischen der Straße von Craignure nach Fionnphort und der schmalen Landenge zwischen Salen und Gruline erstreckt, wird vom höchsten Gipfel der Insel, dem 966 m Hohen **Ben More**, und von der wildesten Landschaft Mulls geprägt.

Die schmale B8035 am Südufer des Loch na Keal quetscht sich an einigen eindrucksvollen Klippen vorbei, bevor sie südwärts zum Loch Scridain abbiegt. Nach etwa 1,5 km auf der Uferstraße ab Balmeanach wendet sich die Straße von der Küste landeinwärts: Dort befindet sich **Mackinnon's Cave**, ein tiefer, schauriger Spalt in den Basaltklippen, der einst keltischen Mönchen als Unterschlupf diente. Der große, flache Fels in der Höhle, der **Fingal's Table**, wurde vermutlich als Altar genutzt.

Einen sehr schlichten Campingplatz (pro Pers. 3 £) gibt es in Killiechronan, 800 m nördlich von Gruline (Toiletten und Wasser sind fünf Minuten zu Fuß entfernt), und viel Platz zum **wilden Campen** bietet das Gelände am Südufer des Loch na Keal, zu Füßen des Ben More.

DER SÜDEN VON MULL

Die Straße von Craignure nach Fionnphort klettert durch eine wilde, einsame Landschaft, bis sie den südwestlichen Teil der Insel erreicht, die langgestreckte Halbinsel **Ross of Mull**. Die schwarzen Basaltklippen der spektakulären Südküste des Ross gehen weiter westlich in weiße Sandstrände und rosafarbene Granitfelsen über. Am höchsten sind die Klippen am Malcolm's Point, nahe den großartigen **Carsaig Arches**.

Im kleinen Dorf **Bunessan**, das aus etwa 300 Einwohnern besteht, gibt es ein Hotel, ein Café, einen Pub, einige Läden und das Ross of Mull Historical Centre (01681-700659; www.romhc.org.uk; Eintritt 2 £; Ostern–Okt. Mo–Fr 10–16 Uhr). Dieses Museum, in einem Cottage eingerichtet, beschäftigt sich mit Geschichte, Geologie, Archäologie, Genealogie und Tierwelt der Region.

Eine Nebenstraße führt von hier aus nach Süden zu der herrlichen, weißsandigen Bucht von **Uisken** mit Blick auf die Paps of Jura. Zelten ist neben dem Strand möglich (1 £ pro Pers.; im Uisken Croft um Erlaubnis fragen), aber es gibt keine Sanitäranlagen.

Am westlichen Ende des Ross, gut 60 km von Craignure entfernt, liegt die Ortschaft **Fionnphort** („*finn*-a-fort" ausgesprochen), wo die Fähre zur kleinen Nachbarinsel Iona ablegt. Die Küste ist hier eine wunderschöne Mixtur aus rosafarbenen Granitfelsen, weißen Sandstränden und dem leuchtend türkisfarbenen Meer.

Schlafen & Essen

Seaview B&B ££
(01681-700235; www.iona-bed-breakfast-mull.com; Fionnphort; DZ 70–80 £; P) Das Seaview liegt knapp eine Minute zu Fuß von der Iona-Fähre entfernt. Es hat fünf sehr schön eingerichtete Zimmer und einen Wintergarten mit herrlichem Blick bis nach Iona. Die Besitzer – ein ehemaliger Fischer und seine Frau – bieten auch ein leckeres dreigängiges Abendessen an (23 £ pro Pers., nur Sept.–Mai), meist mit einheimischen Meeresfrüchten. Gäste können auch Fahrräder mieten.

Staffa House B&B ££
(01681-700677; www.staffahouse.co.uk; Fionnphort; EZ/DZ 53/76 £; P) Das zauberhafte, gastliche B&B steckt voller Antiquitäten und historischer Details und serviert das Frühstück in einem Wintergarten mit Blick auf Iona. Solarkollektoren sorgen für heißes Wasser, und das herzhafte Frühstück und die Lunchpakete (6–8,50 £) bestehen, so weit möglich, aus lokalen Bioprodukten.

Fidden Farm CAMPINGPLATZ £
(01681-700427; Fionnphort; Zeltplatz pro Erw./Kind 6/3 £; April–Sept.) Ein schlichter, aber herrlich gelegener Campingplatz mit Blick über rosafarbene Granitfelsen bis nach Iona und Erraid. Der Platz liegt 2 km südlich von Fionnphort.

Ninth Wave MEERESFRÜCHTE £££
(01681-700757;www.ninthwaverestaurant.co.uk; Fionnphort; 4-Gänge-Menü 48 £; Mai–Okt. Di–So abends) Das Restaurant, in einem ehemaligen Bauernhäuschen 1,5 km östlich von Fionnphort eingerichtet, gehört einem Hummerfischer und seiner Frau. Sie verwenden für ihre Gerichte Schalen- und Krustentiere aus den lokalen Gewässern sowie Gemüse und Salate aus dem Bauerngarten. Serviert wird in einer stilvoll umgebauten Hütte. Reservierung ist erforderlich.

Isle of Iona
130 EW

Es gibt kaum eine schönere Aussicht an Schottlands Westküste als den Blick von Mull auf Iona an einem sonnigen Tag – eine smaragdgrüne Insel in einem glitzernden, türkisfarbenen Meer. Gleich nach Verlassen der Fähre ist die gedämpfte, spirituelle Atmosphäre dieser heiligen Insel zu spüren. Kein Wunder, dass es viele Tagesausflügler nach Iona zieht – wer also Frieden und Stille der Insel genießen will, sollte hier übernachten. Sobald die Tagestouristen abgereist sind, kann man in aller Ruhe über den alten Friedhof schlendern, wo die ersten Könige von Schottland beigesetzt sind, an einer Abendandacht in der Abtei teilnehmen oder auf den Dun I wandern und Richtung Süden nach Irland blicken, wie es wohl der heilige Columban vor Jahrhunderten getan haben mag.

Geschichte

Der hl. Columban kam mit dem Boot von Irland und landete 563 auf Iona; von dort verbreitete er das Christentum in ganz Schottland. Er gründete auf der Insel ein Kloster, in dem das *Book of Kells* – der wertvollste Besitz des Trinity College in Dublin – entstanden sein soll. Das Manuskript wurde ins irische Kells gebracht, als Wikingerüberfälle die Mönche aus Iona vertrieben.

Die Mönche kehrten zurück, und das Kloster florierte – bis es während der Reformation zerstört wurde. Die Ruinen wurden 1899 der Church of Scotland übereignet, bis schließlich 1910 die engagierte Iona Community (www.iona.org.uk) die Abtei rekonstruierte. Sie ist noch heute eine aktive religiöse Gemeinde, die hier regelmäßig Kurse und Klausuren (Retreats) anbietet.

Sehenswertes & Aktivitäten

Vom Fähranleger geht es zunächst bergauf und dann rechts über das Gelände eines aus dem 13. Jh. stammenden, heute verfallenen **Nonnenklosters** mit schönen Kreuzganggärten. Dahinter liegt auf der anderen Straßenseite das Iona Heritage Centre (01681-700576; Erw./Kind 2 £/frei; April-Okt. Mo-Sa 10.30–17 Uhr), das die Geschichte Ionas, der Kleinbauern und der Leuchttürme erläutert; das **Café** im Zentrum serviert köstliches hausgemachtes Gebäck.

Vom Zentrum geht es dann nach rechts und weiter über die Straße zum **Reilig Oran**, einem alten Friedhof mit den Gräbern von 48 frühen schottischen Königen (darunter auch Macbeth) und mit einer winzigen romanischen Kapelle. Dahinter erhebt sich das spirituelle Herz der Insel – Iona Abbey (HS; 01681-700512; Erw./Kind 5,50/3,30 £; April-Sept. 9.30-17.30 Uhr, Okt.–März bis 16.30 Uhr). Das spektakuläre Hauptschiff mit seinen romanischen und frühgotischen Gewölben und Pfeilern birgt die aufwendig gestalteten, weißen Marmorgrabmale des 8. Duke of Argyll und seiner Frau. Links führt eine Tür zum schönen gotischen Kreuzgang, in dem mittelalterliche Grabplatten und moderne sakrale Skulpturen ausgestellt sind. Eine Replik des kunstvoll gemeißelten **St John's Cross** steht vor der Abtei – das gewaltige Original aus dem 8. Jh. befindet sich im **Infirmary Museum** (hinter der Abtei), zusammen mit vielen weiteren schönen frühchristlichen und mittelalterlichen **Steinmetzarbeiten**.

Hinter der Abtei ist links ein Fußweg mit **Dun I** („don-ie" ausgesprochen) ausgeschildert. Ein Spaziergang von 15 bis 20 Minuten führt zum höchsten Punkt Ionas mit fantastischem Rundblick.

Bootsausflüge

Alternative Boat Hire BOOTSAUSFLUG
(01681-700537; www.boattripsiona.co.uk; April–Okt. Mo–Do) Bietet Ausflüge in einem traditionellen hölzernen Segelboot zum Angeln, zur Vogelbeobachtung, zum Picknicken oder einfach nur, um die Landschaft vom Wasser aus zu bewundern. Dreistündige Touren am Nachmittag kosten pro Erwachsenem/Kind 20/9 £; mittwochs werden Tagestouren (10–17 Uhr, 40/18 £) angeboten. Buchung erforderlich.

MV Iolaire INSELAUSFLUG
(01681-700358; www.staffatrips.co.uk) Dreistündige Bootsausflüge zur Insel Staffa (Erw./Kind 25/10 £), die auf Iona um 9.45 und 13.45 Uhr und in Fionnphort um 10 und 14 Uhr starten und jeweils eine Stunde Aufenthalt auf Staffa ermöglichen.

MV Volante TIERBEOBACHTUNGS- & ANGELAUSFLÜGE
(01681-700262; www.volanteiona.com; Juni–Okt.) Im Angebot sind vierstündige Hochseeangelausflüge (50 £ pro Pers. inkl. Angel und Köder) sowie 1½-stündige Tierbeobachtungstouren rund um die Insel (Erw./Kind 15/8 £) und 3½-stündige Walbeobachtungstouren (40 £ pro Pers.).

Schlafen & Essen

Argyll Hotel HOTEL ££
(01681-700334; www.argyllhoteliona.co.uk; EZ/DZ ab 66/99 £; März-Okt.;) Das reizende kleine Hotel hat 16 behagliche Zimmer (mit Meerblick ist es gleich viel teurer: 140 £ für ein DZ) und ein Landhausrestaurant (01681-700334; www.argyllhoteliona.co.uk; Hauptgerichte 12–17 £; 8–10, 12.30–13.20 & 19–20 Uhr) mit Holzkamin und antiken Tischen und Stühlen. Die Küche wird mit Erzeugnissen aus einem großen Biogarten hinter dem

ABSTECHER

ISLE OF STAFFA

Felix Mendelssohn Bartholdy, der 1829 die unbewohnte Insel Staffa besuchte, wurde hier zu seiner Hebriden-Ouvertüre inspiriert, nachdem er das Echo der Wellen in der eindrucksvollen, kathedralengleichen **Fingal's Cave** gehört hatte. Die Höhlenwände und Klippen der Umgebung bestehen aus vertikalen, sechseckigen Basaltsäulen, die Pfeilern gleichen („Staffa" ist das altnordische Wort für „Säuleninsel"). Vom Anleger aus führt ein Damm in die Höhle. Die benachbarte **Boat Cave** ist zwar vom Damm aus zu sehen, aber nicht zu Fuß zu erreichen. Auf Staffa lebt nördlich des Bootsanlegers auch eine größere Papageitaucherkolonie.

Nordwestlich von Staffa liegen die **Treshnish Isles**, eine unbewohnte Inselkette. Hauptinseln sind die merkwürdig geformte **Dutchman's Cap** und **Lunga**. Die Insel Lunga ist mit dem Boot zu erreichen; dort bietet sich den Besuchern ein Spaziergang auf die Hügelkuppe und ein Besuch der Papageitaucher-, Scharben- und Lummenkolonien an der Westküste bei **Harp Rock** an.

Die einzige Möglichkeit, Staffa und die Treshnish Isles zu erreichen, ist ein organisierter Bootsausflug von Ulva, Fionnphort oder Iona aus.

Haus versorgt, auf der Karte stehen selbst gezogene Salate, lokale Meeresfrüchte und schottisches Rind und Lamm.

Iona Hostel — HOSTEL £
(☏01681-700781; www.ionahostel.co.uk; B pro Erw./Kind 20/17 £; ⓒCheck-in 16–19 Uhr) Das Hostel befindet sich in einem schönen, modernen Holzhaus auf dem Gelände eines Bauernhofs und bietet eine hinreißende Aussicht auf Staffa und die Treshnish Isles. Die Zimmer sind sauber und funktional, die gut ausgestattete Küche mit Lounge hat einen Kamin. Das Hostel liegt am Nordende der Insel und ist über die Straße, die an der Abtei vorbeiführt, zu erreichen. Die knapp 2,4 km sind zu Fuß in etwa 20 bis 30 Minuten zu schaffen.

Tigh na Tobrach — B&B £
(☏01861-700700; www.bandb-iona.co.uk; EZ/DZ 33/56 £) Das kleine, omfortables B&B ist in einem modernen Haus untergbracht und verügt über ein Familien- und Zweibettzimmer. Es liegt südlich des Fähranlegers, nur ein kurzes Stück entfernt.

Cnoc-Oran Campsite — CAMPINGPLATZ £
(☏01681-700112; www.ionaselfcateringaccommodation.co.uk; Zeltplatz pro Erw./Kind 5/2,50 £; ⓒApril–Okt.) Einfacher Campingplatz, etwa 1,5 km westlich des Fähranlegers gelegen.

Spar — SUPERMARKT
(ⓒMo-Sa 9–17.30, So 11–16.30 Uhr) Lebensmittelladen oberhalb des Fähranlegers, wo Selbstversorger ihre Vorräte aufstocken können.

❶ Praktische Informationen

Finlay Ross Ltd (www.finlayrossiona.co.uk; ⓒMo-Sa 9.30–17, So 11.30–16 Uhr), links des Fähranlegers gelegen, verkauft Geschenke, Bücher und Karten, verleiht Fahrräder und hat eine Wäscherei.

POST Wenn man vom Fähranleger bergauf geht, erreicht man ein winziges Postamt auf der rechten Seite.

TOURISTENINFORMATION Iona Community Council (www.welcometoiona.com) Es gibt auf der Insel keine Touristeninformation, aber auf einer Anschlagtafel der Gemeindeverwaltung oben am Fähranleger sind Unterkünfte und Dienstleistungen verzeichnet.

❶ An- & Weiterreise

Die Personenfähre von Fionnphort nach Iona (hin & zurück 4,80 £, 5 Min., stündl.) fährt täglich. Von Oban aus sind auch verschiedene Tagesausflüge nach Iona im Angebot.

Isle of Tiree
765 EW.

Die flache Insel Tiree („tai-rie" ausgesprochen; vom gälischen *tiriodh*, „Land des Korns") ist ein fruchtbares Stück Wiesenland mit üppig grünem Machairboden voller gelber Butterblumen. Ein Großteil der Insel ist so flach, dass die Häuser, aus der Entfernung betrachtet, direkt aus dem Meer aufzusteigen scheinen. Die Insel gehört zu den sonnigsten, aber auch windigsten Orten Schottlands – Radfahrer werden schnell merken, dass es sich bei einer Tour Richtung Westen anfühlt, als würden sie bergauf fahren, obwohl die Landschaft absolut flach ist. Ein großer Vorteil: Der beständige Wind hält die lästigen Mücken fern.

Die wellenumtoste Küste wird von breiten, weiten, weißen Sandstränden gesäumt, die bei Wind- und Kitesurfern enorm beliebt sind. Die meisten Besucher kommen jedoch, um hier Vögel zu beobachten, Strandgut zu sammeln und einsame Küstenspaziergänge zu unternehmen.

Sehenswertes

Im 19. Jh. lebten auf Tiree 4500 Menschen, aber Armut und Übervölkerung – sowie die Hungersnot durch die Kartoffelfäule von 1846 – veranlassten den Grundherrn, den Duke of Argyll, die Emigration zu fördern. Zwischen 1841 und 1881 verließen über 3600 Menschen die Insel, viele wanderten nach Kanada, in die USA, nach Australien oder Neuseeland aus. **An Iodhlann** (☏01879-220793; www.aniodhlann.org.uk; Scarinish; Eintritt frei; ⏱Mo–Fr 9–17 Uhr) ist eine historische und genealogische Bibliothek mit Archiv, in der viele der schätzungsweise 38 000 Nachfahren der Tiree-Auswanderer nach Spuren ihrer Herkunft suchen. Das Zentrum veranstaltet eine Sommerausstellung (Erw./Kind 3 £/frei; ⏱Juli–Sept. Di–Fr 11–17 Uhr) zur Geschichte der Insel.

Das malerische Hafendörfchen **Hynish** nahe der Südspitze der Insel entstand im 19. Jh. als Arbeitersiedlung und als Lagerstätte für das Baumaterial des Skerryvore-Leuchtturms, der 16 km vor der Küste erbaut wurde. Das Skerryvore Lighthouse Museum (☏01879-220726; www.hebrideantrust.org; Hynish; Eintritt frei; ⏱9–17 Uhr) ist in den alten Werkstätten neben dem Hafen untergebracht; weiter oben steht der Signalturm, von dem einst per Flaggensignal mit der Baustelle des Leuchtturms vor der Küste kommuniziert wurde.

Der beste Blick über die Insel eröffnet sich vom nahe gelegenen **Ben Hynish** (141 m). Auf seiner Kuppe thront unübersehbar eine Radarstation, die von den Einheimischen „Golfball" genannt wird.

Aktivitäten

Steter Wind und große Wellen machten Tiree zu einem der besten Windsurferorte Schottlands. Im Oktober findet hier der

---

INSIDERWISSEN

DIE HOHE KUNST DER WALBEOBACHTUNG: RUSSELL LEAPER

Russell Leaper arbeitet für den International Fund for Animal Welfare (IFAW); er führt wissenschaftliche Forschungen durch, um die Bedrohung der Wale weltweit zu verringern. Leaper lebt in Banavie bei Fort William.

Wo liegt Schottlands Westküste im weltweiten Vergleich mit anderen Orten, wo Wale beobachtet werden? Wie das Wetter, so ist auch die Walbeobachtung in Schottland weniger vorhersagbar als anderswo. Die Chance, Zwerg- und Schweinswale zu sichten, ist recht gut. Auch Große Tümmler und Delfine sind häufig zu sehen, und es gibt eine kleine Chance, auch einige weitere Wal- und Delfinarten zu Gesicht zu bekommen. Auch Riesenhaie tauchen oft während der Bootstouren auf. Die Walbeobachtungssaison dauert wetterbedingt von April bis September (bei ruhiger See sind die Tiere leichter zu entdecken), aber die Wale halten sich hier oft länger auf.

Nimmt die Zahl der Wale und Delfine in schottischen Gewässern zu, ab oder bleibt sie gleich? Wir haben nur Schätzwerte für einige Arten und nahezu keine Informationen über die Entwicklung. Die Anzahl der Tiere in Küstennähe ist von Jahr zu Jahr unterschiedlich, aber wir haben keine Ahnung, in welchem Zusammenhang sie mit der Gesamtzahl steht. Leider erlegt Norwegen noch immer mehrere Hundert Zwergwale pro Jahr, die zur gleichen Population gehören, die auch in Schottland beobachtet wird.

Wie können Besucher sicherstellen, dass ihre Beobachtungstour möglichst geringe Auswirkungen auf die Wale hat? Scottish Natural Heritage hat den Scottish Marine Wildlife Watching Code (www.marinecode.org) ausgearbeitet. Es sind einfache, nachvollziehbare Maßnahmen, um die Beeinträchtigung der Tiere möglichst gering zu halten. Das Feedback der Gäste ist vermutlich die effektivste Art, die Veranstalter zur Einhaltung der Regeln zu zwingen. Durch Kenntnis der Regeln und einen Hinweis an die Bootsführer, falls sie sich nicht daran halten, kann jeder dazu beitragen, die Auswirkungen zu mindern.

jährliche Wettbewerb Tiree Wave Classic (www.tireewaveclassic.co.uk) statt.

Wild Diamond Watersports (☏01879-220399; www.wilddiamond.co.uk; Cornaig) am Loch Bhasapoll im Nordwesten der Insel bietet Kurse im Windsurfen, Kitesurfen, Strandsegeln und Stehpaddeln und verleiht Ausrüstung. Der Verleih kostet ab 50 £ für sechs Stunden, ein Anfängerkurs (6 Std. über 2 Tage) 100 £ inklusive Ausrüstung. Strandsegeln in der Gott Bay bei Ebbe kostet 25 £ pro Stunde.

Tiree Kitesurf & Kayak (☏07711 807976) verleiht seine Kajaks (15 £ pro Std.), Fahrräder, Kitesurfausrüstung und Angelruten in einer Strandhütte in der Gott Bay (unterhalb des Tiree Lodge Hotel).

Schlafen & Essen

Die meisten Unterkünfte auf der Insel sind für Selbstversorger eingerichtet, eine Reservierung von Bett oder Zeltplatz sollte also frühzeitig erfolgen.

Scarinish Hotel · HOTEL ££
(☏01879-220308; www.tireescarinishhotel.com; Scarinish; EZ/DZ ab 58/80 £; P) Gastfreundschaft spielt hier die Hauptrolle, die engagierten Besitzer scheuen keine Mühe, den Gästen einen angenehmen Aufenthalt zu bereiten. Das Haus sieht zurzeit etwas abgenutzt aus, aber die Zimmer sind adrett und sauber, und das **Restaurant** (Hauptgerichte 9–19 £) und die traditionelle Bar verbreiten eine gemütliche Atmosphäre.

Kirkapol House · B&B ££
(☏01879-220729; www.kirkapoltiree.co.uk; Kirkapol; EZ/DZ 37/70 £; P) Das Kirkapol, in einer umgebauten Kirche aus dem 19. Jh. mit Blick auf den größten Strand der Insel eingerichtet, hat sechs behagliche Zimmer und eine große Lounge mit einem Ledersofa. Es liegt gut 3 km nördlich des Fähranlegers.

Ceabhar · FERIENHAUS ££
(☏01879-220684; www.ceabhar.com; Sandaig; pro Woche 850 £; P🐾📶) Das lauschige Cottage befindet sich in fantastischer Lage am Westrand der Insel mit Blick auf den Atlantik und den Sonnenuntergang; es hat Platz für bis zu acht Personen in fünf Schlafzimmern. Die sportbegeisterten Besitzer geben Tipps zum Kitesurfen, Drachenfliegen und Tauchen. Es gibt auch ein Restaurant (Hauptgerichte 9–15 £; ⊙Ostern–Okt. Mi–Sa abends, Juli & Aug. auch Di) in einem sonnigen Wintergarten mit Meerblick.

Millhouse Hostel · HOSTEL £
(☏01879-220435; www.tireemillhouse.co.uk; Cornaig; B/EZ/2BZ 15/30/36 £; P) Das kleine, aber komfortable Hostel in einer umgebauten Scheune neben einer alten Wassermühle liegt 8 km westlich des Fähranlegers.

Croft Campsite · CAMPINGPLATZ £
(☏01879-220399; www.wilddiamond.co.uk; Balinoe; Zeltplatz pro Pers. 10–12 £; 📶) Bei Balemartine im Südwesten der Insel findet sich dieser geschützte, gut ausgestaltete Platz mit allen Anlagen mit tollem Blick auf Mull.

Farmhouse Cafe · CAFÉ £
(☏01879-220107; Balemartine; Hauptgerichte 4,50–6,50 £; ⊙Mo–Sa 11–15.30 Uhr) Ein helles, nettes Café mit Blick über Schafweiden und einem Angebot an frischen Sandwiches, Tortillawraps, Nachos und gebackenen Kartoffeln – und mit dem besten Kaffee der Insel.

❶ Praktische Informationen

Im Hauptdorf Scarinish, der 800 m südlich des Fähranlegers liegt, gibt es eine **Bank** (ohne Geldautomat), eine **Post** und einen **Co-op-Supermarkt** (⊙Mo–Fr 8–20, Sa 8–18, So 12–18 Uhr).

Touristische Informationen und Internetzugang (15 Min. 1,50 £) bieten das **Rural Centre** (☏01879-220677; Crossapol; ⊙Mo–Sa 11–16 Uhr; 📶) und das An lochlann, aber keinen Buchungsdienst für Unterkünfte. Weitere Informationen s. www.isleoftiree.com.

❶ Anreise & Unterwegs vor Ort

FÄHRE Eine Autofähre von **CalMac** (www.calmac.co.uk) fährt von Oban nach Tiree (hin & zurück pro Pers./Auto 18,50/95 £, 4 Std., 1-mal tgl.) über Coll, außer mittwochs und freitags, wenn die Fähre zuerst in Tiree anlegt (3 Std. 20 Min.). Die einfache Fahrt von Coll nach Tiree (1 Std.) kostet 2,90/14,10 £ pro Pers./Auto.

Nur donnerstags fährt die Fähre von Coll und Tiree weiter nach Barra in den Äußeren Hebriden (einfache Fahrt 7,85/39 £, 4 Std.).

FAHRRAD & AUTO Fahrräder (10 £ pro Tag) und Autos (35 £ pro Tag) vermietet **MacLennan Motors** (☏01879-220555; Gott) am Fähranleger. **Tiree Fitness** (☏01879-220421; www.tireefitness.co.uk; Sandaig) verleiht ebenfalls Fahrräder (18 £ pro Tag) – viel bessere als MacLennans alte Rostgestelle. Bei vorheriger Buchung werden die Fahrräder zu Fähre, Flughafen oder Unterkunft geliefert (5 £).

FLUGZEUG Loganair/FlyBe (www.loganair.co.uk) fliegt einmal täglich von Glasgow nach Tiree (64 £, 50 Min.).

Hebridean Air Services (☏ 0845 805 7465; www.hebrideanair.co.uk) fliegt vom Connel Airfield (bei Oban) nach Tiree über Coll (einfacher Flug von Oban nach Coll 65/25 £, Mo & Mi 2-mal tgl.).

TAXI **John Kennedy** (☏ 01879-220419)

Isle of Coll

100 EW.

Die schroffe, flache Insel Coll ist Tirees weniger fruchtbare und weniger bevölkerte Nachbarin. Der Nordteil der Insel besteht aus einer Mischung aus kahlem Fels, Moor und *lochans* (kleine Seen), der Süden ist hingegen von goldenen Muschelsandstränden und bis zu 30 m hohen Machairdünen geprägt.

Die Hauptattraktion der Insel sind ihre Ruhe und Beschaulichkeit - leere Strände, eine Küste voller Vögel und lange Spazierwege am Meer entlang. Die größten und schönsten Sandstrände sind der Strand bei **Crossapol** im Süden sowie **Hogh Bay** und **Cliad** an der Westküste.

Mit etwas Glück ist im Sommer im **RSPB-Naturreservat** bei Totronald im Südwesten der Insel das „krek-krek" des Wachtelkönigs zu hören; im Reservat gibt es auch eine **RSPB-Touristeninformation** (☏ 01879-230301; Eintritt frei; ⏱ 24 Std.). Von Totronald und Tiree aus verläuft eine sandige Allradpiste nordwärts an den Dünen hinter der Hogh Bay vorbei zu der Straße in Totamore. Auf dieser Straße können Wanderer und Radfahrer auf einem Rundkurs zurück nach Arinagour gelangen, anstatt denselben Weg zurück zu nehmen.

Zwei Burgruinen stehen etwa 9 km südwestlich von Arinagour, beide werden **Breachachadh Castle** genannt und wurden im Mittelalter von den Macleans gebaut.

Zur Zeit der Recherche stand das neue Gemeindezentrum **An Cridhe** (☏ 01879-230000; www.ancridhe.co.uk; Arinagour) kurz vor der Eröffnung. Es wird Kunst- und Fotoausstellungen zeigen sowie Konzerte und andere Unterhaltungsprogramme veranstalten.

🛏 Schlafen & Essen

Die meisten Unterkünfte auf Coll sind Ferienhäuser. Es gibt nur zwei B&Bs, eines ist das **Taigh-na-Mara** (☏ 01879-230354; www.tighnamara.info; Arinagour; Zi. pro Pers. 30–39 £; 🛜) in Arinagour. **Wildes Campen** ist auf dem Hügel oberhalb des Coll Hotels kostenlos (keine Sanitäranlagen); bevor man sich niederlässt, zuerst im Hotel anfragen.

Coll Hotel   HOTEL ££
(☏ 01879-230343; www.collhotel.com; Arinagour; EZ/DZ 65/120 £; P 🛜) Das einzige Hotel der Insel ist ein stimmungsvolles altes Haus. Die unkonventionell gestalteten Zimmer haben weiß gestrichene Holzwände, einige auch einen herrlichen Blick über den gepflegten Hotelgarten und den Hafen. Zum Hotel gehört auch ein wirklich gutes **Restaurant** (Hauptgerichte 13–26 £) mit unterschiedlichsten Gerichten, wie Krebssuppe, Lammkoteletts, Langustinen und Hummer.

Coll Bunkhouse   HOSTEL £
(☏ 01879-230000; www.collbunkhouse.co.uk; Arinagour; B/2BZ 19/46 £; 🛜) Das hinreißende, brandneue Hostel liegt nur zehn bis 15 Gehminuten vom Fähranleger entfernt.

Garden House Camping & Caravan Site   CAMPINGPLATZ £
(☏ 01879-230374; Erw./Kind 6/4 £, Auto 2 £; ⏱ April–Sept.) Schlichter Campingplatz mit Toiletten und Kaltwasser, gut 7 km südwestlich von Arinagour gelegen. Hunde sind nicht gestattet.

Island Café   CAFÉ ££
(www.firstportofcoll.com; Hauptgerichte 6–13 £; ⏱ Mo, Di & Do-Sa 11–14 & 17–21, So 12–18 Uhr) Das fröhliche kleine Café serviert seinen Gästen deftige Hausmannskost wie Würstchen und Kartoffelbrei mit Zwiebelsoße, Fish and Chips und vegetarischen Cottage Pie, dazu Bier, Wein und Cider aus Bioanbau. Die letzte Bestellung an die Küche erfolgt um 19.30 Uhr.

ℹ Praktische Informationen

Arinagour, 800 m vom Fähranleger entfernt, ist das einzige Dorf auf Coll. Dort finden sich der Lebensmittelladen **Island Stores** (Arinagour; ⏱ Mo & Fr 10–17.30, Di & Do 10–13, Mi 9–17.30, Sa 9.30–17 Uhr), eine Post (mit Geldautomat), einige Kunsthandwerksläden und eine Zapfsäule. Der Handyempfang auf der Insel ist sehr unzuverlässig, es gibt aber öffentliche Telefone am Anleger und im Hotel. Weitere Informationen s. www.visitcoll.co.uk.

ℹ Anreise & Unterwegs vor Ort

FÄHRE Eine Autofähre von CalMac (www.calmac.co.uk) fährt von Oban nach Coll (hin & zurück pro Pers./Auto 18,50/95 £, 2¾ Std., 1-mal tgl.) und weiter nach Tiree (1 Std.), außer mittwochs und freitags, wenn die Fähre erst in Tiree anlegt. Die einfache Fahrt von Coll nach Tiree kostet 2,90/14,10 £ pro Pers./Auto.

Donnerstags fährt eine Fähre von Coll und Tiree nach Barra, einer Insel der Äußeren Hebriden (einfache Fahrt 7,85/39 £, 4 Std.).

FAHRRAD Es gibt keine öffentlichen Verkehrsmittel auf Coll. Mountainbikes verleiht das Postamt in Arinagour für 10 £ pro Tag.

FLUGZEUG Hebridean Air Services (✆0845 805 7465; www.hebrideanair.co.uk) fliegt vom Connel Airfield (bei Oban) nach Coll (einfacher Flug 65 £, Mo & Mi 2-mal tgl.).

NÖRDLICHES ARGYLL

Loch Awe

Loch Awe gehört zu den schönsten Seen Schottlands – mit bewaldeten Hügeln, die das Südufer säumen, und spektakulären Bergen im Norden. Er liegt zwischen Oban und Inveraray und ist mit gut 38 km Länge der längste See Schottlands – allerdings ist er in weiten Teilen nicht mehr als 1,5 km breit. Weitere Informationen siehe www.loch-awe.com

Am nördlichen Ende ergießt sich der Loch Awe durch den engen **Pass of Brander** ins Meer, wo Robert the Bruce 1309 in einer Schlacht die MacDougalls schlug. In dem Pass steht an der A85 das **Cruachan-Kraftwerk** (✆01866-822618; www.visitcruachan.co.uk; Erw./Kind 6,50/2,50 £; ☼Ostern–Okt. 9.30–16.45 Uhr, Nov.–Dez., Feb. & März Mo–Fr 10–15.45 Uhr, Führung alle 30 Min.). Elektrobusse fahren fast 1 km weit in den Ben Cruachan hinein, wo das Pumpspeicherkraftwerk in einer riesigen Höhle besichtigt werden kann.

An der Nordspitze des Loch Awe steht auch die malerische Ruine von **Kilchurn Castle** (HS; Eintritt frei; ☼April–Sept. 9–17 Uhr) von 1440, das in eine der schönsten Landschaften Schottlands eingebettet ist; der vierstöckige Turm kann bis in die Spitze bestiegen werden. Von der A85 gleich östlich der Brücke über den River Orchy sind es zu Fuß etwa 800 m bis zur Burgruine.

Die Busse von **Scottish Citylink** (www.citylink.co.uk) von Glasgow nach Oban halten in Dalmally, im Dorf Lochawe und am Cruachan-Kraftwerk. Züge von Glasgow nach Oban halten in Dalmally und Lochawe.

Connel & Taynuilt

Inmitten einer dramatischen Berglandschaft erstreckt sich der **Loch Etive** über 27 km von Connel bis Kinlochetive (über die Straße von Glencoe zu erreichen). Bei Connel Bridge, 8 km nördlich von Oban, ist der See über einen schmalen Wasserlauf, der teilweise durch eine Unterwasserfelskante blockiert ist, mit dem Meer verbunden. Wenn die Gezeiten zweimal am Tag ein- und ausströmen, rauschen Millionen Tonnen Wasser durch diesen Engpass. Dadurch entstehen spektakuläre schäumende Stromschnellen, die **Falls of Lora**. Am Nordrand der Brücke kann man parken, zur Mitte zurücklaufen und das Schauspiel bewundern.

Dunstaffnage Castle (HS; ✆01631-562465; www.historic-scotland.gov.uk; Erw./Kind 4/2,40 £; ☼April–Sept. 9.30–17.30 Uhr, Okt. bis 16.30 Uhr, Nov.–März Do & Frgeschl.), 3 km westlich von Connel gelegen, sieht wie die Kinderzeichnung einer typischen Burg aus: auf einem Felsvorsprung hockend, viereckig, massiv und mit Türmen an den Ecken. Die Burg entstand um 1260 und wurde von Robert the Bruce 1309, während des Unabhängigkeitskrieges, eingenommen. In der Ruine der benachbarten **Kapelle** aus dem 13. Jh. befinden sich zahlreiche Gräber der Campbells, die mit Totenkopfreliefs geschmückt sind.

Eine der ungewöhnlichsten historischen Sehenswürdigkeiten der Umgebung ist der **Bonawe Iron Furnace** (HS; ✆01866-822432; www.historic-scotland.gov.uk; Erw./Kind 4,50/2,70 £; ☼April–Sept. 9.30–17.30 Uhr) bei Taynuilt. Der Schmelzofen wurde 1743 von einer Eisenhüttengesellschaft aus dem englischen Lake District gebaut, da es hier ausgedehnte Birkenwälder gab. Das Holz wurde zu Holzkohle verarbeitet, die für die Eisenverhüttung benötigt wurde – 4000 ha Wald wurden für eine jährliche Produktion von 700 t Roheisen vernichtet. Eine faszinierende Tour auf eigene Faust führt zu den verschiedenen Teilen der Anlage.

Vom Anleger, der sich gegenüber dem Eingang zum Bonawe-Schmelzofen befindet, bietet **Loch Etive Cruises** (✆01866-822430, 07721-732703; ☼März–Nov.) von Ostern bis Weihnachten zwei- oder dreimal täglich (außer Sa) Bootsausflüge zur Nordspitze des Loch Etive und zurück an. Es werden zweistündige (Erw./Kind 10/8 £, Abfahrt 10 und 12 Uhr) und dreistündige Fahrten (15/12 £, Abfahrt 14 Uhr) unternommen. Unterwegs können manchmal Adler, Otter, Robben und Rotwild gesichtet werden, und an der Spitze des Sees sind die berühmten Felsplatten von Etive zu sehen, an denen sich bei trockenem

Wetter Felskletterer tummeln. Buchung ist erforderlich.

Alle Busse, die zwischen Oban und Fort William oder Glasgow unterwegs sind, halten – ebenso wie die Züge auf der Strecke zwischen Oban und Glasgow – in Connel und Taynuilt.

Appin & Umgebung

Die Region Appin, einst von den Stewarts of Appin von ihrer Festung Castle Stalker aus beherrscht, erstreckt sich von der Felsenküste des Loch Creran nordwärts bis zu den Hügeln von Glencoe.

Das Scottish Sea Life Sanctuary (01631-720386; www.sealsanctuary.co.uk; Barcaldine; Erw./Kind 13,20/10,80 £; März–Okt. 10–16 Uhr, Nov.–Feb. kürzere Öffnungszeiten), etwa 13 km nördlich von Oban am Ufer des Loch Creran gelegen, ist ein Refugium für verwaiste Robbenbabys. Neben den Robbenbecken gibt es auch Aquarien mit Heringen, Rochen und Plattfischen, Streichelbecken für Kinder, ein Ottergehege und Ausstellungen zu Schottlands Meereswelt.

Bei Portnacroish, nördlich des Loch Creran, wartet ein herrlicher Blick auf **Castle Stalker**, das sich auf einer winzigen Insel vor der Küste erhebt – Monty-Python-Fans werden es als die Burg in den Schlussszenen des Films *Die Ritter der Kokosnuss* erkennen. Von der kleinen hübschen Ortschaft **Port Appin**, das einige Kilometer abseits der Hauptstraße liegt, setzt eine Personenfähre zur Insel Lismore über.

Die Busse von Scottish Citylink (www.citylink.co.uk), die zwischen Oban und Fort William verkehren, halten am Sea Life Sanctuary und in Appin. Fahrräder, um die reizvolle Lanndschaft zu erkunden, verleiht Port Appin Bike am Eingang des Dorfes.

Schlafen & Essen

Ecopod Boutique Retreat SELBSTVERSORGER ££users
(07725-409003; www.domesweetdome.co.uk; 2-Pers.-Zelt pro Woche 1100 £;) „Glamping" (glamouröses Camping) ist seit einigen Jahren der letzte Schrei, aber das Ecopod Retreat erreicht völlig neue Höhen des Luxus. Technisch betrachtet sind es Zelte, doch diese geodätischen Gebilde haben eine Grundfläche von 6,5 m² und sind mit Designermöbeln, handgebauten Küchen, Schaffellvorlegern, Gourmetkörben und jeweils eigenen Terrassen mit Whirlpool aus Zedernholz ausgestattet.

Die Waldlage inmitten von Rhododendren und Birkenwäldern mit hinreißendem Blick über den Loch Linnhe und auf Castle Stalker ist erstklassig.

Pierhouse Hotel HOTEL ££
(01631-730302; www.pierhousehotel.co.uk; Port Appin; EZ/DZ ab 75/130 £;) Das wirklich herrlich idyllische Pierhouse Hotel liegt am Ufer, oberhalb des Anlegers der Lismore-Fähre. Es bietet stilvolle, moderne Zimmer, eine Sauna und ein exzellentes **Restaurant** (Hauptgerichte 15–25 £; Mittag- & Abendessen), das den Blick übers Wasser bis nach Lismore freigibt und vorwiegend Meeresfrüchte und Wild der Umgebung serviert.

Lismore

170 EW.

Das Erste, das an der Insel Lismore auffällt, ist das Grün (der gälische Name „Lios Mor" bedeutet „großer Garten") – lauter satte Wiesen voller Wildblumen, von grauen Kalksteinspitzen durchsetzt. Und hierin liegt das Geheimnis: Kalkstein ist in den Highlands zwar selten, aber er verwittert zu einem sehr fruchtbaren Boden.

Das **St. Moluag's Centre** (01631-760300; www.celm.org.uk; Erw./Kind 3,50 £/frei; Mai–Sept. 11–16 Uhr, April, Okt. & Nov. 12–15 Uhr) beherbergt eine faszinierende Ausstellung zur Geschichte und Kultur Lismores. Nebenan steht ein Nachbau eines Kleinbauernhauses. Das zugehörige **Lismore Café** (01631-760020; www.isleoflismorecafe.com; Hauptgerichte 4–7 £; April–Okt. 11–16 Uhr;) hat eine große, einladende Terrasse mit wunderschönem Blick auf die Berge des Festlands. Das Zentrum liegt in der Mitte der Insel – von der Oban-Fähre können Fußgänger eine Abkürzung über einen Küstenpfad nördlich des Anlegers in Achnacroish nehmen (gut 3 km über die Straße, gut 1,5 km über den Pfad).

Die romantische aus dem 13. Jh. stammende Ruine von **Castle Coeffin** liegt sehr idyllisch an der Westküste, 1,5 km von Clachan entfernt (über einen markierten Weg zu erreichen). Der **Tirefour Broch**, ein Wehrturm mit bis zu 4 m hohen Doppelmauern, steht direkt gegenüber an der Ostküste.

Für kurze Übernachtungen finden sich auf Lismore kaum Unterkünfte. Auf der Website www.isleoflismore.com sind jedoch mehrere Ferienhäuser im Angebot.

Lismore ist lang und schmal – 16 km lang und nur gut 1,5 km breit –, mit einer Straße, die fast über die volle Länge verläuft. **Clachan,** eine Streusiedlung auf halbem Weg zwischen Achnacroish und Point, kommt auf der Insel einem Dorf noch am nächsten. Der Lismore Stores (Mo, Di, Do & Fr 9–17.30, Mi & Sa bis 13 Uhr), zwischen Achnacroish und Clachan gelegen, ist Lebensmittelladen und Postamt zugleich und hat Internetzugang.

Anreise & Unterwegs vor Ort

FÄHRE Eine Autofähre von **CalMac** (www.calmac.co.uk) fährt von Oban nach Achnacroish: montags bis samstags fünfmal täglich, sonntags zweimal (hin & zurück pro Pers./Auto 6,20/ 51 £, 50 Min.).

Argyll & Bute Council (www.argyll-bute.gov.uk) betreibt eine Personenfähre von Port Appin nach Point (1,50 £, 10 Min., stündl.); der Fahrradtransport ist kostenlos.

FAHRRAD Lismore Bike Hire (01631-760213) bringt das Fahrrad zum Fähranleger; der Verleih kostet 6/10 £ für einen halben/ ganzen Tag.

TAXI Lismore Taxi (01631-730391)

Inverness & die mittleren Highlands

Inhalt »

Inverness	354
Black Isle	371
Loch Ness	372
Die Cairngorms	378
Aviemore	378
Grantown-On-Spey	384
Westliche Highlands	385
Glen Coe	386
Kinlochleven	388
Fort William	389
Ardnamurchan	395
Halbinsel Knoydart	400
Small Isles	401

Gut essen

» Lime Tree (S. 391)
» Contrast Brasserie (S. 390)
» The Cross (S. 385)
» Lochleven Seafood Cafe (S. 389)
» Old Forge (S. 401)

Schön übernachten

» Rocpool Reserve (S. 364)
» Lime Tree (S. 390)
» Lovat (S. 377)
» Eagleview Guest House (S. 385)
» Trafford Bank (S. 363)

Auf nach Inverness & zu den mittleren Highlands!

Die zentralen Bergketten der schottischen Highlands erstrecken sich vom subarktischen Hochplateau der Cairngorms bis zu den zerklüfteten Felsgipfeln des Glen Coe und des Ben Nevis. Hier zeigt sich die Landschaft von ihrer imposantesten Seite: Rasch ansteigende, felsige Hügel säumen bewaldete Täler, in die rauschende Wasserfälle stürzen.

Aviemore, Glen Coe und Fort William ziehen im Sommer Wanderer und Bergsteiger an, im Winter kommen Skifahrer. Inverness, die Hauptstadt der Highlands, lockt mit städtischem Flair, während Loch Ness mit seinem geheimnisvollen Ungeheuer einen Schuss Nervenkitzel beisteuert.

Von Fort William, dem Ausgangspunkt für Wanderungen auf den Ben Nevis, führt die „Road to the Isles" entlang der Strände von Arisaig und Morar nach Mallaig. Von dort aus steuern Fähren die Inseln Eigg, Rum, Muck und Canna an.

Reisezeit

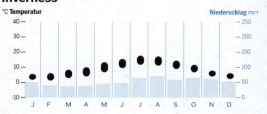

April–Mai Die Landschaft zeigt ihre Pracht, auf den Gipfeln hält sich der Schnee.

Juni Fort William lockt als Gastgeber des UCI Mountain Bike World Cup viele Zuschauer an.

September Ideal zum Wandern: Die Mücken verschwinden, und das Wetter ist noch ganz gut.

❶ Unterwegs vor Ort

Die *Highlands & Islands Public Transport Map* gibt es kostenlos in jeder Touristeninformation. Informationen zum Fahrplan erteilt **Traveline** (☎0871-200 2233; www.travelinescotland.com).

Bus

Scottish Citylink (☎0871 266 3333; www.citylink.co.uk) bedient die Busrouten Perth–Inverness und Glasgow–Fort William. Die Busverbindung von Inverness nach Fort William führt durch das Great Glen.

Stagecoach (www.stagecoachbus.com) ist das größte regionale Busunternehmen mit Geschäftsstellen in Aviemore, Inverness und Fort William. Es bietet Dayrider Tickets, die einen Tag lang im jeweiligen Geltungsbereich für beliebig viele Fahrten in Stagecoach-Bussen gültig sind. Die Tagestickets gibt es für verschiedene Regionen, darunter Inverness (3,20 £), Aviemore und Umgebung (6 £) sowie Fort William (2,60 £).

Zug

In der Region verkehren Züge auf zwei Bahnstrecken: Perth–Aviemore–Inverness im Osten und Glasgow–Fort William–Mallaig im Westen.

INVERNESS & GREAT GLEN

Inverness ist die Hauptstadt der Highlands und eine der am schnellsten wachsenden Städte Großbritanniens. Die Stadt ist ein wichtiger Dreh- und Angelpunkt der mittleren, westlichen und nördlichen Highlands, der Moray Firth Coast und des Great Glen, der nordschottischen Senke. Inverness liegt beiderseits dieser Senke.

Great Glen ist eine geologische Verwerfung, die sich in pfeilgerader Linie von Fort William nach Inverness zieht. Während der letzten Eiszeit frästen Gletscher eine tiefe Mulde entlang der Verwerfungslinie, in der heute zahlreiche Seen liegen: Loch Linnhe, Loch Lochy, Loch Oich und Loch Ness. Sie heißt hier Glen und war schon immer ein wichtiger Verkehrsweg – General George Wade ließ hier bereits im frühen 18. Jh. eine Militärstraße entlang des südlichen Ufers von Loch Ness anlegen.

Seit dem Jahr 1822 verbindet der Caledonian Canal die verschiedenen Seen zu einer quer durchs Land verlaufenden Wasserstraße. Die moderne A82 durch das Tal wurde 1933 fertiggestellt – ein Datum, das zufällig ziemlich genau mit den ersten Erscheinungen des legendären Ungeheuers von Loch Ness zusammenfällt.

Inverness

55 000 EW.

Inverness, wichtigste Stadt und Einkaufsmekka der Highlands, liegt an der Mündung des River Ness am nördlichen Ende des Great Glen. Im Sommer quillt die Stadt über vor Urlaubern, die im nahe gelegenen Loch Ness auf die Suche nach dem berühmten Monster gehen. Doch auch Inverness selbst ist ein sehr lohnenswertes Ziel, beispielsweise um am malerischen River Ness entlangzubummeln, auf Loch Ness hinauszufahren oder in einem der hervorragenden Restaurants zu speisen.

Vermutlich war die Stadt eine Gründung von König David im 12. Jh., doch wegen ihrer blutigen Geschichte blieben nur wenige Gebäude von historischer Bedeutung erhalten. Der größte Teil der Altstadt stammt aus der Zeit nach der Fertigstellung des Caledonian Canal 1822. Mitten durch das Stadtzentrum von Inverness fließt der breite, seichte River Ness, der knapp 10 km von Loch Ness entfernt in den Firth Moray mündet.

◉ Sehenswertes & Aktivitäten

Ness Islands PARK

Die Hauptattraktion in Inverness ist ein gemütlicher Spaziergang am Flussufer zu den Ness Islands, wo schottische Kiefern, Fichten, Buchen und Bergahorn wachsen. Elegante viktorianische Fußgängerbrücken verbinden die Inseln untereinander und jede einzelne mit dem Ufer – ein idealer Ort zum Picknicken.

Der Spazierweg führt vom Schloss aus etwa 20 Minuten flussaufwärts Richtung Süden (Startpunkt des Great Glen Way); zurück geht es auf der anderen Uferseite. Unterwegs liegen am Westufer die **St Andrew's Cathedral** (Karte S. 362; 11 Ardross St.) von 1869 mit ihren massiven roten Sandsteintürmen und das moderne Eden Court Theatre (S. 366), in dem neben Theateraufführungen auch regelmäßig Kunstausstellungen stattfinden.

GRATIS Inverness Museum & Art Gallery MUSEUM

(Karte S. 362; ☎01463-237114; www.inverness.highland.museum; Castle Wynd; ⊙April–Okt. Di-Sa, Nov.–März Do–Sa 10–17 Uhr) Das Inverness Museum & Art Gallery zeigt Dioramen zur

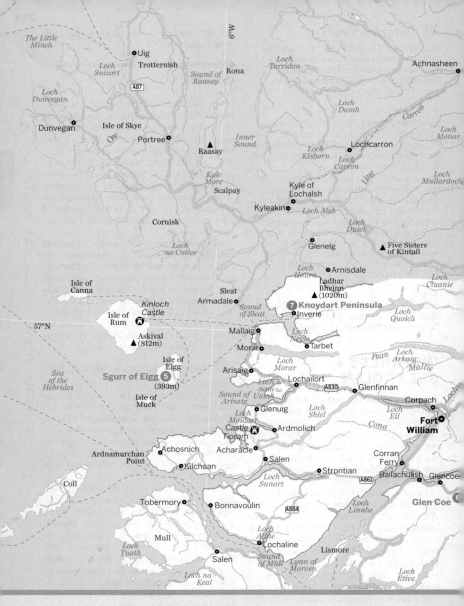

Highlights

① Das wunderschöne Tal **Glen Affric** (S. 369) durchwandern, das mit seinen Hügeln, Lochs und Wäldern eine überaus reizvolle Kulisse bildet

② Den uralten Kaledonischen Wald im **Rothiemurchus Estate** (S. 378) zu Fuß oder per Rad durchstreifen

③ Den Gipfel des **Ben Nevis** (S. 393) erklimmen – und tatsächlich etwas von der imposanten Aussicht zu sehen bekommen

④ Sich auf dem Downhill-Meisterschaftskurs für Mountainbiker am **Nevis**

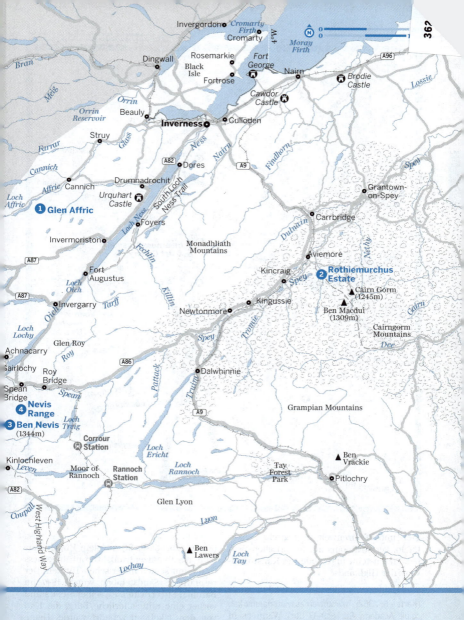

Range S. 394) ordentlich durchrütteln lassen

❺ Das atemberaubende Panorama vom Gipfel des **Sgurr of Eigg** (S. 403) in sich aufnehmen

❻ Im sehr wetterwendischen, aber grandiosen **Glen Coe** (S. 386), Schottlands berühmtestes Tal, die großartige Landschaft genießen (sofern sie denn am Tag des Besuchs zu sehen ist!)

❼ Die entlegene, zerklüftete Wildnis der **Halbinsel Knoydart** (S. 400) ausführlich erkunden

Inverness

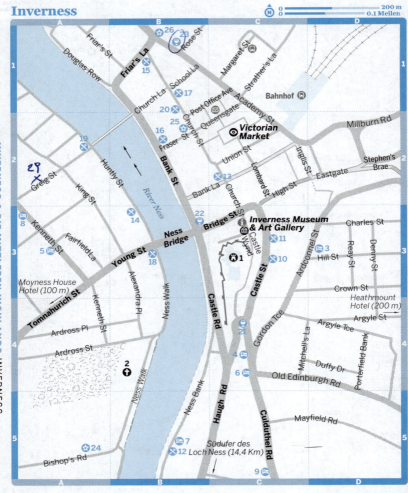

Tier- und Pflanzenwelt, geologische Schautafeln, Period Rooms mit historischen Waffen, Piktensteine und modernes Kunsthandwerk der Highlands.

Victorian Market
MARKT

(Karte S. 362; www.invernessvictorianmarket.co.uk; Academy St.; ◎9–17 Uhr) Wenn es in Strömen regnet und ein Aufenthalt im Freien eher ungemütlich ist, tut ein bisschen Shoppen gut. Ein geeigneter Ort dafür ist der Victorian Market, eine Einkaufspassage aus den 1890er-Jahren, die deutlich mehr Charme besitzt als ihre modernen Pendants.

Inverness Castle
BURG

(Karte S. 362; Castle St) Auf dem Hügel oberhalb des Stadtzentrums thront Inverness Castle mit seinen malerischen Türmen. Der rosafarbene Sandsteinbau wurde 1847 im Baronial-Stil errichtet. An seiner Stelle stand vorher eine mittelalterliche Burg, die 1746 von den Jakobiten zerstört wurde. Heute befindet sich im Schloss der Sheriff's Court, das Grafschaftsgericht – eine Besichtigung der Innenräume ist daher nicht möglich. Zugänglich für die allgemeine Öffentlichkeit sind jedoch die umliegenden Gärten, die einen herrlichen Ausblick bieten.

Inverness

◎ Highlights
- Inverness Museum & Art Gallery C3
- Victorian Market C2

◎ Sehenswertes
1. Inverness Castle C3
2. St Andrew's Cathedral B4

◎ Schlafen
3. Ardconnel House D3
4. Bazpackers Backpackers Hotel C4
5. Bluebell House A3
- Crown Hotel Guest House .... (siehe 3)
- Glenmoriston Town House Hotel.... (s. 12)
6. Inverness Student Hotel C4
7. MacRae Guest House B5
8. Mardon Guest House A3
9. Rocpool Reserve C5

◎ Essen
10. Café 1 .... C3
11. Castle Restaurant C3
12. Contrast Brasserie B5
13. Joy of Taste C2
14. Kitchen B3
15. Leakey's B1
16. Mustard Seed B2
17. Red Pepper B1
18. Rocpool B3
19. River House A2
20. Sam's Indian Cuisine B1

◎ Ausgehen
21. Castle Tavern C4
22. Johnny Foxes B3
23. Phoenix B1

◎ Unterhaltung
24. Eden Court Theatre A5
25. Hootananny B2
26. Ironworks B1

👉 Geführte Touren

Jacobite Cruises   BOOTSFAHRT

(☎01463-233999; www.jacobite.co.uk; Glenurquhart Rd.; Erw./Kind inkl. Eintritt 29/22 £; ⊙Juni–Sept. 2-mal tgl., April/Mai 1-mal tgl.) Die Boote legen von der Tomnahurich Bridge zu einer 1½-stündigen Rundfahrt auf Loch Ness ab. Ein Besuch von Urquhart Castle schließt sich an, zurück nach Inverness geht es im Bus. Fahrkarten für diesen Ausflug gibt es bei der Touristeninformation, von dort fährt ein kostenloser Minibus zum Schiff. Zur Auswahl stehen auch weitere Bootsfahrten und kombinierte Boots-/Bustouren von einer bis 6½ Stunden Dauer.

Happy Tours   STADTSPAZIERGANG

(www.happy-tours.biz) Die 1¼-stündigen geführten Spaziergänge vermitteln den Teilnehmern Interessantes Wissenswertes über Inverness, befassen sich mit der Geschichte der Stadt und den Legenden, die sich rund um die Stadt ranken. Sie starten täglich um 11, 13 und 15 Uhr vor der Touristeninformation. Ein Trinkgeld wird erwartet.

Inverness Taxis   TAXIFAHRT

(☎01463-222900; www.inverness-taxis.co.uk) Große Auswahl an Tagestouren nach Urquhart Castle, Loch Ness, Culloden und sogar bis nach Skye. Der Preis pro Wagen (bis zu vier Personen) reicht von 60 £ (2 Std.) bis zu 240 £ (ganzer Tag).

🛏 Schlafen

In Inverness gibt es eine gute Auswahl an Unterkünften für Rucksackreisende, aber auch mehrere hervorragende Boutiquehotels. An der Ostseite des Flusses liegen in der Old Edinburgh Road und der Ardconnel Street viele Guesthouses und B&Bs; auf der Westseite finden sie sich in der Kenneth Street und der Fairfield Road. Das Stadtzentrum ist von dort jeweils in zehn Minuten zu Fuß erreichbar.

Im Juli und August kommen zahlreiche Touristen nach Inverness und es wird schnell voll in der Stadt. Dann heißt es: Unterkünfte vorab reservieren oder gleich morgens eine Übernachtungsmöglichkeit suchen, um sicher ein Quartier zu haben.

LP TIPP 🟢 Trafford Bank   B&B ££

(☎01463-241414; www.traffordbankguesthouse.co.uk; 96 Fairfield Rd.; DZ 110–125 £; 🅿🛜) Für diese viktorianische Villa, in der einst ein Bischof lebte, wurde viel Mundpropaganda betrieben. Sie liegt nur einen Mitra-Wurf vom Caledonian Canal und zu Fuß zehn Minuten vom Stadtzentrum entfernt. In den luxuriösen Zimmern gehören frisches Obst, Bademäntel und kuschelige Handtücher zum Service. Ein besonderes Highlight ist der Tartan Room mit schmiedeeisernem Kingsize-Bett und einer frei stehenden viktorianischen Badewanne.

Rocpool Reserve — BOUTIQUEHOTEL £££

(Karte S. 362; 01463-240089; www.rocpool.com; Culduthel Rd.; EZ/DZ ab 175/210 £; P 🛜) In diesem kleinen, mondänen Hotel reichen sich topmoderner Designer-Look und Hochland-Charme die Hand. Hinter einer georgianischen Fassade verbirgt sich eine Oase zeitgemäßer Kühle. Moderne Kunst schmückt die glänzend weiße Eingangshalle mit ihren roten Teppichen; Farbtöne von Schokoladenbraun bis Creme und Gold prägen das Ambiente der Designerzimmer. In den teureren Zimmern mangelt es nicht an Hightech-Geräten – sie reichen von der Aufladestation für iPods bis zu einer Badewanne (inklusive Aquavision-TV) auf dem Balkon. Ein Restaurant von Albert Roux (ein bedeutender Sternekoch und Gastronom der britischen Gourmet-Szene) rundet das luxuriöse Angebot ab.

Ardconnel House — B&B ££

(Karte S. 362; 01463-240455; www.ardconnel-inverness.co.uk; 21 Ardconnel St.; Zi. pro Pers. 35–40 £; 🛜) Gelobt wird auch das Ardconnel, ein viktorianisches Reihenhaus mit sechs komfortablen Zimmern (alle mit eigenem Bad). Im Speiseraum liegen weiße Leinentischtücher auf den Tischen. Kinder unter zehn Jahren sind hier nicht erwünscht.

Ach Aluinn — B&B ££

(01463-230127; www.achaluinn.com; 27 Fairfield Rd.; Zi. pro Pers. 25–35 £; P) Das große, frei stehende Haus ist hell und gemütlich und bietet alles, was man sich von einem B&B wünscht: eigenes Bad, TV, Leselampe, bequeme Betten mit jeweils zwei Kissen und ein ausgezeichnetes Frühstück. Das B&B liegt weniger als zehn Gehminuten westlich des Stadtzentrums.

Loch Ness Country House Hotel — HOTEL £££

(01463-230512; www.lochnesscountryhousehotel.co.uk; Dunain Park, Loch Ness Rd.; DZ ab 169 £; P 🛜) Das luxuriöse Schlosshotel bietet eine traditionelle Einrichtung mit viktorianischen Himmelbetten und Möbeln im georgianischen Stil sowie Bäder mit italienischem Marmor. Vom Caledonian Canal und River Ness ist das Loch Ness Country House in fünf Minuten zu erreichen. Das Hotel liegt 1,5 km südwestlich von Inverness an der A82 Richtung Fort William.

Heathmount Hotel — BOUTIQUEHOTEL ££

(01463-235877; www.heathmounthotel.com; Kingsmills Rd.; EZ/DZ ab 75/115 £; P 🛜) Das kleine, freundliche Haus kombiniert eine beliebte örtliche Bar und ein Restaurant mit acht kreativ gestalteten Designer-Hotelzimmern. Jedes Zimmer ist anders: vom wagemutig in Lila und Gold gehaltenen Familienzimmer bis zum Doppelzimmer in verführerischem schwarzen Samt mit Himmelbett. Das Heathmount ist leicht erreichbar und liegt zu Fuß nur fünf Minuten östlich vom Stadtzentrum.

MacRae Guest House — B&B ££

(Karte S. 362; 01463-243658; joycemacrae@hotmail.com; 24 Ness Bank; EZ/DZ ab 45/64 £; P) Das hübsche, blumengeschmückte viktorianische Haus am östlichen Flussufer vermietet schicke, geschmackvoll eingerichtete Zimmer. Eines davon eignet sich für Rollstuhlfahrer. Auf Wunsch des Gastes gibt es auch ein vegetarisches Frühstück. Im Juli und August wird ein Mindestaufenthalt von zwei Nächten gefordert.

Bazpackers Backpackers Hotel — HOSTEL £

(Karte S. 362; 01463-717663; www.bazpackershostel.co.uk; 4 Culduthel Rd.; B/2BZ 17/44 £; @ 🛜) Es mag zwar das kleinste Hostel (mit nur 30 Betten) in Inverness sein, trotzdem ist es äußerst beliebt. Das Haus ist freundlich und ruhig – das Hauptgebäude verfügt über eine gastliche Lounge mit einem Holzofen, um den sich bei schlechtem Wetter alle drängen, einen kleinen Garten und eine tolle Aussicht (einige Zimmer liegen in einem separaten Gebäude ohne Garten). In den Schlafsälen und der Küche kann es bisweilen etwas eng werden, aber die Duschen sind klasse.

Inverness Student Hotel — HOSTEL £

(Karte S. 362; 01463-236556; www.scotlands-top-hostels.com; 8 Culduthel Rd.; B 18 £; P @ 🛜) Das Hostel liegt in einem weitläufigen alten Gebäude mit Blick auf den River Ness. Es hat bequeme Betten, die Atmosphäre ist partymäßig, und es werden organisierte Kneipentouren in der Stadt angeboten. Vom Bahnhof sind es zehn Minuten dorthin zu laufen; es liegt direkt hinter der Burg.

Inverness Millburn SYHA — HOSTEL £

(SYHA; 01463-231771; www.syha.org.uk; Victoria Dr.; B 18 £; April–Dez.; P @ 🛜) Inverness' modernes Hostel mit 166 Betten liegt zehn Gehminuten nordöstlich des Stadtzentrums. Mit seinen gemütlichen Betten und der schicken Edelstahlküche gilt es manchem als das beste Hostel im Land. Ohne Vorausbuchung läuft gar nichts, vor allem zu Ostern, im Juli und August.

Glenmoriston Town House Hotel
BOUTIQUEHOTEL ££££

(Karte S. 362; 01463-223777; www.glenmoristontownhouse.com; 20 Ness Bank; EZ/DZ ab 120/165 £; P ?) Das luxuriöse Boutiquehotel am Ufer des River Ness kann für Gäste Golf- und Angelmöglichkeiten organisieren.

Crown Hotel Guest House
B&B ££

(Karte S. 362; 01463-231135; www.invernessguesthouse.info; 19 Ardconnel St.; EZ/DZ ab 36/56 £; P @) Zwei der sechs Schlafräume sind Familienzimmer, und es gibt eine großzügige Lounge, die mit Spielkonsolen, DVDs und Brettspielen ausgestattet ist.

Mardon Guest House
B&B ££

(Karte S. 362; 01463-231005; www.mardonguesthouse.co.uk; 37 Kenneth St.; Zi. pro Pers. 30–38 £; P ?) Das freundliche B&B mit sechs gemütlichen Zimmern (alle mit Bad) liegt zu Fuß nur fünf Minuten vom Stadtzentrum entfernt.

Moyness House Hotel
B&B ££

(01463-233836; www.moyness.co.uk; 6 Bruce Gardens; DZ 77–105 £; P ?) Die elegante viktorianische Villa mit einem schönen Garten und friedlicher Umgebung ist vom Stadtzentrum aus in südwestlicher Richtung zu Fuß in zehn Minuten zu erreichen.

Bluebell House
B&B ££

(Karte S. 362; 01463-238201; www.bluebellhouse.com; 31 Kenneth St.; Zi. pro Pers. 30–45 £; P ?) Warmherzige Gastgeber, erstklassiges Frühstück, unweit des Stadtzentrums.

Bught Caravan Park & Campsite
CAMPINGPLATZ £

(01463-236920; www.invernesscaravanpark.com; Bught Lane; Stellplatz pro Pers. 8 £, Wohnwagen 16 £; Ostern–Mitte Okt.) Der Campingplatz liegt 1,6 km südwestlich des Stadtzentrums in der Nähe der Tomnahurich Bridge und ist bei Quartier suchenden Rucksackreisenden äußerst beliebt.

Essen

Contrast Brasserie
BRASSERIE ££

(Karte S. 362; 01463-227889; www.glenmoristontownhouse.com/contrast.html; 22 Ness Bank; Hauptgerichte 13–20 £) Früh einen Tisch bestellen: So lautet die Empfehlung für das wohl beste Restaurant in Inverness – ein Raum im besten Designerstil, lächelndes, professionelles Personal und wirklich köstliche Gerichte. Wie wäre es mit Jakobsmuscheln mit *chorizo bolognese* oder Schweinebauch mit Zuckerschotensalat und Zitronengras-Püree? Volle Punktzahl! Und mit 10 £ für ein Zweigängemittagessen oder 15 £ für ein dreigängiges Abendmenü für frühe Gäste (17–18.30 Uhr) ist das Preis-Leistungs-Verhältnis unschlagbar.

Café 1
BISTRO ££

(Karte S. 362; 01463-226200; www.cafe1.net; 75 Castle St.; Hauptgerichte 10–23 £; Mo-Fr 12–21.30, Sa 12–14.30 & 18–21.30 Uhr) Das Café 1 ist ein freundliches, ansprechendes Bistro, elegant mit hellem Holz und Schmiedeeisen ausgestattet und mit Kerzen auf den Tischen. Die Speisekarte ist international; Grundlage sind hochwertige schottische Erzeugnisse vom Aberdeen-Angus-Steak bis zum frischen Loup de mer mit Krabbenrisotto und Chilikonfitüre. Das Menü für frühe Gäste (ein/zwei Gänge 9/12,50 £) wird wochentags von 12 bis 18.45 und samstags von 12 bis 14.30 Uhr serviert.

Rocpool
RESTAURANT ££

(Karte S. 362; 01463-717274; www.rocpoolrestaurant.com; 1 Ness Walk; Hauptgerichte 17–24 £; Mo-Sa) Viel poliertes Holz, marineblaues Leder und frisches weißes Leinen verleihen diesem entspannten Bistro ein seemännisches Flair. Die mediterran beeinflusste Karte macht das Beste aus hochwertigen schottischen Produkten, vor allem Fisch und Meeresfrüchten. Das zweigängige Mittagessen kostet 14 £.

Mustard Seed
BISTRO ££

(Karte S. 362; 01463-220220; www.mustardseedrestaurant.co.uk; 16 Fraser St.; Hauptgerichte 11–16 £; Mittag- & Abendessen) Die Karte in dem hellen, viel besuchten Bistro wechselt wöchentlich; Schwerpunkt ist aber die schottische und französische Küche mit einem Touch ins Moderne. Besonders zu empfehlen sind die Tische auf dem Balkon im Obergeschoss: der schönste Platz in Inverness für ein Mittagessen unter freiem Himmel mit tollem Blick auf den Fluss. Und ein zweigängiges Mittagessen für 7 £ – ja wirklich – ist kaum zu schlagen.

Joy of Taste
BRITISCH

(Karte S. 362; 01463-241459; www.thejoyoftaste.co.uk; 25 Church St.; Hauptgerichte 12–17 £; Mittag- & Abendessen) Das ist mal ein ganz neues Konzept: Ein Restaurant wird von einem Chefkoch und 25 Freiwilligen geführt, die eine Schicht pro Woche arbeiten – „nur aus Freude daran, ein schönes Restaurant zu erschaffen" (plus einen Anteil am Gewinn). Und das machen sie sehr gut! Die Karte präsentiert sich mit klassisch britischer Küche – von Brokkoli-Stilton-Suppe über schottisches Sirloin-Steak bis zum Zitronenpudding. Der Fanclub wächst.

Sam's Indian Cuisine INDISCH ££
(Karte S. 362; 01463-713111; 77–79 Church St.; Hauptgerichte 8–15 £; Mo-Mi 12–14 & 17–23, Do-Sa 12–23, So 12.30–23 Uhr) Die stilvolle Einrichtung im Sam's liegt eine Stufe über dem durchschnittlichen Curry-Lokal, und das gilt auch für das Essen – jede Menge frische, aromatische Gewürze und Kräuter geben Gerichten wie dem *Jeera*-Hähnchen (mit Kreuzkümmel zubereitet) richtigen Schwung. Zum Nachspülen gibt's indisches Cobra-Bier.

River House RESTAURANT £££
(Karte S. 362; 01463-222033; www.riverhouse inverness.co.uk; 1 Greig St.; Hauptgerichte 16–26 £; Mo-Sa Abendessen, Fr & Sa Mittagessen) Das elegante Restaurant gehört in die Kategorie „poliertes Holz und gestärkte Leinentischtücher". Auf den Tisch kommt nur allerbestes britisches Wild, Rind, Lamm, Ente und Fisch.

Kitchen MODERN SCHOTTISCH ££
(Karte S. 362; 01463-259119; www.kitchenres taurant.co.uk; 15 Huntly St.; Hauptgerichte 11–16 £;) Das spektakuläre Restaurant mit Glasfassade bietet eine tolle Speisekarte mit einer guten Auswahl an kreativen Gerichten und einen schönen Blick auf den River Ness – man sollte versuchen, einen Tisch im Obergeschoss zu bekommen.

Castle Restaurant CAFÉ £
(Karte S. 362; 01463-230925; 41–43 Castle St.; Hauptgerichte 6–13 £; 9–20.30 Uhr) Dies ist ein ganz klassisches, altmodisches Café – seit Jahren unverändert.

Red Pepper CAFÉ £
(Karte S. 362; 01463-237111; www.red-pepper-inverness.co.uk; 74 Church St.; Hauptgerichte 2–4 £; Mo-Fr 7.30–16.30, Sa 9–16.30 Uhr) Cooler Laden für Kaffee und Sandwiches, die frisch belegt wurden.

Leakey's CAFÉ £
(Karte S. 362; Greyfriars Hall, Church St.; Hauptgerichte 3–5 £; Mo-Sa 10–17.30 Uhr) Das gemütliche Café befindet sich in einem ausgezeichneten Antiquariat.

Ausgehen

Clachnaharry Inn PUB
(01463-239806; www.clachnaharryinn.co.uk; 17–19 High St.) Nicht einmal 2 km vom Stadtzentrum entfernt, liegt am Ufer des Caledonian Canal, unweit der A862, diese wunderbare alte Postkutschenstation (mit Biergarten hinterm Haus). Serviert wird eine ausgezeichnete Auswahl an Bieren, die nach traditionellen Methoden gebraut werden (Real Ale), und guter Kneipenschmaus.

Castle Tavern PUB
(Karte S. 362; 01463-718718; www.castletavern.net; 1–2 View Pl.) Der Pub mit einer köstlichen Auswahl an Real Ales besitzt vor dem Eingang eine winzige Sonnenterrasse – ein toller Ort für ein Pint an einem Sommernachmittag.

Phoenix PUB
(Karte S. 362; 01463-233685; 108 Academy St.) Der traditionellste Pub im Stadtzentrum verfügt über einen hufeisenförmigen Mahagoni-Tresen, eine gemütliche, familienfreundliche Lounge und gutes Essen, sowohl mittags als auch abends. Zu den Real Ales vom Fass gehört auch das vollmundige, fruchtige Orkney Dark Island.

Johnny Foxes BAR
(Karte S. 362; 01463-236577; www.johnnyfoxes.co.uk; 26 Bank St.) Das Johnny Foxes liegt unterhalb des hässlichsten Gebäudes am Flussufer. Die große, laute irische Bar bietet seinen Gästen eine breite Palette an Gerichten, die den ganzen Tag über serviert werden; abends wird Livemusik gespielt. Zu den Räumlichkeiten gehört auch das **Den**, eine schicke Cocktailbar mit Club.

Unterhaltung

Hootananny LIVEMUSIK
(Karte S. 362; 01463-233651; www.hootananny.com; 67 Church St.) Das Hootananny ist der beste Veranstaltungsort für Livemusik in Inverness. Jeden Abend finden Gigs mit traditioneller Folkmusik und/oder Rockmusik statt. Berühmte Bands aus ganz Schottland (und aus der ganzen Welt) treten hier auf. Auf der reichhaltigen Getränkekarte findet sich auch eine Reihe Biersorten von der örtlichen Black Isle Brewery.

Eden Court Theatre THEATER
(Karte S. 362; 01463-234234; www.eden-court.co.uk; Bishop's Rd.) Das Eden Court Theatre, ein Gebäudekomplex mit Theater, Pro-

grammkino und Konferenzzentrum, ist die bedeutendste Kultureinrichtung der Highlands. Auf dem vollen Veranstaltungskalender stehen Theaterstücke, Tanz, Comedy, Musik, Filme und Veranstaltungen für Kinder. Detaillierte Informationen zum Programm finden sich in einer Broschüre, die im Foyer ausliegt, sowie auf der Website.

Ironworks LIVEMUSIK, COMEDY
(Karte S. 362; ⌕0871 789 4173; www.ironworks venue.com; 122 Academy St.) Mit Livebands (Rock, Pop, Tribute) und Comedyshows zwei- bis dreimal pro Woche ist das Ironworks die wichtigste Adresse der Stadt für Auftritte berühmter Namen.

Praktische Informationen

ClanLAN (22 Baron Taylor's St.; 1,50 £ für 30 Min.; ⓘMo–Fr 10–20, Sa 11–20, So 12–17 Uhr)

Inverness Touristeninformation (⌕01463-252401; www.visithighlands.com; Castle Wynd; Internetzugang 1 £ für 20 Min.; ⓘJuli/Aug. Mo–Sa 9–18, So 9.30–17 Uhr, Juni, Sept. & Okt. Mo–Sa 9–17, So 10–16 Uhr, April & Mai Mo–Sa 9–17 Uhr) Wechselstube und Buchungsservice für Unterkünfte; verkauft auch Tickets für geführte Touren und Bootsausflüge. Von November bis März sind die Öffnungszeiten eingeschränkt.

ⓘ An- & Weiterreise

Bus
Die Busse starten am **Busbahnhof Inverness** (Margaret St.).
London 45 £, 13 Std., 1-mal tgl.; für weitere Verbindungen muss man in Glasgow umsteigen. Betreiber ist **National Express** (⌕08717 81 81 78; www.gobycoach.com).
Aberdeen 9 £, 3¾ Std., stündl.
Aviemore 5,50 £, 1¾ Std., Mo–Fr 3-mal tgl.; über Grantown-on-Spey.
Edinburgh 28 £, 3½–4½ Std., stündl.
Glasgow 28 £, 3½–4½ Std., stündl.
Fort William 12 £, 2 Std., 5-mal tgl.
Portree 23 £, 3½ Std., 4-mal tgl.
Thurso 18,50 £, 3½ Std., 2-mal tgl.
Ullapool 12 £, 1½ Std., 2-mal tgl. außer So.
Wer lange im Voraus bucht, dem bietet **Megabus** (⌕0871 266 3333; www.megabus.com) Tarife ab 5,50 £ für Busse von Inverness nach Glasgow und Edinburgh sowie für 17 £ nach London.

Flugzeug
Inverness Airport (INV; ⌕01667-464000; www.hial.co.uk) In Dalcross, rund 16 km östlich der Stadt, unweit der A96 Richtung Aberdeen. Es gibt Linienflüge nach Amsterdam, Düsseldorf, London, Bristol, Manchester, Belfast, Stornoway, Benbecula, Orkney, Shetland und zu weiteren britischen Flughäfen.

Zug
Aberdeen 28 £, 2¼ Std., 8-mal tgl.
Edinburgh 40 £, 3½ Std., 8-mal tgl.
Glasgow 40 £, 3½ Std., 8-mal tgl.
Kyle of Lochalsh 13 £, 2½ Std., Mo–Sa 4-mal tgl., So 2-mal tgl.; eine der landschaftlich besonders reizvollen Zugfahrten in Großbritannien.
London 100 £, 8 Std., 1-mal tgl. direkt; weitere Verbindungen mit Umsteigen in Edinburgh.
Wick 13 £, 4 Std., Mo–Sa 4-mal tgl., So 1- oder 2-mal tgl.; über Thurso.

Unterwegs vor Ort

Auto
Focus Vehicle Rental (⌕01667-461212; www.focusvehiclerental.co.uk; Inverness Airport) Die großen Autovermieter verlangen etwa 50 £ pro Tag, doch Focus hat günstigere Angebote ab 35 £ pro Tag.

Bus
Innerstädtische Buslinien und Busse zu Zielen rund um Inverness, darunter Nairn, Forres, das Schlachtfeld von Culloden sowie Beauly, Dingwall und Lairg, werden von Stagecoach (S. 553) betrieben. Ein Tagesticket (Inverness City Dayrider) kostet 3,30 £ und ermöglicht einen Tag lang unbegrenzte Fahrten mit dem Bus in der ganzen Stadt.

Fahrrad
Ticket to Ride (⌕01463-419160; www.ticketto ridehighlands.co.uk; Bellfield Park; 20 £ pro Tag) Vermietet Mountainbikes, Trekkingräder und Tandems und bringt sie kostenlos zu den örtlichen Hotels und B&Bs.

Vom/zum Flughafen
Stagecoach Jet (www.stagecoachbus.com) Die Busse fahren vom Flughafen zum Busbahnhof Inverness (3,30 £, 20 Min., alle 30 Min.).

Taxi
Highland Taxis (⌕01463-222222)

Rund um Inverness

SCHLACHTFELD VON CULLODEN
Die Schlacht von Culloden 1746 war die letzte Feldschlacht auf britischem Boden. Hier erlitt Bonnie Prince Charlie seine entscheidende Niederlage – alle jakobitischen Träume waren damit endgültig zerronnen.

1200 Highlander wurden von den englischen Truppen unter der Führung des Herzogs von Cumberland in nur 68 Minuten niedergemetzelt. Dieser war der Sohn des regierenden Königs George II. und erwarb sich durch seine Grausamkeit und brutale Behandlung der geschlagenen Jakobiten den Beinamen „Schlächter".

Culloden besiegelte das Schicksal des alten Clansystems, schon bald gefolgt von den Schrecken der Highland-Vertreibungen, den sogenannten *Clearances*. Das düstere Moor, der Schauplatz auf dem sich die Schlacht einst zutrug, hat sich in den letzten 260 Jahren kaum verändert.

Culloden liegt rund 10 km östlich von Inverness. Die Buslinie 1 fährt von Queensgate in Inverness zum Schlachtfeld von Culloden (30 Min., stündl.).

Culloden Visitor Centre BESUCHERZENTRUM
(NTS; www.nts.org.uk/culloden; Erw./Kind 10/ 7,50 £; ⊙April–Sept. 9-18 Uhr, Okt. 9-17 Uhr, Nov.–März 10-16 Uhr) Das eindrucksvolle Besucherzentrum präsentiert detaillierte Informationen über die Schlacht von Culloden 1746, einschließlich der Vorgeschichte und der Auswirkungen aus dem Blickwinkel beider Seiten. Ein innovativer Film führt die Besucher aufs Schlachtfeld, mitten hinein in die Auseinandersetzungen. Eine Vielzahl weiterer Audiopräsentationen muss die gesamte Schauspielerriege von Inverness wochenlang beschäftigt haben. Im Eintrittspreis ist eine Audioführung über das eigentliche Schlachtfeld inbegriffen.

FORT GEORGE
Die Landzunge, die über die Engstelle im Moray Firth gegenüber von Fortrose wacht, wird von der grandiosen und praktisch unveränderten Artilleriefestung Fort George aus dem 18. Jh. beherrscht.

Fort George FESTUNG
(HS; ☎01667-462777; Erw./Kind 6,90/4,10 £; ⊙April–Sept. 9.30-17.30 Uhr, Okt.–März 9.30-16.30 Uhr) Das Fort zählt zu den eindrucksvollsten Festungsanlagen aus jener Zeit in ganz Europa: Sie wurde in den Jahren 1748 bis 1769 angelegt, um von hier aus die Highlands militärisch besetzen zu können. Die Baukosten betrugen nach heutigen Maßstäben rund 1 Mrd. £. Der mehr als 1,5 km lange Rundgang über den Festungswall bietet einen spektakulären Ausblick aufs Meer und das Great Glen. Angesichts der ausgedehnten Anlagen sollte man mindestens zwei Stunden für einen Besuch einplanen. Das Fort liegt rund 18 km nordöstlich von Inverness und, von Inverness kommend, westlich der A96; mit öffentlichen Verkehrsmitteln kommt man allerdings nicht dorthin.

NAIRN
11 000 EW.

Nairn ist ein beliebter Golf- und Badeort mit schönem Sandstrand.

Der interessanteste Teil von Nairn ist das alte Fischerdorf **Fishertown** unten am Hafen, ein Labyrinth aus engen Straßen, an denen malerische Häuschen stehen. Das **Nairn Museum** (☎01667-456791; www.nairnmuseum. co.uk; Viewfield House; Erw./Kind 3 £/50 p; ⊙April–Okt. Mo-Fr 10-16.30, Sa bis 13 Uhr), zu Fuß wenige Minuten von der Touristeninformation entfernt, zeigt Exponate zur Geschichte von Fishertown sowie zur lokalen Archäologie, Geologie und Naturgeschichte.

Viele angenehme Stunden bescheren Spaziergänge am **East Beach**, einem der schönsten Strände in Schottland.

Das große Ereignis im Kalender der Stadt sind die **Nairn Highland Games** (www. nairnhighlandgames.co.uk) Mitte August; im September wird das **Nairn Book and Arts Festival** (www.nairnfestival.co.uk) veranstaltet.

🛏 Schlafen & Essen

Glebe End B&B ££
(☎01667-451659; www.glebe-end.co.uk; 1 Glebe Rd.; Zi. pro Pers. 25–40 £; ℗⃝) Die Qualität eines B&B hängt ja im Wesentlichen von den Inhabern und den Räumlichkeiten ab. In diesem Fall sind die Besitzer genauso freundlich und hilfsbereit, wie jeder sie sich wünscht. Ebenso angenehm und obendrein schön ist auch ihre geräumige viktorianische Villa. Sie bietet vier gemütliche Zimmer und einen sonnigen Wintergarten, in dem das Frühstück serviert wird.

Sunny Brae Hotel HOTEL £££
(☎01667-452309; www.sunnybraehotel.com; Marine Rd.; EZ 95 £, DZ ab 130 £; ℗⃝) Das Sunny Brae ist mit frischen Blumen und Topfpflanzen wunderschön herausgeputzt. Die Lage ist beneidenswert und der Blick auf den Moray Firth einfach fantastisch. Das hauseigene Restaurant ist auf schottische Erzeugnisse spezialisiert, die mit kontinentalem Flair zubereitet werden.

Boath House Hotel HOTEL £££
(☎01667-454896; www.boath-house.com; Auldearn; EZ/DZ ab 190/265 £; ℗) Das schön restaurierte Regency-Herrenhaus, eines der

luxuriösesten Landhaushotels in Schottland, steht in einem privaten Waldstück, ca. 3 km östlich von Nairn an der A96. Dazu gehören ein Wellnessbereich mit ganzheitlichen Behandlungsangeboten und ein Restaurant mit Michelin-Stern (6-Gänge-Menü 70 £).

Classroom GASTROPUB ££
(01667-455999; www.theclassroombistro.com; 1 Cawdor St.; Hauptgerichte 15–23 £; Mo–Sa 10–24, So 11–22.30 Uhr) Das Classroom präsentiert sich in einer ansprechenden Mischung aus Moderne und Tradition – viel glänzendes Holz mit Designer-Elementen. Es fungiert einerseits als Cocktailbar, andererseits als Gastropub mit einer verlockenden Speisekarte. Sie reicht von *cullen skink* (Suppe aus geräuchertem Schellfisch, Kartoffeln, Zwiebeln und Milch) bis zu Steak mit Rotwein-Pilzsoße.

Praktische Informationen
Nairn hat eine Touristeninformation (01667-452763; 62 King St.; April–Okt.), Banken mit Geldautomaten und ein Postamt.

An- & Weiterreise
Busse fahren stündlich (sonntags weniger oft) von Inverness nach Aberdeen über Nairn. Die Stadt liegt außerdem an der Bahnlinie Inverness–Aberdeen; täglich verkehren fünf bis sieben Züge von Inverness (6 £, 20 Min.).

CAWDOR CASTLE
Cawdor Castle (01667-404615; www.cawdorcastle.com; Erw./Kind 9,50/6 £; Mai–Sept. 10–17.30 Uhr) ist seit dem 14. Jh. die Heimstatt der Thanes of Cawdor. Thane war einer der Titel, die dem Helden in Shakespeares *Macbeth* von den drei Hexen geweissagt wurden. Allerdings kann Macbeth nicht hier gelebt haben, denn er starb schon 1057, der zentrale Burgturm stammt aber erst aus dem 14. Jh. (die Flügel sind spätere Anbauten aus dem 17. Jh.). Die Burg liegt 8 km südwestlich von Nairn.

Cawdor Tavern (www.cawdortavern.co.uk; Bargerichte 8–15 £; Mittag- & Abendessen) im nahe gelegenen Dorf ist einen Besuch wert; allerdings kann es schwierig werden, sich für ein Getränk zu entscheiden, denn es stehen über hundert verschiedene Whiskys zur Auswahl. Es gibt auch gutes Kneipenessen mit leckeren Tagesspezialitäten.

BRODIE CASTLE
Inmitten eines 70 ha großen Parkgeländes steht Brodie Castle (NTS; 01309-641371; Erw./Kind 9,50/7 £; Juli & Aug. tgl. 10.30–17 Uhr, April 10.30–16.30 Uhr, Mai/Juni & Sept./Okt. So–Do 10.30–16.30 Uhr), das mehrere Highlights aufzuweisen hat. Dazu zählt eine Bibliothek mit über 6000 abgegriffenen, staubigen Bänden. Es gibt auch wunderbare Uhren, eine riesige viktorianische Küche und einen Speisesaal aus dem 17. Jh. mit einer sehr ungewöhnlichen Stuckdecke in Form eines Tonnengewölbes, auf der mythologische Szenen abgebildet sind. Die Brodies haben seit 1160 dort gelebt, die heutigen Gebäude stammen aber überwiegend von 1567, und über die Jahre kamen außerdem viele Anbauten hinzu.

Die Burg liegt rund 13 km östlich von Nairn. Stagecoach-Busse (S. 555) der Linien 10A und 11 von Inverness nach Elgin halten in Brodie (35 Min., Mo–Sa stündl.).

Westlich von Inverness

BEAULY
1160 Ew. Angeblich hat die schottische Königin Maria Stuart dem Dorf 1564 seinen Namen gegeben, als sie auf Französisch ausrief: „*Quel beau lieu!*"' (Welch ein schöner Ort!). Von der 1230 gegründeten **Beauly Priory** aus rotem Sandstein steht heute noch eine beeindruckende Ruine. Ein kleiner Informationskiosk nebenan informiert über die Geschichte der Priorei.

Das Priory Hotel (01463-782309; www.priory-hotel.com; The Square; EZ/DZ 65/110 £; P) bietet moderne Zimmer und leckere Bargerichte. Empfehlenswert, vor allem für ein Mittagsessen, ist das gegenüber liegende Corner on the Square (www.corneronthesquare.co.uk; 1 High St.; Hauptgerichte 5–7 £; Mo–Sa 9–17.30, So 11–16.30 Uhr), ein Feinkostladen mit Café. Der Kaffee schmeckt ausgezeichnet, Frühstück wird von 9 bis 11.30 Uhr serviert, Tagesgerichte lassen sich zwischen 12 und 16.30 Uhr bestellen.

Die Buslinien 28 und 28A fahren von Inverness nach Beauly (45 Min., Mo–Sa stündl., So 5-mal). Beauly liegt an der Bahnlinie Inverness–Thurso.

STRATHGLASS & GLEN AFFRIC
Das weite Tal von Strathglass erstreckt sich von Beauly aus rund 30 km ins Landesinnere. Über die A831 erreicht man **Cannich**, das einzige Dorf in der Gegend mit Lebensmittelladen und Post. Glen Affric ist eines der schönsten Täler Schottlands und erstreckt sich weit in die Bergwelt jenseits

von Cannich hinein. Die oberen Ausläufer des Tals gehören zum Glen Affric National Nature Reserve (www.glenaffric.org): In der traumhaft schönen Landschaft mit schimmernden Seen, rauen Bergen und Schottischen Kiefern leben Baummarder, Wildkatzen, Otter, Eichhörnchen und Steinadler.

Rund 7 km südwestlich von Cannich zwängt sich der River Affric bei **Dog Falls** durch eine Felsschlucht. Ein markierter einfacher Weg führt vom Dog-Falls-Parkplatz zur Schlucht. Die Straße führt weiter zu einem anderen Parkplatz und dem Picknickareal am Ostende des **Loch Affric**. Dort beginnen kurze Spazierwege, die sich entlang des Flusses und des Seeufers ziehen. Eine Umrundung des Loch Affric (16 km, ca. 5 Std.) ist auf einem gepflegten Weg möglich: Er führt direkt ins Herz der Wildnis. Wer will, kann von Cannich auf einer zweitägigen Wanderung bis ins **Glen Shiel** an der Westküste laufen (56 km), unterwegs bietet sich das einsam gelegenen Glen Affric SYHA Hostel als Übernachtungsort an.

Die Nebenstraße am Ostufer des River Glass führt nach **Tomich**. Das hübsche, kleine Dorf liegt 5 km südwestlich von Cannich und steht unter Denkmalschutz. Seine Häuser wurden in viktorianischer Zeit als Unterkünfte für Saisonarbeiter gebaut. Die Straße führt bis zu einem Waldparkplatz (die letzten 3 km sind unbefestigt). Hier beginnt der nur 800 m lange Weg zu den **Plodda Falls**. Am oberen Ende des Wasserfalls ragt eine restaurierte viktorianische Aussichtsplattform wie ein Sprungbrett übers Wasser und gewährt einen Blick hinunter zu den Wasserkaskaden, die über die Felsen einer abgelegenen, dicht bewaldeten Schlucht in den Fluss stürzen. Aufmerksame Beobachter können hier rote Eichhörnchen und Fichtenkreuzschnäbel zu Gesicht bekommen.

🛏 Schlafen & Essen

Kerrow House B&B ££
(☎01456-415243; www.kerrow-house.co.uk; Cannich; pro Pers. 35–43 £; P) Das wunderschöne Jagdschlösschen besticht mit seinem markanten altmodischen Charakter. Hier lebte einst der Schriftsteller Neil M. Gunn, in dessen Werken die Highlands häufig im Mittelpunkt stehen. Zum weitläufigen Grundbesitz gehört auch ein 5,5 km langer privater Flussabschnitt, an dem Gäste des Hauses Forellen angeln dürfen. Kerrow House liegt 1,5 km südlich von Cannich an der Nebenstraße, die am Ostufer des River Glass verläuft.

Tomich Hotel HOTEL ££
(☎01456-415399; www.tomichhotel.co.uk; Tomich; EZ/DZ ab 70/110 £; P 🖵 🏊) Das ehemalige viktorianische Jagdhaus liegt knapp 5 km südwestlich von Cannich am südlichen Flussufer. Acht komfortable Zimmer mit Bad, ein Restaurant im viktorianischen Stil und offene Kamine mit prasselndem Holzfeuer zeichnen das Hotel heute aus. Für die Einöde überraschend, steht für die Gäste sogar eine kleine Schwimmhalle mit beheiztem Becken bereit.

Glen Affric SYHA HOSTEL £
(☎Reservierungen 0845 293 7373; www.syha.org.uk; Allt Beithe; B 21,50 £; ⊙April–Mitte Sept.) Das abgeschiedene, rustikale Hostel liegt in einer herrlichen Landschaft auf halber Strecke des Wanderwegs, der querfeldein von Cannich bis zum Glen Shiel verläuft. Bis zur nächsten Straße sind es fast 13 km. Wer in dem sehr schlichten Hostel übernachten möchte, muss seinen gesamten Proviant selber mitbringen. Auch wichtig: im Voraus buchen (s. oben) – im Hostel selbst gibt es kein Telefon.

BCC Loch Ness Hostel HOSTEL £
(☎01456-476296; www.bcclochnesshostel.co.uk; Glen Urquhart; EZ/DZ 25/45 £; P 🖵) Die saubere und moderne Budget-Unterkunft von hoher Qualität liegt auf halbem Weg zwischen Cannich und Loch Ness; Vorausbuchung ist zu empfehlen.

Cannich Caravan Park CAMPINGPLATZ £
(☎01456-415364; www.highlandcamping.co.uk; Zeltplätze pro Pers. 6 £, Pods pro Pers. 13 £, plus 1 £ pro Auto; 🖵) Schöner, geschützter Platz mit der Möglichkeit, in „Pods" (Holzhütten) zu übernachten. Außerdem kann man für 17 £ pro Tag Mountainbikes ausleihen.

Glen Affric Bar PUB £
(Cannich; Hauptgerichte 6–9 £; ⊙11–23 Uhr; 🖵) Der freundliche Pub für Bergwanderer (Wanderführer liegen überall herum) serviert Cappuccino und Kneipenessen sowie Real Ale der Marke An Teallach; hier steht auch der einzige Geldautomat im meilenweiten Umkreis.

❶ An- & Weiterreise

Stagecoach (S. 555) betreibt die Buslinie 17 von Inverness nach Cannich (1 Std., Mo–Sa 3-mal tgl.) über Drumnadrochit; außerdem fahren dreimal täglich (außer So) Busse von Cannich nach Tomich (10 Min.).

Ross's Minibuses (www.ross-minibuses.co.uk) unterhält eine Verbindung von Inverness zum

Parkplatz Glen Affric über Drumnadrochit und Cannich (1½ Std., Juli/Aug. nur Mo, Mi und Fr 1-mal tgl.). Zwischen Cannich und Glen Affric (30 Min.) pendeln die Busse an denselben Tagen zusätzlich noch zweimal. Am besten schaut man auf der Website nach dem aktuellen Fahrplan.

Black Isle

Die Black Isle – eher eine Halbinsel als eine Insel – ist über die Kessock Bridge mit Inverness verbunden.

An- & Weiterreise

Die Buslinien 26 und 26A von Stagecoach (S. 553) fahren von Inverness nach Fortrose und Rosemarkie (30–40 Min., Mo–Sa 2-mal stündl.); jeder zweite Bus fährt weiter bis Cromarty (1 Std.).

FORTROSE & ROSEMARKIE

Von der **Fortrose Cathedral** stehen nur noch die Gewölbekrypta eines Kapitelhauses aus dem 13. Jh. und die Sakristei sowie die Ruinen des Südflügels und der Kapelle aus dem 14. Jh. **Chanonry Point**, rund 2,5 km weiter östlich gelegen, ist ein beliebter Platz, um nach Delfinen Ausschau zu halten – organisierte einstündige **Bootsfahrten zur Delfinbeobachtung** (01381-622383; www.dolphintripsavoch.co.uk; Erw./Kind 13/9 £), starten 5 km südwestlich in Avoch („ook" ausgesprochen).

In Rosemarkie zeigt das **Groam House Museum** (01381-620961; www.groamhouse.org.uk; High St.; Eintritt frei; April-Okt. Mo-Fr 11–16.30, Sa 14–16.30 Uhr, Nov. nur Sa 14–16 Uhr) eine herausragende Sammlung von Piktensteinen. Die eingravierten Motive ähneln sehr denen auf keltisch-irischen Steinen.

Vom Nordende der High Street in Rosemarkie führt ein hübscher, ausgeschilderter Weg durch das **Fairy Glen** mit seinen Schluchten und Wasserfällen.

Wer dabei durstig geworden ist, kann sich in die Bar des **Anderson Hotel** (01381-620236; www.theanderson.co.uk; Union St.) zurückziehen, um die Auswahl an Real Ales

---

INSIDERWISSEN

ERLEND & PAMELA TAIT: KÜNSTLER

Erlend und Pamela Tait sind Künstler aus Fortrose auf Black Isle. Sie stellen international aus, ihre Arbeiten sind unter www.erlendtait.com und www.pamelatait.co.uk zu sehen.

Topkünstler der Highlands? *Erlend*: Tim Maclean, Michael Forbes, Allan MacDonald, Gordon Robin Brown, Shaun MacDonald, Jonathan Shearer, Kirstie Cohen.
Pamela: Außerdem Jennifer Houliston, Gerald Laing, Fin MacRae, Alex Dunn, Rosie Newman, Angus Mcphee und Alex Main.

Topkunstgalerien der Highlands? Highland Institute for Contemporary Art (www.h-i-c-a.org), in der Nähe von Dores, **Browns Gallery** (www.brownsart.com) in Tain, **Moray Art Centre** (www.morayartcentre.org) in Findhorn und **Inverness Museum & Art Gallery** (S. 359).

Die besten geheimen Orte? *Erlend*: Es lohnt sich, die Black Isle zu erkunden – **Learnie Red Rock** zum Mountainbiken, Groam House Museum (S. 370) für alles Piktische, Hugh Miller's Cottage & Museum (S. 372) für lokale Geologie und Folklore. Und die **Clootie Well** („Lumpenquelle") ist ein magischer Ort, wo man ein Stück seiner Kleidung aufhängen kann, um ein Leiden zu heilen – oder einfach als Glücksbringer.
Pamela: **Dogs Falls** drüben im Glen Affric, und es gibt einen hübschen kleinen Spazierweg im **Reelig Forest** bei Beauly, in dem einige der höchsten Bäume Großbritanniens stehen. Unbedingt sollte man den **Pirates Graveyard** in Cromarty besuchen und anschließend die Cromarty Bakery (S. 372), die das leckerste Brot aller Zeiten verkauft – und tollen Kuchen!

Ein schöner Platz für einen Drink? Wir lieben beide das Anderson (S. 372) in Fortrose – es hat die beste Auswahl an Whiskys und Bieren und auch tolles Essen, einfach ein fantastischer Aufenthaltsort. An Halloween lohnt es sich, extra eine Ausflug zum Anderson zu machen, vor allem wenn man sich gern verkleidet und Chilis isst! Und wegen der Quizrunden Ende jedes Monats, des Strickabends am Montag, der Musiksessions ... Wir sind wirklich verwöhnt, weil wir so nah bei einem so tollen Pub wohnen.

CROMARTY
720 EW.

Das hübsche Dorf Cromarty an der Nordostspitze der Black Isle besitzt zahlreiche Buntsandsteinhäuser, die aus dem 18. Jh. stammen, und einen entzückenden Grünpark am Meer, der sich für Picknicks und Spiele anbietet. Ein ausgezeichneter Wanderweg, der **100 Steps** genannt wird, führt vom Nordende des Dorfes zum Aussichtspunkt South Sutor auf der Landzunge (hin & zurück 6,5 km).

Das Cromarty Courthouse (01381-600418; www.cromarty-courthouse.org.uk; Church St.; Eintritt frei; April–Sept. So–Do 12–16 Uhr) aus dem 18. Jh. erzählt ausführlich und sehr anschaulich die Geschichte des Ortes auf der Grundlage zeitgenössischer Berichte. Kinder unter den Besuchern werden die sprechenden Puppen lieben.

In der Nähe des Gerichtsgebäudes steht das Hugh Miller's Cottage & Museum (www.hughmiller.org; Church St.; Erw./Kind 5,50/4,50£; April–Sept. tgl. 12–17 Uhr, Okt. nur Di, Do & Fr), das strohgedeckte Geburtshaus von Hugh Miller (1802–1856). Der Steinmetz und Amateurgeologe zog später nach Edinburgh und wurde ein berühmter Journalist und Zeitungsherausgeber. Die georgianische Villa nebenan beherbergt ein Museum, das sein Leben dokumentiert und seine Errungenschaften feiert.

Vom Hafen in Cromarty unternimmt Ecoventures (01381-600323; www.ecoventures.co.uk; Cromarty Harbour; Erw./Kind 24/18 £) 2½-stündige Bootsausflüge in den Moray Firth. Dort sind Große Tümmler und andere Tiere zu beobachten.

Am Hafen befindet sich auch das Sutor Creek (01381-600855; www.sutorcreek.co.uk; 21 Bank St.; Hauptgerichte 7–18 £; Ende Mai-Sept. 11–21 Uhr), ein ausgezeichnetes kleines Café-Restaurant, das Pizza aus dem Holzofen und fangfrischen lokalen Fisch und Meeresfrüchte serviert – empfehlenswert sind die Cromarty-Kaisergranaten (eine speziell hier vorkommende Hummerart) mit Knoblauch und Chilibutter.

Wer etwas Leichteres bevorzugt, bekommt guten Tee und Scones in The Pantry (1 Church St.; Ostern–Sept. 10–17 Uhr) oder köstlich gefüllte Brötchen und herzhafte Pasteten in der Cromarty Bakery (8 Bank St.; Mo–Sa 9–17 Uhr).

Loch Ness

Tief, dunkel und schmal erstreckt sich Loch Ness 37 km weit zwischen Inverness und Fort Augustus. Auf der Suche nach Nessie, dem schwer fassbaren Ungeheuer von Loch Ness, ist das bitterkalte Gewässer ausgiebig erkundet worden. Die meisten Besucher bekommen das sagenhafte Geschöpf nur in Form einer Kartonsilhouette in den Monster-Ausstellungen zu Gesicht. Die vielbefahrene Straße A82 führt am Nordwestufer entlang; die weniger belebte, malerische B862 folgt dem Südostufer. Eine komplette Umrundung des Loch Ness ist etwa 113 km lang – die schönsten Ausblicke hat man bei der Fahrt gegen den Uhrzeigersinn.

Aktivitäten

Der 117 km lange Fernwanderweg Great Glen Way (www.greatglenway.com) erstreckt sich von Inverness bis nach Fort William, wo Wanderer den Weg auf dem **West Highland Way** fortsetzen können. Detailliert wird die Strecke in *The Great Glen Way*, einem Führer von Jacquetta Megarry und Sandra Bardwell, beschrieben.

Den Great Glen Way kann man auch mit dem Mountainbike befahren (anstrengend!), die **Great Glen Mountain Bike Trails** am Nevis Range und im Abriachan Forest bieten anspruchsvolle Cross-Country- und Downhill-Strecken.

Der neue South Loch Ness Trail (www.visitlochness.com/south-loch-ness-trail), der 2011 eröffnet wurde, verbindet eine Reihe von Fußwegen und kleineren Straßen entlang der weniger frequentierten Südseite des Loch Ness. Die 45 km lange Strecke vom Loch Tarff bei Fort Augustus bis Torbreck am Rand von Inverness ist zu Fuß, per Fahrrad oder – bequemer – auf dem Pferderücken zu bewältigen.

Eine weitere Option ist der Great Glen Canoe Trail (www.greatglencanoetrail.info), eine Kette von Einstiegstellen, Wegmarkierungen und inoffiziellen Zeltplätzen, die es ermöglichen, den Glen auf ganzer Länge mit dem Kanu oder Kajak zu befahren.

Der Aufstieg zum Gipfel des **Meallfuarvonie** (699 m) am Nordwestufer von Loch Ness ist eine ausgezeichnete kurze und gut zu bewältigende Bergwanderung: Von dort oben hat man einen grandiosen Blick über das Great Glen. Hin und zurück sind es 10 km zu laufen, dafür sollten etwa drei Stunden eingeplant werden. Die Wan-

SELTSAMES SPEKTAKEL AM LOCH NESS

Das Volkstum der Highlands ist erfüllt von Sagen über seltsame Wesen, die in *lochs* und Flüssen leben. Da gibt es beispielsweise den Kelpie (Wassergeist in Gestalt eines Pferdes), der Reisende ins Verderben lockt. Die Verwendung des Begriffs „Ungeheuer" ist jedoch ein relativ junges Phänomen; seine Ursprünge liegen in einem Artikel, der unter der Überschrift „Seltsames Spektakel am Loch Ness" am 2. Mai 1933 im Inverness Courier, der örtlichen Zeitung, erschien.

Der Artikel berichtete, wie Mrs. Aldie Mackay und ihr Ehemann im Loch eine Bewegung wahrgenommen hatten: „Dort vergnügte sich die Kreatur eine volle Minute lang mit Herumrollen und Platschen, ihr Körper glich dem eines Wals. Das Wasser fiel in Kaskaden herab und schäumte wie in einem brodelnden Kessel."

Die Geschichte wurde von der Londoner Presse aufgegriffen und führte im selben Jahr zu zahllosen weiteren Sichtungen, darunter die berüchtigte Begegnung an Land mit den Londoner Touristen Mr. und Mrs. Spicer am 22. Juli 1933. Wieder berichtete der Inverness Courier:

„Es war entsetzlich, abscheulich. Etwa 50 Yards vor uns sahen wir einen wellenförmigen Hals, und rasch folgte ein großer, schwerfälliger Körper. Ich schätzte die Länge auf 25 bis 30 Fuß, seine Farbe war ein dunkles Elefantengrau. Ruckartig überquerte es die Straße, aber wegen des Abhangs konnten wir seine Glieder nicht sehen. Obwohl ich schnell darauf zufuhr, war es bereits im Loch Ness verschwunden, als ich die Stelle erreichte. Im Wasser war keine Spur von dem Wesen zu sehen. Ich bin ein besonnener Mann, aber ich bin bereit, einen Eid zu schwören, dass wir dieses Ungeheuer von Loch Ness gesehen haben. Ich bin sicher, dass es sich um eine Kreatur aus prähistorischer Zeit handelt."

Dem konnten die Londoner Zeitungen nicht widerstehen. Im Dezember 1933 schickte die Daily Mail den Regisseur und Großwildjäger Marmaduke Wetherall zum Loch Ness, um das Ungeheuer aufzuspüren. Innerhalb weniger Tage fand er „Reptilien"-Fußspuren im Uferschlamm (wie sich bald herausstellte, waren sie mit einem ausgestopften Nilpferdfuß erzeugt worden). Dann kam im April 1934 das berühmte Foto von dem „Ungeheuer mit dem langen Hals", aufgenommen von Colonel Kenneth Wilson, einem scheinbar seriösen Arzt aus der Harley Street. Die Presse verfiel in Raserei – der Rest ist, wie man so sagt, Geschichte.

1994 enthüllte jedoch Christian Spurling – Wetheralls Stiefsohn, der inzwischen 90 Jahre alt war –, dass das berühmteste Foto von Nessie in Wirklichkeit ein Schabernack war, den sein Stiefvater mit Wilsons Hilfe ausgeheckt hatte. Heute gibt es natürlich auch Stimmen, die Spurlings Geständnis für einen Scherz halten. Und ironischerweise glaubt der Forscher, der das Foto des Arztes als Fälschung entlarvte, immer noch mit ganzem Herzen an die Existenz des Ungeheuers.

Schabernack oder nicht: Das seltsamste Schauspiel von allen ist wohl die bizarre Kleinindustrie, die seit jenem ereignisreichen Sommer vor einem Dreivierteljahrhundert rund um Loch Ness und sein geheimnisvolles Ungeheuer entstanden ist.

---

derung beginnt am Parkplatz, der sich am Ende der Nebenstraße befindet, die von Drumnadrochit Richtung Süden nach Bunloit führt.

 Festivals & Events

RockNess Music Festival MUSIK
(www.rockness.co.uk) Im Dorf Dores ist ein riesiges Gelände am Ufer des Loch Ness alljährlich Schauplatz dieses Festivals, eines dreitägigen Treffens der besten schottischen und internationalen DJs und Bands, das seit 2006 veranstaltet wir und mit jedem Jahr größere Dimensionen annimmt. Zu den Stars der jüngsten Zeit zählen Fat Boy Slim, Leftfield und The Strokes.

DRUMNADROCHIT
800 EW.

Vom Monsterwahn gepackt, ist Drumnadrochit mit seinen Souvenirläden, die von Nessie-Kuscheltieren überquellen, eine Brutstätte des Ungeheuerfiebers. Zwei Monster-

Ausstellungen buhlen hier um das Geld der sensationsbegierigen Touristen.

◉ Sehenswertes & Aktivitäten

Urquhart Castle BURG

(HS; ☏01456-450551; Erw./Kind 7,40/4,50 £; ⊙April–Sept. 9.30–18 Uhr, Okt. bis 17 Uhr, Nov.–März bis 16.30 Uhr) Urquhart Castle mit seiner fantastischen Lage rund 3 km östlich von Drumnadrochit und einer atemberaubenden Aussicht (an klaren Tagen) ist ein beliebter Treff für Nessie-Sucher. Ein riesiges Besucherzentrum (größtenteils im Untergeschoss eingerichtet) umfasst eine Videoshow (mit einer dramatischen „Enthüllung" über die Burg am Ende des Films) und Schaukästen mit mittelalterlichen Objekten, die in der Burg gefunden wurden.

Die Burg wurde über die Jahrhunderte wiederholt gebrandschatzt und wieder aufgebaut (und gebrandschatzt und wieder aufgebaut); 1692 wurde sie gesprengt, um zu verhindern, dass sie den Jakobiten in die Hände fiel. Das fünfgeschossige Turmhaus am nördlichsten Punkt ist das eindrucksvollste verbliebene Fragment und bietet wunderbare Ausblicke über das Wasser. Auf dem Gelände befinden sich auch ein riesiger Souvenirshop und ein Restaurant; im Sommer ist es hier oft sehr voll.

Loch Ness Centre & Exhibition AUSSTELLUNG

(☏01456-450573; www.lochness.com; Erw./Kind 6,95/4,95 £; ⊙Juli & Aug. 9–18 Uhr, Juni bis 17.30 Uhr, Ostern–Mai & Sept.–Okt. 9.30–17 Uhr, Nov.–Ostern 10–15.30 Uhr) Diese Attraktion rund um Nessie unternimmt eine wissenschaftliche Annäherung, die es den Besuchern ermöglicht, die zahlreichen Hinweise zum Ungeheuer selbst einzuschätzen. Zu den Exponaten zählt die Originalausrüstung – Sonarüberwachungsfahrzeuge, Mini-U-Boote, Kameras und Sedimentkernprobennehmer –, die bei verschiedenen Monsterjagden eingesetzt wurden, außerdem Originalfotos und Filmmaterial von Sichtungen. Die Besucher können sich über Schabernack und optische Täuschungen informieren und viel über die Ökologie von Loch Ness erfahren – gibt es im *loch* genügend Nahrung, um auch nur ein Ungeheuer zu ernähren, ganz abgesehen von einer Brutpopulation?

Nessieland Castle Monster Centre AUSSTELLUNG

(www.nessieland.co.uk; Erw./Kind 5,50/4 £; ⊙Juli & Aug. 9–20 Uhr, April–Juni, Sept. & Okt. 10–17.30 Uhr, Nov.–März 10–16 Uhr) Der Miniatur-Themenpark zielt voll und ganz auf Kinder ab, obwohl der Verdacht naheliegt, dass seine Hauptfunktion darin besteht, Souvenirs rund ums Ungeheuer von Loch Ness zu verkaufen.

Nessie Hunter BOOTSFAHRT

(☏01456-450395; www.lochness-cruises.com; Erw./Kind 15/10 £; ⊙Ostern–Okt.) Einstündige Bootsfahrten zur Monsterjagd inklusive Sonar und Unterwasserkameras. Die Boote fahren täglich einmal pro Stunde von 9 bis 18 Uhr (außer 13 Uhr) ab Drumnadrochit.

ABSTECHER

DORES INN

Während sich auf der Westseite von Loch Ness volle Reisebusse zu den Hotspots Drumnadrochit und Urquhart Castle schieben, geht es auf der schmalen Straße B862 am Ostufer vergleichsweise friedlich zu. Sie führt zum Dorf Foyers, von dort bietet sich eine hübsche Wanderung zu den **Falls of Foyers** an.

Die Fahrt lohnt sich allein schon wegen des **Dores Inn** (☏01463-751203; www.thedores inn.co.uk; Dores; Hauptgerichte 9–13 £; ⊙Mittag- & Abendessen; 🅿🐾). Der wunderschön restaurierte ländliche Pub ist mit altem Kirchengestühl ausgestattet, Gemälde der umgebenden Landschaft hzieren die Wände und frische Blumen schmücken die Tische. Die Küche ist auf hochwertige schottische Gerichte spezialisiert, von Haggis und *neeps and tatties* (Rüben und Kartoffeln) über Schellfisch mit Pommes frites bis hin zu Steak, Muscheln und Platten mit Fisch und Meeresfrüchten.

Der Garten bietet einen faszinierenden Blick über die ganze Länge des Loch Ness und besitzt sogar einen ausgewiesenen Aussichtspunkt zum Ungeheuer-Entdecken. In der Nähe ist ein Wohnwagen, mit dem Emblem des Nessie-Serry Independent Research geschmückt, seit 1991 das Zuhause des engagierten Nessie-Jägers Steve Feltham (www.haveyouseenityet.co.uk). Er verkauft Tonfiguren des Ungeheuers und hat viele faszinierende Geschichten über den *loch* auf Lager.

START INVERNESS
ZIEL INVERNESS
LÄNGE 209 KM
DAUER 4 STUNDEN

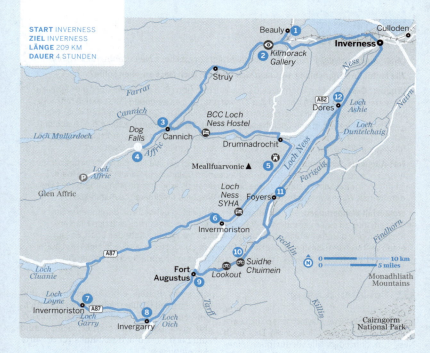

Ausflug
Einmal rund um Loch Ness

› Auf der A862 Richtung Beauly geht es aus Inverness hinaus, um rechtzeitig zum Frühstück im ❶ **Corner on the Square** in Beauly einzutreffen. Rund 1,5 km weit fährt man den gleichen Weg zurück und biegt dann rechts auf die A831 nach Cannich ab, vorbei an der ❷ **Kilmorack Gallery**, die in einer umgebauten Kirche moderne Kunst ausstellt. Die Landschaft wird umso ursprünglicher, je weiter man sich ❸ **Cannich** nähert; hier biegt man rechts ab und folgt der einspurigen Straße zum Parkplatz an den ❹ **Dog Falls**. Hier bieten sich ein Spaziergang entlang dem rauschenden Fluss oder eine Wanderung zum Aussichtspunkt an (hin & zurück eine Stunde), um einen Blick in das abgeschiedene Glen Affric zu werfen.

Es geht zurück nach Cannich und nach rechts auf die A831 nach Drumnadrochit, dann rechts auf die A82 am malerischen ❺ **Urquhart Castle** vorbei und am Ufer von Loch Ness entlang. In ❻ **Invermoriston** sollte man halten, um die alte Brücke zu besichtigen, die 1813 von Telford erbaut wurde. Anschließend geht es nach Westen auf der A897 in Richtung Kyle of Lochalsh; nach 26 km fährt man links auf die A87 Richtung Invergarry ab. Hier ist eine der schönsten Gebirgslandschaften der Highlands zu sehen; wenn die Straße oberhalb des Loch Garry nach Osten abbiegt, bietet sich ein Halt am ❼ **Aussichtspunkt** an (Parkbucht auf der rechten Seite, nicht beschildert).

In ❽ **Invergarry** geht es links auf die A82, um ❾ **Fort Augustus** zu erreichen. Dort bietet sich ein spätes Mittagessen im Lovat oder im Lock Inn an. Die B862 führt zu einem weiteren Aussichtspunkt in ❿ **Suidhe Chuimein**. Ein kurzer (800 m) Spaziergang zum Gipfel hinauf beschert einen noch schöneren Panoramablick. Nun kann man sich für die untere Straße, die an den eindrucksvollen ⓫ **Falls of Foyers** vorbeiführt, entscheiden oder auf der oberen Straße bleiben (B862) und weitere schöne Aussichten genießen; beide Straßen treffen am ⓬ Dores Inn wieder auf den Loch Ness. Man kann dort ein Pint mit Blick auf den See genießen oder auch zum Abendessen bleiben, bevor es zurück nach Inverness geht.

INSIDERWISSEN

ADRIAN SHINE

Leiter des Loch Ness Project und verantwortlich für das Loch Ness Centre & Exhibition

Wie lautet Ihre Empfehlung, was man sich rund um Loch Ness ansehen sollte?

Urquhart Castle Wer im Loch Ness Centre & Exhibition (S. 374) etwas über die Geheimnisse des Loch erfahren hat und das Ganze jetzt aus einer neuen Perspektive betrachten möchte, besucht am allerbesten Urquhart Castle (S. 374). Es hockt auf einer felsigen Landzunge, die in den Loch Ness hineinragt. Die Exponate erzählen die Geschichte der Burg vom steinernen piktischen Fort bis zu ihrer Rolle in den schottischen Unabhängigkeitskriegen. Der Blick vom Grant Tower ist wirklich atemberaubend.

Fort-Augustus-Schleusen Am südlichen Ende des Loch wurde von dem großartigen Ingenieur Thomas Telford eine Kette von Schleusen im Caledonian Canal (S. 377) erbaut. Es ist immer interessant zuzusehen, wie Schiffe diese „Wassertreppe" hinaufbefördert werden. British Waterways unterhält auf halbem Weg eine faszinierende Ausstellung.

Wasserfall-Wanderungen Am Parkplatz in Invermoriston geht es von der anderen Straßenseite aus zu einem grandiosen Wasserfall, dann wieder zurück und den Pfad am Fluss entlang durch einen alten Buchenwald hinunter zu den Ufern des Loch. Es gibt einen weiteren berühmten Wasserfall in Foyers am Südostufer von Loch Ness und außerdem die Divach Falls, zu denen die Balmacaan Road in Drumnadrochit hinaufführt.

🛏 Schlafen & Essen

Loch Ness Inn   INN ££

(☎01456-450991; www.staylochness.co.uk; Lewiston; EZ/DZ/FZ 89/102/145 £; P🕾) Das Loch Ness Inn befriedigt alle Bedürfnisse eines müden Reisenden: bequeme Zimmer (die Familiensuite bietet Platz für zwei Erwachsene und zwei Kinder), eine gemütliche Bar, die Real Ales von Brauereien in Cairngorm und der Isle of Skye ausschenkt, und ein rustikales Restaurant (Hauptgerichte 9–18 £), das herzhafte, gesunde Gerichte wie mit Whisky flambierten Haggis und schottischen Lammbraten serviert.

Das Inn liegt günstig in dem ruhigen Weiler Lewiston zwischen Drumnadrochit und Urquhart Castle.

Drumbuie Farm   B&B ££

(☎01456-450634; www.loch-ness-farm.co.uk; Drumnadrochit; pro Pers. ab 30 £; ⊙März–Okt.; P) Das Drumbuie ist ein B&B in einem modernen Gebäude auf einem bewirtschafteten Bauernhof – die Wiesen rundum sind voller Schafe und Hochlandrinder – mit Blick auf Urquhart Castle und den Loch Ness. Wanderer und Radler sind willkommen.

Loch Ness Backpackers Lodge   HOSTEL £

(☎01456-450807; www.lochness-backpackers.com; Coiltie Farmhouse, East Lewiston; pro Pers. ab 16 £; P) Das behagliche Hostel ist in einer Hütte und einer Scheune untergebracht. Es verfügt über Schlafräume mit sechs Betten, ein Doppelzimmer und einen großen Grillbereich. Auf der A82 Richtung Fort William sind es von Drumnadrochit etwa 1,2 km bis hierher; beim Schild zum Loch Ness Inn, direkt links vor der Brücke, einbiegen.

Loch Ness SYHA   HOSTEL £

(☎01320-351274; www.syha.org.uk; B 18,50 £; ⊙April–Sept.; @) Das Hostel besetzt eine große Blockhütte mit Blick auf Loch Ness, und viele der Schlafräume bieten Blick auf den See. Die Unterkunft liegt an der Straße A82, 21 km südwestlich von Drumnadrochit und 6,5 km nordöstlich von Invermoriston. Busse, die regelmäßig von Inverness nach Fort William fahren, halten in der Nähe.

Borlum Farm   CAMPINGPLATZ £

(☎01456-450220; www.borlum.co.uk; Stellplätze pro Erw./Kind 6/4 £; ⊙März–Okt.) Etwas abseits der Hauptstraße und etwa 800 m südöstlich von Drumnadrochit befindet sich diese Farm..

Fiddler's Coffee Shop & Restaurant   CAFÉ, RESTAURANT ££

(www.fiddledrum.co.uk; Hauptgerichte 8–17 £; ⊙11–23 Uhr; 🕾) Der Coffeeshop bereitet Cappuccino und Croissants zu, das Restaurant serviert Highland-Gerichte – z. B. Wildkasserole – und eine breite Auswahl an schottischen Bieren. Außerdem gibt es eine riesige Auswahl an Single Malts.

❶ An- & Weiterreise

Busse von Scottish Citylink (S. 357) und Stagecoach (S. 553) fahren auf dem Weg von Inverness nach Fort William am Ufer des Loch Ness entlang (6- bis 8-mal tgl., So 5-mal tgl.); die Busse mit Fahrziel Skye biegen in Invermoriston ab. Bushaltestellen befinden sich in Drumnadrochit (6,20 £, 30 Min.), am Parkplatz Urquhart Castle (6,60 £, 35 Min.) und am Loch Ness Youth Hostel (8,60 £, 45 Min.).

FORT AUGUSTUS
510 EW.

Fort Augustus liegt an der Kreuzung von vier alten Militärstraßen und war ursprünglich eine Garnison der Regierung und im frühen 18. Jh. das Hauptquartier von General George Wades Straßenbauprogramm. Heute ist es ein hübscher, malerischer Ort, der im Sommer wegen seiner Lage am südlichen Ende des Loch Ness oft von Touristen überlaufen ist.

◉ Sehenswertes & Aktivitäten

Caledonian Canal — KANAL

In Fort Augustus werden Schiffe, die den Caledonian Canal befahren, über eine „Leiter" aus fünf aufeinanderfolgenden Schleusen um 13 m angehoben bzw. abgesenkt. Es macht Spaß, dabei zuzusehen. Die landschaftlich hübsch gestalteten Kanalufer sind ein toller Platz, um die Sonne zu genießen oder den eigenen Akzent mit dem der Mittouristen zu vergleichen. Das **Caledonian Canal Heritage Centre** (☎01320-366493; Eintritt frei; ⊕April–Okt. 10–17 Uhr) neben der untersten Schleuse präsentiert die Geschichte des Kanals.

Clansman Centre — MUSEUM

(www.scottish-swords.com; ⊕April–Okt. 10–18 Uhr) Die Ausstellung, die das Leben in den Highlands im 17. Jh. dokumentiert, zeigt Livedemonstrationen, wie man ein Plaid (den Vorläufer des Kilt) anlegt und wie der Claymore (Highland-Schwert) hergestellt und eingesetzt wurde. In einer Werkstatt können die Besucher auch handgearbeitete Reproduktionen von Schwertern, Dolchen und Schilden kaufen.

Royal Scot — BOOTSTOUR

(☎01320-366277; www.cruiselochness.com; Erw./Kind 12,50/8 £; ⊕April–Okt. stündl. 10–16 Uhr, Nov.–März nur 13 & 14 Uhr) Einstündige Bootsfahrten auf dem Loch Ness mit der allerneuesten Hightech-Sonarausrüstung, sodass die Passagiere auch unter Wasser nach Nessie Ausschau halten können.

🛏 Schlafen & Essen

LP TIPP Lovat — HOTEL £££

(☎01456-459250; www.thelovat.com; Main Rd.; DZ ab 121 £; 🅿 🛜) Eine Renovierung im Boutiquestil hat das frühere Jagdhotel abseits des Touristengedränges rund um den Kanal in ein luxuriöses, aber umweltbewusstes Refugium verwandelt. Die geräumigen Zimmer sind stilvoll eingerichtet, die Lounge wartet mit Kaminfeuer, bequemen Sesseln und einem Flügel auf.

Es gibt hier eine zwanglose Brasserie und ein hochgelobtes Restaurant (fünfgängiges Abendessen 45 £), das mit einer Küche der Spitzenklasse aufwartet.

Morag's Lodge — HOSTEL £

(☎01320-366289; www.moragslodge.com; Bunoich Brae; B/2BZ/FZ ab 20/48/66 £; 🅿 @ 🛜) Das große, gut geführte Hostel befindet sich in einem großen viktorianischen Haus mit tollem Blick auf das hügelige Umland von Fort Augustus und besitzt eine gesellige Bar mit offenem Kamin. Es liegt versteckt hinter den Bäumen; eine steile Straße direkt nördlich des Parkplatzes an der Touristeninformation führt hinauf.

Lorien House — B&B ££

(☎01320-366736; www.lorien-house.co.uk; Station Rd.; EZ/DZ 40/70 £) Das Lorien ist gegenüber den üblichen B&Bs ein Schnäppchen – die Badezimmer verfügen über Bidets, und zum Frühstück gehört Räucherlachs; in der Lounge steht außerdem eine ganze Bibliothek von Wander-, Rad- und Kletterführern.

Cumberland's Campsite — CAMPINGPLATZ £

(☎01320-366257; www.cumberlands-campsite.com; Glendoe Rd.; Stellplätze pro Erw./Kind 8/3 £; ⊕April–Sept.) Südöstlich des Dorfes an der B862 Richtung Whitebridge; Eingang neben der Stravaigers Lodge.

Lock Inn — PUB ££

(Canal Side; Hauptgerichte 9–14 £; ⊕Mahlzeiten 12–20 Uhr) Der exzellente kleine Pub direkt am Kanalufer hat eine riesige Auswahl an Malt-Whiskys und eine verlockende Karte mit kleinen Gerichten, darunter finden sich z. B. Orkney-Lachs, Highland-Wild und Tagesgerichte mit Fisch und Meeresfrüchten. Spezialität des Hauses ist Schellfisch in Bierteig mit Pommes frites.

❶ Praktische Informationen

Im Postamt am Kanal befindet sich ein Geldautomat und eine Wechselstube.

Touristeninformation Fort Augustus
(☏ 01320-366367; ⊙ Ostern–Okt. Mo–Sa 9–18, So 9–17 Uhr) Am zentralen Parkplatz.

❶ An- & Weiterreise

Busse von Scottish Citylink (S. 357) und Stagecoach (S. 553) von Inverness nach Fort William halten in Fort Augustus (10,20 £, 1 Std., Mo–Sa 6- bis 8-mal tgl., So 5-mal tgl.).

DIE CAIRNGORMS

Der Cairngorms National Park (www.cairngorms.co.uk) umfasst die höchstgelegene Landmasse in Großbritannien – ein weites Bergplateau, das nur von den tiefen Tälern des Lairig Ghru und des Loch Avon durchschnitten wird. Es liegt durchschnittlich auf einer Höhe von über 1000 m und umfasst fünf der sechs höchsten Gipfel des Vereinigten Königreichs. Die wilde Gebirgslandschaft aus Granit und Heideland besitzt ein subarktisches Klima und bietet einer seltenen alpinen Tundravegetation und Hochgebirgsvogelarten wie Schneeammer, Schneehuhn und Mornellregenpfeifer Lebensraum.

Die schroffe Bergwelt weicht in tieferen Lagen malerischen Tälern, die von wunderschönen offenen Wäldern der einheimischen Waldkiefer weichgezeichnet sind. Sie sind Heimat seltener Tier- und Vogelarten wie Baummarder, Wildkatze, Fischadler, Auerhuhn und Kreuzschnabel.

Auch wenn dies in erster Linie ein Bergwandergebiet ist, können sogar „Couch-Potatoes" die Höhenluft genießen: Die Standseilbahn der Cairngorm Mountain Railway fährt zum Cairngorm-Plateau hinauf.

Aviemore

2400 EW.

Aviemore ist das Einfallstor zu den Cairngorms und im Hinblick auf Verkehr, Unterkunft, Restaurants und Shopping das Zentrum der Region. Es ist beileibe nicht der schönste Ort in Schottland – die Hauptattraktionen liegen in der Umgebung –, aber wenn schlechtes Wetter den Zugang zu den Bergen verhindert, füllt sich Aviemore mit Wanderern, Radfahrern und Kletterern (sowie Skiläufern und Snowboardern im Winter), die die Läden durchstöbern oder in den Cafés und Bars von ihren neuesten Abenteuern erzählen. Zusammen mit den Touristen und Einheimischen erfüllt diese bunte Mischung den kleinen Ort mit Leben.

Aviemore liegt an einer Schleife unweit der Straße A9 Perth–Inverness; die allermeisten erwähnenswerten Plätze finden sich an der Hauptstraße, der Grampian Road. Bahnhof und Bushaltestelle liegen näher am Südende.

Das Cairngorm-Skigebiet und die Standseilbahn befinden sich 14,5 km südöstlich von Aviemore, an der B970 (Ski Rd.) und ihrer Verlängerung hinter Coylumbridge und Glenmore.

◉ Sehenswertes

Strathspey Steam Railway MUSEUMSEISENBAHN
(☏ 01479-810725; www.strathspeyrailway.co.uk; Station Sq.; Hin- & Rückfahrkarte pro Erw./Kind 11,50/5,75 £) Mit einer Bahn, die von einer Dampflokomotive gezogen wird, bietet die Strathspey Steam Railway Fahrten auf einem Abschnitt der wiederhergestellten Strecke zwischen Aviemore und Broomhill, 16 km nach Nordosten über Boat of Garten. Von Juni bis September fahren täglich vier oder fünf Züge, im April, Mai, Oktober und Dezember gilt ein eingeschränktes Angebot.

Eine Verlängerung der Strecke nach Grantown-on-Spey ist geplant (s. www.railstograntown.org); einstweilen können Passagiere per Bus von Broomhill nach Grantown-on-Spey weiterfahren.

Rothiemurchus Estate WALD
(www.rothiemurchus.net) Der Rothiemurchus Estate, der sich vom River Spey in Aviemore zum Cairngorm-Gipfelplateau erstreckt, ist berühmt für Schottlands größte Restbestände des **Kaledonischen Waldes**. Der uralte Kiefernwald bedeckte einst den größten Teil des Landes. Das Waldgebiet beherbergt eine große Population Roter Eichhörnchen und ist eine der letzten Zufluchtsstätten der Schottischen Wildkatze.

Das **Rothiemurchus Estate Besucherzentrum** (☏ 01479-812345; Eintritt frei; ⊙ 9–17.30 Uhr), 1,6 km südöstlich von Aviemore über die B970 zu erreichen, verkauft eine *Explorer Map*, eine Karte, auf der über 80 km **Fuß-** und **Radwege** verzeichnet sind, einschließlich eines mit dem Rollstuhl zugänglichen, 6,5 km langen Pfades rund um den **Loch an Eilein** mit seiner Burgruine und den friedlichen Kiefernwäldern.

Craigellachie Nature Reserve NATURRESERVAT
(www.nnr-scotland.org.uk/craigellachie; Grampian Rd.; 🚶) Ein Weg führt vom Aviemore Youth Hostel nach Westen und unter der A9 hindurch ins Craigellachie Nature Reserve,

Die Cairngorms

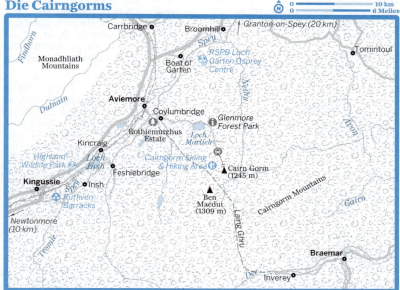

die ideal für kurze Wanderungen über steile Berghänge mit natürlichem Buchenwald führen. Hier kann man nach Wildtieren Ausschau halten, darunter Wanderfalken, die von April bis Juli auf den Felsen brüten. Mit sehr viel Glück lässt sich sogar ein Auerhuhn entdecken.

Aktivitäten

Bothy Bikes — MOUNTAINBIKEN
(01479-810111; www.bothybikes.co.uk; Dalfaber; halber/ganzer Tag 16/20 £; 9-17.30 Uhr) Der Mountainbikeverleih liegt gleich außerhalb von Aviemore auf dem Weg zum Cairngorm-Plateau und kann auch Tipps zu Routen und Wegen geben; eine gute Wahl für Anfänger ist der **Old Logging Way**, der vom Verleihzentrum nach Glenmore führt. Dort kann man eine Schleife um den Loch Morlich fahren, bevor es wieder zurückgeht. Für erfahrene Biker sind die gesamten Cairngorms eine wahre Spielwiese. Reservierung ist zu empfehlen.

Rothiemurchus Fishery — ANGELN
(01479-810703; www.rothiemurchus.net; Rothiemurchus Estate; 9-17.30 Uhr, Juli & Aug. bis 21 Uhr) In diesem *loch* am Ende des Dorfes kann man die Angel nach Regenbogenforellen auswerfen; Angelscheine (ab 10 £ bis 30 £ pro Tag, plus 5 £ für Angelgeräteverleih) sind im Fish Farm Shop erhältlich. Für Neulinge im Fliegenfischen gibt es ein Anfängerpaket einschließlich Angelgerät, einstündiger Anleitung und einer Stunde Angeln für 39 £ pro Person.

Auf erfahrene Angler warten Lachse und Meerforellen im River Spey – ein Tagesschein kostet etwa 20 £; die Ausgabe ist begrenzt, deshalb sollte man am besten man im Voraus buchen.

Cairngorm
Sled-Dog Centre — HUNDESCHLITTENFAHRT
(07767-270526; www.sled-dogs.co.uk; Ski Rd.) Die Einrichtung nimmt ihre Besucher mit auf eine 20-minütige Schlittentour über örtliche Waldwege im Kielwasser eines Husky-Gespanns (Erw./Kind 50/35 £) oder auf eine dreistündige Hundeschlittensafari (150 £ pro Pers.). Die Schlitten haben Räder, Schnee ist also nicht erforderlich. Außerdem werden einstündige Führungen durch die Hundezwinger veranstaltet (Erw./Kind 8/4 £). Das Zentrum liegt rund 5 km östlich von Aviemore und ist von der Straße zum Loch Morlich aus ausgeschildert.

Alvie & Dalraddy Estate — QUADFAHRT
(01479-810330; www.alvie-estate.co.uk; Dalraddy Holiday Park; pro Pers. 42 £) Auf diesem

weitläufigen Anwesen, rund 5 km südlich von Aviemore an der B9152 gelegen, können Besucher eine Querfeldein-Quadstrecke nutzen (vorher anrufen).

Aviemore Highland Resort   FREIZEITANLAGE
(☏ 0844 879 9152; www.aviemorehighlandresort.com) Der Komplex aus Hotels, Chalets und Restaurants westlich der Grampian Road umfasst Schwimmbecken, Fitness- und Wellnessbereich, Videospielhalle und eine riesige, glitzernde Einkaufspassage. Der Swimmingpool und weitere Freizeiteinrichtungen können auch von Gästen genutzt werden, die nicht dort wohnen.

🛌 Schlafen

Old Minister's House   B&B ££
(☏ 01479-812181; www.theoldministershouse.co.uk; Rothiemurchus; EZ/DZ 70/110 £; P 🛜) Das ehemalige Pfarrhaus stammt aus dem Jahr 1906 und hat vier Zimmer, die den Gästen ein heimeliges Landhaus-Feeling vermitteln. Es liegt hübsch zwischen Waldkiefern am Ufer des River Druie, nur 1,2 km südöstlich von Aviemore.

Ardlogie Guest House   B&B ££
(☏ 01479-810747; www.ardlogie.co.uk; Dalfaber Rd.; EZ/DZ ab 40/60 £, Bothy für 3 Nächte 165 £; P 🛜) Das Ardlogie mit seinen fünf Zimmern liegt günstig zum Bahnhof und bietet einen tollen Blick über den River Spey auf die Cairngorms. Wer sich selbst verpflegen möchte, kann im Bothy unterkommen, einer gemütlichen Holzhütte für zwei Personen. Zu den Einrichtungen gehört eine Bouleanlage im Garten, und die Gäste können kostenlos Pool, Wellnessbereich und Sauna des örtlichen Country Club nutzen.

Aviemore Bunkhouse   HOSTEL £
(☏ 01479-811181; www.aviemore-bunkhouse.com; Dalfaber Rd.; B/2BZ/FZ 17/55/65 £; P @ 🛜) Das unabhängige Hostel bietet Unterkunft in hellen, modernen Schlafräumen mit sechs bis acht Betten, jeweils mit eigenem Bad, und ein Zweier-/Familienzimmer. Es gibt einen Trockenraum, sichere Unterstellmöglichkeiten für Fahrräder und rollstuhlgerechte Schlafräume. Zum Bahnhof geht es über die Fußgängerbrücke, die über die Gleise fährt, und dann rechts auf der Dalfaber Road Richtung Süden.

Ravenscraig Guest House   B&B ££
(☏ 01479-810278; www.aviemoreonline.com; Grampian Rd.; Zi. pro Pers. 35–42 £; P 🛜) Das Ravenscraig ist eine große, blumenge-schmückte viktorianische Villa mit sechs geräumigen Zimmern mit Bad sowie weiteren sechs Zimmern (eines ist rollstuhlgerecht) in einem modernen Chalet auf der Rückseite. Das Haus serviert traditionelles und vegetarisches Frühstück im attraktiven Wintergarten.

Cairngorm Hotel   HOTEL ££
(☏ 01479-810233; www.cairngorm.com; Grampian Rd.; EZ/DZ ab 59/98 £; P 🛜) Das alteingesessene Haus, besser bekannt als „The Cairn", ist in dem schönen alten Gebäude aus Granitstein mit dem spitzen Türmchen gegenüber dem Bahnhof untergebracht. Es ist ein gastfreundlicher Ort mit bequemen Zimmern und entschieden schottischer Atmosphäre – Teppichboden in Schottenkaro und Hirschgeweih an den Wänden. Am Wochenende wird Livemusik gespielt, dann kann es etwas lauter werden – nichts für Leute, die früh schlafen gehen.

Hilton Coylumbridge   HOTEL ££
(☏ 01479-810661; www.coylumbridge.hilton.com; Coylumbridge; DZ ab 110 £; P 🛜 🏊) Der moderne Flachbau steht inmitten der Kiefernwälder gleich außerhalb von Aviemore. Das Hilton ist ein wunderbar familienfreundliches Hotel mit Zimmern für bis zu zwei Erwachsene und zwei Kinder, mit Spielbereichen drinnen und draußen, einer Krabbelstube und Babysitterservice. Das Hotel liegt rund 2,4 km östlich von Aviemore, an der Straße zum Loch Morlich.

Aviemore SYHA   HOSTEL £
(☏ 01479-810345; www.syha.org.uk; 25 Grampian Rd.; B 18 £; P @ 🛜) Hostel der gehobenen Klasse in einem weitläufigen, gut ausgestatteten Gebäude, zu Fuß fünf Minuten südlich vom Dorfzentrum. Es gibt Schlafräume mit vier und sechs Betten und eine bequeme Lounge mit Blick auf die Berge.

Rothiemurchus Camp & Caravan Park   CAMPINGPLATZ £
(☏ 01479-812800; www.rothiemurchus.net; Coylumbridge; Stellplätze pro Erw./Kind 9/2 £) Der nächstgelegene Campingplatz von Aviemore ist diese ganzjährig geöffnete Anlage. Sie befindet sich zwischen Waldkiefern in Coylumbridge, nach 2,4 km über die B970.

🍴 Essen & Trinken

Mountain Cafe   CAFÉ £
(www.mountaincafe-aviemore.co.uk; 111 Grampian Rd.; Hauptgerichte 4–10 £; ⊙ Di–Do 8.30–

17, Fr–Mo bis 17.30 Uhr;) Das Mountain Cafe bietet frisch zubereitete lokale Produkte mit einer Kiwi-Note (der Besitzer stammt aus Neuseeland) – gesunde Frühstücksvarianten mit Müsli, Porridge und frischem Obst (bis 11.30 Uhr), herzhaftes Mittagessen wie Meeresfrüchtesuppe, Burger und fantasievolle Salate sowie hausgebackenes Brot, Kuchen und Kekse. Auch Veganer, Glutenunverträglichkeit und Nussallergiker werden hier mit Speisen versorgt.

Ski-ing Doo   BISTRO ££
(01479-810392; 9 Grampian Rd.; Hauptgerichte 7–12 £, Steaks 15–17 £;) Das kinderfreundliche Ski-ing Doo (das ist ein Wortspiel ... oh, den Kellner fragen!) ist eine alteingesessene Institution in Aviemore und vor allem bei Ski laufenden und wandernden Familien beliebt. Das zwanglose Lokal bietet eine Auswahl an herzhaften hausgemachten Burgern, Chiligerichten und saftige Steaks; die Café-Bar Doo Below ist ab 12 Uhr mittags den ganzen Tag geöffnet.

Winking Owl   PUB
(Grampian Rd.) Der lebhafte lokale Pub ist bei Wanderern und Kletterern beliebt, und serviert eine gute Auswahl an Real Ales und Malt-Whiskys.

Old Bridge Inn   PUB
(01479-811137; www.oldbridgeinn.co.uk; 23 Dalfaber Rd.;) Das Old Bridge besitzt eine behagliche Bar – im Winter prasselt hier ein Kaminfeuer – und auf der Rückseite ein freundliches Restaurant (www.oldbridgeinn. co.uk; 23 Dalfaber Rd.; Hauptgerichte 9–18 £; Mittag- & Abendessen, Fr & Sa bis 22 Uhr) im Stil eines Chalets, das hochwertige schottische Gerichte auf den Tisch bringt.

Café Mambo   CAFÉ, BAR
(The Mall, Grampian Rd.;) Das Mambo ist nachmittags ein beliebtes Café zum Entspannen. Abends wird es zur Location für Clubbing und Livebands.

 Praktische Informationen

An der Grampian Road gibt es vor dem Tesco-Supermarkt Geldautomaten, im Postamt und in der Touristeninformation kann man Geld tauschen.
Aviemore Touristeninformation (01479-810363; www.visitaviemore.com; The Mall, Grampian Rd.; Juli & Aug. Mo–Sa 9–18, So 9.30–17 Uhr, Ostern–Juni, Sept. & Okt. Mo–Sa 9–17, So 10–16 Uhr) Von Oktober bis Ostern sind die Öffnungszeiten eingeschränkt.

Caffe Bleu (www.caffebleu.com; Grampian Rd.; pro 30 Min. 1 £;) Kostenloses WLAN. Neben der Touristeninformation.

 An- & Weiterreise

Bus
Busse halten an der Grampian Road gegenüber dem Bahnhof; Tickets verkauft die Touristeninformation. Folgende Strecken werden u. a. angeboten:
Edinburgh 24,40 £, 3¾ Std., 3-mal tgl.
Glasgow 24,40 £, 3¾ Std., 3-mal tgl.
Grantown-on-Spey 35 Min., wochentags 5-mal tgl., Sa 2-mal tgl.; Buslinie 33 über Carrbridge (15 Min.).
Inverness 5,50 £, 1¾ Std., Mo–Fr 3-mal tgl.; über Grantown-on-Spey.
Perth 18 £, 2 Std., 5-mal tgl.

Zug
Der Bahnhof liegt an der Grampian Road.
Glasgow/Edinburgh 44 £, 3 Std. 6-mal tgl.
Inverness 11 £, 40 Min., 12-mal tgl.

 Unterwegs vor Ort

Bus
Die Buslinie 34 verbindet Aviemore mit dem Cairngorm-Parkplatz (45 Min., stündl.) und fährt über Coylumbridge und Glenmore. Ein Strathspey-Ticket Dayrider/Megarider (6,40/ 16 £) ermöglicht einen bzw. sieben Tage lang beliebig viele Busfahrten von Aviemore zu den Cairngorms, nach Carrbridge und Kingussie (beim Busfahrer erhältlich).

Fahrrad
Mehrere Läden in Aviemore, Rothiemurchus Estate und Glenmore vermieten Mountainbikes für alle, die die Gegend per Rad erkunden wollen. Eine unbefestigte Radroute verbindet Aviemore mit Glenmore und Loch Morlich.
Bothy Bikes (01479-810111; www.bothy-bikes.co.uk; Ski Rd.; 9–17.30 Uhr) berechnet 20 £ pro Tag für ein Qualitätsrad mit Vorderradfederung und Scheibenbremsen.

Rund um Aviemore

CAIRNGORM MOUNTAIN
Cairngorm Mountain Railway STANDSEILBAHN
(01479-861261; www.cairngormmountain.org; Erw./Kind hin & zurück 9,95/6,50 £; Mai–Nov. 10.20–16 Uhr, Dez.–April 9–16.30 Uhr) Die beliebteste Attraktion der Region ist eine Standseilbahn, die ihre Passagiere in nur acht Minuten an den Rand des Cairngorm-

BERGWANDERN IN DEN CAIRNGORMS

Der Anstieg vom Parkplatz im Skigebiet Coire Cas zum Gipfel des **Cairn Gorm** (1245 m) nimmt etwa zwei Stunden in Anspruch (einfache Strecke). Von hier aus geht es weiter Richtung Süden über das Hochplateau zum Ben Macdui (1309 m), dem zweithöchsten Gipfel Großbritanniens. Der Hin- und Rückweg vom Parkplatz dauert acht bis zehn Stunden und ist eine ernst zu nehmende Unternehmung; sie eignet sich nur für erfahrene und gut ausgerüstete Wanderer.

Der **Lairig Ghru Trail**, für den acht bis zehn Stunden veranschlagt werden sollten, ist eine anspruchsvolle Wanderung über 39 km von Aviemore über den Pass Lairig Ghru (840 m) nach Braemar. Eine Alternative zur Gesamtroute ist die sechsstündige Wanderung zur Passhöhe und zurück nach Aviemore. Der Weg beginnt an der Ski Road, 1,6 km östlich von Coylumbridge; unterwegs gibt es einige sehr schwierige Abschnitte.

Achtung – das Cairngorm-Plateau ist eine subarktische Landschaft. Die Orientierung ist kompliziert, und die Wetterbedingungen können schwierig sein, sogar mitten im Sommer. Wanderer benötigen eine geeignete Bergwanderausrüstung und müssen wissen, wie man mit Karte und Kompass umgeht. Im Winter ist diese Gegend nur für erfahrene Alpinisten geeignet.

Plateaus (1085 m) befördert. Die Talstation befindet sich am Coire-Cas-Parkplatz am Ende der Ski Road; an der Bergstation gibt es eine Ausstellung, einen Laden (natürlich) und ein Restaurant. Leider darf man aus Umweltschutz- und Sicherheitsgründen im Sommer die Bergstation nicht verlassen, wenn man nicht einen 90-minütigen geführten Spaziergang zum Gipfel des Cairn Gorm gebucht hat (Erw./Kind 15,95/10,50 £, Mai–Okt. 2-mal tgl.). Details zum Spaziergang stehen auf der Website.

Cairngorm Mountain   WINTERSPORT
(www.cairngormmountain.org) Aspen oder Val d'Isère ist es nicht gerade, aber mit 19 Abfahrten und Pisten von insgesamt 37 km Länge ist Cairngorm Schottlands größtes Skigebiet. Ein Skipass für einen Tag beträgt 31,50/19 £ für Erwachsene/Kinder bis 16 Jahre. Der Ski- oder Snowboardverleih kostet ca. 22,50/16,50 £ pro Erw./Kind am Tag; in Coire Cas, Glenmore und Aviemore gibt es viele Verleiher.

Bei guten Schneeverhältnissen und Sonnenschein kann man sich die Augen schließen und sich vorstellen, in den Alpen zu sein; leider bestimmen aber sehr viel häufiger tief hängenden Wolken, starke Winde und horizontaler Schneeregen das Bild. Die Saison dauert normalerweise von Dezember bis zur Schneeschmelze, die sogar erst Ende April einsetzen kann, aber der Schneefall ist hier kaum vorhersagbar – in manchen Jahren sind die Hänge schon im November geöffnet, im Februar aber wegen Schneemangels gesperrt. Während der Saison informiert die Touristeninformation über Schneebedingungen und Lawinenwarnungen. Die aktuellen Schneebedingungen sind unter http://ski.visitscotland.com und www.winterhighland.info abrufbar.

LOCH MORLICH
Sechs Meilen östlich von Aviemore liegt der Loch Morlich inmitten von etwa 21 km² Kiefern- und Fichtenwald, der den **Glenmore Forest Park** bildet. Zu seinen Attraktionen gehört ein Sandstrand, der sich am Ostende des Gewässers befindet.

Sehenswertes & Aktivitäten

Das **Besucherzentrum** des Parks befindet sich in Glenmore besitzt eine kleine Ausstellung, die Besucher über den Kaledonischen Wald informiert und die *Glenmore Forest Park Map*, eine Karte mit lokalen Wanderwegen, verkauft. Der **Rundweg um den Loch Morlich** (1 Std.) gibt einen hübschen Ausflug ab; der Weg ist kinderwagen- und rollstuhlgerecht.

Glenmore Lodge   ABENTEUERSPORT
(www.glenmorelodge.org.uk) Als eines der führenden britischen Trainingszentren für Abenteuersportarten bietet die Glenmore Lodge Kurse im Bergwandern, Felsklettern, Eisklettern, Kanufahren, Mountainbiken und Bergsteigen. Die komfortable **B&B-Unterkunft** (2BZ 54–74 £) des Zentrums steht auch denen offen, die keine Kurse besuchen. Das gilt auch für Kletterwand, Fitnessbereich und Sauna.

Cairngorm Reindeer Centre   WILDTIERPARK
(www.cairngormreindeer.co.uk; Erw./Kind 10/5 £) Der Wildhüter nimmt die Gäste mit auf eine Führung zu Großbritanniens einziger Rentierherde. Die Tiere sind zahm und fressen sogar aus der Hand. Die Wanderungen beginnen um 11 Uhr, von Mai bis September auch um 14.30 Uhr und im Juli und August von Montag bis Freitag auch um 15.30 Uhr.

Loch Morlich
Watersports Centre   WASSERSPORT
(www.lochmorlich.com; ⊙Mai–Okt. 9–17 Uhr) Der günstige Ausrüster verleiht Kanadier (Std. 19 £), Kajaks (7,50 £), Windsurfbretter (16,50 £), Dingis (23 £) und Ruderboote (19 £) und bietet auch Unterricht.

🛏 Schlafen

Cairngorm Lodge SYHA   HOSTEL £
(☎01479-861238; B 18 £; ⊙Nov. & Dez. geschl.; @🛜) Das Hostel ist in fantastischer Lage in einer früheren Jagdhütte am Ostende des Loch Morlich eingerichtet; Vorausbuchung ist unerlässlich.

Glenmore Caravan &
Camping Site   CAMPINGPLATZ £
(☎01479-861271; www.campingintheforest.co.uk; Zelt- & Wohnwagenstellplätze 23 £; ⊙ganzjährig) Camper können auf dem attraktiven Gelände am *Loch*-Ufer mit Stellplätzen inmitten von Waldkiefern ihr Lager aufschlagen; in der Gebühr sind bis zu vier Personen im Zelt/Wohnwagen inbegriffen.

❶ An- & Weiterreise
Die Buslinie 34 verbindet Aviemore mit Glenmore.

KINCRAIG & GLEN FESHIE
Der Highland Wildlife Park (☎01540-651270; www.highlandwildlifepark.org; Erw./Kind 14/10 £; ⊙April–Okt. 10–17 Uhr, Juli & Aug. bis 18 Uhr, Nov.–März bis 16 Uhr) in der Nähe von Kincraig, knapp 10 km südwestlich von Aviemore, unterhält einen Safaripark, durch den man mit dem Auto hindurchfährt, und Tiergehege. Sie bieten Gelegenheit, selten gesehene heimische Tierarten zu entdecken: Wildkatze, Auerhuhn, Baummarder und Seeadler, außerdem Arten, die einst das schottische Bergland bevölkerten, aber hier seit Langem verschwunden sind, darunter Wolf, Luchs, Schwarzwild, Biber und Wisent. Besucher ohne Auto werden von Mitarbeitern umhergefahren (ohne Extrakosten). Letzter Einlass ist zwei Stunden vor der Schließung. Die Stagecoach-Buslinie 32 fährt von Aviemore nach Kincraig (10 Min., Mo–Sa 5-mal tgl.).

In Kincraig erweitert sich der Spey zum Loch Insh, Standort des Loch Insh Watersports Centre (☎01540-651272; www.lochinsh.com; Kincraig; ⊙8.30–17.30 Uhr). Hier kann man Kanu fahren, windsurfen, segeln, Fahrräder ausleihen und angeln, außerdem gibt es eine B&B-Unterkunft. Das Essen ist gut, besonders nach 18.30 Uhr, wenn das Café am Loch-Ufer sich in ein gemütliches Restaurant verwandelt.

Das wunderschöne, ruhige **Glen Feshie**, von großen, mit Heidekraut bewachsenen Hügeln umgeben, erstreckt sich südlich von Kincraig, tief in die Cairngorms hinein. In den oberen Abschnitten stehen Kiefernwälder. Ein Weg zum oberen Ende des Tals, der nur mit Allradantrieb zu befahren ist, gibt einen tollen Mountainbike-Ausflug ab (hin & zurück 40 km).

CARRBRIDGE
540 EW.

Carrbridge, rund 11 km nordöstlich von Aviemore, ist ein guter alternativer Ausgangspunkt, um die Region zu erkunden. Seinen Namen verdankt der Ort einer anmutigen alten Brücke (bei Nacht angestrahlt) über die brausenden Stromschnellen des Dulnain, die 1717 erbaut wurde.

Der Landmark Forest Adventure Park (☎01479-841613; www.landmarkpark.co.uk; Erw./Kind 12,95/10,80 £; ⊙Mitte Juli–Aug. 10–19 Uhr, April – Mitte Juli bis 18 Uhr, Sept.–März bis 17 oder 18 Uhr) in einem Waldstück mit Waldkiefern ist ein etwas anderer Themenpark: Das Thema ist Bauholz. Hauptattraktionen sind der Ropeworx-Hochseil-Abenteuerkurs, der Treetops Trail (ein erhöhter Steg durch die Baumwipfel, von dem aus Eichhörnchen, Kreuzschnäbel und Haubenmeisen zu sehen sind) und die dampfbetriebene Sägemühle.

Die Buslinie 34 fährt von Inverness nach Carrbridge (45 Min., Mo–Fr 6-mal tgl., Sa 3-mal tgl.) und weiter nach Grantown-on-Spey (20 Min.) und Aviemore.

BOAT OF GARTEN
Boat of Garten ist als Osprey Village („Fischadler-Dorf") bekannt, weil diese seltenen und schönen Greifvögel im nahen RSPB Loch Garten Osprey Centre (☎01479-831694; www.rspb.org.uk/lochgarten; Tulloch; Erw./Kind 4/2.50 £; ⊙April–Aug. 10–18 Uhr) brüten. Die Fischadler kommen jedes Frühjahr aus Afrika hierher und nisten in einer hohen

Kiefer – man kann aus einem Versteck beobachten, wie sie ihre Jungen füttern. Das Zentrum ist etwa 3 km östlich des Dorfes ausgeschildert.

Eine Hostelunterkunft von guter Qualität ist die **Fraoch Lodge** (01479-831331; www.scotmountain.co.uk/hostel; Deshar Rd.; pro Pers. 21-23 £; P); dagegen bietet das **Boat Hotel** (01479-831258; www.boathotel.co.uk; EZ/DZ ab 77/147 £; P) luxuriöse Unterkunft und ein ausgezeichnetes Restaurant.

Boat of Garten liegt 9,6 km nordöstlich von Aviemore. Die interessanteste Anreise bietet sich mit der Strathspey Steam Railway (S. 376) an.

Grantown-on-Spey
2170 EW.

Grantown („*grän*-ton" ausgesprochen) ist ein eleganter georgianischer Ort am Ufer des Spey und zieht vor allem Angler und die Brigade der Tweedmützen- und Gummistiefelträger an. Im Sommer wird der Ort von Touristen überrannt, im Winter verwandelt er sich wieder in ein verschlafenes Nest. Die meisten Hotels können ihre Gäste mit allem Nötigen für einen Tag beim Fliegenfischen versorgen oder den Kontakt zu einem Ausrüster herstellen.

Schlafen & Essen

Brooklynn B&B ££
(01479-873113; www.woodier.com; Grant Rd.; Zi. pro Pers. 36-42 £; P) Die wunderschöne viktorianische Villa präsentiert sich mit originalem Buntglas und Holzvertäfelung sowie sieben geräumigen, luxuriösen Zimmern (alle Doppelzimmer mit Bad). Die Speisen – außer Frühstück wird auch Abendessen angeboten – sind ebenfalls ausgezeichnet.

Craggan Mill RESTAURANT ££
(01479-872288; www.cragganmill.co.uk; Hauptgerichte 13-23 £; Mi-Mo) Gleich südlich von Grantown-on-Spey an der A95 Richtung Aviemore in einer restaurierten Mühle aus dem 18. Jh. untergebracht, besitzt das Craggan eine rustikale Atmosphäre und freundlichen Service. Auch die Karte mit meisterhaft zubereiteten Meeresfrüchten und Fisch, Lamm und Rind enttäuscht nicht.

Glass House RESTAURANT £££
(01479-872980; Grant Rd.; Hauptgerichte 18-22 £; Mi-Sa 12-13.45, Di-Sa 19-21, So 12.30-14 Uhr) Das schicke, aber unprätentiöse Restaurant ist berühmt für frische, der Jahreszeit angepasste Gerichte, wobei der Fokus auf lokalen Produkten liegt.

Chaplin's Coffee House & Ice Cream Parlour CAFÉ £
(High St.; Mo-Sa 9.30-17, So 10-16.30 Uhr) Das traditionelle Familiencafé verkauft köstliches hausgemachtes Eis.

An- & Weiterreise

Die Buslinie 34 fährt von Inverness nach Aviemore über Grantown-on-Spey (8 £, 1¾ Std., Mo-Fr 6-mal tgl., Sa 3-mal tgl.).

Kingussie & Newtonmore

Die freundlichen alten Ortschaften am Spey, Kingussie („kin-*ju*-ssie" ausgesprochen) und Newtonmore, liegen am Fuß der großen, mit Heidekraut bewachsenen Hügel namens Monadhliath Mountains. Newtonmore ist vor allem als Standort des ausgezeichneten Highland Folk Museum bekannt.

Sehenswertes & Aktivitäten

GRATIS Highland Folk Museum MUSEUM
(01540-673551; www.highlandfolk.museum; Kingussie Rd., Newtonmore; April-Aug. 10.30-17.30 Uhr, Sept. & Okt. 11-16.30 Uhr) Dieses Freilichtmuseum umfasst eine Sammlung historischer Gebäude und Relikte, die viele Aspekte der Kultur und des Lebens in den Highlands verdeutlichen. Als Bauerndorf angelegt, besitzt es traditionelle strohgedeckte Häuser, eine Sägemühle, ein Schulhaus, ein Schäfer-Bothy (Hütte) und ein ländliches Postamt. Darsteller in zeitgenössischen Kostümen demonstrieren Tätigkeiten wie Holzschnitzen, Spinnen und Backen über dem Torffeuer. Mindestens zwei bis drei Stunden sollte man für einen gelungenen Besuch einplanen.

GRATIS Laggan Wolftrax MOUNTAINBIKEN
(www.forestry.gov.uk/WolfTrax; Strathmashie Forest; Mo 10-18, Di, Do & Fr 9.30-17, Sa & So 9.30-18 Uhr) Rund 16 km südwestlich von Newtonmore, an der Straße A86 Richtung Spean Bridge, liegt eines der besten Mountainbikezentren Schottlands: mit eigens angelegten Trails, die von Open Country bis zu Black-Diamond-Downhills mit Felsplatten und Steilhängen reichen. Ein Fahrradverleih befindet sich auf dem Gelände. Die Kosten liegen zwischen 25 £ pro Tag für ein nur

vorne gefedertes Mountainbike (Hardtail) und 50 £ für ein vollgefedertes Rad (Full Suspension).

Ruthven Barracks
RUINE

(HS; ⏲24 Std.) Ruthven Barracks war eine von vier Garnisonen, die die britische Regierung nach dem ersten Jakobitenaufstand 1715 bauen ließ. Sie waren Teil eines Plans, um die Highlands zu kontrollieren. Ironischerweise wurden die Kasernen am Ende von jakobitischen Truppen besetzt, die nach der Schlacht von Culloden die Rückkehr von Bonnie Prince Charlie erwarteten.

Als die Jakobiten von seiner Niederlage und der anschließenden Flucht erfuhren, steckten sie die Kasernen in Brand, bevor sie sich in die Täler davonmachten (das Gebäude ist noch immer ohne Dach). Die Ruinen stehen auf einer Terrasse über dem Fluss und sind von der Hauptstraße A9 bei Kingussie gut zu sehen. Bei Nacht werden sie spektakulär angestrahlt.

🛏 Schlafen & Essen

LP TIPP Eagleview Guest House
B&B ££

(☎01540-673675; www.eagleviewguesthouse.co.uk; Perth Rd., Newtonmore; Zi. pro Pers. 36–38 £; P@🛜) Das familienfreundliche Eagleview ist in dieser Gegend eine der angenehmsten Übernachtungsmöglichkeiten: schön dekorierte Zimmer, riesige Kingsize-Betten, großzügige Bäder mit Powerduschen und nette kleine Extras, z. B. Flachbildfernseher an der Wand und Cafetières auf dem Willkommenstablett mit echtem Kaffee und richtiger Milch statt des häufig üblichen ultrahocherhitzten Zeugs.

🌿 Homewood Lodge
B&B ££

(☎01540-661507; www.homewood-lodge-kingussie.co.uk; Newtonmore Rd., Kingussie; Zi. pro Pers. 25–30 £; P) Das elegante viktorianische Blockhaus am Westrand von Kingussie bietet Doppelzimmer mit herausragendem Blick auf die Cairngorms – eine nette Art, morgens aufzuwachen! Die Besitzer haben sich dem Recycling und der Energie-Effizienz verschrieben und im Garten ein kleines Naturreservat erschaffen.

Hermitage
B&B ££

(☎01540-662137; www.thehermitage-scotland.com; Spey St., Kingussie; EZ/DZ ab 38/78 £; P🛜) Das Hermitage mit seinen fünf Zimmern ist ein hübsches altes, charaktervolles Haus, das mit viktorianischen Möbeln ausgestattet ist – empfehlenswert ist Zimmer Num mit Doppelbett, Chesterfield-Sofa und h lichen Blick auf die Berge. In der Loung sind tiefe gemütliche Sofas um einen Kamin gruppiert. Vom Frühstücksraum und vom Garten eröffnet sich ein schöner Blick auf die Cairngorms.

LP TIPP The Cross
RESTAURANT £££

(☎01540-661166; www.thecross.co.uk; Tweed Mill Brae, bei Ardbroilach Rd., Kingussie; 3-gängiges Abendessen 55 £; ⏲Di-Sa Abendessen, Jan. geschl.; P) Das Cross, untergebracht in einer umgebauten Wassermühle, ist eines der besten Restaurants in den Highlands. Der intime Speiseraum mit niedriger Balkendecke besitzt einen offenen Kamin und einen Patio mit Blick auf den Bach. Serviert werden täglich wechselnde Gerichte aus frischen schottischen Zutaten, begleitet von einer erlesenen Weinkarte.

Wer über Nacht bleiben möchte, kann eines der acht stilvollen Zimmer (DZ oder 2BZ 110–140 £) wählen.

ℹ An- & Weiterreise

Bus

Kingussie und Newtonmore werden von Bussen von Scottish Citylink (S. 359) angefahren:

Aviemore 7,20 £, 25 Min., 5- bis 7-mal tgl.
Inverness 12,50 £, 1 Std., Mo–Sa 6- bis 8-mal tgl., So 3-mal tgl.
Perth 15,20 £, 1¾ Std., 5-mal tgl.

Zug

Der Bahnhof von Kingussie liegt am südlichen Ende des Ortes. Kingussie und Newtonmore haben Verbindung zu folgenden Zielen:

Edinburgh 44 £, 2½ Std., Mo–Sa 7-mal tgl., So 2-mal tgl.
Inverness 11 £, 1 Std., Mo–Sa 8-mal tgl., So 4-mal tgl.

WESTLICHE HIGHLANDS

Dieses Gebiet erstreckt sich vom kahlen Deckenmoor des Moor of Rannoch über Glen Coe und Fort William bis zur Westküste und umfasst die südlichen Ausläufer des Great Glen. Die Landschaft ist durchweg grandios: Hohe, wilde Berge überragen die Täler, große Moorflächen wechseln mit *lochs* und Nutzwaldgebieten ab. Fort William, am Ende des Loch Linnhe, ist die einzige größere Ortschaft in dem Gebiet.

... wird die Region als **Lochaber** ... (w.lochabergeopark.org.uk), ein Ge-... sragender Geologie und Land-... ktet.

Glen Coe

Schottlands berühmtestes Tal ist ebenso großartig wie – bei schlechtem Wetter – abweisend und düster. Wer sich dem Tal von Osten her nähert – unter den wachsamen Augen des pyramidenförmigen Felsens **Buachaille Etive Mor** („Großer Schafhirte von Etive") –, gelangt über den Pass of Glencoe in den oberen, engen Teil des Tals. Die Südseite wird von drei massiven Felsvorsprüngen, den **Three Sisters** („Drei Schwestern"), beherrscht, die Nordseite wird vom messerscharfen Kamm des Aonach Eagach begrenzt. Die Hauptstraße bahnt sich einsam ihren Weg durch diese erhabene Bergwelt, an tiefen Schluchten und rauschenden Wasserfällen vorbei hin zum beschaulicheren unteren Teil des Tals, das sich rund um den Loch Achtriochtan und das Dorf Glencoe erstreckt.

Glencoe erhielt 1692 einen Platz in den Geschichtsbüchern, als die ortsansässigen MacDonalds von Campbell-Soldaten ermordet wurden; bekannt wurde die Tat als das „Massaker von Glencoe".

 Aktivitäten

Mehrere kurze, hübsche Spaziergänge führen rund um den **Glencoe Lochan** unweit des Dorfes. Um dorthin zu gelangen, biegt man gleich hinter der Brücke über den River Coe von der Nebenstraße zur Jugendherberge links ab. Drei Routen (40 Min. bis 1 Std.) sind auf der Infotafel am Parkplatz beschrieben. Der künstliche See wurde 1895 von Lord Strathcona für seine heimwehkranke kanadische Ehefrau Isabella angelegt und ist von einem nordamerikanisch anmutenden Wald umgeben.

Anstrengender, aber an einem schönen Tag die Mühe wert ist der Aufstieg zum **Lost Valley**, einem märchenhaften Bergschutzgebiet, das noch immer von den Geistern der ermordeten MacDonalds heimgesucht wird (hin & zurück sind es nur 4 km, dennoch sollten drei Stunden eingeplant werden). Ein unebener Weg führt vom Parkplatz in Allt na Reigh (an der A82, 9,6 km östlich von Glencoe) links hinunter zu einer Fußgängerbrücke über den Fluss und anschließend zwischen Beinn Fhada und Gearr Aonach (der ersten und zweiten der Three Sisters) das bewaldete Tal hinauf. Durch ein Labyrinth von gigantischen, moosbewachsenen Felsbrocken geht es zunächst steil bergan, bevor sich – recht unerwartet – ein weites Tal öffnet. Hier liegt eine 800 m lange Weide, die so eben wie ein Fußballfeld ist. In den Tagen der Clan-Streitigkeiten diente das Tal – das von unten nicht einsehbar ist – als Versteck für gestohlenes Vieh; sein gälischer Name Coire Gabhail bedeutet „Tal des Einfangs".

Die Berggipfel des Glen Coe sind nur etwas für erfahrene Bergsteiger. Details zu den Bergwanderrouten finden sich im Führer des Scottish Mountaineering Club, *Central Highlands* von Peter Hodgkiss, der in den meisten Buchhandlungen und Outdoor-Läden der Gegend erhältlich ist.

ÖSTLICH DES GLEN

Glencoe Mountain Resort   OUTDOOR-AKTIVITÄTEN
(www.glencoemountain.com) Einige Kilometer östlich der Glen-Coe-Verwerfung, auf der Südseite der A82, liegen der Parkplatz und die Talstation für das Glencoe Mountain Resort, wo 1956 der Skitourismus in Schottland seinen Anfang nahm. Von den gemütlichen Sofas in der **Lodge Café-Bar** lässt sich der Blick durch die Panoramafenster genießen.

Der **Sessellift** (Erw./Kind 10/5 £; Do-Mo 9.30–16.30 Uhr) ist auch im Sommer in Betrieb – von der Bergstation des Lifts hat man einen fantastischen Blick über das Rannoch-Moor – und ermöglicht den Zugang zu einem Downhill-Mountainbiketrack. Im Winter kostet ein Liftpass 30 £ pro Tag, die Leihgebühr für die Ski-Ausrüstung liegt bei 25 £ pro Tag.

Rund 3 km westlich des Skizentrums führt eine Nebenstraße durch das schöne, friedliche **Glen Etive**, das 19 km weit nach Südwesten zum oberen Ende des Loch Etive verläuft. An heißen Sommertagen gibt es am River Etive viele verlockende Badestellen und zahlreiche gute Picknickplätze.

Kings House Hotel   HOTEL, PUB ££
(01855-851259; www.kingy.com; EZ/DZ 35/70 £; P) Das einsam gelegene Kings House Hotel aus dem 17. Jh. bezeichnet sich selbst als eine der ältesten Herbergen Schottlands mit Alkoholausschank. Seit Langem ist es ein beliebter Treffpunkt für Kletterer, Skiläufer und Bergwanderer – die rustikale **Climbers Bar** (kleine Gerichte 8–12 £; 11–23 Uhr), die sich auf der Rückseite des Hauses

DAS MASSAKER VON GLENCOE

Glen Coe – auf Gälisch Gleann Comhann – wird mitunter (fälschlicherweise) als „Tal der Tränen" übersetzt. Die romantische Fehlübersetzung wurde wegen der brutalen Morde, die hier 1692 verübt wurden, populär (der wahre Ursprung des Namens ist vorgälisch, er bedeutet „verloren in den Nebeln der Zeit").

Im Gefolge der Glorreichen Revolution von 1688, durch die der katholische König James VII./II. (VII. von Schottland, II. von England) durch den protestantischen König William II./III. auf dem britischen Thron abgelöst wurde, erhoben sich Anhänger des exilierten James – Jakobiten genannt, die meisten stammten aus den Highlands – in mehreren Kämpfen gegen William. Um die Loyalität der Jakobiten zu brechen, bot König William den Highland-Clans eine Amnestie unter der Bedingung an, dass alle Clanchefs ihm vor dem 1. Januar 1692 einen Treueid leisteten.

Maclain, das bejahrte Oberhaupt der MacDonalds von Glencoe, war den Autoritäten seit Langem ein Dorn im Auge. Er ließ sich nicht nur Zeit damit, die Forderung des Königs zu erfüllen, sondern zog irrtümlicherweise auch zuerst nach Fort William, bevor er die langsame Reise durch winterlichen Schlamm und Regen nach Inveraray antrat. Dort traf er drei Tage verspätet ein, um vor dem Sheriff von Argyll den Eid abzulegen.

Der für Schottland zuständige Minister, Sir John Dalrymple, wollte Maclains Fristversäumnis nutzen, um die aufmüpfigen MacDonalds zu bestrafen. Zugleich wollte er gegenüber anderen Highland-Clans, von denen einige sich nicht die Mühe gemacht hatten, den Eid zu leisten, ein Exempel statuieren.

Eine Kompanie von 120 Soldaten, überwiegend aus dem Campbell-Territorium von Argyll, wurde ins Tal entsandt – angeblich, um Steuern einzutreiben. Die Clans nahmen Reisende traditionell gastfreundlich auf, und da der Kommandeur durch Heirat mit Maclain verwandt war, wurden die Truppen in den Häusern der MacDonalds untergebracht.

Nachdem sie zwölf Tage lang Gäste gewesen waren, erging der Befehl von der Regierung, die Soldaten sollten „die Rebellen, die MacDonalds von Glencoe, überfallen und alle Personen unter 70 Jahren mit dem Schwert hinrichten. Sie werden insbesondere angewiesen, darauf zu achten, dass der alte Fuchs und seine Söhne unter keinen Umständen entkommen". Die Soldaten überfielen am 13. Februar um fünf Uhr morgens ihre Gastgeber und töteten Maclain und 37 weitere Männer, Frauen und Kinder. Einige Soldaten hatten die MacDonalds gewarnt und ihnen so die Flucht ermöglicht, doch in der Kälte der schneebedeckten Berge fanden weitere 40 Personen den Tod.

Die ruchlose, brutale Tat löste einen öffentlichen Aufruhr aus, Dalrymple verlor nach einer Ermittlung einige Jahre später seinen Posten. Im Dorf Glencoe steht ein Denkmal für Maclain. Angehörige des MacDonald-Clans versammeln sich hier jedes Jahr am 13. Februar, um einen Kranz niederzulegen.

---

ist entspannter als die Lounge – und serviert gutes Kneipenessen und Real Ale.

Das Hotel liegt an der alten Militärstraße von Stirling nach Fort William und diente nach der Schlacht von Culloden als Garnison – daher der Name.

GLENCOE VILLAGE
360 EW.

Das kleine Dorf Glencoe liegt am Südufer des Loch Leven und am westlichen Ende des Tals, 26 km südlich von Fort William.

👁 Sehenswertes & Aktivitäten

Glencoe Folk Museum MUSEUM
(☎01855-811664; www.glencoemuseum.com; Erw./Kind 3 £/frei; ⊙Ostern–Okt. Mo–Sa 10–16.30 Uhr) Das kleine, strohgedeckte Museum birgt eine vielfältige Sammlung militärischer Memorabilien, landwirtschaftlicher Gerätschaften und Werkzeuge für das Holz- und Schmiedehandwerk sowie für den Dachschieferabbau.

Glencoe Visitor Centre BESUCHERZENTRUM
(NTS; ☎01855-811307; www.glencoe-nts.org.uk; Erw/Kind 6/5 £; ⊙Ostern–Okt. 9.30–17.30, Nov.–Ostern Do–So 10–16 Uhr) Etwa 2,5 km östlich von Glencoe liegt diese moderne Einrichtung mit einem Schwerpunkt auf Ökotourismus. Das Zentrum liefert mit Hilfe hochmoderner interaktiver und audiovisueller Displays umfangreiche Informationen zur Geologie, Umwelt- und Kulturgeschichte

von Glencoe, veranschaulicht die Entwicklung des Alpinismus im Tal und erzählt die Geschichte des Glencoe-Massakers in all ihren blutigen Details.

Lochaber Watersports
WASSERSPORT

(01855-811931; www.lochaberwatersports.co.uk; Ballachulish; April–Okt. 9.30–17 Uhr) Hier kann man Kajaks (12 £ pro Std.), Ruderboote (22 £ pro Std.), Motorboote (30 £ pro Std.) und sogar eine 10 m lange Segelyacht inklusive Skipper (150 £ für 3 Std., bis zu fünf Passagiere) mieten.

Schlafen

Clachaig Inn
HOTEL, PUB ££

(01855-811252; www.clachaig.com; EZ/DZ ab 70/92 £; P) Das Clachaig ist schon lange ein Favorit der Bergwanderer und Kletterer. Neben komfortablen Unterkünften mit eigenem Bad verfügt es über eine schicke, holzgetäfelte Lounge-Bar mit jeder Menge Sofas und Armsesseln, Bergsteigerfotos und Klettermagazinen zum Blättern.

Kletterer steuern normalerweise die belebte **Boots Bar** auf der anderen Seite des Hotels an – sie hat einen offenen Kamin, serviert Real Ale und gutes Pub-Essen (Hauptgerichte 9–18 £) und bietet am Freitag- und Samstagabend schottische, irische und Blues-Livemusik. Das Haus liegt 3,2 km südöstlich von Glencoe.

Glencoe Independent Hostel
HOSTEL £

(01855-811906; www.glencoehostel.co.uk; B 13–16,50 £, Bunkhouse 11,50–13,50 £; P) Das Hostel, zu Fuß nur zehn Minuten vom Clachaig Inn entfernt und 2,4 km südöstlich von Glencoe gelegen, ist in einem alten Bauernhaus untergebracht. Es gibt Schlafräume, die mit sechs und acht Betten ausgestattet sind und ein Bunkhouse, das an eine Berghütte erinnert, mit weiteren 16 Kojenschlafplätzen. Dazu kommt ein hübsches, kleines Holzhaus, in dem bis zu drei Leute schlafen können (20–24 £ pro Pers. und Nacht).

Glencoe SYHA
HOSTEL £

(08155-811219; www.syha.org.uk; B21£; P) Sehr beliebt bei Wanderern, obwohl die Atmosphäre etwas institutionsmäßig ist. Vom Dorf sind es entlang einer Nebenstraße am Nordufer des Flusses 2,5 km zu laufen.

Invercoe Caravan & Camping Park
CAMPINGPLATZ £

(01855-811210; www.invercoe.co.uk; Stellplatz für Zelte pro Pers. 8 £, für Wohnwagen 21 £) Dieser vielleicht schönste offizielle Campingplatz in Glencoe bietet tolle Ausblicke auf die Berge ringsum und ist mit Anti-Mücken-Geräten und einem überdachten Bereich ausgestattet, in dem die Camper kochen können.

Essen

Glencoe Café
CAFÉ £

(01855-811168; www.glencoecafe.com; Hauptgerichte 4–7 £; 10–17 Uhr) Das freundliche Café ist der soziale Mittelpunkt von Glencoe. Auf den Tisch kommen deftiges Frühstück, das bis 11.30 Uhr serviert wird, leichte Mittagsgerichte auf der Basis lokaler Erzeugnisse (das heißt *cullen skink*, Räucherlachs-Quiche, Wildburger) und der beste Cappuccino im ganzen Tal.

Crafts & Things
CAFÉ £

(01855-811325; www.craftsandthings.co.uk; Annat; Hauptgerichte 3–6 £; Mo-Fr 9.30–17, Sa & So bis 17.30 Uhr) Das Café in einem Laden für Kunsthandwerk unweit der Hauptstraße zwischen Glencoe und Ballachulish ist guter Ort fürs Mittagessen, z. B. bei hausgemachter Linsensuppe mit knusprigem Brötchen, Ciabatta-Sandwiches oder einfach Kaffee und Möhrenkuchen. Vor der Tür stehen Tische, und es gibt eine Kiste mit Spielzeug, um die Kleinen bei Laune zu halten.

An- & Weiterreise

Busse von Scottish Citylink (S. 357) verkehren zwischen Fort William und Glencoe (7,50 £, 30 Min., 8-mal tgl.) und von Glencoe nach Glasgow (20 £, 2½ Std., 8-mal tgl.). Die Busse halten in Glencoe, am Glencoe Visitor Centre und am Glencoe Mountain Resort.

Die Buslinie 44 von Stagecoach (S. 555) verbindet Glencoe mit Fort William (35 Min., Mo–Sa stündl., So 3-mal tgl.) und Kinlochleven (25 Min.).

Kinlochleven

900 EW.

Kinlochleven liegt, von hohen Bergen umrahmt, am oberen Ende des wunderschönen Loch Leven, etwa 11 km östlich von Glencoe. Die Aluminiumschmelze, die die Entwicklung des Dorfes zu Beginn des 20. Jhs. beflügelte, ist schon lange geschlossen, und seit in den 1970er-Jahren die Ballachulish Bridge eröffnet wurde, führt die Hauptstraße ganz am Dorf vorbei. Der Niedergang wurde durch die Eröffnung des West Highland Way gestoppt, der jetzt einen steten Strom von Wanderern durch das Dorf spült.

Der letzte Abschnitt des **West Highland Way** erstreckt sich über 22,5 km von Kinlochleven nach Fort William. Das Dorf ist auch Ausgangspunkt für leichtere Wanderungen, die das Tal des River Leven hinauf durch hübsche Wälder zum **Wasserfall Grey Mare's Tail** führen. Wer die Herausforderung sucht, kann den Weg der anstrengenderen Bergwanderungen in die **Mamores** nehmen, der ebenfalls hier startet.

 Aktivitäten

Ice Factor KLETTERN
(✆01855-831100; www.ice-factor.co.uk; Leven Rd.; ⊙Di & Do 9–22, Mo, Mi & Fr–So bis 19 Uhr; ♿) Wer gerne mal die eigenen Fähigkeiten beim Eisklettern ausprobieren möchte, sogar mitten im Sommer, steuert das Ice Factor an, die weltgrößte Hallen-Eiskletterwand; eine einstündige „Schnupperstunde" für Anfänger kostet 30 £. Außerdem gibt es eine Felskletterwand, Sauna und Dampfbad zur Entspannung der Muskeln nach dem Klettern sowie ein Café und ein Bar-Bistro, die kleine Gerichte servieren.

Schlafen & Essen

Blackwater Hostel HOSTEL, CAMPINGPLATZ £
(✆01855-831253; www.blackwaterhostel.co.uk; Lab Rd.; Stellplätze pro Pers. 7 £, B/2BZ 15/35 £) Das Hostel mit 40 Betten verfügt über makellose Schlafräume mit jeweils eigenem Bad und TV. Wer gene im eigen Zelt nächtigt, kann auf dem ebenen, gut geschützten Campingplatz Quartier beziehen.

LP TIPP Lochleven Seafood Cafe RESTAURANT ££
(✆01855-821048; www.lochlevenseafoodcafe.co.uk; Hauptgerichte 10–22 £; ⊙Mi–So 12–21 Uhr) Das hervorragende Lokal serviert seinen Gästen ausgezeichnete Krustentiere, die kurz vorher lebend aus Wasserbecken gefischt worden sind – Austern in der halben Schale, Amerikanische Schwertmuscheln, Jakobsmuscheln, Hummer und Krebse –, außerdem ein Fisch-Tagesgericht und einige Gerichte ohne Fisch. Für warme Tage gibt es eine Terrasse im Freien mit Blick über den *loch* auf den bemerkenswert konischen Pap of Glencoe.

ℹ **An- & Weiterreise**

Die Buslinie 44 von Stagecoach (S. 553) fährt von Fort William nach Kinlochleven (50 Min., Mo–Sa stündl., So 3-mal tgl.) über Ballachulish und Glencoe.

Fort William
9910 EW.

Inmitten einer grandiosen Berglandschaft an den Ufern des Loch Linnhe hingestreckt, besitzt Fort William eine der beneidenswertesten Lagen Schottlands. Wäre da nicht die vielbefahrene zweispurige Schnellstraße, die zwischen Stadtzentrum und Seeufer eingequetscht ist, und fiele hier nicht mit die höchste Regenmenge des Landes, wäre es fast ein Idyll. Dennoch hat sich das Fort den Ruf als „Outdoor-Hauptstadt des Vereinigten Königreichs" (www.outdoorcapital.co.uk) erworben, und die gute Erreichbarkeit mit Zug und Bus macht es zu einer guten Ausgangsbasis, um die umliegenden Berge und Täler zu erkunden.

Das märchenhafte **Glen Nevis** beginnt nicht weit von der Nordseite der Stadt und windet sich um die Südflanke des **Ben Nevis** (1344 m) – des höchsten Berges Großbritanniens, der Wanderer und Kletterer aus aller Welt unwiderstehlich anzieht. Das Tal ist auch als Filmkulisse sehr beliebt, Teile von *Braveheart, Rob Roy* und einige Szenen der *Harry-Potter*-Filme wurden hier gedreht.

Geschichte

Von der Festung, der die Stadt ihren Namen verdankt, ist wenig erhalten geblieben. Die erste Burg wurde hier 1654 von General Monck erbaut und trug den Namen Inverlochy. Die spärlichen Ruinen, die sich am *loch* befinden, sind aber die Überreste jener Festung, die in den 1690er-Jahren unter General Mackay errichtet und nach König William II./III. benannt wurde. Im 18. Jh. wurde sie Teil einer Kette von Garnisonen (zusammen mit Fort Augustus und Fort George), die im Gefolge der Jakobiten-Aufstände das Great Glen beherrschten; im 19. Jh. wurde die Festung geschleift, um Platz für die Eisenbahn zu schaffen.

Ursprünglich ein winziges Fischerdorf namens Gordonsburgh, übernahm die Stadt den Namen des Forts nach der Eröffnung der Eisenbahn 1901 (auf Gälisch wird sie „An Gearasdan", „die Garnison", genannt). Das Nebeneinander von Eisenbahn und Caledonian Canal ließ die Stadt im Laufe der Zeit zu einem bedeutenden Tourismuszentrum heranwachsen. Ihre Position hat sich in den vergangenen drei Jahrzehnten dank des gewaltigen Popularitätszuwachses von Outdoor-Sportarten wie Klettern, Skilaufen und Mountainbiken gefestigt.

Sehenswertes

Jacobite Steam Train MUSEUMSEISENBAHN
(☏ 08448504685; www.steamtrain.info; Tageskarte hin & zurück Erw./Kind 32/18 £; ⊙ Juli & Aug. tgl., Mitte Mai–Juni & Sept./Okt. Mo-Fr) Der Jacobite Steam Train, der von verschiedenen Dampflocks gezogen wird, etwa der LNER-K1- oder LMS-Klasse-5MT-Lokomotive gezogen wird, befährt die malerische, zweistündige Strecke zwischen Fort William und Mallaig. Abfahrt ist morgens am Bahnhof in Fort William, am Nachmittag geht es von Mallaig zurück. Am Bahnhof Glenfinnan hält der Zug kurz, und in Mallaig haben die Passagiere 1½ Stunden Zeit.

Die Route, die als eine der schönsten Bahnstrecken der Welt klassifiziert ist, überquert das historische Glenfinnan-Viadukt, das durch die *Harry-Potter*-Filme berühmt wurde – die Besitzer der Jacobite stellten die Dampflok und die Waggons zur Verfügung, die im Film eingesetzt wurden.

West Highland Museum MUSEUM
(☏ 01397-702169; www.westhighlandmuseum.org.uk; Cameron Sq.; ⊙ April-Okt. Mo-Sa 10–17 Uhr, März & Okt.–Dez. Mo-Sa 10–16 Uhr, Jan. & Feb. geschl.) Das kleine, aber faszinierende Museum ist mit allen möglichen Highland-Memorabilien vollgepackt. Da ist beispielsweise das geheime Porträt von Bonnie Prince Charlie zu sehen – nach den Jakobiten-Aufständen wurde alles verbannt, was mit den Highlands zu tun hatte, einschließlich der Bilder des exilierten Anführers. Dieses winzige Gemälde sieht wie ein Farbklecks aus, bis man es in einem zylindrischen Spiegel betrachtet, der ein glaubwürdiges Ebenbild des Prinzen reflektiert.

Ben Nevis Distillery BRENNEREI
(☏ 01397-702476; www.bennevisdistillery.com; Lochy Bridge; Führung Erw./Kind 4/2 £; ⊙ ganzjährig Mo-Fr 9–17 Uhr, Ostern–Sept. auch 10–16 Uhr, Juli & Aug. auch So 12–16 Uhr) Eine Führung durch die Brennerei ist an kühlen Regentagen eine wärmende Alternative zur Erkundung der Berge.

Geführte Touren

Crannog Cruises BOOTSFAHRT ZUR WILDTIERBEOBACHTUNG
(☏ 01397-700714; Erw./Kind 10/5 £; ⊙ 4-mal tgl.) Das Programm dieses Tourenveranstalters umfasst u. a. 1½-stündige Bootsfahrten auf dem Loch Linnhe zum Beobachten von Wildtieren und besucht dabei eine Seehundkolonie und eine Lachsfarm.

Al's Tours TAXITOUR
(☏ 01397-700700; www.alstours.com) Taxitouren, bei denen der Fahrer zugleich als Guide, rund um Lochaber und Glencoe fungiert, kosten 80/195 £ für einen halben/ganzen Tag.

Feste & Events

UCI Mountain Bike World Cup MOUNTAINBIKEN
(www.fortwilliamworldcup.co.uk) Im Juni zieht Fort William die Besuchermassen an: Mehr als 18 000 Zuschauer kommen zu diesem World-Cup-Event im Downhill-Mountainbiken. Der äußerst strapaziöse Downhill-Kurs befindet sich im nahe gelegenen Skigebiet Nevis Range.

Schlafen

Im Sommer sollte man am besten weit im Voraus buchen, besonders für Hostels.

Lime Tree HOTEL ££
(☏ 01397-701806; www.limetreefortwilliam.co.uk; Achintore Rd.; EZ/DZ ab 80/110 £; P) Das ehemalige viktorianische Pfarrhaus mit Blick auf den Loch Linnhe ist sehr viel interessanter als das durchschnittliche Gästehaus. Es ist eine „Kunstgalerie mit Gästezimmern", die durchweg mit den stimmungsvollen Highland-Landschaften des künstlerisch veranlagten Besitzers dekoriert sind. Leckermäuler schwärmen vom Restaurant. Der Galerieraum – ein Triumph des durchdachten Designs – präsentiert alles, von bedeutenden Ausstellungen (hier waren schon Werke von David Hockney und Andy Goldsworthy zu sehen) bis zu Folk-Konzerten.

Grange E&B ££
(☏ 01397-705516; www.grangefortwilliam.com; Grange Rd.; Zi. pro Pers. 58–63 £; P) Die außergewöhnliche Villa aus dem 19. Jh. steht auf einem als Landschaftsgarten angelegten Grundstück. Das Grange ist mit Antiquitäten vollgestopft, zur Ausstattung gehören Kamine, Chaiselongues und frei stehende viktorianische Badewannen. Der Turret Room, dessen Fenstersitz im Turm den Blick auf den Loch Linnhe freigibt, ist das schönste Zimmer. Das Haus liegt 500 m südwestlich des Stadtzentrums.

Crolinnhe B&B £££
(☏ 01397-703795; www.crolinnhe.co.uk; Grange Rd.; Zi. 120–127 £; ⊙ Ostern–Okt.; P @) Die grandiose Villa aus dem 19. Jh. steht am

Ufer des Loch, sie hat einen wunderbaren Garten und opulent ausgestattete Unterkünfte. Auf Anfrage wird ein vegetarisches Frühstück serviert.

Calluna FERIENWOHNUNGEN ££
(☎01397-700451; www.fortwilliamholiday.co.uk; Heathercroft, Connochie Rd.; B/2BZ 16/36 £, Apt. für 6–8 Pers. pro Woche 550 £; P🖵) Der bekannte Bergführer Alan Kimber und seine Frau Sue betreiben das Calluna. Es bietet Ferienwohnungen, die auf Wander- und Klettergruppen eingestellt sind, nimmt aber auch Individualreisende auf, die mit einer Gemeinschaftsunterkunft zufrieden sind. Es gibt eine komplett eingerichtete Küche und einen ausgezeichneten Trockenraum für die durchnässte Wanderkluft.

St Andrew's Guest House B&B ££
(☎01397-703038; www.standrewsguesthouse.co.uk; Fassifern Rd.; Zi. pro Pers. 24–30 £; P🖵) Das St. Andrew's befindet sich in einem hübschen Gebäude aus dem 19. Jh., das einst Pfarrwohnung und Chorschule beherbergte. Von der alten Einrichtung ist vieles erhalten, z. B. das verzierte Mauerwerk, die Holzvertäfelung und die Buntglasfenster. Es verfügt über sechs geräumige Gästezimmer, einige mit faszinierender Aussicht.

Glenlochy Apartments FERIENWOHNUNGEN
(☎01397-702909; www.glenlochyguesthouse.co.uk; Nevis Bridge; 2-Pers.-Apt. pro Nacht 65 £, pro Woche 380–490 £; P) Das weitläufige, moderne Gebäude liegt günstig zum Glen Nevis, Ben Nevis und zum Ende des West Highland Way. Das Glenlochy verfügt über fünf moderne Ferienwohnungen in einem riesigen Garten am Ufer des River Nevis – ein angenehmer Ort für Sommerabende.

Fort William Backpackers HOSTEL £
(☎01397-700711;www.scotlands-top-hostels.com; Alma Rd.; B/2BZ 18/47 £; P@🖵) Ein zehnminütiger Spaziergang vom Bahnhof und Busbahnhof führt zu diesem lebhaften, einladenden Hostel, das in einer schönen viktorianischen Villa untergebracht ist. Sie steht auf einer Hügelkuppe mit toller Aussicht auf den Loch Linnhe.

Bank Street Lodge HOSTEL £
(☎01397-700070; www.bankstreetlodge.co.uk; Bank St.; B/2BZ 16/52 £) Die Bank Street Lodge ist Teil einer modernen Hotel- und Restaurantanlage und bietet die am zentralsten gelegenen Budget-Unterkünfte der Stadt, nur 250 m vom Bahnhof entfernt. Eingerichtete Küche für Selbstversorger und Trockenraum sind vorhanden.

No 6 Caberfeidh B&B ££
(☎01397-703756; www.6caberfeidh.com; Fassifern Rd., 6 Caberfeidh; Zi. pro Pers. 30–40 £; 🖵) Freundliches B&B; vegetarisches Frühstück auf Anfrage.

Ashburn House B&B ££
(☎01397-706000; www.highland5star.co.uk; Achintore Rd.; Zi. pro Pers. 45–55 £; P🖵) Die großartige viktorianische Villa befindet sich südlich des Zentrums; Kinder unter zwölf Jahren sind nicht erwünscht.

Alexandra Hotel HOTEL £££
(☎01397-702241;www.strathmorehotels.com;The Parade; EZ/DZ ab 110/168 £; P🖵) Großes, traditionelles, familienorientiertes Hotel mitten in der Stadt.

✘ Essen & Trinken

Lime Tree [LP TIPP] RESTAURANT £££
(☎01397-701806; www.limetreefortwilliam.co.uk; Achintore Rd.; 2-/3-gängiges Abendessen 28/ 30 £; ⊗tgl. Abend-, So Mittagessen) Fort William ist mit tollen Esslokalen nicht allzu reich gesegnet, aber das Restaurant dieses kleinen Hotels mit Kunstgalerie setzt die Outdoor-Hauptstadt des Vereinigten Königreichs auf die gastronomische Landkarte. Der Küchenchef hat mit seinem früheren Restaurant einen Michelin-Stern gewonnen und bereitet köstliche Gerichte zu, die rund um frische schottische Produkte komponiert sind, z. B. sautierten Glenfinnan-Rehrücken mit Rotwein-Rosmarin-Jus.

Crannog Seafood Restaurant RESTAURANT ££
(☎01397-705589; www.crannog.net; Town Pier; Hauptgerichte 16–20 £) Das Crannog hat die schönste Lage der Stadt: am Town Pier. Die Gäste an den Fenstertischen genießen einen unverstellten Blick auf das Loch Linnhe hinunter. Das schnörkellose Restaurant ist auf frischen lokalen Fisch spezialisiert, es gibt drei oder vier Fisch-Tagesgerichte sowie die Hauptkarte, auf der auch Rind, Geflügel und vegetarische Gerichte stehen. Ein zweigängiges Mittagessen kostet 13 £.

Grog & Gruel RESTAURANT ££
(www.grogandgruel.co.uk; 66 High St.; Hauptgerichte 7–13 £; ⊗kleine Gerichte 12–21, Restaurant 17–21 Uhr; P🖵) Über dem Real-Ale-Pub Grog & Gruel befindet sich ein viel besuchtes Texmex-Restaurant mit einer Speisekarte, die die Massen zufrieden stellt:

leckere Enchiladas, Burritos, Fajitas, Burger, Steaks und Pizza.

Café Mango ASIATISCH ££
(01397-701367; www.thecafemango.co.uk; 24–26 High St.; Hauptgerichte 9–14 £; Mittag- & Abendessen;) Das helle, moderne Restaurant serviert duftende Thai- und würzige indische Gerichte.

Sugar and Spice CAFÉ £
(01397-705005; 147 High St.; Hauptgerichte 7–9 £; Mo–Sa 10–17, Do–Sa 18–21 Uhr;) In diesem farbenfrohen Café, nur wenige Schritte von der offiziellen Ziellinie des West Highland Way entfernt, genießt man den wahrscheinlich besten Kaffee der Stadt. Abends (nur Do–Sa) werden hier authentische Thai-Gerichte serviert.

Ben Nevis Bar PUB
(01397-702295; 105 High St.) Die hiesige Lounge erfreut sich eines schönen Blicks auf den Loch, und die Bar verströmt eine entspannte, gemütliche Atmosphäre, in der Kletterer und Touristen ihre verbliebene Energie darauf verwenden können, zu Livemusik herumzuhüpfen (Donnerstag- und Freitagabend).

Praktische Informationen

Belford Hospital (01397-702481; Belford Rd.) Gegenüber dem Bahnhof.
Fort William Touristeninformation (01397-703781; www.visithighlands.com; 15 High St.; Internet 1 £ pro 20 Min.; April–Sept. Mo–Sa 9–18, So 10–17 Uhr, Okt.–März eingeschränkte Öffnungszeiten) Internetzugang.
Postamt (0845 722 3344; 5 High St.)

An- & Weiterreise

Bahnhof und Busbahnhof liegen neben dem riesigen Morrisons-Supermarkt; vom Stadtzentrum aus sind sie durch eine Unterführung neben dem Nevisport-Laden zu erreichen.

Auto

Easydrive Car Hire (01397-701616; www.easydrivescotland.co.uk; Unit 36a, Ben Nevis Industrial Estate, Ben Nevis Dr.) Vermietet Kleinwagen ab 31/195 £ pro Tag/Woche, inklusive Steuer und unbegrenzte Kilometer, aber ohne Kaskoversicherung (CDW).

Bus

Busse von Scottish Citylink (S. 377) verbinden Fort William mit anderen größeren Orten und Städten. Die Linie 500 von **Shiel Buses** (www.shielbuses.co.uk) fährt nach Mallaig (1½ Std., 3-mal tgl., nur Mo–Fr) über Glenfinnan (30 Min.) und Arisaig (1 Std.).
Edinburgh 33 £, 4½ Std., 1-mal tgl. direkt, 7-mal tgl. mit Umsteigen in Glasgow; über Glencoe und Crianlarich.
Glasgow 22 £, 3 Std., 8-mal tgl.
Inverness 12 £, 2 Std., 5-mal tgl.
Oban 9,40 £, 1½ Std., 3-mal tgl.
Portree 28,60 £, 3 Std., 4-mal tgl.

Zug

Die spektakuläre **West-Highland-Strecke** verläuft von Glasgow über Fort William nach Mallaig. Der Nachtzug *Caledonian Sleeper* verbindet Fort William und London Euston (103 £ im 2-Bett-Abteil, 13 Std.).

Es gibt keine direkte Zugverbindung zwischen Oban und Fort William – weil man in Crianlarich umsteigen muss, geht es mit dem Bus schneller.
Edinburgh 44 £, 5 Std.; Umsteigen in Glasgow an der Station Queen Street.
Glasgow 26,30 £, 3¾ Std., 3-mal tgl., So 2-mal.
Mallaig 11 £, 1½ Std., 4-mal tgl., So 3-mal.

Unterwegs vor Ort

Bus

Das Tagesticket Fort Dayrider (3 £) erlaubt einen Tag lang unbegrenzte Fahrten mit Stagecoach-Buslinien im Gebiet von Fort William; beim Busfahrer erhältlich.

Fahrrad

Alpine Bikes (01397-704008; www.alpinebikes.com; 117 High St.; Mo–Sa 9–17.30, So 10–17.30 Uhr) Vermietet Mountainbikes für 20/12 £ für einen ganzen/halben Tag.

Taxi

An der Ecke High Street/The Parade befindet sich ein Taxistand.

Rund um Fort William

GLEN NEVIS

Die knapp 5 km lange Strecke von Fort William zum malerischen Glen Nevis sind zu Fuß in etwa einer Stunde zu bewältigen. Die **Touristeninformation Glen Nevis** (01397-705922; www.bennevisweather.co.uk; April–Okt. 9–17 Uhr, im Winter kürzere Öffnungszeiten) liegt 2,4 km das Tal hinauf und hält zahlreiche, nützliche Informationen zu Wanderungen, Wettervorhersagen und besondere Hinweise zum Aufstieg auf den Ben Nevis bereit.

Vom Parkplatz am entgegengesetzten Ende der Straße durch das Glen Nevis führt ein ausgezeichneter, 2,5 km langer Wanderweg, der die spektakuläre Schlucht Nevis Gorge zu den **Steall Meadows** durchquert, einem grünen Tal, das von einem 100 m hohen „Brautschleier"-Wasserfall beherrscht wird. Zum Fuß der Wasserfälle gelangt man über eine wackelige Brücke, die aus drei Seilen besteht: eines für die Füße und zwei als Halteseile für die Hände – ein echter Balanceakt!

Schlafen & Essen

Ben Nevis Inn HOSTEL £
(01397-701227; www.ben-nevis-inn.co.uk; Achintee; B 15,50 £; April–Okt. tgl. 12–23 Uhr, Nov.–März nur Do–So; P) Eine gute Alternative zur Jugendherberge stellt dieser tolle, scheunenartige Pub dar (Real Ale und leckere Kneipengerichte erhältlich; Hauptgerichte 9–16 £), zu dem ein gemütliches 24-Betten-Hostel im Untergeschoss gehört. Ben Nevis liegt am Achintee-Startpunkt zum Weg auf den -, nur eine Meile vom Ende des West Highland Way entfernt. Essen wird von 12 bis 21 Uhr serviert.

Achintee Farm HOSTEL, B&B £
(01397-702240; www.achinteefarm.com; Achintee; B&B EZ/DZ 60/78 £, Hostel B/2BZ 17/38 £; P) Das Bauernhaus bietet eine gute B&B-Unterkunft, außerdem ist ein kleines Hostel angeschlossen. Es liegt am Startpunkt des Wanderpfades auf den Ben Nevis.

AUFSTIEG AUF DEN BEN NEVIS

Als höchster Gipfel der Britischen Inseln lockt der Ben Nevis (1344 m) viele Möchtegern-Bergsteiger an, die normalerweise keinen Gedanken daran verschwenden würden, einen schottischen Gipfel zu erklimmen – atemberaubende (oft wörtlich) 100 000 Menschen erreichen jedes Jahr den Gipfel.

Auch wenn jeder, der einigermaßen fit ist, keine Schwierigkeiten haben dürfte, den Ben Nevis an einem schönen Sommertag zu erklettern, sollte der Aufstieg nicht auf die leichte Schulter genommen werden. Jedes Jahr müssen Wanderer vom Berg gerettet werden. Unbedingt notwendig sind gute Wanderschuhe (der Weg ist uneben und steinig, und auf dem Gipfel kann es weiche, nasse Schneefelder geben), warme, wasserfeste Kleidung, Karte und Kompass sowie genügend Essen und Wasser. Außerdem sollte man die Wettervorhersage abfragen (s. www.bennevisweather.co.uk).

Einige weitere Fakten gilt es zu bedenken, bevor man die Touristenroute in Angriff nimmt: Das Gipfelplateau ist von 700 m hohen Steilwänden begrenzt und besitzt ein subarktisches Klima; auf dem Gipfel kann es an jedem Tag im Jahr schneien; an neun von zehn Tagen ist der Gipfel in Wolken gehüllt; bei dichtem Nebel kann die Sichtweite auf dem Gipfel 10 m oder weniger betragen. Unter solchen Bedingungen erfordert ein sicherer Abstieg den sorgfältigen Einsatz von Karte und Kompass, um nicht über die 700 m hohen Felsklippen klettern zu müssen.

Der Tourist Track (die leichteste Route zur Spitze) wurde ursprünglich „Pony Track" genannt. Er wurde im 19. Jh. für die Packponys angelegt, die die Vorräte für eine Wetterwarte (heute Ruine) auf den Gipfel schleppten. Die Station war von 1883 bis 1904 durchgehend besetzt.

Es gibt drei mögliche Startpunkte für den Aufstieg über den Tourist Track: Achintee Farm, die Fußgängerbrücke am Glen Nevis SYHA und, für Autofahrer, den Parkplatz an der Touristeninformation Glen Nevis. Der Weg führt allmählich bergan bis zum Sattel am Lochan Meall an t-Suidhe („Halfway Lochan" genannt) und dann neben dem Red Burn in Kehren steil hinauf zum Gipfelplateau. Die höchste Stelle ist durch einen trigonometrischen Punkt auf einer riesigen Steinpyramide neben den Ruinen der alten Wetterwarte markiert. Das Plateau ist mit zahllosen kleineren Steinhaufen, zu Namenszügen gelegten Steinen und leider auch mit recht viel Müll übersät.

Die Gesamtstrecke zum Gipfel und zurück ist 13 km lang; für den Aufstieg sollten mindestens vier bis fünf Stunden eingeplant werden und weitere 2½ bis drei Stunden für den Abstieg. Wer anschließend mit einem Pint im Pub feiert, sollte bedenken, dass die Rekordzeit beim alljährlichen Ben Nevis Hill Race knapp unter 1½ Stunden liegt – für Auf- und Abstieg. Darauf noch ein Bier!

Glen Nevis SYHA
HOSTEL £

(SYHA; ☎01397-702336; www.glennevishostel.co.uk; B 21,50 £; @ 🛜) An ein Landschulheim erinnert dieses große, unpersönliche Hostel. Es liegt rund 5 km von Fort William entfernt, direkt an einem der Startpunkte des Tourist Track auf den Ben Nevis.

Glen Nevis Caravan & Camping Park
CAMPINGPLATZ £

(☎01397-702191; www.glen-nevis.co.uk; Zeltstellplatz 7 £, Stellplatz für Zelt & Auto 11 £, Wohnwagen 11,90 £, pro Pers. 3,20 £; ⊙ Mitte März–Okt.) Der große, gut ausgestattete Platz ist ein beliebtes Basiscamp für alle, die den Ben Nevis und die Berge ringsum erklimmen wollen. Er liegt 4 km von Fort William entfernt an der Glen-Nevis-Straße.

❶ An- & Weiterreise

Die Buslinie 41 fährt vom Busbahnhof Fort William den Glen Nevis hinauf zur Glen Nevis SYHA (10 Min., ganzjährig 2-mal tgl., Juni–Sept. Mo–Sa 5-mal tgl.) und weiter zu den Lower Falls, 5 km hinter dem Hostel (20 Min.). Am besten schaut man in der Touristeninformation auf den aktuellen Fahrplan.

NEVIS RANGE

Nevis Range
OUTDOOR

(☎01397-705825; www.nevisrange.co.uk; Seilbahn Hin- & Rückfahrticket Erw./Kind 11,25/6,50 £; ⊙ Sommer 10–17 Uhr, Winter 9–17 Uhr) Das Skigebiet Nevis Range erstreckt sich knapp 10 km nördlich von Fort William über die Nordhänge des Aonach Mor (1221 m). Die Seilbahn, die den unteren Bereich des Skigebiets in 655 m Höhe erschließt, ist ganzjährig in Betrieb (eine Strecke 15 Min.). Oben gibt es ein Restaurant und einige Wanderwege durch den Leanachan Forest sowie ausgezeichnete Mountainbike-Strecken.

Während der **Skisaison** kostet ein Liftpass für einen Tag 30/18 £ pro Erw./Kind; ein Tagespaket, das auch die Leihgebühr für Ausrüstung, Liftpass und zweistündigen Unterricht beinhaltet, ist für 68 £ zu haben.

Die Buslinie 41 fährt vom Busbahnhof Fort William zum Nevis Range (15 Min., Mo–Sa 5-mal tgl., So 3-mal tgl., Okt.–April eingeschränkter Dienst) – am besten in der Touristeninformation nach dem aktuellen Fahrplan fragen.

Nevis Range Downhill & Witch's Trails
MOUNTAINBIKEN

(☎01397-705825; bike.nevisrange.co.uk; Mehrfachticket 30 £, Einzelticket 12,50 £; ⊙ Mitte Mai– Mitte Sept. 10.15–15.45 Uhr) Ein WM-tauglicher **Downhill Mountainbike Trail** – nur für versierte Fahrer – führt vom Snowgoose-Restaurant im Skigebiet Nevis Range zur Talstation; Bikes werden auf einer Halterung an der Seilbahnkabine nach oben befördert. Unbegrenzter Gondeltransport für einen Tag ist im Mehrfachticket inbegriffen; die Miete für ein vollgefedertes Rad kostet 40/70 £ für eine Fahrt/den ganzen Tag.

Außerdem beginnt am Snowgoose ein 6,5 km langer **XC Red Trail** – und die **Witch's Trails** umfassen 40 km markierte Waldstraßen und einspurige Wege im nahe gelegenen Wald, darunter eine 8 km lange Weltmeisterschaftsschleife.

CORPACH BIS LOCH LOCHY

Corpach liegt am südlichen Zugang zum Caledonian Canal, 5 km nördlich von Fort William. Von der Mündung des Kanals hat man einen klassischen Postkartenblick auf den Ben Nevis. Ganz in der Nähe befindet sich die preisgekrönte Ausstellung **Treasures of the Earth** (☎01397-772283; www.treasuresoftheearth.co.uk; Corpach; Erw./Kind 5/3 £; ⊙ Juli–Sept. 9.30–19 Uhr, März–Juni & Okt./Nov. 10–17 Uhr, Dez.–Feb. kürzere Öffnungszeiten), die sich für Regentage empfiehlt. Zu sehen ist eine tolle Sammlung von Schmucksteinen, Mineralien, Fossilien und anderen geologischen Raritäten.

Eine Meile östlich von Corpach, in Banavie, befindet sich **Neptune's Staircase**, eine eindrucksvolle Kette von acht Schleusen, durch die Schiffe 20 m in den Hauptabschnitt des **Caledonian Canal** angehoben werden. Die Straße B8004 führt entlang der Westseite des Kanals nach Gairlochy am Südende des Loch Lochy und bietet einen herausragenden Blick auf den Ben Nevis; der **Treidelpfad des Kanals** auf der Ostseite eignet sich sehr gut für eine Wanderung oder eine Fahrradtour (10 km).

Von Gairlochy führt die B8005 entlang der Westseite des Loch Lochy weiter nach Achnacarry und zum **Clan Cameron Museum** (☎01397-712480; www.clan-cameron.org; Achnacarry; Erw./Kind 3,50 £/frei; ⊙ Juli & Aug. 11–17 Uhr, Ostern–Juni & Sept.–Mitte Okt. 13.30–17 Uhr). Es erzählt die Geschichte des Clans und seiner Verwicklung in die Jakobiten-Aufstände. Zu den gezeigten Exponaten gehört u. a. Kleidung, die einst Bonnie Prince Charlie gehörte.

Von Achnacarry verläuft der **Great Glen Way** am straßenlosen westlichen Ufer des Loch Lochy. Nach Westen führt eine Sack-

DER KALEDONISCHE KANAL

Der Caledonian Canal, der 95 km weit von Corpach bei Fort William über die Lochs Lochy, Oich und Ness nach Inverness verläuft, verbindet die Ost- und die Westküste Schottlands miteinander. Dadurch kann die lange und gefährliche Passage rund um Cape Wrath und durch den stürmischen Pentland Firth vermieden werden. Geplant wurde der 1822 vollendete Kanal von Thomas Telford; die Kosten beliefen sich auf 900 000 £ – zur damaligen Zeit eine schwindelerregende Summe. Die Bauzeit des Kanals, die auch 29 Schleusen, vier Aquädukte und zehn Brücken einschloss, nahm 20 Jahre in Anspruch.

Das Bauprojekt sollte die Arbeitslosigkeit verringern und – im Nachgang der Jakobiten-Aufstände und der Clearances – den Highlands Wohlstand bringen. Doch der Kanal wurde zum wirtschaftlichen Fehlschlag: Für die neuen Dampfer, die bald nach seiner Fertigstellung aufkamen, waren die Schleusen zu klein. Für den Tourismus aber erwies er sich als Erfolg, vor allem nachdem er durch Königin Victorias Schiffsreise auf dem Kanal 1873 populär geworden war. Heute wird der Kanal vor allem von Yachten und Ausflugsbooten genutzt. Ende 2010 lief ein Pilotprojekt zum Transport von Bauholz aus den örtlichen Forstplantagen an.

Der Great Glen Way (S. 370) verläuft größtenteils parallel zum Kanal; nutzbar ist er zu Fuß, per Mountainbike oder auf dem Pferderücken, 80 % der Strecke sind sogar schon im Elektromobil zurückgelegt worden. Eine leichte, halbtägige Wanderung oder Fahrradtour folgt dem Treidelpfad des Kanals von Corpach nach Gairlochy (16 km). Er führt an einer eindrucksvollen Abfolge von acht Schleusen vorbei, die **Neptune's Staircase** genannt wird, und durch eine wunderschöne Landschaft mit toller Aussicht auf die Nordflanke des Ben Nevis.

gasse am hübschen, aber abgelegenen **Loch Arkaig** entlang.

In Corpach gibt es ein paar Backpacker-Hostels. In der Farr Cottage Lodge (✆ 01397-772315; www.farrcottage.com; Corpach; B/2BZ 15/36 £; P@) kann man auch Fahrräder mieten; die Leute im Blacksmiths Backpackers Hostel (✆ 01397-772467; www.highland-mountain-guides.co.uk; Corpach; B 16,50 £; P) können Kurse im Klettern, Kajakfahren und in anderen Sportarten vermitteln.

GLEN SPEAN & GLEN ROY

Unweit der Spean Bridge, an der Kreuzung der B8004 und der A82, steht 4 km östlich von Gairlochy das **Commando Memorial**. Es erinnert an die Soldaten der Spezialeinheiten im Zweiten Weltkrieg, die in dieser Gegend ausgebildet wurden.

Rund 6 km weiter östlich, an der Roy Bridge, führt eine Nebenstraße nach Norden den **Glen Roy** hinauf, der für seine verblüffenden sogenannten **Parallelstraßen** bekannt ist. Diese horizontalen Terrassen entlang der Berghänge sind in Wirklichkeit uralte Uferlinien, die während der letzten Eiszeit durch das Wasser eines vom Eis aufgestauten Gletschersees entstanden. Der beste Aussichtspunkt ist ein Parkplatz, der etwas mehr als 5 km talaufwärts im Glen Roy liegt. Dort befindet sich auch eine Infotafel, auf der die landschaftlichen Gegebenheiten erklärt werden.

Ardnamurchan

Rund 16 km südlich von Fort William setzt eine Autofähre (Auto 7 £, Fahrräder & Fußgänger frei; ⏱ 5 Min., alle 30 Min.) die kurze Strecke nach Corran Ferry über. Die Fahrt von hier aus zum Ardnamurchan Point (www.ardnamurchan.com), dem westlichsten Punkt der britischen Hauptinsel, ist eine der schönsten in den Westlichen Highlands, vor allem im Spätfrühling und Frühsommer, wenn Rhododendronblüten in leuchtendem Pink und Purpur weite Strecken der schmalen, gewundenen Straße säumen.

Die Straße schmiegt sich ans Nordufer des Loch Sunart und führt durch die hübschen Dörfer **Strontian** – das dem Element Strontium seinen Namen gab, denn es wurde 1790 in den Erz der nahe gelegenen Bleiminen entdeckt – und **Salen**.

Die überwiegend einspurige Straße von Salen nach Ardnamurchan Point ist nur 40 km lang, aber die Fahrt dauert in beide Richtungen 1½ Stunden. Es ist eine Art gemächlicher Achterbahnfahrt durch sonnengesprenkelte, unberührte Wälder voller Flechten und Farne. Kaum hat man sich an den Anblick der Inseln Morvern und Mull im Süden gewöhnt, biegt die Straße nach Norden und eröffnet den Panoramablick auf die Inseln Rum und Eigg.

👁 Sehenswertes

Nádurra Visitor Centre — WILDTIERZENTRUM
(☎01972-500209; www.nadurracentre.co.uk; Glenmore; Erw./Kind 4,50/2,25 £; ◉April–Okt. Mo-Sa 10–17.30 & So 11–17.30 Uhr, Nov.–März Di-Fr 10–16 & So 11.30–16 Uhr; 👶) Das faszinierende Zentrum – auf halbem Weg zwischen Salen und Kilchoan – wurde ursprünglich von einem Tierfotografen konzipiert und bringt die Besucher in unmittelbaren Kontakt mit Flora und Fauna der Ardnamurchan-Halbinsel. Die Ausstellung „Living Building" ist so gestaltet, dass sie hier heimische Wildtiere anlockt. Es gibt eine Säugetierhöhle, die gelegentlich von Igeln oder Baummardern besetzt wird, einen Nistkasten für Eulen, ein Mäusenest und einen Teich.

Sollten die tierischen Bewohner gerade nicht anwesend sein, kann man Videomaterial von ihnen ansehen. Es gibt außerdem eine saisongebundene Videoüberwachung des lokalen Tierlebens; zu sehen sind beispielsweise brütende Reiher oder der Futterplatz eines Steinadlers.

Ardnamurchan Lighthouse — HISTORISCHES GEBÄUDE
(☎01972-510210; www.ardnamurchanlighthouse.com; Ardnamurchan Point; Erw./Kind 3/1,70 £; ◉April–Okt. 10–17.30 Uhr; 👶) Nach weiteren 10 km endet die Straße von Kilchoan nach Ardnamurchan Point am 36 m hohen Ardnamurchan-Leuchtturm aus grauem Granit. Er wurde 1849 von den „Leuchtturm-Stevensons" – der Familie des Schriftstellers Robert Louis Stevenson – erbaut, um den westlichsten Punkt der britischen Hauptinsel zu markieren. Es gibt dort einen schönen Tearoom, wo man eine Tasse Tee zu sich nehmen kann, und im Besucherzentrum erfährt man mehr über den Leuchtturm, als man je wissen muss; außerdem gibt es für Kinder viele interaktive Exponate.

Die Führung (6 £, 11–16.30 Uhr alle halbe Std.) beinhaltet auch einen Besuch in der Leuchtturmspitze. Die Hauptattraktion aber ist der weite Blick über den Ozean – für alle, denen es nichts ausmacht, im Dunkeln zurückzufahren, ist er natürlich bei Sonnenuntergang besonders schön.

Kilchoan — DORF
Das weit verstreute Kleinbauerndorf Kilchoan, das einzige Dorf von nennenswerter Größe westlich von Salen, ist vor allem wegen der malerischen Ruinen von Mingary Castle aus dem 13. Jh. bekannt. Das Dorf besitzt eine **Touristeninformation** (☎01972-510222; Pier Rd., Kilchoan; ◉Ostern–Okt. 8.30–17 Uhr), einen Laden, ein Hotel und einen Campingplatz; eine Fähre setzt nach Tobermory auf der Isle of Mull über.

🛏 Schlafen & Essen

Salen Hotel — GASTHAUS ££
(☎01967-431661; www.salenhotel.co.uk; Salen; Zi. 60 £; 🅿) Der traditionelle Highland-Gasthaus mit Blick auf den Loch Sunart vermietet drei Zimmer über dem Pub (mit Meerblick) und weitere drei Zimmer (jeweils mit eigenem Bad) in einem modernen Chalet auf der Rückseite. In der gemütlichen Lounge stehen bequeme Sofas rund um einen prasselnden Kamin, und die Kneipengerichte, darunter Fisch und Meeresfrüchte, Reh und andere Wildgerichte, sind sehr gut.

Inn at Ardgour — GASTHOF ££
(☎01855-841225; www.ardgour.biz; Corran Ferry; DZ/FZ 110/140 £; 🅿) Die hübsche, weiß getünchte Postkutschenstation, die mit farbenfrohen Blumenkörben drapiert ist, ist ein toller Ort für die Mittagspause oder eine Übernachtung. Das Restaurant (Hauptgerichte 8–14 £) ist in den Reihenhäusern untergebracht, in denen einst die Corran-Fährleute wohnten, und serviert hausgemachte traditionelle schottische Gerichte.

Resipole Caravan Park — CAMPINGPLATZ £
(☎01967-431235; www.resipole.co.uk; Salen; Stellplätze 8 £, plus 3 £ pro Pers.) Der attraktive Wohnwagenpark liegt an der Küste, 5 km östlich von Salen.

Ardnamurchan Campsite — CAMPINGPLATZ £
(☎01972-510766; www.ardnamurchanstudycentre.co.uk; Kilchoan; Stellplatz 2 £, plus 6 £ pro Pers. ◉Mai–Sept.; 🅿) An der Ormsaig Road, etwa 3,2 km westlich von Kilchoan, können Rucksackreisende auch am Kilchoan Hotel zelten (ein kürzerer Fußweg von der Fähre) – sie sollten aber zuerst an der Bar fragen.

Antler Tearoom — CAFÉ £
(Nádurra Visitor Centre, Glenmore; Hauptgerichte 5–8 £; ◉April–Okt. Mo-Sa 10–17.30 & So 11–17.30 Uhr, Nov.–März Di-Fr 10–16 & So 11.30–16 Uhr; 👶) Das Café im Wildtierzentrum serviert Kaffee, Selbstgebackenes und Mittags-

tisch – von frischen Salaten und Sandwiches bis hin zu Tagesgerichten wie Garnelen.

An- & Weiterreise

Die Linie 502 von Sheil Buses fährt von Fort William nach Glenuig und Acharacle und auf Anfrage auch weiter nach Salen und Kilchoan (3¼ Std., Mo–Sa 1-mal tgl.). Fähren verkehren zwischen Kilchoan und Tobermory.

Von Salen nach Lochailort

Die Straße A861 von Salen nach Lochailort führt durch die flachen, bewaldeten Hügel von Moidart. Eine Nebenstraße (ausgeschildert nach Dorlin) geht an der Shiel Bridge von der A861 nach Westen ab zu einem Parkplatz. Von hier schaut man auf die malerischen – dachlosen – Ruinen des **Castle Tioram** aus dem 13. Jh. Die Burg steht auf einer winzigen Insel im Loch Moidart und ist mit dem Festland durch einen schmalen Landstreifen verbunden, der bei Flut überspült wird (der Name der Burg, „tschie-ram" ausgesprochen, bedeutet „trocken"). Sie war einst Sitz der Macdonalds von Clanranald. Als der Clanchef sich aufmachte, um beim Aufstand von 1715 mit den Jakobiten zu kämpfen, befahl er, die Burg niederzubrennen (um zu verhindern, dass sie den Königstruppen in die Hände fiel). Ein Restaurierungsplan des Besitzers wurde von Historic Scotland abgelehnt; wegen ihrer Baufälligkeit ist die Anlage inzwischen für die Öffentlichkeit nicht mehr zugänglich.

Wenn sich die A861 am Nordufer des Loch Moidart entlangwindet, fällt der Blick auf eine Reihe von drei riesigen Buchen (und zwei erkennbare Stümpfe) zwischen Straße und Ufer. Die sogenannten **Seven Men of Moidart** (vier sind noch vom Sturm umgeweht und durch junge Bäume ersetzt worden) wurden im späten 18. Jh. gepflanzt. Sie erinnern an die sieben Männer, die Bonnie Prince Charlie bei der Rückkehr von Frankreich begleiteten und die zu Beginn des Aufstands von 1745 als seine Leibwächter fungierten.

Road to the Isles

Der 74 km lange Straßenabschnitt der A830 von Fort William nach Mallaig wird traditionell „Road to the Isles" genannt, denn er führt zu den Ablegestellen der Fähren zu den Small Isles und nach Skye, das wiederum ein Sprungbrett zu den Äußeren Hebriden ist. Diese Region ist mit der Geschichte der Jakobiten eng verknüpft: Hier nahm 1745/46 der zum Scheitern verurteilte Versuch von Bonnie Prince Charlie, den britischen Thron zurückzuerobern, seinen Anfang, hier erlebte er auch sein Ende.

Der letzte, zwischen Arisaig und Mallaig verlaufende Abschnitt dieser landschaftlich reizvollen Route ist zu einer geraden Schnellstraße ausgebaut worden. Wer es nicht so eilig hat, sollte besser die malerische alte Straße nehmen (als „Alternative Coastal Route" ausgeschildert).

Zwischen der A830 und der A87 weiter im Norden liegen Knoydart und Glenelg – Schottlands „Empty Quarter" –, eine zerklüftete Landschaft von ungefähr 32 km mal 50 Km mit wilden Bergen und einsamen Seen. Das Gebiet ist weitgehend unbewohnt und wird nur von zwei Nebenstraßen durchschnitten (entlang des Lochs Arkaig und des Lochs Quoich). Wer wirklich einmal seine Ruhe haben möchte, ist hier genau richtig.

Unterwegs vor Ort

Bus

Shiel Buses (www.shielbuses.co.uk) unterhält die Linie 500 nach Mallaig (1½ Std., Mo–Fr 3-mal tgl., Sa 1-mal tgl.) über Glenfinnan (30 Min.) und Arisaig (1 Std.).

Zug

Die Bahnlinie Fort William–Mallaig wird täglich von vier Zügen befahren (So drei). Unterwegs halten sie oft, zum Beispiel in Corpach, Glenfinnan, Lochailort, Arisaig und Morar.

GLENFINNAN
100 EW.

Für Fans von Bonnie Prince Charlie ist Glenfinnan ist heiliger Boden; das hiesige Denkmal zeigt an, wo er seine Highland-Armee aufstellte. Die Ortschaft ist auch eine Pilgerstätte für Freunde der Dampfeisenbahn und Harry-Potter-Fans – das berühmte Eisenbahnviadukt, das in den Filmen zu sehen ist, überquert regelmäßig der Jacobite Steam Train (S. 389).

Sehenswertes & Aktivitäten

Glenfinnan Monument DENKMAL

Die hohe Säule, von der Statue eines Highlanders im Kilt gekrönt, wurde 1815 an der Stelle errichtet, an der der junge Thronanwärter Bonnie prince Charlie seinen Standen aufpflanzte und die Jakobiten-Clans am 19. August 1745 hinter sich sammelte. Damit begann ein Feldzug, der unter einem

ABSTECHER

GLENUIG INN

An einer friedlichen Bucht der Arisaig-Küste, über die A830 erreichbar und auf halbem Weg zwischen Lochailort und Acharacle, gelegen, befindet sich das **Glenuig Inn** (01687-470219; www.glenuig.com; B&B EZ/DZ/4BZ ab 60/95/125 £, Bunkhouse 25 £ pro Pers.; P) – ein toller Ort, um einmal völlig abzuschalten. Das Gasthaus bietet nicht nur komfortable Unterkünfte, gutes Essen (Hauptgerichte 10–20 £, warme Küche 12–21 Uhr) und Real Ale vom Fass, sondern ist auch ein guter Ausgangspunkt, um Arisaig, Morar und die Gegend um den Loch Shiel zu erkunden.

Es gibt zahllose Möglichkeiten zum Wandern und Radfahren, außerdem nimmt **Rockhopper Sea Kayaking** (www.rockhopperscotland.co.uk; halber/ganzer Tag 40/75 £) die Gäste mit auf geführte Kajakausflüge entlang der schönen, wilden Küste. Start und Ziel der Touren ist das Inn.

---

schlechten Stern stand und 14 Monate später in einer Katastrophe endete. Das nördliche Ende des Loch Shiel liefert dazu eine Kulisse von eindringlicher Schönheit.

Glenfinnan Visitor Centre BESUCHERZENTRUM

(NTS; Erw./Kind 3,50/2,50 £; Juli & Aug. 9.30–17.30, Ostern–Juni, Sept. & Okt. 10–17 Uhr) Das Zentrum erzählt die „Story of the '45", wie der Jakobiten-Aufstand von 1745 genannt wird. Damals kämpften sich die Clanmitglieder, die treu zum Prinzen standen, den Weg von Glenfinnan nach Süden über Edinburgh nach Derby frei und zogen sich dann wieder nach Norden zurück – bis zur endgültigen Niederlage in Culloden.

Glenfinnan Station Museum MUSEUM

(www.glenfinnanstationmuseum.co.uk; Erw./Kind 1,50 £/75 p; Jun–Mitte Okt. 9–17 Uhr) Das Museum widmet sich den großen Tagen der Dampfeisenbahn auf der West-Highland-Linie. Das berühmte Glenfinnan-Viadukt mit seinen 21 Bögen erstreckt sich gleich östlich des Bahnhofs. Es wurde 1901 erbaut und taucht in dem Film *Harry Potter und die Kammer des Schreckens* auf. Ein netter, etwa 1,2 km langer Spaziergang führt östlich des Bahnhofs (ausgeschildert) zu einem Aussichtspunkt mit Blick auf das Viadukt und den Loch Shiel.

Loch Shiel Cruises BOOTSFAHRT

(07801-537617; www.highlandcruises.co.uk; April–Sept.) Bootsausflüge auf dem Loch Shiel. Die ein- bis 2½-stündigen Rundfahrten (10–18 £ pro Pers.) werden täglich, außer samstags und mittwochs, angeboten. Mittwochs fährt das Boot den Loch in seiner ganzen Länge bis nach **Acharacle** (17/25 £ einfache Fahrt/hin & zurück) ab und hält unterwegs in Polloch und Dalilea. Dort starten verschiedene Wanderungen und Fahrradtouren auf dem Forstweg am Ostufer. Das Schiff legt von einem Steg unweit des Glenfinnan House Hotel ab.

Schlafen & Essen

Sleeping Car Bunkhouse HOSTEL £

(01397-722295; www.glenfinnanstationmuseum.co.uk; Glenfinnan Station; B 15 £; Juni–Mitte Okt.) Zwei umgebaute Bahnwaggons an der Glenfinnan-Station beherbergen zehn Schlafkojen und den stimmungsvollen **Dining Car Tearoom** (Snacks 2–5 £; Juni–Mitte Okt. 9–16.30 Uhr), der Scones mit Sahne und Marmelade und kannenweise Tee serviert. Der Blick auf die Berge über dem Loch Shiel ist fantastisch.

Prince's House Hotel GASTHAUS ££

(01397-722246; www.glenfinnan.co.uk; EZ/DZ ab 75/115 £; P) Die behagliche alte Poststation von 1658 ist ein schöner Platz, um sich selbst etwas Gutes zu tun – wer im ältesten Teil des Hotels übernachten möchte, fragt am besten nach dem geräumigen, eleganten Stuart Room. Von Ostern bis Oktober ist an den Wochenenden nur Halbpension möglich (DZ 175–240 £).

Es liegt kein Dokument als Beweis vor, dass Bonnie Prince Charlie sich 1745 tatsächlich hier aufgehalten hat, allerdings war das Gasthaus zu jener Zeit das einzige Haus in Glenfinnan von geeigneter Größe, also …

ARISAIG & MORAR

Der 8 km lange Küstenabschnitt zwischen Arisaig und Morar ist eine dichte Abfolge von Felsinseln, kleinen Buchten und traumhaften Stränden mit silbrigem Sand vor Dünen und Machair (fruchtbarer Boden), die einen atemberaubenden Blick übers Meer auf Sonnenuntergänge und die Bergsilhouetten von Eigg und Rum freigeben. Die **Silver Sands of Morar**, wie sie genannt werden, ziehen im Juli und August scharenweise Urlauber mit Eimer und Schaufel an. Die vielen Campingplätze entlang der Küste sind dann völlig überfüllt.

◉ Sehenswertes

Camusdarach Beach · STRAND
Fans des Films *Local Hero* unternehmen noch immer Pilgerfahrten zum direkt südlich von Morar gelegenen Camusdarach Beach, dem „Ben's Beach" aus dem Kinostreifen. Wer dorthin will, muss nach dem Parkplatz, der 800 m nördlich des Camusdarach-Campingplatzes liegt, Ausschau halten; von hier aus führen eine Fußgängerbrücke und ein 400 m langer Fußweg durch die Dünen zum Strand.

(Das Dorf, das in dem Film zu sehen ist, liegt in Pennan, auf der anderen Seite des Landes.)

Arisaig Marine · BOOTSFAHRT
(01687-450224; www.arisaig.co.uk; Arisaig Harbour; ⊙Mai–Sept.) Unternimmt Bootsfahrten vom Hafen in Arisaig nach Eigg (hin & zurück 18 £, 1 Std., 6-mal pro Woche), Rum (hin & zurück 25 £, 2½ Std., 2- oder 3-mal pro Woche) und Muck (hin & zurück 20 £, 2 Std., 3-mal pro Woche). Bestandteil des Ausflugs ist die Beobachtung von Walen (die Boote bleiben bis zu einer Stunde in der Nähe der Tiere).

Land, Sea & Islands Visitor Centre · BESUCHERZENTRUM
(www.arisaigcentre.co.uk; Arisaig; ⊙Mo–Fr 10–18, So 10–16 Uhr) Das Zentrum im Dorf Arisaig birgt Exponate zur Kultur- und Naturgeschichte der Region, außerdem eine kleine, aber faszinierende Ausstellung über die Rolle, die diese Gegend als Basis für die Ausbildung von Spionen der Special Operations Executive (SOE, Vorläufer des MI6) während des Zweiten Weltkriegs spielte.

🍴 Schlafen & Essen

Zwischen Arisaig und Morar gibt es mindestens ein halbes Dutzend Campingplätze; sie alle sind nur im Sommer geöffnet und im Juli/August oft voll. Deshalb sollte man im Voraus buchen. Einige sind auf www.road-to-the-isles.org.uk aufgelistet.

Garramore House · B&B ££
(01687-450268; Zi. pro Pers. 25–35 £; P🐾) Die 1840 erbaute Jagdhütte diente während des Zweiten Weltkriegs als Hauptquartier der Special Operations Executive. Heute ist sie ein wunderbar stimmungsvolles, kinder- und haustierfreundliches Gästehaus auf einem hübschen Waldgrundstück, auf dem Pfauen leben. Zudem bietet das Haus einen tollen Blick auf die Small Isles und auf Skye. Garramore ist an der Küstenstraße, 6,4 km nördlich von Arisaig, ausgeschildert.

Camusdarach Campsite · CAMPINGPLATZ £
(01687-450221; Arisaig; Zelt-/Wohnwagenstellplätze 8/12 £, plus 3 £ pro Pers.; ⊙März–Okt.; 🐾) Ein kleiner, hübsch angelegter Platz mit guter Ausstattung, zu Fuß nur drei Minuten vom *Local-Hero*-Strand entfernt (durch die Pforte in der Nordwestecke).

Old Library Lodge & Restaurant · SCHOTTISCH ££
(01687-450651; www.oldlibrary.co.uk; Arisaig; Hauptgerichte 10–16 £) Das Old Library ist ein bezauberndes Restaurant mit Gästezimmern (B&B EZ/DZ 60/90 £). Es ist in 200 Jahre alten, umgebauten Stallungen mit Blick die Uferpromenade von Arisaig untergebracht. Die Mittagskarte konzentriert sich auf Suppen und frisch zubereitete Sandwiches. Abends geht es anspruchsvoller zu, serviert werden Fisch und Meeresfrüchte, Rind und Lamm aus der Region.

MALLAIG
800 EW.

Wer zwischen Fort William und Skye unterwegs ist, sollte eine Übernachtung im quirligen Fischerei- und Fährhafen Mallaig in Betracht ziehen. Tatsächlich ist der Ort ein guter Ausgangspunkt für verschiedene Tagesausflüge mit der Fähre zu den Small Isles und nach Knoydart.

◉ Sehenswertes & Aktivitäten

Loch Morar · SEE
(www.lochmorar.org.uk) Eine Nebenstraße führt vom Dorf Morar, 4 km südlich von Mallaig gelegen, zum landschaftlich reizvollen, 18 km langen Loch Morar, mit 310 m das tiefste Gewässer im Vereinigten Königreich. Angeblich wird es von einer eigenen Nessie-Version bewohnt: von Morag, dem Ungeheuer von Loch Morar. Der See und die Berge ringsum sind Lebensraum für Fischotter, Wildkatze, Rotwild und Steinadler.

Ein 8 km langer, beschilderter Fußweg führt vom Ende der Straße in Bracorina, 5 km östlich von Morar, am Nordufer des Loch entlang nach Tarbet am Loch Nevis. Von dort geht es mit der Personenfähre (S. 400) zurück nach Mallaig (Abfahrt um 15.30 Uhr).

Mallaig Heritage Centre   HEIMATMUSEUM
(☎01687-462085; www.mallaigheritage.org.uk; Station Rd.; Erw./Kind 2 £/frei; ◉Mo-Fr 9.30-16.30, Sa & So 12-16 Uhr) Die Attraktionen des Dorfes, die Urlauber an Regentagen aufsuchen können beschränken sich auf dieses Heimatmuseum, das Archäologie und Geschichte der Region abdeckt. Erzählt und dokumentiert wird auch die herzzerreißende Geschichte der Highland Clearances (der Vertreibung der ortsansässigen Bevölkerung im 18. und 19. Jh.) in Knoydart.

MV Grimsay Isle   BOOTSFAHRT
(☎07780-815158) Die MV *Grimsay Isle* läuft zu unterhaltsamen, maßgeschneiderten Ausflügen zum Hochseeangeln und Touren zum Beobachten von Seehunden aus (Buchung in der Touristeninformation).

🛏 Schlafen & Essen

Seaview Guest House   B&B ££
(☎01687-462059; www.seaviewguesthousemallaig.com; Main St.; Zi. pro Pers. 28-35 £; ◉März-Nov.; P) Das komfortable B&B mit drei Gästezimmern bietet einen tollen Blick auf den Hafen, nicht nur von den Zimmern im Obergeschoss, sondern auch vom Frühstücksraum. Nebenan steht eine entzückende kleine Hütte als Unterkunft für Selbstversorger (www.selfcateringmallaig.com; ein DZ und ein 2BZ) für 350 bis 450 £ pro Woche.

Springbank Guest House   B&B £
(☎01687-462459; www.springbank-mallaig.co.uk; East Bay; Zi. pro Pers. 30 £; P🛜) Das Springbank ist ein traditionelles West-Highland-Haus mit sieben heimeligen Gästezimmern. Der Blick über den Hafen auf die Cuillin-Gipfel von Skye ist fantastisch.

🅛🅟 Fish Market Restaurant   FISCH UND MEERESFRÜCHTE ££
(☎01687-462299; Station Rd.; Hauptgerichte 9-21 £; ◉Mittag- & Abendessen) Mindestens ein halbes Dutzend Schilder in Mallaig werben für ein „Seafood Restaurant", aber dieses helle, moderne Lokal nach Art eines Bistros unweit des Hafens ist das wohl beste. Auf den Tisch kommen schlicht zubereitete Jakobsmuscheln mit Räucherlachs und Wirsing, gegrillte Langustinen mit Knoblauchbutter und frischer panierter Mallaig-Schellfisch sowie das leckerste *cullen skink* an der Westküste.

Im Obergeschoss befindet sich ein Coffee Shop (Hauptgerichte 5-6 £; ◉11-17 Uhr), der köstliche Roastbeef-Brötchen mit Meerrettichsoße und Scones mit Sahne und Marmelade serviert.

Tea Garden   CAFÉ £
(☎01687-462764; www.mallaigbackpackers.co.uk; Harbour View; Hauptgerichte 6-12 £; ◉9-18 Uhr) An sonnigen Tagen fühlt man sich im Terrassencafé des Tea Garden mit seinen Blumen, dem vielen Grün und der kosmopolitischen Backpacker-Belegschaft eher wie am Mittelmeer. Der Kaffee ist gut, und die Spezialität des Hauses ist ein Pint-Glas voll mit Mallaig-Garnelen mit Dip (12,50 £). Von Ende Mai bis September hat das Café abends mit einer Bistro-Speisekarte geöffnet.

Jaffy's   FISH & CHIPS £
(www.jaffys.co.uk; Station Rd.; Hauptgerichte 4-8 £; ◉Mai-Okt. tgl. 12-14.30 & 17-20 Uhr, Nov.-April nur Fr & Sa) Die Pommesbude von Mallaig gehört bereits der dritten Generation einer Fischhändlerfamilie und verkauft seinen Gästen herrlich frische Fish and Chips, außerdem Bückling, Garnelen und andere Meeresfrüchte.

ℹ Praktische Informationen
Mallaig hat eine **Touristeninformation** (☎01687-462170; East Bay; ◉Mo-Fr 10-17.30, Sa 10.15-15.45, So 12-15.30 Uhr), ein Postamt, eine Bank mit Geldautomat und einen **Co-op-Supermarkt** (◉Mo-Sa 8-22, So 9-21 Uhr).

ℹ An- & Weiterreise

BUS
Die Linie 500 von Shiel Buses (S. 390) fährt von Fort William nach Mallaig (1½ Std., Mo-Fr 3-mal tgl., Sa 1-mal tgl.) über Glenfinnan (30 Min.) und Arisaig (1 Std.).

FÄHRE
Fähren fahren von Mallaig zu den Small Isles, zur Isle of Skye und nach Knoydart. Details finden sich in den jeweiligen Kapiteln.

ZUG
Die West-Highland-Linie verkehrt viermal täglich (So 3-mal) zwischen Fort William und Mallaig (11 £, 1½ Std.).

Halbinsel Knoydart
70 EW.

Die Halbinsel Knoydart ist das einzige größere Gebiet in Großbritannien, das nicht mit Motorfahrzeugen zu erreichen ist. Durch meilenweit unzugängliches Land und die „Umarmung" durch die Lochs Nevis und Hourn – Gälisch für „Himmel" und „Hölle" – ist Knoydart nahezu von der Außenwelt abgeschnitten. Keine Straße durchschneidet die zerklüftete Bergwildnis. **Inverie**, das einzige Dorf auf der Halbinsel, ist nur mit der Fähre vom Mallaig oder zu Fuß vom abgelegenen Ende der Straße in Kinloch Hourn zu erreichen (eine anstrengende Wanderung über 26 km).

Aber es gibt bedeutende Gründe für einen Besuch. So kann man den 1020 m hohen Gipfel des **Ladhar Bheinn** („*laar*-wen" ausgesprochen) besteigen, der eine der schönsten Aussichten an der Westküste zu bieten hat, oder einfach das Gefühl genießen, vom Rest der Welt abgeschnitten zu sein. Es gibt keine Läden, weder Fernsehen noch Handyempfang (aber Internetzugang); Strom liefert eine private Wasserkraftanlage – ein wirklich autarkes Leben! Weitere hilfreiche Informationen und eine Liste mit allen Unterkünften findet sich unter www.knoydart-foundation.com.

🛏 Schlafen & Essen

Knoydart Lodge   B&B ££
(📞01687-460129; www.knoydartlodge.co.uk; Inverie; EZ/DZ 60/90 £; 🛜) Das hier ist wohl eine der geräumigsten und luxuriösesten B&B-Unterkünfte der ganzen Westküste, erst recht von Knoydart. Geboten werden große, stilvolle Schlafzimmer in einem fantastischen, modernen Holzhaus, das an ein Alpenchalet erinnert. Gourmet-Abendessen wird den Gästen mittwochs und samstags (30 £ pro Pers.) serviert.

Knoydart Foundation Bunkhouse   HOSTEL £
(📞01687-462163; www.knoydart-foundation.com; Inverie; B Erw./Kind 15/10 £; @) Zu Fuß ist das Hostel in 15 Minuten östlich des Fähranlegers zu erreichen.

Torrie Shieling   HOSTEL £
(📞01687-462669; torrie@knoydart.org; B 15 £) Zu Fuß 20 Minuten westlich des Fähranlegers.

Barisdale Bothy   BOTHY £
(📞01764-684946; www.barisdale.com; Barisdale; B 3 £, Zeltplätze pro Pers. 1 £) Das Barisdale Bothy, eine schlichte Holzhütte, knapp 10 km westlich von Kinloch Hourn am Fußweg nach Inverie gelegen, verfügt über Schlafgelegenheiten ohne Matratzen – Gäste, die dort übernachten wollen, müssen gelegentlich Schlafsack und Isomatte mitbringen.

Long Beach   CAMPINGPLATZ £
(Long Beach; pro Zelt 4 £) Einfacher, aber wunderschön gelegener Campingplatz, zu Fuß zehn Minuten östlich der Fähre; Wasserversorgung und Komposttoilette, aber keine Duschen.

LP TIPP   PUB, RESTAURANT ££
(📞01687-462267; www.theoldforge.co.uk; Hauptgerichte 11–23 £; 🛜🍴) Das Old Forge ist im *Guinnessbuch der Rekorde* als Großbritanniens abgelegenster Pub verzeichnet. Dort geht es überraschend kultiviert zu – es hat nicht nur Real Ale vom Fass, sondern besitzt auch eine italienische Kaffeemaschine, damit die Gäste in der Wildnis nicht auf Caffè Latte und Cappuccino verzichten müssen. Spezialität des Hauses ist eine Langustinenplatte mit Aioli als Dip.

Abends kann man mit einem Bier am Kamin sitzen und beim improvisierten *ceilidh* (einem Abend mit traditionell schottischer Unterhaltung einschließlich Musik, Gesang und Tanz) mitmachen, das dort fast allabendlich stattzufinden scheint.

ℹ An- & Weiterreise

Bruce Watt Cruises (📞01687-462320; www.knoydart-ferry.co.uk; einfache Fahrt 11 £) Personenschiffe verbinden Mallaig mit Inverie (45 Min.): von Mitte Mai bis Mitte September montags bis freitags zweimal täglich, im übrigen Jahr nur montags, mittwochs und freitags (keine Fähren am Wochenende). Wer mit dem Vormittagsschiff übersetzt, dem bleiben in Knoydart vor der Rückfahrt am Nachmittag vier Stunden an Land.

Das Nachmittagsschiff fährt über Tarbet an der Südseite des Loch Nevis. Wanderer können also am Nordufer des Loch Morar nach Tarbet laufen und mit dem Schiff zurückfahren (Tarbet–Mallaig, 15 £; außerhalb der Sommersaison nur Mo & Fr). Außerdem ist es möglich, nur eine Rundfahrt zu unternehmen, ohne an Land zu gehen (Mallaig–Inverie–Tarbet–Mallaig, 20 £).

Sea Bridge Knoydart (📞01687-462916; www.knoydartferry.com; einfache Fahrt 10 £; 📅April–Okt.) Dieser neue Personenfährdienst verkehrt in der Saison viermal täglich zwischen Mallaig und Inverie (25 Min.) und befördert ohne Aufpreis Fahrräder, Kanus und Kajaks.

SMALL ISLES

Die besonderen Schmuckstücke unter den Small Isles – die Inseln Rum, Eigg, Muck und Canna – liegen verstreut im silbrig blauen Cuillin Sound südlich der Isle of Skye. Ihre charakteristischen Umrisse beleben die herrliche Aussicht von den Stränden in Arisaig und Morar.

Rum ist die größte und schroffste der vier Inseln, ein „Mini-Skye" mit spitzen Gipfeln und dramatischen Silhouetten vor dem Sonnenuntergang. Eigg ist die ländlichste und bevölkerungsreichste, sie wird von dem Berg Sgurr, einer Miniaturausgabe des Zuckerhut, beherrscht. Muck ist mit seinen Wildblumen und den ungewöhnlichen Gebirgspflanzen ein Paradies für Botaniker, und Canna ist ein felsiges Vogelschutzgebiet, das aus magnetischem Gestein besteht.

Wer nicht viel Zeit hat und nur eine Insel besuchen kann, sollte sich für Eigg entscheiden, das bei einem Tagesausflug am meisten zu bieten hat.

❶ An- & Weiterreise

Die größte Reederei ist **CalMac** (www.calmac.co.uk), die reine Personenfähren ab Mallaig betreibt.

Canna hin & zurück 22,45 £, 2 Std., 4-mal wöchentl.

Eigg hin & zurück 12,10 £, 1¼ Std., 5-mal wöchentl.

Muck hin & zurück 18,40 £, 1½ Std., 4-mal wöchentl.

Rum hin & zurück 17,85 £, 1¼ Std., 5-mal wöchentl.

Man kann auch zwischen den Inseln übersetzen, ohne nach Mallaig zurückzukehren, aber der Fahrplan ist kompliziert, und das Inselhopping bedarf einer gewissen Planung – um alle vier Inseln zu besuchen, benötigt man mindestens fünf Tage. Fahrräder werden kostenlos befördert.

Im Sommer organisiert Arisaig Marine (S. 396) Tagesausflüge vom Hafen in Arisaig nach Eigg (hin & zurück 18 £, 1 Std., 6-mal wöchentl.), Rum (hin & zurück 25 £, 2½ Std., 2- oder 3-mal wöchentl.) und Muck (hin & zurück 20 £, 2 Std., 3-mal wöchentl.). Bestandteil der Ausflüge ist das Beobachten der Wale (die Schiffe bleiben bis zu einer Stunde in der Nähe der Tiere).

Der Fahrplan ermöglicht auf Eigg vier bis fünf Stunden Aufenthalt, auf Muck oder Rum zwei oder drei Stunden.

Isle of Rum

37 EW.

Die Isle of Rum – die größte und spektakulärste der Small Isles – wurde einst „Forbidden Island" („verbotene Insel") genannt. Anfang des 19. Jhs. wurden die hiesigen Kleinbauern vertrieben, um Platz für die Schafzucht zu schaffen. Von 1888 bis 1957 war die Insel das private Sportgelände der Bulloughs, einer neureichen Familie aus Lancashire, die ihr Vermögen in der Textilindustrie gemacht hatte. Neugierige, die sich zu nah an die Insel heranwagten, liefen Gefahr, plötzlich in das falsche Ende des Gewehrs eines Wildhüters zu starren. Die Insel wurde 1957 an die Nature Conservancy verkauft. Seither ist sie ein Naturschutzgebiet, das für seine Rehe, Wildziegen, Ponys, Stein- und Seeadler und eine 120 000 Tiere zählende Brutkolonie von Schwarzschnabel-Sturmtauchern berühmt ist. Ihre dramatischen Felsberge, die wegen ihrer Ähnlichkeit mit den Gipfeln des benachbarten Skye „Rum Cuillin" genannt werden, locken Bergwanderer und Kletterer an.

⊙ Sehenswertes & Aktivitäten

Kinloch Castle BURG

(☎ 01687-462037; www.isleofrum.com; Erw./Kind 7/3,50 £; ⊙ Führungen April–Okt. tgl., abgestimmt auf die Fährzeiten) George Bullough, Harrow-Schüler und schneidiger Kavallerieoffizier, erbte Rum 1891 zusammen mit der Hälfte des väterlichen Vermögens. Damit war er einer der wohlhabendsten Junggesellen in Großbritannien – die Hälfte seines Erbes steckte Bullough in den Bau seines Junggesellentraums: des protzigen Kinloch Castle.

Bullough ließ rosafarbenen Sandstein aus Dumfriesshire und 250 000 t Humus aus Ayrshire für die Gärten herbeischaffen. Seinen Arbeitern zahlte er pro Tag einen Schilling extra, damit sie Tweedkilts trugen – des malerischen Aussehens wegen. In Gewächshäusern wurden Kolibris, im Garten Alligatoren gehalten. Seine Gäste unterhielt Bullough mit einem Orchestrion – eines von sechs, die je hergestellt wurden –, dem edwardianischen Äquivalent einer hochmodernen Hi-Fi-Anlage. Auch nach dem Weggang der Bulloughs hat das Schloss wie eine perfekte Zeitkapsel der exzentrischen edwardianischen Oberklasse überlebt. Die Führung sollte man nicht versäumen.

Naturlehrpfade WANDERUNG

Es gibt auf der Insel einige tolle Wanderwege an der Küste und in den Bergen, darunter einige leichte, markierte Naturlehrpfade in den Wäldern rund um Kinloch. Der erste Pfad auf der linken Seite nach Verlassen des Piers führt zu einem **Otter-Beobachtungsplatz** (ausgeschildert). **Glen Harris** ist ein 16 km langer Rundweg ab Kinloch auf einer Holperstraße, die nur mit Allradantrieb befahrbar ist – für die Wanderung sollte man vier bis fünf Stunden einplanen. Der Aufstieg zum höchsten Punkt der Insel, dem **Askival** (812 m), ist anstrengend, und es gehört auch ein wenig Felsklettereri dazu (Hin- & Rückweg ab Kinloch ca. 6 Std.).

Beim Craft Shop (01687-462744; http://rumbikehire.co.uk; pro Tag/halber Tag 14/7 £) in der Nähe von Kinloch Castle können Fahrräder ausgeliehen werden.

Bullough Mausoleum   FRIEDHOF

Der einzige Teil der Insel, der noch der Familie Bullough gehört, ist dieses Mausoleum in Glen Harris. Es ist ein griechischer Tempel im Kleinformat, der auch auf der Akropolis nicht fehl am Platz wirken würde. Lady Bullough wurde, als sie 1967 im Alter von 98 Jahren starb, hier neben ihrem Mann und ihrem Schwiegervater zur Ruhe gebettet.

Schlafen & Essen

Die Unterkünfte der Insel auf Rum sind sehr begrenzt – zur Zeit der Recherche gab es nur das Hostel und den Campingplatz. Für das Hostel ist eine Vorausbuchung unerlässlich, für den Campingplatz aber nicht. Es gibt außerdem zwei Bothys (unverschlossene Hütten ohne jede Ausstattung, die Wanderer nutzen können) auf der Insel, und wildes Zelten ist erlaubt.

Kinloch Castle Hostel   HOSTEL £

(01687-462037; www.isleofrum.com; B 16 £, DZ 45–55 £; März–Okt.;) Das Hostel verfügt über 42 Betten in Schlafsälen mit jeweils vier oder sechs Betten und vier Doppelzimmer im rückseitigen Flügel. Es gibt eine Gemeinschaftsküche für Selbstversorger und auch ein kleines Restaurant, das schottisches Frühstück (7,50 £) und Abendessen (17,50 £) für Gäste anbietet (Mahlzeiten müssen im Voraus gebucht werden). Zur Zeit der Recherche stand die Zukunft des Hostels infrage, aber es gab Pläne für ein neues Bunkhouse als Ersatz.

Kinloch Village Campsite   CAMPINGPLATZ £

(01687-460328; www.isleofrum.com; Stellplätze pro Erw./Kind 5/2,50 £) Zwischen Pier und Kinloch Castle liegt dieser einfache Campingplatz. Er verfügt über Toiletten, eine Wasserversorgung und heiße Duschen. Außerdem gibt es zwei neue Campinghütten aus Holz (20 £ für 2 Pers.), die im Voraus gebucht werden müssen.

Praktische Informationen

Die Fähre legt in Kinloch an, der einzigen Siedlung auf der Insel. Sie besitzt einen kleinen **Lebensmittelladen** (17–19 Uhr) mit Postamt und öffentliches Telefon sowie eine **Touristeninformation** (8.30–17 Uhr) in der Nähe des Piers. Dort sind Informationen und Broschüren zu Wanderungen sowie zur Tier- und Pflanzenwelt erhältlich. Es gibt einen **Tearoom** (April–Sept. Mo–Sa 12–18 Uhr) im Gemeindehaus mit WLAN und Internetzugang. Das Haus selbst steht immer offen für Leute, die Schutz vor Regen (oder den Mücken!) suchen. Weitere Infos sind unter www.isleofrum.com zu finden.

Isle of Eigg

70 EW.

Die Isle of Eigg schrieb 1997 Geschichte, denn sie war der erste Landbesitz in den Highlands, der von seinen Bewohnern aufgekauft wurde. Die Insel gehört heute dem Isle of Eigg Heritage Trust (www.isleofeigg.org), einer Genossenschaft der Inselbewohner, des Highland Council und des Scottish Wildlife Trust, und wird von ihm verwaltet.

Aktivitäten

Der Name der Insel ist vom altnordischen *egg* („edsch" ausgesprochen) abgeleitet, einer Referenz an den Sgurr of Eigg (393 m). Dieser eindrucksvolle Miniberg erhebt sich über Galmisdale und fällt auf drei Seiten in senkrechten Felswänden ab. Er besteht aus Pechstein mit säulenförmiger Klüftung – ähnlich der, die auf der Isle of Staffa oder am Giant's Causeway in Nordirland zu sehen ist.

WANDERN

Der Anstieg zum Gipfel (hin & zurück 7 km; einzuplanen sind 3-4 Std.) des Sgurr of Eigg beginnt an der Straße, die vom Pier steil ansteigt und dann durch den Wald bis zu einer Hütte mit rotem Dach verläuft. Man geht durch die Pforte auf der rechten Seite der Hütte und dann links; nur 20 m weiter auf der Straße markiert ein Grenzstein auf der rechten Seite den Anfang eines morastigen Fußwegs, der über den östlichen Sattel des Sgurr verläuft, dann unterhalb der nördlichen Felswände quert und bis zum Gipfelkamm führt.

An schönen Tagen ist der Blick von oben großartig – Rum und Skye im Norden, Muck und Coll im Süden, der Ardnamurchan-Leuchtturm im Südosten, und Ben Nevis erhebt sich über dem östlichen Horizont. Am besten nimmt man ein Fernglas mit –

an einem ruhigen Sommertag bestehen gute Chancen, Zwergwale zu entdecken, die sich unten im Sound of Muck tummeln, um nach Nahrung suchen.

Uamh Fraing HÖHLE

Eine kürzere Wanderung (3,5 km; 1½ Std. für Hin- & Rückweg einplanen, Taschenlampe mitnehmen) führt vom Pier Richtung Westen zur gespenstischen Uamh Fraing („Massakerhöhle"). Der Weg beginnt wie der Aufstieg zum Sgurr of Eigg. 800 m vom Anleger entfernt führt eine Abzweigung links durch ein Tor und dann über ein Feld. Es geht weiter den unbefestigten Weg entlang und an der Gabelung vor dem weißen Häuschen links. Ein Fußweg führt weiter quer über die Felder und erreicht eine kleine Pforte im Zaun; dort schlüpft man hindurch und geht ein Stück den Kamm hinunter Richtung Küste.

Der Höhleneingang liegt versteckt auf der linken Seite des Bergkamms. Der Zugang ist winzig – fast muss man auf Händen und Knien hindurchkriechen –, aber drinnen erweitert sich die Höhle beträchtlich. Wer mag, geht ans hintere Ende, knipst die Taschenlampe aus und stellt sich vor, dass die Höhle voller Menschen ist, voller verängstigter Männer, Frauen und Kinder, die dort Schulter an Schulter stehen. Man stelle sich die Panik vor, die entstünde, wenn Feinde anfingen, am Zugang Feuerholz aufzuschichten. Fast die gesamte Bevölkerung von Eigg – ungefähr 400 Menschen – suchte in dieser Höhle Zuflucht, als die MacLeods von Skye die Insel 1577 überfielen. In einem Akt unmenschlicher Grausamkeit entzündeten die Plünderer ein Feuer in dem schmalen Zugang – alle Menschen in der Höhle erstickten. Hier drinnen gehen mehr als nur ein paar Geister um.

Grulin & Laig Beach Hikes WANDERN

Zwei schöne Wanderungen führen zu den aufgegebenen Kleinbauernhöfen **Grulin** an der Südwestküste (8 km, hin & zurück 2 Std.) und nach Norden über die Straße zum **Laig Beach** mit dem berühmten singenden Sand – der Sand macht quietschende Geräusche, wenn man darübergeht (13 km, hin & zurück 3 Std.).

Weitere Infos zu Inselwanderungen sind im Kunsthandwerksladen in An Laimhrig erhältlich (S. 405).

Schlafen & Essen

Alle Unterkünfte müssen im Voraus gebucht werden. Eine vollständige Liste der Unterkünfte für Selbstversorger findet sich unter www.iselofeigg.org.

Lageorna B&B ££

(01687-482405; www.lageorna.com; Cleadale; pro Pers. 60 £ inkl. Abendessen;) Das umgebaute Kleinbauernhaus mit Blockhütte im Nordwesten der Insel ist die luxuriöseste Unterkunft auf Eigg. Die Zimmer sind mit wunderschönen, vor Ort gebauten Holzbetten im „Treibholz-Stil" ausgestattet und haben sogar iPod-Docks (aber keinen Handyempfang). Die Abendmahlzeiten sind inbegriffen, die Speisekarte setzt auf vor Ort gezogenes Gemüse, Fisch und Meeresfrüchte sowie Wild.

Sandavore Bothy BOTHY £

(01687-482480; www.eiggbreaks.co.uk; Galmisdale; pro Nacht 35 £) Der kleine 1-Raum-Bothy, zu Fuß 15 Minuten vom Pier entfernt, bietet Platz für vier Leute in einem Doppelbett und zwei Kojen. Es ist ein wahrhaftiges Hebriden-Erlebnis – nur zu Fuß zu erreichen, limitierter Strom, nur kaltes fließendes Wasser und eine Außentoilette (unten am Anleger gibt es öffentliche Duschen).

Glebe Barn HOSTEL £

(01687-482417; www.glebebarn.co.uk; B/2BZ 16/38 £;) Ausgezeichnete Bunkhouse-Unterkunft in der Mitte der Insel mit einer schicken Lounge mit Ahorndielen und einem zentralen Kamin, moderner Küche, Waschküche, Trockenraum sowie hellen, sauberen Schlafsälen und Zimmern.

Sue Holland's Croft CAMPINGPLATZ £

(01687-482480; www.eiggyurtingandcamping. co.uk; Cleadale; pro Zelt 5 £, Jurte 35–40 £;) Der Biokleinbauer im Norden der Insel hat einen Campingplatz mit Grundausstattung und bietet auch Unterkunft für zwei Personen in einer mongolischen Jurte.

Galmisdale Bay CAFÉ £

(www.galmisdale-bay.com; Galmisdale; Hauptgerichte 4–8 £; Mai–Sept. Mo–Sa 10–17 & So 11–16.30 Uhr, Juli/Aug. längere Öffnungszeiten, Okt.–April kürzere Öffnungszeiten) Die gute und einladende Café-Bar liegt oberhalb des Fähranlegers. Die Öffnungszeiten im Winter sind an die Ankunft und Abfahrt der Fähre gekoppelt.

❶ Praktische Informationen

Die Fähre legt in Galmisdale im Süden an. **An Laimhrig** (www.isleofeiggshop.co.uk; Mai–Sept. Mo–Mi & Fr 10–17, Do 11–15, Sa 11–17,

So 12–13 Uhr, kürzere Öffnungszeiten im Winter) Das Gebäude oberhalb des Piers beherbergt einen Lebensmittelladen, ein Postamt, einen Kunsthandwerksladen und ein Café. Es werden auch **Fahrräder** (www.eiggadventures.co.uk; pro Tag/halber Tag 14/9 £) vermietet.

Isle of Muck

30 EW.

Die winzige Insel Muck (www.isleofmuck.com), die nur 3,2 km mal 1,6 km misst, hat außergewöhnlich fruchtbaren Boden und ist im Frühling und Frühsommer über und über mit herrlichen Wildblumen bedeckt. Der Name stammt vom gälischen *muc* („Schweine"), und tatsächlich werden hier noch Schweine gezüchtet.

Fähren legen an der südlichen Siedlung Port Mor an. Es gibt einen Tearoom und Kunsthandwerksladen (Juni-Aug. 11–16 Uhr, Mai & Sept. kürzere Öffnungszeiten) oberhalb des Piers, der auch als Touristeninformation dient.

Auf der einzigen Straße, die über die Insel verläuft, bietet sich ein leichter, 15-minütiger Spaziergang vom Pier zum Sandstrand in Gallanach auf der Nordseite der Insel an. Eine längere, anstrengendere Wanderung (hin & zurück 1½ Std.) führt auf die Spitze des **Beinn Airein** (137 m) mit der schönsten Aussicht der Insel. Papageitaucher nisten auf den Klippen am westlichen Ende von Camas Mor, der Bucht im Süden des Hügels.

Das gemütliche Isle of Muck Bunkhouse (01687-462042; B 12 £) mit sechs Betten und einem Rayburn-Ölofen liegt gleich oberhalb des Anlegers – ebenso wie das einladende Port Mor House Hotel (01687-462365; hotel@isleofmuck.com; pro Pers. inkl. Abendessen 60 £) mit acht Zimmern; im Übernachtungspreis ist das Abendessen inbegriffen, das auch Nichtgästen zur Verfügung steht (18 £, im Voraus buchen).

Man kann auf der Insel kostenlos zelten, sollte aber vorher im Laden fragen. Eine vollständige Liste der Unterkünfte findet sich unter www.isleofmuck.com.

Isle of Canna

19 EW.

Die Insel Canna (www.theisleofcanna.co.uk), nur 8 km lang und 2 km breit, ist eine Heidelandschaft auf einem Plateau aus schwarzem Basalt. 1981 wurde sie von ihrem Besitzer, dem gälischen Gelehrten und Autor John Lorne Campbell, dem National Trust for Scotland übereignet. Der **Compass Hill** (143 m) in der Nordostecke enthält genügend Magneteisenstein (ein Eisenoxidmineral), um die Navigationskompasse der vorbeifahrenden Yachten abzulenken.

Die Fähre legt im Dörfchen **A'Chill** am Ostende der Insel an; dort haben vorbeikommende Segler Graffiti auf der Felswand südlich des Hafens hinterlassen. Am Hafen gibt es einen Tearoom und einen Kunsthandwerksladen und ein winziges Postamt in einer Hütte, aber keinen Handyempfang.

Eine Wanderung führt östlich des Fähranlegers zum **An Coroghon**, einem mittelalterlichen steinernen Turm, der auf einer Klippe steht, und weiter zum Compass Hill. Man kann auch eine längere Wanderung am Südufer entlang unternehmen. Sie führt am Canna House (Eintritt 5 £; April–Sept. Mi 13–14, Sa 11–12 & 16–17 Uhr), dem ehemaligen Wohnhaus von John Lorne Campbell, und an einem schön verzierten **frühchristlichen Steinkreuz** vorbei. 2012 wurde in der Nähe ein *bullaun* oder „Verwünschungsstein" mit einem eingeritzten Kreuz entdeckt. In Irland sind sie weit verbreitet, aber dieser war der erste *bullaun*, der in Schottland gefunden wurde.

Die Unterkünfte sind sehr begrenzt. Tighard (08444 932 242; www.tighard.com; pro Pers. 35–50 £; Mai–Sept.) ist das einzige B&B (Abendessen 25–30 £), das Café-Restaurant Gille Brighde (01687-460164; www.cannarestaurant.com; Hauptgerichte 8–18 £; Di-Sa Mittagessen, im Sommer tgl. Abendessen; für weitere Zeiten auf der Website nachsehen) das einzige Esslokal. Unter www.theisleofcanna.co.uk sind Unterkünfte für Selbstversorger zu finden. **Wildes Zelten** ist erlaubt.

Nördliche Highlands & Inseln

Inhalt »

Strathpeffer	410
Dornoch	413
Wick	418
John O'Groats	419
Thurso & Scrabster	420
Durness	425
Ullapool	430
Isle of Skye	440
Portree	448
Duirinish & Waternish	450
Äußere Hebriden	453
Lewis (Leodhais)	455
Harris (Na Hearadh)	459

Auf in die nördlichen Highlands und zu den Inseln!

Im Norden und auf den Hebriden-Inseln ist Schottlands wilde und melancholische Seele deutlich spürbar: Nebel und Berge, Felsen und Heide sowie lange Sommerabende sind eine gute Entschädigung für die vielen Tage mit Dauerregen.

Viele Geschichten sind in Stein gehauen: Die Kammergräber von Caithness und die *brochs* von Sutherland zeugen von den Fähigkeiten der prähistorischen Baumeister. Burgen auf Felsvorsprüngen und die verfallenen Croft-Farmen dokumentieren die turbulente Geschichte.

Die Landschaft lädt zum Erkunden ein: von Waldspaziergängen und Mountainbiketouren in den Bergen über Küstentouren mit dem Kajak und dem Munro-Bagging (dem „Sammeln" von bestiegenen Bergen mit mehr als 3000 Fuß Höhe) bis zu Strandspaziergängen und Vogelbeobachtungen ist das Angebot äußerst verlockend.

Schön übernachten

» The Torridon (S. 435)
» Garenin Holiday Cottages (S. 458)
» Toravaig House Hotel (S. 446)
» The Ceilidh Place (S. 431)
» Tongue SYHA (S. 425)

Gut essen

» The Albannach (S. 429)
» Captain's Galley (S. 422)
» Three Chimneys (S. 422)
» Badachro Inn (S. 434)
» Applecross Inn (S. 436)

Reisezeit
Portree

Juni Die langen Abende tauchen die prächtige Landschaft in ein verträumtes Licht.

Juli Das Hebridean Celtic Festival präsentiert die Kultur der Äußeren Hebriden.

Sept. Die Mücken stechen nicht mehr und mit etwas Glück sind die Temperaturen noch angenehm.

Highlights

❶ Frischen Fisch und leckere Krustentiere in der malerischen Hafenstadt **Ullapool** (S. 430) schlemmen

❷ Mit den Zehenspitzen im Wasser die Weltklasse-Strände auf **Harris** (S. 477) und **Barra** (S. 465) genießen

❸ Sich vom zerklüfteten Gebirgspanorama der **Cuillin Hills** (S. 440) auf Skye beeindrucken lassen

❹ Die großartige Highland-Landschaft im **äußersten Nordwesten** zwischen Durness und Ullapool (S. 427) bewundern

❺ Einen Abstecher zum einsamen **Cape Wrath** (S. 427) einplanen, dem nordwestlichsten Punkt Großbritanniens

❻ In dem idyllischen Postkartenstädtchen **Plockton** (S. 437) relaxen, wo die Highlands auf die „Karibik" treffen

❼ Mit einem See-Kajak die von Ottern bewohnten Gewässer rund um die **Isle of Skye** (S. 440) erkunden

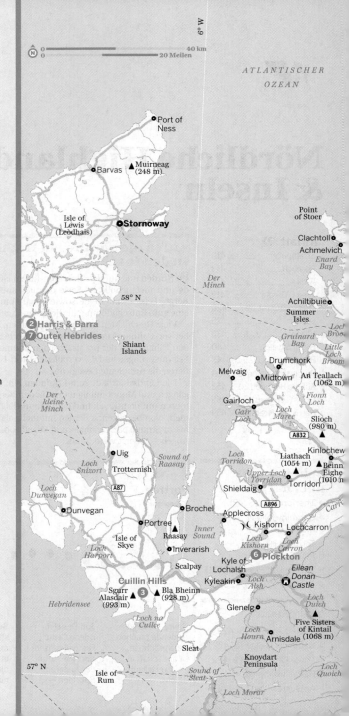

OSTKÜSTE

An der Ostküste der alten Grafschaften Ross und Sutherland beginnt sich die landschaftliche Wildheit des Highlands langsam vor den Augen der Betrachter zu entfalten. Während das Landesinnere von der endlosen Moor- und Berglandschaft Sutherlands dominiert wird, erheben sich an der Ostküste heidebedeckte Hügel aus der wilden, eiskalten Nordsee empor. Hügeliges Farmland reicht direkt bis an die Küste heran und historische Städtchen schmiegen sich an die dramatische Küstenlinie.

Strathpeffer

900 EW.

Strathpeffer ist ein reizvoller ehemaliger Kurort, dessen verblasster Glanz sich in den charmanten Pavillons und altersmüden Prachthotels widerspiegelt. Die Blütezeit erlebte Strathpeffer zu viktorianischen Zeiten, als vornehme Damen und Herren in Scharen kamen, um in dem schwefelhaltigen Wasser der Morrison Well zu baden, sich damit zu waschen sowie davon zu trinken. Der Touristenstrom führte zum Bau großartiger viktorianischer Gebäude sowie einiger architektonischer Kuriositäten.

◉ Sehenswertes & Aktivitäten

Die Einheimischen haben einige exzellente interaktive **Touren** durch den Ort zusammengestellt, die man sich von der Webseite www.strathpeffervillage.org.uk auf sein Smartphone oder Tablet herunterladen kann, oder man leiht sich in einem der teilnehmenden Geschäfte im Zentrum ein iPad (2 £) aus.

Der **Eagle Stone** ist vom Zentrum aus beschildert und lohnt den Abstecher. Der Piktenstein stammt womöglich aus der Zeit vor dem 7. Jh. und steht mit einer lokalen Berühmtheit in Verbindung, dem Brahan-Seher, der viele später eintreffende Ereignisse vorhersagte.

Rund um Strathpeffer gibt es viele gut ausgeschilderte Wanderwege.

Die Strathpeffer & District Pipe Band spielt von Mitte Mai bis Mitte September jeden Samstag ab 20.30 Uhr auf dem zentralen Platz. Dazu gibt es auch Hochland-Tänze.

Highland Museum of Childhood MUSEUM
(☏01997-421031; www.highlandmuseumofchildhood.org.uk; Old Train Station; Erw./Kind 2,50/1,50 £; ◉April–Okt. Mo–Sa 10–17, So 14–17 Uhr) Strathpeffers ehemalige viktorianische Bahnstation illustriert auf vielfältige Weise das Leben der Hochland-Kinder in früheren Zeiten. Angeboten werden auch Aktivitäten für Kinder, darunter Kleider zum Anprobieren sowie ein Spielzeugzug. Im Shop wird fündig, wer ein Mitbringsel für ein Kind sucht, außerdem gibt es ein ruhiges Café.

GRATIS **Spa Pavilion & Upper Pump Room** MUSEUM, VERANSTALTUNGSSAAL
(www.strathpefferpavilion.org; Golf Course Rd.; ◉Pump Room Juni–Aug. tgl., Sept.–Mai Di–Sa) Zu Strathpeffers Glanzzeiten war der Kurpavillon das soziale Zentrum des Ortes. Hier fanden Tanzabende, Lesungen und Konzerte statt. Nach einer Renovierung dient das Kurhaus heute wieder als Veranstaltungssaal und verfügt über ein Restaurant. Nebenan dokumentiert der *Upper Pump Room* die bizarren Anstrengungen der Viktorianer, um ihre Gesundheit zu fördern. Ausgestellt wird auch lokale Kunst. Mutige können das Heilwasser sogar selbst probieren. Das eisenhaltige Quellwasser ist nur etwas für Leute mit starkem Magen. Wesentlich verlockender sind die selbst gemachten Süßigkeiten in dem reizenden Laden.

Square Wheels Cycles FAHRRADVERLEIH
(☏01997-421000; www.squarewheels.biz; The Square; ◉Di–So) Für 12/20 £ pro halbem/ganzen Tag verleiht Square Wheels Räder, bei längerer Verleihdauer wird es billiger. Die Mitarbeiter helfen bei der Routenplanung.

🛏 Schlafen & Essen

Es gibt eine Reihe großer Hotels, die sich auf busreisende Seniorengruppen spezialisiert haben.

LP TIPP **Craigvar** B&B ££
(☏01997-421622; www.craigvar.com; The Square; EZ/DZ 50/86 £; [P][🛜]) In der schönen, zentral gelegenen georgianischen Villa wird geschmackvoller Luxus großgeschrieben. All die kleinen Extras, die eine stilvolle Unterkunft auszeichnen, finden sich hier: ein Willkommenstrunk, highländisch-belgische Pralinen, Bademäntel und frisches Obst. Die mit einem Farbcode versehenen Zimmer sind erstklassig und verfügen über neue Bäder. Das blaue Doppelzimmer bietet einen besonders schönen Ausblick und ein sensationelles Bett – nach dem opulenten Gour-

metfrühstück möchte man sofort wieder in die Federn zurückfallen.

Coul House
HOTEL ££

(☎01997-421487; www.coulhouse.com; EZ/DZ 85/165 £; P@🛜🍽) In Contin, südlich von Strathpeffer an der A 835, wurde Coul House bereits im Jahr 1821 errichtet. Doch im Gegensatz zu vielen anderen Landhäusern aus jener Zeit verströmt es ein helles, freundliches Flair. Das Hotel ist familiengeführt, die Hausangestellten empfangen ihre Gäste herzlich und professionell. Die Bereiche zum Speisen und Relaxen sind genauso schön und elegant wie die Zimmer, die auf den Garten hinausgehen. Die Superior-Zimmer bieten einen Blick in die Berge. Wanderwege und Mountainbiketrails in die Wälder beginnen direkt vor der Haustür. Auch das Restaurant ist ansprechend.

Red Poppy
BISTRO ££

(☎01997-423332;www.redpoppyrestaurant.co.uk; The Pavilion; Hauptgerichte 10–16 £; ⊙Di–Sa 11–20 Uhr, So Mittagessen) Im restaurierten, viktorianischen Kurpavillon ist das Red Poppy eine willkommene kulinarische Ergänzung. Es gibt eine große Auswahl an Speisen, darunter Wildgerichte wie z. B. Wildschweinsteaks. Mittags ist es etwas günstiger, abends etwas eleganter.

❶ An- & Weiterreise

Bus Stagecoach (www.stagecoachbus.com) bietet Busverbindungen von Inverness nach Strathpeffer (45 Min., Mo–Sa mindestens stündl., So 4-mal). Die Busse von Inverness nach Gairloch und Durness sowie einige Verbindungen nach Ullapool verkehren auch über Strathpeffer.

Tain

3500 EW.

Schottlands älteste königliche freie Stadt – vom König mit Stadtrechten versehen – ist eine stolze Sandsteinstadt, die im Mittelalter ein beliebter Wallfahrtsort für Pilger war, welche die Reliquien des heiligen Duthac aufsuchten. An den Heiligen erinnern die Ruinen der **St. Duthac's Chapel** aus dem 12. Jh. sowie die St.-Duthus-Kirche.

Sehenswertes

Tain Through Time MUSEUM

(☎01862-894089;www.tainmuseum.org.uk;Tower St.; Erw./Kind 3,50/2,50 £; ⊙April–Okt. Mo–Fr 10–17 Uhr, Juni–Aug. auch Sa) Auf dem Gelände der St.-Duthus-Kirche ist Tain Through Time ein unterhaltsames Museum mit einer sehr informativen Ausstellung zum hl. Duthac, zu König James IV. sowie zu einigen entscheidenden Momenten der schottischen Geschichte. Ein weiteres Gebäude konzentriert sich auf das in Tain traditionsreiche Gewerbe der Silberschmiede. Der Eintritt beinhaltet eine Audio-Guide-Führung durch die Stadt.

Glenmorangie Distillery DESTILLERIE

(www.glenmorangie.com; Führungen 2,50 £; ⊙Mo–Fr 10–17 Uhr, Juni–Aug. auch Sa 10–16, So 12–16 Uhr) Ein Stückchen nördlich von Tain produziert Glenmorangie (die Betonung liegt auf der zweiten Silbe) einen feinen leichten Malt, der durch eine Reihe unterschiedlicher *Cask Finishes* in mehreren Varianten erhältlich ist. Die Führung ist nicht so detailreich wie in anderen Destillerien, doch auch hier ist am Ende eine Probe inklusive.

Schlafen & Essen

Golf View House B&B ££

(☎01862-892856; www.bedandbreakfasttain.co. uk; 13 Knockbreck Rd.; EZ/DZ 50/70 £; P🛜) Die alte Villa liegt gut abgeschirmt an der Hauptstraße durch die Stadt und bietet einen herrlichen Blick über die Felder zur Küste. Die hervorragend eingerichteten Zimmer sind sehr freundlich und hell und verleihen dem Haus eine angenehme Stimmung. Dazu passen das leckere Frühstück und die einladende Gastfreundlichkeit. Die fünf Pfund extra für ein Zimmer mit Ausblick lohnen sich.

Royal Hotel HOTEL ££

(☎01862-892013; www.royalhoteltain.co.uk; High St.; EZ/DZ 50/85 £; 🛜🍽) Das Royal Hotel liegt so sehr im Stadtzentrum, dass sich die Hauptstraße um das Gebäude herumschlängeln muss. Nach der Renovierung sind die großen Zimmer wieder sehr schick. Für zehn Pfund Zuschlag erhält man ein Zimmer mit Himmelbett im alten Teil des Hotels. Dort haben die Zimmer jeweils eine Grundfarbe und das Upgrade lohnt sich. Das Restaurant ist das Beste in der Stadt und auch die Gerichte an der Bar sind ansprechend.

❶ An- & Weiterreise

Die Busse von Stagecoach (s. linke Spalte) verkehren nahezu stündl. von Inverness nach Tain (8,50 £, 50 Min.); 3-mal tgl. geht es Richtung Norden weiter nach Thurso.

Bis zu 3-mal tgl. verkehren Züge nach Inverness (12,60 £, 1¼ Std.) und Thurso (15,40 £, 2¾ Std.).

Portmahomack

600 EW.

Portmahomack ist ein ehemaliger Fischerort abseits der Touristenpfade. Mit dem Blick über das Meer in die manchmal schneedeckten Berge ist die Lage malerisch. Der beste Platz, um den Ort zu genießen, ist der graswachsenen Uferstreifen am hinteren Ende der Main Street in der Nähe des kleinen Hafens.

Das faszinierende **Tarbat Discovery Centre** (01862-871351; www.tarbat-discovery.co.uk; Tarbatness Rd.; Erw./Kind 3,50/1 £; Mai-Sept. Mo-Sa 10-17 Uhr, April, Okt. Mo-Sa 14-17 Uhr, Juni-Okt. auch So 14-17 Uhr) präsentiert einige meisterlich gearbeitete Symbolsteine der Pikten. Rund um die Dorfkirche stieß man auf die Reste einer eisenzeitlichen Siedlung. Weitere Ausgrabungen förderten ein piktisches Kloster zutage, in dem anscheinend auch illuminierte Handschriften hergestellt wurden. Zu der hervorragenden Ausstellung gehört auch die gruselige Krypta der Kirche.

Liebhaber von frischem Fisch und leckeren Meeresfrüchten sollten unbedingt das helle und freundliche **Oystercatcher Restaurant** (01862-871560; www.the-oystercatcher.co.uk; Main St.; Mittagessen Hauptgerichte 8-14 £, Abendessen 15-20 £; April-Okt. Do-So Mittagessen) aufsuchen. Mittags gibt es eine Bistro-Speisekarte und man kann die Portionsgröße auswählen. Abends steht eine gehobene Brasserie-Speisekarte zur Verfügung, auf der sich neben vielen anderen Köstlichkeiten auch Hummer findet. Das Oystercatcher bietet zudem drei gemütliche Zimmer (EZ/DZ/DZ Superior 45/77/108 £). Das sehr ausgiebige Gourmet-Frühstück ist eines der wunderbarsten in ganz Schottland.

Stagecoach Inverness (www.stagecoachbus.com) verkehrt von Tain nach Portmahomack (25 Min., Mo-Fr 4- bis 5-mal tgl.).

BonarBridge & Umgebung

Die A9 überquert bei Tain auf einem Damm mit Brücke den Dornoch Firth. Eine alternative Route umrundet den Firth. Dabei passiert man die kleinen Siedlungen Ardgay, die über einen Bahnhof verfügt, sowie Bonar Bridge, wo die A836 nach Westen Richtung Lairg abzweigt.

Sehenswertes & Aktivitäten

Croick — HISTORISCHE STÄTTE

Von Ardgay führt eine einspurige Straße 16 km durch das Strathcarron nach Croick, wo im Jahr 1845 während der Clearances besonders berüchtigte Vertreibungen stattfanden. An den Ostfenstern der **Croick Church** sind noch immer die traurigen, erschütternden Botschaften zu lesen, die von den vertriebenen Bauern aus Glencalvie eingraviert wurden.

Kyle of Sutherland Trails — MOUNTAINBIKEN

(01408-634063; www.forestry.gov.uk/cyclenorthhighland) Speziell für Mountainbiker wurden rund um Bonar Bridge an zwei Stellen Forstwege ausgewiesen. Vom Parkplatz unterhalb der JH Carbisdale Castle starten ein roter und ein blauer Trail, beide mittelschwer, die schöne Ausblicke auf die Landschaft gewähren. Bei Balblair, rund 1,5 km westlich von Bonar Bridge an der Straße nach Lairg, können sich erfahrene Mountainbiker auf einem etwa 11 km langen „Black Trail" austoben.

Schlafen

Carbisdale Castle SYHA — JUGENDHERBERGE £

(01549-421232; www.syha.org.uk; B/EZ/DZ 21/26/52 £; Mitte März-Okt.;) Diese Burg, 10 Minuten zu Fuß von der Bahnstation Culrain, wurde von 1906 bis 1917 für die verwitwete Herzogin von Sutherland errichtet.

Heute ist sie jedoch das größte und luxuriöseste Hostel in Schottland. Die zum Teil sehr opulenten Säle und Flure sind von Statuen gesäumt. Die Gäste können sich in dem eleganten Bibliothekszimmer entspannen oder in der Küche das Abendessen zubereiten. Für 12 £ bietet das Hostel aber auch ein Drei-Gänge-Menü.

Mountainbiker, die aus den Bergen zurückkommen, können hier gegen eine kleine Gebühr eine Dusche nehmen. Bei Redaktionsschluss war die Herberge wegen umfangreicher Renovierungsarbeiten geschlossen. Aktuelle Informationen zur Wiedereröffnung finden sich auf der Webseite;Reservierungen sind sehr empfehlenswert.

An- & Weiterreise

Die Züge von Inverness nach Thurso halten in Culrain (15,20 £, 1½ Std., Mo-Sa 4-mal tgl., So einmal), knapp 1 km östlich von Carbisdale Castle.

Lairg & Umgebung

900 EW.

Lairg ist eine attraktive Ortschaft. Die Stille kann jedoch unsanft durch den Lärm von Militärjets gestört werden, da die britische Luftwaffe hier regelmäßig Tiefflugübungen durchführt. Am südlichen Ende von Loch Shin ist Lairg der Ausgangsort für Erkundungen der einsamen Berge und seenreichen Moorgebiete im Zentrum von Sutherland.

Sehenswertes & Aktivitäten

Ferrycroft Visitor Centre BESUCHERZENTRUM
(01549-402160; www.highland.gov.uk/ferrycroft; April–Okt. 10–16 Uhr;) Auf der dem Ortszentrum gegenüberliegenden Flussseite präsentiert das Besucherzentrum die lokale Geschichte und Tierwelt und hält touristische Infos parat. Ein kurzer Spaziergang führt vom Visitor Centre zu den **Ord Hut Circles and Chambered Cairns**, einer Ansammlung prähistorischer Rundhäuser und Kammergräber.

GRATIS **Falls of Shin** WASSERFALL
(01549-402231; www.fallsofshin.co.uk; Sept.–Juni tgl. 10–17 Uhr, Juli–Aug. tgl. 9–19.30 Uhr;) Knapp 7 km südlich von Lairg sind die malerischen Falls of Shin einer der besten Plätze in den Highlands, um Lachse während der Laichsaison (Juni bis September) springen zu sehen. Der Einkaufskomplex mit Café präsentiert eine Lachsausstellung sowie eine bizarre Wachsfigur mit Kilt, die Mohamed Al Fayed darstellen soll, dem das umliegende Landgut Balnagown Estate gehört. Ein kurzer und gut ausgebauter Fußweg führt vom Parkplatz zu einem Aussichtspunkt, der den Blick auf den Wasserfall freigibt. Es gibt zudem markierte Wanderwege sowie einen Geo-Caching-Trail, einen Abenteuerspielplatz und eine Minigolfanlage.

Schlafen & Essen

Lairg Highland Hotel HOTEL ££
(01549-402243; www.highland-hotel.co.uk; Main St.; EZ 42–46 £, DZ 82–100 £;) Im Herzen von Lairg bietet das freundliche Hotel überraschend moderne und schicke Zimmer, die farblich und von der Größe her variieren. Hier sind auch Einzelreisende, Wanderer und Radfahrer willkommen, für die es einen abschließbaren Radschuppen auf der Rückseite gibt. In dem attraktiven Speiseraum werden sowohl Pub-Klassiker wie auch indische Currys serviert. Während der Nebensaison und bei mehreren Übernachtungen gibt es Preisnachlässe.

An- & Weiterreise

Die Züge von Inverness nach Thurso halten in Lairg (15,20 £, 1¾ Std., Mo-Sa 4-mal tgl., So einmal). Von Montag bis Samstag verkehren vier Busse täglich von Bonar Bridge und Ardgay nach Tain, von denen einige an den Falls of Shin halten. Von Montag bis Freitag verkehren drei Busse täglich via Rogart und Golspie nach Helmsdale.

> **SCHLAFEN AN DEN GLEISEN**
>
> Schottland verfügt über einige sehr ungewöhnliche Hostels und **Sleeperzzz** (01408-641343; www.sleeperzzz.com; B 15£; März–Sept.;) ist eines davon. Unmittelbar neben dem Bahnhof Rogart können die Gäste in drei liebevoll umgebauten Bahnwaggons, einem alten Bus und einem schönen Caravan aus Holz nächtigen. Die Schlafzimmer sind jeweils für zwei Personen, außerdem gibt es kleine Küchenzeilen und winzige Wohnzimmerbereiche. Die Besitzer bemühen sich, das Hostel umweltfreundlich zu führen. Im örtlichen Pub gibt es was zu essen und die wunderbar einsame Hochlandszenerie gibt es kostenlos obendrauf. Das Hostel liegt an der A839 rund 16 km östlich von Lairg, kann aber auch bequem mit den Zügen der Bahnlinie Inverness–Thurso/Wick erreicht werden. Radfahrer und Wanderer erhalten 10 % Ermäßigung.

Dornoch

1200 EW.

Am Nordufer des Dornoch Firth ist das attraktive alte Marktstädtchen eine der schönsten Siedlungen an der Ostküste. Dornoch liegt knapp 3 km östlich der A9 und ist auch für seinen **Golfplatz** bekannt, der Meisterschaftsniveau hat. Unter den ansehnlichen Gebäuden sticht die Dornoch Cathedral hervor. Zu den schwarzen Flecken der Ortsgeschichte zählt die Tatsache, dass hier 1722 in einem kochenden Teerfass die letzte Hexenverbrennung in Schottland durchgeführt wurde.

Sehenswertes & Aktivitäten

An einem sonnigen Tag sollte man unbedingt über den golden leuchtenden **Sandstrand** spazieren, der sich kilometerlang erstreckt. Südlich von Dornoch machen es sich oftmals **Seehunde** auf den Sandbänken im Dornoch Firth gemütlich.

GRATIS **Dornoch Cathedral** KIRCHE
(www.dornoch-cathedral.com; St. Gilbert St.; 9–mindestens 19 Uhr) Der elegante Bau der gotischen Dornoch Cathedral wurde im 13. Jh. geweiht. Im Inneren fällt durch die modernen Buntglasfenster weiches Licht. In den späten 1830er-Jahren wurde die Kirche durch eine großzügige Spende der Herzogin Elizabeth von Sutherland restauriert. Ihr umstrittener Mann, der 1. Herzog von Sutherland, liegt in einer versiegelten Gruft unter der Kanzel. An der Westtür befindet sich der Sarkophag von Sir Richard de Moravia, der in den 1260er-Jahren in der Schlacht von Embo gegen die Dänen fiel. Zuvor war die Schlacht eigentlich gut für ihn verlaufen, denn er konnte den dänischen Feldherrn mit einem abgetrennten Pferdebein erschlage

Historylinks MUSEUM
(www.historylinks.org.uk; The Meadows; Erw./Kind 2,50 £/frei; Juni–Sept. tgl. 10–16 Uhr, April–Mai, Okt. Mo–Fr 10–16 Uhr, Nov.–März Mi–Do 10–16 Uhr;) Historylinks ist ein kinderfreundliches Museum mit einer Ausstellung zur Lokalgeschichte.

Royal Dornoch GOLF
(01862-810219; www.royaldornoch.com; Golf Rd.; Greenfee 100–110 £) Dieser Golfplatz ist einer der berühmtesten Dünenplätze in Schottland. Tom Watson sagte einmal, so viel Spaß habe er auf keinem anderen Golfplatz gehabt. Auch Nichtmitglieder dürfen eine Runde drehen, die Buchung funktioniert auch online. Kurz vor der Dämmerung ist es am günstigsten. Mit einem Golfpass (www.dornochfirthgolf.co.uk) erhält man auf mehreren weiteren Golfplätzen der Gegend einen deutlichen Nachlass.

Schlafen & Essen

LP TIPP **Dornoch Castle Hotel** HOTEL ££
(01862-810216; www.dornochcastlehotel.com; Castle St.; EZ/DZ 73/123 £, Superior/Deluxe DZ 169/250 £;) Der ehemalige Bischofspalast aus dem 16. Jh. ist ein wunderbarer Ort für eine Übernachtung, vor allem, wenn man sich das Upgrade für eines der Superior-Zimmer gönnt. Diese bieten einen guten Ausblick sowie Malt Whisky und Schokolade als Willkommensgruß. Einige verfügen sogar über Himmelbetten. Die Deluxe-Zimmer sind schlicht unvergleichlich. In den angrenzenden Gebäuden gibt es aber auch günstigere Zimmer (EZ/DZ 50/65 £).

Kyleview House B&B ££
(01862-810999; www.kyleviewhouse.co.uk; Evelix Rd.; EZ/DZ 55/80 £;) Der überaus freundliche Gastgeber sorgt für ein herzliches Willkommen in dem ansehnlichen Haus an der Zugangsstraße in die Stadt hinein. Der Blick über den Fjord wird von den geschmackvoll zeitgenössischen Zimmern mit vielen kleinen Extras ergänzt. Reservierungen sind absolut empfehlenswert, da einige Lonely Planet-Leser sogar nur für eine einzige Nacht im Kyleview House in die Highlands fahren.

2 Quail B&B ££
(01862-811811; www.2quail.com; Castle St.; EZ/DZ 80/100 £;) Familiär und gehoben geht es im 2 Quail an der Hauptstraße zu. Die geschmackvollen großen Zimmer bieten traditionellen Komfort. Die Betten haben solide Metallrahmen und gemütliche Daunendecken, während die Gäste-Lounge im Erdgeschoss einfach umwerfend ist. Reservierungen – vor allem im Winter – sind empfehlenswert.

Trevose Guest House B&B ££
(01862-810269; jamackenzie@tiscali.co.uk; Cathedral Sq.; EZ/DZ 30/60 £; März–Sept.;) Der erste Eindruck vom Trevose Guest House, einem hübschen Steinhaus neben der Kathedrale, täuscht gewaltig. Es sieht klein und gedrungen aus, bietet aber überraschend geräumige Zimmer mit großem Komfort und wunderschönen alten Möbeln. Das Haus verströmt viel Atmosphäre; der Empfang ist herzlich.

Rosslyn Villa B&B £
(01862-810237; Castle St.; EZ/DZ 20/40 £) An der Hauptstraße verströmt dieses B&B sehr altmodischen Charme. Der Besitzer ist bereits in den Achtzigern und führt das Haus mit zurückhaltender Höflichkeit. Zudem ist die Übernachtung ein echtes Schnäppchen: Die Zimmer sind komfortabel, mit alten Fernsehern und blitzsauberen Bädern. Das Doppelzimmer mit Himmelbett sowie das Gäste-Wohnzimmer sind besonders einladend. Frühstück gibt es zwar nicht, aber

man kann sein eigenes Toastbrot im Wintergarten verzehren.

Essen

Dornoch Castle Hotel SCHOTTISCH £££
(☎01862-810216; www.dornochcastlehotel.com; Castle St.; Hauptgerichte ab 18 £; ⊙Mittagessen & Abendessen) Abends kann man sich in der gemütlichen Bar einstimmen, bevor in dem erstklassigen Restaurant (Drei-Gänge-Menü für 32,50 £) leckere Wildgerichte und andere lokale Spezialitäten serviert werden. Tagsüber werden auch Bar-Gerichte angeboten.

Luigi ITALIENISCH £
(www.luigidornoch.com; Castle St.; kleine Mahlzeiten 5–8 £; ⊙Mittagessen tgl., Abendessen Fr–Sa, im Sommer tgl.) An der Hauptstraße sorgen die klaren Formen des zeitgenössischen italienischen Cafés für einen deutlichen Kontrast zu der allgegenwärtigen Tradition und Geschichte in diesem Küstenbereich. Ciabattas und Salate mit leckeren Feinkost-Zutaten sorgen für eine gute Mittagsmahlzeit. Unter den anspruchsvolleren Hauptgerichten (12–18 £) finden sich normalerweise schmackhafte Fischspezialitäten.

Eagle Hotel PUB £
(☎01862-810008;www.eagledornoch.co.uk;Castle St.; Bar-Gerichte 8–10 £) Ist nach 19 Uhr niemand auf den Straßen von Dornoch anzutreffen? Dann drängen sich die meisten Leute wohl in dem geselligen Pub, der seine Kunden mit aufmerksamem Service sowie einer großen Auswahl an Pizzas, Pasta, Burgern und Pub-Klassikern verwöhnt.

ⓘ Praktische Informationen

Die **Touristeninformation** (☎01862-810594; Castle St.; ⊙Mo–Fr 9–12.30, 13.30–17 Uhr, Mai–Aug. auch Sa 10–16 Uhr, Juli–Aug. auch So 10–16 Uhr) befindet sich neben dem Dornoch Castle Hotel.

ⓘ An- & Weiterreise

Von Inverness verkehren ungefähr stündlich Busse nach Dornoch, von denen einige nach Thurso oder Wick weiterfahren.

Golspie

1400 EW.

Golspie ist ein schickes kleines Städtchen, das jahrhundertelang davon profitiert hat, in unmittelbarer Nachbarschaft von Dunrobin Castle zu liegen. Es gibt mehrere Läden und einen angenehmen Strand, sodass sich hier ein, zwei Tage locker verbringen lassen.

⊙ Sehenswertes & Aktivitäten

Golspie ist der Ausgangspunkt für einige schöne Wanderungen. Der örtliche Klassiker führt direkt aus dem Ort steil zum Gipfel des **Ben Bhraggie** (394 m) hinauf. Dort oben ist das wuchtige Denkmal für den Herzog von Sutherland weithin sichtbar. Der Herzog wurde für seine führende Rolle bei den Highland-Vertreibungen berüchtigt.

Dunrobin Castle SCHLOSS
(☎01408-633177;www.dunrobincastle.co.uk;Erw./Kind 9,50/5,50 £; ⊙April–Mai, Sept.–Mitte Okt. Mo–Sa 10.30–16.30, So 12–16.30 Uhr, Juni–Aug. tgl. 10.30–17.30 Uhr) Rund 1,5 km nördlich von Golspie liegt das mächtige Dunrobin Castle, das größte Gebäude in den Highlands (187 Zimmer). Auch wenn es schon auf das Jahr 1275 zurückgeht, so wurde der größte Teil erst 1845–50 im französischen Stil errichtet. Als Stammsitz der Grafen und Herzöge von Sutherland ist es prunkvoll eingerichtet und gestattet einen faszinierenden Einblick in den Lebensstil des Adels.

Trotz der baulichen Schönheit betrachten die Einheimischen das Schloss eher mit gemischten Gefühlen. Das Castle war einst Sitz des 1. Herzogs von Sutherland, der berüchtigt war für seine Beteiligung an einigen der grausamsten Episoden der Hochland-Vertreibungen. Der Herzog besaß mit 6700 km² Fläche das größte private Landgut in ganz Europa. Doch 15 000 Menschen wurden vertrieben, um Platz für die Schafzucht zu machen.

Dieses klassische Märchenschloss wird von mehreren Türmchen bestanden, und drinnen hängen überall Jagdtrophäen an den Wänden. In den 22 Zimmern, die auf dem Rundgang besichtigt werden können, sind unter anderem zahlreiche Geschenke kleiner Landpächter ausgestellt. Sie waren wahrscheinlich dankbar dafür, dass sie nicht auch aus ihrer Heimat vertrieben wurden.

Vom Schloss erstrecken sich wunderbare formale Gärten hinab zur Küste. In den Gärten finden zwei- bis dreimal täglich beeindruckende Falkner-Vorführungen statt. Ebenfalls in den Gärten ist das Hausmuseum untergebracht mit einer bunten Mischung aus archäologischen und naturhistorischen Funden sowie einer exzellenten Sammlung an Piktensteinen aus Sutherland, darunter der schöne vorchristliche Dunrobin Stone.

Highland Wildcat MOUNTAINBIKEN
(www.highlandwildcat.com; Big Burn Car Park; Parkschein 5 £; ⊙Sonnenaufgang–Sonnenuntergang „Black Trail" von Highland Wildcat ist unter britischen Mountainbikern berühmt, weil er die längste einspurige Abfahrtsstrecke in Großbritannien bietet: Vom Gipfel des Ben Bhraggie geht es auf der etwa 7 km langen Piste rund 390 Höhenmeter zur Küste hinab. Auch für Anfänger und Familien gibt es einige Angebote, darunter einen schönen „Blue Trail" und einige leichte Waldrouten. Es gibt kein Radverleih oder sonstige Serviceangebote.

Schlafen

Blar Mhor B&B ££
(☎01408-633609;www.blarmhor.co.uk;Drummuie Rd.; EZ/DZ/FZ 35/60/80 £; P🐾🕸) Am Ortseingang von Golspie aus Richtung Dornoch bietet das exzellente Guesthouse große, gepflegte Zimmer mit schicken modernen Bädern in einer großen viktorianischen Villa. Auch der Garten ist schön angelegt und die freundlichen und hilfsbereiten Gastgeber versüßen den Tag mit etwas Schokolade auf dem Bett.

❶ An- & Weiterreise

Die Busse von Inverness nach Thurso halten in Golspie. Es gibt auch Züge von Inverness (16,90 £, 2¼ Std., 2- bis 3-mal tgl.) nach Golspie und zum Dunrobin Castle.

Helmsdale

900 EW.

Helmsdale besitzt eine tolle Lage: Die Steilküste ist atemberaubend und die Hügel im Hinterland leuchten im Frühjahr förmlich, wenn der knallgelbe Stechginster blüht. Der geschützte Fischerhafen war während der Clearances eine wichtige Zwischenstation für die verzweifelten Auswanderer und zugleich ein boomender Heringshafen.

Im Stadtzentrum präsentiert das **Timespan Heritage Centre** (www.timespan.org.uk; Dunrobin St.; Erw./Kind 4/2 £; ⊙März–Okt. Mo-Sa 10–17, So 12–17 Uhr, Nov.–Feb. Di 14–16, Sa & So 11–16 Uhr) auf beeindruckende Weise die Ortsgeschichte. Schwerpunkte sind unter anderem der Goldrausch von 1869 sowie die Autorin Barbara Cartland, die regelmäßig in den Highlands war. Es gibt zudem Ausstellungen örtlicher Künstler, einen geologischen Garten sowie ein Café.

Der River Helmsdale ist einer der besten **Lachsflüsse** in den Highlands. Angelscheine, Ausrüstung und gute Tipps gibt es bei der **Helmsdale Tackle Company** (☎01431-821372; www.helmsdalecompany.com; 15–17 Dunrobin St.; ⊙Mo-Di, Do-Fr 9–17, Mi, Sa 9–12.45 Uhr).

Schlafen & Essen

Bridge Hotel HOTEL ££
(☎01431-821100; www.bridgehotel.net; Dunrobin St.; EZ/DZ 77/117 £; 🐾🕸) Die ehemalige Kutschenstation aus dem frühen 19. Jh. liegt sehr zentral und ist sehr einladend. In Helmsdale ist das Bridge die beste Wahl für die Übernachtung und ein gutes Essen. Hier ist man stolz auf die Hochland-Traditionen und präsentiert deshalb an den Wänden und sogar an den Zimmerschlüsseln Geweihe. Sie gehören zu der exzentrischen Sammlung des Besitzers. Die Gäste-Lounge muss man gesehen haben, um es zu glauben: Hier findet sich jede Art von präpariertem Rotwild, und alle haben ihre Geschichte – die Rezeption gibt gerne Auskunft. Die Zimmer wirken weniger traditionsreich, als man vielleicht erwarten würde. Doch es findet sich viel Plüsch und das Flair ist auf angenehme Weise zeitgenössisch. Für Familien gibt es eine schöne Suite. Im Erdgeschoss verfügt die Bar über eine beeindruckende Whisky-Sammlung, während das Restaurant (nur April–Okt., Mo geschl.) entspannte Stimmung und Gastfreundschaft ausstrahlt.

Helmsdale Hostel HOSTEL £
(☎01431-821636; www.helmsdalehostel.co.uk; Stafford St.; B/2BZ/FZ 17,50/40/60 £; ⊙April–Sept.; 🕸) Das liebevoll geführte Hostel ist in gutem Zustand und ein bequemer und günstiger Standort für Ausflüge in Caithness. In den Schlafsälen gibt es bequeme Einzelbetten (keine Stockbetten) und für Familien gut eingerichtete Familienzimmer. In der geräumigen Küche steht ein Holzofen.

La Mirage BISTRO £
(☎01431-821615; www.lamirage.org; 7 Dunrobin St.; Hauptgerichte 7–12 £; ⊙Mo-Sa 11–20.45, So 12–20.45 Uhr) Die ehemalige Eigentümerin hat das fast schon legendäre Bistro als Hommage an die Autorin Barbara Cartland gegründet. Gäste erwartet eine bunte Mischung aus pinkfarbenem Kitsch, verblassten Starfotos und Show-Melodien. Das Essen ist nicht auf Gourmets ausgerichtet, aber die Portionen sind groß und lecker, vor allem die hervorragenden Fish & Chips, die auch zum Mitnehmen ange-

boten werden (am besten unten am netten Hafen verspeisen).

ℹ An- & Weiterreise

Die Busse von Inverness nach Thurso halten in Helmsdale, genau wie die Züge (von Inverness 16,90 £, 2½ Std., 2- bis 3-mal tgl.).

CAITHNESS

Nördlich von Helmsdale erreicht die A9 Caithness. Hier verbergen die mit Ginster und Gras bewachsenen Steilklippen in den Buchten winzige Fischerhäfen. Der äußerste Norden von Schottland war einst von Wikingern beherrscht und ist historisch eher auf Orkney und Shetland ausgerichtet als auf das restliche Schottland. Caithness ist eine magische und mystische Region mit einer geschichtsreichen Aura. Die Bewohner sind sehr geschichtbewusst und sind sehr stolz auf ihr nordisches Kulturerbe.

Von Helmsdale nach Lybster

Rund 11 km nördlich von Helmsdale führt ein Pfad von der A9 nach **Badbea**, einer verlassenen Bauernsiedlung. Sie wurde während der Clearances im frühen 19. Jh. angelegt, als die Leute aus den benachbarten Tälern vertrieben wurden. Das Dorf **Dunbeath** liegt spektakulär in einem steilen Tal. Lohnend ist ein Besuch im Heritage Centre (☏01593-731233; www.dunbeathheritage.org.uk; The Old School; Erw./Kind 2,50 £/frei; ⏲April–Sept. So–Fr 10–17 Uhr, Okt.–März Mo–Fr 11–15 Uhr). Zu sehen sind ein Stein, in den Runen eingraviert sind, sowie die Werke von Neil Gunn, dessen stimmungsvolle Erzählungen das Caithness seiner Kindheit heraufbeschwört.

3 km nördlich von Dunbeath erzählt das Laidhay Croft Museum (☏0756 370 2321; www.laidhay.co.uk; Erw./Kind 3,50/2,50 £; ⏲Juni–Sept. Mo–Sa 10–17 Uhr) das Leben der Crofter von der Mitte des 19. Jhs. bis zum Zweiten Weltkrieg. Im Clan Gunn Heritage Centre & Museum (☏01593-741700; www.clangunnsociety.org;Erw./Kind 2,50£/50p; ⏲Juni–Sept.Mo-Sa 11–13 & 14–16 Uhr) in Latheron, knapp 1,5 km nördlich von Laidhay, erfährt man, dass ein Schotte, und nicht Christoph Kolumbus, Amerika entdeckt hat – diese Information sollte man jedoch nicht so ganz ernst nehmen.

Lybster & Umgebung

Lybster wurde 1810 eigens als Fischerort angelegt. Der beeindruckende Hafen wird von grasbewachsenen Klippen umgeben. Während seiner Blütezeit war dies der drittgrößte Fischerhafen Schottlands. Davon ist kaum noch etwas zu spüren, denn heute ankern hier nur noch einige wenige Boote. Dafür gibt es ein paar interessante prähistorische Stätten in der Umgebung.

◉ Sehenswertes & Aktivitäten

Waterlines MUSEUM
(☏01593-721520; The Harbour; Erw./Kind 2,50/ 0,50 £; ⏲Mai–Sept. tgl. 11–17 Uhr) Im malerischen Hafen von Lybster dokumentiert die Ausstellung die Fischereigeschichte des Ortes. Im Erdgeschoss gibt es ein beliebtes Café und im Sommer ist ein Räucherhaus in Betrieb. So bekommen Besucher ein besseres Bild von der Heringsräucherei.

Whaligoe Steps HISTORISCHE STÄTTE
In **Ulbster**, 8 km nördlich von Lybster an der A99, führt eine in die Klippen gehauene Treppe hinab zu einem winzigen natürlichen Hafen, der von senkrechten Klippen umrahmt wird. Während der Saison hallen die Klippen vom Geschrei der Eissturmvögel wider. Die Whaligoe Steps beginnen am Ende einer kleinen Stichstraße neben der Telefonzelle, jenseits der Straße mit dem Wegweiser „Cairn of Get". Oben gibt es ein Café und unten Rasenflächen für ein Picknick.

Cairn o'Get HISTORISCHE STÄTTE
Der Cairn o'Get, eine prähistorische Grabstelle, ist von der Hauptstraße in Ulbster aus ausgeschildert. Vom Parkplatz sind es rund 1,5 km zu Fuß über feuchtes Terrain.

Achavanich Standing Stones HISTORISCHE STÄTTE
8 km nordwestlich von Lybster, an der kleinen Straße nach Achavanich, unmittelbar südlich von Loch Stemster, stehen die unmarkierten 30 Steine von Achavanich. In der verlassenen Gegend wirkt dieses verfallene Monument aus fernen Zeiten noch immer sehr stimmungsvoll.

Grey Cairns of Camster HISTORISCHE STÄTTE
Die Grey Cairns of Camster entstanden zwischen 4000 und 2500 v. Chr. als Kammergräber, die unter langen tiefen Grashügeln verborgen wurden. Heute sind sie von

einsamem Moorland umgeben. Der Long Cairn misst 60 mal 21 m und man kann durch den Round Cairn in die Hauptkammer hineinkriechen.

Vom Abzweig 2 km östlich von Lybster an der A99 sind es gut 7 km Richtung Norden. Von den Cairns kann man 11 km weiter bis zur A882 fahren und dann von dort nach Wick.

Hill o'Many Stanes — HISTORISCHE STÄTTE

Der Hill o'Many Stanes liegt an der A99 rund 3 km jenseits der Abzweigung nach Camster. Die merkwürdige Anlage aus 22 fächerartig angeordneten Reihen kleiner Steine ist wahrscheinlich schon 4000 Jahre alt. Ursprünglich gab es hier 600 Steine. An einem sonnigen Tag ist der Ausblick von dem Hügel fantastisch.

❶ An- & Weiterreise

Die Stagecoach-Busse zwischen Thurso und Inverness verkehren über Lybster und Dunbeath. Es gibt zudem eine Küstenverbindung zwischen Wick und Helmsdale, die in diesen Ortschaften hält.

Wick

7300 EW.

Wick ist eher tough als hübsch – der Niedergang der Heringsindustrie hat seine Spuren im Ortsbild hinterlassen. Einst war Wick der größte Hafen für die „silbernen Lieblinge", doch als der Markt nach dem Zweiten Weltkrieg zusammenbrach, gingen mit dem Niedergang der Fischerei auch viele Arbeitsplätze verloren – noch immer leidet der Ort unter den Folgen. Inzwischen hat sich Wick allerdings zu einem wichtigen regionalen Dienstleistungszentrum und Verkehrsknotenpunkt gemausert. Ein Besuch des Städtchens lohnt sich – vor allem wegen des ausgezeichneten Museums, das die Entwicklung der Stadt gut präsentiert, und wegen des mittlerweile recht attraktiven Hafengeländes.

◉ Sehenswertes & Aktivitäten

Ein Pfad führt rund 1,5 km südlich der Stadt zu den Ruinen von **Old Wick Castle** aus dem 12. Jh. Spektakulär sind die Klippenformationen **Brough** und **Brig** sowie **Gote o'Trams** ein Stückchen weiter südlich. Bei gutem Wetter ist der Küstenpfad zum Castle sehr angenehm, aber auf dem letzten Stück muss man aufpassen. 5 km nordöstlich von Wick befindet sich die Ruine von **Castle Sinclair** ebenfalls spektakulär auf einer Klippe.

Wick Heritage Centre — MUSEUM

(☎01955-605393; www.wickheritage.org; 20 Bank Row; Erw./Kind 4 £/50 p; ⊙April–Okt. Mo-Sa 10–17 Uhr, letzter Einlass 15.45 Uhr) Auf der Spurensuche nach dem Aufstieg und Fall der Heringsindustrie zeigt dieses großartige Stadtmuseum alles, was mit diesem Industriezweig zusammenhängt: von der Fischereiausrüstung bis zu einem kompletten Heringsboot. Das ganze Museum ist überaus großzügig angelegt. Die Säle stecken voller Erinnerungsstücke und zeichnen auf sehr eindrucksvolle Weise die Blütezeit Wicks Mitte des 19. Jhs. nach.

Das Highlight des Museums ist die Johnston-Foto-Sammlung. Von 1863 bis 1977 fotografierten drei Generationen von Johnstons alles, was in und um Wick geschah. Es entstanden 70 000 Fotografien, die ein überaus faszinierendes Bild vom Leben der Stadt liefern. Drucke der frühen Fotos werden verkauft.

Old Pulteney Distillery — DESTILLERIE

(☎01955-602371; www.oldpulteney.com; Huddart St.; Führungen 5 £; ⊙Okt.–April Mo–Fr 10–13 & 14–16 Uhr, Mai–Sept. Mo–Sa 10–16 Uhr) Old Pulteney ist die nördlichste Whiskybrennerei auf dem schottischen Festland und bietet zweimal täglich exzellente Führungen an. Die teureren Führungen sind für echte Liebhaber zu empfehlen. Der Old Pulteney hat einen leichten, erdigen Charakter mit ein wenig Meeresbrise und Sherry.

Caithness Seacoast — BOOTSTOUR

(☎01955-609200; www.caithness-seacoast.co.uk) Wick ist eine Hafenstadt – im Rahmen von Bootsfahrten bekommen Besucher einen schönen Eindruck von der rauen Küste des Nordostens. Zur Auswahl stehen verschiedene Fahrten – das Spektrum reicht von halbstündigen Spritztouren (Erw./Kind 17/11 £) bis hin zu einer dreistündigen Fahrt nach Lybster und wieder zurück (Erw./Kind 45/35 £).

🛏 Schlafen & Essen

Quayside — B&B £

(☎01955-603229; www.quaysidewick.co.uk; 25 Harbour Quay; EZ/DZ ohne Frühstück 30/55 £; 🅿🛜) Das Quayside ist die Topadresse unter den Guesthouses in Wick. Die Besitzer sind sehr hilfsbereit. Sie sind schon seit Jahren im Geschäft und kennen sich aus. Unmittelbar am Hafen gelegen, sind alle Attraktionen von Wick schnell zu erreichen. Die schmucken Zimmer verfügen über Küchenzeilen für Selbstversorger. Es werden aber auch B&B oder nur Betten angeboten. Außerdem sind ein nettes Familienzimmer sowie Wohnungen für Selbstversorger verfügbar. Radfahrer und Motorradfahrer sind gerne willkommen. Im Voraus buchen ist sinnvoll.

Mackays Hotel HOTEL ££
(01955-602323; www.mackayshotel.co.uk; Union St.; EZ/DZ 89/119 £;) Das renovierte Mackays ist Wicks bestes Hotel. Die Zimmer haben unterschiedliche Größen, sodass man sich zunächst einige anschauen sollte. Wer mehr als eine Nacht bleibt, erhält einen Rabatt und vor Ort liegen die Preise zumeist unter den hier aufgeführten Standardpreisen. Das angeschlossene **No 1 Bistro** (Union St.; Hauptgerichte 12–18 £) ist eine gute Option zum Mittag- und Abendessen. Der nur 2,06 m lange Ebenezer Place ist die kürzeste Straße der Welt und verläuft direkt vor dem Hotel.

Bord de l'Eau FRANZÖSISCH ££
(01955-604400; 2 Market St.; Hauptgerichte 14–18 £; Mittagessen Di–Sa, Abendessen Di–So) Das ruhige und entspannte französische Restaurant ist die beste Adresse in Wick. Es geht auf den Fluss hinaus und hat wechselnde französische Fleisch- und Wildklassiker sowie tagesaktuelle Fischspezialitäten auf der Karte. Die Vorspeisen sind günstig und die teureren Hauptgerichte kommen mit viel Gemüse auf den Tisch. Niemand wird das Restaurant also hungrig verlassen. An einem sonnigen Abend empfiehlt sich der Wintergarten am Flussufer.

ⓘ Praktische Informationen

Wick Information Centre (www.visithighlands.com; 66 High St.; Mo–Sa 9–17.30 Uhr) Gute Auswahl an Infobroschüren im Obergeschoss des McAllans Clothing Store.

Wick Carnegie Library (01955-602864; www.highland.gov.uk; Sinclair Terrace; Mo–Sa;) Kostenloser Internetzugang.

ⓘ An- & Weiterreise

BUS Stagecoach (www.stagecoachbus.com) und **Citylink** (0871 266 33 33; www.citylink.co.uk) betreiben Busse von/nach Inverness (18,30 £, 3 Std., 6-mal tgl.) und Thurso (30 Min., stündl.). Es gibt auch Verbindungen nach John O'Groats (40 Min., 2- bis 3-mal tgl.) zur Fußgängerfähre nach Burwick auf Orkney sowie zur Autofähre von Gills Bay nach St. Margaret's Hope auf Orkney.

FLUGZEUG Wick ist ein wichtiger Umsteigepunkt für Caithness. **Flybe** (0871 700 2000; www.flybe.com) fliegt außer samstags einmal täglich zwischen Edinburgh und Wick. **Eastern Airways** (0870 366 9989; www.easternairways.com) fliegt nach Aberdeen (Mo–Fr 3-mal tgl.).

ZUG Zugverbindungen von Inverness nach Wick (18 £, 4¼ Std., 4-mal tgl.).

John O'Groats

500 EW.

John O'Groats ist nicht der nördlichste Punkt des britischen Festlandes, denn das ist Dunnet Head (s. S. 418). Dennoch dient der Ort als Fährhafen für eine Passagierfähre nach Orkney sowie als Endpunkt der rund 1400 km langen Wander- und Radfahrroute von Land's End in Cornwall quer durch Großbritannien. Dieser anstrengende Weg ist sehr beliebt und wird oftmals für wohltätige Zwecke zurückgelegt. Die spektakuläre Lage von John O'Groats entschädigt für die Tatsache, dass sich hier praktisch nur ein Parkplatz mit mehreren Touristenshops befindet.

⊙ Sehenswertes & Aktivitäten

Duncansby Head AUSSICHTSPUNKT
3 km östlich bietet Duncansby Head, ein intensiveres Gefühl dafür, dass das britische Festland hier endet: Auf den 60 m hohen Klippen steht ein kleiner Leuchtturm und in den Klippen nisten Eissturmvögel. Ein 15-minütiger Spaziergang offenbart fantastische Ausblicke auf die vor der Küste aufragenden Felsnadeln der **Duncansby Stacks.**

🛏 Schlafen & Essen

Vor Ort gibt es einen Campingplatz sowie einige B&Bs in der Umgebung. Bei Redaktionsschluss wurden mehrere Ferienhäuser aus Holz mit sensationellem Ausblick errichtet. Auch das Hotel, das lange vernachlässigt wurde, wird nun in eine gehobene Unterkunft für Selbstversorger umgebaut. Buchungen sind über www.naturalretreats.co.uk möglich. Als Teil dieser Umbaupläne entsteht hier ein Café mit Alkoholausschank. Rund um den Parkplatz finden sich einige Essensmöglichkeiten und an der Hauptkreuzung gibt es auch ein Hotel, das Essen anbietet.

Teuchters B&B ££
(☏ 01955-611323; www.teuchtersbandb.co.uk; Gills; EZ/DZ 40/60 £; P 🛜 🐾) 5 km westlich von John O'Groats Richtung Thurso, bietet das eigens errichtete B&B in der Nähe des Fähranlegers von Gills Bay exzellente Zimmer mit viel Platz, modernem Komfort und atemberaubenden Ausblicken nach Stroma und Orkney. Fahrräder und Motorräder können in einem Schuppen eingeschlossen werden.

❶ Praktische Informationen

John O'Groats Information Centre (☏ 01955-611373; www.visithighlands.com; ⏱ April–Okt. tgl. 10–17 Uhr) Die Touristeninformation verfügt über eine gute und umfangreiche Auswahl an Büchern zu Caithness und den Hochland-Vertreibungen.

❶ An- & Weiterreise

Bus Stagecoach (www.stagecoachbus.com) betreibt Busverbindungen zwischen John O'Groats und Wick (40 Min., 2- bis 3-mal tgl.). Von Montag bis Samstag gibt es zudem drei bis acht Verbindungen von/nach Thurso.

Fähre Von Mai bis September verkehrt eine **Passagierfähre** (☏ 01955-611353; www.jogferry.co.uk) hinüber nach Burwick auf Orkney. Die 90-minütigen Wildlife-Touren zur Insel Stroma oder zum Duncansby Head kosten 17 £ (Ende Juni bis Aug.).

Mey

Das **Castle of Mey** (www.castleofmey.org.uk; Erw./Kind 10/5,50 £; ⏱ Mai–Sept. 10.20–17 Uhr, letzter Eintritt ins Castle um 16 Uhr) ist aufgrund seiner Verbindung zur 2002 verstorbenen Queen Mum eine große Touristenattraktion. Das Castle liegt rund 10 km westlich von John O'Groats an der A836 nach Thurso. Das Äußere wirkt beeindruckend, doch drinnen geht es häuslich zu und alles ist auf den Geschmack der Queen Mum abgestimmt: Vom überraschend gemütlichen Wohnzimmer mit dem Fernseher, der ihre Lieblingsserie zeigt (der britische Klassiker *Dad's Army*) bis zu einem Foto eines Abendessens der Corgis (die sehr gut gespeist haben). Das Highlight ist die sehr persönliche Führung. Ehemalige Angestellte der Queen Mum erzählen dabei Anekdoten aus ihrem Leben. Draußen gibt es einen Farmzoo sowie einen ungewöhnlichen ummauerten Garten mit schönem Ausblick über den Pentland Firth. Das Castle schließt normalerweise Ende Juli für einige Wochen, um königliche Besucher zu empfangen.

An der Hauptstraße unweit des Castle of Mey bietet das moderne, einladende und relaxte B&B **The Hawthorns** (☏ 01847-851710; www.thehawthornsbnb.co.uk; EZ/DZ 40/70 £; P 🛜 🐾) zeitgenössisches künstlerisches Flair. Die vier sehr großen Zimmer sind tipptopp und verfügen über Mini-Kühlschränke. Auch Familien sind willkommen und ein Zimmer hat einen barrierefreien Zugang.

Dunnet Head

13 km östlich von Thurso führt eine kleine Stichstraße zur dramatischen Landspitze Dunnet Head, dem **nördlichsten Punkt auf dem britischen Festland**. Gegen Dunnet Head kann John O'Groats in keiner Beziehung mithalten: Die majestätischen Klippen sind voller Vögel und fallen senkrecht in den aufgewühlten Pentland Firth hinab. Tief unten sind gelegentlich auch Seehunde zu entdecken. Der Blick hinüber zu den Orkney Islands ist atemberaubend. Der Leuchtturm wurde übrigens von Robert Louis Stevensons Großvater errichtet. Ebenfalls auf der Landspitze lohnt sich in der Nähe der Hauptstraße ein Besuch von **Mary-Ann's Cottage** (Erw./Kind 3 £/50 p; ⏱ Juni–Sept. 14–16.30 Uhr). Mary-Ann lebte in diesem Cottage aus dem 19. Jh. nahezu 100 Jahre lang. Die informativen Führungen präsentieren das bescheidene, aber gemütliche Haus sowie die Farm – eine interessante Reise in die Vergangenheit.

Unmittelbar westlich ist **Dunnet Bay**, einer der schönsten Strände Schottlands, der von hohen Dünen begrenzt wird. Hier befindet sich auch **Seadrift** (☏ 01847-821531; Eintritt frei; ⏱ Mai–Juni, Sept. 14–17 Uhr, Juli–Aug. 10.30–17 Uhr, Do, Sa geschl.). Zu sehen sind einige Exponate zur Tier- und Vogelwelt. Hier sind auch die örtlichen Ranger stationiert, die im Sommer thematische Wanderungen anbieten. Zu guter Letzt gibt es einen Caravan-dominierten **Campingplatz** (☏ 01847-821319; www.caravanclub.co.uk; Mitglieder 14,55 £; ⏱ April–Sept.; P).

Thurso & Scrabster

7700 EW.

Großbritanniens nördlichste Stadt auf dem Festland ist auch zum Übernachten ein guter Zwischenstopp auf dem Weg nach Westen oder nach Orkney hinüber. Es gibt einen schönen Strand, Spazierwege am Fluss sowie ein gutes Museum. Von Scrabster, ca. 3 km westlich von Thurso, verkehren die Autofähren nach Orkney.

Sehenswertes

GRATIS Caithness Horizons MUSEUM
(www.caithnesshorizons.co.uk; High St. Thurso; Mo-Sa 10–18, außerdem April–Sept.So 11–16 Uhr) Das Museum informiert über die Geschichte und die örtlichen Überlieferungen in Caithness – alle Ausstellungen sind hervorragend aufbereitet. Einige schöne piktische Kreuzsteine begrüßen den Besucher im Erdgeschoss; die Hauptausstellung bietet einen kurz gefächerten Überblick über die Ortsgeschichte einschließlich audiovisueller Präsentationen. Sehr interessant ist die etwas wehmütig stimmende Ausstellung über die heute verlassene Insel Stroma. Es gibt auch eine Galerie, eine Ausstellung über den Atomreaktor von Dounreay und ein sehr nettes kleines Café.

Aktivitäten

Thurso scheint auf den ersten Blick kein Surfzentrum zu sein, doch die Küste hier bietet angeblich die besten und regelmäßigsten Surfbedingungen auf dem britischen Festland. Die besten Surfstrände finden sich am östlichen Stadtrand direkt unterhalb von Lord Thursos Castle (für die Öffentlichkeit nicht zugänglich) sowie 8 km westlich bei **Brimms Ness**. Auf keinen Fall sollte man seinen Neoprenanzug vergessen, denn dies ist nicht Hawaii. **Thurso Surf** (07590-419078; www.thursosurf.co.uk; Unterrichtsstunden 35 £) erteilt normalerweise am Strand von Dunnet Bay östlich von Thurso Unterricht.

Thursos idyllischer **Riverside Walk** versetzt Besucher bei schönem Wetter in eine andere Welt. Der Spaziergang am Flussufer ist wunderbar und dauert bei gemütlichem Tempo 45 Minuten. Man kann auch entlang der Klippen bis nach Scrabster (40 Min.) gehen und dabei den Ausblick genießen. Bei windigem Wetter ist jedoch Vorsicht geboten.

Schlafen

LP TIPP Pennyland House B&B ££
(01847-891194;www.pennylandhouse.co.uk;EZ/DZ 60/70 £; P) Thursos bestes B&B ist ein geschmackvoll umgebautes Haus, in dem einst der Gründer der pfadfinderähnlichen Boys' Brigade wohnte. Für die moderaten Preise wird enorm viel geboten. Die Zimmer sind riesig und nach Golfplätzen benannt. Besonders nett ist zum Beispiel das sehr große St. Andrews, mit einem im Schachbrettmuster gefliesten Bad. Die Gastgeber sind unglaublich gastfreundlich und hilfsbereit. Auch der Frühstücksraum ist sehr angenehm und von der Terrasse genießt man einen herrlichen Blick hinüber zur Insel Hoy.

Forss House Hotel HOTEL ££
(01847-861201; www.forsshousehotel.co.uk; Forss; EZ/DZ/Superior DZ 97/130/165 £; P) 7 km westlich von Thurso ist dieses alte georgianische Landhaus hinter Bäumen versteckt. Die Unterkunft ist sowohl elegant als auch stilvoll. Die üppig eingerichteten Zimmer oben sind denen im Erdgeschoss vorzuziehen, weil sie einen schönen Blick in den Garten bieten. Dort gibt es zudem separate, sehr einladend eingerichtete Suiten, die mehr Privatsphäre und Ruhe bieten. Zu den wohlüberlegten Extras zählen CDs und Bücher in jedem Zimmer. Gleich nebenan fließt ein Lachsfluss und das Hotel kann beim Beschaffen von Angelscheinen und Ausrüstung behilflich sein. Und an einem kalten Tag warten rund 300 Malt Whiskys in der Hotel-Bar.

Waterside House B&B £
(01847-894751; www.watersidehouse.org; 3 Janet St., Thurso; EZ 30 £, DZ 50–60 £;) Dieses B&B ist leicht zu finden und es gibt genügend Parkplätze vor dem Haus. Man biegt direkt hinter der Brücke am Stadteingang sofort links ab und auf die Gäste warten kürzlich gründlich renovierte Zimmer sowie nette Suiten. Die Zimmergröße variiert, doch die Preise sind sehr moderat. Zum Frühstück gibt es unter anderem Brötchen mit Schinkenspeck und Ei oder ein Frühstück zum Mitnehmen, wenn man eine frühe Fähre erreichen möchte; keine Kreditkarten.

Murray House B&B ££
(01847-895759; www.murrayhousebb.com; 1 Campbell St., Thurso; EZ/DZ/FZ 35/70/80 £;) Murray House ist ein stattliches zentrales Stadthaus aus dem 19. Jh., wo man herzlich empfangen wird. Die Zimmer mit ihren Holzmöbeln und modernen Bädern sind schick. Zwei bieten im obersten Stockwerk viel Privatsphäre unter dem Schrägdach. Auch der Wohnzimmerbereich ist einladend; keine Kreditkarten.

Sandra's Hostel
HOSTEL £

(☎01847-894575; www.sandras-backpackers.co.uk; 24 Princes St., Thurso; B/DZ/FZ 16/38/60 £; P@🛜) Im Stadtzentrum über einem Frittenladen bietet das zuverlässige Hostel ansprechende Schlafsäle (zumeist mit vier Betten) mit Bad/WC und eine geräumige Küche. Nett auch die Extras für Backpacker, wie Internet sowie kostenloses Müsli und Toast.

Thurso Hostel
HOSTEL £

(Ormlie Lodge, ☎01847-896888; ormlielodge@btconnect.com; Ormlie Rd., Thurso; EZ/DZ 15/25 £; P🛜) Dieses abgewohnte Hostel ist ein Wohnheim für Schüler und Studenten in der Nähe des Bahnhofs. Die Budget-Unterkunft ist okay, aber etwas heruntergekommen; dafür sind die Zimmer sehr günstig.

🍴 Essen

Captain's Galley
FISCH £££

(☎01847-894999; www.captainsgalley.co.uk; Scrabster; 5-Gänge-Abendessen 47 £; ⊙Abendessen Di-Sa) Direkt am Fährterminal in Scrabster gelegen ist das Captain's Galley ein gehobenes, aber gemütliches Restaurant mit einer kleinen Speisekarte. Frischer Fisch und Meeresfrüchte aus lokalen und nachhaltig bewirtschafteten Beständen stehen im Vordergrund. Die Zubereitung ist recht einfach, um den natürlichen Geschmack zu erhalten. Der Koch sucht sich morgens den besten Fisch direkt von den Booten im Hafen aus und auf der Speisekarte werden sowohl das Boot als auch das Fanggebiet genannt. Das Galley wird vielfach als das beste Restaurant von Caithness gepriesen.

Holborn
BISTRO, KNEIPE ££

(☎01847-892771; www.holbornhotel.co.uk; 16 Princes St., Thurso; Bar-Gerichte 8-11 £, Restaurant-Hauptgerichte 12-20 £; 🛜) Das Holborn steht durch seine trendige und bequeme Einrichtung aus hellem Holz in scharfem Kontrast zu den traditionelleren Kneipen in Thurso. Qualitätsfisch – darunter sehr leckerer, selbst geräucherter Lachs – steht im Fokus der kleinen, aber ansprechenden Speisekarte im hauseigenen Restaurant **Red Pepper**. Dort ist auch der Nachtisch exzellent. Die Bar 16 gibt sich modern mit Sofas und gemütlichen Sitzgelegenheiten. Die Bar-Gerichte sind eher schlicht, aber gut.

Ferry Inn
PUB ££

(www.ferryinnscrabster.co.uk; Scrabster; Hauptgerichte 12-19 £, Steaks 16-25 £; ⊙Frühstück, Mittag- & Abendessen) Unweit des Fähranlegers in Scrabster verfügt der traditionelle Pub über ziemlich hässliche Anbauten, in denen sich jedoch das belebte Restaurant befindet. Serviert wird vor allem Steak in mehreren Größen sowie der örtliche Schellfisch (*haddock*). Die Speisen sind vielleicht etwas überteuert, aber der abendliche Blick über den Hafen entschädigt dafür. Im Erdgeschoss gibt es günstigere Bar-Gerichte (8-9 £) sowie einen Billard-Tisch.

Cups
CAFÉ £

(www.cups-scrabster.co.uk; Scrabster; kleine Gerichte 4-7 £; ⊙Mo-Sa 9-19, So 10-18 Uhr) In der umgebauten Kapelle in der Nähe des Fähranlegers dreht sich alles um Tee und um leckere selbst gebackene Scones und Kuchen. Auch das Frühstück ist empfehlenswert mit einer guten Auswahl an Baked Potatoes und Sandwiches. Im Angebot sind zwar eher die üblichen Zutatenkombinationen, aber die Zutaten sind hochwertig und stammen aus der Region.

Le Bistro
BISTRO ££

(☎01847-893737; 2 Traill St., Thurso; Mittagessen 6-10 £, Abendessen Hauptgerichte 11-17 £; ⊙Di-Sa) Das Lokal ist am Wochenende abends immer gut gefüllt, weil Einheimische aller Altersklassen auf die eher einfachen Fleischgerichte stehen. Was Le Bistro auf den Tisch bringt, ist auch gut gelungen: Die Steaks haben einen ordentliche Größe und werden auf einer brutzelnden Platte serviert. Die Bedienung hat immer ein Lächeln für die Gäste.

ℹ️ Praktische Informationen

Thurso Library (☎01847-893237; Davidson's Lane, Thurso; ⊙Mo, Mi 10-18, Di, Fr 10-20, Do, Sa 10-13 Uhr) Kostenloser Internetzugang.

Thurso Information Centre (☎01847-893155; www.visithighlands.com; Riverside Rd., Thurso; ⊙April-Sept. tgl., Okt. Mo-Sa) Bei Redaktionsschluss war die Zukunft der Sonntagsöffnungszeiten fraglich – am besten vorher anrufen.

ℹ️ An- & Weiterreise

Vom Bahnhof in Thurso sind es gut 3 km zu Fuß bis zum Fährhafen in Scrabster. Es gibt aber auch Busse ab Olrig Street.

BUS Von Inverness verkehrt Stagecoach/Citylink nach Thurso/Scrabster (18,30 £, 3 Std., 6-mal tgl.). Von Thurso verkehren ungefähr stündlich Busse nach Wick sowie von Montag bis Samstag mehrmals täglich nach John O'Groats (1 Std.). Dienstags und freitags gibt es

jeweils einen Bus westwärts via Bettyhill nach Tongue. Gelegentlich fährt er auch samstags.
ZUG Es fahren täglich vier Züge von Inverness nach Thurso (18 £, 3¾ Std.) mit Busanschluss nach Scrabster. Der Platz für Fahrräder ist begrenzt, deshalb sollte man ggf. reservieren.

NORD- & WESTKÜSTE

Typische Highland-Szenerie mit einspurigen Straßen, atemberaubender Leere und einer wilden Schönheit ist auf den modernen, übervölkerten und stark urbanisierten britischen Inseln inzwischen eine Seltenheit geworden. Man könnte sich hier für Wochen völlig von der Außenwelt zurückziehen – und eigentlich reicht auch das noch nicht.

Von Thurso nach Durness

Von Thurso sind es rund 130 kurvenreiche und spektakuläre Kilometer auf der Küstenstraße nach Durness.

DOUNREAY & MELVICH

16 km westlich von Thurso liegt die **Atomanlage Dounreay**, die als erste weltweit Strom ins Netz lieferte und derzeit schrittweise abgebaut wird. Die Entsorgung und die Aufräumarbeiten sollen noch bis mindestens 2023 andauern. Dounreay ist deshalb für die Region weiterhin ein wichtiger Arbeitgeber.

Kurz hinter Dounreay verfügt **Reay** über einen Shop und einen interessanten kleinen Hafen von 1830. **Melvich** liegt an einem schönen Strand und von der Landspitze **Strathy Point** gibt es einen guten Ausblick. Von der Küstenstraße führt ein 3 km langer Abstecher dorthin. Vom Straßenende sind es 15 Minuten zu Fuß.

BETTYHILL
500 EW.

Die Landschaft mit einem weiten Sandstrand – eingerahmt von samtgrünen Hügeln mit Felsvorsprüngen – steht in auffallendem Kontrast zur traurigen Geschichte dieser Gegend: Hier in Bettyhill wurden Crofter (Kleinbauern) angesiedelt, die während der *Clearances* von ihrem eigenen Land vertrieben worden waren. Unmittelbar westlich der Ortschaft erstreckt sich an der Mündung des River Naver ein großer weißer Sandstrand.

Das **Strathnaver Museum** (✆ 01641-521418; www.strathnavermuseum.org.uk; Erw./Kind 2/ 0,50 £; ⊙ April–Okt. Mo–Sa 10–17 Uhr) in einer alten Kirche erzählt auf Postern, die von Kindern vor Ort angefertigt wurden, die traurige Geschichte der *Strathnaver Clearances*.

ABSTECHER: FORSINARD & STRATHNAVER

Auch wenn es schwer fällt, sich von der Küste loszureißen, lohnt es sich doch, östlich von Melvich ein Stück die A897 entlangzufahren. Nach 22 km stößt man in Forsinard auf die Bahnlinie. Auf dem Bahnsteig des Ortes befindet sich das **Forsinard Flows Visitor Centre** (www.rspb.org.uk; Eintritt frei; ⊙ April–Okt. 9–17.15 Uhr), eine kleine Ausstellung rund um das Thema Natur. Ebenfalls am Bahnhof beginnt ein 1,5 km langer Rundweg ins Torfgebiet Flows. 6,5 km weiter nördlich startet ein ebenso langer Weg, der in das Brutgebiet der Goldregenpfeifer und der Alpenstrandläufer führt.

Kurz hinter dem Besucherzentrum beginnt eine einsame Torfmoorlandschaft. Es lohnt sich, im Dorf Kinbrace rechts auf die B871 abzubiegen und durch eine atemberaubende Landschaft bis zum Dorf Syre zu fahren. In Syre folgt man dem Weg rechts durch das Strathnaver-Tal und kehrt bei Bettyhill zurück an die Küste. Strathnaver ist berüchtigt, weil dort einige der schlimmsten Clearances stattfanden. Der Strathnaver Trail verbindet (nummerierte) Sehenswürdigkeiten, die einen Bezug zu den Clearances haben, am Weg liegen auch einige prähistorische Stätten.

Auf diesem einsamen Abstecher gibt es einige wenige Unterkünfte, darunter das **Cornmill Bunkhouse** (✆ 01641-571219; www.achumore.co.uk; B 15 £; P), ein komfortables und modernes Hostel in einer alten Mühle auf einer Farm in the middle of nowhere. Das Hostel liegt an der A897 knapp 7 km südlich der Küstenstraße. Wenn man in Syre links und nicht rechts abbiegt, gelangt man schließlich zum sehr abgelegenen, aber gehobenen **Altnaharra Hotel** (✆ 01549-411222; www.altnaharra.com; EZ/DZ/Superior DZ 65/130/150 £; ⊙ März–Dez.; P 🛜 🐾).

Das Museum präsentiert auch Erinnerungsstücke des Clan Mackay, Farmgeräte sowie ein „St. Kilda-Postschiff": Der Container in Bootsform wurde von den Inselbewohnern von St. Kilda genutzt, um Nachrichten aufs Festland zu transportieren. Hinter der Kirche steht draußen der **Farr Stone**, ein schön verzierter PiktensteinAls B&B empfiehlt sich das freundliche **Farr Cottage** (01641-521755; www.bettyhillbedandbreakfast.co.uk; Farr; DZ 60 £; P), ein schnuckeliges weißes Haus in herrlicher Umgebung, gut 1,5 km abseits der Hauptstraße (den Schildern nach Farr folgen). Gäste können hier auch Abendessen bekommen.

Der örtliche **Information Point** (01641-521244; www.visithighlands.com; April–Okt. Mo–Do 10.30–16.30, Fr–Sa 10.30–19.30 Uhr) hält touristische Infos zur Gegend bereit und im benachbarten **Café** (01641-521244; Hauptgerichte 5–9 £; April–Sept. Mo–Do 10.30–16.30, Fr–Sa 10.30–19.30 Uhr, Okt.–März Fr–Sa 17–19.30 Uhr) werden Kaffee und Kuchen sowie kleine Speisen serviert.

COLDBACKIE & TONGUE
500 EW.

Coldbackie bietet außergewöhnliche Panoramablicke über Sandstrände, türkisblaues Wasser und vorgelagerte Inseln. Nur 3 km befindet sich Tongue mit den stimmungsvollen Ruinen von **Castle Varrich** aus dem 14. Jh. Einst war dies eine Festung der Mackays. Ein angenehm zu begehender Wanderweg beginnt neben der Royal Bank of Scotland – unweit des Ben Loyal Hotel – und führt zu der Ruine. Tongue verfügt zudem

CROFTING & DIE CLEARANCES

Die wilden, leeren Landschaften in diesem Teil der Highlands zählen zu den am dünnsten besiedelten Gebieten in Europa – doch das war nicht immer so. Ruinen von Cottages in den einsamen Gegenden sind stumme Zeugen einer der grausamsten Episoden in Schottlands Geschichte: der Highland Clearances.

Bis ins 19. Jh. war die häufigste Siedlungsform hier die *baile*, eine Gruppe von Häusern, die von rund einem Dutzend Familien bewohnt wurden. Diese bewirtschafteten Land, das ihnen vom örtlichen Clan-Häuptling als Gegenleistung für Militärdienst und einen Teil der Ernte zur Verfügung gestellt wurde. Das landwirtschaftlich nutzbare Land war in Streifen – *rigs* – eingeteilt und wurde alljährlich per Los an die verschiedenen Familien verteilt. So erhielt jede Familie im Wechsel mal bessere, mal schlechtere Böden zugesprochen. Dieses System nannte sich *runrig*. Die Familien bearbeiteten das Land gemeinsam, alle Tiere weideten zusammen auf den Wiesen.

Nach der Schlacht von Culloden verbot der König jedoch Privatarmeen, neue Gesetze machten die Clan-Häuptlinge zu den tatsächlichen Eigentümern des Landes – oftmals handelte es sich dabei um sehr große Gebiete. Die Gutsherren dachten nur an möglichst große Gewinne und waren sich nicht der Konsequenzen bewusst, als sie beschlossen, dass Schafzucht auf diesen Flächen einträglicher sei als Ackerbau. Zugunsten der Schafzucht vertrieben sie Tausende von Bauern von ihrem Land. Die Clearances (Säuberungen) zwangen die verzweifelten Bauern, auf der Suche nach Arbeit in die Städte zu ziehen oder gleich nach Amerika auszuwandern. Wer weder in die Stadt noch nach Amerika ziehen wollte, musste sich mühsam auf winzigen Flächen meist wenig fruchtbaren Landes (oft in Küstennähe) durchschlagen. Diese Art der (Nebenerwerbs-) Landwirtschaft wurde als crofting bekannt. Da der kleine Streifen Land nicht genug zum Leben einbrachte, musste das Einkommen durch weitere Einnahmequellen wie Fischfang oder Tangsammeln aufgebessert werden. Das ganze System stand auf unsicheren Füßen – die Rechte auf das Land wurden nur auf jährlicher Basis gewährt, sodass ein crofter jedes Jahr nicht nur sein Land, sondern auch das darauf gebaute Haus verlieren konnte.

Die wirtschaftliche Depression des späten 19. Jhs. bedeutete fehlende Einkünfte für viele der crofter, die plötzlich ihre Miete nicht mehr bezahlen konnten. In ihrer Verzweiflung widersetzten sie sich der Vertreibung und gründeten stattdessen die Highland Land Reform Association und eine eigene politische Partei. Ihr Widerstand führte dazu, dass die Regierung einige ihrer Anträge positiv beschied, u. a. die Sicherheit der Pacht, faire Mieten und schließlich die Bereitstellung von Land für neue crofts. Crofters haben jetzt das Recht, ihr Ackerland zu kaufen; zuletzt wurde auch das Feudalsystem abgeschafft, das für so viel Elend verantwortlich gewesen ist.

über einen Laden, eine Post, eine Bank und eine Tankstelle.

Schlafen & Essen

Tongue SYHA JUGENDHERBERGE £

(01847-611789; www.syha.org.uk; Tongue; B/DZ 19/45 £; April–Sept.; P) Mit seiner wunderbaren Lage an dem Fahrdamm über das Kyle of Tongue, knapp 1,5 km westlich der Ortsmitte, ist die JH die beste Budget-Unterkunft der Gegend. Die Schlafsäle sind sauber und bequem ausgestattet, einige bieten sogar einen schönen Ausblick. Die Küche ist sehr praktisch und das Wohnzimmer gemütlich. Alles ist hell und freundlich; für Fahrräder gibt es einen abschließbaren Schuppen.

Cloisters B&B ££

(01847-601286; www.cloistertal.demon.co.uk; Talmine; EZ/DZ 35–60 £; P) Ein Anwärter auf den Titel des bestgelegenen B&B Schottlands ist das Cloisters. Die drei Doppelzimmer mit Bad/WC genießen einen hervorragenden Blick über das Kyle of Tongue zu den vorgelagerten Inseln. Das Frühstück wird in der liebevoll renovierten Kirche nebenan serviert und an Wochenenden wird sogar Abendessen angeboten. Von Tongue aus überquert man den Fahrdamm und biegt an der ersten Straße nach rechts Richtung Melness ab. Bis zum Cloisters sind es dann noch einige Kilometer.

Tigh-nan-Ubhal B&B ££

(01847-611281; www.tigh-nan-ubhal.com; Main St., Tongue; DZ 55–70 £; P) Von der Kreuzung der A836 und der A838 sind es von diesem reizenden B&B nur wenige Schritte bis zu den beiden Pubs des Ortes. Die schnieken Zimmer haben reichlich Tageslicht, doch das untere Doppelzimmer mit großem und perfekt ausgestattetem Bad ist wirklich die beste Wahl. Im Garten ist auch ein Caravan zu mieten.

Tongue Hotel HOTEL ££

(01847-611206; www.tonguehotel.co.uk; Tongue; EZ/DZ/Superior DZ 75/110/120 £; P) Der ehemalige Jagdsitz ist ein willkommener Hafen mit attraktiven, geräumigen Zimmern. Das Restaurant war bei Redaktionsschluss vorübergehend geschlossen, doch in der schicken Brass Tap Bar im Untergeschoss werden weiterhin Bar-Gerichte serviert. Hier kann man auch schnell mit den Einheimischen ins Gespräch kommen oder bei schlechtem Wetter Zuflucht suchen.

Craggan Hotel SCHOTTISCH ££

(01847-601278; www.thecraggan.co.uk; Melness; Hauptgerichte 11–20 £; 11–21.15 Uhr) An der Nebenstraße nach Melness westlich des Fahrdamms über das Kyle of Tongue macht das Craggan Hotel von außen nicht viel her. Doch innen wirkt alles smart, die Bedienung ist auf Zack und auf der Speisekarte findet sich praktisch alles, angefangen von großzügigen Burgern bis hin zu anspruchsvollen Wild- und Fischgerichten. Auch das Auge wird bei der Präsentation der Gerichte verwöhnt. Außerdem werden lecker Pizzas und scharfe Currys zum Mitnehmen angeboten. Schließlich ist auch die Weinkarte ist für einen Pub nicht zu verachten.

An- & Weiterreise

Von Thurso verkehrt dienstags und freitags ein Bus nach Tongue. Von Montag bis Samstag fährt ein Postbus nach Lairg. Richtung Durness verkehrt an Schultagen ein Bus von Talmine, der an der Westseite des Fahrdamms über das Kyle of Tongue hält und weiter nach Lairg fährt.

Von Tongue nach Durness

Von Tongue sind es 60 km bis Durness. Die Hauptstraße führt auf dem Damm über das **Kyle of Tongue** hinweg, während die alte Straße den Meeresarm komplett umrundet und dabei einen schönen Blick auf **Ben Loyal** gewährt. Weiter westlich geht es über ein sehr einsames Moor bis zum Nordende des Süßwassersees **Loch Hope**. Noch weiter westlich wird der Meeresfjord **Loch Eriboll** erreicht. Der Ausblick von der Straße ist fantastisch. Loch Eriboll ist Großbritanniens tiefster Meeresarm und wurde im Zweiten Weltkrieg als Rückzugsort für die Marine genutzt.

Durness

400 EW.

Die weit verstreute Ortschaft Durness (www.durness.org) zieht sich an den Klippen entlang, die aus einer Reihe unberührter Strände aufragen. Nur wenige Orte in Schottland liegen so schön wie dieser. Wenn die Sonne scheint, verbinden sich das blendende Weiß des Sandes, die Schreie der Seevögel und die grünliche See zu einer magischen Atmosphäre.

Im Ort gibt es Läden, einen Geldautomaten, außerdem eine Tankstelle und einige Unterkünfte.

Sehenswertes & Aktivitäten

Zum Schönsten hier gehören ein Spaziergang entlang der traumhaften, sandigen Küste und ein Besuch am Cape Wrath. Die herrlichen **Strände** von Durness reichen im Osten bis Rispond und im Westen bis Balnakeil – direkt unterhalb des Ortes liegt Sargo Sands. Es gibt mehrere gute Tauchplätze – sie bieten Wracks, Höhlen, Robben und Wale. In **Balnakeil**, rund 1 km westlich von Durness, belegen heute Kunsthandwerksläden die Gebäude einer frühen Radarstation. Ein Strandspaziergang nach Norden führt zur Landspitze **Faraid Head**, wo man im Frühsommer Papageientaucher in ihren Kolonien beobachten kann. In einem Schuppen der ehemaligen Radarstation gibt es einen Fahrradverleih.

Smoo Cave HÖHLE

1,5 km östlich des Dorfzentrums führt neben der SYHA-Jugendherberge von einem kleinen Parkplatz ein Pfad hinab zur Smoo Cave, die nachweislich schon vor 6000 Jahren bewohnt war. Der breite Höhleneingang ist am Ende einer Bucht. Im Inneren befindet sich eine überflutete Kammer. Dort stürzt das Wasser eines Baches durch ein Loch in der Höhlendecke wasserfallartig hinunter. Das Wasser fließt dann durch den Höhleneingang zum Meer hinaus. Im hinteren Bereich werden auch **Bootstouren** (Erw./Kind 4/2,50 £; ⏱Touren April–Sept.) angeboten, auf denen die Gäste das Höhleninnere aus der Nähe erkunden können.

Schlafen & Essen

Mackays HOTEL ££

(☎01971-511202; www.visitdurness.com; DZ Standard/Deluxe 125/135 £; ⏱Ostern–Okt.; 🌐📶) An der Straßenkreuzung, wo die Straße im 90-Grad-Winkel abbiegt, spürt man wirklich, dass man sich in der äußersten Ecke Schottlands befindet. Doch ganz gleich, ob die Reise nach Süden oder nach Osten weiterführt, man wird lange suchen müssen, um ein ähnlich gastfreundliches Haus zu finden. Mit den großen Betten und weichen Stoffen ist das Mackays ein romantischer Ort und im Restaurant werden Fisch und Meeresfrüchte aus der Umgebung sowie herzhafte Fleischgerichte serviert. Die Besitzer betreiben am Loch Eriboll 10 km weiter östlich die **Croft 103** (☎01971-511202; www.croft103.com; Port na Con, Laid; pro Woche 1400 £; 🅿📶), ein hervorragendes modernes Haus für Selbstversorger.

Lazy Crofter Bunkhouse HOSTEL £

(☎01971-511202; www.durnesshostel.com; B 16,50 £; 📶) Das Lazy Crofter Bunkhouse ist die beste Budget-Unterkunft in Durness mit echtem Hochland-Charme. Die einladenden Schlafräume bieten viel Platz und sogar Schließßfächer. Für die Mahlzeiten gibt es einen gemeinsamen Tisch und für die Freizeit Brettspiele. Von der Holzveranda genießt man an mückenfreien Abenden einen schönen Blick aufs Meer hinaus.

Glengolly B&B B&B ££

(☎01971-511255; www.glengolly.com; DZ 64–70 £; ⏱April–Okt.; 🅿📶) Auf dieser kleinen Croft-Farm warten komfortable und geräumige Zimmer in traditioneller B&B-Atmosphäre auf die Gäste. Neben der günstigen zentralen Lage gibt es weitere Vorteile: ein exzellentes Frühstück mit geräuchertem Fisch und leckerem Porridge (Haferbrei). Gelegentlich kann man auch die Schäferhunde bei der Arbeit beobachten.

Sango Sands Oasis CAMPINGPLATZ £

(☎01971-511222; www.sangosands.com; Platz pro Erw./Kind 6,50/4 £; 🅿📶) Für einen Zeltplatz kann man sich keine bessere Lage vorstellen: Das Gelände oberhalb der Klippen ist grasbewachsen und unten befinden sich zwei wunderbare Sandstrände. Die Anlagen sind gut und sehr sauber und gleich nebenan befindet sich ein Pub. Von November bis März kostet die Übernachtung keinen Penny, allerdings darf man sich dann nicht über die Kälte beschweren.

Loch Croispol Bookshop CAFÉ £

(www.scottish-books.net; kleine Speisen 5–9 £; ⏱Mo–Sa 10–17, So 10–16 Uhr) Hier kommen sowohl der Körper als auch der Kopf auf ihre Kosten, denn zwischen den Bücherregalen lassen sich ganztags an den wenigen Tischen Frühstück, Sandwiches und Ähnliches genießen. Mittags gibt es auch frischen Lachs aus Achiltibuie. Die Buchhandlung ist auf schottische Literatur spezialisiert.

Smoo Cave Hotel KNEIPE ££

(www.smoocavehotel.co.uk; Hauptgerichte 10–14 £; 📶) Östlich der Smoo Cave führt eine ausgeschilderte Stichstraße zu diesem Hotel. In der schlichten Bar wird gute Qualität in großen Portionen auf den Tisch gebracht. Der Schellfisch und die Tages-Fischgerichte sind immer empfehlenswert. Es gibt auch ein Restaurant mit Blick über die Klippen hinaus.

Sango Sands Oasis PUB £
(www.sangosands.com; Hauptgerichte 8–13 £) Auf den Klippen im Ortszentrum bietet der Pub neben dem Campingplatz von den Fensterplätzen einen wunderbaren Blick aufs Meer hinaus. Im gemütlichen Restaurantbereich kommen leckere Bar-Gerichte in großen Portionen auf den Tisch.

Cocoa Mountain CAFÉ £
(01971-511233; www.cocoamountain.co.uk; Balnakeil; heiße Schokolade 3,75 £, ein Dutzend Trüffel-Pralinen 9,50 £; Hochsaison tgl. 9–18 Uhr, Nebensaison tgl. 10–17 Uhr) Im Balnakeil Craft Village werden in diesem einladenden Café Pralinen in eigener Produktion hergestellt. Zu den ausgefalleneren Varianten gehören Trüffel-Pralinen mit Chili, Zitronengras und weißer Kokos-Schokolade. Der starke Espresso sowie natürlich die heiße Schokolade sind an kalten, regnerischen Tagen ein willkommener Genuss.

❶ Praktische Informationen

Durness Community Building (1 Bard Terrace; pro 30 Min. 1 £;) Internetanschluss mit Münzapparat, gegenüber von Mackays.

Durness Information Centre (01971-511368; www.visithighlands.com; April–Okt. tgl., Nov.–März Di & Do 10–12.30 Uhr)

❶ An- & Weiterreise

Von Mitte Mai bis September verkehrt von Montag bis Samstag täglich jeweils ein **Bus** (01463-222444; www.decoaches.co.uk; Mai–Sept.) von Durness über Ullapool nach Inverness. Fahrräder können mitgenommen werden, sind aber vorab anzumelden. Ein weiterer **Bus** (www.thedurnessbus.com) fährt täglich von Montag bis Samstag nach Lairg zum Bahnhof. Samstags gibt es zudem einen Bus nach Inverness oder Thurso.

Von Durness nach Ullapool

Die 110 km von Durness nach Ullapool sind die atemberaubendste Fahrstrecke Schottlands. Es ist fast unmöglich, die dramatischen Landschaftsformationen alle auf einer Fahrt aufzunehmen. Von Durness bis Rhiconich ist die Strecke größtenteils einspurig. Es geht durch ein breites Tal mit weiten Heideflächen, während im Hintergrund die grauen Gipfel von Foinaven und Arkle aufragen. Schließlich geht die Heide in eine felsige Szenerie aus Lewis-Gneis über, die von Hunderten kleiner Teiche und Seen durchzogen ist. Es folgen von Stechginster bewachsene Hügel, welche die großartigen Sandstein-Berge Assynt und Coigach ankündigen. Markant sind das Götterberg-ähnliche Massiv des Quinag, der auffällige Zuckerhut des Suilven sowie der zerklüftete Gipfel des Stac Pollaidh. Es ist mehr als verständlich, dass die Gegend jetzt unter dem Namen **Northwest Highlands Geopark** (www.northwest-highlands-geopark.co.uk) auftritt.

SCOURIE & HANDA ISLAND

Scourie (www.scourie.co.uk) ist eine sympathische Crofter-Siedlung auf halbem Weg zwischen Durness und Ullapool. Einige Kilometer nördlich von Scourie Bay liegt **Handa Island** (www.swt.org.uk), eine unter Naturschutz stehende Insel des Scottish Wildlife Trust. Die Klippen im Westen der Insel sind ein bedeutendes Brutgebiet für Seevögel. Die **Fähre** (07775-625890; Erw./Kind 12,50/5 £; Abfahrten April–Anfang Sept. Mo–Sa 9–14 Uhr) nach Handa verkehrt vom Tarbet Pier, knapp 9 km nördlich von Scourie.

Wer sich richtig verwöhnen lassen möchte, sollte die **Scourie Lodge** (01971-502248; www.scourielodge.co.uk; EZ/DZ 55/90 £; April–Okt.;) oberhalb der Bucht aufsuchen. Das großartige Gebäude strahlt in einer tollen Lage althergebrachten Komfort aus. Die sehr herzlichen Besitzer sind bereits seit zwei Jahrzehnten im Geschäft und haben deshalb viel Erfahrung. Die Zimmer sind traditionell eingerichtet und angenehm groß. Das separate Doppelzimmer im „Coach House" ist ebenfalls sehr einladend. Spektakulär ist der ummauerte Garten – ein kleines Paradies. Die Palmen sind ein Beleg für die Wirkung des Golfstroms. Keine Kreditkarten.

KYLESKU & LOCH GLENCOUL

Abgeschirmt von der Hauptstraße liegt am Ufer von Loch Glencoul die kleine ehemalige Fährsiedlung Kylesku. Vom Anfang des 19. Jhs. bis zur Eröffnung der schön geschwungenen **Kylesku Bridge** 1984 verkehrte hier eine Autofähre. Außer einigen Häusern sowie einem Hotel mit Pub gibt es nicht viel zu sehen. Doch für Wanderer ist Kylesku eine gute Ausgangsbasis.

☉ Sehenswertes & Aktivitäten

Eas a'Chuil Aluinn WASSERFALL
8 km südöstlich von Kylesku liegt in einsamer Wildnis am Kopfende von Loch Glencoul Großbritanniens höchster Wasserfall,

ABSTECHER

CAPE WRATH

Obwohl der Name eigentlich aus dem Alt-Nordischen abstammt und lediglich „Platz zum Abbiegen" bedeutet, kann Cape Wrath aufgrund seiner Abgeschiedenheit und Wildheit einschüchternd wirken. Der nordwestlichste Punkt des britischen Festlands ist seit 1828 Standort eines Leuchtturms, den Robert Stevenson erbaut hat. Ganz in der Nähe befinden sich die Seevögelkolonien von **Clo Mor**, Großbritanniens höchsten Steilklippen am Meer. Um nach Cape Wrath zu gelangen, setzt man zunächst mit einer **Fußgängerfähre** (01971-511246; hin & zurück Erw./Kind 6/4 £, Fahrrad 2 £; Ostern–Okt.) über den Meeresarm Kyle of Durness (10 Min.) hinüber. Am anderen Ufer wartet ein optionaler **Minibus** (07742-670196, 01971-511284; www.capewrath.org.uk; einfach/hin & zurück 6/10 £; hOstern–Okt.), der die 19 km bis zum Kap in 40 Minuten zurücklegt. Diese Verkehrsmittelkombination bietet einen freundlichen, aber exzentrischen und gelegentlich chaotischen Service mit begrenztem Platzangebot. In der Hochsaison muss man sich auf Wartezeiten einstellen und sollte sich im Vorfeld telefonisch erfragen, ob die Fähre an dem betreffenden Tag überhaupt fährt. Die Fähre startet vom Pier in Keoldale, einige Kilometer südwestlich von Durness. Sie verkehrt von April bis September mindestens zweimal täglich, bei Bedarf auch öfter. Die Fahrt oder die Wanderung zum Cape Wrath ist spektakulär und führt durch raue Moorlandschaften, die vom britischen Verteidigungsministerium als Schießplatz genutzt werden. Im Leuchtturm bietet ein Café Suppe und Sandwiches an.

Immer beliebter wird bei Wanderern der **Cape Wrath Trail** (www.capewrathtrail.co.uk), der von Fort William über rund 320 km zum Kap führt. Die Route ist unmarkiert, sodass sich eine geführte Wanderung empfiehlt. Ein Anbieter ist **C-n-Do** (www.cndoscotland.com). Eine gute Grundlage bietet zudem der Wanderführer *North to the Cape* (www.cicerone.co.uk).

der 223 m hohe Eas a'Chuil Aluinn. Wanderer gelangen zum Ausgangspunkt des Wasserfalls von einem Parkplatz aus, der sich 5 km südlich von Kylesku in einer scharfen Kurve befindet (10 km hin & zurück, 5 Std. Wanderzeit).

Kylesku Cruises BOOTSTOUR
(07955188352; www.kyleskucruises.co.uk; Erw./Kind 20/10 £, kleine Touren 10/5 £; Mai–Sept.) Vom Anleger am Kylesku Hotel bringt ein kleines Boot die Gäste zum Wasserfall und zu den örtlichen, nicht weit entfernten Seehundkolonien.

Schlafen & Essen

LP TIPP Kylesku Hotel HOTEL/RESTAURANT ££
(01971-502231; www.kyleskuhotel.co.uk; EZ 60–73 £, DZ 90–108 £, Hauptgerichte 10–19 £; März–Okt., Küche 12–21 Uhr;) Das Kylesku wird mit Stolz und Enthusiasmus geführt und ist eine sehr gute Wahl zum Übernachten oder für eine leckere Seafood-Mahlzeit in der gemütlichen Bar. Spezialität des Hauses sind die Langustinen und Muscheln aus der Region. Bei der Zimmerwahl lohnt sich der kleine Aufschlag für den Blick auf den Meeresarm.

ACHMELVICH & UMGEBUNG

Ein kleines Stückchen südlich von Kylesku beginnt eine 50 km lange Alternativroute über die schmale und kurvenreiche B869, die mit spektakulärem Ausblick und traumhaften Stränden lockt. Vom Leuchtturm am Point of Stoer führt eine einstündige Klippenwanderung zu der aus dem Meer aufragenden Felsnadel des **Old Man of Stoer**. Etwas weiter verfügt der Campingplatz **Clachtoll Beach Campsite** (01571-855377; www.clachtollbeachcampsite.co.uk; Zelt 8–10 £, plus pro Erw./Kind 3/1 £; April–Sept.;) über eine großartige Lage an der Küste. Die SYHA-Jugendherberge **Achmelvich** (01571-844480; www.syha.org.uk; B/DZ18/44£; April-Mitte Sept.) ist in einem weißen Cottage an einem Traumstrand untergebracht. Am Ende der Stichstraße warten schlichte Schlafsäle und ein gemütlicher Aufenthaltsraum mit Küche. Gleich nebenan gibt es einen Zeltplatz und einen kleinen Laden. Nach Lochinver sind es zu Fuß gut 6 km.

LOCHINVER & ASSYNT

Die Region Assynt verkörpert die wilde Großartigkeit der nordwestlichen Highlands auf beeindruckende Weise: Die einsamen Bergkegel, die sich majestätisch aus einer von kleinen Seen übersäten Gneislandschaft erheben, hinterlassen fast einen außerirdischen Eindruck. Die Gletscher der letzten Eiszeit haben die außergewöhnlichen Silhouetten der Berge Suilven (731 m), Canisp (846 m), Quinag (808 m) und Ben More Assynt (998 m) erschaffen.

Lochinver ist der wichtigste Ort in Assynt mit einem kleinen Fischereihafen. Touristen legen hier gerne einen Stopp ein, die Atmosphäre ist relaxt, die Infrastruktur ist gut, die Landschaft ist atemberaubend und es gibt mehrere Unterkünfte. Im Ort gibt es einen kleinen Supermarkt sowie eine Post, eine Bank mit Geldautomat und eine Tankstelle.

Aktivitäten

NorWest Sea Kayaking KAJAKTOUREN
(01571-844281; www.norwestseakayaking.com) Dieser Anbieter offeriert dreitägige Einführungskurse für Kajaktouren auf dem Meer sowie geführte Touren zu den Summer Isles und zu anderen Zielen in der Region bis hinunter nach Ullapool. In Lochinver gibt es auch einen Kajakverleih.

Schlafen & Essen

The Albannach (LP TIPP) HOTEL £££
(01571-844407; www.thealbannach.co.uk; Baddidarroch; EZ/DZ/Suite mit Abendessen 220/290/370 £; März–Dez. Di–So; P) Das Albannach ist in den Highlands eine der Topadressen. Ins Auge fallen die altmodischen Elemente eines Landhauses: steile knarrende Treppen, ausgestopfte Tiere und vornehme Antikmöbel. Die Zimmer sind auffallend wohnlich. Einige haben moderne luxuriöse Himmelbetten, andere haben Fußbodenheizungen oder ein Außenbad auf einer Terrasse. Das in ganz Schottland berühmte Restaurant geht auf jeden Wunsch der Gäste ein (*table dhôte* 61 £ für Nicht-Hotelgäste). Die gastfreundlichen Besitzer pflanzen viele Zutaten selbst an und legen Wert auf biologische und regionale Küche. Der perfekte Ausblick, das große Gelände sowie die vielen Wandermöglichkeiten rund um Lochinver machen das Albannach zu einem empfehlenswerten Standortquartier.

Veyatie B&B ££
(01571-844424; www.veyatie-scotland.co.uk; Baddidarroch; EZ/DZ 45/78 £; Jan.–Nov.; P) Das Veyatie am Ende der Siedlung auf der Nordseite der Bucht genießt den vielleicht schönsten Ausblick. Besonders schön ist es an einem sonnigen Tag auf dem Rasen oder im Wintergarten. Lonely Planet-Leser schwärmen vom Frühstück.

Lochinver Larder & Riverside Bistro (LP TIPP) CAFÉ, BISTRO ££
(01571-844356; www.lochinverlarder.co.uk; 3 Main St., Lochinver; Pies 5 £, Hauptgerichte 10–16 £; 10–20.30 Uhr) Die Mischung aus Café, Bistro und Take-away überzeugt durch eine erstklassige Speisekarte mit einfallsreichen Gerichten aus heimischen Produkten. Abends kommen im Bistro leckere Fischgerichte auf den Tisch, während bis 19 Uhr am Take-away-Schalter köstliche Lochinver-Pies über die Theke gehen. Sehr zu empfehlen sind die Pies mit geräuchertem Schellfisch sowie Wildschwein mit Aprikose – einfach himmlisch.

Shoppen

Highland Stoneware KERAMIK
(www.highlandstoneware.com; Lochinver; Ostern–Okt. Mo–Sa, Nov.–Ostern Mo–Fr) Die Künstler von Highland Stoneware lassen sich von der umgebenden Landschaft inspirieren. Bei jedem Blick in die von ihnen hergestellten Teetassen ist die Großartigkeit des Nordwestens zu spüren. Die Mosaiken draußen und vor allem das Auto sind noch schöner. Wochentags kann man den Töpfern bei der Arbeit über die Schulter schauen.

Praktische Informationen

Assynt Visitor Centre (01571-844654; www.assynt.info; Main St.; Ostern–Okt. Mo–Sa 10–17 Uhr, Juni–Aug. auch So 10–15 Uhr) Hält auch Faltblätter zu Bergwanderungen in der Umgebung bereit. Gezeigt werden zudem die wechselvolle Geschichte, die Geologie sowie die Tierwelt von Assynt.

COIGACH

Die Region südlich von Assynt heißt Coigach (www.coigach.com) und wird im Osten von der A835 zwischen Ullapool und Ledmore Junction begrenzt. Eine einsame *single-track road* durchquert die beeindruckende Wildnis und führt zu den abgeschiedenen Streusiedlungen Altandhu, Achiltibuie und Achininver. Am westlichen Ende von Loch Lurgainn zweigt eine sehr schmale und kurvenreiche Nebenstrecke nach Norden Richtung Lochinver ab. Die Einheimischen nennen die anspruchsvolle Piste auch die **Wee Mad Road** (die kleine verrückte Straße).

Coigach ist ein Paradies für Wanderer und Naturliebhaber. Das dichte Netzwerk von schimmernden kleinen Seen und Tümpeln wird überragt von den majestätischen Gipfeln der Berge Cul Mor (849 m), Cul Beag (769 m), Ben More Coigach (743 m) und Stac Pollaidh (613 m). Auf der Ordnance-Survey-Landranger-Karte 15 *(Loch Assynt)* ist das komplette Gebiet abgebildet.

Die wichtigste Siedlung ist das Dörfchen **Achiltibuie**, 24 km westlich der A835. Unmittelbar vor der Küste liegen die sehenswerten Summer Isles und im Hintergrund ragen die hohen Berggipfel auf. Achiltibuie verkörpert die idyllische Schönheit Schottlands perfekt.

Sehenswertes & Aktivitäten

Stac Pollaidh WANDERN

Obwohl der Stac Pollaidh nicht zu den höchsten schottischen Gipfeln zählt, bietet er eine der atemberaubendsten Wanderungen der ganzen Highlands. Auf dem schmalen zerklüfteten Sandsteingrat muss man allerdings arg aufpassen. Der Aufstieg beginnt an einem Parkplatz oberhalb von Loch Lurgainn, 8 km westlich der A835. Der gut ausgebaute Pfad führt stetig ansteigend um die Ostseite des Felskamms herum. Der letzten Anstieg kann dann von der Rückseite in Angriff genommen werden. Der Rückweg erfolgt über dieselbe Route (5 km, 2–3 Std.).

Summer Isles Seatours BOOTSTOUREN

(07927-920592; www.summerisles-seatours.co.uk; Erw./Kind 25/15 £; Mai-Sept. Mo-Sa) Von Achiltibuie aus pendelt das Schiff dreimal täglich zu den Summer Isles und landet auf Tanera Mor, wo die Post eigene Summer-Isles-Briefmarken herausgibt.

Schlafen & Essen

Summer Isles Hotel HOTEL £££

(01854-622282; www.summerisleshotel.co.uk; Achiltibuie; EZ 115–175 £, DZ 155–220 £; Ostern-Okt.; P) Das Summer Isles Hotel ist ein sehr spezieller Ort voller Romantik. Die bequemen Zimmer sind thematisch unter anderem auf Charlie Chaplin abgestimmt, während separate Cottages ganze Suiten anbieten. Im Restaurant (Abendessen 58 £) ist Qualität Trumpf. Normalerweise gibt es regionalen Hummer sowie zum Nachtisch eine hervorragende Auswahl an Käse und anderen Leckereien. Angesichts der abgeschiedenen Lage ist auch die Weinkarte sehr bemerkenswert. Das Hotel ist ideal für einen romantischen Urlaub oder Mußestunden fern des aufreibenden Alltags.

Achininver SYHA JUGENDHERBERGE £

(01854-622482; www.syha.org.uk; Achininver; B 18 £; Mai-Aug.) Das sehr schlichte 20-Betten-Hostel ist für Wanderer und Naturliebhaber gedacht. Von der Hauptstraße sind es einige hundert Meter zu Fuß zum Hostel. Doch es dürfte schwer sein, diese beeindruckende einsame Lage irgendwo in Schottland zu toppen.

An- & Weiterreise

Von Ullapool verkehren von Montag bis Samstag ein bis zwei Busse täglich bis Badenscallie (ca. 1 km von der JH Achininver) und nach Achiltibuie (1½ Std.).

Ullapool

1300 EW.

Der malerische Hafen von Ullapool liegt am Ufer des Loch Broom. Ullapool ist die größte Siedlung in Wester Ross und zählt zu den attraktivsten Orten der Highlands. Deshalb ist dies nicht nur eine Durchgangsstation für die Fähre auf die Äußeren Hebriden, sondern lohnt auch so unbedingt einen Besuch. Die Hafenpromenade wird von einer langen Reihe weißer Cottages gesäumt und über den Fjord hinweg bietet sich ein toller Blick in die umliegenden Hügel – Ullapool verströmt ein sehr angenehmes Flair. Während der Hochland-Vertreibungen war der Hafen jedoch für Tausende Auswanderer die letzte Station in Schottland auf dem Weg in die neue Welt.

Sehenswertes & Aktivitäten

Ullapool ist eine gute Ausgangsbasis für **Wanderer**. Hilfreiche Wanderführer werden in der Touristeninformation verkauft, darunter das Büchlein *Walks in Wester Ross* (2,95 £). Alternativ gibt es auch ein kostenloses Blättchen mit kürzeren Wanderungen in der Umgebung.

Ullapool Museum MUSEUM

(www.ullapoolmuseum.co.uk; 7 West Argyle St.; Erw./Kind 3,50 £/frei; April-Okt. Mo-Sa 10–17 Uhr) Das Museum ist in einer umgebauten Telford-Kirche untergebracht und präsentiert die prähistorische, soziale und naturhistorische Geschichte der Stadt und Region. Ein besonderer Fokus liegt auf der Emigration, unter anderem nach Nova Scotia. Die Nachfahren der Auswanderer können hier zudem ein wenig Ahnenforschung betreiben.

Seascape
INSELTOUREN

(☎01854-633708; www.sea-scape.co.uk; Erw./Kind 32/22 £) Zweistündige Touren zu den Summer Isles in orangefarbenen robusten Gummi-Schnellbooten.

Summer Queen
BOOTSTOUREN

(☎07713-257219; www.summerqueen.co.uk; ⊙Mai–Sept. Mo–Sa) Das Ausflugsschiff *Summer Queen* fährt, abhängig von der Wetterlage, hinaus zur **Isle Martin** (20/10 £ pro Erw./Kind, 2 Std.) oder zu den **Summer Isles** (30/15 £, 4 Std.), mit einem Zwischenstopp auf Tanera Mor.

Festivals

Ullapool Guitar Festival
MUSIK

(www.ullapoolguitarfestival.com) Anfang Oktober werden an einem Wochenende eine Reihe von Konzerten und Workshops veranstaltet. Abends gibt es Sessions und es wird hochklassige Musik dargeboten.

Schlafen

Im Sommer kann Ullapool sehr voll sein und die Unterkunftssuche kann sich mitunter äußerst schwierig gestalten – deshalb vorher buchen.

West House
B&B ££

(☎01854-613126; www.ullapoolaccommodation.net; West Argyle St.; DZ 60–80 £; P🐾) Direkt im Zentrum von Ullapool bietet dieses stattliche weiße Haus erstklassige Zimmer mit moderner Einrichtung und schönen Bädern. Jedes Zimmer verfügt über einen Kühlschrank, der mit frischem Obstsalat, leckerem Käse, Joghurt, Brot und Saft gefüllt ist, damit die Gäste sich ihre Mahlzeiten in Ruhe selbst zubereiten können. Es gibt auch iPod-Stationen und die meisten Fenster bieten einen tollen Ausblick. Die Besitzer bieten in der Umgebung noch weitere hochwertige Übernachtungsmöglichkeiten für Selbstversorger an.

The Ceilidh Place
HOTEL ££

(☎01854-612103; www.theceilidhplace.com; 14 West Argyle St.; EZ 55–68 £, DZ 136–158 £; P🐾) Das Ceilidh Place ist eine der ungewöhnlicheren und angenehmeren Unterkünfte in den Highlands. In den Zimmern wird mehr Wert auf Atmosphäre als auf moderne Extras gelegt. Anstatt eines Fernsehers gibt es Bücher, die von schottischen Autoren ausgesucht wurden, sowie ex. trische Kunstwerke und eine klassisc . Wärmflasche. Am schönsten ist die luxuriöse Lounge mit Sofas, Chaiseslonguen und einer Selbstbedienungsbar. Das Hotel ist bekannt als Hort schottischer Kultur: Im Erdgeschoss befindet sich ein Buchladen und es gibt regelmäßig Folk-Gigs. Schottenkaro und Nessiepuppen sind hier out – eine großartige Adresse.

Tamarin Lodge
B&B ££

(☎01854-612667; www.tamarinullapool.com; The Braes; EZ/DZ 40/80 £; P🐾) Die elegante moderne Architektur ist an sich schon bemerkenswert, aber der atemberaubende Ausblick von dem Hügel über das Meer tief unten ist unvergesslich. Aus allen Zimmern kann man diesen Panoramablick genießen und einige haben sogar einen Balkon. Drinnen ist alles geräumig, ruhig und total erholsam. Zu den überraschenden Extras zählen das Fernrohr in der gemütlichen Lounge sowie die Terrasse. Die herzlichen Gastgeber sind ein weiteres Plus. Die Anfahrt ist von der Hauptstraße nach Inverness rund 1,5 km außerhalb von Ullapool nach Braes ausgeschildert.

Ullapool SYHA
JUGENDHERBERGE £

(☎01854-612254; www.syha.org.uk; Shore St.; B 19 £; ⊙April–Okt.; 🐾) Eines muss man dem Jugendherbergsverband SYHA unbedingt lassen: Die Lage der Hostels ist oftmals perfekt. Die JH in Ullapool befindet sich direkt an der Uferpromenade neben dem besten Pub der Stadt. Die Frontzimmer genießen den Hafenblick. Auch das belebte Esszimmer und die kleine Lounge sind gute Orte, um den einen oder anderen Blick auf die schöne Bucht zu werfen.

Point Cottage
B&B ££

(☎01854-613702; www.ullapoolbedandbreakfast.co.uk; 22 West Shore St.; DZ 70 £; P🐾) Wer gerade mit der Fähre angekommen ist, hat wahrscheinlich schon die lange Reihe der Cottages an der Uferpromenade bewundert. Point Cottage ist eines der Häuser und wird von engagierten, gastfreundlichen neuen Besitzern geleitet. Die Zimmer sind wohnlich renoviert, die Bäder sind modern und den schönen Ausblick gibt es samt einer sehr einladenden Atmosphäre gratis dazu. Zum Frühstück gibt es unter anderem Blaubeer-Pfannkuchen, vegetarische Würstchen und geräucherten Schellfisch.

B&B £

...2701; www.ullapoolbandb.com; 1a DZ 55 £; ⊙Mai–Sept.; P 🛜) Die ...ete Gastfreundschaft der sehr ... und aufmerksamen Gastgeber macht das Woodlands weiterhin zu einer sehr guten Wahl in Ullapool. Es gibt nur zwei komfortable Zimmer, die sich ein Bad teilen. Langfristige Reservierungen werden nicht entgegengenommen. Das Frühstück ist ein Gedicht, denn es gibt selbst gebackenes Brot sowie selbst geräucherten Fisch. Die Beeren der ebenfalls selbst gemachten Marmelade sind selbst gepflückt – so richtig zum Verwöhnen.

Ceilidh Clubhouse HOSTEL £

(📞01854-612103; West Lane; EZ/DZ/FZ 22/38/66 £; P🛜) Gegenüber des Ceilidh Place und unter gleicher Leitung bietet dieses schlichte Gebäude günstige Unterkünfte für Wanderer, Reisende und Personal. Die Zimmer sind mit rustikalen Doppelstockbetten und je einem Waschbecken ausgestattet. Die Duschen und Toiletten sind auf dem Gang und wirken etwas anstaltsmäßig, dafür ist man in den Zimmern für sich alleine: Wer von lautem Schnarchen aufwachen sollte, kann nur sich selbst dafür verantwortlich machen.

Broomfield Holiday Park CAMPINGPLATZ £

(📞01854-612664; www.broomfieldhp.com; West Lane; Zeltplatz 13–17 £; ⊙April–Sept.; P🛜♨) Guter Rasenplatz in der Nähe des Zentrums. Allerdings gibt es hier auch sehr viele Stechmücken.

Essen & Ausgehen

Ceilidh Place SCHOTTISCH ££

(📞01854-612103; 14 West Argyle St.; Hauptgerichte 10–16 £; ⊙8–21 Uhr) Das Restaurant im Ceilidh Place serviert kreative Gerichte. Im Mittelpunkt steht frischer Fisch aus der Region, doch es gibt auch Eintöpfe, Pies und Burger. Der Service und die Qualität sind tadellos, die Atmosphäre ist gemütlich und man kann sogar draußen sitzen. Wein gibt es auch per Glas und regelmäßig stehen Livemusik und andere Veranstaltungen auf dem Programm.

Ferry Boat Inn PUB ££

(📞01854-612366; www.ferryboat-inn.com; Shore St.; Hauptgerichte 11–14 £) Für die Einheimischen ist dies das FBI. An der stimmungsvollen Uferpromenade wirkt der Pub durch sein gebleichtes Holz und den fleckenlosen Teppichboden vielleicht nicht mehr ganz so traditionell wie einst, doch bilden Einheimische und Touristen weiterhin ein buntes Völkchen. Einige Gerichte auf der Speisekarte sind etwas langweilig, aber die hochwertigen Zutaten und der gute Service gleichen dies locker aus.

Arch Inn PUB ££

(📞01854-612454; www.thearchinn.co.uk; West Shore St.; Hauptgerichte 8–13 £; 🛜) Auch in diesem Pub an der Uferpromenade gibt es im gemütlichen Bar-Restaurant-Bereich ansprechende Bar-Gerichte, darunter Eintöpfe, Steaks, Fish & Chips sowie leckere Meeresfrüchte-Teller. Die Portionen sind großzügig bemessen und die Tische draußen am Ufer sind der beste Ort für ein Bierchen.

❶ Praktische Informationen

Ullapool Bookshop (📞01854-612918; Quay St.; ⊙tgl.) Viele Bücher zu schottischen Themen sowie Wanderkarten der Region. Internetzugang für 1 £ pro 15 Minuten.

Ullapool Library (📞01854-612543; Mill St.; ⊙Mo–Fr 9–17, Di, Do 9–17, 18–20 Uhr, während der Schulferien Mo, Mi geschl.) Kostenloser Internetzugang.

Ullapool Information Centre (📞01854-612486; ullapool@visitscotland.com; Argyle St.; ⊙April–Sept. tgl., Okt. Mo–Sa)

❶ An- & Weiterreise

Citylink (www.citylink.co.uk) fährt ein- bis dreimal täglich von Inverness nach Ullapool (11,90 £, 1½ Std.). Die Buszeiten sind auf den Fährfahrplan nach Lewis abgestimmt.

Von Ullapool nach Kyle of Lochalsh

Auch wenn es nur 80 km Luftlinie von Ullapool nach Kyle of Lochalsh sind, windet sich die Küstenstraße rund 240 km durch die Highlands. Das sollte aber niemanden von der Fahrt abhalten: Die Landschaft ist herrlich einsam, und die schönen Sandstrände bilden auf der gesamten Strecke einen reizvollen Kontrast zu den Bergen im Hinterland.

Wer es eilig hat nach Skye zu kommen, sollte die A835 Richtung Inverness nehmen und dann bei Garve auf die A832 nach Südwesten abbiegen.

BRAEMORE & UMGEBUNG

19 km südlich von Ullapool befindet sich oberhalb des Kopfendes von Loch Broom

bei Braemore eine wichtige Straßenkreuzung. Geradeaus führt die A 835 weiter südöstlich durch das wilde **Dirrie More** Richtung Garve und Inverness. Im Winter ist dieses Teilstück im Hochlandmoor manchmal wegen Schnee geschlossen. Nach Südwesten hingegen zweigt die A 832 Richtung Gairloch ab.

Unmittelbar westlich der Kreuzung befindet sich an einem Parkplatz an der A832 der Zugang zu den **Falls of Measach** (Gälisch für "hässlich"). Hier stürzt sich das Wasser spektakulär 45 m in die schmale und tiefe Schlucht **Corrieshalloch Gorge** hinab. Man kann die Schlucht auf einer schwingenden Hängebrücke überqueren und dann 250 m zu einer Aussichtsplattform an der Abbruchkante gehen. Die in der Tiefe rauschenden Wassermassen sowie der Nebelschleier in der Schlucht sind ein beeindruckendes Naturschauspiel.

Schlafen & Essen

Badrallach CAMPINGPLATZ £

(01854-633281; www.badrallach.com; Badrallach; Hütte pro Pers./Auto 6/2,50 £, Zeltplatz pro Pers./Zelt/Auto 4/2,50/2,50 £, Zi. pro Pers. 40 £; P) Badrallach liegt 11 km abseits der A832 und ist eine freundliche, nachhaltig wirtschaftende Croft-Farm. Angeboten werden Campingmöglichkeiten, eine Schutzhütte, ein Cottage für Selbstversorger sowie B&B in einem klassischen Airstream-Caravan. Boote und Räder können ausgeliehen werden. Badrallach ist der geradezu ideale Ort, wenn man mal richtig rauskommen und die ländliche Schönheit der Gegend erkunden möchte.

GAIRLOCH & UMGEBUNG
1100 EW.

Gairloch umfasst mehrere Dörfer (darunter Achtercairn, Strath und Charlestown) an der Westküste des gleichnamigen Lochs. Die Umgebung lockt mit herrlichen Sandstränden sowie guten Möglichkeiten zum Forellenangeln und zur Vogelbeobachtung. Für Bergwanderer ist Gairloch ein guter Ausgangspunkt für Ausflüge in die Torridon Hills und zum An Teallach.

Sehenswertes & Aktivitäten

Die B8056 führt auf der Südseite von Loch Gairloch vorbei an dem netten kleinen Hafen **Badachro** bis zum Straßenende an dem herrlichen pinkfarbenen Sandstrand bei **Red Point** – ein idealer Picknickplatz. Eine weitere Küstenstraße führt von Gairloch 16 km nach Norden zur Siedlung **Melvaig**. Von hier gibt es eine abenteuerliche Privatstraße (offen für Wanderer und Radfahrer) 5 km zum **Rua Reidh Lighthouse.**

Gairloch Heritage Museum MUSEUM

(www.gairlochheritagemuseum.org; Achtercairn; Erw./Kind 4/1 £; April-Okt. Mo-Sa 10-17 Uhr) Das Museum präsentiert viele interessante Exponate zum Leben in den westlichen Highlands von der piktischen Zeit bis heute. Zu sehen sind vor Ort gebaute Fischerboote sowie eine gute Nachbildung einer Bauernkate.

Inverewe Garden BOTANISCHER GARTEN

(NTS; www.nts.org.uk; Poolewe; Erw./erm. 9,50/7 £; Nov.-März 10-15 Uhr, April-Aug. 10-18 Uhr, Sept.-Okt. 10-16 Uhr) 10 km nördlich von Gairloch bietet der großartige Botanische Garten ein willkommener Farbtupfer für diesen ansonsten eher kargen Küstenabschnitt. Die Gegend wird durch den Golfstrom erwärmt. So konnte Osgood MacKenzie, Sohn des örtlichen Gutsbesitzers, 1862 einen exotischen Wald anlegen. Wochentags gibt es von März bis Oktober jeweils um 13.30 Uhr kostenlose Führungen. Das Café serviert leckeren Kuchen.

GRATIS **Gairloch Marine Wildlife Centre** NATURAUSSTELLUNG, BOOTSTOUREN

(01445-712636; www.porpoise-gairloch.co.uk; Pier Rd., Charlestown; Ostern-Okt. 10-16 Uhr) Das Gairloch Marine Wildlife Centre verfügt über eine audiovisuelle und interaktive Ausstellung sowie viele Karten, Fotos und erfahrene Angestellte. **Bootstouren** (01445-712636; www.porpoisegairloch.co.uk; Erw./Kind 20/15 £) starten je nach Wetterlage bis zu dreimal täglich vom Centre. Auf den zweistündigen Touren kann man gelegentlich Riesenhaie sowie Schweins- und Riesenwale beobachten. Die Crew sammelt auch Daten zur Wassertemperatur und -qualität und kontrolliert die Walpopulation, sodass die Gäste mit dem Fahrpreis ein bedeutendes wissenschaftliches Projekt unterstütze

Hebridean Whale Cruises BOOTSTOUREN

(01445-712458; www.hebridean-whale-cruises.com; Pier Rd.; Rundfahrten pro Std. 10-20 £) Ebenfalls vom Hafen in Charlestown geht es auf die Suche nach Seehunden, Ottern und Seevögeln. Weiter draußen begegnet das Schiff immer wieder Delfinen sowie Zwerg-

und Schwertwalen. Es gibt zwei Schiffe, ein Passagierschiff sowie ein Gummi-Schnellboot.

Gairloch Trekking Centre　REITEN
(☎01445-712652; www.gairlochtrekkingcentre.co.uk; Flowerdale Mains, Gairloch; ◷März–Okt. Fr–Mi) Auf dem weitläufigen Gelände des Gairloch Estate werden Reitstunden, Ponytouren sowie geführte Ausritte angeboten.

Schlafen & Essen

Rua Reidh Lighthouse Hostel　HOSTEL £
(☎01445-771263; www.ruareidh.co.uk; Melvaig; B/DZ 13,50/38 £; P) Jenseits von Melvaig, 21 km nördlich von Gairloch, liegt am Straßenende ein exzellentes Hostel, das Besucher ein wenig in die einstige Lebenswelt der Leuchtturmwärter entführt. Die Busse von Gairloch verkehren nur bis Melvaig, sodass man die restlichen 5 km auf der sehr schmalen Privatstraße zu Fuß zurücklegen muss. Doppelzimmer mit Bad (ca. 45 £) sowie Familienzimmer werden genauso angeboten wie Frühstück und Abendessen.

Gairloch View Guest House　B&B ££
(☎01445-712666; www.gairlochview.com; Achtercairn; EZ/DZ 50/75 £; P📶) Der wichtigste Pluspunkt dieses unaufdringlichen modernen Hauses ist eine Veranda mit einem atemberaubenden Blick über das Meer nach Skye. Diesen Blick kann man sogar vom Frühstückstisch aus genießen. Die drei Zimmer sind wohnlich im klassischen Country-Stil eingerichtet. Das Gästewohnzimmer verfügt über Satelliten-TV, eine kleine Bibliothek sowie mehrere Spiele.

Wayside Guest House　B&B ££
(☎01445-712008; issmith@msn.com; Strath; EZ/DZ 40/60 £; 📶) Gemütlich und kompakt ist dieses komfortable und einladende Haus in Strath, dem Zentrum von Gairloch. Die blitzsauberen Zimmer haben entweder ein eigenes Bad/WC oder einen fantastischen Ausblick. Die Gäste müssen selbst entscheiden, was ihnen wichtiger ist.

LP TIPP Badachro Inn　PUB ££
(☎01445-741255; www.badachroinn.com; Badachro; kleine Gerichte 5–8 £, Hauptgerichte 11–16 £; P) Das alte Hochland-Inn liegt in einer märchenhaften Lage an dem geschützten kleinen Yachthafen in Badachro, 8 km südwestlich von Gairloch. Aus dem Zapfhahn fließt Real Ale der An-Teallach-Brauerei am Loch Broom und auf den Tisch kommt frisches Seafood: Die Krabben, Jakobsmuscheln und Langustinen werden zum Teil sogar direkt an dem Pier neben dem Inn angelandet. Lecker sind auch die Paninis und Sandwiches. An einem sonnigen Abend draußen zu speisen ist ein Genuss. Die Kellner empfehlen gerne die Kartoffelspalten als Beilage – sagen Sie einfach ja!

Na Mara　BISTRO ££
(www.namararestaurant.co.uk; Strath Square; Hauptgerichte 7–14 £; ◷Do–Di 15–20.30 Uhr) Am zentralen Square in Strath ist das bistroartige Na Mara eine freundlicher, heller Lichtblick in der Westküsten-Gastronomie. Die umfassende Speisekarte listet sowohl Burger, Pasta und Currys sowie Steak und Fischspezialitäten auf. Die Einflüsse der Küche sind vielfältig und die Preise angemessen. Vorab unbedingt die aktuellen Öffnungszeiten checken.

Mountain Coffee Company　CAFÉ £
(Strath Square, Strath; kleine Gerichte 3–6 £; ◷9–17 Uhr, in der Nebensaison kürzer) Eigentlich würde man so einen Laden eher auf dem Gringo-Trail in den Anden oder in einer Backpacker-Stadt in Südostasien vermuten, denn dieses relaxte und gemütliche Café ist eine echte Sammelstelle für Reisende und Bergwanderer. Aus der Küche kommen kleinere Gerichte, selbst gebackener Kuchen und dekadenter Kaffee sowie heiße Schokolade. Der Wintergarten ist ideal für eine gemütliche Pause, während der angeschlossene **Hillbillies Bookshop** zum Stöbern einlädt.

❶ Praktische Informationen
Gairloch Information Centre (☎01445-712071; ◷Mo–Sa 10–16 Uhr, Juni–Mitte Sept. Mo–Sa 10–17, So 11–16 Uhr) Die Touristeninformation ist in dem adretten neuen Gale Centre an der Hauptstraße im Ort untergebracht; gute Wanderbroschüren.

❶ An- & Weiterreise
Der öffentliche Nahverkehr von/nach Gairloch ist sehr begrenzt. **Westerbus** (☎01445-712255) verkehrt von Montag bis Samstag von/nach Inverness sowie donnerstags von/nach Ullapool.

LOCH MAREE & UMGEBUNG
Loch Maree erstreckt sich 19 km zwischen Poolewe und Kinlochewe und gilt als einer der schönsten Lochs Schottlands. Am südlichen Ende des Sees ist die winzige Siedlung **Kinlochewe** eine gute Ausgangsbasis für Outdoor-Freunde. Das **Beinn Eighe Visitor Centre** (☎01445-760254; www.nnr-scotland.org.

uk/beinneighe; Eintritt frei; ⊙Ostern–Okt. 10–17 Uhr; 👶), 1,5 km nördlich von Kinlochewe verfügt über eine interaktive Ausstellung, die auch für Kinder geeignet ist. Themen sind Geografie, Ökologie sowie Flora und Fauna der Region. Hier sind auch Infos zu Wandermöglichkeiten erhältlich, z. B. zum **Beinn Eighe Mountain Trail**.

Das **Kinlochewe Hotel** (✆01445-760253; www.kinlochewehotel.co.uk; B 14,50 £, EZ 50 £, DZ 90–98 £; P🐶🍴) ist ein gut geführtes Hotel, in dem auch Wanderer gerne gesehen sind. Die frisch renovierten Zimmer sind komfortabel und gut gepflegt, die wohnliche Lounge ist mit einem Bücherregal ausgestattet, in der gemütlichen Bar werden mehrere Real Ales gezapft und auf der Speisekarte stehen regionale Gerichte. Angeschlossen ist ein Matratzenlager mit einem sehr schlichten 12-Bett-Schlafsaal, einer ordentlichen Küche sowie sauberen Badezimmern; Bettwäsche und Handtücher muss man selbst mitbringen.

TORRIDON & UMGEBUNG

Die Straße südwestlich von Kinlochewe führt durch **Glen Torridon**. Begleitet wird man von einer der schönsten Berglandschaften Großbritanniens, die von der letzten Eiszeit aus dem uralten Sandstein geformt wurde, der von dieser Gegend seinen Namen erhielt (Torridonian Sandstone). Die majestätischen Berge ragen steil empor. Beeindruckend sind sie sowohl im herbstlichen Nebel, bedeckt von winterlichem Schnee oder als Spiegelbild im blauen Wasser des Loch Torridon an einem ruhigen, schönen Sommertag.

Die Straße durch das Glen erreicht das Meer an dem spektakulär gelegenen Weiher **Torridon** und führt dann weiter westlich zu der malerischen Ortschaft **Shieldaig**. Die attraktive Dorfstraße mit ihren weißen Cottages verläuft direkt am Ufer. Danach geht es nach Süden Richtung Applecross, Lochcarron und Kyle of Lochalsh.

◉ Sehenswertes & Aktivitäten

Die Munro-Gipfel von Torridon – **Liathach** (1054 m; ausgesprochen *'lih*-ahach', auf Gälisch „der Graue"), **Beinn Eighe** (1010 m; 'ben *ay'*, „Berg des grauen Hangs") und **Beinn Alligin** (986 m; „Berg der Schönheit") – sind hohe, ernstzunehmende Gipfel, die nur für erfahrene Bergwanderer zu empfehlen sind. Technisch ist der Aufstieg zwar nicht sehr kompliziert, aber der Anstieg ist lang und anstrengend und das Gelände ist rau und felsig. Informationen gibt es im **NTS Countryside Centre** (NTS; ✆01445-791221; www.nts.org.uk; Torridon Village; Erw./Kind 3,50/2,50 £; ⊙Ostern–Sept. So–Fr 10–17 Uhr) in Torridon; die Ranger des National Trust organisieren im Juli und August **geführte Bergwanderungen** (25 £ pro Pers., nur wochentags und nach vorheriger Buchung).

🛌 Schlafen & Essen

The Torridon   HOTEL £££
(✆01445-791242; www.thetorridon.com; Annat; Zi. Standard/Superior/Master 220/275/425 £; ⊙Jan. geschl., Nov.–Dez., Feb.–März Mo–Di geschl.; P@🍴🐶) Wer einen Touch Luxus dem Prasseln des Regens auf die Zeltwand vorzieht, sollte ins Torridon kommen. Der luxuriöse viktorianische Jagdsitz genießt eine romantische Lage am Ufer der Bucht. Die modern eingerichteten Zimmer gewähren atemberaubende Ausblicke, die Bäder sind perfekt und eine gut gelaunte Hochland-Kuh aus Stoff sitzt auf der Bettdecke. Die Master-Suiten sind verschwenderisch groß und komfortabel. Sie haben einen klassischeren Stil und die Erkerfenster garantieren einen superben Ausblick. Der Service ist exzellent, dreckige Wanderschuhe sind kein Problem und das Abendessen ist eine sehr ausführliche Angelegenheit. Auch Nicht-Hotelgäste sind willkommen (55 £). Die freundlichen Angestellten organisieren gerne unterschiedlichste Aktivitäten zu Land oder zu Wasser. Das Torridon ist eines der besten Country Hotels in Schottland – luxuriös, aber nicht protzig.

Torridon Inn   INN ££
(✆01445-791242; www.thetorridon.com; Annat; EZ/DZ/4BZ 89/99/165 £; ⊙Mai–Okt. tgl., Nov.–Dez., März–April Do–So, Jan.–Feb. geschl.; P🐶🍴) Angeschlossen ans Torridon bietet die gesellige, aber gehobene Adresse für Wanderer moderne Zimmer, die von der Größe her sehr unterschiedlich sind. In der belebten Bar gibt es ganztags warme Küche. Die Gruppenzimmer für bis zu sechs Personen sind preislich sehr attraktiv.

Ferroch   B&B ££
(✆01445-791451; www.ferroch.co.uk; Annat; EZ/DZ 70/92 £; P🐶) Knapp außerhalb des Ortes, an der Straße Richtung Shieldaig, kann man vom Garten und aus dem Doppelzimmer im Obergeschoss die märchenhafte Berglandschaft bewundern. Alle Zimmer sind sehr geräumig und komfortabel. Auch die

Gäste-Lounge ist mit einem Kamin und Musik sehr einladend. An schönen Tagen wird nachmittags auf dem Rasen Tee serviert. Zum exzellenten Frühstück und Abendessen kommen unter anderem selbst gemachter Joghurt und Käse und selbst gebackenes Brot auf den Tisch.

Torridon SYHA JUGENDHERBERGE £
(01445-791284; www.syha.org.uk; Torridon Village; B 18 £; März-Okt., Nov.-Feb. nur an Wochenenden; P@?) Die moderne, schachtelförmige JH Torridon verfügt über eine tolle Lage inmitten der spektakulären Berglandschaft. Deshalb ist sie für Wanderer ein beliebtes Standortquartier; im Sommer unbedingt vorab reservieren.

Tigh an Eilean Hotel HOTEL ££
(01520-755251; www.tighaneilean.co.uk; Shieldaig; EZ/DZ 75/150 £; ?) An der malerischen Uferpromenade bietet das Hotel traditionelle Zimmer, die gemütlich, aber etwas überteuert sind. Das mehrgängige Abendessen (45 £) bringt regionale Produkte auf den Tisch. Besonders lecker sind die Seafood-Spezialitäten und der schottische Käse. In dem quirligen Pub gibt es günstigere Bar-Gerichte und draußen am Ufer stehen einige Tische.

APPLECROSS
200 EW.

In dem idyllisch abgelegenen Küstenort Applecross fühlt man sich aufgrund der Abgeschiedenheit eher wie auf einer Insel als auf dem Festland. Der traumhafte Blick hinüber nach Raasay und Skye lässt den Puls vor allem bei Sonnenuntergang höher schlagen. An klaren Tagen ist Applecross ein unvergleichliches Erlebnis. Doch die friedliche Atmosphäre ändert sich ein wenig, wenn während der Schulferien der Campingplatz und der Pub bis zum Anschlag gefüllt sind.

Von der A896 bei Shieldaig erreicht die Küstenpiste nach 40 sehr kurvenreichen Kilometern die Bucht von Applecross. Spektakulärer ist jedoch die spannende Überquerung des beeindruckenden Gebirgspasses **Bealach na Ba** (626 m; der Viehpass). Die dritthöchste Autostraße Großbritanniens bietet zugleich den längsten Anstieg an einem Stück. Der Abzweig von der A896 liegt 12 km südlich von Shieldaig. Die Straße wurde 1822 angelegt und klettert steil mit einigen scharfen Haarnadelkurven die dramatischen Steilhänge bergan. Zum Teil beträgt die Steigung bis zu 25 %, bevor es auf der anderen Seite genauso steil wieder bergab geht. Den Blick nach Skye gibt es dabei als Zugabe.

Mountain & Sea Guides (01250-744394; www.applecross.uk.com) bietet kurze Kajaktouren an der Küste, Wandertouren sowie anspruchsvollere Exkursionen für Bergsteiger.

Schlafen & Essen

Applecross Inn INN ££
(01520-744262; www.applecross.uk.com; Shore St.; EZ/DZ 80/120 £, Hauptgerichte 9-17 £; Küche 12-21 Uhr; P?*) Das Zentrum der verstreuten Gemeinde ist das Applecross Inn mit seiner perfekten Uferlage für ein Pint zum Sonnenuntergang. Das Inn ist für seine Küche berühmt. Die Tagesgerichte auf der Tafel konzentrieren sich auf lokale Fisch- und Meeresfrüchtespezialitäten sowie auf Wild. Die sieben schnuckeligen Zimmer genießen alle den Blick übers Meer in Richtung Berge von Skye.

Applecross Campsite CAMPINGPLATZ £
(01520-744268; www.applecross.uk.com; Platz pro Erw./Kind 8/4 £, Hütte für 2 Pers. 38 £; März-Okt.; P) Sein Zelt kann man auf dem Rasen des Campingplatzes von Applecross aufschlagen, wo es auch adrette kleine Holzhütten gibt sowie ein Café in einer Art Treibhaus.

LOCHCARRON
1000 EW.

Die attraktive Ortschaft Lochcarron mit ihren weiß gekalkten Häusern gleicht in dieser Wildnis einer Metropole. Die Infrastruktur ist gut und auf dem Fußweg am Ufer der Bucht kann man nach dem Frühstück einen Verdauungsspaziergang einlegen.

Das **Old Manse** (01520-722208; www.theoldmanselochcarron.com; Church St.; EZ/DZ 40/65 £, DZ mit Blick auf die Bucht 70 £; P?*) ist ein erstklassiges Guesthouse in Toplage an der Bucht. Die Zimmer sind schlicht himmlisch und das größere Doppelzimmer mit Blick auf die Bucht ist die fünf Pfund extra wert. Das Old Manse befindet sich an der Straße nach Strome.

An der Uferstraße durch den Ort erwartet Reisende in der exzellenten **Rockvilla** (01520-722379; www.therockvilla.com; Main St.; Zi. 70-79 £; Ostern-Sept.; ?) ein herzliches Willkommen und liebevoll renoviert geräumige Zimmer. Der Blick über die Bucht ist traumhaft. Das Restaurant steht nicht nur Hausgästen offen und serviert einfallsreiche Bistroküche zu fairen Preisen.

PLOCKTON
500 EW.

Der kleine Küstenort Plockton (www.plockton.com) liegt mit seiner perfekt angeordneten Reihe von Cottages malerisch an einer sehr fotogenen Bucht. Und in der Tat wurde hier immer wieder gedreht: 1973 entstanden hier Szenen des Films *The Wicker Man*. Berühmt wurde Plockton in Großbritannien in den 1990er-Jahren, als hier die TV-Serie *Hamish Macbeth* gedreht wurde.

Aufgrund der Postkartenidylle überrascht es kaum, dass Plockton vor allem im Sommer von Touristen überlaufen ist. Aber das verringert nicht den unbestreitbaren Charme: „Palmen" (eigentlich hartgesottene Palmettopalmen) säumen die Uferfront, Ausflugsboote bringen Touristen in die Bucht hinaus und es gibt mehrere nette Plätze zum Übernachten, Essen und Trinken. Das größte Ereignis des Jahres ist die zweiwöchige Plockton Regatta (www.plockton-sailing.com), die mit einem Konzert und einem Ceilidh, einer traditionellen schottischen Tanzveranstaltung, ihren Höhepunkt erreicht.

 Aktivitäten

An der Uferpromenade kann man sich Kanus und Ruderboote ausleihen, um die Bucht zu erkunden.

Calum's Seal Trips BOOTSTOUREN
(01599-544306; www.calums-sealtrips.com; Erw./Kind 9/5 £; April–Okt.) Auf Calum's Seal Trips kann man Seehunde beobachten, die in größeren Gruppen in der Bucht anzutreffen sind. Die Begleitkommentare sind sehr informativ und unterhaltsam. Das Schiff fährt täglich um 10, 12, 14 und 16 Uhr. Auf den Touren sieht man gelegentlich sogar Otter. Im Angebot steht auch ein längerer Törn, um Delphine zu beobachten.

Schlafen & Essen

Plockton verfügt über mehrere exzellente Übernachtungsmöglichkeiten, die sehr beliebt sind. Deshalb sollte man besser vorab reservieren, vor allem wenn man zur Regatta kommen möchte.

LP TIPP Plockton Hotel HOTEL ££
(01599-544274; www.plocktonhotel.co.uk; 41 Harbour St.; EZ/DZ 90/130 £, Cottage EZ/DZ 55/80 £, Hauptgerichte 8–16 £;) Das schwarz gestrichene Plockton Hotel ist eines der typischen Highland-Hotels, die es schaffen, jeden zufriedenzustellen, der durstig, hungrig oder müde an ihre Tür klopft. Die gewissenhaft gepflegten Zimmer sind ein Genuss, ausgezeichnet ausgestattet und mit kleinen Aufmerksamkeiten wie Bademänteln bestückt. Die Zimmer ohne Blick sind dafür etwas größer und haben einen Balkon, der auf einen Steingarten hinausgeht. Ein Stück den Weg hinunter bieten zwei weitere Cottages schlichtere Zimmer. Die behagliche Bar (an sonnigen Tagen alternativ der wunderschöne Biergarten) ist ein idealer Platz für ein Pint; die Speisekarte reicht von einfachen Mahlzeiten bis hin zu aufwendigeren Gerichten mit Fisch und Meeresfrüchten. Die Krabben werden erst am Nachmittag von einheimischen Fischern an Land gebracht.

Plockton Station Bunkhouse HOSTEL £
(01599-544235; mickcoe@btinternet.com; B 14 £;) Im ehemaligen Bahnhofsgebäude (das neue liegt gegenüber) bietet das Plockton Station Bunkhouse gemütliche Vier-Bett-Zimmer, einen Garten sowie eine helle Küche mit Wohnzimmer. Von hier kann man den hektischen Betrieb auf den Bahnsteigen beobachten (ok, das ist jetzt etwas übertrieben). Wenn das Bunkhouse voll ist, kann es etwas gedrängt zugehen. Die Besitzer führen nebenan im „Nessun Dorma" auch ein preiswertes B&B (EZ/DZ 30/48 £).

Shieling B&B ££
(01599-544282; www.lochalsh.net/shieling; DZ 70 £; Ostern–Okt.) Direkt am Ufer ist das stimmungsvolle Shieling, umgeben von einem fachmännisch getrimmten Rasen. Die beiden Zimmer mit Teppich haben große Betten und gute Aussicht. Nebenan steht ein historisches reetgedecktes Blackhouse (ein relativ flaches Steincottage mit Reetdach und Lehmfußboden).

Duncraig Castle B&B ££
(01599-544295; www.duncraigcastle.co.uk; DZ Standard/Superior 109/119 £;) Duncraig Castle bietet luxuriöse Gastfreundschaft, solange man sich durch ausgestopfte Tiere nicht abschrecken lässt. Hier muss noch einiges getan werden, doch die Renovierungen schreiten voran und das hässliche Schulgebäude nebenan soll bald abgerissen werden. Bei Redaktionsschluss war das Haus aufgrund der Renovierungsarbeiten geschlossen, sollte aber 2014 wieder öffnen. Es liegt unweit von Plockton und hat eine eigene Bahnstation.

Plockton Shores FISCH, MEERESFRÜCHTE ££
(01599-544263; 30 Harbour St.; Hauptgerichte Mittagessen 9–18 £, Abendessen 11–22 £; Café Mo–Sa 9.30–17, So 12–17 Uhr, Restaurant Mittagessen tgl., Abendessen Di–So;) Dieses Café-Restaurant überzeugt durch verlockende Meeresfrüchte-Spezialitäten, darunter Jakobsmuscheln, die unter Wasser von Hand gesammelt wurden, mit einem Zitrone-Basilikum-Dressing. Sehr lecker sind auch die Hummerschwänze in Weißwein und Knoblauch sowie die verführerische Langustinen-Platte mit Paprika und Knoblauchbutter. Auf der Speisekarte finden sich auch Steak, Haggis und Rehfleischrücken sowie eine kleine Auswahl leckerer vegetarischer Gerichte, die mehr als nur eine Ergänzung sind.

Kyle of Lochalsh
800 EW.

Vor dem Bau der kontrovers diskutierten Brücke war Kyle of Lochalsh der wichtigste Fährhafen Richtung Skye. Die meisten Touristen fahren nun einfach durch das Städtchen hindurch. Doch Kyle hat eine echte Attraktion, wenn man sich für Meereskunde interessiert.

Sehenswertes & Aktivitäten

Seaprobe Atlantis BOOTSTOUREN
(0800 980 4846; www.seaprobeatlantis.com; Erw./Kind ab 13/7 £; Ostern–Okt.) Das Schiff mit gläsernem Rumpf erkundet die Gegend rund um Kyle, um Seevögel, Seehunde und den ein oder anderen Otter aufzuspüren. Die Basistour bietet unterhaltsame Erläuterungen sowie reichlich Quallen; die längeren Touren fahren auch zu einem Schiffswrack aus dem Zweiten Weltkrieg; Reservierungen in der Touristeninformation.

Schlafen & Essen

An der Straße nach Plockton gibt es am Ortsrand eine Reihe von B&Bs.

Waverley SCHOTTISCH ££
(01599-534337; www.waverleykyle.co.uk; Main St.; Hauptgerichte 12–20 £; Abendessen Fr–Mi) Das hervorragende Restaurant ist sehr familiär mit exzellentem Service. Eine Empfehlung ist das „Taste of Land and Sea", das Aberdeen-Angus-Steak mit frischen vor Ort angelandeten Garnelen kombiniert. Auch die Fischgerichte sind zuverlässig gut. Auf der Tafel sind spezielle Angebote aufgeführt, wenn man vor 19 Uhr speist.

Buth Bheag FISCH, MEERESFRÜCHTE £
(Salate 3–5 £; Di–Fr 10–17, Sa 10–14 Uhr) Dieses winzige Lokal in der Nähe der Touristeninformation am Ufer bietet frische Meeresfrüchtesalate zum Mitnehmen sowie belegte Brötchen zu kleinen Preisen. Die Köstlichkeiten kann man sich am Hafen schmecken lassen.

Praktische Informationen

Kyle of Lochalsh Information Centre
(01599-534276; Ostern–Okt. tgl.) Am großen Uferparkplatz gibt es Informationen zu Skye. Nebenan befindet sich eine der schicksten öffentlichen Toiletten Schottlands.

An- & Weiterreise

Citylink-Busse nach Kyle verkehren dreimal täglich von Inverness (19,20 £, 2 Std.) und Glasgow (34,90 £, 5¾ Std.) und fahren weiter auf die Isle of Skye.

Die Zugstrecke von Inverness nach Kyle of Lochalsh (20,50 £, 2½ Std., bis zu 4-mal tgl.) ist eine der landschaftlich schönsten in Schottland.

Von Kyle ins Great Glen

Es sind rund 80 km von Kyle über die A87 nach Invergarry am Ufer von Loch Oich im Great Glen zwischen Fort William und Fort Augustus.

EILEAN DONAN CASTLE

An der Einfahrt zum Loch Duich erhebt sich bei Dornie in höchst fotogener Lage das **Eilean Donan Castle** (01599-555202; www.eileandonancastle.com; Erw./Kind 6/5 £; März–Okt. 9.30–18 Uhr). Das Castle ist eines der stimmungsvollsten in Schottland und dürfte in Millionen von Fotoalben zu finden sein. Es liegt auf einer kleinen Insel, die mit dem Festland durch eine elegante Steinbogenbrücke verbunden ist. Innen ist es im Prinzip ein Nachbau. Lohnenswert ist die exzellente einführende Ausstellung mit Szenenfotos aus dem Kinoklassiker *Highlander*. Ausgestellt ist auch ein Schwert, das in der Schlacht von Culloden 1746 benutzt wurde. Die Burg wurde 1719 von Regierungsschiffen zerstört, nachdem eine jakobitische Streitmacht in der Schlacht von Glenshiel eine Niederlage erlitten hatte. Das Castle wurde schließlich 1912–1932 wieder aufgebaut.

Die Citylink-Busse von Fort William und Inverness nach Portree auf der Isle of Skye halten direkt am Burgzugang.

MÜCKENALARM

Vergessen Sie Nessie, denn die Highlands haben ein richtiges Monster: ein unerbittlich blutsaugendes 3 mm großes Weibchen mit dem wissenschaftlichen Namen *culicoides impunctatus*, in den Highlands besser bekannt als midge – die Hochland-Mücke. Der Schrecken aller Camper, und Symbol für Schottland wie Kilt oder Whisky, kann Leute in den Wahnsinn treiben, wenn er in kleinen Wolken über die wehrlosen Opfer herfällt.

Die weiblichen Midges sind eigentlich Vegetarier, doch sie brauchen einen Schuss Blut, um ihre Eier zu legen. Und ob man es mag oder nicht, wer zwischen Juni und August in den Highlands ist, bietet sich als freiwilliger Blutspender an. Midges sammeln sich mit Vorliebe in Wassernähe und sind vor allem am frühen Morgen und am späteren Abend aktiv.

Die Schutzmittel und Cremes gegen Midges sind einigermaßen effektiv, doch manche Wanderer bevorzugen ein Schutznetz. Helle Kleidung hilft ebenfalls. Immer mehr Pubs und Campingplätze haben Anti-Midges-Maschinen im Einsatz. Über das aktuelle Level der Midges-Gefahr vor Ort informiert die Webseite www.midgeforecast.co.uk. Aber Vorsicht: Es wurden schon Touristen bei lebendigem Leibe „verspeist", als die Vorhersage „moderate Gefahr" lautete.

GLEN SHIEL & GLENELG

Vom Eilean Donan Castle führt die A87 vom Loch Duich ins spektakuläre **Glen Shiel**, wo 1000 m hohe Bergketten die Straße zu beiden Seiten säumen. 1719 wurde hier eine Jakobitenarmee von Regierungstruppen geschlagen. Auf Seite der Rebellen kämpften auch Clan-Anhänger des berühmten Outlaws Rob Roy MacGregor sowie 300 Soldaten, die vom spanischen König nach Schottland beordert worden waren. Der Gipfel über dem Schlachtfeld heißt noch immer *Sgurr nan Spainteach* („Berg der Spanier").

In Shiel Bridge gibt es eine berühmte Herde wilder Ziegen. Dort zweigt eine kleine Straße ab, die über den Bergpass Bealach Ratagain nach Glenelg führt, wo eine kommunal betriebene Fähre nach Skye übersetzt. Von der Passhöhe gibt es einen schönen Panoramablick zu der Gipfelkette der Five Sisters of Kintail. Von Glenelg bis zum Straßenende bei Arnisdale wird die Piste noch spektakulärer. Jenseits von Loch Hourn gleitet der Blick hinüber auf die einsame Halbinsel Knoydart. An dieser Straße liegen zwei gut erhaltene eisenzeitliche *brochs*: Dun Telve und Dun Troddan.

Aktivitäten

Es gibt zahlreiche gute Wandermöglichkeiten in der Gegend, darunter die zweitägige Wanderung von Morvich nach Cannich, die durch das malerische **Gleann Lichd** hinüber ins Glen Affric führt, wo unterwegs in der Wildnis die einsame SYHA-Jugendherberge Glen Affric liegt (55 km). Die Gipfeltour über den Kamm der **Five Sisters of Kintail** ist ein Klassiker, aber nur für erfahrene Bergwanderer geeignet. Unterwegs passiert man drei Munros. Ausgangspunkt ist der Parkstreifen unmittelbar östlich des Schlachtfeldes im Glen Shiel, das Ziel ist in Morvich (8–10 Std.).

Schlafen & Essen

Ratagan SYHA   JUGENDHERBERGE £
(01599-511243; www.syha.org.uk; Ratagan; B 18,50 £; Mitte März–Okt.; P@) Die SYHA-Herberge ist exzellent ausgestattet und liegt traumhaft am Südufer von Loch Duich. Wer sich vom Munro-Bagging etwas erholen möchte, ist hier genau richtig. Den Gästen werden günstige Mahlzeiten serviert und es gibt eine Bar mit Alkoholausschank. Von Shiel Bridge geht es zunächst Richtung Glenelg, danach rechts Richtung Ratagan. Von Montag bis Freitag verkehrt ein Bus täglich von/nach Kyle of Lochalsh, zu Fuß sind es von der Hauptstraße bei Shiel Bridge gut 4 km.

Kintail Lodge Hotel   INN ££
(01599-511275; www.kintaillodgehotel.co.uk; Shiel Bridge; B/EZ/DZ 15/60/124 £; P) Zehn der zwölf schönen Hotelzimmer gehen auf den Fjord hinaus, sodass man schon viel Pech haben muss, ein Zimmer ohne Aussicht zu erwischen. An der Bar werden mittags und abends unter anderem Delikatessen wie regionales Wild sowie Fisch und Meeresfrüchte angeboten (9–16 £). Es gibt zudem zwei Bunkhouse-Hütten für Selbstversorger, in denen jeweils sechs Leute schlafen können. Bettwäsche kostet 5,50 £ extra.

Glenelg Inn INN ££
(☎01599-522273; www.glenelg-inn.com; Glenelg; Hauptgerichte 11–19 £; P ❀) Eines der malerischsten Lokale in den Highlands für ein geselliges Pint oder ein romantisches Wochenende (DZ 120 £). Das Glenelg Inn hat Tische in dem schönen Garten aufgestellt, wo man den fantastischen Ausblick Richtung Skye genießen kann. Im eleganten Restaurant und in der schicken Bar wird gehobene Küche serviert, darunter immer ein besonderes Tagesmenü mit Fisch. Der Service ist unterschiedlich.

❶ An- & Weiterreise
BUS Citylink-Busse zwischen Fort William oder Inverness und Skye nehmen die A87. Von Montag bis Freitag verkehrt ein Bus täglich von Kyle of Lochalsh via Shiel Bridge, Ratagan und Glenelg nach Arnisdale.

FÄHRE Von Glenelg pendelt eine kleine **Autofähre** (www.skyeferry.com; Fußgänger/Auto mit Passagieren 3/14 £; ⊙Ostern–Mitte Okt. 10–18 Uhr) alle 20 Minuten hinüber nach Kylerhea auf Skye. Diese malerische Passage ist wirklich sehr empfehlenswert, um nach Skye überzusetzen. Reservierungen sind nicht unbedingt notwendig.

ISLE OF SKYE
9900 EW.

Die Isle of Skye (Gälisch: an t-Eilean Sgiathanach) leitet ihren Namen vom altnordischen *sky-a* ab, auf Deutsch „Wolkeninsel". Dies ist ohne Zweifel eine Anspielung auf die oft wolkenverhangenen Cuillin Hills. Die größte schottische Insel ist 80 km lang und bietet eine reichhaltige Mischung aus Mooren, kantigen Bergen, leuchtend klaren Lochs und imposanten Klippen. Die fantastische Landschaft ist die Hauptattraktion, doch wenn die Wolken tiefer hängen, stehen zur Abwechslung eine Reihe von Castles, Farmmuseen, gemütliche Pubs und Restaurants parat.

Neben Edinburgh und dem Loch Ness ist Skye die dritte Hauptsehenswürdigkeit in Schottland. Die meisten Besucher konzentrieren sich auf Portree, Dunvegan und Trotternish. In den entlegeneren Inselregionen ist vom Touristenrummel meist nichts zu spüren. Man sollte sich auf wechselhaftes Wetter einstellen: An schönen Tagen ist es absolut traumhaft, doch diese Tage sind leider sehr selten.

Aktivitäten

Wandern
Skye bietet einige der schönsten und teilweise sogar die schwierigsten Wanderrouten Schottlands. Es sind viele ausführliche Wanderführer im Angebot, darunter vier Wanderführer von Charles Rhodes, die im Aros Experience (S. 446) und bei der Touristinformation in Portree erhältlich sind. Die erforderliche Kartengrundlage sind die Ordnance-Survey-Karten OS Landranger 23 und 32 (1:50 000). Die längeren Wanderungen sollte man nicht bei schlechtem Wetter oder im Winter durchführen.

Zu den einfachen Talwanderungen zählen folgende Touren: Von Luib an der Broadford-Sligachan-Straße durch das **Strath Mor** und weiter nach Torrin an der Broadford-Elgol-Straße (1½ Std., 6,5 km); von **Sligachan** über Camasunary nach **Kilmarie** (4 Std., 17,5 km); und schließlich von **Elgol** über Camasunary nach **Kilmarie** (2½ Std., 10 km). Die Wanderung von **Kilmarie** nach **Coruisk** und zurück über Camasunary und den „Bad Step" ist wunderschön, jedoch schwieriger (17,5 km hin & zurück; ca. 5 Std.). Der „Bad Step" ist ein Felsen über dem Meer, den man überqueren muss. Bei schönem, trockenem Wetter ist dies eigentlich kein Problem, doch manche Wanderer bekommen es an dieser Stelle mit der Angst zu tun.

Skye Walking Holidays WANDERN
(☎01470-552213; www.skyewalks.co.uk; Duntulm Castle Hotel) organisiert dreitägige geführte Wanderungen für 400 £ pro Person. Im Preis inbegriffen sind vier Übernachtungen im Hotel.

Klettern
Die Cuillin Hills sind ein Paradies für Kletterer – die zweitägige Querung der Cuillin Ridge gehört zu den schönsten Bergtouren auf den Britischen Inseln. In der Gegend findet man mehrere Bergführer, die bei der Planung helfen und auf Wunsch unerfahrene Kletterer auf schwierigen Touren begleiten.

Skye Guides KLETTERN
(☎01471-822116; www.skyeguides.co.uk) Ein zweitägiger Einführungs-Kletterkurs kostet rund 360 £, ein privater Kletterlehrer und Bergführer kann für rund 200 £ pro Tag an-

Skye & Äußere Hebriden

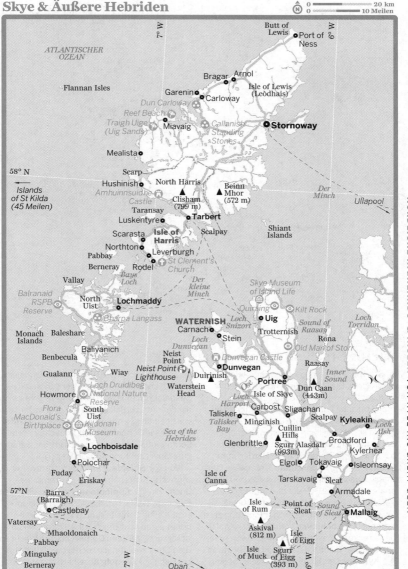

geheuert werden. Beide Tarife gelten für ein bis zwei Personen.

Seekajak fahren

Die geschützten Buchten und Lochs entlang der Küste von Skye bieten Kanuten hervorragende Möglichkeiten. Die im nachfolgend aufgelisteten Wassersportzentren geben Einführungsstunden, begleiten Kanuten auf Touren und verleihen die notwendige Ausrüstung. Eine Halbtagestour mit Einführung kostet etwa 35 £.

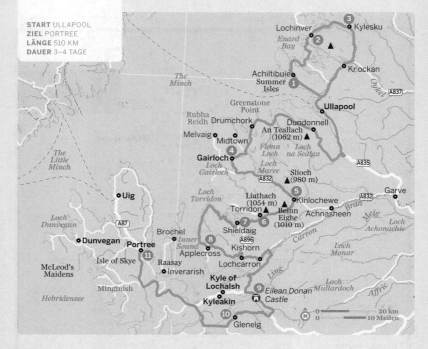

START ULLAPOOL
ZIEL PORTREE
LÄNGE 510 KM
DAUER 3–4 TAGE

Ausflug
Kleine Sträßchen & mächtige Berge

› Startpunkt ist die fotogene Hafenstadt Ullapool. Die Route führt über einige der weniger bekannten Nebenstrecken durch die majestätische Landschaft der Highlands bis zum Hauptort der Isle of Skye.

Am ersten Tag kann man sein Gepäck in der Unterkunft lassen, weil es von Ullapool auf eine lange Rundtour nach Norden geht. Erstes Ziel ist ❶ **Achiltibuie**. Unterwegs fährt man vorbei am Gipfel Stac Pollaidh und kann später dann den Blick auf die Summer Isles genießen. Weiter geht es über die „Kleine Verrückte Straße" in nördlicher Richtung zum Hafenort ❷ **Lochinver**. Von dort führt eine Nebenstrecke vorbei an den Stränden von Achmelvich und Clachtoll nach Norden Richtung ❸ **Kylesku**. Das Hotel dort ist ideal für eine Mittagspause geeignet. Zurück nach Ullapool geht es durch klassische Nordwest-Szenerie. Unterwegs passiert man die Inchnadamph Caves, die Ruine Ardvreck Castle sowie die geologische Falte Knockan Crag.

Am nächsten Tag geht es auf der A835 landeinwärts, bevor man den Abzweig nach ❹ **Gairloch** nimmt. Die Küstenstrecke bietet Vieles: von Wal-Exkursionen über den Besuch eines Botanischen Gartens bis zu Wanderungen am Loch Maree, einem der schönsten Seen Schottlands. In 5 Kinlochewe geht es nach rechts zurück zur Küste, eingerahmt von beeindruckenden Bergen. Bei ❻ **Torridon** ist die raue Schönheit der Landschaft atemberaubend. Unterwegs gibt es immer wieder gute Übernachtungsmöglichkeiten.

Von ❼ **Shieldaig** führt die schmale kurvenreiche Küstenstrecke in die anmutige Bucht von ❽ **Applecross** und dann über den Bergpass Bealach na Ba zurück zur Hauptstraße. Eine Schleife rund um Loch Carron bringt einen schließlich zur A87. Zur Linken ist schnell ❾ **Eilean Donan Castle** erreicht. In Glen Shiel zweigt nach rechts die Nebenstrecke nach ❿ **Glenelg** ab, einem abgeschiedenen kleinen Idyll, wo eine Fähre von Ostern bis Oktober hinüber nach Skye pendelt. Vom Fähranleger Kylerhea führt eine der am wenigsten befahrenen Pisten zurück zur A87. Von hier ist es nur ein Katzensprung auf der Hauptstraße bis nach ⓫ **Portree**. Doch wer die Abstecher mitnimmt, z. B. nach Sleat oder Elgol, der braucht eine ganze Weile, um den Hauptort von Skye zu erreichen.

Whitewave Outdoor Centre KAJAK
(☎01470-542414; www.white-wave.co.uk; 19 Linicro; ⓗMärz–Okt.) Kajak-Unterricht sowie geführte Touren und Verleih von Geräten, und dass sowohl für Anfänger als auch Experten.

Skyak Adventures KAJAK
(☎01471-820002; www.skyakadventures.com; 29 Lower Breakish) Die Expeditionen und Kurse sind für Anfänger und erfahrene Paddler geeignet und führen zu sonst völlig unzugänglichen Orten.

☞ Geführte Touren

Auf Skye gibt es mehrere Anbieter für geführte Touren zu Themen wie Geschichte, Kultur sowie Flora und Fauna. Die Preise schwanken zwischen 150 und 200 £ für eine sechsstündige Tour mit bis zu sechs Personen.

Skye Tours BUSTOUREN
(☎0800 980 4846; www.skye-tours.co.uk; Erw./Kind 35/30 £; ⓗMo–Sa) Fünfstündige Rundfahrt in einem Minibus, die vom Parkplatz an der Touristeninformation in Kyle of Lochalsh unweit des dortigen Bahnhofs beginnt.

Skye Light Images ALLRAD-SAFARITOUR
(☎07909 706802; www.skyejeepsafaris.co.uk; ⓗOkt.–Ostern) Die Winter-Safaritouren mit allradgetriebenen Fahrzeugen führen in die wilderen Gegenden von Skye. Dazu gibt es viele Infos zur Landschaft und zahlreiche, wertvolle Tipps für Natur- und Tierfotografen.

❶ Praktische Informationen

Geld
Nur in Portree und Broadford finden sich Banken mit Geldautomaten. Die Touristeninformation in Portree bietet einen Geldwechselschalter.

Internetzugang
Das Portree Information Centre (S. 442) bietet Internetzugang für 1 £/20 Minuten.
Columba 1400 Community Centre (Staffin; pro Std. 1 £; ⓗApril–Okt. Mo–Sa 10.30–20 Uhr)
Seamus's Bar (Sligachan Hotel; pro 15 Min. 1 £; ⓗ11–23 Uhr)

Medizinische Versorgung
Portree Community Hospital (☎01478-613200; Fancyhill) Es gibt eine Unfallabteilung und eine Zahnarztpraxis.

Touristeninformation

Broadford Information Centre (☎01471-822361; Parkplatz, Broadford; ⓗApril–Okt. Mo–Sa 9.30–17, So 10–16 Uhr)
Dunvegan Tourist Information Centre (☎01470-521581; 2 Lochside; ⓗJuni–Okt. Mo–Sa 10–17 Uhr, Juli–Aug. auch So 10–16 Uhr, April–Mai Mo–Fr 10–17 Uhr, Nov.–März eingeschränkte Öffnungszeiten)
Portree Information Centre (☎01478-612137; Bayfield Rd.; Internet 1 £/20 Min.; ⓗJuni–Aug. Mo–Sa 9–18, So 10–16 Uhr, April–Mai, Sept. Mo–Fr 9–17, Sa 10–16 Uhr, Okt.–März eingeschränkte Öffnungszeiten)

❶ An- & Weiterreise

AUTO & MOTORRAD Die Isle of Skye wurde mit der Eröffnung der Skye Bridge 1995 dauerhaft ans Festland angeschlossen. Die umstrittenen Brückenzölle wurden 2004 abgeschafft.
BUS Glasgow–Portree 40 £, 7 Std., 4-mal tgl.
Glasgow–Uig 40 £, 7½ Std., 2-mal tgl., via Crianlarich, Fort William und Kyle of Lochalsh
Inverness–Portree 23 £, 3½ Std., 3-mal tgl.
FÄHRE Trotz der Brücke bei Kyle gibt es immer noch einige Fähren zwischen Skye und dem Festland. Von Uig am Nordende von Skye pendeln zudem Fähren hinaus zu den Äußeren Hebriden.
Mallaig–Armadale (www.calmac.co.uk; pro Pers./Auto 4,35/22,60 £) Die Fähre von Mallaig nach Armadale (30 Min., Mo–Sa 8-mal tgl., So 5- bis 7-mal) ist vor allem im Juli und August sehr beliebt, sodass Autoreisende die Passage vorab reservieren sollten.
Glenelg–Kylerhea (www.skyeferry.co.uk; Auto mit bis zu vier Passagieren 14 £) Die winzige Fähre für bis zu sechs Autos bedient die kurze Passage zwischen Glenelg und Kylerhea (5 Min., alle 20 Min.). Fahrzeiten sind von Ostern bis Oktober täglich zwischen 10 und 18 Uhr (von Juni bis August bis 19 Uhr).

Tankstellen gibt es in Broadford (24-Stunden-Service), Armadale, Portree, Dunvegan und Uig.

❶ Unterwegs vor Ort

Skye mit öffentlichen Verkehrsmitteln zu erkunden, kann sehr anstrengend sein. Das gilt vor allem, wenn man Gegenden bereisen möchte, die nicht an der Hauptstrecke von Kyleakin über Portree nach Uig liegen. Genau wie andernorts in den Highlands fahren samstags nur wenige Busse und sonntags verkehrt nur ein Bus zwischen Kyle of Lochalsh und Portree.
BUS Stagecoach (S. 410) bedient die wichtigsten Routen auf Skye, die alle bedeutenden Orte verbinden. Das Tagesticket **Skye Dayrider** bietet für 7,50 £ den ganzen Tag unbegrenzte Busfahrten. Fahrplaninfos gibt es telefonisch unter **Traveline** (☎0871 200 2233).

TAXI & MIETWAGEN Kyle Taxi Company (📞01599-534323) Ein Taxi oder einen Mietwagen kann man sich bei der Kyle Taxi Company bestellen. Die Miete für ein Auto beginnt bei rund 38 £ pro Tag. Auf Vorbestellung wird das Fahrzeug am Bahnhof von Kyle of Lochalsh bereitgestellt.

Kyleakin (Caol Acain)

100 EW.

Kyleakin wurde durch die Eröffnung der Skye Bridge besonders hart getroffen. Aus dem wichtigsten Fährhafen der Insel wurde ein verschlafenes Nest abseits der Hauptstraße. Der Hafen des hübschen friedlichen Örtchens wird nun von großen Yachten und einer Vielzahl von Fischerbooten bevölkert.

Das **Bright Water Visitor Centre** (📞01599-530040; www.eileanban.org; The Pier; Erw./Kind 1 £/frei; ⏰Ostern–Sept. Mo-Fr 10–16 Uhr) dient als Ausgangspunkt für Touren zum Mini-Eiland **Eilean Ban**, das als Zwischenträger für die Skye Bridge dient. 1968/69 verbrachte der Schriftsteller und Naturforscher Gavin Maxwell, Autor von *Ring of Bright Water*, seine letzten 18 Lebensmonate im Leuchtturmwärterhaus. Die Insel steht nun unter Naturschutz und im Sommer gibt es nach Voranmeldung geführte Touren (7 £ pro Pers.). Im Besucherzentrum ist eine auch für Kinder geeignete Ausstellung zu Maxwell untergebracht sowie zur Geschichte des Leuchtturm und zur regionalen Flora und Fauna. Bei Redaktionsschluss waren die Führungszeiten ungewiss, sodass man vorher unbedingt anrufen sollte.

Es gibt zwei Hostels und eine Reihe von B&Bs in Kyleakin. Das freundliche **Skye Backpackers** (📞01599-534510; www.skyebackpackers.com; B/DZ 18/47 £) bietet in Caravans hinter dem Haus sogar noch günstigere Betten (13 £).

Rund 5 km südwestlich von Kyleakin zweigt eine Nebenstrecke Richtung Süden zum Fähranleger **Kylerhea** ab, wo ein anderthalbstündiger Natur-Küstenpfad beginnt und zu einem **Otter-Beobachtungspunkt** führt. Dort hat man gute Chancen, eines der meist gut getarnten Tiere zu sehen. Ein Stückchen weiter legt die **Autofähre nach Glenelg** vom Festland ab.

Ein Shuttlebus verkehrt alle halbe Stunde zwischen Kyle of Lochalsh und Kyleakin (5 Min.) und es gibt normalerweise acht bis zehn Busse täglich (außer sonntags) nach Broadford und Portree.

Broadford (An T-Ath Leathann)

1050 EW.

Broadford ist das Dienstleistungszentrum für die vielen verstreut liegenden Gemeinden im südlichen Teil der Isle of Skye. Im langgezogenen Ort findet man eine Touristeninformation, eine rund um die Uhr geöffnete Tankstelle, einen großen **Co-op Supermarket** (⏰Mo-Sa 8-22, So 9-18 Uhr) mit Geldautomat, einen Waschsalon und eine Bank.

In und um Broadford gibt es eine Reihe von B&Bs – der Ort ist günstig gelegen, um von dort aus den Südteil von Skye mit dem Auto zu erkunden.

🛏 Schlafen & Essen

Tigh an Dochais   B&B ££
(📞01471-820022; www.skyebedbreakfast.co.uk; 13 Harrapool; Zi. pro Pers. ab 40 £; P) Das clever designte moderne Gebäude beherbergt eines der besten B&Bs auf Skye. Ein kleiner Steg führt zur Eingangstür im 1. Stock hinauf. Dort befinden sich der Frühstücksraum und das Wohnzimmer, das mit seinen sehr hohen Fenstern einen grandiosen Blick über das Meer in die Berge bietet. Die geräumigen Zimmer mit Bad/WC befinden sich unten. Sie gehen zu einer offenen Veranda heraus, die denselben tollen Blick bietet.

Broadford Hotel   HOTEL ££
(📞01471-822204; www.broadfordhotel.co.uk; Torrin Rd.; DZ 149 £; P🛜) Das Broadford Hotel ist sehr schick mit anspruchsvollen Stoffen und Designer-Farbmustern. Es gibt ein recht steifes Restaurant sowie die lockere **Gabbro Bar** (Hauptgerichte 7–10 £; Küche 12–21 Uhr). Dort kann man u. a. eine cremige Fischsuppe mit geräuchertem Schellfisch oder ein Steak-Pie bestellen und das Essen mit einem Bier aus der Isle of Skye Brewery runterspüle

Berabhaigh   B&B ££
(📞01471-822372; berabhaigh@freeuk.com; 3 Lime Park; Zi. pro Pers. 34 £; ⏰März-Okt.; P) Das nette alte Croft-Haus blickt zur Bucht hinaus. Es liegt etwas ab von der Hauptstraße, in der Nähe des Creelers.

Broadford Backpackers   HOSTEL £
(📞01471-820333; www.broadfordbackpackers.co.uk; High Rd.; B/DZ 19/47 £) Das freundliche Hostel ist einem hellen modernen Gebäude untergebracht, 10 Min. zu Fuß vom

Co-op-Supermarkt im Ortszentrum. Von der Hauptstraße geht es gegenüber der Bank rechts rein (der Beschilderung „Hospital" folgen).

Luib House
B&B ££
(📞01471-820334; www.luibhouse.co.uk; Luib; Zi. pro Pers. 32 £; P) Großes, komfortables und gut ausgestattetes B&B 10 km nördlich von Broadford.

Creelers
FISCH, MEERESFRÜCHTE ££
(📞01471-822281; www.skye-seafood-restaurant.co.uk; Lower Harrapool; Hauptgerichte 12–17 £; ⊙März–Nov. Mo–Sa 12–21.30 Uhr; 🍴) In Broadford gibt es mehrere Lokale, doch nur eines sticht aus der Menge raus: Das Creelers ist klein, beliebt und schnörkellos und gehört zu den besten Fischrestaurants auf Skye. Die Hausspezialität ist der gut gewürzte Fisch- und Meeresfrüchte-Gumbo (eine Art Eintopf). Am besten vorab reservieren. Wer keinen Platz bekommt, kann auf der Rückseite in **Ma Doyle's Take-away** eine leckere Portion Fish & Chips (6 £) zum Mitnehmen bestellen.

Sleat

Wenn man mit der Fähre von Mallaig nach Skye übersetzt, landet man in Armadale am südlichen Ende der langen flachen Halbinsel Sleat. Die Landschaft ist nicht außergewöhnlich, doch bietet sich von hier ein herrlicher Panoramablick auf die Naturschönheiten ringsum. Ein Abstecher über die steile und kurvige Nebenstraße nach **Tarskavaig** und **Tokavaig** gewährt absolut fantastische Ausblicke auf die Isle of Rum, die Cuillin Hills und auf Bla Bheinn.

ARMADALE
In Armadale, wo die Fähre aus Mailaig anlegt, gibt es lediglich einen Laden, ein Postamt und ein paar Wohnhäuser. Wenigstens sechs bis sieben Busse fahren täglich (Mo–Sa) von Armadale nach Broadford und Portree.

⦿ Sehenswertes & Aktivitäten

Museum of the Isles
MUSEUM
(📞01471-844005; www.clandonald.com; Erw./Kind 6,95/4,95 £; ⊙April–Okt. 9.30–17.30 Uhr) Unmittelbar an der Straße vom Fähranleger befindet sich in einem Park das teilweise verfallene **Armadale Castle**, dem ehemaligen Sitz von Lord MacDonald of Sleat. Das dazugehörige Museum erzählt alles, was man schon immer über den Clan Donald wissen wollte. Außerdem wird gut nachvollziehbar die Geschichte der Lordship of the Isles präsentiert.

Zu den wichtigsten Exponaten gehören seltene Porträts von Clanchefs sowie ein Weinglas, aus dem einst Bonnie Prince Charlie getrunken hat. Die Eintrittskarte ermöglicht auch den Besuch des idyllischen **Castle-Parks.**

GRATIS Aird Old Church Gallery
GALERIE
(📞01471-844291; www.airdoldchurchgallery.co.uk; Aird; ⊙Ostern–Sept. Mo–Sa 10–17 Uhr) Am Ende der schmalen Stichstraße, die von Armadale via Ardvasar nach Süden führt, stellt diese kleine Galerie die beeindruckenden Landschaftsgemälde von Peter McDermott aus.

Sea.fari Adventures
BOOTSTOUREN
(📞01471-833316; www.whalespotting.co.uk; Erw./Kind 42/34 £; ⊙Ostern–Sept.) Sea.fari düst mit Gummi-Schnellbooten zum Wale beobachten. Auf den etwa dreistündigen Touren sieht man im Sommer ganz häufig Zwergwale (ca. 180 Sichtungen pro Jahr) sowie gelegentlich Tümmler und etwas seltener Riesenhaie.

🛏 Schlafen & Essen

Flora MacDonald Hostel
HOSTEL £
(📞01471-844272; www.skye-hostel.co.uk; The Glebe; B/DZ/4BZ 16/42/72 £; P🛜) Rustikale Unterkunft auf einer Farm mit Hochlandrindern und Eriskay-Ponys, 5 km nördlich der Fähre Mallaig–Armadale.

Pasta Shed
CAFÉ ££
(📞01471-844222; The Pier; Hauptgerichte 6–12 £; ⊙ 9–18 Uhr) Der „Schuppen" ist ein hübscher kleiner Wintergarten mit einigen Tischen im Freien. Serviert werden leckere Fischgerichte, Pizza, Fish & Chips und Krabbensalate – auch zum Mitnehmen. Der Kaffee schmeckt ebenfalls gut.

ISLEORNSAY
Der nette Anleger liegt 13 km nördlich von Armadale, gegenüber der Sandaig Bay auf dem Festland. Hier lebte und schrieb Gavin Maxwell seine hochgelobten Memoiren *Ring of Bright Water*. Die **Gallery An Talla Dearg** (Eintritt frei; ⊙April–Okt. Mo–Fr 10–18, Sa–So 10–16 Uhr) stellt Werke von Künstlern aus, die sich von der schottischen Landschaft und Kultur inspirieren lassen.

Schlafen & Essen

LP TIPP Toravaig House Hotel HOTEL ££

(☎01471-820200; www.skyehotel.co.uk; DZ 95–120 £; P 🛜) Die Eigentümer des Hotels verstehen sich wirklich auf Gastfreundlichkeit: Jeder Gast fühlt sich hier schnell wie zu Hause – egal, ob er sich auf den weichen Sofas am Kaminfeuer in der Lounge entspannt oder von den Stühlen im Garten den herrlichen Ausblick über den Sound of Sleat genießt.

Die geräumigen Zimmer – besonders empfehlenswert ist Nummer 1 (Eriskay) mit dem riesigen Schlittenbett – sind luxuriös ausgestattet (mit edlen schweren Bettbezügen und großen Hochdruck-Duschköpfen). Das elegante **Islay Restaurant** serviert das Beste an regionalem Fisch, Wild und Lamm. Entspannung nach dem opulenten Abendessen findet man mit einem Single Malt und den Yacht-Zeitschriften in der Lounge. Passionierte Segler können mit dem Besitzer einen Törn auf seiner 13-m-Yacht vereinbaren.

Hotel Eilean Iarmain HOTEL £££

(☎01471-833332; www.eilean-iarmain.co.uk; EZ/DZ ab 110/170 £; P) Das charmante viktorianische Hotel verfügt über offene Kamine sowie zwölf luxuriöse Zimmer, viele davon mit Meerblick. Im Restaurant stehen Kerzen auf den Tischen und in der gemütlichen mit Holz vertäfelten **An Praban Bar** (Hauptgerichte 9–16 £) kommen leckere Bar-Gerichte auf den Tisch. Empfehlenswert sind der Schellfisch in Bierpanade, die Wild-Burger sowie die Gemüse-Cannelloni.

Elgol (Ealaghol)

An einem klaren Tag ist die Fahrt von Broadford nach Elgol einer der landschaftlich schönsten Ausflüge auf Skye. Gleich zwei klassische Postkarten-Motive geraten ins Blickfeld: Jenseits von **Loch Slapin** (bei Torrin) ragt das Bergmassiv des Bla Bheinn auf, während vom **Elgol Pier** der Blick auf die gesamte Gebirgskette der Cuillins fällt.

Unmittelbar westlich von Elgol liegt die Höhle **Spar Cave**, die 1814 von Sir Walter Scott aufgesucht wurde und später in seinem Werk *Lord of the Isles* eine Rolle spielte. Die 80 m lange Höhle ist wild und abgelegen und für ihre wunderschönen Sinterdecken bekannt. Von der Siedlung Glasnakille ist es nur ein kurzes Stück zu Fuß, aber der Zugang über Felsbrocken, die von Algen überzogen sind, ist etwas anstrengend sowie nur jeweils eine Stunde vor und nach Niedrigwasser möglich. Deshalb sollte man die Gezeiten und den genauen Zugang schon in der Touristeninformation in Broadford checken oder im Tearoom in Elgol nachfragen.

Der Bus 49 verkehrt zwischen Broadford und Elgol (40 Min., Mo–Fr 3-mal tgl., Sa 2-mal).

🚶 Aktivitäten

Bella Jane BOOTSTOUREN

(☎0800 731 3089; www.bellajane.co.uk; ⊙April–Okt.) Bella Jane bietet dreistündige Rundfahrten (Erw./Kind 22/12 £, 3-mal tgl.) vom Hafen in Elgol zum abgeschiedenen Loch na Cuilce an, einer beeindruckenden Bucht, die von mächtigen Bergen umgeben ist. An einem ruhigen Tag kann man dort 1½ Stunden an Land gehen und den kurzen Weg zum Loch Coruisk im Herzen der Cuillin Hills zurücklegen. Unterwegs wird eine Seehundkolonie angesteuert.

Aquaxplore BOOTSTOUREN

(☎0800 731 3089; www.aquaxplore.co.uk; ⊙April–Okt.) Dieser Anbieter fährt auf der 90-minütigen Schnellboottour zu einer verlassenen Haifisch-Jagdstation auf der Insel **Soay** (Erw./Kind 25/20 £), die einst Gavin Maxwell gehörte, dem Autor von *Ring of Bright Water*. Die längeren Touren (Erw./Kind 48/38 £, 4 Std.) führen nach Rum, Canna und Sanday, um Papageientaucher-Brutkolonien zu sehen und unterwegs vielleicht einen Zwergwal zu beobachten.

Misty Isle BOOTSTOUREN

(☎01471-866288; www.mistyisleboattrips.co.uk; Erw./Kind 18/7,50 £; ⊙April–Okt.) Das schöne traditionelle Holzboot *Misty Isle* tuckert von Montag bis Samstag Richtung Loch Coruisk und gewährt dort einen Landgang von 1½ Stunden.

Cuillin Hills

Die Cuillin Hills sind die faszinierendste Bergkette Großbritanniens (der Name stammt aus dem Altnorwegischen und bedeutet „kielförmig"). Auch wenn sie nicht allzu hoch sind – **Sgurr Alasdair** ragt als höchster Gipfel mit 993 m auf – besitzen die Cuillins doch fast alpinen Charakter. Der sehr schmale Grat, die zerklüfteten Felsnadeln, die Geröllabhänge und die weitläufigen kahlen Felsen machen die Cuillins zu einem Paradies für erfahrene Bergsportler.

Doch die höheren Regionen liegen für die Mehrzahl der Wanderer außer Reichweite.

Es gibt aber eine Reihe von schönen Touren, die für alle Wanderer geeignet sind. Eine der schönsten führt an klaren Tagen vom Zeltplatz in Glenbrittle steil hinauf zum **Coire Lagan** (10 km hin & zurück; mind. 3 Std.). In dem großartigen oberen Kessel lädt ein kleiner See die wirklich Abgehärteten zum Baden ein. Die benachbarten Felsen sind eine Spielwiese für Kletterer – ein Fernglas sollte zum Gepäck gehören.

Noch spektakulärer, aber viel schwieriger zu erreichen, ist **Loch Coruisk** (aus dem Gälischen *Coir'Uisg*: der Wasserhang). Der völlig abgeschiedene See ist von den höchsten Bergspitzen der Cuillin Hills eingerahmt. Der einfachste Zugang erfolgt mit dem Schiff von Elgol (S. 444), von Kilmarie sind es anstrengende 10 km zu Fuß. Bekannt wurde der See durch Sir Walter Scott, der 1815 sein Werk *Lord of the Isles* veröffentlichte. Scharen viktorianischer Touristen und Landschaftsmaler folgten Scotts Spuren, darunter JMW Turner. Seine Aquarelle wurden zur Illustrierung von Scotts Werken verwendet.

Es gibt zwei wichtige und sehr gute Ausgangspunkte, um das Gebirgsmassiv zu erkunden: Sligachan im Norden und Glenbrittle im Süden.

Schlafen & Essen

Sligachan Hotel
HOTEL ££

(01478-650204; www.sligachan.co.uk; Zi. pro Pers. 65–75 £; P@) Das Slig, wie es schon von Generationen von Bergsteigern liebevoll genannt wird, ist ein dorfähnlicher Komplex, bestehend aus einem gehobenen Hotel, Cottages für Selbstversorger, einem *bunkhouse* (Wanderhütte), einem Zeltplatz, einer Mikrobrauerei, einem Abenteuerspielplatz sowie einem scheunenartigen Pub (Seamus's Bar; S. 445).

Sligachan Bunkhouse
HOSTEL £

(01478-650458; www.sligachanselfcatering.co.uk; Sligachan Hotel; B 16 £) Komfortable und moderne Wanderhütte gegenüber dem Sligachan Hotel.

Sligachan Campsite
CAMPINGPLATZ £

(Sligachan Hotel; Platz pro Pers. 5,50 £; April–Okt.) Auf der dem Sligachan Hotel gegenüberliegenden Straßenseite gibt es einen eher schlichten Zeltplatz. Achtung: Dies ist ein Hotspot für Midges! Keine Reservierungen.

Glenbrittle SYHA
JUGENDHERBERGE £

(01478-640278; B 18 £; April–Sept.) Skandinavische Holz-JH, die sich an Ferienwochenenden rasch mit Bergsteigern füllt.

Glenbrittle Campsite
CAMPINGPLATZ £

(01478-640404; pro Erw./Kind inkl. Auto 7/ 4,50 £; April–Sept.) Exzellenter Platz zwischen den Bergen und dem Meer. Der kleine Laden verkauft Lebensmittel und Outdoor-Ausrüstung. Die Midges können allerdings teuflisch sein.

Seamus's Bar
PUB £

(Sligachan Hotel; Hauptgerichte 8–10 £; Küche 11–23 Uhr;) Das Slig ist für ordentliche Bar-Gerichte bekannt, darunter Haggis mit Rüben- und Kartoffelpüree, Steak, Ale und Fish Pies sowie verschiedene Biere aus der hauseigenen Mikrobrauerei. Hinter der Theke warten mehr als 200 Whiskys auf Genießer. Neben dem Abenteuerspielplatz draußen gibt es drinnen auch Spielzeug, Spiele und eine Spielecke.

Minginish

Loch Harport liegt nördlich der Cuillin Hills und trennt die Minginish-Halbinsel vom restlichen Skye. Auf der Südseite befindet sich die Ortschaft Carbost, wo der weiche, süßliche und rauchige Talisker Malt Whisky in der **Talisker Distillery** (01478-614308; www.discovering-distilleries.com; Führungen 6 £; April–Okt. Mo–Sa 9.30–17 Uhr, Juli–Aug. So 11–17 Uhr, Nov.–März Mo–Fr 10–16.30 Uhr) hergestellt wird. Dies ist die einzige Whiskybrennerei auf Skye und nach der Führung ist eine Kostprobe inklusive. Die großartige **Talisker Bay**, 8 km westlich von Carbost, ist für den Sandstrand, die Felsnadel im Meer und den Wasserfall bekannt.

Schlafen & Essen

Old Inn
B&B, HOSTEL ££

(01478-640205; www.theoldinnskye.co.uk; Carbost; EZ/DZ 48/76 £; P) Das Old Inn ist ein stimmungsvoller kleiner Pub, der in hellen B&B-Zimmern auch Unterkünfte anbietet. In einem ansprechenden *bunkhouse* gibt es Hostel-Unterkunft für 15 £ pro Person. Die Bar ist bei Wanderern und Bergsteigern aus Glenbrittle sehr beliebt, denn hier wird exzellentes *pub grub* (9–13 £, 12–20 Uhr) serviert, von frischen Austern bis zu Schellfisch mit Pommes. Auf der Rückseite kann man draußen den Blick über Loch Harport genießen.

...alker Independent Hostel HOSTEL **£** (...3-640250; www.skyewalkerhostel.com; Fis..., Portnalong; B 13,50 £; @) 5 km nordwestlich von Carbost ist das Hostel in einer alten Dorfschule untergebracht.

ℹ️ An- & Weiterreise

Wochentags verkehren fünf Busse täglich von Portree via Sligachan nach Carbost, samstags nur einer.

Portree (Port Righ)

1920 EW.

Portree ist der größte und lebendigste Ort auf Skye. Der wirklich malerische Hafen wird von bunt gestrichenen Häusern umrahmt. Auch der Ausblick auf die umliegenden Hügelketten ist wunderschön. Der Ortsname leitet sich aus dem Gälischen für „der Hafen des Königs" ab und erinnert an den Besuch von König Jakob (James) V., der hier 1540 versuchte, die örtlichen Clans zu befrieden.

👁 Sehenswertes & Aktivitäten

Aros Experience BESUCHERZENTRUM
(📞 01478-613649; www.aros.co.uk; Viewfield Rd.; Seeadler-Ausstellung 4,75 £; ⏱ 9–17.30 Uhr; 🚻) Am südlichen Ortsrand von Portree ist das Aros Experience eine Kombination aus Besucherzentrum, Buch- und Souvenirladen, Restaurant, Theater und Kino. In der Ausstellung kann man mit Live-Kameras die Nester von Seeadlern und Reihern beobachten sowie auf einem Großbildschirm einen Film über Skyes fantastische Landschaften anschauen. Dabei ist es durchaus lohnenswert, auf die Luftbildaufnahmen der Cuillin Hills zu warten.

Das Aros ist eine gute Anlaufstelle für verregnete Tage. Drinnen gibt es auch eine Spielecke für Kinder.

MV Stardust BOOTSTOUREN
(📞 07798-743858; www.skyeboat-trips.co.uk; Portree Harbour; Erw./Kind 15/9 £) Die MV *Stardust* bietet ein- bis zweistündige Schiffstouren in den Sound of Raasay an. Unterwegs sind mit etwas Glück Seehunde, Schweinswale und mit noch mehr Glück auch Seeadler zu sehen. Samstags gibt es längere Touren zur Isle of Rona (25 £ pro Pers.). Nach rechtzeitiger Voranmeldung kann man sich auch auf der Isle of Raasay absetzen und im Laufe des Tages dann wieder abholen lassen.

✨ Feste & Events

Isle of Skye Highland Games HIGHLAND GAMES
(www.skye-highland-games.co.uk) Die Highland Games finden jedes Jahr Anfang August in Portree statt.

🛏 Schlafen

Portree ist seht gut mit B&Bs ausgestattet, doch viele befinden sich in unscheinbaren modernen Bungalows. Diese sind zwar komfortabel, aber ohne Atmosphäre. Vor allem im Juli und August füllen sich die Unterkünfte schnell, sodass man unbedingt vorab reservieren sollte.

LP TIPP **Ben Tianavaig B&B** B&B **££**
(📞 01478-612152; www.ben-tianavaig.co.uk; 5 Bosville Terrace; Zi. 70–80 £; 🅿🛜) Das irisch-walisische Besitzerpaar begrüßt die Gäste im Zentrum der Stadt sehr herzlich. Alle vier Zimmer des schicken B&Bs genießen den Blick über die Hafenbucht auf den namensgebenden Berg. Zum Frühstück gibt es Eier freilaufender Hühner und das Gemüse wurde im Garten angebaut.

Peinmore House B&B **££**
(📞 01478-612574; www.peinmorehouse.co.uk; Zi. 130–140 £; 🅿🛜) Gut 3 km südlich von Portree ist Peinmore House von der Hauptstraße aus beschildert. Das ehemalige Pfarrhaus wurde clever in eine Pension umgewandelt, die luxuriöser ist als die meisten Hotels. Die Zimmer und Bäder sind. Zum Frühstück gibt es geräucherten Hering und Schellfisch und der Panoramablick reicht bis zum Old Man of Storr.

Bosville Hotel HOTEL **££**
(📞 01478-612846; www.bosvillehotel.co.uk; 9-11 Bosville Tce.; EZ/DZ ab 130/138 £; 🛜) Das Bosville bringt ein bisschen großstädtisches Flair nach Portree: So findet man in den Zimmern Designerstoffe und -möbel, Flachbildfernseher, flauschige Bademäntel und große freundliche Bäder. Es lohnt sich, für die „Premier"-Zimmer ein bisschen mehr springen zu lassen. Von den Lehnsesseln kann man entspannt die Ausblicke auf Stadt und Hafen genießen.

Rosedale Hotel HOTEL **££**
(📞 01478-613131; www.rosedalehotelskye.co.uk; Beaumont Cres.; EZ/DZ ab 65/100 £; ⏱ Ostern–Okt.; 🛜) Das Rosedale ist ein anheimelndes, altmodisches Hotel in schöner Lage direkt am Wasser, in dem alle neuankommenden

Gäste mit einem Glas Whisky oder Sherry begrüßt werden. Die Zimmer liegen in drei umgebauten Fischerhütten, die untereinander durch ein Labyrinth von engen Treppenhäusern und Fluren verbunden sind. Vom Restaurant blickt man auf den Hafen.

Woodlands   B&B ££
(01478-612980; www.woodlands-portree.co.uk; Viewfield Rd.; Zi. 68 £; P) Die fantastische Lage, der Blick über die Bucht und die warmherzige Gastfreundschaft machen dieses moderne B&B zu einer guten Wahl – knapp 1 km südlich vom Ortszentrum.

Bayfield Backpackers   HOSTEL £
(01478-612231; www.skyehostel.co.uk; Bayfield; B 17 £; @) Sauber, zentral und modern: Dieses Hostel ist die beste Backpacker-Unterkunft in Portree. Der Besitzer ist sehr freundlich und eine wahre Quelle für Ausflugstipps auf Skye.

Torvaig Campsite   CAMPINGPLATZ £
(01478-612209; www.portreecampsite.co.uk; Torvaig; pro Erw./Kind 6/2 £; April–Okt.) Der attraktive familiengeführte Campingplatz liegt rund 2,5 km nördlich von Portree an der Straße nach Staffin.

Essen & Ausgehen

Café Arriba   CAFÉ £
(01478-611830; www.cafearriba.co.uk; Quay Brae; Hauptgerichte 4–8 £; Mai–Sept. 7–22 Uhr, Okt.–April 8–17.30 Uhr;) Arriba ist ein unkonventionelles, kleines und helles Café in bunten Farben. Das Fladenbrot ist sehr lecker, vor allem mit Schinkenspeck, Lauch und Käse. Zudem gibt es das beste vegetarische Essen auf der Insel. Die Auswahl reicht von vegetarischem Frühstück bis zu Bohnenkuchen mit indischen Gewürzen und Minz-Joghurt. Auch der Kaffee ist vorzüglich.

Harbour View Seafood Restaurant   FISCH, MEERESFRÜCHTE ££
(01478-612069; www.harbourviewskye.co.uk; 7 Bosville Terrace; Hauptgerichte 14–19 £; Mittagessen & Di–So 17.30–23 Uhr) Das Harbour View ist Portrees nettestes Restaurant. Im gemütlichen Speisesaal wärmt im Winter ein Holzfeuer und in den Regalen stehen Bücher und Nippes. Auf den Tisch kommen hervorragende schottische Meeresfrüchte, darunter frische Skye-Austern, *seafood chowder* (eine cremige Fischsuppe), Jakobsmuscheln, Langustinen und Hummer.

Sea Breezes   FISCH, MEERESFRÜCHTE ££
(01478-612016; www.seabreezes-skye.co.uk; 2 Marine Buildings, Quay St.; Hauptgerichte 12–19 £; April–Okt. Mittagessen & Abendessen) Das Sea Breezes ist ein informelles, schnörkelloses Restaurant mit Betonung auf Fisch und Krustentieren frisch vom Boot. Die *seafood platter* ist himmlisch, denn es gibt einen kleinen Berg aus Langustinen, Krabben, Austern und Hummern. Zwischen 17 und 18 Uhr gibt es das Zwei-Gänge-„Early Bird"-Menü für 17 £; frühzeitig reservieren, es ist oft ausgebucht.

Bistro at the Bosville   BISTRO ££
(01478-612846; www.bosvillehotel.co.uk; 7 Bosville Terrace; Hauptgerichte 9–20 £; 12–14.30, 17.30–22 Uhr;) Die Atmosphäre in dem Hotelbistro ist sehr entspannt. Der preisgekrönte Koch verwendet vor allem Zutaten von der Insel, darunter Lamm, Wild, Fisch, Biogemüse und Beeren. Bei der Zubereitung peppt er die Traditionsrezepte raffiniert auf. Das ebenfalls hoteleigene **Chandlery Restaurant** (Drei-Gänge-Abendessen 44 £) steht für gehobeneres Essvergnügen.

L'Incontro   CAFÉ
(The Green; Mo–Sa 11–23 Uhr) Diese Außenstelle einer Pizzeria im Obergeschoss neben dem Royal Hotel serviert exzellenten italienischen Espresso und hat zudem eine beachtliche italienische Weinkarte.

Isles Inn   PUB
(01478-612129; Somerled Square;) Portrees Pubs sind nichts Besonderes, aber das Isles Inn ist stimmungsvoller als die Konkurrenz. Die Jacobean Bar hat offene Feuerstellen und Steinplatten-Fußböden. Hier trifft sich eine nette Mischung aus jungen Einheimischen, Rucksacktouristen und anderen Reisenden.

Pier Hotel   PUB
(01478-612094; Quay St.) Am Wochenende wird in dem Hotel an der Hafenpromenade fast immer gesungen oder es gibt Livemusik.

Shoppen

Skye Batiks   SOUVENIRS
(www.skyebatiks.com; The Green; Mai–Sept. 9–18 Uhr, Juli–Aug. 9–21 Uhr, Okt.–April Mo–Sa 9–17 Uhr) Skye Batiks ist besser als alle üblichen Souvenirläden. Verkauft wird interessantes Kunsthandwerk, darunter geschnitzte Holzwaren, Schmuck und Batikprodukte in keltischem Design.

Isle of Skye Crafts@Over the Rainbow SOUVENIRS
(☎01478-612361; www.skyeknitwear.com; Quay Brae; ◷Mo-Sa 9-17.30 Uhr, April-Okt. auch So 11-16 Uhr) Der Laden ist vollgepackt mit bunten Strickwaren, Lammwoll- und Cashmere-Schals sowie allerlei interessanten Souvenirs.

Isle of Skye Soap Co KOSMETIK
(☎01478-611350; www.skye-soap.co.uk; Somerled Square; ◷Mo-Fr 9-17.30, Sa 9-17 Uhr) Süßlich riechender Laden, der sich auf handgemachte Seifen und Kosmetika aus natürlichen Zutaten und Aromatherapie-Ölen spezialisiert hat.

Carmina Gadelica MUSIK, BÜCHER
(☎01478-612585; Bank St.; ◷Mo-Sa 9-17.30 Uhr, Juni-Aug. 9-21 Uhr) Die Regale sind voll mit gälischer Musik und Büchern zu regionalen und schottischen Themen.

❶ An- & Weiterreise

BUS Die zentrale Bushaltestelle ist der Somerled Square. Scottish Citylink betreibt sieben Busse täglich von Kyle of Lochalsh nach Portree (6 £, 1 Std.) und weiter nach Uig.

Die örtlichen Busse von Stagecoach fahren nur montags bis samstags. Sie fahren von Portree über Sligachan (15 Min.) nach Broadford (40 Min., mind. stündl.), nach Armadale (1¼ Std., mit Anschluss an die Fähre nach Mallaig), nach Carbost (40 Min., 4-mal tgl.), nach Uig (30 Min., 6-mal tgl.) und Dunvegan Castle (40 Min., Mo-Fr 5-mal tgl., Sa 3-mal tgl.). Fünf- bis sechsmal täglich geht es in beide Richtungen rund um die Halbinsel Trotternish nach Flodigarry (20 Min.), Kilmuir (1¼ Std.) und Uig (30 Min.).

FAHRRAD Island Cycles (☎01478-613121; www.islandcycles-skye.co.uk; ◷Mo-Sa 9-17 Uhr) Fahrradverleih für 8,50/15 £ (halber/ganzer Tag).

Dunvegan (Dun Bheagain)

Skyes berühmtestes historisches Gemäuer ist eine der beliebtesten Touristenattraktionen der Insel. **Dunvegan Castle** (☎01470-521206; www.dunvegancastle.com; Erw./Kind 9,50/5 £; ◷April-Mitte Okt. 10-17 Uhr) ist Sitz des Clanchefs der MacLeods. Im Castle waren u. a. schon Samuel Johnson, Sir Walter Scott und vor allem Flora MacDonald zu Gast. Die ältesten Teile sind der Bergfried und das Verlies aus dem 14. Jh., der Großteil der Anlage stammt aber aus dem 17. bis 19. Jh.

Außer dem üblichen Burgkram – Schwerter, Gegenstände aus Silber und Familienporträts – sind hier einige sehr interessante Gegenstände zu sehen. Das bekannteste Exponat ist die Fairy Flag, ein durchsichtiges Seidenbanner aus dem 4. bis 7. Jh. Bonnie Prince Charlies Weste und eine seiner Haarlocken, die von Flora MacDonalds Enkelin gestiftet wurde, stehen in einem Zimmer mit Rory Mor's Drinking Horn. Das wunderschöne keltische Trinkgefäß aus dem 16. Jh. fasst 2,2 l Wein. Nach einer alten Familientradition trank der 29. Clanchef – John MacLeod – 1956 den gesamten Inhalt in einer Minute und 57 Sekunden „ohne abzusetzen oder umzufallen". 2007 starb der Clanchef.

Vom Ende der kleinen Straße, die hinter dem Eingang zum Dunvegan Castle weiterläuft, führt ein leichter Spaziergang zu den 1,5 km entfernten **Coral Beaches** – zwei blendend weißen Stränden, die ihre Farbe und ihr Material den ausgeblichenen Außenskeletten der Kalkrotalgen verdanken.

Auf dem Weg von Portree nach Dunvegan befindet sich die **Edinbane Pottery** (☎01470-582234; www.edinbane-pottery.co.uk; ☎Ostern-Okt. tgl. 9-18 Uhr, Nov.-Ostern Sa & So geschl.), die 1971 als eines der ersten Kunsthandwerksstudios auf Skye gegründet wurde. Besucher können den Töpfern zuschauen, wie sie die wunderschönen bunten Produkte herstellen, die hier auch zum Verkauf angeboten werden.

Duirinish & Waternish

Die Halbinsel Duirinish liegt westlich von Dunvegan, Waternish im Norden. Hier finden sich einige der stimmungsvollsten Hotels und Restaurants auf Skye. Sehenswert ist auch die große Auswahl an Künsterateliers und Kunsthandwerksläden. Die Touristeninformation in Portree verteilt ein kostenloses Heftchen, in dem alle Adressen aufgeführt sind.

⊙ Sehenswertes & Aktivitäten

Die nur spärlich besiedelte Halbinsel Duirinish wird von den beiden Zwillings-Tafelbergen Helabhal Mhor (469 m) und Helabhal Bheag (488 m) dominiert, die vor Ort als **Mac Leod's Tables** bekannt sind. Von Orbost gibt es einige schöne Wanderungen, z. B. zum flachen Gipfel von Helabhal Bheag (hin & zurück ca. 3½ Std.). Eine 8 km lange Wanderung führt von Orbost zu den **MacLeod's Maidens**, einer Reihe von Felsnadeln, die am südlichen Ende der Halbinsel aus dem Meer ragen.

Es lohnt sich, von Dunvegan aus die lange Fahrt zur Westseite der Duirinish-Halbinsel auf sich zu nehmen, um die spektakulären Klippen von **Waterstein Head** zu bewundern. Ein Weg führt hinab zum **Neist Point Lighthouse**. Von dort reicht der Blick hinüber zu den Äußeren Hebriden.

Schlafen & Essen

Red Roof Café   CAFÉ ££
(01470-511766; www.redroofskye.co.uk; Glendale; Hauptgerichte 8–10 £; April–Okt. 11–17 Uhr; P) Die rund 1,5 km abseits der Hauptstraße etwas versteckt liegende 250 Jahre alte Hütte wurde renoviert und ist nun ein Paradies mit selbst gebackenen Kuchen und selbst angebauten Delikatessen. Zusätzlich zu herrlichem Kaffee und Kuchen gibt es Mittagsgerichte (12–15 Uhr) mit frischem *seafood*, Wild und Käse von Skye. Dazu Salatblätter und essbare Blüten, die gleich um die Ecke wachsen. Abends wird regelmäßig Livemusik geboten. Kein Wunder, dass das Red Roof so beliebt ist.

Three Chimneys   MODERN SCHOTTISCH £££
(01470-511258; www.threechimneys.co.uk; Colbost; 3-Gänge-Menü mittags/abends 37/60 £; Mittagessen Mitte März–Okt. Mo–Sa, Abendessen ganzjährig tgl.; P) Auf halbem Weg zwischen Dunvegan und Waterstein ist das Three Chimneys eine romantische und exklusive Mischung aus Gourmetrestaurant in einem alten Farm-Cottage und einer luxuriösen 5-Sterne-Unterkunft in dem modernen Haus nebenan (DZ 295 £, mit Halbpension für zwei Pers. 415 £). Es ist ratsam, weit im Voraus zu buchen. Kinder sind abends im Restaurant nicht willkommen.

Stein Inn   PUB £
(01470-592362; www.steininn.co.uk; Stein; kleine Gerichte 8–12 £; Küche Mo–Sa 12–16 & 18–21.30 Uhr, Ostern–Okt. auch So 12.30–16 & 18.30–21 Uhr; P) Der alte Landgasthof wurde 1790 errichtet, heute werden eine Hand voll Zimmer mit Meerblick (pro Pers. 37–55 £) vermietet. Zum Inn gehören eine gut besuchte kleine Bar und ein herrlicher Biergarten. Das Lokal liegt ausgesprochen sonnig neben dem Loch. In der Bar werden Ales von der Isle of Skye Brewery gezapft, dazu empfiehlt sich das ausgezeichnete Krabben-Sandwich. In der Regel bekommt man auch im Winter etwas zu essen, sicherheitshalber sollte man dann aber vorher anrufen und nachfragen.

Lochbay Seafood Restaurant   FISCH, MEERESFRÜCHTE £££
(01470-592235; www.lochbay-seafood-restaurant.co.uk; Stein; Hauptgerichte 14–23 £, Hummer 30–42 £; Di–Sa Mittagessen & Abendessen; P) Nur wenige Meter vom Stein Inn entfernt befindet sich eines der romantischsten Restaurants auf Skye. Gespeist wird in einer gemütlichen Farmhausküche neben einem Holzofen. Auf der Speisekarte stehen vor allem Delikatessen, die im Meer schwimmen oder in einem Schalengehäuse leben; besser vorab reservieren.

Shoppen

Dandelion Designs   GALERIE
(www.dandelion-designs.co.uk; Captain's House, Stein; Ostern–Okt. 11–17 Uhr) In Stein auf der Halbinsel Waternish bietet diese interessante kleine Galerie schöne Aquarelle und Landschaftsfotos von Liz Myhill. Dazu gibt es regionales Kunsthandwerk.

Shilasdair Yarns   STRICKWAREN
(www.theskyeshilasdairshop.co.uk; Carnach; April–Okt. 10–18 Uhr) Das Besitzerpaar zog 1971 nach Skye. Einige Kilometer nördlich von Stein haben sie einige Schafe, spinnen die Wolle und färben die Wolle sowie die Seide von Hand mit natürlichen Farbstoffen. Besucher können in dem Ausstellungsraum hinter der Galerie beim Färben zuschauen und sich selbst am Spinnen versuchen. Die fertigen Strickwaren und Wollknäuel werden zum Verkauf angeboten.

Trotternish

Die Halbinsel Trotternish erstreckt sich nördlich von Portree und führt in eine atemberaubende und bizarre Landschaft. Die Küstenstraße dreht eine Schleife um die Halbinsel und ermöglicht von Portree eine Rundfahrt. Dabei passiert man das Dörfchen **Uig**. Hier legen die Fähren nach Harris und North Uist auf den Äußeren Hebriden ab. Die folgenden Sehenswürdigkeiten werden als Rundfahrt von Portree aus gegen den Uhrzeigersinn beschrieben.

Sehenswertes & Aktivitäten

Old Man of Storr   FELSFORMATION
Als erstes passiert man 10 km nördlich von Portree die weithin sichtbare 50 m hohe Basaltfelsnadel des Old Man of Storr. Vom Parkplatz nördlich von Loch Leathan führt ein Wanderweg zum Fuß der Felsnadel (hin

& zurück rund 3 km). Diese scheinbar unbezwingbare Felsnadel wurde 1955 erstmals von dem englischen Kletterer Don Whillans bezwungen. Diese Leistung wurde seither nur wenige Male wiederholt.

Quiraing
FELSFORMATION

Staffin Bay wird von dem dramatischen Basaltmassiv des Quiraing dominiert. Die abgerutschten Felsen und Felsnadeln zählen zu den imposantesten Landschaftsformationen auf Skye. Von einem Parkplatz am höchsten Punkt der kleinen Stichstraße, die von Staffin nach Uig führt, gelangt man in einer knappen halben Stunde zu Fuß zum Quiraing.

Duntulm Castle
BURG

Am nördlichen Ende der Trotternish-Halbinsel befinden sich die Reste des 1739 aufgegebenen Duntulm Castle, einst eine Festung der MacDonalds. Angeblich war die Burg verflucht. Der berühmteste Geist war das stammelnde Phantom von Hugh MacDonald, ein örtlicher Edelmann, der im Burgverlies eingesperrt wurde, weil er Trotternish erobern wollte.

Skye Museum of Island Life
MUSEUM

(01470-552206; www.skyemuseum.co.uk; Erw./Kind 2,50/0,50 £; Ostern–Okt. Mo-Sa 9.30-17 Uhr) Der Torfgeruch des Crofter-Lebens im 18. und 19. Jh. ist in den reetgedeckten Cottages und Scheunen des „Skye Museum of Island Life bewahrt geblieben. Auch verschiedene landwirtschaftliche Geräte sind hier ausgestellt. Hinter dem Museum befindet sich der Friedhof von Kilmuir, wo ein großes Keltenkreuz das **Grab von Flora MacDonald** markiert. Das Kreuz wurde 1955 errichtet, um das ursprüngliche Denkmal zu ersetzen, nachdem dieses „stückchenweise von Touristen als Andenken davongeschleppt worden war".

Fairy Glen
NATURDENKMAL

Unmittelbar südlich von Uig führt eine kleine Nebenstraße (ausgeschildert „Sheader and Balnaknock") in das 1,5 km entfernte Fairy Glen. Die merkwürdig verzauberte Landschaft des „Feen-Tals" besteht aus Miniatur-Hügeln, Felstürmen, Cottage-Ruinen und einem kleinen Teich am Straßenrand.

Schlafen & Essen

Dun Flodigarry Hostel
HOSTEL £

(01470-552212; www.hostelflodigarry.co.uk; Flodigarry; B/DZ 17/38 £, Zeltplatz pro Pers. 9 £; P@) Das helle und einladende Hostel genießt eine fantastische Lage oberhalb der Küste. Von hier kann man hinüber nach Raasay und bis in die Berge des Festlands schauen. Ganz in der Nähe beginnt ein Alternativpfad hinauf zum Quiraing (4 km eine Strecke) und im unmittelbar benachbarten Hotel gibt es eine nette kleine Bar. Man kann auf dem Hostelgelände auch zelten und die verschiedenen Einrichtungen des Hostels nutzen.

Uig SYHA
JUGENDHERBERGE £

(01470-542746; Uig; B 17,50 £; April–Sept.; P@) Gemütliche JH mit einem großartigen Blick über die Uig Bay, vor allem bei Sonnenuntergang. Zwischen 10.30 und 17 Uhr muss man die Zimmer der Jugendherberge allerdings räumen, auch wenn es regnet.

Isle of Raasay

160 EW.

Raasay (www.raasay.com) ist das zerklüftete 16 km lange Eiland vor der Ostküste von Skye. Die Wandermöglichkeiten sind gut. Ein lohnendes Ziel ist der kegelförmige, oben abgeflachte Berg **Dun Caan** (443 m). Die Forestry Commission gibt ein kostenloses Faltblatt mit Wandervorschlägen heraus, das in den verschiedenen Touristeninformationen ausliegt.

Die außergewöhnliche Ruine von **Brochel Castle** steht auf einer Felsnadel am nördlichen Inselende. Die seinerzeit mächtige Burg war einst Sitz von Calum Garbh MacLeod, einem Piraten aus dem frühen 16. Jh.

In einem rustikalen Cottage hoch oben am Hang liegt die SYHA-Jugendherberge **Raasay** (01478-660240; Creachan Cottage; B 18 £; Mitte Mai–Aug.). Der Blick nach Skye ist hervorragend, man muss allerdings zunächst gut 4 km vom Fähranleger zu Fuß zurücklegen. Die JH ist aber eine gute Basis für die Inselerkundung. **Raasay House** (01478-660266; www.raasay-house.co.uk; EZ/DZ 79/89 £, B 30 £, Zelt pro Pers. 6 £) wird derzeit von Grund auf saniert, ist aber weiter zugänglich. Hier werden Outdoor-Kurse angeboten. Es gibt einen Zeltplatz, ein Hotel und eine Wanderhütte.

Eine **CalMac-Fähre** (www.calmac.co.uk; Fußgänger/Auto hin & zurück 7,25/39 £) verkehrt von Sconser an der Straße zwischen Broadford und Portree (25 Min., Mo-Sa stündl., So 2-mal tgl.). Es gibt keine Tankstelle auf Raasay.

ÄUSSERE HEBRIDEN

26 500 EW.

Ein Spanisch- und ein Gälischprofessor trafen sich einst auf einer Konferenz und diskutierten über die Vorzüge ihrer jeweiligen Landessprache. Der Spanier fragte seinen Kollegen: „Gibt es im Gälischen eigentlich ein Wort für das spanische *mañana*, *mañana* (morgen, morgen)?" Der Professor von den Hebriden dachte eine Weile nach und antwortete schließlich: „Nein, ich glaube, im Gälischen gibt es kein Wort, um etwas so Eiliges auszudrücken."

Der Witz mag alt sein, doch charakterisiert er sehr gut den langsameren Lebensstil der Gälisch sprechenden Gemeinden auf den Westlichen Inseln. Dort treffen die Morgenzeitungen am Nachmittag ein, und vor allem auf Lewis und Harris kommt am Sonntag das öffentliche Leben praktisch zum Erliegen.

Die Äußeren Hebriden bzw. Western Isles heißen im Gälischen *Na h-Eileanan an Iar*. Die 210 km lange Inselkette liegt vor der Nordwestküste Schottlands. Es gibt insgesamt 119 Inseln, von denen die fünf größten bewohnt sind: Im Norden liegen Lewis und Harris, die zwar zwei Teile einer Insel sind, jedoch meist als separate Inseln beschrieben werden. Nach Süden folgen North Uist, Benbecula, South Uist und Barra. Die mittleren drei Inseln werden meist schlicht als „die Uists" bezeichnet; sie sind durch Straßendämme miteinander verbunden.

Die Fährüberfahrt von Ullapool oder Uig markiert eine wichtige kulturelle Grenze: Mehr als ein Drittel aller in Schottland registrierten *crofts* befinden sich auf den Äußeren Hebriden und immerhin 60 % aller Einwohner sprechen Gälisch. Zudem ist das entbehrungsreiche Leben in den alten *blackhouses* noch gut in Erinnerung.

Die Religion spielt auf den Inseln sowohl im öffentlichen wie im privaten Leben eine bedeutende Rolle. Vor allem im protestantischen Norden schließen sonntags die Läden und Pubs. Und einige Pensionswirte sehen es ungern, wenn Gäste am Sonntag an- oder abreisen wollen. Der römisch-katholische Süden ist in diesen Dingen ein wenig entspannter.

Das Wort „Hebriden" stammt nicht aus dem Gälischen. Es leitet sich wahrscheinlich von Ebudae ab, dem römischen Namen der Inselgruppe. Auch die alternative Ableitung aus dem Nordischen *havbredey* (Inseln am Rande des Meeres) hat eine poetische Note. Sie erinnert an den weiten Horizont und das Meer, die beide ganz wesentlich diese unwirtliche und baumlose Landschaft prägen. Doch es gibt auch wirkliche Schönheit: die Machair mit ihren grasbewachsenen Dünen und den vielen Wildblumen und die fantastisch weißen Sandstrände, die majestätisch wilden Hügel und die klaren Lochs oder die geheimnisumwobene Vergangenheit der Hebriden. Diese Vergangenheit ist immer noch gegenwärtig, beispielsweise durch die neolithischen Standing Stones, die Ortsnamen aus der Wikingerzeit, die verlassenen Höfe und die Erinnerung an die Vertreibungen der Bewohner.

Wer nur wenig Zeit mitbringt, sollte direkt an die Westküste von Lewis fahren. Dort befinden sich die prähistorischen Stätten, die erhalten gebliebenen *blackhouses* und die wunderbaren Sandstrände. Genau wie auf Skye gibt es über die Inseln verteilt viele Kunst- und Kunsthandwerksateliers. Die Touristeninformation verteilt eine entsprechende Liste.

ℹ Praktische Informationen

Geld

Banken mit Geldautomaten gibt es in Stornoway (Lewis), Tarbert (Harris), Lochmaddy (North Uist), Balivanich (Benbecula), Lochboisdale (South Uist) und Castlebay (Barra). Einige Hotels und Geschäfte bieten zudem Cashback-Service.

Infos im Internet

CalMac (www.calmac.co.uk) Fährzeiten.
Visit Hebrides (www.visithebrides.com)

Internetzugang

Barra Community Library (☏01871-810471; Community School; ⊙Mo, Mi 9–16.30, Di, Do 9–15.30 & 18–20, Fr 9–15.30, Sa 10–12.30 Uhr) Kostenloser Internetzugang.
Stornoway Public Library (☏01851-708631; 19 Cromwell St.; ⊙Mo–Mi, Sa 10–17, Do–Fr 10–18 Uhr) Kostenloser Internetzugang.

Medizinische Versorgung

Uist & Barra Hospital (☏01870-603603)
Western Isles Hospital (☏01851-704704; MacAulay Rd.)

Touristeninformation

Castlebay Information Centre (☏01871-810336; Main St., Castlebay; ⊙April–Okt. Mo–Sa 9–13 & 14–17, So 12–16 Uhr)
Lochboisdale Information Centre (☏01878-700286; Pier Rd.; ⊙April–Okt. Fr–Mo, Mi 9–13 & 14–17, Di, Do 9–21.30 Uhr)

Stornoway Information Centre (01851-703088; www.visithebrides.com; 26 Cromwell St.; ganzjährig Mo–Di, Do 9–18 & 20–21, Mi, Fr 9–20, Sa 9–17.30 & 20–21 Uhr)

Tarbert Tourist Office (01859-502011; Pier Rd., Tarbert; April–Okt. Mo–Sa 9–17, Di, Do, Sa auch 20–21 Uhr)

An- & Weiterreise

Fähre

Nach Stornoway verkehren die Fähren zwei- bis dreimal täglich, nach Tarbert und Lochmaddy ein- bis zweimal täglich und nach Castlebay und Lochboisdale nur einmal täglich. Von Lochboisdale kann man zudem nach Castlebay übersetzen (Auto/Fußgänger 21,65/7,50 £, 1½ Std., Mo–Do 1-mal tgl.). In der Gegenrichtung verkehren die Schiffe mittwochs, freitags und sonntags jeweils einmal.

Im Juli und August sind Reservierungen für Autos unerlässlich. Für Fußgänger und Radfahrer ist eigentlich immer Platz. Fahrräder werden kostenlos transportiert.

FÄHRLINIE	FAHRZEIT	FAHRPREIS	
Ullapool–Stornoway	2¾	43 £	8,40 £
Uig–Lochmaddy	1¾	26 £	5,70 £
Uig–Tarbet	1½	26 £	5,70 £
Oban–Castlebay	4¾	57 £	12,60 £
Oban–Lochboisdale	6¾	57 £	12,60 £

Flugzeug

Flugplätze gibt es bei Stornoway (Lewis) sowie auf Benbecula und Barra. Flugverbindungen nach Stornoway bestehen von Edinburgh, Inverness, Glasgow und Aberdeen. Wochentags gibt es außerdem täglich zwei Verbindungen zwischen Stornoway und Benbecula.

Von Glasgow werden täglich Barra und Benbecula angeflogen, von Inverness geht es auch nach Benbecula. Auf Barra landen die Flugzeuge bei Niedrigwasser auf dem Strand, sodass die Flugzeiten von den Gezeiten abhängig sind.

Eastern Airways (0870 366 9100; www.easternairways.com)

FlyBe/Loganair (01857-873457; www.loganair.co.uk)

Unterwegs vor Ort

Trotz ihrer unterschiedlichen Namen sind Lewis und Harris eine gemeinsame Insel. Berneray, North Uist, Benbecula, South Uist und Eriskay sind alle durch Straßenbrücken oder -dämme miteinander verbunden. Zwischen Leverburgh (Harris) und Berneray, zwischen Tarbert (Harris) und Lochmaddy (North Uist), zwischen Eriskay und Castlebay (Barra) sowie zwischen Lochboisdale (South Uist) und Castlebay (Barra) verkehren ebenfalls Autofähren.

Die Inselverwaltung vertreibt über die Touristeninformationen die Fahrpläne aller Busse, Fähren und Flugverbindungen auf den Äußeren Hebriden. Online findet man die Fahrpläne unter www.cne-siar.gov.uk /travel.

Auto & Motorrad

Abgesehen von der doppelspurigen „Rennstrecke" zwischen Tarbert und Stornoway sind die meisten Straßen einspurig. Die Hauptgefahr geht von den Schafen aus, die frei herumlaufen oder auf der Straße schlafen. Tankstellen sind dünn gesät – sonntags sind auf Lewis und Harris praktisch alle geschlossen. Sprit ist zudem rund 10 % teurer als auf dem Festland.

Tankstellen gibt es auf Lewis und Harris in Stornoway, Barvas, Borve, Uig, Breacleit (Great Bernera), Ness, Tarbert und Leverburgh, auf North Uist in Lochmaddy und Cladach, auf Benbecula in Balivanich, auf South Uist in Howmore, Lochboisdale und Daliburgh sowie in Castlebay auf Barra.

Autos kann man ab ca. 30 £ pro Tag mieten.

Arnol Motors (018510-710548; www.arnol-motors.com; Arnol, Lewis; Mo–Sa)

Lewis Car Rentals (01851-703760; www.lewis-car-rental.co.uk; 52 Bayhead St., Stornoway; Mo–Sa)

Bus

Mit dem Bus erreicht man praktisch jede Siedlung auf den Inseln. Auf den Hauptrouten verkehren vier bis sechs Busse täglich. Sonntags wird der Verkehr allerdings eingestellt. Fahrpläne haben die Touristeninformationen. Telefonische Infos gibt es im **Busbahnhof Stornoway** (01851-704327).

Fahrrad

Viele Radfahrer möchten zwar gerne das gesamte Inselarchipel erradeln, vernachlässigen bei ihren Planungen aber die oftmals starken Winde. Es kursieren Geschichten, wonach Radfahrer manchmal bergab trampeln müssen und mit Rückenwind mühelos bergauf fliegen. Die vorherrschende Windrichtung ist Südwest – es ist also normalerweise leichter, von Süden nach Norden zu radeln. Eine gute Nachricht: Auf der gesamten Strecke liegen nur wenige ernsthafte Steigungen, dazu zählt der Anstieg auf der Hauptstraße unmittelbar nördlich von Tarbert.

Fahrräder können für gut 15 £ pro Tag oder 60–80 £ pro Woche in Stornoway (Lewis), Uig (Lewis), Leverburgh (Harris), Howmore (South Uist) und Castlebay (Barra) ausgeliehen werden.

Harris Outdoor Adventure (☎ 07788 425157; www.harrisoutdoor.co.uk; Pier Rd., Leverburgh) Liefert die Räder auf Wunsch auch direkt zur Unterkunft.

Rothan Cycles (☎ 07740 364093; www.rothan.com; Howmore, South Uist) Bietet einen Liefer- und Abholservice zu diversen Punkten zwischen Eriskay und Stornoway.

Lewis (Leodhais)
18 600 EW.

Der nördliche Teil von Lewis wird von dem schier endlosen und unwirtlichen Black Moor dominiert. Die riesige Moorfläche ist mit glitzernden Lochans übersät, die von der Straße zwischen Stornoway und Barvas deutlich zu sehen sind. Der landschaftlich schönste Teil von Lewis ist die Westküste –zwischen Barvas und dem südwestlich liegenden Mealista. Hier erinnern die rauen Hügel, die Lochs und die Sandstrände an die Northwestern Highlands. Die beeindruckendsten historischen Denkmäler der Äußeren Hebriden – die Standing Stones von Callanish, der Broch Dun Carloway und das Arnol Blackhouse Museum – sind ebenfalls hier zu finden.

Die alten *blackhouses* mögen als Wohnhäuser der Vergangenheit angehören, doch eine wachsende Anzahl von ihnen wird als Ferienwohnungen renoviert. Viele *crofter* (Kleinbauern) arbeiten noch immer nach traditionellen Methoden aus dem Mittelalter. Sie besitzen schmale Landstreifen, damit jeder den gleichen Anteil an gutem wie schlechtem Land bekommt: Die Landstreifen beginnen am Meeresufer mit seinem wertvollen Seetang, der als Düngemittel eingesetzt wird. Dann geht es durch die grasbewachsenen Sanddünen der Machair, wo das fruchtbarste Land zu finden ist. Die Landstreifen enden schließlich mit dem schlechteren Boden der Hügel und Moore, wo die Schafe grasen. Heute tragen sich nur noch wenige *crofts* wirtschaftlich selbst, sodass die meisten Insulaner ihr Einkommen durch Fischfang, Tweedherstellung oder

DIE SONNTAGSRUHE

Die Religion spielt auf den Inseln noch immer eine zentrale Rolle, vor allem auf den vorwiegend protestantischen Inseln Lewis und Harris. Dort wird die Sonntagsruhe von den Mitgliedern der Freikirchen weiterhin strikt eingehalten.

Eine große Rolle spielt die calvinistische Free Church of Scotland, bekannt als die „Wee Frees" – die „kleinen Freien". Noch fundamentalistischer ist die Free Presbyterian Church of Scotland, die „Wee Wee Frees". Die beiden Kirchen haben sich 1843 bzw. 1893 von der Mutterkirche der Church of Scotland abgespalten. Beide sind extrem konservativ und erlauben keinerlei Schmuck sowie Orgel- oder Chormusik in den Kirchen. Ihre Pastoren predigen normalerweise von zentralen Kanzeln und oftmals in Gälisch. Vorsänger begleiten die Gemeinde bei den inbrünstig gesungenen Kirchenliedern. Bei den Gottesdiensten sind Besucher willkommen, solange sie sich respektvoll benehmen.

Die Protestanten auf den Äußeren Hebriden haben ihren sehr fundamentalistischen Religionsansatz bis heute bewahren können. Der Sonntag („Sabbath") ist vor allem der religiösen Andacht, dem Gebet und dem Bibelstudium gewidmet. Lewis und Harris sind die letzten Orte in Großbritannien, an denen der Sabbat wirklich streng eingehalten wird, sodass sonntags praktisch alles geschlossen ist. Stornoway ist wahrscheinlich der einzige Ort in Großbritannien, an dem es sonntags eine Rushhour gibt, weil die Leute zum Gottesdienst fahren, der gegen 10.30 Uhr beginnt. Für die nächsten anderthalb Stunden wird Stornoway dann zu einer Geisterstadt. Doch in letzter Zeit gibt es Anzeichen für eine Lockerung.

2002 gab es einen Aufschrei, als British Airways/Loganair Sonntagsflüge von Edinburgh und Inverness nach Stornoway einführte. Die Mitglieder der Lord's Day Observance Society lamentierten, dies sei der Anfang vom Ende. Sie hatten vermutlich Recht, denn 2003 begannen in Stornoway auch die Tankstellen zu öffnen. Nun machen sie reißenden Umsatz mit Sonntagszeitungen und Alkohol zum Mitnehmen. 2006 nahm dann die CalMac-Fähre ihren Sonntagsdienst zwischen Berneray und Leverburgh auf Harris auf. Die Bewohner von Harris waren strikt dagegen, konnten jedoch nicht gegen die Ankunft der Fähre protestieren, weil sie dann selbst die Sonntagsruhe gebrochen hätten.

Arbeit auf den Ölplattformen und Fischfarmen aufbessern.

STORNOWAY (STORNABHAGH)
6000 EW.

Stornoway ist die quirlige „Hauptstadt" der Äußeren Hebriden und die einzige richtige Stadt der Inselgruppe. Für seine Größe geht es überraschend geschäftig zu. An Wochentagen ist das Zentrum voller Menschen und Autos. Obwohl der Ort in einem reizvollen natürlichen Hafen liegt, gibt es hier keine Preise für Schönheit oder Atmosphäre zu verteilen. Aber für eine Stadt in einem so abgelegenen Winkel des Landes ist das schon in Ordnung.

Sonntags wird Stornoway zu einer Art Geisterstadt. Die gilt vor allem zwischen 11 und 12.30 Uhr, wenn nahezu jeder Bewohner dem Gottesdienst in der Kirche beiwohnt.

◉ Sehenswertes

GRATIS An Lanntair Art Centre KULTURZENTRUM
(☏01851-703307; www.lanntair.com; Kenneth St.; ⊙Mo-Mi 10-21, Do 10-22, Fr-Sa 10-24 Uhr) Das moderne Zweckgebäude des An Lanntair Art Centre beherbergt eine Kunstgalerie, ein Theater, ein Kino und ein Restaurant. Hier spielt sich das Kulturleben der Stadt ab und es gibt wechselnde Ausstellungen zeitgenössischer Kunst; außerdem Infos zu allen kulturellen Veranstaltungen.

GRATIS Museum nan Eilean MUSEUM
(☏01851-703773; Francis St.; ⊙Mo-Sa 10-17.30 Uhr, im Winter kürzere Öffnungszeiten) Das Museum dokumentiert die Geschichte der Äußeren Hebriden von der ersten menschlichen Besiedlung vor 9000 Jahren bis ins 20. Jh. Dargestellt werden das traditionelle Leben auf den Inseln sowie die Veränderungen durch Fortschritt und Technik.

Lews Castle HERRENHAUS
Das Baronial-Herrenhaus auf der anderen Hafenseite wurde in den 1840er-Jahren von den Mathesons errichtet, denen damals Lewis gehörte. Der wunderbare bewaldete Park wird von Wanderwegen durchzogen und ist öffentlich zugänglich. Im Park findet auch das Hebridean Celtic Festival (s. rechte Spalte) statt.

Das Herrenhaus wurde der Gemeinde 1923 von Lord Leverhulme geschenkt. 40 Jahre lang beherbergte es das örtliche College, steht jedoch seit 1997 leer. Das College ist jetzt in modernen Gebäuden im Park untergebracht. Derzeit werden für Lews Castle die Einrichtung eines Museums und eines Hotels geplant.

Lewis Loom Centre AUSSTELLUNG
(☏01851-704500; 3 Bayhead; Erw./Kind 1 / 0,50 £; ⊙Mo-Sa 9.30-17.30 Uhr) Das Zentrum präsentiert die Geschichte des Harris Tweed. Auf der 40-minütigen Führung (2,50 £ extra) wird das Spinnen und Weben auch praktisch vorgeführt.

✪ Festivals

Hebridean Celtic Festival MUSIKFESTIVAL
(www.hebceltfest.com) Das Festival ist eine viertägige Großveranstaltung mit Folk, Rock und keltischer Musik in der zweiten Julihälfte.

🛏 Schlafen

Hal o' the Wynd B&B ££
(☏01851-706073; www.halothewynd.com; 2 Newton St.; EZ/DZ ab 45/60 £) Ein wenig Schottenkaro und Harris Tweed geben dem freundlichen B&B am Fähranleger ein traditionelles Flair. Viele Zimmer bieten einen Blick über den Hafen zum Lews Castle.

Braighe House B&B ££
(☏01851-705287; www.braighehouse.co.uk; 20 Braighe Rd.; EZ/DZ ab 95/130 £; P) Die geräumige und komfortable Pension liegt 5 km östlich des Stadtzentrums an der A866 direkt an der Küste. Die Zimmer sind schick und modern, die Bäder haben gute Duschen, das Frühstück ist herzhaft und die Gastgeber runden das perfekte Angebot durch ihre Herzlichkeit ab.

Park Guest House B&B ££
(☏01851-702485; www.theparkguesthouse.co.uk; 30 James St.; EZ/DZ ab 58/110 £; @) Die charmante viktorianische Villa verfügt über einen Wintergarten und acht luxuriöse Zimmer, zumeist mit eigenem Bad/WC. Weitere Pluspunkte sind die zentrale Lage sowie das exzellente Restaurant, das sich auf schottische Produkte spezialisiert. Neben Fisch, Rindfleisch und Wild gibt es auch ein oder zwei vegetarische Gerichte. Die Zimmer zur Hauptstraße können unter der Woche vormittags recht laut sein.

Royal Hotel HOTEL ££
(☏01851-702109; www.royalstornoway.co.uk; Cromwell St.; EZ/DZ 87/133 £; P🕽) Das Royal stammt aus dem 19. Jh. und ist das ansprechendste Hotel in Stornoway. Die Frontzimmer haben noch immer ihre Holzvertäfe-

lung und bieten einen schönen Blick über den Hafen auf Lews Castle. Da einige Zimmer jedoch etwas klein sind, sollte man sich die Räume vorab zeigen lassen.

Heb Hostel HOSTEL £
(☎01851-709889; www.hebhostel.co.uk; 25 Kenneth St.; B 16 £; @🛜) Das Heb ist ein freundliches, lockeres Hostel in der Nähe des Fähranlegers. Die hölzernen Stockbetten sind angenehm, der gemütliche Aufenthaltsraum hat ein Torffeuer und die herzliche Besitzerin gibt gute Ratschläge für Ausflüge und Aktivitäten.

Laxdale Holiday Park CAMPINGPLATZ £
(☎01851-703234; www.laxdaleholidaypark.com; 6 Laxdale Lane; Zeltplatz 7–9 £, pro Pers. 3,50 £; ⊙April–Okt.; 🛜) Der Zeltplatz liegt 2,5 km nördlich der Stadt an der A857 in einem angenehm geschützten Wäldchen. Die Zeltfläche befindet sich jedoch überwiegend an einem Hang. Wer einen flachen Platz ergattern möchte, sollte unbedingt frühzeitig kommen. Es gibt außerdem ein *bunkhouse* (15,50 £ pro Pers.), das ganzjährig geöffnet ist.

 ## Essen

🅛🅟 Digby Chick BISTRO £££
(☎01851-700026; www.digbychick.co.uk; 5 Bank St.; Hauptgerichte 18–24 £, 2-Gänge-Mittagsmenü 12,50 £; ⊙Mo–Sa Mittag- und Abendessen) Das moderne Restaurant bietet mittags typische Bistrogerichte an, z. B. Fish & Chips, Schweinebauch sowie frittierten Blumenkohl und Spinatgemüse. Abends verwandelt sich das Digby Chick in ein Gourmetrestaurant mit Kerzenbeleuchtung. Dann werden gegrillte Langustinen, gebratene Jakobsmuscheln sowie Wild und Steaks auf den Tisch gezaubert. Zwischen 17.30 und 18.30 Uhr wird für „Early Birds" ein Drei-Gänge-Menü für 18 £ angeboten.

An Lanntair Art Centre Café BISTRO ££
(Kenneth St.; Hauptgerichte mittags 6–10 £, Abendessen 8–16 £; ⊙Café Mo–Sa 10 Uhr–spät, Mittag- und Abendessen; 🛜🍽) Schickes und familienfreundliches Restaurant im Kulturzentrum. Serviert wird eine breite Palette an frisch zubereiteten Gerichten, darunter Speckbrötchen zum Frühstück oder Burger, Baguette und Fish & Chips zum Mittagessen. Abends stehen Thai-Curry, Rindfleisch- und-Guinness-Pies sowie Nussbraten auf der Speisekarte.

Thai Café THAILÄNDISCH £
(☎01851-701811; www.thai-cafe-stornoway.co.uk; 27 Church St.; Hauptgerichte 5–8 £; ⊙Mo–Sa 12–14.30 & 17.30–23 Uhr) Hier wartet eine Überraschung: ein authentisches, günstiges thailändisches Restaurant im Herzen von Stornoway. Der Küchenchef kommt aus Thailand und kreiert das leckerste und preisgünstigste asiatische Essen auf den Äußeren Hebriden. Falls alle Tische belegt sind, kann man das Essen auch zum Mitnehmen bestellen.

❶ Praktische Informationen
Baltic Bookshop (☎01851-702802; 8–10 Cromwell St.; ⊙Mo–Sa 9–17.30 Uhr) Gute Auswahl an regionalen Geschichtsbüchern und Karten.

Tankstelle Sandwich Road (☎01851-702304; Sandwich Rd.) Der einzige Laden in Stornoway, der auch sonntags geöffnet hat (10–16 Uhr); die Sonntagszeitungen liegen ab ca. 14 Uhr aus.

❶ An- & Weiterreise
Der Busbahnhof liegt diekt neben dem Fährterminal (Gepäckaufbewahrung für 90 p/Stück) im Hafen. Der Bus W10 verkehrt von Stornoway nach Tarbert (4,30 £, 1 Std., Mo–Sa 4- bis 5-mal tgl.) und weiter nach Leverburgh (6 £, 2 Std.).

Der Westside Circular Bus W2 bedient die Rundstrecke von Stornoway über Callanish, Carloway, Garenin und Arnol zurück nach Stornoway. Der Fahrplan ist so günstig, dass man auf der Rundfahrt in der Regel ein bis zwei Sehenswürdigkeiten besichtigen kann.

BUTT OF LEWIS (RUBHA ROBHANAIS)
Der raue Butt of Lewis markiert mit seinem mächtigen Leuchtturm das nördliche Ende der Hebriden. Hier ist es immer windig. Unten donnern die Wellen an die hohen Klippen, wo Eissturmvögel in großer Anzahl nisten. Man kommt sich auf trostlose Weise verlassen vor, denn zwischen den Klippen und Kanada erstreckt sich hier nur noch der graue Atlantik.

Kurz vor der Abzweigung zum Butt befindet sich in Eoropie (Eoropaidh) die **St. Moluag's Church** (Teampull Mholuidh). Der schlichte scheunenartige Bau soll angeblich aus dem 12. Jh. stammen und wird heute von der Episkopalkirche genutzt. Die Hauptsiedlung in dieser Gegend heißt **Port of Ness** (Port Nis). Westlich des Ortes mit dem reizvollen Hafen liegt der Sandstrand bei **Traigh**, der bei Surfern sehr beliebt ist. In der Nähe können sich Kinder auf einem Abenteuerspielplatz austoben.

ARNOL

Das **Arnol Blackhouse** (HS; ☎01851-710395; Erw./Kind 3,25 £/frei; ⏱April–Sept. Mo–Sa 9.30–17.30 Uhr, Okt.–März Mo–Sa 9.30–16.30 Uhr, letzter Einlass 30 Min. vor Schließzeit) ist in einem der beeindruckendsten historischen Gebäude Schottlands untergebracht. Eigentlich handelt es sich um kein Museum, sondern um ein perfekt konserviertes Relikt einer untergegangenen Welt. Das traditionelle *blackhouse* wurde 1885 errichtet und vereinte Stall, Scheune und Wohnung unter einem Dach. Bis 1964 war das Haus bewohnt und wurde seitdem unverändert erhalten. Die Angestellten zünden jeden Morgen das Torffeuer an, sodass der markante Torfgeruch in dem kaminlosen Gebäude hängt. Der Rauch zieht durch das Torfdach, die Fenster und die Tür langsam nach draußen. Wer zu lange im Haus bleibt, wird ziemlich eingeräuchert. Das Museum liegt etwas abseits der A858, rund 5 km westlich von Barvas.

Im nahe gelegenen **Bragar** formen zwei Walknochen (vermutlich zwei Kieferhälften) einen Bogen an der Straße. In der Mitte hängt die rostende Harpune herunter, die den Wal getötet hat.

GARENIN (NA GEARRANNAN)

Das idyllische und faszinierende **Gearrannan Blackhouse Village** ist eine Siedlung aus neun restaurierten reetgedeckten Blackhouses unmittelbar an der ungeschützten Atlantikküste. Eines der Häuser beherbergt das **Blackhouse Museum** (☎01851-643416; www.gearrannan.com; Erw./Kind 2,70/1 £; ⏱April–Sept. 9.30–17.30 Uhr). In dem traditionellen Blackhouse von 1955 wird die Ortsgeschichte dokumentiert, während in einem weiteren Cottage das **Taigh an Chocair Cafe** (Hauptgerichte 3–6 £; ⏱Mo–Sa 9.30–17.30 Uhr) untergebracht ist.

Die anderen Blackhouses werden als **Ferienhäuser** (☎01851-643416; www.gearrannan.com; Cottage für 2 Pers. 199 £ für 3 Nächte) an Selbstversorger vermietet. So kann man in einem einzigartigen und komfortabel modernisierten Blackhouse mit Küche und Wohnzimmer wohnen. Von Juni bis August müssen die Gäste mindestens fünf Nächte bleiben.

CARLOWAY (CARLABAGH)

Dun Carloway (Dun Charlabhaigh) ist ein 2000 Jahre alter steinerner Broch (Wehrturm), der trutzig an einem wunderbaren Loch steht. Von hier sind die Berge von North Harris zu sehen. Die Anlage ist von der A858 über eine Nebenstraße gut ausgeschildert und liegt 1,5 km südwestlich des Ortes Carloway. Die doppelten Mauern mit einer inneren Treppe sind noch 9 m hoch und zeugen von den technischen Fertigkeiten der eisenzeitlichen Architekten. Der Broch ist einer der besterhaltenen in Schottland.

Das winzige, mit Grassoden gedeckte **Doune Broch Centre** (☎01851-643338; Eintritt frei; ⏱April–Sept. Mo–Sa 10–17 Uhr) ganz in der Nähe präsentiert eine informative Ausstellung zur Geschichte des Broch und zum Leben der Menschen, die hier in früheren Zeiten wohnten.

CALLANISH (CALANAIS)

Die **Callanish Standing Stones** befinden sich 24 km westlich von Stornoway an der A858. Sie bilden als Ensemble einen der vollständigsten Steinkreise in ganz Großbritannien. Was die stimmungsvolle Lage angeht, hält Callanish auch internationalen Vergleichen stand. Die geheimnisvolle Zeitlosigkeit, die beeindruckende Größe und die unbestreitbare Schönheit hinterlassen einen bleibenden Eindruck. Die Anlage wurde auf einem wilden und abgelegenen Vorsprung am Loch Roag errichtet. 13 große Steine aus wunderschön gebändertem Gneis sind wie zur Andacht um einen zentralen, 4,5 m großen Monolithen gruppiert. Rund 40 kleinere Steine formen rundum ein Kreuz.

Wissenschaftler kamen zu dem Ergebnis, dass die Anlage zwischen 3800 und 5000 Jahre alt ist. Damit sind die Standing Stones ungefähr zur gleichen Zeit wie die ägyptischen Pyramiden entstanden. Das nahe gelegene **Calanais Visitor Centre** (☎01851-621422; www.callanishvisitorcentre.co.uk; Eintritt frei, Ausstellung 2,50 £; ⏱April–Sept. Mo–Sa 10–21 Uhr, Okt.–März Mi–Sa 10–16 Uhr; P) ist ein Meisterwerk des schlichten Designs. Die kleine Ausstellung spekuliert darüber, wer die Steine zu welchem Zweck errichtet hat. Das angeschlossene **Café** (Hauptgerichte 5–7 £) ist sehr zu empfehlen.

Übernachtungsgäste haben die Wahl zwischen **Eshcol Guest House** (☎01851-621357; www.eshcol.com; 21 Breascleit; Zi. pro Pers. 43 £; P) und dem benachbarten **Loch Roag Guest House** (☎01851-621357; www.lochroag.com; 22a Breascleit; Zi. pro Pers. 40–55 £; P) rund 1 km nördlich von Callanish. Die beiden modernen Bungalows haben denselben freundlichen Besitzer, der die Gegend wie seine Westentasche kennt.

GREAT BERNERA

Die felsige Insel wurde 1953 durch eine Brücke mit Lewis verbunden. Die Bewohner von Bernera hatten zunächst überlegt, einen kleinen Hügel zu sprengen, um mit dem Material einen eigenen Damm zu bauen. An sonnigen Tagen lohnt sich der lange Abstecher zur nördlichen Inselspitze, hier kann man sich für ein Picknick am idyllischen kleinen Sandstrand bei **Bosta** (Bostadh) niederlassen.

1996 gruben Archäologen am Strand ein komplettes eisenzeitliches Dorf aus. Später wurde die Fundstelle aus Konservierungsgründen wieder zugeschüttet. Ein rekonstruiertes **eisenzeitliches Haus** (01851-612331; Bosta; Erw./Kind 2,50 £/50 p; Mai–Sept. Mo–Fr 12–16 Uhr) kann in der Nähe besichtigt werden. Über dem Torffeuer wird Hammelfleisch geräuchert, während der Wärter das Alltagsleben in der Eisenzeit beschreibt – sehr faszinierend und unbedingt lohnenswert.

Von Montag bis Samstag fahren fünf Busse täglich von Stornoway zur Siedlung Breacleit (1 Std.) auf Great Bernera. Auf Nachfrage fährt der Bus zwei- bis dreimal täglich auch weiter nach Bosta. Als Alternative bietet sich eine ausgeschilderte 8 km lange **Küstenwanderung** von Breacleit nach Bosta an.

MIAVAIG (MIAGHAIG) & MEALISTA (MEALASTA)

Die B8011 ist von der A858 zwischen Callanish und Stornoway ab Garrynahine Richtung Uig ausgeschildert. Sie schlängelt sich durch eine landschaftlich sehr schöne Wildnis nach Timsgarry (Timsgearraidh) und führt zu einem der attraktivsten Strände Schottlands. In **Miavaig** ist ein Abstecher über das Bhaltos Estate zu dem 1,5 km langen weißen **Reef Beach** möglich. In der Machair hinter dem Strand befindet sich ein schlichter **Campingplatz** (pro Pers. 2 £).

Von April bis September bietet SeaTrek (01851-672469; www.seatrek.co.uk; Miavaig Pier) zweistündige Bootstouren (Erw./Kind 35/25 £, Mo–Sa) in einem Gummi-Schnellboot an. Unterwegs kann man Seehunde und nistende Seevögel sehen. Im Juni und Juli werden abenteuerlichere Ganztagestouren (90 £ pro Pers., 2-mal pro Monat) in einem großen Motorschiff zu den **Flannan Isles** angeboten. Die Inselgruppe mit winzigen, unbewohnten Eilanden liegt 40 km nordwestlich von Lewis. Auf den Inseln sind die Papageientaucher und Seehunde sowie eine verfallene Kapelle aus dem 7. Jh. die Hauptattraktionen. Bekannt sind die Flannan Isles aber auch, weil drei Leuchtturmwärter im Dezember 1900 spurlos verschwanden. Angeboten werden zudem zwölfstündige Touren nach **St. Kilda** (180 £, Mai–Sept. 1- bis 2-mal wöchentlich, wetterabhängig).

Von Miavaig führt die Straße durch eine felsige Gegend weiter nach Timsgarry und erreicht den endlos langen Sandstrand **Traigh Uige** (Uig Sands). In den Sanddünen wurden 1831 die berühmten, aus Walross-Elfenbein gefertigten **Lewis-Schachfiguren** aus dem 12. Jh. entdeckt. Von den 78 Figuren sind 67 im British Museum in London ausgestellt, die restlichen elf im National Museum of Scotland in Edinburgh (S. 58). Kopien der Figuren sind in mehreren Geschäften auf der Insel erhältlich.

Auf der Südseite der Bucht (ausgeschildert „Ardroil Beach") befindet sich ein sehr einfacher **Zeltplatz** (pro Pers. 2 £). Es gibt zwar Toiletten, aber keine Duschen. Ein hervorragendes Guest House ist hingegen das **Baile-na-Cille** (01851-672242; www.bailenacille.co.uk; Timsgarry, Uig; Zi. pro Pers. 55 £), auf der Nordseite der Bucht.

Am südwestlichen Ende des Traighe Uig ist die **Auberge Carnish** (01851-672459; www.aubergecarnish.co.uk; Carnais; EZ/DZ ab 85/120 £), ein wunderschönes Holzgebäude, in dem ein luxuriöses B&B mit Restaurant untergebracht ist. Der Blick über den Strand ist fantastisch.

Die kleine Straße, die von Timsgarry nach **Mealista** weiterführt, passiert einige kleinere, aber immer noch außergewöhnlich weiße Sandstrände, bis die Piste plötzlich im Nirgendwo endet. An einem klaren Tag kann man am Horizont St. Kilda ausmachen.

Harris (Na Hearadh)

2000 EW.

Harris heißt der südliche Teil der größten Insel auf den Äußeren Hebriden. Harris ist das landschaftliche Juwel dieser Inselkette mit einer atemberaubenden Mischung aus zerklüfteten Bergen, zauberhaften Stränden, blumenreicher Machair und rauen Felsformationen. Die Landenge bei Tarbert teilt Harris in zwei mehr oder weniger gleich große Teile: North Harris wird von den Bergen dominiert, die majestätisch einen Sperrriegel vor die Torfmoore südlich von Stornoway ziehen. Der höchste Berg ist der

Clisham (799 m). South Harris ist wesentlich flacher – im Westen liegen die wunderbar weißen Sandstrände, während die Ostküste sehr felsig ist.

Berühmt ist die Insel für ihren Harris Tweed. Die hochwertigen Wollprodukte werden immer noch zu Hause von Hand gewoben. Der Industriezweig beschäftigt insgesamt 400 Weber. In der Touristeninformation in Tarbert erfährt man, welche Weber Besucher empfangen. Der kräftige, raue Stoff wird zur Herstellung von Mänteln und Anzügen verwendet.

TARBERT (AN TAIRBEART)
480 EW.

Tarbert ist ein fantastisch gelegener Hafenort, hingeschmiegt auf das kleine Stückchen Land, das North und South Harris verbindet. Fähren verkehren von hier nach Uig auf Skye.

Im Ort gibt es eine Tankstelle, eine Bank, einen Geldautomaten und zwei Gemischtwarenläden.

Schlafen & Essen

Hotel Hebrides HOTEL ££
(01859-502364; www.hotel-hebrides.com; Pier Rd.; EZ/DZ ab 50/130 £;) Von außen sieht das unscheinbare neue Gebäude zwischen Fähranleger und Parkplatz nicht sehr vielversprechend aus. Doch das moderne Hebrides bringt einen Hauch von städtischem Flair nach Harris. Die modischen Stoffe und das Wanddesign fallen sofort ins Auge, Handtücher und Badeartikel sind sehr ansprechend und das Restaurant sowie die Lounge Bar sind ziemlich schick.

Harris Hotel HOTEL ££
(01859-502154; www.harrishotel.com; EZ/DZ ab 65/98 £;) Seit 1903 von vier Generationen der Familie Cameron geführt, beginnt die Geschichte des Harris Hotel im 19. Jh. als Sporthotel. Damals quartierten sich hier Jäger ein, die auf den North Harris Estates zur Jagd gingen. Heute bietet es große, bequeme Zimmer und ein gutes Restaurant. Ins Fenster des Speisesaals sind die Initialen von J. M. Barrie gekratzt (der Autor von *Peter Pan* übernachtete hier in den 1920er-Jahren).

Das Hotel liegt an der Ausfahrt aus dem Dorf an der Straße Richtung Norden nach Stornoway.

Tigh na Mara B&B £
(01859-502270; www.tigh-na-mara.co.uk; East Tarbert; Zi. pro Pers. 25–30 £;) Das B&B bietet ein ausgezeichnetes Preis-Leistungs-Verhältnis, auch wenn das Einzelzimmer etwas zugestellt wirkt. Vom Fähranleger sind es nur fünf Minuten den Hügel an der Touristeninformation hinauf und dann rechts. Jeden Tag wird frischer Kuchen gebacken, den man dann im Wintergarten mit Blick über die Bucht genießen kann.

First Fruits CAFÉ £
(01880-502439; Pier Rd.; Hauptgerichte 3–10 £; April–Sept. Mo–Sa 10–16 Uhr) Der gemütliche kleine *tearoom* in einem Cottage neben der Touristeninformation ist ein nettes Plätzchen, um auf die Fähre zu warten.

NORTH HARRIS

North Harris ist die gebirgigste Region der Äußeren Hebriden. Es gibt nur wenige Straßen in der herrlichen Gegend und Wanderer, Kletterer sowie Vogelliebhaber fühlen sich sofort zu Hause.

Die B887 zweigt 5 km nördlich von Tarbert nach Westen ab. Endpunkt ist **Hushinish,** wo ein schöner, silbern leuchtender Sandstrand wartet. Unterwegs passiert man eine **ehemalige Walfangstation.** Dies war eines der gescheiterten Entwicklungsprojekte von Lord Leverhulme. Beeindruckend ist das Jagdschlösschen **Amhuinnsuidhe Castle,** in dem sich heute ein exklusives Hotel befindet. Zwischen den beiden Punkten beginnt bei Miavaig an einer Parkbucht hinter einem Gatter ein Weg, der Wanderer zu einem 2 km entfernten **Beobachtungspunkt für Steinadler** führt.

Unmittelbar nordwestlich von Hushinish liegt die unbewohnte Insel **Scarp.** Dort versuchte man 1934, Post per Rakete zu verschicken. Diese Geschichte wird in dem Film *The Rocket Post* (2001) aufgegriffen, der auf Harris gedreht wurde.

Das **Rhenigidale Crofters' Hostel** (www.gatliff.org.uk; Rhenigidale; B Erw./Kind 12/7 £) erreicht man zu Fuß von Tarbert (10 km) in gut 3 Stunden. Die Wanderung ist empfehlenswert, doch sollte man alle nötigen Utensilien für eine Bergwanderung mitnehmen (Karte, Kompass, Regenschutz etc.). Zunächst geht es 3 km über die Straße Richtung Kyles Scalpay. In einer Kurve direkt hinter den Laxdale Lochs zweigt ein ausgeschilderter Pfad links ab, der über die Hügel führt (auf den OS-Karten eingetragen). Das kleine Hostel liegt in einem weißen Gebäude oberhalb der Straße auf der östlichen Seite des Tals. Die Anmeldung erfolgt in dem Haus, das dem Strand am nächsten steht.

Die einsame Siedlung Rhenigidale ist auch über eine Straße erreichbar. Der Bus W11 fährt – nur auf Anforderung – von Tarbert (30 Min., Mo–Sa 2-mal tgl.) dorthin; die Fahrt muss vorher angemeldet werden (01859-502250).

SOUTH HARRIS

Die Westküste von South Harris besitzt einige der schönsten Strände von ganz Schottland. Der leuchtend weiße Sand und das türkisfarbene Wasser bei **Luskentyre** und **Scarasta** würden den Ort – läge er in einer milderen Klimazone mit wärmeren Temperaturen – schnell in ein Top-Urlaubsziel verwandeln. Auf Harris sind die Strände jedoch meist menschenleer.

Die **Ostküste** unterscheidet sich völlig vom Westen. Hier bestimmt eine außergewöhnliche felsige Mondlandschaft aus Gneis, durchsetzt mit winzigen Tümpeln, das Bild. Die Einöde wird nur gelegentlich durch grüne Einsprengsel rund um die Crofter-Gemeinden aufgelockert. Filmfans nennen vielleicht die psychedelisch angehauchten Szenen aus *2001: Odyssey im Weltraum*, in denen die Oberfläche des Jupiter gezeigt wird. In Wirklichkeit wurden die Bilder von einem tief fliegenden Flugzeug an der Ostküste von Harris aufgenommen.

Die schmale, extrem kurvenreiche Küstenstraße ist vor Ort als **Golden Road** bekannt, weil der Bau so unglaublich teuer war. Die Straße wurde in den 1930er-Jahren angelegt, um die kleinen Ortschaften („The Bays") miteinander zu verbinden.

◉ Sehenswertes & Aktivitäten

Seallam! Visitor Centre BESUCHERZENTRUM
(www.seallam.com; Northton; Erw./Kind 2,50/2 £; ⊙Mo–Sa 10–17 Uhr) Kultur und Landschaft der Hebriden werden in der faszinierenden Ausstellung gewürdigt. *Seallam* steht Gälisch für „Kommen Sie mit". Das Center in Northton, unmittelbar südlich von Scarasta, unterhält auch ein Ahnenforschungsarchiv für Leute, die ihre Vorfahren auf den Hebriden aufspüren wollen.

GRATIS **St. Clement's Church** KIRCHE
(Rodel) Am südlichsten Ende der Ostküste steht die beeindruckende St. Clement's Church aus dem 16. Jh. Sie wurde von Alexander MacLeod of Dunvegan ab den 1520er-Jahren erbaut, um schon nach der Reformation 1560 aufgegeben zu werden. Die wehrhafte Bauweise lässt keinen Zweifel daran, dass die Kirche in stürmischen Zeiten entstand.

Es gibt mehrere schöne **Grabmäler** im saalförmigen Kirchenschiff. Der Grabstein für Alexander MacLeod wurde mit Jagdszenen, einer Burg, einem traditionellen Langschiff sowie mehreren Heiligen verziert, darunter dem hl. Clemens, der einen Totenschädel hält.

Leverburgh DORF
(An t-Ob; www.leverburgh.co.uk) Das Dorf Leverburgh wurde nach Lord Leverhulme benannt, der die Sonnencreme erfand und den Unilever-Konzern gründete. Leverhulme kaufte 1918 Lewis und Harris. Er hatte große Pläne für An t-Ob, wie Leverburgh damals hieß. Hier sollte ein großer Fischereihafen mit 10 000 Einwohnern entstehen. Doch die Pläne zerplatzten mit Lord Leverhulmes Tod 1925. Der Ort verfiel wieder in seinen alten Dornröschenschlaf.

Kilda Cruises BOOTSTOUREN
(☎01859-502060; www.kildacruises.co.uk; Leverburgh Pier; pro Pers. 190 £; ⊙April–Sept.) Angeboten werden zwölfstündige Ausflugsfahrten nach St. Kilda (3 Std. pro Weg, plus 6 Std. Landgang; wetterabhängig) sowie Spezialtouren für Privatgäste. Alle Touren nur nach Voranmeldung.

🛏 Schlafen & Essen

Carminish Guest House B&B ££
(☎01859-520400; www.carminish.com; 1a Strond, Leverburgh; EZ/DZ 55/75 £; P🛜) Das einladende Carminish ist eines der wenigen B&Bs auf Harris, die ganzjährig geöffnet sind. In dem modernen Haus gibt es drei gemütliche Zimmer mit netten Extras wie handgemachter Seife, einer Karaffe Trinkwasser und individuellen Leselampen über den Betten. Vom Esszimmer fällt der Blick auf den Fähranleger.

Sorrel Cottage B&B ££
(☎01859-520319; www.sorrelcottage.co.uk; 2 Glen, Leverburgh; EZ/DZ ab 45/70 £; 🌿) Sorrel Cottage ist ein ansehnliches Crofter-Cottage rund 2,5 km westlich des Fähranlegers in Leverburgh. Das Abendessen kostet 18 £ pro Pers. und es gibt auch vegetarische Gerichte. Mit Fahrradverleih.

Rodel Hotel INN ££
(☎01859-520210; www.rodelhotel.co.uk; Rodel; EZ/DZ 79/130 £; P) Von dem abweisend grauen Äußeren des einsamen Hotels sollte man sich nicht abschrecken lassen, denn

im Inneren wurde alles auf hohem Niveau renoviert. Die vier großen Zimmer sind luxuriös eingerichtet. Das Zimmer „Iona" mit zwei Einzelbetten hat in der Tat den besten Blick über den netten kleinen Hafen hinüber nach Skye.

Das **Hotelrestaurant** (Hauptgerichte 11-19 £; 17.30-21.30 Uhr) serviert leckere regionale Fisch- und Wildgerichte sowie Meeresfrüchte, darunter Jakobsmuscheln aus heimischen Gewässern mit einer sahnigen Weißweinsoße.

Am Bothan HOSTEL £
(01859-520251; www.ambothan.com; Ferry Rd., Leverburgh; B 20 £; P) Im attraktiven Hostel gibt es kleine saubere Schlafsäle und eine großartige Veranda. Dort kann man seinen Frühstückskaffee mit Blick auf die Bucht in Ruhe genießen. Am Bothan verleiht auch Fahrräder und organisiert Schiffstouren zum Beobachten der in der Region lebenden Tierwelt.

Lickisto Blackhouse Camping CAMPINGPLATZ £
(01859-530485; www.freewebs.com/vanvon; Liceasto; Zelt pro Erw./Kind 12/6 £, Jurte 70 £) Der abgelegene und schlichte Zeltplatz zwischen Heide und Felsen liegt auf einer alten Croft-Farm, wo die Hühner noch frei herumlaufen. Die Jurte ist mit einem Doppelbettfuton und einen Gaskocher ausgestattet, hat aber leider keinen Stromanschluss. Bus W13 von Tarbert nach Leverburgh hält direkt vor dem Eingang.

Skoon Art Café CAFÉ £
(01859-530268; www.skoon.com; Geocrab; Hauptgerichte 4-7 £; März-Okt. Di-Sa 10-16.30 Uhr, Nov.-22. Dez. Mi-Sa 12-16 Uhr, Mittagessen 11-16 Uhr) Auf halber Strecke entlang der Golden Road befindet sich das Skoon Art Café. Die kleine Galerie ist zugleich auch ein hervorragendes Café. Die selbst gemachten Suppen, Sandwiches, Kuchen und Desserts sind himmlisch - unbedingt die Marmeladen und den Ingwerkuchen probieren.

ⓘ An- & Weiterreise

Die **CalMac-Autofähre** (www.calmac.co.uk) windet sich durch die Riffe des Sound of Harris von Leverburgh nach Berneray (Fußgänger/Auto 6,95/31,50 £, 1¼ Std., Mo-Sa 3- bis 4-mal tgl.).

Zwei bis vier Busse täglich (außer sonntags) verkehren von Tarbert nach Leverburgh; Die Linie W10 nimmt die Hauptstraße entlang der Westküste, die Linie W13 die Golden Road entlang der Ostküste.

Berneray (Bearnaraigh)

140 EW.

Berneray wurde 1998 über einen Fahrdamm mit North Uist verbunden. Aber das hat der Ruhe und Schönheit der ehemaligen Insel keinen Schaden zugefügt. Die **Strände** an der Westküste gehören zu den natürlichsten in ganz Großbritannien. An der Ostküste tummeln sich in Bays Loch Seehunde und Otter.

Das schlichte, aber stimmungsvolle **Gatliff Hostel** (www.gatliff.org.uk; B Erw./Kind 12/7 £, Zelt pro Pers. 7 £) ist in zwei restaurierten Blackhouses direkt am Meer untergebracht - idyllischer geht es nicht. Man kann sowohl am Hostel zelten als auch auf der Grasfläche oberhalb des Strandes weiter nördlich.

Snacks werden im Sommer im *tearoom* **Lobster Pot** (Mo-Sa 9-17.30 Uhr) unweit des Fahrdamms serviert. Angeschlossen ist der Inselladen Ardmarree Stores. Im **Nurse's Cottage** (www.isleofberneray.com; Juni-Aug. Mo-Fr 11-15 Uhr) liegen touristische Infos aus.

Der Bus W19 verkehrt von Berneray (Gatliff Hostel und Harris-Fähre) nach Lochmaddy (30 Min., Mo-Sa 6-mal tgl.). Nach Leverburgh auf Harris pendeln außerdem diverse Fähren.

North Uist (Uibhist A Tuath)

1550 EW.

Die Insel North Uist besteht zur Hälfte aus Seen. Deshalb ist sie für das Forellenangeln ebenso bekannt wie für die fantastischen Strände im Norden und Westen der Insel. Für Vogelkundler ist North Uist gleichsam ein Paradies auf Erden. Regelmäßig lassen sich Stelz- und Wasservögel beobachten, darunter auch Rotschenkel, Odinshühnchen und Sterntaucher. Die Landschaft ist nicht so wild und gebirgig wie auf Harris, besitzt aber ihren ganz eigenen Charme.

Das kleine Lochmaddy ist das Dorf, in dem alle Reisenden, die mit der Fähre von Skye reisen, ankommen. Es gibt eine Touristeninformation, einige Läden, eine Bank mit einem Geldautomaten, ein Postamt und einen Pub.

◉ Sehenswertes

Balranald Nature Reserve NATURSCHUTZGEBIET
Vogelkundler besuchen gerne das Naturschutzgebiet der Vogelschutzorganisation

ABSTECHER

ST KILDA

St Kilda (www.kilda.org.uk) ist eine Ansammlung von spektakulären kleinen Eilanden mit hohen Steilklippen und mehreren Felsnadeln im Meer, die rund 70 km westlich von North Uist liegen. Die größte Insel, Hirta, ist nur rund 3 km lang und 1,5 km breit. Praktisch die ganze Insel, die dem National Trust for Scotland (NTS) gehört, ist von Steilklippen dominiert. St. Kilda steht auf der Weltkulturerbeliste der Unesco und beherbergt die größte Vogelbrutkolonie im Nordatlantik. Mehr als eine Million Vögel brüten hier.

Besucher können nicht nur die Vögel beobachten, sondern auch die Reste der Siedlung an der Village Bay, wo es ein Ranger-Büro und ein kleines Museum gibt. Alternativ kann man den höchsten Punkt der Insel erklimmen.

Geschichte

Hirta war bis ins 19. Jh. von rund 200 Gälisch sprechenden Insulanern bewohnt. Mit der Ankunft von kirchlichen Missionaren und Touristen begann der langsame Zerfall des traditionellen Lebensstils. In den 1920er-Jahren war die Inselwirtschaft aufgrund von Krankheiten und Auswanderung zusammengebrochen und die letzten 35 Insulaner wurden 1930 auf eigenen Wunsch evakuiert. Die Menschen auf St. Kilda hatten sich mit Schafzucht, Fischfang und ein wenig Landwirtschaft über Wasser gehalten. Sie kletterten barfuß in die Klippen, um Seevögel zu fangen und ihre Eier zu sammeln. Über die Jahrhunderte führte dies zu einigen genetischen Besonderheiten, so hatten die Männer auf St. Kilda ungewöhnlich lange Zehen.

Anreise

Bootstouren nach St. Kilda gleichen einer echten Expedition und hängen primär vom Wetter ab. Die Tagesausflüge dauern rund zwölf Stunden, schon die einfache Fahrt dauert jeweils drei Stunden – und das bei oftmals rauer See. Zu den Touranbietern zählen Kilda Cruises (S. 462) und SeaTrek (S. 459).

RSPB, 29 km westlich von Lochmaddy. Mit etwas Glück sieht man hier die seltenen Odinshühnchen oder hört den markanten Ruf des Wachtelkönigs. Der Ranger im **Besucherzentrum** (Eintritt frei; April-Aug. 9–18 Uhr) bietet 1½-stündige Führungen an (5 £, Mai–Aug. Di 10 Uhr ab Besucherzentrum).

Taigh Chearsabhagh　KULTURZENTRUM, MUSEUM
(01876-500293; http://taigh-chearsabhagh.org; Lochmaddy; Eintritt Kulturzentrum frei, Museum 3 £; Mo–Sa 10–16 Uhr) Taigh Chearsabhagh ist ein kombiniertes Museum und Kulturzentrum, das die Geschichte und Kultur der Uists präsentiert. Außerdem ist es ein lebendiger Treffpunkt mit Post und **Café** (Hauptgerichte 3–7 £). Serviert werden selbst gemachte Suppen sowie herzhafte Sandwiches und leckere Kuchen.

Bharpa Langass &
Pobull Fhinn　HISTORISCHE STÄTTEN
Ein markierter Rundweg führt vom Langass Lodge Hotel – 10 km südwestlich von Lochmaddy an der A867 – zum neolithischen Kammergrab **Bharpa Langass** und zum Steinkreis **Pobull Fhinn** (Finns Leute). Beide sind rund 5000 Jahre alt. Im malerischen Loch sieht man gelegentlich Robben und auch Otter.

🛌 Schlafen & Essen

Tigh Dearg Hotel　HOTEL ££
(01876-500700; www.tighdearghotel.co.uk; Lochmaddy; EZ/DZ ab 99/110 £; P) Von außen sieht das „Rote Haus" – so die Übersetzung aus dem Gälischen – wie ein kleines Hostel aus. Doch in Wirklichkeit ist es die gehobenste Unterkunft in Lochmaddy. Es gibt neun Designerzimmer, eine Lounge mit Ledersofas und offenem Kamin, einen Fitnessraum und sogar eine Sauna. Auch das Restaurant ist gut und bietet von der Terrasse einen wunderschönen Blick aufs Meer hinaus.

Old Courthouse　B&B ££
(01876-500358; oldcourthouse@googlemail.com; Lochmaddy; Zi. pro Pers. ab 30 £; P) Das georgianische Haus liegt in fußläufiger Entfernung von der Fähre an der Straße, die zum Uist Outdoor Centre führt. Es wirkt

bereits ein klein wenig in die Jahre gekommen, ist aber sehr stimmungsvoll. Zum Frühstück gibt es traditionelles Porridge, selbst gemachte Marmelade sowie geräucherten Hering.

Langass Lodge Hotel HOTEL ££
(☎01876-580285; www.langasslodge.co.uk; Locheport; EZ/DZ ar 75/109 £; [P][☎]) Das freundliche Langass Lodge Hotel war früher eine Jagdhütte und liegt ganz für sich alleine am Loch Langais. Nach der Renovierung und Erweiterung gibt es nun ein Dutzend ansprechende Zimmer. Viele von ihnen bieten einen herrlichen Ausblick aufs Meer. Das Restaurant (2-/3-Gänge-Abendessen 30/36 £) zählt zu den besten auf den Hebriden und ist für seine herrlichen Fisch- und Wildgerichte bekannt.

An- & Weiterreise

Busse verkehren von Lochmaddy nach Berneray, Langass, Clachan na Luib, Benbecula und Lochboisdale (Mo–Sa 5- bis 6-mal tgl.).

Benbecula (Beinn Na Faoghla)

1200 EW.

Benbecula ist eine flache Insel. Die mit kleinen Tümpeln und Seen übersäte Landschaft kann man am besten vom höchsten Punkt der Insel würdigen, dem 124 m hohen **Rueval**. Von der Hauptstraße führt ein ausgeschilderter Pfad über die Südseite des Hügels bergan (der Parkplatz und Startpunkt der Wanderung liegt gleich neben der wenig ansehnlichen Mülldhalde). Angeblich h MacDonald 1746 diese Route auf ihrer Flucht gewählt.

Das Kontrollzentrum der Raketenteststation des britischen Verteidigungsministeriums, die sich an der Nordwestspitze von South Uist befindet, ist zugleich der Hauptarbeitgeber der Insel. Balivanich (Baile a'Mhanaich) stellt die wirtschaftliche Versorgung der Soldaten und ihrer Familien sicher.

Leider sieht der Ort aus, als sei ein Glasgower Wohnblock unglücklicherweise in der Machair gestrandet. In Balivanich gibt es eine Bank, die auch über einen Geldautomaten verfügt, eine Post, einen großen **Co-op-Supermarket** (◷Mo–Sa 8–20, So 12.30–18 Uhr) und eine Tankstelle (auch sonntags geöffnet). Hier befindet sich auch der **Flughafen von Benbecula**.

South Uist (Uibhist A Deas)

1900 EW.

South Uist ist die zweitgrößte Insel der Äußeren Hebriden; ihre schönsten Ecken lernen nur diejenigen kennen, die abseits der von Norden nach Süden verlaufenden Straße auf Erkundungsreise gehen. Die tief gelegene Westküste ist ein nahezu ununterbrochener Streifen weißen Sandstrands und mit Blumen übersäten Machair (fruchtbares Küstenland). Ein neuer ausgeschilderter Wanderweg, der **Machair Way**, folgt der Küstenlinie. Die Lochs im Inneren der Insel sind hervorragende Forellengewässer. Die Ostküste, zerklüftet von vier großen Buchten (Lochs), ist hügelig und abgelegen, die höchste Erhebung ist der spektakuläre **Beinn Mhor** (620 m).

Auf der Fahrt von Benbecula nach Süden verlässt man die vorwiegend protestantische Nordhälfte der Äußeren Hebriden und erreicht den römisch-katholischen Süden. Die religiöse Grenzlinie wird durch die Granit-Marienstatue **Our Lady of the Isles** am Hang des Rueval markiert. Auf dem Gipfel sind die militärischen Radaranlagen zu sehen. Es folgen etliche Wegkreuze entlang der Straße.

Der Fährhafen **Lochboisdale** ist die größte Siedlung der Insel. Hier gibt es eine Touristeninformation, eine Bank mit Geldautomat, einen Einkaufsladen sowie eine Tankstelle.

⊙ Sehenswertes & Aktivitäten

Loch Druidibeg National Nature Reserve NATURSCHUTZGEBIET
Der nördliche Teil der Insel wird vor allem von den Wasserflächen des Loch Bee und des Loch Druidibeg eingenommen. Das Loch Druidibeg National Nature Reserve ist eine bedeutende Brutkolonie für Strandläufer, Rotschenkel, Sandregenpfeifer, Graugänse und Wachtelkönige. Ein 8 km langer Wanderweg führt durch das Naturschutzgebiet.

Das Büro der Naturschutzorganisation Scottish Natural Heritage (SNH) an der Hauptstraße hält dazu eine Infobroschüre bereit.

Kildonan Museum MUSEUM
(☎01878-710343; www.kildonanmuseum.co.uk; Kildonan; Erw./Kind 2 £/frei; ◷April–Okt. 10–17 Uhr) 10 km südlich von Howmore widmet sich das ¯Kildonan Museum dem Leben der örtlichen Crofter. Die interessante Ausstel-

lung mit Schwarz-Weiß-Fotos präsentiert auch Augenzeugenberichte zu den schwierigen Lebensbedingungen auf den Äußeren Hebriden.

Angeschlossen sind ein exzellenter **tearoom** (Hauptgerichte 3–8 £; ⊙11–16 Uhr) und ein Kunsthandwerksladen.

Amid Miltons verfallenes Blackhouse befindet sich knapp 1 km südlich des Museums. Dort markiert ein Cairn (Steinmal) den Ort, wo sich das **Geburtshaus von Flora MacDonald** befand.

Schlafen & Essen

Polochar Inn INN ££
(☎01878-700215; www.polocharinn.com; Polochar; EZ/DZ ab 70/90 £; P) Der Gasthof aus dem 18. Jh., den die einheimischen Schwestern Morag McKinnon und Margaret Campbell führen, wurde in ein schickes, einladendes Hotel umgewandelt, das durch eine wundervolle Lage mit herrlichem Blick besticht, der übers Meer bis nach Barra reicht. Auf der Speisekarte des Restaurants (Hauptgerichte 8–17 £) stehen Fischsuppe, einheimischer Lachs und Uist-Lamm.

Polochar liegt 11 km südwestlich von Lochboisdale, auf dem Weg nach Eriskay.

Wireless Cottage B&B £
(☎01878-700660; www.wirelesscottage.co.uk; Lochboisdale; Zi. pro Pers. 25 £) In dem kleinen schmucken Cottage, 300 m vom Fähranleger entfernt, war einst die örtliche Telefonzentrale untergebracht. Nun befindet sich hier ein nettes und preisgünstiges B&B. Es gibt nur ein Doppel- und ein Familienzimmer.

Lochside Cottage B&B ££
(☎01878-700472; www.lochside-cottage.co.uk; Lochboisdale; Zi. pro Pers. 30 £; P 🛜) Das Lochside Cottage ist ein freundliches B&B 2,5 km westlich der Fähre. Die Zimmer haben guten Ausblick und die Glasveranda liegt nur einen Steinwurf von dem hauseigenen Forellenteich entfernt.

Tobha Mor Crofters' Hostel HOSTEL £
(www.gatliff.org.uk; Howmore; B Erw./Kind 12/7 £) Stimmungsvolles Hostel in einem restaurierten reetgedeckten Blackhouse, rund 10 km südlich von Loch Druidibeg.

ℹ️ An- & Weiterreise

CalMac-Autofähren (www.calmac.co.uk) verkehren zwischen Lochmaddy und Uig auf Skye sowie zwischen Lochboisdale und Oban.

Die Buslinie W17 fährt viermal täglich (außer sonntags) von Berneray über Lochmaddy, Balivanich und Lochboisdale nach Eriskay.
Die Fahrt von Lochmaddy nach Lochboisdale (4,70 £) dauert gut 1 Stunde 40 Minuten.

Eriskay (Eiriosgaigh)

170 EW.

1745 landete Bonnie Prince Charlie in Schottland an der Westküste von Eriskay. Der Sandstrand, direkt nördlich des Fähranlegers, ist auch heute noch unter dem Namen **Prince's Strand** (Coilleag a'Phrionnsa) bekannt.

1941 sank die *SS Politician* vor der Insel. Die Bewohner von Eriskay konnten einen Großteil der Fracht retten, der aus rund 250 000 Flaschen Whisky bestand. Nach einem außerordentlichen Gelage schritt die Polizei ein und schickte mehrere Bewohner ins Gefängnis. Die Geschichte wurde von Sir Compton Mackenzie in seinem humorvollen Buch *Whisky Galore!* verewigt, später entstand aus der literarischen Vorlage ein berühmter Film.

Eine CalMac-Autofähre (S. 460; Fußgänger/Auto 7,50/21,65 £, 40 Min. 4- bis 5-mal tgl.) verbindet Eriskay mit Ardmhor auf der Nordseite von Barra.

Barra (Barraigh)

1150 EW.

Mit seinen traumhaften **Stränden**, die die Küste säumen, den mit Wildblumen bewachsenen Dünen, den schroffen, kleinen Hügeln und dem starken Gemeinschaftssinn seiner Bewohner wirkt Barra wie eine Miniaturausgabe der Äußeren Hebriden. Die Insel hat jedoch nur einen Umfang von 22 km. Vom Gipfel des **Heaval** (383 m) – er liegt 1,5 km nordöstlich von Castlebay – hat man den besten Ausblick.

Castlebay (*Bagh a'Chaisteil*) befindet sich im Süden der Insel und ist die größte Siedlung auf Barra. Es gibt eine Touristen-information (S. 454), eine Bank mit Geldautomaten, ein Postamt und zwei Lebensmittelläden.

👁 Sehenswertes

Kisimul Castle BURG
(HS; ☎01871-810313; Castlebay; Erw./Kind inkl. Fähre 5/3 £; ⊙April–Sept. 9.30–17.30 Uhr) Castlebay verdankt seinen Namen der Inselfestung Kisimul Castle, deren Anfänge auf den

Clan MacNeil im 11. Jh. zurückgehen. Wenn das Wetter es erlaubt, geht es mit einem kleinen Boot hinüber zur Insel, wo man die Burgwälle erkunden und von dort den Blick über die Bucht genießen kann.

Das Castle wurde im 20. Jh. von dem amerikanischen Architekten Robert MacNeil restauriert. MacNeil wurde der 45. Clanchef und übergab das Castle im Jahr 2000 für eine symbolische jährliche Miete von 1 £ und einer Flasche Talisker Single Malt Whisky an Historic Scottland.

Traigh Mor STRAND

Der ausgedehnte Streifen goldenen Sandes (der Name bedeutet „Großer Strand") dient als Flughafen von Barra. Der bei Ebbe 1,6 km breite Sandstreifen bietet Platz für insgesamt drei Landebahnen und ist der einzige Strandflughafen der Welt (mit einem gezeitenabhängigen Flugplan), auf dem planmäßige Flugzeuge landen. Die kleinen Twin-Otter-Maschinen landen und starten zu sehen, ist eine beliebte Freizeitbeschäftigung der Inselbesucher. Zwischen den Flügen sammeln die Einheimischen am Strand Herzmuscheln, eine regionale Spezialität.

Barra Heritage Centre KULTURZENTRUM

(01871-810413; www.barraheritage.com; Castlebay; Erw./Kind 3/1 £; April-Okt. Mo-Sa 10.30-16.30 Uhr) Zu sehen ist eine Einführung in die gälische Kultur der Insel. Daneben gibt es Ausstellungen örtlicher Künstler sowie einen *tearoom*.

🛏 Schlafen & Essen

Auf Barra gibt es nur wenige Gästebetten, deshalb sollte im Voraus reserviert werden. Wildes Campen ist fast überall erlaubt, Wohnwagen und Wohnmobile dürfen jedoch nur auf offiziellen Plätzen abgestellt werden – Details dazu unter www.isleofbarra.com.

Castlebay Hotel HOTEL ££

(01871-810223; www.castlebayhotel.com; Castlebay; EZ/DZ ab 60/102 £; P) Das kürzlich neu ausgestattete Castlebay Hotel bietet geräumige Zimmer, in denen Tartanstoffe dezent verwendet werden. Es lohnt sich, für die Zimmer mit Meerblick ein bisschen mehr zu investieren. Die Gäste können es sich in der behaglichen Lounge und dem Wintergarten mit tollem Blick über den Hafen zu den Inseln südlich von Barra bequem machen.

Die Hotelbar ist das Zentrum des gesellschaftlichen Lebens der Insel, regelmäßig finden Veranstaltungen mit traditioneller Musik statt. Das Restaurant hat sich auf einheimische Fisch- und Wildgerichte (Kaninchen steht häufig auf der Speisekarte) spezialisiert.

Tigh na Mara B&B ££

(01871-810304; www.tighnamara-barra.co.uk; Castlebay; Zi. pro Pers. ab 35 £; April-Okt.;) Wunderbares Cottage-B&B in ausgezeichneter Lage oberhalb des Fähranlegers. Der Blick reicht über die Bucht zum Kisimul Castle. Am besten wählt man die Doppelzimmer mit Bad/WC und Blick auf die Bucht.

Dunard Hostel HOSTEL £

(01871-810443; www.dunardhostel.co.uk; Castlebay; B/DZ ab 16/36 £; P) Dunard ist ein freundliches familiengeführtes Hostel, das nur fünf Minuten zu Fuß vom Fähranleger entfernt ist. Die Besitzer organisieren auch Ausflüge mit Seekajaks für 35/65 £ (halber/ganzer Tag).

Borve Camping and Caravan Site CAMPINGPLATZ £

(www.barracamping.co.uk; Borve; 2-Personen-Zelte 8 £, Wohnmobile 18 £; April-Okt.) Ein attraktiver Zeltplatz an der Westküste nahe der schönsten Sandstrände von Barra.

The Deck CAFÉ £

(Castlebay; Hauptgerichte 4-6 £; Mo-Sa 10-18, So 12-17 Uhr) Das Café, das einem Toffee-Hersteller gehört, bietet nur Tische im Freien. Doch es lohnt sich, an einem schönen Tag bei frisch gebackenen Scones und leckerem Kuchen den tollen Blick über die Bucht zu genießen. Herzhaft sind auch die Sandwiches mit geräuchertem Lachs und Honig-Dill-Dressing.

ℹ An- & Weiterreise

BUS Der Bus W32 dreht bis zu fünfmal täglich (außer sonntags) eine komplette Runde über die Insel und steuert sowohl den Fähranleger in Ardmhor als auch den Strand-Flugplatz an.

FÄHRE Autofähren fahren von Castlebay nach Oban sowie von Ardmhor nach Eriskay; siehe S. 452 für weitere Details.

FAHRRAD Fahrräder kann man bei **Island Adventures** (01871-810284; Castlebay) am östlichen Ende von Castlebay ausleihen.

FLUGZEUG Es gibt zwei Flüge täglich zwischen Glasgow und Barra.

Orkney & Shetland Islands

Inhalt »

Orkney Islands 470
Kirkwall 471
Von East Mainland bis
South Ronaldsay 475
West & North
Mainland 478
Stromness 481
Nördliche Insel 484
Shetland Islands 489
Lerwick 489
Central & West
Mainland 495
South Mainland 495
North Mainland 498
North Isles 499

Schön übernachten

» Scalloway Hotel (S. 493)
» Brinkies Guest House (S. 479)
» Albert Hotel (S. 471)
» Linkshouse (S. 478)
» West Manse (S. 485)
» Almara B&B (S. 497)

Gut essen

» Creel (S. 476)
» Foveran (S. 472)
» Hay's Dock (S. 490)

Auf nach Orkney & Shetland!

Hier, an der oberen Spitze Großbritannien, fühlt man sich beinahe schon wie in Skandinavien, und das ist nicht weiter erstaunlich: Für die Wikinger war nichts leichter als eine Spritztour von Norwegen über die Nordsee. Daher kontrollierten sie schon bald diese windumtosten, baumlosen Archipele und bauten ihre Langhäuser neben den steinernen Resten uralter prähistorischer Siedlungen.

Auch wenn sie die Landschaft nicht so prachtvoll ist wie auf Skye, schwebt doch ein uralter Zauber über den Orkney- und Shetland-Inseln, der ihnen eine Anziehungskraft verleiht, die die Seele tief berührt. Dieser Zauber liegt im nebelverhangenen Meer, wo Seehunde, Wale und Tümmler vor einsamen Küsten ihre Bahnen ziehen, aber auch in der Luft, wo Seevogelschwärme über riesigen Brutkolonien kreisen, und natürlich auch an Land, wo die untergehende Sonne Findlinge anstrahlt und Folkmusik in den Straßen erklingt – bis die Windböen eine Kneipentür wieder zuschlagen. Also nichts wie hin und diese Tür öffnen!

Reisezeit

Lerwick

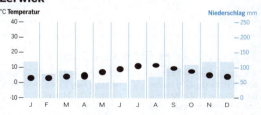

Januar Zum Up Helly Aa Festival auf den Shetlands mit Wikingerhelmen und brennenden Wikingerschiffen am Strand.

Juni Ganz Orkney rockt beim St. Magnus Festival!

Juli Die Sommersonne und die längsten Tage Großbritanniens ausgiebig genießen.

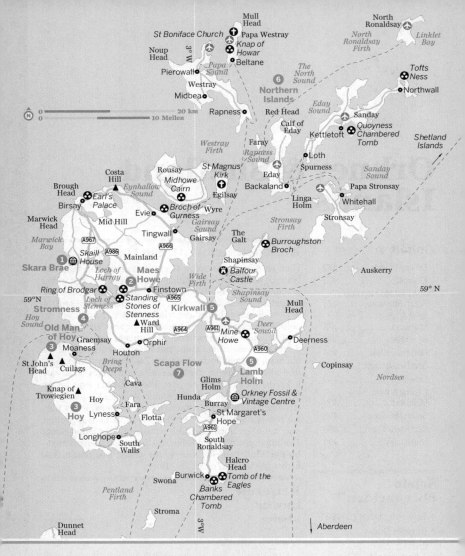

Highlights der Orkney Islands

① Das außergewöhnliche **Skara Brae** (S. 479) bestaunen, ein prächtig erhaltenes prähistorisches Dorf – älter als die Pyramiden

② Den Gang zum gespenstischen **Maes Howe** (S. 478) entlang kriechen, einem Grabhügel aus der Steinzeit mit Wikingergraffiti

③ Die majestätische Schönheit von **Hoy** (S. 483) erleben und den Old Man of Hoy erklimmen

④ Die Hauptstraße von **Stromness** (S. 481), einem wirlich authentischen Fischerdorf, entlang schlendern

⑤ Die prächtige Kathedrale in **Kirkwall** (S. 471) und die Italian Chapel auf **Lamb Holm** (S. 476) bewundern

⑥ Orkneys zauberhafte **Northern Islands** (S. 484) besuchen, wo azurblaues Wasser strahlend weiße Sandstrände umspült

⑦ In **Scapa Flow** (S. 483) zu den versunkenen Kriegsschiffen hinabtauchen

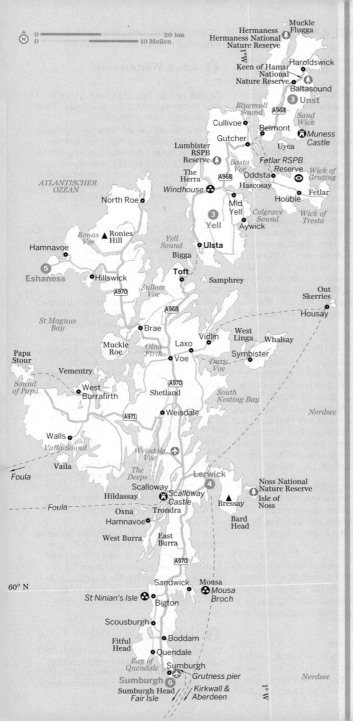

Highlights der Shetland Islands

① Beim **Up Helly Aa Festival** (S. 490) auf Shetland den Wikinger in sich selbst entdecken

② In einem der großartigen **Naturschutzgebiete** mit Papageientauchern herumalbern, Orkas vor der Küste beobachten oder angreifenden Raubmöwen ausweichen (S. 500)

③ Sich in der kargen, entlegenen und wunderschönen Landschaften von **Unst** (S. 500) und **Yell** (S. 499) den Wind um die Nase wehen lassen

④ Shetlands faszinierendes **Museu** besuchen, das 5000 Jahre an Geschichte und Landschaftsentwicklung dokumentiert

⑤ Zusehen, wie das wilde Shetland-Wetter auf die spektakulären Klippen von **Eshaness** (S. 498) zurollt

⑥ Die vielen historischen Phasen der Inseln an den uralten Sehenswürdigkeiten bei **Sumburgh** (S. 496) erkunden

⑦ Unkonventionelle Unterkünfte wie ein schlichtes *böd* (Hütte) oder ein romantischen **Leuchtturmhäuschen** (S. 494) ausprobieren

ORKNEY ISLANDS

Der Zauber der Orkneys macht sich bemerkbar, sobald die Fähre das schottische Festland hinter sich lässt. Stromness und Scrabster trennen zwar nur ein paar Seemeilen, aber der Pentland Firth ist eine der gefährlichsten Wasserstraßen Europas, ein Schiffsfriedhof, der die Inseln, die im Küstennebel funkeln, mit einem geheimnisvollen Nimbus umgibt.

Der Archipel mit seinen größtenteils flachen, grün bewachsenen Inseln, durch Atlantikstürme jeglicher Bäume beraubt und von roten Sandsteinklippen umgeben, verdankt kulturgeschichtlich vieles den Wikingern, deren Einfluss auch heute noch zu spüren ist. Berühmt wegen seiner uralten *standing stones* (Menhire) und geschichtsträchtigen Dörfer, der atemberaubenden Strände und umwerfenden Küstenlandschaften, ist es eine Gegend, deren Häfen von Menschen zeugen, die mit dem Wasser als Segen und Fluch lebten, und ein Ort, wo Besucher düstere Wracks und das heisere Geschrei entlegener Seevogelkolonien vorfinden.

Geführte Touren

Orkney Island Holidays GEFÜHRTE TOUREN
(01856-711373; www.orkneyislandholidays.com) Zu den zahlreichen Agenturen, die den Inselbesuchern Ausflüge und geführte Touren anbieten, gehört Orkney Island Holidays. Das Unternehmen bietet von Shapinsay aus Führungen zu archäologischen Stätten, Vogel- und Tierbeobachtungsausflüge sowie Fahrten zu anderen Inseln an. Pauschalangebote für eine Woche kosten 1095 £.

Orkney Archaeology Tours GEFÜHRTE TOUREN
(01856-721450; www.orkneyarchaeologytours.co.uk) Ein Archäologe als Reiseleiter führt individuelle Halbtages- (bis zu 4 Pers. 160 £) und Ganztagestouren (240 £) durch.

Wildabout Orkney GEFÜHRTE TOUREN
(01856-877737; www.wildaboutorkney.com) Touren zu Orkneys Geschichte, Ökologie, Brauchtum und Natur. Die Tagestouren werden ganzjährig angeboten und kosten 49 £. Die Teilnehmer werden in Stromness und Kirkwall abgeholt.

John O'Groats Ferries BUSTOUR
(01955-611353; www.jogferry.co.uk; Mai-Sept.) Wer es eilig hat, kann mit diesem Anbieter die wichtigsten Stätten an einem Tag besichtigen (52 £ inkl. Fähre von John O'Groats). Lässt sich auch als lange Tagestour von Inverness aus bewältigen.

❶ An- & Weiterreise

Bus

Citylink (0871 266 33 33; www.citylink.co.uk) fährt täglich passend zu den Stromness-Fähren von Inverness nach Scrabster.

John O'Groats Ferries (www.jogferry.co.uk) betreibt im Sommer einen Bus von Inverness nach Kirkwall. Die Fahrkarten (einfache Fahrt/ hin & zurück 38/52 £, 5 Std.) schließen den kompletten Bus-Fähre-Bus-Transport von Inverness nach Kirkwall ein. Von Juni bis Anfang September verkehren zwei Busse pro Tag.

Flugzeug

Flybe (0871 700 2000; www.flybe.com) fliegt täglich von Kirkwall nach Aberdeen, Edinburgh, Glasgow, Inverness und Sumburgh (Shetland). Im Sommer gibt es auch eine Flugverbindung nach Bergen (Norwegen).

Schiff/Fähre

Autoreisende sollten im Sommer vorab buchen. Die Fährpreise variieren je nach Saison (nachfolgend die Preise der Neben- und Hochsaison).

VON SCRABSTER, DEN SHETLANDS & ABERDEEN Northlink Ferries (0845 6000 449; www.northlinkferries.co.uk) betreibt Fähren von Scrabster nach Stromness (Passagier 16–19 £, Auto 50–55 £, 1½ Std., 2- bis 3-mal tgl.), von Aberdeen nach Kirkwall (Passagier 20–30 £, Auto 75–104 £, 6 Std., 3- bis 4-mal wöchentl.) und von Kirkwall nach Lerwick (einfache Strecke Passagier 16–23 £, Auto 58–96 £, 6 bis 8 Std., 3- bis 4-mal wöchentl.) auf den Shetlandinseln.

VON GILLS BAY Pentland Ferries (0800 688 8998, 01856-831226; www.pentlandferries.co.uk) fahren von Gills Bay, ca. 5 km westlich von John O'Groats, und steuern St. Margaret's Hope auf South Ronaldsay an (Passagier/Auto 14/ 33 £, 1 Std., 3- bis 4-mal tgl.).

VON JOHN O'GROATS Von Mai bis September betreibt John O'Groats Ferries (S. 420) eine reine Passagierfähre von John O'Groats nach Burwick an der südlichen Spitze von South Ronaldsay (eine Strecke/hin & zurück 20/30 £). Ein Bus nach Kirkwall wartet an der Fähre (John O'Groats–Kirkwall hin & zurück 32 £, 2- bis 3-mal tgl.).

❶ Unterwegs vor Ort

Das Fahrplanheft *Orkney Transport Guide* führt sämtliche Bus-, Fähr- und Flugverbindungen nach, von und in Orkney detailliert auf. Das Heft ist kostenlos bei allen Touristeninformationen erhältlich.

Die größte Insel, Mainland, ist durch Straßendämmen mit den Inseln Burray, South Ronaldsay, Lamb Holm und Glims Holm verbunden. Die anderen Inseln erreicht man auf dem Luft- oder Seeweg.

Auto

Kleine Autos kosten pro Tag/Woche ab ca. 34/175 £, aber es gibt auch Sonderangebote ab 28 £ pro Tag.

Drive Orkney (☎01856-877551; www.drive orkney.com; Garrison Rd., Kirkwall, Kirkwall)

Norman Brass Car Hire (☎01856-850850; www.stromnesscarhire.co.uk; North End Rd., Stromness, Stromness) An der Blue Star Tankstelle/Autowerkstatt.

Orkney Car Hire (☎01856-872866; www.orkneycarhire.co.uk; Junction Rd., Kirkwall, Kirkwall)

WR Tullock (☎01856-875500; www.orkneycarrental.co.uk; Castle St., Kirkwall, Kirkwall)

Bus

Stagecoach (☎01856-870555; www.stagecoachbus.com) betreibt Busse auf Mainland und den angrenzenden Inseln. Sonntags fahren die meisten Busse nicht. Mit den Tickets Dayrider (7,75 £) und 7-Day Megarider (17 £) Fahrkarten kann man einen Tag/eine Woche unbegrenzt fahren.

Fahrrad

An verschiedenen Stellen auf Mainland lassen sich Fahrräder mieten, z. B. bei **Cycle Orkney** (Karte S. 470; ☎01856-875777; www.cycleorkney.com; Tankerness Lane, Kirkwall; pro Tag 15 £; ⊙Mo–Sa; 🍴) und **Orkney Cycle Hire** (☎01856-850255; www.orkneycyclehire.co.uk; 54 Dundas St., Stromness; pro Tag 8,50–10 £).

Flugzeug

Loganair (☎01856-873457; www.loganair.co.uk) bietet Flüge von Kirkwall zu anderen Orkney-Inseln an. Genauere Informationen befinden sich bei den einzelnen Inseln.

Schiff/Fähre

Orkney Ferries (☎01856-872044; www.orkneyferries.co.uk) betreibt Autofähren von Mainland zu den umliegenden Inseln. Informationen befinden sich bei den einzelnen Inseln.

Kirkwall

6200 EW.

Orkneys Hauptort ist ein geschäftiges Marktstädtchen, das sich hinter einer breiten Bucht erstreckt. Seine lange, gewundene, gepflasterte Hauptstraße und die verschlungenen *wynds* (Gässchen) sind sehr stimmungsvoll, und die Stadt hat eine prächtige Kathedrale zu bieten. Gegründet wurde Kirkwall im frühen 11. Jh., als Earl Rognvald Brusson hier sein Königreich begründete. Der ursprüngliche Teil Kirkwalls ist eines der besten Beispiele einer altnordischen Stadt.

Sehenswertes

GRATIS **St Magnus Cathedral** KATHEDRALE
(Karte S. 470; ☎01856-874894; www.stmagnus.org; Broad St.; ⊙April–Sept. Mo–Sa 9–18, So 14–18 Uhr, Okt.–März Mo–Sa 9–13 & 14–17 Uhr) Die 1137 gegründete wunderbare St-Magnus-Kathedrale wurde aus einheimischem roten Sandstein erbaut und bildet den Mittelpunkt Kirkwalls. Im eindrucksvollen Kircheninneren lässt sich die mitreißende Atmosphäre einer uralten Religion noch förmlich spüren. Poetische und melodramatische Epitaphe zum Gedenken an die Toten säumen die Wände und erinnern an Trauerrituale des 17. und 18. Jhs.

Earl Rognvald Brusason gab die Kathedrale im Namen seines als Märtyrer gestorbenen Onkels Magnus Erlendsson in Auftrag. Dieser war 1117 von Earl Hakon Paulsson auf Egilsay getötet worden. Die Bauarbeiten begannen 1137, doch das heutige Gebäude ist eigentlich das Ergebnis einer 300 Jahre dauernden Bauzeit mit vielen Umgestaltungen.

DAS BA'

Am ersten Weihnachtsfeiertag und zu Neujahr ist Kirkwall Schauplatz eines umwerfenden Spektakels, wenn dort das sogenannte Ba', ein total verrücktes Ballspiel, stattfindet. Zwei riesengroße Mannschaften, die sogenannten Uppies und Doonies, kämpfen sich, ohne Rücksicht auf Verluste, durch die Straßen, wobei sie versuchen, einen Lederball von einer Seite der Stadt zur anderen zu befördern. Der Ball wird vom Market Cross vor der Magnus-Kathedrale in die wartende Menge geworfen. Die Uppies versuchen den ba' zur Ecke Main Street/Junction Road zu bekommen, während die Doonies den Ball zum Wasser bringen müssen. Voller Körpereinsatz, List und Tücke sowie andere Gemeinheiten sind an der Tagesordnung, und das Spektakel kann sich, durch ordentliche Alkoholzufuhr angeheizt, über Stunden hinziehen.

Kirkwall

Earl's Palace & Bishop's Palace RUINE
(HS; Karte S. 470; ☎01856-871918; www.historic-scotland.gov.uk; Watergate; Erw./Kind 4,50/2,70 £; ◎ April–Sept. 9.30–17.30 Uhr, Okt. bis 16.30 Uhr) Diese beiden Palastruinen lohnen einen Besuch. Die faszinierendere von beiden, der Earl's Palace, galt einst als schönstes Beispiel französischer Renaissancearchitektur in Schottland. In einem Raum wird die interessante Biografie des Bauherrn Earl Patrick Stewart erzählt, der in Edinburgh wegen Hochverrats hingerichtet wurde. Er begann mit dem Bau um 1600. Da ihm das Geld ausging, wurde der Palast jedoch nie fertiggestellt.

Der Bishop's Palace (HS; Karte S. 470; im Eintritt für den Earl's Palace inbegriffen) wurde Mitte des 12. Jhs als komfortable Unterkunft für Bischof William the Old erbaut. Der Turm bietet einen schönen Blick auf die Kathedrale; eine Tafel erläutert die verschiedenen Bauphasen der Kirche.

GRATIS Orkney Museum MUSEUM
(Karte S. 470; ☎01856-873191; www.orkney.gov.uk; Broad St.; ◎Mai–Sept. Mo–Sa 10.30–17 Uhr, Okt.–April Mo–Sa 10.30–12.30 & 13.30–17 Uhr) Das einstige Kaufmannshaus gegenüber der Kathedrale beherbergt ein kleines Museum. Es gibt einen Überblick über die Geschichte und Urgeschichte der Orkneys. Zu den Exponaten gehören piktische Kunstwerke und eine Ausstellung zum berühmten Ba'-Spiel (S. 472). Die letzten Ausstellungsräume zur Sozialgeschichte des 19. und 20. Jhs sind am interessantesten.

LP TIPP Highland Park Distillery DESTILLERIE
(☎01856-874619; www.highlandpark.co.uk; Holm Rd.; Führung Erw./Kind 6 £/frei; ◎Mai–Aug. tgl., Sept.–April Mo–Fr) Diese Destillerie südlich der Ortsmitte mälzt ihre Gerste noch selbst und lohnt auf jeden Fall einen Besuch. Das Mälzen sowie den Torfofen, mit dem das Malz getrocknet wird, bekommen Besu-

Kirkwall

Highlights
- St Magnus Cathedral C4

Sehenswertes
1. Bishop's Palace C4
2. Earl's Palace & Bishop's Palace C4
3. Orkney Museum B4

Aktvitäten, Kurse & Touren
4. Cycle Orkney B4

Schlafen
5. 2 Dundas Crescent D4
6. Albert Hotel C2
7. Ayre Hotel B2
8. Peedie Hostel B2
9. Shore C2

Essen
- Bothy Bar .... (siehe 6)
10. Judith Glue Real Food Cafe B3
11. Kirkwall Hotel C2
12. Reel C3
- Shore .... (siehe 9)

Ausgehen
13. Helgi's C2

Shoppen
14. Longship B3

---

cher auf der ausgezeichneten, informativen Führung zu sehen (1 Std., Mai–Aug. stündl., Sept.–April an Werktagen 14 und 15 Uhr). Der normale 12-jährige Whisky ist ein weicher, ausgewogener Malt-Whisky, von dem sowohl Whiskynovizen als auch Kenner gleichermaßen begeistert sind. Der 18-jährige Malt ist einer der besten der Welt. Dieser und noch ältere Whiskys können bei spezielleren Führungen (35 und 75 £), die im Voraus zu buchen sind, probiert werden.

Feste & Events

St Magnus Festival KUNST & KULTUR, MUSIK
(01856-871445; www.stmagnusfestival.com) Ein buntes Spektakel mit Musik, Kunst und Kultur im Juni.

Schlafen

Albert Hotel HOTEL ££
(Karte S. 470; 01856-876000; www.alberthotel.co.uk; Mounthoolie Lane; EZ/DZ 96/133 £;) Stilvoll in Grau und Burgunder renoviert, stellt dieses zentral gelegene, aber doch ruhige Hotel Kirkwalls feinste Adresse dar. Bequeme, moderne Zimmer in verschiedenen Kategorien bieten wunderbar einladende Betten und schicke Badezimmer. Als Ausgangsbasis für eine Orkney-Erkundung ist diese Unterkunft sehr zu empfehlen – sofern man nicht in der ausgezeichneten Bothy Bar im Erdgeschoss versackt. Tagespreise sind meistens deutlich niedriger als die oben aufgeführten Listenpreise.

Lynnfield Hotel HOTEL ££
(01856-872505; www.lynnfieldhotel.co.uk; Holm Rd.; EZ 85–95 £, DZ 110–150 £;) Südlich des Ortskerns liegt dieses mittelgroße, aber doch intime Hotel, das professionell und zugleich herzlich betrieben wird. Die Zimmer sind individuell eingerichtet, mit außerordentlich schönem Mobiliar und jeder Menge Charakter. Bei den Deluxe-Zimmern sind riesige Badezimmer und ausladende Himmelbetten zu finden; andere haben Jacuzzi oder antike Sekretäre zu bieten. Hinzu kommen eine gemütliche holzgetäfelte Lounge und ein großes Restaurant mit gutem Ruf (Hauptgerichte Abendessen 16–19 £).

Orcades Hostel HOSTEL £
(01856-873745; www.orcadeshostel.com; Muddisdale Rd.; B/EZ/DZ 18/40/50 £;) Bei diesem tollen Hostel am westlichen Ortsrand bekommt man ohne Reservierung kein Bett. Hier wurde eine Pension in ein Hostel umgebaut: Das erklärt den schicken Küchen- und Aufenthaltsbereich sowie die Doppelzimmer mit einem super Preis-Leistungs-Verhältnis. Bequeme Schlafsäle mit nur vier Betten garantieren eine gute Nacht. Und die enthusiastischen jungen Besitzer sorgen für den nötigen Schwung.

2 Dundas Crescent B&B ££
(Karte S. 470; 01856-874805; www.twodundas.co.uk; 2 Dundas Cres.; EZ/DZ 40/75 £;) Dieses ehemalige Pfarrhaus ist ein prächtiges Gebäude mit vier riesigen Zimmern, die alle mit großen Fenstern und beachtlichen Betten gesegnet sind. Es gibt jede Menge historischer Elemente, aber die Bäder gehören nicht dazu: Sie sind brandneu, und eines hat sogar eine frei stehende Wanne. Sowohl der Empfang als auch das Frühstück lassen keine Wünsche offen.

Ayre Hotel
HOTEL ££

(Karte S. 470; ☏01856-873001; www.ayrehotel.co.uk; Ayre Rd.; EZ/DZ 80/112 £; P🐾🏄) Dieses 200 Jahre alte Hotel direkt am Wasser ist erst kürzlich renoviert worden. Die Zimmer mit den niedrigen Decken und den großen Betten sind jetzt richtig schick. Es lohnt eindeutig, für den Meerblick die paar Pfund mehr auszugeben.

Karrawa Guest House
PENSION ££

(☏018356-871100; www.karrawaguesthouseorkney.co.uk; Inganess Rd.; EZ/DZ 50/64 £) Diese enthusiastisch geführte Pension in ruhiger Lage am südöstlichen Ortsrand von Kirkwall bietet einiges fürs Geld: moderne Doppelzimmer und große Betten in Holzoptik mit bequemen neuen Matratzen. Das Frühstück ist großzügig bemessen.

Shore
GASTHAUS ££

(Karte S. 470; ☏01856-872200; www.theshore.co.uk; 6 Shore St.; EZ/DZ 67/92 £; 🏄) Diese schicken modernen Zimmer – alle mit Bad – mit leicht skandinavischem Einschlag sind über einem lebhaften Restaurant mit Bar am Wasser gelegen. Die Zimmer nach vorne heraus sind größer und (etwas) teurer. Frühstück kostet extra.

Lerona
B&B ££

(☏01856-874538; Cromwell Cres.; EZ/DZ 40/66 £; P) Die Gäste stehen hier an erster Stelle, aber die „kleinen Leute" – ein wahres Bataillon an Gartenzwergen und ganze Großfamilien von Puppen mit lebensechtem Blick– folgen gleich danach. Die Raumgröße ist gut, und bei den freundlichen Besitzern fühlt man sich wie zu Hause. Man sollte einen längeren in Betracht ziehen, denn ab zwei Übernachtungen wird es billiger. Von der Ortsmitte aus am Wasser entlang nach Osten fahren; Cromwell Crescent zweigt von dieser Straße ab.

Peedie Hostel
HOSTEL £

(Karte S. 470; ☏01856-875477; www.peediehostel.yolasite.com; Ayre Rd.; B/EZ/DZ 15/20/30 £) Dieses putzige kleine Hostel am Ende des Kais in Kirkwall befindet sich in ehemaligen Fischerhäuschen untergebracht und schafft es tatsächlich, alles, was man für einen komfortablen Aufenthalt braucht, auf wenig Raum unterzubringen. Von außen mag es klein wirken, aber die Schlafsäle sind durchaus geräumig. Außerdem gibt es drei winzige Küchen – da findet jeder ein Plätzchen. Ein weiteres Häuschen hat vier Betten und kostet 60 £.

Pickaquoy Caravan & Camping Park
CAMPINGPLATZ £

(☏01856-879900; www.pickaquoy.co.uk; Muddisdale Rd.; Zeltplatz pro Pers. 6,95 £, 2–3 Pers. 13,50 £; ⊙April–Okt.; P🐾🏄) Kein Ausblick, aber jede Menge Rasen und ausgezeichnete, moderne Anlagen. Wenn das Büro nicht besetzt ist, beim benachbarten Pickaquoy Sportzentrum melden.

Essen & Ausgehen

🅻🅿︎ Foveran
ORKADISCH ££

(☏01856-872389; www.thefoveran.com; St Ola; Hauptgerichte 14–23 £; ⊙Abendessen) 5 km außerhalb Kirkwalls an der Straße nach Orphir befindet sich eine der besten Speiseoptionen der Orkneys, und in Anbetracht der Qualität die hier geboten wird, ist es erstaunlich erschwinglich. In ruhiger Lage mit gemütlichem Speiseraum und Blick aufs Meer bestechen vor allem die Gerichte mit klassischen regionalen Zutaten – das Steak mit Haggis und Whisky ist in der ganzen Gegend berühmt, während das wunderbar zarte North Ronaldsay Lamm in vier Variationen serviert wird. Zu den Hauptgerichten gibt es leckere Gemüsebeilagen; interessante Weine runden die Gerichte ab. Wer sich hier wohlfühlt – und wer würde das nicht – kann hier auch in einem der Gästezimmer übernachten (EZ/DZ 78/116 £).

Reel
CAFÉ £

(Karte S. 470; www.wrigleyandthereel.com; Albert St.; Sandwiches 3–4 £; ⊙9–18 Uhr) Kirkwalls besten Kaffee gibt es in diesem Lokal neben der Kathedrale, das teils Musikgeschäft, teils Café ist. Kaum lässt die Sonne sich erahnen, werden schon wagemutig draußen Tische aufgestellt. Morgens kann man ganz entspannt den Vorabend Revue passieren lassen bzw. mittags Panini oder eines des Sandwiches, deren Namen bis auf das käsige Skara Brie alle einen Musikbezug haben, genießen. Hier treffen sich die örtlichen Folkmusiker regelmäßig zu abendlichen Live-Sessions.

Shore
GASTROPUB ££

(Karte S. 470; www.theshore.co.uk; 6 Shore St.; Restaurant Hauptgerichte 12–18 £; ⊙Küche 8–21.30 Uhr; 🏄) Dieses beliebte Hafenlokal bringt das Konzept des Gastropubs (Restaurant-Kneipe) nach Kirkwall und bietet neben den Pub-Gerichten im Restaurantteil auch anspruchsvollere Gerichte an. Der Kunde ist hier König, und Fisch und Meeresfrüchte sind besonders zu empfehlen.

Kirkwall Hotel
PUB, SCHOTTISCH ££

(Karte S. 470; ☎01856-872232; www.kirkwallhotel.com; Harbour St.; Hauptgerichte 8–16 £) Dieses prächtige alte Hotel am Hafen ist einer der besten Orte, um in Kirkwall essen zu gehen. Der elegante Bar- und Restaurantbereich ist immer gut besucht und für Familienzusammenkünfte sehr beliebt. Zur relativ normalen Pubkarte kommt noch eine saisonale Karte mit regionalen Fisch- und Fleischgerichten hinzu – das Lamm ist besonders lecker.

🌱 Judith Glue Real Food Cafe
CAFÉ £

(Karte S. 470; www.judithglue.com; 25 Broad St.; Snacks 4–9 £; ⊙ Juni–Sept. Mo-Sa 9–22, So 10–22 Uhr, Okt.–Mai bis 18 Uhr) Dieses Café befindet sich im hinteren Teil eines lebhaften Kunsthandwerkladens gegenüber der Kathedrale. Dort werden leckere Sandwiches und Salate serviert, außerdem wechselnde Tagesgerichte und schmackhafte Fischteller. Ein Augenmerk liegt auf nachhaltigen Bioprodukten, aber den Wohlfühlfaktor muss man erst kurz beiseitelassen, um sich einen Tisch zu erkämpfen.

Bothy Bar
PUB £

(Karte S. 470; ☎01856-876000; www.alberthotel.co.uk; Mounthoolie Lane; Hauptgerichte 7–10 £) Das Bothy im Albert Hotel sieht mit seinem modischen Bodenbelag und den Schwarz-Weiß-Fotos, die die traditionelle Landwirtschaft auf Orkney zeigen, inzwischen richtig schick aus. Aber an den niedrigen Tischen herrscht weiterhin Gemütlichkeit, und es wird herzhaftes Essen serviert – sprich Würstchen, Schellfisch und Eintöpfe. Gutes Pub-Essen halt.

Helgi's
PUB

(Karte S. 470; www.helgis.co.uk; 14 Harbour St.; 🛜) Dieses Lokal verströmt traditionelle Gemütlichkeit, obwohl die Innengestaltung sich beispielsweise vom klassischen biergetränkten Teppich zu einem praktischen modernen Schieferboden gewandelt hat und Zitate aus der *Orkneyinga Saga* die Wände zieren. Inzwischen geht es hier mehr ums Essen als ums Trinken. Das Lokal serviert leckere und preiswerte Wohlfühlkost (Hauptgerichte 7–10 £). Wer es etwas ruhiger möchte, nimmt sein Bier mit nach oben und betrachtet von dort aus den Hafen.

Shoppen

Kirkwall hat auf der Albert Street ein paar tolle Schmuck- und Kunsthandwerkläden zu bieten. Im Longship (Karte S. 470; ☎01856-888790; www.olagoriejewellery.com; 7 Broad St.; ⊙Mo-Sa 9–17.30 Uhr) gibt es Kunstgewerbliches und hübsche Mitbringsel, die auf Orkney hergestellt wurden, sowie exquisiten Designerschmuck.

❶ Praktische Informationen

Balfour Hospital (☎01856-888000; www.ohb.scot.nhs.uk; New Scapa Rd.) Entlang der Junction Road südlich aus der Stadt fahren; das Krankenhaus befindet sich dann auf der rechten Seite.

Orkney Library (☎01856-873166; 44 Junction Rd.; ⊙Di-Sa 9.15–17, Mo & Do bis 19 Uhr) Kostenloses Internet.

Kirkwall Information Centre (☎01856-872856; www.visitorkney.com; West Castle St.; ⊙Mai–Sept. tgl. 9–18 Uhr, Okt.–April Mo-Fr 9–17 & Sa 10–16 Uhr) Bietet eine gute Auswahl an Büchern zu Orkney.

❶ An- & Weiterreise

BUS Die Buslinie X1 fährt direkt von Kirkwall nach Stromness (30 Min., stündl., sogar sonntags 7-mal tgl.); Linie 2 fährt nach Orphir und Houton (20 Min., Mo–Sa 4- bis 5-mal tgl.); Linie 6 fährt von Kirkwall nach Evie (30 Min., Mo–Sa 3- bis 5-mal tgl.) und nach Tingwall, wo die Fähre nach Rousay ablegt. Alle Busse fahren vom **Busbahnhof** (West Castle St.) ab.

FLUGZEUG Flybe (S. 470) und Loganair (S. 470) fliegen vom **Kirkwall Airport** (www.hial.co.uk), der ein paar Meilen östlich der Stadt liegt, ab.

SCHIFF/FÄHRE Fähren zu den Northern Islands fahren vom Hafen in der Stadt ab. Fähren nach Aberdeen und Shetland benutzen jedoch den Hatston Terminal, 1,5 km nordwestlich von Kirkwall.

Von East Mainland nach South Ronaldsay

Nachdem ein deutsches U-Boot 1939 das britische Kriegsschiff *HMS Royal Oak* versenkt hatte, auf dem 833 Seeleute starben und das noch immer auf dem Meeresgrund liegt, ließ Winston Churchill aus Betonblöcken riesige Fahrdämme über die Meeresarme auf der östlichen Seite der Bucht Scapa Flow errichten. Diese verbanden Mainland und die Inseln Lamb Holm, Glims Holm, Burray und South Ronaldsay. Die Churchill Barriers, wie sie seither heißen, stützen inzwischen die Hauptstraße von Kirkwall nach Burwick; flankiert werden sie von den rostenden Wracks der Blockschiffe.

❶ An- & Weiterreise

Die Buslinie 3 von Kirkwall fährt nach Deerness im Osten von Mainland (30 Min., Mo–Sa 3- bis 5-mal), ein paar Busse halten auch in Tankerness. Außerdem fahren Busse von Kirkwall nach St Margaret's Hope (30 Min., Mo–Sa fast stündl.) auf South Ronaldsay.

EAST MAINLAND

Bei Tankerness befindet sich die mysteriöse, aus der Eisenzeit stammende Stätte **Mine Howe** (☎01865-861234; www.minehowe.com; Erw./Kind 2/4 £; ⓢJuni–Aug. tgl. 10–16 Uhr, Sept. & Mai Di & Fr 11–15 Uhr). Der Zweck dieser gruseligen unterirdischen Kammer ist nicht bekannt. In der Mitte eines Erdwalls, den ein Graben umgibt, führt eine klaustrophobisch enge, gefährlich anmutende schmale Treppe tief in eine mit Stein eingefasste Kammer, die ca. 1,5 m im Durchmesser misst und 4 m hoch ist. Archäologen der britischen Fernsehsendung *Time Team* kamen zu dem Schluss, dass die Kammer möglicherweise eine rituelle Bedeutung hatte und vielleicht als Schrein diente.

LAMB HOLM

Auf der winzigen Insel Lamb Holm erinnert nur die **Italian Chapel** (☎01865-781268; Eintritt frei; ⓢ9 Uhr bis Sonnenuntergang) an das Lager der italienischen Kriegsgefangenen, die an den Churchill Barriers mitarbeiten mussten. Sie bauten die Kapelle in ihrer Freizeit aus zwei halbrunden Wellblechhütten und Metallresten und zwar mit viel künstlerischem und dekorativem Geschick. Der Innenraum zeugt von außergewöhnlichem Einfallsreichtum.

Daneben befindet sich der mit Begeisterung geführte kleine Laden der **Orkney Wine Company** (☎01856-878700; www.orkneywine.co.uk; ⓢMärz–Dez. Mo–Sa sowie April–Sept. So), die selbst Weine aus Beeren, Blumen und Gemüse herstellt, darunter Erdbeer-Rhabarber-Wein, Karotten- und Maltwhisky-Likör – ungewöhnliche Geschmacksrichtungen, die aber erstaunlich süchtig machen.

BURRAY
360 EW.

Das Inselchen Burray hat einen schönen Strand bei Northtown an der Ostküste, wo oft Seehunde zu sehen sind.

◉ Sehenswertes

Orkney Fossil & Vintage Centre MUSEUM
(☎01865-731255; www.orkneyfossilcentre.co.uk; Erw./Kind 4/2,50 £; ⓢMitte April–Sept. 10–17 Uhr) Das Orkney Fossil & Vintage Centre zeigt eine skurrile Sammlung alter Haushalts- und Landwirtschaftsgeräte sowie rund 360 Mio. Jahre alte Fischfossilien aus der Zeit des Devon, die vor Ort gefunden wurden. Außerdem gibt es Ausstellungen zu den beiden Weltkriegen, und zur Errichtung der Churchill Barriers. Das Café ist ausgezeichnet. Das Museum liegt, von Kirkwall kommend links, eine halbe Meile hinter der Burray Überfahrt.

🛏 Schlafen & Essen

Sands Hotel HOTEL ££
(☎01856-731298; www.thesandshotel.co.uk; EZ/DZ/Suite 90/115/165 £; 🅿🛜) Dieses Hotel ist eine schicke, renovierte ehemalige Heringsstation und liegt im Dorf Burray direkt am Pier. Die ausgesprochen modernen Zimmer sind elegant möbliert und bieten alle einen wunderschönen Blick aufs Wasser. Familien bzw. Gruppen sollten eine Suite in Erwägung ziehen – es gibt nämlich zwei separate Wohnungen für bis zu vier Personen mit eigener Küche. Dazu kommt ein ordentliches Restaurant mit vornehmem nautischen Ambiente.

SOUTH RONALDSAY
850 EW.

Das Hauptdorf auf der Insel South Ronaldsay, das adrette St Margaret's Hope, ist nach der sogenannten Maid of Norway benannt. Sie starb hier 1290, als sie aus Norwegen anreiste, um König Edward II. von England zu heiraten (ausschließlich eine politische, keine Herzensangelegenheit: Margaret war erst sieben Jahre alt). Die Fähre von Gills Bay auf dem schottischen Festland legt hier an, während die Passagierfähre von John O'Groats nach Burwick fährt, das an der Südspitze der Insel liegt.

◉ Sehenswertes & Aktivitäten

Tomb of the Eagles ARCHÄOLOGISCHE STÄTTE
(☎01865-831339; www.tomboftheeagles.co.uk; Liddel; Erw./Kind 6,80/2 £; ⓢApril–Okt. 9.30–17.30 Uhr, März 10–12 Uhr, Nov.–Feb. nach Absprache) Diese Stätte in der Nähe von Brunswick ist der Tatsache zu verdanken, dass ein Bauer auf seinem Land gleich zwei bedeutende archäologische Funde gemacht hat. Beim ersten handelt es sich um die Überreste eines Hauses aus der Bronzezeit mit Feuergrube, Innenbrunnen und jeder Menge Sitzgelegenheiten. Vermutlich handelte es sich um eine gemeinschaftliche Kochstätte – oder war es vielleicht die erste Kneipe auf Orkney? Etwas weiter, in einer spektakulären

TAUCHEN IN SCAPA FLOW

Scapa Flow ist einer der größten natürlichen Häfen der Welt und seit der Zeit der Wikinger fast durchgehend genutzt worden. Nach dem Ersten Weltkrieg wurden 74 deutsche Schiffe in Scapa festgehalten. Als die Bedingungen des Waffenstillstands eine stark verkleinerte deutsche Marine vorsahen, beschloss Admiral von Reuter, Befehlshaber der deutschen Flotte in Scapa, die Sache selbst in die Hand zu nehmen. Ein geheimes Signal wurde von Schiff zu Schiff weitergegeben, und die Briten schauten ungläubig zu, wie alle deutschen Schiffe zu sinken begannen. 52 Schiffe sanken vollständig, die übrigen lagen in seichtem Wasser auf Grund.

Die meisten Schiffe wurden geborgen, aber sieben liegen noch heute auf dem Meeresgrund und locken Taucher an. Es sind die drei Schlachtschiffe *König*, *Kronprinz Wilhelm* und *Markgraf*, die alle mehr als 25 000 Tonnen wiegen. Die ersten beiden wurden gesprengt, um Altmetall zu gewinnen, aber die Markgraf ist unbeschädigt und gilt als eines der besten Tauchziele Schottlands.

Zahlreiche andere Schiffe ruhen ebenfalls auf dem Meeresboden in Scapa Flow. Die *HMS Royal Oak*, die im Oktober 1939 von einem deutschen U-Boot versenkt wurde und auf der 833 Seeleute starben, wurde offiziell zum Kriegsgrab erklärt – hier ist das Tauchen allerdings verboten.

Man sollte den Tauchausflug am besten lange im Voraus buchen. **Scapa Scuba** (01856-851218; www.scapascuba.co.uk; Dundas St, Stromness; 2 geführte Tauchgänge 140 £) ist ein ausgezeichneter Tauchanbieter.

Lage auf den Klippen, gibt es ein neolithisches Kammergrab (man muss sich in Rückenlage auf einem Brett hineinrollen). Diese komplexe steinerne Konstruktion enthielt die Gebeine von bis zu 340 Personen, die hier vor ca. 5000 Jahren beigesetzt wurden. Bevor man zu den Stätten aufbricht, sollte man einem ausgezeichneten Vortrag im Visitor Centre lauschen; hier präsentiert man Besuchern sogar ein paar gruselige Schädel, und die Gäste dürfen manche Artefakte, die bei den Grabungen gefunden wurden, selbst in die Hand nehmen. Die Entfernung vom Visitor Centre zur Grabkammer beträgt etwa 1,5 km.

Banks Chambered Tomb
ARCHÄOLOGISCHE STÄTTE

(Tomb of the Otters; www.bankschamberedtomb.co.uk; Cleat; Erw./Kind 5 £/frei; April–Okt. 10–17 Uhr) Dieses 5000 Jahre alte Kammergrab wurde vor nicht allzu langer Zeit zufällig entdeckt, als der Parkplatz des benachbarten Bistros erweitert werden sollte. Es wird noch untersucht, hat aber schon eine riesige Menge an menschlichen Knochen preisgegeben, die Dank der Beschaffenheit der Erde sehr gut erhalten sind. Die Kammer wurde in den Felsuntergrund eingegraben, daher ist ein Besuch nichts für jemanden, der zu Klaustrophobie neigt. Die Führung durch denjenigen, der das Grab entdeckt hat, kombiniert hauseigene archäologische Theorien mit intelligenten Erklärungen. Besucher dürfen Steine und Knochen, die hier gefunden wurden, in die Hand nehmen, darunter die Überreste von Ottern, die die Kammer, zwischenzeitlich vermutlich als Bau nutzten. Einfach der Beschilderung zum Tomb of the Eagles folgen.

Orkney Marine Life Aquarium
AQUARIUM

(01856-831700; www.orkneymarinelife.co.uk; Grimness; Erw./Kind 6/4,25 £; April–Okt. 10–18 Uhr) Das Aquarium präsentiert die faszinierende Welt der Meerestiere, die in Scapa Flow und den Küstengewässern rund um Orkney leben. Ein Gezeitentümpel bietet die Möglichkeit, einige der hiesigen Meerestiere aus nächster Nähe zu betrachten – vor allem für Kinder große Klasse. Verletzte Seehunde, die hier wieder aufgepäppelt wurden, kann man in den Außenanlagen beobachten. Aus Richtung Kirkwall kommend, kurz hinter der Überfahrt nach South Ronaldsay von der A961 links abbiegen.

Pettlandssker
BOOTSTOUREN

(01856-831605; www.boattrips-orkney.co.uk; Burwick Hafen; Erw./Kind 30/15 £; April–Okt.) Bietet dreistündige Touren in ausgedienten Rettungsbooten der RNLI zu den Eilanden im Pentland Firth, um die großen Vogel- und Seehundbestände zu beobachten.

Schlafen & Essen

Bankburn House B&B ££
LP TIPP
(01856-831310; www.bankburnhouse.co.uk; EZ/DZ 45/70, mit Gemeinschaftsbad 40/59 £; P@🌐🐾) Bei diesem großen Landhaus passt einfach alles: wirklich geräumige, tolle Zimmer und freundliche Besitzer, die ein Superfrühstück kredenzen und sich immer wieder Neues einfallen lassen, um den Komfort der Besucher noch zu erhöhen. Vor dem Haus gibt es eine riesige Rasenfläche mit Blick auf Stadt und Bucht – ideal für ein Sonnenbad an einem der flirrenden Sommertage auf Orkney. Die aufgeführten Preise beziehen sich auf eine einzelne Übernachtung. Wer mehr als eine Nacht bleibt, erhält einen deutlichen Preisnachlass. Bei drei Nächten zahlt man z.B. nur noch 52 £ pro Nacht für das Doppelzimmer mit Bad – ein absolutes Schnäppchen. Das B&B liegt an der A961, kurz vor St Margaret's Hope.

St Margaret's Hope Backpackers HOSTEL £
(01856-831225; www.orkneybackpackers.com; B 14 £; P) Das Hostel befindet sich in einem wunderschönen Steinhäuschen, nur einen kurzen Fußweg vom Fähranleger entfernt. Es bietet kleine, einfache Zimmer mit bis zu vier Betten – ideal für Familien. Außerdem gibt es ein Wohnzimmer, eine Lounge, eine Küche, eine Waschmaschine und richtig gute, warme Duschen. Rundum eine super Sache – und im benachbarten Café kann man das WLAN nutzen. Eingecheckt wird im Trading Post Laden nebenan.

Creel FISCH £££
LP TIPP
(01856-831311; www.thecreel.co.uk; Front Rd, St. Margaret's Hope; 2-/3-Gang-Abendessen 33/40 £; ⊙ Abendessen April–Mitte Okt. Mi–So; 🐾) In diesem unscheinbaren Haus am Wasser werden auf schlichten Holztischen seit weit über 20 Jahren einige der besten Fischgerichte von ganz Schottland serviert. Im 1. Stock bieten drei extrem bequeme **Zimmer** (EZ/DZ 75/110 £) Blick zum spektakulären Sonnenuntergang über dem Meer. Holzdecken und jede Menge Platz machen sie luftig. Bei der Recherche für diesen Reiseführer stand das Creel gerade zum Verkauf – hoffentlich bleibt alles so wie bisher.

Skerries Bistro FISCH £
(01856-831605; www.skerriesbistro.co.uk; Cleat; Hauptgerichte 7–14 £; ⊙ April–Okt.) Dieses kleine Bistro befindet sich in einem schönen, sonnendurchfluteten Wintergarten unweit der südlichsten Spitze der Insel. Zuvorkommend und freundlich werden den Gästen eine Palette an Gerichten von Suppe und Sandwiches bis hin zu leckeren Fischplatten zu super Preisen serviert sowie täglich wechselnde Fisch- und Muschelspezialitäten. Alles schmeckt richtig lecker. Für das Abendessen sind Reservierungen empfehlenswert. Ferienhäuschen gibt es an diesem wunderschönen Flecken auch.

West & North Mainland

Dieser Teil der Insel ist gespickt mit herausragenden prähistorischen Monumenten: allein hierfür lohnt sich die Reise nach Orkney schon. Um sie alle zu besichtigen, ist eigentlich ein ganzer Tag einzuplanen. Wer nicht so viel Zeit hat, sollte sich zumindest Skara Brae und Maes Howe anschauen. Bei letzterem ist eine Vorreservierung erforderlich.

MAES HOWE
Ägypten hat seine Pyramiden, Schottland hat **Maes Howe** (HS; 01856-761606; www.historic-scotland.gov.uk; Erw./Kind 5,50/3,30 £; ⊙ Führungen stündl. 10–16 Uhr). Dies ist ein außergewöhnlicher Ort: Maes Howe ist eine Grabkammer aus der Steinzeit, die vor ca. 5000 Jahren aus riesigen Sandsteinblöcken errichtet wurde, von denen einige viele Tonnen wiegen und die aus mehreren Kilometern Entfernung hierher transportiert wurden. Während man den langen steinernen Gang zur Hauptkammer gebückt entlanggeht, spürt man förmlich die unbeschreibliche Kluft der vielen Jahre, die uns von den Architekten dieses mysteriösen Ortes trennen. Auch wenn niemand weiß, wer und was hier begraben wurde, spricht die Größe des Objekts immerhin dafür, dass das Gebäude eine besondere Bedeutung gehabt haben muss.

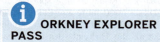

ORKNEY EXPLORER PASS

Der **Orkney Explorer Pass** deckt alle Historic-Scotland-Stätten auf Orkney ab, darunter so bekannte Stätten wie Maes Howe, Skara Brae, der Broch of Gurness, der Brough of Birsay und Bishop's Palace und Earl's Palace in Kirkwall. Er kostet 17/10 £ pro Erwachsenem/Kind.

Im 12. Jh. brachen Wikinger auf der Suche nach Schätzen in das Grab ein. Ein paar Jahre später suchte eine andere Gruppe hier Schutz vor einem Schneesturm, der drei Tage andauerte. Während sie auf das Ende des Sturms warteten, ritzten sie Runen-Graffiti in die Wände. Neben den üblichen Sprüchen, die sich wohl nie ändern, also „Olaf war hier" und „Thorni war mit Helga im Bett", gibt es auch künstlerisch wertvollere Zeichnungen, darunter ein besonders schöner Drache und eine verknotete Schlange.

Eintrittskarten bekommt man in der Tormiston Mill auf der gegenüberliegenden Straßenseite. Am Eingang beginnen jeweils zur vollen Stunde 45-minütige Führungen. Auf jeden Fall telefonisch vorab einen Platz reservieren! Aufgrund der sehr großen Gruppen neigen die Führer dazu, nur ein paar der Wikinger-Kunstwerke zu zeigen. Auf Nachfrage präsentieren sie aber auch gerne mehr.

MENHIRE VON STENNESS
In Sichtweite von Maes Howe stehen noch vier große **Menhire** (www.historic-scotland.gov.uk; Eintritt frei; 24 Std.) als Überreste eines Steinkreises mit ursprünglich zwölf Steinen. Wissenschaftler vermuten, dass der Steinkreis möglicherweise schon 3300 v. Chr. erbaut wurde. Die Steine beeindrucken schon allein durch ihre schiere Größe – sie sind bis zu 5,70 m hoch. Der schmale Streifen Land, auf dem sie stehen, Ness of Brodgar genannt, trennt Loch Harray von Loch Stenness. Hier existierte während der gesamten Jungsteinzeit (3500–1800 v. Chr.) eine große Siedlung. Ein kleiner Spaziergang Richtung Osten führt zu den freigelegten Resten des **Steinzeitdorfs Barnhouse**, in dem vermutlich die Erbauer von Maes Howe wohnten. Das sollte man sich auf keinen Fall entgehen lassen, denn es veranschaulicht die einstige Lebensweise in dieser Region.

RING OF BRODGAR
Etwa 1,5 km nördlich von Stenness steht dieser weite Kreis von **Menhiren** (HS; www.historic-scotland.gov.uk; Eintritt frei; 24 Std.), manche davon über 5 m hoch. Das jüngste der drei Stenness Monumente (2500–2000 v. Chr.) ist ein höchst stimmungsvoller Ort. 21 der ursprünglich 60 Steine stehen noch in der Heidelandschaft. An einem grauen Tag, wenn dunkle Wolken über den Himmel ziehen, kann es einen hier schon erschaudern. Kostenlose Führungen starten von Juni bis August um 13 Uhr am Parkplatz (Rest des Jahres nur Do).

ORKNEY FOLKLORE & STORYTELLING VISITOR CENTRE
Dieses etwas unkonventionelle **Centre** (01856-841207; www.orkneyattractions.com; P) zwischen Brodgar und Skara Brae beschäftigt sich mit den volkstümlichen Traditionen der Inseln. Den schönsten Einblick bekommt man durch einen der anheimelnden Geschichtenabende, den **Peatfire Tales of Orkney** (März–Okt. So, Di & Fr 20.30 Uhr, Erw./Kind 10/6 £), wenn am Torffeuer alte Sagen der Inseln mit musikalischer Untermalung erzählt werden. Das Centre bietet außerdem interessante geführte Wanderungen entlang der Küste und durch Stromness (7 £) und betreibt ein B&B. Das Gebäude, **Via House** (01856-841207; www.orkneyattractions.com; EZ/DZ 26/52 £; P), ist etwas chaotisch, hat aber viel Charakter und lädt geradezu dazu ein, einmal komplett abzuschalten. An klaren Abenden lassen sich hier wunderbar die Sterne beobachten und es werden verschiedene Workshops für Erwachsene und Kinder angeboten.

SKARA BRAE & SKAILL HOUSE
Ein Besuch des außergewöhnlichen **Skara Brae** (HS; www.historic-scotland.gov.uk; Kombi-Ticket mit Skaill House, Erw./Kind 6,90/4,10 £; April–Sept. 9.30–17.30 Uhr, Okt.–März bis 16.30 Uhr), einer der aussagekräftigsten prähistorischen Stätten der Welt, bietet die beste Gelegenheit in ganz Schottland, ei-

---

ORKNEYINGA SAGA
Diese prächtige Sage (geschrieben um 1200) handelt von Zauberei, politischer Intrige und dem gerissenen und skrupellosen Verhalten der Wikinger-Earls von Orkney. Teils im Reich der Mythen angesiedelt, teils auf historischer Grundlage, beginnt die Sage mit der Eroberung der Inseln durch den König von Norwegen und erzählt dann von den nächsten ereignisreichen Jahrhunderten, bis die Orkneys Teil von Schottland wurden. Es ist ein wunderbares Werk mittelalterlicher Literatur und absolut lesenswert. Im **Orkneyinga Saga Centre** (Eintritt frei; Ende Mai–Ende Okt. 9–18 Uhr) im Dorf Orphir an der Südküste von Mainland erfährt man mehr darüber.

nen Blick auf das Leben und den Alltag in der Steinzeit zu werfen. Skara Brae gilt als Nordeuropas besterhaltenes prähistorisches Dorf. Es liegt idyllisch an einer sandigen Bucht etwa 13 km nördlich von Stromness und ist älter als Stonehenge und die Pyramiden auf Gizeh.

Sogar die Steinmöbel – Betten, Truhen und Schränke – haben die 5000 Jahre, seit Menschen hier lebten, überdauert. Das Dorf ruhte bis 1850 im Verborgenen. Dann rissen die von einem heftigen Sturm aufgewühlten Wellen Sand und Gras oberhalb des Strandes weg und legten die darunter liegenden Häuser frei. Es gibt eine ausgezeichnete interaktive Ausstellung mit kurzem Video, die Besuchern das nötige Hintergrundwissen vermittelt, um die Anlage besser zu verstehen. Als erstes gibt es in ein nachgebautes Haus, das auf den Besuch einstimmt. Im Besucherzentrum ist der offizielle Führer erhältlich, der einen guten Rundgang durch das Dorf beschreibt.

Das Kombiticket gilt auch für das **Skaill House** (HS; April–Sept.), ein Landhaus, das 1620 für den hiesigen Bischof gebaut wurde. Es ist zwar fast ein Abstieg, von der Jungsteinzeit direkt in das 1950er-Jahre-Dekor einzutauchen, aber es gibt hier immerhin einen schicken Geheimraum in der Bibliothek sowie das ursprüngliche Himmelbett des Bischofs aus dem 17. Jh. zu bestaunen.

Busse fahren von Kirkwall und Stromness nach Skara Brae; im Sommer sind es immerhin ein paar Busse pro Woche, aber nicht alle halten auch in der Nähe der archäologischen Stätte. Außerdem gibt es einen Wanderweg entlang der Küste von Stromness nach Skara Brae, der an den Felssäulen von Yesnaby und dem Broch of Borwick (ca. 14 km) vorbeiführt.

BIRSAY

Das Dörfchen Birsay liegt knapp 10 km nördlich von Skara Brae.

Sehenswertes & Aktivitäten

GRATIS Earl's Palace RUINE

(24 Std.) Die Ruine des Earl's Palace, der im 16. Jh. vom despotischen Robert Stewart, Earl von Orkney, gebaut wurde, beherrscht den Ort Birsay. Heute stehen vom Palast zwar nur noch ein paar halbe Mauern und verfallende Säulen, doch die Größe des Palastes ist noch immer beeindruckend – und entsprach somit dem Ego, dem Selbstverständis und dem Herrschaftsanspruch seines früheren Bewohners.

Brough of Birsay ARCHÄOLOGISCHE STÄTTE

(HS; www.historic-scotland.gov.uk; Erw./Kind 4/2,40 £; Mitte Juni–Sept. 9.30–17.30 Uhr) Bei Ebbe (eine Gezeitentabelle hängt im Laden am Earl's Palace (S. 481) kann man zu dieser windumtosten Insel hinübergehen. Auf der Insel befinden sich die Überreste einer weitläufigen Wikingersiedlung mit mehreren Langhäusern und der **Kirche des hl. Peter** aus dem 12. Jh. Außerdem ist der Nachbau eines hier gefundenen piktischen Steins zu sehen, auf dem ein Adler und menschliche Gestalten eingemeißelt sind. St. Magnus wurde hier nach seiner Ermordung auf Egilsay im Jahr 1117 begraben und die Insel war lange Zeit eine Pilgerstätte. Der attraktive Leuchtturm bietet wunderbare Ausblicke entlang der Küste.

Schlafen

LP TIPP Linkshouse B&B ££

(01856-721221; www.ewaf.co.uk; Birsay village; EZ/DZ 55/90 £; März–Okt.; P) Dieses gastfreundliche Steinhaus in Wassernähe ist eines der charmantesten B&Bs auf den Orkneys. Die wunderschönen Zimmer – eines hat gemütliche Dachschrägen, ein anderes eine Toilette mit herrlichem Ausblick – sind alle vor Kurzem renoviert worden und sehen toll aus. Ausgestattet sind sie mit echter Kunst und elegantem Mobiliar. Zur Lounge gehört ein kleiner Pavillon, der dazu einlädt, die Landschaft zu genießen oder in den Büchern und Karten zu stöbern, die hier zu finden sind.

Das Frühstück ist super. Die wechselnden, ausgezeichneten Fischspeisen und vegetarischen Optionen werden auf tollem Geschirr serviert. – Und wer kann bei Pfannkuchen mit Blaubeeren und Crème fraîche schon widerstehen?

Birsay Hostel HOSTEL, CAMPINGPLATZ £

(außerhalb der Bürozeiten 01856-721470, Bürozeiten 01856-873535; www.orkney.org.uk; Zeltplatz für 4 Pers. 6,25–9,95 £, B/BZ 15,60/43 £; P) Birsay, von schöner Orkney-Landschaft umgeben, ist ein wunderbar friedlicher Aufenthaltsort. Das Birsay Hostel war früher Freizeitzentrum und Schule. Die Größe der Schlafsäle ist sehr unterschiedlich – die Zwei- bzw. Vier-Bett-Zimmer sind die besten. Die Küche, die Selbstversorgern zur Verfügung steht ist groß und es gibt eine Rasenfläche zum Zelten. Das Hostel liegt an der A967 südlich von Birsay.

EVIE

Auf einer exponierten Landspitze bei Aikerness, rund 2,5 km nordöstlich der zerstreut liegenden Häuser des Dorfs Evie, steht der **Broch of Gurness** (HS; www.historic-scotland.gov.uk; Erw./Kind 5/3 £; April–Sept. 9.30–12.30 & 13.30–17.30 Uhr, Okt. bis 16.30 Uhr). Er ist ein gutes Beispiel für die befestigten Türme aus Bruchstein, die vor etwa 2200 Jahren sowohl Statussymbol mächtiger Bauern als auch nützlicher Schutz gegen Angreifer waren. Der imposante Eingang und die gewaltigen Steinmauern – ursprünglich 10 m hoch – sind beeindruckend. Darin sind noch die Feuerstelle und die Stelle, an der sich ein Zwischengeschoss befunden hat, zu erkennen. Rund um den Turm stehen eine Anzahl gut erhaltener Außengebäude, darunter ein Haus in Form eines Kleeblatts. Das kleine Besucherzentrum enthält ein paar interessante Exponate über die Kultur, die diese beeindruckenden Befestigungsanlagen hervorgebracht hat.

Der kleine **Eviedale Campsite** (01856-751270; www.creviedale.orknet.co.uk; Zeltplatz 5–9 £; April–Sept.; P) am nördlichen Ende des Dorfs hat eine schöne Grasfläche zum Zelten mit Picknicktischen. Nebenan gibt es drei ausgezeichnete, renovierte Bauerncottages als Ferienhäuschen inkl. WLAN (pro Woche 320–350 £).

Stromness

1609 EW.

Dieser attraktive Hafenort, bestehend aus grauen Steinhäusern, besitzt eine schmale, langgezogene und mit Steinplatten gepflasterte Hauptstraße und winzige Gässchen, die zwischen hohen Steingebäuden zum Wasser führen. Was ihm im Vergleich zu Kirkwall an Größe fehlt, macht Stromness mit jeder Menge Charakter wett. Denn seit seiner Blütezeit im 18. Jh., als das Städtchen eine geschäftige Anlaufstelle für Schiffe war, die den Wirren des Ärmelkanals während der europäischen Kriege entgehen wollten, hat es sich nur wenig verändert. Die Lage ist ideal, um die wichtigsten prähistorischen Stätten Orkneys zu besuchen.

Sehenswertes

Die Hauptfreizeitbeschäftigung in Stromness besteht darin, einfach die schmale, stimmungsvolle Hauptstraße auf und ab zu schlendern, auf der sich Autos und Fußgänger mit gleicher Geschwindigkeit fortbewegen. Ein Audioguide der Stadt steht zum Download bereit (www.visitorkney.com/stromness); alternativ kann man sich einen tragbaren CD-Player von der Touristeninformation ausleihen.

Stromness Museum MUSEUM
(01856-850025; www.orkneycommunities.co.uk/stromnessmuseum; 52 Alfred St.; Erw./Kind 4,50/1 £; April–Sept. 10–17 Uhr, Okt.–März Mo–Sa 11–15.30 Uhr) Ein ausgezeichnetes Museum voller maritimer und naturgeschichtlicher Exponate zu Themen wie Walfang, die Hudson's Bay Company und die gesunkene deutsche Flotte. Hier kann man problemlos ein paar Stunden verbringen. Gegenüber steht das Haus, in dem George Mackay Brown, der von den Orkneys stammende Dichter und Romanschriftsteller, lebte.

GRATIS **Pier Arts Centre** KUNSTMUSEUM
(01856-850209; www.pierartscentre.com; 30 Victoria St.; Di–Sa 10.30–17 Uhr) Hervorragend umgebaut, hat dieses Museum mit seinen eleganten Linien und der peppigen Ausrichtung die zeitgenössische Kunstszene der Orkneys zu neuem Leben erweckt. Ein Besuch lohnt sowohl wegen des Gebäudedesigns als auch wegen der anspruchsvollen Sammlung britischer Kunst des 20. Jhs und den Wechselausstellungen.

Feste & Events

Orkney Folk Festival MUSIK
(01856-851331; www.orkneyfolkfestival.com) Das Orkney Folk Festival findet Ende Mai statt. Vier Tage lang stehen Folkkonzerte, *ceilidhs* (traditionelle schottische Abende mit Musik, Gesang und Tanz) und spontane Pubsessions auf dem Programm. Die Stadt ist dann komplett voll, und es gibt späte Busse von Kirkwall hierher. Konzertkarten und Unterkunft unbedingt vorab reservieren.

Schlafen

LP TIPP **Brinkies Guest House** B&B ££
(01856-851881; www.brinkiesguesthouse.co.uk; EZ/DZ 60/70 £; P) Dieses außergewöhnliche B&B liegt zwar nur einen kurzen Fußweg von der Ortsmitte entfernt, hat jedoch einen einsamen, herrschaftlichen Standort mit Blick auf Stadt und Bucht – und bietet Insulaner-Gastfreundschaft der Extraklasse. Die kompakten modernen Zimmer sind schön, schick und bequem, die Aufenthaltsräume ansprechend in Holz gehalten, aber vor allem sind es die Flexibilität und „kein

Problem"-Einstellung des charmanten Besitzers, die diese Unterkunft so besonders machen. Das Frühstück ist *continental* auf Orkney Art – es gibt eine umwerfende Palette an erstklassigem Käse aus der Region, geräuchertem Fisch und hausgemachten *bere bannocks* (schottisches Fladenbrot aus einem Getreide, das nur auf Orkney angebaut wird). Lieber lange schlafen? Kein Problem – dann einfach erst um 10 Uhr zum Frühstück erscheinen. Keine Lust auf Frühstück? Kein Problem – stattdessen lieber ein Picknick zum Mitnehmen? Von der Back Road aus die Outertown Road entlang fahren, dann rechts in die Brownstown Road und immer geradeaus.

Miller's House — B&B ££
(01856-851969; www.millershouseorkney.com; 13 John St.; EZ/DZ ab 50/65 £; Ostern–Okt.) Miller's House ist ein historisches Wohnhaus mit einer wunderbaren steinernen Türeinfassung, die von 1716 stammt. Es gibt zwei wunderbare Schlafzimmer mit Bädern, in denen man die Sauberkeit förmlich riechen kann; dazu kommen viel Licht und ein Gefühl des Optimismus. Die Duschen sind klasse, die Zimmer haben einen Kühlschrank, wo man etwa seine Picknickvorräte aufbewahren kann, und zum überdurchschnittlich guten Frühstück gehören auch vegetarische Optionen sowie täglich frisch gebackenes Brot.

Hamnavoe Hostel — HOSTEL £
(01856-851202;www.hamnavoehostel.co.uk;10a North End Rd.; B/EZ/2BZ 17/20/34 £;) Dieses Hostel wird effizient betrieben und ist hervorragend ausgestattet. Zur Unterkunft gehören eine tolle Küche und ein Wohnzimmer mit wunderbarem Ausblick über das Wasser. Die Schlafsäle sind sehr geräumig, mit Oberbetten, ordentlichen Matratzen und Leselampen; die Duschen sind auch in Ordnung. Vorher anrufen, da der Besitzer nicht selbst im Haus wohnt.

Ferry Inn — GASTHAUS ££
(01856-850280; www.ferryinn.com; 10 John St.; EZ 40–50 £, DZ 70–85 £;) Mit seiner breiten Palette an Zimmern, die sich entweder im Haus der Kneipe selbst oder in der Pension gegenüber befinden, ist das Ferry Inn eine praktische Unterkunft in Stromness, die beliebt und daher schnell ausgebucht ist. Die neuen Besitzer haben die Zimmer, die zumeist eine ordentliche Größe haben, renoviert; das moderne Dekor ist ansprechend und die Badezimmer sind in Ordnung.

Brown's Hostel — HOSTEL £
(01856-850661;www.brownsorkney.com;45 Victoria St.; B 16 £, EZ & DZ pro Pers. 18–20 £;) Dieses gastfreundliche Hostel an der Hauptstraße bietet etwas beengte, aber gemütliche Schlafsäle (die Schlafsäle im 1. Stock kosten ein Pfund mehr, sind aber etwas größer) sowie kleine Privatzimmer. Alles dreht sich um den einladenden Gemeinschaftsbereich, wo Gäste kostenlos ins Internet gehen und in der offenen Küche Kochrezepte austauschen können. Gäste können auch in einem zweiten Haus, etwas weiter die Straße entlang, untergebracht werden; hier gibt es auch die Möglichkeit der Selbstversorgung. Unterstellmöglichkeit für Fahrräder vorhanden.

Stromness Hotel — HOTEL ££
(01856-850298; www.stromnesshotel.com; 15 Victoria St.; EZ/DZ 59/106 £;) Dieses vornehme viktorianische Hotel steht stolz an der Hauptstraße und erinnert mit seiner schicken Drehtür und imposanten Fassade an den Glanz vergangener Zeiten. Die rosagetönten Zimmer sind geräumig und nicht ohne Charme; allerdings schmälern ein paar Eigenarten (wellige Böden, altmodische Ausstattung, Generatorgeräusch in manchen Zimmern) das Gesamtpaket ein wenig. Der Lift ist so klein, dass entweder für den Gast oder das Gepäck Platz ist.

Ness Caravan & Camping Park — CAMPINGPLATZ £
(01856-873535; www.orkney.gov.uk; Ness Rd.; Zeltplatz für 4 Pers. 7–10,85 £; April–Sept.;) Dieser etwas windige, umzäunte Campingplatz überblickt die Bucht am südlichen Ende der Stadt und wirkt wie aus dem Ei gepellt.

Essen & Ausgehen

Hamnavoe Restaurant — FISCH ££
(01856-850606; 35 Graham Pl.; Hauptgerichte 15–22 £; Abendessen April–Okt. Di–So) Dieser Stromness-Klassiker liegt etwas versteckt abseits der Hauptstraße. Das Hamnavoe hat sich auf ausgezeichnete regionale Fischgerichte und professionelle Bedienung spezialisiert. Die Fischerboote liefern immer tolle Zutaten, und der Chefkoch empfiehlt den Hummer. Ohne Reservierung geht aber gar nichts. In den Wintermonaten an den meisten Wochenenden geöffnet.

Stromness Hotel — SCHOTTISCH, PUB ££
(01856-850298; www.stromnesshotel.com; 15 Victoria St.; Restaurant Hauptgerichte 8–

15 £; ⓢ) Dieses zentral gelegene Hotel serviert ausgezeichnete Fischgerichte, gewürzt mit einer Prise Orient. Ein vegetarisches Angebot gibt es auch. In der Lounge-Bar lässt sich der Blick auf den Hafen genießen; in der Flattie Bar, ein Stockwerk tiefer, geht es lebhaft und lustig zu.

Ferry Inn PUB £
(☏01856-850280; www.ferryinn.com; 10 John St.; Hauptgerichte 8-18 £; ⓢEssen 7.15-21.30 Uhr; ⓢ) Jeder Hafen hat seine Kneipe, und in Stromness ist es das Ferry Inn. Einladend und zentral gelegen, erfreut es die Einheimischen und Touristen gleichermaßen mit Folkmusik, Orkney-Bieren und charaktervollen Stammgästen. Die Pub-Gerichte sind unprätentiös, dafür aber großzügig portioniert und ihr Geld wert. Während der Recherche für dieses Buch war die Pubkarte eher zu empfehlen als die übertreuerten Angebote auf der Abendkarte.

❶ Praktische Informationen

Stromness Library (☏01856-850907; Alfred St.; ⓢMo-Do 14-19, Fr 14-17, Sa 11-17 Uhr) Kostenloser Internetzugang.

Stromness Information Centre (☏01856-850716; www.visitorkney.com; Ferry Rd.; ⓢApril-Mai & Sept.-Okt. 10-16 Uhr, Juni-Aug. tgl. 9-17 Uhr) Im Fährterminal.

❶ An- & Weiterreise

BUS Buslinie X1 fährt regelmäßig nach Kirkwall (30 Min.) und dann weiter nach St. Margaret's Hope.

SCHIFF/FÄHRE Northlink Ferries (S. 470) betreibt eine Fährverbindung von Stromness nach Scrabster auf dem Festland.

Hoy

270 EW.

Orkneys zweitgrößte Insel Hoy (der Name bedeutet „Hohe Insel"), die südlich der Hauptinsel liegt und von dieser durch den Hoy Sound getrennt ist, hat den Löwenanteil an landschaftlicher Schönheit dieses Archipels erhalten. Seichte türkisfarbene Buchten reihen sich an der Ostküste aneinander, wuchtige Klippen beschützen den Westen, während Torf- und Moorlandschaften Orkneys höchste Erhebungen bedecken. Ein Großteil des Nordens ist inzwischen ein Vogelschutzgebiet, in dem Seevögel brüten.

Im Sommer ist die Fähre von Mainland sehr gefragt, deshalb vorab reservieren.

Sehenswertes & Aktivitäten

Old Man of Hoy FELSFORMATION
Die bekannteste Sehenswürdigkeit von Hoy ist der Old Man of Hoy, eine spektakuläre 137 m hohe Felsnadel, die vor einer erodierten Landspitze nahezu unwirklich aus dem Meer herausragt – ein anspruchsvoller Aufstieg und nur etwas für erfahrene Kletterer, aber auch Ziel einer tollen Wanderung von Moaness oder Rackwick aus. Zu sehen ist der Old Man auch von der Scrabster-Stromness Fähre aus.

Scapa Flow Visitor Centre MUSEUM
(☏01856-791300; www.orkney.gov.uk; Spende erbeten; ⓢMärz-Okt. Mo-Fr 9-16.30 Uhr, zusätzl. Mai-Okt. Sa & Mai-Sept. So) Lyness im Osten von Hoy war in beiden Weltkriegen ein wichtiger Flottenstützpunkt, als die britische *Grand Fleet* in Scapa Flow lag. Dieses faszinierende Museum mit interessanter Fotoausstellung befindet sich in einem alten Pumpenhaus, das früher die Schiffe mit Treibstoff versorgte. Wer sich für Orkneys Militärgeschichte interessiert, sollte sich das Museum nicht entgehen lassen.

Es lohnt, sich beim Studieren der Exponate zu den beiden Weltkriegen Zeit zu lassen und auch die Mappen mit zusätzlichen Informationen anzuschauen. Die Heimatbriefe eines Seemanns, der in der torpedierten *HMS Royal Oak* starb, sind besonders ergreifend.

🛏 Schlafen & Essen

Stromabank Hotel HOTEL, PUB ££
(☏01856-701494; www.stromabank.co.uk; EZ/DZ 42/64 £; ⓢ Juni-Aug. Sa & So Mittagessen, Fr-Mi Abendessen, Sept.-Mai So Mittagessen, Sa & So Abendessen) Das kleine, stimmungsvolle Stromabank liegt auf dem Hügel oberhalb von Longhope. Die Unterkunft bietet ansehnliche, renovierte Zimmer mit Bad sowie eine attraktive Bar, deren Karte leckere Hausmannskost (6-10 £) enthält. Verwendet werden dabei viele regionale Produkte.

Wild Heather B&B £
(☏01856-791098; www.wildheatherbandb.co.uk; Lyness; EZ/DZ 38/60 £; ℗) Nach der Fähre geht es rechts ab zu diesem tollen B&B direkt an der Bucht. Jede Menge durchdachte Annehmlichkeiten erhöhen den Komfort; Abendessen und Unterstellmöglichkeiten für Fahrräder gibt es auch.

Hoy Centre HOSTEL £

(☏ nur während der Bürozeiten 01856-873535; www.orkney.gov.uk; B/FZ 17/41 £; **P**) Ein sauberes Hostel in beneidenswerter Lage, ca. 15 Min. Fußweg von Moaness Pier am Fuß der zerklüfteten Cuilags. Alle Zimmer haben ein Bad, und es gibt Familienzimmer.

❶ An- & Weiterreise

Orkney Ferries (S. 471) betreibt eine Fähre für Personen und Fahrräder (Erw. 4,15 £, 30 Min., 2- bis 6-mal tgl.) zwischen Stromness und Moaness am nördlichen Ende von Hoy.

Außerdem gibt es eine häufig verkehrende Autofähre von Lyness (auf Hoy) nach Houton auf Mainland (Passagier/Auto 4,15/13,20 £, 40 Min., bis zu 7-mal tgl. Mo–Fr, Sa und So 2- bis 3-mal tgl.); Autos müssen vorab gebucht sein. Sonntags fährt die Fähre nur zwischen Mai und September.

Northern Islands

Die Gruppe windgepeitschter Inseln nördlich von Mainland bietet Zugvögeln einen Zufluchtsort und Seevögeln Brutplätze. Einige der Inseln besitzen auch eine Reihe archäologischer Stätten, doch die unumstrittene Hauptattraktion ist überall die wundervolle Landschaft mit ihren traumhaften weißen Sandstränden und einem azurblauen Meer. Die meisten Inseln besitzen noch intakte traditionelle Inselstrukturen, die einen guten Eindruck davon vermitteln, wie es auf Orkney so war, bevor die moderne Welt sich ins Inselleben drängte. Die Touristeninformationen in Kirkwall und Stromness vertreiben die nützliche Broschüre *Islands of Orkney* mit brauchbaren Karten sowie vielen Detailinformationen zu den einzelnen Inseln und beraten bei der Suche nach einer guten Unterkunft. Übrigens: Das „ay" am Ende aller Inselnamen (vom altnordischen Wort für „Insel") spricht sich wie „i" (Shapinsay wird *schap*-in-sih ausgesprochen).

❶ An- & Weiterreise

Orkney Ferries (☏ 01856-872044; www.orkneyferries.co.uk) und **Loganair** (☏ 01857-873457; www.loganair.co.uk) ermöglichen Tagesausflüge von Kirkwall zu fast allen Inseln und zwar an den meisten Tagen in der Woche (nach North Ronaldsay aber beispielsweise nur freitags). Aber es lohnt sich durchaus, auch mal länger auf einer der Inseln zu verweilen.

SHAPINSAY
300 EW.

Von Kirkwall aus sind es nur 20 Minuten mit der Fähre nach Shapinsay, einer landwirtschaftlich intensiv genutzten Insel mit schönen Stränden entlang der Westküste.

◉ Sehenswertes & Aktivitäten

Balfour Castle SCHLOSS

(www.balfourcastle.co.uk; Führungen 20 £) Balfour Castle wurde 1848 im schottischen Baronial-Stil mit den dafür typischen Zinnen

---

INSIDERWISSEN

JOHN BAIN: PILOT ZWISCHEN DEN INSELN

Die beste Zeit für einen Besuch? Der Sommer, aber dann ist es auch am vollsten. Nicht viele Besucher mögen das Wetter im Winter, und einiges hat dann geschlossen. Die Fähren fahren seltener, und man kann weniger gut umherreisen. Aber es gibt auch wunderschöne Wintertage.

Fähre oder Flugzeug? Wer die Zeit hat, sollte beides nutzen. Ich bin natürlich voreingenommen, würde aber sagen, dass Flugzeugpassagiere mehr sehen und auch mehr unternehmen können. So lassen sich in wenigen Tagen die meisten Hauptinseln besuchen.

Die schönste Insel? Nein, nein, nein. Ich würde meines Lebens nicht mehr froh, wenn ich eine bestimmte Insel nennen würde! Ich wohne auf North Mainland und blicke jeden Morgen auf das Inselchen Eynhallow. Es heißt, dass dort ein merkwürdiges Völkchen wohnte, die Finmen. Das ist das Tolle auf Orkney, das Geschichtenerzählen. Wer einmal zu einem Geschichtenabend geht, der kommt davon nicht mehr los.

An einem Regentag? Zuhause bleiben? Nein, da bieten sich die Kunsthandwerkläden in Kirkwall an. Außerdem hat die Stadt ein paar gute Kneipen wie Helgi's, wo man in Ruhe ein Gläschen trinken kann.

Lieblingsplatz abseits des Trubels? Der Brough of Birsay. Wunderbar zum Picknicken.

Lokale Ausdrücke? Peedie – es bedeutet klein und wird auf den Inseln viel verwendet.

und Türmchen erbaut und dominiert die Südspitze der Insel. Die Burg kann nur im Rahmen einer Führung besichtigt werden. Diese finden sonntags im August statt und müssen vorab gebucht werden. Der Preis schließt den Eintritt in das Schloss und einen Nachmittagstee mit ein.

GRATIS Burroughston Broch
ARCHÄOLOGISCHE STÄTTE

(Eintritt frei; 24 Std.) Etwa 6,5 km vom Fähranleger entfernt, liegt ganz am nordöstlichsten Zipfel der Insel das eisenzeitliche Burroughston Broch, einer der besterhaltenen *brochs* (Wehrtürme) auf Orkney.

❶ An- & Weiterreise

Orkney Ferries (S. 471) betreibt eine Fähre von Kirkwall (Passagier/Auto 4,15/13,20 £, 25 Min.). Im Winter eingeschränkter Fährbetrieb.

ROUSAY
210 EW.

Rousay liegt vor der Nordküste von Mainland und bietet sich hervorragend als Tagesausflug an – wobei Besucher sich meist wünschen, sie könnten länger bleiben. Diese hügelige Insel ist bekannt für seine archäologischen Stätten, die zu dem Spitznamen „Ägypten des Nordens" geführt haben (aber das ist vielleicht doch etwa sübertrieben).

⊙ Sehenswertes & Aktivitäten

An der Trumland Farm (s. unten) ein kann man ein **Fahrrad mieten** und auf der gewundenen, hügeligen Strecke um die Insel fahren (14 km). Außerdem kann man von der Fähre zum Midhow Broch **wandern** und dabei die wichtigsten historischen Stätten besuchen (hin & zurück 18 km, sechs Stunden einplanen).

GRATIS Prähistorische Stätten
ARCHÄOLOGISCHE STÄTTEN

(HS; www.historic-scotland.gov.uk; 24 Std.) Die wichtigsten archäologischen Stätten sind von der Ringstraße, die um die Insel führt, deutlich ausgeschildert. Westlich der Fähre erreicht man schon bald **Taversoe Tuick**, eine faszinierende Grabkammer, die auf zwei Ebenen mit getrennten Eingängen gebaut wurde – vielleicht ein Gemeinschaftsgrab für zwei verschiedene Familien: eine Art posthume Doppelhaushälfte. Besucher können sich in die Kammer quetschen und beide Ebenen erkunden, aber es ist ganz schön eng. Nicht viel weiter folgen zwei weitere bedeutende Grabkammern, erst **Blackhammer** und dann **Knowe of Yarso**. Letztere befindet sich einen ordentlichen Fußmarsch den Berg hinauf, aber dafür ist der Ausblick majestätisch.

Der mächtige **Midhowe Cairn** befindet sich ca. 9 km vom Fähranleger entfernt und wird auch „großes Schiff des Todes" genannt. Das riesige Grab wurde um 3500 v. Chr. erbaut und ist mehrfach unterteilt; die sterblichen Überreste von 25 Personen wurden darin gefunden. Inzwischen von einem steinernen Gebäude geschützt, ist es immer noch ein beeindruckender Anblick. Daneben sind **Midhowe Broch**, dessen mächtige steinerne Fluchten den Streifen der felsigen Küste nachempfunden scheinen. Diese robuste Befestigung stammt aus der Eisenzeit und hat sogar ein Zwischengeschoss. Die Stätten liegen am Wasser, nur zehn Fußminuten bergab von der Hauptstraße.

🛏 Schlafen & Essen

Taversoe Hotel HOTEL ££

(01856-821325; www.taversoehotel.co.uk; EZ/DZ 45/75 £; P) Das einzige Hotel der Insel liegt etwa 3 km westlich des Fähranlegers. Es ist eine eher einfach gehaltene Unterkunft mit adretten, schlichten Doppelzimmern mit Meerblick, die sich ein Bad teilen, sowie einem Zweibettzimmer mit Bad ohne Aussicht. Den besten Ausblick bietet ohnehin der Speiseraum, wo es günstige Mahlzeiten gibt. Die gastfreundlichen Besitzer holen Gäste auch an der Fähre ab.

Trumland Farm Hostel HOSTEL £

(01856-821252; trumland@btopenworld.com; Zeltplätze 5 £, B 10 £, Bettzeug 2 £; P) Dieser Biobauernhof liegt nur einen kurzen Fußweg vom Fähranleger entfernt (an der Hauptstraße links abbiegen) und bietet ein kleines Hostel mit etwas beengten 6-Bett-Schlafsälen und hübschen kleinen Koch- und Aufenthaltsbereichen. Wer will, kann draußen zelten und die Einrichtungen drinnen mitbenutzen. Außerdem gibt es ein gut ausgestattetes Ferienhäuschen für bis zu drei Personen (60–100 £).

❶ An- & Weiterreise

FAHRRAD Fahrräder können für 7 £ pro Tag von Trumland Farm (s. links) gemietet werden.
SCHIFF/FÄHRE Eine kleine **Fähre** (01856-751360; www.orkneyferries.co.uk) verbindet Tingwall auf Mainland mit Rousay (Passagier/Fahrrad/Auto hin & zurück 9,30/2/26,40 £, 30 Min., bis zu 6-mal tgl.) und den benachbarten

Inseln Egilsay und Wyre. Für Autos ist eine Reservierung erforderlich.

TAXI Rousay Tours (✆01856-821234; www.rousaytours.co.uk; Touren Erw./Kind 17,50/5,50 £) bietet einen Taxiservice an sowie Inseltouren, die Tierbeobachtung (Seehunde und Otter) und Besuche der prähistorischen Stätten einschließen.

STRONSAY
343 EW.

Stronsay zieht Wanderer und Radfahrer an, da hier nennenswerte Steigungen fehlen und die herrliche Landschaft vier geschwungene Buchten bietet. Hier lassen sich gut Tiere beobachten, seien es rundliche Robben, die gemütlich auf den Felsen sonnenbaden, Papageientaucher oder andere interessante Meeresvögel.

Schlafen & Essen
Stronsay Hotel HOTEL ££
(✆01857-616213; www.stronsayhotelorkney.co.uk; EZ/DZ 38/76 £; 🛜🍽) Die Inselkneipe liegt unweit der Fähre und hat tadellos modernisierte Zimmer. Das Essen in der Bar ist zu empfehlen (Hauptgerichte ab 7 £), insbesondere die ausgezeichneten Fischgerichte (inkl. Paella und Hummer). Wer mehrere Nächte bleibt, bekommt einen ordentlichen Preisnachlass.

An- & Weiterreise
FLUGZEUG Loganair (S. 484) fliegt von Kirkwall nach Stronsay (37 £ einfach, 20 Min., Mo–Sa 1- oder 2-mal tgl.).

SCHIFF/FÄHRE Eine **Fähre** (✆01856-872044; www.orkneyferries.co.uk) verbindet Kirkwall und Stronsay (Passagier/Auto 8,10/19,15 £, 1½ Std., 2- bis 3-mal tgl.) und Eday.

EDAY
121 EW.

Auf dieser schmalen Insel wurde früher extensiv Torf gestochen, um die benachbarten Inseln zu versorgen. Die Inselmitte ist hügelig und besteht aus einer Torfmoorlandschaft, während Küste und Norden der Insel flach und grün sind.

Sehenswertes & Aktivitäten
GRATIS Eday Heritage & Visitor Centre MUSEUM
(✆01857-622283; www.visiteday.com; ⊘Mai–Sept. tgl. 9–17.30 Uhr, Okt.–April Sa 10–17 Uhr) Die Ausstellung zeigt verschiedene Exponate zur Geschichte der Region sowie einen audiovisuellen Beitrag über Initiativen zur Gezeitenenergiegewinnung.

Eday Minibus Tour GEFÜHRTE TOUREN
(✆01857-622206; Touren Erw./Kind 13,50/11,50 £) Bietet einen Taxiservice sowie geführte Touren, die am Fähranleger starten (2¼ Std., Mai–Aug. Mo, Mi, Fr).

Schlafen & Essen
Eday Hostel HOSTEL £
(✆07977-281084; B 15 £; P@) Dieses kürzlich renovierte Hostel wird von der Gemeinde betrieben. Es liegt etwa 6 km nördlich des Fähranlegers und ist eine ausgezeichnete Unterkunft. Daneben kann kostenlos gezeltet werden.

An- & Weiterreise
FLUGZEUG Es gibt mittwochs zwei Flüge von Kirkwall (einfach 37 £, 30 Min.) zum Flughafen London – aber das ist der Ort London auf Eday.

SCHIFF/FÄHRE Fähren verkehren ab Kirkwall, meist via Stronsay oder Sanday (Passagier/Auto 8,10/19,15 £, 2 Std., 2- bis 3-mal tgl.).

SANDAY
478 EW.

Nomen est omen: Das friedliche, flache Sanday wird von den schönsten Stränden Orkneys umgeben – der Sand ist so unglaublich weiß, wie man ihn eigentlich nur in der Karibik erwarten würde.

An der Spitze der Landzunge östlich des Hauptorts Kettletoft liegt das **Kammergrab von Quoyness** (Eintritt frei; ⊘24 Std.). Es ähnelt Maes Howe und datiert aus dem 3. Jt. v. Chr. Die eindrucksvolle Grabanlage besitzt dreifache Mauern, eine Hauptkammer und sechs kleine Räume.

Hinter dem See an der Nordostspitze der Insel befindet sich **Tofts Ness** (Eintritt frei; ⊘24 Std.), ein bisher weitestgehend unberührter Komplex mit etwa 500 prähistorischen Hügelgräbern und den Überresten eines eisenzeitlichen Rundhauses.

Schlafen & Essen
Belsair B&B, PUB £
(✆01857-600206; www.belsairsanday.co.uk; Zi. pro Pers. 30 £; 🛜) Das Belsair mit Blick auf den Hafen im Dorf Kettletoft bietet nette, preiswerte Zimmer mit Bad. Für die Pubgerichte, die es ganztägig gibt, werden viele Produkte der Region verwendet.

Ayre's Rock Hostel & Campsite HOSTEL, CAMPINGPLATZ £
(✆01857-600410; www.ayres-rock-sanday-orkney.co.uk; 1-/2-Pers. Zeltplätze 5/7 £, Hütten 20 £, B/EZ 13,50/18 £; P@) Das gemütliche Hostel bietet acht Betten im Nebengebäude eines

Bauernhofes. Kunsthandwerkladen und Pommesbude gibt es auf dem Hof ebenfalls. Gäste können Frühstück und Abendessen bekommen, und wer möchte, kann hier auch zelten oder in einer Campinghütte übernachten. Das Hostel liegt an der Westküste, ca. 10 km nördlich des Fähranlegers. Die Betreiber können auch Auto- oder Fahrradverleih organisieren.

❶ An- & Weiterreise

FLUGZEUG Es gibt Flüge von Kirkwall nach Sanday (einfach 37 £, 20 Min., 1- oder 2-mal tgl. Mo–Sa).

SCHIFF/FÄHRE Fähren fahren von Kirkwall (Passagier/Auto 8,10/19,15 £, 1½ Std.) mit einer Verbindung nach Eday. Ein Bus kommt zum Boot.

WESTRAY
563 EW.

Wer nur für eine der nördlichen Inseln Orkneys Zeit hat, sollte sich für Westray entscheiden. Die größte dieser Inselgruppe hat hügeliges Farmland, tolle Sandstrände, wunderbare Küstenwanderungen und mehrere attraktive Unterkünfte zu bieten.

◉ Sehenswertes & Aktivitäten

GRATIS Noup Head   NATURSCHUTZGEBIET

Das RSPB (Royal Society for the Protection of Birds)-Vogelschutzgebiet an den dramatischen Klippen von Noup Head an der nordwestlichen Spitze zieht zwischen April und Juli brütende Seevögel in riesiger Zahl an. Ein Klippenweg führt von einem Parkplatz aus zum Noup Head, vorbei am imposanten Abgrund von Ramni Geo. Zurück geht es über die Zufahrtsstraße zum Leuchtturm (ca. 6 km, 2–3 Std. einplanen).

Westray Heritage Centre   HEIMATMUSEUM

(✆01857-677414; www.westrayheritage.co.uk; Pierowall; Erw./Kind 2,50 £/ 50 p; ⊙Mai–Sept. Mo 11.30–17, Di–Sa 10–12 & 14–17, So 13.30–17.30 Uhr) Das Heritage Centre präsentiert Naturdioramen, Exponate zur Geschichte der Region und archäologische Funde, darunter die berühmte *Westray Wife*, eine 5000 Jahre alte frühzeitliche Figur. Die kleine Sandsteinfigur ist die älteste Menschendarstellung, die je in Schottland gefunden wurde.

GRATIS Noltland Castle   BURG

(⊙24 Std.) Einen knappen Kilometer westlich von Pierowall steht die Ruine eines befestigten Wohnturms, der von Gilbert Balfour, Berater von Maria Stuart, erbaut wurde. Die beeindruckende Anzahl an Schießscharten war Teil des Verteidigungskonzeptes des heimtückischen Balfours, der die Ermordung Kardinal Beatons sowie, nachdem er des Landes verwiesen worden war, des schwedischen Königs plante.

Westraak   GEFÜHRTE TOREN

(✆01857-677777; www.westraak.co.uk; Quarry Rd, Pierowall) Bietet informative und unterhaltsame Inselführungen, bei denen man zu allen möglichen Themen etwas erfährt – von Wikingergeschichte bis hin zum Paarungsverhalten der Papgeietaucher.

🛏 Schlafen & Essen

LP TIPP West Manse   B&B £

(✆01857-677482; www.westmanse.co.uk; Westside; Zi. 20 £ pro Pers.; P 🐾) In diesem imposanten Haus mit weitem Meerblick herrscht kein Zeitdruck; die Gäste machen sich ihr Frühstück selbst, wann immer es ihnen passt. Die freundlichen Gastgeber haben eine ganze Palette an praktischen umweltfreundlichen Lösungen für Heizung, Brennstoff etc. eingeführt. Kinder fühlen sich in dieser unkonventionellen Unterkunft so richtig wohl. Kunstausstellungen, Kochkurse, altehrwürdiges bequemes Mobiliar und saubere Luft sind Pluspunkte für die Eltern.

The Barn   HOSTEL, CAMPINGPLATZ £

(✆01857-677214; www.thebarnwestray.co.uk; Pierowall; Zeltplätze 5 £ plus pro Pers. 1,50 £, B 17 £; P) Dieses ausgezeichnete, kleine, moderne 13-Betten-Hostel ist ein echtes Orkney-Juwel. Es ist vollständig beheizt und besitzt einen einladenden Aufenthaltsraum mit DVD-Sammlung. Im Preis sind Bettzeug, Dusche und makellose Küche inbegriffen; Tipps zur Region gibt es gratis. Hier befindet sich auch ein Zeltplatz mit Waschmaschine und Kochmöglichkeit.

No 1 Broughton   B&B ££

(✆01857-677726; www.no1broughton.co.uk; EZ/DZ 35/60 £; P) Dieses massive, rosafarbene Haus liegt direkt an der Bucht – ein sehr komfortables B&B mit außergewöhnlichen Extras wie z. B. echter Kunst an den Wänden oder einer Sauna. Es gibt drei großzügige Zimmer und einen als Frühstücksraum genutzen Wintergarten, wo man die Sonne spüren kann, aber zum Glück nicht den fiesen Wind.

Bis Geos   PENSION £

(✆01857-677420; www.bisgeos.co.uk; pro Woche ab 310 £; P) Spektakuläre Unterkunft für

Selbstversorger zwischen Pierowall und Noup Head mit umwerfenden Ausblicken.

Pierowall Hotel
PUB £

(01857-677472; www.pierowallhotel.co.uk; Hauptgerichte 8–10 £) Diese Dorfkneipe ist das Herz der Inselgemeinde und in ganz Orkney für seine leckeren Fish & Chips bekannt. Was immer den hoteleigenen Fischerbooten ins Netz geht, findet sich auf der Wandtafel wieder. Auf der Karte stehen zwar auch ein paar Currygerichte, aber die Gäste sollten sich auf den Fisch konzentrieren.

❶ An- & Weiterreise

FLUGZEUG Es gibt täglich Flüge von Kirkwall nach Westray (eine Strecke 37 £, 20 Min.).

SCHIFF/FÄHRE Eine Fähre (S. 471) verbindet Kirkwall mit Rapness (Passagier/Auto 8,10/19,15 £, 1½ Std., tgl.). Ein Bus zum Hauptort Pierowall kommt zur Fähre.

PAPA WESTRAY
65 EW.

Diese ausgesprochen friedliche, winzige Insel (6 km lang und 1,5 km breit) wird meist Papay (sprich: *pa-pih*) genannt. Hier findet man Europas ältestes Wohnhaus, das **Knap of Howar** (⊙24 Std.), das vor ca. 5500 Jahren erbaut wurde. Außerdem nistet hier Europas größte Kolonie an Küstenseeschwalben. Und der zweiminütige Flug von Westray ist im *Guinness Buch der Rekorde* als kürzester Linienflug der Welt aufgeführt. Die Insel gilt außerdem als Wiege des Christentums auf den Orkneys: Die **St. Boniface Church** (⊙24 Std.) wurde im 8. Jh. gegründet, wenngleich die Kirche größtenteils aus dem 12. Jh. stammt.

🛌 Schlafen & Essen

Beltane Guest House & Hostel
PENSION, HOSTEL £

(01857-644224; www.papawestray.co.uk; B/EZ/DZ 15/25/35 £; P) Diese Unterkunft wird von der örtlichen Gemeindekooperative betrieben und besteht aus einem 20-Betten-Hostel und einer Pension mit vier einfachen, aber tadellosen Zimmern mit eigenem Bad und Küchenbenutzung. Die Unterkunft liegt etwa 1,5 km nördlich des Fähranlegers. Zelten kann man hier auch (5 £); außerdem werden Mittag- und Abendessen angeboten.

❶ An- & Weiterreise

Flugzeug Es gibt täglich Flüge von Kirkwall nach Papa Westray (18 £, 15 Min.), und einen speziellen Preis, wenn man eine Nacht auf Papa Westray verbringt (hin & zurück 21 £). Ein paar der Kirkwall Flüge fliegen via Westray (17 £, 2 Min.) oder North Ronaldsay (17 £, 10 Min.).

SCHIFF/FÄHRE Eine reine Passagierfähre verkehrt von Pierowall auf Westray nach Papa Westray (4,05 £, 25 Min., 3- bis 6-mal tgl. im Sommer); für Passagiere, die direkt von der Rapness-Fähre von Westray kommen, ist die Überfahrt kostenlos. Zwischen Oktober und April fährt die Fähre nach Vereinbarung (01857-677216).

NORTH RONALDSAY
70 EW.

Die Insel North Ronaldsay ist ein echter Außenposten – umgeben von wogendem Meer und jeder Menge Himmel. Besucher kommen hierher um die wunderbare Ruhe zu genießen sowie wegen der ausgezeichneten Möglichkeiten zur Vogelbeobachtung. Hier leben genügend halbwilde Schafe um die Insel für sich zu erobern, eine 18 km lange Trockenmauer, die sich rund um die Insel zieht, hält sie jedoch vom Weideland fern. Sie begnügen sich mit Seetang, der ihrem Fleisch eine besondere Note verleiht.

⦿ Sehenswertes & Aktivitäten

North Ronaldsay Tour
GEFÜHRTE TOUREN

(07703 112224; Erw./Kind 4/2 £) Bietet ausgezeichnete Führungen zu den beiden Leuchttürmen und der **Wollfabrik** (Erw./Kind 4/2 £, Kombi-Ticket für Leuchtturm & Wollfabrik 6/3 £).

🛌 Schlafen

Observatory Guest House
HOSTEL, ZCAMPINGPLATZ ££

(01857-633200; www.nrbo.co.uk; Zeltplätze 4,50 £, B/EZ/DZ 15,50/36/72 £; P@🖂) Diese erstklassige Unterkunft mit eigener Wind- und Solaranlage liegt neben dem Fähranleger und bietet sich zum Aktivitäten zur Vogelbeobachtung an. Das dazugehörige Café-Lokal verwöhnt mit wunderschönem Meeresblick und lebhaften gemeinsamen Abendessen (13,50 £) in einem (manchmal) sonnendurchfluteten Wintergarten. Mit etwas Glück steht Insellamm auf der Karte. Zelten kann man hier auch.

❶ An- & Weiterreise

FLUGZEUG Von Kirkwall heben täglich zwei bis drei Flugzeuge nach North Ronaldsay ab (18 £, 20 Min.). Ein Ticket, das den Hin- und Rückflug mit einschließt, ist sogar schon für supergünstige 21 £ zu haben.

SCHIFF/FÄHRE Am Dienstag und Freitag fährt eine Fähre von Kirkwall aus die Insel an (Passagier/Auto 8,10/19,15 £, 2½ Std.).

SHETLAND ISLANDS

Die Shetland-Inseln sind Schottlands nördlichster Außenposten. Von der Nordsee umspült, sind sie geografisch und geschichtlich Norwegen so nah, dass die Nationalität hier keine so ganz eindeutige Sache mehr ist. Im hiesigen Akzent lässt sich ein skandinavischer Einschlag heraushören. Geht man Straßen entlang, die nach König Haakon oder Olaf benannt sind, so wird einem wieder bewusst, dass Shetland zunächst unter norwegischer Herrschaft stand, bis es Schottland 1469 als Mitgift einer dänischen Prinzessin geschenkt wurde. Die Kulisse dieser Ansammlung von mächtigen, vom Wind gezeichneten Brocken brauner und grüner Landflächen, die sich aus der Nordsee erheben, ist jedoch eine typisch schottische. Tiefe, karge Täler werden von steilen Bergen umgeben, dazu kommen himmelblaue Seen und natürlich Schafe, die bisweilen auch auf den Straßen unterwegs sind.

Einer der großen Anziehungspunkte der Shetlands ist die Vogelwelt. Es lohnt sich auch für Nicht-Ornithologen wirklich, Ferngläser einzupacken.

SHETLAND ONLINE
Die ausgezeichnete Webseite www.visit.shetland.org bietet gute Infos zu Unterkünften, Aktivitäten und vielem mehr.

❶ An- & Weiterreise

Flugzeug
Der Ölindustrie ist es zu verdanken, dass die Flugverbindungen gut sind. Der Hauptflughafen (S. 552) liegt in Sumburgh, 40 km südlich von Lerwick. **Flybe** (✆0871 700 2000; www.flybe.com) bietet tägliche Flüge nach Aberdeen, Kirkwall, Inverness, Edinburgh und Glasgow sowie im Sommer zwei Flüge pro Woche nach Bergen in Norwegen an.

Schiff/Fähre
Northlink Ferries (✆0845 600 0449; www.northlinkferries.co.uk; 🛜) betreibt täglich eine Autofähre über Nacht von Aberdeen nach Lerwick (Passagier einfache Strecke 25–38 £, Auto 101–136 £, 12–15 Std.), die drei- bis viermal pro Woche auf dem Weg auch Kirkwall auf den Orkneys anfährt. Mit einem Basisticket können Passagiere in Liegesitzen oder im Barbereich schlafen. Eine Koje in einer geteilten Kabine kostet 31 £; eine vergleichsweise luxuriöse Doppelkabine kann bis zu 129 £ kosten. An Bord gibt es neben einem Café auch eine Bar, ein Restaurant und ein Kino sowie langsames WLAN.

❶ Unterwegs vor Ort

Auto & Motorrad
Shetlands breite, tadellose Straßen (hier zeigt sich, wo das Ölgeld so hinfließt) erscheinen im Vergleich zu den kurvenreichen Sträßchen auf den Orkneys geradezu wie Autobahnen. Der Autoverleih ist stressfrei, und das Fahrzeug wird dort bereitgestellt, wo man auf den Shetlands ankommt. Mietpreise starten bei ca. 20/110 £ pro Tag/Woche, pendeln sich aber meist bei 30 £ pro Tag ein.

Bolts Car Hire (✆01595-693636; www.boltscarhire.co.uk; 26 North Rd, Lerwick) Betreibt auch ein Büro am Flughafen Sumburgh.

Grantfield Garage (✆01595-692709; www.grantfieldgarage.co.uk; North Rd., Lerwick) Günstigster Anbieter. Liegt unweit des Fähranlegers in Lerwick, nur ein kurzer Fußweg Richtung Stadt.

Star Rent-a-Car (✆01595-692075; www.starrentacar.co.uk; 22 Commercial Rd., Lerwick) Gegenüber vom Busbahnhof. Betreibt auch ein Büro am Flughafen Sumburgh.

Bus
Ein ausgedehntes Netzwerk an Busverbindungen breitet sich vom **Viking Busbahnhof** (✆01595-694100; Commercial Rd.) in Lerwick in alle Ecken von Mainland und (mit Fähren) weiter auf den Inseln Yell und Unst aus. Die Fahrzeiten sind für Tagesausflüge von Lerwick aus jedoch nicht so gut geeignet.

Fahrrad
Es gibt verschiedene Fahrradverleiher, darunter Grantfield Garage (S. 489) (pro Tag/Woche 12,50/50 £) in Lerwick.

Flugzeug
Flüge zwischen den Inseln werden von **Direct Flight** (✆01595-840246; www.directflight.co.uk) angeboten, und zwar vom Tingwall Flughafen, gut 10 km nordwestlich von Lerwick.

Schiff/Fähre
Fähren – zumeist betrieben vom **Shetland Islands Council** (www.shetland.gov.uk/ferries) – verbinden Mainland mit den verschiedenen bewohnten Inseln.

Lerwick
6830 EW.

Lerwick ist die einzige richtige Stadt der Shetlands; sie verdankt ihre Größe ursprünglich der Heringsfischerei. Etwa ein Drittel der Shetland-Bevölkerung wohnt in

> ### UP HELLY AA!!
>
> Die lange Wikingergeschichte der Shetlands hat noch mehr Spuren hinterlassen als Straßennamen und breitschultrige Einheimische. Die meisten Dörfer feiern ihr eigenes Feuerfest in der Tradition der Wikinger zur Wiedergeburt der Sonne zum Zeitpunkt der Wintersonnenwende. Das spektakulärste Fest findet in Lerwick statt.
>
> **Up Helly Aa** (www.uphellyaa.org) wird am letzten Dienstag im Januar veranstaltet. Zahlreiche Einheimische verkleiden sich als Wikinger, marschieren mit brennenden Fackeln durch die Straßen und ziehen dabei ein nachgebautes Wikingerschiff hinter sich her. Dieses wird anschließend verbrannt, während alle „Wikinger" um das Feuer herumstehen und unter ihren Bärten lauten Wikingergesang anstimmen.

diesem Ort, der sich auf die Hügel, die auf den Bressay Sound blicken, verteilt. Das Ambiente ist eindeutig maritim: Ölschiffe und die schrumpfende Fischereiflotte machen sich in diesem ausgezeichneten Naturhafen gegenseitig die Ankerplätze streitig. Die klare blaue Farbe des Wassers lässt einen Spaziergang entlang der stimmungsvollen Commercial Street zu einem reizvollen Erlebnis werden, und das ausgezeichnete Museum bietet ausreichend Kultur.

Sehenswertes

Shetland Museum — MUSEUM

(01595-695057; www.shetland-museum.org.uk; Hay's Dock; Eintritt frei; Mo-Sa 10–17, So 12–17 Uhr) Das moderne Museum zeigt eine beeindruckende Sammlung zu 5000 Jahren Kultur und informiert über die Menschen und deren Wechselbeziehung zu dieser uralten Landschaft. Ausführlich, aber nie langweilig, umfasst die Ausstellung alles von der Geologie des Archipels bis zur Fischerei. Dazwischen befindet sich eine schöne Abteilung zur örtlichen Mythologie – hier erfährt man mehr über gruselige *nyuggles* (Geisterpferde) oder kann die patentierte Maschine zum Erkennen von Trollen benutzen. Zu den schönsten Ausstellungsstücken zählen die piktischen Kunstwerke und Schmuckreproduktionen. Zum Museum gehören ansonsten ein funktionierender Leuchtturmmechanismus, eine kleine Kunstgalerie und eine Bootsbauerwerkstatt. Hier können Besucher den Schreinern dabei zusehen, wie sie Fischerboote restaurieren und nachbauen. Wer seine Vorfahren auf den Shetlands vermutet, kann in einem Archiv Ahnenforschung betreiben.

GRATIS Böd of Gremista — MUSEUM

(01595-695057; www.shetlandtextilemuseum.com; Gremista Rd.; Mai–Mitte Sept. Di-Sa 12–16 Uhr) Dieses Haus war einst ein Fischverarbeitungsbetrieb – und auch das Geburtshaus des Unternehmers und Politikers Arthur Anderson, der später das Fährunternehmen P&O gründete. Der freundliche *Böd*-Aufseher zeigt den Interessierten Besuchern die beiden Zimmer, die so eingerichtet wurden, wie sie vor 200 Jahren ausgesehen haben, sowie Exponate zur Geschichte der Weißfisch-Fischerei. Im Gebäude befindet sich ferner eine Ausstellung zu den Strick- und Webwaren sowie zu den Mustern, die den Namen der Inselgruppe tragen. Das *böd* (Fischereihäuschen) liegt 1,5 km nördlich der Stadt.

GRATIS Clickimin Broch — ARCHÄOLOGISCHE STÄTTE

Diese befestigte Stätte, die einen guten Kilometer südwestlich der Stadtmitte liegt, war vom 7. Jh. v. Chr. bis zum 6. Jh. n. Chr. besiedelt. Die Stätte ist beeindruckend groß, und dank ihrer Lage an einem kleinen See fühlen sich Besucher direkt in die Vergangenheit versetzt.

GRATIS Fort Charlotte — FESTUNG

(Charlotte St.; 9.30 Uhr bis Sonnenuntergang) Fort Charlotte wurde 1781 auf der Stätte einer früheren Festung, die 1655 errichtet wurde, erbaut, um den Hafen vor der niederländischen Marine zu schützen. Das fünfseitige Fort wurde letztendlich aber nie zu Verteidigungszwecken genutzt. Heutzutage sind darin örtliche ehrenamtliche Organisationen untergebracht, und der Ausblick über den Hafen ist wunderbar.

Geführte Touren

Shetland Geotours — GEFÜHRTE TOUREN

(01595-859218; www.shetlandgeotours.com; ab 45 £ pro Pers.) Bietet täglich Exkursionen und geführte Wanderungen an. Der Fokus liegt auf Geschichte und Archäologie, aber die Natur kommt auch nicht ganz zu kurz.

Lerwick

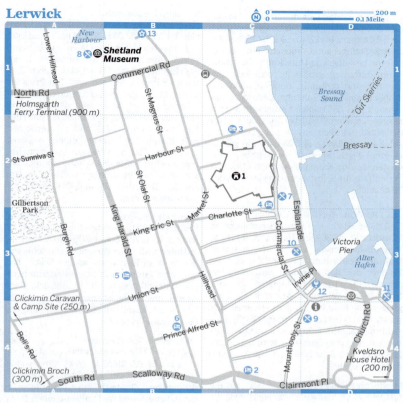

Lerwick

◎ Highlights
   Shetland Museum..................................A1

◎ Sehenswertes
   1 Fort Charlotte...C2

🛏 Schlafen
   2 Alder Lodge Guest House......................C4
   3 Brentham House....................................C2
      Eddlewood Guest House .... (siehe 2)
   4 Fort Charlotte Guesthouse...................C2
   5 Isleburgh House Hostel........................B3
   6 Woosung B4

✖ Essen
   7 Fort Café C2
   8 Hay's Dock..A1
   9 Monty's Bistro..D4
   10 Peerie Shop Cafe C3
   11 Queen's Hotel D3

🍸 Ausgehen
   12 Captain Flint's...D3

✪ Unterhaltung
   13 Mareel B1

🎉 Feste & Events

Shetland Folk Festival   MUSIK
(www.shetlandfolkfestival.com) Das Folkmusik-Treffen findet jedes Jahr Ende April oder Anfang Mai statt und wird schon seit langer Zeit auf ehrenamtlicher Basis veranstaltet.

🛏 Schlafen

Lerwick hat nur durchschnittliche Hotels, dafür aber ausgezeichnete B&Bs, die sich besonders herzlich um das Wohl ihrer Gäste bemühen. Es kann zu jeder Jahreszeit voll sein, also vorab reservieren.

Alder Lodge Guest House B&B ££
(☏01595-695705; www.alderlodgeguesthouse.com; 6 Clairmont Pl.; EZ 40–50 £, DZ 75 £; P 🛜) Dieses Steingebäude, ehemals eine Bank, ist eine bezaubernde Unterkunft. Das Haus wirkt durchweg großzügig und hell, die Zimmer sind geräumig, ungewöhnlich gut möbliert und mit schönen Bädern, Kühlschrank und DVD-Spieler ausgestattet. Den ausgezeichneten Gastgebern liegt das Wohl der Gäste wirklich am Herzen. Das Frühstück ist erstklassig, auf Wunsch mit geräuchertem Fisch. Spezielle Diätwünsche von Gästen werden ebenfalls berücksichtigt. Ein Ferienhaus für Selbstversorger gibt es in der Nähe auch.

Fort Charlotte Guesthouse B&B ££
(☏01595-692140; www.fortcharlotte.co.uk; 1 Charlotte St.; EZ 30–35 £, DZ 65 £; 🛜🐾) Diese freundliche Pension liegt geschützt unterhalb der Festungsmauern und bietet helle Zimmer mit Bad, darunter auch wunderschöne Einzelzimmer. Manche Zimmer haben einen reizvollen Ausblick die Fußgängerzone hinunter. Andere zeichnen sich durch Dachschrägen und orientalische Einrichtung aus. Ein Fahrradschuppen ist vorhanden, und zum Frühstück wird regionaler Lachs serviert. Sehr beliebt, daher Reservierung erforderlich.

Isleburgh House Hostel HOSTEL £
(☏01595-745100; www.isleburgh.org.uk; King Harald St.; B/2BZ 17/34 £; ⊙April–Sept.; P @ 🛜) Dieses prächtige Herrenhaus, typisch für Lerwick, beherbergt ein hervorragendes Hostel mit bequemen Schlafsälen, einem Laden, Wäscheraum, Café und Industrieküche. Elektronische Schlüssel sorgen für ausgezeichnete Sicherheit. Es gibt keine Sperrstunde. Eine Reservierung ist empfehlenswert und es lohnt sich, hinsichtlich der Verfügbarkeit im Winter nachzufragen, da es dann manchmal für Gruppen öffnet.

Woosung B&B £
(☏01595-693687; conroywoosung@hotmail.com; 43 St Olaf St.; EZ 25–35 £, DZ 46–50 £; 🛜🐾) Ein preiswertes Juwel im Herzen der Lerwicker B&B-Landschaft, das sich durch einen klugen, herzlichen Gastgeber und bequeme, saubere, preisgünstige Zimmer mit Gemeinschaftsbad auszeichnet. Das robuste Steinhaus stammt aus dem 19. Jh. Erbauer war der Kapitän eines Klippers, der von dem chinesischen Hafen Woosung aus einen Teehandel betrieb.

Kveldsro House Hotel HOTEL ££
(☏01595-692195; www.shetlandhotels.com; Greenfield Pl.; EZ/DZ 105/130 £; P 🛜) Das beste Hotel Lerwicks blickt auf den Hafen und hat eine ruhige, aber zentrale Lage zu bieten. Es ist ein elegantes kleines Hotel, das älteren Gästen oder Paaren zusagen wird. Der Preis für sämtliche Doppelzimmer ist gleich, obwohl manche deutlich besser sind als andere und Himmelbetten oder Meerblick haben. Hinter den Nummern 415 und 417 verbergen sich Zimmer mit spektakulärer Aussicht über den Hafen. Wer ein Zweibettzimmer möchte, sollte das schöne Zimmer Nr. 413 nehmen. Alle Zimmer sind mit neuen, schicken Badezimmern und iPod-Dockstationen ausgestattet.

Brentham House B&B ££
(☏01950-460201; www.brenthamhouse.com; 7 Harbour St.; EZ/DZ/Suite 60/75/120 £; 🛜) Diese Unterkunft ohne Personal – die Schlüssel gibt es beim Restaurant an der Ecke – hat attraktive Zimmer mit tollen Badezimmern und Hafenblick zu bieten. Eine schicke Ferienwohnung für Selbstversorger gibt es auch. Der Kühlschrank im Zimmer enthält ein *Continental*-Frühstück.

Eddlewood Guest House B&B ££
(☏01595-692772; chornby2@tiscali.co.uk; 8 Clairmont Pl.; EZ/DZ 40/70 £; 🛜🐾) Eine solide Unterkunft mit gut gelaunten Betreibern, geräumigen Zimmern mit Bad, die sehr gut in Schuss sind und teilweise einen Blick aufs Meer bieten. In den Betten kann man sich ordentlich ausstrecken, und die Duschen sind möglicherweise die besten von ganz Shetland.

Clickimin Caravan & Camp Site CAMPINGPLATZ £
(☏01595-741000; www.srt.org.uk; South Lochside; Zeltplatz pro kleinem/großem Zelt 8,80/11.90 £; P 🛜🐾🚿) Clickimin ist ein kleiner, sauberer Zeltplatz mit schönen Rasenflächen, der auf einen kleinen See blickt. Es gibt Duschgelegenheiten und einen Wäscheraum; zum Komplex gehört außerund mehr. Der Campingplatz liegt direkt an der A970 im Westen der Stadt.

Essen

Hay's Dock CAFÉ, RESTAURANT ££
(☏01595-741569; www.haysdock.co.uk; Hay's Dock; Hauptgerichte mittags 6–11 £, abends 11–20 £; ⊙Mittagessen tgl., Abendessen Di–Sa; 🛜) Dieses Café-Restaurant ist im 1. Stock des

Shetland Museums untergebracht. Die Glasfront und sein Schönwetterbalkon blicken direkt auf den Hafen. Klare Linien und helles Holz erinnern an Skandinavien; die Karte basiert jedoch auf sorgfältig ausgewählten schottischen, regionalen Produkten. Mittags stehen u.a. Fish and Chips oder Fischsuppe zur Wahl, die Abendkarte konzentriert sich auf Fischgerichte und Steak.

Monty's Bistro   BRITISH ££
(☏01595-696555; www.montys-shetland.co.uk; 5 Mounthooly St.; Hauptgerichte Mittagessen 8-9 £, Abendessen 14-17 £; ⏱Mittagessen Di-Sa, Abendessen Mo-Sa) Das Bistro versteckt sich zwar ganz gut hinter der Touristeninformation, aber ein Geheimtipp ist es wahrlich nicht, denn die Shetländer belagern die kleinen Holztische des Lokals sehr gerne. Der Speiseraum oben duftet nach den Gerichten der kleinen, niveauvollen Karte wie Gressingham Ente und Muscheln der Region. Auf der Weinkarte finden sich gute alte Bekannte.

Peerie Shop Cafe   CAFÉ £
(☏01595-692816; www.peerieshopcafe.com; Esplanade; Snacks 2-7 £; ⏱Mo-Sa 9-18 Uhr) Wer seit Verlassen des schottischen Festlands auf der Suche nach einem richtigen Espresso ist, sollte dieses kleine Juwel aufsuchen, das sich auch durch Kunstausstellungen, Halogenbeleuchtung und den Schick eines Fabrikinterieurs auszeichnet. Im Angebot sind Zeitungen, leckerer Kuchen und heiße Schokolade, die man sich nach dem rauen Wind draußen redlich verdient hat, sowie – Sitzmöglichkeiten im Freien. Da findet jeder einen Grund, mal vorbeizuschauen.

Queen's Hotel   SCHOTTISCH ££
(☏01595-692826; www.kgqhotels.co.uk; Commercial St.; Hauptgerichte 10-16 £; 🛜) Der Speisesaal dieses Hotels, das etwas in die Jahre gekommen ist, überzeugt noch immer mit seinem umwerfenden Blick auf den Hafen. Bei der Reservierung nach einem der Tische am Fenster fragen. Die Portionen sind großzügig und die Fischgerichte zu empfehlen. Es gibt auch vegetarische Optionen.

Fort Café   CAFÉ, IMBISS £
(☏01595-693125; 2 Commercial St.; *fish & chips* 6-8 £; ⏱Mo-Fr 11-22.30, Sa 11-19, So 16-22.30 Uhr) Die salzhaltige Luft in Lerwick macht Hunger auf *fish & chips*. Man hat die Wahl: drinnen (bis 20 Uhr) oder unten am Pier essen – sofern einen dort die neidischen Blicke der Möwen nicht stören.

Ausgehen & Unterhaltung

Die Shetland Fiddlers Society tritt in verschiedenen Lokalen auf; ihre Sessions sollte man nicht verpassen. Infos gibt es bei der Touristeninformation. Besonders zu empfehlen: das Mareel (www.shetlandarts.org), eine neue Kulturstätte in der Nähe des Museums.

Captain Flint's   PUB
(2 Commercial St.; ⏱11-1 Uhr) Ein lebhaftes Stimmengewirr pulsiert durch diese stets gut besuchte Bar mit ihrer nautisch inspirierten Einrichtung – mit Abstand die beste in Lerwick. Das Publikum ist bunt gemischt: Zu den Gästen zählen Jugendliche, Urlauber, Seeleute, aber auch ältere Einheimische. An manchen Abenden gibt es Livemusik und oben steht ein Billardtisch.

🛍 Shoppen

Am besten deckt man sich mit den Wollpullovern und -strickjacken ein, für die Shetland weltberühmt ist. Infos zu den Verkaufsstellen auf den Shetlands gibt es unter www.shetlandsartsandcrafts.co.uk bzw. durch die Broschüre *Shetland Craft Trail* von der Touristeninformation.

ⓘ Praktische Informationen

Rund um das Ortszentrum gibt es mehrere kostenlose WLAN-Netzwerke.

Gilbert Bain Hospital (☏01595-743000; www.shb.scot.nhs.uk/; South Rd.)

Shetland Library (☏01595-693868; Lower Hillhead; ⏱Mo & Do 9-20, Di, Mi, Fr & Sa bis 17 Uhr) Kostenloser Internetzugang.

Lerwick Touristeninformation (Ecke Commercial St. & Mounthooly St.) Zuvorkommend, mit einer guten Auswahl an Büchern und Karten und einer umfangreichen Sammlung an Broschüren.

An- & Weiterreise

BUS Vom Viking Busbahnhof (S. 489) fahren Busse in alle Ecken des Archipels, u.a. auch regelmäßig nach/vom Flughafen Sumburgh.

SCHIFF/FÄHRE Northlink Ferries (S. 489) legen am **Holmsgarth Terminal** an; von hier sind es 15 Minuten Fußweg ins Ortszentrum.

Unterwegs vor Ort

Allied Taxis   TAXI
(☏01595-690069; www.shetlandtaxis.co.uk) Das Haupttaxiunternehmen der Shetlands. Man

> **UNTERKUNFT ABSEITS DER PISTE**
>
> Die Shetland-Inseln bieten spannende Möglichkeiten, auch mal abseits der Standardunterkünfte unterzukommen. Es gibt ein großartiges Netzwerk an *böds* – einfache, rustikale Häuschen oder Hütten mit Torfkamin. Sie kosten 10 £ pro Person bzw. 8 £, wenn sie keinen Stromanschluss haben. Zu mieten sind sie zwischen März und Oktober. Infos und Reservierung über **Shetland Amenity Trust** (01595-694688; www.camping-bods.com).
>
> Dieselbe Organisation betreibt drei **Leuchtturm-Cottages** (01595-694688; www.shetlandlighthouse.com), die alle spektakuläre Ausblicke auf die zerklüftete Küste bieten. Eines steht bei Sumburgh (wird noch bis 2014 renoviert), eines auf der Insel Bressay bei Lerwick und eines bei Eshaness. Die Cottages bieten Platz für sechs bis sieben Personen und kosten in der Hauptsaison zwischen 190 und 290 £ für drei Nächte.

kann hier auch maßgeschneiderte Taxitouren vereinbaren.

Bressay & Noss

350 EW.

Diese beiden Inseln liegen östlich von Lerwick auf der anderen Seite des Bressay Sound. Auf Bressay (sprich: *bress* -ah) sind einige interessante Spaziergänge möglich, insbesondere entlang der Klippen und auf den **Ward Hill** (226 m), der den Wanderern gute Ausblicke auf die Inseln gewährt. Das viel kleinere Noss, das östlich von Bressay liegt, ist ein Naturschutzgebiet.

Sehenswertes & Aktivitäten

Isle of Noss NATURSCHUTZGEBIET
(0800-1077818; www.nnr-scotland.org.uk/noss; Boot Erw./Kind 3/1,50 £; Mai-Aug. Di, Mi & Fr-So 10-17 Uhr) Little Noss befindet sich 150 m östlich von Bressay und ist nur 3 km breit. Die hohen Klippen an seiner Ostseite bieten Nistplätze für über 100 000 brütende Seevogelpaare, während die Heidelandschaft im Inselinneren 400 Brutpaaren der Großen Raubmöwe eine Heimat bietet.

Ein Besuch auf Noss ist nur mit dem Schlauchboot von Bressay aus möglich. Wenn man vom Parkplatz oberhalb der Anlegestelle eine rote Flagge auf Noss wehen sieht, fährt das Boot nicht. Am besten vorher telefonisch nachfragen. Gegen den Uhrzeigersinn kann man die Insel besser umrunden – die Wanderung ist einfacher und der Blick auf die Klippen schöner. An der Anlegestelle befindet sich ein kleines Besucherzentrum.

Seabirds & Seals BOOTSTOUR
(07595-540224; www.seabirds-and-seals.com; Erw./Kind 45/25 £; Mitte April-Mitte Sept. 10 & 14 Uhr) Das gemütliche B&B ist sehr um das Wohlergehen der Gäste bemüht. Es bietet dreistündige Bootstouren zur Tierbeobachtung (10 und 14 Uhr) rund um Bressay und Noss an und fährt von Lerwick ab. Im Programm inbegriffen ist ein Blick unter Wasser. Die Touren werden – sofern das Wetter es zulässt – ganzjährig angeboten und können telefonisch oder in der Lerwick Touristeninformation gebucht werden.

Schlafen & Essen

Northern Lights Holistic Spa B&B ££
(01595-820257; www.shetlandspa.com; Uphouse; EZ/DZ 70/120 £;) Bietet riesige, farbenfrohe Zimmer und einen wunderbaren Ausblick über den Sound in Richtung Lerwick. Diese ungewöhnliche Unterkunft ist ansprechend mit asiatischer Kunst dekoriert. Der Zimmerpreis schließt die Benutzung von Sauna, Dampfkabine und Whirlpool ein; Massageanwendungen werden ebenfalls angeboten. Aufwendige Abendessen (35 £) werden in einem attraktiven Speiseraum serviert. Der Beschilderung nach Uphouse folgen; es ist das große gelbe Gebäude rechter Hand unweit des höchsten Punktes der Straße.

Maryfield House Hotel PUB ££
(01595-820207; EZ/DZ 38.50/77£;) Unweit der Fähre gelegen. Die gastfreundliche und recht bequeme Unterkunftbietet ihren Gästen leckere Pub-Gerichte (7-9 £), die aus Fisch bestehen.

An- & Weiterreise

Fähren (Passagier/Auto hin & zurück 4,30/10 £, 7 Min., häufig) verbinden Lerwick und Bressay. Dann folgt eine 4 km lange Strecke über die Insel (zu Fuß oder per Fahrrad) bis zur Ablegestelle nach Noss.

Central & West Mainland

SCALLOWAY
812 EW

Scalloway (sprich: *scall*-o-wah), einst Hauptstadt der Shetlands, bis sie im 18. Jh. von Lerwick abgelöst wurde, und nun ein geschäftiger Fischerei- und Yachthafen mit einer florierenden Fischverarbeitungsindustrie, liegt an der Westküste 10 km von Lerwick entfernt und ist von kargen Hügeln umgeben. Hübsche Strände und nette Spaziergänge haben die Inseln Trondra sowie East und West Burra zu bieten, zu denen Brücken etwas südlich von Scalloway führen.

Sehenswertes & Aktivitäten

Scalloway Museum MUSEUM
(www.shetlandheritageassociation.com; Castle St.; Erw./Kind 3/1 £; ⊙1Mai–Sept. Mo-Sa 11–16, So 14-16 Uhr;) Dieses engagierte neue Museum zeigt eine ausgezeichnete Ausstellung über Leben und Geschichte von Scalloway, die mit prähistorischen Funden und Exponaten zur Hexenverbrennung und regionalem Brauchtum ergänzt wird. Ein ausführlicher Teil beschäftigt sich mit dem Shetland Bus; für Kinder gibt es einen Spielbereich, um auch die kleinen Gäste zu unterhalten.

GRATIS Scalloway Castle BURG
(HS; www.historic-scotland.co.uk) Wahrzeichen der Stadt ist Scalloway Castle, die um 1600 von Earl Patrick Stewart erbaut wurde. Der Wohnturm mit seinen Türmchen und Zinnen ist relativ gut erhalten. Falls die Burg nicht offen ist, gibt es die Schlüssel im Scalloway Museum oder im Scalloway Hotel auf der Main Street.

Shetland Bus Memorial MONUMENT
(Main St.) Während des Zweiten Weltkriegs fuhr eine Flotille von kleinen Booten – der sogenannte Shetland Bus – zwischen Scalloway und dem besetzten Norwegen hin und her. Auf den Fahrten wurden Agenten, Funker und militärischer Nachschub für die Widerstandsbewegung nach Norwegen transportiert; zurück kamen die Boote mit Flüchtlingen, Rekruten für die Freien Norwegischen Streitkräfte und – im Dezember – Weihnachtsbäumen für das baumlose Shetland. Das Monument ist eine bewegende Erinnerung an diese Zeit. Erbaut wurde es aus Steinen beider Länder.

Schlafen & Essen

LP TIPP Scalloway Hotel HOTEL ££
(☎01595-880444; www.scallowayhotel.com; Main St.; EZ/DZ/Superior 75/110/150 £; P🖵) Eines der besten Hotels auf den Shetlands. Es liegt direkt am Wasser, wird mit Enthusiasmus betrieben und hat sehr schicke Zimmer mit Hafenblick zu bieten, die mit Schaffellen, Tweed und anderen Stoffen der Region ausgestattet sind. Die Größe der Zimmer variiert. Das Beste ist das umwerfende Superior-Zimmer: mit handgefertigtem Mobiliar, Kunstgegenständen und einer Matratze der Extraklasse auf dem Himmelbett. Das Restaurant (Hauptgerichte 14–23 £) ist insbesondere für seine exquisiten Fischgerichte zu empfehlen. Ausgezeichnete schottische Käsesorten runden die Mahlzeit ab.

An- & Weiterreise
Busse fahren von Lerwick (25 Min., Mo-Sa, nahezu stündl., So 2-mal) nach Scalloway und halten auf der Main Street.

South Mainland

Von Lerwick aus schlängelt sich die Hauptstraße der Insel rund 40 km entlang der Ostseite dieser hügeligen Landzunge bis hinunter zum Sumburgh Head. An vielen Stellen schlagen einladend türkisfarbene Wellen gegen die Klippen – gäbe es da nicht die rauen arktischen Stürme, wäre man fast versucht, darin zu baden.

SANDWICK & UMGEBUNG
Gegenüber den verstreuten Häusern von Sandwick, wo man den 60. Breitengrad überquert, liegt die kleine Insel Mousa, ein RSPB-Vogelschutzgebiet für ca. 7000 Brutpaare der Sturmschwalbe. Zu sehen sind auf Mousa ferner sonnenbadende Seehunde und der beeindruckende **Mousa Broch**, die besterhaltene Befestigungsanlage im Norden. Teilweise bis zu 13 m hoch, ist es ein imposanter Bau mit den typischen Doppelmauern und einer Wendeltreppe, die zu einem 2. Stock führt. Dieser *broch* spielt in Wikingersagen eine Rolle, und zwar als Versteck für Paare, die durchgebrannt sind, um zu heiraten.

Sehenswertes & Aktivitäten
Mousa Boat Trips BOOTSTOUREN
(☎07901-872339; www.mousa.co.uk) Von April bis Mitte September bietet dieser Tourenveranstalter täglich Bootsausflüge nach Mousa (Erw./Kind hin & zurück 15,50/7 £, 15 Min.)

an, die in Sandwick starten. Die teilnehmenden Passagiere haben drei Stunden Aufenthalt auf der Insel. Wer die Sturmschwalben sehen will, kann auch eine Nachtfahrt buchen (Termine s. Website).

ⓘ An- & Weiterreise
Zwischen Lerwick und Sandwick verkehren Busse (25 Min., 4- bis 11-mal tgl.).

BIGTON & UMGEBUNG

Drei Busse von Lerwick (nicht sonntags) halten in Bigton an der Westküste, aber von dort sind es noch ein paar Kilometer zum größten Muschel-und-Sand-Tombolo (Landenge) Großbritanniens. Über diesen schmalen Streifen erreicht man die wunderschöne, grünbewachsene **St Ninian's Isle** mit der Ruine einer Kirche aus dem 12. Jh., unter der die Überreste einer noch früheren piktischen Kirche liegen. 1958 fand man hier bei Ausgrabungsarbeiten einen piktischen Schatz. Dieser Schatz – 27 Silberobjekte, datiert um das Jahr 800 – wird inzwischen im Museum of Scotland in Edinburgh aufbewahrt. Im Shetland Museum in Lerwick kann man zumindest Kopien der wertvollen Exponate davon bewundern.

BODDAM & SCOUSBURGH

Vom kleinen Boddam führt eine Nebenstraße zum Shetland Crofthouse Museum (☏01950-460557; www.shetlandheritageassociation.com; Eintritt frei; ⌚Mai–Sept. 10–13 & 14–17 Uhr). Dieses ehemalige Wohnhäuschen wurde 1870 erbaut. Es wurde restauriert, mit Reet gedeckt und mit Möbeln und Gerätschaften aus dem 18. Jh. ausgestattet. Der Bus von Lerwick nach Sumburgh hält genau davor.

Westlich von Boddam liegt das ruhige Scousburgh oberhalb des schönsten Strandes auf Shetland, dem wunderbar weißen **Scousburgh Sands**. Unweit von Scousburgh liegt das Spiggie Hotel (☏01950-460409; www.thespiggiehotel.co.uk; EZ/DZ 55/120 £, Selbstversorger EZ/DZ ab 70/80 £; Ⓟ🛜), mit kompakten Zimmern, einem Anbau, indem Selbstversorger unterkommen und leckeren Fisch- und Pub-Gerichten (Mi–So Mittagessen, tgl. Abendessen). Sowohl Zimmer als auch Speiseraum warten mit wunderbaren Ausblicken auf den örtlichen See auf.

SUMBURGH

Mit Klippen und graswachsenen Landzungen, die in das glitzernde blaue Meer

---

WESTERN ISLANDS

Die Insel **Papa Stour** (23 Ew.), auf der Alke, Seeschwalben und Raubmöwen in riesigen Kolonien nisten, liegt 1,5 km vor der Küste von West Mainland. Verformte Gesteinsschichten vulkanischen Ursprungs hat das Meer wundersam erodiert, sodass dramatische Höhlen, Bögen und Felsnadeln entstanden sind. Es gibt Unterkünfte für Selbstversorger in begrenzter Zahl und einen kleinen Zeltplatz am Fähranleger. Einmal pro Woche – dienstags – kommt ein Flugzeug (S. 489) vom Flughafen Tingwall (hin & zurück 39 £) und macht so einen Tagesausflug möglich; die Fähre (☏01595-745804; www.shetland.gov.uk/ferries/) kommt vom West Burrafirth (Passagier hin & zurück 8,20 £, Auto plus Fahrer hin & zurück 10 £, 40 Min., tgl. außer Di und Do).

Draußen im Atlantik, 24 km der Küste vorgelagert, befindet sich, abgelegen und windumtost, die Insel **Foula**. Hier ist Großbritanniens entlegenste Gemeinde zu finden, die aus nur 30 menschlichen Bewohnern, ein paar Shetlandponys sowie 500 000 Seevögeln besteht, darunter die seltenen Wellenläufer und Atlantiksturmtaucher sowie die weltweit größte Kolonie an Großen Raubmöwen. Läden gibt es nicht und Unterkünfte nur sehr begrenzt, u. a. Leraback (☏01595-753226; B&B inkl. Abendessen pro Pers. 35 £; Ⓟ), das seinen Gästen B&B und Abendessen bietet.

DirectFlight (S. 489) fliegt Foula viermal die Woche vom Flughafen Tingwall aus an. Von März bis Mitte Oktober gibt es dreimal die Woche zwei Flüge pro Tag, sodass ein Tagesausflug nach Foula mit sechs bis sieben Stunden Aufenthalt möglich ist. Es gibt ganzjährig zwei Passagierfähren (☏01595-840208; www.bkmarine.co.uk) pro Woche (Di und Do, Person/Auto und Fahrer einfache Fahrt 4,10/19,10 £). Abfahrtshafen ist Walls; Reservierung ist erforderlich. Zwischen Mai und September fährt eine zusätzliche Fähre samstags, dazu kommt eine Fähre alle zwei Wochen von Scalloway. Ab Scalloway Hafen bietet Cycharters (☏01595-696598; www.cycharters.co.uk) Tagesausflüge nach Foula an.

> **NICHT VERSÄUMEN**
>
> ### SEEKAJAK FAHREN IN SHETLAND
>
> Shetlands gewundener Küstenverlauf lässt sich prima mit dem Kajak erkunden. Auf diesem Weg ist es möglich, nahe an Seehunde und Vögel heranzukommen, ohne sie zu erschrecken. **Sea Kayak Shetland** (01595-840272; www.seakayakshetland.co.uk; Anfängereinweisung/halber Tag/ganzer Tag 25/40/70 £) ist ein verlässlicher, professioneller Betreiber, der Anfänger und Fortgeschrittene gleichermaßen kompetent betreut und von verschiedenen Stellen auf Shetland aus Kajakausflüge anbietet.

hineinragen, ist Sumburgh einer der landschaftlich schönsten Orte auf Mainland. Die Touristeninformation am Flughafen Sumburgh hat täglich geöffnet.

Sehenswertes

Old Scatness ARCHÄOLOGISCHE STÄTTE
(01950-461869; www.shetland-heritage.co.uk; Erw./Kind 5/4 £; Ende Mai–Aug. So–Do 10–17 Uhr;) Diese Grabungsstätte erweckt Shetlands prähistorische Zeiten anschaulich zum Leben; ein Muss für archäologisch Interessierte, aber auch Kinder haben hier durchaus ihren Spaß. Belesene Führer, die wie Steinzeitmenschen gekleidet sind, erklären Besuchern die Stätte, an der noch immer ausgegraben wird und die wichtige Hinweise zur Übernahme durch die Wikinger und die Datierung dieser nordschottischen Stätten liefert.

Ein beeindruckender *broch* (runder, eisenzeitlicher Turm) von ca. 300 v. Chr., Rundhäuser und sogenannte Radhäuser traten hier zu Tage. Am schönsten ist die Rekonstruktion eines dieser Radhäuser samt rauchigem Torffeuer und funktionierendem Webstuhl.

Jarlshof ARCHÄOLOGISCHE STÄTTE
(HS; 01950-460112; www.historic-scotland.gov.uk; Erw./Kind 5,30/3,30 £; April–Sept. 9.30–17.30 Uhr, Okt.–März 9.30–16.30 Uhr) Alt und neu treffen hier aufeinander, denn der Flughafen von Sumburgh liegt nur ein paar Meter von dieser malerischen und aufschlussreichen Stätte entfernt. Verschiedene Besiedelungsperioden im Zeitraum 2500 v. Chr. bis 1500 n. Chr. können klar identifiziert werden. Eklatant ist der Wandel, der nach der Ankunft der Wikinger einsetzte: ihre rechteckigen Langhäuser bilden einen deutlichen Kontrast zu den *brochs*, Rundhäusern und Radhäusern, die es vorher gab.

An höchster Stelle steht das Old House aus dem 16. Jh., das in einem Roman von Sir Walter Scott als „Jarlshof" benannt wird. Der Eintrittspreis schließt einen informativen Audioguide ein.

Sumburgh Head VOGELBEOBACHTUNG
(www.rspb.org.uk) Diese spektakulären Klippen am Ende der Insel bieten eine gute Möglichkeit, mit Papageietauchern auf Tuchfühlung zu gehen und die riesigen Brutkolonien von Eissturmvögeln, Trottellummen und Tordalken zu beobachten. Wer Glück hat, bekommt auch Delfine oder Orkas zu sehen. Die Anschlagtafel am Parkplatz informiert darüber, welche Meeressäuger kürzlich gesehen worden sind.

Schlafen & Essen

Eine weitere Option ist das Sumburgh Leuchtturm-Cottage (S. 495), das nach Renovierung 2014 wiedereröffnen soll.

Sumburgh Hotel HOTEL ££
(01950-460201; www.sumburghhotel.com; EZ/DZ 75/90 £;) Ein verlässliches Hotel im Landhausstil. Die Zimmer sind kürzlich renoviert worden und sind nun mit weichen Oberbetten, hübschen Farben und großen Handtüchern ausgestattet. Die größeren Zimmer mit Meerblick in Richtung Fair Isle kosten 10 £ mehr. Die Lage ist ideal, wenn man am Sumburgh Head Vögel beobachten möchte oder nah am Flughafen sein will, allerdings hat die Küche etwas nachgelassen. 1,5 km weiter die Straße entlang befindet sich eine preisgünstigere Pension (EZ/DZ 45/65 £) mit schlichteren Zimmern mit Bad.

Betty Mouat's Camping Böd BÖD £
(01595-694688; www.camping-bods.com; Dunrossness; B 10 £; März–Okt.;) Dieses schlichte und gemütliche Hostel wird vom Shetland Amenity Trust betrieben. Die Zimmer sind mit einem Torfkamin (5 £ pro Sack) ausgestatte und haben Strom und ordentliche Bäder mit warmem Wasser.

An- & Weiterreise

Um von Sumburgh nach Lerwick zu reisen, nimmt man den Flughafenbus (45 Min., 4- bis 7-mal tgl.).

North Mainland

Der Norden von Mainland ist landschaftlich reizvoll und sehr fotogen – moorbedeckte braune Hügel wechseln sich mit grünem Weideland ab und ragen wie knöcherne Finger in die vielen *lochs* und hinaus in die eisigen, grauen Gewässer der Nordsee.

VOE

Lower Voe ist eine hübsche Ansammlung von Häusern, die eine ruhige Bucht am Olna Firth säumen.

In früheren Zeiten war das **Sail Loft** (01806-588327; www.camping-bods.co.uk; B 10 £) am Pier sowohl Fischerhütte als auch Strickwarenfabrik. Nun ist es ein Camping-*böd* mit Münzduschen und Brennstoffverkauf. Das gastfreundliche **Pierhead Restaurant & Bar** (01806-588332; Lower Voe; Hauptgerichte 8–16 £) gegenüber hat herzhafte Hausmannskost und täglich wechselnde Fischgerichte im Angebot. Gäste haben die Wahl zwischen der lebhaften Bar unten oder dem Restaurant oben.

Es gibt Busse, die von Lerwick nach Voe fahren (35 Min., Mo–Sa 4- bis 6-mal tgl.).

BRAE & UMGEBUNG

Die Anzahl an Unterkünften ist der Grund, im Örtchen Brae zu bleiben. Es gibt hier mehrere Pensionen. Allerdings sollte man vorab reservieren, da die Zimmer hauptsächlich an Arbeiter aus der Ölindustrie vermietet werden.

🛏 Schlafen & Essen

LP TIPP Busta House Hotel — HOTEL ££
(01806-522506; www.bustahouse.com; EZ/DZ 99/115 £; P 🐾) Das vornehme, charaktervolle Busta House hat eine lange und, wie sich das gehört, zeitweise etwas düstere Geschichte – nebst den unvermeidlichen Gerüchten über ein (freundliches) Gespenst. Das Gebäude wurde im späten 18. Jh. erbaut, allerdings datiert der älteste Teil von 1588. Die renovierten Zimmer sind alle individuell und geschmackvoll eingerichtet und nach Shetland-Inseln benannt. Sie weisen eine kompakte Größe auf und haben sich einen schicken, aber gemütlichen Charme bewahrt. Zimmer mit Seeblick und/oder Himmelbett kosten etwas mehr. Für 35 £ gibt es ein ausgezeichnetes Abendessen mit Produkten der Region.

ℹ An & Weiterreise

Busse von Lerwick nach Eshaness und North Roe halten auch in Brae (35 Min., Mo–Sa 4- bis 6-mal tgl.).

ESHANESS & HILLSWICK

Knapp 18 km nordwestlich von Brae endet die Straße an den roten Basaltklippen von Eshaness – eine der beeindruckendsten und wildesten Küstenlandschaften in Shetland. Wenn der Wind nachlässt, gibt es exzellente Wandermöglichkeiten, und eröffnen sich herrliche Panoramablicke vom Leuchtturm, der auf der Landspitze steht.

Etwa 1,5 km östlich führt eine Nebenstraße zum **Tangwick Haa Museum** (01806-503389; Eintritt frei; ⏱ Mitte April–Sept. 11–17 Uhr), das sich in einem restaurierten Haus aus dem 17. Jh. befindet. Die wunderbare Sammlung uralter Schwarzweißfotos verdeutlicht anschaulich das hiesige Gemeinschaftsgefühl.

Das Küstendorf Hillswick bietet sich als Ausgangsbasis an, um die herrliche Landschaft zu genießen.

ABSTECHER

FAIR ISLE

Auf halber Strecke nach Orkney liegt Fair Isle, eine der entlegensten schottischen Inseln, ist bekannt für ihre Strickwaren, die von der Inselkooperative hergestellt werden, aber auch für die Möglichkeiten zur Vogelbeobachtung. Das schicke **Fair Isle Lodge & Bird Observatory** (01595-760258; www.fairislebirdobs.co.uk; EZ/DZ Vollpension 65/120 £; ⏱ Mai–Okt.; P @ 🐾) bietet gute Zimmer mit Bad. Der Zimmerpreis beinhaltet Vollpension, und es gibt kostenlose geführte Wanderungen und andere vogelbezogene Aktivitäten. Von Tingwall betreibt DirectFlight (S. 489) Flüge nach Fair Isle (hin & zurück 62,50 £, 25 Min., Mo 3-mal, Mi–Fr 2-mal, Di und Sa jeweils 1-mal, im Winter weniger häufig). Fähren fahren von Grutness (bei Sumburgh) sowie ab und zu von Lerwick nach Fair Isle (eine Strecke pro Pers./Auto plus Fahrer 4,10/19,10 £, 3 Std., Di und Sa ganzjährig, Mai–Anfang Oktober auch Do).

Schlafen & Essen

Almara B&B `LP TIPP` B&B ££
(📞01806-503261; www.almara.shetland.co.uk; EZ/DZ 30/60 £; 🅿🛜) Das Papageientaucherschild weist 1,5 km vor Hillswick den Weg zur gastfreundlichsten Unterkunft auf ganz Shetland. Den Gast erwartet ein fantastischer Ausblick über die Bucht, eine schöne Lounge, ungewöhnliche Details in den erstklassigen Zimmern und Badezimmern (u.a. USB-Ladegeräte) und Betreiber mit Herz für die Umwelt. Hier fühlen sich die Gäste wie zu Hause und äußerst willkommen; besser geht B&B nicht.

St Magnus Bay Hotel HOTEL ££
(📞01806-503372; www.stmagnusbayhotel.co.uk; EZ/DZ 70/95 £; 🅿🛜) Dieses Hotel mitten in Hillswick befindet sich in einer wundervollen Holzvilla, die 1896 errichtet wurde. Die äußerst netten Besitzer sind dabei, sukzessive dem ganzen Haus liebevoll zu früherem Glanz zu verhelfen. Aufgrund dieser Renovierungsarbeiten kann die Zahl der verfügbaren Zimmer variieren. Die bereits renovierten Zimmer sind ausgesprochen schön. Es gibt außerdem eine Gästesauna und Gastronomie in der freundlichen Bar (Hauptgerichte 7–10 £).

Johnnie Notions Camping Böd BÖD £
(📞01595-694688; www.camping-bods.co.uk; B 8 £; ⊙ April–Sept.) Dieser putzige kleine *böd* aus Stein mit seiner sehr niedrigen Eingangstür enthält vier geräumige Schlafstätten. Es ist eine sehr einfache Unterkunft, ohne Duschen oder Strom. Hier wurde Hufschmied Johnnie „Notions" Williamson geboren, der im 18. Jh. Tausende Menschen mit einem Serum, das er selbst entwickelt hatte, gegen Pocken impfte. Das *böd* liegt 6 km östlich von Eshaness.

Braewick Cafe & Caravan Park CAMPINGPLATZ £
(📞01806-503345; www.eshaness.shetland.co.uk; Zeltplätze für 1/2/Wigwams 5/7/36 £; ⊙ März–Okt. 10–17 Uhr; 🛜) Ordentliche Zeltplätze und leckere Snacks im Café (Do–Mo, Gerichte 3–10 £), mit umwerfendem Ausblick über die St Magnus Bay und ihren merkwürdigen und wundersamen Felsformationen. Viele Lebensmittel stammen vom kleinen Bauernhof der Besitzer direkt nebenan. Hier gibt es auch „Wigwams" – Holzhütten mit Kühlschrank und Wasserkocher, die vier (zur Not auch sechs) Personen Platz bieten. Der Campingplatz liegt an der Straße zwischen Hillswick und Eshaness.

An- & Weiterreise
Busse von Lerwick (Mo–Sa tgl., abends) fahren nach Hillswick (1¼ Std.), Eshaness (1½ Std.) und North Roe (1½ Std.). Außerdem gibt es einen Bus vormittags von Brae nach Hillswick (Mo–Sa).

North Isles
Yell, Unst und Fetlar heißen die drei Inseln der North Isles, zwischen denen jeweils Fähren verkehren.

YELL
957 EW.

Die Torfmoore auf Yell sind typisch für die Shetlands. Die karge Landschaft hat jedoch eindeutig einen eigenen Charme.

Sehenswertes & Aktivitäten

Lumbister RSPB Reserve NATURSCHUTZGEBIET
(www.rspb.org.uk) In diesem Resesvat nisten Sterntaucher, Zwergfalken, Raubmöwen und andere Vogelarten. Hier fühlt sich auch eine große Fischotterpopulation heimisch. Häufig lassen sich die Otter rund um den Whale Firth beobachten, wo auch schon mal Seehunde und Kegelrobben auftauchen.

Windhouse RUINE
Nordwestlich der kleinen Siedlung Mid Yell, auf dem Hügel hinter der Hauptstraße, steht die Ruine des Windhouse von 1707, in dem es angeblich spukt. Seit den 1920er-Jahren ist es unbewohnt; jetzt gibt es aber Pläne, es zu restaurieren. Die „Lady in Silk" ist die berühmteste der Gespenster, die hier herumgeistern sollen.

Old Haa Museum `GRATIS` MUSEUM
(📞01957-702431; ⊙ April–Sept. Di–Do & Sa 10–16, So 14–15 Uhr) Das Museum zeigt ein faszinierendes Sammelsurium an Merkwürdigkeiten (Pfeifen, ein Klavier, eine Puppe in einer Wiege, winzige Bibeln, Buddelschiffe und der Kiefer eines Pottwals) und umfasst außerdem ein Archiv zur lokalen Geschichte und ein Café. Es befindet sich in Burravoe, 7 km östlich des südlichen Fähranlegers in Ulsta.

Schlafen & Essen
Einige ausgezeichnete Ferienhäuschen für Selbstversorger befinden sich auf der Insel verstreut; auf www.visitshetland.com stehen alle Angebote.

WILDTIERE AUF SHETLAND BEOBACHTEN

Für Ornithologen ist Shetland ein Paradies. Nicht genug, dass arktische Zugvögel auf Shetland einen Zwischenstopp einlegen; Seevögel brüten hier auch in riesigen Kolonien. Von den 24 Seevogelarten, die auf den Britischen Inseln nisten, sind 21 auf den Shetlands zu finden. Der Juni ist der Höhepunkt der Brutsaison. Hier hat jeder Vogel einen eigenen Namen: *red-throated divers* (Sterntaucher) heißen hier *rain geese*, *great skuas* (Große Raubmöwen) heißen *bonxies* und *storm petrels* (Sturmschwalben) heißen auf den Shetlands *alamooties*. Die Royal Society for the Protection of Birds (S. 542) unterhält mehrere Schutzgebiete rund um die Inseln. Nationale Naturschutzgebiete bestehen auf **Hermaness** (wo jeder über die possierlichen Eskapaden der fast zahmen Papageitaucher schmunzelt), **Keen of Hamar** und **Noss**. Auch auf Fair Isle finden sich große Seevogelpopulationen.

Es lohnt sich aber auch, das Meer im Blick zu behalten: Regelmäßig werden hier Orkas und andere Walarten sowie Seeotter gesichtet. Auf der Website www.nature-shetland.co.uk wird aufgelistet, welche Tiere kürzlich wo erspäht wurden.

Das einwöchige **Shetland Nature Festival** (www.shetlandnaturefestival.co.uk), das jedes Jahr Anfang Juli stattfindet, bietet geführte Wanderungen, Vorträge, Bootstouren, Tage der offenen Tür sowie Kunst- und Fotografieworkshops an, die die Tierwelt und die Geologie Shetlands feiern.

Pinewood House   B&B £
(www.pinewoodhouseshetland.co.uk; Aywick; EZ/DZ 30/60 £; P 🛜) Dieses B&B mit drei Gästezimmern liegt neben dem Laden in Aywick. Es bietet vom Wohnzimmer aus einen wunderbaren Blick aufs Wasser, dazu gibt es einen herzlichen Empfang und Abendessen auf Nachfrage.

Windhouse Lodge Camping Böd   BÖD £
(📞01957-702475; www.camping-bods.co.uk; Mid Yell; B 10 £) Unterhalb der Spukruinen von Windhouse (an der A968) befindet sich dieses gut geführte, saubere, schnuckelige Camping-*böd* mit Strom und einem Kanonenofen zum Aufwärmen – für alle, die einfaches Inselleben als Alternative zum Alltag suchen, ist es die ideale Unterkunft. Reservierung per Telefon oder über die Website.

Wind Dog Café   CAFÉ £
(📞01957-744501; www.winddogcafe.co.uk; Gutcher; Hauptgerichte 2–5 £; ⏰9–18 Uhr; 🛜) Für seine Innendeko wird dieses Café keinen Blumentopf gewinnen – man stelle sich eine Mischung aus Baracke und Wohltätigkeitsladen vor. Aber das macht es mit seiner herzlichen Atmosphäre und preisgünstiger Hausmannskost wett: Burger, Ofenkartoffeln, Suppen und den ganzen Tag über Gebrutzeltes. Dazu stehen Lesestoff und Puzzles bereit, falls es einmal in Strömen regnet und man sich nicht nach draußen wagen möchte.

❶ An- & Weiterreise
BUS Drei Busse fahren mit den Fähren von Lerwick nach Yell und weiter nach Unst (Mo–Sa). Anschlussbusse fahren andere Teile der Insel an.

SCHIFF/FÄHRE Yell ist mit Mainland durch die **Fähre** (📞01595-745804; www.shetland.gov.uk/ferries) zwischen Toft und Ulsta verbunden. (Passagier hin & zurück 4,30 £, Auto plus Fahrer hin & zurück 10 £, 20 Min., häufig). Im Sommer sollte man reservieren.

UNST
1100 EW.

Viel mehr Schottland gibt es nicht, wenn man nach Unst, einer rauen Insel mit vielen Ponys und Seevögeln, übergesetzt hat. Die nördlichste bewohnte britische Insel ist hübscher als Yell mit ihren baumlosen, samtigen Hügeln und kleinen Siedlungen am Wasser, die dem böigen Wind trotzen.

👁 Sehenswertes & Aktivitäten
Eine malerische Ruine einer Burg mit Wohnturm ist bei Muness in der südöstlichsten Ecke der Insel zu finden.

LP TIPP   Hermaness Nature Reserve   NATURSCHUTZGEBIET
Die Hauptattraktion von Unst ist die wunderbare Landzunge Hermaness. Ein etwa 7 km langer Rundweg führt vom Eingang des Naturschutzgebiets zu den Klippen, wo Basstölpel, Eissturmvögel und Trottellummen nisten und zahlreiche Papageientaucher herumtollen. Bewacht wird der Weg von einer kleinen Armee Großer Raubmö-

wen, die im Heidekraut entlang des Weges nisten. Sie attackieren Wanderer, wenn sie sich bedroht fühlen. Es sind recht kräftige Vögel. Glücklicherweise ist der direkte Kontakt jedoch selten. Von den Klippen aus blickt man auf den nördlichsten Punkt Großbritanniens, die Felsen des Out Stack, sowie Muckle Flugga mit dem Leuchtturm, den der Onkel von Robert Louis Stevenson erbaut hat. Tipps für die Tierbeobachtung gibt es im **Hermaness Visitor Centre** (01595-711278; Eintritt frei; April–Mitte Sept. 9–17 Uhr), das sich unweit des Eingangs zum Naturschutzgebiet befindet und die anrührende Geschichte des langjährigen Bewohners Albert Ross erzählt. Von hier starten auch **Bootsausflüge** (01806-522447; www.muckleflugga.co.uk; Juni–Sept. Di, Do, Sa) nach Muckle Flugga.

Unst Bus Shelter   WAHRZEICHEN
(www.unstbusshelter.shetland.co.uk) Dort, wo die Hauptstraße nach Littlehamar abzweigt, unweit des Baltasound, steht das wohl beeindruckendste Buswartehäuschen Großbritanniens. Pfiffige Insulaner, die es wohl leid waren, im unbequemen Standardhäuschen zu warten, haben es mit Lehnsessel, Romanen, Blumen, einem Fernseher und einem Gästebuch zum Eintragen versehen. Die Grundfarben wechseln jährlich.

Unst Heritage Centre   HEIMATMUSEUM
(01957-711528; Haroldswick; Erw./Kind 3 £/frei, mit Unst Boat Haven 5 £; Mai–Sept. 11–17 Uhr) Dieses Heimatmuseum beherbergt ein modernes Museum mit Exponaten zur Geschichte der Shetlandponys und dem Nachbau eines Croft-Hauses.

Unst Boat Haven   MUSEUM
(01957-711528; Haroldswick; Erw./Kind 3 £/frei, mit Unst Heritage Centre 5 £; Mai–Sept. 11–17 Uhr) Dieser Schuppen ist für Bootsfreunde ein Muss. Gezeigt wird eine liebevoll gehegte Sammlung an Ruder- und Segelbooten aus Shetland, die alle eine Geschichte haben. Alte Fotos und diverse Gegenstände aus der Seefahrt erinnern an die Hochzeiten der Fischerei auf Unst.

Schlafen & Essen

Gardiesfauld Hostel   HOSTEL £
(01957-755279; www.gardiesfauld.shetland.co.uk; 2 East Rd, Uyeasound; Zelt & 2 Pers. 6 £, B 13 £; April–Sept.; P) Dieses 35-Betten-Hostel ist sehr sauber, hat außerordentlich geräumige Schlafsäle mit Schließfächern, Familienzimmer, einen Garten, einen eleganten Aufenthaltsraum sowie einen kleinen Wintergarten mit tollem Blick auf die Bucht. Zelten kann man hier auch. Der Bus hält direkt vor der Tür. Um die die Duschen benutzen zu können, braucht man 20-p-Münzen.

Saxa Vord   HOSTEL £
(01957-711711; www.saxavord.com; Haroldswick; EZ/DZ 19,50/39 £; Ende Mai–Anfang Sept.; P) Diesem ehemaligen Luftwaffenstützpunkt fehlt zwar ein wenig der Charme, aber die kasernenartigen Zimmer bieten ein richtig gutes Preis-Leistungs-Verhältnis. Das Restaurant tischt ganz ordentliche regionale Küche auf, es gibt eine Bar –, womöglich die nördlichste in Großbritannien – und die Atmosphäre ist herzlich und zuvorkommend. Ferienhäuser für Selbstversorger (485 £ pro Woche) bieten sich für Familien an und können ganzjährig gemietet werden.

Prestegaard   B&B ££
(01957-755234; prestegaard@postmaster.co.uk; Uyeasound; EZ/DZ 30/56 £; Mai–Sept.; P) Dieses solide alte Pfarrhaus in Küstennähe eignet sich gut als Ausgangsbasis. Die Zimmer sind geräumig und sehr bequem, mit Meerblick und eigenem Badezimmer (das aber nicht direkt an das Zimmer anschließt). Das Zimmer oben ist besonders empfehlenswert. Der Frühstücksraum mit Schilden und Äxten an der Wand, die beim Fest Up Helly Aa zum Einsatz kommen, strahlt Wikingerambiente aus, und der freundliche Besitzer ist sehr zuvorkommend. Nur *Continental*-Frühstück.

Baltasound Hotel   HOTEL, PUB ££
(01957-711334; www.baltasound-hotel.shetland.co.uk; Baltasound; EZ/DZ 52,50/85 £; P) Zu den hell gestrichenen, großzügigen Zimmern – manche größer als andere – im Haupthaus kommen noch ein paar Holzchalets hinzu, die sich auf dem Rasen gruppieren. Der Speiseraum, den die Abendsonne durchflutet, bietet Pub-Gerichte (Hauptgerichte 6–12 £) und einen wunderschönen Ausblick auf die Landschaft.

An- & Weiterreise
Im Schokoladengeschäft am Saya Vord Komplex in Haroldswick kann man **Fahrräder** (www.unstcyclehire.co.uk; Haroldswick; pro Tag/Woche 7,50/40 £) mieten.

BUS Drei Busse am Tag (außer So) fahren von Lerwick mit der Fähre nach Unst (2½ Std.). Auf Unst selbst fahren ebenfalls Busse.

SCHIFF/FÄHRE Unst ist mit Yell und Fetlar durch eine kleine Fähre (S. 501) zwischen Gutcher und Belmont verbunden (kostenlos, 10 Min., häufig).

FETLAR
90 EW.

Fetlar ist flächenmäßig die kleinste (8 x 3 km), aber die fruchtbarste Insel der North Isles. Der Name stammt von einer Wikingerbezeichnung für „fettes Land".

Sehenswertes & Aktivitäten
Hier kann man wunderbar Vögel beobachten. Auf Fetlar nisten Dreiviertel der britischen Brutpopulation an Odinshühnchen. Sie brüten rund um den **Loch of Funzie** (sprich: 'finni') im Südosten der Insel. Von April bis Oktober kann man sie von einem RSPB Unterstand im nahe gelegenen Sumpfland beobachten.

Das ausgezeichnete **Fetlar Interpretive Centre** (01957-733206; www.fetlar.com; Erw./Kind 2 £/frei; Mai–Sept. Mo–Fr 11–16, Sa & So 12.30–16 Uhr) zeigt Fotos, Ton- und Filmaufnahmen von der Insel und ihrer Geschichte. Es ist genau in der Inselmitte zu finden – zu erkennen an der bunten Wandmalerei.

Es gibt mehrere landschaftlich schöne Wanderstrecken rund um die Insel, darunter der Weg um die Lamb Hoga Landspitze, der am **Tresta Beach**, 1,5km westlich von Houbie, beginnt.

Schlafen
Der kleine **Fetlar Campsite** (01957-733227; Zeltplätze 5–9 £; Mai–Sept.), 4 km von der Fähre entfernt, blickt auf den Strand bei Tresta und ist sehr gut ausgestattet. Die Betreiber führen auch das gastfreundliche **Gord B&B** (01957-733227; nicboxall@gord.shetland.co.uk; Zi. pro Pers. inkl. Abendessen 50 £; P), das zwei Zweibett- und ein Doppelzimmer, jeweils mit eigenem Bad, im Angebot hat – den umwerfenden Ausblick aufs Meer nicht zu vergessen. Auf der Insel gibt es noch ein Camping-*böd* (S. 495) (mit Strom) am Wasser, praktischerweise unweit des Loch of Funzie.

Praktische Informationen
Auf Fetlar gibt es keine Tankstelle, aber in Houbie, dem Hauptort, befindet sich immerhin ein Laden (der aber nicht immer geöffnet hat).

An- & Weiterreise
Kostenlose Fähren (5- bis 10-mal tgl., S. 500) verbinden Fetlar mit Gutcher auf Yell und Belmont auf Unst.

Schottland verstehen

SCHOTTLAND AKTUELL **504**
Obwohl es seit 300 Jahren zu Großbritannien gehört, hält Schottland stolz an seiner eigenen Identität fest.

GESCHICHTE **506**
Von der Römerzeit bis heute hat Schottland Invasionen, Bürgerkriegen, religiösen Streitigkeiten und industriellen Revolutionen getrotzt.

DIE SCHOTTISCHE KÜCHE **518**
Viel mehr als nur Haggis: Die schottische Küche ist vielseitig und köstlich – Liebhaber von Whisky und Bier fühlen sich hier wie im Paradies.

SCHOTTISCHE KULTUR **524**
Schottland ist stolz auf seine eigenständige und althergebrachte Kultur, von Literatur und Musik bis zu Architektur und Sport. Kreativität und Fantasie leiden darunter keineswegs.

NATURPARADIES SCHOTTLAND **535**
Schottland überwältigt seine Besucher mit eindrucksvollen Landschaften, und wer Tiere in der Natur beobachten möchte, ist hier ebenfalls goldrichtig.

Bevölkerung pro km²
SCHOTTLAND ENGLAND DEUTSCHLAND

≈ 60 Menschen

Schottland aktuell

Politik

Obwohl Schottland seit 1707 Bestandteil Großbritanniens ist, hat es sich in den letzten 300 Jahren seine eigene Identität bewahrt. Die Wiedereinführung eines eigenen schottischen Parlaments 1999 in Edinburgh zeugt von Selbstvertrauen und Stolz auf die Errungenschaften des Landes.

Während des ersten Jahrzehnts nach Übertragung der administrativen Unabhängigkeit hat sich die schottische Politik weit von Westminster entfernt. Zu den in Schottland, aber nicht im übrigen Großbritannien eingeführten Maßnahmen gehören kostenlose Langzeitpflege für alte Menschen, Abschaffung der Studiengebühren an den Universitäten und Anhebung der Lehrergehälter.

Die Scottish National Party (SNP), die seit 2007 in Edinburgh eine Minderheitsregierung im schottischen Parlament angeführt hatte, errang bei den Wahlen von 2011 überraschend mit 69 von 129 Sitzen einen Erdrutschsieg. Plötzlich wurde die Frage der Abspaltung Schottlands vom Vereinigten Königreich wieder in allen Nachrichten diskutiert.

Die Wahl einer Regierungskoalition von Konservativen und Liberal-Demokraten in Westminster im Jahr 2010 unterstreicht nur die Unterschiede zwischen Schottland und dem Rest des Landes – von den 59 Wahlkreisen Schottlands stellte nur einer einen konservativen Abgeordneten, die Labour-Partei (in Westminster abgewählt) vergrößerte dagegen ihr Mandat in Schottland. Die SNP hat versprochen, im Herbst 2014 ein Referendum abzuhalten, in dem über die vollständige Unabhängigkeit Schottlands abgestimmt werden soll.

Erneuerbare Energien

Zu einem der zentralen Punkte in der Vision von einem unabhängigen Schottland zählt für die SNP die Energiepolitik. Parteiführer Alex Sal-

» Höchster Punkt: Ben Nevis (1344 m)
» Jährlicher Whiskyexport: 1 Mrd. Flaschen
» Verkaufswert des Haggis für die Burns Night: 1,2 Mio. £
» Anzahl der gewonnenen Fußballweltmeisterschaften: Leider 0

Top-Bücher

Raw Spirit (Iain Banks) Eine Tour durch Schottland auf der Suche nach Whisky.
Mountaineering in Schottland (WH Murray) Klassischer Reisebericht aus den 1930er-Jahren.
Adrift in Caledonia (Nick Thorpe) Ein Bericht über Reisen per Anhalter durch Schottland auf verschiedenen Schiffen.
The Poor Had No Lawyers (Andy Wightman) Eine faszinierende Untersuchung, wer in Schottland Land besitzt und wie es erworben wurde.

Klassiker auf DVD

Tutti Frutti Kult-Fernsehserie aus den 1980er-Jahren über die Tour einer Rockband, mit Robbie Coltrane und Emma Thompson.
The Maggie Komödie aus den 1950er-Jahren über die Besatzung eines Dampfschiffs an der schottischen Westküste.

Religionszugehörigkeit
(% der Bevölkerung)

Wenn in Schottland 100 Menschen lebten ...

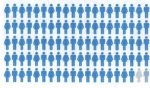

wären 98 Weiße
1 Südasiat
1 wäre anderer Nationalität

---

mond verkündet, dass er das Land in ein „Saudi-Arabien der erneuerbaren Energien" verwandeln – das heißt bis 2020 energieautark und zum Exporteur „sauberer" Elektrizität machen – möchte.

In der ersten Hälfte des 20. Jahrhunderts entwickelte sich das Schottische Hochland zu einer der weltweit führenden Regionen für die Produktion von Wasserkraft und während des vergangenen Jahrzehnts wurden landauf landab Windturbinen installiert. 2009 deckten erneuerbare Energien 27 % des schottischen Verbrauchs, 2011 waren es 35 %. Das angestrebte Ziel lautet: Im Jahr 2020 100 %.

Die Zukunft der schottischen Energieerzeugung liegt jedoch nicht auf dem Festland, sondern auf dem Meer: Schottland hat Zugang zu 25 % der nutzbaren Tideenergie Europas und zu 10 % seiner Wellenkraft. Es gehört zu den Vorreitern für die Entwicklung von Wellen-, Tide- und Offshore-Windkraft-Energien. 2012 wurden die Meeresregion um die Orkney-Inseln und der Pentland Firth zum Marine Energy Park erklärt.

Entwicklung kontra Naturschutz

2010 erteilte die schottische Regierung ihre Zustimmung zur Errichtung einer 217 km langen Hochspannungs-Freileitung von Beauly nach Denny in Stirlingshire, einer Verbindungsleitung für die im Norden durch Wind- und Meeresenergie erzeugte Elektrizität an das Hauptenergienetz des Landes. Die Leitung soll über 600 Masten geführt werden und durch einige der landschaftlich schönsten Hochland-Regionen verlaufen.

Die Befürworter des Vorhabens unterstreichen, dass mit der Umsetzung des Projekts auch die Masten für die etwa 100 km lange Niederspannungsleitung aus dem Cairngorms National Park verschwinden würden. Die Gegner halten dagegen, dass ein im Meer verlegtes Kabel die zwar teurere, aber bessere Alternative wäre.

> Schottland bildet – wie auch Wales und England – einen Teil Großbritanniens. Nordirland hinzugerechnet, kommt man zur Bezeichnung United Kingdom (Vereinigtes Königreich). Korrekt ist es, die Bewohner Schottlands als Schotten oder Briten zu bezeichnen – niemals jedoch als Engländer!

Kurz & knapp
- Bevölkerung: 5,2 Mio.
- Fläche: 78722 km²
- Premierminister: Alex Salmond (SNP)
- BWS pro Kopf: 19 744 £ (2009)
- Inflation: 2,4 % (2012)
- Arbeitslosigkeit: 8,1% (2012)

Schottische Medien
- *Caledonian Mercury* (www.caledonianmercury.com)
- *Herald* (www.heraldscotland.com)
- *Scotsman* (www.scotsman.com)
- *Press & Journal* (www.pressandjournal.co.uk)

Internetradio
BBC Radio Scotland (www.bbc.co.uk/radioscotland) Frühstücksnachrichten in *Good Morning Scotland* wochentags ab 6 Uhr.

Geschichte

Schottland, obwohl geografisch isoliert, hat im Laufe seiner Geschichte doch zahlreiche Übergriffe auf seinen Herrschaftsbereich, Einwanderungswellen und Territorialstreitigkeiten erlebt: Das Römische Reich, die nordischen Länder, Irland, Frankreich und natürlich England – alle hinterließen Spuren im Land.

Nach dem Niedergang der Wikingerherrschaft waren die Geschicke Schottlands – wie zwar vorhersehbar, doch oftmals nur durch Anwendung von Gewalt durchgesetzt – mit denen seiner südlichen Nachbarn verknüpft. Gefechte und Grenzübergriffe waren bis zur Vereinigung der königlichen Familien Englands und Schottlands an der Tagesordnung. Schließlich führte die politische Union die beiden Länder zusammen. Selbst danach noch bezeugten die Jakobitenaufstände das tief in den Schotten verwurzelte Streben nach Unabhängigkeit, das schließlich Ende des 20. Jhs. durch die Dezentralisierung teilweise erfüllt wurde.

Aus der nebulösen Frühgeschichte Schottlands haben sich bedeutende Monumente, insbesondere auf den Inseln im Norden, erhalten. Die Römer hinterließen erste Spuren, die nicht von den Bewohnern im Norden der Britischen Inseln herrührten: Ihre Auseinandersetzungen mit den Pikten führten zum Bau zweier massiver Erdwälle, um die Expansion der nördlichen Stämme zu verhindern.

Einst hatte die römische Besatzung den Zusammenschluss der zuvor verfeindeten Stämme zur Folge, Ähnliches geschah auch angesichts der Bedrohung durch die Wikinger: Ihre Übergriffe führten dazu, dass die beiden Königreiche, das der keltischen Skoten, Dalriada, und das der Pikten, eine Union eingingen – Schottland war geboren.

Nach dem Niedergang der Wikingerherrschaft nahm jahrhundertelang die nur allzu bekannte Geschichte ihren Lauf: Starke und schwache Könige, politische Intrigen und Thronfolgestreitigkeiten wechselten einander ab. In den Unabhängigkeitskriegen konnte Schottland das intervenierende England wenigstens vorübergehend abschütteln, und dies

---

Archäologische Stätten

» Jarlshof, Shetland
» Skara Brae, Orkney Islands
» Maes Howe, Orkney Islands
» Kilmartin Glen, Argyll
» Callanish, Lewis, Äußere Hebriden
» Tomb of the Eagles, Orkney
» Scottish Crannog Centre, Kenmore

ZEITACHSE

4000 v. Chr.
Ackerbauern wandern vom europäischen Festland nach Schottland ein. Noch heute zeugen prähistorische Stätten von dieser Zeit, die interessantesten befinden sich auf den Orkney-Inseln.

2200 v. Chr.
Die Beaker-Kultur gelangt nach Schottland. In der Bronzezeit werden Schwerter und Schilde hergestellt. Es entstehen Bergfesten, Crannogs (künstliche Inseln mit Pfahlbauten) und geheimnisvollen Steinkreisen

43 n. Chr.
Fast ein Jahrhundert nach der Invasion Julius Cäsars erobert der römische Kaiser Claudius Britannien. Bis 80 n. Chr. werden vom Clyde bis zum Forth eine Reihe von Festungen errichtet

begründete den Ruhm der schottischen Nationalhelden William Wallace und Robert Bruce.

Das Haus Stuart etablierte Schottland als einen europäischen Hauptakteur in Politik und Kunst der Renaissance. Doch nachdem Jakob (James) VI. von Schottland auf den Thron Englands gelangt war, richtete sich das Interesse des Königshauses fast ausschließlich auf das Territorium südlich von Schottland. Als dann die englische Flotte auch noch zu weit entfernten Überseekolonien aufbrach, geriet Schottland in seiner Entwicklung ins Hintertreffen. Ausschließlich pragmatische Erwägungen ließen die politische Union mit England zu Beginn des 18. Jhs. zustande kommen, im Volk jedoch stieß sie auf großen Widerstand. Dies und die Tatsache, dass man dem katholischen Thronanwärter Jakob zugunsten des protestantischen Oraniers die Krone absprach, sorgte für große Verbitterung in Schottland. Die Jakobitenaufstände im 18. Jh. hatten zum Ziel, die Königswürde wieder zurückzuerobern und den Sohn Jakob II. und später dessen Enkel Bonnie Prince Charlie wieder auf den Thron zu setzen.

Mit der Niederlage der Jakobiten bei Culloden zerstoben diese Träume, und auch das Ende des Clansystems war gekommen: Die Highlands waren zuvor von den Clan-Chefs wie ein Staat im Staate regiert worden, und diese – nun ihrer Macht beraubt, aber immer noch im Besitz riesiger Ländereien – vertrieben die auf ihnen ansässigen Kleinbauern und wandten sich nach Gutsherrenart der flächendeckenden Schafzucht zu. In der Folge dieser zwangsweisen Vertreibungen, der sogenannten *clearances* (Räumungen), verwandelten sich die Highlands in eine menschenleere Wildnis. Hunderttausende wurden in ein unsicheres Dasein in die Küstenregionen oder in die Emigration gezwungen. Die auf Arbeitssuche in die Städte strömenden Vertriebenen befeuerten die bis gegen Ende des 20. Jhs. blühende Industrielle Revolution und bildeten das Rückgrat der Schwerindustrie im südschottischen Zentralgürtel.

Doch gibt es auch kultiviertere Hinterlassenschaften des 18. Jhs.: Die sogenannte schottische Aufklärung war eine Zeit vielfältiger kultureller und geistiger Blüte, sodass der Außenposten im Norden die Aufmerksamkeit ganz Europas auf sich zog. Die Philosophen David Hume und Adam Smith, der Dichter Robert Burns und der Architekt Robert Adam, um nur einige von vielen zu nennen, werden noch heute als Größen ihres jeweiligen Fachgebiets verehrt. Sie begründeten die Tradition schottischer intellektueller Leistungen in Wissenschaft und Literatur, die bis zum heutigen Tag besteht.

Frühgeschichte

Jäger und Sammler haben die ältesten Zeugnisse menschlicher Besiedlung auf dem Gebiet des heutigen Schottland hinterlassen. Sie kamen

Sehenswerte Piktensteine
» St Vigeans Museum, Arbroath
» Aberlemno Stones, Angus
» Dupplin Cross, Dunning
» Groam House Museum, Rosemarkie
» Meigle Museum, Meigle
» Inverness Museum, Inverness
» Tarbat Discovery Centre, Portmahomack
» Elgin Museum, Elgin

142
Der Antoniuswall markiert die Nordgrenze des Römischen Reichs; er wird rund 40 Jahre lang bewacht. Für die Römer jedoch ist der nördliche Teil der Insel nicht zu erobern.

397
Der hl. Ninian gründet in Whithorn die erste christliche Missionsstation jenseits des Hadrianswalls. Hier entsteht auch die erste Kirche Schottlands, in der die sterblichen Überreste des Heiligen begraben liegen.

5. Jh.
Die römischen Soldaten werden nach Rom zurückbeordert, als das römische Reich von barbarischen Stämmen angegriffen wird. Kaiser Honorius überlässt die Briten sich selbst.

Frühes 6. Jh.
Ein keltischer Stamm, die Skoten, dringt über das Meer vor und gründet in Argyll ein Reich namens Dalriada.

in Wellen aus Nordeuropa und Irland nach Schottland, nachdem die Gletscher, die in der letzten Eiszeit um 10 000 v. Chr. entstanden waren, abgeschmolzen waren.

Vermutlich begann das schottische Neolithikum mit der vom europäischen Festland ausgehenden Besiedlung. Aus der Steinzeit Schottlands sind erstaunliche Zeugnisse menschlichen Fortschritts überliefert worden: In der Grafschaft Caithness, auf den Orkney- und Shetland-Inseln befinden sich einige der am besten erhaltenen prähistorischen Siedlungen der Welt, Großsteingräber (*burial cairns*) und Steinkreise. Durch die Bronzezeit hindurch waren weiter südlich *crannogs* (runde künstliche Inseln in einem See, auf denen Pfahlbauten standen) eine bevorzugte Form gut zu verteidigender Behausungen.

In der Eisenzeit entstand eine Reihe bemerkenswerter, der Verteidigung dienender Bauten anderer Art: Die *brochs* (auch sie hatten ihren Ursprung auf den im Nordosten liegenden Inseln) waren komplexe, doppelwandige Steintürme, einige davon sind erhalten; sie messen heute noch über 10 m Höhe.

Römer & Pikten

Die römische Invasion Britanniens begann 43 n. Chr., nachdem fast 100 Jahre zuvor Julius Cäsar schon einmal einmarschiert war. Im Norden jedoch, unweit der heutigen schottisch-englischen Grenze, kam der Vorstoß der Römer zum Erliegen. Zwischen 78 und 84 stieß Agricola, der römische Statthalter Britanniens, gen Norden vor und versuchte mehrere Jahre lang, die dortigen wilden Stämme – die Römer nannten sie Pikten (vom lateinischen *pictus* – „angemalt") – zu unterwerfen.

Hadrian, der die ständigen Angriffe an der Nordgrenze schließlich nicht mehr dulden wollte, ließ den berühmten Wall (122–128) zwischen Carlisle und Newcastle in Nordengland errichten, der noch heute seinen Namen trägt. Sein Nachfolger Antoninus Pius drang 20 Jahre später noch einmal ein Stück weiter nach Schottland vor. Er legte einen Erdwall zwischen dem Firth of Forth und dem River Clyde an – den Antoniuswall. Am östlichen Ende des Walls liegt die Römerfestung Cramond. Hier, im nördlichen Großbritannien, waren die Römer buchstäblich an ihre Grenzen gestoßen.

Wenig ist über die Kultur dieser Pikten im Norden und Nordosten Schottlands bekannt. Die Bedrohung durch die römische Besatzungsmacht hatte vermutlich den Zusammenschluss der verschiedenen keltischen Stämme bewirkt, und sicherlich waren sie – angesichts der Schwierigkeiten, die sie den kampferprobten Römern bereitet haben sollen – unerschrockene Kämpfer. Die einzigen sichtbaren Zeugnisse ihrer Kultur sind die mit wunderbaren Ritzsymbolen verzierten Steine, die in vielen Teilen Ostschottlands zu finden sind.

6. Jh.
Der hl. Columban gründet auf Iona eine christliche Mission. Bis zum Ende des 8. Jhs. sind die meisten heidnischen Skoten zum christlichen Glauben übergetreten.

» Iona Abbey

685
Der Piktenkönig Bridei schlägt die Northumbrier bei Nechtansmere in Angus. Es war ein unerwarteter Sieg, der die Grundlage für Schottland als selbstständiges Territorium schuf.

780
Ab 780 plündern skandinavische „Nordmänner" in Langbooten die schottische Küste, und die Inseln und übernehmen schließlich die Kontrolle über Orkney, Shetland und die Western Isles.

Schließlich zogen die Römer aus Britannien ab. Zu dieser Zeit bewohnten mindestens zwei einheimische Volksstämme die nördlichen Regionen der Britischen Inseln: die Pikten den Norden und Osten und die Briten den Südwesten. Eine neue Gruppe, die der keltischen Skoten, kam vermutlich um 500 von Nordirland über Argyll ins Land und gründete das Königreich Dalriada.

Der hl. Ninian gilt als erster christlicher Missionar der Region. Er richtete seine Missionsbasis Whithorn im Südosten Schottlands ein. Der hl. Columban, Schottlands berühmtester Missionar, setzte im 6. Jh. die vom hl. Ninian begonnene Christianisierung fort. Der Legende zufolge war Columban ein Soldatengelehrter im Priestergewand, der nach Teilnahme an einer blutigen Schlacht ins Exil gehen musste. Nachdem er 563 aus Irland geflohen war, gründete er auf der Insel Iona ein Kloster. Von dort bereiste er auch den Nordosten, um die christliche Botschaft zu den Pikten zu tragen.

Die ersten schottischen Könige

Wegen der drohenden Invasion der „Nordmänner" näherten sich Pikten und Skoten einander an, zudem hatten sie aufgrund ihres christlichen Glaubens eine gemeinsame politische und geistige Basis. Der erste König des vereinten Schottlands, Kenneth MacAlpin, kam an die Macht, indem er einerseits Blutsbande für sich nutzte, andererseits auf Diplomatie setzte. Er machte Scone im Land der Pikten zu seiner Hauptstadt und ließ auch den heiligen Schicksalsstein (Stone of Destiny), den Krönungsstein schottischer Könige, dorthin transportieren.

Keine 200 Jahre später besiegte MacAlpins Ur-Ur-Urenkel, König Malcolm II. (reg. 1005–1018), in der Schlacht von Carham (1018) die Angeln aus Northumbria, einen in Ostengland siedelnden germanischen Stamm. So gelangten Edinburgh und Lothian unter schottische Herrschaft, sodass Schottland im Süden nun bis an den Tweed reichte.

Im Unterschied dazu lebten die Highland-Clans in ihren abgelegenen, unzugänglichen Tälern, in die niemand vorzudringen vermochte noch weitere 700 Jahre nach ihren eigenen Gesetzen. Kulturell und sprachlich entwickelte sich das Land daher auseinander: Die Highlander sprachen Gälisch und die Lowlander Schottisch.

Robert Bruce & William Wallace

Als Alexander III. 1286 in Fife in den Tod stürzte, gab es beim folgenden Streit um die Thronfolge nicht weniger als 13 Anwärter; am aussichtsreichsten waren Robert de Brus, Fürst von Annandale, und John Balliol, der Fürst von Galloway. Am Ende entschied sich der Schlichter Edward I. von England für Balliol, weil er glaubte, diesen leichter beeinflussen zu können.

HL. COLUMBAN

Der hl. Columban war ein Mann mit festen Prinzipien. Unmittelbar nach seiner Ankunft auf Iona verbannte er alle Frauen und Kühe von der Insel, denn er war überzeugt „wo eine Kuh ist, ist auch eine Frau, und wo eine Frau ist, herrscht Unfrieden." Er lebte asketisch – schlief auf dem blanken Boden mit nur einem Stein als Kissen.

848	1040	1263	1296
Kenneth MacAlpin wird als erster König sowohl der Skoten als auch der Pikten und vereinigt auf diese Weise das Gebiet Schottlands nördlich des Firth of Forth zu einem Königreich.	Macbeth besteigt den schottischen Thron, nachdem er Duncan im Kampf besiegt hatte. Dieser Sieg und seine spätere Ermordung durch Duncans Sohn Malcolm finden sich auch in Shakespeares Drama wieder.	Die Nordländer, die die gesamte Westküste kontrollieren, werden in der Schlacht von Largs geschlagen. Die Wikinger ziehen sich zurück, und die Westinseln werden an Schottland zurückgegeben.	König Edward I. marschiert mit einer 30 000 Mann starken Armee in Schottland ein. Er zerstört Häfen, lässt die Einwohner abschlachten und erobert die Burgen von Berwick, Edinburgh, Roxburgh und Stirling.

Auf den Spuren von Robert Bruce
» Melrose Abbey
» Scone Palace
» Bannockburn
» Arbroath Abbey
» Dunfermline Abbey

Edward – genannt „der Schottenhammer" – verstärkte den politi-schen Druck auf den nördlichen Nachbarn und behandelte den schottischen König fast wie einen Vasallen. Balliol, über diese Demütigung gekränkt, wandte sich von Edward ab und suchte eine Allianz mit Frankreich – der Beginn der „Auld Alliance", die Balliol in einem Vertrag mit dem französischen König Phillip IV. schriftlich fixierte, und der Unabhängigkeitskriege.

Edwards Antwort ließ nicht lange auf sich warten. 1296 marschierte er in Schottland ein. Balliol wurde im Londoner Tower eingesperrt. Besonders schlimm für den Stolz der Schotten: Edward ließ den Schicksalsstein, den Krönungsstein der schottischen Könige, aus Scone entfernen und zurück nach London bringen.

Nun trat William Wallace auf den Plan. Damals griffen aufständische Trupps immer wieder die englische Besatzungsmacht an, und Wallace führte 1297 in der Schlacht von Stirling Bridge eine dieser Gruppen zum Sieg über die Engländer. Nach der Hinrichtung des Truppenführers Wallace sah Robert Bruce, der Enkel des Lord of Annandale, Robert de Brus, seine Stunde gekommen: Er stellte sich gegen seinen einstigen Verbündeten, ließ seinen Rivalen John Comyn ermorden und sich selbst 1306 in Scone zum schottischen König krönen. Bruce rüstete zum Feldzug, um die Engländer aus Schottland zu vertreiben, erlitt jedoch wiederholt Niederlagen. Doch seine Hartnäckigkeit zahlte sich am Ende aus – in der Schlacht von Bannockburn sicherte er sich einen glanzvollen Sieg über die Engländer, der als eines der denkwürdigsten Ereignisse in der schottischen Geschichte gefeiert wird.

Schottland erlangte 1328 schließlich seine Unabhängigkeit, und Robert Bruce wurde zum König gekrönt, sollte aber schon ein Jahr später sterben. Die ständigen Auseinandersetzungen mit England und die inneren Unruhen dauerten jedoch weiter an. 1371 bestieg Robert Bruces Enkel, Robert II., den Thron und gründete die Dynastie der Stewarts (meist: Stuarts), welche Schottland und zeitweilig auch das übrige Großbritannien bis 1707 regierte.

Die Renaissance

Jakob IV. (reg. 1488–1513) heiratete die Tochter König Heinrichs VII. von England aus dem Haus der Tudors – so wurden die beiden königlichen Familien durch die „Hochzeit von Distel und Rose" vereint. Das hinderte Frankreich allerdings nicht daran, Jakob zum Krieg gegen seine neue Verwandtschaft zu ermuntern; er fiel 1513 in der Schlacht von Flodden – neben 10 000 weiteren Schotten. Während der Regierungszeit Jakobs IV. erreichte das Land eine kulturelle Blüte, die an die Renaissance auf dem europäischen Festland anknüpfte; bemerkenswert war der Aufschwung der Dichtkunst und Architektur.

1298–1305
William Wallace wird im März 1298 zum „Guardian of Scotland" ernannt. Nachdem Edwards Truppen die Schotten in der Schlacht von Falkirk besiegten, legt Wallace sein Amt nieder und taucht unter.

1314
In der Schlacht von Bannockburn gelingt Robert Bruce ein entscheidender Sieg über die Engländer – für die nächsten 400 Jahre wendet sich das Schicksal zugunsten der Schotten.

1328
Andauernde Überfälle auf nordenglisches Gebiet zwingen Edward III. dazu, um Frieden zu bitten; im Vertrag von Northampton erhält Schottland seine Unabhängigkeit. Robert the Bruce, wird König.

1410
Eine der ehrwürdigsten Bildungseinrichtungen, die Universität St. Andrews, wird gegründet.

DIE DEKLARATION VON ARBROATH

Während der Unabhängigkeitskriege schickten einige schottische Adlige eine Botschaft an Papst Johannes XXII. und baten diesen, sich für die Sache der schottischen Autonomie einzusetzen. Zunächst wird darin die tyrannische Herrschaft Edwards I. verurteilt, dann Robert I. (Robert Bruce) gepriesen, und schließlich folgen die berühmten Zeilen der Deklaration: „Solange auch nur Hundert von uns am Leben bleiben, wird man uns niemals – unter welchen Bedingungen auch immer – unter englische Herrschaft zwingen. Denn wir kämpfen nicht für Ruhm, Reichtümer oder Ehren, sondern einzig und allein für die Freiheit, die kein Ehrenmann aufgibt, auch wenn er dafür mit seinem Leben bezahlt." Anfangs unterstützte der Papst die schottische Sache, ließ sich dann aber nach englischer Einflussnahme umstimmen.

Maria Stuart & die Reformation

1542 lag Jakob V. ohne Nachkommen und – wie es heißt – mit gebrochenem Herzen auf seinem Totenbett, weil die Engländer ihm bei Solway Moss eine Niederlage beigebracht hatten. Dann kam die Nachricht, dass seine Frau eine Tochter zur Welt gebracht habe. Da Jakob das Ende des Hauses Stuart heraufziehen sah und an dessen Anfänge durch die Tochter von Robert Bruce dachte, seufzte er: „Mit einem Mädchen hat es begonnen, mit einem Mädchen wird es enden." Kurz darauf starb er und hinterließ den schottischen Thron seiner wenige Tage alten Tochter Mary.

Als Kind wurde Mary nach Frankreich geschickt; in Schottland übernahmen in dieser Zeit Regenten die Herrschaft. Diese widersetzten sich dem Ansinnen des englischen Königs Heinrich VIII., die junge Königin mit seinem Sohn zu verheiraten. Voller Zorn unternahm Heinrich einen Rachefeldzug gegen die Schotten. Das „grobe Werben" vermochte weder die Herzen zu gewinnen noch zu überzeugen, und 1558 wurde Mary mit dem französischen Thronfolger verheiratet – auf diese Weise wurde Maria Stuart Königin von Frankreich und Schottland.

Während Marys Aufenthalt in Frankreich – dort wurde sie im römisch-katholischen Glauben erzogen – breitete sich die Reformation in Schottland aus. Nach dem Tod ihres kränklichen Ehemanns kehrte die 18-jährige 1561 in ihr Geburtsland zurück. In ihrer Hauptstadt wurde sie gebührend begrüßt und empfing John Knox in einer berühmt gewordenen Audienz. Der große Reformer verdammte die junge katholische Königin, und diese erklärte sich später zum Schutz der erstarkenden protestantischen Kirche in Schottland bereit, obwohl sie privat weiterhin ihren katholischen Glauben praktizierte.

1468–1469	**1488–1513**	**1513**	**1603**
Orkney und später auch Shetland werden an Schottland verpfändet als Mitgift des dänischen Königs Christian I., dessen Tochter den künftigen König Jakob III. von Schottland heiraten soll.	Die Schottische Renaissance schafft ein intellektuelles Klima, das die Entstehung des Protestantismus begünstigt, eine Reaktion auf Reichtum und Korruption der römisch-katholischen Kirche.	Jakob IV. stößt nach Nordengland vor und wird in der Schlacht von Flodden in Northumbrien geschlagen. Die Artillerie ist im Vormarsch, während die Bogenschützen sich auf dem Abschwung befinden.	Jakob VI. von Schottland erbt den englischen Thron. Es kommt zur sogenannten „Union of the Crowns" und als Jakob I. besteigt er den Thron von Großbritannien.

DIE HERREN DER INSELN

Im Mittelalter – Reisen durch die Schottischen Highlands kosteten Zeit, waren schwierig und gefährlich – wurden die Meeresarme (*sea lochs*), Mündungstrichter (*firths*), Meeresengen (*kyles*) und Sunde der schottischen Westküste genutzt wie heutzutage die Autobahnen. Die Küstenregion und die ihr vorgelagerten Inseln – vom übrigen Schottland isoliert, doch durch das Wasserstraßennetz eng miteinander verbunden – waren eine Welt, ja ein Reich für sich.

Die Chiefs des Donald-Clans, deren Urahn (der im 12. Jh. lebende hervorragende Krieger piktisch-nordischer Abstammung) Somerled war, beanspruchten die Herrschaft über dieses Reich am Meer. John Macdonald von Islay verlieh sich 1353 als erster den Titel Dominus Insularum (Herr der Inseln). Er und seine Nachfahren regierten ihr weitläufiges Territorium von ihrem Stammsitz Finlaggan auf Islay aus. Zugute kamen ihnen der Besitz einer Flotte schneller Hebriden-Schiffe (*birlinns* und *nyvaigs*), ihre genaue Kenntnis der Seerouten des Westens und ein Netz von Burgen an der Küste, unter anderem Skipness, Dunstaffnage, Duart, Stalker, Dunvegan und Kisimul.

Der Donald-Clan herrschte von 1350 bis 1493 unangefochten und oftmals gegen die Interessen der schottischen Könige über sein Inselreich. In der zweiten Hälfte des 15. Jhs. hatte dies seine größte Ausdehnung erreicht und umfasste alle Inseln der Westküste, den Festlandstreifen von Kintyre bis nach Rosshire an der Westküste und an die Antrim-Küste Nordirlands. Doch in seinem unersättlichen Landhunger überspannte der Clan schließlich den Bogen: John MacDonald handelte mit dem englischen König Edward IV. einen geheimen Plan zur Aufteilung Schottlands unter England und den Mac-Donalds aus. Als dieser Verrat 30 Jahre später aufflog, ging die Grundherrschaft des Clans in den Besitz König Jakobs IV. von Schottland über. Der Titel „Herr der Inseln" ist seitdem im Besitz der schottischen beziehungsweise später der britischen Königsfamilie. Prinz Charles, der britische Thronerbe, trägt neben vielen anderen auch diesen Titel.

Mary heiratete in der Chapel Royal des Palace of Holyroodhouse Lord Darnley und gebar 1565 einen Sohn (den späteren Jakob VI.). Wenn es je ein häusliches Glück gab, so währte dieses nur kurz: In einer unglaublichen Reihe unglückseliger Ereignisse war Darnley in die Ermordung von Marys italienischem Sekretär Rizzio (angeblich ihr Liebhaber) verstrickt, bevor er selbst von Marys neuem Liebhaber und zukünftigem dritten Ehemann, Earl of Bothwell, umgebracht wurde.

Den Schotten reichte es nun: Am Carberry Hill, östlich von Edinburgh, stellten Marys Gegner – eine Allianz einflussreicher Adliger – die Königin, zwangen sie 1567 zur Abdankung und kerkerten sie auf Schloss Leven ein. Es gelang ihr zu entkommen, und nachdem sie und ihr Gefolge die Schlacht von Langside verloren hatten, musste sie nach England fliehen. Dort hielt Königin Elisa-

1692
Das Massaker von Glencoe vertieft die Feindseligkeiten zwischen den loyal zur Krone stehenden und den eher traditionell denkenden Clans.

1707
Trotz großer Widerstände innerhalb der Bevölkerung kommt der Unionsvertrag, der England und Schottland in einem Parlament, unter einem Monarchen und einer Flagge vereint, am 1. Mai zustande.

1745–1746
Höhepunkt der Jakobitenaufstände: Bonnie Prince Charlie landet in Schottland, versammelt eine Armee um sich und marschiert nach Süden. Nach Anfangserfolgen wird er in der Schlacht von Culloden geschlagen.

» Gedenkstätte Culloden

beth I. sie 19 Jahre gefangen, bis sie schließlich 1587 enthauptet wurde. Ihr minderjähriger Sohn Jakob VI. (reg. 1567–1625) war zwischenzeitlich in Sterling gekrönt worden, aber die Geschäfte führten eine Reihe von Regenten für ihn. Als Elisabeth in England kinderlos gestorben war, richteten die Engländer alsbald, auf der verzweifelten Suche nach einem männlichen Herrscher, ihren Blick nach Norden. So wurde aus Jakob VI. von Schottland Jakob I. von England, und er verlegte seinen Hof nach London. Sein Plan, die beiden Länder auch politisch zu versöhnen, scheiterte jedoch. In der Folgezeit verloren die meisten Stuarts das Land im Norden völlig aus ihrem Blickfeld.

Mary Queen of Scots von Antonia Fraser ist die zeitlos gültige Biografie der unglückseligen schottischen Monarchin. Die Autorin versucht, historische Wahrheit von Legenden zu trennen, um das eigentliche Wesen Maria Stuarts zu beleuchten.

Union mit England

Der Bürgerkrieg und die religiösen Auseinandersetzungen im 17. Jh. hinterließen ein wirtschaftlich am Boden liegendes Land. Schottland war damals, im jungen Zeitalter des europäischen Kolonialismus, überhaupt nicht konkurrenzfähig. Hinzu kam in den 1690er-Jahren eine Hungersnot, die in einigen Regionen bis zu einem Drittel der Bevölkerung das Leben kostete. Die Wogen der Feindseligkeit gegen die Engländer schlugen hoch: Der protestantische König Wilhelm – er war nach der erzwungenen Abdankung des katholischen Königs Jakob VII. (als schottischer König) bzw. Jakob II. (als englischer König) auf den Thron gelangt – führte – und das empörte viele Schotten ganz besonders – unter Einsatz schottischer Soldaten und Steuergelder Krieg gegen Frankreich, also das Land, das traditionell immer noch viele Sympathien galten. Der Unmut verstärkte sich noch nach dem Scheitern der Beteiligung in Panama, des sogenannten Darien-Projekts (*Darien Scheme*), welches das Land an den Rand des Staatsbankrotts führte. Ziel war es gewesen, eine schottische Kolonie auf dem amerikanischen Kontinent zu etablieren, um es den anderen europäischen Ländern hinsichtlich der Kolonisierungsbestrebungen gleich zu tun.

Nach dem Misserfolg des *Darien Scheme* war den schottischen Händlern klar, dass ihr einziger Zugang zu den lukrativen Märkten der neuen Kolonien in einer Vereinigung mit England lag. Das englische Parlament stand einer solchen Union aufgeschlossen gegenüber, weil man hoffte, dadurch den französischen Einfluss auf schottische Sympathisanten unterbinden zu können. Trotz großer Widerstände in der Bevölkerung kam die Union am 1. Mai 1707 zustande. England und Schottland waren nun unter einem Monarchen und einer Flagge vereint.

Als der Unionsvertrag in Edinburgh übergeben wurde, soll der schottische Kanzler und Vorsitzende des nun aufgelösten Parlaments, Lord Seafield, leise bemerkt haben: „Dies ist das Ende eines alten Liedes." Robert Burns war später sehr viel deutlicher: „Verraten und verkauft für englisches Gold – so viele Schurken in einer Nation."

1740–1830	Spätes 18. Jh.	1890–1910	1914–1932
Nach der Abschaffung des Parlaments 1707 verliert Edinburgh an politischer Bedeutung, aber das kulturelle und intellektuelle Leben die sogenannte Schottische Aufklärung, blüht.	Schottland erlebt eine Blüte während der Industriellen Revolution und wird Weltmarktführer in der Textil-, Eisen-und Stahlproduktion sowie in der Kohleförderung. und im Schiffbau.	Die „Glasgow Boys" sorgen dafür, dass die schottische Kunst europäischen Einfluss und internationale Anerkennung gewinnt.	Während des Ersten Weltkriegs befindet sich die Industrie in einer Krise und bricht schließlich zusammen. Zwischen 1921 und 1931 wandern ungefähr 400 000 Schotten aus.

Die Jakobiten

Die Jakobitenaufstände im 18. Jh. hatten ein Ziel: das vom englischen Parlament 1701 gewählte Haus Hannover abzusetzen und das katholische Haus Stuart wieder auf den britischen Thron zu bringen.

James Edward Stuart war der Sohn von Jakob VII./II. Unterstützt durch Frankreich, tauchte er 1708 mit einer Flotte im Firth of Forth auf und löste in Edinburgh eine Panik aus. Allerdings wurde er von englischen Soldaten wieder in die Flucht geschlagen.

1715 führte der Earl of Mar einen weiteren Jakobitenaufstand an. Als Feldherr war er allerdings denkbar ungeeignet, er verstand sich nur auf die Propaganda. Nach der unentschiedenen Schlacht von Sheriffmuir verlief diese Rebellion aber im Sande.

1745 landete James Edwards Sohn, Charles Edward Stuart, besser bekannt als Bonnie Prince Charlie, in Schottland, um einen letzten Aufstand zu wagen. Er war militärisch unerfahren, sprach kein Gälisch und kaum Englisch, sondern Französisch. Trotzdem erhielt er eine Highlander-Armee zur Unterstützung. Damit marschierte er nach Süden und eroberte im September 1745 Edinburgh (ohne die Burg). Er drang sogar bis nach Derby in England vor, sein Erfolg war aber nur von kurzer Dauer: Eine Armee des Königs unter Führung des Duke of Cumberland trieb ihn bis in die Highlands zurück. Die entscheidende Schlacht von Culloden endete 1746 mit einer schweren Niederlage.

Trotz der romantischen Verklärung seiner Gestalt war Bonnie Prince Charlie bei seinem Versuch, die Krone für Schottland zurückzuerobern, teilweise auch selbst für die Auslöschung der Kultur der Highlands verantwortlich. Nach Frankreich zurückgekehrt, wurde er wegen Trunkenheit und Misshandlung seiner Geliebten unrühmlich bekannt. Mitte des 18. Jhs. schmiedete Frankreich ernsthafte Pläne, in England einzumarschieren, doch letztendlich hielt man den Prinzen für keinen ernst zu nehmenden Thronanwärter mehr.

Die Highland Clearances

Nach den Jakobitenaufständen durften die Highlander nicht in ihrer Tracht auftreten, es war ihnen untersagt, Waffen zu tragen oder den Dudelsack zu spielen. Ihre Heimat unterstand staatlicher militärischer Kontrolle, Privatarmeen waren fortan verboten.

Die Highland-Clan-Chiefs vertrieben ihre Clanmitglieder von Haus und Hof, da sie als Soldaten nicht mehr einsetzbar und als Pächter wirtschaftlich nicht mehr einträglich waren. Platz musste geschaffen werden für die Schafherden. Einige Pächter durften als Arbeiter auf den Schaffarmen zurückbleiben, doch die meisten mussten sich in den Städten als Arbeiter verdingen oder sich ihr karges Auskommen auf mageren

---

Die Bezeichnung Jakobiten – aus der lateinischen Namensform „Jacobus" für James abgeleitet – steht für die politische Bewegung, die sich für die Rückkehr der katholischen Stuarts auf den Thron Englands und Schottlands einsetzte.

Bonnie Prince Charlies Flucht nach der Schlacht von Culloden ist sagenumwoben. Er versteckte sich monatelang in abgelegenen Winkeln der Highlands und auf den Inseln, bevor er von einer französischen Fregatte gerettet wurde. Als Zofe von Flora MacDonald verkleidet, konnte er mit knapper Not von Uist nach Skye entkommen. Diese Flucht wird im Volkslied „Skye Boat Song" verherrlicht.

1941–1945
1941 bombardieren deutsche Geschwader Clydebank. 1200 Menschen verlieren ihr Leben; bis 1945 ist jede vierte männliche Arbeitskraft in der Schwerindustrie zur Kriegshilfe beschäftigt.

1970er-Jahre
Die Entdeckung von Öl- und Gasvorkommen in der Nordsee verhelfen Aberdeen, dem Umland und den Shetland-Inseln zu neuem Wohlstand.

1999–2004
Am 12. Mai 1999 tritt das schottische Parlament erstmals zusammen. Königin Elizabeth II. übergibt im Oktober 2004 das eindrucksvolle neue Parlamentsgebäude in Holyrood, Edinburgh, seiner Bestimmung.

2012
Die schottische Regierung kündigt für 2014 ein Referendum an, in dem über die vollständige Unabhängigkeit des Landes abgestimmt werden soll.

Küstenäckern (Kleinbauernhöfen) sichern. Menschen, die noch nie das Meer gesehen hatten, waren gezwungen, ihr Glück als Heringsfischer zu suchen; viele Tausende jedoch – einige aus freien Stücken andere gezwungenermaßen – wanderten in die aufblühenden Kolonien Nordamerikas aus, nach Australien und Neuseeland.

Wer durch die Highlands und über die Inseln wandert, stößt mit Sicherheit irgendwann zwischen dem dichten Farn auf einen Steinhaufen. Wer sich dann aufmerksam umschaut, entdeckt in der Nähe weitere Überreste – und stellt entsetzt fest, dass dies einmal eine bäuerliche Siedlung war.

Die schottische Aufklärung

Nun begann eine Epoche, die als Schottische Aufklärung (ca. 1740–1830) in die Geschichtsbücher einging; Edinburgh galt damals als eine "Pflanzstätte der Genies". Schon Generationen lang war hier über theologische Streitfragen debattiert worden; nun traten bedeutende Philosophen wie David Hume und Adam Smith und der Soziologe Adam Ferguson an die Öffentlichkeit. Der Mediziner William Cullen stellte das erste moderne Arzneibuch zusammen, der Chemiker Joseph Black entwickelte die Lehre von der Thermodynamik weiter, und der Geologe James Hutton erschütterte althergebrachte Glaubenssätze über das Alter der Erde.

Nach blutigen Jahrhunderten voll religiösem Fanatismus wandten sich die Menschen jetzt mit gleicher Energie daran, Geld zu verdienen und ihr Leben zu genießen. Und sie begannen sich für die schottische Geschichte und Literatur zu interessieren. Die Werke von Sir Walter Scott (*Ivanhoe*, 1819) und die romantisierenden Gedichte von Robert Burns erfreuen sich noch immer großer Beliebtheit.

Die Industrielle Revolution

In der zweiten Hälfte des 18. Jhs. führte die Entwicklung der Dampfmaschine zur Industriellen Revolution.

Glasgow hatte nach dem Amerikanischen Unabhängigkeitskrieg (1776–1783) zwar den lukrativen Tabakhandel verloren, entwickelte sich aber zu einem bedeutenden Industriezentrum, zur „zweiten Stadt" des Empires (nach London). Im 19. Jh. zogen sich Baumwollspinnereien, Eisen- und Stahlhütten, chemische Werke und Werften am Ufer des River Clyde entlang. Die nötige Energie lieferten die Kohlegruben von Lanarkshire, Ayrshire, Fife und Midlothian.

Die Vertreibungen in den Highlands und die Industrielle Revolution hatten die traditionelle bäuerliche Lebensweise zugrunde gerichtet. Auf der anderen Seite blühten in diesen Jahrzehnten die Städte mit produzierendem Gewerbe und die Häfen des Empires auf. Doch dieser Reichtum wurde von einer Masse verarmter Menschen für nur einige wenige Wohlhabende erwirtschaftet. Die unendlich große Armut trieb viele Arbeiter in die Emigration oder brachte sie ins Grab. Der Erste Weltkrieg forderte einen großen Blutzoll von der schottischen Jugend und beschleunigte noch weiter die Entvölkerung des Landes. Die folgenden trostlosen Jahre waren von Arbeitskämpfen gekennzeichnet.

Krieg & Frieden

Im Zweiten Weltkrieg blieb Schottland weitgehend von den Schrecken und der Verwüstung verschont, unter denen die Industriestädte Englands zu leiden hatten – allerdings wurde auch das im Westen liegende Clydebank einige Tage lang bombardiert. Der Krieg brachte Schottland sogar ein gewisses Maß an neuem Wohlstand, da seine Schiffswerften und Maschinenfabriken auf erhöhte Kriegsproduktion umstellten. Doch in der Nachkriegszeit kam es dann zum Zusammenbruch der Werft- und Schwerindustrie, auf die Schottland zu einseitig gesetzt hatte.

John Prebble beschreibt in seinem wundervoll geschriebenen Buch *The Highland Clearances* die grausamen Ereignisse rund um die Vertreibung der Highlander aus ihrer Heimat und ihre erzwungene Emigration.

Die meisten Clan-Schottenmuster oder Tartans stammen aus dem 19. Jh. – also aus einer Zeit, als das Clansystem längst nicht mehr existierte. Wiederbelebt wurde ihre Tradition teilweise durch die Werke Sir Walter Scotts.

> Zwischen 1904 und 1931 wanderte etwa eine Million Menschen aus Schottland aus, um ein neues Leben in Nordamerika und Australien zu beginnen.

Nach der Entdeckung reicher Nordsee-Ölvorkommen vor der Küste Schottlands schlug die anfängliche Begeisterung in Verbitterung um: Viele Schotten hatten das Gefühl, die Einnahmen aus dem Öl würden nach England abfließen. Dies und die Übernahme von schottischen durch englische Firmen (die dann die schottischen Betriebe schlossen und deren Vermögen und die Jobs nach England transferierten) heizte das Nationalgefühl in Schottland an. Die Scottish National Party (SNP) entwickelte sich zur dritten Kraft in der schottischen Politik (später dann zur zweiten, nachdem sie die Konservativen in den Hintergrund gedrängt hatten, und schließlich zur ersten, als sie die Macht von Labour übernahmen).

Dezentralisierung

1979 kam es zu einem Referendum über die Einrichtung eines direkt gewählten schottischen Parlaments. 52 % der Teilnehmer am Referendum stimmten mit Ja, aber Labour-Premierminister James Callaghan entschied, dass die Stimmen der zu Hause Gebliebenen als Neinstimmen gewertet werden sollten. Nach dieser Logik hatten nur 33 % mit Ja gestimmt, die Frage war also vom Tisch.

Von 1979 bis 1997 war eine konservative Londoner Regierung auch für Schottland zuständig, obwohl die Mehrheit der Schotten nicht konservativ gewählt hatte. Separatistische Neigungen, die hier nie ganz verschwunden waren, breiteten sich aus. Nach dem Erdrutschsieg der Labour Party im Mai 1997 kam es zu einem neuen Referendum über das schottische Parlament. Dieses Mal gab es eine überwältigende und eindeutige Zustimmung.

Die Wahlen zum neuen Parlament fanden am 6. Mai 1999 statt, und die Vertretung trat zum ersten Mal am 12. Mai in Edinburgh zusammen. Donald Dewar von der Schottischen Labour-Partei – er starb bereits im darauffolgenden Jahr – wurde erster Regierungschef, also First Minister. Bis 2007 stellte die Labour-Partei die Regierung, danach wurde sie von der für die schottische Unabhängigkeit eintretenden Scottish National Party (Schottische Nationalpartei) abgelöst. Die Wahlen von 2011 bestätigten die Schottische Nationalpartei mit überwältigender Mehrheit in der Regierung, und sie streitet nun weiter für die Sache der Eigenständigkeit.

> Eine gut geschriebene und leicht lesbare Einführung in die Geschichte Schottlands findet sich unter www.bbc.co.uk/history/scottishhistory. Die Abbildungen historischer Stätten tragen zur Lebendigkeit der Darstellung bei.

Die schottische Küche

Die traditionelle schottische Küche setzt auf die gute, alte Hausmannskost. Auf den Tisch kommen wahrhaft bodenständige, nahrhafte Gerichte, häufig sehr fett, die an Wintertagen bei der harten Arbeit auf dem Feld oder beim Fischen warm halten. Und abends gibt es dann noch eine süße Leckerei.

Das Kochbuch *Wild Harvest* des beliebten schottischen Fernsehkochs Nick Nairn beschreibt mehr als 100 Rezepte, für die frische, der Jahreszeit entsprechende Produkte aus Schottland verwendet werden.

In den letzten 20 Jahren entwickelte sich eine neue kulinarische Richtung, die als *Modern Scottish* bezeichnet wird. Fans der kalifornischen Küche und des Mod Oz, der modernen australischen Küche, wird die eine oder andere Zubereitungsform bekannt vorkommen. Verwendet werden erstklassige schottische Produkte – von Wild aus den Highlands, Aberdeen-Angusrind, Lamm, Lachs, Forelle und frischen Meeresfrüchten bis zu Wurzelgemüse, Himbeeren und Ayrshire-Käse. Diese Basiszutaten werden so zubereitet, dass der natürliche Geschmack betont wird, oft mit kleinen Anleihen aus der französischen, italienischen oder asiatischen Küche.

Die traditionellen Getränke Schottlands, Whisky und Bier, haben ebenfalls in letzter Zeit neuen Auftrieb erhalten: Single Malts werden wie edle Weine vermarktet und überall im Land entstehen neue Kleinstbrauereien.

Frühstück, Mittagessen & Abendessen

Das wohl bekannteste schottische Nationalgericht ist Haggis. Wer sich allerdings genauer umschaut und wissen will, was bei den Schotten wirklich am häufigsten auf den Tisch kommt, wird ein anderes Lieblingsessen entdecken: *Mince and Tatties* (Hackfleisch mit Kartoffeln). In der Pfanne angebratenes Rinderhackfleisch wird langsam mit Zwiebeln, Karotten und Bratensoße geschmort und mit Stampfkartoffeln serviert (beim Stampfen der Kartoffeln werden noch etwas Milch und Butter hin-

---

PREISKATEGORIEN

Die verschiedenen Essensvorschläge in diesem Führer sind mit Preiskennzeichen versehen. Sie beziehen sich jeweils auf die Durchschnittspreise eines Hauptgangs auf der Speisekarte.

- » **£** Preiswert. Ein Lokal, in dem ein Hauptgang weniger als 9 £ kostet.
- » **££** Mittelteuer. Für einen Hauptgang rechnet man zwischen 9 und 18 £.
- » **£££** Teuer. Ein Hauptgang beläuft sich auf mehr als 18 £.

Ein Hauptgang zu Mittag ist oftmals preiswerter als ein entsprechendes Essen am Abend. Viele Restaurants locken mit einem Spezialangebot für frühe Gäste („early bird") zu günstigeren Preisen (normalerweise von 17 bis 19 Uhr erhältlich).

zugefügt). Die Mischung ist nicht übel, wärmt an kalten Tagen – und: Man muss noch nicht einmal richtig kauen.

Schottisch durch und durch
Erstaunlicherweise essen nur noch wenige Schotten Porridge zum Frühstück – heute kann es auch ein Cappuccino mit Croissant sein –, und noch weniger Schotten essen Porridge auf die traditionelle Weise, also mit Salz und ohne Zucker. Das Frühstück in Hotels oder B&Bs besteht üblicherweise aus Fruchtsaft und Getreideflocken oder Müsli, danach kommt eine Auswahl an Speck, Würstchen, Black Pudding (eine Art Blutwurst), gegrillten Tomaten, Pilzen und einem oder zwei Rühreiern.

Fisch zum Frühstück mag sich seltsam anhören, war aber in Kleinbauern- und Fischergemeinden nicht unüblich. Viele Hotels bieten immer noch gegrillten Kipper (Räucherhering) oder geräucherten Haddock (Schellfisch, in Milch eingeweicht und mit einem pochierten Ei serviert) zum Frühstück an – mit viel Buttertoast durchaus lecker.

Broth, Skink & Bree
Ebenso lecker ist Scotch Broth (schottische Brühe) mit Hammelbrühe, Graupen, Linsen und Erbsen, außerdem macht diese Suppe garantiert satt. *Cock-a-leekie* ist eine herzhafte Suppe mit Hühnchen und Lauch. Zu den wärmenden Gemüsesuppen gehören u. a. Lauch- und Kartoffelsuppe und die Linsensuppe (dabei wird traditionellerweise Schinkenbrühe verwendet – also nichts für Vegetarier).

Zu den Suppen mit Fisch und Meeresfrüchten zählen das köstliche *Cullen skink* aus geräuchertem Schellfisch, Kartoffeln, Zwiebeln und Milch, außerdem *partan bree* (Krabbensuppe).

Fisch & Fleisch
Rindfleisch lieben die Schotten; Rindfleisch aus den Highlands ist ebenfalls äußerst populär. Rotwildgerichte sind magerer und häufig auf der Speisekarte zu finden. Beides wird mit einer Wein- oder Whisky-Sahnesoße serviert. Dann gibt es da noch Haggis, Schottlands häufig verspottetes Nationalgericht ...

Schottischer Lachs ist in der ganzen Welt bekannt und beliebt, es gibt aber einen großen Unterschied zwischen dem überall erhältlichen Lachs

> Haggis darf nicht in die USA importiert werden, da nach einer Verordnung der amerikanischen Regierung Schafslunge nicht als geeignetes Nahrungsmittel für Menschen gilt.

HAGGIS – SCHOTTLANDS NATIONALGERICHT
Ausländer mokieren sich gern wegen der Zutaten über das schottische Nationalgericht; zugegeben, diese sind nicht jedermanns Sache: Feingehackte Lunge, Herz und Leber eines Schafes wird mit Hafermehl und Zwiebeln vermengt und in einen Schafsmagen gestopft. Das ganze schmeckt aber überraschenderweise wirklich gut.

Haggis sollte mit *champit tatties* und *bashed neeps* (Stampfkartoffeln und Steckrüben) serviert werden, dazu gibt es eine reichliche Portion Butter und als Gewürz eine ordentliche Menge schwarzen Pfeffer.

Obwohl Haggis das ganze Jahr über gegessen wird, gehört es unbedingt zum 25. Januar, dem Geburtstag des schottischen Nationaldichters Robert Burns. Schotten in aller Welt versammeln sich an diesem Datum zur „Burns Night" und feiern sich als Schotten. Unter Begleitung eines Dudelsackspielers trägt man das prallgefüllte Haggis zu einem Pult, wo das Burns-Gedicht *Address to a Haggis* für den „Great chieftan o' the puddin-race" vorgetragen wird, wobei dann bei einer bestimmten Zeile das Gericht mit einem Messer aufgeschlitzt wird, sodass die dampfenden Innereien „warm, duftend und lecker" hervorquellen.

Vegetarier und sicher auch etliche Fleischesser werden erleichtert zur Kenntnis nehmen, dass in einigen Restaurants auch ein vegetarisches Haggis serviert wird.

SSSSSSMOKIN'!

Schottland ist berühmt für seinen Räucherlachs, doch es gibt noch viele andere geräucherte Fische – außerdem Räucherfleisch und geräucherten Käse –, die man probieren sollte. Das Räuchern von Lebensmitteln ist eine alte Konservierungsmethode, die jüngst einen Aufschwung erlebte; heutzutage geht es allerdings mehr um den Geschmack als um die Konservierung.

Der Räucherprozess besteht aus zwei Phasen: Zunächst wird der Fisch gepökelt, d. h. er wird in einer Mischung aus Salz und Zuckersirup oder in Salzlauge eingelegt. Dann wird geräuchert, entweder kaltgeräuchert (bei Temperaturen unter 34° C), sodass der Fisch roh bleibt, oder heiß (über 60° C), dabei wird der Fisch gegart. Kalte Räucherwaren sind u. a. der klassische Räucherlachs, Kippers (Räucherhering) und Finnan Haddies (geräucherter Schellfisch). Heißgeräucherte Produkte sind unter anderem Bradan Rost (Räucherlachs) und Arbroath Smokies.

Arbroath Smokies sind Schellfische, die ausgenommen (auch der Kopf wird entfernt) und gesäubert, dann gesalzen und über Nacht getrocknet werden; schließlich werden sie paarweise an den Schwänzen zusammengebunden und für 45 bis 90 Minuten über Eichen- oder Buchenspänen heißgeräuchert. Finnan Haddies (nach dem Fischerdorf Findon in Aberdeenshire benannt) sind ebenfalls Schellfische, sie werden wie Heringe in der Mitte aufgeschnitten und kaltgeräuchert.

Kippers (geräucherte Heringe) wurden Mitte des 19. Jhs. in Northumberland im Norden Englands „erfunden", aber die Schotten guckten sich die Zubereitung schnell ab. Loch Fyne und Mallaig sind für ihre Kippers berühmt.

Es gibt in ganz Schottland Dutzende von Räuchereien, von denen viele auf Bestellung ihre Ware versenden und auch im Laden vor Ort verkaufen. Im Folgenden ein paar Empfehlungen:

» **Hebridean Smokehouse** (01876-580209; www.hebrideansmokehouse.com; Clachan, North Uist; Mo–Fr 8–17.30, Sa 9–17 Uhr) Über Torf geräucherter Lachs und Meerforelle.

» **Inverawe Smokehouse & Fishery** (0844 8475 49; www.smokedsalmon.co.uk; Inverawe, nr Oban; Eintritt frei; März–Okt. 8–17.30 Uhr) Delikater Räucherlachs und saftige Bücklinge.

» **Marrbury Smokehouse** (01671-840241; www.visitmarrbury.co.uk; Carsluith Castle, Dumfries & Galloway; Do & Fr 11–16, Sa 10–14 Uhr) Beliefert das Gleneagles Hotel und andere Spitzenrestaurants.

» **Loch Duart Artisan Smokehouse** (01870-610324; www.lochduartsmoked salmon.com; Lochcarnan, South Uist; Mo–Fr 9–17 Uhr) Berühmt für seinen zart geräucherten Lachs.

A Caledonian Feast von Annette Hope, die Geschichte der schottischen Küche, liest sich faszinierend und bietet außerdem reichlich historische und gesellschaftliche Hintergrundinformationen.

aus Zuchtfarmen und dem mageren und wesentlich teureren Wildlachs. Mittlerweile gelten Lachsfarmen als nicht mehr ganz unbedenklich, denn sie beeinflussen offensichtlich auch die Lebensräume außerhalb ihres Bezirks.

Räucherlachs wird mit einem Spritzer Limonensaft serviert und mit frischem Graubrot und Butter gegessen. Die Forelle – als wildlebende Bachforelle, Zuchtforelle oder aus Amerika eingeführte Regenbogenforelle – ist besonders lecker, wenn man sie in Hafermehl paniert und brät.

Als Alternative zu Kippers (Räucherhering) gibt es auch Arbroath Smokies: zart geräucherter frischer Schellfisch (*smoked haddock*), der üblicherweise kalt gegessen wird. Heringsfilets in Hafermehl schmecken auch gut, wenn man sich nicht an den Gräten stört. Makrelenpaste und Räucher- oder Pfeffermakrele (beides kalt serviert) werden ebenfalls gern gegessen.

Saftige Langusten (auch als Dublin-Bay-Garnelen bekannt), Krabben, Austern und andere Muscheln sind ebenfalls an vielen Orten des Landes erhältlich.

Clootie & Cranachan

Die typischen schottischen Puddings sind wahrlich verführerische cremige Kalorienbomben. Für *cranachan* verwendet man mit Whisky verfeinerte Schlagsahne, unter die geröstete Haferflocken und Himbeeren gemischt werden. *Atholl brose* besteht aus einer Sahne-, Whisky- und Honigmischung, die mit Haferschleim angereichert wird. Der recht gehaltvolle Dampfpudding, den man mit Korinthen und Rosinen füllt, heißt *clootie*-Knödel.

Vegetarier & Veganer

Schottland hat einen ähnlich hohen Anteil an Vegetariern wie das übrige Großbritannien – ungefähr 8 bis 10 % der Bevölkerung. Vegetarier haben auch dort nicht mehr das Hippie-Image wie noch vor einigen Jahrzehnten, sondern gehören selbst im fleischliebenden Schottland inzwischen zum Mainstream.

Auch das abgelegenste Pub in den Highlands hat heute zumindest ein vegetarisches Gericht auf der Speisekarte, und in Städten findet man ausgewiesene Vegetarierrestaurants. Auf jeden Fall gibt es beim Italiener oder Inder eine fleischfreie Pizza, Pasta oder ein Currygericht. Für Veganer sind die Angebote außerhalb von Edinburgh und Glasgow allerdings eher eingeschränkt.

Man sollte nicht vergessen, dass Linsensuppe, ein scheinbar vegetarisches Gericht, mit Schinkenbrühe gekocht wird.

Essen mit Kindern

Nachdem 2006 das Rauchverbot in öffentlichen Räumen eingeführt wurde, mussten sich viele schottische Pubs und Restaurants etwas einfallen lassen, um vor allem für Familien attraktiver zu werden. Daher haben heute viele Lokale, insbesondere in Städten und populäreren Touristenorten, spezielle Räume für Familien und/oder Spielplätze eingerichtet.

In diesem Führer sind diejenigen Restaurants, die Kindergerichte, Hochstühle und andere familienfreundliche Einrichtungen anbieten, mit einem speziellen Zeichen kenntlich gemacht.

Im Übrigen ist Kindern unter 14 Jahren der Aufenthalt in den meisten schottischen Pubs nicht erlaubt, selbst nicht in jenen, die Essen servieren. Es gibt allerdings spezielle Pubs mit einem Children's Certificate (einer Art Kindererlaubnis), zu denen auch Kinder unter 14 Jahren Zutritt haben, allerdings nur zwischen 11 und 20 Uhr und in Begleitung eines Erwachsenen.

Kochkurse

An zwei Orten gibt es Kurse für die schottische Küche: Im **Kinloch Lodge Hotel** (01471-833333; www.claire-macdonald.com), in Kinloch auf der Insel Skye, gibt Lady Claire Macdonald, Autorin der Bücher *Scottish Highland Hospitality* und *Celebrations*, Kochvorführungen, bei denen sie frische, der Jahreszeit entsprechende schottische Produkte verwendet.

In der **Nairns Cook School** (01877-389900; www.nairnscookschool.com) in Aberdeen werden zweitägige Kurse zum Erlernen der modernen schottischen Küche angeboten. Die Schule gehört dem Spitzenfernsehkoch Nick Nairn, der auch Autor der Kochbücher *Wild Harvest* and *Island Harvest* ist.

Was gibt's zu trinken?

Ein Bierchen ...

Schottische Brauereien produzieren eine Vielzahl von Bieren. Auf dem Markt dominieren zwar multinationale Brauereien wie Scottish & New-

---

Top 10: Restaurants für Fisch & Meeresfrüchte

» Ondine, Edinburgh
» Café Fish, Tobermory
» Waterfront Fishouse Restaurant, Oban
» Silver Darling, Aberdeen
» Tolbooth Restaurant, Stonehaven
» Lochleven Seafood Cafe, Kinlochleven
» Seafood Restaurant, St Andrews
» Mhor Fish, Callander
» Starfish, Tarbert
» Seafood Temple, Oban

Auf der Website www.scottishbrewing.com findet sich eine ausführliche Liste großer und kleiner schottischer Brauereien.

> Der populärste schottische Softdrink heißt Barr's Irn Bru: Es ist ein süßes kohlensäurehaltiges Getränk in grellem Orange, das wie Kaugummi riecht und fast den Zahnschmelz löst. Viele Schotten schwören auf seine heilsame Wirkung bei einem Kater.

castle, doch kleine Lokalbrauereien brauen oft besser. Einige ihrer Biere sind recht stark, wie z. B., nomen est omen, das Skull Splitter (Schädelspalter) aus Orkney mit 8,5 % Alkohol.

Bei vielen schottischen Bieren ist der Alkoholgehalt in Schilling angegeben (die Zahl der Schillinge gab ursprünglich den Preis pro Fass an; je stärker das Bier, desto höher der Preis). Der übliche Alkoholgehalt liegt zwischen 60 und 80 Schilling (geschrieben 80/-). Ein starkes, hopfiges Bier ist IPA (Abkürzung für India Pale Ale), das erstmals Anfang des 19. Jhs. für den Export nach Indien gebraut wurde (der hohe Alkoholgehalt sollte das Bier für die lange Seereise haltbar machen).

Gezapftes Bier wird in Pints (was normalerweise 2,20 bis 3,50 £ kostet) oder Halfpints ausgeschenkt; der Alkoholgehalt liegt bei 3 bis 6 %. Was die Engländer als *bitter* bezeichnen, nennen die Schotten *heavy* oder *Export*. Caledonian 80/-, Maclays 80/- und Belhaven 80/- lohnen alle einen kräftigen Schluck, besonders gut ist Deuchar's IPA der Caledonian Brewery in Edinburgh.

WIE WIRD MAN ZUM EXPERTEN FÜR MALT WHISKY?

„Love makes the world go round? Keinesfalls! Mit Whisky dreht sich die Erde zweimal schneller." aus: *Das Whiskyschiff* von Compton Mackenzie (1883–1972)

Whiskyproben sind heute fast so beliebt und verbreitet wie die Weinproben bei den Yuppies Ende der 1980er-Jahre: Wer heute beim Schnüffeln einen Ardbeg vom Edradour unterscheiden kann, ist nicht nur cool, sondern bei den Hardcore-Anhängern gehobener Whiskykultur auch ziemlich angesagt. Nachfolgend also einige Tipps und Fakten, mit denen man seine Freunde garantiert beeindrucken kann.

Wo liegt der Unterschied zwischen Malt und Grain Whisky?
Malts werden aus gemälzter Gerste produziert, d. h. Gerste wird in Wasser eingelegt und darf in dieser Maische dann zehn Tage lang auskeimen, bis die Stärke sich in Zucker verwandelt hat. Grain Whisky wird meistens aus Weizen, Mais oder aus ungemälzter Gerste hergestellt.

Was ist ein Single Malt?
Ein Single Malt ist ein Whisky, der aus gemälzter Gerste destilliert wurde und aus ein- und derselben Whiskybrennerei stammt. Ein echter (vatted) Malt ist eine Mischung aus Single Malts verschiedener Destillerien, und ein Blended Whisky ist eine Mischung aus Grain Whiskys (rund 60 %) und Malt Whiskys (etwa 40 %) aus vielen verschiedenen Brennereien.

Warum sind Single Malts besser als Mischungen?
Ein Single Malt ist wie ein guter Wein: Er enthält einfach das Beste, Leckerste, Schönste eines bestimmten Anbaugebietes und einer bestimmten Brennerei. Man erkennt die typische Mischung aus Wasser, Gerste, den Räuchergeschmack, die Eichenfässer, in denen er gereift ist, und (bei einigen Destillerien an der Küste) auch die salzhaltige Luft des Meeres. Und jeder Destillationsvorgang unterscheidet sich vom vorherigen wie die verschiedenen Jahrgänge eines Weinbergs.

Wie sollte man einen Single Malt trinken?
Entweder pur oder mit ein wenig Wasser (schmeckt etwas besser). Um das Aroma und den Geschmack wirklich zu genießen, sollte man den Malt Whisky im Verhältnis 1:3 oder 2:3 mit Mineralwasser mischen (stilles Mineralwasser aus der Flasche ist okay). Eis, Leitungswasser oder (echt peinlich!) Mixturen sind nur etwas für Schwächlinge.

Weitere Informationen gefällig?
Wer sich zum Experten machen lassen will, kann sich an die Scotch Malt Whisky Society (0131-554 3451; www.smws.com) wenden, die auf der ganzen Welt ihre Niederlassungen hat. Eine Mitgliedschaft in der Gesellschaft kostet 110 £ im Einstandsjahr (danach jährlich 57 £) und beinhaltet Zugang zu den Räumlichkeiten der Vereinigung in Edinburgh und London.

Schottische Ales

Real Ale wird immer populärer und als Reaktion auf den faden Einheitsgeschmack der Erzeugnisse aus multinationalen Brauereikonglomeraten sind in letzter Zeit enorm viele Spezial- und Privatbrauereien in ganz Schottland entstanden. Die sind stolz darauf, nur natürliche Zutaten zu verwenden und viele versuchen, alte Rezepte wieder aufleben zu lassen, wie z. B. Ale mit Heide- oder Tanggeschmack.

Diese Biere werden in Pubs, Spirituosengeschäften und Feinkostläden vertrieben. Bei der Recherchereise schmeckte am besten:

Black Isle Brewery (www.blackislebrewery.com; Old Allangrance) Große Auswahl an Bio-Bieren.

Cairngorm Brewery (✆01479-812222; www.cairngormbrewery.com; Dalfaber Industrial Estate) Hersteller des vielfach ausgezeichneten Trade Winds Ale.

Colonsay Brewery (www.colonsaybrewery.co.uk) Produziert Lager, Caledonian 80/- und India Pale Ale.

Islay Ales (s. S. 329) Erfrischendes Saligo Ale mit Zitrusgeschmack.

» **Orkney Brewery** (✆01667-404555; www.sinclairbreweries.co.uk) Berühmt für sein schweres, schokoladenbraunes Dark Island Ale sowie sein gefährlich starkes Bier Skull Splitter.

Traquair House Brewery (www.traquair.co.uk; Traquair House) Das Traquair House Ale mit 7,2% Alkoholgehalt ist schwer, dunkel und stark.

Williams Bros (www.fraoch.com; New Alloa Brewery) Produziert traditionelle Biere mit Heidekraut-, Seetang-, Waldkiefer- und Holundergeschmack.

... oder lieber Whisky?

Scotch Whisky (immer ohne „e" – Whiskey mit „e" ist irisch oder amerikanisch) ist Schottlands bekanntestes Produkt und ein Exportschlager. Das hochprozentige Getränk wird mindestens seit dem 15. Jh. in Schottland gebrannt.

Neben Whisky gibt es auch noch Whisky-Liköre wie z. B. Drambuie. Wer den Whisky unbedingt mit etwas anderem als Wasser vermischen will, sollte Whisky-Mac (Whisky mit Ingwerwein) probieren. Nichts verbreitet eine so wohlige Wärme im Magen wie dieses Getränk.

Ältere Schotten kann man an der Bar manchmal „a hauf and a hauf" bestellen hören, also einen halben Whisky nach einem halben Pint Bier. Nur Touristen bestellen einen Scotch – was sonst würde man in Schottland trinken? Das Standardmaß in den Pubs ist 25 oder 35 ml.

Schottische Kultur

Kunst

Das gängige Klischee von „schottischer Kunst" handelt von Dudelsack-Musik, unverständlicher Dichtung und romantisierender Landschaftsmalerei aus den schottischen Highlands.

Schottische Künstler haben jedoch weit mehr als dies geleistet und die Welt mit einem Schatz unvergesslicher Werke beschenkt – zu nennen sind hier etwa die bekannten Lieder und Gedichte von Robert Burns, die Romane Sir Walter Scotts, die Bilder von David Wilkie und nicht zuletzt die beeindruckenden architektonischen Werke von Charles Rennie Mackintosh.

Literatur

Schottland blickt auf eine lange und bedeutende literarische Tradition zurück, die von den *makars* („Versschmieden", d.h. Dichtern) des Mittelalters bis zu den modernen „Rat Pack"-Autoren Iain Banks, Irvine Welsh und Ian Rankin reicht.

BURNS & SCOTT

Der bekannteste und beliebteste schottische Autor ist natürlich Robert Burns (1759–1796). Seine Bücher sind in etliche Sprachen übersetzt worden, sein Werk wird in aller Welt gerühmt.

1787 machte Burns bei einer Gesellschaft im Hause eines Professors in Edinburgh die Bekanntschaft eines 16-Jährigen – es war der spätere Sir Walter Scott (1771–1832), der bedeutendste und produktivste schottische Schriftsteller. Scott war der Sohn eines Anwalts in Edinburgh und war in der Guthrie Street (Nebenstraße der Chambers Street; das Haus steht allerdings nicht mehr) zur Welt gekommen. Er lebte an verschiedenen Orten in der New Town und bezog später ein Landhaus in Abbotsford. Zu seinen frühen Arbeiten zählen gereimte Balladen wie *Das Mädchen vom See*, und seine ersten historischen Romane – im Grunde genommen erfand er das Genre überhaupt erst – veröffentlichte er anonym. Im frühen 19. Jh. nahm das Interesse an schottischer Geschichte und schottischen Legenden fast ausschließlich dank der Bücher von Scott zu – außerdem war der Autor maßgeblich an der Organisation der Reise von König George IV. 1822 nach Schottland beteiligt. (Dabei handelte es sich um den ersten Schottlandbesuch eines amtierenden britischen Monarchen seit 1650; aus diesem Anlass ließ sich der König in Highlander-Kleidung porträtieren – und er löste damit in der britischen Ober- und Mittelschicht eine wahre Begeisterung für Schottenmode aus.) In seinen letzten Lebensjahren quälten ihn allerdings hohe Schulden, er schrieb – was natürlich stark auf Kosten seiner Gesundheit ging – fast manisch Bücher, um Geld zu verdienen: Seine berühmtesten Werke sind *Waverley, Der Antiquar, Das Herz von Midlothian, Ivanhoe, Redgauntlet* und *Castle Dangerous*.

DIE SCHOTTISCHE SPRACHE

Die schottische Variante des Gälischen (Gàidhlig – in Schottland „gallik" ausgesprochen) wird von rund 80 000 Menschen im Land gesprochen, überwiegend in den Highlands und auf den Inseln, aber auch im Ausland leben nicht wenige gälische Muttersprachler und Menschen, die diese Sprache lernen. Das Gälische zählt zum keltischen Zweig der indoeuropäischen Sprachfamilie, zu dem neben Gälisch auch Irisch, Walisisch und Bretonisch gehören.

Bis ins 18. Jh. und zu den Jakobitenaufständen blühte die gälische Kultur in den Highlands. Nach der Schlacht von Culloden 1746 wurden unzählige gälischsprachige Highlander von ihren angestammten Ländereien vertrieben. Diese „Säuberung" durch Gutsbesitzer und die Regierung gipfelte in den sogenannten *Highland Clearances* des 19. Jhs. Danach nur nch für akademische Sprachstudien von Bedeutung, ging der Gebrauch des Gälischen als gesprochene Sprache kontinuierlich zurück und es wurde nur noch verächtlich als „Bauernsprache" ohne Bedeutung für die moderne Zeit bezeichnet.

Erst in den 1970er-Jahren erlebte das Gälische ein Comeback, denn eine junge enthusiastische Generation war entschlossen, diese Sprache nicht sterben zu lassen. Nach zwei Jahrhunderten des Niedergangs gibt es nun Gelder der Regierung und der EU zur Förderung der Sprache: Gälisch wird mit großem Erfolg auf allen Ebenen gelehrt, ob nun für Kleinkinder oder Universitätsstudenten. Und der Funke dieser wiederentdeckten Kultur springt mittlerweile auch auf Musik, Literatur, Festivals und den Rundfunk über. Die Menschen überall in Schottland und in der ganzen Welt sind nun wieder stolz auf ihr gälisches Erbe.

ROBERT LOUIS STEVENSON & SHERLOCK HOLMES

Neben Scott zählt Robert Louis Stevenson (1850–1894) zu den bekanntesten Autoren Schottlans. Stevenson wurde am Howard Place Nr. 8 in Edinburgh geboren, zu seiner Familie gehörten bekannte Leuchtturm-Architekten. Er studierte Jura an der Edinburgh University, obwohl er Zeit seines Lebens Schriftsteller werden wollte. Stevenson war ein außerordentlich reiselustiger Mann – auch wenn er von eher schwächlicher Gesundheit war. 1889 ließ er sich in Samoa nieder, wo ihn die Einheimischen „Tusitala" nannten, „Geschichtenerzähler". Für viele dieser Geschichten ist Stevenson in aller Welt bekannt, darunter *Verschleppt, Catriona, Die Schatzinsel, Der Junker von Ballantrae* und *Dr. Jekyll und Mr. Hyde*. Das Writers' Museum (S. 58) in Edinburgh widmet sich den Werken von Burns, Scott und Stevenson. Sir Arthur Conan Doyle (1859–1930), der Schöpfer von Sherlock Holmes, stammte ebenfalls aus Edinburgh und studierte an der Edinburgh University Medizin. Seine Figur des Holmes basierte übrigens auf einem seiner Professoren, dem Arzt Dr. Joseph Bell, der seine forensische Expertisen und Kombinationsgabe bei einigen Mordfällen in Edinburgh unter Beweis stellte. Im Surgeons' Hall Museum in Edinburgh erinnert eine faszinierende Ausstellung an Dr. Bell. Arthur Conan Doyles vier Romane und 56 Kurzgeschichten hatten weitreichende Folgen und letztlich einen ganzen Gewerbezweig ins Leben gerufen: Auf seinen Vorlagen basieren nicht weniger als 211 Filme, unzählige TV-Serien und Broadway-Musicals. Das *Guinness-Buch der Rekorde* verzeichnet Sherlock Holmes als die am häufigsten auf der Leinwand gezeigte Romanfigur.

VON MCDIARMID BIS MURIEL SPARK

Der beste moderne Dichter Schottlands war Hugh MacDiarmid (geboren als Christopher Murray Grieve; 1892–1978). Ursprünglich aus Dumfriesshire, zog er 1908 nach Edinburgh, ließ sich dort zum Lehrer und

> **Sechs bedeutende schottische Romane**
>
> » Waverley (Sir Walter Scott, 1814)
>
> » The Silver Darlings (Neil M Gunn, 1941)
>
> » A Scots Quair (Lewis Grassic Gibbon, eine Trilogie, 1932–1934)
>
> » The Prime of Miss Jean Brodie (Muriel Spark, 1961; Die Blütezeit der Miss Jean Brodie)
>
> » Greenvoe (George Mackay Brown, 1972; Ein Sommer in Greenvoe)
>
> » Trainspotting (Irvine Welsh, 1993)

dann zum Journalisten ausbilden. Den Großteil seines Lebens verbrachte er allerdings in Montrose, Shetland, Glasgow und Biggar. Sein unbestrittenes Meisterwerk ist das (unübersetzte) *A Drunk Man Looks at the Thistle,* ein Monolog in der Tradition von James Joyce mit insgesamt 2685 Zeilen. Der in Edinburgh geborene Norman MacCaig (1910–1996) wird allgemein als der bedeutendste schottische Autor seiner Generation betrachtet. MacCaig arbeitete fast 40 Jahre lang als Schullehrer und schrieb treffende, witzige Gedichte, oft abenteuerlich, mitreißend und voll genauer Beobachtungen wie beispielsweise *November Night, Edinburgh,* das die Atmosphäre seiner Heimatstadt lebendig werden lässt. Der Dichter und Erzähler George Mackay Brown (1921–1996) wurde in Stromness auf den Orkneys geboren und verbrachte hier fast sein ganzes Leben. Zwar sind seine Gedichte und Erzählungen tief in der Welt der Orkney Islands verwurzelt, aber seine Arbeit, wie auch das Werk von Burns, geht über lokale und nationale Grenzen weit hinaus: Sein Roman *Greenvoe* (1972) ist eine warmherzige, witzige und dabei sehr lyrische Darstellung des alltäglichen Lebens in einem Dorf auf den Orkneys. Sein letzter Roman, *Beside the Ocean of Time* (*Taugenichts und Dichtertraum*) von 1994 enthält wunderbar wehmütige Schilderungen des Lebens auf einer entlegenen Insel. Lewis Grassic Gibbon (geboren als James Leslie Mitchell; 1901–1935) war ein weiterer schottischer Autor, dessen Romane das Flair und die Stimmung eines Ortes sehr genau einfangen – in diesem Fall den ländlichen Nordosten von Kincardineshire und Aberdeenshire. Zu seinen berühmtesten Werken zählt eine Romantrilogie namens *A Scots Quair* (*Ein schottisches Buch*). Muriel Spark (1918–2006) wurde in Edinburgh geboren und ging in der James Gillespie's High School for Girls zur Schule – eine Erfahrung, die ihr das Material für ihr wohl bekanntestes Buch, *Die Blütezeit der Miss Jean Brodi,* lieferte, ein kluges Porträt der Stadt Edinburgh in den 1930er-Jahren. Spark war eine sehr produktive Schriftstellerin; ihr 22. und letzter Roman *Der letzte Schliff* wurde 2004 veröffentlicht.

Die zeitgenössische Literatur

Zu den bekanntesten schottischen Gegenwartsautoren zählen der preisgekrönte Schriftsteller James Kelman (geb. 1946), Iain Banks (geb. 1954), Irvine Welsh (geb. 1961) und Ian Rankin (geb. 1960). Die raue Wirklichkeit im heutigen Glasgow wird in Kelmans Erzählband *Not While the Giro* eindrucksvoll beschrieben, sein umstrittener Roman *How late it was* (*Spät war es, so spät*) wurde 1994 mit dem Booker Prize ausgezeichnet. Die Romane von Irvine Welsh, der im Arbeiterviertel Muirhouse in Edinburgh aufwuchs, beschreiben eine ganz andere Welt, weit entfernt von der feinen Gesellschaft einer Miss Jean Brodie – nämlich die Welt der Drogen, des Alkohols, der Verzweiflung und Gewalt. Am bekanntesten ist sicher Welshs Debütroman *Trainspotting,* aber als sein bestes Werk gilt *Marabou Stork Nightmares,* ein Roman, in dem ein gelähmter und im Koma liegender Fußball-Hooligan sein brutales und gewalttätiges Leben rekapituliert.

Ian Rankins in Edinburgh angesiedelte Kriminalromane, die sich um den alkoholsüchtigen und introvertierten Kommissar John Rebus ranken, sind düster und beschreiben die dunklen Seiten der schottischen Hauptstadt. Seine Romane sind geprägt von treffsicheren Dialogen, minuziös beschriebenen Details und vielschichtigen Persönlichkeiten, die nicht leicht zu durchschauen sind. Mittlerweile hat er eine internationale Fan-Gemeinde, seine Bücher wurden bisher in 22 Sprachen übersetzt. Mit jedem Roman übertrifft sich Rankin selber, sein bisher wohl bester ist *Exit Music* (*Ein Rest von Schuld*; 2007). In *The Complaints* (*Ein reines Gewissen*; 2009) und *The Impossible Dead* (*Die Sünden der Gerechten*;

2011) hat er eine vollkommen neue Hauptfigur eingeführt – Malcolm Fox, einen Polizeibeamten, der gegen Polizisten ermittelt.

Musik

FOLKMUSIK

Seit jeher ist Schottland für seine volksnahe Musik bekannt. In den 1960er- und 1970er-Jahren tingelten Robin Hall und Jimmy MacGregor, die Corries und der hochbegabte Ewan McColl landesweit durch die Pubs und Clubs. Es war das Verdienst der ersten Profiband, the Boys of the Lough, unter Bandleader und Shetland Fiddler Aly Bain, dass die traditionelle keltische Musik Schottlands und Irlands populär wurde. Ihre Nachfolger sind die Battlefield Band, Runrig (der Musiker schreibt Songs in Gälisch), Alba, Capercaillie und andere.

Die schottischen Volkslieder, die immer wieder in Pubs und während der *ceilidhs* (traditionelle schottische Unterhaltungsabende mit Musik, Gesang und Tanz) zu hören sind, thematisieren die reiche historische Vergangenheit Schottlands. Viele Songs haben die Jakobitenaufstände des 18. Jhs. zum Thema, insbesondere Bonnie Prince Charlie – *Hey Johnnie Cope,* der *Skye Boat Song* und *Will Ye No Come Back Again* etwa – andere beziehen sich auf die Covenanter (Streiter im National Covenant für die Church of Scotland) und die Highland Clearances (Säuberungen der Highlands).

In jüngerer Zeit feiert die Folkmusik ein Comeback, häufig dem Geschmack der Zeit angepasst und modernisiert. Mit ihrem Markenzeichen keltischer Rockmusik gingen Bands, so z.B. Runrig, neue Wege, und die Gruppe Shooglenifty verschmilzt schottischen Folk mit allem Möglichem von Indie bis zu elektronischer Musik – das Ergebnis ist die „acid croft" genannte Mischform.

Die vielleicht schönste moderne Umsetzung traditioneller schottischer Lieder jedoch gelingt der Sängerin und Songschreiberin Eddi Reader. Sie wurde mit der Band Fairground Attraction und deren größtem, 1988 gelandeten Hit *Perfect* berühmt. In ihrer jetzigen Solo-Karriere schreibt sie eigene Liedtexte und gibt Konzerte mit traditionellen schottischen Volksliedern. Ihr Album *Eddi Reader Sings the Songs of Robert Burns* (2003; Neuproduktion mit zusätzlichen Titeln; 2009) wird allgemein als eine der besten Interpretationen des Werkes von Robert Burns betrachtet.

DUDELSACK

Dudelsack-Musik ist vielleicht nicht jedermanns Sache, aber Schottlands bekanntestes Instrument erlebt derzeit eine Renaissance bei einigen Bands, etwa den *Red Hot Chilli Pipers*. Sie setzen Dudelsack, Schlagzeug, Gitarre und Keyboard für ihre Rockversionen traditioneller Melodien ein, die sie mit ironischem Unterton „Jock 'n' Roll" nennen. Die Band tritt regelmäßig im ganzen Land auf Festivals auf. Der Dudelsack besteht aus einem unter dem Arm gehaltenen Ledersack, der aufgebläht wird, wenn der Spieler Luft durch in ein Mundstück bläst. Anschließend presst der Spieler dann die Luft durch die Pfeifen, indem er mit seinem Unterarm auf den Ledersack drückt. Drei der Pfeifen (eine Basspfeife und zwei Tenorpfeifen), die *drones* oder Brummer, spielen je einen andauernden Ton als Begleitung, während die vierte Pfeife, *chanter* oder Spielpfeife genannt, die Melodie intoniert.

Traditionell zogen die Highland-Soldaten unter Begleitung von Pfeifenklängen in die Schlacht. Dies erklärt, warum der Dudelsack der schottischen Highlander als weltweit einziges Instrument zu den Waffen gezählt wurde. Nach den Jokobitenaufständen von 1745 verbot daher die britische Regierung 1747 unter Androhung der Todesstrafe das Spielen des Dudelsacks – dies gehörte zu den Vergeltungsmaßnahmen Londons

---

The Living Tradition ist ein zweimal pro Monat erscheinendes Magazin, das über Folkmusik und andere traditionelle Musikgenres in Schottland und auf den Britischen Inseln informiert, aber auch über keltische Musik. Darin findet man auch Besprechungen neuer CDs und Ankündigungen von Livekonzerten. Siehe auch: www.folkmusic.net.

Auf der Website der Traditional Music & Song Association (www.tmsa.org.uk) finden sich Informationen zu Musik-, Tanz- und Kulturfestivals in ganz Schottland.

und war der Versuch, die Highland-Kultur auszulöschen. Erst Ende des 18. Jhs., nach Eingliederung der Highland-Regimenter in die britische Armee, wurde das Dudelsackspielen wiederbelebt.

CEILIDH

Das gälische *ceilidh* (*kay* –lay ausgesprochen) bedeutet „Besuch". Ein *ceilidh* war ursprünglich ein geselliges häusliches Beisammensein nach der täglichen Arbeit. Man erzählte sich dabei Geschichten, musizierte und sang miteinander. Heute hat sich das *ceilidh* zu einem schottischen Unterhaltungsabend gewandelt – mit traditioneller Musik, Gesang und Tanz. Auf diese Veranstaltungen wird auf örtlichen Anschlagtafeln hingewiesen; nachfragen kann man auch in Pubs, denn Gäste sind stets herzlich willkommen.

ROCK & POP

Alle schottischen Musiker und Bands aufzuzählen, die es in der Rock-& Pop-Szene zu etwas gebracht haben, würde ein ganzes Buch füllen. Lang und beeindruckend ist ihre Liste – vom in Glasgow geborenen King of Skiffle der 1950er-Jahre, Lonnie Donegan, bis zur in Glasgow groß gewordenen Gitarren-Pop-Band Franz Ferdinand heute.

In den 1990er-Jahren gelangten drei Bands zu Pop-Ruhm, welche bei einer Wahl der besten schottischen Bands aller Zeiten die drei ersten Plätze belegten: das mit melodisch klingenden Songs auftretende Indie-Pop-Gesangsduo Belle und Sebastian, die Britrock-Band Travis (im Stil von Oasis, nur besser) und die Indie-Rockers Idlewild, die 2003 beim Konzert der Rolling Stones in Glasgow als Vorgruppe auftraten.

Die Brillen tragenden Zwillingsbrüder Craig und Charlie Reid aus Auchtermuchty in Fife, besser bekannt als die Proclaimers, brachten 2009 ein neues Album (*Notes and Rhymes*) heraus. Dessen Songs sind ebenso leidenschaftlich und erfrischend wie die früheren, mit denen sie Ende der 1980er-Jahre berühmt wurden: *Letter from America* und *I'm Gonna Be* (*500 Miles*).

In den letzten Jahren haben einige schottische Musiker aufhorchen lassen, darunter die preisgekrönte Band Glasvegas aus Glasgow, die 2009 am Lollapalooza Musikfestival in Chicago teilnahmen. Sodann die Rockband Biffy Clyro aus Ayrshire und die Lieblinge des Indie-Rock, die Band View, die 2010 an ihrem dritten Album arbeitete.

Der Äther wird in den letzten Jahren überflutet von Sängerinnen und Songschreiberinnen, aber kaum eine ist so kraftvoll und vielseitig wie KT Tunstall, die in Edinburgh geboren wurde und in St. Andrews aufwuchs. Obwohl sie seit Ende der 1990er-Jahre Songs schreibt und singt, wurde sie erst 2005 mit ihrem Debut-Album *Eye to the Telescope* einem breiteren Publikum bekannt. Schließlich ist noch die Glasgowerin Amy Macdonald zu nennen, die 2007 mit erst 20 Jahren ihr erstes Album *This is the Life* in einer Auflage von drei Mio. Stück verkaufte und die ihr zweites Album *A Curious Thing* 2010 auf den Markt brachte.

Malerei
MONARCH OF THE GLEN

Die meisten Leute denken bei schottischer Malerei zuerst an das Bild *Monarch of the Glen*, ein romantisches Porträt eines wirklich tollen Highland-Rothirsches, gemalt von Sir Edwin Landseer (1802–1873). Landseer war allerdings kein Schotte, sondern stammte aus London, obwohl er viel Zeit in Schottland verbrachte, wo er in einer gemieteten Hütte in Glen Feshie lebte und die junge Queen Victoria in Balmoral im Zeichnen und in der Radierkunst unterrichtete.

Schottische Pop-Chart

» Franz Ferdinand: 'Take Me Out'
» KT Tunstall: 'Suddenly I See'
» The Proclaimers: 'Letter from America'
» The View: 'Same Jeans'
» Biffy Clyro: 'Bubbles'
» Amy Macdonald: 'This is the Life'
» Runrig: 'Loch Lomond'
» The Rezillos: 'Top of the Pops'
» Simple Minds: 'Don't You (Forget About Me)'
» Texas: 'Say What You Want'

KLASSISCHE PORTRÄTMALER

Das vielleicht berühmteste schottische Gemälde ist das Porträt *Reverend Robert Walker Skating on Duddingston Loch* von Sir Henry Raeburn (1756–1823), das heute in der National Gallery of Scotland zu sehen ist. Das Bild zeigt einen presbyterianischen Priester in verspielt tänzerischer Pose und mit einem leichten Lächeln auf den Lippen am Thron von Arthur – ein Symbol des aufgeklärten Edinburgh und für den Sieg der Vernunft über die Natur.

Die schottischen Porträtmaler liefen während der Epoche der schottischen Aufklärung in der zweiten Hälfte des 18. Jhs. zur Hochform auf: Mit den Gemälden von Raeburn und seinem Zeitgenossen Allan Ramsay (1713–1784) war gewissermaßen der Höhepunkt erreicht. Viele sehr schöne Beispiele dieser Werke kann man noch heute in der Scottish National Portrait Gallery bewundern. Zur selben Zeit stieg Alexander Nasmyth (1758–1840) zu einem bedeutenden Landschaftsmaler auf, dessen Werk großen Einfluss auf die schottische Kunst des 19. Jhs. ausübte. Einer der größten Maler jener Zeit war Sir David Wilkie (1785–1841), dessen Genrebilder das einfache Landleben in den Highlands darstellten.

DIE MALERVEREINIGUNG SCOTTISH COLOURISTS

Im frühen 20. Jh. war die auch außerhalb Schottlands bekannteste Künstlergruppe die der Scottish Colourists – S. J. Peploe (1871–1935), Francis Cadell (1883–1937), Leslie Hunter (1877–1931) und J. D. Fergusson (1874–1961): Ihre auffallenden und ungewöhnlichen Gemälde waren von den französischen Postimpressionisten und Fauvisten beeinflusst.

Peploe und Cadell, die vor allem in den 1920er- und 1930er-Jahren sehr produktiv waren, verbrachten die Sommer oft gemeinsam auf der Isle of Iona und malten dort zusammen. Ihre Darstellungen der wunderschönen Land- und Meerlandschaften sieht man heute überall in Nachdrucken und auf Postkarten. Die Aberdeen Art Gallery, die Kirkcaldy Museum & Art Gallery und die JD Fergusson Gallery in Perth zeigen alle eine gute Auswahl ihrer Werke.

DIE MALER DER EDINBURGH SCHOOL

Die Maler der sogenannten „Edinburgh School" der 1930er-Jahre waren moderne Landschaftsmaler. Am wichtigsten unter ihnen waren William Gillies (1898–1978), Sir William MacTaggart (1903–1981) und Anne Redpath (1895–1965). Nach dem Zweiten Weltkrieg erlangten Künstler wie Alan Davie (geb. 1920) und Sir Eduardo Paolozzi (1924–2005) mit ihren abstrakten, expressionistischen und Popart-Gemälden internationale Bekanntheit. Die Dean Gallery in Edinburgh präsentiert die größte Sammlung mit Arbeiten von Paolozzi.

ZEITGENÖSSISCHE KÜNSTLER

Zu den berühmtesten (und auch berüchtigtsten) zeitgenössischen Künstlern Schottlands gehören Peter Howson und Jack Vettriano. Howson (geb. 1958), bekannt für seine krassen Darstellungen der Under-dogs und seine muskulösen Arbeiter aus Glasgow, machte 1993 von sich reden: Damals ging er als offizieller „Kriegskünstler" nach Bosnien-Herzegowina und schuf dort einige umstrittene und sehr aufwühlende Gemälde. *Croatian and Muslim* ist eine eindeutige Vergewaltigungsszene und löste eine Diskussion darüber aus, ob eine solche Darstellung für eine öffentliche Kunstausstellung zumutbar sei. Kürzlich machten seine Nacktporträts von Madonna – der Popkünstlerin, nicht der Jungfrau Maria – noch mehr Schlagzeilen. Doch seine Werke werden von Promis wie David Bowie und sogar Madonna selbst gerne gekauft und gesammelt. Einige seiner Werke hängen in der Aberdeen Art Gallery und der Gallery of Modern Art in Glasgow.

Rob Roy ist – trotz des ungewohnten schottischen Akzents der Schauspieler Liam Neeson und Jessica Lange – eine witzige und bewegende Verfilmung des Romans von Sir Walter Scott über den Rebellen MacGregor.

Jack Vettriano (geb. 1954) war früher ein Bergbauingenieur, gilt heute aber als einer der wirtschaftlich erfolgreichsten Künstler Schottlands. Vettriano ist ein Autodidakt, seine realistischen, oft voyeuristischen, manchmal bösartigen und oft unterschwellig sehr erotischen Bilder wurden mit den Werken der amerikanischen Maler Edward Hopper und Walter Sickert verglichen. Seine Bilder sind in großen Bildbänden und auf Postern millionenfach verbreitet – hängen aber bis heute in keinem schottischen Kunstmuseum: Das schottische Kunst-Establishment behandelt ihn eher herablassend, trotz (oder vielleicht gerade wegen) der riesigen Popularität seiner Arbeit.

Kino

Der aus Perthshire stammende John Grierson (1898–1972) wird in aller Welt als Vater des Dokumentarfilms gesehen: Zu seinen Werken gehören der Klassiker *Drifters* (über die schottische Heringsfischerei) und *Seaward the Great Ships* (über den Schiffsbau in Clyde). Der Filmemacher Bill Douglas (1934–1991), Regisseur der preisgekrönten Dokumentarfilmtrilogie über seine Kindheit und Teenagerzeit, wurde im ehemaligen Bergbauort Newcraighall gleich südlich von Edinburgh geboren.

Der in Glasgow aufgewachsene Autor und Regisseur Bill Forsyth (geb. 1946) ist vor allem wegen *Local Hero* (1983) bekannt, einer Komödie über einen Ölmagnaten, der sich von der Schönheit der Highlands verführen lässt; von ihm stammt auch *Gregory's Girl* (1980) über die ersten romantischen Erlebnisse eines Teenagers. Der ebenfalls aus Glasgow kommende Regisseur Gillies MacKinnon (geb. 1948) drehte u. a. die Filme *Small Faces* (1996), *Regeneration* (1997) und *Hideous Kinky* (1998). Michael Caton-Jones (geb. 1958), Regisseur von *Memphis Belle* (1990) und *Rob Roy* (1995), stammt aus West Lothian und ist ein Absolvent der Edinburgh University.

Der Aufstieg des Regie-, Produzenten- und Drehbuchautorenteams Danny Boyle (Engländer), Andrew Macdonald und John Hodge (beides Schotten) in den 1990er-Jahren markiert den Beginn einer eigenständigen schottischen Filmindustrie. Das Trio zeichnet für die Drehbücher der Kassenschlager *Kleine Morde unter Freunden* (1994), *Trainspotting* (1996) und *Lebe lieber ungewöhnlich* (1997) verantwortlich.

2003 hat der Autor und Regisseur David McKenzie mit Filmen wie *Young Adam* (2003) mit Ewan McGregor und Tilda Swinton in den Hauptrollen Schlagzeilen gemacht. Der Film erhielt den BAFTA-Award für den besten Schauspieler, die beste Schauspielerin, die beste Regie und den besten Film. McKenzies Kinohits aus jüngerer Zeit sind *Hallam Foe* (2007) und *Perfect Sense* (2011).

Weitere schottische Regie-Talente sind Kevin Macdonald, der *Touching the Void* (2003), *Der letzte König von Schottland* (2006) und *State of Play* (2009) gedreht hat, sowie Andrea Arnold mit *Red Road* (2006) und *Fish Tank* (2009); letzterer hat einen BAFTA gewonnen.

SCHOTTISCHE FILMSCHAUSPIELER

Der berühmteste schottische Schauspieler ist – natürlich – Sean Connery (geb. 1930), der wohl beste James Bond, den es je gab. Aber nicht nur in dieser Rolle hat er überzeugt, sondern auch in Filmen ganz anderer Art, wie zum Beispiel in *Highlander* (1986), *Der Name der Rose* (1986), *Die Unbestechlichen* (1987), *Indiana Jones und der letzte Kreuzzug* (1989), *Jagd auf Roter Oktober* (1990) und *Die Liga der außergewöhnlichen Gentlemen* (2003). Connery wurde in Fountainbridge, Edinburgh, geboren und arbeitete zeitweise als Milchmann und Bademeister, ehe seine Weltkarriere begann.

Zu den anderen international erfolgreichen Schauspielern zählen Robert Carlyle, der in *Trainspotting* (1996), *The Full Monty* (1997; deutscher

---

Top 5: Schottische Filme

» *Die 39 Stufen* (1935)
» *Whisky Galore!* (1949)
» *Local Hero* (1983)
» *Rob Roy* (1995)
» *Trainspotting* (1996)

Titel: *Ganz oder gar nicht*) – der größte Kassenschlager Großbritanniens – *The World Is Not Enough* (1999; deutscher Titel: *Die Welt ist nicht genug*) und *28 Weeks Later* (2007) spielte. Bekannt wurde auch Ewan McGregor, mit seinen Rollen in Trainspotting, den jüngsten Episoden der Star Wars Science-Fiction-Filme, sowie in *Angels and Demons* (2009; deutscher Titel: *Illuminati*) und *The Ghost* (2010). Nicht zu vergessen ist Kelly Macdonald, ebenfalls eine Akteurin in *Trainspotting*, die für *Gosford Park* (2001), *No Country for Old Men* (2007) und als Heldin Merida in *Brave* (*Merida – Legende der Highlands;* 2012) engagiert wurde.

Weniger bekannt ist, dass Schottland auch einige Stummfilmstars hervorgebracht hat – zum Beispiel Eric Campbell, den großen, bärtigen Schurken in Chaplins Filmen, aber auch Jimmy Finlayson, den schielenden Typ in den *Dick-und-Doof*-Filmen. Der in England geborene Stan Laurel wuchs in Glasgow auf und startete hier auch seine große Schauspielkarriere.

> Drehorte in Schottland sind unter www.scotlandthemovie.com. zu finden.

Architektur

Sehenswerte Bauwerke gibt es über ganz Schottland verteilt; Edinburgh ist stolz auf eine besonders vielfältige Architektur aus dem 18. und frühen 19. Jh. Glasgow hingegen kann sich seiner viktorianischen Bauwerke rühmen.

> **Archäologische Stätten**
> » Kilmartin Glen
> » Skara Brae
> » Broch of Gurness
> » Callanish
> » Maes Howe

Frühgeschichte

Auf den nördlichen schottischen Inseln sind einige der besterhaltenen prähistorischen Bauten Europas zu besichtigen. Die bekanntesten sind die Steinhäuser von Skara Brae auf Orkney (3100 v. Chr.) und Jarlshof auf den Shetlands (1500 v. Chr.). Die charakteristischen steinernen Verteidigungstürme, *brochs* genannt, sind vor allem im Norden und Westen des Landes anzutreffen – etwa jene bei Glenelg (südlich von Kyle of Lochalsh), Dun Carloway (Lewis) und Mousa (Shetland); die Turmbauten entstanden in der Eisenzeit (2. Jh. v. Chr.–1. Jh. n. Chr.).

Romanik (12. Jh.)

Der romanische Baustil mit seinen charakteristischen Rundbögen und Dekorelementen entstand in Schottland zuerst in den Klöstern, die während der Regierungszeit von David I. (1124-1153) errichtet wurden. Herausragende Beispiele sind Dunfermline Abbey und die St.-Magnus-Kathedrale in Kirkwall.

Gotik (12.–16. Jh.)

Die feinere und kunstvollere Gotik mit ihren hohen Spitzbögen, ihrem filigranen Fenstermaßwerk und den charakteristischen Gewölben wurde ebenfalls von den Mönchsorden eingeführt und verbreitet. Beispiele frühgotischer Architektur sind die Abteiruinen Jedburgh und Dryburgh in den Borders, die Holyrood Abbey in Edinburgh und die Glasgow Cathedral. Der noch reichere Stil der Hoch- und Spätgotik zeigt sich besonders eindrucksvoll in der Melrose Abbey und den Kathedralen von Dunkeld und Elgin sowie den Pfarrkirchen von Haddington (St Mary's) und Stirling (Church of the Holy Rude).

> **Die schönsten gotischen Abteikirchen**
> » Jedburgh Abbey
> » Dryburgh Abbey
> » Melrose Abbey
> » Sweetheart Abbey
> » Inchcolm Abbey
> » Oronsay Priory

Die Zeit nach der Reformation (16. und 17. Jh.)

Nach der Reformation wurden viele der Abteien und Kathedralen von Bilderstürmern beschädigt oder zerstört, weil die neue Lehre Schmuck und Darstellungen ablehnte.

In dieser Zeit kam auch die alte, traditionelle Burgenarchitektur mit zentralem Bergfried und Rundmauer wie zum Beispiel Dirleton Castle

TARTAN

Das charakteristische Karomuster, traditionell mit dem Kilt in Verbindung gebracht, ist zum eigentlichen Symbol Schottlands geworden; der besondere Wollstoff wird zu Röcken, Schals, Decken, Krawatten, Schlüsselanhängern und unzähligen anderen Souvenirs verarbeitet. Tartan soll immerhin schon unter den Römern bekannt gewesen sein, obwohl er in romantischer Verklärung mit den Kelten, die im 6. Jh. von Irland nach Schottland einwanderten, assoziiert wird. Unbestritten ist, dass das lange Tuch mit kariertem Schottenmuster (plaid) zu Beginn des 18. Jhs. zur Tracht der schottischen Highlander geworden war. Nach der verlorenen Schlacht von Culloden 1746 wurde dann aber, wie im Disarming Act („Entwaffnungsgesetz") verfügt, das Tragen der Highland-Tracht verboten – damit sollte die Clan-Solidarität untergraben werden.

Im 19. Jh. gerieten Tartans in den Strudel des sogenannten Balmorality-Kults, als die von Schottland faszinierte Königin Victoria sich für die Belange der schottischen Kultur einsetzte. Damals wurden viele der Tartan-Muster (setts), die heute mit bestimmten Clans in Verbindung gebracht werden, quasi aus dem Nichts geschaffen. Urheber waren zwei unter dem Namen Sobieski Stuart bekannt gewordene Brüder, die behaupteten, von Bonnie Prince Charlie abzustammen. Das Vorbild für ihre Tartan-Muster sollte angeblich ein aus dem 15. Jh. stammendes „verloren gegangenes" Dokument gewesen sein. Außerdem publizierten sie ein sehr erfolgreiches Buch über die von ihnen erfundenen Tartans, The Costume of the Clans, die man allgemein für authentisch hielt, bevor schließlich die raffinierte Fälschung aufgedeckt wurde. Heute hat jeder Clan und sogar jede Fußballmannschaft ein oder sogar mehrere unverwechselbare Tartans – wenige sind allerdings älter als 150 Jahre.

Wer nach seinem eigenen Clan-Tartan forschen möchte, kann auf der Website www.tartansauthority.com fündig werden.

aus der Mode und wurde durch Turmhäuser abgelöst. Beispiele für die neue Art des Festungsbaus sind Castle Campbell, Loch Leven Castle und Neidpath Castle. Der Renaissance-Stil hielt seinen Einzug mit den Königsresidenzen von Linlithgow und Falkland.

Georgianischer Stil (18. und frühes 19. Jh.)

Die führenden schottischen Architekten im 18. Jh. waren William Adam (1684–1748) und sein Sohn Robert Adam (1728–1792), deren Neuinterpretation klassischer griechischer und römischer Architektur Baumeister in ganz Europa beeinflusste.

Zu den zahlreichen neoklassizistischen Bauwerken, die Vater und Sohn entwarfen, zählen Hopetoun House, Culzean Castle und Charlotte Square in Edinburgh, das vielleicht herausragendste Beispiel des Georgian Style.

Auch die New Town von Edinburgh und andere auf dem Reißbrett geplante Städte wie Inveraray (Argyll) und Blair Atholl (Perthshire) zeichnen sich durch elegante georgianische Architektur aus.

Viktorianischer Stil (2. Hälfte des 19. Jhs.)

Vor allem Alexander „Greek" Thomson (1817–1875) verlieh Glasgow mit seinen neoklassizistischen Bauten ein ganz neues Gesicht: Er schuf Meisterwerke wie die Egyptian Halls und die Caledonia Road Church, in denen er ägyptische und hinduistische Motive mit griechisch-römischen Formelementen verknüpfte.

In Edinburgh setzte William Henry Playfair (1790–1857) die neoklassizistische Tradition von Robert Adam in den griechischen Tempelbauten des National Monument auf dem Calton Hill, in der Royal Scottish Academy und der National Gallery of Scotland fort, ehe er sich dem neogotischen Baustil zuwandte, der heute im New College on The Mound der Edinburgh University zu bewundern ist.

Der im 19. Jh. einsetzende Bauboom von Herrschaftshäusern auf dem Land wurde von den Architekten William Burn (1789–1870) und David Bryce (1803–1876) ausgelöst. Das wiederauflebende Interesse an der schottischen Geschichte und Kultur, angeregt durch Schriftsteller wie Walter Scott, führte die Architektur zurück ins 16. Jh.: Plötzlich baute man wieder mit Türmen, Spitztürmchen und -dächern. Das viktorianische Revival des schottischen Baronialstils, der erstmals im 16. Jh. in Bauten wie Craigievar Castle auftauchte, führte zu überaus eleganten Bauwerken wie Balmoral Castle, Scone Palace und Abbotsford.

20. Jahrhundert

Der berühmteste schottische Architekt und Designer des 20. Jhs. ist Charles Rennie Mackintosh (1868–1928), einer der einflussreichsten Vertreter des Jugendstils. Sein gelungenstes Werk ist die Glasgow School of Art (1896), die heute noch genauso modern wirkt wie zur Zeit ihrer Entstehung vor 100 Jahren. Das Art déco der 1930er-Jahre hat in Schottland hingegen nur geringe Spuren hinterlassen; es gibt nur wenige Bauten in diesem Stil, etwa das St. Andrews House in Edinburgh und den wunderbar restaurierten Luma Tower in Glasgow.

In den 1960er-Jahren wurden in Schottland einige Bausünden begangen – riesige Betonklötze wurden in die Landschaft gesetzt, die Städte und selbst kleinere Orte hatten schwer unter der fortschreitenden Motorisierung zu leiden. In den 1980er- und 1990er-Jahren besannen sich die Architekten wieder auf ihre Stärken; beeindruckende Schöpfungen dieser Zeit sind u. a. die Burrell Collection in Glasgow und die spektakulären Bauten am Ufer des River Clyde in Glasgow.

Das umstrittenste Bauwerk Schottlands ist das neue Parlamentsgebäude (S. 60) in Edinburgh.

-Der Führer Scotland's Castles von Chris Tabraham ist ein ausgezeichneter Begleiter für alle, die eine Besichtigungstour zu schottischen Schlössern unternehmen. In der gut lesbaren illustrierten Geschichte finden sich Einzelheiten zur Bau- und Entstehungsgeschichte der Burgen und Schlösser.

Sport

Fußball

Fußball ist in Schottland weniger ein Sport als vielmehr eine Religion – in der Saison (Aug.–Mai) strömen Tausende von Fans jeweils mittwochs und am Wochenende zu ihren Mannschaften in die Stadien. Zum Ritual gehört es beispielsweise, an eiskalten Februartagen heißen Bovril zu schlürfen, schottischen Pie zu mampfen und zuzuschauen, wie das eigene Team über das Spielfeld jagt.

Die zehn besten schottischen Teams spielen in der **Scottish Premier League** (www.scotprem.com), wobei zwei Mannschaften – Glasgow Rangers und Celtic Glasgow – seit über hundert Jahren die Liga dominieren. Seit 1890 hat es nur achtzehnmal andere Meister als diese beiden gegeben; zum letzten Mal 1985, als Aberdeen den Titel holte.

Die Rangers gerieten 2012 in die Schlagzeilen, als sie wegen eines Steuerstreits in die Liquidation getrieben und aus der Scottish Premier League (SPL) ausgeschlossen wurden. Der Club musste die neue Saison 2012/13 in der vierten Liga starten. Celtic Glasgow wird wohl zunächst keinen ernsthaften Gegner mehr fürchten müssen, da sein traditioneller Rivale sich abmühen muss, wieder in die SPL aufzusteigen.

Rugby Union

Fußball war vor langer und für lange Zeit der traditionelle schottische Arbeitersport. Rugby hingegen hat eine etwas andere Anhängerschaft. Die Rugby Union (www.scottishrugby.org) zog vor allem Landarbeiter aus den Borders und Akademiker der Mittelschicht an.

Dieser Unterschied ist heute nicht mehr so klar vorhanden, zumal die Popularität von Rugby nach der Weltmeisterschaft 1999 in Großbritannien enorm angestiegen ist. Doch obwohl heute viele Fußballfans aus der Mittelschicht kommen, ist die Trennung zwischen Rugby- und Fußballfans noch immer spürbar.

Jedes Jahr nimmt Schottland ab Januar an der Six Nations Rugby Union Championship teil: Das wichtigste Spiel dabei ist das Zusammentreffen mit den Engländern – und der Kampf um den Calcutta Cup. Dieser Wettkampf ist immer ein hoch emotionales Erlebnis; immerhin hat Schottland in den letzten zehn Jahren dreimal gewonnen und einmal unentschieden gespielt.

Die Rugbysaison in Schottland dauert von September bis Mai; einige der besseren Teams findet man in den Borders, dazu gehören u. a. Hawick, Kelso und Melrose. Zum Saisonende treten die Teams bei den Rugby Sevens (je Mannschaft sieben Spieler) an – eine besondere Variante des Sports mit eigentlich 15 Feldspielern.

> Shinty (gälisch: camanachd) ist ein schneller und körperlich anstrengender Ballsport mit Schläger. Er ähnelt dem irischen Hurling und erinnert ziemlich stark an die einstigen Clanstreitigkeiten. Das in Schottland erfundene Spiel wird hauptsächlich in den Highlands gespielt, wo auch der Wettbewerb um die begehrteste Trophäe, den Camanachd Cup, ausgefochten wird. Mehr Informationen gibt es unter www.shinty.com.

Golf

Schottland ist die Geburtsstätte des Golfsports, wahrscheinlich wurde hier bereits im 12. Jh. Golf gespielt und das Wort soll sich von einer gälischen Bezeichnung für „Schlag" ableiten. Der Überlieferung zufolge fand das erste Golfturnier der Welt 1456 auf den Bruntsfield Links in Edinburgh statt.

Heute gibt es in Schottland mehr als 550 Golfplätze, pro Kopf gerechnet mehr als anderswo in der Welt. Hierzulande ist der grüne Sport unglaublich populär und weiter verbreitet als in anderen Ländern, zahlreiche bezahlbare gemeindeeigene Plätze stehen zur Verfügung. Auf dem Boden von Schottland befinden sich auch viele weltbekannte Golfplätze – zum Beispiel Muirfield in East Lothian, Turnberry und Troon in Ayrshire und der St. Andrews' Old Course in Fife. Diese Plätze sind für viele Golfspieler aus anderen Ländern ein guter Grund nach Schottland zu reisen. Weitere Hinweise siehe S. 33.

Highland Games

Wettkämpfe in verschiedenen Disziplinen werden den ganzen Sommer über in Schottland ausgetragen, nicht nur in den Highlands selbst. Nähere Informationen über diese Veranstaltungen im ganzen Land sind auf der Website VisitScotland (www.visitscotland.com) zu finden, wenn man den Links *What to See & Do / What's On / Highland Games* folgt.

Die traditionellen Sportveranstaltungen werden von Dudelsackspiel- und Tanzwettbewerben begleitet und ziehen Einheimische und Touristen gleichermaßen an. Einige Events sind typisch schottisch, insbesondere diejenigen, bei denen es um Kraft geht: *Tossing the Caber* (Baumstammüberschlag, bei dem ein Baumstamm in die Luft geschleudert wird), *Throwing the Hammer* (Hammerwerfen) und *Putting the Stone* (Steinstoßen). Die bekanntesten Highland Games finden in Dunoon, Oban und Braemar statt.

Naturparadies Schottland

Die Einsamkeit wildromantischer Landschaften in vielen ländlichen Regionen Schottlands begeistert jeden Besucher: Hochaufragende Berge, von deren Gipfeln sich weiße Schneebänder herabwinden, stahlblaue Lochs, tief eingeschnittene Meeresbuchten, versteckte Strände und brandungsumtoste Landzungen – das sind nur einige Facetten der erstaunlich vielfältigen Natur. Nirgendwo in Großbritannien gibt es einen derartigen Reichtum an Tieren, die in den abgelegenen Regionen beheimatet sind; dazu zählen der hier brütende Fischadler oder der Rothirsch, dessen Brunftschreie durch die weitläufigen Wälder hallen. Die zahlreichen Inseln vor der Küste oder weit draußen im tosenden Atlantik sind Rückzugsgebiete für Tierarten geworden, die vor Jahrhunderten in ihren Lebensräumen weiter südlich fast ausgerottet waren. Wale durchpflügen die Meeresfluten und die fernen Archipele im Nordosten bieten Seevögeln paradiesische Bedingungen in ausgedehnten Brutkolonien.

> Schottland besitzt ein Drittel der Landfläche Großbritanniens, dafür nicht weniger als 80 % seiner Küstenlinie, aber nur 10 % der Gesamtbevölkerung der Insel.

Das Land

Das schottische Festland ist dreigeteilt: Die Southern Uplands mit graswachsenen sanften Hügelketten, dazwischen weitläufige Täler, begrenzt von den fruchtbaren Küstenebenen, bilden die Südgrenze zu den Central Lowlands. Die geologische Trennlinie, der Southern Uplands-Bruch, verläuft in einer Linie von Girvan (Grafschaft Ayrshire) nach Dunbar (Grafschaft East Lothian).

Die Central Lowlands ziehen sich in einem breiten Band von Glasgow und Ayr im Westen nach Edinburgh und Dundee im Osten. Im Boden unter dieser Region liegen Sedimentgesteine, aber auch Kohle und Ölschiefer, die Schottlands industrielle Revolution beflügelten. Obwohl die Region nur ein Fünftel der schottischen Landfläche ausmacht, befinden sich in ihr der Großteil der Industrie sowie die beiden größten Städte des Landes, und 80 % der Bevölkerung leben hier.

Die andere große geologische Trennlinie – der Highland Boundary Fault – verläuft von Helensburgh im Westen nach Stonehaven an der Ostküste und markiert die Südgrenze der Highlands. Die meisten der zwischen rund 900 bis 1000 m hohen Erhebungen der Highlands wurden während der letzten Eiszeit zerfurcht, sodass tiefe U-förmige Einschnitte entstanden: die langen und schmalen *sea lochs*, vergleichbar den norwegischen Fjorden, die so charakteristisch für die Landschaft der Highlands sind. Sie nehmen 60 % des schottischen Festlands ein und werden durch den Grabenbruch des Great Glen, der von Südwesten nach Nordosten verläuft, in zwei Teile gegliedert.

Bei aller unberührten Schönheit sollte nicht vergessen werden, dass die menschenleeren Naturlandschaften der westlichen und nördlichen Highlands eine von Menschenhand geschaffene Wildnis darstellen. Vor

> Schottland verfügt über etwa 90 % des Süßwasserreservoirs von Großbritannien. Loch Lomond ist der größte britische Süßwassersee.

LOCH LOMOND

DIE UHR ZURÜCKDREHEN

Im Laufe der Jahrhunderte sind viele Tierarten aus Schottland verschwunden, weil sie entweder bis an den Rand der Ausrottung gejagt oder sich selbst überlassen wurden, nachdem man ihre Lebensräume oder ihre Nahrungsgrundlagen vernichtet hatte. Es gibt gute Gründe für eine Wiederansiedlung dieser Tiere, denn es ist eine sinnvolle Maßnahme zur Erhaltung der Artenvielfalt. Trotz Kritik an diesem Vorgehen ist die Rückführung einiger Tiere in ihre alten Lebensräume inzwischen erfolgreich verlaufen. Der seit dem 19. Jh. aus Großbritannien verschwundene Rote Milan und der majestätische Seeadler ziehen heute wieder ihre Kreise über Schottland. Der an seinem braunroten Gefieder und im Unterschied zum Schwarzmilan stärker gegabelten Schwanz zu erkennende Rote Milan ist an der Westküste und auf den Hebriden anzutreffen.

Der Europäische Biber wurde 2009 im Rahmen eines Versuchsprojekts wieder in der schottischen Wildnis angesiedelt – nicht unumstritten, denn die Gegner fürchteten negative Auswirkungen auf Wälder und Wasserqualität, und deshalb stehen die Biber-Regionen unter sorgfältiger Beobachtung. Die ersten Jungtiere wurden im Sommer 2010 in einem Wald der Grafschaft Argyll gesichtet.

Aber diese eher kleine Kontroverse um den Biber verblasst gegen das, was sich auf einem bestimmtem Highland-Gut abspielt: Der Besitzer hat bereits Elche eingeführt und möchte nun als nächstes den Wolf wieder ansiedeln.

---

den sogenannten *Highland Clearances*, Säuberungen, die aber Vertreibungen waren, gab es in vielen dieser heute unbevölkerten Winkel nicht gerade kleine bäuerliche Gemeinden.

Die etwa 800 vor der Küste liegenden Inseln gliedern sich in vier Hauptgruppen: Die Shetland- und Orkney-Islands sowie die Äußeren und Inneren Hebriden.

DAS WASSER

In Schottland regnet es viel – in einigen Regionen der westlichen Highlands fallen über 4,5 m Niederschlag pro Jahr –; wen also wundert es, dass das nasse Element allenthalben anzutreffen ist. Etwa 3 % der Landfläche Schottlands werden von Süßwasser bedeckt, die zahlreichen Lochs, Flüsse und Bäche (*burns*) haben den größten Anteil daran, aber auch das Drittel der Fläche von Feuchtgebieten muss dazu gerechnet werden: Torfmoore und Sumpfland (*fen*), die so charakteristisch für die Landschaft des Highlands und der Inseln sind.

Allerdings ist es vor allem das Meer, welches dem Land seine Eigenart verleiht: Die Länge der Küsten Schottlands – unter Berücksichtigung der Inseln – beläuft sich auf mehr als 16 000 km, da die Küste hier besonders verschlungen verläuft.

Tierwelt

Schottlands Tierwelt zählt zu den größten Attraktionen des Landes, und am besten lernt man diese unmittelbar in Wald und Flur selbst kennen. Also Stiefel an, Fernglas umgehängt und dann behutsam losmarschiert, um zu finden, was es zu entdecken gibt! Viele Tierarten, die in den übrigen Landesteilen Großbritanniens verschwunden oder aber selten sind, haben in Schottland überlebt. Und es gibt sogar eine endemische Vogelart in Schottland, den Schottischen Kreuzschnabel, der in den Kaledonischen Wäldern lebt.

Tiere

Abgesehen davon, dass das Ungeheuer von Loch Ness immer noch die Schlagzeilen beherrscht, gibt es in den abgeschiedenen Landstrichen

---

Eines der immer wieder gelesenen Bücher über die schottische Tierwelt ist *Ring of Bright Water* (Im Spiel der hellen Wasser) von Gavin Maxwell. Der Autor beschreibt darin sein Leben auf der entlegenen Halbinsel Glenelg in den 1950er-Jahren, das er mit seinen beiden zahmen Ottern teilte.

Schottlands auch noch eine Vielfalt an anderen Tieren. Zahlreich vertreten ist der Rothirsch, das größte Landsäugetier Großbritanniens, aber auch das weit verbreitete Reh. Beide Arten sieht man zu jeder Jahreszeit in den Highlands. Einige Tiere wandern abends ohne jede Scheu die Dorfstraßen hinunter, um die Rasenflächen abzuäsen.

In fast ganz Schottland kann man Fischotter beobachten, vor allem entlang der Küste und an Flüssen, in denen Forellen und Lachse vorkommen. Am zahlreichsten sind sie im Nordwesten, insbesondere auf Skye und den Äußeren Hebriden. An den Piers von Kyle of Lochalsh und Portree tummeln sich besonders viele Otter, da sie gelernt haben, sich ihr Futter von den Fischerbooten zu stibitzen.

Schottland ist die Heimat von 75 % der Eichhörnchen Großbritanniens. Diese sind von den dominanten, aus Amerika stammenden Grauhörnchen aus den meisten anderen Gebieten des Landes verdrängt worden. Das Grauhörnchen überträgt häufig einen für die rote Art tödlichen Virus, sodass Maßnahmen getroffen werden, um die weitere Ausbreitung möglichst einzudämmen.

Zu den anderen kleinen Säugetieren gehören die Orkney-Wühlmaus, verschiedene Fledermausarten, Hermelin und Wiesel. Der Schneehase bewohnt die höheren Bergregionen und tauscht im Winter sein graubraunes Sommerfell gegen ein schneeweißes Fell.

Zu den selteneren Tieren, die im 19. Jh. fast ausgerottet waren, zählen Baummarder, Iltis und Wildkatze. Ihre Population in sehr entlegenen Gebieten ist klein, aber dank der Schutzbestimmungen und größerer Achtsamkeit der Menschen nimmt ihre Zahl langsam wieder zu.

Natürlich sieht man die meisten Tiere draußen in der Natur oder sie laufen auf den einspurigen Straßen vor die Autos. Man trifft auch noch auf einige der einheimischen Schafrassen, sie sind kleiner und grobwolliger als die uns bekannten hochgezüchteten Rassen. Zu den anderen charakteristischen heimischen Haustierrassen gehören das Shetland-Pony und das trotz seiner bedrohlichen Hörner sanfte Hochlandrind mit zottigem rotbraunen Fell und Behang.

In den Gewässern vor Schottlands Nord- und Westküste tummeln sich viele Meeressäuger. Delphine und Tümmler sind ziemlich häufig zu sehen und im Sommer suchen Zwergwale regelmäßig diese Nahrungs-

DIE LAICHWANDERUNG DES LACHSES

Zu beobachten, wie ein Lachs entschlossen über eine Stromschnelle springt, um in den Fluss zurückzukehren, in dem er Jahre zuvor aus dem Ei schlüpfte, gehört zu den aufregendsten Erlebnissen in Schottland. Das Leben eines Lachses beginnt im zeitigen Frühjahr, wenn dieser in einem Süßwasserlauf eines typischen schottischen Glens (Tal) die Eishülle verlässt. Der in diesem Stadium Brütling (*Fry*) genannte Fisch ist dann nur etwa 2,5 cm groß und verbleibt anschließend mehrere Jahre an seinem Geburtsort, bis er über das sogenannte Parr-Stadium zu einem Jungfisch (*Smolt*) herangewachsen ist. Dann ist es Zeit für ihn, ins Meer hinauszuschwimmen.

Er steuert unter Umständen die unterschiedlichsten nordatlantischen Ziele an, doch schließlich kehrt er, manchmal erst nach Jahren, an seine Schlupfstelle zurück, um sich fortzupflanzen. Wissenschaftler glauben, dass ihm die magnetischen Feldlinien der Erde bei seiner Fernorientierung helfen. Möglich ist es, das ganze Jahr über an seinen Geburtsort zurückzukehren, zumeist aber ist er Ende des Frühjahrs da, um nach der anstrengenden Reise Kraft zu tanken und dann Ende Herbst zu laichen. Nach getaner Arbeit verendet der Lachs in der Regel und der Lebenszyklus beginnt von neuem.

Die bekanntesten schottischen Flüsse, durch die die Lachse bei ihrer Laichwanderung schwimmen, sind der Tweed, Tay, Dee und Spey. Allerdings trifft man die Tiere auch in vielen kleineren Flüssen überall im Land an.

gründe auf. Auch Orcas, die schönen schwarz-weißen Schwertwale, werden regelmäßig in den Meeresfluten um die Shetland- und Orkney-Inseln gesichtet. Allgegenwärtig sind zwei Robbenarten: Die Kegelrobben (an ihrem spitz zulaufenden Kopf zu erkennen) und die um ein Drittel kleineren Seehunde (mit rundlichem Kopf wie ein Hund) kann man leicht an den Küsten des Festlands und der Inseln beobachten.

Vögel

In Schottland gibt es eine unglaubliche Vielfalt an Vogelarten. Für Vogelbeobachter sind die Shetland Islands ein wahres Paradies. Hier nisten 21 der 24 in Großbritannien beheimateten Seevogelarten in großen Kolonien. Ein unterhaltsames Highlight für Ornithologen sind die drolligen Possen des Papageientauchers.

Durch die Heidelandschaft in den Hochmooren eilen Abertausende der geschäftigen Moorhühner, während sich ihre Verwandten, die Schneehühner, mit ihren gefiederten Füßen (selbst in der Vogelwelt äußerst ungewöhnlich) lieber in den Bergen aufhalten, allerdings nur oberhalb von etwa 700 m. Sie sind die einzige britische Vogelart, die wie die Vögel in der Arktis im Winter ihr braun gesprenkeltes Sommergefieder gegen ein weißes Federkleid eintauschen, um sich der Umgebung anzupassen. In dicht bewaldeten Gebieten lassen sich gelegentlich Auerhähne, schwarze, truthahnähnliche Vögel, sichten, die ebenfalls mit den Moor- und Schneehühnern verwandt sind. Auf den Stoppelfeldern der Lowlands überwintern Millionen von Graugänsen.

In den letzten Jahrzehnten ist im Allgemeinen Positives von den bedrohten schottischen Vogelarten zu berichten gewesen. Die Royal Society for the Protection of Birds (RSPB; www.rspb.org.uk) engagiert sich für ihre Rettung und hat zahlreiche Projekte erfolgreich durchgeführt. Neben der Wiederansiedlung von Arten hat sich auch die Population zahlreicher gefährdeter Arten stabilisiert.

Der majestätische Fischadler war im 20. Jh. fast ausgestorben. Er ist die meiste Zeit nicht in Europa vertreten, nistet aber nach der Rückkehr aus Westafrika von Mitte März bis September auch in Schottland. Es gibt etwa 200 Brutpaare und an vielen Stellen im Land kann man ihre Nester entdecken, so auch am Loch Garten und am Loch of the Lowes. Andere Greifvögel wie der Steinadler, Bussard, Wanderfalke und die bläulich hellgraue Kornweihe sind heute geschützt und ihre Populationen nehmen deshalb allmählich wieder zu.

Der Lebensraum des einst häufig anzutreffenden Wachtelkönigs wurde im Zuge des modernen Ackerbaus fast vollständig zerstört. Doch jetzt mähen die Bauern in einer für den Vogel unschädlichen Weise, sodass seine Zahl wieder zunimmt. Man kann dem unverwechselbaren Ruf des Wachtelkönigs – es klingt ähnlich wie wenn man mit dem Daumennagel über Kammzähne streicht – auf der Inselkette der Uists und im Loch Gruinart Nature Reserve auf Islay lauschen.

Pflanzen & Bäume

Die Distel gilt als Schottlands „Nationalblume". Doch charakteristischer für Schottland sind die sind die hellblaue Scylla (Hasenglöckchen), die im Frühjahr den Waldboden wie ein Teppich bedeckt, und das Heidekraut, dessen winzige rosa- und purpurfarbene Blüten im August die Moore überziehen. Der leuchtend rosafarbene Rhododendron – ursprünglich zwar nicht heimisch – fühlt sich dennoch wohl und der gelbe Ginster entfaltet seine Blüten ebenfalls im Mai und Juni.

Nur ein Prozent des Waldgebiets, das einst ein Großteil des Landes ausmachte, ist gegenwärtig – in kleinen Flächen über das Land verteilt – noch vorhanden. Wieder aufgeforstete Wälder jedoch nehmen lang-

---

A Last Wild Place von Mike Tomkies ist ein wundervoll geschriebenes Buch über die schottische Tierwelt. Der Autor lebte abgeschieden mitten unter den Bewohnern einer entlegenen Hochlandregion.

SCHOTTLANDS BLUMENPRACHT

So wie die unberührte Wildnis Schottlands die Herzen höher schlagen lässt, so begeistert auch eine mehr von Menschenhand geschaffene Schönheit des Landes – die zahllosen Gärten. Im Frühling und Sommer explodieren sie nach überstandenem harten Winter geradezu in ihrer Farbenpracht. Im 19. Jh. hatte jedes Schloss und jeder Herrensitz, der etwas auf sich hielt, auf seinem Gelände einen angelegten Garten. Insbesondere in den wärmeren Regionen – im Südwesten, um Aberdeen und Moray und im vom Golfstrom begünstigten Nordwesten – begegnet man auf Schritt und Tritt einer solchen Anlage.

Alles, was man vernünftigerweise in diesen Breitengraden nicht erwartet, blüht hier – seien es die Rosen im königlichen Sommersitz Balmoral (S. 294) oder die erstaunlichen subtropischen Pflanzen im Inverewe Garden (S. 433). Der gemeinnützigen Organisation National Trust for Scotland (S. 542) unterstehen viele der schönsten Gärten. Ihre Website ist eine Fundgrube für die Planung einer Besichtigungstour durch die blühenden Gärten Schottlands.

---

sam immer mehr Raum ein – insbesondere in den Highlands. Heute sind 1,3 Mio. ha (17 % des Landes) bewaldet – keine große Fläche, aber immerhin ein Fortschritt. Ein Drittel dieses Waldes wird von der **Forestry Commission** (Forstamt; www.forestry.gov.uk) verwaltet, sie sorgt für die Holzernte aber auch für die Ausweisung großer Flächen als Erholungsgebiete. Der überwiegende Teil des Waldes besteht aus Koniferen. Die gesamte bewaldete Fläche des Landes soll bis spätestens 2050 auf 25 % anwachsen.

Schottlands Landfläche besteht zu 17 % aus Waldgebiet. Nur 7 % sind es in England, 74 % in Finnland, der weltweite Durchschnitt liegt bei 30 %. Der Waldanteil in Deutschland liegt bei etwa 31 %.

Nationalparks

Schottland besitzt zwei Nationalparks – Loch Lomond & the Trossachs National Park (S. 311) und den Cairngorms National Park (S. 378). Aber diese Tatsache ergibt kein vollständiges Bild. Denn es gibt auch noch eine Vielzahl von Schutzgebieten – sehr unübersichtlich eingeteilt in 25 verschiedene Kategorien. Insgesamt 47 National Nature Reserves (Naturschutzgebiete; www.nnr-scotland.org.uk) sind im Land zu finden und außerdem noch Meeresschutzgebiete verschiedener Kategorien.

Umweltprobleme

Da Wind und Wasser reichlich vorhanden sind, hatte die schottische Regierung keine Probleme, geeignete Quellen für erneuerbare Energien zu finden. Idealerweise soll bis spätestens 2020 der gesamte Energiebedarf des Landes durch erneuerbare Energien gedeckt werden – und dieses Projekt geht man immerhin an. Schottland ist ein europäischer Vorreiter in der Entwicklung von Windtechnologie. Windparks überziehen die Hügel und Firths (Trichtermündungen), und da in einigen Regionen beinahe permanent der Wind weht, haben einige Turbinen einen rekordverdächtigen Energieausstoß.

Aber hier ergibt sich ein Problem – obwohl jeder von der Sauberkeit und Wirtschaftlichkeit der Windenergie überzeugt ist: Wie gegen die mächtige NIMBY (nicht in meinem Garten) genannte Organisation ankommen, die gegen Windräder kämpft, weil sie ohne die Aussicht versperrt. Und natürlich geht es nicht nur um die surrenden Rotorblätter. Ein Windpark im entlegenen Hochland schön und gut, aber die Stromübertragungsleitungen vom Hochland bis in den Süden bringen erhebliche visuelle und umweltbedingte Beeinträchtigungen.

Seit einiger Zeit ist es eines der vorrangigsten Ziele Schottlands, den besorgniserregenden Rückgang der Artenvielfalt auf dem Land, in der Luft und im Meer aufzuhalten. Erfolgsberichte kann man auf der Web-

Sustainable Scotland (www.sustainable-scotland.net/climatechange) ist eine regierungsoffizielle Institution, um dem Klimawandel vor Ort entgegenzutreten. Die Website informiert darüber, was sich auf kommunaler Ebene gegen dieses globale Problem unternehmen lässt.

site der Regierungsbehörde Scottish Natural Heritage (www.snh.gov.uk) nachlesen. Doch der Klimawandel bleibt die große Gefahr für die heutigen Arten. Ein Temperaturanstieg um wenige Grad in nördlichen Breiten würde für zahlreiche Gebirgspflanzen und -tiere das Aus bedeuten. Man vermutet bereits, dass der kontinuierliche Rückgang der Seevogelpopulation Schottlands seit Beginn der 1990er-Jahre zum Teil seine Ursache in der temperaturbedingten Abnahme bestimmter Planktonarten hat, der die Fischbestände verringert.

Doch die Hauptursache für den beklagenswerten Zustand einiger Fischarten, die in Schwärmen leben, liegt auf der Hand: Die Menschen haben zu viel Fisch konsumiert. 2010 wurde ein Gesetz zum Schutz des Meeres (Marine Scotland Act) verabschiedet. Es ist ein Kompromiss, der einerseits die gefährdeten Meeresregionen und deren Fischbestände schützen und andererseits der zurückgehenden Fischereiindustrie unter die Arme greifen soll. Allerdings könnten die Maßnahmen nicht ausreichen und auch zu spät kommen.

> Scottish Environment LINK (www.scotlink.org), der Dachverband aller schottischen Umweltorganisationen, umfasst insgesamt 36 Einzelorganisationen, die sich mit Umweltverträglichkeit befassen.

Praktische Informationen

ALLGEMEINE INFORMATIONEN...542
Aktivitäten............ 542
Botschaften 542
Ermäßigungen 542
Essen 543
Feiertage 543
Frauen unterwegs 544
Geld 544
Gesundheit 545
Internetzugang........ 545
Karten 545
Kinder................ 546
Öffnungszeiten........ 546
Rechstfragen 546
Reisen mit Behinderung 546
Schwule & Lesben 547
Sprachkurse 547
Strom 547
Telefon 547
Touristeninformation ... 548
Unterkunft............ 548
Versicherung 550
Visa 550
Zeit 550
Zoll 551

VERKEHRSMITTEL & -WEGE 552
AN- & WEITERREISE 552
Flugzeug 552
Auf dem Landweg 553
UNTERWEGS VOR ORT 554
Auto & Motorrad 554
Bus 555
Fahrrad 555
Flugzeug 556
Geführte Touren 556
Schiff 557
Trampen...............557
Zug 557

SPRACHE..........559

GLOSSAR..........563

Allgemeine Informationen

Aktivitäten

Schottland ist ein hervorragender Ort für Outdoor-Aktivitäten und bietet jedem etwas – dem Urlauber, der nur einen gemütlichen Spaziergang machen will, ebenso wie dem Adrenalin-Junkie. Die beliebtesten Sportarten sind Wandern (s. S. 29), Golfen (s. S. 33), Fischen und Radfahren, aber auch sonst ist fast jede Aktivität möglich.

Viele Sportaktivitäten lassen sich gut organisiert unternehmen. Es gibt Clubs und Vereine, die den Besuchern wertvolle Informationen und manchmal auch erhebliche Ermäßigungen bieten, wenn man über ihre Organisation bucht. **Visit Scotland** (www.visitscotland.com) pflegt zu vielen Sportarten eigene Websites, z. B. fürs Angeln, Golfen, Skifahren, Radfahren und für diverse Abenteuersportarten. Außerdem geben sie eine nützliche Broschüre heraus, *Active in Scotland* betitelt, die bei Touristeninformationen erhältlich ist.

Weitere hilfreiche Quellen sind: **Vogelbeobachtung** Die **Royal Society for the Protection of Birds** (RSPB; 01950-460800; www.rspb.org.uk) ist der wichtigste Ansprechpartner für jeden Hobbyornithologen. Der **Scottish Wildlife Trust** (www.swt.org.uk) unterhält mehrere Naturreservate, und die Website des **Scottish Ornithologists' Club** (www.the-soc.org.uk) enthält ein nützliches Kapitel, wo sich die verschiedenen Vögel am besten beobachten lassen.

Radfahren Es gibt viele tolle Routen durch das ganze Land. **Sustrans** (www.sustrans.org.uk) ist die beste Adresse, was weitere Anregungen betrifft. Mountainbiker, die sich im Süden des Landes tummeln wollen, werden auf der **7Stanes-Website** (www.7stanesmountainbiking.com) fündig.

Angeln Die Angelsaison und die Angelerlaubnis variieren von Ort zu Ort. Einen Angelschein bekommt man meist im örtlichen Angelgeschäft. **VisitScotland** (www.visitscotland.com) gibt die nützliche Zeitschrift *Fishing in Scotland* heraus, die in allen Touristeninformationen kostenlos erhältlich ist. Auf der Homepage finden sich hilfreiche Informationen in Sachen Angelsaison und -genehmigungen.

Botschaften & Konsulate

Die Botschaften von Deutschland, Österreich und der Schweiz befinden sich in London. Deutschland und Österreich haben ein Konsulat in Edinburgh, die Schweiz allerdings nicht.

Deutschland 0131-337 2323 www.edinburgh.diplo.de 16 Eglinton Cres., Edinburgh.

Österreich 0131-558 1955 austrianconsulate@focusscotland.co.uk 9 Howard Place, Edinburgh.

Ermäßigungen

Historische Stätten

Eine Mitgliedschaft bei Historic Scotland (HS) und dem National Trust for Scotland (NTS) empfiehlt sich vor allem für Reisende, die sich länger in Schottland aufhalten. Beide Organisationen sind gemeinnützig, haben sich dem Umwelt- und Denkmalschutz verschrieben und unterhalten Hunderte spektakuläre Stätten. In jeder besteht die Möglichkeit beizutreten.

Historic Scotland (HS; 0131-668 8999; www.historic-scotland.gov.uk) Die gemeinnützige Organisation betreut Hunderte historisch bedeutende Stätten. Die Jahresmitgliedschaft beträgt 46,50/86,50 £ für einen Erwachsenen/Familie und gewährt freien Eintritt zu allen HS-Stätten in Schottland (in England und Wales zum halben Preis). Eine zeitlich begrenzte Explorer-Mitgliedschaft wird ebenfalls angeboten – drei von fünf frei wählbaren Tagen kosten 28 £, für sieben von 14 frei wählbaren Tagen sind 37 £ zu berzahlen.

National Trust for Scotland (NTS; 0844-493 2100; www.nts.org.uk) NTS betreut Hunderte Stätten, die historisch, architektonisch oder landschaftlich von

Bedeutung sind. Die Jahresmitgliedschaft kostet 49/84 £ pro Erwachsener/Familie und bietet freien Zugang zu allen NTS- und National Trust-Stätten (auch im übrigen Großbritannien).

Hostel-Karten
Wer beim Reisen seinen Geldbeutel nicht überstrapazieren möchte, sollte unbedingt beim schottischen Jugendherbergswerk Mitglied werden, der **Scottish Youth Hostel Association/ Hostelling International** (SYHA; 0845-293 7373; www.syha.org.uk). Die Jahresmitgliedschaft kostet über/unter 16 Jahre 10 £/ ist gratis, die lebenslange Mitgliedschaft 100 £.

Seniorenausweise
Seniorenausweise für Personen über 60 Jahre sind für Zugfahrten erhältlich.

Studenten- & Jugendausweise
Am hilfreichsten sind die **Internationalen Studentenausweise** (ISIC; www.isic.org), die mit einem Foto ausgegeben werden. Die Karten bewirken wahre Wunder, denn man bekommt nicht nur Ermäßigungen beim Eintritt zu diversen Sehenswürdigkeiten, sondern auch bei vielen Verkehrsmitteln.

Da es eine weltweit operierende Industrie gibt, die gefälschte Studentenkarten verkauft, sind viele Institutionen dazu übergegangen, für Studentenkarten ein Höchstalter festzulegen oder die Studentenermäßigung durch eine „Jugendermäßigung" zu ersetzen.

Wer unter 26 Jahre alt, aber kein Student ist, kann eine Euro/26 Card beantragen, die in vielen unterschiedlichen Namen in den EU-Ländern vertrieben wird. Die Alternative ist die International Youth Travel Card (IYTC), die ebenfalls von der ISIC ausgegeben wird. Diese Ermäßigungskarten erhält man über diverse Studentenverbindungen, Hostel-Organisationen und Jugendreisebüros.

Essen

In diesem Reiseführer wurden die verschiedenen Esslokale mit Preisindikatoren versehen; sie beruhen auf dem Durchschnittspreis für ein Hauptgericht der Abendkarte:

£	bis 9 £
££	9–18 £
£££	ab 18 £

Hinweis: Die Hauptgerichte kommen mittags meist billiger als abends, außerdem bieten viele Restaurants ein sogenanntes Early Bird-Special an, d. h. ein preiswertes Gericht am frühen Abend (meist von 17–19 Uhr).

PRAKTISCH & KONKRET

» Es ist interessant, zwei Zeitungen durchzublättern, nämlich den in Edinburgh erscheinenden *Scotsman* und den *Herald* aus Glasgow, der schon über 225 Jahre existiert.

» Amüsant sind die beiden rivalisierenden Boulevardblätter *Daily Record* und die *Scottish Sun*, aber auch die altmodische *Sunday Post* – ein nostalgisches Leseerlebnis.

» BBC Radio Scotland (AM 810kHz, FM 92.4–94.7MHz) vermittelt die schottische Perspektive zu aktuellen Themen.

» Die schottischen Fernsehsender sind BBC1 Scotland, BBC2 Scotland sowie die Internetfernsehsender STV und Border. Channel Four und Five strahlen ihre Programme in ganz Großbritannien aus – mit unverändertem Inhalt in Schottland.

» Es gilt das metrische System bei Gewichten und Maßen, nicht jedoch bei Straßenentfernungen (Angabe in Meilen; ca. 1,6 km) und bei Bier (Angabe in Pints; ca. 570 ml).

» In Schottland ist es nicht erlaubt, in überdachten oder halb geschlossenen Räumen zu rauchen, d. h. in Pubs, Buswartehäuschen, Restaurants und Hotels – also praktisch überall, wo man Lust auf eine Zigarette bekommen könnte.

Feiertage

Auch wenn die Bankfeiertage im restlichen Vereinigten Königreich allgemeine Feiertage sind, gelten sie in Schottland oft nur innerhalb der Banken und einiger Firmen.

Schottische Städte haben in der Regel vier Feiertage zur Verfügung, die sie selbst festlegen können – die Daten variieren oft von Jahr zu Jahr und von Stadt zu Stadt. Viele Orte haben den St. Andrew's Day (30. Nov.) zum Feiertag erklärt.

Allgemeine, landesweite Feiertage sind:

Neujahr 1. & 2. Januar
Karfreitag (Good Friday) März oder April
Weihnachten 25. Dezember
2. Weihnachtstag (Boxing Day) 26. Dezember

SELBSTVERSORGER IN SCHOTTLAND

Unterkünfte für Selbstversorger sind in Schottland sehr beliebt. Wer sich in einem Haus in der Stadt oder in einem Cottage auf dem Land einmietet, lernt Land und Leute besser kennen. Die Mindestaufenthaltsdauer beträgt im Sommer in der Hochsaison im Allgemeinen eine Woche, ansonsten drei Tage oder noch weniger.

Die Angebotspalette an Unterkünfte dieser Art ist breit – von rustikalen Cottages, vor denen die Schafe grasen, mit einem Schlafzimmer und einfacher Ausstattung bis hin zu Burgen, historischen Häusern und eigens erbauten Designervillen mit jedem modernen Schnickschnack ist alles vorhanden.

Es wurden hier nur Angebote für Selbstversorger gelistet. Wer auf der Suche nach einer solchen Unterkunft ist, sollte am besten mit der Website von **VisitScotland** (0845 859 1006; www.visitscotland.com/accommodation) beginnen – mit vielen Objekten im ganzen Land. Diese Häuser und Cottages erscheinen auch in den regionalen Unterkunftsführern, die in den Touristeninformationen erhältlich sind. Eine kurze Recherche im Internet fördert zudem viele Websites zutage, auf denen Tausende von Häusern für Selbstversorger in ganz Schottland zusammengestellt sind.

Die Wochenmiete für ein einfaches Cottage mit zwei Schlafzimmern liegt im Winter bei rund 180 £, von Juli bis September bei bis zu 300 £.

Die folgenden Adressen sind ebenfalls eine gute Quelle:

Embrace Scotland (Association of Scotland's Self-Caterers; 01866-822522; www.embracescotland.com) Zusammenstellung von Objekten für Selbstversorger in einer durchsuchbaren Datenbank mit über 2500 Angeboten in ganz Schottland.

LHH Scotland (01381-610496; www.lhhscotland.com) Bietet überwiegend größere Häuser und Anwesen, darunter auch einige Burgen; für sehr gehobene Ansprüche.

Cottages and Castles (01738-451610; www.cottages-and-castles.co.uk) Bietet ein breites Angebot an Cottages und Burgen für Selbstversorger, wie der Name des Unternehmens schon besagt.

Cottage Guide (www.cottageguide.co.uk) Jede Menge schottische Cottages, die man sich im Internet auch anschauen kann.

NTS Holidays (0131-243 9331; www.nts.org.uk/holidays) Der National Trust for Scotland bietet eine hervorragende Auswahl an feudalen Unterkünften wie historischen Häusern, Leuchttürmen usw.

Ecosse Unique (01835-822277; www.uniquescotland.com) Hier gibt es Ferienhäuser im ganzen Land.

Landmark Trust (01628-825925; www.landmarktrust.org.uk) Eine gemeinnützige Denkmalschutzorganisation, die historische Gebäude restauriert und dann als Quartier vermietet.

Frauen unterwegs

Alleinreisende Frauen können sich in der Regel in allen Regionen Schottlands sicher fühlen.

Die Pille ist in Schottland verschreibungspflichtig; die „Pille danach" (die eine Schwangerschaft in den ersten 72 Stunden nach ungeschütztem Sexualverkehr verhindern soll) bekommt man meist unter dem Tresen beim Apotheker.

Geld

Die britische Währung ist das Pfund Sterling (£); 100 Pence (p) entsprechen einem Pfund. „Quid" ist der umgangssprachliche Name für das Pfund. Drei schottische Banken geben sogar eigene Banknoten heraus – das bedeutet, dass eine große Zahl unterschiedlicher Scheine im Umlauf ist. Diese sind prinzipiell auch in England gültig, manchmal ist es aber nicht ganz einfach, sie außerhalb Schottlands einzulösen oder umzutauschen – insbesondere im Ausland.

Euros werden in Schottland nur bei den größten Touristenattraktionen und in einigen wenigen gehobenen Hotels akzeptiert – von daher sollte man immer mit ausreichend inländischer Währung ausgerüstet sein.

Geldautomaten

Geldautomaten (in Schottland werden sie *cashpoints* genannt) sind weit verbreitet und in fast jedem kleinen Ort zu finden. Sie akzeptieren in der Regel die gängigen Karten Visa, MasterCard, Amex, Cirrus, Plus und Maestro und gehören meist schottischen Banken und Bausparkassen. Außerdem besteht die Möglichkeit, mit der EC-Karte (plus Pin) Geld abzuheben.

Beim Abheben von Bargeld an Geldautomaten wird manchmal eine geringe Gebühr fällig, in der Regel ist der Service jedoch kostenlos. In manchen Fällen erhebt die Bank zu Hause eine Gebühr. Es hat deshalb Sinn, sich vor der Reise zu Hause zu erkundigen, ob besagte Gebühr auf den Betrag oder auf die Buchung erhoben wird; oft kommt es billiger, einen größeren Betrag auf einmal abzuheben und auf viele Einzelbuchungen zu verzichten.

Kreditkarten

Visa und MasterCard sind weit verbreitet, es wird manchmal in der Regel allerdings eine geringfügige Gebühr erhoben. Karten von Amex und Diners Club werden von kleineren Geschäften und Unterkünften oft nicht angenommen. Kleinere B&Bs bestehen oft auf Barzahlung.

Wechselstuben

Wechselstuben sollte man sehr umsichtig auswählen: Häufig bieten sie gute Umtauschkurse, verlangen dafür aber hohe Kommissionsgebühren. Die besten Kurse erhält man in Großbritannien in den Postämtern, Umtausch bieten aber nur die Großstädte und die größeren Städte an. In größeren Touristeninformationen besteht häufig ebenfalls die Möglichkeit, Geld zu wechseln.

Trinkgeld

In Restaurants mit Sitzplätzen sollte man 10 % geben, das gilt jedoch nicht, wenn der Servicebetrag schon auf der Rechnung extra ausgewiesen ist.

In sehr teuren Lokalen werden vom Servicepersonal auch schon mal 15 % der Rechnungssumme erwartet.

Trinkgeld ist immer eine persönliche Entscheidung: Auch dann, wenn die Bedienung auf der Rechnung ausgewiesen ist, muss man nicht dafür zahlen, wenn man mit dem Service des Personals unzufrieden war.

In Pubs wird kein Trinkgeld gegeben: Wer mit der Bedienung sehr zufrieden ist, kann am Ende des Abends sagen: „have one for yourself", sprich: Die Bedienung darf ein zusätzliches Getränk auf die Rechnung setzen.

Taxis sind teurer; aus diesem Grund geben Einheimische oft gar kein Trinkgeld. Am besten rundet man den Rechnungsbetrag einfach auf ein Pfund auf.

Gesundheit

» Die European Health Insurance Card (EHIC), d. h. die Krankenversicherungskarte der heimischen Versicherung, deckt bei EU-Bürgern – und ebenso Schweizer Staatsbürgern – medizinische Notfallbehandlungen ab, nicht jedoch medizinische Behandlungen, die nicht auf einem Notfall beruhen, und auch nicht den Rücktransport nach Hause.
» Bürger aus nicht EU-Ländern sollten sich zu Hause vor Antritt der Reise erkundigen, ob zwischen ihrem Land und Großbritannien ein Abkommen zur kostenlosen medizinischen Versorgung besteht.
» Wer eine Reisenkrankenversicherung abschließt, sollte sich vergewissern, dass im Notfall auch der Rückflug nach Hause mit eingeschlossen ist.
» Impfungen sind für Reisen nach Schottland nicht vorgeschrieben. Die schlimmsten Probleme, mit denen sich Reisende in den Highlands und auf den Inseln konfrontiert sehen, sind die Mücken (S. 15).

Internetzugang

Wer mit einem Laptop unterwegs ist, findet überall Möglichkeiten, sich über WLAN einzuloggen – sei es in Cafés, B&Bs oder öffentlichen Räumen.

Entsprechende Adressen mit WLAN werden im Buch genannt und mit dem Symbol 🛜 gekennzeichnet. WLAN ist oft gratis, manchmal aber auch kostenpflichtig (typischerweise in gehobenen Hotels).

Einige Handygesellschaften bieten extrem günstige Tarife für Reisende an *(pay-as-you-go mobile internet)*.

Das Symbol @ weist darauf hin, dass das Lokal bzw. die Unterkunft etc. einen Zugang zum Internet bieten.

Wer ohne Laptop unterwegs ist, für den sind die öffentlichen Bibliotheken und Büchereien die beste Adresse, um ins Netz zu gelangen: Fast alle besitzen zumindest eine Handvoll Computerterminals, die gratis genutzt werden können, wenn auch teilweise mit einer Zeitbeschränkung.

Internetcafés gibt es in den Großstädten und größeren Orten und sie sind in der Regel günstige Möglichkeiten, sich einzuwählen. Verlangt werden für eine Stunde Beträge 2–3 £.

Viele größere Touristeninformationen im ganzen Land bieten ebenfalls einen Internetzugang.

Karten

Wer Munros besteigen will, sollte sich Karten mit einem größeren Maßstab kaufen, als sie das Buch bieten kann bzw. als sie in den Touristeninformationen verteilt werden. Der Ordnance Survey (OS) bietet Wanderern viele Karten im Maßstab 1:50 000 und 1:25 000 an. Die Alternative sind die hervorragenden Wanderkarten von Harveys im Maßstab 1:40 000 und 1:25 000.

Kinder

Schottland bietet vielfältige kinderfreundliche Unterkünfte und Aktivitäten für Familien an.

Am besten erkundigt man sich in den Touristeninformationen vor Ort nach Broschüren mit dem Schwerpunkt Kinder und Familie. Die Zeitschrift *The List* (im Kiosk und im Buchhandel erhältlich) enthält eine eigene Rubrik mit Aktivitäten und Veranstaltungen für Kinder in und um Glasgow und Edinburgh.

Der **National Trust for Scotland** (NTS; 0844-493 2100; www.nts.org.uk) und **Historic Scotland** (HS; 0131-668 8999; www.historic-scotland.gov.uk) organisieren im Sommer familienfreundliche Aktivitäten in den von ihnen verwalteten Anwesen und Sehenswürdigkeiten. Generell sind Kinder in Schottland gerngesehen; jede Region kann mit kinderfreundlichen Attraktionen und auch B&Bs aufwarten. Sogar die lokalen Museen bemühen sich meist, Kinder mit einem netten Arbeitsblatt und kindgerechten Infotafeln zu unterhalten.

Viele Pubs sind familienfreundlich, und einige haben einen Biergarten, in dem Kinder ungestört herumrennen und sich austoben dürfen, während die Eltern in Ruhe ihr Bier genießen. Zahlreiche schottische Pubs, auch diejenigen, die kleine Gerichte servieren, dürfen Kinder unter 14 Jahren von Gesetzes wegen allerdings nicht hineinlassen. Auch die Pubs mit einem Children's Certificate dürfen Kindern unter 14 Jahren nur in Begleitung eines Erwachsenen Zutritt in ihre Räume gewähren und auch nur zwischen 11 und 20 Uhr.

Kleine Kinder wohnen im Hotel oft mit ihren Eltern umsonst. Die Kehrseite der Medaille sind diejenigen Hotels und B&Bs, die überhaupt keine Kinder akzeptieren, was man aber vorab telefonisch klären kann (in der Regel sind es die eher teuren Einrichtungen). Immer mehr Hotels und Guesthouses bieten Kinderbetten und ähnliche Erleichterungen, viele Restaurants (vor allem die größeren) haben Kinderstühle und bieten preiswertere Kinderteller.

Das Stillen von Kindern in der Öffentlichkeit wird nicht nur toleriert, sondern von Seiten der Regierung sogar gefördert.

Die größeren Mietwagenfirmen verfügen in der Regel über Kindersitze, die allerdings länger im Voraus zu buchen sind.

Siehe auch den englischsprachigen Lonely Planet Band *Travel with Children* von Brigitte Barta u. a.

Öffnungszeiten

In den Highlands und auf den schottischen Inseln ist sonntags generell weniger lang geöffnet, was nicht verwundert, denn schließlich verkehren auch weniger oder gar keine öffentlichen Verkehrsmittel. Die Öffnungszeiten gelten wie folgt:

Banken Mo–Fr 9.30–16 oder 17 Uhr; einige auch Sa 9.30–13 Uhr.

Nachtclubs Meist nur Do–Sa 21 oder 22–1 oder 2 Uhr, manchmal auch länger.

Post Mo–Fr 9–18, Sa 9–12.30 Uhr (Hauptpost Sa bis 17 Uhr).

Pubs & Bars Mo–Do 11–23, Fr & Sa 11–1, So 12.30–23 Uhr; Mittagessen tgl. 12–14.30 Uhr, Abendessen tgl. 18–21 Uhr.

Geschäfte Mo–Sa 9–17.30 Uhr (oder 18 Uhr in den Städten) und oft auch So 11–17 Uhr.

Restaurants Mittagessen 12–14.30 Uhr, Abendessen 18–21 oder 22 Uhr; in Kleinstädten und Dörfern sind *chippies* (Fish-and-Chips-Imbisse) oft die einzige Möglichkeit, nach 20 Uhr noch warmes Essen zu bekommen.

Rechtsfragen

Trotz der Union mit England hatte Schottland schon immer ein eigenes, von der Gesetzgebung Englands und Wales unabhängiges Rechtssystem.

Die Polizei darf jede Person bis zu sechs Stunden lang in Untersuchungshaft nehmen, die sie verdächtigt, eine schwere Straftat (z. B. Drogenbesitz) begangen zu haben. Sie darf die entsprechende Person durchsuchen, ein Foto machen, Fingerabdrücke nehmen und sie befragen.

Wer Rechtshilfe benötigt, wendet sich an das **Scottish Legal Aid Board** (0845- 122 8686; www.slab.org.uk; 44 Drumsheugh Gardens, Edinburgh).

Schon der Besitz einer kleinen Menge Cannabis wird mit einem Bußgeld bestraft, der Besitz größerer Mengen von Cannabis oder härteren Drogen ist eine schwere Straftat, für die man bis zu 14 Jahren ins Gefängnis wandern kann. Die Polizei hat das Recht, jeden zu durchsuchen, den sie wegen Drogenbesitzes verdächtigt.

Reisende sollten beachten, dass im Fall einer Strafverfolgung die Gesetzgebung ihres Heimatlandes hinsichtlich der Volljährigkeit gilt – auch bei einem Aufenthalt im Ausland.

Reisen mit Behinderung

Reisende mit Behinderung stoßen in Schottland auf einen ungewöhnlichen Mix aus sehr behindertengerechten, aber auch recht unzugänglichen Einrichtungen. Viele neue Gebäude sind rollstuhlgerecht geplant und gebaut, auch die modernen Hotels und die Touristenattraktionen sind auf Behinderte eingestellt. Viele B&Bs und Guesthouses befinden sich dagegen in schwer umzubauenden alten Gebäuden. Die

Konsequenz ist, dass Reisende mit Behinderung quasi gezwungen sind, in modernen rollstuhlgerechten, aber auch deutlich teureren Häusern abzusteigen. Aber auch hier wendet sich vieles Schritt für Schritt zum Besseren.

Gleiches gilt auch für den öffentlichen Nahverkehr: Die neueren Busse und Züge haben alle tiefergelegte Stufen, die den Einstieg erleichtern. Vor Fahrtantritt sollte man sich aber über die konkrete Situation im gewünschten Zug informieren. Touristenattraktionen reservieren in der Regel Behindertenparkplätze in der Nähe der Eingänge.

Ticketschalter und Banken sind oft mit Geräten ausgestattet, die Schwerhörigen die Kommunikation erleichtern – entsprechende Schalter sind mit einem Aufkleber mit einem großen Ohr gekennzeichnet.

In einigen wenigen Sehenswürdigkeiten, beispielsweisen der Kathedrale von Glasgow, gibt es Informationen in Brailleschrift, manche Einrichtungen haben auch Duftgärten für Sehbehinderte angelegt.

VisitScotland gibt einen Führer für Rollstuhlfahrer heraus – *Accessible Scotland*; viele Touristeninformationen haben zusätzlich Adresslisten mit behindertengerechten Unterkünften und Sehenswürdigkeiten in der Region vorbereitet. Regionale Unterkunftsverzeichnisse weisen behindertengerechte Unterkünfte mit einem Rollstuhlsymbol aus.

In vielen Regionen gibt es Organisationen, die Rollstühle verleihen – wer Bedarf hat, sollte Kontakt zu den lokalen Touristeninformationen aufnehmen. Viele Lehrpfade sind ebenfalls rollstuhltauglich angelegt.

Weitere Informationen gibt es bei:

Disabled Persons Railcard (www.disabledpersons-railcard.co.uk) Ermäßigte Zugreisen.

Tourism for All (0845-124 9971; www.tourismforall.org.uk) Veröffentlicht regionale Broschüren mit Informationen für Reisende mit Behinderung und erteilt allgemeine Ratschläge.

Royal Association for Disability & Rehabilitation (Radar; 020-7250 3222; www.radar.org.uk; 12 City Forum, 250 City Rd, London) Dachverband für Gruppen von Menschen mit Behinderung.

Schwule & Lesben

Auch wenn die Schotten der Homosexualität gegenüber eine relativ tolerante Einstellung pflegen, stößt das offene Zurschaustellen von Gefühlen außerhalb von Schwulenlokalen oder -vierteln oft auf Feindseligkeit.

Edinburgh und Glasgow haben eine kleine, aber blühende Homoszene. Die Website und die monatlich erscheinende Zeitschrift *Scotsgay* (www.scotsgay.co.uk) informiert Schwule, Lesben und Bisexuelle über die aktuellen Events.

Sprachkurse

Schottland ist auch ein beliebtes Ziel, um Englisch zu lernen – und dementsprechend breit ist das Angebot an Schulen. Sprachakademien bieten Intensivkurse an, die allerdings ihren Preis haben, und oft auch die Unterkunft in einem Wohnheim oder bei einer Gastfamilie mit einschließen. Erheblich billiger kommen Colleges, von denen einige sogar kostenlosen Unterricht für Ausländer erteilen.

Eine gute erste Informationsquelle ist die **Website English UK Scotland** (www.englishukscotland.com) mit Einzelheiten zu den zahlreichen Colleges und Sprachenschulen, die sich in überwiegender Zahl in Edinburgh und in Glasgow befinden.

Strom

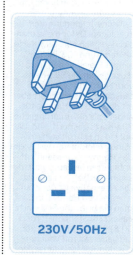

230V/50Hz

Telefon

Die berühmten roten Telefonhäuschen sterben leider langsam aus und überleben nur noch in „Schutzgebieten". Heute findet man zwei Typen von öffentlichen Telefonen in Schottland verbreitet: Münzapparate (ohne Rückgabe von Wechselgeld) und Kartentelefone, die mit Telefonkarten und Kreditkarten funktionieren. Einige Telefone akzeptieren Münzen und Karten. Telefonkarten erhält man fast überall.

Die günstigste Art, ins Ausland zu telefonieren, geht über das Internet oder über den Kauf einer preiswerteren Telefonkarte – man erhält sie in Zeitungsläden. Dort hängen auch Tabellen mit Ländervorwahlen aus und man bekommt die Information, wie viele Minuten man für einen gewissen Betrag telefonieren kann.

Mobiltelefone

Alle Vorwahlnummern für Handys beginnen in der Regel mit 07. In Großbritannien wird das GSM 900/1800-Netz verwendet.

Die internationalen Roaming-Gebühren sind bekanntermaßen hoch; oft ist es günstiger, sich eine britische Telefonnummer zuzulegen. Dafür muss man sich lediglich eine SIM-Karte kaufen (rund 10 £ inklusive einiger Freieinheiten) und diese gegen die SIM-Karte vom Heimatprovider austauschen. Das scheitert aber oft daran, dass Handys für andere als die ursprüngliche SIM-Karte gesperrt sind. Wer auf jeden Fall mit seinem Handy telefonieren will, sollte das Handy vor Reiseantritt entsperren lassen, sofern der eigene Vertrag das zulässt. Die Alternative ist der Kauf eines neuen Handys, in das man die britische SIM-Karte einlegt (Kostenpunkt: rund 50 £). Prepaid-Handys können jederzeit mit Vouchers aus den Telefonläden aufgeladen werden.

Vorwahlnummern & Nützliche Telefonnummern

Telefonat nach GB aus dem Ausland Von Deutschland, Österreich und der Schweiz wählt man zunächst die 0044 (Landesvorwahl Großbritannien), dann die Orts- oder Regionsvorwahl (dabei entfällt die 0) und schließlich die Teilnehmernummer.

Telefonat aus GB ins Ausland Nach Deutschland wählt man die 0049, nach Österreich die 0043 und in die Schweiz die 0041.

Internationales R-Gespräch Die 155 für die Vermittlung/Operator wählen. Ein solcher Anruf kommt teuer, allerdings nicht den Anrufer.

Regionale Vorwahlnummern in Schottland Sie beginnen generell mit 01xxx, also z. B. Edinburgh 0131, Wick 01955.

Auskunft Es gibt mehrere Nummern, darunter 118500.

Handys Die Nummern fangen meist mit 07 an.

Kostenlose Rufnummern Nummern, die mit 0800 beginnen, sind kostenlos; Anrufe, die mit 0845 anfangen, werden zum Ortstarif berechnet.

Touristeninformation

Das schottische Fremdenverkehrsamt (Scottish Tourist Board), das unter dem Namen **VisitScotland** (☎0845-225 5121; www.visitscotland.com; Ocean Point One, 94 Ocean Dr) operiert, bearbeitet Anfragen per Post, per E-Mail und am Telefon. Auch Broschüren zu den einzelnen Regionen lassen sich telefonisch oder übers Internet bestellen; sie werden dann zugeschickt.

Die meisten größeren Ortschaften verfügen über eine Touristeninformation (Information Centre), die von Montag bis Freitag von 9 oder 10 Uhr bis 17 Uhr geöffnet hat, im Sommer auch am Wochenende. In kleineren Orten – vor allem in den Highlands – tun die Touristeninformationen nur von Ostern bis September ihren Dienst.

Wer eine E-Mail an eine Touristeninformation schicken möchte, modifiziert für seine Anfrage die folgende Adresse: Ortsname@visitscotland.com.

Unterkunft

Schottland bietet die ganze Palette an Unterkünften, sodass alle Gäste etwas Passendes finden.

Budget-Reisenden stehen Campingplätze, Hostels und billige B&Bs zur Verfügung. In den Highland-Regionen gibt es *boothies* – einfache Hostels und Herbergen für Wanderer – und auf den Shetlands *böds* (einfache Gemeinschaftsunterkünfte mit Flair).

In der mittleren Preiskategorie findet sich eine Fülle von gemütlichen B&Bs und Gästehäusern (25–40 £ pro Person und Übernachtung). In fast allen Orten gibt es auch Mittelklassehotels, während sich das höhere Preissegment (ab 65 £ pro Person und Übernachtung) mit einigen exzellenten Hotels hervortut; am interessantesten sind wohl die umgewandelten Burgen und Herrenhäuser, aber auch die schicken Designerhotels in den Städten.

Wer alleine in Schottland unterwegs ist, muss damit rechnen, in Hotels und B&Bs einen Einzelzimmerzuschlag zu bezahlen; das Einzelzimmer kostet dann gut 75 % des Preises für ein Doppelzimmer.

In fast allen B&Bs, Gästehäusern und Hotels (und sogar in einigen Hostels) ist das Frühstück im Zimmerpreis inbegriffen.

Die Preise steigen während der Hochsaison (Juni–Sept.) und erreichen im Juli und August den Höchststand. In allen übrigen Monaten – vor allem im Winter – werben viele Gästehäuser und Hotels mit Schnäppchenangeboten.

Wer im August (Festivalmonat) oder an Hogmanay (Silvester) nach Edinburgh reisen möchte, sollte möglichst schon ein Jahr im Voraus buchen, denn dann platzt die Stadt aus allen Nähten.

Die Touristeninformationen offerieren einen Buchungsservice für Unterkünfte (4 £), der im Sommer oft hilfreich ist. Aber Achtung: Es lassen sich dort nur Quartiere buchen, die bei **VisitScotland** (☎0845 859 1006; www.visitscotland.com/accommodation) registriert sind – und die werden immer weniger. Viele sehr schöne Unterkünfte verzichten wegen der satten Gebühr auf eine Registrierung beim Fremdenverkehrsamt. Die registrierten Quartiere sind aus diesem Grund meist auch etwas teurer als die nicht registrierten. Das Bewertungssystem mit Sternen von Visit Scotland basiert

UNTERKÜNFTE ONLINE BUCHEN

Weitere von Lonely Planet-Autoren bewertete Unterkünfte finden sich unter http://hotels.lonelyplanet.com – samt unabhängigen Bewertungen und Empfehlungen der besten Übernachtungsmöglichkeiten. Das wirklich Tolle an der Sache ist, dass man sie auch gleich online buchen kann.

auf einem relativ willkürlich festgelegten Kriterienkatalog, auf den man nicht zu viel geben sollte.

Preisangaben von Unterkünften

Bei den in diesem Reiseführer genannten Preisen ist das Frühstück – sofern nicht anders vermerkt – immer enthalten, außer in Hostels und auf Campingplätzen. Die einzelnen Unterkünfte sind mit einem Preisindikator versehen, der auf dem billigsten Tarif für zwei Personen in der Hochsaison beruht.

£	bis zu 60 £
££	von 60 £ bis 130 £
£££	130 £ ab

B&Bs & Guesthouses

B&Bs sind eine schottische Institution. Die einfachsten bieten ein Schlafzimmer im Privathaus, ein Gemeinschaftsbad und ein üppiges Frühstück. Bei den B&Bs der Mittelklasse haben die Zimmer ein eigenes Bad, ein TV-Gerät und eine größere Auswahl beim Frühstück. Auch eine Tee- oder Kaffeemaschine fehlt in kaum einem B&B auf den Zimmern. B&Bs findet man in Stadtwohnungen ebenso wie auf Bauernhöfen.

Guesthouses – oft handelt es sich um umfunktionierte Privathäuser – stellen eine Erweiterung des Konzepts der B&Bs dar. Sie sind häufig wesentlich größer, dafür aber auch unpersönlicher.

Campingplätze & Wohnmobilparks

„Wildes" Zelten ist in Schottland seit der Gesetzgebung zur Landreform erlaubt. Gezeltet darf jedoch nur auf offenem (also nicht eingezäuntem) Gelände werden, in kleinen Gruppen und abseits von Gebäuden und Straßen.

Ausgewiesene Campingplätze sind auch für Wohnwagen ausgestattet, unterscheiden sich allerdings stark in der Qualität. In ganz Schottland findet sich eine Fülle von Campingplätzen; VisitScotland gibt eine kostenlose Landkarte heraus, in der viele dieser Plätze verzeichnet sind; sie ist in den Touristeninformationen erhältlich.

Hostels

Die zahlreichen Hostels bieten recht günstige Unterkünfte. Für die schottischen Hostels spricht auch ihr hoher Standard. In den vergangenen Jahren ging der Trend bei den gehobeneren Hostels dahin, Betten in Schlafsälen mit eigenem Bad anzubieten. Die Ausstattung vieler Häuser erinnert mittlerweile an Hotels – von den Schlafsaal-Betten einmal abgesehen.

Hostels bieten Kochgelegenheiten, haben oft einen Internetzugang und organisieren sogar Ausflüge und Aktivitäten.

Hotels

Schottland bietet einige wunderbar luxuriöse Unterkünfte, z. B. rustikale Landhotels in traumhafter Lage und Burgen komplett mit Zinnenkranz, Wehrmauern, breiten Treppenaufgängen und der obligatorischen Wand voller Jagdtrophäen. Neben den üblichen Annehmlichkeiten bieten die alten Gemäuer aber meist auch einen Fitnessraum, eine Sauna, einen Pool und einen erstklassigen Service. Selbst wer auf sein Geld schauen muss, sollte sich zumindest eine Nacht in einem der klassischen Highland-Hotels gönnen – sie sind nicht nur Unterkünfte, sondern auch gesellschaftliche Treffpunkte mit lokalem Pub und Restaurant.

In den Städten dominieren die üblichen Kettenhotels das mittlere Preissegment – es gibt aber auch ein paar ausgefallene Häuser in Glasgow und Edinburgh.

Immer mehr Hotels verwenden ein den Fluglinien abgeschautes Preissystem: Je früher man bucht, desto günstiger sind die Tarife. Über die Website www.moneysavingexpert.com lassen sich Hotelzimmer finden.

Folgende Seiten bieten ebenfalls günstige Online-Buchungen:
» www.hotels.com
» www.booking.com
» www.lastminute.com
» www.laterooms.com

Studentenheime

Viele schottische Universitäten vermieten während der Ferien Zimmer in Studentenheimen an Urlauber. Es handelt sich meist um gemütliche, funktionelle Einzelzimmer, teilweise auch mit Gemeinschaftsbad. Doch es gibt auch Doppel- und Familienzimmer, separate Wohnungen und sogar Häuser für mehrere Parteien. Die Bandbreite reicht von Vollpension über Halbpension und B&B bis hin zur Selbstversorgung. Die Zimmer werden normalerweise im Zeitraum von Ende Juni bis Mitte September vermietet.

Wohnungstausch

Eine günstige Möglichkeit, seine Ferien zu verbringen, ist der Wohnungstausch. Dafür schließt man sich einer internationalen Wohnungstauschbörse an – zunächst einmal für ein Jahr: Auf der Website wird dann die eigene Wohnung/das eigene Haus angeboten und angegeben, wo und für wie lange ein Tauschobjekt gesucht wird. Die Tauschpartner organisieren den kostenlosen Tausch für einen abgesprochenen Zeitraum später persönlich. Ein Vergleich der Agenturen lohnt sich, da die Kosten für die Registrierung von Organisation zu Organisation sehr unterschiedlich sind. **Home Link International** (www.homelink.org.uk) und **Home Base Holidays** (www.homebase-hols.com) sind gut für einen ersten Einstieg.

Organisationen wie **Hospitality Club** (www.hospitalityclub.org) stellen den Kontakt zwischen Interessenten her, die eher zwanglose, kostenlose Privatunterkünfte suchen – das Ganze hat etwas von einem Blind Date. Selbst wenn man nicht gleich umsonst wohnen will: Auf diese Weise kommt man auf jeden Fall mit Einheimischen in Kontakt und trifft sicher Leute, mit denen man zumindest gemütlich ein oder zwei Pints in der Kneipe trinken gehen kann.

UNABHÄNGIGE HOSTELS & STUDENTEN- HOSTELS
Es gibt viele unabhängige Hostels mit Preisen, die bei etwa 12 bis 18 £ liegen. Die Ausstattung schwankt allerdings erheblich. Der kostenlose Führer *Scottish Independent Hostels* (www.hostel-scotland.co.uk) – erhältlich in den Touristeninformationen – listet mehr als 100 solche Hostels in Schottland auf; die meisten befinden sich im Norden des Landes.

SCOTTISH YOUTH HOSTEL ASSOCIATION
SYHA (0845 293 7373; www.syha.org.uk) bietet ein Netzwerk an guten, preisgünstigen Jugendherbergen und Hostels und veröffentlicht eine kleine Gratisbroschüre, die in den SYHA-Hostels und den Touristeninformationen ausliegt. Insgesamt gibt es mittlerweile 60 SYHA-Hostels im ganzen Land – das Spektrum reicht von einfachen Wanderunterkünften bis hin zu Herrenhäusern und Burgen bzw. Schlössern. Voraussetzung ist die Mitgliedschaft – sie kostet 10 £. Wer nicht Mitglied ist, kann für einen Aufschlag von 2 £ pro Nacht übernachten. Die Preise variieren je nach Saison. In der Regel muss man in der Hochsaison mit Kosten in Höhe von 16–18 £ pro Erwachsenem rechnen.

Viele SYHA-Herbergen schließen im Zeitraum von Mitte Oktober bis Anfang März, können in den Wintermonaten aber von Gruppen gemietet werden.

Versicherung

Reiseversicherungen bieten nicht nur einen Schutz vor unerwarteten Kosten für medizinische Versorgung, Diebstahl und Verlust von Gegenständen, sondern decken auch die Kosten im Fall von Reiseabbruch oder extremen Verspätungen.

Bei vielen Kreditkarten ist automatisch eine Reiseversicherung eingeschlossen – das sollte man aber zur Sicherheit im klären.

Grundsätzlich gilt, man sollte immer das Kleingedruckte lesen: Einige Policen schließen explizit „gefährliche Sportarten" wie Tauchen, Motorradfahren, Skifahren, Bergsteigen, teilweise sogar normales Trekking aus.

Bei der Auswahl der richtigen Police helfen die Reisebüros. Eine gute Reiseversicherung sollte auch eine medizinische Versorgung in den Ländern enthalten, durch die man reist.

Die meisten werden eine Police bevorzugen, bei der die Versicherung die Kosten für den Arzt bzw. das Krankenhaus direkt übernimmt und man nicht zunächst in Vorleistung gehen muss. Wer erst zahlen und dann später die Beträge zurückfordern muss, sollte sichergehen, dass er alle nötigen Unterlagen erhält. Einige Policen fordern, dass man vor einer medizinischen Behandlung zunächst die Versicherung im Heimatland kontaktiert. Der entsprechende Sachbearbeiter legt dann die Vorgehensweise fest.

Nicht alle Policen decken einen Krankenrücktransport – sei es per Krankenwagen, Hubschrauber oder Flugzeug – ab. Viele Policen schließen auch eine Kostenübernahme bei einer schon vor der Reise diagnostizierten Krankheit aus.

Weltweit gültige Reiseversicherungen können über www.lonelyplanet.com/travel_services abgeschlossen werden. Sie können jederzeit online abgeschlossen, erweitert und in Anspruch genommen werden – auch wenn man schon unterwegs ist.

Visa

» EU-Bürger und Reisende aus der Schweiz benötigen kein Visum für die Einreise nach Schottland, sondern lediglich einen gültigen Personalausweis.

Zeit

Schottland liegt in der GMT-Zeitzone (Greenwich Mean Time). Während der europäischen Sommerzeit, die im 1980 zum ersten mal angewandt wurde, werden die Uhren um eine Stunde vorgestellt (jeweils Ende März), Ende Oktober wird die Uhr wieder um eine Stunde zurückgestellt.

Die Zeitverschiebung zwischen Schottland und Städten in Mitteleuropa – wie Berlin, Wien, Bern, Rom oder Paris – beträgt 1 Std., d. h. in Schottland ist es eine Stunde früher.

Zoll

Reisende aus anderen EU-Ländern brauchen keine Steuern auf Waren des persönlichen Bedarfs zu bezahlen und dürfen so viel Alkohol und Tabak aus EU-Ländern mitbringen, wie sie wollen. Wer allerdings die folgenden Grenzwerte überschreitet, muss mit Fragen seitens der Zöllner rechnen: Diese liegen bei 3200 Zigaretten, 400 Zigarillos, 200 Zigarren, 3 kg Pfeifentabak, 10 l Spirituosen, 20 l Dessertweine (z. B. Port oder Sherry), 90 l Wein und 110 l Bier. Personen unter 17 Jahren dürfen überhaupt keinen Wein und Tabak einführen. Für das Einführen von Tabakprodukten aus den neueren EU-Ländern (Estland, Polen, Ungarn, Lettland, Litauen, Slowakei, Tschechien und Slowenien) gelten besondere Vereinbarungen – siehe dazu die Website der britischen Zollbehörde **HM Customs and Excise** (www.hmrc.gov.uk).

» Reisende aus Nicht-EU-Ländern dürfen die nachfolgend aufgeführten Mengen zollfrei einführen:
200 Zigaretten oder 100 Zigarillos oder 50 Zigarren oder 250 g Tabak
» 16 l Bier
» 4 l Wein
» 1 l Spirituosen oder 2 l weinhaltige Getränke (wie Sherry, Port) oder Schaumwein
» Waren im Wert von insgesamt 390 £, inklusive Parfüm, Geschenke und Andenken.

Alle Artikel, die den angegebenen Grenzwert übersteigen, müssen bei der Ankunft beim Zoll deklariert werden.

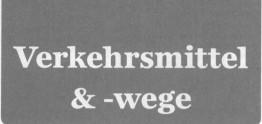

Verkehrsmittel & -wege

AN- & WEITERREISE

Flüge, geführte Touren und Zugtickets können auch online über lonelyplanet.com/bookings gebucht werden.

Flugzeug

Von Deutschland gibt es Direktflüge nach Schottland; Fluggäste aus Österreich oder der Schweiz landen in der Regel in London und müssen umsteigen.

Flughäfen & Fluglinien

Schottland hat vier internationale Flughäfen: Aberdeen, Edinburgh, Glasgow und Glasgow Prestwick. Einige internationale Kurzstreckenflüge landen außerdem auch in Inverness und Sumburgh. London ist das britische Hauptdrehkreuz für internationale Langstreckenflüge.

Aberdeen Airport (ABZ; www.aberdeenairport.com) Der Flughafen von Aberdeen befindet sich in Dyce, knapp 10 km nordwestlich vom Stadtzentrum entfernt. Es bestehen Flugverbindungen zu zahlreichen Destinationen in Schottland, England und Wales, darunter Orkney und Shetland, sowie internationale Verbindungen zu verschiedenen Städten Europas wie beispielsweise Frankfurt.

KLIMAWANDEL & REISEN

Der Klimawandel stellt eine ernste Bedrohung für unsere Ökosysteme dar. Zu diesem Problem tragen Flugreisen immer stärker bei. Lonely Planet sieht im Reisen grundsätzlich einen Gewinn, ist sich aber der Tatsache bewusst, dass jeder seinen Teil dazu beitragen muss, um die globale Erwärmung zu verringern.

FLIEGEN & KLIMAWANDEL

Fast jede Art der motorisierten Fortbewegung erzeugt CO_2 (die Hauptursache für die globale Erwärmung), doch Flugzeuge sind mit Abstand die schlimmsten Klimakiller – nicht nur wegen der großen Entfernungen und der entsprechend großen CO_2-Mengen, sondern auch weil sie diese Treibhausgase direkt in hohen Schichten der Atmosphäre freisetzen. Die Zahlen sind erschreckend: Zwei Personen, die von Europa in die USA und wieder zurück fliegen, erhöhen den Treibhauseffekt in demselben Maße wie ein durchschnittlicher Haushalt in einem ganzen Jahr.

EMISSIONSAUSGLEICH

Die englische Website www.climatecare.org und die deutsche Internetseite www.atmosfair.de bieten sogenannte CO_2-Rechner. Damit kann jeder ermitteln, wie viel Treibhausgase seine Reise produziert. Das Programm errechnet den zum Ausgleich erforderlichen Betrag, mit dem der Reisende nachhaltige Projekte zur Reduzierung der globalen Erwärmung unterstützen kann, beispielsweise Projekte in Indien, Honduras, Kasachstan und Uganda.

Lonely Planet unterstützt gemeinsam mit Rough Guides und anderen Partnern aus der Reisebranche das CO_2-Ausgleichs-Programm von climatecare.org. Alle Reisen von Mitarbeitern und Autoren von Lonely Planet werden ausgeglichen.

Weitere Informationen gibt es auf www.lonelyplanet.com.

Edinburgh Airport (EDI; www.edinburghairport.com) Dieser Airport ist Schottlands betriebsamster Flughafen; erliegt, 8 km westlich der Stadt.

Glasgow International Airport (GLA; www.glasgowairport.com) Von diesem Flughafen, 16 km westlich der Stadt, werden Inlandsflüge wie auch internationale Flüge abgewickelt.

Glasgow Prestwick Airport (PIK; www.glasgowprestwick.com) Der Glasgow Prestwick Airport, 48 km südwestlich von Glasgow gelegen, wird von Ryanair und einigen anderen Billigfluglinien genutzt; von hier aus werden viele Verbindungen zu Destinationen in Großbritannien und Europa angeflogen.

Inverness Airport (INV; 01667-464000; www.hial.co.uk) Er befindet sich in Dalcross, 16 km östlich der Stadt an der A96 in Richtung Aberdeen. Auf dem Flugplan stehen Flüge nach Düsseldorf, Amsterdam, London, Bristol, Manchester, Belfast, Stornoway, Benbecula, Orkney, Shetland und zu vielen anderen Flughäfen in Großbritannien.

London Gatwick (LGW; www.gatwickairport.com) Der zweitgrößte Flughafen Londons mit zahlreichen Flügen auch nach Übersee.

London Heathrow (LHR; www.heathrowairport.com) Der wichtigste internationale Flughafen Großbritanniens.

Sumburgh Airport (LSI; 01950-461000; www.hial.co.uk) Shetlands Hauptflughafen befindet sich in Sumburgh, 40 km südlich von Lerwick. Es werden täglich Flüge nach Aberdeen, Kirkwall, Inverness, Edinburgh und Glasgow sowie im Sommer nach Bergen (Norwegen) angeboten.

Auf dem Landweg

Bus

Busse sind in der Regel die billigste Möglichkeit, von Regionen in England und Wales nach Schottland zu gelangen. Nachfolgend eine Liste der wichtigsten Unternehmen:

Megabus (0871 266 3333; www.megabus.com) Die einfache Fahrt von London nach Glasgow kostet gerade einmal 5 £ bei langfristiger Vorausbuchung (bis zu 12 Wochen).

National Express (08717 818178; www.nationalexpress.com) Regelmäßige Verbindungen von London und anderen Städten in England und Wales nach Glasgow und Edinburgh.

Scottish Citylink (0871 266 3333; www.citylink.co.uk) Täglich Verbindungen von Belfast nach Glasgow und Edinburgh mit der Fähre ab Cairnryan.

Auto & Motorrad

Die Besitzer von in der EU zugelassenen Fahrzeugen haben kaum Schwierigkeiten, ihr Auto oder Motorrad nach Schottland zu bringen. Das Fahrzeug benötigt nur die entsprechenden Papiere, ein Nationalitätenkennzeichen und eine gültige Versicherung. Die grüne Versicherungskarte ist nicht Pflicht, kann aber sehr hilfreich sein. Wer vom Festland durch den Kanaltunnel oder von einem der Fährhäfen kommt, fährt zunächst über die M25 auf London zu und dann über die M1 und die M6 weiter nach Norden.

Zug

Die Anreise nach Schottland mit dem Zug gestaltet sich in der Regel schneller und auch bequemer als mit dem Bus, kommt dafür aber teurer. Im Vergleich zu einer Fluganreise auf der Strecke London–Edinburgh ist der Zug aufgrund der Check-in- und Reisezeit aber eine gute Alternative.

East Coast (08457 225 111; www.eastcoast.co.uk) Die Züge verkehren auf der Strecke London Kings Cross und Edinburgh (4 Std., 30-Minutentakt).

Eurostar (außerhalb von GB +44 1233-617575, innerhalb von GB 08432 186 186; www.eurostar.com) Es besteht die Möglichkeit, mit dem Eurostar in etwa zwei Stunden von Paris oder Brüssel nach London zu fahren. Von der Endhaltestelle St. Pancras gelangt man schnell und problemlos zu den Bahnhöfen Kings Cross und Euston, wo die Züge nach Edinburgh und Glasgow abfahren. Die Gesamtfahrzeit von Paris nach Edinburgh beläuft sich auf etwa acht Stunden.

First ScotRail (08457 55 00 33; www.scotrail.co.uk) Das Bahnunternehmen betreibt den *Caledonian Sleeper*, einen Nachtzug, der vom Londoner Bahnhof Euston nach Edinburgh, Glasgow, Stirling, Perth, Dundee,

---

PREISE FÜR ZUGFAHRKARTEN

Aufgrund des komplizierten britischen Preissystems im Bahnverkehr macht sich eine langfristige Planung bezahlt, und zwar vor allem im Fernverkehr. Die einfache Fahrkarte von London nach Edinburgh kann beispielsweise über 150 £ kosten, bei frühzeitiger Buchung außerhalb der Hauptverkehrszeiten sind hingegen gerade einmal 30 £ zu zahlen. Die Regionalzüge in Schottland weisen eine weniger krasse Preisspanne auf. Die in diesem Reiseführer angegebenen Fahrpreise liegen so etwa in der Mitte zwischen dem teuersten und dem billigsten Angebot.

deen, Fort William und ness verkehrt.

ional Rail Enquiry **vice** (☎08457 48 49 50; www.nationalrail.co.uk) Erteilt Auskunft zu den Fahrplänen und Fahrpreisen für alle britischen Züge.

Virgin Trains (☎08719 774 222; www.virgintrains.co.uk) Die Züge verkehren auf der Strecke London Euston–Glasgow (4½ Std., stündl.).

UNTERWEGS VOR ORT

Der Zustand der öffentlichen Verkehrsmittel in Schottland ist normalerweise gut, die Fahrten sind aber im Vergleich zu anderen europäischen Ländern teilweise teuer. Busse sind in der Regel die günstigste Variante, aber auch das langsamste Fortbewegungsmittel. Mit einem Ermäßigungspass können Züge auch preislich interessant sein; sie sind außerdem schneller und fahren oft durch wunderschöne Landschaften.

Traveline (☎0871 200 2233; www.travelinescotland.com) hat Fahrplaninformationen zu allen öffentlichen Verkehrsmitteln in Schottland, kann aber keine Preisinformationen liefern oder Fahrkarten buchen.

Auto & Motorrad

Schottlands Straßen sind in der Regel gut und viel weniger befahren als in England – umso mehr Spaß macht die Autofahrt. Ganz anders gestaltet sich das Autofahren allerdings naturgemäß in den Stadtzentren.

Motorways (mit einem „M" gekennzeichnet) sind gebührenfreie, vierspurige Autobahnen, die es hauptsächlich in Zentralschottland gibt. Bundesstraßen („A") sind zwei- oder vierspurig und manchmal mit langsam fahrenden Lkws oder Wohnwagen verstopft. Auf der A9, die von von Perth nach Inverness führt, staut es sich fast immer.

Das Autofahren ist auf den Landstraßen (*secondary roads*; mit „B" gekennzeichnet) und Nebenstraßen (unbeschriftet) eine entspannte Angelegenheit. In den Highlands und auf den Inseln kann das Autofahren aber schon mal insofern aufregend werden, als immer wieder suizidgefährdete Schafe auf der Straße entlang trotten. Im Frühjahr muss zusätzlich mit Lämmern gerechnet werden.

Der Liter Sprit kostet zum Zeitpunkt der Recherche rund 1,45 £, Diesel ist ein klein wenig teurer. Je weiter man sich von den Städten entfernt, desto teurer wird das Benzin. Auf den Äußeren Hebriden liegen die Preise mehr als 10 % über den Preisen in den Städten. In abgelegenen Gebieten liegen die Tankstellen weit auseinander und sind sonntags teilweise ganz geschlossen.

Führerschein

Führerscheine aus Nicht-EU-Ländern sind in Großbritannien zwölf Monate lang gültig.

Mietwagen

Mietwagen sind – im europäischen Vergleich – in Großbritannien relativ teuer. Wer im Internet sucht, findet aber oft prima Schnäppchen. Der Preis für einen Mietwagen liegt dann bei lediglich 12 £ pro Tag, insofern das Auto für einen längeren Zeitraum gemietet wird. Einen Blick lohnen die Websites von **Kayak** (www.kayak.com) und **Kelkoo** (www.kelkoo.com) mit den besten Angeboten.

Autofahren darf man ab 17 Jahren, doch um ein Auto zu mieten, muss der Fahrer normalerweise sogar 23 bis 65 Jahre alt sein – außerhalb dieser Altersgruppe können besondere Bedingungen oder Versicherungsklauseln gelten.

Wer plant, die Äußeren Hebriden, die Orkney- oder die Shetlandinseln zu besuchen, sollte den Mietwagen nicht mit der Fähre überführen, sondern sich direkt auf den Inseln einen Mietwagen nehmen.

Die wichtigsten internationalen Mietwagenfirmen sind:
Avis (www.avis.co.uk)
Budget (www.budget.co.uk)
Europcar (www.europcar.co.uk)
Hertz (www.hertz.co.uk)

ENTFERNUNGEN (MEILEN)

	Aberdeen	Dundee	Edinburgh	Fort William	Glasgow	Inverness	Kyle of Lochalsh	Mallaig	Oban	Scrabster
Dundee	70									
Edinburgh	129	62								
Fort William	165	121	146							
Glasgow	145	84	42	104						
Inverness	105	131	155	66	166					
Kyle of Lochalsh	188	177	206	76	181	82				
Mallaig	189	161	180	44	150	106	34			
Oban	180	118	123	45	94	110	120	85		
Scrabster	218	250	279	185	286	119	214	238	230	
Stranraer	233	171	120	184	80	250	265	232	178	374
Ullapool	150	189	215	90	225	135	88	166	161	125	158

EINSPURIGE STRASSEN

In vielen ländlichen Gebieten, und zwar vor allem in den Highlands und auf den schottischen Inseln, gibt es einspurige Straßen (single-track roads), die gerade breit genug für ein Auto sind. Ausweichbuchten – in der Regel mit einer weißen Raute gekennzeichnet oder auch mit einem schwarz-weiß gestreiften Pfosten) ermöglichen es, den Gegenverkehr durchzulassen. Diese Ausweichbuchten werden jedoch auch für Überholmanöver genutzt: Das langsamere Fahrzeug fährt seitlich heraus, um schnellere Autos passieren zu lassen. Das Parken in Ausweichbuchten ist verboten.

Verkehrsregeln

Alle wichtigen britischen Verkehrsregeln findet man im *Highway Code*, den es in den meisten Buchhandlungen gibt.

Autos fahren auf der linken Seite, auf den Vordersitzen müssen die Sicherheitsgurte angelegt werden, und wenn es auf den hinteren Sitzen Sicherheitsgurte gibt, ist auch dort das Anlegen Pflicht. Die Geschwindigkeitsbegrenzung liegt innerorts bei 30 mph (etwa 48 km/h), außerhalb geschlossener Ortschaften auf zweispurigen Straßen bei 60 mph (etwa 96 km/h) und auf vierspurigen Straßen bei 70 mph (etwa 112 km/h). Am Kreisverkehr gilt „Rechts vor Links" (der Verkehr, der sich bereits im Kreisverkehr befindet, hat Vorfahrt). Für Motorradfahrer besteht Helmpflicht.

Während der Fahrt mit dem in der Hand gehaltenen Handy zu telefonieren ist eine Straftat – das gilt auch an Ampeln oder im Stau, wenn damit zu rechnen ist, dass es jeden Moment weitergeht.

Die Promillegrenze liegt in Großbritannien bei 0,8.

Verkehrsverstöße (Falschparken, Geschwindigkeitsüberschreitung) ziehen in der Regel ein Bußgeld nach sich, das innerhalb von 30 bis 60 Tagen bezahlt werden muss. In Glasgow und Edinburgh sind viele gnadenlose Kontrolleure unterwegs: In den Stadtzentren sollte man seinen Wagen deshalb nie ohne einen gültigen Parkschein abstellen – die Bußgelder sind hoch.

Bus

Schottland hat ein ausgedehntes Netz an Busverbindungen, die weite Teile des Landes abdecken. In den abgelegenen Gebieten richtet sich der Fahrplan aber vor allem an den Bedürfnissen der Einheimischen aus (Schulbus oder Einkaufsfahrten in die nächstgelegene Stadt), die nicht unbedingt mit denen der Reisenden übereinstimmen müssen.

First (www.firstgroup.com) Die Lokalbusse sind in den Großräumen Aberdeen, Greater Glasgow, Edinburgh und im Südosten unterwegs.

Postbusse von Royal Mail (www.royalmail.com) Dabei handelt es sich um Minibusse oder manchmal auch nur Autos mit vier Sitzen, die von den Postfahrern persönlich gesteuert werden, wenn diese ihre Post verteilen und einsammeln. Es gibt keine offiziellen Haltestellen, die Postbusse können überall angehalten werden. Auch wenn der Dienst mehr und mehr ausgedünnt wurde, ist er immer noch in einigen abgelegenen Landesteilen das einzige öffentliche Nahverkehrsmittel.

Scottish Citylink (☎0871 266 3333; www.citylink.co.uk) Landesweites Busnetz mit bequemen, zuverlässigen Bussen, die alle wichtigen Ortschaften anfahren. Abseits der Hauptrouten muss man auf lokale Buslinien umsteigen.

Bus-Ermäßigungen

Inhaber der **National Entitlement Card** (www.entitlementcard.org.uk), die Senioren und Menschen mit Behinderung zur Verfügung steht, insofern sie schottische Staatsbürger sind, können im ganzen Land kostenlos mit dem Bus fahren. Die Variante für Jugendliche im Alter von elf bis 26 Jahren räumt eine Fahrpreisermäßigung ein, und SYHA-Mitglieder erhalten einen Nachlass von 20% in Bussen von Scottish Citylink. Dies gilt auch für Studenten, wenn sie sich online registrieren.

Der **Scottish Citylink Explorer Pass** bietet unbegrenzte Fahrten mit Bussen von Scottish Citylink (und ausgewählten anderen Buslinien) innerhalb Schottlands für drei von fünf Tagen nach Wahl (39 £), für fünf von zehn Tagen nach Wahl (59 £) oder für acht von 16 Tagen nach Wahl (79 £). Die Ermäßigung gilt auch für verschiedene Regionalbusse, für Northlink und CalMac-Fähren und in SYHA-Hostels. Der Pass kann in Großbritannien von Briten wie auch von Ausländern erworben werden.

Fahrrad

Schottland ist als Land so kompakt, dass es sich bestens mit dem Fahrrad erkunden lässt – insofern man ausreichend Zeit mitbringt, natürlich. Wer auf den Inseln herumkommen will, ist mit dem Fahrrad nicht nur billiger dran (wegen der Fährtickets), sondern es passt diese Art der Fortbewegung auch besser zu den kleinen Inseln mit ihrem gemächlichen Leben. Weitere Informationen siehe unter http://active.visit.scotland.com und auf der Website von **Sustrans** (www.sustrans.org.uk).

Flugzeug

Die meisten Inlandsflugverbindungen sind auf Geschäftsleute ausgerichtet, oder es handelt sich dabei um lebenswichtige Verbindungen für entlegene Inselgemeinschaften. Fliegen ist allerdings eine teure Art, um relativ kurze Entfernungen zurückzulegen, und es lohnt sich eigentlich nur, wenn man wenig Zeit hat und/oder die Hebriden, die Orkney- oder die Shetlandinseln besuchen will.

Fluglinien in Schottland

Eastern Airways (0870 366 9100; www.easternairways.com) Fliegt von Aberdeen nach Stornoway und Wick.

Flybe/Loganair (0871 700 2000; www.loganair.co.uk) Die wichtigste innerschottische Fluggesellschaft bietet Verbindungen von Glasgow nach Barra, Benbecula, Campbeltown, Islay, Kirkwall, Sumburgh, Stornoway und Tiree, von Edinburgh nach Kirkwall, Sumburgh, Stornoway und Wick, von Aberdeen nach Kirkwall und Sumburgh sowie von Inverness nach Kirkwall, Benbecula, Stornoway und Sumburgh. Die Fluglinie wickelt in Orkney auch den Flugverkehr zwischen den Inseln und von Benbecula nach Barra und Stornoway ab.

Hebridean Air (0845 805 7465; www.hebrideanair.co.uk) Fliegt vom Flugfeld Connel in der Nähe von Oban zu den Inseln Coll, Tiree, Colonsay und Islay.

Geführte Touren

In Schottland gibt es unzählige Veranstalter, die Touren aller Art anbieten, darunter historische oder sportliche Exkursionen und Touren speziell für Backpacker. Bei einem derart breiten Angebot gilt es somit, die Tour zu wählen, die den eigenen Interessen und dem Geldbeutel am ehesten entspricht.

Haggis Adventures (0131-557 9393; www.haggis-adventures.com)
Bietet Touren für Backpacker; längere Trips führen bis zu den Äußeren Hebriden oder zu den Orkney-Inseln.

Heart of Scotland Tours (01828-627799; www.heartofscotlandtours.co.uk) Hat sich auf Tagestouren mit dem Minibus in Zentralschottland und in den Highlands spezialisiert; sie beginnen in Edinburgh.

Hebridean Island Cruises (01756-704700; www.hebridean.co.uk) Bietet luxuriöse Schiffsausflüge mit kleinen Schiffen an der Westküste, zu den Äußeren Hebriden und zu den Inseln im Norden an.

Macbackpackers (0131-558 9900; www.macbackpackers.com) Touren für Backpacker mit dem Minibus ab Edinburgh nach Loch Ness, Skye, Fort William, Glencoe, Oban und Stirling; übernachtet wird in Hostels.

Mountain Innovations (01479-831331; www.scotmountain.co.uk) Aktivurlaub mit einem Führer in den Highlands: Wandern, Mountainbiken und Bergtouren im Winter.

Rabbie's (0131-226 3133; www.rabbies.com) Ein- bis fünftägige Touren in den Highlands in Minibussen mit 16 Plätzen und einem ausgebildeten Führer/Fahrer.

Scot-Trek (0141-334 9232; www.scot-trek.co.uk) Geführte Wanderungen auf allen Leistungsniveaus; ideal für Einzelpersonen, die lieber gemeinsam mit anderen wandern wollen.

Timberbush Tours (0131-226 6066; www.timberbushtours.co.uk) Bequeme Touren in ganz Schottland mit dem Minibus in Kleingruppen ab Glasgow und Edinburgh.

FÄHRVERBINDUNGEN NACH NORDIRLAND

Die Unternehmen **Stena Line** (08445-762762; www.stenaline.co.uk; passenger/car £28/110) und **P&O** (0871 66 44 777; www.poferries.com). betreiben Autofähren von Nordirland nach Schottland. Stena Line fährt auf der Route Belfast–Cairnryan, P&O auf den Strecken Larne–Troon und Larne–Cairnryan.

Die in der Tabelle genannten Preise verstehen sich nur als Richtlinie; oft liegt der Fahrpreis niedriger als hier angegeben.

FÄHRVER-BINDUNG	DAUER	HÄUFIGKEIT	FAHRPREIS PASSAGIER/AUTO (£)
Belfast–Cairnryan	2¾ Std.	4–6-mal tgl.	28/110
Larne–Cairnryan	2 Std. (1 Std. express)	5–8-mal tgl. (inkl. 1 Expressfähre tgl. Ende März–Sept.)	26/108
Larne–Troon	2 Std.	2-mal tgl. (Ende März–Sept.)	33/109

Schiff

Weitere kleinere Fährunternehmen sind in den einzelnen Regionalkapiteln genannt.

Caledonian MacBrayne (CalMac; ☎0800 066 5000; www.calmac.co.uk) Bedient die Westküste und die Inseln. Die Touristeninformationen halten Broschüren mit allen Fahrplänen bereit. **CalMac Island Hopscotch** bietet über zwei Dutzend Tickets mit Ermäßigung für kombinierte Überfahrten; sie sind auf der Website sowie in der Broschüre mit den Fahrplänen von CalMac zusammengestellt. Das **Island Rover-Ticket** bietet unbeschränkte Fährfahrten zu 55/79 £ für Passagiere ohne Auto für 8/15 Tage, plus 259/388 £ für ein Auto oder 130/195 £ für ein Motorrad. Fahrräder dürfen kostenlos mitgeführt werden.

Northlink Ferries (☎0845 600 0449; www.northlinkferries.co.uk) Das Unternehmen betreibt Fähren von Aberdeen und Scrabster (in der Nähe von Thurso) nach Orkney, von Orkney nach Shetland sowie von Aberdeen nach Shetland.

Trampen

Trampen ist in keinem Land völlig sicher und deshalb nie uneingeschränkt zu empfehlen. Reisende, die trampen, nehmen ein geringes, aber nicht zu unterschätzendes Risiko auf sich.

Doch viele entscheiden sich fürs Trampen, deshalb ein Rat speziell für Schottland: Das Trampen ist in Schottland ziemlich einfach, nur im Umkreis der größeren Städte ist es günstiger, die öffentlichen Verkehrsmittel zu nehmen. Im Nordwesten gibt es weniger Verkehr, deshalb bereitet das Trampen mehr Schwierigkeiten, doch Wartezeiten von mehr als zwei Stunden sind auch hier ungewöhnlich (außer am Sonntag in streng religiösen Gegenden). Auf einigen Inseln, auf denen es kaum öffentliche Verkehrsmittel gibt, ist das Trampen so üblich, dass Fahrer unaufgefordert anhalten und Wanderer fragen, ob sie mitfahren wollen.

Auf den Autobahnen und ihren Auffahrten ist das Anhalten von Autos verboten; wer an den Zufahrtsstraßen, einem nahe gelegenen Kreisverkehr oder an einer Tankstelle mit einem Schild wartet, hat gute Chancen.

Zug

Schottlands Eisenbahnnetz bringt den Reisenden in alle großen Städte und Orte. Wer sich jedoch eine Streckennetzkarte anschaut, wird in den Highlands und den Southern Uplands eine Menge großer, weißer Flecken sehen. Dort bleibt einem nichts anderes übrig, als auf Bus oder Auto umzusteigen. Die West-Highland-Strecke von Glasgow nach Fort William und Mallaig sowie die Zugstrecke von Inverness nach Kyle of Lochalsh sind zwei der landschaftlich schönsten Zugstrecken der ganzen Welt.

ScotRail (☎08457 55 00 33; www.scotrail.co.uk) Das Unternehmen betreibt fast alle Züge in Schottland; auf der Website finden sich die aktuellen Fahrpläne zum Herunterladen.

Preise & Reservierungen

Zugfahrten sind teurer als Fahrten mit dem Bus, doch dafür auch meistens bequemer: Eine normale Rückfahrkarte von Edinburgh nach Inverness kostet rund 62 £ – die vergleichbare Busfahrt kostet 28 £.

Für Fahrten von Großstadt zu Großstadt lohnt sich eine Reservierung, vor allem an Freitagen und Feiertagen. Bei kürzeren Fahrten reicht es, vor der Abfahrt eine Fahrkarte am Bahnhof zu lösen. Auf manchen Strecken, etwa beim Glasgow–Edinburgh-Express, und nach dem Einsteigen in Bahnhöfen ohne Fahrkartenschalter ist es möglich, im Zug ein Ticket zu kaufen.

Kinder unter fünf Jahren reisen kostenlos; Kids bis 15 zahlen den halben Preis.

Räder werden in allen ScotRail-Zügen kostenlos mitgenommen, der Platz ist allerdings begrenzt. Reservierungen für die Fahrradmitnahme sind notwendig auf beliebten Strecken wie der Route Glasgow – Oban – Fort William – Mallaig und der Strecke Inverness – Kyle of Lochalsh; auf anderen ist sie zumindest sehr zu empfehlen.

Reservierungen für Räder können in einem Zeitraum von acht Wochen bis zwei Stunden vor Fahrtantritt auf allen Hauptbahnhöfen oder über die Ticket-Buchungsnummer (☎0845 755 0033) telefonisch vorgenommen werden.

Es gibt verschiedene Arten von Fahrkarten – allgemein gilt die Faustregel: Je früher die Buchung erfolgt, desto günstiger ist das Ticket:

Vorabkauf Buchung und Kauf bis 18 Uhr des Vortages – billiger als die Tickets, die bis kurz vor Fahrtantritt gelöst werden.

Tickets ohne Festlegung auf Zug, Uhrzeit und Termin Die Tickets gelten zu allen Zeiten und Terminen ohne Einschränkung.

Randzeiten Bei diesen Tickets gibt es ein Zeitfenster, in dem gefahren werden muss (z. B. nur für Züge, die vor 9.15 Uhr abfahren); die Tickets sind relativ günstig.

Ermäßigungen

Ermäßigungen bekommen Senioren ab 60 Jahre, Jugendliche im Alter von 16 bis 25 (oder auch ältere Studenten) sowie Menschen mit Behinderung. Die **Senior Railcard** (www.senior-railcard.co.uk; 28 £), **Young Persons**

Railcard (16-25 Railcard; www.16-25railcard.co.uk; 28 £) und **Disabled Persons Railcard** (www.disabledpersons-railcard.co.uk; 20 £) gelten jeweils ein Jahr und gewähren eine Ermäßigung von einem Drittel des Fahrpreises in Schottland, England und Wales. Antragsformulare gibt es in jedem größeren Bahnhof. Nachzuweisen ist das Alter (Geburtsurkunde, Pass oder Führerschein) für die Young Persons und Senior Railcard, bei älteren Studenten ist die Immatrikulationsbescheinigung vorzulegen. Für die Disabled Persons Railcard ist der Nachweis der Behinderung erforderlich.

Bahncards

ScotRail bietet diverse günstige Bahncards für Zugfahrten. Sie lassen sich übers Internet, telefonisch oder in den Bahnhöfen in ganz Großbritannien erwerben. Aber Achtung: Der Travelpass und das Rover-Ticket sind wochentags auf bestimmten Linien (Pendlerzüge) vor 9.15 Uhr nicht gültig.

Central Scotland Rover Das Angebot deckt einige Züge zwischen Glasgow, Edinburgh, North Berwick, Stirling und Fife ab; Fahrten an drei Tagen innerhalb einer Woche kosten 35 £.

Freedom of Scotland Travelpass Damit darf man beliebig oft mit (fast) allen schottischen Zügen, den CalMac-Fähren und einigen Bussen von Scottish Citylink (auf Strecken ohne Bahnverkehr) fahren. Die Pässe gelten für vier Reisetage innerhalb von acht Tagen (129 £) oder aber an acht von 15 Tagen (173 £).

Highland Rover Erlaubt unbeschränkte Zugfahrten von Glasgow nach Oban, Fort William und Mallaig und von Inverness nach Kyle of Lochalsh, Aviemore, Aberdeen und Thurso. Ebenfalls darin enthalten sind freie Fahrten auf der Buslinie Oban/Fort William nach Inverness, der Fährlinie Oban–Mull und Mallaig–Skye und mit den Bussen auf Mull und Skye. Die Pässe gelten an vier von acht Tagen und kosten 79 £.

NOCH MEHR?
Wer sich noch intensiver mit der Sprache beschäftigen möchte, legt sich am besten den praktischen *Reise-Sprachführer Englisch* von Lonely Planet zu.

Sprache

ENGLISCH
Briten, Amerikaner und Neuseeländer, deutsche Geschäftsleute und norwegische Wissenschaftler, der indische Verwaltungsbeamte und die Hausfrau in Kapstadt – fast jeder scheint Englisch zu sprechen. Und wirklich: Englisch ist die am weitesten verbreitete Sprache der Welt (wenn es auch nur den zweiten Platz für die am meisten gesprochene Muttersprache gibt – Chinesisch ist die Nr. 1).

Und selbst jene, die nie Englisch gelernt haben, kennen durch englische Musik oder Anglizismen in Technik und Werbung immer ein paar Wörter. Einige Brocken mehr zu lernen, um beim Smalltalk zu glänzen, ist nicht schwer. Hier die wichtigsten Wörter und Wendungen für die fast perfekte Konversation in fast allen Lebenslagen:

KONVERSATION & NÜTZLICHES
Wer einen Fremden nach etwas fragt, sollte die Frage oder Bitte in Großbritannien immer mit einer höflichen Entschuldigung einleiten („Excuse me, …").

Guten Tag.	Hello.
Hallo.	Hi.
Guten …	Good …
Tag	day
Morgen	morning
Tag	afternoon
Abend	evening
Auf Wiedersehen.	Goodbye.
Bis später.	See you later.
Tschüss.	Bye.
Wie geht es Ihnen?	
Wie geht es dir?	How are you?
Danke, gut.	Fine.
Und Ihnen?	
Und dir?	… and you?
Wie ist Ihr Name?	
Wie heißt du?	What's your name?
Mein Name ist …/	
Ich heiße …	My name is …
Ja	Yes.
Nein	No.
Bitte	Please.
Danke./Vielen Dank.	Thank you (very much).
Bitte (sehr).	You're welcome.
Entschuldigung	Excuse me, …

FRAGEWÖRTER

Wer?	Who?
Was?	What?
Wo?	Where?
Wann?	When?
Wie?	How?
Warum?	Why?
Welcher?	Which?
Wie viel?	How much?
Wie viele?	How many?

GESUNDHEIT
Wo ist der/die/das nächste ...?

	Where's the nearest ...?
Apotheke	chemist
Zahnarzt	dentist
Arzt	doctor
Krankenhaus	hospital

Ich brauche einen Arzt. I need a doctor.
Gibt es in der Nähe eine (Nacht)Apotheke? Is there a (night) chemist nearby?
Ich habe mich verirrt. I'm lost.
Wo ist die Toilette? Where are the toilets?
Ich bin krank. I'm sick.
Es tut hier weh. It hurts here.
Ich habe mich übergeben. I've been vomiting.
Ich habe Durchfall/Fieber/Kopfschmerzen. I have diarrhoea/fever/headache.
(Ich glaube,) Ich bin schwanger. (I think) I'm pregnant.
Ich bin allergisch gegen ... I'm allergic to ...

Antibiotika	antibiotics
Aspirin	aspirin
Penizillin	penicillin

MIT KINDERN REISEN
Ich brauche ... I need a ...
Gibt es ...? Is there a/an...?

einen Wickelraum	baby change room
einen Babysitz	baby seat
einen Babysitter	babysitter
einen Kindersitz	booster seat
einen Babysitter-Service	child-minding service
eine Kinderkarte	children's menu
einen Kinderstuhl	highchair
(Wegwerf-)Windeln	(disposable) nappies
ein Kindertöpfchen	potty
einen Kinderwagen	stroller

Kann ich meinem Kind hier die Brust geben? Do you mind if I breastfeed here?
Sind Kinder erlaubt? Are children allowed?

Notfälle

Hilfe!	Help!
Es ist ein Notfall!	It's an emergency!
Rufen Sie	
die Polizei!	Call the police!
einen Arzt!	Call a doctor!
einen Krankenwagen!	Call an ambulance!
Lassen Sie mich in Ruhe!	Leave me alone!
Gehen Sie weg!	Go away!

PAPIERKRAM

Name	name
Staatsangehörigkeit	nationality
Geburtsdatum	date of birth
Geburtsort	place of birth
Geschlecht	sex/gender
(Reise)Pass	passport
Visum	visa

EINE RESERVIERUNG VORNEHMEN
(telefonisch oder schriftlich)

An ...	To ...
Von ...	From ...
Datum	Date
Ich möchte ... reservieren.	I'd like to book ...
auf den Namen ...	in the name of ...
Vom ... bis zum ...	from ... to ...
Kreditkarte	credit card
Nummer	number
gültig bis ...	expiry date

Bitte bestätigen Sie Verfügbarkeit und Preis. Please confirm availability and price.

SHOPPEN & SERVICE

Ich suche ...	I'm looking for ...
Wo ist der/die/das (nächste) ...?	Where's the (nearest) ...?
Wo kann ich ... kaufen?	Where can I buy ...?
Ich möchte ... kaufen.	I'd like to buy ...
Wie viel (kostet das)?	How much (is this)?
Das ist zu viel/teuer.	That's too much/expensive.

Können Sie mit dem Preis heruntergehen?	*Can you lower the price?*
Haben Sie etwas Billigeres?	*Do you have something cheaper?*
Ich schaue mich nur um.	*I'm just looking.*
Können Sie den Preis aufschreiben?	*Can you write down the price?*
Haben Sie noch andere?	*Do you have any others?*
Können Sie ihn/sie/es mir zeigen?	*Can I look at it?*
mehr	*more*
weniger	*less*
kleiner	*smaller*
größer	*bigger*
Nehmen Sie ...?	*Do you accept ...?*
Kreditkarten	*credit cards*
Reiseschecks	*travellers cheques*
Ich möchte ...	*I'd like to ...*
Geld umtauschen	*change money (cash)*
einen Scheck einlösen	*cash a cheque*
Reiseschecks einlösen	*change some traveller cheques s*
ein Geldautomat	*an ATM*
eine Geldwechselstube	*an exchange office*
eine Bank	*a bank*
die ... Botschaft	*the ... embassy*
das Krankenhaus	*the hospital*
der Markt	*the market*
die Polizei	*the police*
das Postamt	*the post office*
ein öffentliches Telefon	*a public phone*
eine öffentliche Toilette	*a public toilet*
Wann macht er/sie/es auf/zu?	*What time does it open/close?*
Ich möchte eine Telefonkarte kaufen.	*I want to buy a phone card.*
Wo ist hier ein Internet-Café?	*Where's the local Internet cafe?*

UNTERKUNFT

Wo ist ...?	*Where's a ...?*
eine Pension	*bed and breakfast, guesthouse*
ein Campingplatz	*camping ground*
ein Hotel	*hotel*
ein Privatzimmer	*room in a private home*
eine Jugendherberge	*youth hostel*
Wie ist die Adresse?	*What's the address?*
Ich möchte bitte ein Zimmer reservieren.	*I'd like to book a room, please.*
Für (drei) Nächte/Wochen.	*For (three) nights/weeks.*
Haben Sie ein ...?	*Do you have a ... room?*
Einzelzimmer	*single*
Doppelzimmer	*double*
Zimmer mit Doppelbett	*twin*
Wie viel kostet es pro ...?	*How much is it per ...?*
Nacht	*night*
Person	*person*
Kann ich es sehen?	*May I see it?*
Kann ich noch ein Zimmer bekommen?	*Can I get another room?*
Es ist gut, ich nehme es.	*It's fine. I'll take it.*
Ich reise jetzt ab.	*I'm leaving now.*

VERSTÄNDIGUNG

Verstehen Sie (mich)?	*Do you understand (me)?*
Ich verstehe (nicht).	*I (don't) understand.*
Könnten Sie...?	*Could you please ...?*
bitte langsamer sprechen	*speak more slowly*
das bitte wiederholen	*repeat that*
das bitte aufschreiben	*write it down*

VERKEHRSMITTEL & -WEGE

Wann fährt ... ab?	*What time does the ... leave?*

das Boot	boat
der Bus	bus
der Zug	train

EIGENE VERKEHRSMITTEL

Wo kann ich ... mieten?	Where can I hire a...?
Ich möchte ... mieten.	I'd like to hire a/an ...
ein Fahrzeug mit Automatik	automatic
ein Fahrrad	bicycle
ein Auto	car
ein Allradfahrzeug	4WD
einen Schaltwagen	manual
ein Motorrad	motorbike

Wie viel kostet es pro ...?	How much is it per ...?
Tag	day
Woche	week

Benzin	petrol
Diesel	diesel
bleifreies Benzin	unleaded
Autogas	LPG

Wo ist eine Tankstelle?	Where's a petrol station?
Führt diese Straße nach ...?	Does this road go to ...?
(Wie lange) Kann ich hier parken	(How long) Can I park here?
Wo muss ich bezahlen?	Where do I pay?
Ich brauche einen Mechaniker.	I need a mechanic.
Ich habe (in ...) eine Panne mit meinem Auto.	The car has broken down (at ..)
Ich hatte einen Unfall.	I had an accident.
Das Auto/Motorrad springt nicht an.	The car/motorbike won't start.
Ich habe eine Reifenpanne.	I have a flat tyre.
Ich habe kein Benzin mehr.	I've run out of petrol.

WEGWEISER

Können Sie mir bitte helfen?	Could you help me, please?
Wo ist (eine Bank)?	Where's (a bank)?
Ich suche (den Dom).	I'm looking for (the cathedral).
In welcher Richtung ist eine öffentliche Toilette?	Which way's (a public toilet)?
Wie kann ich da hinkommen?	How can I get there?
Wie weit ist es?	How far is it?
Können Sie es mir (auf der Karte) zeigen?	Can you show me (on the map)?

Glossar

Ein Glossar mit schottischen Ortsnamen findet sich im Kasten auf S. 309.

bag – den Gipfel erreichen (z. B. in „to bag a couple of peaks" oder „Munro Bagging")
bailey – der Platz innerhalb einer Burgmauer
birlinn – Langboot der Hebriden
blackhouse – niedrige Steinkate mit einem Reet- oder Grassodendach und Lehmböden; darin lebten Mensch und Tier; es war bis ins frühe 20. Jh. für die Äußeren Hebriden typisch
böd – einst ein einfacher Verkaufsstand in Fischerdörfern; bezeichnet heute eine Unterkunft für Wanderer etc.
bothy – Hütte im Gebirge
brae – Hügel
broch – Wehrturm
burgh – Stadt
burn – Bach
cairn – Steinhaufen zur Kennzeichnung eines Weges oder einer Kreuzung, auch Gipfel
camanachd – Gälisch für „Hockey"
ceilidh key-ley gesprochen; Abend mit traditioneller schottischer Unterhaltung (Musik, Lieder und Tanz)
Celtic high cross – keltisches Hochkreuz; ein großes Steinkreuz aus dem 8. bis 10. Jh., das im Relief Bibelszenen und verschlungene keltische Muster zeigt
chippy – Laden für Fish and Chips
Clearances – Vertreibung der ursprünglich dort ansässigen Highland-Farmer von ihren Ländereien
Clootie dumpling – ein schottisches Dessert: eine Art Knödel, gefüllt mir Rosinen oder Johannisbeeren
close – Zugang zu einer Allee
corrie – Kar
craic – lebhaftes Gespräch
craig – alleinstehender Fels
crannog – künstliche Insel in einem See, zu Verteidigungszwecken angelegt
crofting – landwirtschaftlicher Kleinstbetrieb, Folge der Clearances
Cullen skink – Suppe mit geräuchertem Schellfisch, Kartoffeln, Zwiebeln und Milch
dene – Tal
dirk – Dolch
dram – ein Whiskymaß
firth – Trichtermündung
gloup – natürlicher Bogen
Hogmanay – schottisches Silvester
howff – Pub oder Unterstand
HS – Historic Scotland
kyle – Meerenge
laird – Großgrundbesitzer
linn – Wasserfall
loch – Binnensee
lochan – kleines *Loch* (See)
machair – Dünen, die mit Gras und Wildblumen bewachsen sind
makar – Versmacher, Dichter
Mercat Cross – Marktkreuz, ein Symbol für die Marktrechte eines Ortes, das meist im Ortszentrum steht und ein Sammelpunkt der Gemeinde war
motte – frühe normannische Befestigung, bestehend aus einem abgeflachten Hügel mit einem Bergfried darauf; ist dieser von einem *bailey* umgeben, spricht man von „motte-and-bailey"
Munro – Berg von mehr als 914 m (3000 Fuß) Höhe
Munro bagger – ein Bergwanderer, der alle *Munros* in Schottland zu besteigen versucht
NNR – National Nature Reserve, nationales Naturschutzgebiet, von SNH (Scottish Natural Heritage) verwaltet
NTS – National Trust for Scotland
nyvaig – Langboot der Hebriden
OS – Ordnance Survey (Behörde für Vermessung und Kartografie)
Picts – Pikten; frühe Bewohner des Nordens und Ostens von Schottland (vom lateinischen pictus, „bemalt", nach ihrer Körperbemalung)
provost – Bürgermeister
RIB – Festrumpfschlauchboot
rood – ein altes schottisches Wort für „Kreuz"
RSPB – Royal Society for the Protection of Birds; königliche Vogelschutzgesellschaft
Sassenach – vom gälischen Sasannach, das jeden bezeichnet, der nicht aus den Highlands kommt (auch Schotten aus den Lowlands)

shinty – schnelles, körperbetontes Spiel mit Ball und Schläger, ähnlich dem irischen Hurling
SMC – Scottish Mountaineering Club
SNH – Scottish Natural Heritage, eine Regierungsorganisation, die für den Schutz des schottischen Naturerbes zuständig ist
sporran – Tasche, die zum Kilt um die Taille getragen wird
SSSI – Site of Special Scientific Interest; Ort von besonderer wissenschaftlicher Bedeutung
SYHA – Scottish Youth Hostel Association; schottischer Jugendherbergsverband
wynd – Feldweg, Sträßchen

Hinter den Kulissen

WIR FREUEN UNS ÜBER EIN FEEDBACK

Post von Travellern zu bekommen ist für uns ungemein hilfreich – Kritik und Anregungen halten uns auf dem Laufenden und helfen, unsere Bücher zu verbessern. Unser reiseerfahrenes Team liest alle Zuschriften genau durch, um zu erfahren, was an unseren Reiseführern gut und was schlecht ist. Wir können solche Post zwar nicht individuell beantworten, aber jedes Feedback wird garantiert schnurstracks an die jeweiligen Autoren weitergeleitet, rechtzeitig vor der nächsten Nachauflage.

Wer uns schreiben will, erreicht uns über **www.lonelyplanet.de/kontakt**

Hinweis: Da wir Beiträge möglicherweise in Lonely Planet Produkten (Reiseführer, Websites, digitale Medien) veröffentlichen, ggf. auch in gekürzter Form, bitten wir um Mitteilung, falls ein Kommentar nicht veröffentlicht oder ein Name nicht genannt werden soll. Wer Näheres über unsere Datenschutzpolitik wissen will, erfährt das unter www.lonelyplanet.com/privacy

DANK VON LONELY PLANET

Wir danken den Reisenden, die mit der letzten Ausgabe unterwegs waren und uns nützliche Hinweise, gute Ratschläge und interessante Begebenheiten übermittelt haben:

Monica Bandettini, Pat Bates, Sven Berger, Morag & Gordon Brown, Martha Bryce, Emma Clark, Ian Dobie, Alec Drew, Candace Driskell, Margaretanne Dugan, Stefano Friani, Anna Galuszka, Ian Gartshore, Sandie Geddes, Rich Gernand, Pj Henry, Jon Hollingworth, Yvonne Jansen, Irfan Khokhar, Johnny Long, Ka Lun Tam, Gordon Mackenzie, Ronald Mackenzie, Eweb Mackinnon, James Maclean, Liisa Macnaughton, Ellen Mclaughlin, Karen Mickan, Tony Millar, Heather Monell, Monia Montis, Ngaire Moore, Helen Moye, D Olivier, Lotte Oostebrink, Dener Pereira, Stephen Rawlinson, Michal Rudziecki, Joanne Soe, Sharon Sullivan, John Tindal, J Wheatley, Tony Wheeler

DANK DER AUTOREN

Neil Wilson

Ein herzliches Dankeschön an all die hilfreichen und begeisterten Mitarbeiter der TICs überall im Land und natürlich an die vielen Traveller, denen ich unterwegs begegnet bin und die mir Ratschläge und Empfehlungen mit auf den Weg gegeben haben. Besonders danke ich Carol Downie, Andrew Henderson, Steven Fallon, Russell Leaper, Adrian Shine, Erlend Tait und Pamela Tait. Ein Dank geht natürlich auch an meinen Co-Autor Andy und an die hilfsbereiten und geduldigen Redakteure und Kartografen bei Lonely Planet.

Andy Symington

Zu danken habe ich vielen Leuten überall im Lande, ganz besonders aber meiner wie immer zuverlässigen Freundin Jenny Neil, außerdem Juliette und David Paton für ihre überaus großzügige Gastfreundschaft. Dankbar bin ich aber auch meiner Mutter, die mich in den entlegenen Highlands besucht hat, Jose Eliseo Vázquez González für die Hilfe bei der Orientierung vor Ort, Harry Wycherley für die audiovisuelle Unterstützung, Eleanor Hamilton, Cindy-Lou Ramsay, John Bain und Riika Åkerlind. Einen großen Applaus verdient haben sich die vielen hilfsbereiten Mitarbeiter der Touristeninformationen und die Taxifahrer; ein ganz großes Dankeschön geht an Neil für seine Planung und an Cliff und das gesamte Lonely Planet Team für die hervorragende Vorbereitung. Und an Elena, die mir auch in der Ferne zur Seite steht: *gracias profundas amor*.

QUELLENNACHWEIS

Die Daten in den Klimatabellen stammen von Peel MC, Finlayson BL & McMahon TA (2007), Aktualisierte Weltkarte der Köppen-Geiger-Klimaklassifikation, „Hydrology and Earth System Sciences", 11, 163344.

Illustrationen auf S. 52/53, 104/105 und 216/217 von Javier Zarracina.

Abbildung auf dem Umschlag: Glen Coe, Scotland; Giovanni Simeone/4Corners ©

HINTER DEN KULISSEN

Über dieses Buch

Dies ist die 4. deutsche Auflage von Schottland, basierend auf der mittlerweile 7. englischen Auflage. Verfasst wurde das Buch von Neil Wilson und Andy Symington. Diese beiden waren auch schon für die vorhergehende Auflage verantwortlich. Die 5. Auflage stammte von Neil Wilson und Alan Murphy.

Dieser Band wurde vom Londoner Lonely Planet Büro betreut, und zwar von folgenden Mitarbeitern:

Redaktionelle Projektleitung Clifton Wilkinson, Katie O'Connell
Redaktionsleitung Kate Whitfield
Leitung der Kartografie Xavier Di Toro
Layout-Leitung Carlos Solarte
Redaktion Brigitte Ellemor, Angela Tinson
Kartografie Shahara Ahmed, Anita Banh, Anthony Phelan
Layout Chris Girdler

Redaktionsassistenz Andrew Bain, Jackey Coyle, Kate Evans, Justin Flynn, Samantha Forge, Gabrielle Innes, Christopher Pitts, Luna Soo
Bildredaktion für den Umschlag Naomi Parker
Bildredaktion Innenteil Louise Beanland, Aude Vauconsant
Ein besonderer Dank Dan Austin, Kate Chapman, Ryan Evans, Larissa Frost, Tobias Gattineau, Jouve India, Asha Ioculari, Evan Jones, Trent Paton, Raphael Richards, Averil Robertson, Silvia Rosas, Fiona Siseman, Andrew Stapleton, Gerard Walker, Danny Williams

Register

1745 House 336

A
Abbotsford 165
Abenteuersport 382
Aberdeen 279, **280–281**
   Ausgehen 286
   Essen 285
   Flughafen 288
   Geschichte 279
   Innerstädtische Verkehrsmittel 288
   Medizinische Versorgung 288
   Sehenswertes 279
   Touristeninformation 288
   Unterhaltung 287
   Unterkunft 284
Aberfeldy 252
Aberfoyle 223
Aberlemno Stones 275
Abteien
   Arbroath Abbey 274
   Crossraguel Abbey 191
   Culross Abbey 231
   Dunfermline Abbey 231
   Holyrood Abbey 60
   Inchcolm Abbey 102
   Iona Abbey 350
   Jedburgh Abbey 167
   Kelso Abbey 169
   Melrose Abbey 162
   Sweetheart Abbey 196
Achavanich Standing Stones 417
A'Chill 405
Achmelvich 428
Adam, Robert 190
Adam, William 532
Ailsa Craig 192
Aktivitäten 542
Ales 523
Alford 297
Alloway 189
Alyth 262

000 Kartenseiten
000 Abbildungen

Androssan 181
Angeln 204, 274, 542
   Arbroath 274
   Aviemore 379
   River Dee 291
Angus 265
An Iodhlann 352
Anstruther 241
Appin 356
Applecross 436
Aquarien
   Deep Sea World 230
   Loch Lomond Aquarium 312
   Macduff Marine Aquarium 302
   Orkney Marine Life Aquarium 477
   St Andrews Aquarium 234
Arbroath 273
Archäologische Stätten
   Banks Chambered Tomb 477
   Broch of Gurness 481
   Brough of Birsay 480
   Burroughston Broch 485
   Clickimin Broch 490
   Jarlshof 497
   Knap of Howar 488
   Maes Howe 478
   Mine Howe 476
   Mousa Broch 495
   Old Scatness 497
   Quoyness-Kammergrab 486
   Rousay 485
   Skara Brae 479
   Steinzeitdorf Barnhouse 479
   Tofts Ness 486
   Tomb of the Eagles 476
Architektur 531
Ardmore Islands 329
Ardnamurchan 395
Ardnamurchan Lighthouse 396
Argyllshire Gathering 337
Arisaig 398
Armadale 445
Arnol Blackhouse 458
Arran Folk Festival 181
Arran **180**
Arrochar 315
Askival 403
Assynt **141**, 428
Astronomie 203
Auchmithie 274
Aufklärung 515
Auld Brig 186
Äußere Hebriden **441**, 453
Auto 553
   Unterwegs vor Ort 554
Ayr 186, **188**
Ayrshire 178

B
Badbea 417
Balivanich 464
Ballater 291, 293
Balloch 311
Balmaha 314
Balmoral Castle **139**, 294
Balnakeil 426
Balquhidder 228
Banff 302
Banks, Iain 526
Bannockburn 218
Barra 465
Barrie, J. M. 275, 276
Bäume 538
Baxters Highland Village 304
Bealach na Ba 436
Beatrix Potter Park 257
Beauly Priory 369
Behinderung, Reisen mit 546
Beinn Airein 405
Beinn Alligin 435
Beinn Eighe 435
Beinn Mhor 464
Ben A'an 228
Benbecula 464
Ben Bhraggie 415
Ben Challum 229
Ben Lawers 229, 254
Ben Lomond 308
Ben More 349
Ben Nevis **9**, 389
Ben Venue 228
Berneray 462
Bettyhill 423
Bharpa Langass 463
Bier 521
   Feste & Events 79
Biggar 177
Biggar Puppet Theatre 177
Bigton 496
Birnam 257
Birsay 480
Bishop's Palace 472
Blackhouses 455
Black Isle 371
Blackwaterfoot 184
Blair Atholl 261
Blair Castle **138**, 139
Blantyre 153
Blumen 539
Boddam 496
Bonar Bridge 412
Bootsausflüge
   Aberdeen 283
   Elgol 446
   Isle of Iona 350
   Isle of Islay 327

Isle of Mull 342
Isle of Seil 341
Kyle of Lochalsh 438
Kylesku 428
Loch Etive 355
Loch Lomond **140**, 308, 312
Loch Ness 363, 374, 377
Loch Shiel 398
Mallaig 400
Mull of Kintyre 326
Portree 448
Sandwick 495
South Ronaldsay 477
St Kilda 461, 463
Stonehaven 290
Ullapool 431
Wick 418
Borders Textile Towerhouse 167
Botschaften 542
Bowmore 329
Bracklinn Falls 226
Brae 498
Braemar 261, 294
Braemar Gathering 24
Braemore 433
Bragar 458
Brauereien 521
   Colonsay Brewery 334
   Islay Ales 329
   Isle of Arran Brewery 181
   Sulwath Brewery 199
Brechin 278
Brennereien
   Bell's Blair Athol Distillery 258
   Ben Nevis Distillery 390
   Bladnoch Distillery 205
   Bowmore Distillery 329
   Bruichladdich Distillery 330
   Dewar's World of Whisky 253
   Edradour Distillery 258
   Glenmorangie Distillery 411
   Glenturret Distillery 250
   Highland Park Distillery 472
   Isle of Arran Distillery 183
   Isle of Jura Distillery 332
   Kilchoman Distillery 331
   Oban Distillery 336
   Old Pulteney Distillery 418
   Port Askaig 331
   Port Ellen 328
   Speyside 300
   Springbank Distillery 326
   Talisker Distillery 447
   Tobermory Distillery 345

000 Kartenseiten
000 Abbildungen

Bressay 494
Bridge of Allan 221
Bridge of Balgie 255
Bridge over the Atlantic 341
Broadford 444
Brodick 180
Broughty Ferry 271
Brown, George Mackay 526
Bruce, Robert 509
Bruce's Stone 203
Buachaille Etive Mor 386
Bücher 504
Bunessan 349
Burgen & Schlösser 19, 344
   Aberdour Castle 232
   Amhuinnsuidhe Castle 460
   Balfour Castle 484
   Balmoral Castle **139**, 294
   Blair Castle **138**, 261
   Bothwell Castle 154
   Braemar Castle 294
   Breachachadh Castle 354
   Brochel Castle 452
   Brodick Burg & Park 180
   Brodie Castle 369
   Caerlaverock Castle 195
   Cardoness Castle 202
   Castle Campbell 223
   Castle Coeffin 356
   Castle Fraser 289
   Castle Menzies 253
   Castle of Mey 420
   Castle Stalker 356
   Castle Tioram 397
   Castle Varrich 424
   Corgarff Castle 297
   Craigievar Castle 296
   Craigmillar Castle 72
   Craignethan Castle 176
   Crathes Castle 291
   Dean Castle 186
   Dirleton Castle 106
   Doune Castle 222
   Duart Castle 343
   Dundonald Castle 190
   Dunnottar Castle 290
   Dunollie Castle 336
   Dunrobin Castle 415
   Dunstaffnage Castle 355
   Duntulm Castle 452
   Dunvegan Castle 450
   Edinburgh Castle 54
   Eilean Donan Castle **138**, 438
   Fordyce Castle 303
   Fyvie Castle 289
   Glamis Castle 273
   Glengorm Castle 347
   Huntly Castle 298
   Inveraray Castle 321
   Invermark Castle 277
   Inverness Castle 362
   Kellie Castle 243
   Kilchurn Castle 355
   Kildrummy Castle 296
   Kinloch Castle 402
   Kisimul Castle 465
   Lews Castle 456
   Lochleven Castle 245
   MacLellan's Castle 200
   Neidpath Castle 160
   Noltland Castle 487
   Old Wick Castle 418
   Rothesay Castle 319
   Scalloway Castle 495
   Skipness Castle 325
   St Andrews Castle 234
   Stirling Castle 211, **216–217**
   St John's Castle 206
   Tantallon Castle 106
   Tarbert Castle 324
   Taymouth Castle 254
   Threave Castle 199
Burns an' a' That 23
Burns Night 23, **134**, 135
Burns, Robert 186, 189, 318, 524
Burray 476
Burrell Collection 122
Burry Man 76
Bus 553
Butt of Lewis 457

C

Caerlaverock Castle 195
Caerlaverock Wildlife & Wetlands Centre 195
Cairn Gorm 382
Cairngorm Mountain 381
Cairngorms National Park **379**
Cairn o'Get 417
Caithness 417
Caledonian Canal 377, 395
Caledonian Railway 278
Callander 226
Callander Crags 226
Calton Hill 67
Cameras obscuras 57, 276
Campbeltown 326
Camping 549
Canna, Isle of 405
Cannich 369
Carloway 458
Carsaig Arches 344, 349
Castlebay 465
Castle Douglas 199
ceilidhs 528
Celtic Connections 23

Chanony Point 371
City Chambers 115
Clachan 357
Clatteringshaws Loch 203
Clyde Walkway 124
Cobbler 315
Codona's Amusement Park 283
Coigach 429
Coire Lagan 447
Coldbackie 424
Coldstream 172
Coll **343**
Columban, Heiliger 334, 350
Common Ridings 24
Comrie 252
Conic Hill 314
Connel 355
Corrie 183
Corrieshalloch Gorge 433
Corryvreckan Whirlpool 333, 341
Cowal 316
Cowalfest 318
Cowal Highland Gathering 318
Cowane's Hospital 215
Craigendarroch 293
Craignure 343
Crail 241
Creag Choinnich 294
Cream o' Galloway 203
Crianlarich 314
Crieff 250
Crinan Canal 322
Crinan Classic Boat Festival 322
Croick 412
Cromarty 372
Cruachan-Kraftwerk 355
Cuillin Hills 446
Culloden Battlefield 368
Culross 231
Culzean Castle 190

D
Davaar 326
Dee (Fluss) 291
Deep Sea World 230
Deeside 291
Delfinbeobachtung 371, 372
Delfine 304
Desperate Dan 265
Destillerien **12**
   Bell's Blair Athol Distillery 258
   Ben Nevis Distillery 390
   Bladnoch Distillery 205
   Bowmore Distillery 329
   Bruichladdich Distillery 330
   Dewar's World of Whisky 253
   Edradour Distillery 258
   Glenmorangie Distillery 411
   Glenturret Distillery 250
   Highland Park Distillery 472
   Isle of Arran Distillery 183
   Isle of Jura Distillery 332
   Kilchoman Distillery 331
   Oban Distillery 336
   Old Pulteney Distillery 418
   Port Askaig 331
   Port Ellen 328
   Speyside 300
   Springbank Distillery 326
   Talisker Distillery 447
   Tobermory Distillery 345
Devorgilla Bridge 192
Dichtung 525
Dirrie More 433
Dog Falls 370
Dollar 223
Dornoch 413
Doune 222
Dounreay 423
Doyle, Arthur Conan 525
Drumlanrig's Tower 167
Drummore 208
Drumnadrochit 373, 374
Drymen 154
Dudelsack 527
Dufftown 300
Duirinish 450
Dumfries 192, **193**
Dunadd 323
Dunbar 106
Dunbeath 417
Dunblane 222
Dun Caan 452
Duncansby Head 419
Dun Carloway 458
Dundee 265, **266**
Dunfermline 231
Dunfermline Palace 231
Dunkeld 257
Dunnet Head 420
Dunning 250
Dunoon 316
Dunvegan Castle 450
Dupplin Cross 250
Durness 425

E
Earlsferry 244
Earl's Palace (Kirkwall) 472
Earl's Palace (Birsay) 480
Eas a' Chuil Aluinn 427
East Lothian 103
East Neuk 241
Eday 486
Edinburgh 38, **48–49, 54–55, 134**
   Aktivitäten 73
   An- & Weiterreise 100
   Ausgehen 91
   Dean Village 68
   Essen 44
   Festivals & Events 79
   Geschichte 46
   Golf **11**, 74
   Infos im Internet 98
   Internetzugang 99
   Leith 68, 90, 93
   New Town 63, **64–65,** 81, 89
   Old Town 50, **54–55,** 80, 85, 91
   Rosslyn Chapel **104–105**
   Royal Mile **7, 52–53**
   Sehenswertes 47
   Shoppen 96
   Touren 76
   Touristeninformation 99
   Unterhaltung 93
   Unterkunft 44
   Unterwegs vor Ort 101
Edinburgh International Science Festival 79
Edinburgh School 529
Edzell 278
Eigg, Isle of 403
Eilean Ban 444
Eilean Donan Castle **138**, 438
Eisenbahnen
   Caledonian Railway 278
Eisklettern 389
Elgin 299
Ellanbeich 341
Eriskay 465
Erneuerbare Energien 504
Eshaness 498
Eskdale 197
Eskdalemuir 198
Essen 19, 518
Etikette 17
Evie 481
Eyemouth 173

F
Fairy Glen 371, 452
Falkland 233
Falls of Dochart 229
Falls of Lora 355
Falls of Measach 433
Falls of Shin 413
Feiertages 543
Fèis Ìle 328
Feste & Events 20
   Comedy 125
   Essen 324
   Essen & Trinken 79
   Film 79, 125
   Highland Games 368, 448

Kultur 168, 178, 186, 303, 318
Kunst 235
Literatur 163, 205
Musik 125, 201, 244, 319, 328, 332, 342, 373, 431, 456, 473, 481, 491
Fetlar 502
Fife 230
Film 530
Findhorn 304
Fingal's Cave 351
Finlaggan 331
Fintry 154
Fionnphort 349
Fireball Ceremony 290
Fishertown 368
Five Sisters of Kintail 439
Flannan Isles 459
Flugverbindungen 556
Flugzeug 552
Fochabers 304
Folkmusik 527
Fordyce 303
Forfar 273
Forsinard 423
Fort Augustus 377
Fort Charlotte 490
Fort George 368
Forth Bridge 102
Fortingall 254
Fort William 389
Fort William Mountain Festival 23
Fossil Grove 122
Fraserburgh 297
Frauen unterwegs 544
Fußball 533

G
Gairloch 433
Galerien
   Aberdeen Art Gallery 281
   Aird Old Church Gallery 445
   An Tobar Arts Centre 345
   Arran Art Gallery 184
   Broughton House 200
   Burrell Collection 122
   City Art Centre 61
   Duff House 302
   Dundee Contemporary Arts 268
   FJD Fergusson Gallery 246
   Fruitmarket Gallery 61
   Gallery An Talla Dearg 445, 446
   Gallery of Modern Art 109
   Glenlyon Gallery 255
   Hawick Museum & Art Gallery 167

000 Kartenseiten
000 Abbildungen

   Hunterian Art Gallery 121
   Inverness Museum & Art Gallery 359
   Kelvingrove Art Gallery & Museum 118
   Kirkcaldy Museum & Art Gallery 232
   Queen's Gallery 60
   Royal Scottish Academy 66
   St Monans Heritage Collection 243
   Tolbooth Art Centre 200
   Watermill 253
Gälisch 309
Gallanach 405
Galloway 192
Galloway Forest Park 203
Garenin 458
Gärten *siehe* Parks & Gärten
Gatehouse of Fleet 202
Gearrannan Blackhouse Village 458
Geführte Touren 556
Geistertouren 77
Geld 542, 544
Geldautomaten 544
Geografie 535
Georgian House 67
Geschichte 506–517
   Frühgeschichte 507
   Gegenwart 516
   Highland Clearances 514
   Industrielle Revolution 515
   Jakobiten 514
   Reformation 511
   Römer & Pikten 508
   Union mit England 513
   Wallace, William 509
Gesundheit 545
Getränke 521
Giant's Graves 184
Gibbon, Lewis Grassic 526
Gigha-Käse 325
Gilmerton Cove 75
Gladstone's Land 57
Glaid Stone 179
Glasgow 10, 38, **112–113**
   Aktivitäten 124
   Ausgehen 143
   City Centre 143
   Clyde 117
   East End 115, 130
   Essen 108, 131
   Festivals 125
   Geführte Touren 124
   Geschichte 109
   Internetzugang 150
   Sehenswertes 109
   South Side 122
   Stadtzentrum 127, 131

   Touristeninformation 151
   Unterhaltung 147
   Unterkunft 108, 125
   West End 118, **120**, 130, 133, 142
Glasgow International Comedy Festival 125
Glasgow International Festival of Visual Art 125
Glasgow Jazz Festival 125
Gleann Lichd 439
Glen Affric National Nature Reserve 370
Glenashdale Falls 184
Glen Clova 277
Glen Coe 12, 386
Glencoe Lochan 386
Glencoe Village 387
Glenelg 439
Glenesk 277
Glenfender 261
Glen Feshie 383
Glenfinnan 397
Glen Isla 276
Glen Lethnot 277
Glenlivet Estate 302
Glen Lochay 255
Glen Lyon 255
Glen Nevis 389, 392
Glen Prosen 277
Glen Roy 395
Glen Sannox 183
Glenshee 261
Glen Shiel 439
Glen Torridon 435
Glentrool 203
Goatfell 181
Going Pottie 257
Golf 34, 534
   Infos im Internet 34
   Museen 235
   Royal Dornoch 414
   Troon 190
Golfplätze 36
Golspie 415
Grassmarket 63
Great Bernera 459
Greenock 152
Gretna Green 197
Grey Cairns of Camster 417
Greyfriars Bobby 63
Grey Mare's Tail-Wasserfall 389
Großsegler Glenlee 118

H
Haggis **136**
Handa Island 427
Hare, William 75
Harris 459

Harris Tweed 460
Hawick 166
Heart of Midlothian 58
Heathergems 258
Heaval 465
Hebridean Celtic Festival 456
Helensburgh 315
Hermaness Nature Reserve 500
Herrenhäuser
   Culross Palace 231
   Culzean Castle 190
   Edzell Castle 278
   Falkland Palace 233
   Haddo House 289
   Hopetoun House 102
   House of Dun 278
   Mellerstain House 172
   Palace of Holyroodhouse 59
   Paxton House 174
   Scone Palace 245
   Scone Palace 245
   Skaill House 480
   Spynie Palace 299
Highland Clearances 514
Highland Games 318, 337, 342, 448, 534
Highland Tolbooth Kirk 57
Hill o' Many Stanes 418
Hillswick 498
Hogmanay 24
Holmwood House 123
Holy Island 185
Holyrood 59
Holzarbeiten 304
Hoy 483
Hundeschlittenfahrt 379
Huntly 298
Hushinish 460
Hynish 352

I
Imaginate Festival 79
Inchcailloch 313
Inchconnachan 313
Inchmahome Priory 225
Inchmurrin 313
Industrielle Revolution 515
Infos im Internet 15
   Geführte Touren 556
   Golf 34
Innerpeffray Library 251
Inseln 22
Internetzugang 545
Inveraray 321
Inverey 296
Inverie 401
Inverness & die mittleren Highlands 40, **362**

Island I Vow 313
Islay Jazz Festival 328
Isle of Arran 179, **180**
Isle of Bute 319
Isle of Coll **343**, 354
Isle of Colonsay **327**, 334
Isle of Gigha 325
Isle of Great Cumbrae 179
Isle of Iona 349
Isle of Islay 327, **327**
Isle of Jura **327**, 331
Isle of Jura Fell Race 332
Isle of Kerrera 341
Isle of Luing 341
Isle of May 242
Isle of Mull 342, **343**
Isle of Seil 341
Isle of Skye **6**, **140**, 440, **441**
Isle of Skye Highland Games 448
Isle of Tiree **343**, 351
Isle of Whithorn 206
Isleornsay 445

J
Jakobitenaufstände 514
Jedburgh 167
Jock's Road 277
John Knox House 59
John Muir House 106
John O'Groats 419

K
Kanufahren 311, 372
   Oban 336
Karten 545
   Edinburgh 54
Kelman, James 526
Kelso 169
Kenmore 254
Kilchoan 396
Kildalton Cross 328
Killearn 154
Killin 229
Kilmarnock 186
Kilmartin Glen 323
Kincraig 383
Kinder 521, 546
King's Cave 184
Kingussie 384
Kinlochewe 434
Kinloch Rannoch 256
Kino 530
Kinross 244
Kintyre 324
Kintyre Way 324
Kirchen & Kathedralen 283
   Alloway Auld Kirk 190

   Auld Kirk 186
   Canongate Kirk 59
   Cathedral of the Isles 179
   Church of St Andrew & St George 67
   Church of the Holy Rude 215
   Dornoch Cathedral 414
   Dunblane Cathedral 222
   Dunkeld Cathedral 257
   Elgin Cathedral 299
   Fortrose Cathedral 371
   Glasgow Cathedral 116
   Greyfriars Kirk 61
   Italian Chapel 476
   Kildalton Chapel 328
   Mansfield Place Church 76
   Round Church 329
   Ruthwell Church 195
   St.-Nicholas-Kirche 280
   St Adrian's Chapel 242
   St Andrews Cathedral 233
   St Blane's Chapel 321
   St Boniface Church 488
   St Brendan's Chapel 325
   St Clement's Church 461
   St John's Kirk 247
   St Machar's Cathedral 284
   St.-Magnus-Kathedrale 471
   St Michael's Church 107
   St Moluag's Church 457
   St Tarquin's Church 303
   Whithorn Priory 206
Kirkcaldy 232
Kirkcudbright 200
Kirkcudbright Jazz Festival 201
Kirkoswald 191
Kirks *siehe* Kirchen & Kathedralen
Kirkwall 471, **472**
Kirk Yetholm 172
Kirriemuir 275
Klettern 440
Klima 14
Klöster *siehe* Abteien
Knap of Howar 488
Knox, John 46, 58
Knoydart, Halbinsel 400
Konsulate 542
Kreditkarten 545
Küche 518
Kunst & Kultur 524
   Festivals 125
Kunstgalerien 68
   Aberdeen Art Gallery 281
   Aird Old Church Gallery 445
   An Tobar Arts Centre 345
   Arran Art Gallery 184
   Broughton House 200
   Burrell Collection 122

City Art Centre 61
Duff House 302
Dundee Contemporary Arts 268
FJD Fergusson Gallery 246
Fruitmarket Gallery 61
Gallery An Talla Dearg 445, 446
Gallery of Modern Art 109
Glenlyon Gallery 255
Hawick Museum & Art Gallery 167
Hunterian Art Gallery 121
Inverness Museum & Art Gallery 359
Kelvingrove Art Gallery & Museum 118
Kirkcaldy Museum & Art Gallery 232
Queen's Gallery 60
Royal Scottish Academy 66
St Monans Heritage Collection 243
Tolbooth Art Centre 200
Watermill 253
Künstler 528
Kunstmuseen
  Pier Arts Centre 481
Kurse
  Schottische Küche 521
  Sprache 547
Kyleakin 444
Kyle of Lochalsh 438
Kyle of Tongue 425
Kylerhea 444
Kylesku 427

L

Ladhar Bheinn 401
Lagg 184
Lairg 413
Lake of Menteith 225
Lamb Holm 476
Lamlash 185
Lanark 175
Langholm 198
Largs 178
Latinus Stone 206
Leighton Library 222
Lerwick 489, **491**
Lesben 547
Leverburgh 461
Lewis 455
Lewis-Schachfiguren 459
Liathach 435
Limpet 330
Links 34
Linlithgow 107

000 Kartenseiten
000 Abbildungen

Linlithgow Palace 107
Linn of Dee 296
Linn of Quoich 296
Lismore 356
Literarische Spaziergänge 77
Literatur 504, 524
Local Hero 298, 399
Loch Achray 228
Loch Affric 370
Loch Arkaig 395
Loch Awe 355
Lochboisdale 464
Lochcarron 436
Loch Coruisk 447
Loch Earn 252
Loch Eriboll 425
Loch Etive 355
Loch Glencoul 427
Loch Hope 425
Lochinver 428
Loch Lee 277
Loch Leven 244
Loch Leven Heritage Trail 244
Loch Lomond **8**, **140**, 308, **310**, 535
Loch Maree 434
Loch Morar 399
Loch Morlich 382
Loch Ness 372
Loch of Funzie 502
Loch Rannoch 256
Lochranza 183
Loch Slapin 446
Loch Tay 254
Loch Trool 203
Lost Valley 386
Luskentyre 461
Luss 312
Lybster 417

M

Mabie Farm Park 196
MacCaig, Norman 526
MacDiarmid, Hugh 525
Macduff 302
Machair Way 464
Machars 205
Machrie Moor Stone Circle 184
Machrihanish Bay 326
Mackinnon's Cave 349
Mackintosh, Charles Rennie 109, 112, 114, 123
  Werke 124, 315
Mackintosh House 121
MacLeod's Maidens 450
MacLeod's Tables 450
Maes Howe 478
Mallaig 399
Maria Stuart 59, 511

Mary, Queen of Scots siehe Maria Stuart
Mary, Queen of Scots House 168
Matthew, Catriona 35
McCaig's Tower 336
McPhies 334
Mealista 459
Meallfuarvonie 372
Medien 505
Meeressäuger 537
Meigle 262
Melrose 162
Melvaig 433
Melvich 423
Mendelssohn on Mull 342
Menhire
  Ring of Brodgar 479
  Standing Stones of Stenness 479
Mercat Cross 215
Merchant City Festival 125
Mey 420
Miavaig 459
Millarochy Bay 314
Millport 179
Mine Howe 476
Minginish 447
Mishnish Music Festival 342
Mobiltelefon 547
Moffat 198
Moffat Mill 198
Moidart 397
Monarch of the Glen 528
Mons Meg 55
Morar 398
Moray 299
Morrone 294
Motorrad 554
Motorradfahren 553
Mountainbike siehe auch Radfahren
  Aviemore 379
  Bonar Bridge 412
  Glentress Forest 160
  Glentrool 203
  Great Glen Mountain Bike Trails 372
  Highland Wildcat 416
  Laggan Wolftrax 384
  Mabie Forest Park 196
  Nevis Range 394
Mount Stuart 320
Mücken 15
Muck, Isle of 405
Muir, John 106
Mull Highland Games 342
Mull, Isle of **343**
Mull of Galloway 208
Mull of Kintyre 327
Mull of Kintyre Music Festival 326
Munro Bagging 33, 435

Munro, Sir Hugh 33
Museen 20
  Aberdeen Maritime Museum 280
  Alyth Museum 262
  Angus Folk Museum 273
  Banff Museum 302
  Blackhouse Museum 458
  Black Watch Museum 247
  Böd of Gremista 490
  Brechin Town House Museum 278
  British Golf Museum 235
  Broughty Castle Museum 271
  Burns House 192
  Bute Museum 319
  Clan Cameron Museum 394
  Clan Gunn Heritage Centre & Museum 417
  Clansman Centre 377
  Coldstream Museum 172
  Crail Museum 241
  David Livingstone Centre 153
  Discovery Point 266
  Dunbar Town House Museum 106
  Easdale Island Folk Museum 341
  Eday Heritage & Visitor Centre 486
  Edinburgh University Collection of Historic Musical Instruments 76
  Elgin Museum 299
  Ellisland Farm 193
  Eyemouth Maritime Centre 173
  Eyemouth Museum 173
  Gairloch Heritage Museum 433
  Gateway to the Glens Museum 276
  Gladstone Court 177
  Glasgow Science Centre 118
  Glenfinnan Station Museum 398
  Glenesk Folk Museum 277
  Gordon Highlanders Museum 282
  Grampian Transport Museum 297
  Greenhill Covenanter's House 177
  Groam House Museum 371
  Gunsgreen House 173
  Halliwell's House Museum 166
  Hamilton Toy Collection 226
  Highland Folk Museum 384
  Highland Museum of Childhood 410
  Historylinks 414
  History of Surgery Museum 75
  HM Frigate Unicorn 267
  Hugh Miller's Cottage & Museum 372
  Hunterian Museum 120
  Inveraray Jail 322
  Inveraray Maritime Museum 322
  JM Barrie's Birthplace 276
  Kildonan Museum 464
  Kilmartin House Museum 323
  Laidhay Croft Museum 417
  Marischal College & Museum 281
  McManus Galleries 267
  Meigle Museum 262
  Mill on the Fleet Information Centre 202
  Moat Park Heritage Centre 177
  Mull Museum 345
  Museum nan Eilean 456
  Museum of Childhood 58
  Museum of Edinburgh 59
  Museum of Islay Life 330
  Museum of the Argyll & Sutherland Highlanders 214
  Museum of the Isles 445
  Museum on the Mound 76
  Nairn Museum 368
  National Museum of Costume 196
  National Museum of Scotland 61
  National War Museum of Scotland 57
  New Lanark Visitor Centre 175
  Old Haa Museum 499
  Orkney Fossil & Vintage Centre 476
  Orkney Museum 472
  Pathology Museum 75
  People's Palace 117
  People's Story 59
  Perth Museum 247
  Pictavia 278
  Queensferry Museum 102
  Riverside Museum 117
  Robert Burns Centre 193
  Robert Burns' Geburtshaus 189
  Royal Highland Fusiliers Museum 115
  Scalloway Museum 495
  Scapa Flow Visitor Centre 483
  Scottish Fisheries Museum 242
  Scottish Football Museum 124
  Scottish Lighthouse Museum 297
  Shetland Crofthouse Museum 496
  Shetland Museum 490
  Signal House Museum 274
  Skerryvore Lighthouse Museum 352
  Skye Museum of Island Life 452
  Spa Pavilion & Upper Pump Room 410
  St Abbs Visitor Centre 174
  St Andrews Museum 235
  Stewartry Museum 201
  St Mungo's Museum of Religious Life & Art 116
  Stranraer Museum 206
  Strathnaver Museum 423
  Stromness Museum 481
  St Vigeans Museum 274
  Surgeons' Hall Museums 75
  Taigh Chearsabhagh 463
  Tain Through Time 411
  Tangwick Haa Museum 498
  Tomintoul Museum 302
  Ullapool Museum 430
  Unst Boat Haven 501
  Verdant Works 267
  Víkingar! 178
  War & Peace Museum 336
  Waterlines 417
  West Highland Museum 390
  Whisky Museum 300
  Wick Heritage Centre 418
  Writers' Museum 58
Musik 20, 504, 527
  Festivals 79, 244, 268, 319, 324, 326, 328, 332, 431, 456, 473, 481, 491

N

Nairn Book and Arts Festival 368
Nationalparks 539
  Cairngorms National Park 378, **379**
  Trossachs National Park **310**, 311
National Wallace Monument 218
Natur 22
Naturschutz 505
Naturschutzgebiete
  Balranald Nature Reserve 462
  Caenlochan National Nature Reserve 276
  Craigellachie Nature Reserve 378
  Glen Affric National Nature Reserve 370
  Glenmore Forest Park 382
  Hermaness Nature Reserve 500
  Isle of May 242
  Isle of Noss 494
  Loch Druidibeg National Nature Reserve 464
  Loch Gruinart 330
  Lumbister RSPB Reserve 499
  Moine Mhor Nature Reserve 324
  Noup Head 487
  St Abb's Head National Nature Reserve 174
Naturtouren 253
Naturzentren siehe auch Tier- und Naturzentren, Wildtierzentren
  Falls of Clyde Wildlife Centre 176
  Gairloch Marine Wildlife Centre 433
  Loch of the Lowes Wildlife Centre 257
  Scottish Dolphin Centre 304
Neptune's Staircase 394
New Abbey 195
New Lanark 175
Newtonmore 384
Newton Stewart 204

Nördliche Highlands & Inseln 10, 40, **408–409**
Nordostschottland 39, **264**
North Berwick 106
North Ronaldsay 488
North Uist 462
Northwest Highlands Geopark 427
Noss 494
Noup Head 487

O
Oban 335, **336**
Öffentliche Verkehrsmittel 554
Öffnungszeiten 546
Old Blacksmith's Shop 197
Old Man of Hoy 483
Old Man of Stoer 428
Old Man of Storr 451
Old Royal Station 293
Open Championship 235
Orkney Explorer Pass 478
Orkney Folk Festival 481
Orkney Folklore & Storytelling Visitor Centre 479
Orkney Islands 41, **468**, 470
   Geführte Touren 470
   Highlights 468
   Reise nach/von 470
   Unterwegs vor Ort 470
Oronsay Priory 334
Otter 402, 444, 537
Our Dynamic Earth 60
Outdoor-Aktivitäten 20
Outer Hebrides *siehe* Äußere Hebriden

P
Palace of Holyroodhouse 59
Paläste
   Culross Palace 231
   Culzean Castle 190
   Falkland Palace 233
   Haddo House 289
   Hopetoun House 102
   House of Dun 278
   Mellerstain House 172
   Palace of Holyroodhouse 59
   Paxton House 174
   Scone Palace 245
   Scone Palace 245
   Skaill House 480
   Spynie Palace 299
Papa Westray 488

000 Kartenseiten
000 Abbildungen

Paps of Jura 333
Parks & Gärten
   Achamore Gardens 325
   Benmore Botanic Garden 318
   Botanic Gardens (Glasgow) 122
   Castle Kennedy Gardens 207
   Dundee Law 268
   Explorers Garden 258
   Inverewe Garden 433
   Logan Botanic Garden 208
   Pittencrieff Park 231
   Royal Botanic Garden (Edinburgh) 72
   Waldgarten 334
Parlamentsgebäude 60
Pass of Killiecrankie 260
Peat Inn 240
Pennan 298
Pentland Hills 103
Perth 245, **246**
Piktensteine 410
Pitlochry 258
Pittenweem 243
Plockton 437
Plockton Regatta 437
Plodda Falls 370
Pobull Fhinn 463
Politik 504
   Dezentralisierung 516
Port Appin 356
Port Askaig 331
Port Charlotte 330
Port Ellen 328
Port Logan 208
Portmahomack 412
Portnahaven 330
Port of Ness 457
Portpatrick 208
Portree 448
Prähistorische Stätten
   Banks Chambered Tomb 477
   Broch of Gurness 481
   Brough of Birsay 480
   Burroughston Broch 485
   Clickimin Broch 490
   Jarlshof 497
   Knap of Howar 488
   Maes Howe 478
   Mine Howe 476
   Mousa Broch 495
   Old Scatness 497
   Quoyness-Kammergrab 486
   Rousay 485
   Skara Brae 479
   Steinzeitdorf Barnhouse 479
   Tofts Ness 486
   Tomb of the Eagles 476
Preise 544

Provand's Lordship 117
Provost Skene's House 282
Pubs 21
Punch Bowl 296

Q
Quadfahrt 380
Queen Elizabeth Forest Park 225
Queensferry 102
Quiraing 452

R
Raasay, Isle of 452
Radfahren 542, 555; *siehe auch* Mountainbike
   Ballater 293
   Edinburgh 74
   Étape 258
   Isle of Arran 181
   Isle of Great Cumbrae 179
   Killin 229
   Loch Lomond 311
   Oban 336
   Rund um Aberfoyle 225
Radweg Clyde–Forth 124
Raeburn, Sir Henry 529
Rankin, Ian 526
Rannoch Moor 256
Real Mary King's Close 58
Rechtsfragen 546
Reekie Linn 276
Reformation 511
Region Borders 160
Reilig Oran 350
Reisebudget 14
Reisen
   Auto 554
   Bus 555
   Schiff 556
Reisen nach/von Schottland 552
Reiseplanung 14–15
   Bahncards 558
   Basisinformationen 14–15
   Budget 14
   Bus-Ermäßigungen 555
   Infos im Internet 15
   Meeresfrüchte 521
   Reisezeit 14
Reiserouten 25
Reiten 434
Renaissance 510
Rest and Be Thankful 316
Riding of the Marches 169
Ring of Brodgar 479
Road to the Isles 397
Robert Bruce 509
Rob Roy 228, 229
Rob Roy Way 155

Rocks of Solitude 278
Römer 508
Römische Ruinen 72
Rosslyn Chapel **104–105**
Ross of Mull 349
Rothesay 319
Rothiemurchus Estate 378
Rousay 485
Rowardennan 314
Royal & Ancient Golf Club 235
Royal Highland Show 79
Royal Mile 7, 51, **52–53**
Royal Troon 190
Royal Yacht Britannia 69
Rueval 464
Rugby 135
Rugby Union 533
Rum, Isle of 402
Ruthven Barracks 385
Ruthwell-Kreuz 195

S

Salen 395
Salvation Army Citadel 280
Sanday 486
Sandwick 495
Sannox 183
Satrosphere 283
Scalasaig 334
Scalloway 495
Scarasta 461
Scarp 460
Schauspieler 530
Schiehallion 256
Schlachtfeld von Culloden 368
Schwimmen
　Edinburgh 74
　Stonehaven 290
Schwule 547
Scores 234
Scotland's Secret Bunker 243
Scottish Colourists 529
Scottish Crannog Centre 254
Scottish National Gallery 65
Scottish Series Yacht Races 324
Scott, Sir Walter 64, 165, 524
Scourie 427
Scousburgh 496
Seekajak 429, 436, 441
Segeln 318, 337
Selkirk 165
Senioren 543
Sgurr Alasdair 446
Shapinsay 484
Sharmanka Kinetic Gallery & Theatre 114
Sherlock Holmes 525
Shetland Bus Memorial 495

Shetland Folk Festival 491
Shetland Islands 41, **469**, 489
　Reisen innerhalb 489
　Reise zu/von 489
Shieldaig 435
Shoppen 21
Sir Walter Scott's Courtroom 166
Six Nations Rugby Tournament 23, **135**
Skara Brae 479
Skifahren 261, 382
　Lecht Ski Resort 297
Skipness 325
Skye, Isle of 6, **140**, 141, **441**
Sleat 445
Smailholm Tower 171
Small Isles 401
Smoo Cave 426
Southern Upland Way 163
South Lanarkshire 175
South Ronaldsay 476
South Uist 464
Spar Cave 446
Spark, Dame Muriel 526
Spey Bay 304
Spirit of Speyside 24
Spittal of Glenshee 261
Sport & Aktivitäten 533
Sprachen 14, 525, 559–562
　Gälisch 309
St Abbs 174
Standing Stones of Stenness 479
St Andrews 11, 233, **236**
　Aktivitäten 235
　Essen 239
　Fahrt nach/von 241
　Festivals & Events 235
　Sehenswertes 233
　Touristeninformation 241
　Unterhaltung 240
　Verkehrsmittel vor Ort 241
St Cuthbert's Way 163
Steinadler 460
Steinkreise (Standing Stones)
　Callanish 458
Stevenson, Robert Louis 525
St Fillans 252
St Fillan's Cave 243
St Giles Cathedral 58
Stirling 211, **214**
　Klima 210
　Sehenswertes 211
St John's Tower 186
St John's Town of Dalry 203
St Kilda 459, 463
St Magnus Festival 473
St Monans 243
St Ninian's Cave 206

St Ninian's Isle 496
Stonehaven 290
Stonehaven Folk Festival 290
Stornoway 456
Strände 19
　Aberdeen Beach 283
　Bosta 459
　Calgary 348
　Coldingham Bay 174
　Isle of Bute 321
　Isle of Coll 354
　Isle of Colonsay 334
　Silver Sands of Morar 399
　Traigh Mor 466
　West Sands 235
Stranraer 206
Strathblane 154
Strathdon Valley 296
Strathearn 250
Strathglass 369
Strath Mor 440
Strathpeffer 410
Strom 547
Stromness 481
Stronsay 486
Strontian 395
Stuart, Charles Edward 514
Stuart, James Edward 514
Studentenausweise 543
Südliche Highlands & Inseln 40, **306**
Südschottland 39, **158–159**
Sumburgh 497
Surfen 421

T

Tain 411
Tarbert 324, 460
Tarmachan Range 254
Tartans 532
Tauchen
　Oban 337
　St Abbs & Eyemouth Voluntary Marine Reserve 174
Tay Forest Park 256
Taynuilt 355
Telefon 547
Telefonvorwahlen 548
Temple Wood 323
Tenement House 115
Themenparks
　Landmark Forest Adventure Park 383
　Nessieland Castle Monster Centre 374
Thurso 420
Tierbeobachtung 433, 494
　Isle of Mull 346
　Isle of Islay 328

Isle of Kerrera 341
Oban 337
Tiere 536
Tier- & Naturzentren *siehe auch* Naturzentren, Wildtierzentren
  David Marshall Lodge Visitor Centre 225
Tighnabruaich 318
T in the Park 24
Tinto Hill 177
Tiree **343**
Tirefour Broch 356
Tobermory 345
Tomich 370
Tomintoul 302
Tongue 424
Torhouse Stone Circle 205
Torridon 435
Torrylinn Cairn 184
Touristeninformation 548
Tour of Mull Rally 342
Traigh 457
Trainspotting 526, 530
Trampen 557
Trinkgeld 17, 545
Troon 190
Trossachs 223
Trossachs National Park **310**, 311
Trotternish 451
Turnberry 191
Tyndrum 314

U

Uamh Fraing 404
Uisken 349
Ulbster 417
Ullapool 430
Ullapool Guitar Festival 431
Umwelt 535
  Probleme 539
Ungeheuer von Loch Ness 536
Unst 500
Unst Bus Shelter 501
Unterkunft 235, 548; *siehe auch* einzelne Orte
Up Helly Aa 23

V

Vegetarier 521
Versicherung 550
Victorian Market 362
Viktorianische Toiletten 319
Visa 550
Voe 498

Vogelbeobachtung 205, 538, 542
  Aberdeen 283
  Fetlar 502
  Findhorn 304
  Huntly 298
  Isle of Islay 327
  Scottish Seabird Centre 106
  Shetland Islands 500
  Sumburgh Head 497

W

Walbeobachtung 433, 445
  Tobermory 345
Wallace, William 218, 222, 509
Wandern 21, 29
  Ayrshire Coastal Path 178
  Borders Abbeys Way 169
  Campsie & Strathblane 155
  Cobbler 315
  Fife Coastal Path 230
  Glen Clova 277
  Great Bernera 459
  Great Glen Way 372, 394
  Informationen 33
  Inverey 296
  Isle of Bute 321
  Isle of Eigg 403, 404
  Isle of Jura 332
  Isle of Rum 402
  Isle of Skye 32, 440
  Kintyre Way 324
  Loch Achray 228
  Loch Lomond 308
  Machair Way 464
  Southern Upland Way 163, 203, 208
  South Loch Ness Trail 372
  Speyside Way 31, 302
  Südschottland 170
  West Highland Way 9, 30, 31, 308, 389
Wanderwege
  West Highland Way 9, 30, 31, 308, 389
Ward Hill 494
Wasserfälle
  Bracklinn Falls 226
  Falls of Dochart 229
  Falls of Lora 355
  Falls of Measach 433
  Falls of Shin 413
  Glenashdale Falls 184
  Grey Mare's Tail-Wasserfall 389
  Linn of Quoich 296
  Loup of Fintry 154
  Reekie Linn 276

Wassersport 383, 388
  Isle of Tiree 353
  Loch Ken 199
Waternish 450
Waterstein Head 451
Watt, James 153
Wechselkurse 15
Wegerecht 30
Weihnachten 80
Welsh, Irvine 526
Wemyss Bay 153
West Highland Way 30, 308
West Highland Yachting Week 337
Westray 487
Wetter 14
Whaligoe Steps 417
Whisky **136**, 522, 523
  Sehenswertes 57
Whiskybrennereien **12**
  Bell's Blair Athol Distillery 258
  Ben Nevis Distillery 390
  Bladnoch Distillery 205
  Bowmore Distillery 329
  Bruichladdich Distillery 330
  Dewar's World of Whisky 253
  Edradour Distillery 258
  Glenmorangie Distillery 411
  Glenturret Distillery 250
  Highland Park Distillery 472
  Isle of Arran Distillery 183
  Isle of Jura Distillery 332
  Kilchoman Distillery 331
  Oban Distillery 336
  Old Pulteney Distillery 418
  Port Askaig 331
  Port Ellen 328
  Speyside 300
  Springbank Distillery 326
  Talisker Distillery 447
  Tobermory Distillery 345
White Caterthun 277
Whithorn 206
Whiting Bay 184
Wick 418
Wickerman Festival 201
Wigtown 205
Wildgehege & Wildparks *siehe auch* Zoos & Wildparks
  Galloway Red Deer Range 203
  Marine Discovery Centre 345
  Scottish Sea Life Sanctuary 356
  Wings Over Mull 344
Wildtiere beobachten 390
Wildtierzentren *siehe auch* Naturzentren, Tier- & Naturzentren
  Cairngorm Reindeer Centre 383
  Nàdurra Visitor Centre 396

RSPB Loch Garten Osprey Centre 383
Windhouse 499
Windsurfen 352
Wolf of Badenoch 257
World Pipe Band Championships 125
World Stone-Skimming Championships 341

Y
Yell 499

Z
Zeit 550
Zeitungen 543
Zentralschottland 39, 210, **212–213**
Zollvorschriften 551
Zoos & Wildparks *siehe auch* Wildgehege & Wildparks
 Edinburgh Zoo 72
 Galloway Wildlife Conservation Park 201
 Highland Wildlife Park 383

Zugreisen
 Alford Valley Steam Railway 297
 Anreise nach Schottland 553
 Cairngorm Mountain Railway 381
 Keith and Dufftown Railway 300
 Unterwegs vor Ort 557

Auf einen Blick

Mit diesen Symbolen sind wichtige Kategorien leicht zu finden:

- 👁 Sehenswertes
- 🏖 Strände
- 🏃 Aktivitäten
- 🤝 Kurse
- 👉 Touren
- 🎉 Festivals & Events
- 🛏 Schlafen
- 🍴 Essen
- 🍷 Ausgehen
- ⭐ Unterhaltung
- 🛍 Shoppen
- ℹ Information/Transport

Empfehlungen von Lonely Planet:

- **LP TIPP** Das empfiehlt unser Autor
- **GRATIS** Hier bezahlt man nichts
- 🌿 Nachhaltig und umweltverträglich

Unsere Autoren haben diese Einrichtungen ausgewählt, weil man dort großen Wert auf Nachhaltigkeit legt: etwa durch die Förderung einheimischer Gemeinschaften oder Hersteller, durch eine umweltverträgliche Bewirtschaftung oder durch Engagement im Naturschutz.

Diese Symbole bieten wertvolle Zusatzinformationen:

- ☎ Telefonnummer
- ⊙ Öffnungszeiten
- P Parkplatz
- ✱ Nichtraucher
- ❄ Klimaanlage
- @ Internetzugang
- 🛜 WLAN-Anschluss
- 🏊 Schwimmbad
- 🥗 Vegetarische Gerichte
- 🗣 Englischsprachiges Menu
- 👨‍👩‍👧 Familienfreundlich
- 🐾 Haustiere willkommen
- 🚌 Bus
- ⛴ Fähre
- Ⓜ Metro
- Ⓢ U-Bahn
- London Tube
- 🚋 Straßenbahn
- 🚆 Zug

Die Reihenfolge spiegelt die Bewertung durch die Autoren wider.

Kartenlegende

Sehenswertes
- Strand
- Buddhistisch
- Burg
- Christlich
- Hinduistisch
- Islamisch
- Jüdisch
- Denkmal
- Museum/Gallerie
- Ruine
- Winzer/Weingut
- Zoo
- Andere Sehenswürdigkeit

Aktivitäten, Kurse & Touren
- Tauchen/Schnorcheln
- Kanu/Kajak fahren
- Ski fahren
- Surfen
- Schwimmbad
- Wandern
- Windsurfen
- Andere Aktivität/Kurse/Touren

Schlafen
- Schlafen
- Camping

Essen
- Essen

Ausgehen
- Ausgehen
- Café

Unterhaltung
- Unterhaltung

Shoppen
- Shoppen

Praktisches
- Post
- Touristeninformation

Transport
- Flughafen
- Grenzübergang
- Bus
- Seilbahn/Standseilbahn
- Radfahren
- Fähre
- Metro
- Zug eingleisig
- Parkplatz
- S-Bahn
- Taxi
- Zug/Eisenbahn
- Tram
- Tube-Station
- U-Bahn
- anderes Verkehrsmittel

Verkehrswege
- Mautstraße
- Autobahn
- Hauptstraße
- Nebenstraße
- Verbindungsstraße
- sonstige Straße
- unbefestigte Straße
- Plaza/Fußgängerzone
- Stufen
- Tunnel
- Fußgängerübergang
- Spaziergang
- Spaziergang mit Abstecher
- Pfad

Grenzen
- Internationale
- Staat/Provinz
- umstrittene Grenze
- Regional/Vorort
- Gewässer
- Klippen
- Mauer

Städte
- Hauptstadt (National)
- Hauptstadt (Staat/Provinz)
- Stadt/Große Stadt
- Kleinstadt/Dorf

Landschaft
- Hütte
- Leuchtturm
- Aussichtsturm
- Berg/Vulkan
- Oase
- Park
- Pass
- Picknickplatz
- Wasserfall

Gewässer
- Fluss/Bach
- periodischer Fluss
- Sumpf/Mangroven
- Riff
- Kanal
- Gewässer
- Trocken-/Salz-/periodischer See
- Gletscher

Gebietsformen
- Strand/Wüste
- Friedhof (Christlich)
- Friedhof (anderer)
- Park/Wald
- Sportplatz
- Sehenswertes (Gebäude)
- Highlight (Gebäude)

DIE AUTOREN

Neil Wilson
Hauptautor; Edinburgh, Nordostschottland, Südliche Highlands & Inseln, Inverness & die mittleren Highlands, Nördliche Highlands & Inseln Neil ist gebürtiger Schotte und hat, wenn man von ein paar Jahren im Ausland absieht, den größten Teil seines Lebens dort verbracht. Er liebt das Leben in freier Natur, und als Wanderer, Radfahrer und Segler hat er schon fast jeden Winkel seiner Heimat erkundet. Bei seiner jüngsten Rechercherreise hat er die Mountainbikepiste von Laggan Wolftrax gemeistert, er war mit dem Kanu auf Loch Lomond unterwegs, hat den Eaval auf Uist und Carnan Eoin auf Colonsay erwandert und viel zu viel BrewDog-Bier getrunken. Neil arbeitet schon seit 1988 hauptberuflich als Autor. In dieser Zeit hat er mehr als 60 Reiseführer für verschiedene Verlage geschrieben, darunter für Lonely Planet einen Band über seine Heimatstadt Edinburgh. In diesem Band hat Neil neben den genannten Kapiteln auch die Kapitel über die Reiseplanung, über das Wandern in Schottland, „Schottland aktuell", „Schottische Küche" und „Schottische Kultur" verfasst. Im Kapitel über die Nördlichen Highlands & Inseln stammen die Abschnitte über Skye und die Äußeren Hebriden von ihm.

Mehr über Neil findet man unter: www.lonelyplanet.com/members/neilwilson

Andy Symington
Glasgow, Südschottland, Zentralschottland, Nördliche Highlands & Inseln, Orkney & Shetland Islands Andys schottische Wurzeln machen sich immer wieder bemerkbar – zum Beispiel in seiner Begeisterung für einen guten Malt Whisky, aber auch in seiner Haarfarbe oder in seiner Vorliebe für wilde Landschaften. Als junger Mann hat er in einem halb verrosteten Wagen die schottischen Firths umrundet; später war er u.a. als Whiskyhändler in Leith tätig. Und natürlich ist er kreuz und quer durchs Land gereist, immer auf der Suche nach dem perfekten Whisky. Mittlerweile lebt er zwar in Spanien, aber es zieht ihn trotzdem immer wieder in seine Heimat zurück. Von Andy stammen neben den oben aufgeführten Kapiteln auch die Beiträge über Golf, Geschichte und das „Naturparadies Schottland" sowie „Allgemeine Informationen" und „Verkehrsmittel & -wege". Zum Kapitel über die Nördlichen Highlands & Inseln hat er die Teile über die Ostküste, Caithness und die Nord- und Westküste beigesteuert.

Mehr über Andy findet man unter: www.lonelyplanet.com/members/andy_symington

DIE LONELY PLANET STORY

Ein uraltes Auto, ein paar Dollar in den Hosentaschen und Abenteuerlust, mehr brauchten Tony und Maureen Wheeler nicht, als sie 1972 zu der Reise ihres Lebens aufbrachen. Diese führte sie quer durch Europa und Asien bis nach Australien. Nach mehreren Monaten kehrten sie zurück – pleite, aber glücklich –, setzten sich an ihren Küchentisch und verfassten ihren ersten Reiseführer *Across Asia on the Cheap*. Binnen einer Woche verkauften sie 1500 Bücher und Lonely Planet war geboren.

Seit 2011 ist BBC Worldwide der alleinige Inhaber von Lonely Planet. Der Verlag unterhält Büros in Melbourne (Australien), London und Oakland (USA) mit über 600 Mitarbeitern und Autoren. Sie alle teilen Tonys Überzeugung, dass ein guter Reiseführer drei Dinge tun sollte: informieren, bilden und unterhalten.

Lonely Planet Publications,
Locked Bag 1, Footscray,
Melbourne, Victoria 3011,
Australia
Verlag der deutschen Ausgabe:
MAIRDUMONT, Marco-Polo-Str. 1, 73760 Ostfildern, www.mairdumont.com, lonelyplanet@mairdumont.com
Chefredakteurin deutsche Ausgabe: Birgit Borowski
Übersetzung: Dr. Dagmar Ahrens, Dr. Birgit Beile-Meister, Petra Dubilski, Matthias Eickhoff, Beatrix Gehlhoff, Marion Gieseke, Christiane Radünz, Jutta Ressel M.A., Beatrix Thunich, Renate Weinberger
An früheren Auflagen haben außerdem mitgewirkt:
Dr. Martin Goch, Christiane Gsänger, Christel Klink, Guido Meister, Raphaela Moczynski; Mayela Gerhardt, Monika Grabow, Dr. Heinz Vestner, Karin Weidlich; Brigitte Beier, Dr. Ulrike Jamin, Dr. Thomas Pago, Jürgen Scheunemann
Redaktion und technischer Support: CLP Carlo Lauer & Partner, Aschheim

Schottland
4. deutsche Auflage Juli 2013, übersetzt von *Scotland 7th edition*, März 2013 Lonely Planet Publications Pty

Deutsche Ausgabe © Lonely Planet Publications Pty, Juli 2013
Fotos © wie angegeben

Printed in China
Die meisten Fotos in diesem Reiseführer können bei Lonely Planet Images, www.lonelyplanetimages.com, auch lizenziert werden.
Alle Rechte vorbehalten. Das Werk einschließlich all seiner Teile ist urheberrechtlich geschützt und darf weder kopiert, vervielfältigt, nachgeahmt oder in anderen Medien gespeichert werden, noch darf es in irgendeiner Form oder mit irgendwelchen Mitteln – elektronisch, mechanisch oder in irgendeiner anderen Weise – weiterverarbeitet werden. Es ist nicht gestattet, auch nur Teile dieser Publikation zu verkaufen oder zu vermitteln, ohne schriftliche Genehmigung des Herausgebers.
Lonely Planet und das Lonely Planet Logo sind eingetragene Marken von Lonely Planet und sind im US-Patentamt sowie in Markenbüros in anderen Ländern registriert.
Lonely Planet gestattet den Gebrauch seines Namens oder seines Logos durch kommerzielle Unternehmen wie Einzelhändler, Restaurants oder Hotels nicht. Bitte informieren Sie uns im Fall von Missbrauch: www.lonelyplanet.com/lp

> Obwohl die Autoren und Lonely Planet alle Anstrengungen bei der Recherche und bei der Produktion dieses Reiseführers unternommen haben, können wir keine Garantie für die Richtigkeit und Vollständigkeit dieses Inhalts geben. Deswegen können wir auch keine Haftung für eventuell entstandenen Schaden übernehmen.